이한우의 주역

시대를 초월한 리더십 교과서

이한우의

周 주역 易

하경

이한우 옮기고 풀다

21세기북스

한 서양 철학도의 『주역』 등반기

전공(專攻)이 뭔지, 나는 2001년부터 『조선왕조실록(朝鮮王朝實錄)』과 『논어(論語)』를 거쳐 이제 『주역(周易)』에 이르렀으나 여전히 서양 철학 '전공'자로 분류되고 있다. 과연 20년을 공부해도 넘을 수 없는 '진입장벽'은 무엇일까?

물론 나는 그 장벽을 넘어 그들의 '학문 공화국'으로 들어가고 싶은 생각은 추호도 없다. 그 학문은 내용이 빈약하고 그 공화국은 지적으로 너무나도 척박하기 때문이다. 무엇보다 그 '학문 공화국'으로부터 우리의 다음 세대가 얻어낼 수 있는 것은 불행하게도 별로 없다고 여긴다. 거기에는 탐구(探究)는 별로 없고 답습(踏襲)만이 미덕인 듯이 보이기 때문이다.

그러니 그들에 대해 이러쿵저러쿵하는 것 자체가 일종의 시간 낭비다. 이에 바로 본론으로 들어가고자 한다.

공자(孔子)의 공부 세계를 우리나라 경복궁에 비유하자면 『주역』은 근정전(勤政殿)과 같고 『논어』는 그 바로 뒤에 있는 사정전(思正殿)과 같다. 근정전은 엄정하고 사정전은 다소 편안하다. 둘 다 정사(政事)를 논하던 곳이지만, 근정전은 의례(儀禮)가 행해지던 곳인 반면 사정전은 활발한 토론이 있던 공간이다.

그런데 비유의 방향을 조금 바꿔서 다시 살펴보자. 다산(茶山) 정약용(丁若鏞)은 자신의 『주역』 풀이를 위한 핵심 이론을 이렇게 말했다.

효변(爻變)은 궁궐의 천문만호(千門萬戶)를 모두 열 수 있는 열쇠다.

궁전 속에는 종묘의 아름다움과 백관의 풍부함이 모두 갖춰져 있으나, 단지 자물쇠가 견고히 채워져 있어서 그 문 앞에 누가 이르더라도 아무도 감히 내부를 엿볼 수 없다. 그런데 여기에 만능열쇠가 있어 그 열쇠만 손에 쥔다면 궁전의 모든 문을 열 수 있으니, 그 열쇠로 외문을 열면 외문이 열리고 중문을 열면 중문이 열리고, 이렇게 나머지 문도 모두 열 수 있어 전부 감상할 수 있다는 것이다. 이는 정약용의 『주역사전(周易四箋)』(소명출판)이라는 책이 갖는 의의를 아주 정확하게 표현한 비유라 여긴다. 효변이란 괘를 이루는 효를 고정된 것으로 생각하는 기존 학설과 달리 효 자체를 늘 변화하는 것으로 보고서 그 뜻을 풀어낸 정약용의 독자적인 학설이다. 마치 물리학에서 원자를 더는 쪼갤 수 없는 최후의 단위로 여겼으나 19세기 말 20세기 초 원자보다 더 작은 물질의 존재를 상정한 양자 역학이 등장한 것과도 같다고 보면 된다.

다만 이번에 내가 했던 작업과 비교할 경우 조금은 다른 비유를 쓰는 것이 적확할 듯하다. 『논어』「자장(子張)」편에는 아주 흥미로운 비유 하나가 나온다.

(노나라 대부) 숙손무숙(叔孫武叔)이 조정에서 말하기를 "자공(子貢)이 공자보다 뛰어나다[賢(현)]"고 했다.
자복경백(子服景伯)이 그 말을 자공에게 전하자 자공은 이렇게 말했다.
"궁궐의 담장에 비유하자면, 나의 담장은 어깨에 미쳐 집 안의 좋은 것들을 들여다볼 수 있지만, 스승의 담장은 여러 길이어서 그 문을 얻어 들어가지 못하면 종묘의 아름다움과 백관의 많음을 볼 수 없다. 그 문을 얻는 자가 드무니, 그 사람의 말이 당연하지 않은가?"

정약용이 궁궐과 열쇠의 비유를 든 것은 바로 이 일화에서 가져온 것이다. 그런데 『주역사전』이라는 책은 단순히 열쇠에 머무는 것이 아니라 『주역』이라는 궁궐의 설계도를 복원하려는 작업이었다. 반면에 나는 말 그대로 그 궁궐을 돌아보고 그 안내도를 정리한 것이라 할 수 있다. 방향이 전혀 다른 것이다. 정약용이 주역학을 하려 했다면 나의 이 작업은 『주역』 풀이에 초점을 맞춘다. 이를 기반으로 다음에 더 정교하고 친절한 안내서들이 나오기를 기대한다.

마침 '열쇠' 이야기가 나왔으니 내가 『주역』을 풀어낸 열쇠를 소개할까 한다. 예전에 『논어로 논어를 풀다』(해냄)를 쓸 때 『논어』라는 실타래를 풀어내는 실마리가 되어준 구절이 있었다. 「이인(里仁)」편에 나오는 다음 구절이다. 오래감[止=恒=壽=長]이 어짊[仁]의 핵심임을 일깨워주었기 때문이다.

> 어질지 못한 사람은 (인이나 예를 통해 자신을) 다잡는[約] 데 (잠시 처해 있을 수는 있어도) 오랫동안[久] 처해 있을 수 없고, 좋은 것을 즐기는 데도 (조금 지나면 극단으로 흘러) 오랫동안[長] 처해 있을 수 없다.

이 구절이 없었다면 『논어』를 그만큼이라도 쉽고 명료하게 풀어낼 수 없었을 것이라 여긴다. 그런데 이번에 『주역』을 『논어』로 풀고 다시 『조선왕조실록』과 반고(班固)의 『한서(漢書)』를 비롯한 중국사의 사례를 통해 검증하는 작업을 하다 보니 자연스럽게 자주 사용하게 되는 열쇠가 있었다. 「자로(子路)」편에 나오는 공자의 다음과 같은 말이다.

> 군자는 섬기기는 쉬워도 기쁘게 하기는 어려우니, 기쁘게 하기를 도리로써 하지 않으면 기뻐하지 아니하고, 사람을 부릴 때는 그 그릇에 맞게 부린다[器之]. 소인은 섬기기는 어려워도 기쁘게 하기는 쉬우니, 기쁘게 하기를 비록 도리로써 하지 않아도 기뻐하고, 사람을 부릴 때는 한 사람에게 모든 능력이 완비되기를 요구한다[求備].

짧지만 여기에는 참으로 많은 주제가 녹아들어 있다. 군자와 소인의 대비, 섬김과 기쁘게 하기의 대비, 도리의 문제, 그 그릇에 맞게 부리는 군자형 지도자의 너그러움[寬]과 아랫사람 한 사람에게 모든 것이 다 갖춰져 있기를 바라는 소인형 지도자의 게으름[倦] 등이 그것이다. 이 구절은 『주역』의 내용을 가장 압축적으로 잘 표현하고 있다. 그중에서 일단 한 가지 문제는 여기서 짚고 넘어가자. 군자와 소인의 대비가 그것이다. 『주역』은 한마디로 군자가 되는 공부이자 군자가 일을 잘 풀어가는 지침이며 군자가 자신의 삶을 공명정대하게 살려고 방향을 잡아가는 채찍이다. 적어도 공자가 풀어낸 『주역』은 그렇다. 한마디로 점서(占書)와는 전혀 무관한 책이라는 말이다.

그런데 우리나라에는 『주역』에 대한 오해가 너무도 뿌리 깊다. 그저 운명을 점치는 점서 정도로 여기는 것이다. 이는 한마디로 사기(詐欺)다. 애당초 『주역』은 소인의 사사로운 이익[利]과는 무관한 책이다. 그런데도 『주역』으로 점을 쳐서 아이를 좋은 학교에 보냈고 돈을 벌었고 하는 이야기를 하며 혹세무민하는 자들이 아직도 적지 않다. 참으로 부끄러운 일이다.

그렇다면 『주역』은 어떤 책인가? 반고의 『한서』 「예문지(藝文志)」편에서는 요즘 흔히 말하는 성리학이나 주자학의 '사서삼경(四書三經)' 틀에서 벗어난 원형 그대로의 공자의 학문 세계, 즉 육예(六藝)를 이렇게 정리해 보여주고 있다.

> 육예의 애씀[文]이란 (첫째) 악(樂-음악, 악기(樂記))은 정신을 조화시키는 것이기 때문에 어짊의 드러남[仁之表]이요, (둘째) 시(詩-시경(詩經))는 말을 바르게 하는 것이기 때문에 마땅함의 쓰임[義之用]이요, (셋째) 예(禮-예기(禮記))는 몸을 밝혀 그 밝힌 것을 겉으로 드러내는 것이기 때문에 별도의 뜻풀이가 필요 없는 것이요, (넷째) 서(書-서경(書經))는 듣는 바를 넓히는 것[廣聽]이기 때문에 사람과 사리를 아는 방법[知之術]이요, (다섯째) 춘추(春秋)는 일을 판단하는 것[斷事]이기 때문에 믿음의 상징[信之符]이다. 이 다섯 가지는 대개 오상(五常-인의예지신)의 도리로 서로 응하여 갖춰지고 역(易-『주역(周易)』)은 이 다섯 가지의 근원이 된다. 그래서 이르기를 "역(易)의 뜻을 볼 줄 모른다면 건곤(乾坤)은 혹 멈추거나 사라지는 것에 가깝다[幾=近]"[1]고 했는데 이는 하늘과 땅과 더불어 시작과 끝[終始]이 이뤄진다는 말이다.

한마디로 근본 중의 근본이라는 말이다. 『주역』을 가장 짧게 압축하면 제왕의 일을 하는 책이다. 일[事]을 공자는 『주역』에서 '그 달라짐을 통하게 하는 것[通其變]'이라고 정의한다. 지도자가 일한다는 것은 바로 그때마다의 달라진 상황에 맞게 그에 가장 마땅한 도리를 찾아내 일을 풀어가는 것이다. 간혹 날 때부터 일을 잘하는 사람이 있다. 그러나 대부분은 배우지 않고서는 그 일을 극진히 잘 해낼 수 없다. 그 훈련서가

---

1 안사고(顔師古)가 말했다. "「계사전(繫辭傳)」 상(上)에 나오는 말이다."

바로 『주역』이다. 한문을 조금 안다고 해서 얼기설기 엮어 나라의 운세 운운하는 사람들이 입에 담을 수 있는 책이 아니라는 말이다.

공자가 말하는 예(禮) 또한 예법이나 예절보다는 일의 이치[事理](사리)와 깊이 연결돼 있음에도 이에 대한 우리의 인식은 전무하다시피 하다. 그들만의 '학문 공화국' 아니 '한문 공화국'이 빚어낸 '한학 신비주의' 때문이다. 한문이 다른 언어에 비해 배우기에 조금 더 어려운 것은 사실이지만 결코 뛰어넘을 수 없는 장벽은 아니며, 결국 그것도 하나의 언어일 뿐이다. 조금 어렵고 함축성이 강한 문자일 뿐이다. 그런데 미처 그 장벽을 뛰어넘지도 못한 사람들이 벽 한구석을 더듬거리며 얻어낸 몇 가지 담벼락의 흙 부스러기를 들고서 마치 그것이 동양학인 양, 한문인 양, 한학인 양 해온 것이 지난 20세기 우리나라 전통 학문의 수준이다. 『예기(禮記)』「중니연거(仲尼燕居)」편에서 공자는 이렇게 말하고 있다.

> 예(禮)란 무엇인가? 그것은 일에 임해서 그것을 다스리는 것[治事](치사)이다. 군자는 자신의 일이 생기면 그것을 다스리게 되는데, 나라를 다스림에 있어 예가 없으면 비유컨대 장님에게 옆에서 돕는 자가 없는 것[無相(무상)=無助(무조)]과 같다.

예를 이처럼 공자 자신이 명확하게 일을 다스리는 것[治事](치사)이라고 말하는데도 한사코 퇴행적으로 예절이나 가례(家禮)에 국한시켜서 이해하려는 이유는 무엇일까? 하나는 무지(無知) 때문이고 또 하나는 주자학의 체계적인 왜곡 때문이다.

우리는 300년 이상 주자학이라는 기괴한 사상 체계에 푹 젖어 있었기 때문에 그것이 공자의 원래 유학과 얼마나 다른지조차 모른다. 게다가 주자학 자체가 어떤 것인지도 제대로 인식하지 못하고 있다.

이 문제는 별도의 책을 한 권 써야 할 만큼 중대한 학술적 사안이기는 하지만, 여기서는 간략하게나마 주희(朱熹)라는 사람이 공자의 학문을 어떻게 왜곡했고 우리는 그 영향권 속에 얼마나 오랫동안 젖어 있었는지 짚어보려고 한다. 그것은 내가 『주역』을 가능한 한 본래의 모습대로 풀어내려고 한 이번 작업의 중요한 의도 중 하나이기도 하기 때문이다.

우선 사서(四書)의 집대성이다. 원래 송나라 이전까지는 사서라는 말은 없었다. 『예기』에 포함된 하나의 장(章)에 불과했던 『대학(大學)』과 『중용(中庸)』은 일찍부터 유학자들의 주목을 받아 별도로 경(經) 취급을 받았다. 당나라 때의 한유(韓愈)와 이고(李皐)가 거기에 앞장섰다. 당나라 문종(文宗) 때 12경(經)을 간행하면서 『논어』가 경의 지위를 얻었고 북송 때 13경을 간행하면서 비로소 『맹자(孟子)』도 경으로 승격됐다.

여기까지는 그나마 건강했다. 그러나 정호(程顥-정명도(程明道))·정이(程頤-정이천(程伊川)) 형제가 오경(五經)보다는 사서(四書)를 강조하면서 남송에서는 새로운 흐름이 생겨났다. 흔히 말하는 성리학(性理學)이다. 일[事]보다는 말[言]을 중시하는 '신권(臣權) 이론' 혹은 '반(反)왕권 이론'으로의 변형 혹은 왜곡된 유학이 생겨나는 순간이다. 그 후에 주희가 나와서 이런 경향을 더욱 심화시켰다. 이 과정을 중국의 수징난 교수는 『주자평전』(김태완 옮김, 역사비평사)에서 다음과 같이 간결하게 정리했다.

사서에 대한 연구는 정호와 정이가 창도한 뒤로 정문(程門)의 뛰어난 수많은 제자와 다른 이학가들의 동조를 거쳐 비로소 세상을 떠들썩하게 한 사서학을 형성함으로써 점차 오경학을 능가하는 추세를 보였다.

주희 스스로 『사서집해(四書集解)』에서 『사서집주(四書集註)』로 비약한 것은 한편으로는 유가 문화의 역사적 거울처럼 경학의 역사적 변화 과정을 반영한다. 『사서집주』에서 그는 한·위·수·당 주석가들의 설은 극히 적게 인용하고 정호와 정이 이래 이학자(理學者)들의 설을 대량으로 인용하면서 이들의 설을 세 등급으로 나눴다. 곧 정호와 정이의 설을 인용할 때는 정자(程子)라 일컫고, 정문 제자들의 설을 인용할 때는 아무개 씨라 일컬었으며, 정문 제자가 아닌 사람들의 설이나 후배 이학가들의 설을 인용할 때는 성과 이름을 함께 일컬었다.

예전에 주희의 『사서집주』가 갖는 도그마적 성격을 제대로 이해하지 못했을 때 나는 내가 쓴 『논어로 대학을 풀다』(해냄)에서 이렇게 밝힌 바가 있었다.

"『대학』을 보고 또 힘을 붙여 『논어』를 보고 또 힘을 붙여 『맹자』를 보아 이 세 책을 보고 나면 『중용』은 절반은 모두 마치게 된다"고 했다. 그러나 나는 『논어』·『중용』·『대학』·『맹자』 순(順)으로 읽어나갈 것이다. 이유는 잠시 후에 설명할 것이다.

주희의 '사서' 읽기 순서는 스승의 도움을 전제로 한 것이다. 곁에서 지도해주는 스승이 있다면 주희의 말대로 『대학』을 먼저 보면서 전반적인 개요를 살피고, 이어 『논어』를 통해 그 내용을 풍부하게 한 다음, 다시 『중용』으로 요약하고, 끝으로 『맹자』를 읽어 총정리를 하는 것도 나름대로 '사서'를 읽어내는 훌륭한 방법이 될 수 있을 것이다.

그러나 나는 혼자서 읽어나가는 것을 전제로 했다. 그럴 경우 책의 난이도만 놓고 본다면 『맹자』에서 출발해 『논어』를 읽고 이어 『대학』과 『중용』으로 마무리할 수도 있다. 그런데 이 방법이나 주희의 방법에는 근본적인 문제가 하나 있다. 그것은 공자 자체보다는 공자-맹자-주희로 이어지는 도통(道統)의 맥락에서 '사서'를 읽어가려는 경직된 태도에 물들 수 있다. 『논어』를 제외하면 나머지 세 책은 도통을 세우려는 의도가 뚜렷해서 주희가 고른 책이라는 점을 항상 주의할 필요가 있다.

주희의 사고방식이 갖는 위험성은 그때보다 지금 더 심각하고, 우리는 서둘러 거기서 벗어나지 않으면 안 된다고 여긴다. 다시 수징난 교수의 말이다.

> 사서학 체계의 완성이 유가의 전통문화사에서 차지하는 의의는 동중서(董仲舒)가 한 무제에게 홀로 유술을 높이고 백가를 파출하라고 건의했던 것과 같은 차원으로 거론할 만하다. 동중서가 육예(六藝)를 표창하여서 공학(孔學)을 경학화하고 육경에 통치 사상의 지위를 얻게끔 했다고 한다면 정호와 정이, 주희가 사서를 표창한 것은 경학을 이학화하여서 사서가 육경의 독점적 지위를 빼앗게끔 했다.

주희의 이 같은 의도는 어느 곳보다 조선에서 철저하게 관철됐다. 말이 '사서삼경'이지 삼경(三經), 즉 『주역』·『서경』·『시경』은 흐지부지 읽지 않아도 되는 책으로 내몰렸다. 게다가 주희는 『주역』에 대해서는 일관되게 점서(占書)라는 혐의를 덧붙여 그 책을 무력화했다.

정리하자면 『사서집주』는 『논어』를 무력화하는 데 의도가 있었다. 즉 강명(剛明)한 군주를 기르기 위한 체계적인 제왕학 책으로서의 『논어』 체계를 해체해 사대부의 심신 수양서로 전락시켰다. 『주역』을 점서로 전락시킨 주희의 의도 역시 『논어』를 해체시킨 의도와 다르지 않다. 이유는 간단하다. 굳세고 눈 밝은[剛明 강명] 군주야말로 자신의 신권(臣權) 이론의 가장 큰 방해물이었기 때문이다.

조선 초에 성리학이 들어왔다고는 하지만 그때는 아직 초창기라 그저 참신한 유학 정도로 이해된 듯하고, 부분적으로만 신권 이론의 측면을 파악하고 있었던 듯하다. 그러나 지속적으로 명나라에서 책들이 수입되고 공부가 심화되면서 대체로 성종 때를 지날 무렵 신권 이론으로서의 주자학을 의식적으로 받아들였고, 그것이 처음 현실 정치에서 대두된 것이 바로 조광조(趙光祖)의 도학(道學) 정치다. 이에 중종은 뒤늦게 그 '반(反)왕권 이론'의 성격을 알아차리고서 결국 그를 사형에 처해버렸다. 왕권과 신권의 정면충돌이었다. 이를 한가롭게 개혁과 반개혁으로 정리해내는 우리 역사학계의 이론적 빈곤이 안타까울 뿐이다.

이번 작업은 『주역』을 『논어』로 풀고 다시 『조선왕조실록』과 반고의 『한서』를 비롯한 중국사의 사례와 인물을 통해 검증하는 과정을 밟았다. 『주역』에 대한 기본적인 풀이는 흔히 의리역(義理易)의 최고 이론가로 꼽히는 송나라 정이천(程伊川)의 『역전(易傳)』의 도움이 컸다. 『주역』을 풀이하는 입장에는 크게 의리역과 상수역(象數易)이 있는데, 쉽게 말하면 의리역은 괘나 효의 의미 풀이에 중점을 두는 것이고 상수역은 그것을 점술로 보는 것이다. 주희는 상수역을 고집했다. 나는 정이천의 입장을 따랐다. 정이천의 『역전』의 번역본은 『주역(周易)』(심의용 옮김, 글항아리)을 기본으로 하면서 몇몇 용어는 나의 고유한 언어로 고쳤다. 예를 들면 덕(德)을 다움으로 옮기고 성(誠)을 열렬함으로 옮기는 식이다. 또 같은 의리역의 입장에 서 있는 왕필(王弼) 한강백(韓康伯) 주(注), 공영달(孔穎達) 소(疏), 『주역정의(周易正義)』(성백효 옮김, 전통문화연구회)의 도움 또한 컸다. 다시 최종적으로 성격이 조금 다른 책이기는 하지만 정약용의 『주역사전』을 참고해 괘와 효를 하나씩 점검하는 단계를 통해 마무리했음을 밝혀둔다.

이 책에는 많은 역사적 사례가 등장한다. 그것은 내가 2001년 서양 철학을 뒤로하고 우리 학문의 세계에 뛰어들면서 세종(世宗)에게서 배운 공부법 때문이다. 경사(經史) 혹은 경사(經事)의 통합이 그것이다. 원리나 이치를 배우면 일에 적용할 수 있어야 하고, 일에 임하면 원리나 이치를 추출해낼 수 있어야 한다. 때로는 우리에게 익숙하지 않은 사례의 경우 매우 상세하게 다룬 것도 이 점을 염두에 두었기 때문이다. 『주역』만 알고서 끝날 일이 아니다. 역사적 사례를 매개로 해서 지금의 현실에까지 이어져야 할 것이다. 이 부분은 독자 스스로의 연마(練磨)의 몫으로 남겨둔다.

이번 작업을 마치고 가장 먼저 떠오른 분은 은사(恩師) 고(故) 김충렬 선생님이다. 나에게 보심(普心)이란 호를 내려준 분이기도 하다. 대학 시절에 다른 강의는 많이 들었지만 『주역』을 들을 기회는 없었다. 딱 한 차례 선생님께서 정년하고 캠퍼스 밖에서 일반인을 상대로 『주역』을 강의할 때 첫 시간에 참석한 기억이 있다.

『주역』은 어머니의 마음이다.

이제야 겨우 그 말씀의 뜻을 알 듯하다. 세상을 깊이 사랑하지 않고서는 이치를 논하고 해봤자 아무런 의미가 없다는 말씀이었을 것이다. 과연 이 책을 보셨다면 선생님은 칭찬하셨을까 야단을 치셨을까. 두려움 또한 숨길 수 없다.

학문적 철저함의 중요성을 일깨워준 또 한 분의 은사 이기상 선생님께도 깊이 감사드린다. 20년 넘는 직장 생활을 마치고도 다시 학문하는 자세를 회복할 수 있었던 것은 이기상 선생님의 가르침 덕분이었음을 시간이 지날수록 깨우치게 된다.

반듯함의 가치를 깊이 심어주고 가신 아버님, 사위를 자랑스러워하면서도 직접 한마디 못하시고 어색하게 물끄러미 쳐다보는 것으로 대신했던 장인어른, 지금도 헌신하는 삶으로 우리 가족에게 힘을 주는 어머니와 장모님, 한결같이 응원과 격려를 아끼지 않는 아내 김동화와 아들 이상훈에게도 이 자리를 빌려 감사의 말을 전한다.

20년 넘게 많은 경험을 쌓을 수 있게 해준 《조선일보》 방상훈 사장님, 2016년에 회사를 나온 이후 물심양면으로 지원과 응원을 아끼지 않는 LS그룹 구자열 회장님께 이 자리를 빌려 진심으로 고맙다는 말씀을 드린다.

21세기북스 김영곤 대표는 20년 가까이 나의 작업을 응원해주었고, 이제 함께 성과를 공유하게 되었다. 늘 감사드린다. 2016년 이후 함께 공부하는 즐거움을 누리고 있는 우리 논어등반학교 대원들께도 진심으로 고맙다는 말을 전한다.

서울 상도동 보심서실(普心書室)에서
탄주(灘舟) 이한우 쓰다

차례

들어가는 말 한 서양 철학도의 『주역』 등반기 5

「하경(下經)」

31. 택산함(澤山咸) 19
32. 뇌풍항(雷風恒) 41
33. 천산돈(天山遯) 71
34. 뇌천대장(雷天大壯) 83
35. 화지진(火地晉) 98
36. 지화명이(地火明夷) 118
37. 풍화가인(風火家人) 146
38. 화택규(火澤睽) 159
39. 수산건(水山蹇) 182
40. 뇌수해(雷水解) 193
41. 산택손(山澤損) 211
42. 풍뢰익(風雷益) 237
43. 택천쾌(澤天夬) 257
44. 천풍구(天風姤) 287
45. 택지췌(澤地萃) 309
46. 지풍승(地風升) 325
47. 택수곤(澤水困) 343

48. 수풍정(水風井) 365
49. 택화혁(澤火革) 387
50. 화풍정(火風鼎) 403
51. 중뢰진(重雷震) 416
52. 중산간(重山艮) 433
53. 풍산점(風山漸) 455
54. 뇌택귀매(雷澤歸妹) 480
55. 뇌화풍(雷火豐) 508
56. 화산려(火山旅) 549
57. 중풍손(重風巽) 568
58. 중택태(重澤兌) 587
59. 풍수환(風水渙) 609
60. 수택절(水澤節) 631
61. 풍택중부(風澤中孚) 656
62. 뇌산소과(雷山小過) 675
63. 수화기제(水火旣濟) 700
64. 화수미제(火水未濟) 729

주역 64괘

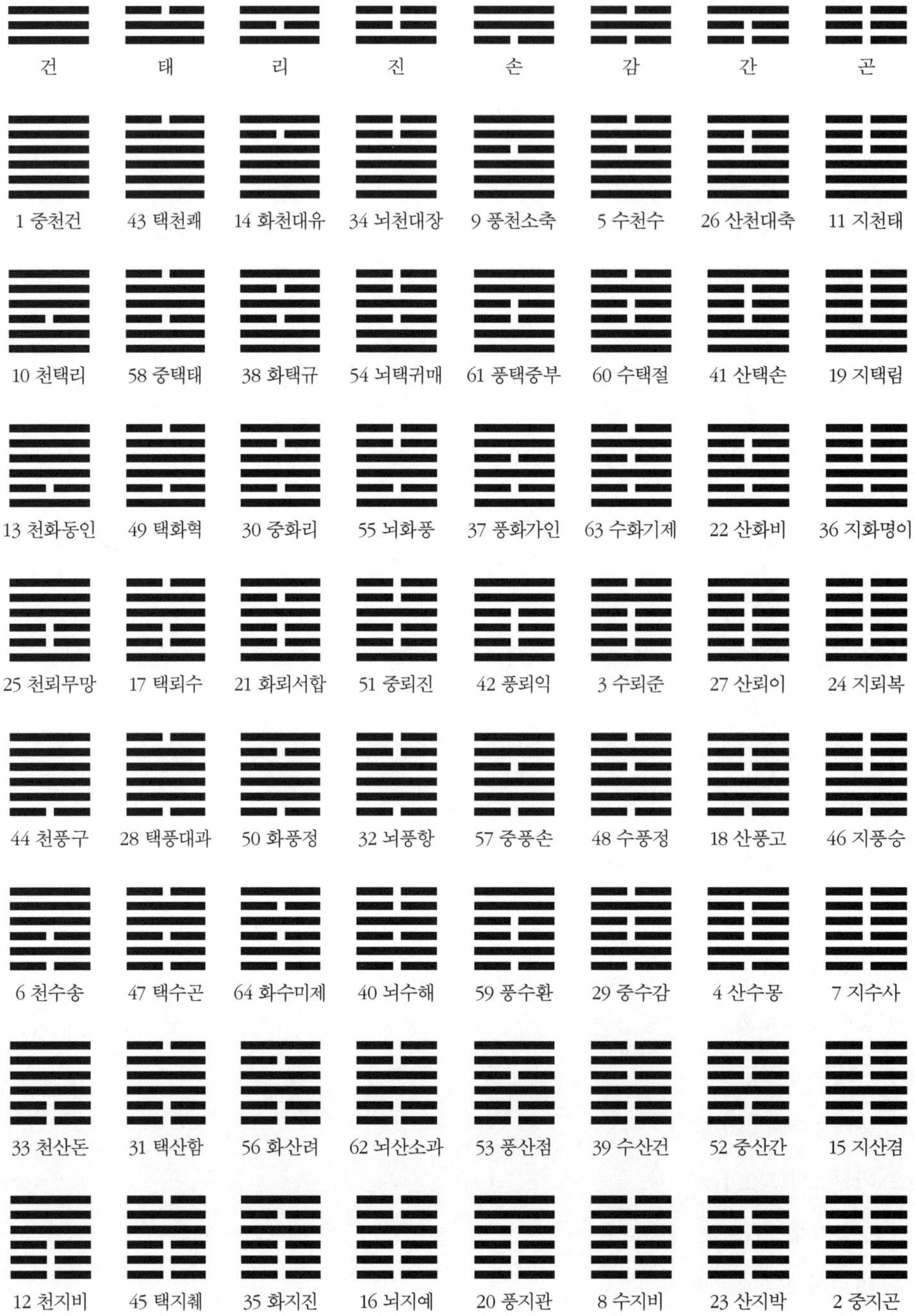

건	태	리	진	손	감	간	곤
1 중천건	43 택천쾌	14 화천대유	34 뇌천대장	9 풍천소축	5 수천수	26 산천대축	11 지천태
10 천택리	58 중택태	38 화택규	54 뇌택귀매	61 풍택중부	60 수택절	41 산택손	19 지택림
13 천화동인	49 택화혁	30 중화리	55 뇌화풍	37 풍화가인	63 수화기제	22 산화비	36 지화명이
25 천뢰무망	17 택뢰수	21 화뢰서합	51 중뢰진	42 풍뢰익	3 수뢰준	27 산뢰이	24 지뢰복
44 천풍구	28 택풍대과	50 화풍정	32 뇌풍항	57 중풍손	48 수풍정	18 산풍고	46 지풍승
6 천수송	47 택수곤	64 화수미제	40 뇌수해	59 풍수환	29 중수감	4 산수몽	7 지수사
33 천산돈	31 택산함	56 화산려	62 뇌산소과	53 풍산점	39 수산건	52 중산간	15 지산겸
12 천지비	45 택지췌	35 화지진	16 뇌지예	20 풍지관	8 수지비	23 산지박	2 중지곤

「하경」

31. 택산함(澤山咸)[1]

함(咸)은 형통하니 반듯함이 이롭고 여자를 취하면 길하다.

咸亨利貞取女吉.[2]

초륙(初六)은 엄지발가락[拇]에서 감동한다[咸其拇].

육이(六二)는 그 장딴지에서 감동하면[咸其腓] 흉하고, 그 자리에 머물러 있으면 길하다[咸其腓 凶 居吉].

구삼(九三)은 그 넓적다리에서 감동한다[咸其股]. 따르는 것만을 잡아 쥐니 가면 부끄럽다[咸其股. 執其隨 往吝].

구사(九四)는 반듯하면 길하여 뉘우침이 없다. 왕래하기를 끊임없이 하면[憧憧往來] 붕우만이 네 생각을 따른다[貞吉悔亡 憧憧往來 朋從爾思].

구오(九五)는 그 등살에 감동함이니[咸其脢] 뉘우침이 없다[咸其脢 无悔].

상륙(上六)은 광대뼈와 뺨과 혀에 감동한다[咸其輔頰舌].

◉

함괘(咸卦)의 초륙(初六)은 양위에 음효로 바르지 못함[不正位], 육이(六二)는 음위에 음효로 바름[正位], 구삼(九三)은 양위에 양효로 바름, 구사(九四)는 음위에 양효로 바르지 못함, 구오(九五)는 양위에 양효로 바름, 상륙(上六)은 음위에 음효로 바름이다. 이 괘의 경우 육이와 구오 모두 중정을 얻었다.

대성괘 함괘(䷞)는 소성괘 태괘(兌卦, ☱)와 간괘(艮卦, ☶)가 위아래에 있어 만들어진 괘다. 「설괘전(說卦傳)」에 따르면 '태(兌-못)로 기쁘게 하고' '간(艮-산)으로 오래 머

---

1 문자로는 태상간하(兌上艮下)라고 한다.

2 원(元)을 제외한 형이정(亨利貞)이 나온다.

물게 한다[止=久]'고 했다. 괘의 모양이 태(兌)가 위에 있고 간(艮)이 아래에 있다.

그러면 「서괘전(序卦傳)」을 통해 왜 함괘가 이괘의 뒤를 이어받았는지 확인해보자.

> 하늘과 땅이 있은 다음에 만물이 있고, 만물이 있은 다음에 남자와 여자가 있고, 남자와 여자가 있은 다음에 부부가 있고, 부부가 있은 다음에 아버지와 자식이 있고, 아버지와 자식이 있은 다음에 임금과 신하가 있고, 임금과 신하가 있은 다음에 위아래가 있고, 위아래가 있은 다음에 예와 마땅함[禮義]이 둘 곳[所錯][3]이 있는 것이다.
>
> 有天地然後 有萬物 有萬物然後 有男女 有男女然後 有夫婦 有夫婦然後 有父子 有父子然後 有君臣 有君臣然後 有上下 有上下然後 禮義有所錯.

하편 첫머리는 천지 만물을 말하고서 남녀 관계로 나아간 다음 인륜(人倫)을 이야기하고 다시 예의(禮義)로 나아갔다. 여기까지가 함괘(咸卦)가 오게 되는 까닭에 대한 풀이다.

함(咸)은 '모두'라는 뜻 외에 '두루 미치다' '널리 미치다'라는 뜻이 있다. 주공(周公)이 지었다는 단사(彖辭)는 그래서 "함(咸)은 마음으로 느끼다[感=感動]"라고 했다. 서로 붙고 타오르는 것[離=麗] 중에 남녀의 사랑만 한 것이 없다. 따라서 위에서 말한 것 중에 함괘와 특히 관련되는 부분은 "남자와 여자가 있고[有男女]"이다. 상편이 건괘와 곤괘를 출발로 삼았다면 하편은 남녀 관계를 상징하는 함괘를 출발로 삼고 있다.

그래서 『주역』이 상하경으로 나뉘고 「서괘전」이 그에 따라 상하편으로 나뉘게 된 것에 대해 내용적 의미를 부여하려는 시각도 있었다. 대체로 상경 혹은 상편은 하늘의 도리[天道]에 대해 말한 것이고 하경 혹은 하편은 사람의 일[人事]을 말한 것이라는 견해다. 크게 틀린 말은 아닌 듯하다. 그저 이를 감안하는 수준에서 이야기를 계속해가자.

택산함괘(澤山咸卦, ䷞)는 간괘(艮卦, ☶)가 아래에 있고 태괘(兌卦, ☱)가 위에 있는데, 이 경우에는 각각 간괘는 소남(少男), 태괘는 소녀(少女)의 뜻을 갖는다. 아직 결혼하지 않은 남녀를 말한다. 소녀가 위에 있고 소남이 아래에 있다는 것의 의미에 대해

---

3 시행될 영역을 말한다.

서는 흔히 "남자가 여자에게 낮춤으로써 남자와 여자가 서로 감동하게 된다"고 풀이 한다. 인간 세상은 남녀의 느낌이 통하는 데서 시작된다는 것이다. 그런 관계가 오래 지속되는 것이 바로 제도로서의 결혼이자 부부(夫婦)다. 그래서 자연스럽게 부부의 도리를 오래 지속하는 것을 뜻하는 항괘(恒卦)로 이어진다.

문왕의 단사(彖辭), 즉 "함(咸)은 형통하니 반듯함이 이롭고 여자를 취하면 길하다[亨 利貞 取女 吉]"에 대한 공자의 풀이[「彖傳」]를 살펴볼 차례다.

함(咸)은 감동함[感]이다. 부드러움이 위에 있고 굳셈이 아래에 있어[柔上而剛下] 두 기운이 감응해 서로 함께하니[相與], 그대로 머물러 기뻐하며[止而說] 남자가 여자에게 몸을 굽힌다[男下女]. 이 때문에 형통하여 반듯함이 이로우니 여자를 취하면 길하다.
하늘과 땅이 감동하면 만물이 바뀌어 생겨나고[化生] 빼어난 이가 사람들의 마음[人心]을 감동시키면 천하가 화평하니, 그 감동하는 바를 잘 살펴보면 하늘과 땅과 만물의 실상[情]을 볼 수 있다.

咸 感也. 柔上而剛下 二氣感應以相與 止而說 男下女.
是以亨利貞取女吉也.
天地感而萬物化生 聖人 感人心而天下和平 觀其所感而天地萬物之情 可見矣.

◉

먼저 함(咸) 자에 대한 정이(程頤=程伊川)의 뜻풀이다.

함(咸)이란 감(感)이다. 그런데 감(感)이라고 하지 않은 것은, 함(咸)에는 '모두 함께[皆]'라는 뜻이 있어 남자와 여자가 서로 교제하여 감응한다는 것을 의미하기 때문이다. 사람들이 서로 감응하는 데는 남자와 여자만 한 것이 없고 젊은 남녀의 경우는 더욱 심하다. 무릇 군주와 신하, 윗사람과 아랫사람, 모든 사물과 일에 이르기까지 서로 감응하게 되면 형통하는 이치가 있다. 임금과 신하가 서로 감응할 수 있으면 군주와 신하의 도리가 서로 통하고 위아래가 서로 감응할 수 있으면 위아래의 뜻이 통하니, 아버지와 아들, 남편과 아내, 친척들과의 관계, 친구와의 관계에 이르기까지 모두 정과 뜻[情意]이 서로 감응하면 조화롭고 고분고분해[和順](화순) 형통하게 된다. 모든 일이 다 그렇기 때문에 감응에는 형통할 수 있는 이치가 있다.

이는 함괘 전체를 지배하는 분위기라고 할 수 있다. 문왕(文王)은 단사(彖辭)에서 "여자를 취하면 길하다[取女吉](취녀 길)"라고 했는데, 이 부분을 받아서 공자는 "부드러움이 위에 있고 굳셈이 아래에 있어 두 기운이 감응해 서로 함께하니, 그대로 머물러 기뻐하며[止而說](지이열) 남자가 여자에게 몸을 굽힌다[男下女](남 하녀). 이 때문에 형통하여 반듯함이 이로우니 여자를 취하면 길하다"라고 풀었다. 여기서 공자가 말한 '부드러움이 위에 있고 굳셈이 아래에 있어'가 핵심이다. 태괘는 젊은 여성, 간괘는 젊은 남성이다. '머물러 기뻐하며[止而說](지이열)'는 함괘의 아래위 괘로 뜻을 풀어낸 것인데, 머무른다[止](지)는 것은 오래간다[久=常](구 상)는 것이고 그것은 곧 진실되다는 뜻이다. 진심을 다해 다가가니 여자도 진심으로 기뻐하는 것이다. 공자는 분명하게 '남자가 여자에게 몸을 굽힌다[男下女](남 하녀)'라고 했다.

이렇게 될 경우 그 일을 형통하게 할 수 있게 되는데, 조건이 하나 있다. 끝까지 바른 도리[貞=正道](정 정도)로 해야 한다는 점이다. 공자는 바로 이 점을 추가했다.

공자는 하늘과 땅은 만물을 길러주듯이 빼어난 이[聖人](성인), 즉 빼어난 임금은 백성을 감화시켜야 한다[感=咸](감 함)고 말한다. 그리고 "그 감동하는 바를 잘 살펴보면 하늘과 땅과 만물의 실상[情](정)을 볼 수 있다"라고 했다. 감동·감통하는 도리를 안다면 그 도리로 그 감동하는 바를 살펴봄으로써 천하가 지금 어떤 상황에 놓여 있는지를 판별할 수 있다는 말이다.

『인조실록(仁祖實錄)』 9년(1631) 3월 13일 자 기사에 우리의 문맥에 도움을 주는 글이 실려 있다.

동양위(東陽尉) 신익성(申翊聖)[4]이 차자(箚子-약식 상소)를 올려 말했다.

"삼가 살피건대 성상께서 진전(眞殿)의 재변에 대해 깊이 애통해하시며 구언하는 전교를 내리셨는데, 신은 재변의 원인과 그에 따른 대응 방법을 논하는 학설에 대해서는 배우지

4 위(尉)란 임금의 사위, 즉 부마를 말한다. 신익성은 선조의 사위다.

못했으니 오직 듣고 본 것을 가지고 응답드릴까 합니다.

임진왜란은 옛날에 볼 수 없었던 전란으로서 적이 7년 동안이나 물러가지 않았으니, 백성이 도탄에 빠지고 국가가 위태로운 운명에 처한 것이 오늘날에 비해볼 때 어찌 한두 배뿐이었겠습니까. 그러나 선왕께서 마음을 더욱 굳건히 하여 중흥의 업적을 이루었으니, 이것은 다른 것이 아니었습니다. 오직 지성으로 중국을 섬기고 지성으로 백성을 사랑하여 민심을 굳게 결속시켰기 때문인 것입니다. 그리고 선왕께서 절검(節儉)하신 덕행이야말로 어느 임금보다도 높이 뛰어난 것에 대해서는 전하께서 친히 보셨던 바입니다. 낡은 자리와 꾸밈새 없는 탁상에 화려하지 않은 병풍, 그리고 빈시(嬪侍)와 귀근(貴近)들도 비단옷을 입지 않아 당시 검소하게 지내는 풍조가 중외의 거의 전 지역에 확산됐습니다. 선왕께서 치기(治己)·치인(治人)하신 것을 보면 모두가 실질적인 것으로서 형식적인 것은 없었으니, 이것이야말로 전하께서 귀감으로 삼아야 될 일이 아니겠습니까.

선왕께서 신이 『주역』을 좀 읽었다고 잘못 들으시고서 성재(誠齋)[5]가 지은 『역전(易傳)』 1부를 주셨습니다. 신이 이 『역전』을 받은 지 26년이 됐으나 아직도 그 오묘한 의미를 완전히 알지는 못하겠습니다. 그러나 삼가 그 전을 살펴보건대 고인이 행한 일들을 괘효(卦爻)에 배열하면서 격언과 확론(確論)을 많이 기술했으므로 치도(治道)에 깊이 유익함이 있겠기에 감히 전하에게 올리는 것입니다. 공자는 '역(易)을 지은 것은 우환이 있었기 때문이다'라고 했습니다. 전하께서 재변을 만나 참회하는 마음으로 남이 보고 듣지 않는 곳에서도 두려워하고 삼가시어 득실과 치란, 굴신(屈伸)과 소장(消長)을 탐구하여 통달하고 음양이 발동하는 기틀과 강유(强柔)를 현실에 적용하는 오묘한 도리를 환히 밝혀 깨달으심으로써 천도(天道)를 체득하여 꿋꿋이 나아가고 시운을 살펴 올바르게 처리하면서 간이(簡易)한 방법으로 왕업을 원대하게 하신다면, 그야말로 제왕의 효(孝)라고 할 수 있는 것으로서 하늘에 계신 조종의 영령들을 위로할 수 있게 될 것입니다.

아, 건괘(乾卦)와 곤괘(坤卦)는 음양을 구별했고 함괘(咸卦)와 항괘(恒卦)는 음양이 서로 감응됨을 말하고 있습니다.[6] 구별하지 않으면 서로의 경계(境界)가 엄하게 되지 못하고, 감응되

---

5 송나라 학자 양만리(楊萬里)를 가리킨다.

6 그래서 옛말에 "함항(咸恒)에 짝하라"라고 하면 부부가 금실 좋게 살라는 말이었다. 함괘 바로 다음이 항괘다.

지 못하면 서로의 마음이 통하지 않게 될 것입니다. 그러나 군신 관계에 있어서는 엄하게 되지 않을 것을 걱정할 게 아니라 서로 통하지 못할까 염려해야 합니다. 함괘의 구오(九五) 효사(爻辭)에 이르기를 '그 등살에 감동함이니 뉘우침이 없다[咸其脢 无悔]'라고 했는데, 이는 대개 지극히 허심탄회하게 사심 없이 대하는 것이 가장 훌륭하게 감응하는 것이라는 의미로서 빼어난 이의 뜻이 은미(隱微)하다 하겠습니다. 삼가 원하건대 성명께서는 유념하소서."

상이 답했다.

"경이 정성스럽게 진언하여 나를 깨우치니 마음속으로 매우 가상하게 여긴다. 그대가 바친 『역전』의 의미를 상세히 탐구하여 지극한 뜻을 저버리지 않겠다."

공자의 「상전(象傳)」을 살펴볼 차례다. 그중에 함괘를 총평한 「대상전」이다.

산 위에 연못이 있는 것이 함(咸)(이 드러난 모습)이니, 군자는 그것을 갖고서 마음을 비워 다른 사람(의 생각과 마음)을 받아들인다[山上有澤咸 君子以 虛受人].

◉

연못이 산 위에 있으니 내려가서 적셔줄 것이고, 산에 있는 흙은 이를 받아 적셔지게 된다. 서로가 조금의 틈도 없이 감통하는 것이다. 그래서 군자 혹은 군주는 이를 보게 되면 그 도리를 살펴야 하는데, 그 핵심으로 공자는 '마음을 비워[虛]'라고 했다. 자신의 사사로움은 말할 것도 없고 윗사람이 이미 주관이 아주 강하면 아랫사람의 생각과 말이 파고들 여지가 전혀 없다. 그래서 마음을 비우는 것[虛心]이 중요하다고 한 것이다. 말 그대로 윗사람의 허심탄회(虛心坦懷)가 상하 교류의 첫걸음인 것이다.

『선조실록(宣祖實錄)』 35년(1602년) 7월 27일 이 부분을 토론하는 경연(經筵)의 장면이다.

이심(李愖)이 아뢰어 말했다.

"(정이의) 주석에 '마음이 텅 비면 받아들일 수 있고, 꽉 채우면 받아들일 수 없다'라고 했고, 또 '마음을 비운다는 것은 나를 없애는 것[無我]이다'라고 했는데 나를 없앤다는 것은 사심(私心)이 없는 것을 말합니다. 주렴계(周濂溪, 1017~1073)[7]의 『통서(通書)』에 '욕심이 없으면 허정(虛靜)하고, 허정하면 밝고, 밝으면 통한다'라고 했는데, 통한다는 것은 천하의 이치를 통달한다는 것입니다. 또 정자(程子-정이)는 '주(主-마음의 중심)가 있으면 허(虛)하고 주가 없으면 실(實)하다'라고 했는데, 마음을 텅 비게 하여[虛] 다른 사람의 의견을 받아들이는 점은 배우는 자들만 체념(體念)해야 할 것이 아닙니다. 임금이 한 몸으로는 총명과 재주에 한계가 있는데, 지극히 번잡한 만기(萬機)와 수많은 서무(庶務)를 살피면서 마음을 비워 널리 다른 사람의 의견을 받아들이지 않는다면 어떻게 이룰 수가 있겠습니까. 상께서는 더욱 체념하셔야 합니다."

이호민(李好閔, 1553~1634)[8]이 아뢰어 말했다.

---

7 본래 이름은 돈실(敦實)이었으나 송나라 영종(英宗, 재위 1063~1067)의 초명인 종실(宗實)과 같은 글자를 피하기 위해 돈이(敦頤)로 이름을 바꾸었다. 주자(周子)라고도 부르는데, 성리학을 집대성한 주희(朱熹, 1130~1200)를 가리키는 주자(朱子)와 혼동되므로 일반적으로 널리 사용되지는 않는다. 죽은 뒤에 신종(神宗, 1067~1085)에게 '원(元)'이라는 시호를 받아 '원공(元公)'으로 불리기도 한다. 염계(濂溪)라는 호는 1072년 강서성(江西省)의 여산(廬山) 개울가에 집을 짓고 살면서 그 개울을 염계라 하고 스스로를 염계 선생이라고 부른 데서 비롯됐다. 주돈이는 중국 성리학의 틀을 만들고 기초를 닦은 인물로 평가된다. 그는 도가와 불교의 주요 인식과 개념들을 받아들여 우주의 원리와 인성에 관한 형이상학적인 새로운 유학 이론을 개척했고, 그의 사상은 정호·정이 형제와 주희 등을 거치며 이른바 정주학파(程朱學派)라고 불리는 중국 유학의 중심적 흐름을 형성했다. 그래서 그는 한(漢)나라 때의 훈고학(訓詁學)을 거치며 끊어졌던 성(性)과 도(道)에 관한 철학적 논의를 되살려 유학을 새롭게 부흥시킨 인물이라는 평가를 받는다. 그의 저술은 7권의 『주자전서(周子全書)』로 전해지는데, 그 가운데 「태극도설(太極圖說)」과 『통서(通書)』가 가장 대표적인 저작으로 꼽힌다. 「태극도설」에서는 인성과 우주의 원리를 태극도(太極圖)를 중심으로 설명하고 있다. 그는 무극(無極)과 태극(太極)이 하나이며, 태극이 음양(陰陽)으로 나뉘고, 여기에서 다시 화(火)·수(水)·목(木)·금(金)·토(土)의 오행(五行)이 생겨난다고 했다. 이를 근거로 인간의 선(善)·악(惡)과 인(仁)·의(義)·예(禮)·지(智)·신(信)의 오상(五常)을 설명하려 했다. 「태극도설」에는 무(無)에서 유(有)가 비롯된다는 도가와 불교의 사상이 드러나기도 한다. 「태극도설」은 이기(理氣) 철학의 기본 형식을 제시해 성리학의 발달에 큰 영향을 끼쳤다. 주희가 「태극도설해(太極圖說解)」를 지어 자신의 주된 이론적 근거로 삼는 등 『태극도설』의 해석은 후대의 유학 논쟁들에서도 매우 중요하게 다뤄졌다. 『통서』는 도덕론을 중심으로 「태극도설」의 중심 내용을 설명하고 있는 책이다. 주돈이는 여기에서 '성(誠)'을 인간의 모든 덕(德)과 행위의 근본이 돼야 할 근본 규범으로 강조했다. 그는 흔들리지 않는 고요한 마음의 상태[寂然不動]인 성(誠)을 순수지선(純粹至善)으로 보고, 그것을 완전하게 체득하면 오상(五常)의 덕도 완성할 수 있다고 했다. 이러한 경지에 도달하려면 주정(主靜)과 무욕(無慾)의 태도가 필요하다고 했다. 주희는 『통서』에 대해서도 주석을 붙여 『통서해(通書解)』를 남겼는데, 이는 성리학의 도덕론 형성에 큰 영향을 끼쳤다.

8 1585년(선조 18년) 사관(史官)으로 발탁됐으며 응교와 전한을 역임했다. 후에 집의·응교를 겸직했다. 1592년(선조 25년) 임진왜란 때는 이조좌랑에 있으면서 왕을 의주까지 호종했고, 요양(遼陽)으로 가서 명나라에 지원을 요청해 명나라의 군대를 끌어들이는 데 크게 공헌했다. 그 뒤에는 상호군(上護軍)·행사직(行司直)을 거쳤으며 1595년(선조 28년)에는 부제학으로 명나라에 보내는 외교 문서를 전담했다. 1596년(선조 29년)에는 참찬관(參贊官)을 지

"서로 감응하는 심도(深度)는 남녀 관계만 한 것이 없으므로 이것으로 비유한 것입니다. 군자(君子)의 도리는 부부에서 시작된다고 했는데, 부부의 관계는 지극히 친밀한 것이기 때문에 그 사이에 도리를 행하기가 어려운 것입니다. 비록 감응하는 것이 없을 수는 없으나 반드시 그 정(正-바름)을 잃어서는 안 되는 것입니다."

이심이 아뢰어 말했다.

"구삼(九三)은 감응하는 것이 넓적다리라고 했는데, 구삼은 양강(陽剛)의 재질로 하괘(下卦)의 상효(上爻)에 자리 잡고 있으니, 정도(正道)를 스스로 견지하여 양(陽)에 감응해야 합니다. 그런데 도리어 상륙(上六)의 음(陰)에 호응한다면 이는 제대로 자기를 지키지 못하는 것입니다. 윗자리에 있는 자 역시 정도로 대하지 못하고 도리어 친근하고 스스럼없는 자의 말을 믿고 쓴다면, 이는 상하가 모두 그 정도를 잃어버리는 것이 되고 맙니다. 그리하여 사정(私情)이 횡행하고 공의(公義)가 없어져 인재를 등용하고 물리치는 것과 옳고 그름을 가리는 것이 마침내 전도(顚倒)되는 데 이르게 될 것이니, 경계하지 않을 수 있겠습니까. 성인의 경전(經典)에서 교훈을 남긴 의미가 깊으니, 임금은 두려운 마음으로 대처해야 할 것입니다."

함괘의 여섯 효[六爻]에 대한 주공(周公)의 말을 풀이한 공자의 「소상전(小象傳)」이다.

(초륙(初六)은) 엄지발가락에서 감동한다[咸其拇]는 것은 뜻이 밖에 있다는 것이다[咸其拇志在外也].

(육이(六二)는) 비록 흉한데도 그 자리에 머물면 길하다[雖凶居吉]는 것은 (이치에) 고분고분하

냈다. 1599년(선조 32년)에 동지중추부사가 돼 사은사(謝恩使)로서 명나라에 다녀왔다. 1601년(선조 34년) 예조판서로 인성왕후(仁聖王后)의 지문(誌文)을 다시 썼으며, 대제학 및 좌찬성을 지냈다. 이호민은 1608년 선조가 죽자, 영창대군(永昌大君)의 즉위를 반대하며 장자를 옹립해야 한다고 주장했다. 광해군이 즉위하자 고부청시승습사(告訃請謚承襲使)로 명나라에 가서 입장론(立長論-장자를 세워야 한다는 주장)을 내세웠다. 1614년(광해군 6년) 정온(鄭蘊) 등이 영창대군 살해에 대해 항의하다가 귀양 가게 되자 「청환수정온보외차(請還收鄭蘊輔外箚)」를 올려 이들의 방면을 요구했다. 1615년(광해군 7년) 정인홍(鄭仁弘) 등의 원찬론(遠竄論)으로 인해 7년간 교외에서 죄를 기다렸다. 인조반정 후에 오래된 신하로 우대를 받았다. 이호민은 문장에 뛰어났다. 특히 임진왜란 때는 왕명으로 각종 글을 작성했는데, 그가 지은 교서(教書)는 내용이 간절하고 표현이 아름다워 보는 이의 감동을 자아냈다고 한다. 그러나 교서 등의 글보다는 한시에 뛰어나다는 평을 들었다.

면 해롭지 않기 때문이다[雖凶居吉 順不害也].

(구삼(九三)은) 그 넓적다리에서 감동한다[咸其股]는 것은 역시[亦] 마땅한 자리에 처해 있지 않고 뜻이 다른 사람을 따르는 데 있으니 (마음속으로) 잡아 쥐는 바[所執]가 매우 낮다[咸其股 亦不處也. 志在隨人 所執下也].

(구사(九四)는) 반듯하면 길하여 뉘우침이 없다[貞吉悔亡]는 것은 사사로운 감동에 피해를 당하지 않는 것이요, 왕래하기를 끊임없이 한다[憧憧往來]는 것은 아직 크게 빛나지 못했기 때문이다[貞吉悔亡 未感害也. 憧憧往來 未光大也].

(구오(九五)는) 그 등살에 감동한다[咸其脢]는 것은 뜻이 보잘것없기 때문이다[咸其脢 志末也].

(상륙(上六)은) 광대뼈와 뺨과 혀에 감동한다[咸其輔頰舌]는 것은 입과 말로만 떠들어대는 것이다[咸其輔頰舌 滕口說也].

◉

함괘의 맨 아래 첫 음효에 대해 공자는 "엄지발가락에서 감동한다[咸其拇]는 것은 뜻이 밖에 있다는 것이다"라고 풀었다. 초륙의 처지부터 보자. 음효로 양위에 있으니 자리가 바르지 않다. 육이와는 같은 음효라 친하지 않고[無比] 그나마 구사와는 호응하는 관계다. 그러나 지위가 너무 낮다. 이런 점들을 감안하며 정이(程頤)의 풀이를 읽어보자.

> 미약한 힘으로 처음에 자리해 그 감동을 줌이 깊지 않으니 어찌 상대의 마음을 움직일 수 있겠는가? 그래서 사람의 엄지발가락이 움직이는 것과 같아서 나아가기에는 충분치 않다.

말 그대로 꼼지락거리는 수준의 감응만 줄 수 있을 뿐이다. 그나마도 스스로 움직였다기보다는 구사에 감응한 때문이므로 공자는 '뜻이 밖에 있다'라고 했다. 이렇게 해서는 앞으로 나아갈 수 없다. 무엇보다 자발(自發) 자진(自進)하려는 마음이 없다. 이런 사람은 남 탓을 해서는 안 되고, 스스로 뜻을 일으키려는 자세부터 갖춰야 한다. 이와 관련된 내용들은 『논어(論語)』에 수도 없이 실려 있다. 「옹야(雍也)」편이다.

염유(冉有)가 “저는 스승님의 도리를 열렬히 좋아하지 않는 것은 아니지만 그것을 향해 나아가기에는 힘이 딸립니다”라고 말하자 공자는 말했다.
“힘이 부족하다고 말하는 자는 대부분 중도에 포기하는 자인데, 지금 염유 너는 스스로 자신의 한계를 긋고 있는 것이다.”

다음은 「술이(述而)」편이다.

공자가 말했다.
“자기 스스로 찾아와서 육포 한 속(10개) 이상이라도 내놓으며 배움을 청하는 사람이 있으면 내 일찍이 가르쳐주지 않은 적이 없었다.”

공자가 말했다.
“스스로 힘쓰고 분발하지 않거든 굳이 일깨워 열어 밝혀주지 않았고, 뭔가 표현하려고 진정 애를 태우지 않거든 그 사람의 말문이 터지도록 해주지 않았으며, 네 귀퉁이가 있는 물건을 갖고서 한 귀퉁이를 들어 보여주었을 때 나머지 세 귀퉁이를 미루어 알아차리지 못한다면 다시 반복해서 가르쳐주지 않았다.”

끝으로 「자한(子罕)」편이다.

공자가 말했다.
“비유컨대 산을 만들 때 한 삼태기의 흙을 더 붓지 않아 산을 이루지 못하고 그만두는 것도 내가 그만두는 것이요, 비유컨대 산을 평탄하게 만들기 위해 한 삼태기의 흙을 떠서 쏟아붓고 나아가는 것도 내가 나아가는 것이다.”

스스로의 진실된 열렬함[自誠]이 감동 감응의 출발점인 것이다.
자성

함괘의 밑에서 두 번째 음효에 대해 공자는 “비록 흉한데도 그 자리에 머물면 길하다[雖凶居吉]는 것은 (이치에) 고분고분하면 해롭지 않기 때문이다”라고 풀었다. 육이
수 흉 거 길
의 처지는 음효로 음위에 있어 자리가 바르고 가운데 있으니 중정(中正)을 얻었다. 구

삼과 친하고, 중정을 얻은 구오와 호응하고 있다. 일단 외형적으로는 나쁠 것이 없어 보인다. 그런데 주공은 효사에서 "그 장딴지에서 감동하면 흉하고, 그 자리에 머물러 있으면 길하다[咸其腓 凶 居吉]"라고 했다. '그 장딴지에서 감동하면'이란 곧 장딴지에서부터 움직임을 시작하는 것인데 이를 흉하다고 단정했다. 우리가 걸으려면 장딴지를 먼저 움직여야 발이 들리고 걸어가게 된다. 그런데 이는 그 위에서 어떤지를 가리지 않고 장딴지가 먼저 걸어 나가려는 것이니, 조급함[躁]이요 전형적인 경거망동(輕擧妄動)이다. 정이의 풀이를 읽어보자.

> 그 재질이 본래 (유순하여) 좋으나 함괘의 때에 있어, 자질이 유순하고 위로 응하기 때문에 만일 먼저 움직여서 군주를 구하게 되면 흉하고 그대로 머물러 스스로를 지키면 길하다고 경계시킨 것이다.

공자는 비록 흉할 수 있지만 좀 더 길한 쪽에 방점을 두고서 이치에 고분고분해야 함을 강조했다. 이때 길하다는 것도 좋다기보다는 '해롭지 않기 때문'이라고 한 것도 경계의 의미가 깊다. 해롭지 않은 것만 해도 길하니 그만큼 조심하며 자신을 지키고 있어야 할 때임을 말한 것이기 때문이다.

함괘의 밑에서 세 번째 양효에 대해 공자는 "그 넓적다리에서 감동한다[咸其股]는 것은 역시[亦] 마땅한 자리에 처해 있지 않고 뜻이 다른 사람을 따르는 데 있으니 (마음속으로) 잡아 쥐는 바[所執]가 매우 낮다"라고 풀었다. 대체로 아래의 세 효는 사람의 몸으로 따지면 하체에 해당한다. 스스로 움직이는 것이 아니라 다 상체의 결정에 따르는 것이다. 이 점을 염두에 두면서 구삼의 처지를 보자. 양강의 자질로 양의 자리에 있으니 자리는 바르고, 비록 가운데를 지나쳐 있긴 하지만 하괘의 맨 위에 있어 하괘를 이끌면서 상륙과 호응하고 있다. 구삼은 양효로 위로 올라가려 하고 상륙은 태괘의 맨 위에 있으면서 구삼과 호응하고 있다. 정이는 '역시[亦]'라는 말을 실마리로 삼아 공자의 「상전」을 풀어간다.

> 여기서 '역시[亦]'라고 말한 것은 앞 효의 말을 이은 것이다. 앞에서 "엄지발가락에서 감동한다[咸其拇]는 것은 뜻이 밖에 있다는 것이다"라고 했고, "비록 흉한데도 그 자리에 머물

면 길하다[雖凶居吉]는 것은 (이치에) 고분고분하면 해롭지 않기 때문이다"라고 했다. 그래서 "그 넓적다리에서 감동한다[咸其股]는 것은 역시[亦] 마땅한 자리에 처해 있지 않다"라고 한 것은 앞의 두 음효가 모두 (위의) 자극을 받아서 움직였는데 양효인 구삼 또한 그러하기 때문에 "역시[亦] 마땅한 자리에 처해 있지 않다"라고 한 것이다. 마땅한 자리에 처하지 않았다는 말은 성급하게 먼저 움직인다는 말이다. 강양한 자질을 가졌으나 스스로 주인이 되지 못하고 뜻이 오히려 다른 사람을 따르는 데 있으니 그 잡아 쥐는 바가 매우 비루하고 저급한 것이다.

함괘의 구삼을 풀이하며 떠오른 인물은 조선 개국 공신이자 1차 왕자의 난 때 이방원 세력에 의해 살해된 남은(南誾, 1354~1398)이다. 그는 태종 이방원도 인정한 개국 공신 중의 공신이다. 말 그대로 양강(陽剛)의 자질을 갖춘 사람이다. 그러나 결국은 상황을 주도하지 못하고 권력에 안주하다가 삶을 비극적으로 마쳐야 했다.

그는 1374년(공민왕 23년) 성균시에 급제, 1380년(우왕 6년) 사직단직(社稷壇直)이 되고 이어서 삼척지군사(三陟知郡事)가 돼 왜구를 격퇴, 사복시정에 올랐다. 정도전(鄭道傳) 등과 함께 조정의 신진 사류로서 이성계(李成桂) 일파의 중심인물이 돼 구세력과 대립했으며, 요동 정벌을 반대했다. 1388년(우왕 14년) 요동 정벌 때 이성계를 따라 종군했으며, 조인옥(趙仁沃) 등과 함께 이성계에게 회군할 것을 진언했고, 회군 뒤 이성계의 왕위 추대 계획에 참여했다.

1389년(공양왕 1년) 응양군상호군 겸 군부판서(鷹揚軍上護軍兼軍簿判書)가 되고, 이듬해 밀직부사로 승진했다. 1391년 정몽주(鄭夢周)에 의해 조준(趙浚)·윤소종(尹紹宗)·조박(趙璞)·정도전 등과 함께 탄핵을 받고 멀리 유배됐다. 이듬해 사형 집행을 불과 며칠 앞두고 정몽주가 살해되자 풀려나 동지밀직사사(同知密直司事)가 되고, 정도전·조준·조인옥 등 52인과 함께 이성계를 왕위에 추대, 조선의 개국에 공을 세웠다.

조선 건국 뒤 판중추원사 의흥친군위 동지절제사가 되고, 개국 공신 1등에 책록, 의령군(宜寧君)에 봉해졌으며, 전(田) 200결과 노비 25구를 하사받았다. 1393년(태조 2년) 경상도에 파견돼 왜구를 방비하고 군적(軍籍)을 새로이 작성했으며, 지문하부사(知門下府事)가 됐다. 이듬해 참찬문하부사(參贊門下府事)를 거쳐 삼사좌복야(三司左僕射)가 돼 새 도읍지인 한양의 종묘와 궁궐터 등을 정했다. 1395년 부친상을 당했으나, 형인 남재와 함께 기복(起復-관직 복귀)돼 이듬해 참찬문하부사 겸 판상서사사(判尙瑞司事)가 됐다. 이때 정조사(正朝使)의 표문(表文)이 명나라 태조의 비위를 거슬러 사신 정총(鄭摠)이 살해되고, 글의 초안자인 정도전을 명나라에 압송하라는 압력이 가해왔다. 이에 정도전과 은밀히 의논, 군량을 비축하고 진도(陣圖)를 작성하는 등 요동 정벌을 계획하기도 했다. 태조를 도와 이방석(李芳碩)을 세자로 책봉하는 데 적극 간여했다가 1398년 1차 왕자의 난 때 정도전·심효생(沈孝生) 및 아우 남지와 함께 살해당했다.

함괘의 밑에서 네 번째 양효에 대해 공자는 "반듯하면 길하여 뉘우침이 없다[貞吉悔亡]는 것은 사사로운 감동에 피해를 당하지 않는 것이요, 왕래하기를 끊임없이 한다[憧憧往來] 는 것은 아직 크게 빛나지 못했기 때문이다"라고 풀었다. 함괘에서 유일하게 효사에 신체의 비유가 없다. 그냥 곧바로 감응의 도리를 말하고 있다. 정이의 풀이가 이례적으로 길고 상세하다. 그만큼 중요하다는 뜻이다.

구사는 (전체 효 중에서) 중간에 있으면서 (상대적으로) 높은 위치에 자리해 심장의 위치에 해당한다. 그래서 감응하는 주인[主]이 되니 (여기에서) 감응의 도리를 말했다. 반듯하면 길하고 뉘우침이 없어지니 감응하는 데 바른 도리[正=正道]로 하지 않을 경우에는 뉘우침이 있게 된다는 말이다. 또 구사는 기쁨의 몸통[兌卦]에 속해 음의 자리에 있으면서 초륙과 호응 관계를 이루고 있기 때문에 반듯해야 한다고 경계시킨 것이다. 감응하는 도리[感之道]는 두루 통하지 않는 바가 없으나, 만일 사사로이 관계하는 바가 있게 되면 감응하여 통하는[感通] 데 해로우니 뉘우침이 있게 된다. 빼어난 이가 천하 사람들의 마음을 감동시키는 것은 (공자가 「단전」에서 말한 바와 같이) 마치 춥고 더우며 비가 오고 해가 뜨는 것과 같아서 통하지 않음이 없어 반응하지 않는 바가 없으니, 이 또한 반듯했기 때문일 뿐이다. 반듯함[貞]이란 마음을 비워 아집이 없는 것[虛中無我]을 말한다. (효사의) "왕래하기를 끊임없이 하면 붕우만이 네 생각을 따른다[憧憧往來 朋從爾思]"라는 것은 바로 이런 뜻이다. 무릇 반듯하고 한결같이 하면[貞一] 감응하는 바가 통하지 않음이 없겠지만, 만일 끊임없이 마음이 갈팡질팡 왔다 갔다 하면서 사사로운 마음으로 상대를 감동시키려 하면 생각이 미치는 사람은 감동시켜 마음을 움직일 수 있겠지만 생각이 미치지 못하는 사람은 감동시킬 수 없다. 이것이 바로 같은 부류의 친구[朋=朋比]들만 너의 생각을 따른다는 말이다.

「계사전(繫辭傳)」에서 우리는 이 문제를 『논어』를 끌어들여 깊게 살펴본 바가 있다.

> 역(易)에 이르기를 "왕래하기를 끊임없이 하면[憧憧往來] 붕우만이 네 생각을 따른다[憧憧往來 朋從爾思]"라고 했다. 공자가 말했다. "천하가 무슨 생각을 하며 무슨 염려를 하는가? 천하는 같은 곳으로 돌아가지만[同歸] 가는 일은 다르며[殊塗=異道] 이르는 곳은 하나이지만[一致] 온갖 염려를 한다[百慮]. 천하가 무슨 생각을 하며 무슨 염려를 하는가?"

"왕래하기를 끊임없이 하면[憧憧往來] 붕우만이 네 생각을 따른다"라는 말은 함괘(䷞)의 밑에서 네 번째 붙은 효[九四]에 대한 풀이[爻辭]다. 택산함괘(澤山咸卦)는 감응(感應)을 나타내는 괘다. 공자는 십익(十翼)의 하나인, 괘의 차례를 풀어낸 「서괘전」에서 함괘를 이렇게 풀이했다.

> 하늘과 땅이 있은 다음에야 만물이 있고, 만물이 있은 다음에야 부부(夫婦)가 있고, 부부가 있은 다음에야 아버지와 자식[父子]이 있고, 아버지와 자식이 있은 다음에야 임금과 신하[君臣]가 있고, 임금과 신하가 있은 다음에야 위아래[上下]가 있고, 위아래가 있은 다음에야 예와 마땅함[禮義]이 행해질 바[所錯=所措]가 있게 된다.

이것이 바로 공자가 『논어』 「양화(陽貨)」편에서 제자 자공과 대화를 나누면서 했던 질문에 대한 공자 자신의 답이다. 거기서 공자는 이렇게 물었다.

> 하늘이 무슨 말씀을 하던가? 사시(四時)가 운행되고 온갖 생물이 나고 자란다. 하늘이 무슨 말씀을 하던가?

결국 여기서 공자는 천지 만물과 인간사 전반의 감응하는 원리를 말하고 있는데, 그렇다면 "왕래하기를 끊임없이 하면[憧憧往來] 붕우만이 네 생각을 따른다"라는 말은 대체 무슨 뜻인가? 정이는 그런 식으로 오가며 남을 감동시키는 것을 "사심(私心)을 써서 감동시키는 것"이라고 했다. 그래서 널리 감동시키지 못하고 좁은 범위의 친구 무리[朋類]만 감동시킬 수 있다고 보았다. 다시 「계사전」 5장으로 돌아간다.

해가 가면 달이 오고 달이 가면 해가 와서, 해와 달이 서로를 밀쳐가며[相推=相移] 밝음[明]이 생겨난다. 추위가 가면 더위가 오고 더위가 가면 추위가 와서, 추위와 더위가 서로를 밀쳐가며 한 해[歲]가 이뤄진다. 가는 것[往者]은 굽힘[屈]이고 오는 것[來者]은 펴짐[信=伸]이니, 굽히고 펴짐이 서로 감응해서[相感] 이로움이 생겨난다.

여기서 주희는 중요한 주석을 덧붙였다.

오고 감[往來]과 굽히고 펴짐[屈伸]은 모두 감응하는 스스로 그러한 일정한 이치[常理]이니, 여기에 애태움[憧憧]이 더해지면 사사로움[私]에 들어가는 것이다. 이 때문에 반드시 생각한 뒤에라야 따르게 됨[從]이 있는 것이다.

함괘(䷞)의 밑에서 네 번째 붙은 효[九四]에 대한 공자의 언급이 좀 더 분명히 이해됐을 것이다. 다시 「계사전」 5장의 본문이다.

자벌레[尺蠖=蚇蠖]가 몸을 굽히는 것[屈]은 펴기[信=伸] 위함이고, 용이나 뱀이 틀어박히는 것[蟄]은 몸을 보존하기 위함이며, (군자가) 마땅함을 정밀하게 하기[精義]를 신묘함에까지 들어가는 것[入神][9]은 제대로 쓰기[致用] 위함이고, 그 쓰임을 이롭게 하고 몸을 (도리에) 편안하게 하는 것[利用安身][10]은 다움을 높여가기[崇德] 위함이다.[11]
(정의입신(精義入神)) 이를 지난 이후는 혹 알 수 없으니, 신묘함을 끝까지 파고들어[窮神] 만물이 변화 생성하는 이치를 아는 것[知化]은 다움이 성대한 것[盛]이다.

이것이 바로 감응하는 도리다. 움츠러들지 않으면 펼칠 수 없고 틀어박혀 몸을 보존하고 쉬지 않으면 그 뒤에 기세를 떨칠 수 없다. 굴신(屈伸)에 담긴 미묘한 이치에 집

---

9 사리(事理)와 사세(事勢)로서 역(易)을 연마하는 것도 그 길 중의 하나다.

10 몸을 편안하게 한다는 것은 스스로를 도리에 맞게 수양함으로써 행동이나 생각 하나하나가 사리에 맞지 않음이 없어 편안하다는 뜻이다.

11 외적으로 이용안신(利用安身)하다 보면 내면에서 다움이 쌓여 높아지게 된다.

중해 그것을 몸에 체화하는 것이 바로 다움을 쌓는 것이다. 그러나 구사에서 강조하듯이 그 같은 감응에 사사로움[私邪]이 끼어들면 그 도리가 제대로 발현될 수 없다. 공자가 '아직 크게 빛나지 못했다'라고 한 것도 그 때문이다. '아직'이라고 한 것은, 아직은 기회가 있으니 서둘러 바른 도리로 돌아가라는 촉구의 의미도 있다. 『선조실록』 35년(1603) 8월 2일에서는 선조와 이심, 이덕형이 이와 관련된 깊이 있는 토론을 한다. 현실적 의미를 붙잡는 데 큰 도움을 준다.

상이 별전에 나아가 『주역』 함괘(咸卦)를 강했다. 이심(李愖)이 아뢰어 말했다.

"구사(九四)는 효(爻)의 차례로 말하면 마땅히 '그 마음을 감동시킨다'라고 했어야 할 것인데 그렇게 하지 않은 것은, 이 괘가 오로지 감응하는 것을 위주로 하기 때문에 다시 심(心)을 말하지 않은 것입니다. 선유(先儒)가 말하기를 '함(咸)은 무심(無心)을 주로 하니 만약 하나의 '심' 자를 붙인다면 집착하는 바가 있게 돼 감응할 수 없다'라고 했습니다. 어떤 이는 또 '등과 장딴지와 넓적다리는 밖에 있어 드러나 있기 때문에 상(象)으로 취했지만, 마음은 안에 있어 보이지 않기 때문에 말하지 않은 것이다'라고 했습니다. 대개 도(道-도리)는 허중(虛中)을 귀하게 여기는데 허중의 요체(要諦)는 주경(主敬-삼감을 위주로 함)이 아니면 어디에 공력을 들이겠습니까."

상이 일러 말했다.

"정정(貞正)함이 자연스러우면 제대로 감응이 되겠지만 만약 먼저 감응하려고 의식적인 마음을 가지면 안 될 것이다."

이심이 아뢰어 말했다.

"천지가 감응하는 도리를 남김없이 말하면서 해가 지면 달이 뜨고 추위가 가면 더위가 오는 의미를 이야기했고, 끝에 가서 학문의 요체와 공용(功用)의 지극함을 이야기했습니다."

영사(領事) 이덕형(李德馨, 1561~1613)[12]이 아뢰어 말했다.

---

12 1580년(선조 13년) 문과에 급제해 승문원(承文院)의 관원이 됐으며, 재주 있는 신하로 선발돼 선조로부터 서적을 받았다. 1582년 명나라에서 온 조사(詔使) 왕경민(王敬民)이 만나보고 싶어 했으나 사적인 면대는 도리에 어긋남을 들어 사양했다. 이에 왕경민은 만나보지 못함을 아쉬워하며 이덕형의 인격을 칭찬하는 글귀를 보내왔다고 한다. 1592년 임진왜란 때 북상 중인 왜장 고니시 유키나가(小西行張)가 충주에서 만날 것을 요청하자 이를 받아들여 단기(單騎)로 적진으로 향했지만, 목적을 이루지 못했다. 왕이 평양에 당도했을 때 왜적이 벌써 대동강에 이르

"주경(主敬)을 제대로 하면 청명함이 내 몸속에 있게 돼 그 감응함이 무궁할 것입니다."

상이 일러 말했다.

"우리 유자(儒子)들이 항상 주경을 말하면서 이 경(敬-삼감)을 마음속에 간직하려고 한다. 그러나 이는 하나의 경(敬) 자 속에 집착하는 것으로서 도리어 허(虛)하지 못하게 될 것이다. 이 마음이 전일(專一)하게 되지 못하는데 어떻게 이른바 허중함을 얻을 수 있겠는가."

사신은 논한다.[13] "상의 이 말은 선학(禪學)에 가까운 것으로, 마음을 곧게 하고 몸을 닦는 도리에는 모자람이 있는 듯하다. 마음속에 주처(主處)가 없으면 어떻게 허중할 수 있겠는가. 그러므로 선유가 말하기를 '고요할 때 모름지기 경(敬)을 가져야 한다'라고 했고, 또 '하나의 경으로 1000의 사(邪)를 대적할 수 있다'라고 했으니, 이것이 없으면 마음이 밖으로 치달리게 될 것이다. 만약 주일무적(主一無適-한결같음을 위주로 해서 잡다한 생각을 털어버리는 것)하는 공부는 하지 않고 그저 이 마음을 허하게 하려고만 한다면 이는 허무일 뿐이고 적멸(寂滅)일 뿐이니, 또한 어떻게 마음을 곧게 하고 몸을 닦아서 사람을 감응시키고 천하가 태평해지는 성대함을 이룩할 수 있겠는가. 시강(侍講)하는 신하가 한갓 담연(湛然)히 집착이 없도록 해야 된다고만 아뢰었을 뿐 담연하게 되는 소이연(所以然)이 주일(主一)의 공효임을 아뢰지 않았으니 애석하다."

이덕형이 아뢰었다.

러 화의를 요청하자, 단독으로 게이테쓰 겐소(景轍玄蘇)와 회담하고 대의로써 그들의 침략을 공박했다 한다. 그 뒤 정주까지 왕을 호종했고, 청원사(請援使)로 명나라에 파견돼 파병을 성취시켰다. 돌아와 대사헌이 돼 명군을 맞이했으며, 이어 한성판윤으로 명장 이여송(李如松)의 접반관(接伴官)이 돼 전란 중 줄곧 같이 행동했다. 1593년 병조판서, 이듬해 이조판서로 훈련도감당상을 겸했다. 1595년 경기·황해·평안·함경 4도체찰부사가 됐으며, 1597년 정유재란이 일어나자 명나라 어사 양호(楊鎬)를 설복해 서울의 방어를 강화했다. 그해 우의정에 승진하고 이어 좌의정에 올라 훈련도감도제조를 겸했다. 이어 명나라 제독 유정(劉綎)과 함께 순천에 이르러 통제사 이순신(李舜臣)과 함께 적장 고니시의 군사를 대파했다. 1601년 경상·전라·충청·강원 4도체찰사를 겸해, 전란 뒤의 민심 수습과 군대 정비에 노력했다. 그리고 대마도 정벌을 건의했으나 뜻을 이루지 못하고, 이듬해 영의정에 올랐다. 1604년 이항복(李恒福)이 이덕형의 공을 들어, 호성공신(扈聖功臣)에 녹훈할 것을 건의했으나 본인의 사양과 시기하는 자들의 반대로 책록되지 못했다. 1606년 영중추부사가 됐다가, 1608년 광해군이 즉위하자 진주사(陳奏使)로 명나라에 다녀와서 다시 영의정이 됐다. 1613년(광해군 5년) 이이첨의 사주를 받은 삼사에서 영창대군(永昌大君)의 처형과 폐모론을 들고나오자 이항복과 함께 적극 반대했다. 이에 삼사가 모두 이덕형을 모함하며 처형을 주장했으나, 광해군이 관직을 삭탈해 이를 수습했다. 그 뒤 용진(龍津)으로 물러가 국사를 걱정하다 병으로 죽었다. 남인 출신으로 북인의 영수 이산해의 사위가 돼, 남인과 북인의 중간 노선을 지키다가 뒤에 남인에 가담했다.

13 실록의 사관이 논평한 것이다.

"경(敬) 공부를 제대로 하면 움직이지 않는 고요한 물이나 얼룩이 없는 맑은 거울처럼 마음이 환하게 비추지 않는 것이 없게 돼 감응함이 무궁할 것입니다."

이심이 아뢰었다.

"감응하는 도리는 어떠한 사람에게든 모두 그러합니다. 임금은 천명을 이어받아 즉위했으니 사심(私心)과 편당이 없이 확연히 공평무사해야 천하를 감응시킬 수 있습니다. 만약 치우침이 있게 되면 감응되는 것이 좌우의 친근한 자들일 뿐일 것이니, 어떻게 천하의 인재를 감화시켜 모두 통할 수 있게 하겠습니까. 예컨대 (은나라) 고종(高宗)에게 상제(上帝)가 뛰어난 보필을 보내주었던 것[14]은 바로 사무사(思無邪)의 심지(心地)로서 지성껏 감동시킨 공효라 할 것입니다. 하늘도 어기지를 못하는데 더구나 사람이겠습니까."

이덕형이 아뢰었다.

"강관(講官)의 말이 매우 좋습니다. 선유가 말하기를 '임금은 욕정이 싹트기 전에 미리 막아야 한다'라고 했습니다. 진실로 온갖 변화의 근원을 깨끗이 하여 공허한 마음으로 타인을 수용하면 천하의 모든 선이 모두 자기에게 돌아오겠지만, 한 번 호령하는 사이에 털끝만 한 사심이라도 끼이게 되면 베푸는 것이 광범하지 못해 두루 감응되지 않을 것입니다."

함괘의 밑에서 다섯 번째 양효에 대해 공자는 "그 등살에 감동한다[咸其脢]는 것은 뜻이 보잘것없기 때문이다"라고 풀었다. 그런데 주공의 효사는 원래 "그 등살에 감동함이니[咸其脢] 뉘우침이 없다[咸其脢 无悔]"이다. 뉘우침이 없다는 것은 나쁘지 않다는 뜻인데 공자는 왜 '뜻이 보잘것없기 때문'이라고 했을까? 정이의 풀이가 그 의문에 도움을 준다.

구오는 존귀한 자리에 있어 지극한 열렬함[至誠]으로 천하를 감동시켜야 하는데, 육이와 호응하고 상륙과 친하게 지낸다[應二比上]. 만일 육이에 얽매이고 상을 기쁘게 하는 데만 급급하게 되면 사사로운 감정에 치우쳐 그 마음이 얕고 좁아 임금의 도리가 아니니 어찌 천하를 감동시킬 수 있겠는가? 등살[脢]은 심장과 등져서 보이지 않는 곳이다. 사사로운 마

---

14 정성이 지극하면 하늘도 감동시킬 수 있다는 말로 은(殷)나라 무정(武丁)이 꿈을 통해 현상(賢相) 부열(傅說)을 얻었다는 고사다. 『서경(書經)』 「열명(說命)」편에 실려 있다.

음을 등지고 서서 그가 보고서 기뻐하는 자인 상륙이 아닌 (많은) 사람을 감동시키면 임금이 세상을 감동시키는 바른 도리를 얻게 돼 후회가 없을 것이다.

사사로이 친애하는 자들을 넘어서야 비로소 뉘우침이 없을 수 있다는 경계인 것이다.

함괘의 맨 위에 있는 음효에 대해 공자는 "광대뼈와 뺨과 혀에 감동한다[咸其輔頰舌(함기보협설)]는 것은 입과 말로만 떠들어대는 것이다"라고 풀었다. 주공의 효사를 단도직입적으로 풀어낸 것이다. 말에 지극함이 없고 그저 임시변통으로 좋은 말만 해대는 것이니 다른 사람을 감동시킬 수 없다.

선조(宣祖)는 누구보다 『주역』을 열심히 공부하고 토론했던 조선 국왕 중의 한 사람이다. 그러나 머리와 마음이 함께하지 않으면 『주역』을 아무리 많이 공부한다 한들 무슨 소용이 있을까 하는 생각을 그를 통해 하게 된다. 『선조실록』 36년(1603) 4월 29일 자에는 아주 흥미로운 상소와 그에 대한 사관의 신랄한 평이 실려 있다. 이를 통해 우리도 『주역』을 대하는 마음가짐을 다시 한번 추슬러봤으면 한다.

경상도 선산(善山)에 사는 전 현령(縣令) 고응척(高應陟, 1531~1605)[15]이 소를 올렸다.

신이 듣건대, 무도(無道)한 임금은 하늘이 사랑하지 않기 때문에 걸주(桀紂)[16]의 세상에는 재변이 없었지만, 도리가 있는 임금은 하늘이 인애하기 때문에 한 문제(漢文帝) 때는 재변이 많았던 것이라 합니다. 진(秦)나라 공자(公子)가 과오를 깨닫자 하늘이 그의 착한 생각을 도와주었으며 송 인종(宋仁宗)이 뙤약볕에 서 있자 하늘이 그의 지성에 감동하여 비를 내렸으니, 하늘이 기뻐하거나 성내는 것은 인정(人情)의 순역(順逆)에 달려 있는 것입니다.

신이 삼가 상께서 분부하신 것을 읽어보건대, 열세 가지의 병폐를 드시며 깊이 자신의 과오

---

15 김범(金範)의 문인으로 1549년(명종 4년) 사마시에 합격했으나 고향에서 학문 연구에 전심했다. 둘째 형이 당나라 한유(韓愈)의 문장을 읽기를 권했으나, 성현의 글이 있는데 하필이면 한유의 문장을 배울 것이냐고 거절했다. 여러 해 동안 『대학』을 탐독했는데, 심지어 식사까지 거르며 학문에 열중해 마을 사람이 미친 사람처럼 여겼다. 1561년 문과에 급제하고 이듬해 함흥교수로 부임했다가, 1563년 사직한 뒤 시골에 묻혀 도학을 연마했다. 『대학』의 여러 편을 시조로 읊어 교훈시를 만들고, 사상을 시·부·가(歌)·곡(曲)으로 체계화했다. 1595년 풍기군수에 이어 회덕현감(懷德縣監)·사성 등을 역임하고 다시 낙향했다. 1605년 경주부윤에 부임했으나, 곧 사직했다.

16 걸과 주는 각각 하나라와 은나라의 마지막 무도했던 임금이다.

를 뉘우치셨습니다. 대체로 모른다면 말할 것 없겠으나 이미 잘못됐음을 알았다면 시급하게 고쳐야 할 것입니다. 대개 와신상담(臥薪嘗膽)하면서도 깊이 힘쓰는 의지가 모자라고, 충현(忠賢)한 신하가 있는데도 진심으로 맡기는 일이 없고, 검소를 숭상하기는 해도 대포(大布-올이 굵은 베)는 부끄럽게 여기고, 나라를 풍족하게 한다는 것이 더러는 부(富)를 축적하는 일에 어긋나고, 기강이 추락돼 세상이 쇠잔해질 조짐이 날로 커가고, 상벌(賞罰)이 전도돼 허위의 풍습이 날로 퍼지고, 궁금(宮禁)이 엄숙하지 못하여 청탁의 길이 여러 갈래이고, 조정이 조용하지 않아 참소하는 간사한 무리가 틈을 노리고, 언로(言路)가 막히어 허심탄회하게 받아들이는 아량이 좁고, 뛰어난 인재들이 은둔(隱遁)하고 있는데도 우대하는 심의가 없고, 뇌물 꾸러미가 벌 떼 날듯 하는데도 막을 줄을 모르고, 궁중의 하례(下隷)들이 범처럼 으르렁거려도 제재할 줄 모르고, 남쪽의 왜적이 틈을 노리고 있는데도 방어할 줄 모르고, 북쪽의 도적이 노리고 있는데도 제어할 줄 모르고 있으니, 무릇 이런 고질들은 신이 보기에 이른바 술에 몹시 취하고 진흙탕에 빠져 있는 것과 같은 것입니다.

신이 보건대 전하의 도량은 고항(高亢-높음)하고 명상(明爽-명쾌)하십니다. 이이(李珥)도 이 점에 대하여 간하는 말을 올렸었거니와, 대체로 고항하면 『주역』 지산겸괘(地山謙卦)의 "일과 사물을 저울질해[稱物(칭물)] 공평하게 베푼다"[17]는 것을 하려고 하지 않아 반드시 항룡(亢龍)의 후회[18]에 이르고, 명상하면 택산함괘(澤山咸卦)의 "마음을 비워 다른 사람(의 생각과 마음)을 받아들인다"라는 것을 하려고 하지 않아 반드시 천지가 막혀버리는 상황에 이르게 됩니다. 또 여조겸(呂祖謙)[19]은 "자신이 잘난 체하는 조짐이 나타나면 갖가지 병폐가 뒤따른다"라는 말로 『서전(書傳)』을 훈해(訓解)한 일도 있습니다. 그러고 보면 이른바 편협함이란 곧 열세 가지 병폐의 뿌리이니, 오직 편협하기 때문에 충현(忠賢)한 이들이 위축돼 감히 충성을 다하지 못하게 되고, 뛰어난 인재들이 잠시 나왔다가 도로 물러가 감히 포부를 펴보지 못하게 되는 것입니다. 충현들이 위축되면 전하의 심복이 병이 들고, 뛰어난 인재들이 의욕을 잃으면 전하의 팔다리가 태만해질 것입니다. 병들고 태만하면 사총(四

---

17 겸괘의 「대상전(大象傳)」이다.

18 항룡은 하늘 끝까지 올라가 내려올 줄 모르는 용으로 존귀한 지위에 있는 왕을 뜻한다. 곧 왕이 겸손하지 않으면 실패가 뒤따른다는 것으로 풀었다. 건괘(乾卦)의 상구에 대한 효사다.

19 송나라 학자다.

聰)[20]이 밝지 못하여 귀머거리에 가깝게 되고 사문(四門)[21]이 열리지 않아 막히게 돼 비록 명철한 요순이라 하더라도 또한 손을 쓸 수 없을 것이니, 사람을 임용하고 적을 토벌하는 일에 기강이 해이해지고 상벌이 전도되는 것은 괴이할 것이 없는 일입니다. 기강이 해이해졌기 때문에 뇌물이 공공연하게 행해져 재능이 없는 사람이 벼슬에 앉아 직무를 감당하지 못한다는 비난을 받고 재덕(才德)을 지닌 사람은 미관말직에 머물며, 상벌이 전도됐기 때문에 죄 없는 변장이 귀양 갈 까닭도 없이 귀양 가고 죄 없는 용사를 죽일 까닭도 없이 죽이게 됩니다. 장사가 의욕을 잃으면 전하의 조아(爪牙-용맹한 군사)가 또한 병이 들 것이니, 어찌 남쪽의 왜적이 틈을 노리고 북쪽의 도적이 욕심을 내는 것이 괴이할 것 있겠습니까.

더욱이 왕자 왕손이 많은데도 교육의 공력이 부족하여 기욕(嗜欲)이 한창 자랄 때 그 누구도 음식을 가려 먹으라고 간하는 말도 나오지 않고, 대궐 안에서는 보행의 범절을 조심히 하도록 보필할 일도 없습니다. 창두(蒼頭)를 박살 내었으나 강항령(彊項令)에게는 어찌할 수 없었고[22], 남의 전민(田民)을 빼앗아가자 황보(皇父)의 허물이 더욱 드러났으니[23] 전하의 귀 밝음과 눈 밝음[聰明]이 아마도 곤의(壼儀)[24]에 어두우신 듯합니다.
총명

대체로 하늘은 만물의 부모이고 임금은 우리 부모의 종자(宗子)입니다. 부모가 자식에게 잘못이 있을 때는 마땅히 책망하고, 책망하여도 고치지 않을 때는 반드시 매를 때리고, 매를 때려도 불순한 다음에야 내쫓는 것입니다. 오늘날 돌이 옮겨가고 바닷물이 붉어지고 일식과 지진의 재변이 생긴 것은 곧 하늘이 책망하고 매를 때리는 것입니다. 전하께서 만약 고치지 않으신다면 내쫓기게 될 것이니, 하늘이 화를 내는 일이 또한 어찌 미미한 것이겠습니까. 요(堯)·순(舜)·우(禹)·탕(湯)·문왕(文王)·무왕(武王)이 임금이 됐을 때는 그 성덕지치(盛德至治)가 한량없이 크고 넓어 무어라 형용할 수 없었습니다. 그러나 그 조목은 여덟

---

20 사방으로부터 널리 귀 밝게 듣는다는 뜻이다.

21 사방으로 인재가 들어오는 문을 가리킨다.

22 왕의 자녀가 아무리 권세를 믿고 횡포를 부리더라도 강직한 사람은 꺾지 못한다는 것이다. 창두는 종이고 강항령은 강직해 권세 있는 자에게 머리를 숙이지 않는 사람을 말한다. 한 광무제(漢光武帝) 때 동선(董宣)이 낙양령(洛陽令)으로 있을 때 호양공주(湖陽公主)의 종이 살인을 하자 공주의 죄를 성토하고 그 종을 때려죽였다. 광무제로부터 강항령이란 별칭을 받고 돈 30만 냥을 하사받았다. 『후한서(後漢書)』 권77 「동선전(董宣傳)」편에 나온다.

23 황보는 주유왕(周幽王) 때의 경사(卿士)다. 붕당(朋黨)을 만들어 국정을 어지럽히고 백성의 집을 헐며 농사를 짓지 못하게 하니 시인(詩人)이 그의 잘못을 노래했다. 『시경(詩經)』 「소아(小雅)· 시월지교(十月之交)」편에 나온다.

24 대궐 안의 예의범절을 말한다.

가지로, 경(敬)으로써 하늘을 섬기고, 성(誠)으로써 몸을 닦고, 남의 가르침을 겸손하게 받아들이고, 내전의 범절을 예법에 맞게 하고, 인재의 임명을 총명하게 하고, 인자하게 백성을 돌보고, 검소하게 농사일에 힘쓰고, 의리를 밝혀 도적을 토벌하는 것이었습니다. 전하께서 과연 위 여섯 성군의 여덟 가지 일만 능히 실천하여 가신다면 열세 가지의 병폐쯤이야 어찌 고치기 어렵겠습니까.

삼가 바라건대, 전하께서는 몸을 닦기를 날마다 새로움을 거듭한 은탕(殷湯)처럼 하고, 가르침을 받아들이기를 착한 말을 들으면 절을 하던 하우(夏禹)처럼 하고, 백성을 돌보되 성심으로 하기를 길을 가다가 죄인을 보면 눈물을 흘리던 사람처럼 하고, 농사에 힘쓰고 검소하기를 허름한 옷에 백성과 함께 농사짓던 주 문왕(周文王)처럼 하고, 아집(我執)을 버리고 남의 좋은 의견을 따르기를 반드시 정자(程子)의 말에 "비록 자신의 의견을 버렸더라도 오히려 자신에 있는 것이 무겁고 남을 따르는 것이 가벼울까 두려워한다"라는 것과 같이 하여 닫힌 사방의 문을 활짝 여시고 오래 막혔던 사방의 귀를 터놓으소서. 그렇게 하시면 움츠리고 있던 제현(諸賢)들이 팔다리를 펴고 모두 순(舜)의 신하 직(稷)·설(契)처럼 고굉(股肱) 노릇을 하고 반신반의(半信半疑)하던 제장(諸將)들이 용기가 솟아 후한(後漢)의 마(馬)·풍(馮)[25]처럼 간성(干城)이 돼 죽기를 바라게 되고, 궁궐 안에서는 반드시 검소하여 옷자락이 땅에 끌리지 않는 미덕이 있고 예의범절로 인도하는 사이에 반드시 내정(內政)의 아름다움을 감탄하는 노래가 나오게 될 것입니다.

전하께서 몸을 공손하고 바르게 하여 남면(南面)하던 순(舜)임금처럼 단정하게 계시고[26] 극히 삼가고 조심하던 문왕(文王)처럼 엄숙하고 화평하게 하여 전하의 마음이 언제나 쾌활하고 쇄락(灑落)한 속에 태연해지게 하면, 하늘의 마음이 반드시 대단했던 노여움을 거두고 온화한 바람과 단비를 내림으로써 나쁜 기운들이 저절로 없어져 온 나라에 잘못된 것이 없게 될 것이니, 어찌 열세 가지의 병통을 근심하겠습니까?

상소를 입계하자 계자(啓字-알았다는 확인)만 찍어서 바로 그날 도로 내려보냈다.

사신은 논한다. "고응척의 사람됨이 어떤지는 알 수 없으나 초야에 있는 사람으로서 말을

25 마원(馬援)과 풍이(馮異)를 말한다.

26 『논어』「위령공(衛靈公)」편에 나오는 공자의 말이다. "무위하면서 다스린 임금은 순임금일 것이다. 무릇 무엇을 했겠는가? 몸을 공손하게 하고 바르게 남면했을 뿐이다."

하여 간절하게 고질을 지적했으니, 진실로 깊이 권장해주어 언로(言路)가 열리게 하고 두렵게 생각하며 수성(修省)하여 하늘의 꾸지람에 응답해야 할 것이다. 그런데 자만해하는 기색으로 사람을 천 리 밖에서 거절해버리고 좋은 말만 들어주되 좋은 말을 들으면 절을 하는 미덕은 들어볼 수 없으니, 구언(求言)한다는 것이 종이 한 장의 겉치레에 불과하게 됐다. 그러니 장차 어떻게 사방 사람들의 충성스러운 말이 오게 하여 상하가 심정을 털어놓게 할 수 있겠는가. 그러므로 재해와 이변이 겹쳐 닥치지만, 상신(相臣)은 들어가서 계책을 말하는 일이 없고, 민원(民怨)이 날로 깊어지지만, 언책(言責)을 맡은 사람은 장마(仗馬)의 울음을 경계하며[27] 하는 일 없이 자리만 채우고 범범하게 대열만 따르고 있다. 그러니 자사(子思)의 이른바 '나라에 사람이 없다'라고 한 것이 오늘의 일을 말한 것이 아니겠는가."

32. 뇌풍항(雷風恒)[28]

항(恒)은 형통하여 허물이 없으니, 반듯하면 이롭고 (일을) 행하는 바가 있는 것이 이롭다.

恒 亨 无咎 利貞 利有攸往.[29]
항 형 무구 이정 이 유 유왕

초륙(初六)은 오래감을 깊이 요구함[浚恒]이다. 반듯함을 고집해 흉하니[貞凶] 이로운 바가
준항 정흉
없다[浚恒 貞凶 无攸利].
준항 정흉 무유리

구이(九二)는 뉘우침이 없어진다[悔亡].
회망

구삼(九三)은 그 다움을 오래 유지하지 못해 간혹 수치로 이어지니 반듯해도 안타깝다[不恒
불항
其德 或承之羞 貞吝].
기덕 혹 승지 수 정린

구사(九四)는 사냥을 하지만 짐승을 잡지 못한다[田无禽].
전 무금

육오(六五)는 그 다움을 오래 유지하면 반듯하니 부인은 길하고 사내는 흉하다[恒其德 貞
항 기덕 정
婦人吉 夫子凶].
부인 길 부자 흉

---

27 자기에게 화가 미칠까 두려워 말할 일도 말하지 않는 것을 말한다. 왕의 의장(儀仗)에 끼인 말이 소리를 지르면 물리쳐버린다는 데서 온 말이다. 『신당서(新唐書)』 권223 「이임보전(李林甫傳)」편에 나온다.

28 문자로는 진상손하(震上巽下)라고 한다.

29 원(元)을 제외한 형이정(亨利貞)이 나오고, 이(利)는 두 번이나 나온다.

상륙(上六)은 동요하는 오래감[振恒]이니 흉하다[振恒 凶].

◉

항괘(恒卦)의 초륙(初六)은 양위에 음효로 바르지 못함[不正位], 구이(九二)는 음위에 양효로 바르지 못함, 구삼(九三)은 양위에 양효로 바름[正位], 구사(九四)는 음위에 양효로 바르지 못함, 육오(六五)는 양위에 음효로 바르지 못함, 상륙(上六)은 음위에 음효로 바름이다. 이 괘의 경우 구이와 육오는 모두 중정을 얻지 못했다.

대성괘 항괘(䷟)는 소성괘 진괘(震卦, ☳)와 손괘(巽卦, ☴)가 위아래에 있어 만들어진 괘다. 「설괘전」에 따르면 '우레[雷=震]로 움직이게 하고' '바람[風]으로 흩어지게 한다'고 했다. 괘의 모양이 진(震)이 위에 있고 손(巽)이 아래에 있다.

그러면 「서괘전」을 통해 왜 항괘가 함괘의 뒤를 이어받았는지 확인해보자.

> 부부의 도리는 오래 지속하지 않을 수 없다. 그래서 함괘의 뒤를 항괘(恒卦)로 받았다. 항(恒)이란 오래 지속한다[久]는 말이다.
> 夫婦之道不可以不久也. 故受之以恒. 恒者 久也.

인간 세상은 남녀의 느낌이 통하는 데서 시작된다는 것이다. 그런 관계가 오래 지속되는 것이 바로 제도로서의 결혼이자 부부(夫婦)다. 그래서 자연스럽게 부부의 도리[咸]를 오래 지속하는 것을 뜻하는 항괘로 이어진다.

뇌풍항괘(雷風恒卦, ䷟)는 손괘(☴)가 아래에 있고 진괘(☳)가 위에 있는데, 이 경우에는 각각 손괘는 장녀(長女), 진괘는 장남(長男)의 뜻을 갖는다. 이는 결혼한 남녀를 말한다. 함괘와 달리 이번에는 장남이 위에 있고 장녀가 아래에 있다. 위에 있다는 것은 곧 밖[外卦=上卦]을 의미하니 남자는 밖에서 활동한다[震=動]는 것이고, 아래에 있다는 것은 곧 안[內卦=下卦]을 의미하니 여자는 집 안에서 고분고분 도리를 따른다[順=巽]는 뜻이다. 그래야만 오래갈[恒=久] 수 있다.

실마리는 부부의 오래감이지만 이는 다시 인간사 전반의 오래감의 문제로 나아간다. 따라서 괘를 살펴보기에 앞서 『논어』를 중심으로 해서 이 오래감[久]의 문제를 체계적으로 정리해둘 필요가 있다. 이는 『주역』에 대한 올바른 접근, 즉 공자적인 접근의 핵심이기 때문이다. 먼저 「이인(里仁)」편에 나오는 공자의 말이다.

> 어질지 못한 사람[不仁者]은 (인이나 예를 통해 자신을) 다잡는 데 (잠시 처해 있을 수는 있어도) 오랫동안[久] 처해 있을 수 없고, 좋은 것을 즐기는(樂) 데도 (조금 지나면 극단으로 흘러) 오랫동안[長] 처해 있을 수 없다.

즉 어떤 일을 하든 오래 지속하는지의 여부가 어질지 못한 사람과 어진 사람 혹은 소인과 군자를 가르는 잣대라는 것이다. 「옹야」편에 나오는 공자의 다음과 같은 발언 역시 오래 지속함[久]의 중요성을 알 때라야 정확히 이해할 수 있다.

> 안회(顔回)는 그 마음이 3개월 동안 어짊[仁]을 떠나지 않았고, 그 나머지 사람들은 하루나 한 달에 한 번 어짊에 이를 뿐이다.

오래 지속하지 않아서는 어질다고 할 수 없다는 말이다. 이 오래 지속함의 문제는 명명덕(明明德), 친민(親民)과 더불어 『대학(大學)』의 삼강령(三綱領) 중의 하나인 지어지선(止於至善)에서도 그대로 나타나 있다. 지(止)란 흔히 오역되듯이 '그치라'가 아니라 '오래 머물라'는 뜻이다. 이에 대해 많은 오해가 있어왔다. 흔히 이 구절은 '지극한 선함[至善]에 그침[止]에 있다[在]'고 번역된다. 이 역시 지선(至善)을 번역해야 하는데도 번역하지 않았고, 지(止)를 그냥 '그침'이라고 해놓은 데 불과하다. '지극한 선함에 그침에 있다'라는 번역은 아직 번역하지 않은 것이다. 비문(非文)일 뿐이다.

내용상 우리는 지선(至善)을 먼저 풀어야 한다. 그중에서 지(至)는 '지극한' 정도로 옮기면 되지만 선(善)이 문제다. 선(善)에는 착하다(혹은 착함) 이외에 잘하다, 좋다, 훌륭하다, 옳게 여기다, 아끼다, 친하다 등의 뜻이 있다. '착하다'라는 도덕적 의미가 강한 반면 '잘한다' '훌륭하다' 등은 일의 성취나 성과에 대한 평가적 의미다. 여기서도 도덕적 의미의 착함이 아니라 바람직함 정도로 풀이하면 문맥에 어울린다. 즉 지선(至善)을 '가장 바람직한 상태'로 옮기는 것이다. 그렇게 되면 주희의 풀이와도 크게 다르지 않다.

지선(至善)은 사리의 당연한 표준이나 이치[極]다.

지선(至善)의 사례를 공자의 일상적인 모습을 통해 확인할 수 있다. 「이인」편이다.

공자께서는 상을 당한 사람의 곁에서 음식을 드실 때는 일찍이 배불리 들지 아니하셨다. 또 공자께서는 문상한 날 곡을 하셨을 경우에는 (온종일) 노래를 부르지 아니하셨다.

공자는 상을 당한 사람의 곁[側]에서 식사하게 될 경우 배부르게 먹은 적이 없다. 즉 먹는 것 하나에도 남을 배려하는 마음이 깔려 있었다는 뜻이다. 어짊[仁]의 실천이다. 이날, 즉 상을 당한 날에는 곡을 하고 노래는 부르지 않았다. 물론 노래를 부르지 않았다는 것은 상을 당한 집에서가 아니라 그 집을 나와서 하루 종일 그렇게 했다는 뜻이다. 이는 우리가 다루는 지어지선(止於至善)과 통한다. 간단히 말해 어떤 불행한 사람이나 불쌍한 일을 보았을 때 그 순간에만 그치지 않고 돌아서서도 그 아파하는 마음[至善]이 그대로 오래 남아 있는 것[止]이다. 사람을 진심으로 사랑하는 마음, 즉 어짊[仁]이다. 그래서 오래가는 마음이 곧 어짊과 통하는 것이다. 이처럼 『논어』에는 오래가는 것[久=恒]이 곧바로 어짊과 연결되는 사례들이 아주 많다는 것만 지적해 두고 다음으로 넘어가자.

이제 「잡괘전(雜卦傳)」을 보자.

함(咸)은 빠름[速]이요 항(恒)은 오래감[久]이다.

함괘(咸卦, ䷞)와 항괘(恒卦, ䷟)는 서로 종괘(綜卦) 관계다. 「서괘전」에서는 함괘의 특성을 느끼다[感]에서 찾았는데 여기서는 빠름[速]을 말하고 있다. 물론 함괘는 결혼하지 않은 남녀 관계이기 때문에 이들의 신속한 사랑에서 빠름을 추출해낸 것일 수 있다. 공영달(孔穎達)도 『주역정의(周易正義)』에서 "일이나 사물이 서로 응하는 것 중에 함(咸-감동)만큼 빠른 것은 없다"라고 했다.

항(恒)은 다움을 이뤄내는[成德] 아홉 괘명 중 하나다. 「계사전」에서 "항(恒)은 다움의 견고함[德之固]이요"라고 했고 "항(恒)은 뒤섞여 있으면서도 일정한 다움에 싫증을 내지 않고[雜而不厭]"라고 했으며 "항(恒)으로써 다움을 한결같이 하고[一德]"라고 했다. 즉 항(恒)은 우레와 바람이 서로 감동해 오래간다는 뜻이다. 앞서 근본을 회복했으니 이를 오래 유지해야 한다. 중용(中庸)의 용(庸)과 통한다. 그래서 다움의 견고함[德之固]이라고 한 것이다.

문왕의 단사(彖辭), 즉 "항(恒)은 형통하여 허물이 없으니, 반듯하면 이롭고 (일을) 행하는 바가 있는 것이 이롭다[亨 无咎 利貞 利有攸往]"에 대한 공자의 풀이[「彖傳」]를 살펴볼 차례다.

항(恒)은 오래감[久]이다. 굳셈이 위에 있고 부드러움이 아래에 있어[剛上而柔下] 우레와 바람이 서로 함께하니[相與], 공손하면서 움직이고[巽而動] 굳셈과 부드러움이 모두 호응하니 오래간다[恒]. "항(恒)은 형통하여 허물이 없으니 반듯하면 이롭다[恒亨无咎利貞]"는 것은 그 도리를 오래 지켜낸다[久於其道]는 것이니, 하늘과 땅의 도리란 오래 지속돼[恒久=長久] 그치지 않는다[不已=不息]. "(일을) 행하는 바가 있는 것이 이롭다[利有攸往]"는 것은 끝마치면 시작함이 있다는 말이다. 해와 달이 하늘(의 도리)을 얻어 능히 오래 비출 수 있고[久照] 사계절이 달라지고 바뀌어[變化] 능히 오랫동안 이뤄내며[久成] 빼어난 이[聖人]가 도리를 오래 지켜내 천하가 교화되고 풍속이 이뤄지니[化成], 그 오래 지속하는 바[所恒]를 잘 살펴보면 하늘과 땅 만물 만사의 실상[情]을 볼 수 있다.

恒 久也. 剛上而柔下 雷風相與 巽而動 剛柔皆應 恒.
恒亨无咎利貞 久於其道也 天地之道 恒久而不已也.
利有攸往 終則有始也.
日月得天而能久照 四時變化而能久成 聖人 久於其道而天下化成 觀其所恒而天地萬物之情 可見矣.

◉

공자는 명확하게 항(恒)을 구(久-오래감)라고 했다. 이는 『논어』를 통해 살펴본 어진 사람[仁者]의 근본 특징으로서의 오래감[久] 그것이다.

"굳셈이 위에 있고 부드러움이 아래에 있어[剛上而柔下]"라는 것은 함괘(咸卦)의

「단전」에서 보았던 것과 같은 원리에 따라 설명될 수 있다. 우레와 바람은 서로 좋은 조합을 이룬다. 우레가 진동하면 바람이 분다. 서로 돕는 관계다.

"공손하면서 움직이고[巽而動]"라는 것은 고분고분함[巽=巽順]으로써 움직인다는 말이다. 도리에 맞지 않게 움직일 경우 오래갈 수 없다.

"굳셈과 부드러움이 모두 호응하니"라는 것은 초륙과 구사, 구이와 육오, 구삼과 상륙이 모두 호응하고 있다[有應]는 말이다. 여러 가지 점에서 오래감의 도리와 부합하는 모습이다.

그런데 공자가 "(일을) 행하는 바가 있는 것이 이롭다[利有攸往]는 것은 끝마치면 시작함이 있다는 말이다"라고 한 것은 어째서인가? 이 부분은 상당히 민감한 해석이 필요하다. 얼핏 보면 모순처럼 보이기 때문이다. 오래간다고 했는데 '끝마침'이란 무슨 뜻인가? 정이는 오래감을 한 방향으로 정해진 것, 즉 일정(一定)으로 봐서는 안 된다고 주의를 준다. 상투적으로 한 번 정해진 방향을 그저 따라가는 것이 항(恒)은 아니기 때문이다. 때에 따라 멈출 수도 있고 다시 나아가면서 오래가야 한다는 것이다. 그래서 일을 할 때 이로우려면 늘 그 상황에 맞는 임시 조치[權道=時中]를 잘해야 한다. 항괘의 「단전」에서는 이 부분이 핵심이다. 『논어』 「이인」편에 나오는 공자의 말을 음미해보자.

> 군자가 천하의 일에 나아갈 때는 오로지 주장함도 없고[無適] 그렇게 하지 않음도 없으니[無莫], 마땅함[義]에 따라서만 행할 뿐이다.

이렇게 하는 것이 권도(權道)다.

『선조실록』 35년(1602) 9월 6일 자 기사에 유간(柳澗, 1554~1621)[30]이 선조에게 바로

---

30 1598년(선조 32년) 문과에 급제했다. 2년 후에 형조정랑으로 옮겼다가 다시 성균관전적(成均館典籍), 홍문관의 부수찬·부교리를 지냈다. 홍문관 재직 시 경연에서는 주로 『주역』을 진강했다. 이후 의정부사인, 세자시강원필선, 홍문관의 교리·부응교를 거쳐 경상도어사로 파견되기도 했다. 홍문관응교로 승진했다가 1605년(선조 38년) 동부승지로 임명돼 활동하던 중, 양계(兩界) 관기를 데려다 거느렸다는 사헌부의 탄핵을 받았다. 이듬해 우승지로 옮겼고, 대사간에 올랐다. 선조가 죽자 수어의(首御醫) 허준(許浚)의 잘못된 약의 처방기를 문제 삼은 탄핵 문제로 혐의를 받고 사직소를 올리기도 했다. 광해군이 즉위하자 사은사로 중국에 다녀왔으며, 호조·예조·형조의 참의, 부

이 부분을 설명하는 대목이 나오는데, 뜻을 분명히 하는 데 도움이 된다.

항(恒)이란 상(常)인데 여기에는 두 가지 뜻이 있으니, 바꾸지 않는다[不易]는 뜻과 그치지 않는다[不已]는 뜻이 있습니다. 지키기만 하고 변경할 줄을 모르면 상에 빠져들어 변화를 알지 못하고, 그치지 않는 것만을 고수한다면 동(動)에 지나쳐서 그 정(正)을 잃어버리게 되니 항괘의 상황에 처하기가 어렵습니다. 육오(六五)는 군왕의 자리인데, 음유(陰柔)한 자질로 양강(陽剛)의 다움을 잃고서 굳게 지키기만 하고 변화할 줄을 모르면 필부도 오히려 흉할 것인데 하물며 임금이겠습니까. 구사(九四)는 양으로서 음의 자리에 있어 제자리가 아니니, '사냥을 하지만 짐승을 잡지 못한다[田无禽]'는 것은 정도를 잃은 것을 비유한 것입니다.

나머지 뒷부분은 별도의 풀이가 필요 없다.

공자의 「상전」을 살펴볼 차례다. 그중에 항괘를 총평한 「대상전」이다.

우레와 바람[雷風]이 항(恒)(이 드러난 모습)이니, 군자는 그것을 갖고서 (스스로를) 세워[立] 지향하는 바[方=方所]를 바꾸지 않는다[雷風恒 君子以 立不易方].

◉

정이의 간략한 풀이부터 보자.

군자는 우레와 바람이 함께하여 오래 지속함을 이뤄내는[成恒] 모습을 잘 살펴 그 다움

제학을 거쳐 다시 대사간직에 임명됐다. 이후 이조참의·병조참판·대사헌을 역임했다. 그 뒤 우참찬으로 승진해 우의정 한효순(韓孝純) 등이 발의한 인목대비(仁穆大妃) 폐비론(廢妃論)에 가담했다. 서궁을 폐출하자는 의견이 있을 당시 처음부터 끝까지 대사헌으로 그 일을 담당했다. 그러나 1619년(광해군 11년) 인목대비의 폄손(貶損-인물 평가)에 관한 절목을 감정할 때 우연히 눈물을 흘렸다가, 그 일로 탄핵돼 울산부사로 밀려났다. 이듬해 진향사(進香使)로 중국에 파견됐는데, 당시 요양이 함락돼 명나라로 들어가는 육로 교통을 이용할 수가 없어 수로를 개척·이용했다. 중국에서 임무를 마치고 귀환 도중 배의 침몰로 진위사(陳慰使) 박이서(朴彛敍), 서장관(書狀官) 정응두(鄭應斗) 등과 함께 생을 마감했다.

을 오래 유지함[常久]으로써, 크게 적중하고[大中] 오래 지속하는 도리에 스스로를 세워 [自立] 그 지향하는 바를 바꾸지 않는다[不易].

조금은 말의 향연처럼 보인다. 여기서 핵심은 '세우다[立]'다. 공자는 『논어』「위정(爲政)」편에서 "서른에 (홀로) 서게 됐다[而立]"고 했다. 서다 혹은 세우다[立]라는 단어만 볼 때는 확실한 인생관이 섰다는 뜻으로 보인다. 단순히 인생관만 세우는 데 그치는 것이 아니라 그런 인생관을 구체화할 수 있는 정신적·물질적 기반을 어느 정도는 갖추었다는 뜻이기도 하다. 이는 곧 일반인의 경우 서른 무렵에 확고한 인생관을 세우기가 쉽지 않음을 간접적으로 보여주는 것으로 읽을 수 있다.

그런데 '이립(而立)'을 풀어낼 수 있는 말이 「옹야」편에 나온다. 공자는 인(仁)과 관련된 자공(子貢)의 질문을 받고서 이렇게 말한다.

무릇 어진 사람[仁者]은 자신이 서려고 하고 또 남도 서게 한다[己欲立而立人].

뭔가 파편처럼 돼 있는 이립(而立)이라는 말은 어쩌면 기욕립이입인(己欲立而立人)의 축약이다. 나 혼자 일어서는 것이 아니라 남도 함께 일어서게 해준다는 것이다. 그래야 이(而)라는 연결사도 보다 구체적인 의미를 가질 수 있다.

또 「태백(泰伯)」편에서 공자는 "예(禮)에서 선다[立於禮]"라고 말한다. 이번에는 입(立)이 예(禮)와 관계되는 것이다. 즉 공자가 입(立)이라고 할 때는 인(仁)이나 예(禮)의 세계를 체득했다는 뜻이다. 이렇게 되면 「자한」편에 나오는 안연(顔淵)의 다음과 같은 말이 쉽게 이해된다. 그는 공자가 자신을 이끌어준 방법을 이렇게 말한다.

사람다워지려고 애쓰는 법으로 나를 넓혀주셨고, 예(禮)로써 나를 다잡아주셨다[博我以文 約我以禮].

즉 공자는 자신이 서른 살 때 깨우친 바를 제자의 교육 방법으로 삼았던 것이다. 실제로 공자도 「옹야」편과 「안연(顔淵)」편에서 "군자는 문(文)을 널리 배우고 예로써 다잡는다"라고 말하고 있다. 이는 자연스럽게 학이시습(學而時習)을 연상시킨다.

정리하자면 이립(而立)은 "먼저 사리로써 나를 세우고, 그러고 나서 사리로써 다른 사람을 세워준다[立己以禮而立人以禮]"인 것이다. 입(立)은 곧 일의 이치로서의 예(禮)를 갖고 나부터 세우고, 그다음에 다른 사람도 세워준다는 뜻을 함축하고 있다. 여기서도 그대로다.

그렇다면 이는 강명(剛明)과 연결된다. "군자는 그것을 갖고서 (스스로를) 세워[立] 지향하는 바[方=方所]를 바꾸지 않는다"는 것은, 먼저 일의 이치에 밝아야[明而不惑] 그것으로 스스로를 세울 수 있고, 굳셈[剛]이 있을 때라야 지향하는 바를 바꾸지 않고 한결같이 오래갈 수 있기 때문이다.

항괘의 여섯 효[六爻]에 대한 주공의 말을 풀이한 공자의 「소상전」이다.

(초륙(初六)은) 오래감을 깊이 요구함이 흉한 까닭[浚恒之凶]은 처음부터 구하는 것이 심하기 때문이다[浚恒之凶 始求深也].

구이(九二)가 뉘우침이 없어지는 것[悔亡]은 능히 적중함을 오래 할 수 있기 때문이다[九二悔亡 能久中也].

(구삼(九三)은) 그 다움을 오래 유지하지 못하는 것은 받아줄 곳이 없기 때문이다[不恒其德 无所容也].

(구사(九四)는) 자기 자리가 아닌 곳에 오래 있으니 어찌 짐승을 잡을 수 있겠는가[久非其位 安得禽也]?

(육오(六五)는) 부인은 반듯해서 길하니 하나를 따라서 끝마치기 때문이요, 사내는 마땅함으로 제재해야 하고 부인(의 도리)을 따르면 흉하다[婦人貞吉 從一而終也 夫子制義 從婦凶也].

(상륙(上六)은) 동요하는 오래감[振恒]이 맨 위에 있으니 크게 공로가 없다[振恒在上 大无功也].

◉

항괘의 맨 아래 첫 양효에 대해 공자는 "오래감을 깊이 요구함이 흉한 까닭[浚恒之凶]은 처음부터 구하는 것이 심하기 때문이다"라고 풀었다. 항괘 초륙의 처지를 보면, 음유(陰柔)한 자질로 양위에 있어 자리가 바르지 않고 맨 아래에 있어 지위도 없다. 바랄 것이라고는 호응 관계에 있는 구사인데, 하필이면 구사는 우레의 몸통[震體]에 있어 굳셈으로 더 위로 올라가려고만 하지 아래쪽에 눈길조차 주지 않는다. 게다가 바로 위의 두 양효는 그를 저지하는 자들이다. 유일한 끈인 구사는 보잘것없는 초륙에 아무런 관심이 없는데도 외람되게 구사와 무리하게 관계를 가지려고 추구하니, 이를 준(浚)이라고 한 것이다. 자신의 처지를 돌아보지도 않고 높은 지위의 구사와 깊은 관계를 맺으려 고집스럽게[貞=貞固] 서두르니 흉하며, 이로울 바도 당연히 없는 것이다. 정이는 이렇게 풀이했다.

> 항괘의 처음에 있으면서 윗사람에게 구하고 바라기를 깊게 하니, 이는 떳떳함[常]만 알고 형세를 헤아릴[度勢] 줄 모르는 것이 심한 것이다.

여기서 떳떳함만 안다는 것은 구사와 맺고 있는 유응(有應) 관계를 너무 믿는다는 말이다. 이때는 일의 이치[事理]보다는 일의 형세[事勢]가 더 크게 지배하는 국면이다. 공자가 '처음부터[始]'라고 한 것은 맨 아래 첫 효의 자리에 있음을 염두에 둔 표현이다. 이럴 때는 남에게 의지하려 할 것이 아니라 본인의 재능과 다움[才德]을 기르고 닦으며 때를 기다려야 한다.

초륙에 대해서는 좀 더 시야를 넓혀 풀어볼 여지가 있다. 준항(浚恒)은 과욕이다. 대표 사례가 진시황제(秦始皇帝)다. 그는 신하들이 자신의 시호(諡號)를 짓는 것을 용납할 수 없었고 왕조가 천대 만대 이어지기를 원했기에 스스로를 시황(始皇)이라 하고, 그다음부터는 2세, 3세 식으로 이어가도록 했다. 그러나 2세에서 끝나고 말았다.

불로장생(不老長生)을 꿈꾸는 황제들의 바람도 준항(浚恒)이다. 한나라 무제도 진시황에 버금가는 인물이다.

한나라 교사지(郊祀志)[31]에 따르면 제(齊)나라 위왕(威王)과 선왕(宣王) 및 연(燕)나라 소

---

31 이는 교외에서 제사를 지내는 의식에 관해 기록한 것으로 『사기(史記)』「봉선서(封禪書)」편이 유명하다. 봉(封)은 황제가 태산에 올라 제단을 쌓고 하늘에 제사를 올리는 것이고, 선(禪)은 태산 아래의 작은 언덕을 없애고 땅에 오곡의 풍성함을 기원하는 것이다.

왕(昭王) 때부터 사람들을 (동쪽) 바다 쪽으로 보내 봉래(蓬萊)·방장(方丈)·영주(瀛洲)를 찾게 했으니, 이 세 개의 신령스러운 산은 전하는 바에 따르면 발해(渤海) 안에 있어 여러 신선과 불사약(不死藥)이 다 거기에 있다고 했다.

진시황이 바다에 이르자 방사(方士-도교의 술사)들이 다투어 그것을 말했고, 시황은 마치 자신이 그곳에 다다르지 못할 듯이 두려워하면서 사람들을 시켜 재계하고 남녀 아이들로 하여금 바다로 가서 그것을 구하도록 했다. (그런데) 배들이 (나아가지 못하고) 바다 위에서 그냥 왔다 갔다 하기만 하자 방사들은 둘러대기를 "아직 도달할 수는 없지만, 그것을 멀리서는 바라보았습니다"라고 말했다.

그 다음 해(시황제 29년, BC 218) 시황은 다시 동쪽 바다로 유람을 떠났고, 그로부터 3년 후(시황제 32년)에는 갈석(碣石-하북성 창려현)으로 유람을 가서 사람을 시켜 바다로 가서 신선들을 찾아보게 했다. 다시 그로부터 5년 후(시황제 37년) 시황은 남쪽으로 순행을 떠나 상산(湘山)에 이르렀고, (배를 띄워 강을 건너다가) 회계(會稽-절강성 소흥현)에서 육지에 올라 바다를 나란히 하면서 위(북쪽)로 올라가 삼신산의 신령스러운 약을 구하려 했으나 결국 얻지 못했고, 돌아오던 길에 사구평대(沙丘平臺-하북성 평향현)에서 붕어했다.

한나라 무제(武帝)가 즉위하여 귀신에게 제사 지내는 것을 깊이 신봉했는데, (원광 2년, BC 133) 이소군(李少君)이 부엌신[竈(조)]에게 제사를 지내면 늙는 것을 막을 수 있다는 방술(方術)로 알려져 상을 알현하게 되자 상도 그를 귀하게 대접했다. 소군은 스스로 70살이라고 하면서 능히 여러 물건을 부려서 늙는 것을 막을 수 있다고 했고, 교묘하게 말을 하여 (앞일을) 맞추기를 잘 했다.

소군이 상에게 말했다.

"부엌신에게 제사를 올리면 사물[物(물)][32]을 마음대로 다룰 수 있습니다. 그래서 붉은빛 모래[丹沙(단사)]는 황금으로 바꿀 수 있고, 그것으로 그릇을 만들면 수명도 늘어나고 봉래산 신선도 볼 수 있습니다. 이 신선을 본 다음에 봉선(封禪)을 올리면 결코 죽지 않으니, 황제(黃帝)가 바로 이런 분이십니다."

이리하여 천자가 드디어 부엌신에게 제사를 지내고 방사를 파견하여 바다로 나아가 봉래

---

32 물(物)은 신령스러운 물건[鬼物(귀물)]이다.

산 신선을 찾아 붉은빛 모래와 여러 약물을 변화시켜 황금을 만드는 일에 종사토록 했다. 오랜 시간이 흘러 소군이 병들어 죽었는데, 천자는 그가 변화해서 떠난 것이지 죽은 것이라고 여기지 않았고 (오히려) 사람을 시켜 그 비방을 받아오도록 명하기도 했다. 그리고 해안에 사는 (전국 시대의 옛날) 연(燕)나라와 제(齊)나라 땅에 사는 기이한 방사들이 대거 장안에 들어와 귀신의 일을 이야기했다.

이듬해에는 제나라 땅 출신의 소옹(少翁)이 방술로써 이름을 날려 상을 알현하자, 상은 그를 문성(文成)장군에 배하고 객례(客禮)로써 예우했다. 이에 소옹이 상에게 말했다.

"폐하께서 신선들과 교류하시고 싶어도 궁실과 의복이 신선들과 같지 아니하면 신선들은 다다르지 않을 것입니다."

이에 서둘러 구름무늬를 그려 넣은 수레를 만들고 또 감천궁(甘泉宮)을 지어서 그 안에 대실(臺室)을 만들고, 거기에 천신·지신·태일신(泰一神-도교의 신) 등 여러 신을 그려 넣은 후 각종 제사 도구를 설치하고서 천신을 불러들였다. 한 해 남짓이 지나자 그의 방술은 점점 쇠하여졌고 신선은 다다르지 않았다. 이에 그는 비단에 글을 써서 소에게 먹인 후 모른 체하고 "이 소의 뱃속에 기이한 글이 있다"라고 말했다. 소를 죽여 뒤져본 결과 글을 얻었는데, 천자가 그 글의 필적을 알아보았다. 이에 문성을 주살하고 그 일은 은폐했다. (천자는) 그 후에 또 백량대(栢梁臺)와 동주(銅柱) 그리고 승로선인장(承露仙人掌) 등을 만들었다.

난대(欒大)라는 자는 문성장군(소옹)과 같은 스승에게서 배웠는데, 천자를 알현하여 자신의 방술을 직접 말씀드리려고 했다. 그때 천자는 이미 문성장군을 주살하고 나서 그의 방술을 다 써보지 못해 후회하고 있었기에 난대를 보자 크게 기뻐했다. 난대는 사람됨이 수많은 방술과 지략을 갖고 있었고 말도 과감하게 했다.

"신의 스승께서 말씀하시기를 '황금을 만들 수 있고 불사약도 얻을 수 있으며 신선도 다다르게 할 수 있다'라고 했습니다."

이에 난대는 오리(五利)장군에 제배됐고, 한 달여가 지난 후에는 네 개의 인장(印章)[33]을 얻어 위장(衛將)공주와 결혼까지 했다.

난대가 상을 알현한 지 불과 수개월 만에 부귀를 천하에 떨치게 되자, 바닷가 연나라 땅과

33 천사(天士)장군, 지사(地士)장군, 대통(大通)장군, 천도(天道)장군을 겸했다는 뜻이다.

제나라 땅의 방사들은 자신들도 극비의 방술을 갖고 있어 얼마든지 신선을 불러올 수 있다며 온갖 손짓 발짓을 하지 않음이 없었다. (그들 중에서 특히) 제나라 땅의 공손경(公孫卿)이 말했다.

"황제(黃帝)는 형산(荊山)에서 정(鼎-큰 솥)을 주조하여, 그것이 완성되자 긴 수염을 늘어트린 용이 내려와서 황제를 맞이했다. 후세 사람들은 그 때문에 그곳을 일러 '정호(鼎湖)'라고 했다."

(이 말을 접한) 천자는 말했다.

"아! 짐이 진실로 황제와 같은 수만 있다면 나는 처자식도 짚신 보듯 하여 떠나버리리라!"

한편 오리장군의 사사(使者)는 감히 바다로 나아가지 못하고 태산에서 제사를 지냈는데, 상이 사람을 시켜 (몰래) 따라가서 조사해보도록 하니 실제로는 신선이라고는 전혀 보이지 않았다. (그럼에도) 오리장군은 자신의 (신선인) 스승을 보았다고 거짓말을 했으나, 자신의 방술들을 다 써보았지만 아무런 효험이 없었다. 이에 상은 오리장군을 주살했다.

그해 겨울 공손경이 하남(河南)에서 신선을 찾아다니다가 구지성(緱氏城) 위에서 신선의 흔적을 발견했다고 하자, 천자가 친히 구지성에 행차하여 그 흔적을 살펴본 다음 공손경에게 물었다.

"문성과 오리를 흉내 내는 것은 아니겠지?"

공손경이 답했다.

"신선은 인간 세상의 군주를 찾아오는 것이 아니니, 군주가 신선을 찾아야 하옵니다. 그렇게 함에 있어 충분한 겨를을 주지 않는다면 신선을 찾아오지 않을 것입니다. 신선의 일에 관해 말씀 올리자면, 이 일은 아주 멀고 허망한 듯이 보이지만 여러 해 동안 공적을 쌓아야 가능한 일입니다."

이에 각 군(郡)과 제후국들은 도로를 정비하고 궁전의 누대(樓臺)와 명산의 신사(神祀)를 손보아 고치고서 신선이 오기를 갈망했다.

그 후에 상이 동쪽으로 순행(巡行)에 나서 바닷가를 따라 팔신(八神)에게 제사를 지냈는데, 제나라 땅 사람이 상소를 올려 "신기하고 괴이한 방술을 이야기하는 자가 1만 명이 넘는 판입니다"라며 (방술은 허망한 짓이라는) 상소를 올렸다. 이에 상은 (오히려) 배를 더 많이 띄워 보낸 다음 바다에 신선이 사는 산이 있다고 말하는 자 수천 명으로 하여금 봉래산의 신선을 찾아내라고 명했다.

(4월) 봉고현(奉高縣-태산이 있는 곳)으로 돌아온 상이 태산에서 봉선(封禪)을 올린 후 폭풍우가 그치자, 방사들은 다시 봉래산처럼 여러 신선이 사는 산을 찾을 수 있을 것처럼 떠들어댔다. 이에 상은 아주 기뻐하면서 이번에는 거의 신선을 만나볼 수 있으리라 기대하여 다시 동쪽 바닷가로 가서 멀리 바라다보았다. 그리고 다시 방사들을 보내 신선을 찾고 불사약을 캐오라고 했는데, 그 수가 1000여 명이었다. 이때 공손경이 말했다.

"신선을 얼마든지 만나볼 수 있는데, 폐하께서 늘 허둥거리고 재촉하시니 바로 그 때문에 만나보지 못하고 있습니다. 지금 당장 폐하께서는 별관(別館)을 지으시어 구지성에서 하셨던 것처럼 건어물과 대추를 차려놓으시면 신선은 마땅히 다다르게 될 것입니다. 또한 신선들은 누대에 머물기를 좋아합니다."

이에 상은 장안에 명하여 비렴(飛廉)과 계관(桂館) 두 개의 별관을 짓고 감천궁에는 익수(益壽)와 연수(延壽) 두 개의 별관을 짓도록 한 다음, 공손경을 시켜 부절(符節)을 갖추고 제사 도구들을 진설하여 신선을 기다리게 했다. 이어 통천대(通天臺)를 짓고 그 아래에 제사 도구들을 진설하고서 여러 신선을 불러오려 했다.

그 후부터는 5년에 한 번씩 태산에 제사를 지내고, 그로부터 13년째 되면 오악(五嶽)과 사독(四瀆)에 두루 제사를 지내게 됐다. 그리고 방사들이 신선을 찾아 바다로 들어가 봉래를 찾아보았지만 끝내 아무런 효험이 없었다. 공손경은 거인의 발자국을 갖고서 (신선의 것인 양) 해명을 했고, 천자는 끝내 미련을 갖고서 그것을 끊지 못하고 진심으로 만나보고자 했다.

한 무제 태시(太始) 4년(BC 93)[34] 상이 거정(鉅定-산동성 광요현)에서 밭을 갈고 돌아와 태산에 행차하여 봉선을 행하고, 이어 명당에서 제사 지낸 후 여러 신하를 접견하고서 말했다.

"짐이 즉위한 이래로 행한 일들은 광패(狂悖)하여 천하로 하여금 근심과 고통을 겪게 했으나, 쫓아가서 후회할 수는 없다. 지금부터라도 일하면서 백성에게 해악을 끼치거나 천하의 재물을 낭비하는 것들은 모두 다 없애버린다."

이에 전천추(田千秋)가 말했다.

"방사들 가운데 신선을 이야기하는 자들이 참으로 많지만 아무도 실제적으로 드러난 공적이 없으니, 청컨대 이들을 모두 다 내쫓아버리셔야 합니다."

34 『자치통감』에는 정화 4년(BC 89) 3월의 일로 나온다.

상이 말했다.

"대홍려(大鴻臚)의 말이 옳다."

이에 신선을 기다리는 여러 방사를 모두 철폐하고, 이후로부터 상은 여러 신하를 대할 때마다 스스로 탄식하며 말했다.

"과거에는 어리석고 미혹돼 방사들로 하여금 속이도록 방치하다시피 했었다. 천하에 어찌 신선이나 선인이 있겠는가? 모두 다 요망할 뿐이다. 먹기를 덜 하고 약을 먹으면 병이 덜 들게 할 수 있을 뿐이거늘."

이상은 반고(班固)의 『한서(漢書)』에서 관련 부분을 발췌한 것이다. 이에 대해 진덕수(眞德秀)는 『대학연의(大學衍義)』(해냄)에서 이렇게 논평했다.

신선(神仙)의 설은 전국 시대 초부터 연나라와 제나라의 임금들이 일찍이 구하려 애썼으나 효험을 보지 못했습니다만 진시황이 또 그것을 구하려 했고, 진시황이 효험을 보지 못했습니다만 한나라 효 무제가 그것을 다시 구하려 했습니다. 그런데 효 무제처럼 뛰어나게 밝고 걸출한 황제가 오래 살아 죽지 않으려는[長生不死 장생불사] 욕심을 갖는 바람에 마침내 방사에게 현혹돼 어리석은 짓을 해대고 그들의 손바닥에서 어린아이처럼 놀아났으니, 어찌 이상한 일이라고 하지 않겠습니까?

만년에는 또 무고의 변이 일어나 굳셌던 마음이 꺾이고 쇠락했으나, 뒤에 후회하는 마음이 싹트자 그때서야 자신이 평소에 했던 짓이 광패(狂悖)하지 않은 것이 없었다는 것을 알게 됐습니다. 그래서 방사들을 요망하게 여기고서 남김없이 내쫓아버렸으니, 이때 무제의 나이 70이었고 나라 안[海內 해내]은 이미 황폐화된 후였습니다. 그때서야 자신의 잘못을 스스로 책망했으니 진실로 늦었다 아니하겠습니까? 그렇지만 현혹되기는 했어도 다시 제대로 돌아올 수 있었으니, 그 점에서는 끝까지 깨닫지 못한 진시황보다는 뛰어났다[賢 현]고 하겠습니다.

개인의 생명이 오래가기를 바라고 나아가 왕조가 오래가기를 바라는 것은 어쩌면 인지상정일지 모른다. 그렇다고 정도(正道)를 벗어나 무리를 하게 되면 흉한 결과를 초래한다. 기원전 221년 마침내 천하를 통일한 진왕(秦王)은 스스로를 황제(皇帝)로 칭하며 임금의 명령은 제(制)라고 부르게 하면서 첫 번째 제를 내렸다. 사마천(司馬遷)

의 『사기(史記)』 「진시황본기(秦始皇本紀)」편이다.

> 짐이 듣기에 태고에는 호(號)만 있고 시호는 없었으며, 중고(中古)에는 호가 있고 죽은 뒤에는 행적에 따라 시호를 정했다고 한다. 그랬다면 자식이 아비를 논하고 신하가 군주를 논하는 것이니, 이는 진짜 도리가 아니다. 짐은 이를 취하지 않고 지금부터 시호법을 없애겠노라. 짐을 시황제라 부르고, 그 뒤는 수를 헤아려서 2세, 3세 하여 만세에 이르기까지 무궁하게 전하라.

그러나 2세 때 이르러 곧바로 망했다.

조선 초 이씨 왕조의 무궁 번영을 바라며 왕씨(王氏) 살해에 나선 것도 도리에 벗어난 조치다. 당시의 통계가 남아 있지 않아 정확히 알 수는 없지만 500년 가까이 이어진 고려였기에 조선 건국 당시 왕씨의 수는 대단했을 것이다. 고려가 망하고 조선이 건국된 지 사흘 후인 1392년 7월 20일, 태조 이성계는 대사헌 민계의 건의를 받아들이는 형식으로 고려 왕조의 제사를 받들 극소수의 인원을 제외한 모든 왕씨를 강화도와 거제도에 옮겨 살도록 명을 내렸다.

이성계는 물론이고 신하들도 왕씨의 존재에 대해 극도의 불안감을 느끼고 있었다. 당시는 명나라로부터 제대로 인정도 받지 못하고 있었다. 국내외적으로 불안정 요인이 컸던 것이다. 태조 3년(1394) 1월 21일 사헌부·사간원·형조 등 형률을 맡고 있는 3개 기관이 합동으로 왕씨를 제거해야 한다는 글을 올린 것도 그런 불안감의 발로였다. 그러나 이성계는 윤허하지 않았다. 자칫 민심을 완전히 잃을 수도 있는 중대 사안이었기 때문이다. 신하들도 물러서지 않았다. 무려 10여 차례에 걸쳐 끈질기게 왕씨 제거를 주장했다.

실상은 분명치 않지만, 왕씨들이 연루된 이런저런 모반 사건이 연이어 터졌다. 이성계는 사헌부에 명을 내려 강화도 등에 거주하고 있는 왕씨들에 대한 경계를 철저히 할 것을 명하기도 했다.

신하들의 왕씨 제거 주청은 4월이 돼서도 여전했다. 결국 4월 14일 이성계는 도평의사사에 그 문제를 논의할 것을 지시한다. 왕씨들의 운명이 바뀌는 순간이었다. 일부 신하는 섬에 유배하는 정도에서 왕씨 문제를 해결하자고 했지만, 소수였고 절대다수는 왕씨의 완전 제거를 역설했다. 결국 왕씨 제사를 담당해야 하는 공양왕의 동생인 왕우 삼부자를 제외한 모든 왕씨를 살해하기로 했다. 왕우의 딸이 이성계의 아들 이방번과 결혼했으니, 왕우는 이성계와 사돈이어서 목숨을 겨우 부지할 수 있었다. 우리 역사에서 이보다 참혹한 순간이 또 있었을까?

이렇게 해서 왕씨의 씨를 말리는 작전이 개시됐다. 당시 왕씨들은 강화도와 거제도 외에 삼척에도 집단으로 거주하고 있었다. 중추원부사 정남진과 형조의랑 함부림은 삼척으로, 형조전서 윤방경과 대장군 오몽을은 강화도로, 형조전서 손흥종과 첨절제사 심효생은 거제도로 파견됐다. 모두 개국에 큰 공을 세웠던 이성계의 최측근이었다.

작전은 전격적으로 이뤄졌다. 바로 다음날 윤방경 등은 왕씨를 모두 색출해 강화나루에 수장(水葬)시켰다. 거제도의 작전은 4월 20일에 이뤄졌다. 마찬가지로 수장이었다. 여기서 그치지 않았다. 이들은 주로 왕족이었고, 그 밖의 왕씨에 대한 대대적인 색출 작업이 전국적으로 진행돼 "모두 목을 베었다"라고 실록은 기록하고 있다. 심지어 왕씨의 서얼들까지 잡히는 대로 참수했다.

이어 이성계는 고려 때 왕씨 성을 하사받은 경우에는 본래의 성으로 돌아가도록 하고, 왕족이 아닌 경우라도 왕씨 성은 모두 어머니 쪽 성으로 바꾸도록 엄명을 내렸다. 왕씨들의 관직 진출이 금지된 것은 말할 필요도 없다. 그러나 행정력이 미비한 상태였으니, 아무리 정부에서 완벽하게 왕씨를 제거했다고 해도 살아남은 사람이 적지 않았다.

왕씨 색출 작업은 태종 때도 계속된다. 태종 13년(1413) 태종은 의정부에 명을 내려 "사찰에 있는 중 중에서 나이 15세 이상 40세 이하의 경우 출생지와 조상 계통을 샅샅이 조사해 보고하라"라고 했다. 아무래도 사찰은 불교 국가였던 고려에 동조하리라고 본 때문이다. 그러나 이 문제를 다루면서 태종의 생각은 바뀐다. 당시 왕씨의 후손 한 명이 체포됐다. 신하들은 당연히 그를 죽여야 한다고 나섰다. 이때 태종이 말한다.

"역사책을 살펴보니 역성혁명을 하고서도 전조(前朝)의 후손들을 완전히 멸망시킨 경우는 거의 없었다. 그것은 임금의 도리가 아니다. 앞으로 나는 왕씨의 후예를 보전하겠다."

그것은 아버지 이성계의 조치를 뒤집는 발언이었다. 신하들은 벌 떼처럼 일어났다. 이에 태종은 신하들을 나무란다. 자신들의 목숨을 구하자고 고려 왕실을 박멸하려는 모습이 부끄럽지 않으냐고 따져 물었다.

"이씨가 도(道)가 있으면 100명의 왕씨가 있다 하더라도 무얼 걱정하겠는가? 그렇지 않고 이씨가 도를 잃으면 왕씨가 아니라도 천명(天命)을 받아 일어나는 자가 없겠는가?"

현실주의자 태종다운 발언이었다. 이어 태종은 "예전에 태조가 왕씨를 제거한 것은 태조의 본의가 아니었다"라는 말로 아버지와의 모순을 무마했다. 그러나 20여 년 가까이 왕씨들은 살아남기 위해 온갖 수모를 겪어야 했다. 심지어 성을 전(全)씨나 옥(玉)씨로 바꾼 사람들도 많았다.

오히려 주나라 무왕(武王)의 경우 은나라를 멸망시키고 가장 먼저 한 일이 무엇인지 보자. 『예기(禮記)』 「악기(樂記)」편이다.

> 무왕은 목야(牧野)에서 은나라 주왕(紂王)을 토벌하고 은나라의 서울로 들어가, 아직 수레에서 내리기도 전에[未及下車(미급 하거)] 황제(黃帝)의 후손을 계(薊)에 봉하고 요임금의 후손을 축(祝)에 봉하고 순임금의 후손을 진(陳)에 봉했다. 그리고 수레에서 내리자마자[下車(하거)] 하 왕조의 후손을 기(杞)에 봉하고 투항한 은 왕조의 후손을 송(宋)에 봉했다.

무왕의 이런 마음을 줄여서 하거(下車)라고 한다. 이성계는 하거(下車)의 마음이 없었던 것이다. 그것이 어짊[仁(인)]이다. 『논어』 「요왈(堯曰)」편에서는 이를 줄여 "(무왕은) 흥멸국(興滅國) 계절세(繼絶世), 즉 멸망한 나라를 일으켜주고 끊어진 대를 이어주었다"라고 말했다.

항괘의 밑에서 두 번째 양효에 대해 공자는 "뉘우침이 없어지는 것[悔亡(회망)]은 능히 적중함을 오래 할 수 있기 때문이다"라고 풀었다. 정이의 풀이가 중요하다.

> 구이가 양효로 음위에 있으니 떳떳한 이치가 아니고, 처해 있음이 떳떳한 자리가 아니면 본래는 마땅히 뉘우침이 있어야 할 것이지만, 구이가 중덕(中德)으로 육오와 호응하고 육오가 다시 가운데 있으니, 중(中)으로 중에 호응하여 그 거처함과 움직임이 모두 가운데를 얻었다. 그러므로 중(中)에 오래가는 것이다. 중에 오래 머물러 있으면 바름을 잃지 않는다. 중(中)은 정(正)보다 중요해, 중하면 정이 될 수 있지만, 정(正)이라고 해서 반드시 가운데 있지는 않다.

항괘의 밑에서 세 번째 양효에 대해 공자는 "그 다음을 오래 유지하지 못하는 것은 받아줄 곳이 없기 때문이다"라고 풀었다. 구삼의 처지를 보자. 양효로 양위에 있어 자리는 바르고 상륙과도 호응 관계다. 그러나 양효로 자리가 바르다는 것은 괘의 위치에 따라 굳셈이 겹쳐서 지나치게 굳셈[過剛 과강]이 되기도 한다. 게다가 가운데를 지나쳐 있으니 이 효의 허물은 지나침에 있다. 자꾸 앞서가려 하는 욕심이 강하니 그 다음을 오래 유지하지 못한다. 이런 욕심은 재물욕보다는 권력욕이라 하겠다.

그래서 수치나 치욕을 당하는 일이 종종 생길 수 있는데, 그럼에도 이처럼 자신의 지나침을 고집스럽게 지키려 하니[貞 정=固守 고수] 안타까운 것이다.

공자는 사람이 이렇게 되면 어딜 가도 받아주지 않는다는 점만 지적한다. 흉함 중에 아무도 자신을 받아주지 않는 것은 참으로 심한 흉함이다. 여기서 항(恒)은 이중적이다. 그 다음이 곧 항(恒)이고, 그 다음을 오래 유지하는 것[恒 항] 또한 중요하기 때문이다. 공자는 『논어』 「자로(子路)」편에서 이렇게 말했다.

> 남쪽 나라 사람들이 하는 말 중에 "사람으로서 항심이 없으면 점이나 의술로도 고칠 수 없다"라는 것이 있는데 참으로 좋도다.

항심이 없는 사람에게는 기대할 바가 없기 때문에 아무도 받아주지 않는 것이다.

항괘의 밑에서 네 번째 양효에 대해 공자는 "자기 자리가 아닌 곳에 오래 있으니 어찌 짐승을 잡을 수 있겠는가"라고 풀었다. 주공의 효사는 "사냥을 하지만 짐승을 잡지 못한다[田 전 无禽 무금]"이다. 구사는 양효로 음위에 있으니 자기 자리가 아니다. 그러면서도 굳센 자질로 인해 위로 올라가려고만 한다. 애당초 그 행하는 바가 잘못됐다는 것이다. 그와 호응할 수 있는 자는 맨 아래에 무력하게 있다. 그러니 무슨 일을 한들 아무 효과가 없다는 말이다. 구삼은 사람들과의 관계로 풀었고, 구사는 일하는 것으로 풀었다. 아무런 공로를 세울 수 없다는 말이다. 항괘 구사에 해당하는 인물은 반고의 『한서』가 전하는 진승(陳勝)과 오광(吳廣)이다.

> 진승(陳勝, ?~BC 208)은 자(字)가 섭(涉)이며 양성(陽城-현)[35] 사람이다. 오광(吳廣)은 자가 숙(叔)이며 양하(陽夏)[36] 사람이다. 승(勝)은 어릴 때부터 일찍이 사람들과 함께 품팔이[傭 용

=雇] 농사를 하며 지냈다. 일을 마치면[輟=止] 밭 가운데 언덕[壟]에 올라가 아주 길게 한탄을 하며 (주변 사람들에게) 말했다. "만일 우리가 부귀해지더라도 서로 잊지 맙시다!"[37] 같은 품팔이꾼들은 웃으면서 답했다. "우리야 품팔이 농사꾼일 뿐인데 어찌 부귀해진단 말인가?" 승은 크게 탄식하며 말했다. "아! 제비나 참새[燕雀] 따위가 어찌 큰 기러기나 고니[鴻鵠][38]의 뜻을 알리오."

진(秦)나라 2세황제 원년(元年-BC 209) 가을 7월에 마을 문[閭=里門]의 좌측에 사는 사람들이 징발돼 (변경인) 900명이 어양(漁陽)에 수자리를 나가게 됐는데[戍][39], 승과 광(廣) 둘 다 둔장(屯長)[40]이 됐다. 행군하여 기(蘄-현)의 대택향(大澤鄕)에 이르렀을 때, 마침 하늘에서 큰비가 내려 길이 통하지 않게 되는 바람에 아무리 계산을 해도 이미 정해진 기한에 (어양에) 이를 수가 없었다[失期]. 정해진 기한을 지키지 못하면 (군)법상으로 참형에 해당됐기 때문에 승과 광은 마침내 모의해 말했다. "이제는 도망쳐도 죽고 큰 계책[大計-모반]을 도모해도 죽게 됐으니, 이왕 죽을 것이라면 나라를 세우다가 죽는 게 좋을 것이다." 승이 말했다.

"천하가 진(秦)나라 때문에 고통받은 지가 오래됐다. 내가 듣건대 2세는 막내아들[少子=末子]로 마땅히 자리에 나아갈 사람이 아니기 때문에, 마땅히 자리에 나아가야 할 사람은 공자(公子) 부소(扶蘇)라고 했다. 또 부소는 (진시황에게) 수차례 간언을 올린 까닭에 자리에 나아갈 수가 없었고, 상(上-진시황)께서는 그를 (장군으로 삼아) 외곽으로 내보내 병사들을 이끌게 했다고 한다. 지금은 혹 아무런 죄도 없는데 2세가 그를 죽였다고 들었다. 백성은 대부분 그가 뛰어나다[賢]고 들었지만, 그의 죽음을 알지 못하고 있다.[41] (한편) 항연(項燕, ?~BC 233)[42]이 초(楚)나라 장수가 돼 여러 차례 공을 세우고 병졸들을 아껴주었기 때문

---

35 안사고(顔師古)가 말했다. "「지리지(地理志)」에 따르면 여남군(汝南郡)에 속한다."

36 안사고가 말했다. "「지리지」에 따르면 회양(淮陽)에 속한다."

37 안사고가 말했다. "일단 한 사람이라도 부귀해진다면 너 나를 가리지 말고 모두 서로를 잊지 말자는 말이다."

38 안사고가 말했다. "기러기는 큰 새로 물에 살며 고니는 한 번 날면 1000리를 간다."

39 안사고가 말했다. "마을 문의 좌측[閭左]에 사는 사람들을 징발해 모두 수자리에 내보냈는데, 이와 관련된 풀이는 「식화지(食貨志)」에 실려 있다."

40 변경(邊境) 지역에서 오랑캐의 습격에 대비해 둔성(屯城)을 쌓고, 그 수비를 위해 대개 지모(智謀)와 용력(勇力)이 있어 변란에 대처할 수 있는 자를 뽑아 둔장(屯長)으로 삼았다.

41 안사고가 말했다. "그랬기 때문에 승과 광은 거사하면서 기만하여 스스로 부소라 칭한 것이다."

42 전국 시대 말기 초(楚)나라 하상(下相) 사람으로 항량(項梁)의 아버지이고 항우(項羽)의 할아버지다. 초왕(楚王)

에 초나라 사람들이 고맙게 여겼다. 그래서 어떤 사람들은 (항연이 이미 죽었는데도) 아직 살아 있다고 생각하고 있다. (그러니) 지금 진실로 내가 무리를 이끌고서 천하의 수창자가 된다면[倡=唱] 마땅히 호응하는 사람들이 많을 것이다."

광도 그러리라고 여겼다. 이에 점을 치러 갔다[行卜]. 점쟁이[卜者=易者]는 그들의 속뜻을 알아차리고서 이렇게 말했다. "족하(足下)의 일은 이루어져 공업을 이루게 될 것이오. 그러나 족하는 이 점괘를 귀신에게 맡겨야 할 것입니다[卜之鬼乎]."[43] 승과 광은 기뻐하며 귀신에게 맡기리라 생각하고서 말했다. "이 점괘는 우리에게 우선 대중을 위엄으로 제압할 것을 가르치고 있다." 마침내 비단에 붉은 글씨로[丹書=朱書] '진승이 왕(王)'이라고 쓰고서 사람들이 그물로 잡은[罾] 물고기의 뱃속에 그것을 넣어두었다. 병졸들이 그 물고기를 사서 익혀 먹으려 할 때 그 글이 나오자 모두 기이하게 여겼다. 또 몰래[間=竊] 광으로 하여금 숙위지 근처에 있는 숲속[叢林] 사당에 숨어 들어가게 한 다음 밤에 불을 피우고 여우 소리[狐鳴]를 내어 소리치게 했다. "위대한 초나라가 흥해 진승이 왕이 되리라." 병졸들은 모두 밤에 놀라 두려움에 떨었다. 다음날 아침 병졸 사이에서는 승과 광을 가리켜 보았다[指目].[44]

승과 광은 평소[素] 부하들을 아껴주니[愛人] 사졸 중에 두 사람에게 쓰이고자 하는 자들이 많았다. 위(尉)의 장(長)[45]이 술에 취했을 때 광은 고의로[故] 여러 차례나 도망치고 싶다고 말해 위의 장을 분노케 하여 모욕감을 느끼게 함으로써 그의 무리가 격노하기를 기대했다. 위의 장은 과연 광에게 매질을 했다. 그가 검을 뽑으려 하자 광은 일어나 그 칼을 빼앗아 그를 죽였다. 승은 광을 도와 위의 장 두 사람을 그 자리에서 죽였다. 따르던 무리를 불러 영을 내려 말했다.

"공(公) 등은 비를 만나 모두 이미 정해진 기한에 이를 수가 없게 됐으나 마땅히 참형을 당할 것이다. 설사 참형을 당하지 않게 된다 하더라도 수자리 병사로 있다 보면 분명 10명 중에 6, 7명은 죽게 될 것이다. 어쨌거나 (우리를 따를 경우에게) 사나이[壯士]로서 죽지 않으면

부추(負芻) 4년 진(秦)나라 장수 왕전(王翦)이 초나라 군대를 대파했다. 항연은 창평군(昌平君)을 세워 초왕으로 삼고 회남(淮南)에서 진나라에 대한 반기를 들었다. 다음해 왕전과 몽무(蒙武)가 초나라를 공격했을 때 패하고 전사했다. 또는 자살했다고도 한다.

43 안사고가 말했다. "점쟁이는 일이 성공은 하겠지만 반드시 귀신에게 의탁해야만 가능하다고 말한 것이다."

44 안사고가 말했다. "두 사람을 지목하며 몰래 살펴보았다는 뜻이다."

45 안사고가 말했다. "이때는 수자리 서는 사람들을 이끄는 책임자를 말한다."

그것으로 그만이고, 죽더라도 큰 이름을 남기게 될 것이다. 왕후와 장상(將相)의 씨가 어찌 따로 있단 말인가[侯王將相 寧有種乎]?"

무리는 입을 모아 말했다. "삼가 영을 받들겠습니다."

이에 두 사람은 거짓으로 각각 부소와 항연을 사칭하니 백성의 기대에 따르게 됐다. 상의의 오른쪽 어깨 부분을 걷고서[袒右][46] 나라를 대초(大楚)라 칭하고, 단(壇)을 쌓아 맹서를 한 다음 (앞서 죽인) 위(尉)의 머리를 희생으로 삼아 제사를 올렸다. 승은 스스로를 세워 장군이 됐고 광은 도위(都尉)가 됐다. 대택향을 공격해 그것을 뽑아버렸고[拔], 그곳 병사들을 거둬들여 기(蘄)를 공격해 기를 떨어트렸다[下]. 이어 부리(符離) 사람 갈영(葛嬰)을 시켜 병사들을 이끌고 기의 동쪽을 돌며 질(銍)·찬(酇)·고(苦)·자(柘)·초(譙)[47]를 치게 해 모두 떨어트렸다. (이런 식으로) 행군해 (각지의) 병사들을 거둬들이면서 진(陳)에 다다랐을 때 병거는 600에서 700승(乘), 기병 1000여 명, 보졸 수만 명이었다. 진(陳)을 공격하니 그곳의 군수나 현령[48] 모두 그곳에 없었고 오직 군의 승(丞)만이 초문(譙門)[49] 안에서 맞서 싸웠지만 이기지 못하고 승은 전사했다. 마침내 (승과 광은) 진에 들어가 점거했다. 여러 날에 걸쳐 그곳의 삼로(三老)와 호걸 등을 불러모아 앞으로의 일을 모의했다. 이들은 모두 말했다.

"장군은 몸소 갑옷[堅=堅甲]을 입고 무기[銳=利兵]를 들어 무도한 자들을 물리치고 사나운 진나라 관리들[暴秦]을 주살해 다시 초나라의 사직을 세우셨으니, 그 공로는 왕이 되기에 충분합니다."

승은 마침내 세워져 왕이 돼 나라 이름을 장초(張楚)[50]라 했다. 이에 진나라 관리의 사나움[暴]에 시달리던 여러 군현이 모두 일어나 그 장리(長吏)[51]들을 죽이고서 곧장 승(勝)에게 호응했다. 마침내 광(廣)을 임시 왕[假王]으로 삼아 여러 장수를 감독하게 해 서쪽으로 형

---

46 안사고가 말했다. "일반 사람들과 구별하기 위함이었다."

47 안사고가 말했다. "이 다섯 곳은 모두 현(縣)의 이름이다."

48 이 당시 진현(陳縣)은 초군(楚郡)에 속해 있었다.

49 안사고가 말했다. "이는 진에 있는 성문일 뿐 초현의 성문이 아니다. 초현은 이미 전에 함락됐다."

50 유덕(劉德)이 말했다. "이는 장대초국(張大楚國-초나라를 장대하게 만들었다는 뜻)이라는 뜻이다." 장안(張晏)이 말했다. "이에 앞서 초나라는 진나라에 멸망돼 이미 없어졌고 지금 초를 (다시) 세웠으니, 앞에 장(張-늘리다)을 붙인 것이다." 안사고가 말했다. "장의 설이 옳다."

51 진나라는 군현제를 실시했는데, 군수와 현령을 가리킨다.

양(滎陽)을 쳤다[擊(격)]. 진(陳) 사람인 무신(武臣, ?~BC 208)[52], 장이(張耳, ?~BC 202)[53], 진여(陳餘, ?~BC 205)[54]에게 영을 내려 조(趙) 땅을 돌게 했고[徇(순)], 여음(汝陰) 사람 등종(鄧宗)에게는 구강군(九江郡)을 돌게 했다. 이런 때를 맞아[當(당)] 초나라 병사 중에 수천 명씩 모여든 자들이 이루 다 셀 수가 없을 정도였다.

갈영은 동성(東城)[55]에 이르러 양강(襄彊)을 세워 초왕(楚王)으로 삼았다. 그 후에 승(勝)이 이미 (왕으로) 세워졌다는 말을 듣고서 그로 인해 양강을 죽이고 돌아와 보고했다. 진(陳)에 이르렀을 때 승은 영을 죽이고 위(魏)사람 주불(周市)에게 명해 북쪽으로 위 땅[56]을 돌아보게 했다. 광(廣)은 형양(滎陽)을 에워쌌다. (그러나) 이유(李由)가 삼천(三川)의 군수가 돼 형양을 지키니 광은 그곳을 함락시킬 수가 없었다. 승은 나라의 호걸들을 불러[徵(징)=召(소)] 함께 계책을 짜서 상채(上蔡) 사람 방군(房君)[57] 채사(蔡賜)를 상주국(上柱國)[58]으로 삼았다.

주문(周文)[59]은 진(陳)의 뛰어난 사람[賢人(현인)]인데, 일찍이 항연(項燕) 군대의 시일(視日)[60]이 돼 춘신군(春申君)[61]을 섬겼고 스스로 병법을 익혔노라고 말했다. 승은 그에게 장군의 도장

---

52 진승이 왕을 칭한 뒤 장군에 임명되자 장이(張耳)와 진여(陳餘)로 좌우교위(左右校尉)를 삼아 병사 3000명을 이끌고 북쪽으로 조(趙) 땅을 공략한 뒤, 한단(邯鄲)으로 진격해 스스로 조왕(趙王)이 됐다. 진승은 주문(周文)을 도와 서쪽으로 진(秦)나라를 공격하라는 명령을 거역하고, 북쪽으로 연(燕)과 대(代)를 공격하고 남쪽으로는 하내(河內)를 차지했는데 나중에 부장(部將) 이량(李良)에게 살해됐다.

53 진여와 함께 병사를 일으켜 문경지교(刎頸之交)를 맺었다. 진나라 말에 진섭(陳涉)이 반란을 일으키자 진여와 함께 교위(校尉)가 돼 무신(武臣)을 따라 조(趙) 땅을 정벌했다. 무신이 조왕(趙王)이 되자 우승상(右丞相)에 올랐고, 진여는 대장군(大將軍)이 됐다. 항우(項羽)를 따라 입관(入關)해 항우가 분봉할 때 상산왕(常山王)에 봉해졌다. 나중에 진여와 사이가 벌어져, 진여가 공격하자 고조 유방에게 투항했다. 한신(韓信)과 함께 조(趙)나라 군대를 격파하고 지수(泜水)에서 진여를 죽여 조왕(趙王)에 봉해졌다.

54 장이와 함께 조나라를 재건하고 조왕 헐을 옹립했으나, 항우의 18제후왕 분봉에서 조왕 헐이 대왕으로 밀려나고 장이가 항산왕에 봉해지자 반발해 장이를 쫓아내고 조왕 헐을 도로 조나라 왕으로 세웠다. 한나라 장수 한신의 공격을 받아 패사했다.

55 안사고가 말했다. "동성은 현 이름인데 「지리지」에 따르면 구강군(九江郡)에 속한다."

56 안사고가 말했다. "이는 곧 양(梁)의 땅이며 하동(河東)의 위(魏)가 아니다."

57 정씨(鄭氏)가 말했다. "방군이란 관직명이다." 안사고가 말했다. "방군이란 봉읍의 이름이지 관직명이 아니다."

58 초나라 관직명이다.

59 문영(文穎)이 말했다. "주문은 곧 주장(周章)이다."

60 여순(如淳)이 말했다. "시일이란 일시(日時)의 길흉을 통해 거동 여부를 점치는 관리다."

61 응소(應劭)가 말했다. "초나라 재상 황헐(黃歇)이다."

을 주고서 서쪽으로 진(秦)나라를 치게 했다. 행군 도중에 병사들을 모아들이면서 관(關-함곡관)에 이르렀고, 수레 1000승과 병사 10만 명을 거느리고 희(戲)[62]에 이르러 포진했다[軍]. 진나라 조정은 소부(少府)[63] 장한(章邯, ?~BC 205)[64]에게 영을 내려 여산(驪山)의 죄수와 집집마다의 노비들을 풀어주고[免] 모두 징발하게 해 초군을 쳐서 크게 무찔렀다. 주문은 달아나 관을 탈출해서 조양(曹陽)[65]에 머물러 주둔했다. 2개월여 후에 장한이 그들을 뒤쫓아 무찌르자 다시 민지(黽池)로 달아났다. 10여 일 후에 장한이 쳐서 주문의 군대를 크게 깨트렸다. 주문이 스스로 목을 찌르니 초군은 드디어 싸움을 포기했다[不戰].

(한편) 무신은 한단(邯鄲)에 이르러 스스로를 세워 조왕(趙王)이 돼, 진여를 대장군으로 삼고 장이와 소소(召騷)를 좌우의 승상으로 삼았다. 승(勝)이 화가 나서 무신 등의 가족을 붙잡아 그들을 주살하려고 했다. 주국(柱國)이 말했다. "진(秦)이 아직 망하지 않았는데 조왕과 그 장상들의 가족들을 주살한다면 이는 또 하나의 진나라[一秦]를 낳는 셈이니[66], 오히려 그로 인해 그를 (왕으로) 세워주는 것만 못합니다." 승은 이에 사자를 보내 조(왕의 즉위)를 축하하고 무신 등의 가족들을 옮겨 궁중에 묶어두었다[繫].[67] 그리고 장이의 아들 오(敖)를 봉해 성도군(成都君)으로 삼고, 조(趙)의 병사들로 하여금 신속하게[亟=急] 관(關)으로 들어가게 재촉했다[趣=促]. 조왕과 그 장수 및 재상들이 서로 모의하여 말했다. "왕께서 조의 왕이 되신 것은 초의 뜻이 아닙니다. 초는 일단 진을 주멸하게 되면 반드시 조에 군대를 보낼 것입니다. 이에 대한 계책으로는 서쪽으로 군대를 보내지 않는 것만 함이 없으니, 사자를 북쪽으로 보내 연(燕) 땅을 순행케 함으로써 우리 땅을 넓혀야 합니다. 조가 남쪽으로 대하(大河-황하)에 의지하고 북쪽으로는 연과 대의 땅을 소유한다면, 초가 비록 진

---

62 안사고가 말했다. "희는 강의 이름으로 신풍(新豐)의 동쪽에 있다. 상세한 풀이는 「고제기(高帝紀)」에 있다."

63 관직명으로 산과 바다, 연못과 늪지의 세금을 관장했다.

64 진 2세 3년(BC 207) 거록(鉅鹿) 전투에서 항우에게 패한 뒤 투항했다. 항우를 따라 입관(入關)한 뒤 옹왕(雍王)에 봉해졌다. 초한(楚漢) 전쟁 때 유방을 공격하다가 패하자 자살했다. 장감으로 읽기도 한다.

65 진작(晉灼)이 말했다. "정(亭)의 이름인데, 홍농(弘農)의 동쪽 30리에 있으며 위(魏)나라 무제(武帝)가 고쳐 호양(好陽)이라 불렀다."

66 폭정으로 인해 새로운 적국을 하나 더 만드는 셈이라는 뜻이다.

67 안사고가 말했다. "궁중으로 옮겨 살게 한 것은 예우함을 보여준 것이다. 그러나 붙잡아두고서 보내지 않았으니, 그 때문에 묶어두었다고 한 것이다."

에 승리한다고 해도 감히 조를 제압할 수 없고 만약에 진에 승리하지 못한다면 반드시 조를 중히 여길 것입니다. 조가 진과 초의 피폐함을 잇는다면[承 승][68] 천하에 대한 뜻을 얻을 수 있을 것입니다."

조왕은 그렇다고 여겨 그 때문에 서쪽으로 군대를 보내지 않고 옛 상곡(上谷-군)의 졸사(卒士)[69] 한광(韓廣, ?~BC 206)[70]에게 장병을 딸려 보내 북쪽으로 연 땅을 순행케 했다. 연 땅의 귀족과 호걸들이 한광에게 말했다. "초와 조는 모두 이미 왕을 세웠습니다. 연이 비록 작지만, 또한 만승(萬乘)의 나라이니 장군이 세워져 왕이 되시기를 바랍니다." 한광이 말했다. "광(廣-자기 자신)의 어머니가 조에 계시기 때문에 그럴 수가 없다." 연 땅 사람들이 말했다. "조는 바야흐로 지금 서쪽으로는 진(秦)을 걱정하고 남쪽으로는 초(楚)를 걱정하고 있어 그 힘으로는 우리를 제어할 수 없습니다. 또 초나라의 강대함으로도 감히 조왕과 장상들의 가족을 해칠 수가 없는데, 지금 조가 홀로 어찌 감히 장군의 가족을 해칠 수 있겠습니까?" 한광은 그렇다고 여기고서 마침내 스스로를 세워[自立 자립] 연왕(燕王)이 됐다. 여러 달이 지나서 조는 연왕의 어머니와 가족들을 받들어 돌려보냈다.

이때 여러 장수가 땅을 순행한 것은 이루 다 헤아릴 수가 없다. 주불은 북쪽으로 적(狄)[71]에 이르렀는데, 적 사람 전담(田儋, ?~BC 208)[72]이 적의 현령을 죽이고 스스로를 세워 제왕(齊王)이 돼 도리어 주불을 쳤다. 불의 군대는 뿔뿔이 흩어져 위(魏) 땅으로 돌아와서 위의 후예인 옛 영릉군(甯陵君) 구(咎)를 세워 위왕(魏王)으로 삼았다.[73] (그런데 그때) 구는 승이 있는 곳에 있었기 때문에 위로 갈 수 없었다. (그래서) 위 땅은 이미 평정됐기 때문에 (사람들은) 주불을 세워 왕으로 삼으려 했으나 불(市)은 받아들이지 않았다. 사자가 다섯 차례

68 두 나라가 싸우다가 피폐해진 상황을 잘 이용한다는 뜻이다.

69 조사(曹士)라고도 하는데, 하급 관리다.

70 초한 전쟁기의 인물이며, 항우가 세운 18제후왕 중 하나다. 원래는 상곡군의 하급 관리였다. 무신은 옛 조나라의 영역을 평정하고 장초에서 독립해 조나라 왕이 된 후 한광을 장수로 삼아 옛 연나라 땅을 거두게 했다. 한광은 옛 연나라의 귀족들과 유력 인사들에게 추대돼 연나라 왕으로 자립했다.

71 안사고가 말했다. "현의 이름인데, 후한의 안제(安帝) 때 이름을 임제(臨濟)로 바꿨다."

72 진(秦)나라 말기의 인물이다. 진나라 말기의 혼란기를 틈타 진나라에 반기를 들어 제나라를 재건하고 왕이 됐으나, 진나라 장군 장한(章邯)에게 패해 죽었다.

73 응소(應劭)가 말했다. "6국의 후예를 세워 당(黨)을 심고자 한 것이다."

나 오간[反=回還] 끝에 승은 마침내 영릉군을 세워 위왕으로 삼고 그를 자기 나라로 보내주었다. 주불은 (위나라의) 재상이 됐다.

장군 전장(田臧) 등이 서로 함께 모의해 말했다.

"주장의 군대는 이미 깨졌지만, 진나라 군대가 장차 이르려 하고 있으니 지금까지 우리는 형양의 성을 지켜 함락되지 않을 수 있었으나 진나라 군대가 오게 되면 반드시 크게 패할 것이다. 이곳에는 적은 병력만 남겨두어도[遺=留] 형양을 충분히 지킬 수 있으니 정예병들은 모두[悉=盡] 진나라 군대와 맞서 싸우도록 하자. 지금 임시 왕[假王-오광]은 교만한 데다가 병권을 알지 못해 더불어 계책을 함께할 수 없으니, 그를 주살하지 않으면 일이 실패로 돌아갈까 두렵다."

이리하여 서로 진왕(陳王)의 영이라고 속여[矯=詐] 오광을 주살해 그 목을 승에게 바쳤다. 승은 사자를 보내 전장에게 초의 영윤의 인장을 내려주도록 하고 상장(上將)으로 삼았다. 전장은 이에 이귀(李歸) 등 여러 장수에게 형양의 성을 지키게 하고 자신은 정예병을 이끌고 서쪽으로 가서 오창(敖倉)에서 진나라 군대를 맞아 교전했는데, 전장은 죽고 군대는 깨졌다. 장한이 진격하여 이귀 등을 형양의 성 아래에서 쳐서 깨트렸고 이귀는 죽었다. 양성(陽城) 사람 등열(鄧說)이 병사를 이끌고 담(郯)[74]에 주둔하고 있었는데, 장한의 별장이 쳐서 깨트리니 등열은 진(陳)으로 달아났다. 질(銍) 사람 오봉(五逢)이 병사를 이끌고 허(許)에 주둔하고 있었는데, 장한이 쳐서 깨트렸다. 오봉 역시 진으로 달아났다. 승이 등열을 주살했다.

승이 처음에 (왕으로) 세워졌을 때 능(凌) 사람 진가(秦嘉), 질(銍) 사람 동설(董緤), 부리(符離) 사람 주계석(朱雞石), 취려(取慮) 사람 정포(鄭布), 서(徐) 사람 정질(丁疾) 등이 각기 일어나[75] 병사를 이끌고 동해군수를 담(郯)에서 둘러쌌다. 승이 이를 듣고서 마침내 무평군(武平君) 반(畔)을 장군으로 삼아 담의 성 아래에 있는 군대를 감독하게 했다. 진가는 스스로를 세워 대사마가 됐는데 남에게 소속되는 것을 싫어해 군의 장교들에게 말했다.

"무평군은 나이도 어리고 군사의 일도 알지 못하니 그의 명령을 들어서는 안 된다."

그러고는 왕명이라고 속이고서[矯] 무평군 반을 죽였다.

---

74 안사고가 말했다. "동해현(東海縣)이다."

75 장안(張晏)이 말했다. "능은 사수현(泗水縣)이다. 질과 부리는 패현(沛縣)이다. 취려와 서는 임회현(臨淮縣)이다."

장한이 이미 오봉을 깨트리고 진(陳)을 치니, 주국 방군(房君)이 전사했다. 장한은 이어 진군하여 진의 서쪽에 있던 장하(張賀)의 군대를 쳤다. 승도 나아와 싸움에 임했지만, 그의 군대는 깨졌고 장하는 전사했다.

납월(臘月)[76]에 승이 여음(汝陰)으로 갔다가 돌아와 하성보(下城父)[77]에 이르렀을 때, 그의 측근 장가(莊賈)가 승을 죽이고 진(秦)에 항복했다. 탕(碭)에 장사 지내고 시호는 은왕(隱王)이라 했다. 승의 옛 연인(涓人)[78]이었던 장군 여신(呂臣)이 창두군(蒼頭軍)을 만들어 신양(新陽)[79]에서 일어나 진(陳)을 공격해 떨어트리고 장가를 죽이고서 다시 진(陳)으로 초나라를 삼았다.

애초에 승은 질(銍) 사람 송류(宋留)로 하여금 병사들을 이끌고서 남양(南陽)을 평정하고 무관(武關)[80]으로 진입하도록 영을 내렸다. 류는 이미 남양을 장악했지만[徇(순)], 승이 죽었다는 소식을 듣고서 남양은 다시 진나라 영토가 됐다. 송류는 무관에 들어갈 수가 없게 되자 이에 동쪽으로 신채(新蔡)에 이르렀다가 진나라 군대와 마주치니 송류는 이에 군대를 거느리고 진에 항복했다. 진의 군대는 류를 역전(驛傳)을 통해 함양으로 보내 거열형에 처함으로써 군중에게 경계로 삼도록 했다[徇(순)=行示(행시)].

진가(秦嘉) 등은 승의 군대가 패했다는 소식을 듣고서 이에 경구(景駒)를 세워 초왕으로 삼고, 병사를 이끌고 방여(方與-현의 이름)로 가서[之(지)=往(왕)] 진나라 군대를 제음(濟陰)성 아래에서 치려고 했다. 공손경(公孫慶)을 제왕(齊王)에게 사신으로 보내 힘을 합쳐 함께 전진하고자 했다. 제왕이 말했다. "진왕(陳王)이 싸움에서 져 그가 죽었는지 살았는지 알 수 없는데 초는 어찌 우리에게 청하지도 않고 왕을 세울 수 있는가?" 공손경이 말했다. "제가 초에 청하지도 않고 왕을 세웠는데 초가 무슨 까닭으로 제에 청해 왕을 세우겠습니까? 또 초가

---

76 장안이 말했다. "진(秦)의 여름 9월이다." 신찬(臣瓚)이 말했다. "건축(建丑)의 달(12월)이다." 안사고가 말했다. "『사기』에 이르기를 '호해(胡亥) 2년 10월에 갈영을 주살했고 11월에 주문이 죽었고 12월에 진섭이 죽었다'라고 했으니 찬의 설이 옳다."

77 안사고가 말했다. "지명으로 성보현 동쪽에 있었다."

78 초나라 관직명으로 빈객을 접대하는 일을 맡았다.

79 안사고가 말했다. "현의 이름으로 여남군(汝南郡)에 속한다."

80 진나라의 남쪽 관문이다.

앞장서서 일을 주창했으니[首事][81] 천하에 영을 내리는 것이 마땅합니다." 전담은 공손경을 죽여버렸다.

진의 좌우 교위[校]가 다시 진(陳)을 공격해 떨어트렸다. 여(呂)장군(여신(呂臣))은 달아났다가 흩어진 병사들을 다시 거둬 번(番)의 도적 떼[82] 영포(英布)와 서로 만나 진의 좌우 교위를 공격해 청파(靑波)에서 깨트리고 다시 진을 초에 편입시켰다. 마침 항량은 회왕(懷王)의 손자 심(心)을 세워 초왕으로 삼았다.

진승이 왕 노릇을 한 것은 모두 6개월이다. 애초에 왕이 됐을 때 그와 함께 품팔이[傭=雇] 농사를 지었던 한 친구가 그 소식을 듣고는, 마침내 진(陳)에 가서 궁문을 두드리며 "나는 섭(涉)[83]을 만나보고 싶소"라고 했다. 궁문 수비대장[令]이 그를 포박하려 했는데, 스스로 여러 차례 변명하자 (수비대장은 그를) 마침내 내버려두었지만[84] 끝내 통과시켜주지 않았다. 승이 궁 밖으로 나오자 그는 길을 막고서 "섭아!"라고 소리쳤고, 이에 승은 그를 만나보고서 수레에 태워[載] 돌아갔다. 궁에 들어가 어전과 휘장[帷帳]을 보고서 그 손님이 말했다. "엄청나구나[夥][85], 섭이 왕이 되더니 이 깊디깊은[沈沈] 궁궐이여!"라고 말했다. 초나라 사람들은 많은 것[多]을 과(夥)라고 했기 때문에 천하 사람들은 이 이야기를 전하며 "엄청나도다, 섭이 왕이 된 일이여[夥涉爲王]!"라고 했으니, 이는 진섭으로 말미암아 시작된 것이다. 그 손님은 (궁궐을) 들고나면서 더욱더 의기양양해져 승의 옛날이야기를 떠들어댔다. 어떤 사람이 (승에게) 말하기를 "저 손님은 어리석고 무지한 데다가 헛소리[妄言]를 떠들어대니 왕의 위신이 가벼워집니다"라고 하자 승이 그 손님의 목을 베었다. 옛날부터 알았던 이런저런 사람들이 모두 스스로 승과의 인연을 끊어대다가, 이 일이 있고부터는 승과 가깝다고 하는 사람들이 없어졌다. 주방(朱防)을 중정(中正-인사 담당)으로 삼고 호무(胡武)를 사과(司過-사찰 담당)로 삼아 여러 신하를 감찰하는 일을 주관하게 했다. 여러 장수가 각 지역

---

81 안사고가 말했다. "가장 먼저 병사를 일으켰다는 말이다[起兵]."

82 안사고가 말했다. "번(番)은 번양현(番陽縣)이다. 이곳에서 도적질한다고 해서 번의 도적 떼라 한 것이다. 후에 번(番) 자는 파(鄱)로 고쳤다."

83 진승의 자(字)다.

84 안사고가 말했다. "여러 차례 변명했다[辯數]는 것은, 자신의 성명을 말하고 아울러 자신이 섭과 옛날에 함께 지냈던 일들을 말하니 수비대장이 그를 내버려두고서 포박하지 않았다는 뜻이다."

85 과(夥)는 '화'로도 읽는다.

을 순회하고 돌아오면 두 사람이 그 결과를 감찰해, 영(令)을 제대로 시행하지 않았을 경우 잡아넣어 벌을 주었다. (이들은) 가혹한 감찰을 충성스러움이라 여겼다. 그들이 보기에 잘못됐다고 생각할 경우 담당 관리에게 명을 내리지 않고 문득 자신들이 직접 처리했다. 승이 그들을 믿고 썼기 때문에[信用], 여러 장수는 승을 제 몸처럼 아끼며 의탁하려[親附] 들지 않았다. 이것이 그가 패망하게 된 까닭이다.

승은 비록 이미 죽었지만, 그가 임명하여 남겨둔 제후와 장상들이 결국 진나라를 멸망시켰다. 고조(高祖) 때 승을 위해 무덤을 지키는 관리가 탕(碭)에 설치돼 지금까지 제사를 지내고 있다[血食]. 왕망이 패망하고서야 마침내 그 제사는 끊어졌다.[86]

항괘의 밑에서 다섯 번째 음효에 대해 공자는 "부인은 반듯해서 길하니 하나를 따라서 끝마치기 때문이요, 사내는 마땅함으로 제재해야 하고 부인(의 도리)을 따르면 흉하다"라고 풀었다. 육오의 처지를 보자. 음효로 양위에 있으니 자리가 바르지 못하고, 아래의 구이와 호응 관계다. 비록 음유이기는 하지만 상괘인 진괘(震卦)의 가운데 있어 중도를 얻었다. 음효로 중도를 얻었으니 여인에게는 길할 수 있지만, 사내에게는 흉할 수 있다. 그래서 주공은 효사에서 "그 다움을 오래 유지하면 반듯하니 부인은 길하고 사내는 흉하다"라고 한 것이다.

공자의 「상전」이 흥미롭다. 둘로 나눠서 보자. "부인은 반듯해서 길하니 하나를 따라서 끝마치기 때문이요"라고 했다. 여기서 하나란 밑에 있는 구이다. 아래에 있는 효를 따르니 자신을 낮춘 것이다. 그러나 "사내는 마땅함으로 제재해야 하고 부인(의 도리)을 따르면 흉하다"라고 했다. 마땅함으로 제재해야 한다는 것은, 군주의 도리는 굳셈[剛]이라는 점에서 굳셈으로 제재해야 한다는 말이다. 정이의 말대로 다른 괘의 경우 음효가 군주의 자리에 있으면서 아래의 양효에 호응하는 것은 (일시적인 것이기 때문에) 잘못이 아닐 수 있다. 그러나 지금은 항괘의 상황이다. 즉 군주가 그 도리를 오랫동안 부드러움으로 하면 흉할 수밖에 없다. 이 또한 일의 이치보다는 일의 형세가 크게 지배하는 상황이다.

---

86 안사고가 말했다. "지금까지 제사를 지내고 있다[至今血食]는 말은 사마천이 『사기』에서 했던 말 그대로다. 망이 패하고서야 마침내 그 제사는 끊어졌다는 말은 반고의 말이다."

고려의 마지막 임금 공양왕(恭讓王, 1345~1394)이 바로 이런 처지에 놓였던 군주다.

공양왕은 이름이 왕요(王瑤)이고 신종(神宗)의 7대손이며 정원부원군(定原府院君) 왕균(王鈞)의 아들이다. 1389년 이성계·심덕부(沈德符) 등에 의해 창왕이 폐위되자 왕위에 올랐다. 즉위 후 이성계 일파의 압력과 간섭을 받아 우왕을 강릉에서, 창왕을 강화에서 각각 살해했다. 재위 3년 동안 정치·경제·교육·문화 등 사회 전반에 걸친 몇 차례의 제도 개편을 단행했다. 그러나 그것은 이성계 등 신진 사대부들의 자기 세력 부식을 위한 사회 개혁일 뿐이었다. 1390년 도선(道詵)의 비록에 의해 한양으로 천도했다. 판삼사사(判三司事) 안종원(安宗源) 등으로 하여금 개성을 지키게 하고 백관을 분사(分司-조정을 나눔)하게 했으나, 이듬해 민심의 동요로 다시 개성으로 환도했다. 1391년 광흥창(廣興倉)·풍저창(豊儲倉)을 서강(西江)에 세워 조운의 곡식을 비축하게 했으며, 개성 오부에는 의창(義倉)을 설치했다. 조준의 건의로 과전법을 실시해 녹제와 전제를 개혁했는데, 이것은 신흥 세력의 경제적 기반이 됐다. 또한 인물추고도감(人物推考都監)을 두어 노비결송법과 결송법을 정했다. 이해 이성계 일파를 반대한 정몽주가 살해되자 정세는 이성계의 독무대가 됐다. 이에 조준·정도전·남은 등은 이성계를 왕으로 추대했다. 이로써 공양왕은 폐위됐고, 고려 왕조는 끝나고 말았다. 1392년 조선이 건국되자 원주로 방치됐다가 간성군(杆城郡)으로 추방되면서 공양군(恭讓君)으로 강등됐고, 1394년 삼척부(三陟府)로 옮겨졌다가 그곳에서 살해됐다.

항괘의 맨 위에 있는 음효에 대해 공자는 "동요하는 오래감[振恒](진항)이 맨 위에 있으니 크게 공로가 없다"라고 풀었다. 상륙은 음효로 음위에 있으니 자리는 바르다. 문제는 가장 높은 자리에 있지만, 자질이 굳세지 못하고 부드럽고 약하다[柔弱](유약)는 점이다. 그러니 맨 위에 올라갔으나 마음이 편안치 못해 속으로 동요하게 된다. 이런 마음이 오래가니 흉한 것이고, 이렇게 해서는 아무런 공로를 세울 수 없다. 이 효는 위화도회군 당시 이성계의 상관이었던 조민수(曺敏修, ?~1390)를 떠올린다.

조민수는 1388년(우왕 14년) 요동정벌군(遼東征伐軍)의 좌군도통사(左軍都統使)로 출정한 뒤 위화도(威化島)에서 이성계와 회군(回軍)해 우왕을 폐하고 창왕을 세우는 데 큰 역할을 했다. 그러나 1389년(창왕 1년) 이성계 일파의 전제 개혁을 반대해 조준 등의 탄핵으로 창녕(昌寧)에 유배됐다가 창왕의 생일에 특사로 풀려났으나, 우왕의 혈통을 에워싼 논쟁으로 이성계 일파에 대항하다가 서인(庶人)으로 강등되고, 이듬해 다시 창녕으로 유배, 배소에서 죽었다. 굳센 자질이 없이 아주 높이 올랐다가 불안함을 극복하지 못하고 고려 말 기득권 세력과의 유대를 도모하다가 역사의 흐름에서 탈락한 인물이다. 형세 판단을 잘못했던 것이다.

33. 천산돈(天山遯)[87]

돈(遯)은 형통할 수 있으니 반듯하면 조금이라도 이롭다.

遯 亨 小利貞.[88]
돈 형 소 이정

초륙(初六)은 숨은 꼬리[遯尾]라 위태로우니 함부로 일을 행하는 바가 있어서는 안 된다
돈미
[遯尾 厲 勿用有攸往].
돈미 여 물용 유 유왕

육이(六二)는 황소의 가죽으로 잡아매니 그것을 벗겨낼 수가 없다[執之用黃牛之革 莫之勝
집지 용 황우 지 혁 막지 승
說].
탈

구삼(九三)은 얽매인 숨음[係遯]이라 병이 있어 위태로우나 신하와 첩을 기르는 데는 길하다
계돈
[係遯 有疾厲 畜臣妾 吉].
계돈 유질 려 축 신첩 길

구사(九四)는 좋아해서 숨음[好遯]이니 군자는 길하고 소인은 나쁘다[好遯 君子吉 小人否].
호돈 호돈 군자 길 소인 비

구오(九五)는 아름답게 숨음[嘉遯]이니 반듯하여 길하다[嘉遯 貞吉].
가돈 가돈 정길

상구(上九)는 여유로운 숨음[肥遯]이니 이롭지 않음이 없다[肥遯 无不利].
비돈 비돈 무불리

◉

돈괘(遯卦)의 초륙(初六)은 양위에 음효로 바르지 못함[不正位], 육이(六二)는 음위에
부정위
음효로 바름[正位], 구삼(九三)은 양위에 양효로 바름, 구사(九四)는 음위에 양효로
정위
바르지 못함, 구오(九五)는 양위에 양효로 바름, 상구(上九)는 음위에 양효로 바르지

87 문자로는 건상간하(乾上艮下)라고 한다.

88 원(元)을 제외한 형이정(亨利貞)이 나온다.

못함이다. 이 괘의 경우 육이와 구오는 모두 중정을 얻었다.

대성괘 돈괘(䷠)는 소성괘 건괘(乾卦, ☰)와 간괘(艮卦, ☶)가 위아래에 있어 만들어진 괘다. 「설괘전」에 따르면 '건(乾-하늘)으로 임금 노릇을 하고' '간(艮-산)으로 오래 머물게 한다[止=久]'고 했다. 괘의 모양이 건(乾)이 위에 있고 간(艮)이 아래에 있다.

그러면 「서괘전」을 통해 왜 돈괘가 항괘의 뒤를 이어받았는지 확인해보자.

> 일은 그 처해 있는 곳[所]에 (끝까지) 오래 머물러 있을 수 없다. 그래서 항괘의 뒤를 돈괘(遯卦)로 받았다. 돈(遯)이란 물러나다[退]라는 말이다.
>
> 物不可以久居其所. 故受之以遯. 遯者 退也.

어떤 일이든 끝까지 머물러 있을 수는 없다. 언젠가는 떠나가게 되는 것이다. 천산돈괘(天山遯卦, ䷠)는 간괘(☶)가 아래에 있고 건괘(☰)가 위에 있으니, 하늘은 원래 위에 있는 것이고 또 양(陽)의 성질은 위로 올라가는 것이다. 반면 산은 머물러 있는 성질이 있다. 즉 산은 위로 올라가려 하지 않고 머물러 있는데 하늘은 위로 올라가니, 서로 기피하고 멀어지는 상(象)이 된다. 아래에서 두 음(陰)이 점점 자라나니 위에 있는 양(陽)은 점점 그 상황을 피하게 된다. 그래서 정이는 이를 "소인이 점점 성대해지니 군자는 물러나 피한다"라고 했다.

아직은 양이 음보다 두 배나 많고 지위가 높은데도 이를 피하고 숨는 돈괘로 본 것은, 물러나고 피할 때는 그 상황이 닥치기 전에 기미나 조짐[幾]을 미리 알아차리고서 떠나야 하기 때문이다. 기미나 조짐을 보고서 미리 움직여야 하는 것의 중요성에 대해서 공자는 「계사전」에서 이렇게 말한 바 있다.

> 무릇 역(易)이란 빼어난 이가 (일과 사물을) 끝까지 깊게 파고들어[極深] (앞으로 올 일의) 기미나 조짐을 면밀하게 살피는 것[研幾=審幾]이다.[89]

---

89 주희가 말했다. "끝까지 깊게 파고드는 것이 '지극히 정밀한 것[至精]'이고 기미나 조짐을 면밀하게 살피는 것이 '지극히 달라질 줄 아는 것[至變]'이다."

공자가 말했다. "기미나 조짐을 안다[知幾]는 것은 아마도 신묘하다[神]고 할 수 있으리라! 군자는 위와 사귐에 있어 아첨하지 않고[不諂] 아래와 사귐에 있어 함부로 하지 않으니[不瀆][90], 아마도 (이렇게 처신하기 때문에) 기미나 조짐을 안다고 할 수 있을 것이다. 기미나 조짐[幾=幾微]이란 (일을 하기 위해) 움직임에 있어서의 은미함[微=隱微]이자 길함(이나 흉함)이 먼저 나타나는 것이다. 군자는 기미를 보고서 일어나지[作=去] 하루를 마칠 때까지[終日] 기다리지 않는다."

『논어』「헌문(憲問)」편에서 공자는 이렇게 말했다.

뛰어난 이[賢者]는 세상을 피하고[辟世], 그다음으로는 나라를 피하고[辟地], 그다음은 안색을 피하고[辟色], 그다음은 말을 피한다[辟言].

이를 이해하기 위한 전제가 되는 말을 공자는 「태백」편에서 이렇게 했다.

독실하게 믿음을 갖고서 배우기를 좋아하며[好學], 죽음으로써 지켜 도리를 잘 닦아 나아가야 한다. 위태로운 나라에는 들어가지 말고 어지러운 나라에서는 살지 말라. 천하에 도리가 있으면 나타나고 도리가 없으면 숨어야 한다. 나라에 도리가 있을 때 가난하면서 또 천하기까지 한 것은 부끄러운 일이며, 나라에 도리가 없을 때 부유하면서 또 귀하기까지 한 것도 부끄러운 일이다.

군자의 처신(處身)하는 원칙을 고스란히 제시했다고 할 수 있다. 그중에서 천하에 도리가 없을 때 숨어야 한다면 그 방법은 「헌문」편에서 말한 네 가지가 되는 것이다. 먼저 피세(辟世)와 피지(辟地)에 대해 정약용(丁若鏞)은 각각 "이름을 감추고 자취를 숨기며, 세상에 살면서도 세상이 알지 못하게 하는 것"과 "어지러운 나라를 떠나 잘 다스려지는 나라로 가는 것"이라고 했다. 피색(辟色)은 군주의 용모를 보고서 떠나는

90 위와 아래에 대해 늘 이런 마음을 갖고 있는 사람이라야 기미를 잘 읽어낼 수 있다.

것이고, 피언(辟言)은 "한마디 말을 들어보고 난이 장차 일어나려고 함을 알고 그곳을 떠나는 것"이다. 공자의 경우 끝내 피세(辟世)하지는 않았으니, 그의 주유천하는 일종의 피지(辟地)라고 할 수 있다. 이어 피색(辟色)의 사례는 군주의 말이나 행동에서 임금다움이 없을 때 알아서 떠나가는 것이다. 『논어』 「미자(微子)」편은 공자가 직접 보여준 피색(辟色)의 사례다.

제나라의 군주 경공(景公)이 공자를 대우하려는 마음으로 이렇게 말했다.

"만일 계씨처럼 해야 한다면 내 불가능하겠지만, 계씨와 맹씨의 중간으로는 대우할 수 있다."

그리고 또 말했다.

"내가 늙어서 쓸 수는 없다." 이에 공자는 떠나버렸다.

계씨와 맹씨는 모두 노나라의 실력자 대부이니 그 정도로 한다면 대우는 지극한 것이다. 그런데 다시 자신은 공자를 임용할 수가 없다고 했다. 이에 공자는 떠나버렸다. 이는 대우의 경중(輕重) 때문이 아니라, '공자의 말씀'을 쓰지 못할 것으로 판단했기 때문에 떠나간 것이다. 경공의 말이 아주 쉽게 오락가락하는 것을 보고서 공자는 제나라에는 도리가 없다고 본 것이다.

피언(辟言)의 사례는 「위령공」편에 나온다.

위나라 영공이 공자에게 진법에 관해 묻자 공자는 이렇게 말했다.

"제사 지내는 일에 관해서는 일찍이 들어본 적이 있지만, 군사를 다루는 일은 배우지 못했습니다."

그리고 다음날 위나라를 떠났다.

즉 공자는 위나라에 장차 전란이 있을 것임을 예감하고서 바로 떠난 것이다. 그렇다고 이를 공자의 반전(反戰) 사상 운운하는 해석은 핵심을 놓친 것이다.

문왕의 단사(彖辭), 즉 "돈(遯)은 형통할 수 있으니 반듯하면 조금이라도 이롭다 [亨 小利貞]"에 대한 공자의 풀이[「彖傳」]를 살펴볼 차례다.
형 소 이정 단전

돈(遯)은 형통할 수 있다[遯亨]는 것은 숨더라도 형통할 수 있다[遯而亨]는 것이다. 굳셈[剛]이 자리를 맡고 있어[當位] 호응하므로 때에 따라서[與時] 행한다. "반듯하면 조금이라도 이롭다"라는 것은 (음이) 점점[浸=漸] 자라나기 때문이다. 돈괘의 때와 마땅함[時義]이 크도다!

遯亨 遯而亨也.
돈 형 돈이형 야

剛 當位而應 與時行也.
강 당위 이 응 여시 행야

小利貞 浸而長也.
소 이정 침이장 야

遯之時義 大矣哉!
돈 지 시의 대의재

◉

피세(辟世)보다는 현세를 중시하는 공자 입장에서는 숨음이 곧 형통일 수는 없다. 그래서 "숨더라도 형통할 수 있다[遯而亨]"고 스스로 풀어낸 것이다. 군자가 숨더라도 그렇게 해서 도리를 보전할 경우 잘하면 형통할 수 있다는 말로 읽어야 한다. 공자는 앞서 "죽음으로써 지켜 도리를 잘 닦아 나아가야 한다"라고 했다. 그렇기 때문에 나라를 잘 가려가면서 살 곳을 고르고, 그 나라의 형편을 잘 살펴 도리를 펼 것인지 아닌지를 결정하라고 한 것이다.

그렇지만 "굳셈[剛]이 자리를 맡고 있어[當位] 호응하므로 때에 따라서[與時] 행한다"라고 하여, 아직은 굳센 양효들이 다수 윗자리에 있기 때문에 때를 잘 살펴 소인들을 도모할 수 있음을 분명히 말하고 있다. 즉 음이 자라난다고 해서 무조건 숨어 지내려 하는 것이 마땅함[義]은 아닐 수 있다는 것이다. 게다가 돈괘의 경우에는 구오와 육이가 모두 중정(中正)을 얻었기 때문에 때와 마땅함이 합치한다면 얼마든지 소인들을 제압할 수 있다. 다만 상황이 쉽지 않다. 그래서 "반듯하면 조금이라도 이롭다"라는 단사(彖辭)를 공자는 오히려 "(음이) 점점[浸=漸] 자라나기 때문"이라고 풀어낸 것이다.

대단히 어렵고 미묘한 상황이다. 소인의 기세가 밑에서 거세게 올라올 때 군자의 세력을 지탱해주고 소인의 기세를 조심스레 제압한다면 일시적인 안정을 기할 수 있다. 돈괘는 따라서 무조건 은둔하라는 것이라기보다는, 은둔을 앞둔 상황에서 어떻게 할 것인지에 대한 깊은 고민을 담고 있다고 할 수 있다. 정이는 공자가 "돈괘의 때와 마땅함[時義]이 크도다!"라고 말한 부분을 염두에 두고서 "혹 오래 머물거나 빨리 떠났던 공자의 행동은 그 의미가 모두 큰 것이다"라며 공자의 처신으로 이를 돌렸다. 이 점은 『맹자(孟子)』「만장장구(萬章章句)」편을 통해 보다 상세하게 풀어낼 수 있다.

맹자가 말했다.

"백이(伯夷)는 눈으로는 나쁜 색을 보지 않았고 귀로는 나쁜 소리를 듣지 않았다. 또 그 임금이 섬길 만하지 않으면 섬기지 않았고 그 백성이 부릴 만하지 않으면 부리지 않았다. 치세면 (벼슬길에) 나아갔고 난세면 물러났다. 무도한 정치가 행해지는 곳과 무도한 백성이 거주하는 곳에는 차마 살지 못했다. 무례하기 그지없는 촌사람들과 함께 있는 것을 마치 조정의 의관을 쓴 채로 진흙이나 잿더미에 앉아 있는 것처럼 여겼다. (은나라) 주왕(紂王)이 통치하던 때는 북해(北海)의 바닷가에 살면서 세상이 맑아지기를 기다렸다. 그래서 백이의 풍도를 듣게 되는 사람은 (그것만으로도) 악질적인 사람도 청렴해지고 심약한 사람도 뜻을 세우게 됐다.

이윤(伊尹)은 늘 말하기를 '어느 사람인들 섬기면 군주가 아니겠는가? 어느 사람인들 부리면 백성이 아니겠는가?'라고 했다. 그래서 치세에도 (벼슬길에) 나아갔고 난세에도 나아갔다. 그는 말했다. '하늘이 이 백성(사람)을 낳은 이유(중 하나)는 먼저 알게 된 사람으로 하여금 뒤에 알게 될 사람을 깨우쳐주고 또 먼저 깨우친 사람으로 하여금 뒤늦게 깨우치는 사람을 깨우쳐주려는 데 있다. (그렇다면) 나는 하늘이 낳은 백성 중에서 먼저 깨달은 자이니, 나는 장차 이 도로써 이 백성을 깨우쳐줘야 한다.' 그는 천하의 백성 중에서 (심지어) 일반 남녀 백성이라도 요순(시대 같은 어진 정치)의 혜택을 입지 못하는 사람이 있으면 마치 자신이 그들을 떠밀어 도랑 한가운데로 처넣은 듯이 생각했으니, 천하의 중책을 스스로 자신의 일로 떠맡는 자세가 이와 같았던 것이다.

유하혜(柳下惠)는 더러운 임금을 (섬기는 것을) 전혀 수치로 생각지 않았고 미관말직이라도 사양하지 않았다. (벼슬에) 나아가면 자신의 빼어남을 결코 숨기지 않았고 반드시 도리에 따라 매사를 처리했으며, (벼슬자리에서) 내침을 당해도 원망하지 않았고 곤궁한 상황에 빠져도 번민하지 않았다. (백이와 달리) 무례하기 그지없는 촌사람들과 함께 있으면서도 여유롭게 어울렸고 차마 뿌리치고 일어나지 못했다. 그는 말했다. '너는 너고 나는 나다. (네가) 비록 내 옆에서 옷을 걷어 올리고 홀딱 벗는다고 한들 네가 어찌 나를 더럽힐 수 있겠는가?' 그래서 유하혜의 풍도를 듣게 되는 사람은 (그것만으로도) 졸렬한 사람도 너그러워지고 각박한 사람도 인후해졌다.

공자께서는 제(齊)나라를 떠나실 때는 밥 짓기 위해 씻은 쌀까지 건져서 (서둘러) 떠나셨는데, (고국인) 노(魯)나라를 떠나실 때는 이렇게 말씀하셨다. '천천히, 천천히 가자!' 바로 이것이 조국을 떠나는 도리다. 빨리 가야 할 것 같으면 빨리 가고 오래 머물러야 할 것 같으면 오래 머물고, 벼슬에서 떠나 있어야 할 것 같으면 떠나 있고 벼슬해야 할 것 같으면 벼슬하신 분이 공자이시다."

다시 맹자가 말했다.

"백이는 성인(聖人) 중에서도 맑디맑은 분이요, 이윤은 성인 중에서도 책임감이 투철한 분이요, 유하혜는 성인 중에서도 제대로 어울릴 줄 아는 분이요, 공자는 성인 중에서도 때를 잘 알아서 그 일에 딱 맞도록 풀어갈 줄 아는 분이시다."

공자의 「상전」을 살펴볼 차례다. 그중에 돈괘를 총평한 「대상전」이다.

하늘 아래 산이 있는 것이 돈(遯)(이 드러난 모습)이니, 군자는 그것을 갖고서 소인을 멀리하되 (너무) 미워하지는 않으면서 위엄을 갖춘다[天下有山遯 君子以 遠小人 不惡而嚴].
천하 유산 돈 군자 이 원 소인 불오 이 엄

◉

산은 밑에서 위로 솟았으나 멈추어 있고 하늘은 위로 올라가려고 하니, 서로 어긋나 사귀는 바가 없다. 임금 된 자는 이런 모습을 보게 될 경우 소인을 멀리해 피하되, 지나치게 미워할 경우 반발과 원망만 사게 돼 일을 그르칠 수 있다. 그래서 미워하는 속내를 드러내지 말고[不惡](불오) 위엄으로 대할 경우 두려움을 갖고서 마침내 스스로 멀어지게 된다. 공자가 『논어』 「태백」편에서 "사람이 어질지 못하다고 하여 너무 미워하는 것도 난을 일으킨다"라고 한 것을 염두에 둬야 한다.

우리 역사에서 너무 미워하다가 험한 꼴을 당한 사례는 주로 고려사(高麗史)에 많다. 무신난이 일어난 것도 대부분 임금의 교만에서 빚어진 일이다. 공민왕 또한 소인을 너무 미워하다가 비명횡사한 전형적인 사례다. 『고려사(高麗史)』 「반역열전(叛逆列傳)」편에 실린 공민왕의 죽음이다.

홍륜(洪倫)은 남양 사람이며 시중 홍언박(洪彦博)의 손자다. 공민왕이 일찍이 얼굴이 아름다운 소년 자제를 선발해 자제위(子弟衛)에 두었는데, 홍륜·한안(韓安)·권진(權瑨)·홍관(洪寬)·노선(盧瑄) 등이 모두 이에 속했으며 음탕하고 추악한 짓으로 왕의 총애를 얻었다. 홍륜 등은 항상 궁중에서 숙직했는데, 때로는 한 해가 다 지나도 휴가를 주지 않아서 모두 내심으로 원망하고 있었다.

왕이 홍륜 등을 시켜 여러 비빈과 간통하게 하여 아들을 낳으면 후계자로 삼으려는 희망이 있었는데, 그러는 중에 익비(益妃)가 임신했다. 내시 최만생(崔萬生)이 어느 날 임금을 따라 변소에 갔다가 임금에게 가만히 고했다.

"제가 익비전에 갔더니 비의 말이 임신 5개월이라 하셨습니다."

왕이 기뻐하면서 말했다.

"내가 항상 영전(影殿)에 부탁할 데가 없어서 근심했는데, 이제 비가 이미 잉태했다니 무슨 근심이 또 있겠느냐!"

조금 있다가 또 물었다.

"누구와 잤다더냐?"

최만생이 말했다.

"비의 말이 홍륜이라고 했습니다."

이에 왕은 말했다.

"내일 창릉(昌陵)으로 갈 터인데 그때 주정하는 척하면서 홍륜의 무리를 죽여 입을 막을 것이다. 그런데 네가 이 일을 알았으니 너도 마땅히 죽음을 면치 못할 것이다."

최만생은 공포를 느끼고 홍륜·한안·권진·홍관·노선 등과 공모하여, 이날 밤 삼경(三更)에 침전으로 들어가서 왕이 술에 취해 정신 모르고 자는 틈을 타서 최만생이 검으로 치니 뇌수가 벽에까지 튀어 붙었다. 권진·홍관·노선·한안 등도 왕을 마구 쳤다.

소위 '개혁 군주' 공민왕의 비참한 최후는 이랬다. 위엄을 잃은 군주의 어쩌면 당연한 최후인지 모른다.

돈괘의 여섯 효[六爻]에 대한 주공의 말을 풀이한 공자의 「소상전」이다.

(초륙(初六)은) 숨은 꼬리라 위태롭지만[遯尾之厲] 가지 않으면 무슨 재앙이 되겠는가[遯尾之

厲 不往 何災也]?

(육이(六二)는) 황소의 가죽으로 잡아맸다[執用黃牛]는 것은 뜻을 굳건하게 한 것이다[執用黃牛 固志也].

(구삼(九三)은) 얽매인 숨음이 위태로운 것[係遯之厲]은 병이 있어 고달픈 것이요, 신하와 첩을 기르면 길한 것[畜臣妾吉]은 큰일을 할 수 없다는 것이다[係遯之厲 有疾憊也 畜臣妾吉 不可大事也].

(구사(九四)는) 군자는 좋아해서 숨고[好遯] 소인에게는 (숨는 것이) 나쁘다[君子好遯 小人否].

(구오(九五)는) 아름답게 숨음이 반듯하여 길하다[嘉遯貞吉]는 것은 뜻을 바르게 했기[正志] 때문이다[嘉遯貞吉 以正志也].

(상구(上九)는) 여유로운 숨음이 이롭지 않음이 없다[肥遯无不利]는 것은 의심하는 바가 없기 때문이다[肥遯无不利 无所疑].

◉

돈괘의 맨 아래 첫 음효를 공자는 "숨은 꼬리라 위태롭지만[遯尾之厲] 가지 않으면 무슨 재앙이 되겠는가?"라고 풀었다. '꼬리[尾]'가 풀이의 실마리다. 정이의 풀이다.

> 다른 괘는 맨 아래를 첫 출발로 삼지만 돈괘는 가서 숨는 것[往遯]이니 앞에 있는 것이 먼저 나아간 자이므로, 가장 아래의 효는 꼬리에 해당한다. 은둔하면서 뒤에 처졌으니 지혜가 미치지 못한[不及] 자다. 이 때문에 위태로운 것이다. 부드러운 자질로 미약한 맨 밑에 처해 있으면서 이미 뒤처졌다면 함부로 가서는 안 된다. 가게 되면 위태롭다. 미천한 지위는 숨기고 감추기가 쉬우니, 가서 위태롭게 되기보다는 가지 않고 재앙이 없는 것이 더 낫다.

그래서 공자는 가지 않는다면, 즉 일을 하려고 하지 않는다면 무슨 재앙이 있겠느냐고 말한 것이다. 전형적인 은자(隱者)의 모습이라 하겠다. 공자 자신이 이런 권유를 받기도 했다. 『논어』「미자」편에 나오는 초나라 은자의 이야기다.

> 초나라 미치광이 은둔자 접여(接輿)가 노래를 부르며 공자 앞을 지나갔다.

"봉(鳳)이여, 봉(鳳)이여! 어찌하여 다움이 쇠했는가? 지나간 일에 대해서는 간할 수 없지만 앞으로 다가올 일에 대해서는 따를 수 있으니, 그만둘지어다, 그만둘지어다! 오늘날 정치에 몸을 담고 있는 사람들은 위태롭다."

이에 공자가 수레에서 내려 그와 더불어 말씀을 나누려고 했는데, 빨리 걸어 피하니 함께 말씀을 나누지 못했다.

공자를 봉(鳳)에 비유하면서 비판하는 내용이라 할 수 있다. 지금은 도가 없으니 숨어야 하는데 왜 숨지 않느냐고 다그치고 있다. 즉 공자가 숨지 못하는 것을 보니 다움도 쇠했다고 본 것이다. 지나간 것을 간한다는 말은 공자가 과거에 은자의 길을 걷지 못한 것에 대해서는 책하지 않겠다는 말이다. 대신 앞으로 다가올 미래에는 자신의 말을 따라야 할 것이니, 그만두고 은자의 길을 걸으라고 거듭 촉구하고 있다.

돈괘의 밑에서 두 번째 음효에 대해 공자는 "황소의 가죽으로 잡아맸다[執用黃牛(집용황우)]는 것은 뜻을 굳건하게 한 것이다"라고 풀었다. 육이의 처지를 보자. 음효로 음위에 있어 자리가 바르고, 또 가운데 있으니 중정(中正)을 얻었다. 그러면서 위에서 중정을 얻은 구오와 같은 중정을 얻어 서로 호응하고 있다. 구오는 하늘에서, 육이는 산에서 중정을 얻어 서로 유대를 튼튼하게 맺고 있으니 황소의 가죽으로 잡아맨 것과 같다고 한 것이다. 황색은 중앙이고 소는 유순하며 가죽은 튼튼하다.

역사에서 이런 경우는, 신하가 임금 혹은 임금 될 자를 찾아가 뜻을 전하고 든든한 연결을 맺는 것이다. 정도전이 함흥으로 이성계를 찾아가 교결을 맺은 것이나, 조준이 어려운 처지에 있던 정안대군 이방원(李芳遠)을 찾아가 제왕학의 교재인 진덕수의 『대학연의』를 전달한 행위 등이 이에 해당한다. 돈괘의 경우 구오는 임금 자리가 아니다. 전체가 은둔을 이야기하고 있기 때문이다.

돈괘의 밑에서 세 번째 양효에 대해 공자는 "얽매인 숨음이 위태로운 것[係遯之厲(계돈지려)]은 병이 있어 고달픈 것이요, 신하와 첩을 기르면 길한 것[畜臣妾吉(축신첩길)]은 큰일을 할 수 없다는 것이다"라고 풀었다. 은둔을 결심하면 신속하게, 그리고 멀리 가야 한다. 그런데 구삼은 아래의 육이와 친해[有比(유비)] 여기에 얽매인다. 왜냐하면 구삼은 자리는 바르지만, 관계를 보면 구사와도 친하지 못하고[無比(무비)] 상구와도 호응 관계가 아니어서[無應(무응)] 믿고 의지할 바가 육이뿐이다. 육이에 얽매여 멀리 가지도 못하고 머뭇거리니 그것이 바로 병이라는 것이다. 신하와 첩이란 바로 육이를 염두에 둔 것이다. 『논어』 「자로」편의 다음 구절을 다시 음미하며 군자와 소인의 도리를 생각해보자.

> 군자는 섬기기는 쉬워도 기쁘게 하기는 어려우니, 기쁘게 하기를 도리로써 하지 않으면 기뻐하지 아니하고 사람을 부리면서도 그 그릇에 맞게 부린다[器之 기지]. 소인은 섬기기는 어려워도 기쁘게 하기는 쉬우니, 기쁘게 하기를 비록 도리로써 하지 않아도 기뻐하고 사람을 부리면서도 한 사람에게 모든 능력이 완비되기를 요구한다[求備 구비].

돈괘의 구삼에 대해서는 정약용의 풀이가 명확하다.

> 여기서 신하는 환관처럼 직급이 낮은 신하를 가리키고 첩은 궁녀처럼 비천한 여자를 가리킨다. 군자는 초야에 은둔해 있고 시대의 운은 막혀 있는데, 군주가 믿는 것이 겨우 아녀자나 내시의 충성뿐이니 어찌 위태롭지 않겠는가?

정약용은 구삼을 임금으로 보고서 고립무원에 빠진 임금의 처지를 풀어낸 것이다.

돈괘의 밑에서 네 번째 양효에 대해 공자는 "군자는 좋아해서 숨고[好遯 호돈] 소인에게는 (숨는 것이) 나쁘다"라고 풀었다. 먼저 정이의 풀이다.

> 구사는 초륙과 바르게 호응하니 이는 좋아하고 아껴주는 바다. 군자는 비록 좋아하고 사랑하는 바가 있으나 마땅함에 있어 진실로 숨어야 하면 숨고 의심하지 않으니, 이른바 극기복례(克己復禮)하고 도리로써 욕심을 제어한다는 것이다. 이 때문에 길한 것이다. 소인은 마땅함으로 대처하지 못해 좋아하는 바에 빠지고, 사사로움에 끌려서 그 몸을 빠트리고 욕되게 함에 이르러도 그치지 않는다.

그런데 구사는 음위에 있다. 구사는 이 음위라는 위치로 인해 언제든지 얽매임을 당할 우려가 있다. 그래서 스스로 욕심을 이겨냄이 중요하다. 정이가 극기복례를 말한 것도 그 때문일 것이다.

돈괘의 밑에서 다섯 번째 양효에 대해 공자는 "아름답게 숨음이 반듯하여 길하다

[嘉遯貞吉](가돈 정길)는 것은 뜻을 바르게 했기[正志](정지) 때문이다"라고 풀었다. 아름답게 숨었다는 것은 구오가 중정(中正)을 얻은 것을 가리켜 말한 것이다. 게다가 중정을 얻은 육이와 호응하고 있으니 반듯해 길한 것이다. 다만 돈괘는 그 괘의 성격상 오위(五位)가 임금 자리가 아니기 때문에 군주의 일로써 말하지 않았다. 돈괘의 경우 여섯 효 모두 임금의 일과 관련이 없다. 그 점에서 정약용은 핵심을 놓쳤다. 『경종실록(景宗實錄)』 2년(1722) 12월 16일 자에는 청나라 강희제의 유조(遺詔)가 실려 있는데, 그중에 이와 관련된 부분이 있어 도움을 준다.

> 임금이 된 자는 평생 부지런히 일해도 끝내 휴식(休息)할 날이 없다. 순(舜)임금 같은 이는 비록 아무 일도 하지 않고 다스렸다고 일컬으나 몸은 창오(蒼梧)에서 죽었고, 우(禹)임금은 4년이나 배를 타느라고 손에 못이 박히고 발이 갈라져서 회계(會稽)에서 끝을 마치었다. 이와 같이 모두 정사(政事)에 근로(勤勞)하여 순행(巡行)하며 두루 돌아다니느라 편히 쉴 겨를이 없었으니, 어찌 아무 일도 하지 않음을 숭상하여 청정(淸靜)함을 스스로 지켰다고 할 수 있겠는가? 『주역』 돈괘(遯卦) 육효(六爻)에 일찍이 인주(人主)의 일을 언급하지 않았으니 임금은 편안히 쉴 곳이 없음을 볼 수 있으며, 퇴장(退藏)하여도 몸과 마음을 다하여 나라를 위해 이바지할 수 있는 것은 진실로 이것을 위함이다.

돈괘의 맨 위 양효에 대해 공자는 "여유로운 숨음이 이롭지 않음이 없다[肥遯无不利](비돈 무불리)는 것은 의심하는 바가 없기 때문이다"라고 풀었다. 정이의 풀이가 명쾌하다.

> 은둔의 때에 멀리 떠나는 것은 의심하고 지체함이 없는 것이다. 밖의 괘의 맨 위에 있으니 이미 멀리 떠난 것이고, 호응하는 것이 없으면 얽매이는 바도 없으므로 강직하게 결단하여 의심함이 없는 것이 된다.

정약용은 이를 완전히 은둔해 숨어버린 것으로 풀지 않았다. 그래서 그는 범엽(范曄)의 『후한서(後漢書)』에 실려 있는 『회남자(淮南子)』 「사도훈(師道訓)」편의 다음 구절을 돈괘 상구의 풀이 끝에 실어놓았다.

은둔하고 있으나 비상할 수 있으니 어떤 길함이 이보다 크겠는가[遯而能飛 吉孰大焉]?
돈 이 능비 길 숙대 언

34. 뇌천대장(雷天大壯)[91]

대장(大壯)은 반듯하면 이롭다.

大壯 利貞.[92]
대장 이정

초구(初九)는 발에서 건장한 것이니, 가면 흉함이 확실하다[壯于趾 征 凶 有孚].
장 우지 정 흉 유부

구이(九二)는 반듯해서 길하다[貞吉].
정길

구삼(九三)은 소인은 용맹하게 하고[用壯] 군자는 무시한다[用罔]. 반듯하면 위태로우니, 숫양이 울타리를 치받아 그 뿔이 곤궁하다[小人用壯 君子用罔 貞厲 羝羊觸藩 羸其角].
용장 용망
소인 용장 군자 용망 정려 저양 촉번 이 기각

구사(九四)는 반듯하면 길하여 뉘우침이 없어지니, 울타리가 터져도 곤궁하지 않고 큰 수레의 바큇살이 건장하다[貞吉 悔亡 藩決不羸 壯于大輿之輹].
정길 회망 번 결 불리 장 우 대여 지 복

육오(六五)는 양들을 온화하게 대해 (건장함을) 잃게 하면 뉘우침이 없다[喪羊于易 无悔].
상 양 우이 무회

상륙(上六)은 숫양이 울타리를 치받아 물러날 수도 없고 나아갈 수도 없어 이로운 바가 없으니, 어렵게 여기면 길하다[羝羊觸藩 不能退 不能遂 无攸利 艱則吉].
저양 촉 번 불능 퇴 불능 수 무유리 간 즉 길

◉

대장괘(大壯卦)의 초구(初九)는 양위에 양효로 바름[正位], 구이(九二)는 음위에 양효로 바르지 못함[不正位], 구삼(九三)은 양위에 양효로 바름, 구사(九四)는 음위에 양효로 바르지 못함, 육오(六五)는 양위에 음효로 바르지 못함, 상륙(上六)은 음위에 음효로 바름이다. 이 괘의 경우 구이와 육오는 모두 중정을 얻지 못했다.
정위 부정위

---

91 문자로는 진상건하(震上乾下)라고 한다.

92 이정(利貞)이 나온다.

대성괘 대장괘(䷡)는 소성괘 진괘(震卦, ☳)와 건괘(乾卦, ☰)가 위아래에 있어 만들어진 괘다. 「설괘전」에 따르면 '우레[雷=震]로 움직이게 하고' '건(乾-하늘)으로 임금 노릇을 한다'고 했다. 괘의 모양이 진(震)이 위에 있고 건(乾)이 아래에 있다.

그러면 「서괘전」을 통해 왜 대장괘가 돈괘의 뒤를 이어받았는지 확인해보자.

> 일이란 끝내는[終] 물러나 있을 수 없다. 그래서 돈괘의 뒤를 대장괘(大壯卦)로 받았다.
>
> 物不可以終遯. 故受之以大壯.

끝까지 물러나 있을 수는 없다. 머물러 있으며 다움을 닦아[修德] 다시 성대함으로 나아가야 한다. 물론 여기서 중요한 것은 돈괘(遯卦)가 저절로 대장괘가 되는 것은 아니라는 점이다. 반드시 다움을 닦을 때라야 다시 군자는 성대함에 이를 수 있다.

뇌천대장괘(雷天大壯卦, ䷡)는 건괘(☰)가 아래에 있고 진괘(☳)가 위에 있어 돈괘와는 종괘(綜卦) 관계다. 모양을 보면 이미 양(陽)의 굳셈[剛健]이 아래로부터 자라나 밑에서 네 번째의 중(中)에까지 이르렀으니 큰 것[大]이 왕성하게 된 것[壯]이다. 혹은 크게 왕성하게 된 것[大壯]으로 볼 수도 있다. 나아가고 물러남[進退]은 반드시 도리에 맞게 해야 한다. 도리에 맞지 않게 하면 나아갈 때나 물러날 때나 재앙을 당할 우려가 있다. 이 점을 염두에 두면서 다음으로 넘어가자.

「잡괘전」에서는 이렇게 말했다.

> 대장(大壯)은 오래 머묾[止]이요, 돈(遯)은 뒤로 물러남[退]이다.

『논어』 「계씨(季氏)」편에서 공자는 '장(壯)'의 의미와 관련해 이렇게 말했다.

> 군자에게는 세 가지 경계함이 있다. 어릴 때는 혈기가 정해지지 않아 여색을 경계해야 하고, 장성해서는[壯] 혈기가 한창 강하니 다툼[鬪]을 경계해야 하고, 나이가 들어서는 혈기가 이미 쇠했으니 얻음을 경계해야 한다.

장성, 강성한 자가 경계해야 할 바는 다름 아닌 '다툼[鬪]'이다. 이 점을 염두에 두면서 문왕의 단사(彖辭), 즉 “대장(大壯)은 반듯하면 이롭다[利貞]”에 대한 공자의 풀이[「彖傳」]를 살펴볼 차례다.

대장(大壯)은 큰 것이 강성함이니, 굳셈으로 움직이기[剛以動] 때문에 그래서 강성한 것이다. “대장(大壯)은 반듯하면 이롭다[利貞]”는 것은 큰 것이 바른 것이니, 바르고 커서[正大] 하늘과 땅의 실상[情]을 볼 수 있다.

大壯 大者壯也 剛以動 故壯.
대장 대자 장야 강이 동 고 장

大壯利貞 大者正也 正大而天地之情 可見矣.
대장 이정 대자 정야 정대 이 천지 지 정 가견 의

◉

양은 크고 음은 작다. 양이 자라서 성대하니 이것이 바로 큰 것이 장대하고 강성하다는 것이다. 괘의 모양이 아래는 굳세고 위는 움직이니 그래서 큰 것이 강성하다고 했고, 역으로 강성함이 큰 것이다. 정이는 이와 관련해 흥미로운 말 하나를 덧붙였다. 대정(大正)이라고 하면 그냥 ‘크게 바르다’라고만 할까 봐 정대(正大)라고 해서 ‘바르다’와 ‘크다’를 각각 이야기했다고 말했다. 참고할 만한 지적이다.

공자의 「상전」을 살펴볼 차례다. 그중에 대장괘를 총평한 「대상전」이다.

우레가 하늘 위에 있는 것이 대장(大壯)(이 드러난 모습)이니, 군자는 그것을 갖고서 사리에 맞지 않으면[非禮] 밟아가지 않는다[93][雷在天上大壯 君子以 非禮不履].

◉

정이의 풀이부터 보자.

93 실행에 옮기지 않는다는 말이다.

우레가 하늘에서 진동하는 것이 크고 건장하다[大壯](대장). 군자가 대장괘의 모습을 잘 살펴 그 건장함을 행한다. 군자가 크고 건장하게 되는 데는 극기복례(克己復禮)만 한 것이 없다. 옛 사람들이 말하기를 "스스로를 이겨내는 것[自勝](자승)이 강함이다[强](강)"[94]라고 했고 『중용(中庸)』에서는 '조화로우면서도 지나친 데로 흐르지 않고' '가운데 우뚝 서서 치우침이 없는 것'을 모두 "강하도다! 꿋꿋함이여[强哉矯](강재교)"라고 말하고 있으니, 물과 불에 뛰어들고 흰 칼을 밟는 것은 무사의 용맹이라면 가능할 수 있지만, 자신을 극복하고 사리로 돌아가는 것은 군자의 크고 건장함[大壯](대장)이 아니라면 불가능하다. 그래서 "군자는 그것을 갖고서 사리에 맞지 않으면[非禮](비례) 밟아가지 않는다"라고 말한 것이다.

『중용(中庸)』의 관련 구절을 통해 좀 더 넓혀서 보자. 그래야 문맥을 알아서 의미가 더 분명해지기 때문이다.

자로가 세다[强](강)는 것이 무슨 뜻이냐고 묻자 공자는 이렇게 답했다. "(네가 말하는 세다는 것이란) 남방의 셈인가, 북방의 셈인가? 아니면 너[而=汝](이 여)의 셈인가? 너그러움과 부드러움으로 (백성을) 가르치고 무도한 자에게도 보복하지 않는 것이 남방의 굳셈[强](강)이니, 군자는 그렇게 살아간다. 병기와 갑옷을 깔고 죽어도 싫어하지 않는 것이 북방의 힘셈[强](강)이다. 네가 말하는 세다[强](강)는 것은 이것일 것이다. 그러므로 군자는 조화로우면서도 지나친 데로 흐르지 않으니, 강하도다, 꿋꿋함이여! 가운데 우뚝 서서 치우치지 아니하니, 강하도다, 꿋꿋함이여! 나라에 도가 있으면 곤경에 처해 있을 때도 뜻을 변치 않으니, 강하도다, 꿋꿋함이여! 나라에 도가 없으면 죽음에 이르러서도 뜻을 변치 않으니, 강하도다, 꿋꿋함이여!"

결국 이는 『논어』 「안연」편의 극기복례와 직결된다. 우리는 예(禮)와 관련된 이괘(履卦)의 초구에서 그 상세한 풀이를 했기 때문에 여기서는 『논어』에 실린 구절만 다시 한번 읽고 효사(爻辭)로 넘어가자.

---

94 『노자(老子)』에 나오는 말이다.

안연(-안회)이 어짊[仁]에 관해 묻자 공자가 말했다.

"자기(의 사사로운 바)를 이겨내고 예로 돌아가는 것[克己復禮]이 곧 어짊(을 행하는 것)이니, 단 하루라도 극기복례(克己復禮)를 행한다면 천하도 그런 사람을 어질다고 인정해줄 것이다. 어짊을 행하는 것은 자기 자신에서 비롯되는 것이지 어찌 남에게서 비롯되겠는가?"

안연은 이 점에 대해 보다 구체적인 사항들을 쉽게 설명해줄 것을 정중하게 청한다. 이에 공자는 다음과 같이 말했다.

"예가 아니면 '절대' 보지도 말고 듣지도 말며 말하지도 말고 움직여서도 안 된다[非禮勿視 非禮勿聽 非禮勿言 非禮勿動]."

이에 안연이 말했다.

"회(回=안연)가 비록 불민하지만, 그 말씀을 따르도록 노력하겠습니다."

예(禮)란 일의 이치[事理]임을 잊어서는 안 된다. 예절 정도로 좁혀서 해석하지 말라는 말이다.

대장괘의 여섯 효[六爻]에 대한 주공의 말을 풀이한 공자의 「소상전」이다.

(초구(初九)는) 발에서 건장한 것은 곤궁해질 것이 확실하다[壯于趾 其孚窮也].

구이(九二)가 반듯해서 길한 것[貞吉]은 가운데 있기 때문이다[九二貞吉 以中也].

(구삼(九三)은) 소인은 강성함을 쓰고 군자는 무시한다[小人用壯 君子罔也].

(구사(九四)는) 울타리가 터져도 곤궁하지 않은 것[藩決不羸]은 아직도 계속 가기 때문이다[藩決不羸 尙往也].

(육오(六五)는) 양들을 온화하게 대해 (건장함을) 잃게 하는 것은 자리가 마땅하지 않기 때문이다[喪羊于易 位不當也].

(상륙(上六)은) 물러날 수도 없고 나아갈 수도 없는 것은 조심해서 살피지 않은[不詳] 때문이요, 어렵게 여기면 길한 것[艱則吉]은 (그렇게 할 경우) 허물이 더 자라나지 않기 때문이다[不能退不能遂 不詳也 艱則吉 咎不長也].

◉

대장괘의 맨 아래 첫 양효에 대해 공자는 "발에서 건장한 것은 곤궁해질 것이 확실하다"라고 풀었다. 대장괘 초구의 처지를 점검해보자. 양강한 자질로 양위에 있어 위로 나아가려는 뜻이 매우 강하다. 그러나 구이와 친하지 못하고[無比] 구사와도 호응하지 않는다[無應]. 처해 있는 자리도 맨 아래로 보잘것없다. 모든 여건이 뒷받침해주지 않는데 혼자서만 나아가려는 것이다. 게다가 그 나아가려는 뜻이 지나치다. 여기서는 부(孚)가 독자적으로 '미더움'을 뜻하는 것이 아니라 보조적 역할을 하고 있다. 효사에서는 '흉할 것이 확실하다'라는 것이고 「상전」에서는 '확실히 곤궁해진다'라는 것처럼. '확실하게' 혹은 '~를 자신하다'라는 뜻이다.

항괘(恒卦)의 초구 준항(浚恒)과 비슷하면서도 차이가 있다. 준항은 그나마 구사와 호응하고 있었고 서두르는 뜻이 사직이나 자기 한 몸을 오래가게 하려는 데 있었다. 그래서 그냥 '이로운 바가 없다'라고만 했다. 그런데 대장괘의 초구는 앞뒤 전후를 살피지도 않고 자신의 크게 강건함[大壯]만을 믿고 마구 나아가려는 모습이다. 발이 건장하거나 강성하면 일단은 움직이게 된다. 이런 점에서는 함괘(咸卦)의 초구 함기무(咸其拇)와도 비교된다. 그때는 엄지발가락인 데다가 나아가기보다는 가고 싶어 꼼지락거리는 수준이었기 때문에 효사에는 길하다 흉하다는 언급 자체가 없었고, 공자의 「상전」에서도 '뜻이 밖에 있다'라고만 했다.

일반적으로 대장괘의 초구에 해당하는 인물로 수양제(隋煬帝, 569~618)를 많이 꼽는다. 상당히 개연성이 있다. 아버지를 뒤이어 지나치게 강함으로 일관하다가 제국을 곧바로 망하게 만든 인물이기 때문이다. 음유(陰柔)의 자질로 진(秦)나라를 망하게 만든 2세황제는 여기에 해당되지 않는다.

수양제는 이름이 양광(楊廣)이고 연호는 대업(大業)이다. 문제(文帝)의 둘째 아들로 어머니는 문헌독고황후(文獻獨孤皇后)다. 시호 양제의 양(煬)은 악랄한 황제를 뜻한다고 한다. 그의 나이 13세에 진왕(晉王)이 됐고, 남조(南朝) 진(陳)을 토벌하는 데 크게 활약했다. 계략에 능해 형인 황태자 용(勇)을 살해하고 스스로 황태자가 됐다(600). 권신인 양소(楊素)와 결탁해 제위에 올랐는데, 그때 아버지 문제(文帝)를 살해하고 그 비(妃)를 범했다고도 전한다. 즉위한 뒤에는 만리장성을 수축하고 낙양(洛陽)에 동경(東京)을 조영하며 남북을 연결하는 대운하를 완성하는 등 대규모의 토목 공사를 자주 벌임으로써 백성에게 과중한 부담을 주었다. 그 자신은 이 대운하에 용주

(龍舟)를 띄우고 화려한 순행(巡幸)을 했지만, 대운하의 개통은 강남의 물자를 북으로 운반하게 하는 등 남북 융합에 크게 공헌했다. 대외적으로는 북방에서 강성하던 돌궐(突厥)과 서방의 토욕혼(吐谷渾)을 공략했으나, 전후 3회에 걸친 고구려 침입에서는 번번이 대패했다. 612년 제1차 고구려 침공 때는 113만 8000명의 대군을 끌고 침입했다. 당시 양제의 사위였던 우문사급(宇文士及)의 아버지 우문술(宇文述)이 사령관이었으며 양제도 직접 지휘했다. 하지만 고구려의 장군 을지문덕(乙支文德)에게 살수(薩水)에서 대패했다. 613년 제2차 침공 때는 후방에서 양현감(楊玄感)의 반란이 일어나 철수했다. 2개월에 걸쳐 겨우 진압했지만, 이후 각지에서 반란이 일어나 이른바 수나라 말의 반란기에 접어들었다. 614년 다시 고구려 원정에 나섰지만, 고구려에서 화해를 요청해와 수락했다. 이러한 3차에 걸친 고구려 원정의 실패는 양제가 백성을 과중하게 혹사시킨 데다 수해와 기근까지 겹친 것이 원인이었다. 결국 수양제는 친위대 신하인 우문화급(宇文化及)에게 살해됐다. 사마광(司馬光)의 『자치통감(資治通鑑)』에는 그가 신하마저 꺾지 않고서는 못 견디는 강한 질투심[大壯(대장)]의 소유자였음을 보여주는 짧은 일화가 실려 있다.

수양제(隋煬帝)는 글짓기를 잘했고 다른 사람이 자기보다 뛰어난 것을 보려 하지 않았다. 설도형(薛道衡, 540~609)[95]이 죽자 양제는 말했다.

"또다시 '공량낙연니(空梁落燕泥-빈 대들보에서 제비집 진흙이 떨어진다)'[96]를 지을 수 있을까?"

왕주(王胄)가 죽었을 때는 그가 남긴 아름다운 구절을 읊으면서 말했다.

"'정초무인수의록(庭草無人隨意綠-뜰에 난 풀은 사람이 없어도 맘껏 푸르다)', 다시 이런 말을 지을 수 있을까?"

양제는 자신의 재주와 학식에 자부심이 너무 강해 늘 천하의 선비들에게 교만하여, 일찍이 시신들에게 이렇게 말한 적까지 있다.

---

95 일찍이 수에서 벼슬을 했다. 이어서 양주총관(襄州總管), 파주자사(播州刺史) 등을 역임했다. 그러나 수양제 양광과의 사이가 좋지 않아 결국에는 피살됐다.

96 설도형이 수양제의 제안에 따라 진흙[泥(이)]을 압운으로 해서 이런 멋진 시구를 짓자, 자존심이 상한 수양제가 미워해 결국 죽였다. 평소 수양제는 수문제를 극찬하는 설도형을 꺼렸다.

"세상 사람들은 모두 짐이 운 좋게 선대로부터 물려받은 황통이 있었기에 이 자리에 오를 수 있었다고 말들 하는데, 설령 짐이 사대부들과 겨뤄서 선발 시험을 친다고 해도 마땅히 천자가 될 수 있었을 것이다."

부정적 의미에서의 대장(大壯)한 사람이 어떤 성품인지를 단적으로 보여준다. 그는 극기복례와는 한참이나 먼 제왕이었다.

또 『선조실록』 36년(1603) 3월 14일 자의 기록에 따르면 경연에서 특진관 허성(許筬, 1548~1612)[97]이 이 초구에 대해 다음과 같이 말하고 있다. 그는 지금 우리가 하고 있는 효와 인물의 관계를 이미 풀어내고 있었던 것이다.

유우석(劉禹錫, 772~842), 유종원(柳宗元, 773~819) 등이 뜻을 얻자마자 곧 패망한 상(象)과 같은 것입니다.

이 두 사람은 어떤 사람인가? 유우석은 795년 박학굉사과(博學宏詞科)에 급제해 회남절도사(淮南節度使) 두우(杜佑)의 막료가 됐다. 얼마 후 중앙의 감찰어사로 영전돼 왕숙문(王叔文)·유종원 등과 함께 정치 개혁을 기도했으나, 805년 왕숙문은 실각되고 우석은 낭주사마(朗州司馬)로 좌천됐다. 10년 후 다시 중앙으로 소환됐으나 그때 지은 시가 비판의 대상이 돼 다시 연주자사(連州刺使)로 전직되고, 그 후 중앙과 지방의 관직을 역임하면서 태자빈객(太子賓客)을 최후로 생애를 마쳤다. 유종원은 덕종(德宗) 정원(貞元) 9년(793) 진사 시험에 합격하고, 14년(798) 박학굉사과에 급제했다. 집현전정자(集賢殿正字)로 있다가 남전위(藍田尉)로 옮기고, 감찰어사(監察御史)

---

97 아버지는 허엽(許曄)이며 허봉(許篈)·허균(許筠)의 형이고 허난설헌(許蘭雪軒)의 오빠다. 이름난 문장가였다. 유희춘(柳希春)의 문인이다. 1568년(선조 1년) 생원이 되고, 1583년 문과에 급제했다. 1590년 전적(典籍)으로서 통신사(通信使)의 종사관(從事官)이 돼 일본에 다녀왔다. 이어 정언·헌납·이조좌랑·응교·사인·집의를 거쳐 1594년 이조참의로 승진됐으며, 이듬해 대사성·대사간·부제학을 역임했다. 이어 이조참판을 지내고 전라도안찰사로 나갔다가 예조와 병조의 판서에 제수됐으며, 그 뒤 이조판서에까지 이르렀다. 1607년 선조의 유교(遺敎)를 받게 돼 세인들이 고명칠신(顧命七臣)이라 칭하게 됐다. 선조대에 학문과 덕망으로 사림의 촉망을 받았으며, 성리학에 조예가 깊었고 글씨에도 뛰어났다.

가 됐다. 왕숙문과 가깝게 사귀었다. 왕숙문이 정권을 잡자 예부원외랑(禮部員外郎)에 발탁돼 정치 혁신에 참여했다. 관직에 있을 때 한유(韓愈)·유우석 등과 친교를 맺었다. 혁신적 진보주의자로 왕숙문의 신정(新政)에 참여했지만 실패해 영주사마(永州司馬)로 폄적(貶謫)됐다. 이런 좌절과 13년간에 걸친 변경에서의 생활은 그의 사상과 문학을 더욱 심화시켰다.

우리 역사에서는 조광조(趙光祖)가 이에 해당한다고 할 수 있다.

대장괘의 밑에서 두 번째 양효에 대해 공자는 "구이(九二)가 반듯해서 길한 것[貞吉]은 가운데 있기 때문이다"라고 풀었다. 구이의 처지를 보면 초구와는 많이 다르다. 비록 자리는 바르지 않지만, 양강의 자질로 음위에 있으니 균형을 유지하고 있다고 볼 여지가 있고, 또 가운데 있다. 정(正)은 없으나 중(中)은 있다. 『주역』을 풀 때는 정보다 중이 훨씬 중요하다. 게다가 위로 육오와 호응을 이룬다. 주공의 효사를 '반듯해야 길하다[貞吉]'라고 옮긴 번역자들도 많다. 이렇게 옮길 경우 반듯하지 못하면 길하지 않을 수도 있다는 뜻이 된다. 즉 정(正)이 없다는 것은 반듯하지 않다는 것이니 '반듯해질 경우만 길하다'라는 뜻이 되기 때문이다. 이것이 구이의 처지에서 뽑아 올린 의미와도 부합되는 듯하다. 그런데 정이는 이미 "반듯하기 때문에 길하다"라고 본다. 그러면 번역도 '반듯해서 길하다'라고 해야 한다. 어째서일까?

> 역(易)에서는 우세한 것을 취해 뜻을 삼으니, 양강의 강건한 몸체[乾卦]로 대장의 때를 맞아 처해 있음이 중도를 얻었으니 바르지 않음이 없다. 반면에 상괘의 가운데 있는 구사에는 반듯하지 않으면 잘못될 수 있다는 경계가 있으니, 사람이 때와 마땅함[時義]의 경중을 안다면 역을 배울 수 있을 것이다.

정이의 풀이가 더욱 은미(隱微)함을 얻었기에 우리는 정이를 따른다.

대장괘의 밑에서 세 번째 양효에 대해 공자는 "소인은 강성함을 쓰고 군자는 무시한다"라고 풀었다. 그렇다면 구삼의 처지는 어떤가? 양강의 자질로 양의 자리에 있는데다가 양강의 몸체에서도 중간을 지나 맨 위에 있다. 위아래와는 친하지 않고[無比] 맨 위에 있는 상륙과는 호응한다[有應]. 지나치게 강하다. 이런 괘의 효상(爻象)을 보면 지금까지 읽어낸 것만으로도 현기증이 느껴질 정도로 깎아지를[峻極] 듯하다. 정이의 풀이를 찬찬히 뜯어보자.

지극한 강성함[極壯]이 이와 같으니, 소인의 경우에는 용맹을 씀[用壯]이 되고 군자의 경우에는 무시함을 씀[用罔]이 된다. 소인은 힘을 숭상하기 때문에 강성한 용맹을 쓰고, 군자는 뜻이 굳세기 때문에 세상을 무시한다. 망(罔)은 없다[無]는 것이니 무시한다는 말과 같다. 지극히 굳세어 세상일을 무시하고 거리낌 없이 일을 행하는 것이다.

군자와 소인은 (다움이 아니라) 지위[地]로써 말한 것이니, (공자가 말한) "군자가 용맹만 있고 마땅함[義]이 없으면 난을 일으킨다"라는 것과 같다. 굳셈과 부드러움이 중도를 얻으면 꺾이지 않고 굽히지 않아 천하에 베풂에 있어 마땅하지 않음이 없고, 만일 굳셈이 너무 지나치면 화순한 다움이 없어 많이 상하게 해 상대하는 이가 없으니 고집스레 이를 지키면[貞=固守] 위험한 길이다.

정이가 인용한 공자의 말은 『논어』 「양화」편에 나오는 다음 대화 중 일부다.

자로(子路)가 물었다.
"군자라면 용맹을 숭상해야[尙勇] 합니까?"
공자가 말했다.
"군자라면 마땅함[義]을 높게 받들어야 한다. 군자가 용맹만 있고 마땅함이 없으면 난을 일으키고, 소인이 용맹만 있고 마땅함이 없다면 도둑질을 한다."

여기서 우리는 「잡괘전」을 떠올려야 한다.

대장(大壯)은 오래 머묾[止]이다.

즉 대장은 크게 강성한 것이면서 동시에 오래 머묾이다. 그러면 오래 머물게 해주는 것은 무엇일까? 이때 오래 머물게 해준다는 것은 『대학』에서 말하는 지어지선(止於至善)의 지(止)인데, 지선(至善)이란 바로 적중된 도리[中道]이니 적중된 도리에 오래 머물 수 있는 것이 바로 지(止)인 것이다. 『논어』 「태백」편에서 공자는 이렇게 말했다.

공손하되 예가 없으면 수고롭고, 삼가되 예가 없으면 두렵고, 용맹하되 예가 없으면 위아래 없이 문란해질 수 있고, 곧되 예가 없으면 강퍅해진다[恭而無禮則勞 愼而無禮則葸 勇而無禮則亂 直而無禮則絞].

예(禮), 즉 일의 이치[事理]에 의해 뒷받침될 때 공손함은 제대로 적중함에 오래 머물게 되니 비굴하지 않고 몸의 수고로움을 느낄 필요가 없다는 것이다. 나머지도 마찬가지다. 이는 고스란히 대장괘 모두에 해당된다. 그래서 「잡괘전」에서 "대장(大壯)은 오래 머묾[止]이다"라고 했던 것이다.

공자는 "숫양이 울타리를 치받아 그 뿔이 곤궁하다[羝羊觸藩 羸其角]"라는 효사의 뒷부분은 언급하지 않았지만, 그에 대한 정이의 풀이다.

양은 머리가 강하고 숫양은 치받기를 좋아하기 때문에 그 모습에서 따온 것이다. 양은 울타리를 치닫기를 좋아하니, 이는 울타리가 그 앞을 가로막고 있기 때문이다. 양은 앞을 가로막는 것을 반드시 치받으니, 힘을 쓰기를 좋아함이 이와 같으면 반드시 그 뿔이 곤궁에 처하게 된다. 이는 마치 사람이 굳세고 건장한 것만을 숭상해서 가는 곳마다 이런 굳셈과 건장함만을 쓰면 반드시 꺾이고 곤궁함에 이르는 것과 같다.

소인은 힘을 쓰려고만 하고 군자는 한없이 남을 무시한다. 아직 흉하다고 하지는 않았으나 곤궁함에 이르렀다고 한 것은, 바른 도리를 지키지 않을 경우 위태롭고 나아가 흉함에 이를 수도 있다는 점을 경계시킨 것으로 봐야 한다. 여기서 군자는 다움으로써 말한 것이 아니다. 다움을 갖춘 군자라면 결코 이 같은 교만에 이르지는 않을 것이기 때문이다. 그래서 앞에서 정이도 여기서 소인과 군자는 지위로 말한 것이라고 했다. 군자는 높은 지위에 있는 사람 정도 되는데, 아주 교만한 사람이다. 구삼에도 정확히 어울리는 사람을 들자면 한때 '좌하륜 우숙번'이라 회자될 정도로 태종 이방원의 최측근이었던 이숙번(李叔蕃, 1373~1440)이 있다.

이숙번은 1393년(태조 2년) 문과에 급제했다. 1398년에 지안산군사(知安山郡事)로 있으면서 방원을 도와 사병을 출동시켜서 세자 방석과 정도전·남은·심효생 등을 제거하는 데 공을 세웠고, 이로써 정사공신(定社功臣) 2등에 책록되고 안성군(安城君)

에 봉해졌으며 우부승지에 임명됐다. 그 뒤 방원의 측근이 돼 정종이 왕위에 오르자 방원에게 "공을 왕으로 추대하고 싶을 뿐이다"라고까지 말했다 한다. 1399년(정종 1년) 좌부승지가 되고, 이듬해 초 박포(朴苞)가 방원과 반목하던 방간을 충동해 거병하자 군사를 동원해 이들을 제거했다. 이어 좌군총제(左軍摠制)가 되고, 태종이 즉위하자 좌명공신(佐命功臣) 1등이 됐다. 1402년(태종 2년) 새로 설치한 내갑사(內甲士)의 좌번(左番) 책임자가 되고 지승추부사(知承樞府事)가 됐다. 같은 해 말 안변부사 조사의(趙思義)가 반란을 일으키자 도진무(都鎭撫)가 돼 좌도도통사와 함께 출정해 진압했다. 이어 지의정부사(知議政府事) 참찬의정부사(參贊議政府事)가 되고, 1405년 지공거(知貢擧)에 선임됐다. 1406년 겸중군총제(兼中軍摠制) 겸판의용순금사사(兼判義勇巡禁司事)가 되고, 이듬해 겸충좌시위사상호군(兼忠佐侍衛司上護軍) 겸의흥시위사상호군(兼義興侍衛司上護軍) 등을 역임했다. 1408년 십사상호군(十司上護軍)이 폐지되면서 겸중군도총제(兼中軍都摠制)가 되고, 이듬해 동북면절제사가 됐다. 이어 참찬의정부사·겸지의흥부사(兼知義興府事)를 거쳐, 1412년 말 종1품 숭정대부(崇政大夫)로 승진했다. 1413년 병조판서, 이듬해 의정부찬성사가 됐는데, 뒤에 의정부의 직제 개편에 따라 동판의정부사(同判議政府事) 좌참찬찬성이 됐다. 한편, 1414년 지춘추관사로서 영춘추관사 하륜(河崙) 등과 함께 『고려사』 중 공민왕 이후의 사실을 고쳐서 바로잡도록 명을 받았다. 이듬해 안성부원군(安城府院君)에 봉해졌다. 그러나 원래 성품이 망령된 데다 자신의 공과 태종의 총애를 믿고 거만 방자해져서 국왕에게 불충하고 동료들에게 무례하게 굴었고, 여러 차례 대간의 탄핵을 받아 결국은 관작을 삭탈당하고 1417년 경상도 함양에 유배됐다. 실록에 그의 졸기(卒記) 한 줄 남지 않게 된 것은 그의 교만 방자함이 스스로 불러들인 업보다.

대장괘의 밑에서 네 번째 양효에 대해 공자는 "울타리가 터져도 곤궁하지 않은 것[藩決不羸]은 아직도 계속 가기 때문이다"라고 풀었다. 주공의 효사가 조금 길다. "반
번 결 불 리
듯하면 길하여 뉘우침이 없어지니, 울타리가 터져도 곤궁하지 않고 큰 수레의 바큇살이 건장하다[貞吉 悔亡 藩決不羸 壯于大輿之輹]." 구사의 처지를 보자. 양강이 음위
정길 회망 번 결 불리 장 우 대여 지 복
에 있어 자리가 바르지 못하고, 초구와도 같은 양강이라 호응하지 않는다. 그런 데다가 양효 네 개의 맨 위에 있으니 강성함이 자랄 대로 자란 상황이다. 심지어 구사는 하괘를 이어 상괘의 맨 아래까지 양강의 흐름을 이어오는 역할을 했다. 울타리가 터졌다

는 것은 하괘와 상괘 사이의 간격을 뛰어넘었음을 말한다. 상괘인 진괘(震卦, ☳)만 놓고 보면, 여기서도 다시 밑에서 양강이 자라나는 모습이다. '큰 수레의 바큇살이 건장하다'라는 것은 큰 수레가 계속 앞으로 나아갈 수 있음을 의미한다. 흔히 욱일승천(旭日昇天)이라는 말 그대로 기세가 성대하기 그지없다. 그럼에도 반듯함을 잃지만 않는다면 거칠 것이 아무것도 없다. 문왕(文王)이 단사(彖辭)에서 말한 '대장(大壯)은 반듯하면 이롭다[利貞]'라는 것을 대변하고 있는 효라고 할 수 있다.

대장괘의 밑에서 다섯 번째 음효에 대해 공자는 "양들을 온화하게 대해 (건장함을) 잃게 하는 것은 자리가 마땅하지 않기 때문이다"라고 풀었다. 양(羊)은 내면은 강하고 겉은 부드러운 동물인데 양(陽)에 속한다. 대장괘의 경우 아래에서 네 마리 양, 즉 양 떼가 몰려오는 것이다. 그런데 육오는 부드러움으로 양위에 있는데, 만일 힘으로 양 떼를 제어하려 한다면 이길 수 없으니 뉘우침이 있을 것이다. 그런데 음유한 자질이라 조화로움[易=和易]으로 대하니 양 떼가 오히려 힘을 쓸 곳을 잃게 된다. 그래서 뉘우칠 일이 없어지는 것이다.

그런데 공자는 그 원천을 '자리가 마땅하지 않기 때문'이라고 했다. 무슨 말인가? 신하들이 모두 강한데 임금이 이를 강함으로 제어하려 하다가는 자칫 꺾이게 된다. 그러나 자리가 마땅하지 않기 때문에 임금은 스스로의 권세를 낮추게 되고, 그로 인해 오히려 시간이 지남에 따라 임금의 권위를 되찾게 된다. 우리 역사에서 전형적으로 이런 처지에 놓였던 임금을 들자면 중종(中宗)이다. 뛰어난 임금이었는지는 모르겠으나 아무런 힘도 없이 신하들에 의해 왕에 추대됐다가 마침내는 권력을 잡아 쥐는 임금이 됐기 때문이다. 그래서 그의 묘호가 중(中)이라는 점에 눈길이 간다.

중종은 성종의 둘째 아들로, 어머니는 정현왕후(貞顯王后) 윤씨(尹氏)다. 1494년 진성대군(晋城大君)에 봉해졌다. 1506년 9월 박원종(朴元宗)·성희안(成希顔) 등이 반정(反正)을 일으켜 연산군을 쫓아낸 뒤 왕으로 추대했다. 연산군 시대의 폐정(弊政)을 개혁했으며, 1515년(중종 10년) 이래 조광조 등의 신진 사류(新進士類)를 중용해 그들이 표방하는 왕도 정치를 실시하려 했다. 그러나 조광조 등의 개혁 방법이 지나치게 이상주의적이고 또 조급하게 서둘렀기 때문에 훈구파(勳舊派), 즉 반정공신(反正功臣)들의 반발을 초래했다. 게다가 중종 자신도 조광조 등의 왕에 대한 지나친 도학적(道學的) 요구에 염증을 느끼고 있던 차에, 1519년 남곤(南袞)·심정(沈貞)·홍경주(洪景

舟) 등의 훈구파의 모함에 따라 기묘사화(己卯士禍)를 일으켜 조광조 등의 신진 사류를 숙청했다. 그 뒤 훈구파의 전횡(專橫)이 자행됐으며, 또 1521년에는 송사련(宋祀連)의 무고로 신사무옥(辛巳誣獄)이 일어나 안처겸(安處謙) 일당이 처형됐다. 1524년 권신(權臣) 김안로(金安老)의 파직, 1525년 유세창(柳世昌)의 모역사건, 1527년 작서(灼鼠)의 변에 따른 경빈(敬嬪) 박씨(朴氏)의 폐위 등 크고 작은 사건이 연이어 일어났다. 1531년 김안로의 재등장으로 정국은 혼미를 거듭했는데, 문정왕후를 배경으로 윤원로(尹元老)·윤원형(尹元衡) 형제가 등장해 1537년(중종 32년) 김안로를 숙청했으나 이번에는 윤원형 일당의 횡포가 시작됐다. 그러는 동안 나라의 남북에서 외환이 그치지 않아, 1510년(중종 5년)의 삼포왜란(三浦倭亂), 1522년 동래(東萊) 염장(鹽場)의 왜변(倭變), 1524년 야인(野人)의 침입, 1525년 왜구(倭寇)의 침입 등이 잇따랐다.

치세 초기에는 미신 타파를 위해 소격서(昭格署)를 폐지했고, 과거 제도의 모순을 시정하기 위해 현량과(賢良科)를 실시해 인재를 등용했으며, 향약(鄕約)을 권장해 백성의 상조(相助) 정신을 고취시켰다. 치세 말기에는 군적(軍籍)의 개편과 전라도·강원도·평안도에 대한 양전(量田)을 실시했으며, 진(鎭)을 설치하고 성곽을 보수하는 한편 평안도 여연(閭延)·무창(茂昌) 등지의 야인을 추방하는 등 국방 정책을 추진했다.

치세의 처음에는 어진 정치를 펴는 데 상당히 의욕적이었으나, 기묘사화 이후 간신(奸臣)들이 판을 치는 통에 정국은 혼미를 거듭해 볼 만한 치적을 남기지 못했다. 여러 강신(强臣)에 의해 휘둘린 결과였다. 그럼에도 불구하고 연산군이나 광해군에서 보듯 여차하면 신하들에 의해 왕위를 빼앗길 수 있는 조선의 정치 현실에서 40년 가까이 재위했다는 것은 그럭저럭 왕위를 지켜낸 것으로 봐야 한다. '뉘우침이 없다'라거나 '자리가 마땅하지 않았기 때문'이라는 효사나 「상전」의 말 그대로다.

대장괘의 맨 위에 있는 음효에 대해 공자는 "물러날 수도 없고 나아갈 수도 없는 것은 조심해서 살피지 않은[不詳] 때문이요, 어렵게 여기면 길한 것[艱則吉]은 (그렇게 할 경우) 허물이 더 자라나지 않기 때문이다"라고 풀었다. 주공의 효사는 "숫양이 울타리를 치받아 물러날 수도 없고 나아갈 수도 없어 이로운 바가 없으니, 어렵게 여기면 길하다[羝羊觸藩 不能退 不能遂 无攸利 艱則吉]"다. 먼저 상륙의 처지를 보자. 음유(陰柔)한 자질로 음위에 있어 자리는 바르지만, 대장괘의 맨 위에 있으니 일단은 지나치다. 상륙도 육오와 마찬가지로 양 떼의 압박을 받는 상황에 놓여 있는데, 설상가상으로 숫양들이 울타리를 치받았다. 그래서 진퇴양난(進退兩難)의 상황에 놓인 것이다. 그런데 공자는 그 이유를 '조심해서 살피지 않은[不詳] 때문'이라고 풀었다. 자신이 머물러야 할 곳을 깊이 살피지 못했기 때문에 이렇게 됐다는 것이다. 이런 사람은 사리를 아는 사람[知者]이라고 할 수 없다. 『논어』 「이인」편은 바로 이런 문맥이다.

(사람과 마찬가지로 거처하게 될) 마을에도 어짊이 있는지 없는지가 중요하니, 잘 가려서 어진 마을에 가서 살지 않는다면 어찌 사리를 아는 지혜를 가진 자이겠는가?

그러니 비록 흉하지는 않더라도 이로운 바 또한 없다. 다만 기회는 있다. 그런 상황을 어렵게 여겨 스스로 크게 바뀔 수만 있다면 길하다고 했다. 공자도 "어렵게 여기면 길한 것[艱則吉]은 (그렇게 할 경우) 허물이 더 자라나지 않기 때문"이라고 했다. 현재 상황이 크게 나쁘지는 않기 때문에 어렵게 여기면서 조심해 살핀다면 머지않아 좋은 쪽으로 일이 바뀔 수 있다는 뜻이다. 흔히 말하는 전화위복(轉禍爲福)이 가능한 국면이다. 관건은 본인의 바뀌려는 의지다.

대장괘는 전반적으로 좋은 자질과 여건에서 출발하지만, 상륙에서 보듯이 초반에 주도면밀하지 못할 경우[綢密] 일이 진행되는 도중에 진퇴양난의 곤경에 빠질 수 있음을 경고하고 있다. 그러면서도 다시 그 상황에서도 잘 추스른다면[愼詳] 회복의 가능성은 얼마든지 열려 있다는 뜻이다. 그래서 처음부터 극기복례를 강조했던 것이다. 여기서 한 걸음 더 나아가, 대유괘에서의 경계를 같이 음미해볼 필요가 있다. 많이 소유하게 되면[大有] 사람은 쉽게 거만해진다[盈]. 여기서 『논어』 「학이(學而)」편에 나오는 공자와 자공(子貢)의 대화를 깊이 음미해야 한다. 대유괘가 부(富)에 방점이 있다면, 대장괘는 권력(權力)에 방점이 있다는 차이뿐이다.

자공(子貢)이 말했다.

"가난하지만 비굴하게 아첨(諂)을 하지 않는 것(사람)과, 부유하지만 교만하지 않는 것(사람)은 어떠합니까?"

공자가 말했다.

"그것도 좋다. 하나 가난하지만, 즐거이 살 줄 아는 것(사람)과 부유하지만 예를 좋아하는 것(사람)에는 비할 바가 못 된다."

자공이 말했다.

"『시경(詩經)』에 '잘라내 문지르듯, 갈듯, 쪼고 다듬듯, 그리고 또 갈 듯[切磋琢磨]'이라 했으니, 바로 스승님께서 말씀하시려는 바를 말하는 것입니다."

공자가 말했다.

"사(賜-자공)야! 비로소 (너와) 더불어 시를 말할 수 있게 됐구나! 이미 지나간 것을 일깨워 주자 앞으로 올 것도 아는구나!"

여기에 그 핵심이 들어 있다. 교만하지 않은 정도에 머물러서는 안 되고, 예를 좋아하는 쪽[好禮]으로 나아가야 한다. 반복하지만 예(禮)는 일의 이치, 즉 사리(事理)다.

35. 화지진(火地晉)[98]

진(晉)은 (천자가) 나라를 평안케 하는 후[康侯]에게 말을 내려주기를 많이 하고 하루에 세 번 접견한다.

晉 康侯 用錫馬蕃庶 晝日三接.[99]

초륙(初六)은 나아가거나 물러남에 있어 반듯하면 길하다. 믿어주지 않더라도 넉넉하면 허물이 없다[晉如摧如 貞吉 罔孚 裕 无咎].

육이(六二)는 나아가는 것이 근심스럽지만 반듯하면 길하다. 왕모(王母)에게 큰 복[介福]을 받는다[晉如愁如 貞吉 受玆介福于其王母].

육삼(六三)은 무리가 믿어주니[衆允] 뉘우침이 없어진다[衆允 悔亡].

구사(九四)는 나아감이 쥐새끼[鼫鼠]와 같으니 반듯하면 위태롭다[晉如鼫鼠 貞厲].

육오(六五)는 뉘우침은 없어지겠으니 잃고 얻음을 근심하지 말아야 한다. 이렇게 해서 가게

98 문자로는 이상곤하(離上坤下)라고 한다.

99 원형이정(元亨利貞)이 전혀 나오지 않는다.

되면 길하여 이롭지 않음이 없다[悔亡 失得 勿恤 往吉 无不利].
상구(上九)는 나아감이 그 뿔과 같으니, 오직 읍을 정벌하는 데 사용하면 위태롭기는 해도 길하여 허물이 없지만 반듯한 도리에는 안타까움이 있다[晉其角 維用伐邑 厲吉 无咎 貞吝].

◉

진괘(晉卦)의 초륙(初六)은 양위에 음효로 바르지 못함[不正位], 육이(六二)는 음위에 음효로 바름[正位], 육삼(六三)은 양위에 음효로 바르지 못함, 구사(九四)는 음위에 양효로 바르지 못함, 육오(六五)는 양위에 음효로 바르지 못함, 상구(上九)는 음위에 양효로 바르지 못함이다. 바른 효는 육이 하나뿐이다. 이 괘의 경우 육이는 중정을 얻었지만, 육오는 바름을 얻지 못해 중정이 아니다.

대성괘 진괘(䷢)는 소성괘 이괘(離卦, ☲)와 곤괘(坤卦, ☷)가 위아래에 있어 만들어진 괘다. 「설괘전」에 따르면 '해[日=火=離]로 따듯하게 하고[烜]' '곤(坤-땅)으로 간직한다[藏]'고 했다. 괘의 모양이 이(離)가 위에 있고 곤(坤)이 아래에 있다.
그러면 「서괘전」을 통해 왜 진괘가 대장괘의 뒤를 이어받았는지 확인해보자.

> 일은 끝까지 왕성할 수 없다. 그래서 대장괘의 뒤를 진괘(晉卦)로 받았다. 진(晉)이란 나아간다[進]는 말이다.
> 物不可以終壯. 故受之以晉. 晉者 進也.

일이나 세력이 왕성해지면 앞으로 나아가려 한다. 화지진괘(火地晉卦, ䷢)는 곤괘(☷)가 아래에 있고 이괘(☲)가 위에 있어, 해(☲)가 땅(☷)으로부터 올라와 더욱 밝은 모습이다. 그런데 나아가는 것에는 강도(强度)가 있기 마련이다. 급진도 있고 적절하게 나아감도 있고 점진(漸進)도 있다. 남동원(南東園)의 말이다.
"역서에는 삼진괘(三進卦)가 있다. 급진을 상징한 진괘(晉卦), 중진(中進)을 상징한 승괘(升卦), 점진을 상징한 점괘(漸卦)가 그것이다. 지풍승괘(地風升卦, ䷭)는 땅속에서 풀의 싹이 지상으로 돋아나는 괘상이니 곧 1년의 처음을 상징하는 괘다. 풍산점괘

(風山漸卦, ䷴)는 산 위의 나무가 점차 성장해 수백 년 또는 수천 년을 장수하는 괘상이다. 진괘는 태양이 동천에 떠올라 서천으로 넘어가는 것을 상징한 괘이니 곧 하루의 수명을 의미하고, 승괘는 1년의 처음이니 곧 1년의 수명을 의미하며, 점괘는 100년, 1000년의 수명을 의미한다. 성대해서 급진하는 것은 급히 쇠하게 되고, 점진하는 것은 장구한 세월을 얻게 된다."

이제 문왕의 단사(彖辭), 즉 "진(晉)은 나라를 평안케 하는 후[康侯]에게 말을 내려주기를 많이 하고 하루에 세 번 접견한다[康侯 用錫馬蕃庶 晝日三接]"에 대한 공자의 풀이[「彖傳」]를 살펴볼 차례다.

진(晉)은 나아감[進]이다. 밝음[明=離卦]이 땅 위에 나와서 고분고분하며 큰 밝음에 붙고[順而麗乎大明], 부드러움이 나아가 위로 올라간다[柔進而上行]. 이 때문에 나라를 평안케 하는 후[康侯]에게 말을 내려주기를 많이 하고 하루에 세 번 접견하는 것이다.

晉 進也.
진 진야
明出地上 順而麗乎大明 柔進而上行.
명 출 지상 순 이 여호 대명 유 진 이 상행
是以康侯用錫馬蕃庶晝日三接也.
시이 강후 용 석마 번서 주일 삼접 야

◉

먼저 정이의 풀이다.

진괘의 전체 모습은 밝은 인재가 나아가 성대해지는 것이다. 밝은 해가 땅에서 나와 더욱 나아가 성대해지니, 그래서 진(晉)이 되는 것이다. 진(進) 자는 앞으로 나아간다는 뜻만 있지 밝음이 성대하다는 뜻을 포함할 수 없기 때문이다. '밝음[明=離卦]이 땅 위에 나왔다'라는 말은 밝음을 상징하는 이괘가 곤괘의 위에 있다는 것이다. 곤괘가 이괘에 붙어 있는[麗] 모습은 고분고분하면서 큰 밝음에 붙어 있는 것이니, 이는 고분고분한 다움을 갖춘 신하가 위로 크게 밝은 군주에게 붙어 있는 것과 같다. '부드러움이 나아가 위로 올라간다'라고 했는데, 다른 괘의 경우에도 이괘가 위에 있고 부드러운 자질이 군주의 자리에 있으면 '부드러움이 나아가 위로 올라간다'라고 말하는 경우가 많으니 서합괘와 규괘(睽卦), 정괘(鼎卦)가 그러하다.

이런 군주이기에 "나라를 평안케 하는 후[康侯]에게 말을 내려주기를 많이 하고 하루에 세 번 접견하는 것이다." 공경(公卿)이라고 하지 않고 후(侯)라고 말한 것에 대해 정이는 "천자는 위에서 다스리는 자이고 제후는 아래에서 다스리는 자이니, 아래에 있으면서 크게 밝은 군주에게 순종하고 따르는 것이 (공경보다는) 제후의 모습이다"라고 풀이했다.

흔히 "나라를 평안케 하는 후[康侯]에게 말을 내려주기를 많이 하고 하루에 세 번 접견하는 것이다"라는 문왕(文王)의 단사(彖辭)는 임금과 신하의 돈독한 관계를 칭송할 때 자주 인용되곤 했다. 그런데 『선조실록』 36년(1603) 5월 6일 자에는 조강(朝講-아침 경연)에서 임금과 신하 사이에 얼굴을 붉히는 설전이 오간다. 그것은 대부분 눈 밝기는 했으나 강명하지는 못했던[明而不剛] 선조(宣祖)의 마음가짐이나 공부에 임하는 자세와 관련된 것이다. 지금도 어떤 마음으로 『주역』 공부를 해야 하는가에 관한 깊은 시사를 던져줄 수 있는 일화다. 곳곳에 있는 사관의 평(【 】부분) 또한 신랄하다. 그 시절 속으로 들어가 보자.

상이 조강에 나아갔다. 『주역』 진괘(晉卦)를 진강했다. 검토관(檢討官) 이준(李埈, 1560~1635)[100]이 아뢰어 말했다.

---

100 유성룡(柳成龍)의 문인으로, 1591년(선조 24년) 문과에 급제해 교서관정자가 됐다. 임진왜란 때 피난민과 함께 안령에서 적에게 항거하려 했으나 습격을 받아 패했다. 그 뒤 정경세(鄭經世)와 함께 의병 몇천 명을 모집해 고모담(姑姆潭)에서 외적과 싸웠으나 또다시 패했다. 1594년 의병을 모아 싸운 공으로 형조좌랑에 임명됐으나 사양했다. 이듬해 경상도도사가 됐으며, 이때 중국 역대 왕들의 덕행과 신하들의 정사(正邪)를 밝힌 『중흥귀감(中興龜鑑)』을 지어 왕에게 바쳤다. 당시 정인홍(鄭仁弘)이 세력을 키워 많은 사람을 주변에 모았으나 가담하지 않았다. 1597년 지평이 됐으나 유성룡이 국정 운영의 잘못 등으로 공격을 받을 때 함께 탄핵을 받고 물러났다. 1604년 주청사(奏請使)의 서장관으로 명나라에 다녀왔다. 광해군 때 제용감정(濟用監正)을 거쳐 교리로 재직 중 대북파의 전횡이 심해지고 특히 1611년(광해군 3년) 정인홍이 이황(李滉)과 이이(李珥)를 비난하자 그에 맞서다 벼슬을 버리고 고향으로 돌아갔다. 1623년 인조반정으로 정국이 바뀌자 다시 교리로 등용됐다. 인조 초년 이귀(李貴) 등 반정공신을 비롯한 서인 집권 세력이 광해군의 아들 폐세자(廢世子)를 죽일 때, 은혜로운 처벌을 적극 주장하다가 철원부사로 밀려났다. 1624년(인조 2년) 이괄(李适)의 난이 일어나자 군대를 모아 의승군(義勝軍)이라 이름했으며, 그 뒤 부응교·응교·집의·전한·사간 등 삼사의 관직을 여러 차례 역임했다. 이즈음 집권 서인 세력이 왕권에 위협이 된다 하여 선조의 아들인 인성군(仁城君) 공(珙)을 죽이려 하자 남인으로서 반대 의견을 주도했다. 1627년 정묘호란이 일어나자 의병을 모집했고, 조도사(調度使)에 임명돼 곡식을 모았으나 화약을 맺자 수집한 1만여 섬의 군량을 관에 인계했다. 이 공으로 첨지중추부사에 임명됐다. 1628년 승지가 되고, 1634년 대사간을 거쳐 이듬해 부제학에 임명됐다. 선조대에서 인조대에 이르는 복잡한 현실 속에서 국방과 외교를 비롯한 국정에 대해 많은 시

"임금의 다움[德]은 강건(剛健)을 귀중하게 여기지만, 반드시 유화(柔和)한 마음으로 임금의 자리에 있으면서 강건한 다움을 써야만 광명이 두루 비치어 사사로운 (간신들의) 뜻이 광명을 가리지 못하게 되는 법입니다. 무릇 임금은 더없이 높은 자리에 있으면서 위복(威福-위엄과 복록)을 내리는 권한을 가지고 있기 때문에 사방의 백성이 떠받들게 되며, 하고 싶은 일을 반드시 이룰 수 있습니다. 그러므로 범상한 군주는 쉽사리 교만하게 되고, 지혜가 남보다 뛰어난 군주는 아랫사람들을 경시하고 자신이 빼어난 임금인 체하는 병폐가 있게 되는 것입니다.

시험 삼아 후세의 일을 들어 말한다면, 당 덕종(唐德宗, 742~805)[101]은 총명이 남보다 뛰어나고 정밀하게 관찰함이 보통이 아니었습니다. 그때에 육지(陸贄, 754~805)[102] 같은 신하가 있었는데도 그의 말을 들어주지 않다가 두 차례나 봉천(奉天)에서 곤란을 겪었었습니다. 자만심에 차 거만하게 구는 병폐는 고금의 공통된 근심거리지만, 덕종은 더욱 심했기 때문에 이런 지경에 이르렀던 것입니다.【상이 스스로 잘난 체하며 남들에게 교만을 부리는 점이 덕종과 유사했으므로 이준이 임금 앞에서 글을 읽는 기회[臨文]에 이를 언급한 것이다.】 성명(聖明-임금)께서 어

무책(時務策)을 제시했으며, 정경세와 더불어 유성룡의 학통을 이어받아 학계에 중요한 위치를 차지했다. 정치적으로는 남인 세력을 결집하고 그 여론을 주도하는 중요한 소임을 했다.

101 대종(代宗)의 맏아들이다. 대종 때 천하병마원수(天下兵馬元帥)가 돼 사조의(史朝義)를 토벌하고 하북(河北)을 평정해, 이 공으로 상서령(尙書令)에 올랐다. 얼마 뒤 태자가 됐다. 제위를 이은 뒤 처음에는 정치가 청명(淸明)했다. 양염(楊炎)을 재상으로 삼아 조용조(租庸調) 제도를 폐지하고 양세법(兩稅法)을 실시했다. 즉위한 뒤 중앙 재정의 재건을 도모했으며, 번진(藩鎭)을 억압하려는 정책을 시행했다. 이에 위박(魏博)과 성덕(成德) 두 지방에서 명령을 거부했고, 이에 대한 토벌로 인해 재정난에 빠졌다. 나중에 노기(盧杞) 등을 기용해 위계를 어지럽혔다. 건중(建中) 4년(783) 경원(涇原)에서 병변이 일어나 경사(京師)를 침범하자 봉천(奉天)으로 달아났다. 다음해 여러 번(藩)의 독립을 승인함으로써 군벌 시대의 단초를 열게 됐다. 흥원(興元) 원년(785) 이성(李晟)이 병사를 이끌고 장안(長安)을 수복하자 돌아왔다. 이때부터 정치에 소홀해 번진(藩鎭)이 나날이 강해져갔다. 말기에는 국가의 재정난과 지방 세력의 성장, 환관의 횡포로 뜻을 이루지 못하고 세상을 떠났다. 문벌과 관계없는 인재를 등용하거나 조용조를 폐지하는 등 일부 개혁을 이룬 업적이 있다. 26년 동안 재위했고, 시호는 신무효문황제(神武孝文皇帝)다.

102 대종(代宗) 대력(大曆) 6년(771) 진사(進士)가 되고, 박학홍사과(博學鴻詞科)에 올랐다. 덕종(德宗)이 즉위하자 감찰어사(監察御史)에서 불려 한림학사(翰林學士)가 됐다. 건중(建中) 4년(783) 주차(朱泚)가 반란을 일으키자 덕종을 따라 봉천(奉天)으로 달아나 조서(詔書)를 지었는데, 문장이 간절해 무부한졸(武夫悍卒)조차 읽고 눈물을 흘리며 감동하지 않는 사람이 없었다. 정원(貞元) 7년(791) 병부시랑(兵部侍郎)에 올랐다. 다음해 중서시랑(中書侍郎)과 동문하평장사(同門下平章事)를 지냈다. 재상으로 있을 때 폐정(弊政)을 없애고 가혹한 세금을 폐지했다. 정원 10년(794) 겨울 호부시랑(戶部侍郎) 배연령(裵延齡)의 술책으로 재상직에서 파직됐다. 다음해 충주별가(忠州別駕)로 쫓겨났다. 순종(順宗) 때 죽었다. 재주가 남달랐으며, 민정(民情)을 몸소 살폈고, 성품이 강직했다.

찌 이와 같은 일이 있으시겠습니까. 다만 전하의 예지(睿知)와 고명(高明)을 오늘날의 여러 신하 중에 누가 그 한계를 엿볼 수 있겠습니까. 그러나 그처럼 고명하시기 때문에 신하들을 소홀히 대우하며 자신을 훌륭하게 여기고 남을 하찮게 여기는 잘못이 있게 될까 염려되기에 신이 감히 말씀드리는 것이니, 이 또한 당우(唐虞) 시대의 신하들이 순(舜)에게 '단주(丹朱-요금의 아들)처럼 오만하지 말라'고 고한 것과 같은 뜻입니다.

요사이의 일을 들어 말한다면, 임금이란 반드시 자주 경연을 열어 대신들을 인견하여 사대부들을 접견하는 시간은 많고 환관과 궁첩을 가까이하는 시간은 적어야 무슨 일을 할 수 있게 되는 것입니다. 하물며 큰 변란을 겪은 뒤에 모든 일을 새롭게 시작해[草創] 나가야 하는 때이겠습니까. 천재와 지변이 거듭거듭 나타나니 연방(延訪-널리 물음)을 평소보다 더욱 힘쓰셔야 할 것인데, 어연(御筵-경연)에 나와 접견하시는 시간이 드무니 대신이나 군신들이 진달하고 싶은 생각이 있다 하더라도 무슨 수로 대내에 들어가 고할 수 있겠습니까?"

동지사 이호민(李好閔)이 아뢰어 말했다.

"이준이 진달한 말이 옳습니다. 요사이 경연과 연방을 부지런히 하시기는 하지만 입을 더욱 굳게 다물고 말들을 안 하고 있으니, 반드시 성상(聖上)께서 허심탄회하게 받아들이는 아량을 보이신 다음에야 말을 다 하게 될 것입니다."

이준이 아뢰어 말했다.

"『주역』의 이치는 변화가 무궁하여 다 알기가 어려우니, 공자 같은 대성(大聖)도 '내게 몇 해를 더 살게 해주어 『주역』을 다 배울 수 있게 한다면 큰 허물이 없을 것이다'라고 했으며, 선현들도 배우는 사람들에게 그다지 권하지 않았습니다. 제왕(帝王)의 학문이 학자들의 학문과 같지는 않지만, 『춘추(春秋)』의 역적을 토벌하고 원수를 갚는 대의와 사서(四書)의 '용도를 절약하고 백성을 사랑하며 제때에 백성을 부린다[節用而愛人 使民以時]'[103]는 등의 말은 나라를 다스리기에 충분한 말입니다.

오늘날의 급선무에 대해서는 신의 천박한 소견으로 알 수 있는 바가 아닙니다. 그러나 육지(陸贄)가 큰 변란을 만났을 때 실시한 지혜로운 계책과 언론은 모두 시급한 병폐에 적중하는 것이었고 진덕수의 『대학연의』에는 격물치지(格物致知)·수기(修己)·용인(用人)·치국(治國)

103 『논어』「학이」편에 나오는 말이다.

의 도리가 모두 갖추어져 있으니, 아침과 낮의 한가한 틈에 강론하신다면 유익할 것입니다. 『주역』의 괘상(卦象)과 괘효(卦爻)에 관한 학문은 미연(未然-미래)의 일을 미루어 헤아려 말한 것이므로 당장 일을 접해서 처리할 때 [接應 접응] 쉽게 알 수 있는 일이 아닌 듯합니다."[104]

상이 일러 말했다.

"『주역』은 그 용도가 한이 없지만, 학자들의 마음 다스리는 일로 말한다면 사서(四書)만 못한 듯하다. 그러나 일을 접해서 처리할 때 어찌 역학(易學)만 한 것이 있겠는가. 육지의 주의(奏議)는 간절한 뜻이 좋기는 하지만, 『주역』을 놓아두고 육지의 글을 읽으라는 말은 진선(盡善)하지 못한 듯하다. 또 옛사람들은 『대학연의』만 가지면 천하를 다스리기에 충분하다고 여겼지만, 이미 한 부의 『대학』만으로도 충분하니 어찌 등록(謄錄-일종의 부록)을 읽을 필요가 있겠는가."【『대학연의』를 등록이라고 했으니, 상이 스스로 훌륭한 체하는 것을 이곳에서 또한 볼 수 있겠다.】

이준이 아뢰어 말했다.

"신의 말은 『주역』이 진강하기에 불가하다는 것이 아니라 다만 미묘한 말과 심오한 뜻을 쉽게 이해할 수 없다는 것이며, 글을 읽을 적에 경계심을 갖게 하는 것으로는 육지의 주의와 진덕수의 『대학연의』만 한 것이 없다는 뜻입니다."

상이 좌우를 돌아보며 다른 말을 했다. 이준이 또 아뢰었다.

"요사이의 천재와 지변은 예전에 없었던 변고로 모두 오늘날 발생하고 있습니다. 재변은 저절로 발생하는 법도 없고 감응이 없는 경우도 없으니, 반드시 인사(人事)를 잘 닦아 천심(天心)에 보답해야 할 것입니다. 오늘날 하늘의 노여움이 이와 같은데도 인사는 천심을 돌릴 방법이 없으니, 필경에는 비상한 재변과 헤아릴 수 없는 환란이 머지않아 반드시 닥칠 것입니다. 한유(漢儒-한나라 유학자)들이 고전에서 끌어들여놓은 말에 대해서 신이 감히 믿을 수는 없지만, 성탕(成湯)이 여섯 가지로 자책하자 천지에 큰비가 내렸다고[105] 합니다. 성탕이 천하를 다스리면서도 오히려 하늘의 노여움을 샀다가 감동시킨 일이 있었는데, 하물

---

104 이준의 뜻은 학문 과시용으로 『주역』을 공부하느니 정치에 실질적인 도움이 되는 책을 읽으라는 말이다.

105 은(殷)나라 임금 성탕이 7년이나 큰 가뭄이 들자 상림(桑林) 들에서 비를 빌며 자신을 책망하기를 "정치에 절도가 없어서인가, 백성이 직업을 잃어서인가, 궁실이 사치스러워서인가, 여알(女謁)의 청탁이 성행서인가, 뇌물이 행해져서인가, 참소하는 자가 득세해서인가?"라고 하자 큰비가 내렸다고 한다.

며 전쟁 뒤에 재변을 부르게 된 일들을 어찌 이루 다 말할 수 있겠습니까. 역사(役事)가 번거롭고 부세(賦稅)가 무거워 민생이 안정되지 못하고, 일반 백성이 제 삶의 위치를 얻지 못하고 있는 데다가 3년 가뭄이 겹치고 있습니다.

우리나라에는 역적의 변란 때에 애매하게 걸리어 원한을 품고 있는 사람들이 이루 다 셀 수 없을 정도로 많은데, 그중에서도 정개청(鄭介淸)의 원한이 더욱 심합니다.【정개청은 호남의 고사(高士)로서 독실한 뜻으로 학문에 힘을 쓸 뿐 입신 출세하기를 바라지 않았다. 간신 정철(鄭澈)도 남쪽 지방에 살았는데, 권세가 매우 성하여 사람들이 다투어 찾아가 붙으니 방백(方伯)들을 능멸하고 수령들을 모욕하면서 스스로 절의(節義)를 지킨다고 여겼다. 정개청은 정철과 멀지 않은 곳에 살고 있었는데, 두문불출하고 들어앉아 한 번도 그의 문 앞을 지난 적이 없으며 논설을 지어 배격하기도 했었다. 정철이 이 때문에 앙심을 품고 있다가 기축년에 역적의 옥사가 일어나자 역적의 당이라고 지목하여 무함했다. 이에 정개청은 잡혀와 형벌을 받게 됐고, 마침내 적소(謫所)에서 죽게 됐다.】 그의 아우 대청(大淸)이 다른 사람들을 대할 적마다 형이 죽을 당시처럼 비통해하며 '반드시 형의 원통한 죄를 풀어준 뒤에야 고기를 먹고 백의(白衣)를 벗겠다'라고 하면서 지금까지 15년이 되도록 오히려 형이 죽던 날처럼 슬퍼하고 있습니다. 지극히 억울하고 한없이 원통한 일이 아니면 어찌 이처럼 원한을 품을 수 있겠습니까. 성상께서는 반드시 신료들에게 물어보시고 한갓 형식적으로 달랠 것이 아니라 실제의 혜택을 보이셔야 할 것입니다.

임금의 생각 하나가 천심을 돌릴 수 있으니, 하루아침만 그런 마음을 가져도 하늘을 감동시킬 수 있고 하룻저녁만 그런 마음을 가져도 하늘을 감동시킬 수 있습니다. 그러니 원통함을 풀어주고 요역을 가볍게 해주는 일을 시급하게 거행하지 않을 수 없습니다. 비록 외부의 변란이 있게 된다 하더라도 사람들의 마음이 굳게 결속된다면 어찌 막아낼 길이 없겠습니까.

대개 모든 관원이 위에서 화합하고 만물이 아래서 화합하게 되면 그다음에는 자연히 불평한 기운이 없어지게 되는 것입니다. 순(舜)의 시대에는 훌륭한 신하들이 서로 겸양했으므로 봉황이 날아오는 상서가 있었고, 주(周)나라 때는 모두 구덕(九德)[106]을 중시했으므로

---

106 『서경(書經)』「고요모(皐陶謨)」편에 나오는 말로, 재상 고요가 우왕에게 올린 아홉 가지 덕목이다. "너그러우면서 엄정하고[寬而栗 관이율], 부드러우면서 꼿꼿하고[柔而立 유이립], 삼가면서 공손히 하고[愿而恭 원이공], 다스리는 능력이 뛰어나면서 경외하는 마음을 잃지 않고[亂而敬 난이경], 순하면서 과단성이 있고[擾而毅 요이의], 곧으면서 온화하고[直而溫 직이온], 털털하면서 예리하고[簡而廉 간이렴], 굳세면서 독실하고[剛而塞 강이색], 힘이 세면서도 의리에 맞게[彊而義 강이의] 행동하는 것입니다. 이 같은 다움이 오랫동안 이어지는 사람을 드러내어 쓴다면 길할 것입니다."

기린이 동산에서 노닐었으며, 진한(秦漢) 이후로 태평한 시대에는 상서가 나타나고 쇠란한 시절에는 재변이 생겼습니다. 지금 조정이 화평하지 못하여 경각 사이에 나라의 형세가 위급해지게 됐습니다. 이 시점에서 조금 안정됐다고는 하지만, 온 나라 사방에서 하는 말을 귀담아들으실 수 있도록 성총(聖聰-임금의 귀 밝음)을 넓히는 데 더욱 유념하셔야 합니다. 미관말직에 있는 신하로서 이처럼 외람되게 아뢰고 보니 만 번 죽더라도 애석할 것이 없습니다. 그러나 오늘날의 사세가 이렇게 됐는데 신이 어찌 감히 말씀드리지 않을 수 있겠습니까. 만일 엄하게 견책하지 않으시어 언로를 열어주신다면 신은 매우 다행이겠습니다."

상이 언성을 높여 안색을 바꾸고 좌우를 돌아보며 일러 말했다.

"이준이 어떤 사람인가? 경상도 사람인가? 말이 조용하지 못한 데다 잘 살피지 못한 점[不察=不詳]이 많다. 정개청의 일을 해명하려 하면서도 곡절을 잘 알지 못하고 있다. 정개청이 정여립(鄭汝立)에게 서신을 보내기를 '전해 받은 도리가 고명(高明)하기로는 당대에 존형(尊兄)뿐이다'라고 했는데, 역적을 존형이라고 해도 되겠는가.【정여립은 진신(搢紳)으로서 학문을 가장하여 한세상을 여지없이 속였으니, 정개청이 도리를 전해 받은 것으로 기약한 것도 이 때문이다.】 그때 대간(臺諫)이 아뢰기를 '배절의론(排節義論)은 지어서는 안 되는 것인데 지었다'라고 했기 때문에 이로 인해 죄를 받은 것인데, 지금 '역적(정철) 때문에 죽었다'라고 하는 것은 무슨 말인가?"

영사 유영경(柳永慶)이 아뢰어 말했다.

"정개청의 일에 대해 신이 잘 알지는 못합니다만, 정철(鄭澈)과 의논이 같지 않았었기 때문에 대간이 배절의론을 가지고 죄를 얽어 만들었던 것이지, 애당초 절의를 배격했던 것은 아닙니다."

이호민이 아뢰어 말했다.

"단지 남쪽 지방의 선비 풍습이 올바르지 못했기 때문에 그런 논을 짓게 됐던 것이지, 절의를 배격한 것은 아니었습니다. 『주자어록(朱子語錄)』에 그런 논이 있으므로 선성(先聖-주희)의 말을 조술했던 것뿐입니다. 초야에 있는 사람이 어떻게 곡절을 알 수 있겠습니까. 다만 역적의 옥사 때 죽었으므로 이준의 말이 이와 같은 것입니다."

상은 사시(巳時) 정각에 파하고 (경연장에서) 나갔다.

사신(史臣)은 논한다. "바야흐로 이때 천재와 지변이 극도에 달해, 무지개가 해를 꿰고 별이 떨어지며 돌이 옮겨가고 바닷물이 붉어지기도 하며 여름에는 가물다가 가을에는 장마가 지고 동뢰(冬雷)가 울리고 지진이 발생하므로, 유언비어가 백성을 경동시키고 민간의 원성이 길거리에 가득했다. 이에 하늘은 화기(和氣)를 잃고 땅은 안정을 잃었으며 사람들은 도리를 잃게 됐으니, 옛일을 가지고 오늘날의 상황을 증험해보면 위급하게 됐다고 할 만하다. 지금은 군신 상하가 한마음으로 함께 일을 하면서 서로 의논하여 계획을 바꾸어나가야 할 때다. 그런데 충성스러운 말이 병폐에 적중했는데도[中 중] 임금은 언성을 높이고 안색을 바꾸며 귀담아듣지 않았다. 간신이 선비를 죽인 일을 오래도록 깨닫지 못하여 언로(言路)가 더욱 막히고 지극한 원통이 펴이지 못하게 했으니, 재변이 연이어 발생하는 것이 어찌 괴이한 일이겠는가."

공자의 「상전」을 살펴볼 차례다. 그중에 진괘를 총평한 「대상전」이다.

밝음이 땅 위로 나오는 것이 진(晉)(이 드러난 모습)이니, 군자는 그것을 갖고서 스스로 밝은 다움[明德 명덕]을 밝힌다[明出地上晉 君子以 自昭明德 명출 지상 진 군자 이 자소 명덕].

◉

태양이 떠오르는 것을 볼 때 군자라면 무엇보다 명덕(明德)을 밝혀야 한다는 것이다. 그것도 다른 사람에 의해서가 아니라 스스로 밝혀야 한다는 말이다. 이때 밝힌다는 것은 그 같은 명덕(明德)을 내 안에서 닦는다는 뜻도 되고, 그렇게 닦은 명덕을 세상에 펼친다는 뜻도 된다. 수기치인(修己治人)이 고스란히 녹아들어 있다. 자(自) 자가 추가됐을 뿐, 소명덕(昭明德)은 고스란히 『대학』의 삼강령(三綱領), 즉 '남을 다스리는 자가 되기 위해 (반드시) 배워야 하는 (세 단계) 길은 첫째 (내 몸에) 공적인 다움을 갈고 닦는 데 있고, 둘째 백성을 내 몸과 같이 여기는 데 있고, 셋째 가장 바람직한 상태에서 오랫동안 머물러 있는 데 있다[大學之道 在明明德 在親民 在止於至善 대학지도 재명 명덕 재 친민 재 지 어 지선]'는 것 중의 첫 번째인 '명명덕(明明德)'과 정확히 같은 뜻이다.

명덕(明德)은 공명정대한 다움을 가리킨다. 이때의 명(明)은 공적(公的)이라는 의미다. 그래서 이 말을 다시 풀자면 공명정대한 다움을 먼저 내 안에서 닦고 길러낸 다음에 그것을 세상에 펼쳐 세상을 밝게 한다는 말이다. 중요한 것은 '스스로[自 자]'다. 이 점은 다시 『대학』의 삼강령을 풀이하면서 나온다. 관련 대목이다.

> 『서경(書經)』 「주서(周書)」편에서는 "능히 다움[德]을 밝힌다"라고 했고, 「상서(商書)」편에서는 "이 하늘의 밝은 명(命)을 돌아본다"라고 했으며, 「우서(虞書)」편에서는 "능히 빼어난 다움을 밝힌다"라고 했다. 이것들은 모두 다 스스로 밝히는 것[自明=自昭]이다.

예로부터 명덕은 스스로 밝혀야 하는 문제임을 중요하게 인식해왔음을 확인할 수 있다.

진의 여섯 효[六爻]에 대한 주공의 말을 풀이한 공자의 「소상전」이다.

(초륙(初六)은) 나아가든 물러나든 (반듯하여 길하려면) 홀로 바른 도리를 행해야 한다[獨行正]는 것이요, 넉넉하면 허물이 없는 것은 아직 명을 받지 않았기 때문이다[晉如摧如 獨行正也 裕无咎 未受命也].

(육이(六二)는) 큰 복을 받는 것[受茲介福]은 가운데서 바르기[中正] 때문이다[受茲介福 以中正也].

(육삼(六三)은) 무리가 믿어주는 뜻[衆允之志]은 위를 향해 가는 것이다[衆允之志 上行也].

(구사(九四)는) 쥐새끼와 같으니 반듯하면 위태롭다[鼫鼠貞厲]는 것은 자리가 마땅하지 않기 때문이다[鼫鼠貞厲 位不當也].

(육오(六五)는) 잃고 얻음을 근심하지 말라[失得勿恤]는 것은 이렇게 해서 가게 될 경우 경사가 있기 때문이다[失得勿恤 往有慶也].

(상구(上九)는) 오직 읍을 정벌하는 데만 사용하라[維用伐邑]는 것은 도리가 아직 밝지 못하기 때문이다[維用伐邑 道未光也].

◉

진괘의 맨 아래 첫 음효에 대해 공자는 "나아가든 물러나든 (반듯하여 길하려면) 홀로 바른 도리를 행해야 한다[獨行正]는 것이요, 넉넉하면 허물이 없는 것은 아직 명을 받지 않았기 때문이다"라고 풀었다. 초륙의 처지부터 보자. 나아가야 할 때를 만났으나 음유한 자질로 양의 자리에 있어 자리가 바르지 않고, 맨 아래의 보잘것없는 지위에 있다. 나아가든 꺾여서 머물러 있든 반듯함[貞=正道]을 지켜야만 길하다고 했다. 그런데 공자는 여기서 '홀로'를 강조했다. 앞서 「대상전」에서 '스스로[自]'를 강조한 것과도 통한다. 이는 위로 육이와 친하지 못하기[無比] 때문일 것이다. 주공의 효사에서는 '믿어주지 않더라도[罔孚]'라고 했는데, 이에 대해 정이는 "아래의 지위에서 비로소 나아가기 시작했는데 어떻게 급작스럽게 윗사람의 깊은 신임을 얻을 수가 있겠는가?"라고 했다. 구사와 호응은 하지만 그 호응의 깊이가 돈독할 수 없다는 말이다.

이럴 때 군자의 대처하는 바는 마음의 여유로움이다. 그것은 『논어』 「학이」편에 나오는 다음과 같은 마음이다.

> 남들이 알아주지 않더라도 속으로조차 서운한 마음을 갖지 않는다면[不慍] 진실로 군자가 아니겠는가?

이렇게 한다면 허물은 없다. 그런데 왜 공자는 이 부분을 풀이하면서 '아직 명을 받지 않았기 때문[未受命]'이라고 한 것일까? 이 부분에 대한 정이의 풀이는 다소 실망스럽다.

> 모든 상황을 일괄적으로 말할 수는 없고, 오래 머물러 있거나 신속하게 떠나는 것은 오직 때에 적합하게 해야 하니 실로 어떤 일을 할 수 있는 조짐을 허용해준 것이다.

상황에 맞게 권도(權道)를 발휘하라는 말인데, 무책임해 보인다. 다시 공자의 「상전」으로 돌아가 보자. "넉넉하면 허물이 없는 것은 아직 명을 받지 않았기 때문이다." 이는 뒤집어 말하면 일단 명을 받고 난 경우에는 넉넉하게 여유를 부리다가는 허물이 있을 수도 있다는 뜻이다. 오히려 공자의 「상전」을 정리하면, 나아가든 물러나든 (반듯해 길하려면) 홀로 바른 도리를 행해야 한다[獨行正]는 것이요 혹시라도 명을 받게 될 경우에는 너무 여유를 부려서는 안 된다는 뜻이라고 봐야 하지 않을까? 그렇다고 맹목적으로 달려가라는 뜻은 아니고, 바른 도리를 지켜야 한다. 이렇게 보면 『논어』 「자한」편에 나오는 대화는 쉽게 이해할 수 있다.

자공(子貢)이 물었다.

"여기에 아름다운 옥이 있다면 스승님께서는 그것을 궤 속에 넣어 가죽으로 싸서 고이 보관하시겠습니까? 좋은 값을 구하여 그것을 파시겠습니까?"

공자가 말했다.

"팔아야지! 팔아야지! 그러나 나는 좋은 값을 기다리는 사람이다."

수기(修己)하되 치인(治人)을 목적으로 해서는 안 된다. 또 기회가 왔을 때는 치인(治人)의 과제를 피해서도 안 된다. 다만 나라에 도리가 없을 때는 나아가서는 안 된다. 이것이 바로 공자의 나아가고 물러나는 진퇴(進退)의 도리다. 이런 상황에 놓여 바른 도리를 지킨 인물로는 태종과 세종 때를 살았던 유방선(柳方善, 1388~1443)을 빠트릴 수 없다.

유방선의 아버지는 유기(柳沂)이고, 어머니는 이색(李穡)의 아들인 지밀직사사(知密直司事) 이종덕(李種德)의 딸이다. 1405년(태종 5년) 국자사마시(國子司馬試)에 합격하고 성균관에서 공부했다. 12세 무렵부터 권근(權近)·변계량(卞季良) 등에게 수학해 일찍부터 문명이 높았다. 그러나 1409년 아버지가 민무구(閔無咎)의 옥사에 관련돼 처형을 당했는데, 어린 유방선은 다행히 사형을 면하고 청주로 유배됐다가 이듬해 영천에 이배됐다. 1415년 풀려나 원주에서 지내던 중 참소로 인해 다시 영천에 유배됐고, 1427년(세종 9년)에 풀려났다. 유배 생활 중의 학행이 높이 드러나 유일(遺逸-재능 있는 은둔 인사)로 추천돼 주부(主簿)에 천거됐으나 사양하고 나아가지 않았다. 그는 유배 생활 중에는 유배지 영천의 명승지에 '태재(泰齋)'라는 서재를 지었다. 당시에 유배 또는 은둔 생활을 하던 이안유(李安柔)·조상치(曺尙治) 등의 문사들과 학문적인 교분을 맺었고, 주변의 자제들에게 학문을 전수해 이보흠(李甫欽) 등의 문하생을 배출했다. 즉 정몽주·권근·변계량을 잇는 영남 성리학의 학통을 후대에 계승, 발전시키는 구실을 담당한 것이다. 원주에서 생활하는 동안 서거정(徐居正)·한명회(韓明澮)·권람(權擥)·강효문(康孝文) 등의 문하생을 길러냈으며, 특히 시학(詩學)에 뛰어났다. 그의 「술회(述懷)」라는 시다.

띠풀을 엮어서 지붕을 이고

대나무 심어서 울타리 삼았네.

그런대로 산속에 사는 맛을

세월이 갈수록 혼자서 느끼네[獨自知].

남명(南冥) 조식(曹植, 1501~1572)도 삶의 행적은 비슷하지만, 그가 살았던 시대는 나아올 때라기보다는 숨어 지내야 할 때라 여기에 포함시키지 않았다.

진괘의 밑에서 두 번째 음효에 대해 공자는 "큰 복을 받는 것[受玆介福]은 가운데서 바르기[中正] 때문이다"라고 풀었다. 먼저 주공의 효사를 보자.

나아가는 것이 근심스럽지만 반듯하면 길하다. 왕모(王母)에게 큰 복[介福]을 받는다[晉如愁如 貞吉 受玆介福于其王母].

육이의 처지를 보면, 위아래에 친한 사람이 없고[無比] 위의 육오와도 같은 음유(陰柔)라 호응을 얻지 못한다. 뭔가를 해도 혼자서 해야 할 수밖에 없는 것이다. 다만 음효로 음위에 있어 바른 자리에 있고 가운데 있으니, 중정(中正)을 얻었다. 주변으로부터 도움을 받을 수 없으니 근심스럽다[愁如]고 한 것이다. 그러나 나아가야 할 때 중정(中正)을 얻은 자가 나아가지 못할 까닭이 없다. 그래서 반듯하면 길하다고 한 것이다. 이미 반듯하니 길한 것이다. 그래서 큰 복을 받게 된다고까지 했다. 다만 복을 주는 주체가 왕모(王母)다. 육오를 가리키는 것으로, 음(陰) 중에서는 지극히 존귀한 자다. 공자도 이 점에 주목해 "큰 복을 받는 것[受玆介福]은 가운데서 바르기[中正] 때문"이라고 했다.

그런데 육오는 밝음[離卦]의 적중함을 얻은 자이기 때문에 음유한 자질이기는 하나 매우 밝은 임금이다. 이와 관련된 정이의 풀이다.

사람이 중정의 도리를 지킬 수 있으면 오랜 시간이 지나 반드시 형통하다. 더구나 크게 밝은 군주가 위에 있고 다움[陰德]이 서로 같으니, 반드시 큰 복을 받을 것이다.

김종서(金宗瑞, 1383~1453)는 적어도 세종 시대에만 한정해서 본다면 정확히 이 육이에 해당하는 인물이다. 그는 1383년(고려 우왕 9년) 충청도 공주에서 태어났다. 얼마 후 한양으로 올라와 서대문 밖에서 살았고, 태종 5년 문과에 급제했다. 23세 때였다. 문과 급제 후에도 하위직을 맴돌던 김종서는 10년 후인 태종 15년 상서원직장에 임명됐다. 상서원(尙瑞院)이란 국왕의 옥새와 인장 등을 관리하는 기관으로, 도승지의 지휘하에 종5품 판관 1명, 종7품 직장(直長) 1명, 정8품 부직장 2명 등으로 구성돼 있었다. 처음으로 정7품직에 오른 것이다.

김종서는 종6품인 죽산현감을 거쳐 세종 즉위년인 1418년 병조좌랑에 오른다. 정6품이다. 같은 해 8월 27일 태종은 직접 세종에게 "크게 될 인물이니 중용하라"라며 정인지를 병조좌랑에 임명한다. 김종서와 정인지는 같은 해에 같은 직위를 역임한 것이다. 순서는 간발의 차지만 김종서가 먼저였다. 보통 인연이 아니다. 바로 이때의 일과 관련해 성현(成俔)의 『용재총화(慵齋叢話)』는 김종서의 일화를 다음과 같이 전한다.

> 최홍효 제학이 이조낭청으로 입시하여 사람들의 고신을 쓰는데 붓을 꼼지락대며 오래도록 이뤄내지 못하자, 김종서가 병조낭청(좌랑)으로 옆에 있다가 한 붓으로 수십 장을 휘둘러 써내고 쓰기를 마친 다음 옥쇄를 찍는데 글씨와 옥쇄 자국이 모두 단정했다. 태종이 좌우를 돌아보며 말하기를 "이는 참으로 쓸 만한 인재구나" 하니, 종서는 이로 말미암아 피어나기 시작했다.

세종과 김종서 사이에 위기도 있었다. 세종 10년 사헌부집의 시절, 계속 불법을 자행하던 양녕대군에 대한 김종서의 탄핵은 집요했다. 15차례나 상소를 올려 양녕대군의 대군 작위를 회수하고 도성 출입을 금지시켜야 한다고 주장했다가 일시적으로 세종의 노여움을 사 전농시윤으로 좌천당하기까지 했다. 전농시(典農寺)란 국가의 제사용품을 관리하는 기관이다.

그러나 세종은 세종 11년(1429) 9월 30일 정3품인 우부대언(훗날의 우부승지)으로 외직에 나가 있던 김종서를 불러들인다. 김종서를 정3품 당상관에 올렸을 뿐 아니라 오늘날의 청와대 수석비서관에 해당하는 자리를 맡긴 것이다. 여기서 그는 훗날 함께 세상을 떠나게 되는 좌부대언 황보인과 깊은 인연을 맺게 된다. 다음해 7월 좌부대언으로, 12월에는 우대언으로 승진한다. 이때 황보인도 승정원 최고위직인 지신사에 오른다. 이때 김종서의 나이 47세였다.

세종 15년(1433) 12월 김종서는 함길도(함경도)관찰사를 제수받았다. 그는 22개월 전인 세종 14년 2월 25일에 세종이 좌대언인 자신을 불러 활과 화살을 하사하면서 "항상 차고 있다가 짐승을 보거든 쏴라"라고 했던 말뜻을 이제야 알 것 같았다. 그해 6월에는 "경은 최윤덕을 아는가"라고 물어본 적이 있었다. 세종의 북방 개척 구상은 오래전에 시작돼 있었고, 세종 14년 들어 문신 김종서와 무신 최윤덕을 투톱으로 해서 자신의 구상을 실현키로 가닥을 잡아가고 있었던 것이다. 최윤덕은 세종 15년 1월 평안도절제사로 임명을 받았다.

그동안 종서는 일생에서 가장 힘들면서도 보람 있는 기간을 보내고 있었다. 6년 이상을 지금의 함경북도(6진) 개척에 쏟아부었다. 세종 22년(1440) 12월 3일 형조판서에 오른다. 전임자는 정인지였으니, 두 사람이 병조좌랑에 이어 두 번째로 같은 해에 같은 직위를 맡는 우연이 겹친 것이다. 김종서는 세종 23년(1441) 11월 14일 예조판서로 자리를 옮긴 후 장장 5년 동안 재임하면서 국가의 중대 길흉사를 무리 없이 처리해 세종의 더없는 총애를 받았다.

조선 중기의 문신이자 『홍길동전』의 저자인 허균이 쓴 문집에 황희와 김종서의 일화가 실려 있다. 황희가 김종서를 힐난(詰)했다는 내용이다. 한번은 공조판서 김종서가 공조의 물건으로 정승 황희를 접대한 적이 있었다. 이에 대해 황희는 지나칠 정도로 화를 내며 "국가에서 종친과 정승의 대접을 담당하는 예빈시(禮賓寺)를 의정부 바로 옆에 설치한 까닭은 정승을 대접하기 위함이다. 나를 접대하려면 예빈시에서 장만해오면 될 것이지, 어찌하여 공조의 물건을 사사로이 쓴단 말인가"라며 호통을 쳤다고 한다.

그 후 김종서가 병조와 호조의 판서가 됐을 때도 황희는 김종서의 잘못만은 아무리 작은 것이라도 그냥 지나치는 법이 없었다. 그 바람에 황희가 김종서를 유난히 미워하는 것 아니냐는 말까지 돌았다. 오죽했으면 맹사성까지 나서 "종서는 당대의 명판서이거늘 어찌 그리 허물을 잡으십니까"라고 따졌을까? 그러자 황희는 "내가 종서를 아끼는 까닭에 인물을 만들려고 하는 것이오. 종서는 성격이 굳세고 기운이 날래어 일을 과감하게 하니, 뒷날 정승이 되면 신중함을 잃어 일을 허물어뜨릴까 염려해 미리 그의 기운을 꺾고 경계하려는 것이지 결코 그를 미워하여 곤란케 하려는 것이 아니오"라고 답했다. 결국 뒷날의 김종서의 삶은 황희의 걱정대로 흘러가게 된다. 육이는 세종과 김종서의 관계에 국한된다.

진괘의 밑에서 세 번째 음효에 대해 공자는 "무리가 믿어주는 뜻[衆允之志]은 위를 향해 가는 것이다"라고 풀었다. 이를 주공의 효사와 비교해보면 결국 뉘우침이 없어지는 이유는 위를 향해 가기 때문이라는 것이다. 이건 무슨 뜻인가?

육삼은 음효로 양위에 있어 자리가 바르지 못하고 가운데를 지나쳐 있어, 여러 가지로 뉘우침이 생겨나기 쉬운 처지다. 그러나 전체적으로 부드럽고 고분고분한[柔順] 성질을 가진 곤괘의 맨 위에 있기 때문에, 오히려 고분고분함이 지극하다는 긍정적 요소를 갖고 있다. 게다가 고분고분한 효 세 개를 자신이 위에서 거느리고 있다. 무리[衆]는 거기에서 나온 것이고, 믿어준다는 것도 세 개의 음효가 모두 다움을 같이하고 있으니 믿어줌이 지극한 것이다. 그렇게 해서 위를 따르고자 하니 뉘우침이 사라지게 된다.

조금은 미묘한 효다. 즉 신하로서 신하들의 신망을 전폭적으로 받고 있는 사람이다. 보기에 따라서는, 중정을 잃고 지나치면서[過] 무리까지 거느리고 있으면 지극히 위태로울 수도 있다. 이와 관련해 정이는 일단 이렇게 말한다.

> 무리가 믿는 것은 반드시 지당한 것이다. 하물며 위에 있는 대명(大命)에 순종하니 어찌 좋지 못함이 있겠는가? 이 때문에 뉘우침이 없는 것이니, 중정하지 못해서 생기는 잘못은 없다. 옛사람의 말에 "도모할 때 여러 사람의 뜻을 따르면 천심(天心)에 부합한다"라고 했다.

이는 실은 비상 상황이다. 즉 일시적으로 왕위가 비었을 때 만일 일을 주도하는 신하가 자신이 권세를 쥐려 한다면, 이는 뜻이 위로 올라가려는[上行] 것이 아니다. 그것은 곧 반역이다. 그러면 아래에서도 믿음을 갖고서 따르지 않는다. 아래에서 믿고 따르는 것은 신망을 얻은 신하가 진심으로 밝은 임금을 찾아서 세우려고 할 때다. 전형적인 상황이 중국 한나라에 두 차례 있었다. 이때 육삼(六三)의 처지에 놓였던 인물이 주발(周勃)과 곽광(霍光)이다.

먼저 주발(周勃, ?~BC 169)이다. 그는 유방(劉邦)을 좇아 패에서 일어나 여러 차례 진나라 군대를 격파했고 항우(項羽)를 공격하는 데 따라가 천하를 평정했으며, 고조(高祖) 6년(BC 201) 강후(絳侯)에 봉해졌다. 한나라 초기 유방을 따라 한신(韓信)과 진희(陳豨) 및 노관(盧綰)의 반란을 진압했다. 사람됨이 질박하면서도 강직하고 돈후(敦

厚)해 고조가 큰일을 많이 맡겼다. 혜제(惠帝) 때 태위(太尉)에 임명됐다. 여후(呂后)가 죽은 뒤 여씨들이 유씨(劉氏)들을 위협할 때 진평(陳平)과 함께 여씨들을 주살(誅殺)하고 한나라 왕실을 안정시켰다. 문제(文帝)를 옹립한 뒤 우승상(右丞尙)에 올랐다. 공이 높으면 재앙을 초래한다고 여겨 차츰 정치를 등한히 하다가 병을 핑계로 사직했다. 반고는 『한서』 「주발전(周勃傳)」편에서 그를 이렇게 평가했다.

> 주발(周勃)은 포의(布衣) 시절 비루하고 소탈하며 평범한 사람이었으나, 천자를 보좌하는 자리에 올라서는 국가의 어려움을 바로잡고[匡(광)] 여러 여씨(呂氏)를 주살해 효문(孝文)을 세움으로써 한나라의 이윤(伊尹)이자 주공(周公)[伊周(이주)]이 됐으니 어찌 그보다 성대하겠는가!

곽광(霍光, ?~BC 68)은 표기장군(驃騎將軍) 곽거병(霍去病)의 이복동생으로, 10여 세 때부터 무제(武帝)를 측근에서 섬기다가 무제가 죽을 무렵에는 대사마대장군(大司馬大將軍) 박륙후(博陸侯)가 됐으며 김일제(金日磾)·상관걸(上官桀)·상홍양(桑弘羊) 등과 함께 후사(後事)를 위탁받았다. 무제가 죽자 8세로 즉위한 소제(昭帝)를 보필해 정사(政事)를 집행했으며, 기원전 80년 소제의 형인 연왕(燕王) 단(旦)의 반란을 기회로 상관걸·상홍양 등의 정적(政敵)을 타도하고 실권을 장악했다. 소제가 죽은 후에는 그를 계승한 창읍왕(昌邑王)의 제위를 박탈하고 앞서 무고(巫蠱)의 난 때 죽은 여태자(戾太子)의 손자를 옹립해 선제(宣帝)로 즉위하게 했으며, 그 공으로 증봉(增封)됐다. 반고는 『한서』 「곽광전(霍光傳)」편에서 그를 이렇게 평가했다.

> 곽광(霍光)은 머리를 묶은[結髮(결발)=冠禮(관례)] 이래 궁중에서 뽑혀 일어나 굳건한 의지를 갖고서 주군에게 도의를 보여주었다. 포대기에 쌓인 어린 소제를 보필하라는 부탁을 받아 한나라 황실을 보전하는 임무를 맡았다. 조정을 주도하고 어린 군주를 옹립했으며 연왕(燕王)을 꺾고 상관걸 부자를 제거했으며 권력을 이용해 정적을 제압함으로써 충성을 이뤄냈다. 창읍왕을 폐위시키고 선제를 옹립하는 위기에 처해서는 곧은 절개를 내세우고 굽히지 않아, 마침내 국가를 바로잡고 사직을 안정시켰다. 소제(昭帝)를 옹립하고 선제(宣帝)를 세우는 계기에 광은 황제의 스승 노릇을 했으므로, 주공(周公)과 이윤(伊尹)이라도 그보다 낫겠는가!

진괘의 밑에서 네 번째 양효에 대해 공자는 "쥐새끼와 같으니 반듯하면 위태롭다[鼫鼠貞厲]는 것은 자리가 마땅하지 않기 때문이다"라고 풀었다. 구사의 처지는 양효로 음위에 있으니 자리가 바르지 않다. 공자는 일단 이 점을 지적했다.

그런데 쥐새끼라고 한 것은 어째서일까? 쥐란 사람을 두려워하고 꺼린다. 이때 사람이란 군자다. 바른 도리를 가진 사람을 꺼리고 두려워하니, 매사 자리에 나아가 일을 행하는 것이 쥐새끼와 같다는 것이다. 그래서 그런 자리를 계속 고집하면[貞=貞固] 위태로울 수밖에 없다. 결국 자리가 마땅하지 않다는 것은 그에 어울리는 다움을 갖추지 않고 그 자리에 있는 것이니, 결국에는 군자들에게 해악을 끼치고 자신도 위태로워진다. 조선사에서 이에 해당하는 인물로 김안로만 한 자를 찾기 어렵다.

김안로(金安老, 1481~1537)는 1506년(중종 1년) 문과에 장원으로 급제했다. 전적(典籍)에 처음 임명된 뒤 수찬(修撰)·정언(正言)·부교리(副校理) 등 청환직(淸宦職-핵심요직)을 역임했다. 1511년 유운(柳雲)·이항(李沆) 등과 함께 사가독서(賜暇讀書)했고, 직제학(直提學)·부제학·대사간 등을 거쳤으며 일시 경주부윤으로 나갔다. 1519년 기묘사화로 조광조 일파가 몰락한 뒤 발탁돼 이조판서에 올랐다. 아들 김희(金禧)가 효혜공주(孝惠公主)와 혼인해 중종의 부마(駙馬)가 되자, 이를 계기로 권력을 남용하다가 1524년 영의정 남곤과 심정, 대사간 이항 등의 탄핵을 받고 경기도 풍덕(豊德)에 유배됐다. 남곤이 죽자 1530년 유배 중이면서도 대사헌 김근사(金謹思)와 대사간 권예(權輗)를 움직여 심정의 탄핵에 성공하고, 이듬해 유배에서 풀려나 다시 서용돼 도총관(都摠管)·예조판서·대제학을 역임했다. 그 뒤 이조판서를 거쳐 1534년 우의정이 됐으며, 이듬해 좌의정에 올랐다.

1531년 다시 임용된 이후부터 동궁(東宮-훗날의 인종)의 보호를 구실로 실권을 장악해 허항(許沆)·채무택(蔡無擇)·황사우(黃士佑) 등과 함께 정적(政敵)이나 뜻에 맞지 않는 자를 축출하는 옥사(獄事)를 여러 차례 일으켰다. 정광필(鄭光弼)·이언적(李彦迪)·나세찬(羅世纘)·이행(李荇)·최명창(崔命昌)·박소(朴紹) 등 많은 인물이 이들에 의해 유배 또는 사사됐으며, 경빈 박씨(敬嬪朴氏)와 복성군(福城君) 이미(李嵋) 등 종친도 죽임을 당했다. 왕실의 외척인 윤원로·윤원형도 실각당했다. 1537년 중종의 제2계비인 문정왕후(文定王后)의 폐위를 기도하다가 발각돼 중종의 밀령을 받은 윤안인(尹安仁)과 대사헌 양연(梁淵)에 의해 체포돼 유배됐다가 곧이어 사사됐다. 허항·

채무택과 함께 정유삼흉(丁酉三凶)으로 일컬어진다. 조선의 대표적인 권간(權姦)이다.

진괘의 밑에서 다섯 번째 음효에 대해 공자는 "잃고 얻음을 근심하지 말라[失得勿恤]는 것은 이렇게 해서 가게 될 경우 경사가 있기 때문이다"라고 풀었다. 주공의 효사는 좀 더 길다.

> 뉘우침은 없어지겠으니 잃고 얻음을 근심하지 말아야 한다. 이렇게 해서 가게 되면 길하여 이롭지 않음이 없다[悔亡 失得 勿恤 往吉 无不利].

육오는 음효로 존위이자 양위에 있으니 본래는 마땅히 뉘우침이 있어야 한다. 그러나 이괘(離卦)의 가운데 있고 아래에서 거의 모두 고분고분 따르고 있으니 뉘우칠 일은 없는 것이다. 이때 잃고 얻음을 근심하지 말하는 것은 자신의 현재 지위를 잃을까 근심하지 말라는 것이다. 만일 그런 근심을 하게 되면 바른 도리에서 벗어날 수도 있다. 또 아래에서 음효들이 경쟁적으로 와서 붙으려[麗] 할 것이니, 사사롭게 가까이함[親昵]을 경계하고 반듯한 도리를 지켜서 일을 해간다면 길하고 이롭지 않은 바가 없다는 것이다. 공자는 이에 덧붙여 경사가 있을 것이라고 했다. 세종의 경우 원래 세자가 아닌데 형 양녕대군이 폐세자되면서 왕위에 올랐다. 그런 점에서 자리가 바르지 못했다고 할 수 있다. 그러나 바른 도리를 지켜 신하들이 자신을 따르게 함으로써 태평성대를 열었다. 대체로 진괘의 육오에 근접했다고 할 수 있다.

진괘의 맨 위에 있는 양효에 대해 공자는 "오직 읍을 정벌하는 데만 사용하라[維用伐邑]는 것은 도리가 아직 밝지 못하기 때문이다"라고 풀었다. 이것도 주공의 효사부터 살펴야 한다.

> 나아감이 그 뿔과 같으니, 오직 읍을 정벌하는 데 사용하면 위태롭기는 해도 길하여 허물이 없지만 반듯한 도리에는 안타까움이 있다[晉其角 維用伐邑 厲吉 无咎 貞吝].

뿔[角]이란 굳세고 맨 위에 있는 물건이다. 그래서 상구의 상(象)으로 삼았다. 나아가는 상황[晉卦]에서 양의 자질로 맨 위에 있으니 자리가 맞지 않은 것을 제외하고는 모두가 강하고 세다. 이렇게 되면 거칠고 사납고 뭐든지 서두르는 병폐를 예상하는 것은 어렵지 않다. 하는 일마다 중도(中道)와는 동떨어져 있다. 지켜보는 사람은 조마조마할 수밖에 없다.

정이는 읍(邑)을 안[內]의 비유로 본다. 탁견(卓見)이다. 읍을 다스린다는 것은 곧 자신이 평소 머물러 있는 마음을 나타내는 것이다. 그것을 강하게 다스린다면 그것은 나쁠 것이 없다. 그런 성정으로 밖을 다스리겠다고 나서면 위태롭다. 다만 '반듯한 도리에는 안타까움이 있다'라고 한 것은, 이렇게 다스린다 해도 그렇게 하고서 일을 행할 경우 아직 미진한 점이 많아 바른 도리에 적중하기에는 힘들다는 점을 일깨워주는 것이다. 그만큼 중정을 지나침[過]은 일에도 좋은 영향을 주기 어려움을 새삼 강조하는 내용이다.

우리 역사에서 정확히 여기에 해당되는 인물은 광해군(光海君)의 친형 임해군(臨海君, 1572~1609)이다. 서자이지만 서열이 첫째이므로 당연히 세자가 됐어야 했지만, 성질이 난폭해 아우인 광해군에게 세자 자리를 빼앗겼다. 1592년(선조 25년) 임진왜란이 일어나자 왕명에 의해 순화군(順和君)과 함께 김귀영(金貴榮)·윤탁연(尹卓然) 등을 대동하고 근왕병을 모집하기 위해 함경도로 떠났다.

그해 9월 반적 국경인(鞠景仁) 등에 의해 포로가 돼 왜장 가토 기요마사(加藤清正)에게 넘겨져 고원(高原)에 수감됐다가 이듬해 부산으로 이송됐다. 여러 차례 석방 협상 끝에 석방돼 서울로 돌아왔다. 본래 성질이 포악한 데다가 포로가 됐던 정신적인 압박으로 인해 그 포악함은 더욱 심해져서 분을 발산시키기 위해 길거리를 헤매었고 민가에 들어가 재물을 약탈하고 상민을 구타하는 등 행패를 부렸다. 한편 왜장 가토는 포로로 있을 때 친분을 기화로 여러 차례 그에게 서신을 보내서 내정을 탐사하려고 했다.

그 뒤 1603년 사옹원도제조가 됐다. 1608년 선조가 죽자 세자 봉작에 대한 서열 문제가 명나라에서 다시 거론되어 현장 실사를 위해 사신이 파견되기에 이르렀다. 광해군을 지지하는 일부 대신들의 주청에 의해 진도에 유배됐다가 다시 강화의 교동으로 이배됐고 이듬해 죽임을 당했다. 비참한 최후였다.

36. 지화명이(地火明夷)[107]

명이(明夷)는 어렵게 여겨 반듯함이 이롭다.

明夷 利艱貞.[108]

초구(初九)는 밝음이 손상당하는 때[明夷]에 (새가) 날아가면서 그 날개를 늘어트리는 것이니, 군자는 떠나가면서 사흘 동안 먹지를 못해 그대로 나아갈 경우 주인이 나무라는 말이 있다[明夷于飛 垂其翼 君子于行 三日不食 有攸往 主人有言].

육이(六二)는 밝음이 손상당하는 때에 왼쪽 넓적다리를 손상당하니, 구원하는 말이 건장하면 길하다[明夷 夷于左股 用拯馬壯 吉].

구삼(九三)은 밝음이 손상당하는 때에 남쪽으로 사냥을 가서 큰 괴수를 얻으니, 빨리 바로잡아서는 안 된다[明夷于南狩 得其大首 不可疾貞].

육사(六四)는 왼쪽 배로 들어가 밝은 빛을 손상당한 마음을 얻으니, 문 안의 뜰에 나오는 것이다[入于左腹 獲明夷之心 于出門庭].

육오(六五)는 기자(箕子)가 밝음을 감춘 것이니, 반듯하면 이롭다[箕子之明夷 利貞].

상륙(上六)은 밝지 못해 어두우니, 처음에는 하늘에 올랐다가 뒤에는 땅속으로 들어간다[不明 晦 初登于天 後入于地].

◉

명이괘(明夷卦)의 초구(初九)는 양위에 양효로 바름[正位], 육이(六二)는 음위에 음효로 바름, 구삼(九三)은 양위에 양효로 바름, 육사(六四)는 음위에 음효로 바름, 육오(六五)는 양위에 음효로 바르지 못함[不正位], 상륙(上六)은 음위에 음효로 바름이다. 바르지 못한 효는 육오 하나뿐이다. 이 괘의 경우 육이는 중정을 얻었지만, 육오는 바름을 얻지 못해 중정이 아니다.

대성괘 명이괘(䷣)는 소성괘 곤괘(坤卦, ☷)와 이괘(離卦, ☲)가 위아래에 있어 만들어진 괘다. 「설괘전」에 따르면 '곤(坤-땅)으로 간직하고[藏]' '해[日=火=離]로 따듯하게 한다[烜]'고 했다. 괘의 모양이 곤(坤)이 위에 있고 이(離)가 아래에 있다.

107 문자로는 곤상이하(坤上離下)라고 한다.

108 이정(利貞)이 나온다.

그러면 「서괘전」을 통해 왜 명이괘가 진괘의 뒤를 이어받았는지 확인해보자.

> 나아가게 되면 반드시 상처를 받는 바[所傷]가 있다. 그래서 진괘의 뒤를 명이괘(明夷卦)로 받았다. 이(夷)란 상처를 받는다[傷]는 말이다.
>
> 進必有所傷. 故受之以明夷. 夷者 傷也.
> 진 필유 소상 고 수지 이 명이 이자 상야

나아가게 되면 십중팔구 일을 그르치게 된다. 그래서 상처 입음[夷=痍]을 뜻하는 괘로 받은 것이다. 진괘(晉卦)를 위아래로 뒤집은 지화명이괘(地火明夷卦, ䷣)는 이괘(☲)가 아래에 있고 곤괘(☷)가 위에 있어 태양이 땅속에 들어가버린 것이다. 이는 극쇠(極衰)함을 나타낸다. 또한 위에 암군(☷)이 있어 아래의 밝고 뛰어난 이(☲)가 피해를 입게 되는 시절을 나타낸다. 왕부(王符)의 『잠부론(潛夫論)』에 나오는 다음 구절은 바로 이런 시절을 잘 묘사하고 있다.

> 말세(末世)에는 그렇지가 못해, (임금은) 헛되이 신분이 높은 사람[貴人]들의 교만하고 시기 질투하는 의견[驕妬之議]만을 믿고서 오로지 구차스럽게 아첨하고 호리고 미혹하는 말[苟媚蠱惑之言]만 채용하니, 사리에 맞게 일을 잘하는 사람은 허물을 덮어쓰고 다움과 마땅함[德義]을 논하는 사람은 더욱 미움을 받았다. 이에 아첨하는 신하[諛臣][109]들이 나아가 저자(詆訾-비방)의 법으로 이들을 처리하고 의상(議上)[110]의 형벌을 덮어씌웠으니, 이것이 뛰어난 선비들[賢士]이 곤경에 빠지게 된 시초다. 무릇 저자(詆訾)의 법이란 뛰어난 이를 베는 도끼이며 교만하고 시기 질투하는 것은 뛰어난 이를 물어뜯는[噬=齧] 개다. 임금이 안으로는 뛰어난 이를 베는 도끼를 쥐고서 뛰어난 이를 물어뜯는 개를 데리고 있으면서 겉으로는 뛰어난 이를 불러들여 그들이 찾아오기를 바라고 있으니 진실로 슬프지 아니한가!

어떻게 하면 이런 암울한 시절, 암담한 상황에서 벗어날 수 있을까? 한편 「잡괘전」

109 유향(劉向)은 『설원(說苑)』 「신술(臣術)」편에서 이렇게 말했다. "구차스럽게 영합하고 구차스럽게 용모를 꾸며가며 임금에게 즐거움을 주려 하면서 그에 따르는 해악을 돌보지 않는 자들을 일러 유신(諛臣)이라 한다."

110 임금에 대해 이런저런 의견을 낸다는 말이다.

의 진괘와 명이괘에 대한 언급도 참고해보자.

진(晉)은 낮[晝]이요 명이(明夷)는 해침[誅=傷]이다.

일을 서두르게 되면 일을 망치거나 해치게 된다. 그래서 명이괘는 해침[誅]이라고 한 것이다. 분명히 명이괘는 쇠퇴와 암울의 시대다. 이에 대한 정약용의 풀이는 흥미롭다.

(은나라 폭군이던) 주왕(紂王)의 때를 맞이해 미자계(微子啓)는 변방으로 도망가서 은둔했고 기자(箕子)는 동이(東夷-조선) 땅에 거처했으며 문왕(文王)은 서쪽 오랑캐들과 섞여 살았는데, 이처럼 빼어나고 뛰어난 이들이 밖으로 흩어져 달아나니 중국이 어두워져버린 것이 마치 해가 져서 땅속으로 들어가고 오랑캐 나라들이 (그 해의) 밝음을 얻은 것과 같았다. 이것이 바로 명이(明夷)의 상(象)이다.
주공(周公)이 효사(爻辭)를 달다가 이 부분에 이르러 그 괘상(卦象)을 살펴보고는 애통해하면서 슬퍼했으니, (그것은 전대의) 혼란을 회상하고서는 (그때의 희생자들을) 애도하는 마음이 들었기 때문이다. 이에 여러 효사에서 당시의 뛰어난 이들과 빼어난 이들의 역사적 사실로써 물상(物象)을 분별하고 (다시 그 물상과 성현들의 역사적 사실들을 결부시켜) 배치시켰던 것이니, 이것은 비단 기자(箕子)의 경우에만 그렇다는 뜻이 아니다. 공자가 (주공이 효사를 달게 된) 은미한 사정을 알고 있었던 까닭에 「단전(彖傳)」에서 특별히 문왕을 (기자에 덧붙여) 언급했으니, 사실은 (그 실상을 알고 보면) 단지 문왕의 경우에만 그렇다는 뜻은 아니다.

문왕의 단사(彖辭), 즉 "명이(明夷)는 어렵게 여겨 반듯함이 이롭다[利艱貞]"에 대한 공자의 풀이[「彖傳」]를 살펴볼 차례다.

밝음이 땅속[地中]으로 들어가는 것이 명이(明夷)다. 안[內卦=下卦]은 문(文)이 밝고[文明] 밖은 부드럽고 고분고분해[內文明而外柔順], 그렇게 함으로써 큰 어려움[大難]을 무릅쓰니 (주나라) 문왕(文王)이 그렇게 했다.
"어렵게 여겨 반듯함이 이롭다[利艱貞]"는 것은 그 밝음을 어둠 속에 감춘 것[晦]이다. 안에서 어려우나 능히 그 뜻을 바르게 했으니 기자(箕子)가 그렇게 했다.

明入地中 明夷.
명 입 지중 명이

內文明而外柔順 以蒙大難 文王以之.
내 문명 이 외 유순 이몽 대난 문왕 이지

利艱貞 晦其明也.
이 간정 회 기명 야

內難而能正其志 箕子以之.
내난 이 능정 기지 기자 이지

◉

밝은 빛이 땅속에 들어갔다는 것은 곧 빛이 크게 손상을 입은 것[夷=傷=痍]이다. "안[內卦=下卦]은 문(文)이 밝고[文明] 밖은 부드럽고 고분고분해[內文明而外柔順]"라는 것은 군자의 속과 겉을 말한 것이다. 한마디로 외유내강(外柔內剛)이다. 이런 다움을 갖고서 큰 어려움에 처하게 된 임금이 바로 주나라 문왕(文王)이라고 공자는 콕 집어서 말했다. 그러나 이는 단순한 과거의 역사적 사실로 그치지 않고, 그 후의 많은 역사에서 큰 어려움에 처해서도 외유내강의 다움과 처신을 잃지 않고 마침내 대업을 이룩해낸 많은 빼어나고 뛰어난 임금[聖賢]들에게 다 해당되는 이치다. 그것은 일의 형세를 정확히 판단하고 일의 이치에 맞게 대처하는 빼어남이 있는 사람이라야 해낼 수 있다. 그래서 공자는 그 사람으로 문왕을 대표적으로 꼽아 이야기한 것이다. 그중에서도 문왕이 은나라 주왕(紂王) 치하에서 서백(西伯)으로 있으면서 유배를 가 고초를 겪을 때의 이야기다. 사마천의 『사기』 「주본기(周本紀)」편이 전하는 그때의 이야기다.

(은나라 제후 태왕) 고공단보에게는 큰아들 태백(太伯)과 둘째 아들 우중(虞仲-중옹(仲雍))이 있었는데, (부인) 태강(太姜)이 막내아들 계력(季歷)을 낳았다. 계력은 태임(大任)을 아내로 맞이했다. 뛰어난 부인이었다. 창(昌)이 태어날 때 성스러운 길조가 있었다. 고공은 "우리 세대에 큰일을 일으킬 사람이 있다는데 그게 창이 아닐까"라고 했다. 계력의 두 형 태백과 우중은 고공이 계력을 세워서 창에게 전하고 싶어 한다는 것을 알았다. 이에 두 사람은 형만(荊蠻)으로 달아나 문신을 하고 단발함으로써 계력에게 (임금 자리를) 양보했다. 고공이 죽고 계력이 섰다. 이가 공계(公季)다. 공계가 고공의 유훈을 잘 닦고 의를 돈독히 행하니 제후들이 그를 따랐다. 공계가 죽자 아들 창이 서니, 이 사람이 서백(西伯)이다. 후직과 공류의 유업을 따르고 고공와 공계의 법을 본받아 어진 정치를 돈독히 행했다. 늙은이를 공경하

고 어린이를 사랑했다. 유능한 인재는 자신을 낮추는 예로 대하되, 해가 중천에 뜰 때까지 밥 먹을 겨를도 없이 인재를 대했다. 인재들이 이 때문에 그에게 많이 몰렸다. 백이(伯夷)와 숙제(叔齊)는 고죽(孤竹)에서 서백이 노인을 잘 보살핀다는 이야기를 듣고는 그에게로 갔다. 태전(太顚), 굉요(閎夭), 산의생(散宜生), 육자(鬻子), 신갑대부(辛甲大夫) 무리도 그에게 가서 귀의했다.

숭후호(崇侯虎)가 은의 주왕에게 "서백이 선행을 하고 덕을 쌓아서 제후가 모두 그를 따르니 임금에게 이롭지 못할 것입니다"라고 서백을 헐뜯었다. 주왕이 바로 서백을 유리(羑里)에 수감했다. 굉요 등이 걱정이 되서 유신씨(有莘氏)의 미녀, 여융(驪戎)의 얼룩말, 유웅(有熊)의 네 마리 말이 끄는 수레 아홉 대를 다른 기이한 물건들과 함께 주(紂)의 총애를 받는 비중(費仲)을 통해 주에게 바쳤다. 주는 크게 기뻐하며 "이 물건 중의 하나로도 서백을 석방시키기에 족한데 어찌 이렇게 많은가"라며 바로 서백을 사면하는 한편, 활과 화살 그리고 큰 도끼를 내려 서백에게 (제후를) 정벌할 수 있는 권한을 주면서 "서백을 헐뜯은 자는 숭후호다"라고 말했다. 서백이 낙하 서쪽 땅을 바치며 주에게 포락이란 형벌을 없애도록 청하니 주가 이를 허락했다.

서백이 음덕을 베풀자 제후들이 모두 와서 공정한 판결을 청했다. 이때 우(虞)와 예(芮) 사람이 해결하지 못하는 송사가 있어 주(周)로 오다가 경계에 들어서니, 밭을 가는 사람은 밭의 경계를 양보하고 인민의 풍속은 모두 나이 든 사람에게 양보했다. 우와 예의 사람이 서백을 보지도 않았는데 부끄러워 서로에게 "우리처럼 싸우는 것을 주 사람들은 부끄러워한다. 가서 뭘 하겠는가? 창피만 당할 텐데"라며 되돌아가서 서로서로 양보했다. 제후들이 이 이야기를 듣고는 "서백이 천명을 받은 군주인가 보다"라고 말했다. 이듬해 견융(犬戎)을 정벌했고, 그다음 해에는 밀수(密須)를 정벌했다. 또 그다음 해에는 기국(耆國)을 무찔렀다. 은의 조이(祖伊)가 듣고는 두려워 주왕에게 보고했다. 주는 "천명이 있지 않던가? 그가 무엇을 할 수 있겠는가"라 했다. 이듬해는 우(邘)를 정벌했고, 그다음 해에는 숭후호를 정벌했다. 그리고 풍읍(豐邑)을 조성하여 기산 아래에서 풍으로 도읍을 옮겼다. 이듬해 서백이 세상을 떠나자 태자 발(發)이 즉위했다. 이가 무왕이다.

서백은 대체로 50년간 재위했다. 그가 유리에 갇혔을 때 『역』의 8괘를 64괘로 늘렸던 것으로 본다. 시인들이 이르길, 서백이 천명을 받아 왕이라 칭한 해가 바로 우와 예의 송사를 해결한 때라고 한다. 그로부터 10년이 지나 세상을 떠나자 시호를 문왕(文王)이라 했다.

이번에는 "어렵게 여겨 반듯함이 이롭다[利艱貞]는 것은 그 밝음을 어둠 속에 감춘 것[晦]이다"라는 부분이다. 명이(明夷)의 때를 맞아 그 밝음, 즉 지혜로움을 깊이 감추었다는 말이다. 군자가 이런 어려운 상황에 놓였을 때 그 어려움을 정확하게 이해하고 어렵게 여기되 당황하거나 뜻을 꺾지 말고 반듯한 도리를 지켜낸다면 장기적으로는 결코 나쁘지 않을 수 있다는 것이 이간정(利艱貞)이라는 말에 담긴 정확한 뉘앙스다.

"안에서 어려우나 능히 그 뜻을 바르게 했으니"라는 것은 나라 밖으로 달아나지 않고 나라 안에 남아서 그 어려움을 풀려고 온 힘을 다 쏟았다는 말이다. 안[內]이란 기자가 주왕의 친척이었음을 의미하기도 한다. 그리고 공자는 "기자(箕子)가 그렇게 했다"라고 말했다. 기자를 살피기에 앞서 『논어』「미자」편에 나오는 기자에 대한 언급부터 봐야 한다.

> 미자(微子)는 떠나가고, 기자(箕子)는 종이 되고, 비간(比干)은 간하다가 죽임을 당했다. 이에 대해 공자는 말했다. "은나라에 세 명의 어진 사람[三仁]이 있었다."

미자는 주왕의 이복형이고 기자와 비간은 숙부다. 사마천의 『사기』「은본기(殷本紀)」편이 전하는 은나라 말기의 이야기다.

> 주왕(紂王)은 갈수록 음란해져 그칠 줄 몰랐다. 미자(微子)가 여러 차례 간언했으나 듣지 않자 태사(太師), 소사(少師)와 모의해서 마침내 떠났다. 비간은 "신하 된 자는 죽음으로 간하지 않을 수 없다"라며 주에게 강력하게 간언했다. 주가 성이 나서 "내 듣기에 성인의 심장에는 구멍이 7개 나 있다고 하더라"면서 비간을 갈라 그 심장을 보았다. 기자(箕子)는 두려워 미친 척하고 노비가 됐다. 주는 그를 가두었다. 은의 태사와 소사는 제사 그릇과 악기를 들고 주(周)로 달아났다. 이에 주 무왕이 제후를 거느리고 주왕을 토벌하러 나섰다. 주왕도 군대를 일으켜 목야(牧野)에서 맞섰다.
>
> 갑자일에 주왕의 군대가 패했다. 주왕은 도망쳐 들어와 녹대에 올라가서는 보물과 옥으로 된 옷을 입고 불 속으로 뛰어들어 죽었다. 주 무왕이 드디어 주의 목을 베어 크고 흰 깃발에 매달았다.

이와 관련해 정약용은 이렇게 말했다.

미자는 왕실의 지친(至親)인데 어찌 일반 신하들의 예에 따라 세 번 간하고 그제야 떠났겠는가? 『사기』에 기록된 말은 잘못된 것이다. 미자가 떠난 것은 그 밖의 다른 명분이 전혀 없으니, 이는 종묘사직[宗社]을 위한 것이 아니고 무엇이겠는가? (주나라의) 무왕(武王)이 미자를 송(宋)나라에 봉할 때도 미자의 마음 가운데는 반드시 이를 바라지 않았을 것이다. 그러나 삼종(三宗-왕통)의 혈맥이 이 한 몸에 있으므로, 이 몸이 생존해 있으면 은나라의 제사가 끊어지지 않고 이 몸이 없다면 은나라의 번영이 다시는 지속될 도리가 없는 것이다. 세 사람의 인자(仁者)가 서로 의논하여 미자로 하여금 살아남게 도모하고, 미자도 천지에 건의하고 귀신에게 질정해서 해(害)를 멀리하고 몸을 온전히 할 것을 결단했던 것이다. (미자가) 황야에 달아나 몸을 피할 때를 상상하면 그 마음의 측은하고 처참함이 도리어 비간이 걱정 없이 쾌히 죽어버린 것 못지않았을 것이니, 공자가 그 마음을 더듬어보아 그를 어질다[仁]고 인정한 것이다.

『세종실록(世宗實錄)』 10년(1428) 4월 29일 자 기사다. 우군부 판사 변계량(卞季良, 1369~1430)[111]이 기자묘비(箕子廟碑)의 비명을 지어 올렸다. 그 글[文]은 이러했다.

---

111 어려서부터 총명해 네 살에 고시의 대구(對句)를 외우고 여섯 살에 글을 지었다. 1382년(우왕 8년) 진사시에 합격하고, 이듬해에 생원시에도 합격했다. 1385년 문과에 급제, 전교주부(典校注簿)·비순위정용랑장(備巡衛精勇郎將) 겸 진덕박사(進德博士)가 됐다. 1392년 조선 건국과 더불어 천우위중령중랑장(千牛衛中領中郎將) 겸 전의감승(典醫監丞)에 임명됐으나 나아가지 않았다. 이후 의학교수관(醫學敎授官)을 거쳐 1396년(태조 4년)에는 교서감승(校書監丞)에 지제교(知製敎)를 겸했다. 태종 초에는 성균관학정(成均館學正), 사제감소감 겸 예문관응교와 직제학을 역임했다. 1407년(태종 7년) 문과 중시에 을과 제1인으로 뽑혀 당상관에 오르고 예조우참의(禮曹右參議)가 됐다. 이듬해 세자좌보덕(世子左輔德)이 되고, 그 뒤 예문관제학·춘추관동지사 겸 내섬시판사·경연동지사 등을 거쳐 1415년 세자우부빈객(世子右副賓客)이 됐다. 이때 가뭄이 심해 상왕이 크게 근심하자, 하늘에 제사하는 것이 예는 아니나 상황이 절박하니 원단(圓壇)에 빌기를 청했다. 이에 태종이 변계량에게 제문을 짓게 하고 영의정 유정현(柳廷顯)을 보내 제사드리게 하니 과연 큰비가 내렸다. 그 뒤 태종 말까지 수문전제학·좌부빈객·예문관대제학 겸 성균관대사성·우빈객·예조판서·경연지사·춘추관지사·의정부참찬 등을 역임했다. 특히 1419년에는 대부분 관료가 반대한 왜구 토벌을 강력히 주장, 이종무(李從茂)를 앞세운 기해동정(己亥東征-대마도 정벌)을 성공케 했다. 1420년(세종 2년) 집현전이 설치된 뒤 대제학이 됐고, 1426년에 우군도총제부판사(右軍都摠制府判事)가 됐다. 특히 문장에 뛰어나 거의 20년간 대제학을 맡아 외교 문서를 작성했다. 과거 시관으로 지극히 공정을 기해 고려 말의 폐단을 개혁했다. 그러나 대제학으로서 귀신과 부처를 섬기고 하늘에 제사를 지냈다 하여 '살기를 탐내고, 죽기를 두려워한 사람'이라는 비난을 받았다.

선덕(宣德) 3년(1428) 무신(戊申) 하(夏) 4월 갑자일에 국왕 전하께서 뜻을 전해 말씀하시기를 "왕은 이렇듯 이르노라. 옛날 주(周)나라 무왕(武王)이 은(殷)나라를 정복하고 은의 태사(太師-큰 스승)를 우리나라에 봉하여 자신의 신하 노릇 하지 않으려는 뜻을 이루게 했도다. 우리나라의 문물과 예악이 중국과 비견(比肩)함이 지금까지 2000여 년에 이르게 된 것은 오직 기자의 교화에 힘입은 것이로다. 돌아보건대, 그 사당집이 좁고 누추하여 우러르는 예법에 맞지 아니하므로 나의 부왕께서 일찍이 중수(重修)할 것을 명하셨고, 내가 그 뜻을 받들어 (공사를) 독려해 이제 낙성(落成)했도다. 마땅히 비석에 새겨서 영원히 (뒷세상에) 보여야 하겠다. 사신(史臣)은 이에 비문을 지으라"라고 하셨도다. 신 계량이 명을 받고 공경하고 두려워하여 감히 사양하지 못했도다. 신이 그윽이 생각건대, 공자는 문왕(文王)과 기자(箕子)를 『역경』 명이괘(明夷卦) 상사(象辭-「단전」)에서 나란히 거론했으며 또 삼인(三仁)이라고 『논어』 「미자(微子)」편에서 칭찬했으니, 기자의 덕은 감히 칭찬하지 않을 수 없다. 옛날 하우씨(夏禹氏-우왕)가 물과 토지를 다스리니, 하늘이 홍범구주(洪範九疇)를 내려주어 이륜(彝倫-인륜)이 시행됐다고 한다. 그러나 그 설(說-홍범구주)은 일찍이 (『서경』의) 「우서(虞書)」나 「하서(夏書)」에 한 번도 드러나지 않다가 1000여 년이 지나 기자에 이르러서 비로소 발설(發說)됐으니, 그때 만일 기자가 무왕을 위하여 이것을 자세히 진술하지 않았다면 낙서(洛書)에 나오는 하늘의 뜻과 인사(人事)와의 관계에 대한 학문을 뒷세상 사람들이 어디에서 알 수 있었겠는가. 기자의 유도(儒道)에 유공(有功)한 것이 어찌 우연한 일이겠는가. 기자는 무왕(武王)의 스승이다. 무왕이 그를 다른 곳에 봉하지 아니하고 우리 조선에 봉했기 때문에 조선 사람들은 아침저녁으로 친히 그의 교화에 훈도(薰陶)돼서, 군자(君子)는 대도(大道)의 요지를 들을 수 있었고 백성은 더할 수 없는 뛰어난 정치의 보호를 입을 수 있었다. 그 교화는 (『한서』에서 칭송한 대로) 도로의 유실물(遺失物)을 주워가지 않기에 이르렀다. 이것이 어찌 하늘이 우리나라를 두텁게 돌보아 뛰어난 이를 보내 이 백성에게 은혜를 베풀게 한 것이 아니겠는가. 사람의 힘으로 능히 할 수 있는 바가 아닌 것이다. 정전(井田)의 제도와 8조(條)의 법이 해와 별처럼 밝아서 우리나라 사람들이 대대로 그 가르침에 복종하게 됐으니, 1000년 뒤에도 마치 그 당시에 사는 것과 같다. 추연(愀然)히 그의 신령을 우러러 대하니 저절로 감회를 참을 수 없다. 공손히 생각건대, 우리 공정왕(恭定王-태종)께서는 총명하고 옛일을 익혀 경서(經書)와 사기(史記)를 즐겨 보았으며 우리 전하께서는 하늘이 내리신 지혜롭고 뛰어난 자질로써 성인(聖人)의 학문에 밝으시니, 홍범구주의 도리에 모두 정통(精通)하시고 마음이 융합하는 데가 있으셨다. 그런 까닭에 (부왕(父王)이) 시작하시고 (사왕(嗣王)이) 계승하시어 기자의 덕(德)을 높이고 공(功)에 보답하는 일을 성취하게 한 것이다. 이는 지성(至誠)에서 나온 것으로 실로 전대의 군왕들과 비견할 수 없는 바다. 경대부(卿大夫)와 선비들과 백성이 서로 이끌고 일어나 이것을 본받고 이것을 실행한다면 천자(天子)의 밝은 빛이 가까워져서, 이에 펴서 내리는 복(福)에 참여할 수 있을 것임은 의심할 나위 없다. 아아, 장하도다. 무릇 몇 간의 집을 짓고 전지(田地)를 두어 제수(祭需)를 마련하게 하고 (하인을) 복호(復戶-부역 면제)하여 전심으로 청소(淸掃)하게 하며 부윤(府尹)에게 명하여 삼가 향사를 받들게 했으니, 묘궁(廟宮)의 일은 대체로 유감됨이 없다. 신 계량은 감격함을 이기지 못하여 삼가 배수계수(拜首稽首)하여 명(銘)을 올리노라.

공자의 「상전」을 살펴볼 차례다. 그중에 명이괘를 총평한 「대상전」이다.

밝음이 땅속으로 들어가는 것이 명이(明夷)(가 드러난 모습)이니, 군자는 그것을 갖고서 무리에 임할 때 어두움을 써서 밝게 한다[明入地中明夷 君子以 用晦而明].
(명 입 지중 명이 군자 이 용회 이 명)

◉

이에 대해서는 정이의 풀이가 한 글자도 뺄 것이 없다.

밝은 빛이란 비추는 것이니 군자는 밝게 비추지 않는 바가 없으나, 이 밝음을 쓰는 것[用明](용명)이 지나칠 경우에는 (오히려 제대로 살피지 못해) 살핌에 있어 문제가 있을 수 있고 또 지나치게 살펴[太察](태찰) 모든 일을 시시콜콜 다 파헤치면 너그럽게 품어주는 도량이 없게 된다. 그래서 군자는 밝음이 땅속으로 들어가는 모습을 잘 살펴, 무리에 임할 때 자신의 밝음과 살핌[明察](명찰)을 다 쓰지 않고 (반대로) 어둠을 쓴다[用晦](용회). 그런 다음에야 타인을 용납하고 무리와 화합하여 무리가 가깝게 여기고 편안해하니, 이것이 바로 어둠을 쓰는 것이 밝음이 되는 까닭이다.
만일 밝음을 자임해 매사를 다 직접 챙기고 살피려 든다면 이미 스스로의 분함과 질시를 이기지 못한다. 그렇게 해서 관대하고 포용하는 다움이 없어지면 사람들의 감정이 반목해 의심하고 불안해하게 돼 무리를 대하는 도리를 잃어버릴 것이니, 도리어 밝지 못한 것 [不明]이 되고 만다.
불명

『선조실록』 36년(1603) 7월 23일 기사가 명이괘 전체를 바라보는 데 도움을 준다.

상이 새로 수강한 명이괘를 한 번 읽고 한 번 새겼다. 끝나고서 강첨(姜籤, 1557~1611)[112]이 아뢰어 말했다.

"이 괘는 이(離)가 곤(坤)에 가려져 밝음을 쓸 수 없는 것입니다. 나라의 일로 말하면 어두운 임금이 위에 있고 밝은 신하가 아래에 있어서 그 밝은 것을 시행할 수 없는 것인데, 어려움을 당했을 때라도 곧고 바른 다움[德]을 잃지 않아야 하므로 어려울 때는 곧은 것이 이롭다고 한 것입니다. 명이는 해·달로 말하는데, 사람의 마음은 해·달처럼 밝으나 욕심이 가리면 마음의 밝은 것이 쉽게 상하게 되므로 선유(先儒)가 이것으로 비유한 것입니다."
덕

이덕형(李德馨)이 아뢰어 말했다.

"『주역』의 글은 괘의(卦義)로 미루면 만사 만물에 두루 적용됩니다. 이 괘는 명(明)이 땅속으로 들어가 그 밝음을 감춘 것으로, 문왕(文王)이 어려움을 당하여 안으로는 문명(文明)하고 밖으로는 유순했고 기자(箕子)가 내난(內難)을 당하여 미친 척하며 자신을 감췄는데 그 뜻에는 다를 것이 없습니다. 대개 밝은 임금이 어려움을 만나서 그 다움을 밝히고 어지러움을 다스려 바른 데로 돌이키면, 해와 달이 어두웠던 가운데서 빛을 드러내는 것과 같아서 그 밝음이 넉넉히 천하를 비출 것입니다. 예전에 소강(少康)은 예착(羿浞)의 변을 만났으나 중흥(中興)을 이루었고[113], (주나라) 선왕(宣王)은 쇠미한 운을 당했으나 끝내 광복

---

112 1591년 문과에 급제해 승문원정자가 됐다. 1592년 병조좌랑으로 재직 중 임진왜란이 일어나자 충청·경상도의 운량어사(運糧御史)가 돼 군량 조달에 힘썼다. 1595년 지평이 되고 이어서 사서(司書)를 겸했으며, 경연에 나가 『주역』을 강론했다. 1600년에 수찬(修撰)이 된 뒤 형조정랑·홍문관응교를 거쳐 1603년에 사간이 됐다. 1604년에 부승지가 되고, 1606년 강원도관찰사에 임명됐으며, 이듬해 장례원판결사(掌隷院判決事)를 거쳐 홍문관부제학이 됐다. 1608년(광해군 즉위년) 이조참의·좌부승지·경상도관찰사를 역임하고, 1610년에 대사헌이 됐다.

113 중국 하(夏)나라 태강(太康) 때 활을 잘 쏘는 예가 태강을 내쫓고 임금 자리를 빼앗고서 유궁씨(有窮氏)라 칭했으나 백성을 돌보지 않았다. 이에 유궁씨의 재상인 한착이 예를 죽이고 임금이 됐는데, 하나라의 유신(遺臣) 미(靡)가 유격지(有鬲氏)로 달아났다가 유격지의 힘을 빌려 한착을 멸하고 소강(少康)을 임금으로 세워 하나라를 회복했다. 『춘추좌씨전(春秋左氏傳)』 양공(襄公) 4년에 나온다.

(匡復)을 이루었으니, 임금으로서는 이에 대하여 살펴 생각해야 할 것입니다. 지난번 국운이 불운하여 100년 동안 없던 화를 당하여 의주로 피난했던 일이 어찌 명이(明夷)의 간액(艱厄)일 뿐이겠습니까. 이 괘에는 주로 신하의 일을 말했지만, 미루어 적용하면 그렇지 않은 곳이 없으니 위에서는 늘 어려웠던 지난날을 잊지 말아야 할 것입니다."

상이 일러 말했다.

"어느 괘로 달을 가리키는가?"

강첨이 아뢰어 말했다.

"태(泰)는 정월을 가리키고, 대장(大壯)은 2월을 가리키고, 쾌(夬)는 3월을 가리키고, 건(乾)은 4월을 가리키고, 구(姤)는 5월을 가리키고, 돈(遯)은 6월을 가리키고, 비(否)는 7월을 가리키고, 관(觀)은 8월을 가리키고, 박(剝)은 9월을 가리키고, 곤(坤)은 10월을 가리키고, 복(復)은 11월을 가리키고, 임(臨)은 12월을 가리키는데, 여기에서 음양이 소장(消長-사라지고 자라남)하는 이치를 알 수 있습니다."

이덕형이 아뢰어 말했다.

"4월은 양이 극도로 이른 때이고 10월은 음이 극도에 이른 때입니다. 극도에 이르면 반드시 회복하는 것이니 극도에 이른 때에는 깊이 경계해야 합니다."

강첨이 아뢰어 말했다.

"이 괘는 이(離)를 주인으로 삼았습니다. 그러므로 바른 것을 잃지 않는 것은 미자(微子)·비간(比干)·기자(箕子)가 우열이 없으나, 미자는 (자기 몸에는) 이롭되 반듯하지 않고[利而不貞] 비간은 반듯하되 이롭지 않으며[貞而不利] 기자는 반듯하고도 또 이로우니[貞而且利] 이 때문에 기자를 중히 여긴 것입니다."

명이괘의 여섯 효[六爻]에 대한 주공의 말을 풀이한 공자의 「소상전」이다.

(초구(初九)는) 군자가 떠나가는 것은 의리상 먹어서는 안 되기 때문이다[君子于行 義不食也].
육이(六二)가 길한 까닭은 고분고분함으로써 법도를 따르기 때문이다[六二之吉 順以則也].
(구삼(九三)은) 남쪽으로 사냥을 가는 뜻은 마침내 크게 얻었기 때문이다[南狩之志 乃大得也].
(육사(六四)는) 왼쪽 배로 들어간 것은 마음과 뜻을 얻었기 때문이다[入于左腹 獲心意也].

(육오(六五)는) 기자의 반듯함은 밝음이 없어지지 않았기 때문이다[箕子之貞 明不可息也].
(상륙(上六)은) 처음에는 하늘에 올랐다는 것은 사방의 나라를 비추는 것이고, 뒤에는 땅속으로 들어간다는 것은 법도를 잃은 것이다[初登于天 照四國也 後入于地 失則也].

◉

명이괘의 맨 아래 첫 양효에 대해 공자는 "군자가 떠나가는 것은 의리상 먹어서는 안 되기 때문이다"라고 풀었다. 그런데 주공의 효사가 길다.

> 초구(初九)는 밝음이 손상당하는 때[明夷]에 (새가) 날아가면서 그 날개를 늘어트리는 것이니, 군자는 떠나가면서 사흘 동안 먹지를 못해 그대로 나아갈 경우 주인이 나무라는 말이 있다[明夷于飛 垂其翼 君子于行 三日不食 有攸往 主人有言].

밝음이 손상당하는 때의 초구의 처지는 어떨까? 양강의 자질로 양위에 있으니 자리는 바르다. 바로 위에 있는 육이와는 유비(有比)이고, 육사와는 유응(有應)이다. 다른 괘라면 친함이 있고 호응함이 있어 나쁠 것이 없는 상황이다. 그런데 음효 셋으로 된 곤괘가 위에서 밝음을 짓누르는 상황에서는 이런 음효들과의 관계가 오히려 부정적이다.

'날아가면서'라는 것은 양효가 위로 올라가려는 것을 상징한다. 그런데 위에 암울한 곤괘가 있어 날려고 하는 초기부터 날지 못하게 억누른다. 그래서 손상을 입어 '그 날개를 늘어트린' 것이다.

아직 날 수는 있으니 큰 상처를 입은 것은 아니다. 그러나 이미 이런 상처를 입었다는 것은 조짐[幾=兆朕]으로 볼 때 앞으로 어떤 일이 닥쳐올지 군자라면 마땅히 알아차린다. 군자란 일의 이치에 밝은 사람이기 때문이다. 그래서 '군자는 떠나가는 것'이다. 지위와 복록을 미련 없이 버리고 떠나는 은둔의 길이다.

이런 기미나 조짐을 모르는 사람이 보면 군자가 떠나가는 것이 이해가 되지 않을 수 있다. "아니, 그 정도 상처를 입었다고 해서 지위와 복록을 다 버리고 세속을 떠나는가?" 여기서 나무라는 주인이란 다름 아닌 세속의 사람들이다. 돈괘에서 본 것처럼 군자는 떠남이 빠르다[速]. 그래서 정이는 "설방(薛方)은 사리에 밝았고[明], 양웅(揚

雄)은 그 떠나야 할 때[其去]를 붙잡지 못했다"고 말한다.

『한서(漢書)』「포선전(鮑宣傳)」편에 설방에 관한 이야기가 실려 있다.

> 성제(成帝) 때부터 왕망 때에 이르기까지 청명(清名)한 선비로는 낭야군에 또 기준왕사(紀逡王思), 제(齊)에는 설방자용(薛方子容), 태원(太原)에는 순월신중(郇越臣仲)·순상치빈(郇相稚賓), 패군(沛郡)에는 당림자고(唐林子高)·당존백고(唐尊伯高)가 있었는데[114], 모두 경전에 밝고 행실에 다잡음[飭行]이 있어 세상에 이름이 났다.
>
> (그중에) 설방(薛方)은 일찍이 군연(郡掾) 좨주(祭主)가 돼 부름을 받았으나 가지 않았는데, 망이 안거(安車)를 보내 방(方)을 맞으려 하니 방은 사자를 통해 사죄하며 말했다.
>
> "요순 같은 빼어난 임금이 위에 있을 때도 그 아래에는 소보(巢父)나 허유(許由) 같은 사람들이 있었습니다. 지금 밝은 임금께서 바야흐로 요순[唐虞]의 다움을 갖고 계시니, 소신은 기산(箕山-요임금 때의 현자 허유가 은둔했던 산)의 절의를 지키고자 합니다."
>
> 사자가 이대로 보고하니 망은 그 말에 기뻐하며 더 이상 억지로 부르지 않았다.

설방과 비슷한 시기를 살았던 양웅은 청년 시절에 동향의 선배인 사마상여(司馬相如)의 작품을 통해 배운 문장력을 인정받아, 성제(成帝) 때 궁정문인의 한 사람이 됐다. 성제의 여행에 수행하며 쓴 「감천부(甘泉賦)」·「하동부(河東賦)」·「우렵부(羽獵賦)」·「장양부(長楊賦)」 등은 화려한 문장이면서도 성제의 사치를 꼬집는 풍자도 잊지 않았다. 시대에 적응하지 못한 자신의 불우한 원인을 묘사한 「해조(解嘲)」·「해난(解難)」도 독특한 여운을 주는 산문이다. 학자로서 각 지방의 언어를 집성한 『방언(方言)』, 『역경(易經)』에 기본을 둔 철학서 『태현경(太玄經)』, 『논어(論語)』의 문체를 모방한 수상록 『법언(法言)』 등을 저술했다. 한나라 말기에 왕망(王莽)이 정권을 찬탈한 뒤 새 정권을 찬미하는 문장을 썼고 괴뢰 정권에 협조했기 때문에, 송학(宋學) 이후에는 지조 없는 사람이라 하여 비난의 대상이 되기도 했다.

『논어』「향당(鄕黨)」편에는 여기에 딱 부합하는 이야기가 실려 있다.

---

114 왕사·자용·신중·치빈·자고·백고는 모두 이들의 자(字)다.

새가 놀라서 높이 날아올라[擧] 빙빙 돈 뒤에 내려앉는다[集].

공자가 말했다.

"산골짜기 작은 돌다리에 있는 까투리는 떠나야 할 때로구나! 떠나야 할 때로구나!"

자로가 그 꿩을 잡아다가 올리자 공자는 세 번 냄새만 맡으시고 일어나셨다.

「대상전」과 분위기가 비슷하다. 새가 놀라서 높이 날아올라 빙빙 돈 뒤에 내려앉는 모습을 보고서 공자는 떠나야 할 때라고 판단했다. 그런데 그 이치를 전혀 모르는 자로는 그저 그 꿩을 잡아다가 올린 것이다. 정약용의 풀이가 예리하다.

새가 높이 날아오르는 것을 거(擧)라 하고 그 내려앉는 것을 집(集)이라 한다. 이 두 구는 대개 옛말로서, 새가 해악을 피하고 환란을 염려하는 것으로 군자가 벼슬에서 물러가기는 쉽고 나아가기는 어려움을 비유한 것이다.

정이는 또 두 사람의 예를 더 든다. 하나는 목생(穆生)이다.

목생이 초나라를 떠날 때 신공(申公)과 백공(白公)도 비난했으니 하물며 세속의 사람이야!

목생에 대한 이야기는 반고의 『한서』 「초원왕전(楚元王傳)」편에 나온다.

원왕은 초나라에 도착해 목생, 백생, 신공을 중대부(中大夫)로 삼았다. 고후(高后) 때 부구백이 장안에 있었는데, 원왕은 아들 영객(郢客)과 신공을 보내 함께 학업을 마치게 했다. 문제(文帝) 때 신공이 『시경』에 가장 정통하다는 말을 듣고서 그를 박사로 삼았다. 원왕은 『시경』을 좋아해 여러 아들이 모두 『시경』을 읽었고, 신공은 처음으로 그것을 해설한 시전(詩傳-『시경』의 풀이)을 짓고서 이름을 『노시(魯詩)』라고 했다. 원왕은 또 시전(詩傳)의 편차를 정해[次=綴輯] 이름을 『원왕시(元王詩)』라고 했는데 세상에 유행하기도 했다.

애초에 원왕은 신공 등을 공경해 예로 대했는데, 목생이 술을 좋아하지 않아[不耆=不嗜] 원왕은 매번 술자리를 베풀 때마다 목생을 위해 단술[醴=甘酒]을 내놓았다. 왕 무(戊)가 즉위했을 때도 늘 단술을 내놓았는데, 뒤에 깜빡하고서 단술을 내놓는 것을 잊은 적이 있었다. 목생이 물러 나와 말했다.

"이제 다 끝나버렸구나! 단술을 내놓지 않았다는 것은 왕의 마음 씀씀이가 게을러져 그렇게 한 것이다. 초나라 사람들이 장차 내 목에 형구를 씌워 저잣거리에 내놓겠구나!"

(목생은) 병이 났다며 누워 있었다. 신공과 백생이 억지로 그를 일으키며 말했다.

"그대 홀로 선왕의 은덕을 생각지 않는가? 딱 한 번 사소한 예[小禮(소례)]를 잃은 것을 갖고서 어찌 이렇게까지 할 수 있는가?"

목생이 말했다.

"『주역』에 이르기를 '기미나 조짐을 안다[知幾(지기)]는 것은 아마도 신묘하다[神(신)]고 할 수 있으리라! 기미나 조짐[幾(기)=幾微(기미)]이란 (일을 하기 위해) 움직임에 있어서의 은미함[微(미)=隱微(은미)]이자 길함(이나 흉함)이 먼저 나타나는 것이다. 군자는 기미를 보고서 일어나지[作(작)=去(거)] 하루를 마칠 때까지[終日(종일)] 기다리지 않는다'[115]라고 했다. 선왕께서 우리 세 사람을 예로 대한 것은 (선왕에게) 도리가 있었기 때문이다. 그런데 지금 우리를 소홀히 대하니 이는 도리를 잊은 것이다. 도리를 잊은 사람과 어찌 함께 더불어 오래 할 수 있겠는가! 어찌 그것을 소소한[區區(구구)] 예라 하겠는가?"

드디어 병을 이유로 떠나갔다. 신공과 백생은 그대로 남았다.

왕 무(戊)는 점점 음란하고 난폭해졌다. 즉위 20년 되던 해에는 박태후(薄太后)[116]의 상중에 몰래 (궁녀와) 간통을 했고, 동해와 설군이 깎이자 마침내 오나라와 뜻을 통해 반란을 모의했다. (재상 장상과 태부 조이오) 두 사람이 간언했으나 듣지 않고 오히려 그들을 쇠사슬로 묶어 노역에 종사하게 하면서, 붉은 죄수복[赭衣(자의)]을 입혀 매일 절굿공이와 절구통[杵臼(저구)]을 들고 가서 절구질하게 했다[舂(용)]. 휴후(休侯)가 사람을 시켜 왕에게 간언을 올리자 왕은 말했다.

"계부(季父-작은아버지)께서 나의 뜻에 동조하지 않으시면 내가 일어나 가장 먼저 계부부터 처치할 것입니다."

휴후는 두려워해 마침내 어머니 태부인(太夫人)과 함께 경사(京師)로 달아났다. 왕의 21년 봄은 경제(景帝) 3년인데, 이때 봉지를 깎겠다는 글이 도착하자 드디어 오왕의 반란에 호응

115 「계사전」 하에 나오는 말이다.

116 고제의 후궁으로 문제의 어머니다.

했다. 그의 재상 장상(張尙)과 태부 조이오(趙夷吾)가 간언했으나 듣지 않았다. 결국 상과 이오를 죽이고 병사를 일으켜 오나라 군대와 함께 서쪽으로 가서 양(梁)나라를 치고 극벽(棘壁)을 깨트렸으며, 창읍(昌邑)의 남쪽에 이르러 한나라 장수 주아부(周亞夫)와 전투를 벌였다. 한나라가 오나라와 초나라 군대의 군량로를 끊어 군사들을 굶주리게 하자, 오왕은 달아나고 무(戊)는 자살했으며 군사들은 드디어 한나라에 항복했다.

또 하나는 원굉(袁閎)이다. 그는 후한(後漢) 말기의 사람으로 부유한 집안에서 태어났지만, 농사를 지으면서 글을 읽는 것을 업으로 삼았고, 주군에서 여러 차례 징소했지만, 모두 응하지 않았다. 159년에 진번(陳蕃)이 환제(桓帝)에게 천거한 다섯 명의 처사 중 한 사람이었지만 응하지 않았다. 167년에 당고(黨錮)의 금(禁)[117]이 일어나자 원굉은 처음에 깊은 숲속으로 피신하려 했지만, 어머니가 연로했기에 멀리 달아날 수 없었다. 이에 세상과 단절한 채 토실을 쌓고 그 속에 살면서 창문으로 음식을 들이고 내는 등 18년 동안 몸을 감추고 오로지 어머니만 만났다. 어머니가 사망하자 복상하면서 위패를 만들었으며, 다른 사람들에게는 미친 사람[狂生(광생)] 취급을 받았다. 그러나 이 때문에 끝내 당고로 인한 재앙을 면할 수 있었다. 184년에 황건적의 난이 일어나

---

117 당고의 화라고도 한다. 광무제 이래 지식인인 사인(士人)들은 기개와 지조를 중시했으므로, 이들은 권세를 두려워하지 않고 정치를 비판해 외척과 환관의 분노를 샀다. 여기에 교육을 중요하게 여겨 태학생 수가 3만 명에 달했다. 바로 이 태학생과 사인들이 연합해 정치적 개혁을 요구했는데, 당시 집권하던 세력이 환관이어서 외척과 호족(豪族)들도 태학생과 사인들을 지원했다. 이 때문에 환제와 영제 때 두 차례에 걸쳐 태학생과 사인들이 체포, 하옥돼 종신토록 관리가 될 수 없는 당고(黨錮)의 화(禍)가 일어났다. 제1차는 환제 연희(延熙) 9년(166)에 일어났다. 당시 관료 집단의 우두머리인 이응(李膺)이 사예교위로서 낙양의 치안을 맡고 있었는데, 이때 환관파 장성(張成)의 아들이 살인범으로 체포되자 그를 사형시켰다. 이에 장성은 환관들과 결탁해 환제에게 이응이 태학생들과 왕래하며 조정을 비판하고 있다고 무고했다. 그리하여 이응과 그 일파 200여 명이 체포됐다. 다행히 그는 외척 두무(竇武) 등과 연합해 싸웠기 때문에 죽음을 면하고 고향으로 돌아가게 됐으나 종신토록 금고에 처해져 관리가 될 수 없었다. 제2차는 영제 때 두 태후가 수렴청정하고 두무가 대장군이 돼 권력을 장악하고 있을 때 일어났다. 건녕(建寧) 원년(168)에 두무는 관료 호족 집단의 우두머리인 진번(陳蕃)을 통해 환관을 제거하려다가 사전에 누설돼 실패했다. 그런데 산양동부독우 장검(張儉)이 환관 후람(侯覽)의 모친을 체포해 죽였다. 환관들은 이 사건을 빌미로, 장검의 동향 사람인 주병(朱竝)에게 장검이 사당을 결성하고 국가를 전복시키려 한다고 무고하게 했다. 영제는 장검 등을 체포하도록 했으나, 장검은 이미 피신해버렸다. 대신에 이응, 두밀(杜密) 등 100여 명이 체포돼 옥중에서 죽었으며, 태학생도 1000여 명이나 체포됐다. 희평(熹平) 5년(176)에 이들의 제자·관리·부자·형제 등은 모두 관직에서 면직되고 금고 처분을 받았다. 당고의 화는 지조와 절개를 존중하는 지식인들을 살해하거나 금고에 처하는 결과를 불러일으켰기 때문에 사회의 원기가 크게 손상됐다.

적도들이 마을에 침입했는데도 큰 소리로 글을 읽고 있자 황건적들은 원굉의 집에는 들어가지 않기로 서로 약속했으며, 57세에 토실 안에서 죽으면서 검소하게 매장해달라고 했다.

결국 공자가 말한 '의리상 먹어서는 안 되기 때문'이라는 말은, 이치상 마땅해서 숨어 지내는 것을 선택했으니 마음이 편안하고 근심이 없어 먹지 못하는 문제는 크게 중요하지 않다는 뜻이라 할 수 있다.

명이괘의 밑에서 두 번째 음효에 대해 공자는 "길한 까닭은 고분고분함으로써 법도를 따르기 때문이다"라고 풀었다. 공자는 그 결과에 대한 이유만 풀었다. 주공의 효사부터 보자.

> 밝음이 손상당하는 때에 왼쪽 넓적다리를 손상당하니, 구원하는 말이 건장하면 길하다 [明夷 夷于左股 用拯馬壯 吉].
> 명이 이우 좌고 용증마 장 길

먼저 육이의 처지를 보자. 음유한 자질로 음위에 있어 자리가 바르고, 위아래 모두 친하며[有比](유비), 육오와는 같은 음효라 호응이 없다. 그런데 육이는 중정을 얻었고 육오는 바르지 못하니, 바르지 못한 임금으로부터 제재를 받는다. 왼쪽 넓적다리를 다쳤다는 것은 길을 가지 못할 만큼 크게 다쳤다는 뜻은 아니다. 또 왼쪽이라 오른쪽으로 버티고 서면 되기 때문에 큰 문제는 없다. '구원하는 말이 건장하면 길하다'에 대해 정이는 이렇게 풀이한다.

> 그렇지만 또한 반드시 스스로 모면하는 데는 방도가 있다. 구제하는 데에 건장한 말을 쓰면 빨리 모면할 수가 있고 길하다. 군자가 음암(陰闇)한 사람에게 손상을 당했을 때 처신하는 데에도 방도가 있으므로 빨리 모면할 수가 있다. 구제하는 방도가 건장하지 않으면 깊게 손상을 입을 수 있기 때문에 '말이 건장하면 길하다'라고 한 것이다. 육이는 밝은 자질로 음암한 자들의 아래에 자리했으니, 길하다고 한 것은 손상과 피해를 모면한다는 것이지 이런 때에 무슨 일을 할 수 있다는 뜻은 아니다.

이는 정확히 앞서 본 바 있는 문왕이 유리에 유폐됐던 시기에 해당한다. 이런 삶을 조선 임금 중에서는 찾기 어렵고, 고려의 뛰어난 임금 현종이 딱 그런 경우다.

고려 8대 임금 현종(顯宗, 992~1031)의 생애는 한 편의 드라마다. 현종은 아버지[왕욱(王郁)]를 기준으로 보자면 5대 경종(景宗), 6대 성종(成宗)과 함께 태조 왕건의 손자다. 그러나 어머니 헌정왕후가 경종의 비였기 때문에, 어머니 기준으로 보자면 헌정왕후의 친언니이자 마찬가지로 경종의 비였던 헌애왕후(천추태후)의 자식인 7대 목종(穆宗)과 함께 태조의 증손자군에 속한다.

현종은 자칫 친이모인 천추태후의 탄압으로 인해 천수(天壽)를 누리지 못할 뻔했다. 12세 때, 천추태후는 대량원군으로 책봉돼 있던 조카(훗날의 현종)의 머리를 강제로 깎고 개경 숭교사(崇敎寺)의 승려로 만들어버렸다. 다시 2년 후인 목종 9년(1006) 삼각산(서울 북한산) 신혈사(神穴寺)로 내쫓았다. 이 무렵 이미 친아들 목종조차 폐위시키고 연인 김치양과의 사이에서 난 아들을 왕위에 올리려 광분하던 천추태후였기에 조카 따위는 파리 목숨에 지나지 않았다. 태후는 이후 여러 차례 사람을 보내 대량원군을 죽이려 했지만, 그때마다 신혈사 노승이 방 안에 땅굴을 만들고 대량원군을 숨긴 다음 침상으로 덮는 기지를 발휘한 덕분에 어렵사리 목숨을 건질 수 있었다.

마침내 1009년(목종 12년) 강조가 천추태후 일파와 목종을 내쫓고 신혈사에 숨어 지내던 대량원군을 새로운 임금으로 추대했을 때 대량원군의 나이 열여덟이었다. 그는 제대로 제왕학을 배우지 못했지만 오랜 절 생활로 인해 불교에 대한 깊은 이해를 갖추었고 대궐 밖 민초의 생생한 삶을 체득할 수 있었다.

일반적으로 무장 세력의 추대에 의해 왕위에 오르는 임금들을 보면 고려나 조선 모두 무능한 임금으로 전락하기 일쑤였다. 고려 때의 명종이나 조선 때의 중종이 대표적인 경우다. 그러나 현종은 훗날 사관들로부터 최고의 극찬을 받는 성군(聖君)이 된다.

여러 차례 거란의 침입을 당하고, 심지어 전라도 나주까지 몽진(蒙塵)을 가는 수모마저 겪었음에도 불구하고 현종에 대한 평가는 이례적일 만큼 후하다.

> 국사(國事)를 바로잡은 뒤에는 거란과 화친을 맺어 군사들을 쉬게 했고, 문학에 힘쓰고 부세와 요역을 경감하며 재주 있고 우수한 인재를 등용하여 정사를 공평하게 했다. 백성을 편안하게 하여 안팎이 무사했으며 해마다 농사가 잘됐으니, 현종을 주나라의 성왕·강왕, 한나라의 문제·경제에 비기더라도 손색이 없을 것이다.

현종은 그 후에 서경·개경 등의 전략 요충지에 새로운 성곽을 쌓거나 기존의 성을 대대적으로 보수했고 병력을 강화했으며 뛰어난 인재들을 찾아내 요직에 배치했다. 그래서 현종 5년과 현종 9년에 또다시 거란이 대규모 군사를 보내 침략을 했을 때 당당히 맞설 수 있었고, 특히 현종 9년의 침입 때는 강감찬이라는 걸출한 인물을 통해 귀주대첩의 신화를 창조할 수 있었던 것이다.

세 차례의 대규모 침입에도 불구하고 현종의 완강한 저항에 뜻을 이루지 못한 거란은 결국 현종 11년 사실상의 평화 협정을 맺고 이후 거란이 망할 때까지 100년 동안 화친을 맺게 된다. 이때부터 고려는 더는 거란의 눈치를 보지 않고 바다 건너 송나라와 활발한 교류를 하며 문화 국가로 성장해가게 된다. 현종에 대한 사관의 평은 결코 과장이 아니다. 이후 고려 왕실은 모두 그의 자식과 후손들에 의해 계승된다. 이런 점에서도 현종은 역사의 승자였다.

'길한 까닭은 고분고분함으로써 법도를 따랐기 때문'에 문왕과 현종은 둘 다 뒤에 왕위에 올라 선정을 베풀 수 있었다.

명이괘의 밑에서 세 번째 양효에 대해 공자는 "남쪽으로 사냥을 가는 뜻은 마침내 크게 얻었기 때문이다"라고 풀었다. 이번에도 주공의 효사는 긴데, 공자는 그중에 남쪽으로 사냥을 가는 부분에만 초점을 맞춰 풀어낸다. 먼저 효사를 보자.

> 밝음이 손상당하는 때에 남쪽으로 사냥을 가서 큰 괴수를 얻으니, 빨리 바로 잡아서는 안 된다[明夷于南狩 得其大首 不可疾貞].
> 명이 우 남수 득 기 대수 불가 질정

구삼의 처지를 보면, 강양의 자질로 양위에 있어 자리가 바르고 위아래 모두 친하며 상륙과 호응한다. 그런데 상륙과의 호응 관계로 인해 오히려 밝음이 손상당하는 때는 정반대로 봐야 한다. 즉 구삼은 아래에서 밝는 세력을 굳센 자질로 이끄는 자이고, 상륙은 위에서 어둠의 세력을 음암(陰闇)한 자질로 이끄는 자다. 이것만 봐도 양의 세력과 음의 세력이 마침내 일전을 앞두고 있음을 알 수 있다. 흐름으로는 양이 아래에 있고 음이 위에 있으니 결국은 양이 이기는 싸움이다. 그래서 정이는 이를 탕왕(湯王)과 무왕(武王)의 일이라고 했다. 해당 인물에 대한 상세한 검토는 조금 미루고, '남쪽으로 사냥을 가서 큰 괴수를 얻으니'가 무슨 뜻인지 알아보자. 이 부분이 구삼의 핵심이기 때문이다.

남쪽은 밝은 방향이다. 사냥한다는 것은 해악을 제거한다는 말이다. 마침내 큰 괴수를 얻는다고 했다. 큰 괴수란 당연히 상륙이다. 정이는 "상륙은 원래는 임금 자리가 아니지만, 상괘의 맨 위에 있어 어둠의 극이기 때문에 어둠의 주인이 되니 큰 괴수라고 한 것"이라고 말했다. 그런데 왜 '빨리 바로 잡아서는[疾貞](질정) 안 된다'고 한 것일까? 이때 바로 잡는다는 것은 큰 괴수가 오랜 기간 만들어놓은 인맥을 비롯해 그릇된 풍속 등을 말한다. 『논어』 「자로」편에 나오는 말 그대로다.

> 공자가 말했다.
>
> "(옛말에) '훌륭한 임금[善人](선인)이 100년 동안 나라를 다스려야 겨우 잔학한 자를 교화시키고 사람을 살해하는 습속을 없앨 수 있을 것이다'라고 하더니 진실이로다, 이 말은!"

"남쪽으로 사냥을 가는 뜻은 마침내 크게 얻었기 때문이다"라는 공자의 「상전」에 대한 정이의 풀이는 아주 섬세하다. 흔히 천명을 바꾼 임금들이 누누이 강조하는 말이기도 하다.

> 아랫자리의 밝음으로 윗자리의 어둠을 제거할 때는 그 뜻이 해악을 제거하는 데 있을 뿐이다. 은나라의 탕왕과 주나라의 무왕이 어찌 천하를 탐하는 것[利](이)에 뜻이 있었겠는가? 괴수를 얻는 것은 해악을 제거해 그 뜻을 크게 얻는 것이다. 뜻이 만일 그러하지 않다면 이는 하늘의 뜻을 어기고 천하를 어지럽게 하는[悖亂](패란) 일이다.

탕왕(湯王)은 성탕(成湯)이라고도 한다. 사마천의 『사기(史記)』에 의하면 시조 설(契)의 14세에 해당한다. 당시 하(夏) 왕조의 걸왕(桀王)이 학정을 했으므로, 제후들의 대부분이 유덕(有德)한 성탕에게 복종하게 됐다. 걸왕은 성탕을 하대(夏臺)에 유폐해 죽이려 했으나, 재화와 교환해 용서했다. 이 부분에서는 문왕이 유폐됐던 사연과 비슷하다. 탕왕은 현상(賢相) 이윤 등의 도움을 받아 곧 걸왕을 명조(鳴條)에서 격파해 패사시켰다. 박(亳)에 도읍해 국호를 상(商)이라 정해 제도와 전례를 정비하고 13년간 재위했다. 천명을 바꾼 혁명(革命)의 군주다.

무왕(武王)은 성(姓)은 희(姬)이고 이름은 발(發)이다. 주 문왕(周文王) 희창(姬昌)의 둘째 아들이므로 중발(仲發)이라고도 한다. 기원전 1050년 무렵부터 희창의 뒤를 이어 관중(關中) 평야에 중심지를 둔 주족(周族)을 이끌었으며, 서쪽 제후들을 규합해 상(商)을 멸망시키고 주(周)를 건국했다. 상(商) 말기에 주왕(紂王)은 연못을 술로 채우고 고기를 숲처럼 매달아놓고 즐겼다는 '주지육림(酒池肉林)'이라는 말이 생길 정도로 사치스럽고 방탕하게 생활했으며, 녹대(鹿臺)라는 궁궐을 짓느라고 무거운 세금을 부과해 백성의 원성(怨聲)을 불러일으켰다. 무왕은 상(商)을 정벌하라는 희창의 유지(遺志)에 따라 태공망(太公望) 강상(姜尙)과 주공(周公) 희단(姬旦), 소공(召公) 희석(姬奭) 등을 중용(重用)해 세력을 키웠다. 기원전 1048년 무렵에는 맹진(盟津)에서 800여 제후의 회맹(會盟)을 이끌며 서쪽의 제후들을 규합했고, 기원전 1046년에는 부패한 주왕(紂王)을 토벌한다는 명분을 내세우며 촉(蜀), 강(羌), 무로(髳卢), 팽(彭), 복(濮) 등의 부족과 연합해 상(商)을 공격했다. 300승(乘)의 전차(戰車)와 4만 5000명 정도의 병사를 거느린 주군(周軍)은 하남성(河南省)의 목야에서 상(商)의 70만 대군과 맞섰는데, 상군(商軍)의 대부분을 구성하고 있던 노예병들의 반란으로 큰 승리를 거두었다. 패배한 주왕은 녹대에서 자살했고, 상(商)은 주(周)에 점령돼 멸망했다.

명이괘의 밑에서 네 번째 음효에 대해 공자는 "왼쪽 배로 들어간 것은 마음과 뜻을 얻었기 때문이다"라고 풀었다. 이것도 주공의 효사부터 검토해야 한다.

> 왼쪽 배로 들어가 밝은 빛을 손상당한 마음을 얻으니, 문 안의 뜰에 나오는 것이다[入于(입우) 左腹(좌복) 獲(획) 明夷(명이) 之(지) 心(심) 于(우) 出(출) 門庭(문정)].

육사의 처지를 보면 음암의 자질로 음위에 있으니 자리가 바르다. 육오의 임금과 가까이 있어 같은 음암의 자질을 공유하니, 임금과 재상이 사사로운 마음으로 깊게 교결한 것이다. 그래서 공자는 "왼쪽 배로 들어간 것은 마음과 뜻을 얻었기 때문"이라고 한 것이다. 그런데 왼쪽 배로 들어갔다는 말은 바른 도리[右道(우도)]가 아니라 그릇된 도리[左道(좌도)]를 썼다는 것이다. 그렇게 해서 혼암한 군주의 마음을 완전히 빼앗았다는 말이다. '문 안의 뜰에 나오는 것이다'라는 것에 대해 정이는 "혼암한 군주를 섬길 때 반드시 먼저 그 마음을 고혹시킨 다음에 밖에서 일을 행한다"라고 풀었다. 정사를 자기 마음대로 한다는 말이다.

고려사에서는 이인임(李仁任, ?~1388)이 이에 해당한다. 이인임은 처음에 문음(門蔭)으로 전객시승(典客寺丞)이 된 후 전법총랑(典法摠郎)을 거쳐 1358년(공민왕 7년) 좌부승선(左副承宣-승지)이 됐다. 이듬해 홍건적이 침입해 의주를 함락시키자 서경존무사(西京存撫使)에 임명돼 홍건적에 대비했고, 1361년의 재침입 때도 크게 활약했다. 1363년에는 원나라가 덕흥군(德興君-충선왕의 셋째 아들)을 왕으로 삼아 고려에 들이려 하자 서북면도순문사 겸 평양윤이 돼, 덕흥군 일파의 침략을 물리친 출정군의 식량을 조달하는 일을 담당했다. 이어 삼사우사(三司右使)·도첨의찬성사(都僉議贊成事)·좌시중(左侍中)을 지냈다. 1374년(공민왕 23년) 잠시 면직됐다가 수문하시중(守門下侍中)에 임명됐고 광평부원군(廣平府院君)에 책봉됐다.

공민왕이 피살돼 명덕태후(明德太后)와 시중 경복흥(慶復興)이 종친을 새로운 왕으로 세우려 하자, 자신의 일파와 모의해 나이 10세의 어린 우왕을 즉위시켰다. 한편 당시 명나라 사신 채빈(蔡斌)이 고려에 와 있었는데, 이인임은 공민왕 피살 사건이 명의 귀에 들어가 책임이 재상인 자신에게 돌아올까 염려해서 일을 마치고 돌아가는 채빈을 호송관 김의(金義)로 하여금 살해토록 하고, 그동안 배척했던 원나라와 가깝게 지내려고 했다. 이에 삼사좌윤(三司左尹) 김구용(金九容), 전리총랑(典理摠郎) 이숭인(李崇仁), 전의부령(典儀副令) 정도전, 삼사판관(三司判官) 권근이 조정의 친원 정책을 비판했고, 우헌납 이첨(李詹)은 이인임과 찬성사 지윤(池奫)의 죄목을 열거해 이들을 목 벨 것을 상소했다. 그러자 최영(崔瑩)·지윤 등과 합심해 이첨·전백영을 사기죄로 몰아 유배시키고 김구용·이숭인·정몽주·임효선(林孝先)·정사도(鄭思道)·박형(朴形)·이성림(李成林) 역시 자신을 해치려 한다며 모두 유배시켰다.

반대 세력을 제거한 후에 지윤·임견미(林堅味)·염흥방(廉興邦)과 함께 권력을 휘두르며 관직과 옥(獄)을 팔고 전국에 걸쳐 토지와 노비를 축적하는 등 탐학을 일삼았다. 이어 영문하부사(領門下府事)·영삼사사(領三司事)를 지냈고, 1386년(우왕 12년)에는 다시 좌시중이 됐다가 이듬해 노병으로 사직했다.

1388년에 염흥방의 가노(家奴) 이광(李光)이 주인의 권세를 배경으로 전직 밀직부사 조반(趙胖)의 토지를 빼앗자 이에 격분한 조반이 이광을 죽이는 사건이 발생했다. 이에 염흥방은 조반을 국가 모반죄로 몰아 순군(巡軍)에 가두고 심하게 고문했다. 이를 계기로 그동안 기회를 엿보던 우왕과 최영·이성계 등은 오히려 염흥방·임견미·왕복해(王福海) 등을 처단하고 그 일파를 유배시켰는데, 이때 이인임도 경산부로 옮겨졌다가 곧 죽었다.

진(秦)나라 2세황제를 고혹시켜 끝내 멸망으로 이끈 환관 조고(趙高)는 이인임을 훨씬 능가한다. 사마천의 『사기』에서 관련 부분을 뽑아보자.

진(秦)나라 2세가 황위에 오르자 조고(趙高)를 낭중령(郎中令)으로 삼아 늘 가까이에서 시중들게 하면서 일을 꾸몄다. 2세황제가 한가할 때 조고를 불러 말했다.

"사람이 이 세상을 살아간다는 것은 마치 말 6필이 끄는 마차가 작은 틈새를 지나가는 것과 같다고 하겠다. 나는 눈과 귀가 좋아하는 것은 남김없이 다 하고 싶고 마음속으로 즐기고 싶은 바를 끝까지 하면서 내 수명을 다할까 하는데 가능한 일인가?"

조고가 말했다.

"이는 현능한 임금이라면 얼마든지 할 수 있는 것이지만 혼란한 임금에게는 금하는 것입니다. 무릇 사구(沙丘)의 모의를 여러 공자(公子-왕자)와 대신들이 다 의심하고 있는데, 여러 공자는 모두 폐하의 형님들이고 대신들도 돌아가신 황제(진시황)께서 임명한 사람들입니다. 지금 폐하께서 즉위한 초창기이니, 이것은 다 그들이 속으로 원망하며 불복하여 변란을 일으킬까 걱정해서 드리는 말씀입니다. 폐하께서는 어찌 그런 것으로 즐기려 하십니까?"

2세황제가 말했다.

"그러면 어찌해야 하는가?"

조고가 말했다.

"법을 엄하게 하고 형벌을 혹독하게 집행하여, 죄 있는 사람은 서로 연좌케 하여 왕실 친족들을 주멸해서 골육을 멀리하며 가난한 사람들을 부유하게 하고 천한 사람들을 귀하게 만드십시오. 또 돌아가신 황제의 옛 대신들을 남김없이 제거하시고 폐하께서 친하다고 여기는 자들을 그 자리에 두십시오. 이렇게 하면 해로움이 제거되고 간사한 모의들이 차단될 것이니, 폐하께서는 베개를 편안히 하고 뜻하신 바를 마음대로 할 수 있어 원하시는 바를 즐기실 수 있을 것입니다."

2세황제는 옳다고 여기고서 곧바로 다시 법률을 만들어 여러 신하와 공자들이 죄를 얻게 되니, 그때마다 조고에게 내려보내 국문(鞠問)하도록 해서 몽의(蒙毅) 등 선대부터의 대신들을 죽이고 공자 12명을 함양의 저잣거리에서 욕보여 죽였으며 그들의 재물은 모두 현관(顯官-황실)으로 들여보냈다.

법령으로 주살하고 처벌하는 일이 날로 더해가고 극심해지자 여러 신하는 다들 스스로 위협을 느껴 그중에 반란하려는 자가 많아졌는데, 옛 초나라의 변경을 지키던 말단 장교[戍卒(수졸)]인 진승(陳勝)과 오광(吳廣) 등이 안휘성[118]에서 난을 일으키자 여러 준걸이 더불어 일어나 후(侯)와 왕(王)을 자처하면서 진나라에 반란을 일으켰다.

조고도 반란을 꿈꾸었으나 여러 신하가 자신의 말을 듣지 않을 것을 두려워하여 마침내 먼저 시험을 해보기로 하고 사슴을 끌고 가서 2세황제에게 바치고 말했다.

"말입니다."

2세황제가 웃으면서 말했다.

"승상은 틀렸소. 사슴을 말이라고 하시오?"

좌우의 신하들에게 물었으나 어떤 사람은 입을 다물었고, 어떤 사람은 말이라고 하면서 조고에게 아첨하여 순종했으며, 어떤 사람은 사슴이라고 말했다. 조고는 그로 인해 아무도 몰래 사슴이라고 말했던 사람을 법에 따라 처리했다. 그러자 여러 신하는 모두 조고를 무서워했다.

조고는 예전에 자주 "관(關-함곡관) 동쪽의 도적들은 아무것도 할 수 없을 것이다"라고 말하곤 했는데, 항우(項羽)가 진나라 장군 왕리(王離) 등을 포로로 잡고 장한(章邯) 등이 여러 차례 패퇴하자 연(燕)·조(趙)·제(齊)·초(楚)·한(韓)·위(魏)[119]가 모두 각자의 왕을 세우니 관 동쪽의 진의 관리들이 대부분 배반하여 제후들에게 호응했고 제후들은 모두 자신의 무리를 이끌고서 서쪽으로 향했다.

패공(沛公-유방)이 이미 무관(武關-섬서성 상남현)[120]을 공격해 도륙하니, 조고는 2세황제가 분노하여 자신을 주륙할까 봐 두려워 마침내 병을 사칭해 조정에 나아가지도 않았다. 그러고는 사위인 함양령(咸陽令) 염락(閻樂) 등을 시켜 병사를 이끌고 망이궁(望夷宮)으로 들어가게 한 다음에 자신도 들어가 말했다.

"산동의 도적 떼가 크게 들이닥쳤습니다."

---

118 사마천은 산동성이라고 했다.

119 이들은 진나라가 통일하기 전 전국 시대 칠웅을 형성했던 나라들이다.

120 한나라 고제가 이때는 패공이라는 신분으로 군사를 일으킨 곳이다.

그러면서 조고는 2세황제로 하여금 자살하도록 겁박했다. 그리고 황제의 옥새를 거두어 그것을 허리에 찼지만, 좌우 백관 중에서 따르는 사람은 아무도 없었고, 이에 자영(子嬰)을 불러 즉위시켰다. 그런데 자영은 계략을 통해 조고를 죽이고 삼족을 멸했다. 자영이 세워진 지 3개월 만에 패공 유방이 이끄는 군대가 무관에 들어오자 자영은 항복했고, 항우가 와서 그를 죽임으로써 진나라는 멸망했다.

진덕수는 『대학연의』에서 이렇게 평했다.

조고의 장기는 2세황제에게 아첨하고 설득하여 총애를 얻어내는 것이었으니, 그가 호시탐탐[睥睨(비예)] 옥새와 폐슬[韍(불)=蔽膝(폐슬)][121]을 엿보며 황제의 자리를 빼앗으려 한다는 것을 누가 알 수 있었겠습니까?
이사와 조고의 일은 역사책에 낱낱이 드러내어 기록돼 있습니다. 사신(史臣-사마천)은 잘라낼 것은 잘라내고 취할 것은 취하여 임금 된 자라면 간사스러운 신하들이 일을 꾸미는 계략과 정황이 대략 이러하다는 것을 알도록 하고, 또 2세황제가 그들을 (잘못) 믿어 재앙에 가까운 패망을 당하게 된 것을 영원한 거울로 삼아야 한다는 것을 보여주려 했습니다.
조고는 원래 환관인데도 (사마천이 『사기』를 쓸 때) 내신(內臣-환관)의 편에 포함시키지 않고[122] 간신편의 첫머리에 서술한 것은, 그의 간사하고 흉악스러우며 사납고 교활한 것[姦凶奸黠(간흉 간힐)]은 환관으로 보아줄 수 없다고 판단했기 때문입니다. 홍공(弘恭)과 석현(石顯)[恭顯(공 현)][123]의 부류가 이에 준한다[放(방)=準(준)]고 하겠습니다.

명이괘의 밑에서 다섯 번째 음효에 대해 공자는 "기자의 반듯함은 밝음이 없어지지 않았기 때문이다"라고 풀었다. 일반적으로 오위는 군주의 자리다. 그런데 여기서 주공(周公)은 육오가 바로 기자(箕子)의 상이라고 단정하고 풀어냈다. 이에 대해서는 정이의 풀이가 깊다.

---

121 황제의 무릎 덮개다.

122 열전에 이사는 있지만 조고는 없는 이유를 설명하고 있다.

123 두 사람은 한나라 때 전횡을 일삼은 것으로 유명한 환관이다.

육오가 군주의 자리가 되는 것은 곧 통상적인 것이지만, 그러나 역(易)에서 뜻을 취하는 것은 때에 따라 달라지고 움직인다. 상륙은 곤괘의 맨 윗자리에 처해 밝음이 손상당하는 때의 극한이고 음암하여 밝음이 크게 손상된 자이며, 육오는 이에 가장 가까이 있다. 성인(聖人-주공)은 육효를 지극히 어리석은 사람과 밀접하게 가까운 사람으로 생각해 그에 대처하는 뜻을 드러냈으므로 (여기에서는) 군주의 자리로만 말하지 않은 것이다.

그래서 주공은 이 효를 단정지어 기자의 상이라고 한 것이다. 기자는 은나라 마지막 임금 주왕(紂王)의 동성(同姓) 친척이니 주왕과 매우 가까웠다. 밝은 지혜를 감추지 않았다면 그도 큰 화를 당했을 것이다. 그러나 그는 거짓으로[佯(양)] 미친 척하며 노예가 돼 화를 면할 수 있었다. 밝은 지혜를 감추기는 했으나 마음속으로는 그 바름을 지켰다. 그래서 공자는 「단전(彖傳)」에서 "안에서 어려우나 능히 그 뜻을 바르게 했으니 기자(箕子)가 그렇게 했다"라고 했던 것이다.

명이괘의 맨 위에 있는 음효에 대해 공자는 "처음에는 하늘에 올랐다는 것은 사방의 나라를 비추는 것이고, 뒤에는 땅속으로 들어간다는 것은 법도를 잃은 것이다"라고 풀었다. 그렇게 된 까닭은 이미 주공의 효사에서 말한 대로 '밝지 못해 어두우니[不明晦(불명회)]'라는 말 속에 다 들어 있다.

상륙은 밝음을 손상시키는 끝자리에 있다. 곤괘의 주인이니 밝음을 손상시킨 주체다. 그런 데다가 음유한 자질이라 사리에 밝지 못하고 어두우니, 맨 윗자리의 위태로움을 잘 극복할 능력이 없는 자다. 이건 누가 봐도 하나라의 마지막 임금 걸왕(桀王)이나 은나라의 마지막 임금 주왕(紂王)에 해당한다. 동서고금의 마지막 임금들이 대체로 이와 무관치 않을 것이다. 사마천의 『사기』 「은본기」편이 전하는 주왕의 생애다.

제을(帝乙)의 큰아들은 미자 계(微子啓)였다. 계의 어머니가 미천했기 때문에 후계자가 되지 못했고, 작은아들 신(辛)의 어머니가 정비였기 때문에 신이 계승자가 됐다. 제을이 세상을 뜨자 아들 신이 즉위했다. 이 사람이 제신이고 천하를 그를 주(紂)라 불렀다.

주는 대단히 민첩하고 뛰어난 자질을 타고났다. 힘도 남달라 맨손으로 맹수와 싸울 정도였다. 지식은 충고를 물리치고도 남을 정도였고, 말재주는 잘못을 감추고도 남을 정도였다. 신하들에게 재능을 과시하길 좋아했고, 천하에서 자신의 명성이 누구보다 높다고 생각하여 모두를 자기 밑이라 여겼다. 술과 음악에 빠졌으며 특히 여색을 밝혔다. 달기(妲己)를 총애하여 달기의 말이면 무엇이든 다 들어주었다. 사연(師涓)에게 음란한 곡을 작곡하게 하고, 북쪽의 저속한 춤과 퇴폐적인 음악에 빠졌다. 무거운 세금을 거두어 그 돈을 녹대(鹿臺)에 채우고, 거교(鉅橋)를 곡식으로 채웠다. 여기에 개와 말 그리고 물건들을 궁실에 가득 채웠다. 사구(沙丘)의 원대(苑臺)를 더 넓혀 온갖 짐승과 새를 잡아다 풀어놓았다. 귀신도 우습게 알았다. 사구에다가는 악공과 광대를 잔뜩 불러들여서, 술로 연못을 채우고 고기를 매달아 숲을 이루어놓고는 벌거벗은 남녀로 하여금 그 사이를 서로 쫓아다니게 하면서 밤새 술을 마시고 놀았다.

백성이 원망하고 제후는 등을 돌렸다. 이에 주는 형벌을 더 세게 하여 포락(炮烙)이라는 형벌을 만들었다. 서백 창(西伯昌), 구후(九侯), 악후(鄂侯)를 삼공으로 삼았다. 구후는 예쁜 딸을 주에게 들여보냈다. 구후의 딸이 음탕함을 좋아하지 않자 주는 노하여 그녀를 죽이고, 구후는 죽여서 포를 떠서 소금에 절였다. 악후가 이에 대해 강력하게 항의하며 변론하자 그마저 포를 떠서 죽였다. 서백 창이 이를 듣고는 가만히 한숨을 쉬었다. 숭후호(崇侯虎)가 이를 알고는 주에게 일러바쳤고, 주는 서백을 유리(羑里)에 가두었다. 서백의 신하인 굉요(閎夭) 등이 미녀와 진기한 물건, 말 등을 구해 주에게 바치자 주는 곧 서백을 사면했다.

서백이 나와 낙수 서쪽 땅을 바치며 포락형을 없애길 청했다. 주가 이를 허락하고 활과 화살 그리고 큰 도끼를 내려서 주변을 정벌할 수 있게 하고 서백으로 삼았다. 비중(費中)을 기용하여 정치를 맡겼는데, 비중은 아부를 잘하고 이익만 밝혀서 은 사람들이 가까이하지 않았다. 주가 또 오래(惡來)를 기용했는데, 오래는 남 헐뜯길 좋아하여 제후들이 이 때문에 갈수록 멀어졌다. 서백이 돌아와 음으로 덕을 닦고 선을 행하자 많은 제후가 주를 배반하고 서백에게 가서 몸을 맡겼다. 서백이 점점 커지고 주는 이로써 권력을 차츰 잃었다. 왕자 비간(比干)이 간언했지만 듣지 않았다.

상용(商容)은 뛰어난 이로서 백성이 그를 아꼈으나 주는 그를 버렸다. 서백이 기국(饑國)을 정벌해 멸망시켰다. 주의 신하인 조이(祖伊)가 이를 듣고는 주(周-서백)를 나무라고, 두려워 주(紂)에게 달려가 “하늘이 이미 우리 은의 명을 끊으시려는지 형세를 아는 자가 거북점을 쳐보아도 길한 괘가 나오지 않습니다. 선왕들께서 후손을 돕지 않으시려는 것이 아니라 왕이 포악하게 굴어 스스로 하늘의 뜻을 끊으려 하기 때문에 하늘이 우리를 버리려는 것입니다. (백성을) 편히 먹이지도 않고, 하늘의 뜻도 제대로 살피지 못하고, 선왕의 법도도 따르지 못했습니다. 지금 우리 인민들은 모두 망하길 바라면서 '하늘이 어찌하여 위엄을 보이지 않으며, 큰 천명은 어째서 이르지 않는가'라고 말합니다. 이제 왕께서는 어찌하시렵니까"라고 고했다. 주는 "내가 태어난 것이 명이 하늘에 있다는 뜻 아닌가"라고 했다. 조이가 돌아가서는 "주는 바른말이 안 통한다"라고 했다.

서백이 죽고 주 무왕(周武王)이 동방을 정벌하러 나서서 맹진(盟津)에 이르자, 은을 배반하고 주로 모여든 자가 800이었다. 제후들이 모두 "주를 정벌할 수 있습니다"라고 하니 무왕은 "그대들은 아직 천명을 모르오" 하고는 다시 돌아갔다.

주왕은 갈수록 음란해져 그칠 줄 몰랐다. 미자(微子)가 여러 차례 간했으나 듣지 않자 태사(太師), 소사(少師)와 모의해서 마침내 떠났다. 비간은 "신하 된 자는 죽음으로 간하지 않을 수 없다"라며 주에게 강력하게 간했다. 주가 성이 나서 "내 듣기에 성인의 심장에는 구멍이 일곱 개 나 있다고 하더라"면서 비간을 갈라 그 심장을 보았다. 기자(箕子)는 두려워 미친 척하고 노비가 됐다. 주는 그를 가두었다. 은의 태사와 소사는 제사 그릇과 악기를 들고 주(周)로 달아났다. 이에 주 무왕이 제후를 거느리고 주(紂)를 토벌하러 나섰다. 주도 군대를 일으켜 목야(牧野)에서 맞섰다.

갑자일에 주의 군대가 패했다. 주는 도망쳐 들어와 녹대에 올라가서는 보물과 옥으로 된 옷을 입고 불 속으로 뛰어들어 죽었다. 주 무왕이 드디어 주의 목을 베어 크고 흰 깃발에 매달고 달기를 죽였다. 갇힌 기자를 풀어주고, 비간의 무덤에 봉분을 덮었으며, 상용의 마을에 상을 내렸다. 주의 아들 무경(武庚), 녹보(祿父)를 봉해 은의 제사를 잇게 하면서 반경(盤庚)[124]의 정치를 다시 행하도록 명령하니, 은의 인민이 크게 기뻐했다.

37. 풍화가인(風火家人)[125]

가인(家人)은 여자가 반듯함이 이롭다.

家人 利女貞.[126]
가인 이 여정

124 은나라의 중흥군주다.

초구(初九)는 집안 다스리기를 법도로 막는다면 뉘우침이 없어진다[閑有家 悔亡].

육이(六二)는 이루려는 바[攸遂]가 없으니 집 안에서 음식을 장만하면 반듯하여 길하다[无攸遂 在中饋 貞吉].

구삼(九三)은 집안사람들이 원망하는 소리를 내는데[嗃嗃], 엄격함을 뉘우치지만 길하다. 부인과 자식이 희희낙락하면 끝내는 안타깝다[家人嗃嗃 悔厲 吉. 婦子嘻嘻 終吝].

육사(六四)는 집안을 부유하게 하는 것이니 크게 길하다[富家 大吉].

구오(九五)는 왕이 집안을 다스리는 도리를 지극히 하는 것이니 근심하지 않아도 길하다[王假有家 勿恤 吉].

상구(上九)는 미더움이 있고 위엄을 갖추면 끝내는 길하다[有孚 威如 終吉].

◉

가인괘(家人卦)의 초구(初九)는 양위에 양효로 바름[正位], 육이(六二)는 음위에 음효로 바름, 구삼(九三)은 양위에 양효로 바름, 육사(六四)는 음위에 음효로 바름, 구오(九五)는 양위에 양효로 바름, 상구(上九)는 음위에 양효로 바르지 못함[不正位]이다. 바르지 못한 효는 상구 하나뿐이다. 이 괘의 경우 육이와 구오는 모두 중정을 얻었다.

대성괘 가인괘(䷤)는 소성괘 손괘(巽卦, ☴)와 이괘(離卦, ☲)가 위아래에 있어 만들어진 괘다. 「설괘전」에 따르면 '바람[風]으로 흩어지게 하고' '해[日=火=離]로 따듯하게 한다[烜]'고 했다. 괘의 모양이 손(巽)이 위에 있고 이(離)가 아래에 있다. 바람이 불에서 나온다는 것은 안에서 나오는 것이니, 안에서 나온다는 것은 집에서부터 시작해 밖으로 영향을 주는 모습이다.

그러면 「서괘전」을 통해 왜 가인괘가 명이괘의 뒤를 이어받았는지 확인해보자.

---

125 문자로는 손상이하(巽上離下)라고 한다.

126 이정(利貞)이 나온다.

밖에서 상처를 입은 자는 반드시 자기 집으로 돌아간다. 그래서 명이괘의 뒤를 가인괘(家人卦)로 받았다.

傷於外者必反其家. 故受之以家人.
상 어외 자 필 반 기가 고 수지 이 가인

밖에서 상처를 입거나 곤경을 겪게 되면 안으로 돌아와 치유를 모색해야 한다. 풍화가인괘(風火家人卦, ䷤)는 이괘(☲)가 아래에 있고 손괘(☴)가 위에 있다. 손괘는 바람, 장녀이고 이괘(離卦)는 불, 중녀(中女)다. 위에 있어야 할 장녀가 위에 있고 아래에 있어야 할 중녀가 아래에 있는 것으로 보아 순리에 맞다.

밖에서 상처를 입은 이유는 일의 이치[事理=禮]에 맞게 일을 처리하지 않고 성급하게 앞서 나간 때문이다. 그렇다면 다시 일의 이치를 점검해야 하는데, 그것은 밖이 아니라 안, 즉 사회나 국가가 아니라 가정과 자기 자신에서부터 해야 한다. 곧 수신제가치국평천하(修身齊家治國平天下)의 차례를 순차적으로 따라가야 함을 말한다. 이 말은 물론 증자(曾子)가 지은 『대학』에 나오지만, 그와 같은 취지의 말을 이미 공자는 『논어』 「헌문」편에서 체계적으로 해놓았다.

자로(子路)가 군자가 되려면 어떻게 해야 하느냐고 물었다.

공자가 말했다.

"삼감으로 자신을 닦는 것이다[修己以敬]."

자로가 물었다.

"그렇게만 하면 됩니까?"

공자는 말했다.

"자신을 닦아 다른 사람들을 편안하게 해주는 것이다[修己以安人]."

자로가 물었다.

"그렇게만 하면 됩니까?"

공자는 말했다.

"자신을 닦아 백성을 편안하게 해주는 것이다[修己以安百姓]. (그런데) 자신을 닦아 백성을 편안하게 해주는 일은 요임금과 순임금도 오히려 부족하다고 여겼다."

이제 문왕의 단사(彖辭), 즉 "가인(家人)은 여자가 반듯함이 이롭다[利女貞]"에 대한 공자의 풀이[「彖傳」]를 살펴볼 차례다.

가인(家人)은 여자가 안에서 자리를 바르게 하고[正位] 남자가 밖에서 자리를 바르게 하는 것이니, 남자와 여자가 바른 것[正]이 하늘과 땅의 큰 마땅함[大義]이다. 가인(家人)에는 엄한 어른[嚴君]이 있어야 하니 부모를 가리킨다. 아버지가 아버지답고 자식이 자식답고 형이 형답고 동생이 동생답고 지아비가 지아비답고 지어미가 지어미답게 되면 집안의 도리가 바르게 되니, 집안을 바르게 하면 천하는 안정된다.

家人 女正位乎內 男正位乎外 男女正 天地之大義也.
가인 여 정위 호내 남 정위 호외 남녀 정 천지 지 대의 야
家人 有嚴君焉 父母之謂也.
가인 유 엄군 언 부모 지위 야
父父子子兄兄弟弟夫夫婦婦而家道正 正家而天下定矣.
부부 자자 형형 제제 부부 부부 이 가도 정 정가 이 천하 정의

◉

이에 대해서는 별도의 풀이가 필요 없다. 다만 주희(朱熹)가 말한 "상은 아버지이고 초는 자식이고, 오와 삼은 남편이고 사와 이는 아내이고, 오는 형이고 삼은 아우다"라고 한 것은 참고할 만하다.

공자의 「상전」을 살펴볼 차례다. 그중에 가인괘를 총평한 「대상전」이다.

바람이 불에서부터 나오는 것이 가인(家人)(이 드러난 모습)이니, 군자는 그것을 갖고서 말을 할 때는 실상이 있게 하고 일을 행할 때는 오래감이 있게 한다[風自火出家人 君子以 言有物而行有恒].

◉

말에 실상이 있어야 한다[有物]는 것은 조금도 거짓이 없어야 한다는 말이다. 그것은 곧 『논어』 「계씨」편에서 말한 구사(九思) 중의 언사충(言思忠), 즉 "말할 때는 진실함을 먼저 생각해야 한다[言思忠]"는 것과 딱 들어맞는다. 조금도 거짓이 있어서는 안

되고 속여서는 안 된다는 말이다. 일을 행할 때는 오래감이 있어야 한다[有恒]는 것은 일정한 법도에 따라 일을 행해야 한다는 뜻이다. 말과 행동에 실상이 없고 일정한 법도가 없으면 자기 몸을 닦을 수 없고, 그렇게 되면 집안을 다스리는 것도 불가능하다.

진덕수는 『대학연의』에서 「단전」과 「대상전」을 한데 묶어 이렇게 풀이했다.

> 가인괘(家人卦) 하나는 다 집안을 다스리는 법에 관한 것입니다. 이(二)는 음효(陰爻)로 내괘(內卦)의 가운데[中]에 있으니, (따라서) 여자가 안에서 바른 자리를 갖고 있는 상(象)입니다. 오(五)는 양효(陽爻)로 외괘(外卦)의 가운데 있으니, 남자가 밖에서 바른 자리를 갖고 있는 상입니다.
>
> 옛날에는 궁실(宮室-집 건물)을 내외로 구분해, 남자는 밖에 머물면서 무릇 문지방[梱] 밖의 일을 책임졌습니다. 여자는 안에 머물면서 무릇 문지방 안의 일을 책임졌습니다. 남녀 각각은 그 맡은 바가 있어 서로 상대방이 하는 일을 침해하거나 문란하게 해서는 안 됩니다. 선비와 일반 백성[庶人]으로부터 그 이상은 다 그러했지만, 특히 임금의 집안은 관계되는 바[所繫]가 훨씬 중대했습니다. 고로 '예가 있다[禮有]'는 말은 곧 천자는 남자들을 가르치는 일을 살피고 황후는 여자들을 순하게 하는 일을 살피며, (또) 천자는 외치(外治)에 힘쓰고 황후는 집안 대소사를 챙긴다는 뜻입니다.
>
> 옛날에 남자와 여자, 안과 밖을 분별하기를 이와 같이 엄하게 했으니, 그것이 어찌 사사로운 뜻[私意]으로 그렇게 했겠습니까? 하늘과 볕[天陽]은 굳건하여 위에서 만물의 생명을 불어넣어 주고, 땅과 그늘[地陰]은 순하여 아래에서 만물의 모양을 유지할 수 있게 해주니, 이것이 하늘과 땅[天地]의 바른 이치입니다. 남자는 양건(陽健)을 다움으로 삼아 일을 맡은 (남)자는 결단하고 제어하며, 여자는 유순(柔順)을 다움으로 삼아 일을 맡은 (여)자는 (윗사람의) 뜻을 잘 받들어 이어야 합니다. 남자와 여자가 각각 그 바름[正]을 얻으면 하늘과 땅의 이치에 부합하게 되지만, 어느 한쪽이라도 그 바름을 잃게 되면 하늘과 땅의 이치에서 벗어나게 됩니다.
>
> 집안을 (바르게) 다스리려면 엄숙함[嚴肅]을 근본으로 삼아야 합니다. 부모 된 자는 한 집안의 어른이니, 어른이 엄숙하면 가정을 다스리는 것[家政]이 일어나고 엄숙하지 못하면 무너집니다. 그러나 소위 엄숙하다고 하는 것이 무섭거나 사납다[猛暴]는 것을 뜻하는 것은 아닙니다. 아버지는 아버지의 도리를 다하고 자식은 자식의 도리를 다하고, 이에 비추어

형제나 부부도 각자 그 주어진 도리를 다하지 않음이 없을 때 아래위는 엄숙해지는 것입니다. 이처럼 해서 조금이라도 각자의 도리를 어지럽힘이 없게 되면 곧 집안의 도리가 바르게 되고 임금의 집안도 바로 서게 되니, 이를 미루어 헤아려[推] 천하에도 적용한다면 (온 천하에) 바르지 않은 것이 없게 됩니다. 따라서 말하기를 가정이 바르게 되면 천하가 정해진다[定=안정된다]고 하는 것입니다.

가인괘의 몸통을 보면 안[內=內卦]은 이(離, ☲)이고 밖[外=外卦]은 손(巽, ☴)이니, 바람[風-밖]이 불[火-안]에서 나오는 형상입니다. 군자라면 이 괘의 상(象)을 보고서 천하의 일을 알게 되는 것입니다. "안으로부터 나오지 않는 것이 없다"라는 것은 국가의 치란이 가정에서 비롯된다는 것이고, 가정이 바르냐 그렇지 못하냐는 (가장의) 몸에서 비롯되는 것입니다. 따라서 나라를 다스리는 것[治國]은 집안을 바로 세우는 데[正家=齊家] 있고, 집안을 바로 세우는 것은 또 몸에 돌이키는 데[反身] 있는 것이니, 내 몸과 언행에 한 가지라도 삼가지 못한 것이 있게 되면 그 집안을 다스릴 수 없을 것입니다.

그렇기 때문에 말에는 반드시 (실천을 통한) 내용[物]이 있어야 하는데, 이때 내용이란 그 실상[實]이 있다는 뜻입니다. 또 행동[行]에는 반드시 지속성[常]이 있어야 하는데, 이때 지속성이란 꾸준한 법도[常度]를 말합니다. 반드시 언행을 삼가고 몸을 닦아야 합니다. 이를 미루어 헤아린다면(즉 그대로 집안과 국가에도 적용한다면) 집안이나 국가도 바르게 되지 않을 수 없습니다.

상구(上九)라는 효 하나는 (가인괘 전체에 이어) 다시 집안을 다스리는 도리[治家之道]가 엄숙하고 위엄을 갖출 때 길할 것임을 말하고 있습니다. 성인(聖人-공자)은 후세 사람들이 우매하게도 위엄을 갖춘다[威]는 말을 혹시라도 맹포한 것으로 받아들여서 그 본래의 뜻이 자신의 몸을 다스린다는 것이지 다른 사람에게 위협을 가한다는 뜻이 아님을 모르고 능히 그 도리를 따르지 못하는 사람이 생겨날까 봐 깊이 걱정했습니다. 따라서 자기 몸에 돌이킴[反身]이라고 구체적으로 언급한 것은 임금이 자신의 몸에 돌이켜보게 하여 말 한마디, 동작 하나까지 늘 삼가면서 의젓하게[凜然] 하게 하려고 한 것이니, 이것이 소위 '위엄을 갖추면[威如]'의 정확한 뜻이라 하겠습니다. 단(彖-「단전」)과 상(象-「상전」)의 풀이를 통합해서 볼 때, 집안은 천하의 근본이고 몸은 또 집안의 근본이라는 것이 도무지 (어느 누구도) 바꿀[易] 수 없을 만큼 단단한 이치라고 하겠습니다.

가인괘의 여섯 효[六爻]에 대한 주공의 말을 풀이한 공자의 「소상전」이다.

(초구(初九)는) 집안 다스리기를 법도로 막는다는 것은 뜻이 아직 달라지지 않았기 때문이다[閑有家 志未變也].
육이(六二)가 길한 것은 고분고분함으로써 공손하기 때문이다[六二之吉 順以巽也].
(구삼(九三)은) 집안사람들이 원망하는 소리를 내는 것[家人嗃嗃]은 아직 심하게 잘못한 것이 아니기 때문이요, 부인과 자식이 희희낙락하는 것[婦子嘻嘻]은 집안의 절도를 잃은 때문이다[家人嗃嗃 未失也 婦子嘻嘻 失家節也].
(육사(六四)는) 집안을 부유하게 하는 것이 크게 길한 것[富家大吉]은 고분고분하면서 자리에 있기 때문이다[富家大吉 順在位也].
(구오(九五)는) 왕이 집안을 다스리는 도리를 지극히 하는 것[王假有家]은 서로가 상대를 사랑하기 때문이다[王假有家 交相愛也].
(상구(上九)는) 위엄을 갖추면 길한 까닭은 자기 몸에 돌이킴[反身]을 말한다[威如之吉 反身之謂也].

◉

가인괘의 맨 아래 첫 양효에 대해 공자는 "집안 다스리기를 법도로 막는다는 것은 뜻이 아직 달라지지 않았기 때문이다"라고 풀었다.

초구는 집안을 다스리는 도리의 시작이다. 처지를 보면, 양효로 양위에 있어 자리가 바르고 위로 육이와 친하며 육사와도 호응을 이룬다. 한(閑)은 막는다는 뜻인데, 여기에 두 가지가 추가돼야 한다. 엄격하게 막아야 하고[嚴禁] 미리 막아야 한다[豫防]. 그리고 바른 도리로써 막아야 한다. 공자가 "뜻이 아직 달라지지 않았기 때문"이라고 한 것은 아직 집안사람들의 뜻이 해이해지지 않았을 때 미리 막아야 가족들 간의 은혜를 해치지 않고 마땅함도 잃지 않을 수 있기 때문이다. 이미 뜻이 달라지고서 다스리려 하면 관계에 큰 상처가 오고, 그렇게 되면 뉘우침이 없어질 수 없다. '엄격함'과 '미리'의 중요성을 보여주는 사례가 『중종실록』 22년(1527년) 4월 20일 자에 나온다.

조강에 나아갔다. 시독관(侍讀官) 황염(黃恬)이 아뢰어 말했다.

"여기에 '집안 다스리기를 법도로 막는다면 뉘우침이 없어진다[閑有家 悔亡]'라고 했습니다. 대개 임금이 나라를 다스리는 도리에 있어서는 집안을 바로잡는 것이 가장 중요합니다. 그래서 늘 법도(法度)로 예방하면 규문(閨門-집안)이 엄숙해지고 적서(嫡庶)의 명분(名分)이 현격하게 되는 것입니다. 그렇게 되면 나쁜 사람이 있더라도 사특한 술법을 부릴 수가 없게 되는 것입니다. 예로부터 임금 가운데 고식적(姑息的)인 데 마음이 끌려 끝내 은의(恩義)와 윤리(倫理)를 해침으로써 종묘사직에 화(禍)를 끼치게 한 경우는 흔히 있어왔습니다. 상께서는 이런 등등의 말에 더욱더 유념하소서. 근일의 일[127]은 잘 예방하지 못한 소치인 것으로, 처음에 잘 예방했으면 어찌 이런 일이 있었겠습니까?"

대사간 정응린(鄭應麟, ?~?)[128]이 아뢰어 말했다.

"대개 집안을 바로잡는 도리는 엄(嚴)을 위주로 하는 것입니다. 나라의 근본은 가정에 있는 것이므로, 나라와 가정은 내외(內外)의 구분이 있기는 하지만 그 실상은 일체(一體)인 것입니다. 그러므로 제갈량(諸葛亮)은 출사표(出師表)에서 '궁중(宮中)과 부중(府中-조정)은 일체이기 때문에 선인(善人)을 올려주고 악인을 벌줌에 있어 다른 점이 있으면 안 된다'라고 했습니다. 이에 의거해 살펴본다면, '밖의 말을 안으로 들이지 않고 안의 말을 밖으로 내지 않는다'는 말은 궁중의 일과 조정의 정사가 서로 현격해야 된다는 말이 아닌 것입니다. 내외(內外)가 엄정(嚴正)하면 벼슬을 팔고 옥사(獄事)를 보아주고 청탁하고 하는 일이 없어지기 때문에 말한 것입니다. 상께서 만약 궁금(宮禁)의 일을 밖의 사람이 어떻게 알았느냐고 여겨 편치 못한 마음을 품고 있으면 이는 지극히 옳지 못한 일입니다. 지금 폐조(廢朝-연산군)의 일을 살펴보건대 그때에도 이런 일 때문에 참혹한 화(禍)가 많았었습니다. 이는 성상(聖上)께서 직접 보신 일입니다. 고사(古事)로 말하건대, 여희(驪姬)가 야반(夜半)에 눈물을 흘린 일과 양귀비(楊貴妃)의 연리(連理)의 맹세는 모두 밤중에 몰래 한 말로서 사람들이

---

127 경빈 박씨 등이 세자를 모해한 일을 가리키는데, 훗날 억울함이 밝혀져 신원됐다.

128 1510년(중종 5년) 문과에 급제해 홍문관정자가 됐다. 그 뒤 저작·박사를 거쳐 외직으로 김산군수를 지내고, 다시 사헌부의 지평과 장령을 지냈다. 그 뒤 사간원의 사간을 지내고 1525년 응교를 거쳐 직제학이 됐으며, 이어서 동부승지를 지내고 대사간으로 승진했다. 1527년에는 부평부사가 됐다. 내직에 있을 때는 성실과 근면으로 자기의 책무를 완수했고, 외직인 목민관이 돼서는 백성의 질고를 보살피며 부세(附稅)를 경감하는 등의 치적을 쌓았다.

알기 어려운 일이었습니다.[129] 그런데도 사책(史冊)에 기록돼 후세에 비판의 대상이 되고 있습니다. 아무도 보지 않는 곳에서일지라도 삼가지 않을 수 없는 것이 이와 같습니다. 상께서도 더욱 유념해야 합니다."

영사(領事) 장순손(張順孫), 지사(知事) 이행(李荇), 참찬관(參贊官) 유관(柳灌)도 집안을 바로잡는 도리를 말하면서 엄격하게 예방해야 한다고 했다.

초구는 범위를 넓혀 매사에 그 시작을 잘해야 한다는 뜻으로 풀이할 수도 있다. 『서경』「상서(商書)·중훼지고(仲虺之誥)」편에 이런 말이 있다.

아! 그 마침을 삼가려면 그 시작을 잘해야 합니다[愼厥終 惟其始]. 예(禮)가 있는 사람을 봉해주고[殖=封] 어둡고 사나운 자를 뒤엎어서 하늘과도 같은 도리를 삼가 높이셔야 천명이 영원토록 보존될 것입니다.

여기서 보듯이 '그 시작을 잘해야 한다'의 의미는 좋은 인재들을 찾아서 일을 시킨다는 뜻이다.

가인괘의 밑에서 두 번째 음효에 대해 공자는 "육이(六二)가 길한 것은 고분고분함으로써 공손하기 때문이다"라고 풀었다. 그러면 주공의 효사를 살펴야 한다.

이루려는 바[攸遂]가 없으니 집 안에서 음식을 장만하면 반듯하여 길하다[无攸遂 在中饋 貞吉].

육이는 음효로 음위에 있어 자리가 바르며, 위아래 모두 친하며[有比], 구오와도 호

129 아무리 은밀히 한 일일지라도 반드시 드러나기 마련이므로 경계를 게을리해서는 안 된다는 뜻이다. 『좌전(左傳)』 희공(僖公) 5년에 "태자(太子) 신생(申生)이 곡옥(曲沃)에서 제사 지내고 나서 음복(飮福)을 보냈는데, 여희가 여기에다 독(毒)을 넣어놓고는 이를 신생에게 뒤집어씌웠다. 그때 여희가 눈물을 흘리면서 진헌공(晉獻公)에게 '이는 태자가 한 짓이다'라고 했다"라고 했다. 『고문진보(古文眞寶)』「장한가(長恨歌)」편에 "천보(天寶) 10년에 당 명황(唐明皇-현종)이 양귀비(楊貴妃)의 팔을 베고 밤하늘을 우러러보다가 견우(牽牛)와 직녀(織女)의 일에 감동돼, 은밀히 연리지(連理枝)처럼 세세생생 부부가 되기를 약속했다"라고 했다.

응하고, 중정(中正)을 얻었다. 이것만으로 봐도 나쁠 것이 없다. 다만 가인괘에서는 엄격함이 중요하기 때문에 대체로 굳셈이 좋다. 초구·구삼·구오·상구 등이 그런 경우다.

육이는 중정을 얻기는 했으나 음유한 자질로 음유한 자리에 있으니 집안을 다스릴 굳셈이 없다. 주희는 이와 사는 부인의 자리라 했다. 그러니 집안을 다스리는 차원에서는 딱히 할 일이 없다. 그래서 '이루려는 바[攸遂]가 없으니'라고 했다. 만일 그럼에도 불구하고 이루려 하다가는 허물을 짓기 십상이다. 이 효가 남자일 경우에는 유약해서 처자식의 사사로운 정을 감당할 수 없다. 다만 육이 같은 자질은 부인이라면 바를 수 있다. 그래서 '집 안에서 음식을 장만하면 반듯하여 길하다'라고 한 것이다. 공자가 '고분고분함으로써 공손하기 때문'이라고 한 것도 같은 뜻이다.

가인괘의 밑에서 세 번째 양효에 대해 공자는 "집안사람들이 원망하는 소리를 내는 것[家人嗃嗃]은 아직 심하게 잘못한 것이 아니기 때문이요, 부인과 자식이 희희낙락하는 것[婦子嘻嘻]은 집안의 절도를 잃은 때문이다"라고 풀었다.

구삼은 내괘의 맨 위에 있고 양강으로 양강의 자리에 있으니, 굳세기는 하나 그것이 지나치다. 자리도 중도를 지나쳐 있다. 집안 다스리기를 지나치게 엄격하게 하는 사람이다. 다만 그런 지나친 엄격함을 뉘우치니, 그 때문에 다시 집안이 가지런해지고 엄숙해져서 길할 수 있다는 말이다. 그래서 공자는 지나치게 엄격했던 것이 잘못이긴 하기만 '아직 심하게 잘못한 것이 아니기 때문'이라고 했다. 오히려 집안 식구들의 잘못을 그냥 방치해 부인과 자식이 희희낙락한다면 집안을 망치게 된다. '안타깝다'라고 말했지만 실은 흉한 것이다.

가인괘의 밑에서 네 번째 음효에 대해 공자는 "집안을 부유하게 하는 것이 크게 길한 것[富家大吉]은 고분고분하면서 자리에 있기 때문이다"라고 풀었다. 육사는 공손한 자질로 공손한 자리에 있어 자리가 바르다. 그래서 집안일을 순조롭게 하니 집안이 부유해진 것이다.

가인괘의 밑에서 다섯 번째 양효에 대해 공자는 "왕이 집안을 다스리는 도리를 지극히 하는 것[王假有家]은 서로가 상대를 사랑하기 때문이다"라고 풀었다. 구오는 남자로서 밖에 있고 양강의 자질로 양강의 자리에 있으며 존위에 있고 중정을 얻었으며 그에 호응하는 자가 안에서 고분고분하고 바른 육이이니, 모든 것이 잘 돌아가는 집안의 모습이다. 말 그대로 수신제가치국평천하(修身齊家治國平天下)를 이룬 임금의 모습이다. 그러니 주공은 효사에서 "왕이 집안을 다스리는 도리를 지극히 하는 것이니 근심하지 않아도 길하다[王假有家 勿恤 吉]"라고 했고 공자도 '서로가 상대를 사랑하기 때문'이라고 했다.

문왕(文王)과 문왕의 비 태사(太姒)의 관계가 바로 이에 해당한다. 『시경(詩經)』「국풍(國風)·주남(周南)」편에 실린 시 「관저(關雎)」는 이 두 사람의 관계를 노래한 것으로, 『시경』의 맨 첫 번째 시다.

서로 정답고 화목한 한 쌍의 물수리 물속 섬에 있고
얌전한 숙녀가 군자의 좋은 짝이로다.

들쭉날쭉 마름 이리저리 흐르는 물 따라 움직이고
얌전한 숙녀를 자나 깨나 찾아 헤매는구나.
찾고 찾아도 만나지 못해 자나 깨나 그립고 또 그리워
멀고 또 멀어라! 이리 뒹굴 저리 뒹굴 잠 못 이루네.

들쭉날쭉 마름 이리저리 잘 가려 골라내고
얌전한 숙녀를 거문고와 비파로 사귀었네.
들쭉날쭉 마름 이리저리 삶아내어
얌전한 숙녀를 종과 북으로 즐겁게 해주네.

關關雎鳩 在河之洲 窈窕淑女 君子好逑.
관관 저구 재 하지주 요조숙녀 군자 호구
參差荇菜 左右流之 窈窕淑女 寤寐求之 求之不得 寤寐思服 悠哉悠哉 輾轉反側.
참치 행채 좌우 유 지 요조숙녀 오매 구 지 구 지 부득 오매 사복 유 재 유 재 전전반측
參差荇菜 左右采之 窈窕淑女 琴瑟友之 參差荇菜 左右芼之 窈窕淑女 鐘鼓樂之.
참치 행채 좌우 채 지 요조숙녀 금슬 우 지 참치 행채 좌우 모 지 요조숙녀 종고 낙 지

이 시에 대해 공자는 『논어』「팔일(八佾)」편에서 이렇게 평했다.

관저(關雎)는 즐거우면서도 지나치지 않고[樂而不淫] 슬프면서도 마음을 상하게 하지는 않는다[哀而不傷].

가인괘의 맨 위에 있는 양효에 대해 공자는 "위엄을 갖추면 길한 까닭은 자기 몸에 돌이킴[反身]을 말한다"라고 풀었다. 주공의 효사는 "상구(上九)는 미더움이 있고 위엄을 갖추면 끝내는 길하다[有孚 威如 終吉]"이다.

상구는 가인괘의 맨 위에 있으니 집안을 다스리는 도리를 다한 것이다. 지극한 열렬함[至誠]이 아니고서는 집안을 다스릴 수 없다. 그래서 '미더움이 있고'라고 한 것이다. 상구의 처지를 보자. 굳센 자질로 음의 자리에 있어 자리는 바르지 않고, 아래와 같은 양효라 친하지도 않고[無應], 구삼과도 호응이 없다. 얼핏 보면 모든 것이 다 안 좋아 보인다. 결국은 관계보다는 스스로 어떻게 하느냐가 중요하다. 그래서 처지를 풀어내는 것도 여기에 초점을 맞춰야 한다. 맨 위에 있다는 점이 중요하다.

"위엄을 갖추면 길한 까닭은 자기 몸에 돌이킴[反身]을 말한다"라는 공자의 풀이는 바로 그 점에 초점을 맞추고 있다. 결국 스스로 어떻게 하느냐에 달려 있다는 말이다. 스스로 모범을 보일 때 집안의 도리를 바로잡을 수 있다는 뜻이다. 위엄을 갖춘다는 것은 다른 사람들에게 엄격하라는 것이 아니라, 바로 스스로에게 엄격함으로써 다른 가족들에게 모범을 보여야 한다는 것이다. 『중용』에 나오는 다음 구절은 고스란히 이에 대한 풀이가 된다.

> 군자는 그가 처해 있는 위치에 따라서 행하고 그 밖의 것은 행하지 않는다. 부귀에서는 부귀를 행하고 빈천에서는 빈천을 행하고 오랑캐에서는 오랑캐대로 행하고 환난에서는 환난대로 행하니, 군자는 (어느 지위에) 들어가서 스스로 얻지 못함이 없다. 윗자리에 있으면 아랫사람을 업신여기지 않고, 아랫자리에 있으면 윗사람을 끌어내리려 하지 않는다. 자기를 바르게 하고 남에게 구하지 아니하면 곧 원망함이 없을 것이니, 위로는 하늘을 원망하지 아니하며 아래로는 다른 사람을 탓하지 않는다. 고로 군자는 평탄함에 머물러 천명을 기다리고, 소인은 위험을 행하여 요행을 구한다.
>
> 공자가 말했다. "활쏘기는 군자와 같음이 있으니, 저 정곡을 잃으면 (실패의 원인을) 돌이켜 그 자신에서 구한다[反求諸其身]."

『맹자』「진심장구(盡心章句)」편에도 이를 압축한 구절이 있다.

자신이 몸소 도리를 행하지 않으면 처와 자식에게도 행하지 못하고, 사람을 부리는 데 도리로써 하지 않으면 처와 자식에게도 행할 수 없다.

『효종실록(孝宗實錄)』 4년(1653) 7월 2일 자 기사다. 중추부영사 이경여(李敬輿, 1585~1657)[130]가 차자(箚子-약식 상소)를 올려 말했다.

대개 집안에서는 은애(恩愛)가 늘 의리(義理)를 가리므로 소원하면 공도(公道)가 행해지기 쉽고 친근하면 사애(私愛)에 빠지기 쉬우니, 이것이 어렵게 하는 까닭입니다. 어려운 것을 먼저 하지 않고서 쉬운 것을 할 수 있는 자는 없습니다. 그러므로 『역경』 가인괘(家人卦)에 "위엄을 갖추면 끝내는 길하다"라고 했으며, 그 상(象-「소상전」)에 또 "위엄을 갖추면 길한 까닭은 자기 몸에 돌이킴[反身(반신)]을 말한다"라고 했습니다. 은의가 도탑더라도 윤리는 바로잡지 않을 수 없고, 정의(情意)가 통하더라도 안팎은 정숙하게 하지 않을 수 없는 것입니다. 근일 궁금(宮禁)이 엄하지 않다는 말이 자못 외간에 전파되므로 신이 전에도 늘 아뢰었습니다. 지금 인아(姻婭-인척)의 족속은 다 사대부로 자처하는 자들이니, 어찌 굽은 길을 열어서 청명한 정치를 해칠 자가 있겠습니까. 그러나 합문(閤門)의 기거와 속절(俗節)의 주식(酒食)은 오히려 잘못된 풍습을 따르면서 혹 남보다 더하려고 힘쓰기도 하며, 성심(聖心)에도 친소의 구분을 두시는 것이 없지 않습니다. 신하가 예라고 하면서 사사로이 바치고 임금이 개인적인 일이라 하여 너무 가깝게 대하면 위아래가 서로 잘못하여, 그 조짐이 반드시 총애를 베풀어 업신여김을 받는 지경에 이를 것입니다. 법전을 준수하여 궐내에 출입하는

---

130 1609년(광해군 1년) 문과에 을과로 급제해 1611년 검열이 됐으나, 광해군의 실정이 심해지자 벼슬을 버리고 낙향했다. 1623년 인조반정 직후 수찬(修撰)에 취임했고, 이듬해 이괄(李适)의 난이 일어나자 왕을 공주에 호종했다. 이어 체찰사 이원익(李元翼)의 종사관이 됐으며, 1630년(인조 8년) 부제학·청주목사·좌승지·전라도관찰사를 역임했다. 1636년 병자호란이 일어나자 왕을 모시고 남한산성에 피란했다. 이듬해 경상도관찰사가 되고, 그 뒤 이조참판으로 대사성을 겸임해 선비 양성의 방책을 올렸고, 이어 형조판서에 승진했다. 1642년 배청친명파로서 청나라 연호를 사용하지 않음을 이계(李烓)가 청나라에 밀고해 심양(瀋陽)에 억류됐다가, 이듬해 세자와 함께 귀국해 대사헌이 됐고 이어 우의정이 됐다. 1644년 사은사로 청나라에 갔다가 다시 억류됐으나, 그동안 본국에서는 영중추부사라는 벼슬을 내렸다. 이듬해 귀국, 1646년 민회빈(愍懷嬪) 강씨(姜氏-소현세자 빈)의 사사(賜死)를 반대하다가 진도에 유배되고, 다시 1648년 삼수에 위리안치됐다. 이듬해 효종이 즉위하자 풀려나와 1650년(효종 1년)에 다시 영중추부사가 됐다. 이어 영의정으로 다시 사은사가 돼 청나라에 다녀온 뒤 청나라의 압력으로 영중추부사로 옮겼다.

자에게는 모두 신부(信符)를 지급하고 병조(兵曹)를 시켜 문호(門戶)의 방금(防禁)을 엄하게 해서 옛 제도를 회복시킴으로써 궁인이 감히 밖에 나가지 못하고 족속이 감히 안에 들어오지 못하게 하며, 기도(祈禱)하는 무격(巫覡)과 규외(規外)의 직염(織染) 따위 일이 궁정을 더럽히지 못하게 하며, 액정 안팎의 사환도 다 순박하고 근신하여 말이 없는 자를 선택해서 각각 그 직분을 지키게 하되 간사한 짓을 하여 과조(科條)를 범하는 자가 있으면 유사에 내어주어 범법 사실에 따라 벌주게 해야 할 것입니다.

여러 공주궁(公主宮)에 공급하는 것으로 말하면, 사랑하여 넉넉하게 해주려는 것이 실로 부모의 마음입니다마는 사치하여 돌이키지 않으면 곧 천리의 바른 것을 잃게 되는 것입니다. 집을 짓는 것은 완전하게만 하면 될 것인데 어찌하여 반드시 대(臺)를 높게 하고 관(館)을 진기하게 하여 탐욕을 조장해야 하겠으며, 재산을 두는 것은 쓸 만하게만 하면 될 것인데 어찌하여 반드시 전토(田土)를 넓게 하여 백성과 쟁탈해야 하겠습니까. 이렇게 하여 멈추지 않으면 제궁(諸宮)이 사방에서 비방을 받을뿐더러 국가에도 원망이 돌아올 것입니다.

38. 화택규(火澤睽)[131]

규(睽)는 작은 일에는 길하다.

睽 小事吉.[132]
규 소사 길

초구(初九)는 뉘우침이 없어지니 말을 잃고서 쫓아가지 않아도 저절로 돌아온다. 미워하는 사람일지라도 만나보면 허물이 없다[悔亡 喪馬勿逐 自復 見惡人 无咎].
회망 상마 물축 자복 견 오인 무구

구이(九二)는 골목에서 (몰래) 군주를 만나면 허물이 없다[遇主于巷 无咎].
우 주 우항 무구

육삼(六三)은 수레가 뒤로 끌리고 이에 소가 앞이 가로막히며 그 사람이 머리가 깎이고 코가 베이는 것을 보니, 시작은 없지만 마침은 있다[見輿曳 其牛掣 其人天且劓 无初有終].
견 여 예 기 우 체 기인 천 차 의 무초 유종

구사(九四)는 어그러져 외로운데 훌륭한 남편을 만나 서로 믿음을 나누니, 위태로우나 허물

---

131 문자로는 이상태하(離上兌下)라고 한다.

132 원형이정(元亨利貞)이 나오지 않는다.

이 없다[睽孤 遇元夫 交孚 厲无咎].

육오(六五)는 뉘우침이 없어지니 그 종파(宗派)가 살을 깨물듯이 하면 어디로 간들 무슨 허물이 있겠는가[悔亡 厥宗 噬膚 往何咎]?

상구(上九)는 어그러져 외로워서 돼지가 진흙을 뒤집어쓴 것과 수레에 귀신이 가득 실려 있는 것을 본다. 먼저 활줄을 당기다가 뒤에는 활줄을 풀어놓는데, 이는 도적이 아니라 혼인하는 것이니 가서 비를 만나면 길하다[睽孤 見豕負塗 載鬼一車 先張之弧 後說之弧 匪寇 婚媾 往遇雨 則吉].

◉

규괘(睽卦)의 초구(初九)는 양위에 양효로 바름[正位], 구이(九二)는 음위에 양효로 바르지 못함[不正位], 육삼(六三)은 양위에 음효로 바르지 못함, 구사(九四)는 음위에 양효로 바르지 못함, 육오(六五)는 양위에 음효로 바르지 못함, 상구(上九)는 음위에 양효로 바르지 못함이다. 바른 효는 초구 하나뿐이다. 이 괘의 경우 구이와 육오는 모두 중정을 얻지 못했다. 앞의 가인괘의 경우 바르지 못한 효는 상륙 하나뿐이었고 육이와 구오 모두 중정을 얻었다.

대성괘 규괘(䷥)는 소성괘 이괘(離卦, ☲)와 태괘(兌卦, ☱)가 위아래에 있어 만들어진 괘다. 「설괘전」에 따르면 '해[日=火=離]로 따듯하게 하고[烜]' '태(兌-못)로 기쁘게 한다'고 했다. 괘의 모양이 이(離)가 위에 있고 태(兌)가 아래에 있다. 불은 타서 위로 올라가고 못은 적시며 아래로 내려가니 서로 어그러지는 모양이다. 또 중녀(中女)와 소녀(少女)가 함께 살기는 하지만 뜻이 달라 갈라지는 상(象)이다.

그러면 「서괘전」을 통해 왜 규괘가 가인괘의 뒤를 이어받았는지 확인해보자.

집안의 도리[家道]가 막히면[窮] 반드시 어그러진다[乖=違]. 그래서 가인괘의 뒤를 규괘(睽卦)로 받았다. 규(睽)란 어그러진다[乖]는 말이다.

家道窮必乖. 故受之以睽. 睽者 乖也.

가족 간의 화목 또한 쉽지 않은 일이다. 화택규괘(火澤睽卦, ䷥)는 태괘(☱)가 아래에 있고 이괘(☲)가 위에 있어, 흔히 말하는 물과 불의 관계다. 여기서 중요한 것은 집안의 도리, 즉 가도(家道)가 막히는 데서 문제가 발생한다는 점이다. 규(睽)란 사시(斜視) 혹은 반목이라는 뜻을 갖고 있다. 가인괘는 불과 바람이 만나 합심해 서로를 돕는데, 규괘는 반목하는 모양이다. 이는 결국 큰 곤란으로 이어질 수밖에 없다.

이번에는 「잡괘전」을 통해 가인괘와 규괘의 관계를 살펴보자.

> 규(睽)는 밖[外]이요 가인(家人)은 안[內]이다.

규괘(䷥)와 가인괘(家人卦, ䷤)는 서로 종괘 관계다. 여기서 규괘를 밖[外]이라고 한 것은 서로를 외면한다는 뜻이고, 가인괘를 안[內]이라고 한 것은 서로를 제 몸처럼 여긴다[親]는 말이다. 둘 다 일단은 가정의 불화와 친목을 뜻한다.

문왕의 단사(彖辭), 즉 "규(睽)는 작은 일에는 길하다[小事吉]"에 대한 공자의 풀이[「彖傳」]를 살펴볼 차례다. 단사는 짧지만 「단전」은 길다.

> 규(睽)는 불은 움직여 올라가고[火動而上] 못은 움직여 내려가며[澤動而下] 두 여자가 함께 살지만, 그 뜻은 함께 가지[同行] 않는다. 기뻐하면서 밝음에 붙고[說而麗乎明] 부드러움이 나아가 위로 가서[柔進而上行] 가운데를 얻어 굳셈에 호응하니[得中而應乎剛] 이 때문에 작은 일에 길한 것이다.
>
> 하늘과 땅이 어긋나 있지만, 그 일은 똑같고 남자와 여자가 어긋나 있지만, 그 뜻은 통하며 만물이 제각각이지만 그 일은 같은 부류이니, 규(睽)의 때와 쓰임[時用]은 크도다.
>
> 睽 火動而上 澤動而下 二女同居 其志不同行.
> 說而麗乎明 柔進而上行 得中而應乎剛 是以小事吉.
> 天地睽而其事同也 男女睽而其志通也 萬物睽而其事類也 睽之時用 大矣哉!

◉

"규(睽)는 작은 일에는 길하다"라는 것은 과연 무슨 뜻일까? 일단은 큰일에는 길하지 않을 수 있다는 말이다. 먼저 이에 대해 정이는 이렇게 풀이한다.

> 규(睽)는 어긋나서 뿔뿔이 흩어지는 때이니, 길한 도리[吉道]는 아니지만, 괘의 재질이 좋기 때문에 비록 어그러지는 때에 처해 있기는 하지만 작은 일에는 길한 것이다.

공자는 먼저 불과 못의 성질을 풀이했다. 그리고 "두 여자가 함께 살지만, 그 뜻은 함께 가지[同行] 않는다"라고 했다. 같이 살던 자매라고 해도 시집을 가게 되면 서로 다른 방향으로 가는 것이다. 여기서 강조해야 할 점은 '애초에는 같았다가[本同] 뒤에는 달라진다'라는 것이다. 주돈이(周頓頤, 1017~1073)는 「태극도설(太極圖說)」에서 이렇게 말했다.

> 천하를 다스리는 것은 그 본바탕[本]이 몸[身]에 있음을 이르고, 또 천하를 다스리는 것은 그 법칙이 집에 있음과 같다. 본바탕은 반드시 단정하니, 단정한 본바탕[端本]이란 다름 아닌 열렬한 마음[誠心]일 뿐이다. 본보기[則=準]는 반드시 좋으니, 좋은 본보기[善則]란 다름 아닌 친족들과의 화목함[和親]일 뿐이다.
> 집안은 어려운데 천하는 쉽다. (왜냐하면) 집안은 친밀한데 천하는 멀기 때문이다. 집안사람들[家人]이 제각각 흩어지는 일은 반드시 부인에게서 일어난다. 그래서 "두 여자가 함께 살지만, 그 뜻은 함께 가지 않는다"는 규괘(睽卦)는 가인괘(家人卦) 다음에 온다.[133] (바로 이것이) 요(堯)임금이 두 딸을 (규수의 물가에 살던) 순(舜)[134]에게 시집보내 둘을 잘 다스리는지를 살피려 한 까닭이다. 이것이 천하를 다스리려면 집안을 살피고, 집안을 다스리려면 그 몸을 살피면 될 뿐이라는 말의 뜻이다.

이를 진덕수는 『대학연의』에서 이렇게 풀어냈다.

---

133 규(睽)와 가인(家人)은 둘 다 『주역』에 나오는 괘의 명칭이다. 규괘는 태괘(兌卦)가 아래에 있고 이괘(離卦)가 위에 있다. 태는 소녀(少女-어린 여성)이고, 이는 중녀(中女-젊은 여인)다. (따라서) 규괘는 두 여성이 함께 살지만, 그 뜻은 다르다. 고로 규괘의 상(象)은 어그러지고 배반하는 것[乖]이다.

134 아직 왕위에 오르지 않고 평민으로 살고 있을 때다.

주돈이의 말은 옛 성군(聖君-요 임금)의 실상과 서로 딱 맞아떨어집니다. 대개 마음이 열렬하지 못하면 사사로운 뜻과 사특한 생각이 커져 의견 일치를 보지 못하고 분란이 생겨나게 됩니다. 이에 몸을 닦으면 사태는 해결의 경지에 이르게 됩니다. 친족들이 불화를 하면 집안 여자들끼리도 어그러지고 눈물짓는 일이 생겨나서 서로 간의 정의(情意)가 멀어지고 단절돼버립니다. 이에 집안을 바로잡으려 해야만 사태는 해결의 경지에 이르게 됩니다.

무릇 집안을 다스리는 것의 어려움이 나라를 다스리는 것보다 더 심한 까닭은 집안에서 은혜를 높이는 것이 의리를 가리는 것[揜]보다 쉽기 때문입니다.[135] 세상 사람들은 분명 집 바깥을 다스리는 데는 노력을 다합니다. 그런데 집 안에 이르러서는 혹 처첩(妻妾)의 사소한 것까지도 오냐오냐 받아주거나 골육지정에 이끌리는 경향이 있습니다. 그래서 올바르게 자신(과 주변)을 단속하는 사람들은 극히 드문 것입니다.

(세상 사람들이 이러한데) 임금은 훨씬 더 심합니다. 한(漢)나라 고(高) 황제(유방)는 능히 진(秦)나라를 주벌하고 (초나라) 항우(項羽)를 멸망시켰으나 친척과 후비(后妃)들을 제대로 잘라내지 못했습니다. 또 당(唐)나라 태종은 수(隋)나라를 넘어트리고 도적 떼를 물리쳤으나 집안의 덕화(德化-다움의 교화)가 이뤄지지 않으면 어떻게 할까 하는 문제에는 조금도 힘써 돌아봄이 없었습니다.

무릇 멀다[疎]는 것은 공적인 길[公道]이어서 행하기 쉽고, 가깝다[親]는 것은 사적인 정[私情]이어서 푹 빠져들기 쉽습니다. 이것이 바로 사적인 정을 멀리하기 어려운 까닭입니다. 그 어려움을 (핑계로) 앞세우지만 않는다면 능히 그 쉬운 것을 못할 이유가 없습니다. 한나라와 당나라의 임금은 본바탕[本]을 세우는 일을 이와 같이 했으니, 어찌 그들의 천하 통치가 3대에 이르지 못한 것을 괴이하다 하겠습니까?

무릇 여자란 그늘지고 은근한 성질[陰柔之性]을 타고나서, 시기하지 않고 엉큼하지 않은 경우가 드뭅니다. 따라서 두 딸이 함께 살게 되면 쉽게 서로 시샘하는 일이 생겨날 것인데도 요(堯)임금은 순임금을 시험코자 하여 굳이 두 딸을 함께 시집보냈으니, 능히 두 여자를 다룰 수 있으면 능히 천하도 다룰 수 있다고 본 때문입니다. 순임금이 몸을 바로 하고 집안을 제대로 다스린 것이 이와 같았습니다. 그래서 요임금은 천하를 넘겨주었고, 더 이상 순

---

135 원래 이 말은 『예기』에 나오는 다음과 같은 말을 압축해서 표현한 것이다. “집안의 다스림은 은혜가 의리를 가리도록 해야 하고, 집 밖의 다스림은 의리가 은혜를 끊어야 한다[門內之治恩揜義 門外之治義斷恩].”

임금이 (나라를) 잘 다스릴지 여부에 대해 불안해하지 않았습니다. (순임금의) 몸이 이처럼 바를 수 있었던 이유는 그 마음이 진실(眞實)했기 때문입니다.

열렬함[誠]이란 잡된 것이 없다[無他=不雜]는 뜻입니다. 설사 좋지 못한 싹이 생긴다 하더라도 곧바로 원래의 좋은 자리로 되돌아오게 됩니다. 열렬함[誠]이란 하늘의 이치에 맞는 참이요, 허위[妄]란 인위적으로 빚어낸 거짓입니다. 거짓을 버린다는 것은 곧 참에 오래 머무는 것[誠存]입니다. 그리고 참에 오래 머문다는 것은 곧 몸을 바로 하는 것이고, 몸을 바로 하는 것은 집안을 다스리고 이에 비추어 천하도 다스리는 것이니, (이렇게 되면 천하를 다스리는 일도) 손바닥을 움직이는 것처럼 쉬운 일이 되는 것입니다. 주돈이의 말은 이처럼 뜻이 깊고 그윽합니다.

정이가 괘의 재질이 좋다고 한 것은, 하나는 기뻐하는 것이고 하나는 밝음이기 때문이다. '부드러움이 나아가 위로 가서[柔進而上行] 가운데를 얻어 굳셈에 호응하니[得中而應乎剛]'라는 것은 부드럽고 고분고분한[柔順] 육오가 군주 자리에 있으니 비록 바르지는 못해도 중도를 얻었다는 말이다. 굳센 구이와 호응하고 있다. 다만 뒤에 「소상전」에서 보게 되듯이 육오가 구이와 호응하지만 규괘의 때에는 서로 함께하는 도리가 깊지도 않고 견고하지도 않기에, 그래서 '구이는 골목에서 (몰래) 군주를 만나고' '육오는 살을 깨물듯이 하면 허물이 없는' 것이다.

그렇기 때문에 떳떳함이 없어 작은 일에는 길할 수 있어도 큰일에는 길할 수 없다. 이어서 공자는 때와 쓰임[時用]에 따라서는 같은 것이 달라져 있지만, 그 다름을 오히려 같게 할 수 있다고 말한다. 서로 다르기는 하지만 서로를 찾고 있기[相求] 때문이다. 그러나 이는 빼어난 이가 나와서 때에 맞게 제대로 쓰일 때만 가능한 일이다.

『선조실록』 36년(1603) 8월 30일 자 기사에는 이와 관련된 선조와 신하들의 강론(講論)이 자세하게 실려 있다.

시독관 이덕형(李德泂)[136]이 아뢰어 말했다.

---

136 정승 이덕형(李德馨)이 아니다.

"한 괘의 상(象)으로 말하면 위는 화(火)이고 아래는 택(澤)이므로 서로 어긋나는 듯하기는 하나, 괘재(卦才)로 보면 바야흐로 어긋날 때 육오(六五)가 유(柔)로서 존위(尊位)에 있으니, 유순하고 밝은 상이 있으므로 천하의 큰일을 성취하지는 못하더라도 작은 일에는 길한 것입니다"

상이 일러 말했다.

"이 괘는 비괘(否卦)와 어떠한가?"

이덕형이 아뢰었다.

"비(否)는 천지(天地)이고 규는 수화(水火)인데, 어긋나는 것은 같습니다."

상이 일러 말했다.

"그렇겠다."

이덕형이 아뢰었다.

"규괘는 육삼(六三)이 음(陰)이고 구이(九二)가 강(剛)이므로 유암(柔暗)한 임금으로서도 강명(剛明)한 보좌가 있으니, 크게 성취하지는 못하더라도 작은 일은 길합니다. 대개 두 여자가 같이 살되 그 뜻은 같지 않으므로 서로 어긋나지만, 그 괘재(卦才)가 본디 선(善)하므로 작은 일은 이 때문에 길한데, 작은 일은 공씨(孔氏-공영달(孔穎達))가 말한 의복·음식 같은 것이고 큰일은 군사를 일으키고 무리를 움직이는 따위이니 과연 성취하기 어렵습니다. 그러나 천하의 일은 오직 군신상하(君臣上下)가 정성을 다하고 힘을 합하는 데 달려 있을 뿐이니, 어찌 성취하지 못한다고 근심할 수 있겠습니까."

상이 일러 말했다.

"규는 서로 어긋나는 뜻으로서, 사람의 한 몸으로 말할 때 위는 화이고 아래는 택이 돼 서로 돕지 못하면 병이 생길 것이니 서로 어긋나면 과연 좋지 않을 것이다."

이덕형이 아뢰었다.

"수화(水火)가 서로 등져 함께 있어도 마음을 달리하는 것이 규입니다. 임금이 규에 처하는 도리를 모르고 변통하는 의리를 생각하지 않으면 천지 만물이 마침내 어긋나게 되니, 이 때문에 성군 명주(聖君明主)는 반드시 어긋나는 것을 합하는 도리를 알아 변통할 수 있어야 합니다."

이호민이 아뢰었다.

"역도(易道)는 이합(離合)하고 변통하는 것입니다. 그러므로 인사(人事)가 지극히 합하는 것이 가인(家人)이고, 합하는 것이 극진하면 반드시 떠나므로 이 규괘가 가인괘 다음에 있는 것입니다. 대개 가도(家道-집안의 도리)는 궁(窮)하면 반드시 합하고 합하면 반드시 궁해집니다."

상이 일러 말했다.

"궁은 극(極)이다. 천지의 도리가 극진하면 반드시 떠나니, 가도가 극진히 합하면 반드시 어긋나게 되는 이치가 있을 것이다. 또 괘를 배치한 차례는 성인(聖人)이 자연히 그렇게 하게 된 것인가, 그 사이에 뜻이 있는 것인가? 64괘(六十四卦)가 서로 전수된 것과 그 효사는 반드시 그렇게 하려고 하지 않았는데도 저절로 그렇게 된 것인가, 아니면 소견이 있어서 그렇게 한 것인가?"

이호민이 아뢰어 말했다.

"음양의 소장(消長)에는 절로 그 도리가 있으니, 현묘하여 알기 어려운 가운데 자연히 밝게 드러나는 것이 성인의 묘한 경지입니다."

이덕형이 아뢰어 말했다.

"음양이 소장하는 도리로 보면 성인이 괘를 나눈 것은 저절로 그렇게 된 듯하기는 하나, 반드시 깊은 뜻이 있을 것입니다."

상이 일러 말했다.

"규(睽)의 '근본이 같다'라는 것은 무슨 뜻인가?"

이덕형이 아뢰어 말했다.

"규는 같으면서 서로 어긋나는 것이니, 근본이 같다고 말한 것입니다."

상이 일러 말했다.

"그렇다면 규는 본디 같다가 뒤에 어긋나는 것이다. 처음부터 서로 어긋나면 규가 아니다."

이덕형이 아뢰었다.

"중녀(中女)와 소녀(少女)가 처음에는 같이 있으나 자라면 각각 제 갈 데로 가므로 서로 어긋나는 것인데, 대개 부인이 시집가는 것을 귀(歸)라고 하니 이것이 어긋나게 되는 까닭입니다."

이덕형(李德馨)이 아뢰어 말했다.

"화(火)·택(澤)의 성질은 서로 이길 수 없으므로 두 여자가 같이 살면 처음에는 서로 화평한 뜻이 있으나 어긋나 나뉜 뒤에는 서로 배반하는 뜻이 없을 수 없는데, 성인이라야 처음에도 같지 않음이 없고 어긋난 후에도 합쳐지지 않음이 없다는 것을 압니다. 사람의 몸으로 말하면 그 바른 도리를 따라야 강유(剛柔)가 중도에 맞아서 이 때문에 몸이 편안하고 일이 성취되는 것입니다. 이것이 성인의 화동(和同)하는 도리인데, 제(齊)나라의 신하 안자(晏子-안영(晏嬰))도 이것을 상세히 논했습니다. 그러나 군자의 도리는 구차하게 같이할 수는 없는 것이므로, 반드시 그 구차하게 같이할 수 없는 도리를 구한 후라야 극진해집니다."

이호민이 아뢰었다.

"구차하게 같이하면 굳센 뜻이 없으므로 마침내 반드시 떠납니다. 대체로 천하의 선(善)은 한가지이니, 도리를 따르면 같지 않을 리가 없을 것입니다."

상이 일러 말했다.

"이 말은 옳다. 소견이 밝지 않으면 다른 것을 같다 하고 같은 것을 다르다 할 것이다. 반드시 식견이 있고서야 이런 어긋남이 없을 수 있으니, 옛사람은 식견을 먼저 힘썼다."

공자의 「상전」을 살펴볼 차례다. 그중에 규괘를 총평한 「대상전」이다.

위는 불이고 아래는 못인 것이 규(睽)(가 드러난 모습)이니, 군자는 그것을 갖고서 같이하면서도 다르게 한다[上火下澤睽 君子以 同而異].

◉

정이는 이것이 『중용』에 나오는 화이불류(和而不流), 즉 '조화로우면서도 지나친 데로 흐르지 않고[和而不流]'라고 보았다. 여기서 유(流)를 자기 주관 없이 여기저기 휩쓸린다고 풀 경우 『논어』 「자로」편에 나오는 '화이부동(和而不同)'의 동(同)에 가깝다. 이에 대해서는 『춘추좌씨전』에 나오는 다음 이야기가 정확한 풀이를 대신할 수 있다.

제(齊)나라 경공(景公)이 사냥에서 돌아오자 안자(晏子-안영)가 천대(遄臺)에서 임금을 모셨다. (그때) 자유(子猶-제나라의 대부)가 말을 달려왔다. 경공이 말하기를 "오직 자유만이 나와 기분이 화합한다[和]"라고 하니, 안자가 대답하기를 "자유는 경공께 또한 기분을 같게 하는 것[同]일 뿐인데, 어찌 이것이 화합이 될 수 있겠습니까"라고 했다. 이에 경공이 "화(和)와 동(同)이 다른가?"라고 하니 안자는 이렇게 대답했다.

"다릅니다. 화(和)란 국을 끓이는 것과 같아서, 물·불·초·젓갈·소금·매실에다 삶은 생선이나 고기를 넣고 나무로 불을 때서 요리사가 그것들을 조화시켜 맛을 고르게 하여, 모자라는 것은 더 넣고 많은 것은 덜어내어 국을 만듭니다. 그런 뒤에 군자는 이를 먹고는 기분 좋아 마음을 화평하게 가집니다. 임금과 신하 사이도 그러합니다. 임금이 옳다고 한 것도 그것이 잘못됐으면 신하가 그 잘못을 말씀드려 옳게 만들어나가고, (반대로) 임금이 그르다고 한 것도 그것이 옳으면 신하가 그 옳은 것을 말씀드려 틀린 것을 고쳐나가야 합니다. 이렇게 해야 정치가 공평해져서 서로 충돌이 없고 백성도 다투는 마음이 없어집니다. 그러므로 『시경』에 이르기를 '또한 조화된 맛의 국이 있어, 이미 경계하고 이미 고르게 했네'라고 했습니다. 그런데 지금 자유는 그렇지 않아, 임금이 옳다고 하면 자신도 옳다고 하고 임금이 그르다고 하면 자신도 그르다고 하니, 이는 마치 물에 물을 더 타는 격이니 누가 그 음식을 먹겠으며, 거문고의 조화가 없는 한 가지 소리만 켜는 것과 같은 격이니 누가 그 소리를 듣겠습니까? (화(和)와 동(同) 중에서) 동(同)이란 것이 옳지 않음이 이와 같습니다."

규괘의 여섯 효[六爻](육효)에 대한 주공의 말을 풀이한 공자의 「소상전」이다.

(초구(初九)는) 미워하는 사람일지라도 만나보는 것은 허물을 피하기 위함이다[見惡人 以辟咎也](견오인 이피구야).

(구이(九二)는) 골목에서 (몰래) 군주를 만나는 것은 아직 도리를 잃은 것은 아니다[遇主于巷 未失道也](우주우항 미실도야).

(육삼(六三)은) 수레가 뒤로 끌리는 것은 자리가 마땅하지 않기 때문이요, 시작은 없지만 마침은 있는 것은 굳센 사람을 만나기 때문이다[見輿曳 位不當也 无初有終 遇剛也](견여예 위부당야 무초유종 우강야).

(구사(九四)는) 서로 믿음을 나누니 허물이 없는 것[交孚无咎](교부무구)은 뜻이 행해지기 때문이다[交孚无咎 志行也](교부무구 지행야).

(육오(六五)는) 그 종파(宗派)가 살을 깨물듯이 하면 어떤 일을 해도 경사가 있다[厥宗噬膚 往有慶也](궐종서부 왕유경야).

(상구(上九)는) 비를 만나면 길한 것은 모든 의심이 없어진다는 것이다[遇雨之吉 群疑亡也](우우지길 군의망야).

◉

규괘의 맨 아래 첫 양효에 대해 공자는 "미워하는 사람일지라도 만나보는 것은 허물을 피하기 위함이다"라고 풀었다. 어그러지는 때의 초구의 처지를 보자. 양강의 자질로 양의 자리에 있고, 구이와는 친하지 않고, 구사와도 호응 관계가 아니다. 이것만 봐도 그다지 좋지 않다. 그런데 주공의 효사는 첫머리에서 '뉘우침이 없어지니'라고 했다. 이유를 정이는 이렇게 풀이한다.

> 뉘우침이 없어지는 까닭은, 구사가 위에 있는데 또한 강양의 자질로 대립하고 괴리돼 함께하지 못하지만 자연스럽게 같은 동료로서 서로 합했으니, 둘 다 같은 양효로 함께 (상하 각 괘의) 아래에 있고 또 서로 호응하는 자리에 해당하기 때문이다. 두 양효는 원래 서로 호응하는 자가 아니지만 어그러지는 때에 있기 때문에 서로 화합하는 것이다.

일의 이치[事理]보다 일의 형세[事勢]가 지배하는 국면이다. 정이의 풀이가 이어진다.

> 말이란 타고 가는 것이고 양(陽)의 성질이란 위로 나아가는 것인데, 어그러지는 때에 홀로 함께 연대하는 자가 없어 앞으로 나아갈 수가 없으니 이것이 '말을 잃고서'다. 그러나 구사가 함께 합치하면 나아갈 수 있으니, 이것이 말을 쫓아가지 않아도 말을 다시 얻는 것이다. 미워하는 사람이란 자신의 뜻과 어긋나 차이가 있는 자다. 만난다는 것은 서로 통하는 것이다. 어그러지는 때에 다움을 함께하는 자는 서로 연대하지만, 소인으로서 뜻이 어긋나 차이가 나는 자가 매우 많으니, 만일 자신이 미워하는 사람을 모두 버리고 절교한다면 세상의 거의 모든 사람이 군자와 원수가 되지 않겠는가?

그러니 이럴 때는 불필요하게 많은 사람과 등을 돌려 그로 인한 허물이 생겨나게 해서는 안 된다. 공자가 "미워하는 사람일지라도 만나보는 것은 허물을 피하기 위함이다"라고 한 것은 바로 그 점을 말한 것이다.

조선의 세종이 장인을 죽게 하고 처가를 초토화시킨 정승 유정현(柳廷顯, 1355~1426)을 대한 태도에서 그 전형적인 사례를 찾을 수 있다. 유정현은 동시에 양녕대군을 세자에서 폐할 때 앞장서서 충녕대군을 세워야 한다고 주장했던 인물이기도 하다.

유정현은 고려 말에 음보로 사헌규정(司憲糾正)을 거쳐 전라도안렴사·좌대언 등을 역임했다. 이어 1394년(태조 3년)에 상주목사로 발탁됐다. 이후 계속해 예조판서·대사헌·이조판서·병조판서 등 요직을 거친 뒤 1416년에 좌의정이 됐으며, 얼마 지나지 않아 영의정에 임명됐다. 1419년(세종 1년) 대마도를 정벌할 때는 삼군도통사에 임명됐고, 1426년에 다시 좌의정에 임명됐으나 신병을 이유로 사퇴하고 이로부터 4일 만에 세상을 떠났다.

세종의 장인 심온(沈溫)은 죽어서도 '중죄인'이었다. 아버지 태종이 세상을 떠나고 이제 자신이 전권을 행사할 수 있는 왕위에 있음에도 불구하고 처갓집 문제에 대해 아무런 조처도 취하지 못했다. 이런 상황은 상당 기간 계속된다. 왜 그랬던 것일까? 결론부터 말하면 아버지의 충복이면서 택현론(擇賢論)을 제기해 세종이 왕위에 오르는 데 결정적인 기여를 했던 유정현 때문이다. 유정현은 의금부제조를 맡아 심온 사건의 조사를 주도한 장본인의 한 명이기도 하고, 심지어 세종의 부인인 소헌왕후를 폐비시켜야 한다고 주창했던 인물이다. 그런데도 세종은 유정현을 계속 좌의정·영의정 자리에 남겨두었다. 아니, 남겨두어야 했는지 모른다. 여기서 세종 특유의 은근과 끈기의 정치력이 드러난다.

세종 8년 5월 15일 유정현이 세상을 떠난다. 유정현의 졸기 중에 "정치를 함에 가혹하고 급해 용서함이 적었다"라는 평은 심온 가족의 처리 문제를 둘러싼 그의 처사를 지적한 것인지 모른다. 그로부터 이틀 후 세종은 기다렸다는 듯이 대신들을 불러 아주 조심스럽게 심온의 아내이자 세종의 장모인 안씨의 천인 신분을 면하게 해주는 문제를 논의한다. 장장 4년을 기다린 것이다. 그로 인해 조정은 화합의 기반을 다질 수 있었다. 세종은 규괘의 초구에 담긴 지혜를 실천한 것이라 할 수 있다.

규괘의 밑에서 두 번째 양효에 대해 공자는 "골목에서 (몰래) 군주를 만나는 것은 아직 도리를 잃은 것은 아니다"라고 풀었다. 구이는 위의 육삼과 친하고 또 육오와는 호응 관계다. 그런데 앞서와 마찬가지로 어그러지는 때는 오히려 이것이 좋지 않다. 특히 임금 육오와는 호응하기보다 서로의 다른 다움이 더 크게 부각된다. 음유한 육오는 양강의 자질을 가진 구이를 부담스러워하는 것이다.

그럼에도 뛰어난 자질의 구이는 이 어그러진 상황에서 임금과 뜻을 합쳐 풀어야 하는 과제를 어깨에 지고 있다. 정이의 풀이다.

골목이란 구불구불하고 복잡한 길이다. 그래서 완곡하고 곡진한[委曲 위곡] 방도로 서로의 뜻을 구하고 만나기를 기대해서 함께 연대해 합치해야 한다. 그러나 이것이 뜻을 굽히고 도리를 꺾으면서 비굴하게 아부하라는 것은 아니다.

공자가 "아직 도리를 잃은 것은 아니다"라고 한 것도 도리를 굽혀가면서까지 임금과 뜻을 합치려 해서는 안 된다는 점을 강조한 것으로 보인다. 이는 정조(正祖)와 정약용(丁若鏞, 1762~1836)의 만남을 연상시킨다. 『문화원형백과』(한국콘텐츠진흥원)에 실린 두 사람의 관계다.

조선 후기 실학을 집대성한 정약용(丁若鏞)은 정조 시대 청년기에 벼슬에 나가 정조의 깊은 총애를 받아 임금의 측근에 있었으나, 보수 집권 세력인 노론 벽파(僻派)의 공격에 시달리며 순탄치 못한 관료기를 보내게 된다. 그를 신임하고 총애했던 정조의 갑작스러운 죽음과 함께 그의 정치 생명도 끝이 나고, 결국 서학(西學) 문제로 인해 1801년 신유사옥(辛酉邪獄)으로 18년간의 유배기를 보내게 된다.

정조보다 10세 연하인 정약용이 정조를 처음 만난 것은 22세에 회시(會試)에 생원으로 합격한 후 창덕궁 선정전(宣政殿)에 나가 임금에게 사은(謝恩)의 예를 올릴 때였다. 이후 정약용이 정조의 눈에 들게 된 것은 성균관 태학생 시절이었다. 정조가 성균관 유생에게 제시한 『중용(中庸)』에 관한 70개 조의 질문에 대해 정약용은 이벽과 토론을 거쳐 「중용강의(中庸講義)」라는 답안을 제출했고, 정조는 경연 석상에서 정약용의 답안을 극찬했다. 이외에도 정약용은 정조가 친히 낸 과제마다 우수한 답안을 제출하여 정조로부터 많은 칭찬을 받았고, 정조는 상으로 규장각에서 찍은 서적으로 최고 수준의 문장을 모은 『팔자백선(八子百選)』, 국가 기본 법전인 『대전통편(大典通編)』, 국왕의 행적을 기록한 『국조보감(國朝寶鑑)』, 『병학통(兵學通)』을 친히 하사했다.

정조 12년(1788) 2월부터 정조 17년(1793년)에 이르는 기간은 남인 채제공이 우의정에 기용되며 노론·소론·남인의 보합 체제가 출현하여 정조의 정책에 우호적인 시파(時派) 우위 정국이 전개되던 때로, 남인 세력의 정계 진출이 활발하던 시기였다. 더욱이 정조 14년(1790) 9월부터 15년 12월까지 남인계의 영수 채제공의 독상 체제(獨相體制)가 이어지면서 정조는 그동안 구상해왔던 개혁을 시도했다. 그리하여 신해통공의 실시, 서얼허통의 진전,

현륭원 이장, 수원 읍치 조성, 내·외영 체제로 장용영 정비, 토지 개혁론 및 노비제 개혁 논의 등이 추진됐다.

정조는 이러한 개혁 추진을 위한 기반으로 신진 관료 가운데 우수한 인재를 당색이나 문벌에 관계없이 초계문신으로 선발하여, 왕이 규장각에서 직접 지도·재교육해서 탕평 정치를 보좌할 실력 있는 관료 집단을 양성하고자 했다. 실제로 정조는 10회에 걸쳐 138명의 초계문신을 직접 선발했고, 이들 중 반 이상이 정3품 당상관인 승지 이상의 고위 관직에 진출했다. 바로 이 시기에 정약용은 28세 때인 정조 12년(1789) 3월 전시(殿試)에 2등으로 합격하여 벼슬길에 나가게 된다.

일찍이 정약용을 인재로 알아본 정조는 정약용이 과거에 합격한 해에 초계문신에 임명했다. 정약용은 규장각에서 내준 과제에서 여러 차례 장원했고, 「문체책(文體策)」에서 패관잡설(稗官雜說)의 폐단을 지적하며 개혁을 요구하고 「인재책(人才策)」에서는 신분과 지방색에 따른 인재 등용의 제한을 비판하며 인재 사용에서 전문성과 자질의 중시를 요구하는 등 혁신적 정책을 제시하여 정조의 기대에 부응했다. 정약용을 깊이 신임하고 총애한 정조는 종7품 희릉직장(禧陵直長)으로 관료 생활을 시작한 정약용을 여러 내직을 거쳐서 정조 19년(1795)에 승정원 동부승지에 임명하여 정3품 당상관으로 승진시키고, 같은 해 2월에는 다시 병조참의에 임명하여 화성의 현륭원 행차에 배행하게 한다.

또한 정조는 정조 13년(1789) 현륭원 능행을 위해 한강에 설치할 주교(舟橋)의 설계를 정약용에게 명령했고, 이에 정약용이 제출한 제안이 그대로 시행되는 큰 성과를 이루었다. 이러한 정약용의 기술적 역량은 화성 축성에서 다시 발휘됐다. 정조가 정조 17년(1793)에 화성 설계를 정약용에게 명령하니, 정약용은 윤경의 보약(堡約)과 유성룡(柳成龍)의 성제(城制)를 종합하면서 독창성을 발휘한 선진화된 성제를 지어 올리고 아울러 정조로부터 하사받은 『도서집성(圖書集成)』과 『기기도설(寄器圖說)』을 연구해 「기중가도설(起重架圖說)」을 지어 올림으로써 화성 축조에 기중기를 사용하여 4만 냥의 공사비를 줄일 수 있었다.

그러나 정약용은 정조의 깊은 신임을 받으면서도 반대파로부터 공격에 시달렸는데, 그가 남인 출신인 데다 정조의 친왕 세력의 대표자로서 자신의 정치적 후원자였던 채제공(蔡濟恭)과 통혼 관계[137]에 있었으며 정약용 자신을 포함하여 그의 집안이 서학과 밀접한 관련이 있었기 때문이다. 조선 최초의 세례자인 이승훈(李承薰), 천주교 공동체를 조직했던 이벽(李檗)이 정약용과 인척 관계였고, 그의 형인 약전(若銓)과 약종(若鍾)도 천주교를 받아들였다. 또한 외종형인 윤지충(尹持忠)은 진산사건(珍山事件, 1791)의 당사자였다.

정조 15년(1791)의 진산사건과 정조 19년(1795) 주문모(周文謨) 신부의 변복 잠입 사건 등 서학 관련 사건으로 노론 벽파가 채제공계 남인 세력에 대한 공격을 계속하자 정조는 반대파의 공격을 완화시키기 위해 1795년 7월 정약용을 종6품 금정찰방으로 좌천시켰다. 그러나 정조는 이듬해 10월 정약용에게 이만수(李晩秀), 박제가(朴齊家) 등과 『사기영선(史記英選)』을 교정하도록 명령했고, 12월에는 병조 참지(參知)를 거쳐 좌부승지로 승진시켰다. 정조 21년(1797) 봄에는 『춘추경전(春秋經傳)』, 『두시(杜詩)』, 『육시(陸詩)』 등을 교정하게 하고, 같은 해 6월 다시 승정원 동부승지에 제수했다. 이에 정약용은 극심해지는 반대파의 비난에서 벗어나기 위해 사직 상소를 올렸고, 비방이 계속되자 정조는 이를 피하기 위해 정약용을 황해도 곡산부사로 나가게 했다.

정조 23년(1799) 4월 곡산부사로 있던 정약용을 다시 병조참의로 조정에 불러들이고 이어 형조참의에 제수하자 다산에 대한 반대파의 시기와 공격은 더욱 거세졌다. 결국 정약용은 39세인 1800년 봄 벼슬을 버리고 고향 마재로 돌아가게 된다. 그러자 정조는 다시 정약용을 불러들여 규영부에서 교정하는 일에 종사하게 했다. 그러나 같은 해 6월 정조의 갑작스러운 서거로 이것이 정약용에 대한 정조의 마지막 부름이 됐고, 정약용의 정치적 역정도 끝을 맺게 됐다. 결국 서학 문제로 인해 순조 1년(1801) 신유사옥(辛酉邪獄)으로 18년간의 유배기를 보내게 된다.

규괘의 밑에서 세 번째 음효에 대해 공자는 "수레가 뒤로 끌리는 것은 자리가 마땅하지 않기 때문이요, 시작은 없지만 마침은 있는 것은 굳센 사람을 만나기 때문이다"라고 풀었다. 육삼의 처지를 보면 음유한 자질로 양의 자리에 있으니 바르지 못하다. 한마디로 스스로 설 수 없다. 위와 아래에 모두 양효가 있는데, 보통 때 같으면 유비(有比)이지만 어그러지는 때는 위아래에서 압박을 받는 것이 된다. 그것이 '수레가 뒤로 끌리고 이에 소가 앞이 가로막히며'이다.

'그 사람이 머리가 깎이고 코가 베이는 것을 보니'라는 것은 중상(重傷)을 입은 것

---

137 채제공의 서자 채홍근과 정약용의 누이가 혼인했다.

이다. 그 이유에 대해 정이는 이렇게 풀었다.

> 육삼은 호응의 대상(상구)을 쫓아가려고 하는데 구사가 가로막고 못 가게 한다. 육삼은 비록 음유한 자질이지만 (양의 자리에 있어) 처신하는 것이 강해 그 뜻이 나아가려는 데 있다. 힘써 나아가다가 구사를 침범했으니 중상을 입은 것이다.

그래서 '시작은 없지만'이라고 했다. 그러나 오랜 시간이 흐르면 마침내 상구와 뜻을 합치게 되므로 '마침은 있다'라고 했고, 공자는 그래서 '굳센 사람을 만나기 때문'이라고 했다. 물론 그러려면 바른 도리를 버려서는 안 된다. 즉 초심(初心)을 잃지 않아야 고난 끝에 좋은 결말을 볼 수 있다는 말이다. 말 그대로 고진감래다. 조선 중기의 학자이자 정치가 노수신(盧守愼, 1515~1590)의 생애는 규괘의 육삼 그 자체라 하겠다.

그는 1531년(중종 26년) 당시 성리학자로 명망이 있었던 이연경(李延慶-이준경의 사촌 형)의 딸과 결혼해 그의 문인이 됐다. 27세 때인 1541년(중종 36년) 당대 명유(名儒)였던 이언적에게 배우고 학문적 영향을 받았다. 1543년 문과에 장원급제한 이후 전적(典籍)·수찬(修撰)을 거쳐 1544년 시강원사서(侍講院司書)가 되고, 같은 해 사가독서(賜暇讀書-휴가를 얻어 독서에 전념함)했다. 인종 즉위 초에 정언이 돼 대윤(大尹)의 편에 서서 이기(李芑)를 탄핵해 파직시켰으나, 1545년 명종이 즉위한 뒤 소윤(小尹) 윤원형이 을사사화를 일으키자 이조좌랑의 직위에서 파직돼 1547년(명종 2년) 순천으로 유배됐다. 그 후 양재역벽서사건(良才驛壁書事件)에 연루돼 죄가 가중됨으로써 진도로 이배돼 19년간 귀양살이를 했다.

유배 기간 동안 이황·김인후(金麟厚) 등과 서신으로 학문을 토론했고, 진백(陳柏)의 「숙흥야매잠(夙興夜寐箴)」을 주해했다. 이 주해는 뜻이 정교하고 명확해 사림 사이에 전해지고 암송됨으로써 명성이 전파됐다. 또한 『대학장구(大學章句)』와 『동몽수지(童蒙須知)』 등을 주석했다. 1565년 다시 괴산으로 이배됐다가 1567년 선조가 즉위하자 풀려나 교리(校理)에 기용되고, 이어서 대사간·부제학·대사헌·이조판서·대제학 등을 지냈다. 1573년(선조 6년) 우의정, 1578년 좌의정을 거쳐 1585년에는 영의정에 이르렀다. 1588년 영의정을 사임하고 영중추부사(領中樞府事)가 됐으나, 이듬해 10월 정여립(鄭汝立)의 모반 사건으로 기축옥사가 일어나자 과거에 정여립을 천거했다는 이유로 대간(臺諫)의 탄핵을 받고 파직됐다.

그는 온유하고 원만한 성격으로 인해 사림의 중망을 받았으며, 특히 선조의 지극한 존경과 은총을 받았다. 그의 덕행과 업적의 성과는 매우 다양해 왕과 백성과 많은 동료에게 영향을 주었다. 그가 진도에 귀양 갔을 때, 그 섬 풍속이 본시 혼례라는 것이 없고 남의 집에 처녀가 있으면 중매를 통하지 않고 칼을 빼 들고 서로 쟁탈했다. 이에 예법으로써 섬 백성을 교화해 마침내 야만의 풍속이 없어졌다고 한다.

규괘의 밑에서 네 번째 양효에 대해 공자는 "서로 믿음을 나누니 허물이 없는 것[交孚无咎(교부 무구)]은 뜻이 행해지기 때문이다"라고 풀었다. 구사의 처지는 양강의 자질로 음의 자리에 있어 자리가 바르지 못하고 위아래 모두 음효다. 이 또한 어그러지는 때에는 친함이 아니라 가까이에서 압박이 있는 것이다. 그래서 외롭다고 한 것이다. 다만 초구와 다움[德(덕)]이 같아 함께 어그러진 상황을 헤쳐나간다. 훌륭한 남편을 만났다는 것은 초구와의 만남을 가리키는데, 좋은 선비[善士(선사)]와 뜻을 합쳤다는 말이다. 그러니 주공은 상황 자체는 여전히 위태롭지만, 허물이 없다고 했는데 공자는 이를 "서로 믿음을 나누니 허물이 없는 것[交孚无咎(교부 무구)]은 뜻이 행해지기 때문이다"라고 풀어냈다. 주공의 효사보다 좀 더 나아간 것이다. 이는 주공이 소공(召公)과 함께 뜻을 합쳐 관숙(管叔)과 채숙(蔡叔)의 반란을 꺾고 성왕(成王)을 보필해 태평을 이뤄낸 일과 합치한다. 한나라 초기 여씨들이 전횡할 때 주발과 진평(陳平)이 뜻을 합쳐 여씨들을 주살하고 문제(文帝)를 추대한 일도 여기에 속한다고 할 수 있다.

규괘의 밑에서 다섯 번째 음효에 대해 공자는 "그 종파(宗派)가 살을 깨물듯이 하면 어떤 일을 해도 경사가 있다"라고 풀었다. 육오는 처지로만 보면 음유의 자질로 굳센 자리에 있어 뉘우침이 있는 상황이다. 그러나 아래에 구이라는 뛰어난 이가 호응해 보필하니, 주공은 효사에서 '뉘우침이 없어지니'라고 했다. 그 종파란 바로 이 구이를 가리킨다. '살을 깨물듯이 하면'이란 구이와 깊은 신뢰 관계를 맺는다는 뜻이다. 이렇게 되면 아무리 어그러진 상황일지라도 일을 추진하면 좋은 결과가 있을 수밖에 없다. 무엇보다 윗사람이 아랫사람을 믿어주는 것이 중요하다. 유비(劉備)의 아들 유선(劉禪, 207~271)[138]이 어둡고 허약한 자질임에도 중흥(中興)의 기운을 보일 수 있었던 것은 제갈공명(諸葛孔明, 181~234)[139]의 보필이 있었기 때문이라고 정이는 말한다.

규괘의 맨 위에 있는 양효에 대해 공자는 "비를 만나면 길한 것은 모든 의심이 없어진다는 것이다"라고 풀었다. 원래 주공의 효사는 상당히 길다.

어그러져 외로워서 돼지가 진흙을 뒤집어쓴 것과 수레에 귀신이 가득 실려 있는 것을 본다. 먼저 활줄을 당기다가 뒤에는 활줄을 풀어놓는데. 이는 도적이 아니라 혼인하는 것이니 가서 비를 만나면 길하다[睽孤 見豕負塗 載鬼一車 先張之弧 後說之弧 匪寇 婚媾 往遇雨 則吉].
규 고 견시부도 재귀일거 선장지호 후탈지호 비구 혼구 왕우우 즉길

어그러지는 때의 상구는 양강의 자질로 음위에 있어 자리가 바르지 않다. 그러나 맨 위에 있다는 점에서 굳셈이 가장 지극하고, 또 밝음을 나타내는 이괘(離卦)의 맨 위에 있으니 눈 밝음[明]이 지극한 것이다. 정이의 풀이가 곡진하다.
명

어그러짐이 지극하면 어그러져 화합하기가 어렵고, 굳셈이 지극하면 조급하고 서둘러서 현

---

138 후주(後主)라고도 불린다. 유비(劉備)의 적자. 장남으로 219년에 유비가 한중왕이 되면서 황태자로 삼았다. 감부인의 소생으로 조운(趙雲)이 당양 장판교에서 품에 안고 달려 아기를 구출해 유비에게 데려가자 유비가 땅에 내던지며 너 때문에 귀중한 장수를 잃을 뻔했다고 고함친 아기가 바로 유선이다. 장무 3년 4월에 유비의 뒤를 이어 황제가 되었고, 황후로는 장비의 딸이 간택됐다. 재위 당시 유선의 나이가 어려 국정은 제갈량(諸葛亮)이 보필했으며, 이후 234년 제갈량이 사망하자 동윤(董允)·장완(蔣琬)·비의(費禕)·강유(姜維) 등 중신들이 국정을 맡았다. 재위 후기에 환관 황호(黃皓)를 총애해 점차 환락에 빠져들어 부패 정치를 초래했다. 263년 위나라 등애(鄧艾)가 기습 공격해오자 촉나라는 위기에 몰리게 됐고, 아들 유심(劉諶)이 끝까지 항전할 것을 주장했지만 결국 신하 초주의 권유로 위나라에 항복했다. 그는 등애에게 항복하고 낙양으로 이주해 안락공(安樂公)으로 봉해졌고, 남은 인생을 편안하게 살다 271년에 사망했다. 『삼국지연의』에는 유선이 아둔하고 어리석은 군주로 그려지며 환관 황호를 총애해 나라를 망쳤다고 전해진다. 『삼국지(三國志)』「촉서(蜀書)」편에서는 "유선은 현명한 승상에게 정치를 맡겼을 때는 도리를 따르는 군주였지만, 환관에 미혹됐을 때는 우매한 군주였다"라고 했다.

139 이름은 량(亮)이며 공명(孔明)은 자다. 후한 말기에 난을 피해 융중(隆中)에 가서 직접 농사짓고 책을 읽으면서 스스로 관중(管仲)과 악의(樂毅)에 비견했는데, 와룡(臥龍)이라는 소리를 들었다. 건안(建安) 12년(207) 유비가 신야(新野)에 주둔했다가 삼고초려(三顧草廬)하자 출사했고, 형주(荊州)와 익주(益州)를 차지해 서쪽으로는 오랑캐들과 화해하고 남쪽으로는 이월(夷越)을 달래면서 손권(孫權)과 손을 잡고 조조(曹操)를 공격할 것을 건의했다. 세력이 가장 약했던 유비를 도와 모사(謀士)가 돼 위나라, 오나라와 더불어 천하를 삼분(三分)한 뒤 통일을 꾀했다. 다음해 조조가 남쪽에서 형주를 다투자 오나라에 사신으로 가 손권과 함께 조조에 대항할 것을 결의하고, 적벽대전을 승리로 이끌어 유비가 형주를 차지하게 했다. 19년(214) 촉으로 들어와 성도(成都)를 도읍으로 정하고 군사장군(軍師將軍)에 임명돼 성도를 지켰다. 유비가 칭제(稱帝)하자 승상(丞相)에 임명돼 상서(尙書)의 일을 수행했다. 장비(張飛)가 죽고 난 뒤 사예교위(司隸校尉)를 통솔했다. 장무(章武) 3년(223) 유조(遺詔)를 받들어 유선을 보좌했고, 무향후(武鄕侯)에 봉해졌다. 정치의 크고 작음을 막론하고 모두 그의 손을 거쳐 시행됐다. 동쪽으로 손권과 화해하고 남쪽으로 여러 고을을 평정하면서 북쪽으로 중원(中原)을 다투어 여러 차례 출병해 위나라를 공격했다. 위나라 장군 사마의(司馬懿)와 위남(渭南)에서 대치하다 오장원(五丈原)전투에서 병으로 죽었다.

> 실을 상세하게 살피지 못하고, 밝음이 극에 이르면 지나치게 살펴서[過察] 의심이 많다. 상구는 육삼과 바른 호응 관계[正應]라 실제로는 외롭지 않은데, 그 재주와 성질이 이와 같아서 대립과 고립을 자초한다. 이런 사람에게는 친밀한 종파가 있다 해도 스스로 의심과 시기가 많아서 망령되이 어긋나고 대립하는 마음이 생기니, 골육과 종파 사이에 있더라도 늘 고독하다.
>
> 상구는 육삼과 바른 호응 관계에 있지만, 극한에 자리해 의심하지 않는 것이 없어서, 육삼을 '돼지가 진흙을 뒤집어쓴 것'으로 보니 매우 미워함을 알 수 있다. 매우 미워하게 되면 그가 죄악을 저질렀다고 의심해 마치 수레에 귀신이 가득하다고 착각한다. 귀신은 본래 형체가 없는 것인데 수레에 가득하다고 착각하는 것은 없는 것을 있는 것으로 여기는 것이니, 망령됨이 너무도 심하다.

그렇기 때문에 육삼에 대해 의심을 품고 '먼저 활줄을 당기다가 뒤에는 활줄을 풀어놓는데', 이는 도적인 줄 알았던 육삼이 자신과 혼인해야 할 상대임을 뒤늦게 깨달은 것이다. 음과 양이 서로 교제하면 비가 내린다. 드디어 상구와 육삼은 화합하게 되는 것이다.

우리는 동인괘 「대상전」에 대한 설명에서 사람을 살펴보는[省其私] 3단계를 『논어』「위정」편을 통해 살펴본 바 있다.

> (사람을 알고 싶을 경우) 먼저 그 사람이 행하는 바[所以=所爲=所行]를 잘 보고[視], 이어 그렇게 하는 까닭이나 이유[所由=所從]를 잘 살피며[觀], 그 사람이 편안해하는 것[所安=所存]을 꼼꼼히 들여다본다면[察] 사람들이 어찌 그 자신을 숨기겠는가?

그런데 '잘 보고 잘 살피며 꼼꼼히 들여다보는 것[視觀察]'에서 그쳐야지, 여기서 더 나아가게 되면 사람을 의심하는 지경[疑]에 이른다. 오히려 사람 보는 데 뛰어난 사람들이 쉽게 범하는 잘못이 있다. 소안(所安)을 보는 데서 만족하지 않고 더 들어가 보려는 것이다. 그것은 결국 의심하는 차원으로 나아가게 된다. 『신당서(新唐書)』다.

> 위징이 병들어 눕자 황상과 태자가 함께 그의 집에 갔고, 형산(衡山)공주를 지목해 그의 아

들 위숙옥(魏叔玉)과 결혼시키려 했다. 위징이 세상을 떠나자 황상은 스스로 비문을 지은 다음 아울러 돌에 새겼다.

위징은 일찍이 두정륜(杜正倫)과 후군집(侯君集)이 재상감이라 하여 천거한 적이 있는데, 두정륜은 죄에 걸려 축출됐고 후군집은 모반했다 하여 주살됐다. 이리하여 황상은 비로소 위징에 아첨하는 무리가 있는지에 대해 의심을 품고 있었는데, 또 위징이 자신이 간언으로 올렸던 글을 기거랑(사관) 저수량(褚遂良)에게 보여줬다는 말이 있자 황상은 더욱 불쾌해 했다. 마침내 위숙옥을 내쫓고 자신이 지었던 비석을 뽑아 넘어트렸다.

사람 보는 데 타의 추종을 불허했던 당 태종의 의심에 간사한 자들이 불을 지르자, 아무런 틈도 없을 것 같았던 태종과 위징 사이도 이처럼 갈라진 것이다. 임금이 의심을 품는 순간 아첨꾼들은 달려든다. 태봉을 세워 고려 건국의 기초를 닦은 궁예(弓裔)나 각종 개혁 조치를 통해 고려를 반석에 올렸던 광종(光宗)[140]이 그런 경우다. 궁예는 관심법(觀心法)으로 자신의 의심을 다스리려 했으나 결국 패망하고 말았고, 광종은 아들까지 의심하며 광기를 부린 끝에 수많은 친족과 신하를 죽였다. 과유불급(過猶不及)은 이럴 때 쓰는 말이다.

이상의 내용을 한마디로 총괄하는 것이 중국의 오래된 고사성어, "사람이 의심스럽거든 결코 쓰지 말고, 일단 썼으면 의심하지 말라[疑人莫用 用人勿疑](의인 막용 용인 물의)"일 것이다.

---

140 광종은 왕권 강화를 위해 끈기 있고 정력적으로 노력해 큰 성과를 거둔 왕이었다. 광종의 치세(治世)는 즉위~7년, 7~11년, 11~26년 등 세 시기로 나눌 수 있다. 첫째 시기에는 왕권 강화와 관련된 정책은 시행하지 않았다. 이에 따라 국내 정세는 평온한 상태를 유지할 수 있었다. 둘째 시기에는 호족 세력의 제거와 왕권 강화에 필요한 제도적인 조치를 취했다. 956년에 노비안검법(奴婢按檢法)을 실시했고 958년에는 과거 제도를 시행했다. 960년에는 백관의 공복(公服)도 제정했다. 이러한 조치들은 호족 세력의 반발을 불러일으키기도 했으나 광종은 철저한 탄압을 통해 강행시켜나갔다. 셋째 시기에 이르면 왕권 강화책에 반발하거나 장애가 되는 호족 세력에 대해 과감한 숙청을 단행했다. 사건의 발단은 960년에 평농서사(評農書史) 권신(權信)이 대상(大相) 준홍(俊弘), 좌승(佐丞) 왕동(王同) 등이 역모를 꾀한다고 보고한 것에서 시작했다. 광종은 즉시 이들을 귀양 보냈다. 『고려사』의 기록에 의하면 이 사건 이후 참소하고 아첨하는 무리가 기회를 얻어 충직하고 어진 사람을 모함하며 종이 그 상전을 고소하고 자식이 그 부모를 참소하는 행태가 벌어졌다고 했다. 감옥이 항상 가득 차서 따로 가옥(假獄)을 설치하게 됐으며, 죄 없이 살육당하는 자가 줄을 이었다고 했다. 당시 왕권 안정에 대한 광종의 집념은 매우 강렬해 호족 세력은 물론 골육(骨肉)과 친인척에 대한 경계도 게을리하지 않았으며, 한 번 의심이 가면 살육마저 주저하지 않았다. 그 결과 혜종과 정종의 아들마저 비명에 죽어갔다.

전반적으로 규괘의 상구에 해당하는 중국 인물로는 조조(曹操, 155~220)[141]가 있고, 우리 역사에서는 선조가 전형이다.

산은 높음을 마다 않고 바다도 깊음을 싫어하지 않는다네.

주공(周公)이 진심으로 뛰어난 선비들을 환대하니 천하 인심이 기울었다 하네.

한쪽에서는 영웅, 한쪽에서는 간신이라는 양극단의 평가를 받는 조조가 인재를 갈구하는 마음을 표현한 시다.

208년(건안 13년) 적벽전투에서 패배한 조조는 불타는 전쟁터를 지켜보며 "곽가(郭嘉)가 살아 있었더라면 내가 이 지경에 이르지는 않았을 텐데…"라며 크게 탄식했다고 한다. 곽가는 후한 말 천하가 어지러울 때 원소(袁紹)를 처음 만났는데 원소는 여러 면에서 요점이 부족하고 일을 꾸미기는 좋아하지만, 결단력이 없어서 큰일을 이루기는 어려울 것이라고 여겼다. 마침내 그를 떠나 순욱(旬彧)의 추천으로 조조에게 귀의해 섬겼다. 조조가 그를 사공군 좨주(司空軍祭酒)로 삼아 모주(謀主)로 많이 의지하니, 정벌에 나설 때마다 뛰어난 계책을 자주 건의했다. 조조는 그를 두고 "오직 곽가만이 나의 뜻을 잘 안다"라고 말하곤 했다. 그러나 적벽전투 1년 전에 병으로 세상을 떠났다.

이 패배로 인해 조조는 '유재시거(惟才是擧)', 즉 오직 능력만으로 인재를 뽑아 쓴다는 신념을 더욱 굳혔다. 이렇게 해서 210년 그의 유명한 구현령(求賢令)이 나왔으니, 천하의 뛰어난 인재를 구하는 명령이라는 뜻이다. 『삼국지』 위서(魏書) 무제기(武帝紀)의 기록이다.

---

141 본성은 하후(夏侯)씨고, 조숭(曹嵩)의 아들이다. 어릴 때부터 권모술수에 능했고, 나이 스물에 효렴(孝廉)으로 천거돼 낭(郎)이 됐다가 돈구령(頓丘令)으로 옮겼다. 기도위(騎都尉)가 돼 황건적(黃巾賊) 토벌에 공을 세우고 두각을 나타내 마침내 헌제(獻帝)를 옹립하고 종횡으로 무략(武略)을 휘두르게 됐다. 초평(初平) 3년(192) 연주목(兗州牧)이 돼 황건군의 항복을 유도해 정예병을 청주병(靑州兵)으로 편입시켰다. 화북(華北)을 거의 평정하고 나서 남하를 꾀했다. 건안(建安) 13년(208) 승상(丞相)이 되고, 손권과 유비의 연합군과 적벽에서 싸워 대패했다. 이후 세력이 강남(江南)에까지 미치지 못했다. 위왕(魏王)에 봉해졌다. 정치상의 실권은 잡았지만 스스로는 제위에 오르지 않았다. 연강(延康) 원년(220) 1월 낙양에서 죽었다. 문학을 사랑해 많은 문인을 불러들였고, 두 아들 조비(曹丕), 조식(曹植)과 함께 시부(詩賦)의 재능이 뛰어나 이른바 건안문학(建安文學)이 흥성해졌다.

> 예로부터 천명을 받아 창업하거나 나라를 중흥시킨 군주들은 모두 현인과 군자를 찾아내어 그들과 더불어 천하를 통치했다. 현명하고 유능한 인재가 여염집에서 나오는 것이 아닐진대 어찌 우연하게 서로 만날 수 있겠는가? 윗자리에 있는 사람이 찾아내어 기용하려 하지 않았기 때문이다.
> 지금 천하는 아직 불안하다. 이런 시기에는 더욱 뛰어나고 유능한 인재가 필요하다. (공자가 『논어』에서 말하기를) 춘추 시대 노나라 대부 맹공작(孟公綽)은 "조(趙)나 위(魏)(같은 큰 나라)의 가신은 너끈히 감당하지만 등(滕)이나 설(薛)(같은 작은 나라)의 대부는 감당할 수 없다"라고 했다. 만약 청렴한 선비가 있고 나서야 비로소 기용할 수 있는 것이라면 제나라 환공이 어찌 천하를 제패할 수 있었겠는가! 지금 천하에 남루한 옷을 걸치고 옥과 같은 청결하고 고상함으로 위수(渭水) 물가에서 낚시질을 일삼는 인물이 어찌 없겠는가? 또한 형수와 사통하거나 뇌물을 받았다는 오명은 받지 않았지만, 재능이 있으면서도 위무지(魏無知)의 추천을 받지 못한 인물이 어찌 없겠는가? 그대들은 나를 도와 신분이 낮은 사람들을 잘 살펴 추천하라. 오직 재능만이 기준이다. 나는 능력 있는 인물을 기용할 것이다.

맹공작에 대한 언급은 적재적소의 원칙을 밝힌 것이고, 제나라 환공은 청렴하지 못했던 관중(管仲)을 써서 천하의 패자(覇者)가 된 것을 언급한 것이며, 위수 물가에서 낚시하던 인물은 주나라 문왕이 찾아낸 강태공이고, 형수와 사통한 인물이란 한나라의 진평(陳平)이다. 위무지가 진평을 추천했는데, 당시 유방의 측근인 주발과 관영이 진평은 형수와 사통한 인물이라고 비판했다. 이에 유방이 위무지를 불러 꾸짖자 위무지는 "신이 말씀드린 것은 능력이요 폐하께서 물으신 것은 행실입니다. 그의 계책이 국가에 이로운가만을 살필 따름이지, 형수와 사통하거나 뇌물을 받은 것을 의심해서 무엇하겠습니까?"라고 답했다.

이 짧은 글에서 조조는 공자, 제나라 환공, 주나라 문왕, 한나라 유방의 지혜를 얻고 싶다는 간절함을 표현한 것이다. 다만 그는 남을 의심을 하는 병폐가 있었다. "의심스러운 사람은 쓰지 말고 일단 쓴 사람은 의심하지 말라"는 중국의 오랜 격언을 깊이 새기지 못해 큰 성공에 이르지는 못한 아쉬움이 있다.

선조에 대해서는 당시 신하들이 남긴 인물평이 흥미롭다. 선조가 왕위에 오르는 데 결정적인 역할을 했던 이준경(李浚慶)은 선조 5년(1572) 세상을 떠나며 선조에게 당부하는 네 가지 항목을 담아 차자를 올렸는데 그중 두 번째다.

> 둘째, 아랫사람을 대할 때는 위의(威儀)가 있어야 합니다. 신은 듣건대 "천자는 목목(穆穆-단정하고 엄숙한 모습)하고 제후는 황황(皇皇-활달하고 생기 넘치는 모습)하다"라고 했으니, 위의를 차리시는 일을 삼가지 않아서는 안 됩니다. 신하가 진언하는 경우에는 마땅히 너그러이 포용하여 예우해주셔야 합니다. 아무리 뜻에 거슬리는 말이 있더라도 때로 영기(英氣)를 드러내 주의를 환기하는 일은 있으실지언정, 사사건건 직설적으로 드러내면서 스스로 잘난 체하는 것을 아랫사람들에게 보여서는 안 됩니다. 계속 지금처럼 하신다면 백관이 맥이 풀려 수없이 터지는 잘못을 이루 다 바로잡지 못할 것입니다.

또 1575년(선조 8년)에는 홍문관 부제학 이이가 진덕수의 『대학연의』를 본떠서 『성학집요(聖學輯要)』라는 책을 지어 올렸는데, 그 서문에서 이이는 선조에게 이런 쓴소리를 하고 있다.

> 전하께서는 유달리 두드러지게 총명하고 지혜로우며 효도·우애·공손함·검소함을 천성으로 타고나셨습니다. 다만 임금님의 문제점을 말씀드리자면, 영특한 기질을 너무 드러내려고 하고 좋은 것을 받아들이는 도량이 넓지 못하여 쉽게 화를 내고 남을 이기기 좋아하는 사사로운 마음을 극복하지 못했습니다.
> 지금 전하께서는 선한 것을 지극히 좋아하시지만, 또한 선비들이 반드시 옳은 것은 아닐 것이라고 의심하시며, 악한 것을 깊이 미워하시지만, 또한 비열한 사람들이 반드시 그른 것은 아닐 것이라고 의심하십니다.

실제로 선조 7년(1574)에는 이런 일도 있었다. 선조의 나이 스물네 살이었다. 사간원 정언 김성일(金誠一, 1538~1593)[142]이 경연에 참석했다. 김성일은 이황의 제자였다.

---

142 일본에 파견됐다가 돌아와 일본이 침입하지 않을 것이라고 하여 왜란 초에 파직되기도 했다. 그러나 다시 경상도 초유사로 임명돼 왜란 초기에 피폐해진 경상도 지역의 행정을 바로 세우고 민심을 안정시키는 데 기여했다. 정치적으로는 동인(東人)에 가담해 1590년 정여립의 모반 사건에 연루돼 옥사한 최영경(崔永慶)의 신원(伸寃)을 위해

이날 선조는 경연관들에게 "경들은 나를 전대의 제왕에 비한다면 어느 임금과 견주겠느냐?"고 묻는다. 이에 어떤 이가 "요순 같은 성군"이라고 아부하자 보다 못한 김성일이 "전하는 요순(堯舜) 같은 임금이 될 수도 있고 걸주(桀紂) 같은 폭군이 될 수도 있습니다"라고 답했다. 선조의 얼굴이 일순간 일그러졌다. "어찌 한 사람이 요순도 될 수 있고 걸주도 될 수 있다는 말인가?" 이에 김성일은 다시 한번 선조의 고질적인 병통(病痛)을 날카롭게 찌른다. "전하께서는 천자(天資)가 고명하시니 요순 같은 성군이 되시기에 어렵지 않으나, 다만 신하가 옳게 간하는 말을 거부하시는 폐단이 있으시니 실로 염려되는 것입니다." 어느새 신하들을 데면데면하는 것이 습성이 돼버렸던 것이다. 김성일의 정곡을 건드린 말에 선조는 낯빛이 변하며 자리에서 일어섰다가 다시 앉았다. 신하들은 벌벌 떨고 있었다. 다행히 유성룡이 나서 김성일의 말은 임금을 사랑하는 취지에서 한 것이라고 해명해 별 탈 없이 넘어갈 수 있었다. 그러나 이것으로도 선조가 신하들의 직간(直諫)을 넉넉하게 수용하지 못한다는 것이 고스란히 드러났다.

선조는 강명(剛明)이라는 덕목 중에서 명(明-눈 밝음)은 갖췄으나 강(剛-한결같음)에는 문제가 많았다. 리더는 굳셈과 눈 밝음 두 가지를 함께 갖추지 않으면 안 된다.

39. 수산건(水山蹇)[143]

건(蹇)은 서남쪽은 이롭고 동북쪽은 이롭지 않으며, 대인을 만나는 것이 이롭고 반듯하면 길하다.

蹇 利西南 不利東北 利見大人 貞吉.[144]
건 이 서남 불리 동북 이 견 대인 정길

초륙(初六)은 가면 어렵고 오면 영예롭다[往蹇來譽].
왕건내예

육이(六二)는 왕의 신하가 어려움 속에서 더욱 어려운 것이니[蹇蹇], 자기 때문이 아니다
건건

서인(西人)의 영수 정철(鄭澈)을 규탄했으며, 그 후 동인이 남인과 북인으로 갈릴 때 유성룡·김우옹(金宇顒) 등과 입장을 같이해 남인을 이루었다.

143 문자로는 감상간하(坎上艮下)라고 한다.

144 이정(利貞)이 나온다.

[王臣蹇蹇 匪躬之故].

구삼(九三)은 가면 어렵고 오면 제자리로 돌아온다[往蹇來反].

육사(六四)는 가면 어렵고 오면 연대한다[往蹇來連].

구오(九五)는 큰 어려움에 처해 동지들이 온다[大蹇朋來].

상륙(上六)은 가면 어렵고 오면 여유로워[碩] 길하니, 대인을 만나보는 것이 이롭다[往蹇來碩 吉 利見大人].

◉

건괘(蹇卦)의 초륙(初六)은 양위에 음효로 바르지 못함[不正位], 육이(六二)는 음위에 음효로 바름[正位], 구삼(九三)은 양위에 양효로 바름, 육사(六四)는 음위에 음효로 바름, 구오(九五)는 양위에 양효로 바름, 상륙(上六)은 음위에 음효로 바름이다. 바르지 못한 효는 초륙 하나뿐이다. 이 괘의 경우 육이와 구오는 모두 중정을 얻었다. 규괘와는 효의 음양이 각각 다 반대인 착괘(錯卦) 관계다.

대성괘 건괘(䷦)는 소성괘 감괘(坎卦, ☵)와 간괘(艮卦, ☶)가 위아래에 있어 만들어진 괘다. 「설괘전」에 따르면 '비[雨=水=坎]로 윤택하게 하고' '간(艮-산)으로 오래 머물게 한다[止=久]'고 했다. 괘의 모양이 감(坎)이 위에 있고 간(艮)이 아래에 있다.

그러면 「서괘전」을 통해 왜 건괘가 규괘의 뒤를 이어받았는지 확인해보자.

> 이지러지면 반드시 어려움[難]이 있게 된다. 그래서 규괘의 뒤를 건괘(蹇卦)로 받았다. 건(蹇)이란 힘들다[難]는 말이다.
>
> 乖必有難. 故受之以蹇. 蹇者 難也.

어려움이란 모든 것이 막혀버린 곤경을 뜻한다. 수산건괘(水山蹇卦, ䷦)는 간괘(☶)가 아래에 있고 감괘(☵)가 위에 있다. 감(坎)은 험난함[險=難]이고 간(艮)은 그침[止]이다. 험난한 산이 앞을 가로막아 더는 나아가지 못하는 상(象)이다.

문왕의 단사(彖辭), 즉 "건(蹇)은 서남쪽은 이롭고 동북쪽은 이롭지 않으며, 대인을 만나는 것이 이롭고 반듯하면 길하다[利西南 不利東北 利見大人 貞吉]"에 대한 공자의 풀이[「彖傳」]를 살펴볼 차례다.

건(蹇)은 힘들다 혹은 어렵다[難]는 것이니, 험난함이 앞에 있어 험난함을 보고서 능히 멈출 수 있다면 이는 사리를 안다[知]고 할 수 있다. 건(蹇)은 서남쪽이 이롭다는 것은 가서 가운데를 얻었기[得中] 때문이요, 동북쪽은 이롭지 않다는 것은 그 도리가 궁벽함에 처하기 때문이다. 대인을 만나는 것이 이롭다는 것은 가서 공로가 있다는 것이요, 자리가 마땅하고 반듯해 길하다는 것은 나라를 바로잡는 것[正邦]이다. 건괘의 때와 쓰임[時用]이 크도다.

蹇 難也 險在前也 見險而能止 知矣哉.
건 난야 험 재전 야 견험 이 능지 지 의재
蹇利西南 往得中也 不利東北 其道窮也.
건 이 서남 왕 득중 야 불리 동북 기도 궁야
利見大人 往有功也 當位貞吉 以正邦也.
이 견 대인 왕 유공 야 당위 정길 이 정방 야
蹇之時用 大矣哉!
건 지 시용 대의재

◉

먼저 정이가 곤경의 의미를 풀이한다.

준(屯)이란 처음 시작할 때 어려워서 서로 통하지 않는 어려움이고, 곤(困)은 역량이 부족해서 겪어야 하는 궁색한 곤경이며, 건(蹇)은 바로 위험과 장애에 막혀서 곤란한 상황을 뜻하니, 그 뜻이 각기 다르다.

이어 「단전(彖傳)」을 풀어보자. 공자는 어려움 혹은 험난함을 보고서 능히 멈출 수 있다면 이를 지(知)라고 했다. 이는 논란의 여지가 없이 '사리를 안다'라는 뜻이다. 당연히 가서 일을 행해야 할 때 멈추고 머문다면 그것은 부지(不知), 즉 사리를 알지 못하는 것이다.

일반적으로 서남은 곤(坤)의 방위이기 때문에 땅처럼 순조롭고 평탄하며, 동북쪽은 간(艮)의 방위이기 때문에 산처럼 위험과 장애가 있다. 그런데 양효 구가 오의 위치에 자리해 중정의 지위를 얻었으니 이는 평탄한 곳을 얻는 것이므로 이로운 것이다.

반대로 동북쪽은 험하니 이롭지 않다.

이런 상황에서 바른 도리를 잘 지키게 되면 세상을 구원하는 지도자, 즉 대인을 만나보게 돼 나라를 바로잡을 수 있다는 것이다. 여기서 중요한 것은 공자가 때와 쓰임[時用]이 결정적인 역할을 할 수 있다는 것을 강조했다는 점이다. 그만큼 일의 이치보다는 일의 형세가 중요한 상황이다.
시용

공자의 「상전」을 살펴볼 차례다. 그중에 건괘를 총평한 「대상전」이다.

산 위에 물이 있는 것이 건(蹇)(이 드러난 모습)이니, 군자는 그것을 갖고서 자신에게 (귀책 사유를) 돌이켜 다움을 닦는다[山上有水蹇 君子以 反身修德].
산상 유수 건 군자 이 반신 수덕

◉

어려운 난관을 만나게 되면 사람들은 흔히 남 탓을 한다. 그러나 그럴 경우 문제의 원인을 놓칠 뿐 아니라 스스로의 다움을 높이는 데도 실패하기 마련이다. 공자가 여러 차례 말했지만, 군자(君子)란 모든 것을 스스로 닦고 높이는 데 집중하는 인간형이다. 『논어』 「헌문」편에 나오는 말이다.

공자가 말했다.

"옛날에 배우는 자들은 자신을 갈고닦는 데 힘썼고[爲己], 오늘날 배우는 자들은 남에게 인정받는 데 힘쓴다[爲人]."
위기 위인

위기(爲己)와 위인(爲人)에 대한 풀이는 정이가 정확하게 해놓았다. "위기(爲己)는 (도리를) 자기 몸에 얻으려고 하는 것이요, 위인(爲人)은 남에게 인정받으려 한다는 뜻이다." 그래서 정이는 이 장을 다음과 같이 풀이한다. "옛날에 배우는 자들은 자신을 이루려다가 끝내는 남을 이루어줌[成物]에 이르렀고 지금 배우는 자들은 남을 의식하다가 끝내는 자신을 상실함[喪己]에 이른다." 즉 위기(爲己)를 '자신을 위하여'로, 위인(爲人)을 '남을 위하여'로 푸는 식으로 위(爲) 자를 '이롭게 하거나 돕다'의 뜻으로 풀이해서는 안 된다.
성물 상기

건괘의 여섯 효[六爻]에 대한 주공의 말을 풀이한 공자의 「소상전」이다.

(초륙(初六)은) 가면 어렵고 오면 영예롭다[往蹇來譽]는 것은 마땅히 기다려야 한다는 뜻이다[往蹇來譽 宜待也].
(육이(六二)는) 왕의 신하가 어려움 속에서 더욱 어렵다[蹇蹇]는 것은 끝내는 허물이 없다는 것이다[王臣蹇蹇 終无尤也].
(구삼(九三)은) 가면 어렵고 오면 제자리로 돌아온다[往蹇來反]는 것은 안에 있는 사람들이 기뻐하기 때문이다[往蹇來反 內喜之也].
(육사(六四)는) 가면 어렵고 오면 연대한다[往蹇來連]는 것은 맡은 자리가 알차기 때문이다[往蹇來連 當位實也].
(구오(九五)는) 큰 어려움에 처해 동지들이 온다[大蹇朋來]는 것은 절도에 적중했기[中節] 때문이다[大蹇朋來 以中節也].
(상륙(上六)은) 가면 어렵고 오면 여유로운 것은 뜻이 안에 있기 때문이요, 대인을 만나보는 것이 이롭다는 것은 귀한 사람을 따르기[從貴] 때문이다[往蹇來碩 志在內也. 利見大人 以從貴也].

◉

건괘의 맨 아래 첫 음효에 대해 공자는 "가면 어렵고 오면 영예롭다[往蹇來譽]는 것은 마땅히 기다려야 한다는 뜻이다"라고 풀었다. 어려운 때에 놓인 초륙의 처지를 보면, 음유한 자질로 양의 자리에 있어 자리가 바르지 못하고 육이와 친하지 못하며 육사와도 같은 음효라 호응하지 못한다. 강하지 못한 자질에 아무 도움도 받을 수 없는 상황에서는 일을 위해 나아간다 한들 좋은 성과를 거두기가 힘듦을 이미 알 수 있다. 여기서 온다[來]라는 뜻을 정이는 '가다[往]에 상대되는 말로, 그냥 머물러 나아가지 않는 것[不進]'이라고 했다. 나아가지 않는 이유는 분명하다. 때를 살피고 기미를 살펴[見幾] 지금은 때가 아님을 안 것이다.

『선조실록』 38년(1605) 11월 3일 자 기사는 곧바로 이에 대한 풀이의 역할을 한다.

상이 별전(別殿)에 나아가니 영사 유영경(柳永慶), 지사 유근(柳根), 특진관 박홍로(朴弘老)·남근(南瑾), 대사간 성이문(成以文), 참찬관 유간(柳澗), 시강원 박진원(朴震元), 지평 민덕남(閔德男), 검토관 박안현(朴顔賢), 가주서 이홍망(李弘望), 기사관 임장(任章)·이현(李俔)이 입시했다. 상이 전에 배운 『주역』의 건괘(蹇卦)를 읽었다. 상이 일러 말했다.

"건괘 초륙(初六)의 뜻이 가령 임금이 건난(蹇難)한 때를 당하게 되면 과연 하는 일이 없어야 한다는 것인가?"

박진원이 아뢰어 말했다.

"건난한 때에는 또한 마땅히 자신에 반성하여 덕행을 닦으면서 반드시 시기를 살펴보고 행동한 연후에야 영예가 있게 되는 것입니다. (그러나) 대개 이 괘는 신하의 의리를 말한 것으로, 마치 이윤(伊尹)이 신야(莘野)에서 밭을 갈고 태공(太公)이 위천(渭川)에서 낚시질하는 것 같은 일이니 모두 덕행을 닦으면서 시기를 기다리는 것입니다. 고금을 막론하고 건난한 때에 처해 있을지라도 심력을 다해 그 어려움을 극복해가면 어찌할 수 없을 리가 있겠습니까."

유근이 아뢰어 말했다.

"성상께서 하교하신 초륙(初六)의 뜻은 임금을 말한 것이 아니라 곧 신하를 가리켜 말한 것입니다."

유근은 또 아뢰어 말했다.

"한퇴지(韓退之-韓愈 한유)가 양성(陽城)에게 지어준 글에 '벼슬하지 않을 때는 자기의 지조를 고상히 지니고 벼슬할 때는 왕의 신하로서 강직해야 한다'라고 한 것이 바로 이것입니다."

상이 일러 말했다.

"그 말이 타당하다."

남근이 아뢰어 말했다.

"양성이 간의대부(諫議大夫)가 돼서도 (간언하는 바른)말을 하지 않기 때문에 이 말이 있었던 것입니다."

상이 일러 말했다.

"한퇴지는 격물치지(格物致知)의 학문을 버렸기 때문에 주자(朱子)가 그것을 못마땅하게 생각했고 후세에도 미진하다는 의논이 있었다. 그러나 사견(私見)으로는 그 사람됨을 고상히 여긴다. 이 사람은 또 사우(師友)가 없이 일어났고 학문이 고명했으므로, 명(明)나라 설문정(薛文正) 같은 이도 퇴지(退之)를 찬미하는 논이 있었다. 그러므로 정(程)·주(朱) 이외에는 모두 (그에) 미치지 못한다."

또 일러 말했다.

"내가 듣건대 요즘 선비들은 방(榜)이 났다는 소리를 들으면 1등으로 입격한 자의 글을 전서(傳書)하여 한유(韓愈)와 유종원(柳宗元)의 글을 읽듯 한다고 한다. 이것이 문체가 점점 저하되는 원인이다."

상이 또 일러 말했다.

"지금의 문체가 조종조(祖宗朝-선대)에 비하여 어떠한가?"

유근이 아뢰어 말했다.

"신이 어릴 적에 듣건대, 선왕조에는 문사 6~7인을 선발하여 문장양망(文章養望)이라 불렀다 합니다. 지금의 문체가 어찌 조종조와 같기를 바랄 수 있겠습니까."

상이 일러 말했다.

"내가 듣건대 정광필(鄭光弼)은 『좌전(左傳)』을 300번이나 읽었다고 한다. 그러나 광필은 문장으로 자처하지 않고 이처럼 독서했으니, 옛사람들의 독서를 이를 보아서 알 수 있다. 그런데 지금 사람들은 모두 독서를 하지 않는다. 혹 독서를 한다 하더라도 모두 허문(虛文)일 뿐이다. 그러므로 여염 사람들이 '이조(吏曹)의 문밖에 어찌 독서당을 만들지 않는가?'라고 하니, 이는 조소하는 말이다. 옛사람들은 서당에 있는 자들이 서로 '아무개는 『좌전』을 읽고 아무개는 마사(馬史)[145]를 읽었다'라고 하여 누구나 책을 들면 읽을 줄 알았는데, 그 후로는 그렇지 못하여 독서했다는 이름은 있어도 실효를 볼 수 없었다. 지금은 아예 서당도 없어져버렸으니 그 제도를 아끼는 뜻조차 없어져버렸다."

여기서 보듯이 초륙은 신하의 진실됨과 곧음[忠直](충직)과 관련돼 있다.

건괘의 밑에서 두 번째 음효에 대해 공자는 "왕의 신하가 어려움 속에서 더욱 어렵다[蹇蹇](건건)는 것은 끝내는 허물이 없다는 것이다"라고 풀었다. 육이의 처지도 마찬가지로 어려움에 처해 있기는 하지만 초륙과 비교할 수 없이 좋다. 먼저 부드럽고 고분고분한 자질[柔順](유순)로 음의 자리에 있어 자리가 바르고, 가운데 있으니 중정(中正)을 얻었

---

145 사마천이 쓴 『사기』를 줄여서 하는 말이다.

다. 아래 초륙과는 친하지 않지만, 위의 구삼과 친해 비(比)가 있고 위에서 중정을 얻은 구오와도 호응 관계다. 한마디로 중정을 얻은 임금으로부터 큰 신뢰를 받고 있는 중정의 신하다. 왕의 신하[王臣]라고 한 것은 그 같은 신임을 받고 있는 신하임을 나타낸다. 다만 구오가 감괘(坎卦)의 가운데서 위아래 음효의 압박을 받아 크게 어려운데 육이 또한 어려움을 겪고 있는 상황이기 때문에 '어려움 속에서 더욱 어렵다[蹇蹇]'라고 한 것이다. 그렇다고 음유한 자질의 육이는 구오도 해결하지 못하는 어려움을 자기가 나서 해결할 능력도 되지 않는다.

그런데 주공의 효사에서는 길흉이나 허물의 유무를 말하지 않고 처지가 그렇게 된 것이 '자기 때문이 아니다[匪躬之故]'라고만 말했는데, 공자는 '끝내는 허물이 없다는 것이다'라고 풀어냈다. 신하로서는 일의 성패를 떠나 한결같은 마음으로 어려움에 처한 강명한 임금을 섬겨야 한다는 메시지에서 발언이 끝났다. 때를 잘 살피고 또 살펴야 할 상황임을 강조한 것이다. 그래서 공자는 「단전(彖傳)」에서 "건괘의 때와 쓰임[時用]이 크도다"라고 했다. 이는 사실상 참고 기다릴 줄 아는 마음가짐[忍待]이 결정적이다.

건괘의 밑에서 세 번째 양효에 대해 공자는 "가면 어렵고 오면 제자리로 돌아온다[往蹇來反]는 것은 안에 있는 사람들이 기뻐하기 때문이다"라고 풀었다. 구삼은 양효로 양위에 있어 자리가 바르고 위아래로 친하며 맨 위에 있는 상륙과 호응하고 있다. 즉 어려운 때를 맞아 아래에 있는 유순한 자들이 모두 그에게 기대를 걸고 있는 것이다. 본인도 강양의 자질이라 얼마든지 그런 기대를 자신의 일로 자임할 수 있다. 다만 위로 호응하는 상륙이 높기는 하나 지위가 없는 자여서 실질적인 도움을 받을 수 없다. 그러니 아직은 앞으로 나아가 상륙과 교결해 일을 추진하면 안 된다. 게다가 상륙은 지위도 없고 자질도 음유(陰柔)해서 은근한 배반이 걱정된다. 그러니 머물러 때를 관망하고 아래의 두 음과 일단은 잘 지내는 것이 중요하다. 공자가 '안에 있는 사람들이 기뻐하기 때문'이라고 한 것은 바로 그 점을 지적한 것이다.

이는 극도로 어려운 상황에서 은둔의 길을 택하지 않고 그대로 조정에 남아 임금과 다움을 같이하면서 아래 신하들의 의지처 역할을 해주는 고위 신하를 말한다. 위에서 임금이 고립됐을 때 종종 이런 상황이 발생한다.

건괘의 밑에서 네 번째 음효에 대해 공자는 "가면 어렵고 오면 연대한다[往蹇來連]는 것은 맡은 자리가 알차기 때문이다"라고 풀었다. 육사는 음유한 자질로 음의 자리에 있으니 자리가 바르고 위아래와 모두 친한데, 다만 초륙과 같은 음효라 호응이 없다. 괘의 전체에서 보면 드디어 험난한 감괘(坎卦)의 맨 아래에 들어섰다. 본인의 자질이 유순하다는 것을 제외하면 주변 관계는 대부분 좋다. 초륙과는 호응은 없지만 다움[德]이 같다. 여기서 알차다[實]는 것은 자리가 바르다는 말이다. 정이의 풀이다.

> 자리가 마땅한 것[當位]을 정(正)이라고 하지 않고 실(實)이라고 한 것은, 위아래의 사귐은 성실(誠實)을 위주로 하니 쓰임이 각각 마땅한 자리를 얻는 것이다.

즉 자리가 바른 효들과 대부분 좋은 관계라, 이들과 유대를 맺으며 때를 기다려야 한다는 말이다. 약자의 연대를 떠올린다. 그렇지만 여전히 길흉에 관한 판단은 없다. 예를 들어 합종연횡(合從連橫)을 살펴보자. 중국 전국 시대의 최강국인 진(秦)과 연(燕)·제(齊)·초(楚)·한(韓)·위(魏)·조(趙)나라 6국 사이의 외교 노선을 두고서 두 노선이 대립했다. 소진(蘇秦)이 먼저 연에게, 이어서 다른 5국에게 "진 밑에서 쇠꼬리가 되기보다 차라리 닭의 머리가 되자"라고 설득해 6국이 종적(縱的)으로 연합해서 서쪽의 강대한 진나라와 대결할 공수 동맹을 맺도록 했다. 이것을 합종(合從)이라 한다. 뒤에 장의(張儀)는 6국을 돌며, 합종은 일시적 허식에 지나지 않으며 진을 섬겨야 한다고 진과의 연합을 갈조해 진이 6국과 개별로 횡적 동맹을 맺는 데 성공했다. 이것을 연횡(連橫)이라고 한다. 이후 진은 합종을 타파한 뒤 6국을 차례로 멸망시켜 중국을 통일했다. 이때의 합종이 바로 여기서 말하는 육사와 합치하는 연대의 기술이다.

건괘의 밑에서 다섯 번째 양효에 대해 공자는 "큰 어려움에 처해 동지들이 온다[大蹇朋來]는 것은 절도에 적중했기[中節] 때문이다"라고 풀었다. 구오는 임금의 자리에 있으면서 가운데 있으니 큰 어려움이다. 그런데 여기서도 주공의 효사에는 길흉에 대한 언급이 없다. 얼핏 보면 동지들이 오니 길하다거나, 적어도 허물이 없다고 해야 할 것 같은데 아무런 언급이 없다. 정이의 풀이다.

> 어려움을 해결하기에 충분하지 못하기 때문이다. 강양한 자질과 중정의 다움을 갖춘 군주로서 큰 어려움에 빠졌는데, 강양한 자질과 중정의 다움을 갖춘 신하가 보필하지 않고서는 세상의 큰 고난을 해결할 수 없다. 중정의 다움을 이룬 육이는 분명히 도움이 되겠지만,

음유한 자질을 가진 육이의 도움으로 세상의 큰 고난을 해결하려고 한다면 이는 쉽게 할 수 있는 일이 아니다.

예를 들어 탕왕이 이윤을 얻고 무왕(武王)이 여상(呂尙-강태공)을 얻은 것이 바로 강명한 신하를 얻었기에 세상을 구제할 수 있었던 경우다. 또 평범한 군주라도 강명한 신하를 얻어 세상을 구제하는 경우가 있으니, 당나라 숙종(肅宗)이 곽자의(郭子儀)를 얻고 덕종(德宗)이 이성(李晟, 727~793)[146]을 얻은 것이 그렇다고 정이는 말한다.

공자는 동지들이 오는 까닭을 '절도에 적중했기[中節] 때문'이라고 했다. 그런데 흥미롭게도 정이는 "예로부터 절도를 지키고 의리를 잡아 쥐었지만, 고난을 구제하기에는 재능이 부족했던 자가 어찌 적겠는가?"라고 말한다. 절도뿐 아니라 능력도 있어야 한다는 것이다. 사례로 후한(後漢) 때의 이고(李固, 94~147)[147]와 왕윤(王允, 137~192)[148]

---

146 어려서부터 말 타고 활 쏘는 데 능해 18세 때 황하(黃河) 서쪽 지방에서 종군(從軍)했고, 절도사 왕충사(王忠嗣)를 따라 토번(吐蕃-지금의 티베트)과 계속 싸웠다. 이후 승진해 봉상군절도사에서 열장(列將)으로 임명됐고, 반란을 일으킨 첩주강(疊州羌), 연광강(連狂羌)을 공격했다. 그 공으로 좌우림대장군(左羽林大將軍)에 발탁됐다. 779년 당 덕종이 즉위하자 토번이 검남을 침범해 촉(蜀-지금의 사천성 일대) 지역이 충격에 휩싸였다. 덕종은 이성에게 명해 신책군을 이끌고 구원하라고 했다. 이성은 강을 건너 1000명의 적군을 죽였다. 주차를 우두머리로 한 반란군이 수도 장안(長安-지금의 섬서(陝西)성 서안(西安)시)을 점령하자 상서좌복야(尙書左僕射), 동중서문하평장사(同中書門下平章事)가 돼 반군을 평정했다. 난이 평정된 다음 이성은 군사적 요충지인 경주 인근의 변경 지역에 가고자 했다. 그곳이 관리가 부실하고 병란이 자주 발생하는 지역이었기 때문에 자발적으로 아뢴 것이다. 덕종은 그를 봉상농우경원절도사(鳳翔隴右涇原節度使) 및 행영부원수(行營副元帥)로 임명하고 서평군왕(西平郡王)으로 고쳐 봉한 후 경주로 보냈다. 787년 3월, 덕종은 이성을 불러 대명궁(大明宮) 선정전(宣政殿)에서 만나 태위와 중서령(中書令)으로 책봉했다. 또한 상서성(尙書省)에서 정무를 보라고 명했다.

147 동한(東漢) 시기의 대신(大臣)으로 사도(司徒) 이합(李郃)의 아들이다. 대장군(大將軍) 양기(梁冀)에 의해 종사중랑(從事中郎)에 임명됐고, 그 뒤에 형주자사(荊州刺史), 태산태수(太山太守), 대장(大匠), 대사농(大司農), 태위(太尉) 등을 역임했다. 질제(質帝, 138~146, 후한 시대의 황제)가 별세한 후 황위를 이을 사람을 뽑고자 대신들이 상의했다. 이고와 두교 등은 청하왕 유산을 황제로 옹립하고자 했으나 양기는 여오후(蠡吾侯) 유지(劉志)를 황제로 옹립하고 싶어 했다. 대부분 대신이 양기의 의견에 동의하지 않자 양기는 매우 화가 났다. 양기는 대신들을 위협하기 시작했고, 대신들이 하나둘 생각을 바꾸어 양기 편을 들고 나섰다. 오직 이고와 두교(杜喬)만이 의견을 고수했다. 이고는 양기에게 편지를 써서 유산을 황제로 옹립할 것을 권했다. 이에 양기는 이고를 면직시키고 끝내 유지를 황제로 옹립했다. 이가 환제(재위 146~167)다. 환제가 즉위한 후, 환관 당형(唐衡)이 환제에게 이전에 두교와 이고가 옹립을 반대하면서 한나라 종묘를 감당할 수 없을 것이라 했다며 두 사람을 모함했다. 환제는 이고와 두교를 미워했다. 결국 사형을 당했다.

148 처음에 군리(群吏)가 돼 환관 당우(黨羽)를 잡아 죽였다. 영제(靈帝) 때 예주자사(豫州刺史)를 지냈고, 황건적의 난을 진압하는 데 참여했다. 소제(少帝) 때 대장군(大將軍) 하진(何進)이 환관을 죽이려고 그와 상의했고, 종사중

의 무리를 들 수 있다. 우리 역사에서는 단종을 끝내 지키지 못한 김종서(金宗瑞)가 이에 해당하겠다.

건괘의 맨 위에 있는 음효에 대해 공자는 "가면 어렵고 오면 여유로운 것은 뜻이 안에 있기 때문이요, 대인을 만나보는 것이 이롭다는 것은 귀한 사람을 따르기[從貴] 때문이다"라고 풀었다. 상륙은 어려움의 끝에 있으나 자질이 음유라 결국 그 어려움을 벗어날 수 없다. 본인이 무리하게 일을 하려고 하면 어렵고, 오히려 머물러 있으면 별 탈이 없어 여유롭고 길하다. 이를 공자는 '뜻이 안에 있기 때문'이라고 했다. 즉 밖으로 나아가려는 뜻을 접고 안에 있는 구오나 구삼과 좋은 관계를 유지하면서 때를 관망한다는 말이다. 그러면서도 주공의 효사는 어려움을 벗어날 수 있는 길을 넌지시 제시한다. 큰 다움을 갖춘 대인(大人)을 만나보면 이롭다고 했다. 여기서 대인이란 곧 강명한 자질의 구오를 가리킨다. 공자가 이 부분을 '귀한 사람을 따르기[從貴] 때문'이라고 한 것에 대한 정이의 풀이가 흥미롭다.

사람들이 대인(大人)이 구오를 가리킨 것임을 알지 못할까 걱정해서다.

그렇다고 대인이 반드시 임금만을 가리키는 것은 아니다. 어려움에 처한 임금이 자신을 도와줄 신하를 가리킬 때도 대인이라고 할 수 있다. 말년의 선조가 기대를 걸었던 유영경이 바로 그런 경우다. 실제로 앞서의 『선조실록』 38년(1605) 11월 3일 자에는 사직을 원하는 유영경과 그것을 만류하는 선조의 대화도 실려 있다.

유영경이 아뢰어 말했다.

"안타까운 심정에서 감히 아뢰지 않을 수 없습니다. 위로는 천변이 있고 아래로는 민원(民怨)이 있으며 남북에 일이 일어나고 있습니다. 그럼에도 소신이 재상의 지위에 무릅쓰고 있

랑(從事中郎)을 거쳐 하남윤(河南尹)으로 옮겼다. 헌제(獻帝) 때 태복(太僕)과 상서령(尙書令), 사도(司徒)를 역임했다. 초평(初平) 3년(192), 상서복야(尙書僕射) 손서(孫緖), 여포(呂布) 등이 밀모해 동탁(董卓)을 죽이고 그로 하여금 조정을 다스리게 했다. 오래지 않아 동탁의 잔당 이각(李傕)·곽사 등이 장안을 공격해왔다. 여포가 도망할 것을 권했지만 응하지 않고 죽음으로써 나라에 보답하기로 했다. 이각과 곽사가 그를 죽였고, 가족들은 남녀노소 할 것 없이 모두 해를 당했다. 정사 『삼국지』에는 왕윤이 미인계(美人計)를 사용해 동탁을 죽인 내용은 없다.

으므로 밤낮으로 민망합니다. 신을 체직시키고 다시 현재(賢才)를 얻어 보상(輔相)의 책임을 맡기신다면 다행이겠습니다."

상이 일러 말했다.

"건괘(蹇卦)에 이견대인(利見大人)이라고 했다. 이 어려운 때를 당하여 어찌 대인을 물리칠 수 있겠는가. 나라와 함께 휴척(休戚)을 같이해야 할 대신이니 물러날 수 없다. 옛사람은 임금을 보도함에 있어 모두 어려움을 구제했다. 경은 나를 보도할 만한 사람이니 어찌 물러갈 수 있겠는가."

유영경이 아뢰어 말했다.

"이윤(李尹)·여상(呂尙) 같은 사람을 얻어 그들로 하여금 보도하게 한다면 일을 극복해낼 수 있겠으나, 소신 같은 자는 무능한 사람이니 어찌 일을 해나갈 수 있겠습니까."

하지만 유영경은 물러나지 않았다. 유영경도 결국은 영창대군을 지켜내지 못했으니 김종서와 마찬가지로 건괘의 구오에 해당하는 인물이다.

40. 뇌수해(雷水蹇)[149]

해(解)는 서남쪽이 이로우니 갈 필요가 없다. 이에 와서 회복하는 것이 길하니, 가는 바가 있으면 일찍 가는 것이 (그나마) 길하다.

解 利西南 无所往 其來復 吉 有攸往 夙 吉.[150]
해 이 서남 무 소왕 기 내복 길 유 유왕 숙 길

초륙(初六)은 허물이 없다[无咎].
무구

구이(九二)는 사냥을 해서 세 마리 여우를 잡아 누런 화살을 얻었으니 반듯해서 길하다[田獲三狐 得黃矢 貞吉].
전 획 삼호 득 황시 정길

육삼(六三)은 짊어지고 또 올라타서 도적이 드는 데 이르니 반듯해도 안타깝다[負且乘 致
부차승 치

149 문자로는 진상감하(震上坎下)라고 한다.

150 이(利)만이 나온다.

寇至 貞吝].

구사(九四)는 너의 엄지발가락을 풀어버리면 동지가 이르러 이에 미더움이 있게 된다[解而拇 朋至 斯孚].

육오(六五)는 군자가 풀어 없애버리는 것이 있으면 길하니, 소인에게서 효험이 있게 된다[君子維有解 吉 有孚于小人].

상륙(上六)은 공(公)이 높은 담[高墉] 위의 새매[隼]를 쏘아서 그것을 잡았으니 이롭지 않음이 없다[公用射隼于高墉之上 獲之 无不利].

◉

해괘(解卦)의 초륙(初六)은 양위에 음효로 바르지 못함[不正位], 구이(九二)는 음위에 양효로 바르지 못함, 육삼(六三)은 양위에 음효로 바르지 못함, 구사(九四)는 음위에 양효로 바르지 못함, 육오(六五)는 양위에 음효로 바르지 못함, 상륙(上六)은 음위에 음효로 바름이다[正位]. 바른 효는 상륙 하나뿐이다. 이 괘의 경우 구이와 육오 모두 중정을 얻지 못했다.

대성괘 해괘(解卦, ䷧)는 소성괘 진괘(震卦, ☳)와 감괘(坎卦, ☵)가 위아래에 있어 만들어진 괘다. 「설괘전」에 따르면 '우레[雷=震]로 움직이게 하고' '비[雨=水=坎]로 윤택하게 한다'고 했다. 괘의 모양이 진(震)이 위에 있고 감(坎)이 아래에 있다. 그러면 「서괘전」을 통해 왜 해괘가 건괘의 뒤를 이어받았는지 확인해보자.

> 일이란 끝까지 어려울 수는 없다. 그래서 건괘의 뒤를 해괘(解卦)로 받았다. 해(解)란 느슨해진다[緩]는 말이다.
>
> 物不可以終難. 故受之以解. 解者 緩也.

어떤 어려움이라도 그것이 끝까지 계속될 수는 없다. 뇌수해괘(雷水解卦, ䷧)는 건괘(蹇卦)를 뒤집은 종괘다. 얼음(☵) 위에서 우레(☳)가 쳐대니 얼음은 녹게 돼 있는 상(象)이다.

'끝까지 ~할 수 없다'라는 말은 딱히 계기가 없더라도 시간이 흐르면 자연스럽게 그 상황을 벗어난다는 뜻이다. 여기서도 마찬가지다. 도저히 풀리지 않을 것 같은 어려움도 시간이 흐르면 느슨해지고[緩] 흩어진다[散]. 따라서 이럴 때는 무엇보다 중요한 것이 참아냄[忍]이다. 그런데 어려움이 풀려갈 때 방심은 금물이다. 삼가는 마음[敬]을 잃어서는 안 된다는 뜻이다.

「잡괘전」을 통해 건괘와 해괘의 관계를 생각해보자.

> 해(解)는 누그러짐[緩]이요 건(蹇)은 어려움[難]이다.

이 둘에 대한 풀이는 「서괘전」과 그대로 일치한다. 별도의 풀이가 필요 없다. 해괘에 대한 정이의 총론적 풀이를 보자.

> 진괘는 움직임이고 감괘는 위험이니, 위험 밖에서[外=上] 움직이는 것은 위험에서 벗어난 것이므로 근심과 어려움에서 풀려나 흩어진[解散] 모습이다. 또 진괘는 우레를 상징하고 감괘는 비를 상징하니 우레와 비가 일어나는 것은 음과 양이 서로 교감하여 성대해지고 느슨하게 풀어지는 것이므로 해(解)가 된 것이다. 해괘란 천하의 근심과 어려움에서 풀려나 흩어지는 때다.

문왕의 단사(彖辭), 즉 "해(解)는 서남쪽이 이로우니 갈 필요가 없다. 이에 와서 회복하는 것이 길하니, 가는 바가 있으면 일찍 가는 것이 (그나마) 길하다[利西南 无所往 其來復 吉 有攸往 夙 吉]"에 대한 공자의 풀이[「彖傳」]를 살펴볼 차례다.

> 해(解)는 험한 데서 움직이니[險以動], 움직여서 위험을 벗어나는 것이 해(解)다. "해(解)는 서남쪽이 이로우니"라는 것은 가서 무리를 얻는 것이요, "이에 와서 회복하는 것이 길하니"라는 것은 마침내 가운데를 얻음[得中]이며, "가는 바가 있으면 일찍 가는 것이 (그나마) 길하다"라는 것은 가게 될 경우에 공로가 있는 것이다.
> 하늘과 땅이 풀려서[解] 우레와 비가 일어나고 우레와 비가 일어나서 온갖 과실나무와 초목이 모두 싹을 틔워 열리니, 풀려남의 때[時]가 크도다!

解 險以動 動而免乎險解.
해 험이 동 동이 면호 험 해

解利西南 往得衆也 其來復吉 乃得中也 有攸往夙吉 往有功也.
해 이 서남 왕 득중 야 기 내복 길 내 득중 야 유 유왕 숙 길 왕 유공 야

天地解而雷雨作 雷雨作而百果草木 皆甲坼 解之時 大矣哉!
천지 해 이 뇌우 작 뇌우 작 이 백과 초목 개 갑탁 해 지 시 대의재

◉

풀려난다는 것은 위험에서 벗어나는 것이다. 건괘(蹇卦) 단사에서 본 대로 서남은 곤(坤)의 방위이기 때문에 땅처럼 순조롭고 평탄하다. 따라서 '해(解)는 서남쪽이 이로우니'라는 말은 너그러움과 화합으로 정사를 이끌어야 한다는 뜻이다. 『논어』「양화」편에서 공자는 "너그러우면 무리를 얻는다[寬則得衆]"라고 했다. 바로 그 말이다. 문왕이 '갈 필요가 없다'라고 한 것은 이렇게만 한다면 더는 할 일은 없다는 뜻이다.

이어서 "'이에 와서 회복하는 것이 길하니'라는 것은 마침내 가운데를 얻음[得中]이며"라고 풀이했다. 어려움이 제거됐으니 이제 바른 정치를 펴야 한다. 그 점을 말한 것이다. 그리고 "'가는 바가 있으면 일찍 가는 것이 (그나마) 길하다'라는 것은 가게 될 경우에 공로가 있는 것"이라고 했다. 이제는 서둘러야 한다. 숙(夙)이라는 말이 그 의미를 온전히 담고 있다. 이제 서두르지 않는다면 다시 소인들이 되살아날 수 있기 때문이다. 건괘(蹇卦)의 때에는 참고 기다리는 것이 미덕이었다면, 해괘에서는 떨쳐 일어나 서두르지는 않되 신속하게 필요한 일들을 하나씩 하나씩 체계적으로 이뤄내야 한다. 그래야만 어렵사리 찾은 어려움으로부터의 해방이 오래 지속될 수 있다. 그 첫걸음은 무엇일까?

공자의 「상전」을 살펴볼 차례다. 그중에 해괘를 총평한 「대상전」이다.

우레와 비가 일어나는 것이 해(解)(가 드러난 모습)이니, 군자는 그것을 갖고서 허물이 있는 자를 용서하고 죄가 있는 자를 사면한다[雷雨作解 君子以 赦過宥罪].

◉

물론 그렇다고 모두 용서하고 사면하라는 뜻은 아닐 것이다. 관대하게 처리하라는 정도의 뜻으로 보면 될 것이다. 『명종실록(明宗實錄)』 18년(1563) 12월 10일 자 기사다.

백관이 칙서를 맞아 오니 즉시 명정전(明政殿)에서 특사(特赦)를 반포하고 하례(賀禮)를 거행했다.

사신은 논한다. "『주역』 해괘(解卦)에 '군자는 그것을 갖고서 허물이 있는 자를 용서하고 죄가 있는 자를 사면한다'라고 했고, (『서경(書經)』) 「여형(呂刑)」편에 '5형(刑)에도 의심스러운 형은 사면해줄 것이 있으며, 5벌(罰)에도 의심스러운 벌은 사면해줄 것이 있다' 했으니, 사면은 어쩔 수 없어서 하는 일이 아니다. 그래서 옛날의 뛰어난 임금과 선량한 신하는 반드시 이 점을 신중히 했던 것이니, 임종(臨終)하면서도 '바라건대 임금께서는 죄인을 함부로 사면하지 마소서'라고 한 것[151]은 그런 뜻이 있는 것이다. 우리나라는 조금만 경사스러운 일이 있어도 번번이 사유(赦宥)를 행하여 중죄인까지 놓아주고 있으니, 악인(惡人)을 징계하는 바가 없어서 양민(良民)을 해침이 심하다. 이는 후세 자손에 가르쳐서는 안 될 일이다."

다만 해괘는 때를 중요하게 여긴다. 오랜 험난함이 마침내 끝난 시점에는 너그럽게 용서하는 것이 대단히 중요하다. 운용(運用)의 묘(妙)를 살리는 것이 관건이다.

해괘의 여섯 효[六爻]에 대한 주공의 말을 풀이한 공자의 「소상전」이다.

(초륙(初六)은) 굳셈과 부드러움이 교제하는 것이니 마땅히 허물이 없다[剛柔之際 義无咎].

구이(九二)가 반듯해서 길한 것[九二貞吉]은 적중된 도리를 얻었기 때문이다[九二貞吉 得中道也].

(육삼(六三)은) 짊어지고 또 올라타고 있는 것은 진실로 추악하다고 할 수 있다. 나로부터 도적을 불러들였으니 또 누구를 탓하랴[負且乘 亦可醜也. 自我致戎 又誰咎也]!

(구사(九四)는) 너의 엄지발가락을 풀어버리라는 것은 아직 자리가 마땅하지 않기 때문이다[解而拇 未當位也].

(육오(六五)는) 군자가 풀어 없애버리는 것이 있다는 말은 소인이 물러간다는 것이다[君子有解 小人退也].

151 후한(後漢) 광무제(光武帝) 때의 명신(名臣) 오한(吳漢)이 병이 위독하자 광무제가 친림해 하고 싶은 말이 없느냐고 물으니, 그는 "어리석은 신이 무슨 할 말이 있겠습니까. 다만 폐하께서 삼가 죄수를 사면해주지 않으시길 원할 따름입니다"라고 했다. 『후한서』 권18 「오개진장열전(吳蓋陳臧列傳)」 제8에 나오는 말이다.

(상륙(上六)은) 공(公)이 새매[隼]를 쏘아서 그것을 잡는 것은 어그러지고 어지러운 것을 해결하기 위해서다[公用射隼 以解悖也].

◉

해괘의 맨 아래 첫 음효에 대해 공자는 "굳셈과 부드러움이 교제하는 것이니 마땅히 허물이 없다"라고 풀었다. 어려움이 풀리는 해괘의 초륙의 처지를 보면 부드러운 자질로 굳센 자리에 있어 자리가 바르지 않다. 그런데 어려움이 풀리는 상황의 맨 처음에 있는 초륙에 대해 정이는 역으로 풀이한다. 풀이의 미묘함에 주목해야 한다.

> 부드러움으로 굳센 자리에 있고 또 음효로 양효인 구사와 호응하고 있다는 것은 부드러우면서도 굳세게 일을 해나간다는 뜻이니, 이미 근심과 어려움이 사라진 상황에서는 굳셈과 부드러움의 마땅함을 얻은 것이다. 풀어지는 초창기를 맞아 마땅히 안정을 취해야 하므로 효사의 말이 이처럼 짧은 것이다.

해괘의 밑에서 두 번째 양효에 대해 공자는 "반듯해서 길한 것[九二貞吉]은 적중된 도리를 얻었기 때문이다"라고 풀었다. 원래 주공은 효사에서 이렇게 말했다.

> 사냥을 해서 세 마리 여우를 잡아 누런 화살을 얻었으니 반듯해서 길하다[田獲三狐 得黃矢 貞吉].

구이(九二)는 양효로 음위에 있어, 비록 자리는 바르지 않지만 굳센 자질로 중도를 얻었다. 그리고 위로 육오의 군주와 호응한다. 정이의 풀이가 상세하다.

> 구이는 이때 등용된 자다. 천하에는 소인이 항상 많지만 굳세고 눈 밝은 군주가 윗자리에 있으면 군주의 밝음이 소인의 마음을 비추기에 충분하고 군주의 위엄이 소인을 두렵게 하기에 충분하며 군주의 굳셈이 소인들의 행위를 단죄하기에 충분하므로, 소인들은 그 사사로운 감정을 쓰지 못한다. 그러나 더욱더 항상 경계하는 마음을 두어 그들이 이간질해 바

른 사람[正=正人]을 해칠까 염려해야 한다.

여기서 일단 우리는 『논어』 「안연」편에 나오는 다음 구절을 음미해야 한다. 눈 밝음[明]이 무엇인지 정확히 풀이하고 있기 때문이다.

자장이 밝음(혹은 밝다)에 관해 물었다. 공자가 말했다.

"점점 젖어 드는 (동료에 대한) 참소와 살갗을 파고드는 (친지들의 애끓는) 하소연을 (단호히 끊어) 행해지지 않게 한다면 그것이야말로 밝다[明]고 말할 수 있다."

다시 정이의 풀이다.

하지만 육오는 음유(陰柔)한 자질로 존귀한 지위에 있어 밝음이 가려지기 쉽고 위엄이 쉽게 침범당하고 결단이 과감하지 못해 쉽게 미혹되니, 소인이 한번 가까이 다가가면 그 마음이 바뀌게 된다. 더구나 근심과 어려움에서 이제 막 풀려나 천하를 다스리는 초창기에는 소인들이 군주의 마음을 바꿔놓기가 쉽다. 그러나 구이가 마땅히 등용돼 반드시 소인을 제거할 수 있다면 (유약한) 군주의 마음을 바로잡아 굳세고 적중된[剛中] 도리를 시행할 수 있다.
사냥이란 해로움을 제거하는 일이다. 여우란 간사하면서도 아첨하는 동물이다. 세 마리 여우는 이 괘의 세 음효를 가리키는 것으로, 이 당시의 소인들이다. '잡는다'라는 것은 그들을 변화시키고 제거할 수 있는 것을 마치 사냥에서 여우를 잡듯이 하는 것을 말하므로, 잡으면 중직(中直)의 도리를 얻은 것이니 이것이 곧 반듯해서 길한 것이다.
누런색인 황(黃)은 가운데의 색이다. 화살을 뜻하는 시(矢)는 곧은 물건이다. 누런 화살이란 곧 중직(中直)을 말한다. 여러 간사한 소인을 제거하지 못해 소인들의 아첨이 군주의 마음에 들어가게 되면 중직의 도리를 시행할 수가 없다. 환언범(桓彦範)과 경휘(敬暉)[152]가 무삼사(武三思, ?~707)[153]를 제거하지 못한 것이 이런 경우다.

---

152 두 사람은 적인걸(狄仁傑)이 천거한 젊은 인재들이다.

153 당나라 때 측천무후(則天武后)의 이복오빠 무원경(武元慶)의 아들이다. 무후가 주(周)나라를 세우자 양왕(梁王)으로 책봉돼 요직(要職)을 역임했으며, 697년 재상이 됐다. 이듬해 황태자가 되려고 책동했으나 적인걸의 직간(直

우리 역사에서는 조선 중종 때 조광조가 정승 남곤과 판서 심정을 제거하지 못하고 오히려 자신이 사약을 마셔야 했다. 이에 대해서는 앞에서 살펴본 바 있다.

해괘의 밑에서 세 번째 음효에 대해 공자는 "짊어지고 또 올라타고 있는 것은 진실로 추악하다고 할 수 있다. 나로부터 도적을 불러들였으니 또 누구를 탓하랴"라고 풀었다. 육삼의 처지를 보자. 음효로 양위에 있어 자리가 바르지 못하다. 게다가 음유의 자질로 하괘의 맨 윗자리에 있으니 이 또한 자리가 바르지 못하다. 정이의 풀이다.

> 마치 소인이 마땅히 아랫자리에 있어야 하는데 또 수레를 타고 있는 것과 같다. 육삼이 차지할 자리가 아니니 반드시 도적이 와서 그 자리를 빼앗게 될 것이다. 일을 행하는 것이 반듯해도 비루하고 안타까워할 만하다. 소인이 성대한 지위를 도둑질하면 애써 올바른 일을 하더라도 본래 기질이 천박하고 위의 자리에 있어야 할 것이 아니라서 결국에는 안타깝게 된다.

이는 한마디로 하극상(下剋上)이다. 아랫사람이 하극상하는 것을 보게 되면 자신도 위를 넘보게 된다[犯上(범상)]. 이것이 바로 공자가 말하는 '나라에 도리가 없는 상태[邦無道(방무도)]'다. 이 점은 『논어』 「계씨」편에서 집중적으로 다루고 있다.

> 천하에 도리가 (살아) 있다면 예악 시행과 대외 정벌(의 주도권)은 천자(황제)로부터 나오고, 도리가 없다면 천자가 아닌 그 아래의 제후로부터 나온다. 제후로부터 명이 나오게 되면 10대 안에 정권을 잃지 않는 경우가 드물고, 그 아래 대부로부터 나오면 5대 안에, 그리고 가신이 나라의 명을 잡으면 3대 안에 잃지 않는 경우가 드물다. 천하에 도리가 살아 있다면 정사(의 주도권)가 대부에게 있지 않고, 천하에 도리가 살아 있다면 (정사가 제대로 될 것이므로) 아랫사람들이 함부로 정사에 대해 의논하지 않는다.

즉 공자가 생각하는 '나라에 도리가 없는 상태'란 바로 이처럼 하극상이 난무하는

諫)으로 실패했다. 둘째 아들 숭훈(崇訓)이 중종(中宗)의 딸 안락공주(安樂公主)와 결혼하자 위황후 및 상관소용(上官昭容)과 사통해 은밀한 세력을 쌓았다. 안락공주 등과 함께 황태자 이중준(李重俊)을 제거하려다가 태자의 거병으로 부자가 함께 참형됐다.

상황이다. 다시 공자의 말이다.

> 복록이 공실(公室-왕실)에서 떠난 것이 5대이고, 정사가 대부에게로 넘어간 지 4세다. 그러므로 저 삼환(三桓)의 자손이 미미한 것이다.

바로 앞에서 공자는 분명히 "명(命)이 대부로부터 나오면 5대 안에 잃게 된다"고 했다. 여기서 공자는 정사가 대부에게로 넘어간 지 4세(世), 즉 4대라고 말하고 있다. 곧 실권(失權)하게 될 것이라는 일종의 예측이며, 동시에 천하가 도리를 잃은 지 오래됐다는 지적이다. 이에 대해서는 주희의 풀이가 상세하고 구체적이다.

> 노(魯)나라는 문공(文公)이 죽자 공자(公子) 수(遂)가 자적(子赤)을 살해하고 선공(宣公)을 세웠으니, 이렇게 군주가 정권을 잃은 뒤로부터 성공(成公)·양공(襄公)·소공(昭公)·정공(定公)까지 모두 다섯 공을 거쳤다. 계무자(季武子)가 처음 국정을 전단한 뒤로부터 도자(悼子)·평자(平子)·환자(桓子)까지 모두 합해 4대를 거쳐서 환자(桓子)는 가신 양호(陽虎)에게 견제를 당했다. 삼환(三桓)은 삼가(三家)이니, 모두 환공(桓公)의 후손이다. 이것은 앞의 일을 미루어 그 당연함을 아신 것이다.

이 말의 의미에 대해서는 소식(蘇軾)의 풀이가 도움이 된다. 자연스럽게 앞의 문맥과 이어지기 때문이다.

> 예악과 정벌이 제후로부터 나오면 마땅히 제후가 강성해야 할 터인데 노(魯)나라가 정권을 잃고, 정사가 대부에게 주어지면 마땅히 대부가 강성해야 할 터인데 삼환(三桓)이 미약해짐은 어째서인가? 강함은 안정에서 생기고 안정은 상하(上下)의 분수가 정해짐에서 생기는데, 지금 제후와 대부가 모두 그 윗사람을 업신여기니 아랫사람들을 부릴 수가 없다. 이 때문에 모두 오래지 않아서 정권을 잃는 것이다.

조선의 경우를 보면 주자학으로 무장한 신하들이 광해군을 내몰고 허수아비 왕실을 세워 인조(仁祖)·효종(孝宗)·현종(顯宗)·숙종(肅宗)·경종(景宗)·영조(英祖)·정조

(正祖)로 겨우 이어져오다가 결국 정권은 '외척' 안동 김씨의 손아귀로 넘어갔다. 특히 정조는 자기 손으로 왕권을 외척에게 넘겨주었다.

짐을 짊어지고 있어야 할 사람이 수레를 타고 있으니 공자는 '진실로 추악하다고 할 수 있다'라고 한 것이다. 도적이 오게 되는 까닭도 자리가 바르지 않고 그 다움이 그 기량에 걸맞지 않기 때문이다. 마침 공자는 바로 이 문제를 「계사전」에서 다뤘다.

> 공자가 말했다. "'역을 지은[作易] 사람은 아마도 도적이 생겨나는 이치[盜]를 알고 있었을 것이로다.'[154] 역(易)에 이르기를 '짊어지고 또 올라타니[負且乘] 도적이 찾아오게 된다'라고 했다. 짊어지는 것은 소인의 일[事]이요 올라타는 것은 군자의 기물[器]이니, 소인이면서 군자의 기물에 올라타고 있다. 이 때문에 도적은 그것을 빼앗으려고 생각하고 있다. 윗사람을 가벼이 여기고[慢=狎] 아랫사람에게 사납게 대한다[暴]. 이 때문에 도적은 그것을 치려고[伐] 생각하고 있는 것이다. 보관을 허술하게 하는 것[慢藏]은 도적을 불러들이는 것이고[誨盜], 모양을 꾸며대는 것[冶容=治粧]은 음란을 불러들이는 것[誨淫]이다. 역(易)에 이르기를 '짊어지고 또 올라타니[負且乘] 도적이 찾아오게 하는 것이다'라고 했으니 도적을 불러오는 것[招]이다."

공자는 "나로부터 도적을 불러들였으니 또 누구를 탓하랴"라고 탄식했다. 이런 일이 비롯된 것은 도적보다는 자기 자신에게 더 책임이 있다는 말이다.

실제로 조선에서의 반란을 살펴보면 대체로 비정상적인 방법으로 왕위가 계승된 직후에 일어났다. 조사의(趙思義)의 난은 두 차례 왕자의 난을 거쳐 집권한 태종(太宗) 2년에 일어났고, 이시애(李施愛)의 난은 계유정난으로 정권을 잡은 세조(世祖) 13년에 일어났다. 또 이괄(李适)의 난은 인조반정으로 집권한 인조 2년에 일어났다. 특히 이괄은 반정공신이었다는 점에서 자신의 두 눈으로 직접 '하극상'을 지켜본 인물이었기에 육삼의 효사에 정확히 부합한다.

해괘의 밑에서 네 번째 양효에 대해 공자는 "너의 엄지발가락을 풀어버리라는 것은

---

154 공자의 이 말은 『주역』이 일이 일어나는 이치[事理]를 다루고 있음을 명확하게 보여준다.

아직 자리가 마땅하지 않기 때문이다"라고 풀었다. 구사는 재상의 지위다. 양강(陽剛)의 자질을 갖고서 음의 자리에 있으면서 음유(陰柔)의 군주를 보필하고 있고, 아래로는 초륙과 호응 관계다. 미묘하다. 우선 자리가 마땅하지 않다. 정이의 풀이다.

> 엄지발가락이란 (몸의) 맨 아래에 있으면서 미미한 것이니 초륙을 가리킨다. 구사가 윗자리에 있으면서 소인(초륙)과 친밀하면 뛰어난 이와 선비가 멀리하여 물러난다. 소인을 물리쳐 버려야 군자의 무리가 비로소 나아와 진실되게 서로 뜻을 얻을 것이다.

'동지가 이르러 이에 미더움이 있게 된다'는 것은 바로 군자들이 믿음을 갖고서 진출하게 된다는 말이다.

공자가 '아직 자리가 마땅하지 않기 때문'이라고 한 것은 곧 소인과의 이 같은 밀착이 그릇됐음을 지적하는 것임과 동시에, 그런 밀착을 끊어버려야 함을 경계시킨 것이다.

해괘에 해당하는 시대를 조선 시대에서 찾아보면 주로 반정(反正) 이후가 그런 경우다. 그런데 반정이 있고 나면 반드시 반정공신(反正功臣)을 책봉하게 된다. 이때 꼭 가짜, 즉 소인들이 끼어들어 큰 논란이 되곤 했다. 그 전형이 바로 중종 14년(1519)에 일어난 위훈(僞勳) 삭제 사건이다.

중종반정을 계기로 정계에 본격적으로 등장한 조광조를 비롯한 신진 사류(사림파)는 새로운 개혁 정치의 일환으로 훈구 세력을 공격하기 시작했다. 특히 정국공신의 수가 너무 많음을 지적하면서 성희안(成希顔, 1461~1513)[155]은 반정을 하지 않았는데도

---

155 1485년 문과에 급제, 홍문관정자(弘文館正字)가 됐다. 이어 부수찬으로 승진했으며, 당시 성종의 숭유 정책(崇儒政策)에서 국왕이 많은 자문을 구할 만큼 학문이 깊었다. 그 뒤 예빈시주부(禮賓寺主簿)가 됐다가 관위가 누진돼, 1494년(성종 25년) 교리로서 한어이문(漢語吏文)의 질정관(質正官)이 돼 명나라에 다녀왔다. 연산군이 즉위해서도 문무의 요직을 거쳤다. 1499년(연산군 5년)에는 군기시부정(軍器寺副正)으로서 서정도원수(西征都元帥) 이계전(李季仝)의 종사관이 돼 활약했다. 1504년에는 이조참판으로서 오위도총부도총관을 겸하고 있었다. 그러나 연산군이 양화도(楊花渡)의 망원정(望遠亭)에서 유락을 즐길 때 풍자적이고 훈계적인 시를 지어 올렸다가 노여움을 사서 무관 말단직인 부사용(副司勇)으로 좌천됐다. 연산군의 폭정이 날로 더하고 민심 또한 더욱 흉흉해지고 있던 1506년, 박원종(朴元宗)과 함께 반정(反正)을 도모, 명망가이던 유순정(柳順汀)을 참여시키고 신윤무(辛允武)·박영문(朴永文)·홍경주 등에게 군대를 동원시켜 진성대군(晉城大君)을 옹립했다. 반정이 성공하자 거사의 주역으로서 병충분의결책익운정국공신(秉忠奮義決策翊運靖國功臣) 1등에 책록되고 창산군(昌山君)에 봉해졌다. 관직은 형조판서에서 곧 이조판서를 제수받고 숭록대부에 올랐다. 이듬해에는 창산부원군(昌山府院君)으로

공신이 됐고 유자광은 친척들의 권세를 위해 반정에 참여했는데 이는 소인들의 반정 정신이라고 비난했다. 따라서 반정공신 2, 3등 중 심한 것을 개정하고, 4등 50여 명은 삭제해야 한다는 '위훈 삭제'를 강력히 주장했다.

반정 초기에 대사헌 이계맹(李繼孟)도 공신이 너무 많으므로 그 진위를 밝힐 것을 주장한 적이 있었다. 그러나 반정공신들이 이미 조정의 원로가 돼 있는 상황에서 신진 사류의 주장은 쉽게 받아들일 수 없었고, 중종 역시 이를 달가워하지 않았다. 하지만 신진 사류의 강력한 요구에 밀려 마침내 2, 3등 공신의 일부와 4등 공신 전부, 즉 공신의 4분의 3에 해당하는 76명의 공신호가 취소됐다. 이 사건은 훈구파의 강한 반발을 샀고, 결국 신진 사류가 참화를 당하는 기묘사화의 계기가 됐다.

해괘의 밑에서 다섯 번째 양효에 대해 공자는 "군자가 풀어 없애버리는 것이 있다는 말은 소인이 물러간다는 것이다"라고 풀었다. '군자가 풀어 없애버린다'라는 것은 곧 소인들을 제거한다는 말이다. 임금이 군자를 알아보고서 중용하면 소인들은 스스로 알아서 떠나간다. 이는 인사(人事)의 만고불변의 법칙과도 같다. 『논어』「위정」편이다.

노나라 군주 애공(哀公)이 물었다.

"어떻게 하면 백성이 복종하는가?"

공자가 대답했다.

"곧은 사람[直 직]을 뽑아서 쓰고 나머지 굽은 사람들[枉 왕]은 그에 맞는 자리에 두면 백성이 마음에서 우러나서 따를 것이고, 그 반대가 되면 백성은 복종하지 않을 것입니다."

「안연」편에는 마치 이를 보충 풀이하는 듯한 사례가 나온다.

번지(樊遲)가 먼저 어질다는 것[仁 인]이 무엇이냐고 묻자 공자는 "사람을 사랑하는 것[愛人 애인]"

서 판의금부사(判義禁府事)를 겸임, 반정의 뒤처리를 했다. 거사에 앞장서서 큰 공을 세웠으나, 벼슬은 차례가 있다며 박원종·유순정에게 양보하고 자신은 세 번째에 서기도 했다. 이어 실록총재관(實錄總裁官)이 돼 『연산군일기(燕山君日記)』의 편찬을 주관했다. 1509년 우의정에 올랐고, 이듬해 삼포왜란이 일어나자 도체찰사와 병조판서를 겸임해 군무를 총괄했다. 그 뒤 반정공신의 다수를 이루는 무관을 옹호해 사풍(士風)을 능멸했다는 대간의 탄핵을 받기도 했으나 오히려 좌의정으로 승진했다. 1513년 영의정에 올랐다.

이라고 답한다. 이어 안다는 것[知]은 무엇이냐고 묻자 "사람을 아는 것[知人]"이라고 말한다. 그런데 번지가 이 말을 미처 이해하지 못하자 공자가 말했다.

"곧은 사람을 들어 쓰고 모든 굽은 사람을 제자리에 두면 굽은 자로 하여금 곧아지게 할 수 있다."

번지는 공자 앞을 물러 나와 자하(子夏)를 찾아가 물었다.

"지난번에 내가 부자를 뵙고서 안다는 것이 무엇인지 묻자 부자께서는 '곧은 사람을 들어 쓰고 모든 굽은 사람을 제자리에 두면 굽은 자로 하여금 곧아지게 할 수 있다'라고 하셨다. 무엇을 말함인가?"

자하는 이미 공자의 말뜻을 알아차렸다는 듯이 "풍부하도다! 그 말씀이여!"라고 말한 다음 구체적인 사례를 들어 번지의 궁금증을 풀어준다.

"순(舜)임금이 천하를 소유함에 여러 사람 중에서 선발하여 고요(皐陶)를 들어 쓰시니 어질지 못한 자들이 멀리 사라졌고, 탕왕(湯王)이 천하를 소유함에 여러 사람 중에서 선발하여 이윤(伊尹)을 들어 쓰시니 어질지 못한 자들이 멀리 사라졌다."

해괘의 맨 위에 있는 음효에 대해 공자는 "공(公)이 새매[隼]를 쏘아서 그것을 잡는 것은 어그러지고 어지러운 것을 해결하기 위해서다"라고 풀었다. 정이의 풀이부터 보자.

상륙은 존귀하고 높은 자리지만 군주의 자리는 아니기 때문에 공(公)이라고 했는데, 단지 풀려남이 끝나는 것에 근거를 두고서 말한 것이다. 새매를 뜻하는 준(隼)은 사납고 해치는 것이니, 해로운 짓을 하는 소인이다.

높은 담장이란 안과 밖의 경계다. 해로움이 안에 있다면 아직 해결되지 않은 것이고 밖에 있다면 해결된 것인데, 지금은 높은 담장 위에 있다. 애매하다. 안에서는 벗어났지만, 완전히 해결된 것은 아니다. 그만큼 해로움은 끈질기다. 그러나 주공은 효사에서 '그것을 잡았으니'라고 했다. 즉 어그러지고 어지러운 것이 해결됐다는 말이다. 마침 공자는 이 문제도 「계사전」에서 다뤘다. 우리는 이를 통해 공자가 효(爻)를 풀어내는 시각의 한 면을 살필 수 있다.

> 역(易)에 이르기를 "공(公)이 높은 담[高墉] 위의 새매[隼]를 쏘아서 그것을 잡았으니 이롭지 않음이 없다[无不利]"라고 했다.
>
> 공자가 말했다. "새매란 날짐승[禽]이고 활과 화살[弓矢]이란 기구[器=武器]이며 활을 쏘는 것은 사람이다. 군자가 기구를 몸에 감추고 때를 기다려 움직이니[待時而動] 무슨 이롭지 못함이 있겠는가? 움직이게 되면 막히는 일이 없다[不括=不碍]. 이리하여 나아가서 얻음[獲=得]이 있으니, 기구를 만들어[成器] 움직이는 것을 말하는 것이다."

"때를 기다려 움직인다[待時而動]"는 것은 곧 공자가 말하는 시중(時中-때에 적중함)이다. 때에 맞춰 새매를 잡아야 마침내 모든 것이 해결돼 안정이 찾아온다.

해괘를 돌이켜보면, 구이에서는 세 마리 여우를 사냥했고 구사에서는 소인인 엄지발가락을 풀어버렸으며 육오에서는 군자가 소인을 풀어 없앴고 상륙에서는 새매를 쏘아 잡았다. 이것들은 모두 소인을 숙청하는 문제다. 즉 어려움을 벗어났다고 해서 절로 모든 문제가 해결되는 것이 아니라, 이처럼 지속적으로 소인들의 저항을 제압하고 제거할 때라야 안정이 유지될 수 있다는 것이다. 그 해법은 '신속함[夙]'에 있었다.

앞서 본 것처럼 조선의 선조는 눈 밝음[明]은 갖췄지만 굳셈[剛]이 모자랐다. 선조가 정란을 통해 집권한 것은 아니지만 그 앞의 중종이나 명종은 명군(明君)이 아니었기에 정국이 혼란스러웠고 소인들이 득세했으며 폭정이 수시로 나타났다. 따라서 선조의 즉위는 많은 사람에게 그 같은 어려움의 해결에 대한 희망을 뜻했다. 선조도 큰 방향에서는 그것을 반대하지 않았다. 문제는 속도였다. 스스로 자기의 시대를 그려내는 전망이 부족했던 선조는 느렸다. 내가 쓴 책 『선조, 조선의 난세를 넘다』(해냄)를 통해 선조 집권 초기를 살펴보자.

> 선조의 즉위는 사림들, 특히 신진 사림들에게는 참으로 오랜만에 나라의 앞길에 서광(曙光)이 비치는 사건으로 받아들여졌다. 참으로 지긋지긋했던 척신(戚臣)들의 공포 정치에 마침내 종지부를 찍게 된 것으로 보였기 때문이다.
>
> 실제로 1567년 7월 3일 열린 경복궁 근정전에서의 즉위식을 지켜본 조정 대신들은 어린 신왕의 일거수일투족을 지켜보면서 나라의 미래를 점쳐보느라 바빴을 것이다. 열여섯 어린 나이에다가 궐내에서 성장하지 않았음에도 불구하고 행동 하나하나가 법도에 어긋남이 없

었다. 어상(御床)에도 처음에는 오르려 하지 않다가 대신 이하 모두가 여러 차례 권하니 마지못해 자리에 올랐다. 특히 이날 즉위식이 끝나고 유모가 화려한 가마를 타고 들어와 뭔가를 청탁했다. 그러나 어린 신왕은 청탁을 들어주지 않은 것은 물론이고 '참람되게' 가마를 타고 들어온 것을 꾸짖었다. 그 바람에 유모는 집으로 갈 때 걸어서 가야 했다. 또 선조는 즉위하자마자 환관의 수를 절반으로 줄이고 늘 편전에 묵묵히 앉아 독서에 전념했다. 이에 조정과 재야에서는 성덕(聖德)이 성취될 수 있으리라는 기대가 높아만 갔다. 이런 작은 행동 하나하나에도 초미의 관심을 쏟아야 할 만큼 과거 정권에서 폭정의 시간은 너무나 길었고, 남긴 상처도 그만큼 깊었다.

또 하나 신왕에 기대를 걸 수 있었던 요인은 수렴청정을 맡게 될 '대비' 인순왕후 심씨가 어질다는 것이었다. 인순왕후는 영의정 이준경과 함께 하성군 이균을 차기 국왕으로 사실상 지명한 장본인이다. 실록의 사관이 걱정했듯이 작은할아버지 심통원과 손을 잡고 자기 집안의 구미에 맞는 인물을 고를 수도 있었지만, 인순왕후는 심통원을 버리고 이준경을 택했다. 여러 가지 요인이 작용했지만, 먼저 간 남편 명종이 어머니 문정왕후와 외삼촌 윤원형에게 시달리면서도 사림의 정치를 펴보려 하는 강렬한 소망이 있었다는 사실을 잊지 않음 때문이기도 했다. 물론 명종 시대를 거치면서 시어머니 문정왕후에 대한 조정 신하들과 백성의 끓어오르는 원망을 지켜본 탓인지 모른다. 그래서인지 수렴청정을 맡았던 심씨는 1년도 안 된 1568년 2월 신하들의 의견을 수용해서 선조의 친정(親政)을 위해 수렴청정을 거두어들이는 지혜를 보였다.

또 조정의 중심에는 조정 신료들은 물론이고 일반 백성까지 흠모해 마지않던 영의정 이준경이 버티고 있었다. 즉위 보름 후인 7월 17일 명나라 사신들이 한양에 들어오게 되는데, 이들은 자기 나라의 새 황제가 등극한 사실을 알리기 위해 오던 도중에 가산이라는 곳에서 명종의 승하 사실을 들었다. 아직 이균의 즉위 여부는 모를 때였다. 사신 허국은 통역관에게 "승하하신 국왕에게 아들이 있느냐"고 물었다. 그들로서는 가장 중요한 관심사였다. 이에 통역관이 "세자는 일찍 죽었고 그 밖의 후사는 없다"라고 답했다. 이어 허국이 "그러면 지금 수상(영의정)은 어떤 사람이냐"고 묻자 통역관이 "지금 수상은 이준경이라는 사람인데 어진 재상으로 나라 사람들의 신임을 받고 있다"라고 답하니, 허국은 "그렇다면 크게 걱정하지 않아도 되겠군"이라고 말했다.

이후 이들이 한양에 들어왔을 때 어린 신왕이 사신을 맞아들이는 의식을 행하는데, 예조판서 이탁의 도움을 받아 처음부터 끝까지 실수 하나 없이 예절에 맞게 행동하는 것을 보고 사신들은 감탄해 마지않았다. "이런 소년이 모든 것을 예절에 맞게 행동하니 동국의 복이다."

실제로 선조 집권 초의 분위기는 그랬다. 물론 영의정 이준경 등을 비롯한 신하들이 무고당한 자들을 풀어주고 어진 이를 찾아서 중용하라는 건의를 받아들이는 형식이긴 했지만, 그동안 윤원형과 이기 등이 일으킨 사화나 모함 등으로 먼 곳에 유배를 갔던 인물들이 하나둘씩 조정으로 돌아오기 시작했다. 먼저 선조 즉위년 10월 중순경 노수신·유희춘·김난상 등 중신 10여 명이 사면됐다. 이들은 모두 명종 초 윤원형 세력이 일으킨 을사사화와 뒤이은 양재역벽서사건에 연루돼 20년 가까이 변방 등지에서 유배 생활을 하다가 마침내 조정으로 돌아올 수 있었다. 노수신은 홍문관 교리로, 유희춘·김난상은 성균관 직강으로 복직됐다.

노수신(盧守愼, 1515~1590)은 이준경의 사촌 형님인 이연경(李延慶, 1484~1548)의 사위이자 문인으로, 어려서부터 성리학에 조예가 깊어 1541년 이언적과 학문을 토론할 정도였다. 1543년(중종 38년) 문과에 장원급제해 1544년 사가독서했으며, 인종 즉위 초에 사간원 정언으로 있으면서 소윤의 이기를 탄핵, 파직시켰다. 그러나 이듬해 명종이 즉위하자 소윤의 윤원형이 이기와 함께 을사사화를 일으켜 이조좌랑에서 파직됐고, 1547년 순천으로 유배됐다가 양재역벽서사건으로 죄가 추가돼 전라도 진도로 옮겨져 19년간 유배 생활을 했다. 이후 충청도 괴산으로 옮겨졌다가 이때 풀려나게 된 것이다. 그는 유배 생활을 하면서도 학문과 문학에 깊은 조예를 보였고, 특히 양명학이나 불교에도 일가견이 있었다.

또 함께 복권된 인물 중에서 눈길을 끄는 사람은 백인걸이다. 백인걸(白仁傑, 1497~1579)은 이미 이때 나이 71세를 맞고 있었다. 원래 그는 한양 출신으로 일찍부터 조광조를 존경하여 그 집 옆에 방을 만들어 기거하면서 학문을 익혔다. 그러나 1519년(중종 14년) 기묘사화(己卯士禍)가 일어나 스승과 동료들이 참화를 입게 되자 금강산에 들어가 은거하면서 학문을 닦았다. 40세 때인 1537년 뒤늦게 문과에 급제하여 예조좌랑과 호조정랑 등을 지냈고, 1545년 을사사화 때 문정왕후의 미움을 사 파면됐고, 1548년(명종 3년) 양재역벽서사건에 연루돼 안변으로 유배됐다가 이때 한양으로 돌아올 수 있었다. 청렴 강직했던 그는 70세가 넘은 나이에 홍문관 교리로 다시 관직 생활을 시작해 곧바로 승지, 이조참판, 대사간, 대사헌 등을 두루 역임하지만, 조정 권신들과의 충돌로 결국 1574년(선조 7년) 벼슬자리에서 스스로 물러났다. 그는 대사간으로 있던 1568년 2월 인순왕후 심씨에게 수렴청정을 거둘 것을 처음으로 상소했던 장본인이기도 하다.

이런 인물들이 유배에서 풀려나게 하는 데는 영의정 이준경의 노력이 컸던 반면, 뒤늦게 관직으로 돌아온 이들이 중책을 맡게 되는 데는 기대승의 진언이 결정적이었다. 기대승은 여러 차례에 걸쳐 이들의 중용(重用)을 선조에게 건의했고, 선조도 기대승을 신뢰해 이들을 요직에 앉혔다. 선조 2년 7월 18일 자 실록은 선조 즉위와 함께 조정으로 돌아온 인물 중에서 백인걸·노수신·김난상·유희춘·황박·민기문·이담·이진·이원록 등 9명은 (2년 사이에) 당상관에 올랐고 한주·이염·유감 등 3명은 일찍 죽어 당상관에 오를 기회를 얻지 못했으며 이때까지 당상관이 되지 못한 이는 윤강원 한 사람뿐이었다고 적고 있다.

행인지 불행인지, 선조가 즉위했을 때 명종 시대 폭정을 이끈 '2흉(二凶)', 즉 윤원형과 이기는 이미 이 세상 사람이 아니었다. 윤원형은 1565년(명종 20년)에, 그리고 이기는 그보다 훨씬 전인 1552년(명종 7년)에 세상을 떠났기 때문이다. 이기가 죽었을 때 실록은 "이런 사람에게 임금(명종)의 은총이 끝까지 쇠하지 아니했으므로 나라 사람들이 모두 분개하여 그의 고기를 먹고 그의 가죽을 깔고 자지 못하는 것을 통한했다"라고 적고 있다. 사림들이 윤원형과 이기를 어떻게 생각했는지를 보여주는 대목이다.

그러나 아직 16세 선조는 방관자일 수밖에 없었다. 나이도 어렸지만, 대비인 인순왕후 심씨에 의한 수렴청정을 받고 있는 상황이었기 때문이다. 이런 점에서, 옛 신하들의 복직이 이뤄지고 또 2흉에게 아부했던 이들을 숙청해야 한다는 논의가 본격화되기 시작하던 선조 즉위년 11월 5일 대비의 하교가 의미심장하다. 이날 조강이 끝나고 대사간 목첨이 대비 앞에 나와 을사사화의 피해자들을 풀어줄 것을 건의하자 대비는 이렇게 말한다. 목첨도 윤원형의 미움을 받아 한동안 파직됐다가 선조 즉위와 함께 복직한 인물이었다.

"의당 시비를 정해야 할 것이기는 하나, 다만 나는 식견이 없는 부인이고 주상은 어리니 성학(聖學)이 고명해지기를 기다렸다가 정하여도 늦지 않을 것이다."

왕실 입장에서, 특히 심씨의 입장에서는 나올 수밖에 없는 견제의 발언이었다. 당장 자신의 남편 시대를 부정하는 일일 뿐 아니라, 당시 권세를 누릴 수밖에 없었던 심씨 집안이 역사 청산의 칼부림을 피하기는 쉽지 않았을 것이기 때문이다. 구시대 인물 청산이 생각만큼 쉽지 않음을 예고하는 것이기도 했다.

실제로 한 달 후인 12월 2일 양사(사헌부와 사간원)에서 광평군 김명윤을 탄핵할 것을 주청했으나 대비 심씨는 일단 윤허하지 않는다. '과거사 청산 대상 제1호'로 꼽힌 김명윤(金明胤, 1488~1572)은 성종 때 좌참찬을 지낸 김극핍의 아들로 1513년(중종 8년) 진사시에 합격하고, 1519년 현량과에 급제하여 홍문관 부정자 등을 지냈다. 그런데 기묘사화가 일어나 사림들의 등용문이었던 현량과가 취소되자 다시 1524년 문과에 응시, 급제하는 바람에 당시 문과를 거부하던 사림들의 배척을 당하게 됐다. 이후 도승지와 경기도관찰사 등을 지낸 그는 명종이 즉위하자 윤원형에게 붙어 윤임을 무고하는 등 을사사화를 일으키는 데 공을 세웠다 하여 뒤늦게 위사공신 광평군으로 봉해졌다. 이후 명종 집권기 때 형조·호조·병조·이조 등의 판서를 두루 거쳤고 좌찬성에 올랐다. 양사의 탄핵을 당할 무렵 그의 나이는 벌써 80을 넘고 있었다. 처음에는 반대하던 심씨도 결국 신하들의 공세에 굴복해 12월 23일 김명윤의 삭탈관직(削奪官職)을 명하고 정계에서 은퇴시켰다.

다음해 3월 12일 양사에서 대호군 윤인서가 윤원형에게 아부했다며 탄핵하자 그날부로 자리에서 내쫓았다. 윤인서는 일찍이 통천군수로 있으면서 인종의 후사로 경원대군(훗날의 명종)을 세제로 책봉할 것을 건의했다가 미움을 받았지만, 결국 명종이 즉위하면서 출세 가도를 달렸다.

과거 청산의 속도는 그리 빠르지 못했다. 이런 가운데 1568년(선조 1년) 7월 29일, 오랜 유배에서 돌아와 홍문관 응교로 승진한 유희춘이 이미 세상을 떠난 남곤을 군부(君父)를 기망한 죄로 탄핵했다. 사후에라도 관직을 추탈해야 한다는 것이었다. 심정과 함께 기묘사화를 일으킨 남곤(南袞, 1471~1527)의 생애는 파란만장(波瀾萬丈) 그 자체였다. 원래 그는 사림의 원조인 김종직의 제자로 1494년(성종 25년) 문과에 급제해 연산군 시절에 홍문관에서 관료의 경력을 쌓았다. 사가독서를 할 만큼 한때는 엘리트 신진 인사였지만, 1504년 갑자사화가 일어나자 유배를 갔다. 중종반정과 함께 유배에서 풀려나 이후 훈구파로 자리 잡았고, 1519년(중종 14년)에는 심정 등과 함께 기묘사화를 일으켜 조광조를 비롯한 신진 사림 세력들을 숙청하고 좌의정에 올라 권세를 누렸다. 따라서 조광조에 대한 명예회복이 이뤄지고 있던 마당에 남곤에 대한 관직 추탈은 어쩌면 당연한 수순이라 할 수 있었다. 결국 논란 끝에 9월 23일 선조는 남곤의 관직 추탈을 명한다.

속도는 느렸지만, 하나둘 구시대 인물들은 역사의 무대에서 사라져갔다. 을사사화를 일으킨 후 문정왕후는 성종 때의 좌리공신의 예에 따라 공신 책봉을 명했고, 결국 을사년(1545) 9월 15일 27명의 위사(衛社)공신을 정했다. 사직을 보위했다는 뜻에서 이렇게 정했는지 모르겠지만, 결국 선조 10년 이이가 중심이 된 삼사(홍문관·사헌부·사간원)의 관헌들이 강력히 주장해 없었던 일이 되고 만다. 조선조에서 공신 책봉을 받은 후 일부 교체되거나 빠지는 경우는 있었지만, 위사공신처럼 공신 책봉 자체가 무효가 된 것은 처음 있는 일이었다. 다시 말해 선조 10년경에 이르러서야 과거사에 대한 청산이 어느 정도 이뤄졌다는 뜻이기도 하다.

41. 산택손(山澤損)[156]

손(損)은 미더움이 있으면 으뜸으로 길해 허물이 없으니 반듯할 수 있다. 나아가는 바가 있는 것이 이롭다. 어디에 쓰겠는가? 두 개의 그릇만으로도 제사에 쓸 수 있다.

損 有孚 元吉 无咎 可貞. 利有攸往. 曷之用. 二簋可用享.[157]
손 유부 원길 무구 가정 이 유 유왕 갈 지 용 이궤 가용 향

초구(初九)는 일을 마쳤으면 빨리 떠나가야 허물이 없으니 짐작하여 덜어내야 한다[已事 遄往 无咎 酌損之].
이사 천 왕 무구 작 손지

구이(九二)는 반듯함이 이롭고 가면 흉하니 덜어내지 않아야 더함이 있다[利貞 征凶 弗損益之].
이정 정 흉 불손 익지

육삼(六三)은 세 사람이 갈 때는 한 사람을 덜고 한 사람이 갈 때는 그 벗을 얻는다[三人行 則損一人 一人行 則得其友].
삼인 행 즉 손 일인 일인 행 즉 득 기우

육사(六四)는 그 병을 덜되 빠르게 하면 기쁨이 있어 허물이 없다[損其疾 使遄 有喜 无咎].
손 기질 사천 유희 무구

육오(六五)는 혹 더해주면 열 명의 벗이 도와준다. 거북점도 능히 어기지 못하니 으뜸으로 길하다[或益之 十朋之 龜 弗克違 元吉].
혹 익지 십 붕 지 구 불극 위 원길

상구(上九)는 덜지 말고 더해주면 허물이 없고 반듯해서 길하다. 가는 바가 있는 것이 이로우니 신하를 얻음이 집안에서뿐만이 아니다[弗損益之 无咎 貞吉 利有攸往 得臣无家].
불손 익지 무구 정길 이 유 유왕 득신 무가

◉

손괘(損卦)의 초구(初九)는 양위에 양효로 바름[正位], 구이(九二)는 음위에 양효로
정위

---

156 문자로는 간상태하(艮上兌下)라고 한다.

157 이(利)만이 나온다.

바르지 못함[不正位], 육삼(六三)은 양위에 음효로 바르지 못함, 육사(六四)는 음위에 음효로 바름, 육오(六五)는 양위에 음효로 바르지 못함, 상구(上九)는 음위에 양효로 바르지 못함이다. 바른 효는 상륙 하나뿐이다. 이 괘의 경우 구이와 육오 모두 중정을 얻지 못했다.

대성괘 손괘(䷨)는 소성괘 간괘(艮卦, ☶)와 태괘(兌卦, ☱)가 위아래에 있어 만들어진 괘다. 「설괘전」에 따르면 '간(艮-산)으로 오래 머물게 하고[止=久]' '태(兌-못)로써 기쁘게 한다'고 했다. 괘의 모양이 간(艮)이 위에 있고 태(兌)가 아래에 있다.

그러면 「서괘전」을 통해 왜 손괘가 해괘의 뒤를 이어받았는지 확인해보자.

> 느슨해지면 반드시 잃는 바[所失]가 있다. 그래서 해괘의 뒤를 손괘(損卦)로 받았다.
> 緩必有所失. 故受之以損.

사람의 일이란 뭐든지 그냥 풀어놓아 느슨해지면[縱緩] 반드시 잃는 바가 있게 마련이다. 산택손괘(山澤損卦, ䷨)는 태괘(☱)가 아래에 있고 간괘(☶)가 위에 있어 산은 높고 연못은 깊은 모양이다. 연못이 아래에 있으니 그 기운이 위로 통해 윤택함이 풀 나무와 온갖 사물에 미친다. 이는 아래를 덜어 위에 더하는 것이다. 이에 대해서는 정이의 풀이가 필수적이다.

> 아래는 태괘로서 기쁨을 상징하고 세 효가 모두 위와 호응하니, 이는 기뻐하며 윗사람을 받드는 모습이 되고 또 아래를 덜어 위에 더한다는 뜻이 된다.
> 아래의 태괘(兌卦, ☱)가 태괘가 된 것은 건괘(乾卦, ☰)의 밑에서 세 번째 양효가 태괘의 육삼으로 변했기 때문이고, 위의 간괘(艮卦, ☶)가 간괘가 된 것은 곤괘(坤卦, ☷)의 밑에서 세 번째 음효가 간괘의 상구로 변했기 때문이다.[158] 태괘의 육삼은 본래 굳셈이었는데 부드러움이 됐고 간괘의 상구는 본래 부드러움이었는데 굳셈이 됐으니, 이 또한 아래를 덜어 위에

---

158 이 말은 곧 손괘(䷨)는 태괘(泰卦, ䷊)가 바뀌어 형성된 괘라는 말이다.

더한 뜻이다. 위를 덜어 아래에 더하면 익괘(益卦, ䷩)가 되고, 아래를 덜어 위에 더하면 손괘(損卦, ䷨)가 된다.

사람의 경우에서는 윗자리에 있는 자가 은택을 베풀어 아래로 더해주면 익괘가 되고, 아래의 것을 취해 자신을 두텁게 하면 덜어냄을 뜻하는 손괘가 된다. 이를 성루의 흙에 비유하면, 위의 흙을 덜어 토대를 더욱더 두텁게 하면 위아래가 안정되고 견고하게 되니 어찌 이득이 아니겠는가? 그러나 아래의 흙을 취해 위를 더 높이면 위태로워 무너지게 될 것이니 어찌 손실이 아니겠는가? 그래서 손괘는 아래를 덜어 위에 더해주는 뜻이고, 익괘는 이와 반대가 되는 것이다.

「계사전」에서 "손(損)은 다움의 닦음[德之修]이요" "손(損)은 어려움을 먼저 하고 쉬운 일을 뒤로하며[先難而後易]" "손(損)으로써 해로움을 멀리하고[遠害]"라고 했다. 다움을 기르고 닦는 문제인 것이다.

문왕의 단사(彖辭), 즉 "손(損)은 미더움이 있으면 으뜸으로 길해 허물이 없으니 반듯할 수 있다. 나아가는 바가 있는 것이 이롭다. 어디에 쓰겠는가? 두 개의 그릇만으로도 제사에 쓸 수 있다[有孚 元吉 无咎 可貞. 利有攸往. 曷之用. 二簋可用享]"에 대한 공자의 풀이[「彖傳」]를 살펴볼 차례다.

손(損)이란 아래를 덜어내 위에 더하는 것으로 그 도리가 위로 올라간다. 덜어내되 미더움이 있으면 으뜸으로 길해 허물이 없고 반듯할 수 있으니, 나아가는 바가 있는 것이 이롭다. "어디에 쓰겠는가? 두 개의 그릇만으로도 제사에 쓸 수 있다"라는 것은, 두 개의 그릇을 올리는 데에 마땅한 때[應時]가 있으며 굳셈을 덜어내 부드러움을 더해주는 데에 때가 있다는 말이다. 덜어내고 더해주고 채우고 비우는 것[損益盈虛]은 때에 맞춰[與時] 함께 행해야 한다.

損 損下益上 其道上行.
손 손하 익상 기도 상행
損而有孚 元吉无咎可貞利有攸往.
손 이 유부 원길 무구 가정 이 유 유왕
曷之用二簋可用享 二簋應有時 損剛益柔有時.
갈 지 용 이궤 가용 향 이궤 응 유시 손강 익유 유시
損益盈虛 與時偕行.
손익 영허 여시 해행

◉

『맹자』「만장장구」편에서 맹자는 공자를 이렇게 평했다.

> 공자께서는 제(齊)나라를 떠나실 때 밥을 짓기 위해 씻은 쌀까지 건져서 (서둘러) 떠나셨는데, (고국인) 노(魯)나라를 떠나실 때는 이렇게 말씀하셨다. "천천히 천천히 가자!" 바로 이것이 조국을 떠나는 도리다. 빨리 가야 할 것 같으면 빨리 가고 오래 머물러야 할 것 같으면 오래 머물고, 벼슬에서 떠나 있어야 할 것 같으면 떠나 있고 벼슬해야 할 것 같으면 벼슬하신 분이 공자이시다. 공자는 빼어난 이 중에서도 때를 잘 알아서 그 일에 딱 맞도록 풀어갈 줄 아는 분[聖之時者]이시다.

이는 공자가 늘 강조했던 시중(時中)을 염두에 둔 평가라 할 수 있다. 때에 적중한다[時中]는 것은 또한 『주역』의 핵심 사상이기도 하다. 『논어』「이인」편에서 공자는 이렇게 말했다.

> 군자는 천하의 일에 나아갈 때 오로지 주장함도 없고 그렇게 하지 않음도 없으니, 마땅함[義]에 따라 행할 뿐이다.

즉 반드시 이렇게 해야만 한다는 것도 없고 절대 이렇게 해서는 안 된다고 하는 것도 없이, 오직 그때의 상황에서 마땅한 이치를 따라서 행할 뿐이라는 말이다. 공자의 「단전(象傳)」을 하나씩 살펴보자.

손(損)이란 앞서 정이의 설명대로 아래에서 덜어내 위에 더해주는 것이다. 그래서 공자는 '그 도리가 위로 올라간다'라고 했다. 그러면 '덜어내되 미더움이 있으면 으뜸으로 길해 허물이 없고'라는 것은 무슨 뜻인가? 조금 미흡하기는 하지만 정이는 이렇게 풀이한다.

> 사람이 지나친 것을 덜어내는 데는 지나치거나 모자라거나 오래 지속하지 못할 수 있는데, 이는 모두 바른 이치에 합치하지 않는 것이니 미더움이 있는 것이 아니다. 미더움이 없으면 길하지 못하다.

따라서 때에 적중한 도리를 찾아내 쓰게 된다면 으뜸으로 길해 허물이 없고, 그렇게 될 경우 어떤 일을 하든 이롭게 된다. 이어서 공자는 다시 "어디에 쓰겠는가? 두 개의 그릇만으로도 제사에 쓸 수 있다"라는 문왕(文王)의 괘사(卦辭)를 "두 개의 그릇을 올리는 데에 마땅한 때[應時]가 있으며 굳셈을 덜어내 부드러움을 더해주는 데에 때가 있다는 말이다"라고 풀어냈다. 즉 때의 문제로 풀어내고 있는 것이다. 원래 문왕의 괘사는 겉치레를 덜어내고 검박함을 강조한 말이다. 그런데 왜 공자는 그것을 때의 문제로 연결한 것일까? 정이의 풀이다.

이는 근본을 두텁게 하고 지엽적인 것을 덜어내야 한다는 말이다. 공자는 후세 사람들이 이 뜻을 이해하지 못하고 모든 꾸미는 장식[文飾]을 마땅히 없애버려야 한다고 생각할까 염려해 이렇게 상세하게 말했다. 근본[本]이 있으면 반드시 지엽적인 것[末]이 있고 실질[實=質]이 있으면 반드시 애써 꾸밈[文]이 있으니, 세상의 모든 일이 그렇지 않은 것이 없다. 근본이 없으면 세상에서 서지 못하고[不立], 꾸밈이 없으면 세상에서 행해질 수가 없다[不行].

마지막 문장은 『예기』에 나오는 말을 압축한 것이다.

선왕이 예를 세울 때[立禮] 근본이 있고 꾸밈이 있었다. 진실됨과 믿음[忠信]이 예의 근본이고, 마땅함과 이치[義理]가 예의 꾸밈이다. 근본이 없으면 세상에 서지 못하고, 꾸밈이 없으면 세상에서 행해질 수가 없다[無本不立 無文不行].

다시 정이의 풀이다.

아버지와 아들 사이에는 은혜를 위주로 하지만 반드시 엄격하고 고분고분 따르는 체통이 있고, 군주와 신하는 공경을 위주로 하지만 반드시 받들고 대접하는[承接] 의례가 있으며, 예와 양보[禮讓]는 마음속에 있는 것이지만 반드시 겉으로 드러난 위엄과 형식이 있고 난 다음에야 제대로 시행되며, 높고 낮은 위계[尊卑]에는 차례가 있지만, 겉으로 드러난 꾸밈이 아니면 구별할 수가 없으니, 꾸밈과 실질은 서로 필요로 하기 때문에 하나라도 결여될 수가 없다. 그러나 꾸미는 것이 지나치게 과도하고 지엽적인 것에 빠져서 근본에서 멀어지고 실질을 잃어버리면 마땅히 덜어내야 할 때인 것이다.

이렇게 해서 덜어냄의 문제가 때와 연결이 된다. 여기서 이와 관련된 『논어』의 구절을 음미하고 넘어가자. 「공야장(公冶長)」편에서 공자가 이렇게 말했다.

교언영색을 너무 지나치게 하는 과공(過恭)을 옛날 좌구명이 부끄러워했는데, 나도 그것을 부끄러워한다.

교언영색 자체는 잘못이 아니다. 조심해야 한다. 다만 '너무 지나치게 하는' 것이 잘못이라는 말이다. 중도(中道)를 잃은 것이다. 다시 정이의 풀이다.

그렇다면 어떻게 써야 하겠는가? 두 개의 그릇만으로도 얼마든지 정성스럽게 제사를 올릴 수 있다. 이는 마땅히 근본과 실질에 힘쓰고 지나친 꾸밈은 덜어내라는 말이다. 공자는 사람들이 말에 집착하고 얽매일 것을 우려해 다시 밝혀 말했다. 두 개의 그릇의 질박함은 그것을 사용할 마땅한 때가 있으니, 그것을 사용해야 할 때가 아닌데도 사용한다면 이는 옳지 않다. 이는 꾸미는 장식이 지나치지 않은데도 덜어내거나, 덜어내는 것이 지나치게 심하면 잘못이라는 말이다. 굳셈을 덜어내 부드러움에 붙이는 것은 굳셈이 지나치거나 부드러움이 모자랄 때다. 덜어내거나 붙이는 것은 모두 굳셈을 덜어내 부드러움에 붙이는 것이지만, 반드시 마땅한 때[當時](당시)를 따라서 행해야 한다. 마땅한 때가 아닌데도 덜어내거나 덧붙이면 잘못이다.

이렇게 되면 공자가 맨 마지막에 한 말, "덜어내고 더해주고 채우고 비우는 것[損益盈虛](손익 영허)은 때에 맞춰[與時](여시) 함께 행해야 한다"라는 것은 별도의 풀이가 필요 없다. 시중(時中)을 한시도 잊어서는 안 되는 것이다.

공자의 「상전」을 살펴볼 차례다. 그중에 손괘를 총평한 「대상전」이다.

산 아래에 연못이 있는 것이 손(損)(이 드러난 모습)이니, 군자는 그것을 갖고서 화를 누르고 욕심을 막는다[山下有澤損 君子以 懲忿窒欲](산하 유택 손 군자 이 징분 질욕).

◉

이를 정이는 "기운이 통해 위로 윤택하게 하고 아래를 깊게 해 더 높게 만드니, 모두 아래를 덜어내는 모습"이라고 했다. 군자는 이런 모습[象]을 보게 되면 스스로를 돌이켜 자신에게서 덜어내야 할 것들을 살피게 된다. 즉 수덕(修德)이나 수신(修身)의 문제로 연결시켜야 하는데, 이때 내 안에서 덜어내야 할 것 중에 화와 욕망만큼 절실하게 덜어내야 할 것은 없다는 것이 정이의 말이다. 『현종개수실록(顯宗改修實錄)』에는 송시열(宋時烈, 1607~1689)[159]이 어떤 문제로 화를 낸 현종에 대해 일갈하는 내용이 나

---

159 12세 때 아버지로부터 『격몽요결(擊蒙要訣)』, 『기묘록(己卯錄)』 등을 배우면서 주자(朱子)·조광조·이이 등을 흠모하도록 가르침을 받았다. 충청도 연산(連山)의 김장생(金長生)에게서 성리학과 예학을 배웠고, 1631년 김장생이 죽은 뒤에는 김장생의 아들 김집(金集) 문하에서 학업을 마쳤다. 1635년에는 봉림대군(鳳林大君-훗날의 효종)의 사부(師傅)로 임명됐다. 약 1년간의 사부 생활은 효종과 깊은 유대를 맺는 계기가 됐다. 그러나 병자호란으로 왕이 치욕을 당하고 소현세자와 봉림대군이 인질로 잡혀가자, 좌절감 속에서 낙향해 10여 년간 일체의 벼슬을 사양하고 전야에 묻혀 학문에만 몰두했다. 1649년 효종이 즉위해 척화파 및 재야 학자들을 대거 기용하면서 송시열에게도 세자시강원진선(世子侍講院進善)·사헌부장령(司憲府掌令) 등의 관직을 내리자 비로소 벼슬에 나아갔다. 이때 송시열이 올린 「기축봉사(己丑封事)」는 정치적 소신을 장문으로 진술한 것인데, 그중에서 특히 존주대의(尊周大義)와 복수설치(復讐雪恥)를 역설한 것이 효종의 북벌 의지와 부합해 장차 북벌 계획의 핵심 인물로 발탁되는 계기가 됐다. 그러나 다음해 2월 김자점(金自點) 일파가 청나라에 조선의 북벌 동향을 밀고해 송시열을 포함한 산당(山黨) 일파가 모두 조정에서 물러났다. 그 뒤 1653년(효종 4년)에 충주목사, 1654년에 사헌부집의·동부승지 등에 임명됐으나 모두 사양하고 취임하지 않았다. 1655년(효종 6년) 모친상을 당해 몇 년간 향리(鄕里)에서 은둔 생활을 보냈다. 1657년 상을 마치자 곧 세자시강원찬선(世子侍講院贊善)이 제수됐으나 사양하고, 대신 「정유봉사(丁酉封事)」를 올려 시무책을 건의했다. 1658년 7월 효종의 간곡한 부탁으로 다시 찬선에 임명돼 관직에 나갔고, 9월에는 이조판서에 임명돼 다음해 5월까지 왕의 절대적 신임 속에 북벌 계획의 중심 인물로 활약했다. 그러나 1659년 5월 효종이 급서한 뒤 조대비(趙大妃)의 복제 문제로 예송(禮訟)이 일어나고 국구(國舅-임금의 장인) 김우명(金佑明) 일가와의 알력이 깊어진 데다 국왕 현종에 대한 실망으로, 그해 12월 벼슬을 버리고 낙향했다. 이후 현종조 15년간에 조정에서 융숭한 예우와 부단한 초빙이 있었으나 거의 관직을 단념했다. 다만 1668년(현종 9년) 우의정에, 1673년 좌의정에 임명됐을 때 잠시 조정에 나아갔을 뿐 시종 재야에 머물러 있었다. 그러나 재야에 은거해 있는 동안에도 선왕의 위광과 사림의 중망 때문에 막대한 정치적 영향력을 행사할 수 있었다. 사림의 여론은 송시열에 의해 좌우됐고 조정 대신들은 매사를 송시열에게 물어 결정하는 형편이었다. 그러나 1674년 효종비의 상으로 인한 제2차 예송에서 송시열의 예론을 추종한 서인들이 패배하자 예를 그르친 죄로 파직, 삭출됐다. 1675년(숙종 1년) 정월 덕원(德源)으로 유배됐다가 뒤에 장기(長鬐)·거제 등지로 이배됐다. 유배 기간 중에도 남인들의 가중 처벌 주장이 일어나 한때 생명에 위협을 받기도 했다. 1680년 경신환국으로 서인들이 다시 정권을 잡자, 유배에서 풀려나 중앙 정계에 복귀했다. 그해 10월 영중추부사 겸 영경연사(領中樞府事兼領經筵事)로 임명됐고 봉조하(奉朝賀)의 영예를 받았다. 1682년(숙종 8년) 김석주(金錫胄)·김익훈(金益勳) 등 훈척들이 역모를 조작해 남인들을 일망타진하고자 한 임술삼고변(壬戌三告變) 사건에서 김장생의 손자였던 김익훈을 두둔하다가 서인의 젊은 층으로부터 비난을 받았다. 제자 윤증(尹拯)과의 불화로 1683년 노소 분당이 일어나게 됐다. 1689년 1월

오는데 바로 지금의 문맥이다. 현종 1년(1660) 7월 25일 자 기사다.

우찬성 송시열이 소(疏)를 올려 사직하고 또 아뢰어 말했다.

"신이 삼가 듣건대, 전하께서 의관(醫官) 양제신(梁濟臣, ?~?)[160]에게 수령을 제수하라는 명을 내렸는데도 전관(銓官-인사 담당 관리)이 즉시 봉행하지 않았으므로 성상의 노여움이 진동해 물러가는 것을 허락하지 않고 정청(政廳)에서 밤을 지새우게 한 것이 마치 구금시킨 것 같았다고 했습니다. 인하여 그 노여움을 정원(政院-승정원)에 옮기고 또 약방의 대신에게도 옮겨 전후의 윤음(綸音)이 매우 중정(中正)의 도리를 어겼으니, 이는 나라를 흥기시키는 거조가 아닌 것 같습니다.

선유(先儒)들이 말하기를 '빼어난 이는 노여움이 없다'라고 했습니다만, 맹자(孟子)가 말하기를 '문왕(文王)이 한 번 노했고 무왕(武王)이 한 번 노했다'라고 했으니 빼어난 이인들 어찌 노여움이 없었겠습니까. 단지 노할 일을 당하면 노하되 그 노여움을 옮기지[遷怒 천노] 않는 것이니, 바로 밝은 거울과 고요한 물이 사물에 따라 그 형체를 반사하여 아름다움과 추함이 저 사물에 달려 있지 나와는 상관이 없는 것과 같습니다. 그러므로 비록 사람에게 형벌을 가하거나 사람을 죽이더라도 노여움이 개재돼 있지 않기 때문에 성인은 노여움이 없다고 한 것입니다. 그러나 사리를 밝히는 것이 분명하지 않아 마음의 함양이 순일(純一)하지 않게 되면 노여움이 발하는 것이 천둥 같고 치솟는 것이 산과 같아서, 그런 줄을 알아도 또한 스스로 그만둘 수 없게 되는 것입니다. 정자(程子)가 말하기를 '발하기는 쉽고 제어하기는 어려운 것은

숙의 장씨가 아들(후일의 경종)을 낳자 원자(元子)의 호칭을 부여하는 문제로 기사환국이 일어나 서인이 축출되고 남인이 재집권했는데, 이때 세자 책봉에 반대하는 소를 올렸다가 제주도로 유배됐다. 그러다가 그해 6월 서울로 압송돼 오던 중 정읍에서 사약을 받고 죽었다. 그러나 1694년 갑술환국(甲戌換局)으로 다시 서인이 정권을 잡자 송시열의 억울한 죽음이 무죄로 인정돼 관작이 회복되고 제사가 내려졌다. 이해 수원·정읍·충주 등지에 송시열을 제향하는 서원이 세워졌고, 다음해 시장(諡狀) 없이 문정(文正)이라는 시호가 내려졌다. 이때부터 덕원·화양동을 비롯한 수많은 지역에 서원이 설립돼 전국적으로 약 70개소에 이르게 됐는데, 그중 사액서원만 37개소였다. 그의 행적에 대해서는 당파 간에 칭송과 비방이 무성했으나, 1716년의 병신처분(丙申處分)과 1744년(영조 20년)의 문묘배향으로 학문적 권위와 정치적 정당성이 공인됐다. 영조 및 정조대에 노론 일당전제가 이뤄지면서 송시열의 역사적 지위는 더욱 견고하게 확립되고 존중됐다.

160 1659년(현종 즉위년) 약방의 어의(御醫)로서 입진(入診)해 그 공으로 이듬해 금천현감(衿川縣監)에 특별히 임명됐다. 이어서 3품 실직(實職)을 제수받았고, 1661년 사복시주부(司僕寺主簿)가 됐다. 1672년 군관(軍官)으로서 사신 창성군(昌城君) 이필(李泌)을 수행해 북경(北京)에 가려 했으나 허락되지 않았다.

오직 노여움이 제일 심하다'라고 했습니다만, 노할 때 갑자기 그 노여움을 잊고 사리(事理)의 옳고 그름[是非]을 살필 수 있다면 도리에 대해 깨닫는 것이 많게 될 것입니다. 신은 전하께서 공력을 쓰는 것이 어떠하기에 밖으로 발로되는 것이 이러하신지 모르겠습니다.

전하께서는 제신(濟臣)에게 백성을 다스릴 수 있는 재능이 있다고 여겨 이런 명을 내리신 것입니까, 아니면 시약(侍藥)한 지가 오래여서 공로가 없지 않았다고 하여 그러신 것입니까. 앞의 말과 같다면 정관(政官-인사 담당 관리)이 스스로 공의(公議)에 의거해 주의(注擬)할 것이요, 뒤의 말과 같다면 사은(私恩)을 잘못 내리는 것은 예로부터 임금의 임금다움[德]에 누를 끼친다고 일컬어왔습니다. 전하께서는 아마도 우연히 이에 대해 생각하지 않으신 것일 것입니다. 만일 제신의 공로를 보상하지 않을 수 없어서라고 한다면 정신(廷臣-조정 신하)들에게 하문하여 상사(賞賜)를 후하게 주고 자격(資格)을 올려주는 것도 안 될 것이 없는데, 하필이면 억지로 공의(公議)를 거슬러가면서 수령에 제수한 연후에야 그의 공로에 보상이 되겠습니까. 그런데도 전하께서 기필코 이렇게 하려 하니, 이는 하나의 사(私) 자에 가려져서 그렇게 됐음을 면할 수 없을 것 같습니다. 처음에는 잘 살피지 못한 탓으로 가려졌다고 하더라도, 대각(臺閣-사헌부)이 쟁집(爭執)하고 정관(政官)이 지난(持難)했으면 전하께서는 바로 겸허하고 평온한 심기로 사리의 옳고 그름을 살펴 문득 마음을 고쳤어야만 합니다. 이것이 바로 머지않아 회복된다는 일인데도 어찌하여 성상께서는 이렇게 하지 못하시고서 대간의 간언을 거절하고 또 정관(政官)에게 노여워하며, 옮기고 또 옮겨서 평소 예모를 갖추던 대신에게까지 옮기셨습니까. 전하께서 노여움을 잊지 못한 것이 또한 너무 심하셨습니다.

부자(夫子-공자)께서는 『주역』의 전(傳-「대상전」)을 내면서 '산 아래에 연못이 있는 것이 손(損)(이 드러난 모습)이니 군자는 그것을 갖고서 화를 누르고 욕망을 막는다'라고 했고, 안자(顔子-안회)의 배우기를 좋아함[好學]을 논하면서 '분노를 다른 데로 옮기지 않고[不遷怒] 잘못을 두 번 다시 반복하지 않았다[不貳過]'[161]라고 했으며, 혹(惑)이 무엇인지를 묻는 (제

161 『논어』 「옹야」편에 나오는 말이다. 애공이 물었다. "제자 중에서 누가 배우는 것을 좋아하는가?" 공자는 말했다. "안회라는 자가 있어 배우기를 좋아하여 분노를 다른 데로 옮기지 않고 잘못을 두 번 다시 반복하지 않았는데, 불행하게도 명이 짧아 죽었습니다. 지금은 그가 가고 없으니 아직 배우기를 좋아하는 자를 들어보지 못했습니다."

자) 번지(樊遲)의 물음에 '하루아침의 분노로 자신을 망각하는 것이다'[162]라고 했습니다. 지금 전하께서 의관(醫官)을 내보내고 진찰해 치료하게 하지 않는 것이 아마도 여기에 가까운 것 같습니다.

정자(程子)가 말하기를 '군자는 사물을 부리고 소인은 사물에게 부림을 당한다. 지금 노여워할 만한 일을 보고서 내가 일 푼이나마 거기에 말려 들어가는 것이 있게 되면 이 또한 수고로운 것이다'라고 했고, 주자(朱子)는 말하기를 '빼어난 이의 희로(喜怒)는 대공(大公)스러운 것으로 순리를 따르는 것이므로 천리(天理)의 극치인 것이고, 중인(衆人)의 희로는 자신을 위한 사사로움으로 지혜를 사용하는 것이므로 인욕(人慾)에 가득 찬 것이다'라고 했는데, 이는 모두 격언이요 지론인 것입니다. 우리 선왕(先王-효종)에 이르러서도 일찍이 경연(經筵)에 임어하셨을 적에 천신(賤臣-송시열의 자칭)에게 이르기를 '내가 불가한 일에 대해서는 우선 놔두었다가 한밤중이 돼 노한 마음이 종식된 뒤에 서서히 살펴서 조처했기 때문에 허물이 작을 수 있었다'라고 했으니, 이것이 어찌 대성인(大聖人)의 용의(用意-마음씀)에서 긴요했던 데가 아니겠습니까. 전하께서 여기에 대해 척연(惕然)히 마음을 움직이고 출연(怵然)히 사모하여 멀리는 유종(儒宗)을 본받고 가까이는 선왕(先王)을 본받기를 도모하지 않는다면, 온 나라의 신민이 다시 전하에게 기대할 것이 없게 될 것입니다.

신은 또 삼가 생각건대 사람이 화를 내는 것은 일이 뜻과 같지 않은 데서 생겨나는 경우가 많은데, 뜻이 싹트는 것은 으레 사심으로 인해 발하기 마련입니다. 진실로 여기에 대해 통렬히 살펴 용단을 내리지 않는다면 이로 인해 사사로운 뜻이 생기고, 사사로운 뜻으로 인해 반드시 하고 말겠다[期必(기필)]라는 마음이 생겨서, 그 뜻을 얻지 못하면 노여움이 그 때문에 생기게 되는 것입니다. 한 가지 일이 끝나자마자 다른 일이 또 닥쳐와서 돌고 돌아 끝이 없으니, 점차 치성한 데 이르게 되면 정사의 득실과 국가의 흥망이 이에서 결판나게 되는 것입니다. 어찌 깊이 두려워해야 될 일이 아니겠습니까."

이것만으로도 손괘의 「대상전」에 대한 훌륭한 풀이가 된다.

---

162 『논어』 「안연」편에 나오는 말이다. "번지가 공자를 따라 기우제를 지내는 단(舞雩)에 갔다가 그 아래에서 이렇게 물었다. '혹(惑)을 분별하는 법에 대해 묻겠습니다.' 공자는 먼저 '좋구나! 그 질문이여!'라고 화답한 다음 이렇게 답했다. '하루아침의 분노로 자신을 망각해 그 (화(禍)가) 부모에게까지 미치게 하는 것이 혹(惑) 아니겠는가?'"

손괘의 여섯 효[六爻]에 대한 주공의 말을 풀이한 공자의 「소상전」이다.

(초구(初九)는) 일을 마쳤으면 빨리 떠나가야 하는 것[已事遄往]은 윗사람과 뜻을 합치는 것[合志]이 최상이기 때문이다[已事遄往 尙合志也].

구이(九二)가 반듯함이 이로운 까닭은 적중함[中]을 (자신의) 뜻으로 삼았기 때문이다[九二利貞 中以爲志也].

(육삼(六三)은) 한 사람이 간다[一人行]는 것은 셋이면 의심을 받기 때문이다[一人行 三則疑也].

(육사(六四)는) 그 병을 덜어내니 진실로 기뻐할 만하다[損其疾 亦可喜也].

육오(六五)가 크게 길한 까닭은 (하늘이) 위에서 도와주기 때문이다[六五元吉 自上祐也].

(상구(上九)는) 덜지 말고 더해준다는 것은 크게 뜻을 얻기 때문이다[弗損益之 大得志也].

◉

손괘의 맨 아래 첫 양효에 대해 공자는 "일을 마쳤으면 빨리 떠나가야 하는 것[已事遄往]은 윗사람과 뜻을 합치는 것[合志]이 최상이기 때문이다"라고 풀었다. 주공은 효사에서 "일을 마쳤으면 빨리 떠나가야 허물이 없으니 짐작하여 덜어내야 한다[已事遄往 无咎 酌損之]"라고 했는데 공자는 그중에서 앞부분에 대해서만 풀이를 했다.

손괘의 초구는 양강의 자질로 양의 자리에 있으니 자리가 바르고, 바로 위의 구이와는 친하지 않으며[無比], 부드럽고 고분고분한 자질의 육사와는 호응하고 있다[有應]. 앞서 본 바와 같이 덜어냄 혹은 덜어줌[損]이란 "아래를 덜어 위를 더해주는" 것이며 또한 자신의 굳셈을 덜어 부드러움에 보탬[益]을 주는 것이라고 했다. 초구는 자신의 굳셈을 덜어내 육사의 부드러움을 더해줘야 한다. 일을 마쳤다는 것은 바로 자신을 덜어내 육사를 더해주는 일을 가리킨다. 그런데 왜 일을 마쳤으면 '빨리 떠나가야 허물이 없으니'라고 한 것일까? 자신이 남에게 베풀었다고 해서 공치사를 해서는 안 된다는 말이다. 아래에 있는 자가 윗사람을 위해 공로를 세웠다고 해서 공치사를 하게 되면 허물이 있을 수밖에 없다. 『논어』 「공야장」편에서 공자가 제자들에게 각자의 포부를 말해보라고 했을 때 수제자 안회(顔回)가 했던 대답이 바로 그 점을 말한 것이다.

저의 바람은 자신의 뛰어남을 자랑하지 않고[無伐善] 자신의 공로를 내세우지 않는 것입니다[無施勞].

빨리 떠나가라는 것은 미련을 두지 말라는 뜻이다. 그러면 효사에서 '짐작하여 덜어내야 한다[酌損之]'는 것은 무슨 뜻인가? 앞서 본 대로 작(酌)이란 때와 상황을 잘 살펴 시중(時中)하라는 말이다. 육사는 지위가 높아도 부드럽고 고분고분한 자질이라 아무래도 초구의 굳센 자질에 의지하지 않을 수 없는데, 그렇다고 초구가 조금 공로가 있다고 해서 함부로 해서는 안 되고 일의 이치[事理]와 일의 형세[事勢]를 잘 감안해서 행동해야 한다는 말이다. 이렇게 되면 공자가 말한 '윗사람과 뜻을 합치는 것[合志]이 최상이기 때문'이라는 것은 저절로 풀이가 된 셈이다.

우리 역사에서는 세손으로 있던 정조의 즉위를 도운 홍국영(洪國榮, 1748~1781)이 바로 손괘 초구의 의미를 모르고 자신의 공로를 믿고서 빨리 떠나지 않아 파국에 이른 전형적인 사례다. 내가 쓴 『정조, 조선의 혼이 지다』(해냄)에서 정리한 관련 내용이다.

혜경궁 홍씨의 『한중록(閑中錄)』 등에 따르면 홍국영은 젊은 시절 호방하면서도 해괴한 인물이었다. 이를 홍씨는 "하늘도 땅도 두려워하지 않는 인물"이라고 표현했다. 홍국영은 주색잡기로 청년기를 보냈다. 그런데 어느 시점에 작심하고 과거 공부를 시작해 25세 때인 영조 48년(1772) 문과에 급제한다. 그만큼 머리가 좋았다는 뜻이다.

이듬해인 영조 49년 4월 5일 영조가 직접 숭정전 동월대에 나와 행한 소시(召試)에서 예문관원 홍국영은 훗날 동지이자 서로 다른 길을 걷게 되는 정민시와 함께 우수자로 선발됐다. 이를 계기로 영조의 눈에 든 홍국영은 사관과 함께 왕세손을 보좌하는 춘방사서를 겸직하게 되면서 정조와 인연을 맺게 된다.

혜경궁 홍씨에 따르면 아버지 홍봉한은 당시 홍국영을 좋게 보았고, 작은아버지 홍인한은 "영안위 할아버지 자손 중에 저런 요망한 인간이 날 줄 어이 알았으랴"라며 "집안을 망칠 위인"이라고까지 극언했다고 한다. 결과적으로는 홍인한의 진단이 정확했던 것으로 드러나게 된다. 어쨌거나 당시 권력에서 물러나 있던 홍봉한은 이복동생인 홍인한에게 홍국영의 보직을 도와줄 것을 권유하는 등 직간접적으로 홍국영을 후원하려 했다.

그러나 풍산 홍씨 집안의 후원보다는 영조의 총애가 보다 더 컸다. 홍국영은 과거 급제 후

줄곧 사관으로 영조의 곁에 있었고, 영조는 공개적으로 "국영은 내 손자"라며 좋아했다. 마침 홍국영이 영조와 왕세손을 동시에 가까이에서 모실 때는 두 사람을 이간질하려는 세력의 공작이 극에 이르고 있을 때였다. 정순왕후 김씨 세력, 정후겸 세력, 홍인한 세력 등이 그들이었다. 홍국영은 정순왕후 김씨 집안과도 친척 관계였다. 정순왕후 김씨와 8촌인 김면주의 어머니가 홍국영의 당고모(5촌)였다. 홍국영은 과거 시험을 위해 한양에 왔을 때 김면주의 집에 머물 정도로 홍씨 집안보다는 경주 김씨 집안과 더 친화성을 갖고 있었다.

그러나 젊은 야심가 홍국영은 적어도 홍씨나 김씨 쪽에 줄을 서지 않았다. 자신의 본분인 세손 보호에 최선을 다했다. 당시 세손을 지켜준 두 인물이 바로 세손강서원의 홍국영과 정민시였다. 정후겸 세력이나 홍인한 세력 등은 심지어 세손이 홍국영, 정민시 등과 무슨 공부를 하고 있는지를 파악하기 위해 강서원에 자기 사람들을 심기까지 했다. 세손으로서는 뭐 하나 마음대로 말하고 행동할 수 없었다. 이런 열악한 조건에서 홍국영과 정민시는 헌신적으로 세손을 지켜냈다.

영조가 대리청정 의사를 처음 밝힌 것은 영조 51년(1775) 11월 20일 경연에서였다. 그때는 경연 때마다 동궁(세손)을 참여시켰기 때문에 그 자리에는 정조도 있었다. 그 밖에 돈녕부 영사 김양택, 영의정 한익모, 중추부 판사 이은, 좌의정 홍인한 등 전현직 정승들이 배석했다.

이날 경연에서 82세의 영조는 대리청정 의사를 밝힌다. "국사(國事)를 생각하느라고 밤에 잠을 이루지 못한 지가 오래됐다. 어린 세손이 노론(老論)을 알겠는가, 소론(少論)을 알겠는가? 남인(南人)을 알겠는가, 소북(少北)을 알겠는가? 국사(國事)를 알겠는가, 조사(朝事-조정의 일)를 알겠는가? 병조판서를 누가 할 만한가를 알겠으며, 이조판서를 누가 할 만한가를 알겠는가? 이 같은 형편이니 종사(宗社)를 어디에 두겠는가? 나는 어린 세손으로 하여금 그것들을 알게 하고 싶으며, 나는 그것을 보고 싶다." 그러면서 전위를 생각했으나 세손이 놀랄 수 있기 때문에 과도적 단계로 대리청정을 시키려 한다고 덧붙였다. 때늦은 결심이었다.

그러나 영조의 말이 끝나기 무섭게 좌의정 홍인한이 말했다. "동궁은 노론이나 소론을 알 필요가 없고, 이조판서나 병조판서를 알 필요도 없습니다. 더욱이 조사(朝事)까지 알 필요 없습니다." 정면에서 동궁을 깔아뭉개는 발언이었다. 이를 '3불필지설(三不必知說)', 즉 알 필요가 없는 세 가지라고 이른다.

홍인한으로서는 필사적일 수밖에 없었다. 여기에 정후겸도 가담했다. 반면 세손도 더는 물러설 수 없었다. 세손은 노골적으로 척리들을 배척한다는 뜻을 밝히며 맞섰다. 먼저 홍인한의 방해 공작에 대해 실록은 이렇게 전한다.

"청정(聽政)에 대한 의논이 일어나게 되자 홍인한 등이 크게 두려워하여 온갖 방법으로 저지시켰으며, 더욱 급하게 안으로는 이목(耳目)을 포치(布置)하고 밖으로는 당여(黨與)를 끌어들여서, 혹은 말을 지어내어 협박하기도 하고 혹은 허튼 말로 탐지하며 시험하기도 했다. 또 궁관(宮官)이 임금을 호위하는 것을 참소로 헐뜯으며 자기에게 빌붙지 않는 자는 반드시 자기들과 가까운 자와 배치 장소를 바꾸려고 했으니, 주야로 경영하는 정적(情跡)을 헤아리기 어려웠다. 왕실(王室)의 척련(戚聯)으로 부귀가 또한 이미 극도에 달했으나, 스스로 아주 흉악한 죄에 빠져들기를 달갑게 여기는 것이 어찌 일조일석의 일 때문이겠는가? 오직 우리 왕세손께서 재덕(才德)이 특출하고 영명하며 성을 내지 않으면서도 위엄이 있으니, 두 역적이 평소에 꺼리는 바였다. 또 고금의 치란(治亂)을 환하게 알고 척리(戚里)들의 정치에 대한 간섭을 깊이 미워하는 것이 두 역적에게는 마음속으로 우려하는 바였다. 우려와 꺼림이 서로 원인이 돼 자신이 나라와 원수가 됐다가 마침내는 성상의 환후(患候)까지 숨겨서 나라의 큰 계획을 저지하는 데 이르게 되고, 저지하는 것도 모자라서 협박하는 데 이르게 되고, 협박하는 것도 그치지 아니하여서 거의 동요(動搖)하는 데까지 이르게 됐으니, 무엄한 버릇과 불령(不逞)한 마음이 날마다 더욱 더해가서 끝이 없게 됐다."

그 점에서는 정후겸도 뒤지지 않았다. 여기에는 정후겸의 어머니인 화완옹주까지 거들었다.

"동궁이 혹 편안히 쉴 때가 있으면 정후겸의 어미 화완옹주는 반드시 사람을 시켜 정탐(偵探)하게 하여 좌우에서 엿보았는데, 동궁이 혹 궁료(宮僚)들을 불러 만나보는가를 두려워했기 때문이다. 대개 이것은 정후겸이 꾀어서 한 것으로, 자기들의 정적(情跡)을 말할까 두려워한 탓이다. 정후겸은 늘 사사로이 동궁을 뵐 때 앞으로 나오면서 몸을 굽히지도 않았고, 출입(出入)할 때는 탁탁하며 신을 끄는 소리를 내어 조심하고 두려워하는 뜻이 조금도 없었다. 임금이 화완옹주에게 이르기를, '신을 끄는 소리가 어찌 그리 방자스러우냐?' 했는데 이 뒤로 정후겸은 늘 동궁을 대하여 말하기를 '옛날에는 신을 끄는 소리까지도 임금을 섬기는 예절이었는데, 성상께서 예절을 굽어살피지 않으심이 한스럽습니다'라고 했다. 이 무리가 동궁에게만 무엄했던 것이 아니라 성상에게도 불경(不敬)했음이 또한 이와 같았다."

세손으로서는 눈썹이 타들어가는 초미지급(焦眉之急)의 상황이었다. 12월 3일 세손의 측근이던 서명선이 운명을 가르게 되는 상소를 올린다. 홍인한이 말한 '3불필지설'을 정면으로 비판하는 내용이었다. 원래 이 상소는 세손이 직접 올리려다가 홍국영이 나서서 말리며 서명선으로 하여금 대신 올리게 한 것이었다. 세손이 직접 올릴 경우 위험 부담이 클 수밖에 없었다. 이에 서명선이 홍국영·정민시와 의논한 끝에 목숨을 건 상소를 올렸다. 만일 이 상소를 영조가 긍정적으로 평가하지 않을 경우 세손의 자리는 어떻게 될지 몰랐다. 워낙 의심이 많고 변덕이 심한 데다가 나이도 너무 많은 영조였기 때문이다. 다행히 영조는 서명선의 손, 아니 세손의 손을 들어주었다. 바로 다음날 영의정 한익모와 좌의정 홍인한을 삭직한다. 이로써 세손의 지위는 튼튼해졌고, 본격적인 대리청정을 시작할 수 있게 됐다. 외형적으로는 서명선이 주도적 역할을 했지만, 이 모든 계획의 기획자는 다름 아닌 홍국영이었다. 정조가 훗날 "외척들의 모함에도 불구하고 용기를 잃지 말고 끝까지 대항하도록 조언을 하면서 몸을 던진 이는 홍국영 한 사람뿐이었다"라고 회고한 것도 이때 홍국영의 역할이 컸기 때문이다.

세손이 대리청정을 시작했을 때 홍국영의 보직은 홍문관부응교 겸 사서(司書)였다. 대리청정 초기인 영조 51년 12월 21일 정후겸의 지원을 받는 부사직 심상운이 당면 과제 여덟 가지라며 은근히 홍인한 세력을 두둔하고 노골적으로 세손을 비판하는 글을 올렸다. 심상운(沈翔雲, 1732~1776)은 효종의 부마였던 심익현(沈益顯)의 현손으로 명문의 혈통을 이어받았으나, 그의 아버지가 환관 박상검(朴尙儉) 사건에 연루된 역적 심익창(沈益昌)의 손자인 심사순(沈師淳)의 양자로 입적돼 벼슬길이 평탄치 못했다. 동생 심익운이 과거에 급제하고서도 관직에 오르지 못하자, 아버지가 동생 심익운과 함께 입적된 사실을 인멸하려다가 인륜을 어지럽히는 일가로 지목돼 사류(士類)의 배척을 받았다. 영의정 홍봉한의 도움을 받아 오명이 벗겨짐으로써 비로소 문과에 급제해 1774년 승지가 됐다. 그리고 이때 홍인한·정후겸의 사주를 받아 세손을 둘러싼 관리들을 비난하면서 세손을 '온실수'에 비유하는 흉측한 내용의 상소를 올렸다. 이에 세손도 대리청정을 하지 않겠다는 초강수로 맞섰고, 결국 심상운은 삼사의 탄핵을 받아 동생 심익운과 함께 서인으로 폐출됨과 동시에 흑산도로 유배됐다가 제주도로 이배됐다. 정조 즉위와 함께 삼사의 상소로 정조의 친국을 받은 뒤 주살된다.

이때 심상운의 상소를 받아본 세손의 첫 반응은 "심상운은 죄를 진 사람의 종자로서 상소하여 조목으로 진달한 바가 이처럼 교악(巧惡)하니, 심익창의 손자라고 말할 수 있겠다"였다. 이에 홍국영이 세손을 위로한다. "세도(世道)가 이와 같이 위험하오니 신들이 성의를 다하여 우러러 도울 것입니다. 저하 역시 '진안(鎭安)'이란 두 글자를 유념하소서." 세손도 무한한 총애로 답했다. "사서가 아뢴 바를 반드시 염두에 두겠다."

이듬해 2월 24일 홍국영은 사인(舍人)으로 발령을 받는다. 사인은 정4품에 해당하는 관직으로 원래는 의정부의 심부름을 하는 자리다. 오늘날로 치자면 국무총리 비서실장에 해당한다. 이 경우는 굳이 말하자면 세손 비서실장이라고 할 수 있다. 다음날 서명선은 이조판서로, 홍국영은 훈련원 정(正)으로 발령을 받는다. 훈련원 정은 정3품 당하관에 해당하는 자리로 하루 만에 품계가 두 단계나 뛴 것이다. 세손의 총애는 그만큼 컸다.

의기투합(意氣投合), 정조 즉위 초 정조와 홍국영의 관계는 이 한마디로 표현할 수 있다. 이렇게 된 데는 여러 요인이 있었겠지만, 무엇보다 내외척을 멀리하려 한 정조와 노론임에도 불구하고 어린 나이라 특정 정파에 속하기를 거부한 홍국영의 기질이 딱 맞아떨어졌다. 게다가 패기에 찬 홍국영은 적어도 이때만은 진심으로 정조를 보필했다. 홍국영에 대해 대단히 비판적인 혜경궁 홍씨의 『한중록(閑中錄)』에서도 이 점을 확인할 수 있다.

"동궁께서는 나이도 서로 비슷하고 얼굴도 잘생기고 눈치 빠르고 민첩하니 세상이 어지러웠던 때를 당하여 한 번 보고 크게 좋아하셔서 총애가 깊으셨다. 처음에는 요 어린놈이 간사한 꾀를 내어 동궁께 곧은 충고를 하는 척했지만 실은 다 듣기 좋은 말이라…. 한 번 국영이 들어오면 외간의 일들을 여쭙지 않는 일이 없고 전하지 않는 말이 없으니 동궁께서 신기하고 귀하게 여기셨다."

정조는 즉위 나흘째인 3월 13일 홍국영을 승정원 동부승지로 임명한다. 정3품 당상관으로의 승진이라는 의미보다는 왕명을 공식적으로 출납하는 자리에 올랐다는 의미가 더 컸다. 게다가 홍국영은 단순한 왕명 출납 이상의 직무를 수행했다. 왕명 생산, 즉 정조의 1인 싱크 탱크이자 책사로서 정국의 밑그림을 그리는 역할을 맡았던 것이다.

여기서 한 가지 염두에 둬야 할 점은 홍국영이 이념적으로는 골수 노론이었다는 점이다. 좀 더 정확히 말하면 "홍국영은 노론계 중에서 청명당 계열 정파의 지도자인 김종수·정이환과 합세하여 노·소론 탕평당 계열(친영조파)인 홍인한·정후겸·윤양후·홍계능 세력을 사도세자에 불경하고 정조의 즉위를 방해했다는 죄목으로 제거했다."(박광용 교수) 즉 홍국영은 기존 세력 판도의 힘을 빌리기 위해 노론 청명당과 손을 잡았던 것이다. 그 첫 번째 조치가 5월 22일 소론의 정신적 지주인 윤선거·윤증 부자의 관작 추탈과 문집 훼손 및 사액(賜額) 철거였다. 소론계 인사들에게는 크나큰 모독이었다. 이 조치를 내린 후 정조는 "며칠 전에 승선(承宣)이 아뢴 말이 바로 내가 평소에 생각하고 있던 바와 맞기에 바야흐로 뜻을 결단하여 시행한 것이다"라고 했다. 승선이란 바로 동부승지 홍국영이다. 아마도 홍국영은 김종수 세력과 손을 잡기 위해 노론의 숙원 사업이라 할 윤선거 부자의 관작 추탈과 송시열의 효종묘 배향을 앞장서서 추진한 것 같다. 송시열의 배향은 정조 2년 4월 영조 위패에 김창집과 민진원을 배향할 때 함께 성사된다. 역설적이게도 신진 기예 홍국영에 의해 노론 세상이 열리고 있었다.

김치인과 친척으로 노론 중도파인 김종수(金鍾秀, 1728~1799)는 아주 늦은 41세 때인 영조 44년(1768) 문과에 급제해 예조정랑, 홍문관 부수찬을 거쳐 시강원 필선으로 임명되면서 왕세손과 인연을 맺었다. 이때 그는 일관되게 당시 위세를 떨치고 있던 홍문(洪門)과 김문(金門)의 외척 정치를 지양해야 한다고 주장해 정조의 두터운 신임을 얻었다. 또 왕세손의 스승으로서 정조의 정신세계에 깊은 영향을 심어주었다. 특히 원시유학과 정통 주자학의 핵심을 가르치며 '임금은 통치자이면서 스승'이라는 군사론(君師論)을 정조의 머릿속 깊이 심어준 장본인이다. 정조에게서 드러나게 되는 보수 혁명가로서의 면모는 대부분 김종수로부터 비롯됐다고 해도 과언이 아니다. 정조 즉위 초의 정치를 이해하는 핵심 축은 정조·홍국영·김종수 3인이었다.

정조 즉위년 3월 13일 승정원 동부승지에 임명된 홍국영은 6월 1일 이조참의로 자리를 옮긴다. 품계는 같은 정3품 당상이지만 인사를 다루는 핵심 요직을 맡은 것이다. 7월 6일 홍국영은 도승지에 오른다. 이때 홍국영의 나이 29세였다. 영조 말기에는 주요 대신들이 정후겸의 눈치를 살펴야 했다면 정조 초에는 홍국영의 눈치를 살펴야 했다. 홍국영이 도승지에 임명된 바로 다음날 영의정 김양택은 "나이가 젊고 총명하니" 홍국영을 비변사 부제조로 임명해야 한다는 의견을 낸다. 이에 정조는 아직은 너무 빠르다며 거부했다. 이미 이때도 홍국영을 음해하는 각종 이야기가 정조의 귀에 들어가고 있었다. 부담을 느끼지 않을 수 없었던 것이다.

8월 18일 홍국영은 승문원 부제조로 옮긴다. 내의원의 총책임을 맡기기 위한 것이었다. 누구보다 신변 안전에 신경을 썼던 정조이기에 홍국영의 승문원 부제조 임명은 무한 총애를 보여주기에 충분했다. 9월 25일 인재 양성 기관으로 규장각을 세운 정조는 홍국영을 규장각 직제학으로 임명했다. 제학 바로 아래의 자리였다. 또 10월 19일에는 군무를 관장하는 찰리사로 임명했다. 이 모든 게 겸직이었다. 한 달 후인 11월 19일에는 수어사도 겸직케 했다. 다음날 홍국영과 김종수를 비변사 제조로 임명했다.

이듬해 5월 27일 홍국영은 경호실장에 해당하는 금위대장까지 겸한다. 바로 다음날 김종수는 우의정에 오르게 된다. 그해 8월 반역 모의가 있었는데 홍국영은 이를 제압하는 공을 세운다. 10월 17일 종2품직 홍문관 제학에 제수된다. 이후에도 홍국영은 훈련대장을 거쳐 정조 2년 3월 25일 규장각 제학에 오른다. 문무의 요직이라는 요직은 자유자재로 맡았다. 당시 홍국영에 대해 실록도 대단히 비판적이다. "이때 홍국영의 방자함이 날로 극심하여 온 조정이 감히 그의 뜻을 거스르지 못했다."

즉위에 공이 있다고 해서 이처럼 특진에 특진을 거듭하게 한 것은 정조의 인사 처리가 그만큼 미숙했다는 뜻일 수 있다. 그것은 홍국영을 위해서도 결코 좋은 결과를 가져올 수 없었다. 인재를 키우는 길이 아니라 죽이는 길을 선택한 것은 다름 아닌 정조 자신이었다.

권력을 맛본 30대 초반의 홍국영은 어느새 '1등 공신'에서 권간(權奸)으로 전락하고 있었다. 정조 2년 홍국영은 정조에게 소생이 아직 없다는 점에 착안해 13살 누이동생을 후궁으로 들여보냄으로써 정조와 처남 매부 사이가 된다. 인조반정 이후 서인 중에서도 노론이 일관되게 추진해온 국혼(國婚)을 놓치지 않겠다는 원칙을 나름대로 관철한 것이다.

그러나 하늘도 홍국영의 끝을 모르는 권력욕을 그냥 둘 수 없었던 것 같다. 정조 3년 5월 7일 원빈 홍씨는 열네 살 어린 나이에 세상을 뜬다. 홍국영은 왕비의 상례에 준하여 동생의 상을 치렀다. 참람한 행위였다.

"이휘지가 표문(表文)을 짓고, 황경원이 지장(誌狀)을 짓고, 송덕상이 지명(誌銘)을 짓고, 채제공이 애책(哀冊)을 짓고, 서명선이 시책(諡冊)을 지었다."

국왕의 상을 당했을 때나 동원될 만한 당대의 명유(名儒)들이 총동원된 것이다. 9월 26일 홍국영은 도승지에서 물러날 것을 청하는 상소를 올렸고, 정조는 즉각 수리했다. 실은 정조가 사직하도록 명을 내린 것이다. 갑자기 이렇게 정조의 태도가 바뀐 데 대해서는 실록이 상세한 설명을 하고 있다.

"그 누이가 빈(嬪)이 되고서는 더욱 방자하고 무도하여, 곤전(坤殿-중전 효의정후 김씨)의 허물을 지적하여 함부로 몰아세우고 협박하는 것이 그지없었으나 임금이 참고 말하지 않았다. 그 누이가 죽고서는 원(園)을 봉(封)하고 혼궁(魂宮)을 두었고 점점 국권을 옮길 생각을 품어 앞장서 말하기를, '저사(儲嗣)를 넓히는 일은 다시 할 수 없다' 하고 드디어 역적 은언군 이인(李䄄-철종의 할아버지)의 아들 상계군 이담을 죽은 원빈의 양자로 삼고 그 군호(君號)를 고쳐 완풍(完豊)이라 하고는 늘 내 생질이라 불렀다. 완이라는 것은 국성(國姓)의 본관인 완산(完山-전주)을 뜻하고, 풍이라는 것은 스스로 제 성의 본관인 풍산(豊山)을 가리킨 것이다. 가리켜 견주는 것이 매우 도리에 어그러지므로 듣는 자가 뼛골이 오싹했으나, 큰 위세에 눌려 입을 다물고 감히 성내지 못했다. 또 적신(賊臣) 송덕상(宋德相)을 추겨 행색이 어떠하고 도리가 어떠한 자를 임금에게 권하게 했는데, 바로 이담이다. 그래서 역적의 모의가 날로 빨라지고 재앙의 시기가 날로 다가오니, 임금이 과단(果斷)을 결심했으나 오히려 끝내 보전하려 했다. 다시 그 헤아리기 어려운 짓을 염려하여, 밖에 선포하여 보이지 않고 조용히 함께 말해서 그 죄를 낱낱이 들어 풍자하여 떠나게 했다."

정조는 홍국영을 살리려 했던 것이다. 그것이 옛 동지에 대한 마지막 배려였다. 이날 송덕상·김종후(김종수의 형) 등이 나서 사직을 만류해야 한다고 하자 정조는 "이렇게 해야만 끝내 홍국영을 보전할 수 있을 것"이라고 답한다. 이후 연말까지 홍국영 세력에 대한 숙청 작업이 철저하게 진행됐다. 대신 겨우 목숨을 구한 홍국영은 도성으로 들어와서는 안 된다는 명을 받았고 재산도 몰수당했다.

모든 관직을 빼앗은 홍국영을 정조는 이틀 후 인정전으로 불러 작별 인사를 한다. 할 말이 많았지만 모든 것을 억제할 수밖에 없었다. 이 자리에서 홍국영은 "자신은 정민시와 형제 같은 정을 갖고 있으니 그를 끝까지 잘 보살펴달라"고 부탁한다. 그것이 마지막이었다. 강원도 강릉 해안가에 거처를 마련한 홍국영은 술로 날을 지새우다가 1781년(정조 5년) 4월 사망했다. 33세였다.

손괘의 밑에서 두 번째 양효에 대해 공자는 "구이(九二)가 반듯함이 이로운 까닭은 적중함[中(중)]을 (자신의) 뜻으로 삼았기 때문이다"라고 풀었다. 여기서도 마찬가지로 주공은 "반듯함이 이롭고 가면 흉하니 덜어내지 않아야 더함이 있다[利貞(이정) 征凶(정흉) 弗損(불손) 益之(익지)]"라고 했는데 공자는 앞부분에 대해서만 '적중함[中(중)]을 (자신의) 뜻으로 삼았기 때문'이라고 풀어냈다.

구이의 처지를 보면 아래와는 친하지 않고 위의 육삼과는 친하며 군주의 자리에 있는 육오와 호응하고 있어[有應(유응)], 얼핏 보면 초구와 처지가 비슷해 보인다. 그러나 초구는 자리는 바르지만, 지위가 낮았고 구이는 지위가 조금 높아졌지만 자리는 바르지 않고 대신 가운데[中(중)] 있다. 앞서도 보았지만 『주역』은 가운데[中(중)]를 중요하게 여긴다. 대단히 미묘한 상황이라 정교한 풀이가 필수적이다. 예를 들면 초구와 구이의 처지를 비교할 경우, 초구는 양의 자리에 있어 양의 기운이 넘치니 덜어주는 것이 좋을 수 있지만, 구이는 음의 자리에 있어 그것만으로 음과 양이 균형을 이룬 것이니 반드시 덜어주는 것이 좋은 것은 아닐 수도 있다. 때가 다른 것이다. 이 점을 염두에 두고서 정이의 풀이를 보자.

> 구이는 굳세고 가운데 있는 효인데, 마땅히 자신의 굳셈을 덜어내야 하는 때를 맞아 부드러운 자리에 있고 태괘(兌卦)의 상징인 기뻐하는 체질이다. 위로 음유한 자질의 군주에 호응하니, 부드럽고 고분고분하게 기뻐하는 태도로 윗사람에게 호응하면 굳세고 가운데 있는 다움을 잃어버리게 되므로 이로운 바가 반듯하고 바름[貞正]에 있다고 경계한 것이다. 정(征)은 일을 행하는 것[行]이니, 행하는 데 가운데를 벗어나면 반듯하고 바름을 잃어 흉할 것이고 가운데를 지키면 바로 반듯함이다.
> '덜어내지 않아야 더함이 있다[弗損益之]'는 것은 스스로 자신의 굳셈과 반듯함을 지키는 것을 잃지 않는다면 윗사람을 유익하게 해줄 수 있는 것이니, 이것이 바로 윗사람을 더해주는 것이다. 만일 굳세고 반듯함을 잃고 부드럽고 고분고분하게 상대를 기쁘게만 한다면, 이는 단지 덜어내는 것이지 자신을 덜어내 윗사람을 더해주는 것이 아니다. 천하의 어리석은 자 중에 비록 그릇된 마음은 없을지라도 오직 힘을 다해 윗사람에게 고분고분 따르는 것만을 충(忠)이라고 생각하는 자가 있으니, 이는 '덜어내지 않아야 더함이 있다[弗損益之]'라는 것의 뜻을 제대로 알지 못하는 것이다.

이는 고스란히 『논어』「자로」편에 나오는 공자의 말과 정확히 합치한다.

> 군자는 섬기기는 쉬워도 기쁘게 하기는 어려우니, 기쁘게 하기를 도리로써 하지 않으면 기뻐하지 아니하고 사람을 부리면서도 그 그릇에 맞게 부린다[器之]. 소인은 섬기기는 어려워도 기쁘게 하기는 쉬우니, 기쁘게 하기를 비록 도리로써 하지 않아도 기뻐하고 사람을 부리면서도 한 사람에게 모든 능력이 완비되기를 요구한다[求備].

손괘의 밑에서 세 번째 음효에 대해 공자는 "한 사람이 간다[一人行]는 것은 셋이면 의심을 받기 때문이다"라고 풀었다. 이는 주공의 효사 "세 사람이 갈 때는 한 사람을 덜고 한 사람이 갈 때는 그 벗을 얻는다[三人行 則損一人 一人行 則得其友]" 중에서 뒷부분만 풀이한 것이다. 그러면 '세 사람이 갈 때는 한 사람을 덜고'의 뜻을 먼저 풀어야 한다. 이를 정이는 건괘와 곤괘의 효변(爻變)으로 풀어낸다. 즉 세 사람이 간다는 것은 건괘(乾卦, ☰)나 곤괘(坤卦, ☷)가 나란히 가는 것이다. 여기서 구삼을 덜어내 곤괘에 더하면 상괘인 간괘(艮卦, ☶)가 되고, 상륙을 덜어내 건괘에 더하면 하괘인 태괘(兌卦, ☱)가 된다. 결국 상괘는 곤괘에서 간괘로 바뀌어 가장 위에 있는 효가 굳셈으로 바뀌었는데, 이때 덜어냈다고 말하는 것은 단지 그 하나를 줄였음을 말하는 것이다. 그래서 손괘의 경우 모두 호응 관계를 형성한다.

공자는 「계사전」에서 이를 다음과 같이 말한 바 있다.

> 하늘과 땅이 그 기운을 친밀하게 서로 한데 뒤섞어[絪縕=交密] 만물이 하나가 돼 엉기고[化醇], 남자와 여자가 정기를 맺어[構情] 만물이 화생(化生)한다. 역(易)에 이르기를 "세 사람이 갈 때는 한 사람을 덜고 한 사람이 갈 때는 그 벗을 얻는다[三人行 則損一人 一人行 則得其友]"라고 했으니, 하나에 이르게 됨[致一]을 말한 것이다.

"세 사람이 갈 때는 한 사람을 덜고 한 사람이 갈 때는 그 벗을 얻는다"라는 것은 산택손괘(山澤損卦, ䷨)의 밑에서 세 번째 음효[六三]에 대한 풀이다. 이는 별도의 풀이가 필요 없는 인지상정(人之常情)에 따른 남녀의 행동 방식이다. 따라서 남녀의 경우에는 셋이면 마땅히 하나를 덜어내야 한다. 그래서 둘이서 하나가 될 수 있다. 이는 『논어』에 나오는 삼인행(三人行)과는 전혀 무관하다. 이것은 그저 남녀 관계일 뿐이다. 그렇기 때문에 공자가 풀이에서 '셋이면 의심을 받기 때문'이라고 한 것 또한 분명하다. 남녀는 두 사람이 하나의 관계를 형성할 뿐이기 때문에 한 명이 더 있게 되면 그 사람은 의심의 대상이 되는 것이다.

손괘의 밑에서 네 번째 음효에 대해 공자는 "그 병을 덜어내니 진실로 기뻐할 만하다"라고 풀었다. 주공은 효사에서 이렇게 말했다.

> 그 병을 덜되 빠르게 하면 기쁨이 있어 허물이 없다[損其疾 使遄 有喜 无咎].

육사의 처지는 음유한 자질로 음의 자리에 있어 자리는 바르고, 상괘의 아래에 있으면서 강양의 자질을 가진 초구와 호응 관계다. 이는 스스로의 결점이나 나쁜 점을 덜어내면서 초구의 강양을 따르는 것이다. 여기서 '그 병을 덜되'라고 한 것은 바로 그런 뜻이다. 결점이나 나쁜 점을 빠르게 덜어낸다면 허물이 없기 때문에 기쁜 것이다. 그래서 공자도 '진실로 기뻐할 만하다'라고 했다.

손괘의 밑에서 다섯 번째 음효에 대해 공자는 "크게 길한 까닭은 (하늘이) 위에서 도와주기 때문이다"라고 풀었다. 그런데 주공의 효사는 좀 길다.

> 혹 더해주면 열 명의 벗이 도와준다. 거북점도 능히 어기지 못하니 으뜸으로 길하다[或益之 十朋之 龜 弗克違 元吉].
> 혹익지 십붕지 구 불극위 원길

먼저 이에 대한 정이의 풀이를 보자.

> 육오는 덜어내는 때에 적중함과 고분고분함[中順]으로써 존귀한 자리에 있으며 그 마음을 비워[虛其中] 구이의 굳센 양의 자질에 호응하니, 이는 임금이 마음을 비우고 스스로를 덜어내 아래에 있는 뛰어난 이[賢]를 따르는 것이다. 이와 같이 한다면 천하에 누가 자기를 덜고 희생하여 스스로 최선을 다해 임금을 도와 더해주지 않겠는가? 그래서 혹 더해주면 열 명의 벗이 도와주는 것이다. '열 명'이란 많다는 뜻이다.
> 중순 / 허 기중 / 현
>
> 거북이란 옳고 그름, 흉하고 길함을 결단하는 물건이다. 여러 사람의 공론이 반드시 바른 도리에 부합하면 비록 거북점과 시초점이라도 어기지 못할 것이니, 이와 같이 한다면 크게 좋은 길함이라 할 수 있다. 옛사람의 말에 "계책이 여러 사람의 의견을 따르면 하늘의 마음에 부합합니다"라고 했다.

공자가 '(하늘이) 위에서 도와주기 때문'이라고 한 것은 결국 많은 이의 의견을 따르기 때문에 어긋날 일이 없다는 말이다.

손괘의 맨 위에 있는 양효에 대해 공자는 "덜지 말고 더해준다는 것은 크게 뜻을 얻기 때문이다"라고 풀었다. 주공의 효사는 원래 상당히 길다.

> 덜지 말고 더해주면 허물이 없고 반듯해서 길하다. 가는 바가 있는 것이 이로우니 신하를

얻음이 집 안에서뿐만이 아니다[弗損益之 无咎 貞吉 利有攸往 得臣无家].

손괘임에도 불구하고 상구에 대해서는 먼저 "덜지 말고 더해주면 허물이 없고 반듯해서 길하다"라고 했다. 먼저 이 부분에 대한 정이의 풀이가 길지만 깊이 음미할 만하다.

덜어냄[損]의 뜻에는 세 가지가 있으니, 하나는 자기를 덜어 남을 따르는 것[損己從人]이고 또 하나는 자기를 덜어 남을 더해주는 것[自損以益於人]이며 마지막 하나는 덜어내는 도리[損道]를 시행해 남에게서 덜어내는 것[行損道以損於人]이다.

그러면서 첫째로 자기를 덜어 남을 따르는 것은 마땅함으로 옮겨가는 것[徙於義也]이라고 했다. 이는 숭덕(崇德)과도 뜻이 통한다. 『논어』「안연」편부터 보자.

자장(子張)이 다움을 높이는 일[崇德]에 관해 묻자 공자가 말했다.
"진실함과 믿음[忠信]을 위주로 함으로써 마땅함으로 옮겨가는 것[徙義]이 다움을 높이는 것이다."

둘째로 자기를 덜어 남을 더해주는 것은 다른 사람에게 미치는 것[及於物也]이라고 했다. 이는 서(恕)의 문제다. 서(恕)란 "기소불욕 물시어인(己所不欲勿施於人)"이다. 『논어』「위령공」편에 나오는 말이다.

자공(子貢)이 물었다.
"한마디 말로 종신토록 행할 만한 것이 있습니까?"
공자가 말했다.
"그것은 서(恕)다. 자신이 하고자 하지 않는 것을 남에게도 베풀지 않는 것이다[己所不欲勿施於人]."

셋째로 덜어내는 도리[損道]를 시행해 남에게서 덜어내는 것은 그 마땅함을 행하는 것[行其義也]이라고 했다. 『논어』「미자」편에 관련 구절이 나온다. 자로의 말이다.

자로(子路)가 공자를 모시고 따라가다가 뒤처지게 됐다. 이때 지팡이로 삼태기를 둘러멘 노인네를 만나자 자로가 물었다.

"어르신께서는 우리 스승을 보았습니까?"

이에 그 노인네는 "사지를 부지런히 움직이지 않고 오곡을 분별할 줄도 모르는데 누구를 스승이라 하는가?" 하고는 지팡이를 땅에 꽂더니 김을 매었다.

노인네는 자로로 하여금 자기 집에 머물게 하고서 잠자리를 제공한 다음, 닭을 잡고 기장으로 밥을 지어 먹이고 두 아들로 하여금 인사를 하도록 했다. 다음날 자로가 돌아와서 공자에게 그간의 사정을 고하자 공자는 "은자다"라고 말하고 자로로 하여금 다시 가서 만나보라고 했는데, 그곳에 도착했을 때는 이미 그 노인네와 가족은 떠나가버렸다.

자로는 말한다.

"벼슬살이 자체를 부정하는 것은 마땅함[義]을 부정하는 짓이다. 장유의 예절을 폐할 수 없는데 군신의 의리[義]를 어찌 폐할 수 있겠는가? 자기 몸을 깨끗하게 하고자 하여 천하의 큰 도리를 어지럽히는 것이다. 군자가 벼슬을 하는 것은 그 마땅함을 행하는 것[行其義也]이니, 도리가 행해지지 않음을 이미 알고 있는 것이다."

다시 정이의 풀이다.

육사와 육오 두 음효는 자기를 덜어 남을 따르는 것을 취했고, 하체(下體-하괘)의 세 효는 자기를 덜어 남을 더해주는 것을 취했다. (이는) 덜어내는 때에 쓰임을 덜어내는 도리를 행해 천하에 마땅히 덜어내야 할 것을 덜어내는 것인데, 상구는 덜어내는 방도를 시행하지 않는 것을 취해 의미를 삼았다. 상구는 덜어내는 때의 끝에 있으니, 덜어내는 상황의 극한에 이르러 마땅히 달라져야 하는 자다. 양강의 자질로 가장 위에 있으니, 만일 굳셈을 써서 아랫사람을 덜어내고 깎아내면 윗사람의 도리가 아니므로 그 허물이 크다. (반대로) 굳셈으로 아랫사람을 깎아내는 방도를 쓰지 않고 달라져서 강양의 방도로 아랫사람을 더해주면 허물이 없어지고 바른 도리를 얻어 또 길하게 된다. 이와 같이 하면 마땅히 일을 계속해나갈 것이니, 일을 행하면 유익함이 있을 것이다. 가장 높은 자리에 있으면서 그 아랫사람을 덜어내지 않고 더해줄 수 있다면 천하에 누가 복종하지 않을 것인가? 따르고 복종하는 많은 군중이 안과 밖을 가리지 않을 것이다. 그래서 "신하를 얻음이 집 안에서뿐만이 아니다"라고 했다. 신하를 얻음은 사람들의 마음이 돌아와 복종하는 것을 말하고, 집 안에서뿐만이 아니라고 한 것은 멀거나 가까움, 안과 밖의 구분 없이 모두 복종한다는 것이다.

그것은 다름 아니라 일의 이치[事理=禮]에 따라 아랫사람을 대해주는 것이다. 『논어』「자로」편은 바로 이 점을 정확하게 지적하고 있다.

번지(樊遲)가 공자에게 농사일을 배울 것을 청하자 공자는 말했다. "나는 늙은 농부만도 못하다."

그러자 번지가 채소 가꾸는 것이라도 배울 것을 청한다. 이에 공자는 "나는 늙은 농부만도 못하다"라고 답한다.

번지가 나가자 공자는 말했다.

"소인이구나, 번지여."

그리고 이렇게 말했다.

"윗사람이 예를 좋아하면 곧 백성이 감히 불경을 행하는 이가 없고, 윗사람이 마땅함[義]를 좋아하면 곧 백성이 감히 복종하지 않는 이가 없고, 윗사람이 신의[信]를 좋아하면 곧 백성이 감히 실상에 맞지 않는 일을 하는 이가 없다. 이렇게 되면 사방의 백성이 자식을 포대기에 업고서라도 올 것이니 어찌 (나의 능력을) 농사짓는 데 쓰겠는가?"

여기서 공자가 말하고자 하는 바가 바로 상구에 대한 공자의 풀이와 정확히 일치한다. "덜지 말고 더해준다는 것은 크게 뜻을 얻기 때문이다"라는 것은 곧 윗자리에 있으면서 아랫사람을 덜어내지 않고 도리어 더해준다는 것이니, 이는 군자가 그 뜻을 크게 얻는 것이다. 군자의 뜻은 다름 아니라 "다른 사람을 더해주는 데 있을 뿐"이기 때문이다. 『논어』「옹야」편에서 공자는 이렇게 말했다.

인(仁)이란 자신이 서고자 함에 남도 서게 하며, 자신이 통달하고자 함에 남도 통달하게 하는 것이다[己欲立而立人 己欲達而達人].

'무가(无家)'를 말 그대로 '집이 없다'로 보고서 천하를 집으로 삼는다고 볼 수도 있다. 반고의 『한서』 「오행지(五行志)」편에는 성제(成帝) 때 『주역』에 능통했던 곡영(谷永, ?~BC 8)[163]이라는 신하가 손괘의 상구를 근거로 삼아 간언(諫言)한 글이 실려 있다.

『주역』에 이르기를 "신하를 얻어 집이 없다[得臣無家]"[164]라고 했으니, 이는 임금다운 임금[王者]은 천하를 신하로 삼기 때문에 사사로운 집이 없다[私家]는 말입니다. (그런데) 지금 폐하께서는 만승(萬乘)[165]의 지극한 고귀함[至貴]을 버리고서 집안사람들이나 하는 천한 일들을 즐기시고 높고 아름다운 존귀한 칭호[尊號]를 싫어하시어 필부들의 비속한 말들을 좋아하시면서, 가볍고 의롭지 못한 소인배들을 높이고 불러 모아 사사로운 문객으로 삼아서 사전(私田)을 민간들 사이에 두고 사노(私奴)와 거마(車馬)를 북궁(北宮)에 쌓아두고 계십니다. 여러 차례에 걸쳐 남면(南面)[166]하시는 존엄을 저버리고 깊은 궁궐의 견고함을 벗어나 몸을 빼서[挺身] 홀로 소인배들과 함께 새벽부터 밤늦도록 서로 몰려다니며, 까마귀가 섞여 모이듯[167] 관리나 백성의 집에 들어가 마시고 취해 옷을 법도에 어긋나게 어지러이 입고서 더불어 앉아 서로 뒤섞여[溷肴=混淆] 아무런 구별도 없이 노는 데만 힘쓰시느라 밤낮으로 길거리를 배회하고 있습니다.[168] 그래서 문호(門戶)를 지키는 사람과 숙위를 받드는 신하들은 무기를 들고서 텅 빈 궁궐이나 지켰고, 공경과 백료(百僚)는 폐하께서 계신 곳을 모른 지가 여러 해가 됐습니다. 옛날에 괵나라 임금[虢公]이 무도하자 신이 내려와 말하기를 "너에게 토전(土田)을 내려주노라"라고 했는데[169], 이는 장차 서민들이 논밭을 받게

---

163 곡길(谷吉)의 아들이다. 젊어서 장안의 소사(小史)가 돼 경서를 두루 공부했는데, 특히 천관(天官)과 경씨역(慶氏易)에 정통했다. 원제(元帝) 건소(建昭) 연간에 태상승(太常丞)에 올랐다. 여러 차례 상서해 재이(災異)의 발생을 조정의 득실과 관련지어 추론했다. 성제(成帝) 때 광록대부급사중(光祿大夫給事中)으로 옮겼다. 황태후와 측근들은 곡영이 재이의 논리로 성제를 설득하자 그를 달갑지 않게 여겼다. 이 때문에 북지태수(北地太守)로 나갔다가 다시 불려 대사농(大司農)이 됐다. 그해 말에 병으로 사직했다.

164 안사고가 말했다. "손괘(損卦, ䷨)의 가장 위의 붙은 효에 대한 풀이다."

165 천자를 뜻한다. 제후는 천승(千乘)이다.

166 임금은 남면하고 신하는 북면한다.

167 안사고가 말했다. "모였다가 흩어졌다가 하는 것이 까마귀 떼와 같았다는 것이다."

168 성제는 자주 궁궐 밖으로 나가 부평후인 장방(張放)의 하인이라고 자칭하면서 다른 이름을 갖고 다녔다. 그 바람에 따르는 사람들이 황제의 이름을 마구 부르기도 하고 같이 놀기도 했다.

169 안사고가 말했다. "『춘추좌씨전』 장공(莊公) 32년 (가을 7월에) 신이 (괵나라) 신(莘)읍에 내려왔다(註-신읍의 어떤 사람에게 신이 들렸다는 뜻이다). 괵공(虢公)이 축응(祝應)·송구(宋區)·사은(史嚚)을 보내 신에게 제사를 지내게

된다는 뜻입니다. 제후가 토전을 얻는 꿈을 꾸더라도 그것은 나라의 상서로움을 잃게 되는 것인데[170], 하물며 임금 자리에 있으면서 사전(私田)과 사사로운 재물을 축적한다면 서민들의 일이야 어떻겠습니까!

42. 풍뢰익(風雷益)[171]

익(益)은 나아가는 바가 있는 것이 이롭고 큰 강을 건너면 이롭다.

益 利有攸往 利涉大川.[172]
익 이유 유왕 이섭 대천

초구(初九)는 큰일[大作]을 하는 것이 이로우니, 으뜸으로 길해야 허물이 없다[利用爲大作 元吉 无咎].
대작 / 이용위 대작 / 원길 무구

육이(六二)는 혹 더해주면 열 명의 동지가 도와주는 것이라 거북점도 능히 이를 어길 수 없지만, 오래도록 반듯하면 길하니 왕이 상제에게 제사를 해도 길하다[或益之 十朋之 龜弗克違 永貞吉 王用享于帝].
혹 익지 십붕지 구 불극 위 / 영 정길 왕 용향 우 제

육삼(六三)은 더해주는 일을 흉한 일에 쓰면 허물이 없으나, 미더움이 있고 중도를 행해야 공(公)에게 아뢸 때에 규(圭)를 쓰듯이 할 수 있다[益之 用凶事无咎 有孚中行 告公用圭].
익지 용 흉사 무구 유부 중항 고공 용규

육사(六四)는 중도로 행하면 공에게 고해서 따르게 하리니, 윗사람에게 의지하고 나라의 도읍을 옮기는 것이 이롭다[中行 告公從 利用爲依遷國].
중항 고공 종 이 용 위의 천국

구오(九五)는 은혜를 베풀려 하는 데 미더움이 있으니 묻지 않아도 크게 길하고, (천하가) 미더움을 갖고서 나의 다움을 은혜롭게 여긴다[有孚惠心 勿問元吉 有孚惠我德].
유부 혜심 물문 원길 유부 혜 아덕

상구(上九)는 도움을 주는 사람이 없으면 혹 공격할 것이다. 마음을 세우는 데 오래가는 마음이 없으면 흉하다[莫益之 或擊之 立心勿恒 凶].
막 익지 혹 격지 입심 물항 흉

하니 신이 토전을 주겠다고 했다. 이에 사은이 말했다. '괵나라는 아마도 망할 것이다.'"

170 안사고가 말했다. "희공(僖公) 5년에 진(晉)나라가 괵나라를 멸망시키자 괵공은 도성을 버리고 추하게 도망쳤다."

171 문자로는 손상진하(巽上震下)라고 한다.

172 이(利)만 두 번 나온다.

◉

익괘(益卦)의 초구(初九)는 양위에 양효로 바름[正位], 육이(六二)는 음위에 음효로 바름, 육삼(六三)은 양위에 음효로 바르지 못함[不正位], 육사(六四)는 음위에 음효로 바름, 구오(九五)는 양위에 양효로 바름, 상구(上九)는 음위에 양효로 바르지 못함이다. 이 괘의 경우 육이와 구오 모두 중정을 얻었다.

대성괘 익괘(䷩)는 소성괘 손괘(巽卦, ☴)와 진괘(震卦, ☳)가 위아래에 있어 만들어진 괘다. 「설괘전」에 따르면 '바람[風]으로 흩어지게 하고' '우레[雷=震]로 움직이게 한다'고 했다. 괘의 모양이 손(巽)이 위에 있고 진(震)이 아래에 있다.

그러면 「서괘전」을 통해 왜 익괘가 손괘의 뒤를 이어받았는지 확인해보자.

> 잃어버리면서도[損=失] 그치지 않으면[不已] 반드시 더해진다[益]. 그래서 손괘의 뒤를 익괘(益卦)로 받았다.
>
> 損而不已 必益. 故受之以益.

잃어버림 혹은 덜어냄[損]이 극에 이르면 반드시 다시 더해지게 된다. 이는 이치가 본래 그러한 것[自然]이다. 풍뢰익괘(風雷益卦, ䷩)는 손괘(損卦)를 뒤집은 종괘다. 바람과 우레는 서로에게 도움을 준다. 바람이 빠르면 우레가 맹렬하고, 우레가 거세면 바람이 더 거칠어진다. 이는 그 괘의 모양[象]을 근거로 풀어낸 것이다.

더해줌은 손괘와 반대로 위를 덜어 아래에 더해주는 것이다. 그렇게 해서 아래가 두터워지면 위도 편안하다.

한편 「잡괘전」에서는 익괘와 손괘의 관계를 이렇게 말했다.

> 손익(損益)은 번성하고 쇠퇴함의 시작[盛衰之始]이다.

손(損)이 극에 이르면 익(益)이 되고, 익(益)이 극에 이르면 손(損)이 된다. 손(損)은 번성함의 시작이고, 익(益)은 쇠퇴함의 시작이다. 손이 익의 원인이고 익이 손의 원인이듯이, 번성함은 쇠퇴함의 원인이고 쇠퇴함은 번성함의 원인이다.

「계사전」에서는 "익(益)은 다움의 넉넉함[德之裕]이요" "익(益)은 오래오래 넉넉하되 억지스러움을 베풀지 않고[長裕而不設]" "익(益)으로써 이로움을 일으키고[興利]"라고 했다.

문왕의 단사(彖辭), 즉 "익(益)은 나아가는 바가 있는 것이 이롭고 큰 강을 건너면 이롭다[利有攸往 利涉大川]"에 대한 공자의 풀이[「彖傳」]를 살펴볼 차례다.

익(益)은 위를 덜어 아래를 더해주는 것[損上益下]이니 백성의 기뻐함이 끝이 없고[无疆], 위로부터 아래를 향해 낮추니[自上下下] 그 도리는 크게 빛난다[大光]. "나아가는 바가 있는 것이 이롭다"라는 것은 중정(中正)하여 경사가 있는 것이고, "큰 강을 건너면 이롭다"라는 것은 나무의 도리[木道=益道]가 마침내 행해진 것이다. 익(益)은 움직임에 있어 공손해[動而巽] 날로 나아감[日進]이 끝이 없다.
하늘이 베풀고 땅이 낳아주어[天施地生] 그 유익함은 일정한 장소가 없다. 무릇 더해주는 도리[益之道]는 때에 맞춰 함께 일을 해가는 것[與時偕行]이다.

益 損上益下 民說无疆 自上下下 其道大光.
익 손상 익하 민열 무강 자상 하하 기도 대광

利有攸往 中正有慶 利涉大川 木道乃行,
이 유 유왕 중정 유경 이 섭 대천 목도 내 행

益 動而巽 日進无疆.
익 동이손 일진 무강

天施地生 其益无方.
천시 지생 기익 무방

凡益之道 與時偕行.
범 익지도 여시 해행

◉

손(損)이 위로 올라가는 것[上行]이라면 익(益)은 아래로 내려가는 것[下行]이다. 그래서 은혜를 아래로 베풀면 백성이 끝없이 기뻐하게 되는 것이고, 아래를 향해 자신을 낮춰 겸손하게 처신하면 그 도리는 세상을 밝게 비추는 것이다.

익괘는 앞서 본 대로 육이와 구오가 모두 중정(中正)을 얻었다. 그래서 공자는 이 점을 지적해 '중정(中正)하여 경사가 있는 것'이라고 했으니, 이는 일을 행하게 될 경우 경사가 있을 것이어서 이롭다는 말이다. 그 이익을 천하와 함께하려고 하기 때문이다.

이어서 '큰 강을 건너면 이롭다'에 대해 정이는 "더해주는 도리는 평상시 일이 없을 때는 그 유익함이 오히려 작고, 어려움과 험난함을 당하면 유익한 바가 지극히 크다. 그래서 큰 강을 건너면 이로운 것이다. 어려움과 험난함을 구제하는 것은 바로 더해주는 도리가 크게 행해지기 때문이다"라고 했다. 다만 공자가 말한 "나무의 도리가 마침내 행해진 것이다"를 정이는 목도(木道)를 익도(益道)의 잘못이라고 보았는데, 따르지 않는다. 「설괘전」에 따르면 나무는 손(巽)에 속하는 것으로 문맥과도 합치한다.

이어 두 상하괘의 자질을 갖고서 '움직임에 있어 공손해[動而巽](동이손)'라고 풀었다. 행동하는 바 하나하나가 다 도리에 고분고분하다는 뜻이다. 그러나 그 더해짐이 날로 나아가 끝이 없게 되는 것이다.

이어서 하늘과 땅을 끌어들여 더해주는 이치가 얼마나 큰지를 강조하고 있다. 그렇지만 빼어난 이가 이런 이치를 자신의 것으로 만들어[體化](체화) 행할 때는 사람의 일[人事](인사)을 잘 살펴 때에 맞게 해야 함을 강조한 것이다. 특히 더해줌에 있어 때를 강조한 것은, 더해줌이 무조건 좋은 것은 아니기 때문이다. 부족한 사람을 더해줄 때 그 더해줌이 빛나는 것이지, 이미 충분한 사람에게 더해주는 것은 도리가 아니다. 『논어』 「옹야」편에 나오는 일화는 바로 이 점과 관련된다.

> 공서적(公西赤)이 제나라에 사신으로 가게 됐다. 이때 염자(冉子-염유)가 나서서 공자에게 공서적의 어머니를 위해 곡식을 줄 것을 청했다. 이에 공자는 1부(釜-6말 4되)를 주라고 허락했다. 염자는 더 줄 것을 청했다. 공자는 그렇다면 1유(庾-16말)를 주라고 허락했다. 그런데 염자는 (공자의 명을 무시하고) 임의대로 5병(秉-800말)을 공서적의 어머니에게 전했다. (이를 알게 된) 공자가 말했다.
>
> "공서적이 제나라에 갈 때 보니 살찐 말과 가벼운 갖옷을 갖추고 갔다. 내 들으니 모름지기 군자란 곤궁함에 빠진 사람을 돌보아주는 것이고 부유한 자에게 계속 대주지는 않는다[周急不繼富](주급 불 계부)고 했다."

이 주급불계부(周急不繼富)가 바로 때에 맞게 하는 일의 이치[事理](사리)가 되는 것이다. 공자가 더해주는 때를 강조한 것은 그 때문이다.

공자의 「상전」을 살펴볼 차례다. 그중에 익괘를 총평한 「대상전」이다.

바람이 불고 우레가 치는 것이 익(益)(이 드러난 모습)이니, 군자는 그것을 갖고서 (다른 사람의) 좋은 것을 보았을 때는 그리로 옮겨가고 (자신의) 허물이 있을 때는 고친다[風雷益 君子以見善則遷 有過則改].

◉

우리가 다움[德]을 갖춰가는 데는 여러 방법이 있다. 먼저 공자는 다움을 갖추는 방법으로 적중해서 오래 유지하는 것[中庸]을 제시했다. 『논어』 「옹야」편이다.

> 적중해서 오래 유지하는 것[中庸]이 다움을 이루어냄[爲德=成德]이 지극하구나! (그런데) 사람들 가운데는 적중해서 오래 유지하는 것을 지속하는[久] 이가 드물다.

즉 다움을 갖추는 데 있어 관건이 되는 것은 (도리나 사안에) 적중하는 것[中]과 오래 유지하는 것[庸=常=久]이다. 또 수덕(修德)과 숭덕(崇德)이 있는데, 이 둘은 엄격하게 구분된다. 다움을 닦는다[修德]는 것은 좋지 못한 면들을 털어내거나 닦아서 없애는 것을 말하고, 다움을 높인다[崇德]는 것은 좋은 점들을 조금씩 쌓아가는 것[積善]을 말한다. 지금 익괘 「대상전」에서 '(자신의) 허물이 있을 때는 고친다'라고 한 것은 수덕(修德)이고, '(다른 사람의) 좋은 것을 보았을 때는 그리로 옮겨가고'가 숭덕(崇德)이다. 『논어』에서 공자가 이 둘을 엄격히 구분해서 사용하고 있음을 사례를 통해 확인해보자. 「안연」편에 제자 자장(子張)이 다움을 높이는 방법[崇德]을 묻자 공자는 이렇게 대답한다.

> 충(忠)과 신(信)을 바탕으로 하면서 의(義-마땅함)로 옮겨감[徙=遷](마땅함을 따르는 것)이 다움을 높이는 것[崇德]이다.

이어 번지(樊遲)라는 제자가 같은 질문을 하자 이렇게 대답했다.

> (공적인) 일(事)을 우선하고 (사사로운) 이득[得]을 뒤로하는 것이 다움을 높이는 것[崇德] 아니겠는가?

『논어』에는 별도로 수덕(修德)이란 말은 등장하지 않는다. 대신 같은 곳에서 수덕(修德)과 같은 의미로 수특(修慝)이 사용되고 있다. 번지의 질문에 대한 공자의 대답이다.

> 자신 안에 있는 나쁜 점을 다스리고 남의 악은 다스리지 않는 것이 사특함을 없애는 것[修慝](수특) 아니겠는가?

그러나 『논어』「계씨」편에는 익괘의 「대상전」과 거의 흡사한 말이 나온다.

> 좋은 것을 보았을 때는 내가 미치지 못하면 어떡하나 하는 마음으로 다가가야 하고, 좋지 못한 것을 볼 때는 끓는 물을 더듬는 듯 당장 손을 떼야 한다.

진덕수의 『심경부주(心經附註)』(해냄)에서 면재(勉齋) 황씨(黃氏)[173]가 이렇게 말했다.

> 손괘(損卦)와 익괘(益卦)의 뜻이 대단히 큰데 성인(聖人-공자)께서는 오직 화를 누르고 욕심을 막는 것[懲忿窒慾](징분 질욕)과 좋은 쪽으로 옮겨가고 허물을 고치는 것[遷善改過](천선 개과)만을 취한 것은 어째서인가?
> 마음을 바르게 하고[正心](정심) 몸을 닦는 것[修身](수신)은 배우고 묻는 것의 큰 실마리이며, 동시에 집안을 가지런히 하고 나라를 다스리며 천하를 편안케 하는 것[齊家治國平天下](제가 치국 평천하)의 뿌리다. 옛날에 배우는 자들은 작은 생각 하나라도 몸과 마음의 가운데[身心之中](신심 지 중) 두지 않음이 전혀 없었는데, 지금에 배우는 자들은 작은 생각 하나라도 몸과 마음의 밖[身心之外](신심 지 외)에 두지 않음이 없다. 이는 뛰어남과 어리석음[賢愚](현우)이 나뉘지는 까닭이니, 공자께서 그 때문에 깊이 경계하신 것이다.

익괘의 여섯 효[六爻](육효)에 대한 주공의 말을 풀이한 공자의 「소상전」이다.

---

173 주희의 사위이며 주희의 학문을 후대로 전수한 장본인이다. 이름은 황간(黃榦, 1152~1221)이다.

(초구(初九)는) 으뜸으로 길해야 허물이 없다[元吉无咎]는 것은 밑에 있는 자는 큰일을 할 수 없기 때문이다[元吉无咎 下不厚事也].

(육이(六二)는) 혹 더해준다는 것은 밖에서 오는 것이다[或益之 自外來也].

(육삼(六三)은) 더해주는 일을 흉한 일에 쓴다는 것은 견고하게 그것을 가지고 있기 때문이다[益用凶事 固有之也].

(육사(六四)는) 공에게 고해서 따르게 한다는 것은 더해주려는 뜻[益志] 때문이다[告公從 以益志也].

(구오(九五)는) 은혜를 베풀려 하는 데 미더움이 있다는 것은 (더 이상) 물을 것이 없다는 것이고, 나의 다움을 은혜롭게 여긴다는 것은 크게 뜻을 얻은 것이다[有孚惠心 勿問之矣 惠我德大得志也].

(상구(上九)는) 도움을 주는 사람이 없다는 것은 한쪽으로 쏠렸다는 말이고, 혹 공격할 것이라는 것은 밖에서 오는 것이다[莫益之 偏辭也 或擊之 自外來也].

◉

익괘의 맨 아래 첫 양효에 대해 공자는 "으뜸으로 길해야 허물이 없다[元吉无咎]는 것은 밑에 있는 자는 큰일을 할 수 없기 때문이다"라고 풀었다. 주공은 효사에서 "큰일[大作]을 하는 것이 이로우니, 으뜸으로 길해야 허물이 없다[利用爲大作 元吉 无咎]"라고 했는데 얼핏 보면 공자의 말과 모순처럼 보인다. 그러나 왕필(王弼, 226~249)[174]이 『주역주(周易注)』에서 정리해놓은 것을 보면 명쾌해진다.

---

174 삼국 시대 위(魏)나라 산음(山陰, 산동성) 사람이다. 풍부한 재능을 타고난 데다 유복한 학문적 환경에서 자라 일찍 학계에서 두각을 나타냈다. 하안(何晏) 등에게 인정받아 젊은 나이에 상서랑(尙書郞)에 등용됐고, 하안과 함께 위진현학(魏晉玄學)의 시조로 일컬어진다. 제왕(齊王) 조방(曹芳) 정시(正始) 말에 사마씨(司馬氏)가 정권을 잡아 조상(曹爽)을 폐하자 그도 면직됐다. 유도(儒道)에 대해 논하기 좋아했고, 하안·하후현(夏侯玄) 등과 함께 현학청담(玄學淸談)의 풍조를 열었다. 한(漢)나라의 상수(象數)나 참위설을 물리치고 의(義)와 이(理)의 분석적이고 사변적인 학풍을 창설했다. 무(無)를 본체로 하고 무위(無爲)를 그 작용으로 하는 체용일원(體用一源)의 본체론(本體論)을 전개해 인지(人知)나 상대 세계를 무한정으로 보는 노자의 무위자연(無爲自然)에 귀일함으로써 현실의 모순을 해결하려고 했다. 저서에 『노자주(老子注)』와 『주역주』가 있는데, 육조 시대와 수당 시대 때 성행했다.

낮은 자리는 큰일을 할 수 있는 처지가 아니요, 비천한 지위는 중임을 감당할 수 있는 처지가 아니며, 큰일은 작은 공으로 이뤄지는 것이 아니다. 그러므로 으뜸으로 길해야만 비로소 화가 없을 수 있다.

익괘의 초구는 하괘의 주인[主]으로 양강의 자질을 갖고 있으며 육사의 재상과 호응하고 있다. 동시에 육사는 상괘의 주인으로 자신을 낮춰 공손하게 위의 군주를 받들면서 아래에 있는 뛰어난 인재를 마음을 열어 받아들인다[下下]. 이렇게 '위로부터 아래를 향해 낮추니[自上下下]' 그 신임을 받는 초구는 진심을 다해 육사를 섬길 수밖에 없다. 다만 그 일이 초구의 처지로 보자면 너무도 중대한 일이기에 으뜸으로 길하지 않고서는 해낼 수 없다. 요즘 식으로 하자면 천운(天運)이 따라줘야 겨우 일을 성사시킬 수 있다는 말이다. 그런데 다른 때 같으면 일을 하지 말라고 했을 터인데 때가 익괘인지라 큰일을 일으키는 것이 길하다고 말한 것이다.

대체로 이 괘는 포의(布衣)로 지내던 한미한 사람이 겸손한 재상의 부름을 받고서 나라의 중대사에 큰 기여를 하는 경우를 말한다. 한나라 때의 상산사호(商山四皓)가 바로 여기에 해당한다. 『한서(漢書)』「장량전(張良傳)」편이다.

한나라 12년 상(유방)이 나아가 포(布)의 군대를 쳐서 깨트리고 돌아왔는데, 병이 더 심해지자 더욱더 태자를 바꾸고 싶어 했다. 장량(張良)이 간언했으나 들어주지 않자 장량은 병을 핑계로 정사를 돌보지 않았다. 숙손태부(叔孫太傅)는 고금의 일을 끌어들여 설득하며 죽음을 무릅쓰고 태자를 위하는 간쟁을 했다. 상은 거짓으로[佯] 그러겠노라고 했지만, 오히려 어떻게든 바꾸고 싶어 했다. 연회가 열려 술자리가 마련됐는데 태자가 상을 모시게 됐다. 네 사람이 태자를 시종했는데, 나이가 모두 80세가 넘었고 수염과 눈썹이 은빛으로 희었으며[皓白] 의관이 몹시 훌륭했다[偉]. 상이 이들을 괴이하게 여겨 "저들은 무엇을 하는 자들인가?"라고 하자 네 사람은 앞으로 나아가 대답하며 각자 자신의 이름과 성을 말하기를, 동원공(東園公)·녹리선생(角里先生)·기리계(綺里季)·하황공(夏黃公)이라고 했다.

이에 상은 크게 놀라며 말했다.

"내가 그대들을 찾은 것이 여러 해인데 그대들은 나를 피해 달아나더니, 지금은 그대들이 어찌 스스로 내 아이를 따르며 교유하고 있는가?"

네 사람 모두 말했다.

"폐하께서는 선비를 하찮게 여기고 욕도 잘하시니 신들이 욕을 먹지 않을까 걱정했습니다. 그래서 두려운 마음에 달아나 숨었던 것입니다. 남몰래 듣건대[竊聞(절문)] 태자께서는 사람됨이 어질고 효성스러우며 공손하고 삼가면서[仁孝恭敬(인효공경)] 선비를 아끼시니 천하에서는 목을 빼고서 태자를 위해 죽으려고 하지 않는 자가 없을 정도이므로 신들이 온 것일 뿐입니다."

상이 말했다.

"번거롭겠지만 그대들은 잘해서 끝까지 태자를 보살피며 지켜주시오[調護(조호)]."

네 사람이 축수를 이미 마치고 총총히 떠나가자 상은 그들을 멀리 안 보일 때까지 전송하고는[目送(목송)] 척부인을 불러 네 사람을 가리키며 말했다.

"내가 태자를 바꾸고자 했으나 저 네 사람이 태자를 보좌해 태자의 우익(羽翼)이 이미 성장했으니 그 지위를 바꾸기가 어렵겠소. 여후(呂后)는 진정으로 그대의 주인이오."

척부인이 눈물을 흘리자 상이 말했다.

"나를 위해서 초나라 춤을 추면 나도 초나라 노래를 부르리라."

노래의 가사다.

큰 기러기와 고니가 높이 날아 단번에 천 리를 날아가네.
날개가 이미 자라서 사해를 가로질러 날아다니는구나.
사해를 가로질러 날아다니니 마땅히 어찌하겠는가!
비록 짧은 화살이 있다고 할지라도 오히려 어디에다 쏠 것인가!

노래를 몇 차례 부른 다음 마치고서[闋(결)] 척부인은 한숨을 내쉬며 눈물을 흘렸다. 상이 일어나 가버리자 술자리는 끝났다. 결국 태자를 바꾸지 못한 것은 근본적으로 장량이 이들 네 사람[175]을 불러온 덕분[力(역)]이었다.

익괘의 밑에서 두 번째 음효에 대해 공자는 "혹 더해준다는 것은 밖에서 오는 것이

175 이 네 사람은 섬서성(陝西省) 상산(商山)에 은거했다 해 상산사호(商山四皓)라고 불렸다.

다"라고 풀었다. 주공의 효사는 아주 길다.

> 혹 더해주면 열 명의 동지가 도와주는 것이라 거북점도 능히 이를 어길 수 없지만, 오래도록 반듯하면 길하니 왕이 상제에게 제사를 해도 길하다[或益之 十朋之 龜弗克違 永貞吉 王用享于帝].

먼저 육이의 처지를 점검해보자. 부드러운 자질로 부드러운 음의 자리에 있으니 바르고, 가운데 있어 중정(中正)을 얻었으며 육삼과는 친하지 않지만, 초구와 친하다. 무엇보다 위에 있는 강명한 자질의 구오와 호응 관계인 데다가, 구오와의 사이에는 같은 자질의 음효들이 있어 자신을 가로막지 않고 오히려 도와주는 형국이다.

'혹 더해주면'이란 뜻을 같이하며 도움을 준다는 말이다. 당연히 구오가 크게 도와줄 텐데, 효사에서는 다시 '열 명의 동지가 도와주는 것'이라고 했다. 중도를 지키며 유순한 자질로 자신을 비우고서[虛中] 세상의 좋은 말들을 널리 받아들이니 서로 돕겠다고 나선다는 말이다. 이렇게 되면 거북점을 칠 필요도 없다. 다만 조심해야 할 것은 자질이 온순하고 부드러워 그 마음이 오래가지[永] 못할 수 있다. 또 반듯함과 굳셈을 도중에 잃어버릴 수 있다. '오래도록 반듯하고 굳게 하면 길하니'란 바로 이 점을 경계한 말이다. 마지막 부분, 즉 '왕이 상제에게 제사를 해도 길하다'에 대해서는 정이의 풀이에서 도움을 얻자.

> 오래도록 반듯하게 지속할 수 있다면 상제에게 제사를 드리더라도 마땅히 길함을 얻는다는 말인데, 하물며 사람과 관계하고 사물을 대하는 데에 그 뜻이 통하지 않겠는가? 남에게 더해줌을 구하는데 호응하지 않을 자가 있겠는가?

익괘의 밑에서 세 번째 음효에 대해 공자는 "더해주는 일을 흉한 일에 쓴다는 것은 견고하게 그것을 가지고 있기 때문이다"라고 풀었다. 주공의 효사가 길다. 공자는 앞부분만 풀이했으니 효사부터 살펴보자.

> 더해주는 일을 흉한 일에 쓰면 허물이 없으나, 미더움이 있고 중도를 행해야 공(公)에게 아

될 때 규(圭)를 쓰듯이 할 수 있다[益之 用凶事无咎 有孚中行 告公用圭].

이에 대해서는 정이의 풀이가 곡진하다.

육삼은 하체의 맨 위에 있으니 백성의 위에 있는 자이므로 수령(守令)이다. 양의 자리에 있으면서 굳센 자와 호응하며 움직임[動=震卦]의 극에 처했으니, 백성의 위에 있으면서 굳세고 과감하게 결단해 유익한 일을 함에 있어 과감한 자다. 세상에 유익한 일을 과감하게 처리하는 것은 흉한 일에 쓰더라도 허물이 없다. 흉한 일이란 환난과 어려움, 비상한 변고를 말한다. 육삼은 아래 괘의 가장 높은 위치에 있으므로 아래에서 마땅히 윗사람에게 명령을 받아 따라야 하니, 어찌 명을 받지 않고 스스로 떠맡아 세상에 유익한 일을 제 마음대로 할 수 있겠는가? 오직 환난과 어려움, 비상한 변고에 대해서만 마땅함을 헤아리고 급작스러운 상황에 대처하되 몸을 돌보지 않고 분발해 힘써 백성을 보호해야 허물이 없다.

규(圭)란 홀이라고도 하는데 신뢰를 상징하는 물건이다. 미더움과 신뢰가 있고 일을 함에는 중도를 행할[中行] 때 윗사람으로부터 신뢰를 받게 된다. 아랫사람이 윗사람으로부터 총애를 받으려면 미더움[孚]과 적중된 도리를 행하는 것[中行]이 관건이다.

그런데 육삼의 경우에는 하괘의 맨 위에 있어 가운데를 지나쳤는데[過中] 왜 중도를 행한다[中行]고 했을까? 이는 6효 전체를 놓고 볼 때 육삼과 육사가 가운데가 되기 때문일 것이다. 그래서 육사의 효사에도 중항(中行)이 등장하는 것이다.

한나라 때 수령 하면 황패(黃霸)였다. 그는 지방 관리의 상징이었다. 『한서』「황패전(黃霸傳)」편이다.

황패(黃霸)는 자(字)가 차공(次公)으로 회양국(淮陽國) 양가현(陽夏縣) 사람이다. 호걸의 몸으로 향리 사람들을 사역시키는 일을 했는데 운릉(雲陵)으로 이주했다. 패(霸)는 어려서 율령을 배웠고 관리가 되는 것을 좋아해[喜=好愛] 무제(武帝) 말기에 대조(待詔)로서 급전을 상납해 관직을 받고 시랑알자(侍郎謁者)에 보임됐지만, 형제의 죄에 연좌돼 탄핵을 받고 파면됐다. 뒤에 다시 심려군(沈黎郡)에 곡식을 바쳐 좌풍익의 졸사(卒史)에 보임됐다. 좌풍익은 패가 재물을 바쳐 관리가 됐다 해 좋은 자리[右職]에 두지 않고 군의 돈과 곡식을 출납해 계산하는 일을 맡게 했다. 그러나 장부를 정리하는 것이 정확하고 청렴하다는 평가를 받아 불려가 하동군의 균수장(均輸長)에 보임됐고, 다시 청렴하다는 평가를 받아 하남태수 승(丞)이 됐다. 패는 사람됨이 밝게 잘 살피고[明察] 눈치가 빨랐으며[內敏] 법리를 잘 익혔고, 그러면서도 따스하고 온순하며 양보하는 마음이 있었고 지식이 충분했으며 대중을 잘 통제했다. 승(丞)이 돼 일을 처리하는 것이 법도에 맞고 사람들의 마음에 부합해서, 태수는 그를 깊이 신임했고 관리와 백성은 그를 사랑하고 존경했다.

무제(武帝) 말기부터 법을 적용하는 것이 혹심했다. 소제(昭帝)가 들어섰지만, 나이가 어려 대장군 곽광(霍光)이 정권을 쥐었고 대신들이 권력을 다투었는데, 상관걸(上官桀) 등이 연왕(燕王)과 더불어 난을 일으킬 것을 모의하니 광(光)이 이미 그들을 주살하고는 드디어 무제의 법도를 그대로 존중해 형벌로 아랫사람들을 꽉 잡아 쥐었다. 이로 말미암아 속된 관리들은 엄혹하게 하는 것을 높여 그것을 유능하다고 여겼으나, 패만은 오직 너그러움과 온화함[寬和]을 써서 이름을 얻었다.

마침 선제(宣帝)가 즉위했는데, 민간에 살 때 백성이 관리들에게 고통받는 것이 심하다는 것을 알고 있었기 때문에 패가 법을 공평하게 집행한다는 말을 듣고서 불러들여 정위정(廷尉正)으로 삼았다. 패는 여러 차례 의옥(疑獄)을 판결하면서 정위의 법정에서도 공평하다는 칭송을 들었다. 임시로 승상 장사(長史)로 있을 때 공경들의 전체 회의에서, 장신소부 하후승(夏侯勝)이 조서를 비판해 큰 불경을 범했다는 것을 알면서도 패가 아부해 그를 탄핵하지 않았다는 이유로 함께 정위에 내려졌다. 죄가 사형에 해당됐고 함께 감옥에 갇혔는데, 패는 옥중에서 승(勝)으로부터 『상서(尙書)』를 전수받았다. 두 번이나 겨울을 넘기고서 3년째 될 때 마침내 감옥을 나왔다. 승은 출옥해 다시 간대부가 됐고, 좌풍익 옹기(宋畸)로 하여금 패를 현량(賢良)으로 천거하게 했다. 승이 또 구두로 패를 상에게 천거하자 상은 패를 발탁해 양주자사(揚州刺史)로 삼았다. 3년이 지나 선제(宣帝)가 조서를 내려 말했다.

"어사에게 제조(制詔)하노라. 현량으로서 높은 인사 평가를 받은 양주자사 패를 영천(潁川)태수로 삼고 작질은 비(比) 2000석으로 하며, 관직에 있는 동안 특별히 높이 1장(丈)의 수레 덮개를 내려주고 수레 앞부분에 천으로 된 별가(別駕)와 주부(主簿)의 수레를 내려주어 그의 다움이 있음[有德]을 널리 알리도록 하라."

이때 상이 다스림에 뜻을 두어[垂意] 여러 차례 은택을 베풀라는 조서를 내렸으나 관리들이 제대로 받들어 널리 펴지 않았는데, 태수 패는 훌륭한 관리[良吏]를 뽑고 골라 부서를 나눠 조령(詔令)을 선포하게 함으로써 백성이 모두 상의 뜻을 알게 했다. 우정(郵亭-역참)이나 향관(鄕官)에게는 모두 닭과 돼지를 길러 그것으로 홀아비나 과부, 빈궁한 자들을 돕게 했고, 그런 다음에는 규정을 만들어 부로(父老)·사수(師帥)·오장(伍長)을 두어 민간을 순행하면서 선행을 장려하고 간사함을 막으려는 뜻을 권장하고, 또 농사와 길쌈에 힘쓰고 재물을 아껴 재산을 늘리고 과일나무를 심고 가축을 기르며 말에게는 곡식을 먹이지 않도록 일깨워주었다. 쌀이나 소금은 아주 세밀해 처음에는 번잡스러웠지만, 그러나 패는 정성을 다해 제대로 그것을 추진했다. 불러서 만나본 관리들로부터는 다른 비밀스러운 것들까지 캐물어 그것을 알아내 참고로 했다. 일찍이 사찰할 일이 있으면 나이가 많고 청렴한 관리를 보내 일을 주도면밀하게 진행할 것을 부탁했다. 어떤 관리가 출장을 갔는데, 감히 우사(郵舍)에서 쉬지도 못하고 길가에서 밥을 먹는데 까마귀가 날아와 자신이 먹으려던 고기를 낚아채 갔다. 백성 중에 어떤 사람이 태수의 관청에 올 일이 있어 왔는데, 패가 이런저런 이야기를 유도하던 중에 그 일을 들어서 알게 됐다. 훗날에 관리가 돌아와 패에게 아뢰는데 패가 그를 만나보고서 위로하며 말했다.

"고생이 많았다. 길가에서 밥을 먹다가 까마귀에게 고기를 빼앗겼다고."

관리는 크게 놀라 패가 자신의 일거수일투족을 다 알고 있다고 여기고 묻는 말에 털끝 하나 숨기지 않고 모두 다 털어놓았다. 환과고독(鰥寡孤獨) 중에 죽어서 장례를 지내줄 사람이 없다고 향관에서 글을 올리면 패가 갖춰 처리하니, 어디에 큰 나무가 있고 어느 우정(郵亭)에 제사에 쓸 돼지가 있는지를 말해주었는데 관리가 가서 보면 모두가 말한 그대로였다. 그 직무를 귀 밝고 눈 밝게 알고 있는 것이 이와 같았으니, 관리와 백성은 그런 기술이 어디서 나오는지를 알지 못해 모두 신명(神明)하다고 칭송했다. 간사한 자들이 떠나서 다른 군으로 가버렸기 때문에 도둑이 날마다 줄어들었다.

패(霸)는 (먼저) 교화에 힘쓴 다음에야 주벌을 시행했고, 고을 수령들[長吏]을 쉽게 바꾸지 않고 오랫동안 일을 할 수 있게 해주는 데 힘썼다. 허현(許縣)의 승(丞)은 병들고 귀가 어두워 (군수의 보좌관인) 독우(督郵)가 그를 내쫓을 것을 건의하자[白] 패가 말했다.

"그 승은 청렴한 관리로 비록 늙었다고는 하지만 오히려 얼마든지 절하고 일어나고 손님을 맞이하고 보낼 수 있는데, 꼭 좀 듣지 못한다[重聽=難聽]고 해 무슨 문제가 있는가? 장차 그를 잘 도와서 뛰어난 사람을 잃는 일이 없도록 하라."

어떤 사람이 그 이유를 묻자 패가 말했다.

"고을 수령들을 자주 바꾸면 옛 수령을 보내고 새로운 수령을 맞이하는 비용이 생길 뿐 아니라 간사한 하급 관리가 장부를 조작하거나 재물을 도적질해 공적·사적인 비용의 소모가 심하게 생길 수 있는데 이는 모두 백성에게서 나와야 하며, 바꾼 새 수령이 또한 반드시 뛰어나지는 않아 옛 수령만 못 할 수도 있으니 헛되이 서로 혼란만 일으킬 것이다. 무릇 백성을 다스리는 도리는 대략 아주 심한 것만 없애면 될 뿐이다."

패(霸)는 겉으로는 너그럽고 안으로는 일에 밝아 관리와 백성의 마음을 얻었기에, 호구가 해마다 늘어나 그 다스림이 천하제일이었다. 불려가 수(守) 경조윤이 됐는데 작질은 2000석이었다. (그러나) 백성을 징발해 치도(馳道)를 공사하면서 미리 보고하지 않았고 또 기사(騎士)를 동원해 북군(北軍)에 이르게 하면서 마필의 수가 기사의 수와 맞지를 않아 죄를 받았고, 군대의 동원을 제대로 하지 못했다고 탄핵을 받아 연이어 작질이 깎였다. 조서가 내려와 영천(潁川)태수의 관직으로 복귀했고, 예전처럼 800석 관리로 삭감됐다. 전후 8년 동안 영천군은 더욱 잘 다스려졌다. 이때 봉황이나 신작(神爵)이 여러 차례 군국에 모여들었는데 영천에는 더욱 많았다. 천자는 패의 다스림이 결국은 장자(長者-덕행이 뛰어난 사람)의 그것이라 여겨 조서를 내려 칭송해 말했다.

"영천태수 패(霸)는 조령을 선포해 백성을 교화함으로써 효자와 공손한 젊은이와 정숙한 부인과 온순한 손자들이 날로 많아지고 농부들이 밭두둑을 양보하며 백성이 길에 떨어진 물건을 줍지 않았고, 홀아비와 과부를 보살펴 길러주고 가난한 백성을 구휼하고 도왔다. 감옥에는 8년 동안 중죄를 지은 죄수가 없고 관리들은 교화에 힘써 행실의 마땅함을 권장했으니, 이른바 뛰어난 이이자 군자라고 할 것이다. 『서경(書經)』에 이르지 않았던가? '고굉(股肱-신하)이 훌륭하도다!'[176]

이에 관내후의 작위와 황금 100근 그리고 작질 중(中) 2000석을 내리노라."

그러고는 영천군의 효제(孝弟) 중에 행의(行義)가 있는 백성, 삼로(三老), 역전(力田)에게는 모두 차등 있게 작위와 비단을 내려주었다. 수개월이 지나 패를 불러 태자태부로 삼았고 어사대부로 승진시켰다.

오봉(五鳳) 3년에 병길(丙吉)을 대신해 승상으로 삼고 건성후(建成侯)에 봉했는데, 식읍은

176 「우서(虞書)·익직(益稷)」편에 나오는 말이다.

600호였다. 패(覇)의 재능은 백성을 다스리는 데는 두드러졌지만, 승상이 돼 기강을 총괄하고 호령하게 되자 그 풍채가 병길이나 위상(魏相) 혹은 우정국(于定國)에 미치지 못했고 공명(功名)도 군을 다스릴 때 비해서는 떨어졌다. 그러나 한나라가 일어난 이래로 (수령으로서) 백성을 잘 다스린 관리를 말할 때는 패(覇)가 최고였다.

"더해주는 일을 흉한 일에 쓴다는 것은 견고하게 그것을 가지고 있기 때문이다"라는 공자의 「소상전」은 곧 백성의 어려움을 구제하려는 뜻을 굳게 지킨다는 말이다. 즉 평소에는 상도(常道)를 따르지만, 백성의 뜻하지 않은 곤궁을 구제하려 할 때는 과감하게 권도(權道)를 써야 한다는 말이니, 이는 그 수령이 윗사람으로부터 신뢰를 받고 있지 못하거나 일을 적중된 도리에 맞게 풀어낼 수 없을 때는 불가능한 일이다.

익괘의 밑에서 네 번째 음효에 대해 공자는 "공에게 고해서 따르게 한다는 것은 더해주려는 뜻[益志] 때문이다"라고 풀었다. 여기서도 주공의 효사부터 살펴야 한다.
익지

중도로 행하면 공에게 고해서 따르게 하리니, 윗사람에게 의지하고 나라의 도읍을 옮기는 것이 이롭다[中行 告公從 利用爲依遷國].
중항 고공 종 이 용 위의 천국

먼저 정이의 풀이다.

육사는 더해주는 때에 군주와 가까운 위치에 있고 그 자리가 바르다. 유연하면서도 공손하게 윗사람을 보필하고 아래로는 강양의 재질을 가진 초구와 호응하니, 이런 사람은 윗사람을 유익하게 할 수 있다.

이는 전반부의 풀이다. 후반부의 풀이는 이렇다.

부드럽고 공손한 자질로 굳세거나 특별한 지조가 있지 않으므로 윗사람에게 의지하고 나라의 도읍을 옮기는 것이 이롭다. 여기서 의지한다는 것은 윗사람에게 의지해 붙는 것이고, 나라의 도읍을 옮긴다는 것은 아랫사람들에게 순종하여 움직이는 것이다.

나라의 도읍을 옮긴다는 것은 백성의 편안함을 생각해 옮긴다는 뜻이다. 백성이 기존의 도읍을 불편해하면 편안한 곳으로 옮기는 것이기 때문이다. 그래서 도읍을 옮긴다는 말 속에는 아래 백성의 뜻을 따른다는 의미가 들어 있는 것이다. 그렇기 때문에 공자는 이를 '더해주려는 뜻[益志(익지)] 때문'이라고 풀었다. 무엇보다 이때 중요한 것은 그 마음이 진실해야 한다는 점이다.

익괘의 밑에서 다섯 번째 양효에 대해 공자는 "은혜를 베풀려 하는 데 미더움이 있다는 것은 (더 이상) 물을 것이 없다는 것이고, 나의 다움을 은혜롭게 여긴다는 것은 크게 뜻을 얻은 것이다"라고 풀었다. 이는 별도의 풀이가 필요 없다. 진실로 백성을 이롭게 해주려는 태평성대의 임금에 대한 칭송으로 봐도 지나침이 없다. 우리의 경우 조선 시대 세종이 그러했다. 『세종실록』 32년(1450) 2월 17일 세종이 영응대군(永膺大君, 1434~1467)[177] 집 동별궁(東別宮)에서 훙(薨)했다. 그날 실록은 세종의 생애를 이렇게 요약하고 있다.

> 임금은 슬기롭고 도리에 밝았으며 마음이 밝고 뛰어나게 지혜로웠으며 인자하고 효성이 지극하며 지혜롭고 용감하게 결단하였으며, 합(閤-대군 시절 처소)에 있을 때부터 배우기를 좋아하여 게으르지 않아 손에서 책이 떠나지 않았다. 일찍이 여러 달 동안 편치 않았는데도 글 읽기를 그치지 아니하니 태종(太宗)이 근심하여 서적(書籍)을 거두어 감추도록 명했는데, 사이에 한 책이 남아 있어 날마다 외우기를 마지않으니 대개 천성이 이와 같았다. 즉위함에 이르러 매일 사야(四夜-사경)면 옷을 입고 날이 환하게 밝으면 조회를 받고, 다음에 정사를 보고 다음에는 윤대(輪對)를 행하고 이어서 경연(經筵)에 나아가기를 조금도 게으르게 하지 않았다. 또 처음에 집현전(集賢殿)을 두고 글 잘하는 선비를 뽑아 고문(顧問)으로 하고, 경서와 역사를 열람할 때는 즐거워하여 싫어할 줄을 모르고 희귀한 문적이나 옛사람이 남기고 간 글을 한 번 보면 잊지 않았으며 증빙(證憑)과 원용(援用)을 살펴 조사해서 힘써 정신 차려 다스리기를 도모하기를 처음과 나중이 한결같아, 문(文)과 무(武)의 정치가 빠짐없이 잘됐고 예악(禮樂)의 문(文)을 모두 일으켰다. 종률(鍾律-음악)과 역상(曆象

177 세종의 여덟 번째 아들이다.

-역법)의 법 같은 것은 우리나라에서는 옛날에는 알지도 못하던 것인데 모두 임금이 발명한 것이다. 구족(九族)과 도탑게 화목했으며 두 형에게 우애하니, 사람들이 이간질하는 말을 못 했다. 신하를 부리기를 예로써 하고 간(諫)하는 말을 어기지 않았으며, 대국을 섬기기를 정성으로써 했고 이웃 나라를 사귀기를 신의로써 했다. 인륜에 밝았고 모든 사물에 자상하니, 남쪽과 북녘이 복종해서 나라 안이 편안하여 백성이 살아가기를 즐겨한 지 무릇 30여 년이다. 거룩한 덕이 높고 높아 사람들이 칭송할 명칭을 짓지 못하여 이때에 "해동요순(海東堯舜)"이라 불렀다.

중국 한나라 때는 문제(文帝)가 우리의 세종에 가깝다. 『한서』 「문제기(文帝紀)」편에 실린 반고의 찬(贊-사관의 평)이다.

효문황제(孝文皇帝)는 자리에 나아간 지[卽位=在位] 23년인데, 궁실이나 정원, 거기(車騎)나 복식 등에서 더 늘린 바가 없었다. (백성에게) 불편한 것이 있으면 즉시 없애어[弛=廢] 백성을 이롭게 해주었다. 일찍이 노대(露臺)를 짓고 싶어서 장인을 불러 (비용을) 계산토록 해보니 값이 100금(金)이나 됐다. 상이 말하기를 "100금이면 중인(中人)[178] 열 가정이 생산하는 것이다. 내가 선제(先帝)의 궁실을 받들게 돼 항상 이마저 두려워하고 부끄러워했는데 어찌 (새로이) 대(臺)를 짓겠는가[爲=建]?"라고 했다. (문제는) 몸에 검은색의 두꺼운 명주옷[弋綈]을 입었고 총애하는 신부인(愼夫人)은 옷을 땅에 끌지 않게 했으며 (천자의) 휘장[帷帳]에는 무늬와 수를 그려 넣지 않았으니, 도타움과 소박함[敦朴=敦樸]을 보임으로써 천하에 솔선수범했다. 패릉(霸陵-문제의 능)을 조성할 때는 모두 와기(瓦器)만 쓰고 금·은·동이나 주석으로 꾸미지 않았으며 기존의 산을 이용했기 때문에 별도의 무덤[墳]을 만들지 않았다.

남월왕(南越王) 위타(尉佗)가 스스로 자리에 올라 황제가 됐으나 위타의 형제를 불러 귀하게 대우하고 다움으로써 그를 껴안으니 타가 드디어 신하라 칭했다. 흉노와 더불어 화친을 맺었는데 후에 (흉노가) 약속을 어기고서[背約] 침입해 도적질하니, 변경에 영을 내려 수비

178 안사고가 말했다. "중(中)이란 부유하지도 가난하지도 않은 것이다."

하게 하면서 병사를 내어 깊이 들어가지 않았던 것은 백성을 번거롭게 할까 두려워한 때문이다. 오왕(吳王)[179]은 병이 났다고 속이고 조회하지 않았지만 (천자는 오히려) 궤장(几杖-안석과 지팡이)을 내려주었는데, 이에 대해 여러 신하와 원앙(袁盎) 등이 간언한 것이 비록 절실했지만 늘 임시로[假借][180] 받아들여 썼을 뿐이었다. (장군인) 장무(張武) 등이 금전을 뇌물로 받았다가 발각됐지만 거기다가 상을 더해주어 그 마음을 부끄럽게 만들었다. 오로지 다움으로 백성을 교화하는 데 힘쓰니, 이 때문에 해내(海內)가 크게[殷] 부유해지며 예와 의로움[禮義]이 크게 일어났다. 옥사를 처단한 경우가 (1년에) 수백 건에 머무니 거의[幾=近] 형벌을 쓰지 않는 경지[刑措=刑措不用][181]에 이르렀다. 아아, 어질도다!

두 사람의 평가를 맞바꿔도 될 만큼 두 사람의 공로는 비슷하다.

익괘의 맨 위에 있는 양효에 대해 공자는 "도움을 주는 사람이 없다는 것은 한쪽으로 쏠렸다는 말이고, 혹 공격할 것이라는 것은 밖에서 오는 것이다"라고 풀었다. 이는 주공의 효사 중에서 앞쪽 절반만 풀이한 것이다. 먼저 효사를 살펴보자.

도움을 주는 사람이 없으면 혹 공격할 것이다. 마음을 세우는 데 오래가는 마음이 없으면 흉하다[莫益之 或擊之 立心勿恒 凶].

상구는 맨 윗자리이기는 하지만 실권이나 지위가 없는 자리다. 자리도 바르지 않다. 게다가 자질은 굳세고 강하다. 여러 가지로 안 좋은 것들이 모여 있다. 정이의 풀이다.

---

179 유방의 형 유중(劉仲)의 아들 유비(劉濞, BC 215~154)다. 봉국 내 망명객들을 불러모으고 주전과 제철을 대대적으로 시행해 세금을 내리는 등 위민 정책을 펼쳤다. 문제 때 황태자가 실수로 아들을 죽이는 바람에 조정에 앙심을 품게 됐다. 경제 때 조조의 건의로 봉국을 깎자 여러 나라와 함께 반란을 일으켰는데 그것이 오초칠국의 난이다. 한나라 군대에 패해 동월(東越)로 달아났다가 거기서 살해됐다.

180 겉으로 시늉만 했다는 뜻이다.

181 응소(應劭)가 말했다. "措는 두다[置]라는 뜻이다. 백성이 법을 어기지 않아 형벌을 쓸 일이 없었다는 말이다." 안사고가 말했다. "옥사를 처단한 경우가 수백에 머물렀다[斷獄數百]는 것은 온 천하에 사형에 해당하는 죄를 짓는 사람이 수백 명을 넘지 않았다는 말이다."

군센 자질을 갖고서 더해주는 때의 극에 처해 있으니 이익을 얻으려는 뜻이 심한 자이며, 호응하는 자는 음유한 자이니 그로부터 좋은 것을 취해 스스로를 더해줄 수 있는 자가 아니다. 이로움이란 여러 사람이 다 바라는 것이다. 그러나 제멋대로 자신에게만 유익하려고 한다면 그 해악이 크다. 욕심이 심하면 어리석고 우매하게 돼 마땅함을 잊어버리고, 극단적으로 이익을 추구하게 되면 다른 사람의 영역을 침범하고 빼앗아 원수가 된다.

이익과 마땅함은 늘 충돌한다. 물론 그렇다고 둘을 대립적으로 봐서는 안 된다. 공자는 『논어』 「계씨」편 구사(九思)의 맨 마지막에서 견리사의(見利思義)를 말했다. 이는 이익을 봤을 때 그것을 버리고서 의리를 취하라는 뜻이 아니라, 이익을 봤을 때 그것을 취해도 될 것인지 아닌지 그 마땅함을 점검해보라는 뜻이다.

그런데 상구는 굳센 자질로 이익을 강하게 추구하니 천하 사람들이 미워하고, 심지어 공격하는 이까지 생겨난다. 『논어』 「이인」편에서 공자는 이렇게 말했다.

이익에 따라 행동하면 원망이 많다.

따라서 이익을 차지하려는 욕심을 계속 고수할 경우 흉하게 된다고 경고했다. 이제 공자의 풀이를 볼 차례다. 공자는 '더해주는 이가 없다는 것은 한쪽으로 쏠렸다는 말'이라고 했다. 이익을 추구할 때는 무엇보다 마땅함을 잣대로 삼아 완급을 조절하는 것이 필수적이다. 이 또한 시중(時中)의 문제다. 이를 놓아버리면 한쪽으로 쏠리게 된다. 육이에서 마음을 비우자 도움을 주려는 사람이 밖에서부터 찾아오듯이, 반대로 좋지 못한 마음으로 일관할 경우 안에 있는 사람은 말할 것도 없고 밖에 있는 사람들까지 이를 알고서 공격하게 된다. 이와 관련된 내용을 우리는 이미 「계사전」에서 살펴본 바 있다.

공자가 말했다. "군자는 자기 몸을 편안히 한[安其身] 다음에 움직이고[動], 자기 마음을 화평하게 한[易] 다음에 말을 하며[語], 그 사귐을 (바르게) 정한 다음에 구한다[求]. 군자는 이 세 가지를 닦는다. 그래서 온전하다[全]. (반면에) 위태로움으로 움직이면 백성이 함께하지 않고[不與], 두려움으로 말을 하면 백성이 응하지 않으며[不應], 사귐이 없이 구하면 백성이 (도움을) 주지 않는다[不與=不授]. 백성이 도움을 주지 않으면 해치려는 자가 이르게 될 것이다. 역(易)에 이르기를 '도움을 주는 사람이 없으면 혹 공격할 것이다. 마음을 세움에 있어[立心] 오래가는 마음[恒=恒心]이 없으면 흉하다'라고 했다."

안신(安身)은 곧 몸을 닦는 것[修身]이다. 앞서의 이용안신(利用安身)과도 정확히 통한다. 또 하나 풀이가 필요한 것은 그 사귐을 정한다[定其交]는 말의 보다 구체적인 의미다. 이에 대해서는 『논어』「공야장」편에 나오는 안평중(晏平仲)에 대한 공자의 평가가 도움을 준다.

안평중은 사람들과 잘 사귀었다. 사이가 오래돼도 삼가는 마음을 잃지 않았기 때문이다[久而敬之].

익괘의 상구는 과욕이나 무덕(無德)은 재앙을 부를 수 있음을 경고하고 있다. 무덕(無德)은 곧 무항심(無恒心)이다. 『논어』「술이」편에서는 바로 이 항심이 없는 사람이 어떤 사람인지 구체적으로 제시하고 있다.

공자가 말했다.

"내가 만일 훌륭한 이[善人]를 만나보는 것이 불가능하다면 떳떳한 마음을 가진 자[有恒者]라도 만나보면 괜찮다. 아무것도 없으면서 있는 척하고[亡(無)而爲有] 텅 비어 있으면서 가득한 척하며[虛而爲盈] 보잘것없으면서 큰 척하면[約而爲泰] 항심을 가졌다[有恒]고 말하기 어려울 것이다."

또 『논어』「자로」편에서는 이렇게 말한다.

공자가 말했다.

"남쪽 나라 사람들이 하는 말 중에 '사람으로서 항심(恒心)이 없으면 점이나 의술로도 고칠 수 없다'라는 것이 있는데 참으로 좋도다."

(『주역』에서 말하듯) 그 다움[德]을 항상 일정하게 가지지 못하면 혹 치욕에 이르게 될 것이

다. 공자가 말했다.

"(항심이 없는 사람은) 점칠 필요가 없다."

여기서 점칠 필요가 없다는 말은 『주역』을 공부해봤자 아무런 소용이 없다는 말이다. 이로써 우리는 공자가 「대상전」에서 숭덕(崇德)과 수덕(修德)의 문제를 강조한 이유를 알 수 있을 것이다. 익괘의 「대상전」을 다시 한번 음미하고서 다음 괘로 넘어가자.

> 바람이 불고 우레가 치는 것이 익(益)(이 드러난 모습)이니, 군자는 그것을 갖고서 (다른 사람의) 좋은 것을 보았을 때는 그리로 옮겨가고 (자신의) 허물이 있을 때는 고친다[風雷益 君子
> 풍뢰 익 군자
> 以 見善則遷 有過則改].
> 이 견선 즉 천 유과 즉 개

43. 택천쾌(澤天夬)[182]

쾌(夬)는 왕의 조정에서 드러내는 것이니, 미더움을 갖고 호령해 위험이 있음을 알게 해야 한다[有厲]. 자기 읍에서부터 통고하고, 병란에 나아가는 것은 이롭지 않고 가는 바가 있으면 이롭다.
유려

夬 揚于王庭 孚號有厲. 告自邑 不利卽戎 利有攸往.[183]
쾌 양우 왕정 부호 유려 고 자읍 불리 즉융 이 유 유왕

초구(初九)는 앞으로 나아가는 발에서 강건한 것이니, 가서 이기지 못하면 허물이 된다[壯于
장우
前趾 往不勝 爲咎].
전지 왕 불승 위구

구이(九二)는 두려워하고 호령하는 것이니, 늦은 밤에 적군이 있어도 걱정할 필요가 없다[惕號 莫夜有戎 勿恤].
척호 막야 유융 물휼

구삼(九三)은 광대뼈에서 강건해 흉함이 있고 군자는 과단성 있게 결단하고[夬夬] 홀로 가
쾌쾌
서 비를 만나니, 젖는 듯이 여겨 노여워함이 있으면 허물이 없다[壯于頄 有凶 君子夬夬 獨行
장우 규 유흉 군자 쾌쾌 독행

182 문자로는 태상건하(兌上乾下)라고 한다.

183 이(利)·불리(不利)만 나온다.

遇雨 若濡 有慍 无咎].
우우 약 유 유온 무구

구사(九四)는 엉덩이에 살이 없으며 그 가는 바를 머뭇거리니, 양을 끌듯이 하면 뉘우침이 없겠지만 말을 들어도 믿지 않는다[臀无膚 其行次且 牽羊 悔亡 聞言不信].
둔 무부 기행 차저 견양 회망 문언 불신

구오(九五)는 쇠비름나물[莧陸]을 과단성 있게 끊듯이 하면 적중된 행위[中行]에 허물이 없다[莧陸夬夬 中行无咎].
현륙 / 중항 / 현륙 쾌쾌 중항 무구

상륙(上六)은 울부짖어도 소용이 없으니 끝내는 흉함이 있다[无號 終有凶].
무호 종 유흉

◉

쾌괘(夬卦)의 초구(初九)는 양위에 양효로 바름[正位], 구이(九二)는 음위에 양효로 바르지 못함[不正位], 구삼(六三)은 양위에 양효로 바름, 구사(九四)는 음위에 양효로 바르지 못함, 구오(九五)는 양위에 양효로 바름, 상륙(上六)은 음위에 음효로 바름이다. 이 괘의 경우 구이는 바르지 못하고 구오만이 중정을 얻었다.
정위 / 부정위

대성괘 쾌괘(䷪)는 소성괘 태괘(兌卦, ☱)와 건괘(乾卦, ☰)가 위아래에 있어 만들어진 괘다. 「설괘전」에 따르면 '태(兌-못)로 기쁘게 하고' '건(乾-하늘)으로 임금 노릇을 한다'고 했다. 괘의 모양이 태(兌)가 위에 있고 건(乾)이 아래에 있다.

그러면 「서괘전」을 통해 왜 쾌괘가 익괘의 뒤를 이어받았는지 확인해보자.

> 더해지면서도 그치지 않으면 반드시 (둑이 무너지듯) 터진다[決]. 그래서 익괘의 뒤를 쾌괘(夬卦)로 받았다. 쾌(夬)란 터진다[決]는 말이다.
> 결 / 결
>
> 益而不已 必決 故受之以夬. 夬者 決也.
> 익 이 불이 필 결 고 수지 이쾌 쾌 자 결 야

더함이나 이익이 극에 이르게 되면 반드시 터지고 나서야 그친다. 택천쾌괘(澤天夬卦, ䷪)는 건괘(☰)가 아래에 있고 태괘(☱)가 위에 있으니, 모양을 보더라도 못의 물이 지극히 높이 있는 형상이라 터지게 되는 것이다. 정이는 맨 위에 음효 하나만 있고 나머지 다섯 개는 모두 양효인 것에 대해 이렇게 풀이했다.

효로써 말하면 다섯 양이 아래에 있어 자라나 장차 지극하게 되고 한 음이 맨 위에 있어 사라져 장차 다하게 됐으니, 여러 양이 위로 나아가 한 음을 터서 없애[決去] 쾌(夬)가 되는 것이다. 쾌(夬)란 굳게 결단한다[剛決]는 뜻이다. 군자의 도리가 자라나고 소인이 사라지는 모양이다.

문왕의 단사(彖辭), 즉 "쾌(夬)는 왕의 조정에서 드러내는 것이니, 미더움을 갖고 호령해 위엄이 있어야 한다. 자기 읍에서부터 통고하고, 병란에 나아가는 것은 이롭지 않고 가는 바가 있으면 이롭다[揚于王庭 孚號有厲. 告自邑 不利卽戎 利有攸往]"에 대한 공자의 풀이[「彖傳」]를 살펴볼 차례다.

쾌(夬)는 결단하는 것[決]이다. 굳셈이 부드러움을 척결하는 것이니[剛決柔], 튼튼하여 기뻐하며[健而說] 척결하면서도 화합한다[決而和]. "왕의 조정에서 드러내는 것"이란 부드러움이 다섯 개의 굳셈을 올라타고 있기 때문이고, "미더움을 갖고 호령해 위험이 있음을 알게 해야 한다"는 것은 그 위태로움이 마침내 빛나게 된다는 것이다. "자기 읍에서부터 통고하고, 병란에 나아가는 것은 이롭지 않고"라는 것은 높이는 바[所尙]가 마침내 궁색해지는 것이다. "가는 바가 있으면 이롭다"라는 것은 굳셈이 자라나는 것이 마침내 끝에 이르게 된다는 것이다.

夬 決也.
剛決柔也 健而說 決而和.
揚于王庭 柔乘五剛也 孚號有厲 其危乃光也.
告自邑不利卽戎 所尙 乃窮也.
利有攸往 剛長 乃終也.

◉

쾌(夬)란 원래 제방이 물을 견디지 못하고 터지는 것을 말한다. 혹은 사람의 마음속에 쌓이고 쌓인 것이 터져 나오는 것이다. 맺혀 있던 것을 터주는 것도 포함한다. 소인을 제거하는 일은 쉽지 않다. 그렇기에 밑에 양효 다섯 개가 포진한 다음에야 하나 남은 음효를 없애려 하는 것이다. 공자가 '굳셈이 부드러움을 척결하는 것[剛決

柔]'이라고 한 것은 바로 이것을 말한 것이다. 그러면서도 공자는 '튼튼하여 기뻐하며[健而說] 척결하면서도 화합한다[決而和]'고 했다. 이는 쾌괘를 이루는 상하 두 괘의 자질을 갖고서 말한 것이다. 특히 '척결하면서도 화합한다[決而和]'의 의미에 대해 호원(胡瑗)은 이렇게 풀이한다.

> 군자의 행동은 반드시 그 적중함을 얻는다. 그렇기 때문에 굳세되 사납지 않으며 부드럽되 나약하지 않다. 그래서 결단해 소인을 제거할 때는 굳셈으로 소인을 제거하고서 또한 반드시 조화로움으로 다스린다.

이어서 공자는 문왕의 단사를 분해해 하나씩 풀이한다. 첫째는 "'왕의 조정에서 드러내는 것'이란 부드러움이 다섯 개의 굳셈을 올라타고 있기 때문"이라고 했다. 소인이 득세하고 있을 때 군자는 쉽게 이들을 제거할 수 없다. 특히 소인들은 조정의 그늘진 곳에 숨어 일을 꾸미는 데 능하기 때문에, 섣불리 이들과 음지에서 맞섰다가는 오히려 군자가 파멸에 이르는 일들이 역사에는 비일비재했다. 진덕수의 『대학연의』에서는 『자치통감(資治通鑑)』을 인용해서, 한나라 원제(元帝) 때 대표적인 소인이라 할 수 있는 홍공(弘恭)과 석현(石顯)에게 군자라 할 수 있는 소망지(蕭望之, BC 109~47)[184]가 어떻게 당했는지 단계별로 풀이해가면서 잘 보여주고 있다. 소인 제거라는 쉽지 않은 문제를 다뤄야 하는 쾌괘 전반을 현실감 있게 이해하는 데 도움을 줄 것이다. 먼저 『자치통감』의 기록이다.

---

184 후창(后蒼)에게 『제시(齊詩)』를 배웠고 하후승(夏侯勝)에게 『논어』와 예복(禮服)을 배웠으며 백기(白奇)에게서도 수학했다. 소제(昭帝) 말년에 갑과(甲科)에 급제해 낭관이 됐고, 선제(宣帝) 때 어사대부(御史大夫)와 태자태부(太子太傅) 등을 지냈다. 감로(甘露) 3년(BC 51) 석거각회의(石渠閣會議)에 참석해 여러 학자와 오경(五經)의 동이(同異)에 관해 토론했다. 『제시』와 『노논어(魯論語)』를 전했으며 『춘추곡량전』과 『춘추좌씨전』에도 밝았다. 학문은 주운(朱雲) 등에게 전해졌다. 당시의 실력자 곽광에게 압박을 받았지만, 곽씨가 몰락한 뒤에는 선제(宣帝)에게 신임을 얻어 지방 장관과 법무장관, 황태자의 교육관 등을 역임했다. 곡물 납입에 의한 속죄제(贖罪制)에 반대하는 등 도덕주의적 입장에 서서 환관(宦官)의 전횡을 막고 제도를 개혁하려 했지만, 중서령(中書令) 홍공과 석현의 모함에 빠져 자살했다.

한(漢)나라 중서령(中書令) 홍공(弘恭)과 복야(僕射) 석현(石顯)[185]은 선제(宣帝) 때부터 오랫동안 추기(樞機)[186]를 맡아왔고 두 사람 다 문법(文法)[187]을 훤하게 익혔다.

원제(元帝)는 즉위 초에 병치레를 자주 했다. 석현이 오랫동안 일을 관장했고 중인(中人-대궐 내의 환관)이어서 밖으로 추종하는 무리[黨 당]를 만들지 않고 오직 일에만 전념해 신임을 받을 수 있었는데, (원제의 잦은 병치레로 인해) 마침내 정사를 맡기게 되니 크고 작은 일을 가리지 않고 석현이 도맡아서 상주하고 결정하여 귀한 총애를 받게 됐다. 이에 조정이 그에게로 기울었고 모든 관리가 다 석현을 삼가며 섬겼다.

석현은 그 사람됨이 재주가 많고 머리가 좋아서 일을 익혀 임금의 작은 뜻까지도 능히 깊이 알아차렸고, 속으로는 도적과도 같은 생각을 깊이 하면서 궤변으로 다른 사람들을 중상모략하고 자신을 고깝게 본[睚眦 애자] 사람들에게는 반드시 원한을 품어 번번이 법으로 보복을 가했다.

진덕수의 풀이다.

신이 가만히 살펴보겠습니다. 예로부터 소인이 장차 권세와 은총을 훔치려 할 때는 그에 앞서 반드시 주군의 뜻을 잘 엿보아[窺伺 규사] 그에 영합합니다.

대개 임금들이 좋아하는 것과 싫어하는 것은 일정치 않고 기뻐하는 것과 화를 내는 것도 예측할 수가 없기 때문에, 반드시 숨어서 살펴보고 은밀하게 재어 그 숨은 뜻을 잡아내지 않으면 임금의 얼굴을 기쁘게 하여 아첨할 수 있는 단서를 잡아낼 수가 없습니다.

(전국 시대 때) 설공(薛公)이 제나라 왕(王)을 섬겼는데, 왕에게는 아끼는 후궁 7명이 있었습니다. (왕후가 죽자) 설공은 그중에 누구를 왕후로 세울지를 몰랐기에 7개의 귀고리를 바쳤는데, 그중 하나는 특히 아름다웠습니다. 다음날 그 아름다운 귀고리를 한 후궁이 눈에 띄자 설공은 그 사람을 부인으로 삼아야 한다고 청했고, 왕도 그에 따랐습니다.

---

185 두 사람 다 환관이며, 중서령과 복야는 한나라 때 환관의 벼슬이다.

186 추(樞)란 집의 문지도리이고 기(機)는 석궁[弩 노]의 송곳 고리로, 둘 다 어떤 물건의 핵심적인 부분이다. 따라서 이는 정사(政事)의 기밀 업무를 비유한 것이다.

187 문서로 된 각종 법률 조문을 뜻한다.

신불해(申不害)는 한(韓)나라 소후(昭侯)의 재상이었습니다. 소후는 뭔가를 도모하고 있었는데 신불해는 소후가 하고자 하는 바가 무엇인지 정확히 알 수 없었습니다. 그래서 먼저 동렬에 있던 두 사람으로 하여금 먼저 각각 그들의 계략을 올리도록 한 뒤, 소후가 어느 대목에서 기뻐하는지 은미(隱微)하게 살핀 다음에 자신의 계략을 말하니 소후가 크게 기뻐했습니다.
간신들이 임금을 섬길 때 영합하는 일은 잦은 데 비해 거스르는 일이 드문 것은 그들이 임금의 뜻이 어디에 있는지를 살피는 데 능한 때문입니다. 석현이 한나라 원제에게서 특별한 신임을 받은 것도 대개 이런 술책을 썼기 때문입니다.

다시 『자치통감』이다.

이때(원제 초) 외척이자 시중인 사고(史高), 태자태부 소망지(蕭望之), 소부(少傅) 주감(周堪)의 세 사람이 모두 선제(宣帝)로부터 뒷일을 당부하는 유조(遺詔)를 받아 (황제의) 정사를 보필했다. 소망지와 주감은 사부로서 황제가 옛날부터 은혜를 입었고 자주 연회에 불러 치란(治亂)에 관해 물었으며, 이들은 황제의 해야 할 일[王事]왕사에 관한 글을 올리기도 했다.
소망지가 건의하여 종실에서 경전에 밝고 행실이 뛰어난 산기(散騎)[188]인 간대부(諫大夫) 유경생(劉更生)을 급사중(給事中)[189]으로 추천했다. 그래서 유경생과 더불어 시중 김창(金敞)이 좌우에서 습유(拾遺)하는 일[190]을 맡았다. 네 사람은 한마음이 돼 서로 의논하여 상에게 옛날의 마땅한 제도를 갖고서 권유하고 이끌어 자신들이 바라던 바들을 대부분 바로잡았고, 상도 깊이 영향을 받아 그것들을 받아들였다.
그런데 사고는 자리만 채울 뿐이어서[191] 소망지와 틈이 생겼고, 이로 인해 석현과 서로 겉과 속이 돼 항상 홀로 일을 추진하면서 소망지 등의 의견을 따르지 않았다.

진덕수의 풀이다.

---

188 황제가 대궐 밖을 나설 때 말을 타고 뒤를 따르며 황제의 자문에 응하는 관직이다.

189 한나라 제도로, 양성(兩省)에 속하지는 않고 상소문 정리 등의 업무를 하면서 황제를 가까이에서 보필한다.

190 습유는 임금의 언행과 잘못 등을 수습하고 바로잡는 업무를 한다. 그래서 후에 이 말은 간관(諫官)의 명칭이 됐다.

191 이는 자리만 차지한 채 건의하는 바가 없었다는 뜻이다.

신이 가만히 살펴보겠습니다. 소인이 군자들을 해코지하려[擠] 할 때는 반드시 유력자와 굳게 결탁하여 당을 만들어 도움을 받은 이후에 군자로 하여금 설 자리를 없게 만듭니다. 사고는 외척으로서 귀하고 중요한 인물인데 소망지와 틈이 생기니, 석현이 사고와 서로 겉과 속이 돼 소망지를 배척하고 그의 의견을 물리친 것은 당연한 일이라고 하겠습니다.

다시 『자치통감』이다.

소망지는 홍공과 석현이 권력을 농단하는 것을 싫어하여 상께 건의했다.
"마땅히 중서(中書)의 환관을 파직해야 합니다."
이로 인해 소망지는 홍공 및 석현과 크게 거슬리게 됐고, 홍공과 석현은 상에게 글을 올렸다.
"소망지는 유경생과 붕당을 지어 서로 칭찬하여 천거하고 권세를 오로지 자기 마음대로 하려고 합니다. 신하로서 충성은 하지 않으면서 윗사람을 무고하는 것이 도리에 맞지 않으니, 청컨대 알자(謁者-황제의 예빈관)로 하여금 불러서 정위(廷尉-궁정 사법관)에게 넘기도록 해야 합니다."
이때는 상이 즉위한 초기라 '불러서 정위에게 넘기는 것[召致]'이 바로 감옥에 가두라는 것인지를 살피지 못하여 홍공과 석현의 글이 올라왔을 때 "그렇게 하라[可]"고만 했다. 얼마 후에 상이 주감과 유경생을 부르자 누가 답하기를 "감옥에 있습니다" 하니, 상이 크게 놀라 말했다.
"정위가 물어보고 끝나는 것이 아니었던가?"
그로 인해 홍공과 석현을 다 꾸짖자 두 사람은 머리를 조아리며 사죄했다. 상이 말했다.
"지금 당장 내보내어 일을 보게 하라!"
이에 홍공과 석현은 사고로 하여금 상에게 말하도록 했다.
"상께서는 새로 자리에 오르셔서 아직 덕을 널리 베푸심[德化]이 천하에 퍼지지 않으셨으니 먼저 사부에게 시험해 보이셔야 합니다. 이미 구경(九卿)과 대부[192]를 옥에 내려보냈으니 마땅히 이어서 면직하도록 결단하셔야 합니다."

---

192 유경생은 종정이므로 구경 중의 한 명이고, 주감은 광록대부다.

이에 소망지의 죄를 사하고 주감과 유경생은 둘 다 면직시켜 서인으로 삼았다.

진덕수의 풀이다.

신이 가만히 살펴보겠습니다. 전 황제 때의 명신(名臣) 구양수(歐陽脩, 1007~1072)[193]는 이런 말을 남겼습니다.

"예로부터 소인은 충직하고 선량한 사람을 참소하고 음해한다고 했습니다. 소인들의 계략[說]은 멀리 있는 것이 아니라, 어질고 좋은 사람들을 광범위하게 함정에 몰아넣으려 하면서 그들을 붕당이라고 지목하는 데 지나지 않습니다. 그런데 그들이 대신을 뒤흔들려[動搖] 할 때는 반드시 없는 일을 덮어씌워서[誣] (무력화시킨 다음) 권력을 장악하게 되는데, 이 이유는 무엇이겠습니까? 무릇 한 사람의 좋은 사람[善人]만 제거하고 나머지 많은 좋은 사람들은 오히려 그냥 둘 경우 소인들이 도모하는 이익을 얻을 수가 없습니다. 그래서 그들은 좋은 사람들을 죄다 없애려 하는데, 좋은 사람들은 허물이 작다 보니 일일이 그 잘못[瑕]을 찾아내기가 어렵습니다. 그래서 오직 당을 지었다[爲黨]고 (무고를) 해야만 한꺼번에 모두 축출할 수 있습니다. 예로부터 대신(大臣)은 임금이 누구보다 잘 알고 있고 신임까지 받기 때문에 다른 일을 뒤흔드는 것에 비하면 훨씬 어렵습니다. 그래서 임금이 싫어하는 바, 즉 권력을 제 마음대로 한다[專權]는 명분을 내세우면 반드시 바야흐로 거꾸러트릴 수 있게 되는 것입니다."[194]

신(臣)이 홍공과 석현이 소망지를 비판한 상소를 잘 살펴보니, 첫째는 붕당을 말하고 둘째는 권력을 제 마음대로 했다[擅權=專權]는 것이었습니다. 그러나 실상을 잘 견주어보면 소망지 등은 한마음으로 옛 마땅한 제도에 따라 나라를 개혁하고 군주를 바로잡으려 했을 뿐이니 어찌 붕당을 짓고 권력을 제 마음대로 하는 일에 뜻을 두었겠습니까? 오히려 홍공과 석현, 사고가 서로 결탁하여 붕당을 이루고 정사의 주요 업무들을 제 마음대로 쥐었으

---

193 송나라의 정치가 겸 문인이다. 한림원학사(翰林院學士) 등의 관직을 거쳐 태자소사(太子少師)가 됐다. 송나라 초기의 미문조(美文調) 시문인 서곤체(西崑體)를 개혁하고 당나라의 한유를 모범으로 하는 시문을 지었다. 당송8대가(唐宋八大家)의 한 사람이었으며, 후배들에게 많은 영향을 주었다. 특히 그의 「붕당론」은 유명하다.

194 이 부분은 『송사(宋史)』에서 인용한 것이다. 이는 구양수가 두연(杜衍)·한기(韓琦)·범중엄(范仲淹)·부필(富弼) 등 당대의 현능한 이들을 옹호하기 위해 황제에게 올린 상소이므로 경어체로 옮겼다.

니, 이것이 곧 이른바 붕당을 짓고 권력을 제 마음대로 했다[朋黨擅權](붕당 천권)는 것의 실상이라 하겠습니다. 이를 일러 간사한 소인들이 검은 것과 흰 것을 뒤섞어 어지럽게 한다[貿亂](무란)고 하는 것입니다. 대체로 이처럼 사고가 석현을 칭찬하듯이 안으로는 깊이 도적과 결탁하여 궤변으로써 (선량한) 사람을 중상하는 것을 일러 그런 부류라고 합니다. 그런데 원제는 심란하게도 그 청을 일찍부터 제대로 살피지를 못해 불러서 정위에게 넘겨 그것을 허락했고, (곧바로) 이미 그들이 무죄인 줄 알고 내보내고서도 면직을 청하자 서인으로 만들었으니, 이는 임금다움[君德](군덕)이 밝지 못했던 것입니다.
그리하여 소인은 자신들의 계략을 실현할[售](수) 수 있었으니 아! 한탄스러울 뿐입니다.

다시 『자치통감』이다.

(한나라 원제(元帝) 초원(初元) 2년(BC 47)) 4월, 조서를 내려 소망지에게 관내후(關內侯) 급사중(給事中)의 자리를 하사하고 매달 초하루와 보름에 조회에 참석토록 했고, 주감과 유경생을 다시 불러 간대부(諫大夫-800석 관직)로 삼으려 했는데 홍공과 석현이 (반대) 건의를 하는 바람에 두 사람 다 중랑(中郎-600석 관직)으로 삼았다.
상은 소망지를 그릇으로 중하게 여기기를 그치지 않았다. 그에 의지하는 바가 커서 재상으로 삼으려 하자 홍공, 석현, 허씨와 사씨[195] 자제들이 모두 다 소망지 등을 흘겨보았다[側目](측목). 유경생이 마침내 자신의 외척으로 하여금 변고(지진)가 일어난 데 대해 상에게 글을 올리도록 했다.
"지진[地動](지동)이 일어난 것은 거의 홍공 등 때문이니, 마땅히 홍공과 석현을 물리쳐서 그들이 선한 일을 숨기려 한 죄를 물으시고 소망지 등을 올려 현능한 이들의 길을 크게 열어주셔야 합니다."
글이 올라가자 홍공과 석현은 유경생이 한 짓이라고 의심하고서 건의하기를 그것이 간사한 짓인지 여부를 살펴보라고 청했고, 실제 조사 결과 과연 자복했다. 그래서 유경생은 체포돼 감옥에 갇혔다가 파면돼 서인(庶人)이 됐다.

195 허씨와 사씨는 다 외척이다.

때마침 소망지의 아들 소급(蕭伋)도 소망지가 과거에 관련됐던 사건을 쟁송하는 글을 올리니, 상은 그 글을 유사(有司)에 내려보냈고 얼마 후 답하는 글이 올라왔다.

"소망지가 아들을 시켜[教] 글을 올리게 했으니 대신으로서의 체모를 잃고 불경을 저질렀기에 청컨대 체포토록 해주십시오."

홍공과 석현 등은 소망지가 평소에 높은 절개를 가졌고 굴욕을 받지 않는다는 것을 알고서 건의했다.

"소망지는 과거의 사건에 다행히 연좌되지 않아 작위와 식읍[爵邑]이 회복됐음에도 허물을 후회하지 않고 죄도 자복하지 않은 채 아들을 시켜 글을 올려 잘못을 상께 돌리면서, 스스로 상의 사부라는 데 기대어 끝까지 반드시 연좌되지 않을 것이라 여기고 있습니다. 이에 소망지를 감옥에 가두어 그 원망하는 마음[怏怏心]을 (미리) 틀어막지 않으면 빼어난 조정에서 은혜를 베풀 수가 없을 것입니다."

상이 말했다.

"소태부(蕭太傅)는 평소 굳센 사람인데 어떻게 옥리(獄吏)에게 내려보낼 수 있겠는가?"

석현 등이 말했다.

"사람의 목숨은 극히 중한 것이며 소망지가 연좌된 것은 그의 말이 야박했다[薄]는 죄이니, 반드시 근심하실 바는 아닙니다."

상은 드디어 그 주문에 대해 "그렇게 하라"고 했다. 석현은 조서(詔書)를 봉하여 알자에게 보내고 칙령으로 소망지를 불렀다. 급히 집금오(執金吾)[196]의 거기(車騎)를 발동하여 그의 집을 둘러쌌다. 사자가 와서 소망지를 불렀고, 소망지는 독이 든 술을 마시고 자살했다. 천자는 이 소식을 듣고 놀라서 손으로 땅을 치며 말했다.

"이전에 진실로 그는 감옥에 나아가지 않을 것이라고 의심했었는데, 과연 내가 현명한 스승을 죽인 꼴이 됐구나!"

이때 태관(太官)[197]이 바야흐로 점심을 올리자 황상은 식사를 물리친 채 눈물을 펑펑 흘리며 울었다. 이에 석현 등을 불러 꾸짖으며 물으니[責問] 그들은 조사가 자세하지 못했다며

---

196 대궐문을 지키며 비상사태에 대비하는 무관직이다.

197 황제의 식사를 주관하는 관직이다.

모두 모자를 벗고 사죄하다가 한참 지난 후에야 멈추었다.

진덕수의 풀이다.

신이 가만히 살펴보겠습니다.

간사한 신하의 종류는 많지만, 권모술수는 대략 그 수를 알 수 있고 특히 분명한 것은 그들이 마음먹는 바가 바르지 않다는 것입니다. 따라서 선은 행할 수 없지만, 악은 행할 수 있고 충성은 할 수 없지만 속일 수 있는 것을 잣대로 삼아 홍공과 석현을 살펴보자면, 그들은 소망지의 높은 절개와 굽힐 줄 모르는 성품을 알고서 능히 굴욕을 참아내지 못하리라고 보았던 것입니다. 그래서 이들은 소망지가 감옥에 가게 되면 이것이 그를 격분시켜 자살하리라 기대했던 것이고, 소망지는 실제로 자살했습니다. 또 그들은 원제가 쉽게 속임수에 넘어간다는 것을 알고서, 처음에는 소망지를 불러서 정위에게 넘기는 것만 공사(供辭)에 넣었지만 실제로는 감옥에 넣었고, 또 뒤에는 감옥에서 약간의 굴욕만 줄 것이라고 공사에 넣었지만 실제로는 그의 자살을 겁박한 것이나 마찬가지였습니다. 석현이 한 짓을 보면 (원제가) 지혜가 중간 정도만 되는 군주였어도 진실로 감히 그런 짓을 꾸미려고 생각도 하지 못했을 것입니다.

원제의 아둔함과 유약함은 필시 그것을 다스릴 수 없었을 것입니다. 그 때문에 일이 그렇게 흘러간 것이고, 원제는 과연 다스리지를 못했습니다. (석현의) 미래를 헤아리는 재능과 일을 꾸며대는 기교가 맞아떨어지지 않은 것이 없었으니, 만일 이것을 충과 선을 위해 썼다면 그 유익함은 이루 다 끝이 없었을 것입니다. 따라서 소인이 재주를 품고서 악을 저지르면 그 악이 닿지 못할 곳이 없다고 했던 사마광(司馬光)의 말은 (참으로) 믿을 만합니다.

무릇 황제의 스승을 죽게 만든 것은 죄가 큰 것이고, 관을 벗어 머리 숙여 사죄하는 것은 예가 작은 것입니다. 이처럼 작은 예로 큰 죄를 막으려 하고, 원제 역시 더 이상 문책하지 못하고 헛되이 식사를 물린 채 눈물만 흘릴 뿐이었습니다. 석현은 이때 비록 겉으로는 두려움에 떨며 죄를 비는 모양을 해 보였지만, 마음속으로는 웃으면서 경멸하고 있었을 것이 분명합니다.

따라서 임금 된 자가 건건이명(乾健離明)[198]의 다움[德]을 갖추지 못한 채 아녀자의 어짊

198 『주역』 대유괘(大有卦, ☲)는 아래의 건괘(乾卦)는 강건하고 위의 이괘(離卦)는 밝다는 뜻이다.

[婦仁(부인)][199]에 구애된다면 간신의 농간이 행해지지 않는 바가 거의 없게 되는 것입니다.

둘째로, 공자는 "'미더움을 갖고 호령해 위험이 있음을 알게 해야 한다'는 것은 그 위태로움이 마침내 빛나게 된다는 것이다"라고 했다. 문왕의 효사 부분에 대한 정이의 풀이부터 보자.

(쾌괘의 때에는) 군자의 도리가 성장하고 우세하지만, 경계하고 대비하는 일을 잊어서는 안 되므로, 지극한 진실함을 갖고서 사람들에게 명해 아직도 위태로울 수 있는 가능성이 있음을 알게 해야 한다. 우세한 이쪽의 힘으로 쇠퇴하는 저들을 척결할지라도 만일 소홀히 여기고 대비함이 없다면 예상하지 못한 후회가 있을 수 있다. 이는 아직도 위태로울 수 있는 이치가 있기 때문이라서, 반드시 경계하고 두려워하는 마음이 있어야 근심이 없게 된다. 빼어난 이가 경계를 세운 뜻이 깊다.

조심하고 또 조심해야만 끝에 가서 좋은 결말을 볼 수 있다는 말이다. 성삼문(成三問)의 어설픈 실패는 큰 교훈을 남겼다고 할 것이다.

셋째는 "'자기 읍에서부터 통고하고, 병란에 나아가는 것은 이롭지 않고'라는 것은 높이는 바[所尙(소상)]가 마침내 궁색해지는 것이다"라고 했다. '자기 읍에서부터 통고하고'란 사사로운 영역, 즉 자기 자신이 할 수 있는 범위부터 먼저 잘 다스려야 한다는 말이다. 『논어』「자로」편에서 공자는 섭공(葉公)이 정치하는 도리에 대해 묻자 이렇게 대답했다.

가까이에 있는 자들을 (먼저) 기쁘게 해주어 멀리 있는 자들이 찾아오게 해야 한다.

이어 '병란에 나아가는 것은 이롭지 않고'란, 소인을 군자의 도리로 척결해야지 강한 무력을 써서 사납게 척결해서는 안 된다는 말이다. 공자가 '높이는 바'라고 한 것은 바로 무력 사용이다. 그렇게 하면 결국 스스로도 궁색한 지경에 빠지게 될 수 있기 때

---

199 앞의 것이 남성적이고 강건한 이것은 그에 대비되는 어짊이라는 뜻이다.

문이다. 이는 정이가 언급한 것처럼 순(舜)임금이 문덕(文德)을 펼친 것이 대표적인 사례가 될 수 있다. 순임금은 처음에는 거친 부족인 유묘(有苗)를 정벌하려 했다가, 뒤에 생각을 바꿔 자기 나라 안에 문덕을 펼쳐 유묘가 스스로 항복하게 했다. 『서경』「우서(虞書)·대우모(大禹謨)」편에 나오는 이야기다.

> 순임금이 말했다.
>
> "아! 우(禹)야! 지금 유묘를 제대로 통솔할 수 없으니 네가 가서 정벌하라!"
>
> 우는 이에 여러 제후를 모이게 한 다음 장수들에게 맹세하며 이렇게 말한다.
>
> "당당한 내 군사들아! 모두 나의 명을 잘 들으라! 무지몽매한 이 유묘가 정신 못 차리고 불손하여, 남을 업신여기고 스스로 잘났다고 하면서 도리를 어기고 덕을 파괴하여 군자는 들판으로 쫓겨나고 소인들이 중책을 차지하고 있다. (이렇게 되면) 백성은 (자신들의 군주를) 버리고서 보호하려 하지 않으며 하늘도 재앙을 내린다. 그래서 내가 너희 군사들을 이끌어 황제의 사명을 받들어 죄인들을 토벌하려 한다. 너희들은 부디 하나로 마음의 힘을 모아야만 (아마도) 능히 공훈을 세울 수 있을 것이다."
>
> 30일 동안 유묘의 백성은 항복하지 않고 저항했다. (이때) 익(益)이 우에게 나아가 고했다.
>
> "(힘이 아니라 임금으로서의) 덕(德)이라야 하늘을 감동시켜 아무리 먼 곳이라도 닿지 않는 곳이 없을 것입니다. 꽉 차게 되면 덜어지고 모자라면 채워지는 것, 이것이 곧 하늘의 도리입니다. 순임금께서 애초에 역산에 계실 때 밭에 가시어 날마다 하늘과 부모님께 울부짖으며, 모든 죄를 자신이 떠안고 온갖 허물을 자신의 탓으로 돌리면서 자식 된 도리를 잃지 않고 공경하는 마음으로 아버지 고수(瞽瞍)를 뵐 때마다 두려워하듯 공손하게 모시니, (포악하기 그지없던) 고수도 마침내 순임금을 믿고 따랐습니다. (이처럼) 지극정성(至誠)은 귀신도 감동시키는데 하물며 이 유묘야 어떻겠습니까?"
>
> 우가 이 좋은 말[昌言 창언]에 절을 하며 "네 말이 옳다"고 말한 다음 군대를 돌려 철수했다. 순임금이 문덕(文德)을 널리 펼치시어 방패와 깃으로 만든 일산(日傘)으로 주인과 손님의 두 뜰에서 춤을 추시니, 70일 만에 유묘가 와서 무릎을 꿇었다.

넷째는 "'가는 바가 있으면 이롭다'라는 것은 굳셈이 자라나는 것이 마침내 끝에 이르게 된다는 것이다"라고 했다. 이는 경계하고 조심해야 함에도 불구하고 결국은 양의 세력, 즉 군자의 세력이 점점 자라나는 때이니 소인을 척결하는 것이 이롭다는 것이다. 여기서 망설일 경우 소인은 다시 세력을 회복할 것이 분명하기 때문이다. 『중종실록』 2년(1507) 4월 18일 사헌부와 사간원이 합동으로 유자광(柳子光)을 중벌에 처할 것을 청하는 소(疏)를 올렸다. 바로 지금의 문맥 그대로다.

삼가 살피건대 『주역』 쾌괘(夬卦) 단사(彖辭)에 "왕의 조정에서 드러내는 것이니 미더움을 갖고 호령해 위험이 있음을 알게 해야 한다[有厲(유려)]"라고 했으니, 이는 군자가 소인의 죄를 왕정(王庭)에 드러내서 결단하여 제거해야 한다는 것입니다. 그러나 반드시 그 호령을 밝고 미덥게 해도 위태로울 수 있으므로, 진실로 쾌히 결단하지 않고 주저한다면 반드시 소인의 큰 화가 있기 때문에 초구(初九)[200]에 이기지 못하는 경계가 있습니다. 이는 빼어난 이가 우환을 예방하려는 뜻에서 빨리 소인을 제거하는 것입니다. 옛날 공공(共工)[201]이 "바야흐로 공적이 쌓여서 드러나고 있다[方鳩僝功(방구잔공)]"라고 했으나 대순(大舜)이 공공을 귀양 보냈고[202] 소정묘(少正卯)[203]가 말로 변명하며 정사를 어지럽히므로[辨言亂政(변언 난정)] 공자(孔子)가 처단하셨는데 이는 쾌결(夬決)의 도리를 쓴 것이며, 원제(元帝)는 공(恭-홍공)·현(顯-석현)의 간악함을 알고도 제거하지 못했고 영종(英宗)은 여혜경(呂惠卿)[204]의 사특함을 알고도 베이지 못했으니 이는 쾌결(夬決)을 쓰지 못한 것입니다. 임금으로서 모른다면 할 수 없지만, 안다면 혹시라도 제거하기를 속히 하지 못할까 염려하여, 가라지[稂莠(낭유)]가 곡식에 섞여 있는 것을 제거하듯 하여야 할 것입니다. 지금 자광이 공공의 공로를 자랑함이 있고 소정묘의 정사 어지럽힘이 있으되 전하께서는 유주(幽州-공공의 유배지)의 귀양 보냄과 양관(兩觀-소정묘의 사형 장소)의 처단을 행하지 않으시니, 신 등은 전하께서 홍공·석현과 여혜경의 악행을

---

200 초구의 효사는 "앞으로 나아가는 발에서 강건한 것이니, 가서 이기지 못하면[不勝(불승)] 허물이 된다"이다.

201 사흉(四凶) 중의 한 명이다.

202 이 일은 『서경』 「요전(堯典)」편에 나온다. "요임금이 말했다. '누가 나의 과업을 제대로 계승할 수 있는가?' 이에 환도가 '아! 훌륭하십니다. 공공(共工)이 바야흐로 공적이 쌓여서 드러나고 있습니다'라고 답하자 요임금은 이렇게 말했다. '어찌 그런 말을 하는가! (그는 관직에서 물러나) 조용하게 있을 때는 말을 잘하지만 등용하면 (도리에) 위배되는 짓을 하고 용모만 공손할 뿐이다.'"

203 중국 노나라의 대부로 공자가 공직을 맡았을 때 사형을 시켰다.

204 송(宋)나라의 간신이다.

놓아두었다가 영원히 원제·영종과 같은 조롱을 받을까 염려됩니다. 전하께서 자광에게 (즉위에 기여한) 공로가 있다 하시지만 작은 공로가 나라를 그르친 큰 죄를 속죄하지 못할 것이요, 자광이 대신이라 하시지만 나라 그르친 소인을 대신이라 하여 용서할 수는 없습니다.

그러나 중종(中宗)은 받아들이지 않았다. 아니, 정확하게는 받아들일 수 없었다. 그럴 만한 자질도 아니었고 그런 권력도 갖고 있지 못했기 때문이다.

공자의 「상전」을 살펴볼 차례다. 그중에 쾌괘를 총평한 「대상전」이다.

연못이 하늘에까지 올라간 것이 쾌(夬)(가 드러난 모습)이니, 군자는 그것을 갖고서 복록을 베풀어 아래에 미치게 하고 다움을 지키면서 금기 사항을 제정한다[澤上於天夬 君子以 居德則忌].

◉

연못이 하늘 높이 올라가면 결국 터져서 물이 쏟아져 내릴 것이다. 그 모습을 보면서 군자는 마땅히 백성에게 복록(福祿)을 베풀려고 생각해야 한다. 스스로 자신의 다움을 잘 지키면서[居德], 앞으로 다시는 제방이 터져서는 안 된다는 점을 떠올리며 단속 사항을 법제화하고 예상되는 문제점을 미리 막을 수 있는 규정들을 만들어야 한다는 말이다. 왕필(王弼)은 칙기(則忌)를 "금기 사항들을 명확히 한다[明忌]"라고 했는데 정이는 뜻이 통한다고 말했다.

쾌괘의 여섯 효[六爻]에 대한 주공의 말을 풀이한 공자의 「소상전」이다.

(초구(初九)는) 이길 수 없는데도 가면 허물이다[不勝而往 咎也].
(구이(九二)는) 적군이 있어도 걱정할 필요가 없다는 것은 적중된 도리를 얻었기 때문이다[有戎勿恤 得中道也].
(구삼(九三)은) 군자는 과단성 있게 결단하니[夬夬] 끝내는 허물이 없다[君子夬夬 終无咎也].
(구사(九四)는) 그 가는 바를 머뭇거리는 것은 자리가 마땅하지 못한 것이고, 말을 들어도 믿지 않는다는 것은 듣는 바가 밝지 못한 것이다[其行次且 位不當也 聞言不信 聰不明也].

(구오(九五)는) 적중된 행위[中行]에 허물이 없지만 적중함[中]이 아직 빛나지는 못한다[中行无咎 中未光也].
(상륙(上六)은) 울부짖어도 소용없는 흉함은 끝내는 지속할 수 없기 때문이다[无號之凶 終不可長也].

◉

쾌괘의 맨 아래 첫 양효에 대해 공자는 "이길 수 없는데도 가면 허물이다"라고 풀었다. 주공은 효사에서 이렇게 풀었다.

> 앞으로 나아가는[前=進] 발에서 강건한 것이니, 가서 이기지 못하면 허물이 된다[壯于前趾往不勝 爲咎].

쾌괘의 초구는 아래의 건체(乾體)의 맨 아래에 있다. 이미 굳센 기운을 갖고 있는데다가 강양(剛陽)의 자질로 양위(陽位)에 있어 자리가 바르다. 그러나 구이와 친하지 못하고[無比] 구오와도 호응하지 못한다[無應]. 전반적인 주변 여건은 결코 좋다고 할 수 없다. 그런데 굳센 자질로 맨 아래에 놓여 있으니 마땅히 앞으로 나아가려는 뜻이 강하다. 그런데 여기서는 가라 말라고 하지 않고, 갔다가 결과가 좋으면 상관없지만 이기지 못하면 허물이 된다고 애매하게 진단하고 있다.

결국 가느냐 가지 않느냐보다는, 갔을 때의 상황을 충분히 사전에 헤아려서 판단하는 것이 중요하다. 쾌괘의 때에 가는 것 자체는 잘못이 아니지만, 갔다가 이기지 못한다면 그것은 안 간 것만 못하기 때문이다. 이는 자연스럽게 그 시작을 삼가는 문제[愼始]와 직결된다. 이것은 앞에서 여러 차례 보았기 때문에 다시 반복하지 않겠다.

다만 공자는 "이길 수 없는데도 가면 허물이다"라고 했다. 이 또한 가지 말라는 뜻보다는, 쾌괘의 때를 맞아 이길 수 있는 계책을 사전에 주도면밀하게 세운 다음에 일을 시작하라는 의미로 받아들이는 것이 문맥에도 맞을 듯하다.

쾌괘의 밑에서 두 번째 양효에 대해 공자는 "적군이 있어도 걱정할 필요가 없다는 것은 적중된 도리를 얻었기 때문"이라고 풀었다. 주공의 효사에서 '두려워하고 호령하는 것'이란 바로 조심하고 삼가면서 명령을 내려 일을 시작하는 것이다. 게다가 자리는 바르지 않지만 가운데 있고 음유의 자리에 있기 때문에 초구와 달리 조급하게 마구 내달리려 하지 않고 주도면밀함을 갖췄으니, 이제 나아가야 할 때라는 말이다. 그래서 공자는 자신 있게 "적군이 있어도 걱정할 필요가 없다는 것은 적중된 도리를 얻었기 때문"이라고 풀어낸 것이다. 늦은 밤에 적군이 있다는 것은 그만큼 위험해 더 조심해야 할 시점이라는 뜻인데, 그럼에도 불구하고 걱정할 필요가 없다고 했다. 이럴 때조차 행동하지 않는다면 겁쟁이라는 비난을 면치 못할 것이다.

쾌괘에서 소인 척결의 과제는 이 구이에게 맡겨져 있다. 구삼은 초구와 마찬가지로 굳센 기운이 너무 강해 흉하다고 했고, 구사는 머뭇거리는 폐단이 있으며, 구오는 이미 태괘(兌卦)에 들어가 좋은 게 좋은 것이라는 식으로 빠져들 위험이 크다. 상륙은 따로 말할 필요도 없다. 그래서 지위가 그다지 높지 않은 구이에게 막중한 책임이 맡겨져 있는 것이다.

여기서 정이는 "때를 알고 형세를 알아차리는 것[知時識勢]은 역을 배우는 큰 방법[學易之大方]이다"라고 강조한다. 나아가야 할 때 무엇보다 중요한 것이 바로 때와 형세라는 말이다.

쾌괘의 밑에서 세 번째 양효에 대해 공자는 "군자는 과단성 있게 결단하니[夬夬] 끝내는 허물이 없다"라고 풀었다. 주공의 효사는 상당히 길고 매우 복잡미묘하다.

> 광대뼈에서 강건해 흉함이 있고 군자는 과단성 있게 결단하고[夬夬] 홀로 가서 비를 만나니, 젖는 듯이 여겨 노여워함이 있으면 허물이 없다[壯于頄 有凶 君子夬夬 獨行遇雨 若濡有慍 无咎].

이를 더욱 복잡하게 만드는 것은 역학자(易學者)들 사이에 이 효사는 순서가 잘못됐다고 보기 때문이다. 여러 이론이 있지만 우리는 정이의 입장을 받아들여 이렇게 내용을 약간 조정한다.

> 광대뼈에서 강건해 흉함이 있고 홀로 가서 비를 만나니, 군자는 과단성 있게 결단하되[夬夬] 젖는 듯이 여겨 노여워함이 있으면 허물이 없다[壯于顴 有凶 獨行遇雨 君子夬夬 若

濡 有慍 无咎].

쾌(夬)란 척결하는 것[剔抉]이고 결단하는 것[決斷]이다. 이럴 때는 무엇보다 굳셈과 튼튼함[剛健]이 중요하다. 구삼은 초구와 마찬가지로 굳센 자질로 양의 자리에 있고, 게다가 강체(剛體)인 건괘의 맨 위에 있으며 지위 또한 초구에 비한다면 높은 곳에 있다. 문제는 상륙과 호응 관계[有應]라는 점이다. 이런 점들을 염두에 두고서 정이가 이 효사를 어떻게 풀어가는지 정밀하게 따라가 보자.

> 규(頄)는 광대뼈[顴]다. 얼굴에 있지만, 위의 끝에까지는 이르지 못한 것이다. 구삼은 하체의 위에 있다. 위의 위치에 있지만 가장 높은 위치는 아니니, 위로 군주가 있는데도 (군주의 명을 받지도 않은 채) 굳게 결단하고 척결하는 일[剛決]을 스스로 떠맡는다면[自任] 이런 사람이 바로 '광대뼈에서 강건'한 자다. 흉함이 있을 수 있는 도리[有凶之道]인 것이다.
> '홀로 가서 비를 만나니'라고 했는데, 구삼은 상륙과 곧장 호응한다[正應]. 나머지 양효 모두가 음을 제거하려고 할 때 구삼만이 그 음과 사사로이 호응하니[私應], 그래서 다른 양들이 함께 한 음을 결단하려고 하는 때를 맞아 자신만이 홀로 가서 상륙과 더불어 음과 양이 합치되므로 비를 만난다고 한 것이다. 역(易)에서 비를 말할 때는 모두 음과 양이 조화를 이룬 것을 뜻한다. 군자의 도리가 자라나 소인을 제거하려고 하는 국면에서 자기 홀로 음효와 합하니 그 잘못을 쉽게 알 수 있다.

여기서 보듯 이는 단정하는 말이 아니라 선택지(選擇肢)다. 물론 뒤에 이어지는 정이의 풀이는 그럼에도 불구하고 굳센 도리를 유지하는 쪽을 말하고 있지만, 우리는 그렇지 못한 경우도 짚어봐야 한다. 조카 단종(端宗)의 자리를 찬탈한 세조를 제거하려는 거사를 앞두고 이를 고발한 김질(金礩, 1422~1478)이 바로 이 구삼의 부정적 사례에 해당한다고 볼 수 있다.

김질은 세종 말년에 문음(門蔭)으로 충의위(忠義衛)에 속해 있다가, 부사가 됐을 때 성균관에서 수학하기를 청해 허락받았다. 1450년(문종 즉위년) 추장 문과에 정과로 급제해 주부(主簿)에 임명된 이후, 우정언(右正言)·병조좌랑을 거쳐 1455년(세조 1년)에 사예(司藝)에 이르렀다. 이 무렵 성삼문(成三問)·박팽년(朴彭年) 등의 집현전 학사와 함께 단종 복위를 꾀하는 모임을 몇 차례 하던 중 위험을 느끼자, 1456년 장인인 정창손(鄭昌孫)과 함께 세조에게 고변해 사육신사건을 일으켰다. 그 뒤 세조의 철저한 신임을 받아 승정원의 동부승지·우부승지·좌승지를 거쳐, 1459년 병조참판으로서 세조의 국방 정책 수립에 참여하고 상락군(上洛君)에 봉해졌다. 이듬해 두 차례에 걸친 세조의 서쪽 지방 순행을 위해 황해도·평안도 도순찰사가 되고, 1461년 평안도의 도관찰사가 됐다. 1463년에 공조판서에 오른 뒤 병조·형조의 판서를 거쳐 1466년 우참찬에 승진했다. 이듬해 경상도관찰사가 되고, 1468년(예종 즉위년) 우의정에 올랐다.

다시 정이의 풀이다.

> 오로지 군자만이 이러한 때에 처하면 굳게 척결하는 일을 결단할 수 있으니, 소인을 척결하는 일을 결단하고 그 결단을 과단성 있게 해낼 수 있다는 말이다. 사사롭게 친밀하더라도 마땅히 멀리하고 관계를 끊어내기를 마치 더러운 것에 몸이 젖는 듯이 노여워하고 미워하는 기색이 있어야 하니, 이와 같이 하면 허물이 없다. 구삼은 건괘가 상징하는 튼튼한 자질에 속해 바른 위치에 있기 때문에 반드시 이와 같은 허물이 있는 것은 아니니, 이런 뜻으로 가르침을 삼았을 뿐이다.

이 말은 김질의 입장에서는 변명의 근거로 삼을 수 있다. 즉 자신은 성삼문 등을 소인으로 보았기에, 이들의 움직임을 충분히 파악한 다음 적기를 골라 그들을 일망타진한 것이라고 항변할 수도 있기 때문이다. 판단은 독자의 몫이다.

결국 어떻게 하느냐에 달린 것이기 때문에 공자는 구삼을 풀이하면서 "군자는 과단성 있게 결단하니[夬夬(쾌쾌)] 끝내는 허물이 없다"라고 말한 것이다. 즉 이 말은 과단성 있게 결단하라는 권고와 다를 바가 없다. 그렇게 하지 않을 경우 허물이 있다는 경고인 셈이다. 이는 『논어』「이인」편에 나오는 공자의 말 그대로다.

> 군자는 천하의 일에 나아갈 때 오로지 주장함도 없고 그렇게 하지 않음도 없으니, 마땅함[義(의)]을 잣대로 삼을 뿐이다.

이렇게 하는 것이 권도를 발휘하는 것이고, 그것이 바로 공자가 말하는 때에 맞춰 사안에 적중하는 것[時中]이다. 권도를 제대로 발휘하는 것이 곧 시중(時中)이다. 앞서 정이가 "때를 알고 형세를 알아차리는 것[知時識勢]은 역을 배우는 큰 방법[學易之大方]이다"라고 한 것도 바로 그 때문이다.

쾌괘의 밑에서 네 번째 양효에 대해 공자는 "그 가는 바를 머뭇거리는 것은 자리가 마땅하지 못한 것이고, 말을 들어도 믿지 않는다는 것은 듣는 바가 밝지 못한 것이다"라고 풀었다. 주공의 효사는 "엉덩이에 살이 없으며 그 가는 바를 머뭇거리니, 양을 끌듯이 하면 뉘우침이 없겠지만 말을 들어도 믿지 않는다"라고 돼 있다.

구사의 처지를 보면 상괘인 태괘(兌卦)의 맨 아래에 있는데, 양강의 자질로 음의 자리에 있으니 자리가 바르지 않고 위아래로 친한 자가 없으며[無比] 초구와도 호응이 없다[無應]. 고립무원의 상황이다. 정이의 풀이부터 보자.

> '엉덩이에 살이 없으며'라는 것은 앉은 자리가 불안한 것이다. '그 가는 바를 머뭇거리니'라는 것은 앞으로 나아가지를 못하는 것이다. 머뭇거림은 곧 나아가기 어려운 모습이다. 구사는 양의 자질로 음의 자리에 있어 굳게 결단하는 능력이 부족해, 멈추려고 하면 여러 양효가 함께 밑에서 치받아 세력이 안정되지 못하니 마치 엉덩이에 상처가 나서 편안히 앉을 수 없는 것과 같고, 나아가려고 해도 부드러운 자리에 있어 굳셈과 강건함[剛壯]을 잃고 강하게 나아갈 수가 없다. 그래서 그 나아감을 머뭇거리는 것이다.
>
> '양을 끌듯이 하면 뉘우침이 없겠지만'이라는 것은, 양은 떼를 지어 다니고 견(牽)은 당기고 끈다는 뜻이니 만일 스스로를 강하게 끌어당겨 여러 양 떼를 따라가면 뉘우칠 일이 없을 수 있다는 말이다. 그러나 이미 구사는 부드러운 자리에 처해 있어 결코 그렇게 할 수 없을 것이니, 설사 이 말을 듣더라도 반드시 믿지 않을 것이다. 허물이 있으면 과감하게 고치고 좋은 것을 들으면 반드시 실행하며 자신의 사사로움을 이겨내 마땅한 의리를 따르는 것은 오직 굳세고 눈 밝은 자[剛明]만이 해낼 수 있다. 다른 괘에서는 양효인 구가 사(四)의 자리에 있어도 그 잘못이 이처럼 심한 지경에까지 이르지는 않지만, 소인을 척결하는 때에 부드러운 자리에 있으니 그 해로움이 큰 것이다.

우리는 앞에서 김종서(金宗瑞, 1383~1453)의 젊은 시절이 진괘(晉卦)의 육이(六二)에 해당한다고 보았다. 그러나 훗날 정승이 돼 단종을 보필하면서 육척지고(六尺之孤)

를 제대로 지켜내지 못하고 스스로도 비명횡사한 부분은 정확히 쾌괘의 구사로 풀어낼 수 있다. 내가 쓴 『성종, 조선의 태평을 누리다』(해냄)에서 요약 정리한 계유정난(癸酉靖難)의 현장으로 가보자.

1452년 문종이 병으로 일찍 세상을 떠나고 11살의 단종이 왕위에 오르면서 한명회는 일찌감치 거사를 도모하기 시작한다. 단종 즉위년(1452) 7월 23일, 개성에 있던 한명회가 서울에 와서 지금의 남산 기슭에 있던 권람의 집을 방문한다. 권람은 병이 있어 사직하고 치료차 동래온천을 다녀온 직후였다.

한명회가 말한 요지는 다음과 같다. 임금이 어려서 대신들이 권력을 좌지우지한다. 나랏일이 하루가 다르게 잘못돼간다. 안평대군 이용이 딴마음을 품고 소인배들을 모으고 있다. 수양대군이 큰 인물이라고 들었다. 자네가 일찍부터 수양과 가깝다고 들었다. 그냥 지켜만 볼 것인지 여쭤봐 달라.

이 말을 들은 권람은 그날로 수양을 찾아갔다. 이날 대화에서는 한명회의 이름이 등장하지 않는다. 다만 한명회의 말에 따라 수양이 시국을 어떻게 전망하고 있는지를 타진해보는 수준의 대화였다. 권람이 보기에는 자신이나 한명회나 시국 전망이 그리 다르지 않았다.

5일 후 권람이 다시 수양을 찾아와 "모름지기 장사로서 사생(死生)을 부탁할 만한 자 두어 사람을 얻어서 창졸(倉卒)의 변에 대비하소서"라고 하자 수양이 묻는다.

"매우 좋은 말이다. 그러나 장사를 얻게 해줄 만한 자가 누구인가?"

"한명회가 할 수 있습니다."

수양으로서는 처음 들어보는 이름이었다. 권람은 한명회를 이렇게 소개했다.

"한명회는 어려서부터 기개가 범상하지 않고 포부도 작지 않으나, 시운이 맞지 않아 지위가 낮아서 사람들이 아는 자가 없습니다. 공(公)이 만일 거사하실 뜻이 있으시면 이 사람이 아니면 할 수 없을 것입니다."

"예로부터 영웅은 또한 둔건(屯蹇-세상이 험하여 처세하기가 힘듦)함이 많으니, 지위가 낮은들 무엇이 해롭겠느냐? 내가 비록 그 얼굴을 보지 못했으나 이제 논하는 바를 들으니 참으로 나라의 큰 인재로다. 내가 마땅히 대면하여 상의하겠다."

이 무렵 한명회는 스스로를 포의천부(布衣賤夫), 말 그대로 남루한 옷을 입은 비천한 필부라고 불렀다. 다만 그의 재주를 알고 있던 주변 사람들은 한명회의 움직임에 주목하고 있었다. 친구 이현로는 안평대군과 가깝게 지냈다. 윤9월 8일 자신을 찾아온 한명회에게 이현로는 자신이 이미 안평에게 한명회를 추천했노라고 말한다. 수양의 책사가 한명회였다면 이현로는 바로 안평 쪽의 책사였다.

"내가 이미 안평대군에게 추천했으니 한번 가서 뵙는 것이 옳다. 평생의 길을 얻는 것이 모두 여기에 있다."

그러나 한명회는 자신은 그럴 만한 능력이 없는 사람이라고 이현로의 제안을 물리친다. 당시로서는 쉽지 않은 결정이었다. 한편 수양과 한명회의 만남은 곧바로 이뤄지지 않았다. 아마도 안평대군 쪽으로부터의 견제가 그만큼 심했기 때문일 것이다. 수양과 한명회의 만남은 해가 바뀌어 단종 1년 3월 21일 남산골 청학동 권람의 집에 있는 정자인 후조당(後凋堂)에서 이뤄진다.

"옛날에는 남산 가운데 가장 으슥했던 골짜기였기로 청학동으로 불렸다. 도교 사상에서 영행한다는 청학이 사는 선향(仙鄕)이라 해서 청학동이요, 한양에서 가장 경치 좋은 삼청동·인왕동·쌍계동·백운동과 더불어 한양 5동 가운데 하나였다. 세조는 임금이 된 연후에도 자주 이 청학동에 들러 권람의 정자인 후조당에서 놀고 바로 그 서편 벼랑 밑에 있는 돌샘물을 즐겨 마셨는데, 이것이 연고가 돼 어정(御井)이란 이름을 얻은 것이다. 이 후조당은 후에 녹천정(鹿川亭)이란 이름으로 바뀌어 일제 통감부 시절 초대 통감인 이토 히로부미가 살았던 관저의 정자로 명맥을 잇고 있다."(『이규태의 600년 서울』, 조선일보사, 1993, 118쪽)

한명회를 처음 보는 순간 수양은 "옛 친구같이 여겼다"라고 실록은 기록하고 있다. 수양이 먼저 조심스럽게 운을 뗐다.

"역대 왕조의 운수는 혹은 길기도 혹은 짧기도 하여 비록 고르지는 아니하지만, 그러나 모두 말엽의 임금이 덕을 잃고 정사를 어지럽게 하며 마땅하지 않은 사람을 임용함으로 말미암아, 백성이 도탄에 빠져 하늘이 노하고 백성이 원망한 연후에 곧 멸망하는 데 이르렀다. 지금 주상께서 나이는 비록 어리다고 하지만 이미 큰 도량이 있으니, 만약 잘 보좌만 한다면 족히 수성할 것이다. 다만 한스러운 것은 대신이 간사하여 어린 임금을 믿고 맡길 수 없으며, 도리어 두 마음을 품어 선왕(先王-문종)이 부탁한 뜻을 저버리는 것이다. 지난번에 권람을 통해 그대가 이 세상에 뜻이 있음을 알았으니 나를 위하여 주책(籌策-책략을 설계함)을 하라."

"두루 옛날의 일을 보건대, 국가에 어린 임금이 있으면 반드시 옳지 못한 사람이 정권을 잡았고, 옳지 못한 사람이 정권을 잡으면 여러 사특한 무리가 그림자처럼 붙어서 화(禍)가 항상 일어났습니다. 그때 충의로운 신하가 일어나 반정(反正)을 한 뒤에야 그 어려움이 곧 형통해졌습니다. 안평대군이 대신들과 결탁하여 장차 반역을 도모하려 하는 것은 길 가는 사람들도 아는 것이나 실상의 증거를 포착해 그 역모를 드러낼 수 없으니, 비록 즉시 거의(擧義)하려고 하여도 이루기 어려울 듯합니다."

한명회는 정보전(情報戰)을 이야기하고 있다. 실제로 이때부터 수양은 종 조득림으로 하여금 안평대군의 종이나 대신들의 종과 다양한 교제를 하도록 하면서 정보 수집에 들어간다. 저쪽도 안평대군·김종서·황보인 등이 중심이 돼 활발한 움직임을 보이고 있다는 것을 알게 된다. 이틀 후 수양과 한명회는 후조당에서 두 번째로 만난다.

"근자에 권람으로부터 그대가 선비를 많이 얻음을 알고 마음으로 기뻐한다."

"명공(明公-수양대군)의 위엄에 힘입어 호걸들을 설득하니 마음을 돌린 자가 많습니다. 그들은 밤낮으로 친히 만나뵙기를 간절히 바라고 있습니다. 조용히 불러 대접해주시고, 그들에게 진실함과 정성스러움을 보여서 신의를 굳게 하소서."

"좋다."

그러자 한명회는 내금위(內禁衛-무예가 특출한 자로 구성된 일종의 특수 경호대) 소속의 양정·유수·유하 등 장정들을 소개했고, 수양은 이들을 후하게 대접했다. 이들은 수양으로부터 정국의 흐름에 관해 전해 들은 뒤 이렇게 다짐한다.

"저희는 비천한 사람이지만 공의 말씀을 듣고 오히려 분격함을 이기지 못하겠습니다. 진퇴에 오직 명을 따르고 두 마음이 없을 것을 맹세합니다."

그 후에도 한명회는 홍달손을 비롯한 숨은 무장들을 속속 수양에게 소개하면서 세를 넓혀 나갔다. 홍달손은 한명회와 동갑으로 호방하고 무략을 갖춘 인물이었다.

운명의 시간은 다가오고 있었다. 9월 25일 권람의 종 계수가 황보인의 종으로부터 결정적인 정보를 입수한다. 자기 주인이 김종서 등과 의논하여 단종을 폐위시키고 안평대군을 임금으로 세우려 하는데, 거사일은 10월 12일과 22일 중 하나로 하기로 했다는 것이다. 상황은 급박하게 돌아가고 있었다.

마침내 9월 29일, 수양대군의 집에서 수양과 한명회·권람·홍달손·양정·유수·유하 등은 10월 10일을 D데이로 잡는다. 그런데 10월 2일 비상사태가 발생한다. 권람이 첩보한 입수에 따르면 '저쪽'에서 이쪽의 움직임을 포착했다는 것이다.

"황보인이 대군께서 거사하고자 한다는 것을 듣고 비밀리에 김종서에게 편지를 보내 '큰 호랑이가 이미 알았으니, 어찌하겠소?' 했더니, 김종서가 '큰 호랑이가 알았더라도 어찌하겠소?"라고 했답니다."

성패의 갈림길이었다. 수많은 사람의 목숨이 왔다 갔다 하는 순간이었다. 한동안 말이 없던 수양은 결심한다.

"저들이 알았다 하더라도 회의하는 데 3일, 계획을 세우는 데 3일, 약속하는 데 3일로 쳐 족히 8, 9일은 걸릴 것이니, 우리가 정한 10일의 기한만 어기지 않으면 문제가 없다. 그러나 말이 자꾸 입에서 나오면 사람은 비록 알지 못하더라도 귀신이 알고, 귀신이 알면 사람이 결국 아는 것이니, 혹시라도 입 밖에 내지 말고 더욱 조심하여 기다리고 다시는 와서 의논하지 말라."

수양은 10월 10일 새벽 최측근 권람·한명회·홍달손을 불러 결의를 밝히고 자신이 김종서를 직접 죽이겠다는 등의 밑그림을 밝힌다. 수양은 "내가 오늘 여러 무사를 불러 집 뒤뜰에서 활쏘기를 하며 조용히 이르겠으니, 그대들은 갔다가 얼마 후 다시 오라"라고 말한다. 수양의 집은 경복궁과 창덕궁 사이에 있었다. 그날 오전 수양의 집 뒤뜰에는 그동안 접촉해 두었던 무사들이 속속 모여들었다. 활쏘기가 시작되고 술자리가 펼쳐졌다. 정오 무렵 권람이 수양의 집을 찾았다. 수양이 문밖으로 나와 뒤뜰의 상황을 전한다.

"강곤·홍윤성·임자번·최윤·안경손·송석손·홍귀동·민발 등 수십 명이 지금 활쏘기를 하고 있다. 그런데 곽연성은 오기는 했으나 어미의 상중(喪中)으로 사양하기에, 여러 번 되풀이하여 타이르니 비록 허락은 했으나 어렵게 여기는 빛이 있다. 그대가 다시 설득해보라."

그러고 나서 수양은 다시 뒤뜰로 갔다. 이어 곽연성이 나왔다. 곽연성은 수양이 1452년 사은사로 명나라에 갈 때 군관(軍官)으로 수행해 인연을 맺었던 인물이다. 곽연성은 흔들리고 있었다. 처음에는 상중이라며 "명령을 따르기 어렵다"라고 했다. 권람이 말한다.

"선비는 자기를 알아주는 사람을 위하여 죽는 것이다. 지금 수양대군께서 국가를 위하여 의를 일으키는 것인데 자네가 어찌 구구하게 작은 절의를 지키겠는가? 또 충과 효에는 두 가지 이치가 없으니, 자네는 사양하지 말고 큰 효를 이루라."

마침내 결심한 곽연성은 권람으로부터 쿠데타 계획을 상세하게 전해 들은 다음 한 가지 중요한 문제점을 지적하기도 했다. 수양이 김종서의 집에 갔다가 정확히 언제 돌아올지를 모르는데 그사이에 성문이 닫히면 어찌할지 그 대비책을 물은 것이다. 결국 곽연성은 거사에 참가해 정난공신 2등에 책록된다.

해가 저물어가고 있었다. 뒤뜰에서 아무 말도 없이 활쏘기를 하고 있는 무사들에게 계획을 말한다. 기본적으로는 동의하면서도 송석손·유형·민발 등이 나서 주상께 먼저 아뢰야 한다고 절차상의 문제를 제기했다. 서로 의견이 엇갈려 시간만 흐르고, 불가능하다는 주장도 만만찮았다. 논의 중에 북문 쪽으로 도망치는 자까지 나왔다. 흔들리고 있었다. 수양 자신도 흔들렸다. 이때 수양이 한명회에게 의견을 구하자 이렇게 답한다.

"길옆에 집을 지으면 3년이 돼도 이루지 못하는 것입니다. 작은 일도 오히려 그러한데 하물며 큰일이겠습니까? 일에는 역(逆)과 순(順)이 있는데, 순으로 움직이면 어디를 간들 이루지 못하겠습니까? 일의 방향이 이미 먼저 정하여졌으니, 지금 의논이 비록 통일되지 않더라도 그만둘 수 있겠습니까? 대군이 먼저 일어나면 따르지 않을 자가 없을 것입니다."

그러나 송석손 등은 수양의 옷을 끌어당기며 강하게 만류했다. 이에 수양은 말리는 자를 발로 차버린 후 하늘을 가리켜 맹세한다.

"지금 내 한 몸에 종사의 이해가 달렸으니, 운명을 하늘에 맡긴다. 장부가 죽으면 사직(社稷)에 죽을 뿐이다. 따를 자는 따르고, 갈 자는 가라. 나는 너희들에게 강요하지 않겠다. 만일 고집하여 기회를 그르치는 자가 있으면 먼저 베고 나가겠다. 빠른 우레에는 미처 귀도 가리지 못한다. 군사는 신속한 것이 핵심이다."

뒤뜰에서 대문 쪽으로 나오니 그 유명한 장면이 연출된다. 훗날 수렴청정을 하게 되는 수양의 부인(훗날 정희대왕대비)이 말없이 수양에게 갑옷을 입혀주었다. 왕건의 유씨 부인, 태종의 민씨 부인의 전통을 이었다고나 할까? 수양은 종 임어을운을 데리고 김종서의 집으로 향했다. 양정·유서·홍순손 등도 멀리서 뒤를 따랐다. 이 장면은 마치 예종 때 남이장군을 잡아들이던 장면을 연상케 한다. 드라마 등에서도 많이 소개된 장면이다.

수양 일행은 서대문 밖 수양의 집으로 향했다. 수양은 권람으로 하여금 김종서의 집을 엿보게 했다. 권람이 문을 두들기고 들어가자 김종서는 그를 별실로 불러들여 한참 동안 이야기를 나누었다. 권람의 목적은 하나였다. 김종서가 집에 있다는 것을 확인하는 것. 권람이 돌아오자 수양은 말에 올랐다. 김종서의 집 주위는 30여 명의 병사가 지키고 있었다.

수양이 양정으로 하여금 칼을 품에 감추게 하고 김종서의 집에 이르니, 아들 김승규가 문 앞에 앉아 신사면·윤광은과 얘기하고 있었다. 김승규가 수양을 보고 맞이했다. 세조가 그 아비를 보기를 청하니 김승규가 들어가서 고했다. 한참이 지나서 김종서가 나왔다. 수양이 계속 멀찍이 서 있자 김종서는 안으로 들어갈 것을 청했다.

"해가 저물었으니 문에는 들어가지 못하겠고, 다만 한 가지 일을 청하려고 왔습니다."

그래도 김종서가 두세 번 들어오기를 청했으나 수양은 계속 거절했다. 어쩔 수 없이 김종서가 앞으로 나왔다. 김종서가 나오기 전에 수양은 자신의 사모(紗帽) 뿔이 떨어져 잃어버린 것을 깨달았다. 수양이 웃으며 말한다.

"정승의 사모 뿔을 좀 빌립시다."

김종서는 서둘러 자신의 사모 뿔을 빼주었다. 그러자 수양은 엉뚱한 이야기를 꺼낸다. 주변에 있던 윤광은과 신사면을 쳐다보며 "비밀한 청이 있으니 너희들은 물러가라"라고 했다. 김종서는 하늘을 우러러보며 한참 말이 없었다. 윤광은과 신사면은 수양의 말에도 불구하고 오히려 멀리 피하지 않았다. 수양은 김종서에게 말한다.

"또 청을 드리는 편지가 있습니다."

김종서가 편지를 받아 물러서서 달에 비춰보는 순간 수양이 신호를 보냈다. 임어을운이 철퇴로 김종서를 쳐서 땅에 쓰러뜨렸다. 김승규가 놀라서 그 위에 엎드리니, 양정이 칼을 뽑아 내리쳤다. 세조가 천천히 양정 등으로 하여금 말고삐를 흔들게 하여 돌아와서 돈의문에 들어가, 권언 등을 시켜 지키게 했다. 이로써 사실상 상황은 종료된 셈이었다. 남은 것은 뒤처리, 피의 숙청이었다.

쾌괘의 밑에서 다섯 번째 양효에 대해 공자는 "적중된 행위[中行]에 허물이 없지만 적중함[中]이 아직 빛나지는 못한다"라고 풀었다. 주공의 효사 "쇠비름나물[莧陸]을 과단성 있게 끊듯이 하면 적중된 행위[中行]에 허물이 없다[莧陸夬夬 中行无咎]"와 연결해서 풀어야 그 뜻이 명확해진다. 둘을 연결하면 이렇게 된다.

> 쇠비름나물[莧陸]을 과단성 있게 끊듯이 하면 적중된 행위[中行]에 허물이 없겠지만, 그 적중함은 아직 빛나지는 못한다.

구오의 처지부터 보자. 군주의 자리에 있는 구오는 강양의 자질로 양의 자리에 있어 자리가 바르고, 태괘의 가운데 있으니 중정(中正)을 얻었다. 그러나 소인이자 맨 위에 있는 상륙과 가장 가까이에 있고[親比] 아래의 호응도 없다. 구오는 전체 모양으로 봐도 다섯 양효의 맨 위에 있어, 하나 남은 소인인 상륙을 제거해야 하는 임무를 맡았음에도 오히려 상륙과 친밀한 관계다. 그러니 허물이 없을 수 없다. 효사나 「소상전」은 이런 상황을 전제로 하고서 행동 방향을 제시하는 내용이다.

쇠비름나물이란 음기에 젖은 식물이라 햇볕에 말려도 잘 안 마를 만큼 축축하다고 한다. 정이는 "음에 많이 물든 것 가운데 (그나마) 쇠비름나물이 끊어내기가 쉽기 때문에 그것을 상징으로 삼은 것"이라고 말한다. 그나마 행하기에 쉬우니 소인과의 관계, 즉 상륙과의 관계를 그처럼 끊어낸다면 중도를 행하는 것이어서 허물이 없을 것이라고 주공은 말했다. 그런데 공자는 여기에 하나를 덧붙였다. '그 적중함은 아직 빛나지는 못한다'는 것이다. 왜 공자는 이런 말을 덧붙인 것일까? 이 점에 대한 정이의 풀이다.

> 구오는 마음속에서 여전히 상륙과 사사로이 친하게 지내려는 의도가 있다.

즉 겉으로는 나머지 양효들의 요구에 떠밀려 상륙을 제거했지만, 속으로는 여전히 상륙과 잘 지내고 싶은 미련이 남아 있는 것이다. 사사로운 욕심을 다 끊어내지 못한 군주의 마음을 잘 표현하고 있다.

소인을 제거해야 할 시점에 오히려 제대로 척결하지 못하고 은밀하게 길러줘서 그 아들대에 이르러 큰 화(禍)를 불러일으킨 조선의 임금은 다름 아닌 성종(成宗)이다. 이이가 『동호문답(東湖問答)』에서 평하고 있는 성종론은 당혹스럽기까지 하다.

이이는 거기서 성종을 "그 영특함과 슬기로움이 우리나라에서 천 년에 우뚝 솟아오를 만큼 참으로 성스러운 주상"이라고 극찬했다. 다만 "상당히 오랫동안 태평 시대가 계속돼 나라가 부유하고 백성도 넉넉했는데, 대소 신료들이 국사(國事)는 생각하지 않고 온통 유희에만 뜻을 두어 방탕하고 사치를 좋아하고 검소를 싫어했으며 주체적이지 못하고 부화뇌동하기만을 즐겼다"라고 신하들을 맹비난한다. 성군(聖君)에 탐오한 신하들이었다는데, 나는 이런 평가에 동의하지 않는다. 약간의 해석 차이는 있겠지만 『성종실록(成宗實錄)』을 샅샅이 읽어본다면 누구라도 이이의 이런 성종 극찬에 머리를 갸웃거릴 수밖에 없다. 한마디로 성종이나 신하들이나 별반 차이가 없었다. 그런데 왜 이이는 이렇게 극찬한 것일까? 그에 관한 답은 다행스럽게도 이이 자신이 주고 있다. 이이는 세종 시대를 이야기하면서 허조나 황희 같은 명재상에 대해서도 가차 없이 비판한다. 문제는 비판의 이유다. 유학을 중심으로 세종을 제대로 보필하지 못했다는 것이다. 역사 평가의 잣대로서 유학, 그중에서도 성리학이 동원되고 있다. 성종 때의 신하들을 비판할 때도 마찬가지다. 신하들이 성리학을 제대로 몰랐다는 이유만으로 무식하다고 몰아세우고 있다. 정치의 요체는 성리학 자체가 아니라 국리민복(國利民福), 부국강병(富國强兵)이다. 특히 근대 이전의 사회일수록 이 두 가지는 모든 정치, 모든 왕조를 평가하는 최상의 잣대다. 국리민복과 부국강병에 기여하지 못한다면 성리학이라고 해서 특별한 지위를 누릴 수 없으며, 누려서도 안 된다. 국리민복, 부국강병이 실리(實利)로서 현실이라면 성리학은 명분(名分)일 뿐이다. 성종은 이런 점에서 본다면 성리학 애호가이기는 했지만, 전문가 수준은 아니었고 국리민복이나 부국강병과 관련해서는 세종이나 세조에 비해 딱히 업적이라고 내세울 만한 것이 없다. 예를 들면 지금도 성종이라고 하면 『경국대전』의 완성자라고 부르지만, 이것은 잘못된 것이다. 『경국대전』은 세조 때부터 편찬 작업에 들어가 성종 시대에 와서 완성됐을 뿐이다. 공을 돌리려면 세조에게 돌려야지 성종에게 돌릴 일이 아니다. 사림들은 말할 것도 없고 현대의 국사학자들까지 늘 그렇게 이야기한다. 계유정난을 일으키고 사육신을 주살한 세조에 대한 거부감이 커서 그렇다고 이해가 되지만, 이렇게 되면 역사 서술에서 지켜야 할 최소한의 공정성은 허물어진다. 동시에 성종 시대에 업적이라고 부를 만한 것이 얼마나 없었으면 세조의 업적을 성종에 갖다 붙였겠는가 하는 생각도 든다.

성종이 소인들에 대해 어떻게 했는지 짚어볼 차례다. 임원준·임사홍·임광재, 조선 역사에서 매우 드물게 보는 '간신 소인배 3대(代)'다. 먼저 임원준의 이력을 보자. 임원준은 1457년 중시에 합격해 이조참의에 오르고, 호조·예조·병조·형조 등의 참판을 두루 지냈다. 1471년(성종 2년) 좌리공신 3등에 책훈, 서하군에 봉해졌다. 의학에 정통했으나 약재도난사건에 연루되는 등 행실은 그리 좋지 못했다.

문제는 임원준의 아들 임사홍이다. 임사홍은 효령대군의 아들 보성군의 딸과 결혼해 왕실의 일원이 됐다. 그래서 3전의 총애가 각별했으며, 성종 19년 9월 인수대비가 중병이 들었을 때는 임사홍의 집에 가서 몸조리하기도 했다. 물론 아버지 임원준이 당대 최고의 의원으로 손꼽혔기 때문에 그의 치료를 받기 위함도 있었다. 큰아들 임광재는 예종의 딸 현숙공주(顯肅公主-제안대군의 동모 동생)와 결혼하고 작은아들 임숭재는 성종의 딸 휘숙옹주(徽淑翁主-숙의 김씨의 첫째 딸)와 결혼해서 각각 풍천위(豊川

尉)와 풍원위(豊原尉)에 봉해졌다. 성종은 이렇게 당대의 대표적인 간신 소인배 집안과 이중 삼중의 혼맥을 맺게 된다.

그런데 더 결정적인 것은 세자, 즉 훗날의 연산군의 아내를 성종이 골랐다는 점이다. 『성종실록(成宗實錄)』 18년(1487) 2월 29일의 일이다. 일부 신하들의 반대가 있긴 했지만, 대사면령이 내려진다. 그날 서둘러 관례를 행하겠다는 뜻도 밝힌다. 구체적인 방침도 정해져 있었다. 성종은 뭔가에 상당히 고무돼 있었다.

> 예전에 문왕(文王)은 열세 살에 아들을 낳았으니, 반드시 열두 살에 혼인했을 것이다. 이제 세자의 나이가 열두 살이므로 명년에 혼례를 행하려고 하는데 어떻겠는가? 또 『대전(大典)』에 이성육촌친(異姓六寸親)과는 혼인을 허락하지 아니하고 칠촌은 금함이 없으니, 이제 세자의 가례를 또한 이성칠촌친과 행하고자 하는데 어떻겠는가?

이날 혼인에 대한 논의에서 신하들의 큰 반대가 없자 성종은 바로 다음날인 3월 1일 승정원에 "병조판서 신승선의 딸을 세자빈으로 삼으라"고 명한다. 이미 성종의 머릿속에는 세자의 혼인 문제에 대한 구상이 끝나 있었던 것이다.

지금까지 논의에서 전혀 그 이름이 등장하지 않았던 병조판서 신승선은 어떤 인물인가? 훗날 연산군의 즉위와 함께 국구(國舅)가 된 신승선(愼承善, 1436~1502)은 세종의 4남인 임영대군의 딸과 혼인해 왕실 종친의 일원이 됐다. 구성군 이준과는 처남매부 사이였다. 세조가 왕이 된 후 지극한 총애를 받아 한성부 우윤에 올랐고, 병조참지로 있던 세조 12년(1466)에는 문과 중시에 장원급제해 병조참판으로 승진했다. 그러나 남의 글을 빌려 장원을 했다는 것이 성종 때 드러나 탄핵을 받기도 했다.

예종 즉위년(1468)에는 남이의 옥사 때 병조참판으로 궁궐을 호위했던 공을 인정받아 익대공신 3등에 녹훈됐고, 성종 2년(1471)에는 좌리공신 3등에 녹훈되고 거창군에 진봉됐다. 1476년에는 천추사의 일행으로 명을 다녀오고 돈녕부 지사를 거쳐 공조판서로 승진했다. 이어 성절사로서 명을 왕래한 뒤 병조판서로 특진했다. 세자를 사위로 맞게 된 것은 바로 이때였다. 6개월 후인 1487년 9월 1일부터 이듬해 11월 7일까지 한성부 판윤을 지냈다. 1491년 이조판서가 되고, 무능해 정승의 그릇이 못 된다는 삼사의 반대에도 불구하고 1494년 우의정에 임명됐다. 이해에 사위 연산군이 왕으로 즉

위함으로써 오히려 좌의정으로 승진, 뒤이어 영의정에까지 올랐으며, 춘추관 영사로서 『성종실록』의 편찬을 주관했고 1497년 거창부원군으로 진봉됐다.

실록에 따르면 신승선은 사람됨이 섬약했으며, 왕실과의 중첩된 인척 관계로 역대 임금들의 총애와 예우를 입어 영의정에까지 올랐으나 대신으로서의 능력이 없는 데다 병을 핑계로 자리를 자주 비움으로써 세상 사람으로부터 죽반승(粥飯僧)이라 불리며 비웃음을 샀다. 성종 말년 이조판서로 있을 때는 뇌물을 받고 벼슬을 내림으로써 수리판서(袖裏判書-소매 속 판서)라는 비난을 받기도 했다. 연산군 때 죽어서 연산군의 비극적인 결말을 보지 못했지만, 삼형제 신수근·신수영·신수겸은 중종반정이 일어나자 모두 죽음을 맞이했다. 세자의 결혼식은 예정대로 성종 19년 2월 6일 거행됐다.

조선의 성종이 영명한 자질에도 불구하고 이처럼 여러 소인을 가까이에 두게 된 것은 어머니 인수대비 한씨(韓氏)의 역할이 컸다. 흥미롭게도 같은 성(成) 자를 쓴 한나라 성제(成帝)도 여러모로 비슷하다. 반고가 『한서』 「성제기(成帝紀)」편의 찬(贊)에서 성제를 평한 부분부터 보자.

> 고금의 책들을 널리 보고 곧은 말은 용납해 받아들였다. 공경들은 그 직무에 어울렸으며 얼마든지 의견을 진술할 수 있었다. 승평(承平)의 시대를 맞이해 위아래가 화목했다.
> 그러나 주색에 빠져들어[湛=耽] 조씨(趙氏)는 집안을 어지럽혔고 외가는 조정을 농단해 '아아[於邑]!'라고 할 수밖에 없었다.[205]
> 건시(建始-성제의 연호) 이래로 왕씨(王氏)들이 비로소 나라의 운명을 쥔 데다 애제와 평제[哀平]도 단명하니 망(莽-왕망)이 드디어 제위를 찬탈했는데, 대개 그의 위엄과 복록이 쌓이게 된 것은 점점[漸] 그렇게 된 것이다.

마치 성종에 대한 총평인 듯하다.

쾌괘의 맨 위에 있는 음효에 대해 공자는 "울부짖어도 소용없는 흉함은 끝내는 지속할 수 없기 때문이다"라고 풀었다. 상륙은 곧 소인이다. 시간문제일 뿐 결국 소인은

---

205 안사고가 말했다. "於邑이란 짧게 탄식하는 모습이다."

궁지에 몰리게 되고 사라질 수밖에 없다. 구삼과 호응이 있다지만 이 또한 패망의 시점에서는 도움이 되지 않는다.

임원준의 아들 임사홍(任士洪, ?~1506)은 반듯하지 못한 처신으로 비판을 많이 받았던 좌찬성 임원준의 아들이자 효령대군의 아들 보성군 이용의 사위였다. 왕실의 일원이었던 임사홍은 성종의 어머니 인수대비의 극진한 사랑을 받아 훗날 큰아들 임광재를 예종의 딸 현숙공주에게, 작은아들 임숭재를 성종의 딸 미숙옹주에게 장가보내 왕실과 삼중 사중으로 깊숙하게 얽히게 된다. 그럼에도 불구하고 성종은 그의 사람됨을 극히 싫어해 정권에서 이렇다 할 자리를 주지 않았다. 물론 그렇다고 제거하지도 못했다. 연산군 즉위 후에 임사홍은 다시 왕실 어른으로 행세하면서, 연산군 4년 유자광을 사주해 무오사화를 일으키고 연산군 10년에는 연산군과 함께 갑자사화를 일으켜 정적들을 도륙했다. 특히 연산군의 음란한 생활을 조장해 중종반정이 일어나자 공적 1호로 지목돼 즉각 처형당한 그런 인물이다.

44. 천풍구(天風姤)[206]

구(姤)는 여자가 건장함[女壯]이니 그런 여자를 취해서는 안 된다.

姤女壯 勿用取女.[207]

초륙(初六)은 쇠굄목[金柅]에 매어놓으면 반듯한 도리가 길하고 가는 바가 있으면 흉한 일을 당하게 되니[見凶], 약한 돼지가 마음속으로 실로[孚] 날뛰고 싶어 한다[繫于金柅 貞吉 有攸往 見凶 羸豕孚蹢躅].

구이(九二)는 꾸러미에 물고기가 있는 듯이 하면 허물이 없으니, 손님에게는 이롭지 않다[包有魚 无咎 不利賓].

구삼(九三)은 엉덩이에 살이 없으며 그 가는 바를 머뭇거리니, 위태롭게 여기면[厲] 큰 허물

---

206 문자로는 건상손하(乾上巽下)라고 한다.

207 원형이정(元亨利貞)이 없다.

은 없다[臀无膚 其行次且 厲 无大咎].
구사(九四)는 꾸러미에 물고기가 없으니 흉한 일이 일어난다[包无魚 起凶].
구오(九五)는 기(杞)나무 잎으로 오이를 싸는 것이니, 아름다움을 머금으면 하늘에서 떨어지는 것이 있다[以杞包瓜 含章 有隕自天].
상구(上九)는 그 뿔에서 만나는 것이다. 안타까우니 탓할 곳이 없다[姤其角 吝无咎].

◉

구괘(姤卦)의 초륙(初六)은 양위에 음효로 바르지 못함[不正位], 구이(九二)는 음위에 양효로 바르지 못함, 구삼(九三)은 양위에 양효로 바름[正位], 구사(九四)는 음위에 양효로 바르지 못함, 구오(九五)는 양위에 양효로 바름, 상구(上九)는 음위에 양효로 바르지 못함이다. 이 괘의 경우는 쾌괘와 마찬가지로 구이는 바르지 못해 구오만이 중정을 얻었다.

대성괘 구괘(䷫)는 소성괘 건괘(乾卦, ☰)와 손괘(巽卦, ☴)가 위아래에 있어 만들어진 괘다. 「설괘전」에 따르면 '건(乾-하늘)으로 임금 노릇을 하고' '바람[風]으로 흩어지게 한다'고 했다. 괘의 모양이 건(乾)이 위에 있고 손(巽)이 아래에 있다.

그러면 「서괘전」을 통해 왜 구괘가 쾌괘의 뒤를 이어받았는지 확인해보자.

> 쾌(夬)란 터진다[決]는 말이다. 터지면 반드시 만나는 일[所遇]이 있게 된다. 그래서 쾌괘의 뒤를 구괘(姤卦)로 받았다. 구(姤)란 만나다[遇]라는 말이다.
> 決必有所遇. 故受之以姤. 姤者 遇也.

터져서 나눠지면[決=訣別] 반드시 만나게 된다. 이 또한 인간사의 스스로 그러한 이치다. 하늘이 위에 있고 바람이 아래에 있으니, 바람이 하늘 아래 만물을 접촉하고 다니는 것이다. 또한 아래에서 음효(陰爻)가 처음으로 생겨났으니, 비로소 음이 양을 만난 것이다.

이어서 「잡괘전」을 통해 쾌괘와 구괘의 관계를 보자.

> 구(姤)는 만남[遇]이니 부드러움이 굳셈을 만나는 것[柔遇剛也]이다. (이렇게 되면 소인의 도리는 자라나고 군자의 도리는 근심하게 된다.) 쾌(夬)는 터지는 것[決]이니 굳셈이 부드러움을 만나는 것[剛遇柔也]이다. (이렇게 되면) 군자의 도리는 자라나고[君子道長] 소인의 도리는 근심하게 된다[小人道憂].

구괘(姤卦, ䷫)와 쾌괘(夬卦, ䷪)는 서로 종괘 관계다. 구괘는 괘상 그대로 음[柔]이 와서 여러 양[剛]을 만나보는 것이니, 남자들이 한 여자를 차지하려고 다투게 된다. 반대로 쾌괘는 여러 양이 마침내 마지막 남은 하나의 음까지 터서 없애는[決去] 것이니, 64괘의 시작인 건괘(乾卦, ䷀), 즉 순건(純乾)을 바로 눈앞에 둔 형세다.

그런데 마지막 남은 하나의 소인마저 제거하는 것이 쾌괘인데 순서상으로 그다음에 다시 맨 밑에서 음이 자라나는 구괘가 오는 것은 그 의미를 짚어봐야 한다. 『숙종실록(肅宗實錄)』 28년(1702) 7월 1일 부제학(副提學) 김진규(金鎭圭), 교리(校理) 이관명(李觀命), 수찬(修撰) 이탄(李坦)이 차자(箚子-약식 상소)를 올려 아뢰었다.

> 6월 이후로 장마의 해(害)가 일어나 도성(都城)의 가로(街路)에 물이 범람하고 교외(郊外)의 가까운 곳에까지 배가 통행했으며 전답은 물에 잠겨 벼의 모가 쓸려나갔는데, 가장 슬픈 것은 집이 부서지고 무너져 백성이 물에 빠지고 무덤이 무너져 시체와 관(棺)이 뒤집어 엎어진 것입니다. 이는 단지 시인(詩人)의 이른바 "천하의 모든 냇물이 끓어오르네[百川沸騰]"[208]라고 한 것뿐만이 아닙니다. 송(宋)나라 신하인 진덕수(眞德秀)의 수재(水災)에 대한 논(論)에서는 동중서(董仲舒)·구양수(歐陽修)의 말을 인용해 홍수(洪水)를 음(陰)의 재앙이라고 하고 시정(時政)의 잘못을 조목별로 열거해서 이르기를 "궁정(宮庭)의 은밀한 곳과 좌우(左右)의 친근한 사사로움이 음이고, 안으로 간사한 소인과 밖으로 이적(夷狄)·도적(盜賊) 또한 음이다"라고 했으며, 이어서 또 해석하여 이르기를 "군주는 지극한 양의 덕을 지니고서 여러 음을 다스리기 때문에, 군주의 도리를 분명하게 밝히면 양은 자라나고 음은 숨게 된다"라고 했습니다. 아! 우리 전하께서 일찍이 음악과 여색(女色)의 즐김이나 잔

208 『시경』「소아(小雅)·시월지교(十月之交)」편에 나오는 구절이다.

치의 즐거움이 없었으니 궁정(宮庭)의 음(陰)은 걱정할 바가 아니었습니다. 그러나 빈어(嬪御-후궁)로서 명호(名號)가 있는 자가 근래에 점차 증가하고 더구나 이제 왕비[壼儀(곤의)]께서 이미 안 계시어 음교(陰敎)가 베풀어지지 아니하니, 육궁(六宮)[209] 사이에 과연 성색(盛色)의 비난과 은혜를 믿는다는 우려가 없을 수 있겠습니까? 이는 실로 외부의 신하가 감히 알 바가 아닙니다만 그 현저한 것을 가지고 논한다면, 저택(邸宅)이 길거리에 줄지어 있고 장전(莊田)이 주현(州縣)에 두루 퍼져 있어 부고(府庫)의 저축이 장차 다 없어지고 백성의 원망이 떼 지어 일어나기에 이르렀으니, 신 등의 자질구레하고 지나친 생각을 또한 어찌 감히 스스로 그만둘 수 있겠습니까? 아! 본조(本朝)에서는 환관[閹寺(엄시)]에게 일찍이 일의 권한을 맡겨둔 적이 없었는데, 근일에 방자한 조짐이 싹트고 있습니다. 대관(臺官)이 추궁하고자 하니 이에 감히 격고(擊鼓)[210]하여 함부로 호소했고, 북시(北寺-환관)의 사은(私恩)을 빙자해 한(漢)나라 혜제(惠帝)·문제(文帝)의 공법(公法)에 대항하려고 했으며, 조정의 신하(臣下)들을 공격하고 조심했습니다. 이러한 것들은 일의 본지상으로 심히 중한 일인데도 환관[黃門(황문)]에게 전명(傳命)하자 감추어두고 내리지 않았으니, 이는 조정의 대관을 경멸한 것일 뿐 아니라 군명(君命)을 업신여긴 것입니다. 그렇다면 이제 이러한 방자한 풍습을 어찌 이상(履霜)의 경계[211]로 삼지 않겠습니까? 아! 갑술년(甲戌年)[212] 이후로 인륜을 무너뜨리고 의리에 어그러지며 나라를 해치고 현인(賢人)을 살해한 모든 간사한 무리가 깊이 책망받고 배척돼 나가서 이제 이미 거의 다 없어졌는데도, 음양(陰陽)의 차례는 쾌괘(夬卦)가 다하여 구괘(姤卦)가 됐습니다. 대개 소인(小人)이 비록 쇠미(衰微)한 가운데 있어도 이익을 도모하고 권세를 도둑질할 생각을 항상 가슴속에 두고 있는 것이니, 저 한쪽 편의 사람들은 뼈에 사무친 원한을 품고 타이(朶頤)[213]하는 욕심을 쌓아서 8, 9년 동안에 그들이 정탐하고 엿보

---

209 원래는 후(后)·비(妃)·부인(夫人)·빈(嬪)·세부(世婦)·여어(女御)로, 임금이 거느리는 여섯 계급의 궁녀를 가리킨다.

210 임금의 거둥 때에 원통한 일을 임금에게 상소하기 위해 북을 쳐서 하문(下問)을 기다리는 것을 말한다.

211 곤괘(坤卦) 초륙(初六)의 "서리가 내리면 굳은 얼음이 이르게 된다"라고 한 말에서 유래해, 그 조짐을 보고 앞일을 경계하게 하는 것을 말한다.

212 1694년 숙종 20년이다. 기사환국으로 집권한 남인이 물러나고 다시 소론과 노론이 정권을 장악하게 되는 갑술환국이 일어난 해다.

213 턱을 움직인다는 뜻으로, 권세를 탐내는 모양을 말한다.

는 바가 갈수록 더욱 심해졌습니다.

서인 세력이 갑술환국 때 축출한 남인 세력을 경계하라며 올린 글임을 감안해서 읽어야 한다.

문왕의 단사(彖辭), 즉 "구(姤)는 여자가 건장함[女壯]이니 그런 여자를 취해서는 안 된다[女壯 勿用取女]"에 대한 공자의 풀이[「彖傳」]를 살펴볼 차례다. 마침 진덕수의 『대학연의』에는 진덕수가 한나라 원제(元帝) 때 환관으로서 권력을 휘둘렀던 석현(石顯)과 그를 제거할 것을 원제에게 청했던 경방(京房)의 이야기를 소개한 뒤 구괘의 단사를 풀이하는 대목이 나온다. 이를 통해서 우리는 『주역』이란 어떤 텍스트인지 다시 한번 새겨보게 된다.

경방이 원제에게 올린 말은 이른바 깊이 절절하고 훤하게 밝습니다[深切著明]. 황상이 '이미 알아차렸다'라고 했다면 이는 석현의 간사스러움을 알고 있었다는 뜻입니다. 그런데도 끝내 석현을 제거할 수 없었던 것은, 대개 권세가 크고 임금의 총애를 크게 받고 있는[權倖=嬖倖] 신하는 처음에는 임금에게 아첨을 떨어 총애를 얻어내지만, 끝에 가서는 임금을 겁박하여 자신의 지위를 굳건하게 하기 때문입니다.

통상 그 처음에는 임금의 사람 보는 눈이 깊지 못해 (간신들이) 뜻을 왜곡하고 아첨해대는 것[阿意容悅]이 닿지 않는 바가 없습니다. 만일 그들이 요행히 임금의 측근이 되면 임금의 마음속을 파고드는 꾀[鍵閉之謀][214]가 날로 교묘해지고 서로 기대어 밀어주는 무리[依憑之黨]가 날로 번성하여, 안팎의 큰 권세[大權]가 이미 그 손에서 나오게 되면 이는 마치 사직단에 숨어 있는 쥐[伏杜之鼠]는 연기를 피워도 나오게 할 수 없고 성곽의 구멍에 숨은 여우[穴墉之狐]는 물을 채워도 꺼낼 수 없는 것과 같습니다.[215] 이리하여 병이 깊이 자리 잡게 되면 약으로도 치유 불가능하고 그 혹이 목구멍 가까이에 있어 잘라낼 수도 없게 됩니다. 오직 훤하게 사람을 꿰뚫어볼 줄 아는 임금만이 그들을 제대로 다스려 점차 없애버림으로

---

214 열쇠가 자물통에 들어가듯 임금의 마음을 열었다 닫았다 한다는 뜻이다.

215 이를 줄여서 '성호사서(城狐社鼠)'라고 하는데, 임금 곁에 있는 간신들이나 몸을 안전한 곳에 두고 나쁜 짓을 일삼는 무리를 비유하는 고사성어다. 중국의 진(晉)나라 때 왕돈(王敦)과 사곤(謝鯤)의 고사(故事)에서 유래되었다.

써 마침내 거의 간신들을 다 제거할 수 있을 것입니다. 그렇지 않을 경우에는 그들을 용납하고 키워줘도 나라가 망하고 단번에 내치려 해도 망할 것입니다.

무릇 원제가 석현의 간사스러움을 알고 있었으면서도 결국 제거하지 못한 것은, 제거하고 싶은 생각이 없었던 것이 아니라 제거할 수가 없었던 것입니다. 그러면 이처럼 제거할 수 없었던 까닭은 무엇이겠습니까? (석현이) 거기(車騎)를 발동하여 대신의 집을 둘러쌌다면 이는 그 권세를 제 마음대로 쓴 것입니다. 소망지를 죽이고 장맹(張猛)을 죽이고 가연지(賈捐之)를 죽인 것은 그 권세를 제 마음대로 하여 살육을 행한 것입니다.

외척인 사고(史高)가 붕당의 중심을 이루고 알자(謁者-심부름꾼)인 뇌량(牢梁)이 당의 외곽을 이루며 소인배인 오록충종 등이 당에 참여하여, 권세가 떨어질 경우에는 당이 무리 지어 합심하여 도우니 원제라 하더라도 그들을 제거할 수 없었던 것입니다.

따라서 성인(聖人-문왕)이 구괘(姤卦, ䷫)의 초륙(初六)에 대해 풀이하면서 "그런 여자를 취해서는 안 된다[勿用娶女]"고 했으니, 대개 음(陰)에서 싹이 트려 할 때 그것을 억누르고 제압하여 제거할 수 없는 지경에 이르지 않도록 해야 한다는 뜻입니다. 아! 참으로 미묘하다고 하겠습니다.

이제 공자의 「단전」을 보자.

구(姤)는 만남[遇]이니 부드러움이 굳셈을 만나는 것[柔遇剛也]이다. "그런 여자를 취해서는 안 된다[勿用取女]"라고 한 것은 그와는 오래도록 함께 지속할 수 없기 때문이다.
하늘과 땅이 서로 만나 온갖 만물[品物]이 모두 펼쳐진다[咸章]. 굳셈이 중정(中正)함을 만나 천하에 크게 행해지니, 구괘(姤卦)의 때와 마땅함[時義]이 크도다!

姤 遇也 柔遇剛也.
구 우야 유 우 강 야
勿用取女 不可與長也.
물용 취녀 불가 여장 야
天地相遇 品物咸章也.
천지 상우 품물 함장 야
剛遇中正 天下大行也 姤之時義 大矣哉!
강 우 중정 천하 대행 야 구 지 시의 대의재

◉

첫 문장은 「잡괘전」의 설명을 반복한 것이다. 이어서 '여자를 취해서는 안 된다[勿用取女(물용취녀)]'라고 했지만, 건장한 여자를 취해서는 안 된다는 말이다. 여자가 고분고분하지 않고 건장하게 되면 남녀의 조화를 이루기 어려우니, 이는 소인의 경우도 마찬가지가 된다. 그래서 구괘의 첫 단계에서 미리 이를 경계한 것이다. 남자가 여자를 취하는 것, 임금이 신하를 취하는 것은 오래 지속하며 가정이나 조정을 잘 이끌어가려는 것인데, 오히려 여자가 남자를 올라타고 신하가 임금을 업신여기면 오래 지속할 수 없다.

그럼에도 불구하고 공자는 남자와 여자, 임금과 신하는 만날 수밖에 없음을 강조한다. 이런 맥락에서 '하늘과 땅이 서로 만나 온갖 만물[品物(품물)]이 모두 펼쳐진다[咸章(함장)]'라고 한 것이다. 이어서 '굳셈이 중정(中正)함을 만나'라고 한 것은 양효인 구이가 중정을 얻은 구오와 호응 관계를 이루고 있음을 표현한 것이다. 정이는 "구오와 구이는 모두 양강한 자질로 중정의 자리에 있으니"라고 했는데, 구이는 가운데 있지만, 자리의 바름을 얻지 못했다. 그래서 따르지 않는다.

이어서 만남[姤(구)]에 있어서는 무엇보다 때와 마땅함이 중요함을 역설하며 「단전」을 맺고 있다. 단사(彖辭)는 건장한 여자를 취하지 말라는 데 강조점이 있었다면, 「단전」은 오히려 조심하되 만나야 일이 이뤄질 수 있음을 강조하고 있다.

공자의 이 같은 생각은 특히 『논어』 「양화」편에서 명확히 드러나 있다. 첫째는 계씨(季氏)의 가신이었던 양화(陽貨)가 권력을 장악하고서 공자를 불렀을 때다.

> 양화가 공자가 자신을 찾아와 만나보기를 원했으나 공자가 만나기를 거부하자 양화가 공자에게 (공자가 없는 틈을 타서) 삶은 돼지를 선물로 보냈는데, 공자도 그가 없는 틈을 타서 사례하려고 가다가 길에서 만났다.
>
> "이리 오라. 내 그대와 말을 하고 싶다. 훌륭한 보배를 품고서 나라를 어지럽게 하는 것을 어질다고 할 수 있겠는가?"
>
> "할 수 없소."
>
> "(공직에) 종사하기를 좋아하면서 자주 때를 놓치는 것을 지혜롭다 할 수 있겠는가?"
>
> "할 수 없소."
>
> "세월이 흘러가니, 세월은 나를 위하여 기다려주지 않는다."
>
> "알겠소. 내 장차 벼슬을 할 것이오."

주희를 비롯한 고지식한 성리학자들은 공자가 그저 그 자리를 면하기 위해 어쩔 수 없이 "알겠소. 내 장차 벼슬을 할 것이오"라고 답한 것이라고 도덕주의적으로 해석해왔다. 그러나 공자는 설사 양화에게 벼슬하는 것일지라도 '때와 마땅함[時義]'이 허용한다면 실제로 벼슬을 할 수도 있다고 생각했을 것이다. 둘째 사례를 보자.

> 공산불요가 비읍(費邑)을 근거지로 삼아 반란을 일으키고서 부르니 공자가 가려고 했다.
> 자로가 기뻐하지 않으며 말한다.
> "가실 곳이 없어서 하필이면 공산씨에게 가시려는 겁니까?"
> 공자가 말했다.
> "나를 부르는 것이 어찌 하릴없이 그러겠느냐? 나를 써주는 자가 있으면 나는 동쪽의 주나라를 만들어볼 것이다."

앞서보다 훨씬 분명하게 공자는 나아갈 뜻이 있음을 밝힌다. 공산불요(公山弗擾)는 계씨의 가신이며 양호(陽虎), 즉 양화와 함께 계환자(季桓子)를 잡아 가두고서 비읍을 점거해 반란을 일으킨 인물이다.

> 필힐이 공자를 부르자 공자는 가려고 했다. 이에 자로가 말한다.
> "옛날에 제가 스승님께 듣기를 '직접 그 몸에 불선을 한 자일 경우 군자는 (그 무리에) 들어가지 않는다'고 하셨습니다. 필힐은 지금 중모를 근거지로 삼아 반란을 일으켰는데 스승님께서 가려고 하심은 어째서입니까?"
> 이에 공자가 말했다.
> "그렇다. 이런 말이 있다. '단단하다고 말하지 않겠는가? 갈아도 얇아지지 않는다. 희다고 말하지 않겠는가? 검은 물을 들여도 검어지지 않는다. 내가 어찌 뒤웅박과 같아서 한곳에만 매달려 있어 먹지(마시지) 못하는 것과 같겠는가?"

필힐(佛肸)은 진(晉)나라의 대부인 조간자(趙簡子)의 땅 중모(中牟)를 다스리는 읍재(邑宰)다. 우리로 치면 군수에 해당하는 지방 관리다. 그 필힐이 공자를 부르고, 공자는 가려고 한다. 공산불요가 불렀을 때와 똑같다. 이상의 사례들에 대해서는 송나라 학자 장식(張栻=張敬夫)의 풀이가 핵심을 찌른다.
장경부

> 자로(子路)가 예전에 들었던 것은 군자가 몸을 지키는 일정한 법도[常道]요, 공자께서 지금 말씀하신 것은 성인(聖人)이 도(道)를 몸소 행하는 큰 권도(權道)다. 공자께서 공산(公山)과 필힐(佛肸)의 부름에도 모두 가려고 하셨던 것은 천하에 변화시킬 수 없는 사람이 없고 할 수 없는 일이 없다고 생각하셨기 때문이며, 끝내 가시지 않은 것은 그 사람을 끝내 변화시킬 수 없고 그 일을 끝내 할 수 없음을 아셨기 때문이니, 하나는 만물을 생성시키는 어짊[仁]이고 하나는 남을 알아보는 지혜[知人之鑑]다.
> 상도 / 인 / 지인지감

다시 말하지만 『주역』은 군자의 텍스트이지 소인의 텍스트가 아니다. 역(易)은 상도(常道)가 아니라 권도(權道)다.

공자의 「상전」을 살펴볼 차례다. 그중에 구괘를 총평한 「대상전」이다.

> 하늘 아래에 바람이 있는 것이 구(姤)(가 드러난 모습)이니, 임금[后]은 그것을 갖고서 명을 베풀어 사방에 알리고 일깨워준다[天下有風姤 后以 施命誥四方].
> 후 / 천하 유풍 구 후 이 시명 고 사방

◉

바람이란 사방에 두루 미치지 못하는 곳이 없다. 그래서 구괘의 모습[象]을 보았을 때 임금은 무엇보다 사방에 명을 베풀어 구석구석까지 그 명이 전해지도록 하는 일을 떠올려야 한다. 그런 점에서는 관괘(觀卦)의 「대상전」과 대비를 이룬다.
상

> 바람이 땅 위에서 부는 것이 관(觀)(이 드러난 모습)이니, 선왕(先王)은 그것을 갖고서 지방을 다니며 살펴 백성을 살펴보아 가르침을 베푼다[風行地上觀 先王以 省方觀民 設敎].
> 풍행 지상 관 선왕 이 성방 관민 설교

정이는 여기서 잠시 숨을 돌리고 「대상전」의 독법(讀法)과 관련된 중요한 사항을 언급한다. 반드시 알아둘 필요가 있다.

「대상전」에서 어떤 경우는 '선왕(先王)'이라 하고 어떤 경우는 '후(后-임금)'라 하고 어떤 경우는 '군자'나 '대인'이라고 했다. 선왕이라고 한 것은, 선왕은 법제를 세우고 나라를 세우기[建國] 때문이다. 예를 들어 예괘(豫卦)의 '음악을 만든다', 관괘(觀卦)의 '지방을 살핀다', 서합괘(噬嗑卦)의 '법을 엄히 한다', 복괘(復卦)의 '관문을 닫는다', 무망괘(无妄卦)의 '만물 만사를 길러준다', 환괘(渙卦)의 '상제에게 제사 드린다'라는 것이 모두 이것이다. 후(后)라고 한 것은 후왕(后王)이 하는 것이니, 예를 들어 태괘(泰卦)의 '하늘과 땅의 도리[道]를 마름질하여 이뤄낸다[財成=裁成]', 구괘(姤卦)의 '명을 베풀어 사방에 알리고 일깨워준다'라는 것이 이것이다. '군자'는 위와 아래를 통칭하는 것이고 '대인'은 왕공(王公)의 통칭이다.

구괘의 여섯 효[六爻]에 대한 주공의 말을 풀이한 공자의 「소상전」이다.

(초륙(初六)은) 쇠굄목[金柅]에 매어놓은 것은 부드러운 도리[柔道]가 끌고서 나아가기 때문이다[繫于金柅 柔道牽也].

(구이(九二)는) 꾸러미에 있는 물고기는 의리상으로 손님에게 미칠 수 없기 때문이다[包有魚 義不及賓也].

(구삼(九三)은) 그 가는 바를 머뭇거리는 것은 나아가기를 아직 재촉하지 않기 때문이다[其行次且 行未牽也].

(구사(九四)는) 물고기가 없는 것이 흉한 것은 백성을 멀리하기 때문이다[无魚之凶 遠民也].

구오(九五)가 아름다움을 머금었다는 것은 중정(中正)하기 때문이고, 하늘에서 떨어지는 것이 있다는 것은 뜻이 명을 내버리지 않았기 때문이다[九五含章 中正也 有隕自天 志不舍命也].

(상구(上九)는) 그 뿔에서 만나는 것은 위에서 궁지에 몰려 안타깝게 됐기 때문이다[姤其角 上窮吝也].

◉

구괘의 맨 아래 첫 음효에 대해 공자는 "쇠굄목[金柅]에 매어놓은 것은 부드러운 도리[柔道]를 끌고서 나아가기 때문이다"라고 풀었다. 주공은 효사에서 이렇게 풀었다.

> 쇠굄목[金柅]에 매어놓으면 반듯한 도리가 길하고 가는 바가 있으면 흉한 일을 당하게 되니[見凶], 약한 돼지가 마음속으로 실로[孚] 날뛰고 싶어 한다[繫于金柅 貞吉 有攸往 見凶 羸豕孚蹢躅].

음이 양을 처음 만나는 때에 초륙은 소인의 도리로서 맨 아래에 자리하고 있다. 음효로 양위에 있으니 자리는 바르지 않다. 그러나 이미 구이와 친하고[有比] 구사와 호응한다[有應]. 실로 나머지 구삼이나 구오, 상구 등도 모두 하나밖에 없는 음효의 환심을 사려고 들썩거린다. 그래서 아직은 지위도 낮고 세력도 미미하지만 여차하면 강성해질 수 있는 상황이다.

굄목[柅]이란 오늘날로 하면 정지 장치, 즉 브레이크다. 그것도 쇠로 만든 굄목이니 매우 견고한 장치다. '쇠굄목[金柅]에 매어놓는다'라는 것은 그만큼 초기에 제압하지 않으면 안 된다는 뜻이 담겨 있다. 그래서 꼼짝도 못하게 해야 나머지 양효가 길할 수 있다. 그런데 만일 견제에 실패해 초륙이 나아가 은밀한 짓을 해대게 되면 양효들은 흉한 꼴을 당할 수밖에 없다. 이때 견제의 역할을 맡은 쇠굄목이란 다름 아닌 구사다.

하지만 양효들이 다섯 개나 되고 지위도 높아, 하나밖에 되지 않는 맨 아래의 음효를 그저 노리갯감 정도로 가벼이 보아 서로 사사로이 차지하려고 다투다가 어느새 음의 세력이 크게 자라날 수 있다. 그래서 주공(周公)은 이 점을 경계시키려고 다시 한번 "약한 돼지가 마음속으로 실로[孚] 날뛰고 싶어 한다"라고 말한 것이다. 돼지란 음(陰)에 속하고 조급한 동물이다. 그런데 나약한 돼지는 겉으로는 사납지 않게 보일 수 있다. 그러나 그 속마음은 날뛰고 싶어 한다[蹢躅]. 날뛰고 싶어 한다는 것은 바꿔 말하면 군자를 해치고 싶어 하는 것이다. 그러니 그 처음에 조심해[愼始] 강력하게 제압하지 않으면 안 된다. 앞에서도 여러 차례 그 시작을 조심하라는 말이 있었지만, 여기서는 한 걸음 더 나아가 강력하게 행동으로 옮겨야 한다고 말한다. 공자가 초륙의 효사 중에서 다른 것은 다 제쳐두고 "쇠굄목[金柅]에 매어놓은 것은 부드러운 도리[柔道]를 끌고서 나아가기 때문"이라고 풀어낸 것도 바로 그 점을 강조하기 위함일 것이다.

구괘의 초륙에 정확히 딱 들어맞는 사례가 진덕수의 『대학연의』에 나온다. 반고의 『한서』 「경방전(京房傳)」편부터 보자.

동군(東郡-하남성 복양현) 출신의 경방(京房)[216]이 여러 차례 상소해 재이(災異)에 관해 말했는데, 그것이 맞아떨어지자 천자는 기뻐하며 경방을 여러 번 불러서 만나보았다. 이때는 석현이 권력을 제 마음대로 하고 있었다.[217]

상이 편안하게 즐기고 있을 때 경방이 알현하고서 물었다.

"유왕(幽王)과 여왕(厲王) 같은 임금들은 어찌하여 위태로워진 것입니까? 그들이 일을 맡긴 자가 누구입니까?"

상이 말했다.

"임금이 밝지 못하니 일을 맡은 사람들이 간교하고 망령됐던 것이다."

경방이 말했다.

"그들이 간교하고 망령되다는 것을 알고서 쓴 것입니까? 아니면 현명하다고 생각한 것입니까?"

상이 말했다.

"현명하다고 생각했지."

경방이 말했다.

"그렇다면 지금은 어떻게 해서 그들이 현명하지 못하다는 것을 아는 것입니까?"

상이 말했다.

"(돌아볼 때) 그 시대는 어지러웠고 임금이 위태로워졌으니 그렇다는 것을 아는 것이다."

경방이 말했다.

"만일 그러하다면, 현능한 사람을 맡겨서 쓰면[任用(임용)] 반드시 잘 다스려지고 불초(不肖)한 사람을 맡겨서 쓰면 반드시 어지러워지는 것은 반드시 그러한 도리[必然之道(필연 지 도)]입니다. 유왕과 여왕은 어찌해서 깨달아가지고 다시 현명한 이를 찾지 않았고, 또 어찌해서 결국 불초한 사람을 맡겨서 써서 이런 지경에 이르렀습니까?"

상이 말했다.

"난세를 만난 임금은 자신의 신하들이 각각 현명하다고 할 것이다. 모두로 하여금 깨닫게

---

216 그는 양(梁) 땅 출신의 초연수에게서 『주역』을 배웠는데, 초연수가 늘 말하기를 "나의 도를 배워서 몸을 망칠 사람은 경방이다"라고 했다.

217 이때는 홍공은 이미 죽고 석현이 중서령을 맡고 있었다.

했다면 천하가 어찌 위태로워지고 패망하는 군주가 있을 수 있겠는가?"

경방이 말했다.

"제나라의 환공(桓公)과 진나라의 2세황제도 일찍이 유왕이나 여왕에 관해 듣고서 비웃은 바 있는데, 그렇다면 수조(豎刁)[218]와 조고(趙高)를 써서 정치가 날로 어지러워졌고 도적들이 산을 가득 채웠으니 어찌하여 유왕과 여왕의 사례를 통해 미루어 그 점을 깨닫지 못한 것입니까?"

상이 말했다.

"오직 도리를 갖춘 자만이 지나간 것[往]을 가지고 앞으로 올 것[來]을 알 뿐이다."

이에 경방은 모자를 벗고서 머리를 조아리며 말했다.

"『춘추(春秋)』는 242년간의 재이(災異)를 적어 만세의 군주들에게 보여주었습니다. 지금 폐하께서 즉위하신 이후로 해와 달이 빛을 잃고 별들이 거꾸로 가며, 산이 무너지고 샘이 용솟음치며, 땅이 흔들리고 운석이 떨어졌으며, 여름에 서리가 내리고 겨울에 천둥이 치며, 봄에 꽃이 메마르고 가을에 잎이 무성해지며, 떨어진 서리[隕霜]가 (땅속 기생충들을) 죽이지 못하고 수재와 한재와 배추벌레와 구더기[螟蟲]의 해가 있으며, 백성은 주려서 돌림병에 시달리고 도적을 제대로 막지 못하며 형벌 받은 사람이 저잣거리에 가득하게 됐으니, 『춘추』가 기록한 재이들이 다 갖춰졌습니다. 폐하께서 보실 때 지금이 치세입니까, 난세입니까?"

상이 말했다.

"진실로[亦] 지극히 어지러울 따름이다."

경방이 말했다.

"지금 일을 맡겨서 쓰고 있는 사람들이 누구입니까?"

상이 말했다.

"그렇다. 다행히 그들은 역사에 나오는 저들보다는 나으며 또 (문제의 원인이) 이 사람들에게 있지 않다고 본다."

경방이 말했다.

"전시대의 군주들도 모두 다 그러했습니다. 신은 훗날에 오늘날을 돌아보면서 오늘날에 전

218 관중(管仲)이 죽으면서 환공에게 3명을 소인으로 지목하며 중용해서는 안 된다고 했는데, 그중 한 사람이다.

시대를 보는 것과 같을까 두렵습니다."

상이 한참 동안 가만있다가 말했다.

"오늘날 어지럽게 하는 자가 누구인가?"

경방이 말했다.

"밝으신 군주께서는 스스로 그가 누구인지를 잘 아실 것입니다."

상이 말했다.

"모르겠다. 만약에 알았다면 어찌 그를 맡겨서 썼겠는가?"

경방이 말했다.

"상께서 가장 신임하고 계시며 더불어 휘장[帷幄 유악] 속에서 일을 도모하며 천하의 선비들을 들고나게 하는[進出 진출] 사람이 바로 그 사람입니다."

경방은 석현을 지목해서 말한 것이고, 상도 그가 누구인지를 알고서 말했다.

"이미 알아차렸다."

경방이 나갔는데 그 후 상은 결국 석현을 내치지 못했다.

석현과 오록충종[219]은 경방을 미워하여 그를 멀리 내쫓으려고 건의했다.

"마땅히 경방을 군수(郡守)로 삼아서 시험토록 해야 합니다."

이에 경방은 위군(魏郡-하남성 임장현) 태수가 됐는데, 한 달쯤 지나서 어떤 일에 연루돼 불려와서 하옥됐다가 기시(棄市)됐다.

이에 대한 진덕수의 풀이다.

신이 가만히 살펴보겠습니다. 경방이 원제에게 올린 말은 이른바 깊이 절절하고 훤하게 밝습니다[深切著明 심절 저명]. 황상이 "이미 알아차렸다"라고 했다면 이는 석현의 간사스러움을 알고 있었다는 뜻입니다. 그런데도 끝내 석현을 제거할 수 없었던 것은, 대개 권세가 크고 임금의 총애를 크게 받고 있는[權倖=嬖倖 권행 폐행] 신하는 처음에는 임금에게 아첨을 떨어 총애를 얻어내지만, 끝에 가서는 임금을 겁박하여 자신의 지위를 굳건하게 하기 때문입니다.

---

219 오록이 성이고, 석현의 패거리[黨 당]였다.

통상 그 처음에는 임금의 사람 보는 눈이 깊지 못해 (간신들이) 뜻을 왜곡하고 아첨해대는 것[阿意容悅]이 닿지 않는 바가 없습니다. 만일 그들이 요행히 임금의 측근이 되면 임금의 마음속을 파고드는 꾀[鍵閉之謀]가 날로 교묘해지고 서로 기대어 밀어주는 무리[依憑之黨]가 날로 번성하여, 안팎의 큰 권세[大權]가 이미 그 손에서 나오게 되면 이는 마치 사직단에 숨어 있는 쥐[伏杜之鼠]는 연기를 피워도 나오게 할 수 없고 성곽의 구멍에 숨은 여우[穴墉之狐]는 물을 채워도 꺼낼 수 없는 것과 같습니다. 이리하여 병이 깊이 자리 잡게 되면 약으로도 치유 불가능하고 그 혹이 목구멍 가까이에 있어 잘라낼 수도 없게 됩니다. 오직 훤하게 사람을 꿰뚫어볼 줄 아는 임금만이 그들을 제대로 다스려 점차 없애버림으로써 마침내 거의 간신들을 다 제거할 수 있을 것입니다. 그렇지 않을 경우에는, 그들을 용납하고 키워줘도 나라가 망하고 단번에 내치려 해도 망할 것입니다.

무릇 원제(元帝)가 석현의 간사스러움을 알고 있었으면서도 결국 제거하지 못한 것은, 제거하고 싶은 생각이 없었던 것이 아니라 제거할 수 없었던 것입니다. 그러면 이처럼 제거할 수 없었던 까닭은 무엇이겠습니까? (석현이) 거기(車騎)를 발동하여 대신의 집을 둘러쌌다면 이는 그 권세를 제 마음대로 쓴 것입니다. 소망지를 죽이고 장맹(張猛)을 죽이고 가연지(賈捐之)를 죽인 것은 그 권세를 제 마음대로 하여 살육을 행한 것입니다. 외척인 사고(史高)가 붕당의 중심을 이루고 알자(謁者)인 뇌양(牢梁)이 당의 외곽을 이루며 소인배인 오록충종 등이 당에 참여하여, 권세가 떨어질 경우에는 당이 무리 지어 합심하여 도우니 원제라 하더라도 그들을 제거할 수 없었던 것입니다.

따라서 성인(聖人)이 구괘(姤卦, ䷫)의 초륙(初六)에 대해 풀이하면서 "그런 여자를 취해서는 안 된다[勿用娶女]"고 했으니, 대개 음(陰)이 싹트려고 할 때 초기에 그것을 억누르고 제압하여 제거할 수 없는 지경에 이르지 않도록 해야 한다는 뜻입니다. 아! 참으로 미묘하다고 하겠습니다.

『조선왕조실록(朝鮮王朝實錄)』을 보면 유난히 구괘의 초륙에 대한 언급이 많다. 성종 때까지만 해도 일반적으로 군자와 소인의 문제를 언급하는 수준에 그치지만, 당쟁이 본격화된 선조 이후로는 대부분의 경우 집권한 당파가 임금에게 상대 당파의 재기(再起)를 그 처음부터 막기 위해 이를 끌어들였다. 『주역』까지 당쟁의 도구로 전락해버린 것이다. 따라서 그런 사람들의 논리는 오히려 정파적인 소인의 주장일 뿐 당파를 넘어서려는 군자의 주장일 수 없다.

다만 환관이 조정 대신을 우습게 여기는 풍조를 경계한 『인조실록』 12년(1634) 5월 1일 이경여(李敬輿)가 올린 소(疏)는 초륙의 본뜻에 적중했다고 할 수 있다.

기미(幾微)를 살펴야 할 즈음에는 반드시 일찌감치 판별하고, 공사(公私)의 구분에 있어서는 반드시 살펴서 선택해야만 후회가 없을 것입니다. 그렇지 않으면 작은 구멍으로 흐르는 물이 점차 불어나 하늘까지 넘실대게 되고, 허공에 떠가는 구름이 혹 해를 가리는 법입니다. 이 때문에 한 음(陰)이 다섯 양(陽)의 아래에 있는데도 금니(金柅)와 이시(羸豕-약한 돼지)의 경계가 있으며, 인심이 털끝만큼의 차이만 잘못돼도 천 리나 멀게 서로 어긋나는 걱정이 있는 것입니다. 그러니 두려워하지 않을 수 있겠습니까. 지금 액정(掖庭-내시부)에 있는 신하가 감히 대신과 대등하려고 했습니다. 환관이 조정 신하를 경시하는 조짐이 여기에서 시작될 것입니다. 그런데 법관이 논집하는 데도 따르지 않고 상신(相臣)이 차자(箚子)를 올리는 데도 살피지 않으십니다. 그러니 전하께서는 발용(發用)하는 마음을 완전히 공적인 데서 내지 않아서는 안 됩니다. 음한 기운이 처음 뭉치자 서리를 밟으면 굳은 얼음이 언다는 상이 드러났고, 기미가 처음 통하자 반성하고 검속하는 데에 절도를 잃었으니, 식자들이 깊이 우려하는 것 역시 마땅하지 않겠습니까. 전하의 명석하심으로는 소멸되고 자라나는 이치에 대해서 반드시 기미를 궁구함이 깊을 것입니다. 그런데 유독 이 한 가지 일에 대해서만은 도리에 맞는가를 따져보지 않고 공의(公議)를 억지로 떨쳐버리십니다. 전하의 생각은 반드시 "사람은 귀천이 없고 명을 받은 것은 마찬가지다. 죄가 없는 것을 분명히 알면서 억지로 죄를 가할 수는 없다"라고 여기실 것입니다. 이에 선입견을 가지고서 오히려 처음의 견해를 고집하고 계시므로, 말하는 자가 힘껏 말할수록 듣는 것은 더욱 막연하기만 합니다. 명을 받은 것은 비록 같으나 이미 공과 사의 다름이 있으며, 상신(相臣)과 환관은 경중의 구별이 있습니다.

구괘의 밑에서 두 번째 양효에 대해 공자는 "꾸러미에 있는 물고기는 의리상으로 손님에게 미칠 수 없기 때문이다"라고 풀었다. 주공은 효사에서 이렇게 말했다.

꾸러미에 물고기가 있는 듯이 하면 허물이 없으니, 손님에게는 이롭지 않다[包有魚 无咎
포 유어 무구

不利賓].
불리 빈

구이의 처지를 보면, 양효로 음위에 있어 자리가 바르지 않고 아래의 초륙과 친하며 구오와는 호응하지 않는다. 먼저 정이의 풀이가 필수적이다.

다른 괘에서 초효는 사효와 호응 관계이지만, 구괘에서는 호응보다는 자주 만나 친한 관계를 중시한다. 서로 만나는 도리는 오직 한 사람에게 집중하는 마음이 중요하다. 양강의 자질을 가진 구이는 진실한 마음으로 초륙과 만나지만 음유한 자질의 초륙은 여러 양이 위에 있고 또 호응하는 자까지 있으니, 그 뜻은 구이와의 진실한 만남에 있지 않고 다른 양효들을 구하는 데 있다. 음유한 자질을 가진 사람 중에 바른 뜻을 굳게 지킬 수 있는 자가 드무니, 구이는 초륙과 관계하는 데 있어 초륙으로부터 그 진실한 마음[誠心=孚]을 얻기가 어렵다. 초륙과의 만남에서 진실한 마음을 얻지 못하면 만남의 도리가 어그러지게 된다.
성심 부
포(包)란 꾸러미이며 물고기는 음(陰)의 성질을 갖고 있는 것 중에서 아름다운 것[美者]이라, 그래서 물고기를 상징으로 취했다. 그래서 구이가 초륙에 대해 초륙의 진실한 마음을 굳게 기르도록 제어해서 꾸러미에 물고기를 잡아 담은 것같이 한다면 만남에 허물이 없을 것이다. 손님은 밖에서 온 자다. '손님에게는 이롭지 않다'라고 했으니, 꾸러미에 있는 물고기가 어찌 손님에게 미치겠는가? 이는 밖의 다른 사람에게까지 더는 미칠 수 없다는 말이다. 만나는 도리는 오직 한 사람에게 집중해야 하기 때문에, 진실한 마음을 나누는 사람이 둘 이상이 되면 잡스럽다.
미자

즉 '의리상으로 손님에게 미칠 수 없기 때문'이라는 것은 다른 사람에게 마음을 둬서는 안 된다는 경고인 셈이다. 외부에 마음이 가는 순간 내부는 분열을 일으킨다. 역사에서 생사고락을 같이했던 공신(功臣) 집단에서 결국은 내분이 일어나 권력을 다툰 사실이나, 당쟁이 격화되던 시절에 승리를 거둔 당파가 얼마 안 가서 분열을 거듭한 사실은 이 점을 잘 말해주고 있다. 상대 당에 대한 강경파와 온건파의 분립(分立)은 구괘의 구이와 연관된 고전적인 현상이라고 하겠다.

구괘의 밑에서 세 번째 양효에 대해 공자는 "그 가는 바를 머뭇거리는 것은 나아가기를 아직 재촉하지 않기 때문이다"라고 풀었다. 주공은 효사에서 이렇게 말했다.

엉덩이에 살이 없으며 그 가는 바를 머뭇거리니, 위태롭게 여기면[厲(여)] 큰 허물은 없다[臀(둔)无膚(무부) 其行(기행)次且(차저) 厲(여) 无(무)大咎(대구)].

구삼의 효사에서 '엉덩이에 살이 없으며'라고 한 것은 바로 그 자리가 불안하다는 말이다. 원래 구삼은 양효로 양위에 있으니 자리는 바르다. 그런데 왜 그 자리가 불안하다고 본 것일까? 정이는 "구삼은 초륙을 매우 좋아하는데 이미 구이와 친해 마음이 편치 않고 또 구이가 자신을 시기하고 미워해 자신의 거처가 불안하니, 마치 엉덩이에 살이 없는 것과 같다"라고 했다. 게다가 상구와도 호응하지 못한다.

그러나 구삼은 굳센 자질로 바른 자리에 있으니, 이는 겸손하게 처신하고 도리를 뛰어넘지 않는다는 뜻이다. 그래서 자신의 상황을 위태롭고 두려워하는 마음을 갖고서 경거망동하지만 않는다면 큰 허물은 없을 수 있다. 정도를 지켜야 한다는 말이다.

구괘의 밑에서 네 번째 양효에 대해 공자는 "물고기가 없는 것이 흉한 것은 백성을 멀리하기 때문이다"라고 풀었다.

구사의 처지를 보면, 양효로 음위에 있으니 자리가 바르지 않고 상괘인 건괘의 맨 아래에 있으면서 초륙과 호응하고 있다. 물론 위아래로 친한 효는 없다. 원래는 초륙과 호응해야 하는데, 초륙은 이미 구이와 만나버렸다. 이를 꾸러미에 물고기가 없다고 한 것이다. 구사는 재상의 자리다. 높은 자리에 있으면서도 자기 사람이 돼야 할 사람을 아랫사람에게 잃어버린 모습이다. 이렇게 된 까닭은 초륙에게 있을 수도 있고 구사에게 있을 수도 있지만, 정이는 구사의 책임임을 분명히 한다. 윗사람이 도리를 잃지 않았는데 아랫사람이 떠나갈 이유가 없다는 것이다. 무엇보다 구사는 중정의 도리에 미치지 못했다. 공자도 그래서 한마디로 '백성을 멀리하기 때문'이라고 밝혔다. 이렇게 되면 흉한 일이 일어날 수밖에 없다. 군자에게 있어 백성이 등을 돌리는 것만큼 흉한 일이 없다는 말이기도 하다. 『논어』「양화」편에서 '관즉득중(寬則得衆)'이라 했다. 그렇다면 백성을 잃은 이유 또한 불관(不寬), 즉 너그러운 정사를 펼치지 못하고 사나운 정치[暴政(폭정)]를 편 때문이라 할 수 있을 것이다.

구괘의 밑에서 다섯 번째 양효에 대해 공자는 "구오(九五)가 아름다움을 머금었다는 것은 중정(中正)하기 때문이고, 하늘에서 떨어지는 것이 있다는 것은 뜻이 명을 내버리지 않았기 때문이다"라고 풀었다.

주공의 효사에서 '기(杞)나무 잎으로 오이를 싸는 것이니'라는 부분부터 풀어야 한다. 정이의 풀이다.

> 기나무는 높은 나무로 잎이 크다. 높은 데에 있으면서 잎이 크므로 물건을 감쌀 수 있는 것이 바로 기나무다. 아래에 있는 아름다운 열매는 오이다. 아름다우면서 아랫자리에 있다는 것은, 바로 조정에 있지 않고 비천한 곳에 있는 현자의 모습이다.
>
> 구오는 높은 군주의 지위에 있으면서 아래로 뛰어난 재능을 가진 사람을 구하니, 지극히 높은 자로서 지극히 낮은 자를 구하는 것이 마치 기나무 잎으로 오이를 감싸는 것과 같다.

그런데 구오는 위아래로 친한 자가 없고 아래의 구이와도 호응 관계가 아니다. 여건만 놓고 보면 뛰어난 이를 만나기가 쉽지 않다. 그래서 '아름다움을 머금으면'이라고 했다. 이는 자기 안에서 아름다운 다움[令德]을 닦은 다음에 지극정성과 겸손함을 갖춰 중정(中正)의 도리로 세상에 숨어 있는 현자를 구한다면 마침내 하늘에서 호응하는 바가 있으리라는 말이다. 정이는 그 사례로 은나라 고종(高宗)이 꿈속에서 감응해 부열(傅說)을 얻고 주나라 문왕(文王)이 고기를 낚던 여상(呂尙)을 만난 것을 든다.

부열은 부암(傅巖)에서 담장을 쌓는 노예였다고 한다. 고종이 꿈에서 성인(聖人)을 보았는데, 이름이 열이라고 했다. 기억을 더듬어 인상을 그리게 하고 부암의 들판에서 찾았다고 한다. 고종이 부열에게 "가물 때라면 너를 장맛비로 삼겠다"라고 했고, 이후 나라가 잘 다스려졌다.

여상은 성은 강(姜)이고, 이름은 상(尙)이며, 자는 자아(子牙)다. 집안이 가난해 위수(渭水) 강가에서 낚시하다가 문왕을 만났다. 문왕이 이야기를 나눠보고는 크게 기뻐하면서 "우리 태공이 그대를 기다린 지 오래입니다"라고 말했다. 그리하여 태공망(太公望) 또는 강태공(姜太公), 여망(呂望)이라고도 부른다. 문왕과 무왕(武王)을 도와 은(殷)나라를 치고 주나라를 세운 공으로 제(齊)나라에 봉해졌다. 무왕은 그를 높여 사상보(師尙父)라 했다. 도읍을 영구(營丘)에 두었는데, 제나라의 시조가 됐다. 정치를 잘해 많은 사람이 귀의했다. 주나라에 머물면서 태사(太師)가 됐고, 오후구백(五侯九伯)을 정벌할 권한을 가졌다. 병서(兵書) 『육도(六韜)』는 그가 지은 것이라고 전한다.

유비가 삼고초려(三顧草廬)를 통해 얻은 제갈공명도 여기에 해당한다고 볼 수 있다.

공자가 "뜻이 명을 내버리지 않았기 때문"이라고 푼 것은 곧 하늘의 명[天命]을 얻었기 때문이라는 뜻이다.

구괘의 맨 위에 있는 양효에 대해 공자는 "그 뿔에서 만나는 것은 위에서 궁지에 몰려 안타깝게 됐기 때문이다"라고 풀었다. 구괘의 상구는 굳센 자질로 맨 위에 있으니 뿔로 표현했다. 그러나 자리가 바르지 않고 지나치다. 한마디로 뻣뻣하고 교만함이 극에 이른 자다. 그러니 누구도 그에게 다가가려 하지 않을 것이다. 결국 그 처지는 안타깝지만 스스로 불러들인 것이라 남 탓할 여지가 없다[无咎=無所歸咎]. 이때는 '허물이 없다'가 아니라 '허물을 돌릴 곳이 없다'라는 뜻이다. 여기에 해당하는 인물이 중국 역사의 항우[220]와 우리 역사의 궁예(弓裔)다.

사마천의 『사기』 「항우본기(項羽本紀)」편에 젊은 시절 항우의 모습이 나온다.

> 항우는 어렸을 때 글을 배웠으나 다 마치지 못한 채로 포기하고는 검술을 배웠는데, 이 또한 다 마치지 못했다. (숙부인) 항량이 화를 내니 항우가 말했다. "글은 이름 석 자 쓰는 것으로 족할 뿐이며 검은 한 사람만을 대적할 뿐이므로 배울 만하지 못하니, 만인을 대적하는 일을 배우겠습니다." 이에 항량이 병법을 가르치니 항우는 크게 기뻐했으되 대략 그 뜻만을 알고는 또한 끝까지 배우고자 하지 않았다.

항우는 대대로 제후의 집안이었으므로 배경이 좋았다. 여기서 보듯 재주가 뛰어났다. 재승박덕(才勝薄德)의 전형이었다. 우리가 아는 대로 힘이 장사였다.

---

220 진(秦)나라 말기 임회군(臨淮郡) 하상현(下相縣) 사람이다. 유방과 천하를 놓고 다투었다. 이름은 적(籍)이고 자는 우(羽)다. 전국 시대 초(楚)나라 장수 항연(項燕)의 후예다. 힘이 세서 큰 쇠솥[鼎]을 번쩍 들 정도였고 재주는 남들보다 앞섰다. 기원전 209년 진승(陳勝)이 반란을 일으켜 진(秦)나라가 혼란에 빠지자 숙부 항량(項梁)과 함께 오중(吳中)에서 봉기해 진나라 군대를 도처에서 무찌르고, 드디어 함곡관(函谷關)을 넘어 관중(關中)으로 들어갔다. 항량이 전사하자 군대를 이끌고 초회왕(楚懷王) 손심(孫心)을 옹립했다. 진나라 장군 장한(章邯)이 조(趙)나라를 포위하자 회왕이 송의(宋義)를 상장군, 그를 차장(次將)으로 삼아 구하게 했다. 송의가 안양(安陽)에 이르러 머뭇거리며 진군하지 않자 그를 죽이고 진격해, 거록(巨鹿)에서 진나라의 주력 군대를 격파했다. 앞서 들어왔던 유방과 홍문(鴻門)에서 만나 그를 복속시켰고, 진나라 왕 자영(子嬰)을 죽이고 도성 함양(咸陽)을 불살랐다. 진나라가 망한 뒤 자립해 팽성(彭城)에 도읍하고 서초패왕(西楚霸王)이라 칭하면서 제후왕(諸侯王)을 봉했지만, 각지에 봉한 제후를 통솔하지 못했다. 유방과 패권을 다투다가 해하(垓下)에서 유방의 군대에 포위돼 사면초가(四面楚歌)에 몰리자, 포위를 풀고 오강(烏江)까지 이르러 목을 찔러 자살했다.

항우는 키가 8척이 넘고 힘은 커다란 쇠솥을 들어 올릴 정도였으며 재기가 범상치 않아, 그 일대의 자제들이 모두 항우를 두려워했다.

진시황이 죽고 2세황제가 자리를 이었지만 각박한 통치로 인해 곳곳에서 민란이 일어났고, 항우는 불과 3년 만에 다섯 제후를 거느리는 최대 세력으로 떠올랐다. 그러나 여기까지였다. 사마천의 지적을 보자.

항우는 스스로 공로를 자랑하고 자신의 사사로운 지혜만을 앞세워 옛것을 스승 삼지 아니하며, 패왕의 공업이라고 하고는 무력으로 천하를 정복하고 다스리려고 하다가 5년 만에 마침내 나라를 망치고 몸은 동성(東城)에서 죽었다. 그러고서도 끝내 깨닫지 못하고 스스로 책망하지 않았으니 이는 잘못된 것이다.

결국 항우는 한때 자신이 데리고 있던 유방이 새로운 나라를 세울 수 있는 길을 열어주는 데서 자신의 역사적 역할을 다해야 했다. 강(剛)의 인물이 아니라 욕(欲)의 인물이었던 것이다.

이 점에서는 궁예도 크게 다르지 않다. 901년 고려를 세운 인물은 왕건이 아니라 궁예다. 그러나 918년 자신이 키우다시피 한 부하 왕건에 의해 내쫓겨난다. 세달사의 승려였던 그가 단번에 세력을 키울 수 있었던 원동력을 『삼국사기(三國史記)』「궁예전(弓裔傳)」편은 이렇게 묘사하고 있다.

(궁예가) 거느린 무리가 3500명이었는데, 사졸과 더불어 즐거움과 괴로움, 수고로움과 편안함을 함께했고 상벌에 있었어도 공정하게 하고 사사롭게 하지 않았다. 이로써 뭇사람들이 마음으로 두려워하고 사랑하여 추대하여 장군으로 삼았다.

친민(親民)하는 지도자였던 그가 어떻게 해서 폭군으로 내몰렸을까? 『고려사』에 기록된 태조 즉위 전의 그의 모습이다.

그때에 궁예가 거짓으로 반역죄를 꾸며 하루에도 100여 명을 죽이니, 장군이나 대신으로서 해를 당한 자가 십중팔구였다. 항상 스스로 말하기를 "나는 미륵관심법을 터득해 부인들의 비밀을 알 수 있다. 만약 나의 관심을 범하는 자가 있으면 곧 엄한 법을 시행할 것이다"라고 했다.

궁예는 최측근인 왕건 또한 의심해 죽이려 했다. 임금의 마음에 의심이 크게 작동한다는 것은 굳셈과 눈 밝음[剛明]이 모두 사라졌다는 뜻이다. 심지어 부인 강씨도 의심해 쇠 절굿공이를 달궈 음부를 찔러서 죽게 했고, 두 아들까지 죽였다. 이러고서 왕위를 지킬 수 있는 사람은 없다. 결국 왕위에서 내쫓긴 궁예는 산속으로 숨어들었다가 백성에 의해 피살됐다. 항우를 닮은 최후였다.

반면 구괘의 구오(九五)에 해당하는 인물인 한나라 건국자 유방은 스스로 항우와 자신을 이렇게 비교했다. 미천한 가문 출신의 유방은 고제 5년(BC 202) 5월에 마침내 초나라 항우를 깨트리고 천하를 차지했다. 한(漢)나라를 세운 제(帝) 유방은 기쁜 마음으로 낙양의 남궁(南宮)에서 크게 술자리를 베풀고, 자신을 따랐던 신하들에게 뜻 깊은 질문을 던진다. 반고의 『한서』가 전하는 그날의 이야기다.

"통후(通侯)와 여러 장수는 감히 짐(朕)에게 숨기는 것이 있어서는 안 되니 모두 그 속내[情]를 말하도록 하라. 내가 천하를 갖게 된 까닭은 무엇인가? 항씨(項氏-항우)가 천하를 잃게 된 까닭은 무엇인가?"

고기(高起)와 왕릉(王陵)이 대답했다.

"폐하께서는 (개인 성품이) 오만해 다른 사람을 깔보시는데[嫚而侮人], 항우는 어질어 다른 사람을 공경했습니다[仁而敬人]. 그러나 폐하께서는 사람들을 시켜 성을 공격하고 땅을 공략해 점령하게 된 곳을 그 사람들에게 나누어줌으로써 천하와 이익을 함께했습니다. 항우는 뛰어난 이를 투기하고 능력이 있는 자를 질시하여[妒賢嫉能] 싸움에서 이기더라도 다른 사람의 공로를 인정하지 않았고 다른 사람들이 땅을 획득해도 그들의 이익을 인정하지 않았으니, 이것이 항우가 천하를 잃게 된 까닭입니다."

상(上)이 말했다.

"그대들은 하나만 알고 둘은 알지 못한다. 나는 무릇 군막 안에서 계책을 세워 천 리 밖에서의 승리를 결정짓는 일에 있어서는 자방(子房-장량)만 못하며, 나라를 안정시키고 백성을 어루만져주며 식량을 공급하고 군량의 공급로를 끊어지지 않게 하는 일에 있어서는 소하만 못하고, 또 100만 대군을 이끌고서 싸우면 반드시 이기고 공격하면 반드시 적을 패퇴시키는 일에 있어서는 한신만 못하다. 이 세 사람은 모두 인걸(人傑)로서 나는 그들을 능히 썼으니, 이것이 내가 천하를 차지할 수 있었던 까닭이다. 항우는 단지 범증(范增) 한 사람뿐이었는데도 제대로 쓰지를 못했으니, 이것이 그가 나에게 붙잡힌 까닭이다."

이에 여러 신하는 기뻐하며 복종했다.

신하들의 대답과 유방의 반박은 깊이 음미해볼 필요가 있다. 제아무리 제왕학 이론에 능하다 한들 유방처럼 제국을 창건한 이의 실전형 제왕학에 이른다는 것은 사실상 불가능하기 때문이다. 고기와 왕릉의 대답은 줄이자면 이렇다. 개인적인 성품이나 자질과 관계없이 공로를 나눠주는 시스템을 잘 만들었기에 천하 제패가 가능했다는 말이다. 이를 현대 사회 기업 이론에 적용할 경우, 오너가 아무리 문제가 있어도 보상시스템이 잘 갖춰져 있으면 그 회사는 잘 돌아갈 수 있다는 뜻으로 옮길 수 있다. 실제로 이런 주장을 하는 사람들을 주변에서 종종 보게 된다.

그런데 이에 대한 유방의 답은 단호하다. 우리가 지금도 쓰는 "하나만 알고 둘은 알지 못한다"는 말의 저작권자인 유방은 자신의 승리 요인이 용인(用人)에 있었다고 분명하게 밝힌다. 적재적소에 사람을 썼기 때문에 이길 수 있었다는 것이다. 분명한 것은 분야별로 자신이 '신하들보다 못하다'라는 점을 분명히 밝히고 있다. 이것이 겸(謙), 즉 아랫사람에게 자신을 낮추는 것[下下(하하)]이다. 항우처럼 겉모습만 '어질어 다른 사람을 공경하는 것[仁而敬人(인 이 경인)]'은 겸(謙)과 아무런 관계가 없다. 고기나 왕릉은 결코 따라갈 수 없는 유방의 자가 진단이다.

45. 택지췌(澤地萃)[221]

췌(萃)는 왕이 종묘를 세우는 도리를 지극히 하는 것이다. 대인을 만나보는 것이 이로우니 형

---

221 문자로는 태상곤하(兌上坤下)라고 한다.

통하고 반듯하면 이롭다. 큰 희생을 쓰는 것이 길하니 가는 바가 있는 것이 이롭다.

萃 王假有廟 利見大人 亨 利貞 用大牲 吉 利有攸往.[222]
췌 왕 격 유묘 이 견 대인 형 이정 용 대생 길 이 유 유왕

초륙(初六)은 미더움이 있으나 끝을 잘 마치지 못하면 마음이 어지럽고 같은 부류들끼리 모인다. 만일 울부짖으면 한 집단이 비웃을 것이지만, 이를 근심하지 말고 가면 허물이 없다[有孚不終 乃亂乃萃 若號 一握爲笑 勿恤 往 无咎].
유부 부종 내 란 내 췌 약 호 일악 위소 물휼 왕 무구

육이(六二)는 끌어당기면 길하여 허물이 없으니, 미더움이 있으면 소박한 제사를 올리는 것이 이롭다[引 吉 无咎 孚乃利用禴].
인 길 무구 부 내 이 용약

육삼(六三)은 모이려다가 (뜻을 이루지 못해) 탄식한다. 이로운 바가 없으니 가더라도 허물은 없지만 다소 안타깝다[萃如嗟如 无攸利 往 无咎 小吝].
췌여 차여 무유리 왕 무구 소린

구사(九四)는 크게 길해야 허물이 없다[大吉 无咎].
대길 무구

구오(九五)는 사람들을 모음에 있어 지위를 소유하고 허물이 없다. 믿지 않는 자가 있거든 원영정(元永貞) 하면 뉘우침이 없다[萃有位 无咎 匪孚 元永貞 悔亡].
췌 유위 무구 비부 원영정 회망

상륙(上六)은 한탄하며 눈물 콧물을 흘리는 것이니 탓할 곳이 없다[齎咨涕洟 无咎].
재자 체이 무구

◉

췌괘(萃卦)의 초륙(初六)은 양위에 음효로 바르지 못함[不正位], 육이(六二)는 음위에 음효로 바름[正位], 육삼(六三)은 양위에 음효로 바르지 못함, 구사(九四)는 음위에 양효로 바르지 못함, 구오(九五)는 양위에 양효로 바름, 상륙(上六)은 음위에 음효로 바름이다. 이 괘의 경우는 육이와 구오 모두 중정을 얻었다.
부정위 / 정위

대성괘 췌괘(䷬)는 소성괘 태괘(兌卦, ☱)와 곤괘(坤卦, ☷)가 위아래에 있어 만들어진 괘다. 「설괘전」에 따르면 '태(兌-못)로 기쁘게 하고' '곤(坤-땅)으로 간직한다[藏]'고 했다. 괘의 모양이 태(兌)가 위에 있고 곤(坤)이 아래에 있다.
장

---

222 형이정(亨利貞)이 나온다.

그러면 「서괘전」을 통해 왜 췌괘가 구괘의 뒤를 이어받았는지 확인해보자.

일이나 사물이 서로 만난 이후에야 모인다[聚]. 그래서 구괘의 뒤를 췌괘(萃卦)로 받았다. 췌(萃)란 모인다[聚]라는 말이다.

物相遇而後聚. 故受之以萃. 萃者 聚也.
물 상우 이후 취 고 수지 이췌 췌자 취야

만남이 점점 많아지다 보면 모이게 된다. 택지췌괘(澤地萃卦, ䷬)는 아래가 곤괘(☷), 위가 태괘(☱)로, 못이 땅 위에 올라가 있는 것이다. 정이는 "'못이 땅 위에 있다[澤在地上]'라고 말하지 않고 '못이 땅 위에 올라가 있다[澤上於地]'라고 한 것은 땅 위에 올라가 있다고 말하면 곧장 '모인다[聚]'는 뜻이 되기 때문이다"라고 했다.

문왕의 단사(彖辭), 즉 "췌(萃)는 왕이 종묘를 세우는 도리를 지극히 하는 것이다. 대인을 만나보는 것이 이로우니 형통하고 반듯하면 이롭다. 큰 희생을 쓰는 것이 길하니 가는 바가 있는 것이 이롭다[王假有廟 利見大人 亨 利貞 用大牲 吉 利有攸往]"에 대한 공자의 풀이[「彖傳」]를 살펴볼 차례다.

췌(萃)는 모이는 것이다. 고분고분함으로써 기쁘게 하고 굳셈이 가운데 있어 호응하니 그 때문에 모이는 것이다. "왕이 종묘를 세우는 도리를 지극히 하는 것"은 효도를 다해 제사를 올리는 것이다. "대인을 만나보는 것이 이로우니 형통하고"라는 것은 바른 도리로써 모이기 때문이다. "큰 희생을 쓰는 것이 길하니 가는 바가 있는 것이 이롭다"라는 것은 하늘의 명에 고분고분한 것이다. 그 모이는 바[所聚]를 잘 살펴보면 하늘과 땅 사이에 있는 만물의 실상을 볼 수가 있다.

萃 聚也.
췌 취 야
順以說 剛中而應 故聚也.
순이 열 강중 이 응 고 취 야
王假有廟 致孝享也.
왕 격 유묘 치효 향 야
利見大人亨 聚以正也.
이 견 대인 형 취 이정 야
用大牲吉利有攸往 順天命也.
용 대생 길 이 유 유왕 순 천명 야
觀其所聚而天地萬物之情 可見矣.
관 기 소취 이 천지 만물 지 정 가견 의

사람들이 모이는 데는 여러 가지가 있을 수 있다. 그런데 '고분고분함으로써 기쁘게' 하면서 모인다는 것은 모임 중에서는 참으로 좋은 것이다. 이는 췌괘의 상과 하를 말한 것이다. 윗사람은 아랫사람을 기뻐하게 하는 방식으로 리더십을 발휘하고 아래는 고분고분하니 좋을 수밖에 없다.

이어서 "'왕이 종묘를 세우는 도리를 지극히 하는 것'은 효도를 다해 제사를 올리는 것"이라고 했다. 갑자기 사람을 모으는 문제를 이야기하다가 왜 '왕이 종묘를 세우는 도리를 지극히 하는 것'을 말한 것일까? 일차적으로는 『논어』 「학이」편에 나오는 증자(曾子)의 말이 그 내용을 보여준다.

> (임금이) 부모님의 상을 삼가서 치르고 먼 조상까지도 잊지 않고 추모하면[愼終追遠] 백성의 백성다움이 두터운 데로 돌아갈 것이다[民德歸厚矣].

임금이 자기 조상에 대해 삼가고 먼 조상까지 존경한다면 그것을 지켜보는 백성은 우러나서 따를 수밖에 없다. 다만 왜 갑자기 '종묘를 세우는' 문제를 이야기한 것일까? 공자는 『효경(孝經)』에서 이렇게 말했다.

> 옛날에 밝은 임금[明王]은 효로써 부모를 섬겼다. 그래서 하늘을 섬기는 것은 밝음[明]이고 부모를 섬기는 것은 효였다. 땅을 섬기는 것은 살펴서 분명하게 드러냄[察=著]이고 위아래[長幼]는 고분고분함[順]이다. 이리하여 상하가 다스려지니 하늘과 땅이 밝고 분명하게 드러나는 것이요 신명(神明)도 밝아지는 것이다.
>
> 따라서 천자(天子)라 하더라도 반드시 우러러 받듦[尊]이 있으니 아버지가 있다는 말이요, 반드시 앞세움[先]이 있으니 형이 있다는 말이다. 종묘에 삼가는 마음을 드리는 것은 (부모를 비롯한 친족들을) 내 몸과 같이 여김[親]을 잊지 않기 위함이요, 몸을 닦고 행동을 삼가는 것은 앞사람을 욕되게 할 것을 두려워함이다. 종묘에 삼가는 마음을 드리면 귀신이 드러나게 된다. 효도와 공순함[孝弟]의 지극함이 신명과 통하여 사해에 빛을 비추니 통하지 않는 곳이 없게 되는 것이다.

이를 진덕수는 『대학연의』에서 이렇게 풀어냈다.

신이 가만히 살펴보겠습니다. 아버지와 어머니란 자식의 하늘과 땅이요 하늘과 땅이란 사람의 아버지와 어머니이니, 실제로는 그 둘이 하나입니다. 아버지 섬기기를 효로써 하면 하늘을 섬기는 이치가 밝은 것이고, 어머니 섬기기를 효로써 하면 땅을 섬기는 이치를 살펴서 분명하게 드러내는 것입니다. 밝고 살펴서 분명하게 드러내는 것[明察]이라고 말하는 것은 아주 밝게 드러낸다는 뜻이니 마음을 곧장 꿰뚫는 것입니다.
아버지는 나를 낳으시고 어머니는 나를 기르시니 이것이 이른바 자식의 하늘과 땅이라는 말입니다. "위대하도다 건(乾)의 으뜸이여! 만물이 비로소 시작하고, 지극하도다! 곤(坤)의 으뜸이여! 만물이 비로소 생겨나도다"라고 했으니, 그래서 이를 우리는 사람의 부모라고 말하는 것입니다. 부모를 섬기는 도리는 다름 아니라 나에게 주신 바를 온전히 지키는 것뿐이니, 그래서 (맹자의 제자인) 악정자(樂正子)는 말하기를 "하늘이 낳고 땅이 기르는 데 있어 오직 사람만이 위대할 수 있다"라고 했으니, 부모가 온전하게 자식을 살리고 자식은 온전하게 부모에게 돌아간다면 그것을 효라고 말할 수 있습니다. 자신의 신체를 조금도 손상시키지 않고[不虧] 자신의 몸을 조금도 욕되게 하지 않았다면 그것을 온전하게 했다[全]고 말할 수 있습니다.
그래서 다리 하나를 들어도 부모를 잊지 않고 말 한마디를 내어도 부모를 잊지 않는다면, 사람의 자식으로서 할 수 있는 효도 중에 이보다 큰 것은 없습니다. 그렇다면 하늘과 땅의 도리를 섬기는 것 또한 어찌 이와 다르겠습니까?
무릇 사람이 이런 몸을 갖게 되면 이런 마음을 갖게 되는 것이고 이런 마음을 갖게 되면 이런 본성을 갖게 되는 것이니 이것이 바로 하늘과 땅이 나에게 준 것이요, 오상(五常)과 오만 가지 좋은 것은 본래부터 다 갖춰져 있는 것이니 털끝만큼이라도 훼손하게 되면 이것은 하늘과 땅으로부터 받은 것을 더럽히는[嫚] 것이 됩니다.
그래서 맹자는 (『맹자(孟子)』「진심장구(盡心章句)」편에서) 말하기를 "그 마음을 잘 지키고[存] 그 본성을 잘 기르는 것[養]이 하늘을 섬기는[事天] 이치다"라고 했던 것입니다. 성탕(成湯)이 하늘이 밝게 명한 것을 돌아보고 살핀[顧諟] 까닭은 순식간이라도 그런 마음이 없는 순간 하늘을 섬기지 못할까 봐 두려워한 때문이고, 문왕의 척강(陟降)이 상제의 좌우에 있은 이유는 반걸음이라도 혹시 어길 경우 하늘을 섬기지 못할까 봐 두려워한 때문이니, 살펴보건대 부모를 섬기는 것과 하늘과 땅을 섬기는 것이 어찌 두 개의 길이겠습니까? 하늘과 땅의 도리가 오묘하여 도저히 헤아릴 수 없는 것을 일러 신(神)이라고 하고, 너무나도 밝게 드러나 조금도 속일 수 없는 것을 일러 명(明)이라고 하니, 내가 하늘을 섬기는 것이 밝고[明] 땅을 섬기는 것을 살펴서 분명하게 드러낸다[察]면 천지신명(天地神明)이 위에 임하여서 (모든 것을) 밝게 드러내고 도저히 숨길 수가 없으니, 이는 곧 아래의 애씀이 저 위의 신명의 의리와 통한다는 것입니다.

위아래[長幼]는 기본적으로 형제를 가리키는 것입니다. 공자는 이미 먼저 효도를 말하고 나서 이어 공순함을 말했습니다. 따라서 이는 천자가 아무리 귀하다고 하더라도 우러러 받들어야 할 사람은 부모이고 자기보다 앞세워야 할 사람은 형이라는 뜻입니다.

그러나 "종묘에 삼가는 마음을 드리면" 이하의 글은 오직 효도만을 이야기할 뿐이요, 아직은 공순함에 대해서는 언급하고 있지 않다고 할 수 있습니다. 효도와 공순함은 한마음이기 때문입니다. 효도가 지극하면 이미 공순함도 지극할 것이요 하늘과 사람이 하나의 이치가 될 것입니다. 그래서 신명과 두루 통하면 진실로 사해를 밝힐 수 있는 것이니, 이것은 대개 효도와 공순함의 지극한 효과[極功]를 미루어 헤아려서 말로 한 것입니다. 따라서 임금된 자라면 마땅히 이를 깊이 체득해야 할 것입니다.

이어서 "'대인을 만나보는 것이 이로우니 형통하고'라는 것은 바른 도리로써 모이기 때문이다"라고 했다. 사람이 모이면 반드시 좋은 일만 있는 것은 아니다. 각자의 생각과 욕심이 다르기 때문이다. 여러 일이 모여도 화합으로 이어지기보다는 어지러워지기 십상이다. 큰 다움[大德]을 갖춘 지도자가 인도하지 않으면 모임 자체는 혼란에 빠질 가능성이 더 크다. 반면 그런 대인이 다스리게 되면 사람과 사람은 소통하게 되고 일도 제대로 진행된다. 공자는 이때 중요한 덕목으로 '바른 도리[正=正道]'를 제시했다.

이어서 "'큰 희생을 쓰는 것이 길하니 가는 바가 있는 것이 이롭다'라는 것은 하늘의 명에 고분고분한 것"이라고 했다. 정이의 풀이다.

'큰 희생을 쓰는 것'은 위의 '종묘를 세운다'라는 글에 이어서 제사를 올리는 것으로 말한 것이다. 모든 일이 이와 같지 않음이 없다. 풍성하게 모일 때 재물들을 마땅히 넉넉하게 교류해야 하니, 그 마땅함에 걸맞게 하는 것이다. 재물들이 모이고 힘이 넉넉하면 마침내 (정치적으로) 의미 있는 일[有爲]을 할 수가 있다. 그래서 '가는 바가 있는 것이 이롭다'라고 한 것이다.

여기서도 물론 가는 바란 일을 추진한다는 뜻이다. 그렇게 하는 것이 곧 천명을 따르는 것이니, 그 일은 결국 잘 될 수밖에 없다.

끝으로 공자는 「단전(彖傳)」을 마무리하면서 "그 모이는 바[所聚]를 잘 살펴보면 하늘과 땅 사이에 있는 만물의 실상을 볼 수 있다"라고 했다. 만물이라고 했지만, 오히려 만사(萬事), 즉 온갖 일이라고 할 때 이 말은 더욱 구체성을 갖는다. 일은 사람이 하는 것이다. 그렇기 때문에 왜 모이고 왜 흩어지는지 그 이유와 목적 등을 깊이 들여다보면 결국 왜 일이 지금처럼 진행되고 다른 방향으로 진행되지 않았는지를 다 알 수 있게 된다는 말이다.

공자의 「상전」을 살펴볼 차례다. 그중에 췌괘를 총평한 「대상전」이다.

연못이 땅 위에 올라가 있는 것이 췌(萃)(가 드러난 모습)이니, 군자는 그것을 갖고서 병기를 손질해 예기치 못한 사태를 경계한다[澤上於地萃 君子以 除戎器 戒不虞].

◉

앞서 정이는 "못이 땅 위에 있다고 말하지 않고 못이 땅 위에 올라가 있다고 한 것은 땅 위에 올라가 있다고 말하면 곧장 모인다[聚]는 뜻이 되기 때문"이라고 했다. 군자 혹은 군주는 뭔가가 이렇게 모이는 모습을 보게 되면 무엇보다 병기를 손질하는 등 예기치 못한 사태에 대해 대비 태세를 갖춰야 한다. 여기서 제(除)란 점검하고 수리하는 것[簡治]이니, 기존의 그릇된 폐단과 나쁜 습속 등을 없애는 것이다. 무기를 잘 점검한다는 것은 곧 예기치 못한 사태[不虞]에 대비하려는 것이다.

췌괘의 여섯 효[六爻]에 대한 주공의 말을 풀이한 공자의 「소상전」이다.

(초륙(初六)은) 마음이 어지럽고 같은 부류들끼리 모인다[乃亂乃萃]는 것은 그 뜻이 어지럽기 때문이다[乃亂乃萃 其志亂也].

(육이(六二)는) 끌어당기면 길하여 허물이 없다[引吉无咎]는 것은 가운데 있어 아직 달라지지

않았기 때문이다[引吉无咎 中未變也].

(육삼(六三)은) 가더라도 허물은 없다[往无咎]는 것은 윗사람이 공손하기 때문이다[往无咎 上巽也].

(구사(九四)는) 크게 길해야 허물이 없다[大吉无咎]는 것은 자리가 마땅하지 않기 때문이다[大吉无咎 位不當也].

(구오(九五)는) 사람들을 모음에 있어 지위를 소유했지만[萃有位] (믿지 않는 자가 있는 것은) 뜻이 아직 빛나지 못하기 때문이다[萃有位 志未光也].

(상륙(上六)은) 한탄하며 눈물 콧물을 흘리는 것[齎咨涕洟]은 윗자리에 있으면서도 아직 편안하지 못하기 때문이다[齎咨涕洟 未安上也].

◉

췌괘의 맨 아래 첫 음효에 대해 공자는 "마음이 어지럽고 같은 부류들끼리 모인다[乃亂乃萃]는 것은 그 뜻이 어지럽기 때문이다"라고 풀었다. 주공의 효사는 상당히 길다.

> 미더움이 있으나 끝을 잘 마치지 못하면 마음이 어지럽고 같은 부류들끼리 모인다. 만일 울부짖으면 한 집단이 비웃을 것이지만, 이를 근심하지 말고 가면 허물이 없다[有孚不終 乃亂乃萃 若號 一握爲笑 勿恤 往 无咎].

모이는 때에 초륙은 음유한 자질로 양의 자리에 있어 자리가 바르지 않고, 바로 위의 육이와 친하지 않은[無比] 반면 구사와는 호응하고 있다[有應]. 여기서는 구사와 호응하는 것이 바른 도리[正道]다.

그런데 초륙은 또한 아래에 3개의 음효가 모인 곤괘의 맨 아랫자리에 있다. 여기는 사사로운 뜻을 함께하는 무리다. '미더움이 있으나'라고 한 것은 바로 하괘의 음효에 머물러 같은 음의 무리를 따를 수 있음을 말한 것이다. 그러나 이들과 함께할 경우에는 그 끝을 잘 마치지 못할 가능성이 크다. 그래서 '끝을 잘 마치지 못하면 마음이 어지럽고 같은 부류들끼리 모인다'라고 한 것이다.

'만일 울부짖으면'이란, 따라서 바른 도리를 따르기로 결심하고서 구사를 찾으려는 노력이다. 이렇게 될 경우 같은 무리[一握=一團]인 세 음효는 비웃겠지만 이를 뿌리치고 구사로 나아가면 허물이 없다고 했다. 즉 소인의 무리에 머무르기를 거부하고 떨쳐 일어나 군자를 향해 나아가야 허물이 없을 수 있다는 뜻이다.

그래서 공자는 단지 "마음이 어지럽고 같은 부류들끼리 모인다[乃亂乃萃]는 것은 그 뜻이 어지럽기 때문"이라고 풀어 소인들에 의해 어지럽혀진 뜻을 바로잡을 것을 촉구하고 있다. 그러나 대부분 사람은 함께 있는 소인들의 무리가 잘못임을 깨달아도 그들이 비웃고 손가락질할 것을 두려워해 쉽게 그 무리를 떠나지 못한다. 이는 고스란히 『논어』「위정」편에 나오는 다음 구절과 합치한다.

> 군자는 마음으로 친밀하되 세력을 이루지 않으며[周而不比], 소인은 세력을 이루되 마음으로 친밀히 하지 않는다[比而不周].

췌괘는 모이는 때이니, 모임의 두 가지 방식에 주목해야 한다. 하나는 군자가 모이는 방식이고 또 하나는 소인이 모이는 방식이다. 하나는 도리를 따르는 것이고 하나는 사욕을 따르는 것이다.

췌괘의 밑에서 두 번째 음효에 대해 공자는 "끌어당기면 길하여 허물이 없다[引吉无咎]는 것은 가운데 있어 아직 달라지지 않았기 때문이다"라고 풀었다. 주공의 효사부터 살펴야 한다.

> 끌어당기면 길하여 허물이 없으니, 미더움이 있으면 소박한 제사를 올리는 것이 이롭다[引吉 无咎 孚乃利用禴].

육이는 음효로 음위에 있으니 중정을 얻었고, 구오와 호응하니 서로 끌어당긴다. 게다가 구오 또한 중정을 얻었다. 위아래에서 중정을 얻은 양과 음이 서로 호응하니 나쁠 것이 없다. 그래서 '길하여 허물이 없으니'라고 한 것이다. 정이는 이와 관련해 "허물이 없다는 것은 허물을 잘 보완하는 것이다. 육이와 구오는 서로 이끌지 않으면 허물이 된다"라고 말했다.

이어서 소박한 제사[禴]를 올리는 것이 이롭다고 했다. 특히 미더움이 있으면 그렇다고 했다. 즉 제사를 지내다 보면 자칫 꾸미는 것을 우선시할 수 있다. 그러나 여기서는 진실한 마음이 중요함을 강조하고 있다. 문(文)보다 질(質)에 힘써야 한다는 말이다. 공자는 『논어』「양화」편에서 이렇게 물었다.

> 예(禮)다 예다 하지만, 그것이 옥과 비단을 말하는 것이겠는가? 악(樂)이다 악이다 하지만, 그것이 종과 북을 말하는 것이겠는가?

「팔일」편에서 이렇게 말했다.

> 사람이 어질지 못한데[不仁] 예를 행한들 무엇할 것이며, 사람이 어질지 못한데 음악을 행해서 무엇할 것인가?

바로 이어서 임방(林放)이 공자에게 예의 근본을 물었다. 공자는 그 질문이 훌륭하다고 칭찬한 다음 이렇게 말했다.

> 예제를 행할 때 사치스럽게 하기보다는 차라리 검박하게 하는 것이 낫고, 상제를 행할 때도 형식적인 겉치레에 치우치느니 차라리 진심으로 슬퍼함이 낫다.

그런데 공자는 그렇게 해서 허물이 없을 수 있는 까닭은 '가운데 있어 아직 달라지지 않았기 때문이다'라고 했다. 여기서 중요한 것은 달라지는 것인데, 이 문맥에서는 서둘러 조급하게 마음을 바꾸거나 달라지지 않았기 때문이라고 할 수 있다. 그것은 가운데 있기 때문이다.

다만 초륙과 비교해볼 때 육이도 크게 다르지는 않다. 비록 구오와 호응하고 있지만, 세 개의 음효의 가운데 있으니 언제라도 음효의 무리에 안주할 가능성이 있기 때문이다. 그러니 초륙의 처지와 마찬가지로, 음효의 무리와의 관계를 끊고서 구오가 끌어당길 때 따라가기만 한다면 길해 허물이 없다고 한 것이다. 그 점에서는 맨 밑에 있는 초륙과 달리 가운데 있어 한결같은 마음을 유지할 가능성이 크다.

췌괘의 밑에서 세 번째 음효에 대해 공자는 "가더라도 허물은 없다[往无咎]는 것은 윗사람이 공손하기 때문이다"라고 풀었다. 주공의 효사부터 살펴야 한다.

> 모이려다가 (뜻을 이루지 못해) 탄식한다. 이로운 바가 없으니 가더라도 허물은 없지만 다소 안타깝다[萃如嗟如 无攸利 往 无咎 小吝].

육삼의 처지부터 보자. 음유한 자질로 양의 자리에 있어 바르지 않고, 아래 육이와는 친하지 않고 구사와는 친하다. 상륙과는 호응 관계가 아니다. 여러모로 상황이 좋지 않다. 이런 점을 감안해 정이의 풀이를 읽어보자.

> 육삼은 음유한 자질로 중정을 이루지 못한 사람이다. 사람들에게 함께 모이기를 요구하지만[求萃] 사람들이 함께해주지 않는다. 구사의 경우에는 바른 호응[正應]이 아니며 또 같은 부류가 아니니, 바르지 못한 것이기 때문에 구사에게 버림을 받는다. 그래서 (이번에는) 육이와 함께하려 하지만, 육이는 본래 중정을 이룬 다음으로 구오와 호응하고 있으니 육삼과 함께할 생각이 없다. 그래서 사람을 모으려 하지만 버림받고 거절당해 탄식하니, 모임을 이루지 못해 탄식하는 것이다. 위아래가 모두 함께하려 하지 않으니 이로운 바가 없는 것이다. 육삼과 상륙은 음양의 바른 호응 관계는 아니지만 모이는 때[萃卦]에는 같은 부류끼리 서로 따른다. 둘 다 부드러운 자질로 위아래 몸체에서 각각 가장 위를 차지하고, 또 상륙은 기쁘게 순종하는[說順=兌坤] (췌괘의) 극한의 자리에 처해 있으므로 함께 모여서 허물이 없는 것이다.

그런데 여기서 끝나지 않고 '다소 안타깝다[小吝]'라고 했다. 미묘한 뉘앙스다. 이에 대한 정이의 풀이다.

> 육삼은 처음에는 구사와 육이에게 함께 모이기를 요구했다가 뜻을 이루지 못하고 뒤에 상륙에게 가서 따르니, 사람이 처신하는 것이 이와 같다면 설사 요구하는 바를 이루었다고 해도 실로 다소 안타까운 것이다.

한마디로 민망하다는 말이다. 공자의 풀이, "가더라도 허물은 없다[往无咎]는 것은 윗사람이 공손하기 때문"은 결국 육삼이 구사와 육이에게 거절을 당하고 나서 상륙을 찾아가는 것을 풀어낸 것이다. 여기서는 그것이 늦었지만 그나마 다행인 결정이기 때문일 것이다. 공자가 말한 윗사람을 구사로 보는 견해도 있는데, 그것은 공자의 「소상전」을 제대로 읽어낸 것이 아니다. 공손하다는 것은 곧 양효가 아니라 음효를 가리키기 때문이다.

췌괘의 밑에서 네 번째 양효에 대해 공자는 "크게 길해야 허물이 없다[大吉无咎(대길 무구)]는 것은 자리가 마땅하지 않기 때문이다"라고 풀었다. 주공의 효사부터 살펴야 한다.

> 크게 길해야 허물이 없다[大吉 无咎(대길 무구)].

얼핏 보면 효사와 「소상전」이 반대처럼 보인다. 효사는 긍정적인 듯하고 「소상전」은 부정적이기 때문이다. 이런 모순을 풀어내는 실마리는 '크게'에 있다.

구사의 처지를 보면 양강의 자질로 음의 자리에 있으니 자리가 바르지 않고, 아래와는 친한데 위와는 친하지 못하며, 맨 아래에 있는 초륙과는 호응 관계다. 괘의 전체 모습 속에서 구사를 보면, 같은 부류의 임금인 구오와 가까이에 있고 아래로는 많은 음효를 거느리고 있다. 이는 위로 임금에게 맞서고 아래로 백성을 거느린 형국인데, 문제는 둘 다 도리에 맞지 않다는 점이다. 정이의 설명이다.

> 위와 아래의 모임은 실로 바른 도리를 따르지 않고서 이룬 경우가 있으니, 이치를 어기고 도리를 굽혀서 군주의 신임을 얻은 자가 예로부터 많았고 이치를 어기고 도리를 굽혀서 백성의 마음을 얻은 자 또한 있었다. 예를 들어 제(齊)나라 진항(陳恒)과 노(魯)나라 계씨(季氏)가 이들이다. 그러나 이들이 크게 길했다고 할 수 있겠는가? 혹은 허물이 없었다고 할 수 있겠는가? 그래서 구사는 반드시 크게 길한 연후라야 허물이 없게 된다고 한 것이다.

그렇기 때문에 오히려 공자는 이들 관계의 부정적 측면에 주목해 '자리가 마땅하지 않기 때문'이라고 한 것이다. 우리 역사에서는 고려 때의 이자겸(李資謙)이나 조선 때의 안동 김씨 세도(勢道) 정치가 바로 여기에 해당한다.

진항(陳恒)은 진성자(陳成子) 또는 전성자(田成子), 전상(田常)으로도 불린다. 춘추 시대 제(齊)나라 사람으로 전걸(田乞)의 아들이다. 제간공(齊簡公) 때 감지(闞止)와 함께 좌우상(左右相)을 맡았다. 선조의 전통을 계승해 대두(大斗)로 재어 양식으로 대여하고 소두(小斗)로 재어 거둬들여 민심을 얻었다. 제간공 4년 감지와 더불어 간공을 공격해 살해하고, 간공의 동생 오(驁)를 세워 평공(平公)으로 삼았다. 스스로 재상이 돼 제나라의 국정을 장악하고 공족(公族-왕족) 가운데 강성한 이들을 모두 제거한 뒤 봉읍(封邑)을 확대하니, 이때부터 제나라의 권력은 전씨가 독차지하게 됐다.

노나라의 계씨(季氏)는 공자와도 직간접적으로 연결된다. 공자가 태어나기 전 기원전 8세기 말경 노나라의 15대 군주는 희윤(姬允)이었다. 무력을 떨친 군주라고 해서 환공(桓公)이라는 존칭으로도 불린다. 그의 왕위는 장남 희동(姬同)에게 전해졌다. 그런데 희윤에게는 서자 3명이 더 있었다. 그 세 아들이 각자 성을 바꿔 맹손(孟孫-仲孫 중손), 숙손(叔孫), 계손(季孫)이다. 아들의 서열을 나타내는 백(伯)·중(仲)·숙(叔)·계(季)에서 따온 것이다. 이로써 그들은 주나라 왕실의 성인 희(姬)라는 성을 버렸다. 아마도 서자이기 때문에 성을 바꿔야 했던 것 같다. 군주의 자리에 오른 희윤을 제외한 세 아들은 삼환(三桓)으로 불렸다. 그들이 환공(桓公)의 아들임을 나타내기 위함이었다.

이후 노나라는 왕실과 삼환 집안(삼가(三家))의 위태로운 공존 상태를 유지하다가 100여 년이 흐른 후인 기원전 6세기 말경, 중손멸(仲孫蔑)이라는 맹손 집안의 재상이 나머지 두 집안을 끌어들여 국왕을 무력화시키게 된다. 이로써 향후 400년간 이어지게 되는 세 집안의 과두 정치, 즉 삼환의 시대가 열린다. 국왕 쪽의 반격이 없지는 않았다. 기원전 517년(노나라 소공(昭公) 25년) 왕위에 있던 소공(昭公)이 장차 왕위를 잇게 될 태자 정공(定公)에게 당시 실권을 쥐고 있던 대부 계평자(季平子) 집안을 선제공격할 것을 권했다. 그러나 이를 미리 알게 된 계씨 집안은 나머지 맹손씨와 숙손씨 집안을 끌어들여 군주인 소공을 공격했다. 삼환 연합의 반격에 소공은 이웃 제(齊)나라로 도망쳐 8년간 망명 생활을 하다가 결국 그곳에서 세상을 떠났다. 이때 공자의 나이 35세로, 공자도 난을 피해 잠시 노나라를 떠나 있기도 했다.

우리 역사에서는 고려의 이자겸(李資謙, ?~1126)을 짚어보는 것으로 충분하다.

이자겸의 아버지는 호부낭중(戶部郎中)을 지낸 이호(李顥)이고, 부인은 해주 최씨(海州崔氏)로 시중(侍中)을 역임한 최사추(崔思諏)의 딸이다. 경원 이씨는 나말 여초(羅末麗初) 인주(仁州-인천) 지방의 호족 세력이다. 이 집안이 중앙의 귀족 가문으로 확고하게 자리 잡은 시기는 이자겸의 할아버지인 이자연(李子淵) 때였다. 이자연의 세 딸은 모두 문종에게 시집을 갔는데, 인예태후(仁睿太后)·인경현비(仁敬賢妃)·인절현비(仁節賢妃)가 그들이다. 이자겸의 누이인 장경궁주(長慶宮主) 역시 순종의 비가 됐다. 이처럼 왕실과 밀접한 관계를 맺었던 가문의 배경을 바탕으로 이자겸은 음서(蔭敍)를 통해 관직에 진출했다. 초직으로는 매우 파격적으로 합문지후(閤門祗候)라는 자리에 제수됐다. 이후 이자겸의 둘째 딸이 예종의 비가 되면서부터는 더욱 빠른 속도로 출세하게 됐다. 참지정사(參知政事)·상서좌복야(尙書左僕射)를 거쳐 개부의동삼사 수사도 중서시랑 동중서문하평장사(開府儀同三司守司徒中書侍郎同中書門下平章事)로 진급했으며, 이어 소성군개국백(邵城郡開國伯)에 봉작되면서 동시에 여러 아들도 함께 승진했다. 그러나 당시까지만 해도 이자겸의 권력이 왕실을 위협한다거나 조정의 권력을 독점할 수는 없었다. 예종이 모든 정치 세력을 균형 있게 조절해 어느 한쪽의 일방적 독주가 일어나지 않도록 막았기 때문이다. 한안인(韓安仁) 일파가 세력을 쥐고 이자겸 일파와 대립, 암투를 벌였던 상황은 그 같은 일면을 잘 보여주는 사례다.

그러다 예종이 재위 17년 만에 죽고 인종(仁宗)이 이자겸의 보필에 힘입어 즉위하게 되면서부터 이자겸의 정치적 위상은 크게 높아졌다. 우선 협모안사공신 수태사 중서령 소성후(協謀安社功臣守太師中書令邵城侯)에 책봉돼 신하로서는 최고직에 오르게 됐다. 이어 12월에는 반대파 제거에 나서게 되는데, 왕의 작은아버지인 대방공(帶方公) 왕보(王俌)와 한안인·문공인(文公仁) 등이 역모를 꾀했다고 하여 그 주모자와 일당 50여 명을 살해 또는 유배시켰다. 이렇게 되자 조정의 모든 권력은 이자겸에게로 모이게 됐다. 이자겸은 여기서 더 나아가 경원 이씨 이외의 성씨에서 왕비가 나오면 권세와 총애가 분산될 것을 우려해 강제로 셋째 딸을 인종의 왕비로 들여보내고, 얼마 뒤에는 다시 넷째 딸마저 왕비로 들여보냈다. 한때 사사로이 자기 부(府)의 주부(注簿)인 소세청(蘇世淸)을 송나라에 보내 표(表)를 올리고 토산물을 바치며 스스로 지군국사(知軍國事)라 칭하기도 했다. 여기에서 그치지 않고 실제로 지군국사가 되고자, 왕이 자기 집에 와서 그 조칙을 내려줄 것을 요청하고 날짜까지 정했다. 지군국사란 나라의 모든 일을 맡고 있다는 뜻으로 신하의 신분으로는 가질 수 없는 직함이었다.

이 같은 전횡 때문에 왕도 이자겸을 몹시 꺼려 했다. 이를 안 내시 김찬(金粲)과 안보린(安甫麟)은 동지추밀원사 지녹연(智祿延)과 공모해 왕에게 아뢰고, 상장군 최탁

(崔卓)과 오탁(吳卓), 대장군 권수(權秀), 장군 고석(高碩)과 함께 이자겸과 일당인 척준경(拓俊京) 등을 제거하려는 거사에 나서게 됐다. 이들은 약속된 날 밤에 군사를 거느리고 궁궐로 들어가, 우선 척준경의 동생인 병부상서 척준신(拓俊臣)과 아들인 내시 척순(拓純) 등을 살해했다. 이것이 이른바 '이자겸의 난'의 발단이었다.

변란을 알게 된 이자겸과 척준경은 남은 무리와 병졸들을 이끌고 궁성을 포위한 후 불을 지르고 많은 사람을 살해했다. 이에 놀란 왕은 글을 지어 이자겸에게 선위(禪位)하고자 했다. 그러나 양부(兩府)의 의론을 두려워했고, 한편으로는 이자겸과 재종형제(再從兄弟) 간으로 평소 이자겸의 발호를 못마땅하게 여기던 이수(李需)와 귀족 관료인 김부식(金富軾) 등의 반대로 저지됐다.

그 뒤 이자겸은 왕을 자기 집으로 이어(移御)시키고 국사를 제멋대로 처리했다. 이때 군신 관계를 요구해온 금나라에 대해 모든 신료의 반대를 무릅쓰고 받아들였다. 자신의 권력을 유지하기 위한 결정이었다. 더군다나 왕위에 대한 미련을 버리지 못해 인종을 여러 차례 독살하려 했다. 그때마다 왕비의 기지로 왕은 겨우 화를 면할 수 있었다. 이같이 어려운 상황에서 인종의 밀명(密命)을 받은 내의(內醫) 최사전(崔思全)이 이자겸과 척준경의 사이를 떼어놓는 데 성공했다. 결국 이자겸은 척준경에 의해 제거됐고, 유배지인 영광(靈光)에서 죽었다. 그대로 일이 진행됐더라면 이자겸은 한나라의 왕망(王莽) 같은 존재가 됐을 것이다.

한편 1123년(인종 1년)에 송나라 사신을 따라왔던 서긍(徐兢)은 『고려도경(高麗圖經)』이라는 견문록에서 이자겸을 "풍채가 맑고 위의는 온화하며 뛰어나고 훌륭한 선비들을 반겼다"라고 평하고 있다. 아랫사람들의 마음을 얻었다는 말이다. 이 또한 왕망이 겉으로나마 자신을 낮춰 선비를 대우했던 때의 겸손한 모습과 일맥상통한다.

췌괘의 밑에서 다섯 번째 양효에 대해 공자는 "사람들을 모음에 있어 지위를 소유했지만[萃有位] (믿지 않는 자가 있는 것은) 뜻이 아직 빛나지 못하기 때문이다"라고 풀었다. 주공의 효사부터 살펴야 한다.

사람들을 모음에 있어 지위를 소유하고 허물이 없다. 믿지 않는 자가 있거든 원영정(元永貞) 하면 뉘우침이 없다[萃有位 无咎 匪孚 元永貞 悔亡].

모이는 때의 구오는 처지가 어떤지 보자. 강양의 자질로 양의 자리에 있으니 자리는 바르고, 바로 아래의 구사와는 친하지 않지만[無比] 상륙과 가깝고 육이와 호응하고 있다. 게다가 스스로도 중정(中正)을 얻었고 호응 관계인 육이도 중정한 자다. 구사와의 관계를 제외한다면 대부분 좋다. 그래서 효사에서도 "사람들을 모음에 있어 지위를 소유하고 허물이 없다"라고 한 것이다.

여기까지 일의 이치[事理]다. 그러나 일의 형세[事勢]에 따라 정당하게 자리에 있고 도리까지 갖춰도 따르지 않으려는 자들이 있게 마련이다. 그것을 '믿지 않는 자가 있거든'이라고 했다. 예를 들면 앞서 본 바와 같이, 순(舜)임금처럼 큰 다움[大德]을 갖춘 이가 왕위에 올랐지만, 유묘(有苗)는 쉽게 복종하려 하지 않았다. 이럴 때 무력을 쓰기보다는 '원영정(元永貞) 하면' 결국은 그들도 스스로 찾아와 복종하게 돼 뉘우칠 일이 없어지는 것이다. 앞서 본 대로 순임금은 처음에는 유묘를 정벌하려 했다가 뒤늦게 깨우치고서 자신의 문덕(文德)을 닦아 저들이 스스로 찾아오게 했다.

원영정(元永貞)에 대해서는 이미 비괘(比卦)에서 '으뜸이 되고 오래가며 반듯하면'이라고 푼 바 있다. 거기서 정이는 이렇게 말했다.

> 원(元)이란 군장(君長)의 도리고, 영(永)이란 꾸준히 오래감[常久]이고, 정(貞)이란 바른 도리[正道]다. 윗사람이 아랫사람을 친밀하게 대할 때는 반드시 이 세 가지로 해야 하고, 아랫사람이 윗사람을 따를 때도 반드시 이 세 가지를 갖춘 사람인지를 잘 가려야만 허물이 없다.

여기서도 그대로다. 믿지 못하는 자를 믿게 만드는 것은 지도자의 몫이다. 뜻이 빛나게 하는 것이 바로 원영정(元永貞) 하는 것이다.

췌괘의 밑에서 맨 위에 있는 음효에 대해 공자는 "한탄하며 눈물 콧물을 흘리는 것[齎咨涕洟]은 윗자리에 있으면서도 아직 편안하지 못하기 때문이다"라고 풀었다. 주공의 효사부터 살펴야 한다.

> 한탄하며 눈물 콧물을 흘리는 것이니 탓할 곳이 없다[齎咨涕洟 无咎].

정이의 풀이다.

상륙은 기쁨의 주인이고 음유한 자질의 소인이다. 높은 지위를 기뻐하면서 자처하고 있으니 천하에 누가 그와 함께하려고 하겠는가? 모이기를 구하지만, 사람들이 함께하려고 하지 않는다. 그래서 곤궁함에 빠져 한탄하고 눈물 콧물을 흘리는 지경에 이른 것이다. 이처럼 사람들이 절교하는 것은 스스로 불러들인 것이니 또 누구를 탓하겠는가? 실로 소인의 모습이다.

음유한 자질의 소인이 맞지 않는 자리에 있다 보니 편안할 수 없다. 공자는 이 점을 지적했다. 『논어』「이인」편에서 공자가 전하는 군자의 모습과는 정반대라고 할 수 있다.

부유함과 고귀함[富貴(부귀)], 이 둘은 사람이라면 누구나 얻고자 하는 바이지만 그 도리로써 얻은 것이 아니라면 편안하게 받아들여서는 안 되고, 가난과 천함[貧賤(빈천)], 이 둘은 비록 사람들이라면 누구나 싫어하는 것이지만 그 도리로써가 아니라면 떠나지 말아야 한다. (힘들다고 해서) 어짊[仁(인)]에서 떠나버린다면 어찌 군자라는 이름값을 하겠는가? 군자라면 밥을 먹을 때도, 구차한 때에도, 위급한 때에도 늘 어짊[仁(인)]과 함께하려고 노력해야만 어짊[仁(인)]이 떠나지 않고 곁에 남아 있게 되는 것이다.

군자의 모임과 소인의 모임의 차이를 음미하며 췌괘를 마친다.

46. 지풍승(地風升)[223]

승(升)은 크게 형통하니 이로써 대인을 만나보되 근심하지 말고 남쪽으로 가면 길하다.
升(승) 元亨(원형) 用(용)見(견)大人(대인) 勿恤(물휼) 南征(남정) 吉(길).[224]

초륙(初六)은 믿고서 따라 올라가는 것이니 크게 길하다[允升(윤승) 大吉(대길)].
구이(九二)는 미더움이 있어야 마침내 소박한 제사를 쓰는 것이 이로우니 허물이 없다[孚(부)乃(내)

223 문자로는 곤상손하(坤上巽下)라고 한다.

224 원형(元亨)이 나온다.

利用禴 无咎].
구삼(九三)은 빈 고을[虛邑]에 올라가는 것이다[升虛邑].
육사(六四)는 왕이 이로써 기산(岐山)에서 형통하듯이 하면 길하고 허물이 없다[王用亨于岐山 吉 无咎].
육오(六五)는 반듯해야 길하니 계단을 오르는 것처럼 한다[貞吉 升階].
상륙(上六)은 올라가는 데 어두우니[冥升] 쉬지 않는 반듯함에 이롭다[冥升 利于不息之貞].

◉

승괘(升卦)의 초륙(初六)은 양위에 음효로 바르지 못함[不正位], 구이(九二)는 음위에 양효로 바르지 못함, 구삼(九三)은 양위에 양효로 바름[正位], 육사(六四)는 음위에 음효로 바름, 육오(六五)는 양위에 음효로 바르지 못함, 상륙(上六)은 음위에 음효로 바름이다. 이 괘의 경우는 구이와 육오 모두 바르지 못해 중정을 얻지 못했다.

대성괘 승괘(䷭)는 소성괘 곤괘(坤卦, ☷)와 손괘(巽卦, ☴)가 위아래에 있어 만들어진 괘다. 「설괘전」에 따르면 '곤(坤-땅)으로 간직하고' '바람[風]으로 흩어지게 한다[藏]'고 했다. 괘의 모양이 곤(坤)이 위에 있고 손(巽)이 아래에 있다.

그러면 「서괘전」을 통해 왜 승괘가 췌괘의 뒤를 이어받았는지 확인해보자.

> 모여서 위로 올라가는 것[聚而上]을 일러 승(升)이라고 한다. 그래서 췌괘의 뒤를 승괘(升卦)로 받았다.
>
> 聚而上者謂之升. 故受之以升.

일이나 사물은 모이면 쌓이고, 쌓이면 올라가게 된다. 지풍승괘(地風升卦, ䷭)는 아래가 손괘(☴), 위가 곤괘(☷)로, 췌괘(萃卦)와는 종괘 관계다. 일반적으로 땅속에서 나무가 자라나 올라오는 것으로 풀이한다.

이번에는 「잡괘전」을 통해 췌괘와 승괘의 관계를 살펴보자.

췌(萃)는 모이는 것[聚]이요 승(升)은 오지 않음[不來]이다.

승(升)에 대한 풀이가 독특하다. 췌괘(萃卦, ䷬)와 승괘(升卦, ䷭)는 서로 종괘 관계다. 「서괘전」에서는 "췌(萃)란 모인다[聚]라는 말이다. 모여서 위로 올라가는 것[聚而上]을 일러 승(升)이라고 한다"라고 했으니 췌(萃)는 그대로인데, 승(升)은 여기서 왜 '오지 않음[不來]'이라고 한 것일까? 오지 않음이란 가서 돌아오지 않는다[不還]는 뜻이다. 즉 위로 올라가기만 하니 그래서 돌아오지 않는다는 말이다. 이때 자신을 낮추면 오래 위에 있을 수 있지만 교만하거나 게으르면[驕逸] 곤경에 처할 수 있다.

문왕의 단사(彖辭), 즉 "승(升)은 크게 형통하니 이로써 대인을 만나보되 근심하지 말고 남쪽으로 가면 길하다[王元亨 用見大人 勿恤 南征 吉]"에 대한 공자의 풀이[「彖傳」]를 살펴볼 차례다.

부드러움[柔]이 때에 맞춰[以時] 올라가서 공손하면서도 고분고분하고[巽而順] 굳세면서도 가운데 있어 호응하니[剛中而應], 이 때문에 크게 형통한 것이다. "대인을 만나보되 근심하지 말고"라는 것은 경사가 있게 된다는 것이고, "남쪽으로 가면 길하다"라는 것은 뜻이 행해지기[志行] 때문이다.

柔以時升 巽而順 剛中而應 是以大亨.
用見大人勿恤 有慶也.
南征吉 志行也.

◉

부드러움이란 상괘, 즉 위에 올라간 곤괘를 말한다. 손괘는 반면에 자신을 낮춰 아래에 있다. 이어서 '굳세면서도 가운데 있어 호응하니[剛中而應]'라고 한 것은, 구이가 비록 자리는 바르지 않지만, 강중(剛中)한 도리로 육오에 호응하고 육오도 고분고분한 다움으로 가운데 있으면서 구이와 호응해 서로 때를 조정할 줄 안다. 그래서 '크게 형통하다'라는 것이다.

지위의 상승은 임금을 통해야 하고 도리의 상승은 빼어나거나 뛰어난 이를 통해야 한다. 굳센 자질을 갖고서 때에 맞춰 공순한 도리로 군주를 만나본다면 좋을 일이 있을 수밖에 없으니 근심하지 말라고 한 것이다.

'남쪽으로 가면 길하다'에 대한 정이의 풀이다.

> 남쪽이란 사람들이 향하는 곳이다. 남쪽으로 간다는 것은 앞으로 나아간다[前進]는 뜻이다. 앞으로 나아가면 위로 올라갈 수 있고[升] 그 뜻을 행할 수 있으니, 이 때문에 길하다는 것이다.

공자의 「상전」을 살펴볼 차례다. 그중에 승괘를 총평한 「대상전」이다.

> 땅속에서 나무가 자라는 것이 승(升)(이 드러난 모습)이니, 군자는 그것을 갖고서 다움에 고분고분해[順德] 작은 것을 쌓음으로써 높고 크게 한다[地中生木升 君子以 順德 積小以高大].

◉

이에 대해서는 후한(後漢) 때의 학자 왕부의 『잠부론』 「찬학(讚學)」편에 나오는 다음 구절이 저절로 풀이가 된다. 아직 출간되지 않은 필자의 번역 판본의 일부다.

> 1.4
> 공자가 말했다.
> "내가 일찍이 낮에는 밥도 먹지 않고 밤에는 잠도 자지 않고 생각만 해보았지만 얻는 것이 없었다. 배우는 것만 못하다."
> "(군자는 도리를 도모하지 밥을 도모하지 않는다.) 밭을 갊에 굶주림이 그 가운데 있고 배움에 벼슬이 그 가운데 있으니, 군자라면 (마땅히) 도리를 근심하지 가난을 근심하지 않는다."[225]

---

225 譯註評-둘 다 『논어』 「위령공」편에 연이어 나오는 말이다. 그런데 생각과 배움의 관계에 대해 공자는 「위정」편에서 이렇게 말했다. "배우기만 하고 생각은 하지 않는다면 속임[欺罔-欺瞞]을 당하기 쉽고, (반대로) 생각만 하고 배우지는 않는다면 위태로워질 수 있다." 이것이 공자의 본래 생각에 더 가깝다고 할 것이다. 뒤 구절과 관련해서

기자(箕子)[226]는 육극(六極)을 진술했고[227] 「국풍(國風)」에서는 「북문(北門)」[228]을 노래했으니, 이것이 이른바 가난을 근심하지 않는다는 것이다. 어찌 가난을 좋아해[好貧] 그것을 근심하지 않는 것이겠는가? 이는 대개 뜻을 한곳에 전념하는 바가 있어 그 중대함을 밝히려 했기 때문이다. 이 때문에 군자는 풍요롭고 두터움[豐厚=丰厚]을 추구하되 그것은 아름다운 음식[嘉饌]이나 좋은 옷, 음란한 음악이나 여색이 아니며, 다름 아닌 장차 그 도리에 다다르고[厎=致=至] 그 다움을 기르는 것[邁德=進德]이다.[229]

1.5

무릇 도리[道]란 배움[學]에서 이뤄지고 책에 간직되며[藏], 배움은 (스스로) 분발함[振=自勵]에서 나아가고 (스스로) 멈춤[窮=已=止]에서 그만두게 된다[廢].[230] 이 때문에 동중서

는 「위정」편에 나오는 공자의 다음과 같은 말이 사실상 풀이가 된다. "제자 자장(子張)이 벼슬을 구하는 법에 관해 묻자 공자가 이렇게 답했다. '많이 듣고서(듣되) 의심나는 것은 제쳐놓고 그 나머지 것(其餘)들에 대해서만 신중하게 이야기한다면 허물이 작을 것이요, 많이 보고서 위태로운 것은 제쳐놓고 그 나머지를 신중하게 행한다면 후회가 적을 것이니, 말에 허물이 작고 행실에 후회할 일이 적으면 벼슬자리는 절로 따라오게 될 것이다.'"

226 譯註評-주(紂) 임금의 제부(諸父) 또는 서형(庶兄)이라고 한다. 자작(子爵)에 봉해지고, 기(箕)에 봉국을 받았다. 주 임금이 폭정을 행하자 충간했지만 듣지 않았다. 나중에 비간(比干)이 살해당하는 것을 보고 두려워 머리를 풀어헤치고 거짓으로 미친 척하다가 감옥에 갇혔다. 주 무왕(周武王)이 상나라를 멸망시킨 뒤 석방됐다. 무왕이 기자를 방문해 대화를 나눈 내용이 『서경』 「홍범(洪範)」편이라고 한다. 한편 기자조선(箕子朝鮮)의 시조라고도 한다. 이름은 서여(胥餘) 또는 수유(須臾)다. 주 무왕이 상나라를 멸망시키자 동쪽으로 도망해 고조선에 들어와 예의와 베 짜는 법, 팔조금법(八條禁法)을 가르쳤다고 한다. 중국의 옛 기록에 따르면 기자의 묘는 양(梁)나라 몽현(蒙縣)에 있다고 한다. 한국 평양(平壤)에 남아 있는 기자묘나 사당 등은 모두 고려와 조선 시대에 만들어진 것으로, 이때부터 기자에 대한 숭배 사상이 강해진 것으로 보인다.

227 譯註評-『서경』 「주서(周書)·홍범(洪範)」편에 나온다. 육극이란 단명하는 것[凶短折], 질병[疾], 근심[憂], 가난[貧], 나쁜 일[惡], 쇠약[弱]이다. 단명하는 것은 수명[壽]의 반대이고, 또한 하늘이 부여한 수명을 다 살고 죽는 것의 반대다. 질병과 근심은 심신의 평안을 유지하는 것의 반대이고, 나쁜 일과 쇠약은 다움을 좋아하는 것의 반대다. 육극 중에서도 지극한 것을 궁극(窮極)이라 한다.

228 譯註評-『시경』 「패풍(邶風)」의 편 이름이다. 그 1장이다. "북문으로 나가면 근심하는 마음 커졌노라. 끝내 가난하고 빈곤하거늘[寠且貧] 나의 어려움 알아주는 이 없도다. 어쩔 수가 없구나, 하늘이 실로 이렇게 만드셨으니 말해본들 무엇하리오."

229 譯註評-1.4는 『논어』 「옹야」편에서 공자가 제자 안회를 찬미한 내용과 정확히 합치된다. "뛰어나구나[賢], 안회여! 한 대그릇의 밥과 한 표주박의 물로 누추한 삶을 살아가는 것을, 일반 사람은 그 근심을 견뎌내지 못하는데 안회는 늘 한결같아 마음의 즐거움을 조금도 바꾸려 하지 않는다. 뛰어나구나, 안회여!"

230 譯註評-원문에는 自라는 글자가 없지만, 문맥상 배움은 스스로 시작하고 스스로 그만두는 것이다. 『논어』 「옹야」편에 따르면, 재주가 많은 제자 염유(冉有)가 "저는 스승님의 도리를 좋아하지 않는 것은 아니지만 그것을 향

(董仲舒, BC 170~120년경)[231]가 평생토록 집안일에 대해서는 묻지 않고 경군명(景君明, BC 77~37)[232]이 한 해가 다 가도록 문을 나서거나 뜰에도 나가지 않고서도 그 배움을 예리하고 치밀하게 하여[銳精][233] 그 학업을 훤히 밝힐 수 있었던 것은 집안이 부유했기 때문이다. 부유하고 편안함[富佚]이 그와 같았는데[若彼]도 능히 부지런하고 치밀함이 이와 같았으니[若此][234], 타고난 재주가 뛰어난 인물[材子][235]이라 할 것이다. 예관(倪寬, ?~BC 103)[236]

해 나아가기에는 힘이 달립니다"라고 말하자 공자는 이렇게 말했다. "힘이 부족하다고 말하는 자는 대부분 중도에 포기하는 자[中道而廢]이니, 지금 너는 스스로 자신의 한계를 긋고 있는 것[畫=自劃]이다."

231 譯註評-한나라 때 사람이다. 젊어서 『춘추공양전(春秋公羊傳)』을 공부했고, 경제(景帝) 때 박사(博士)가 됐다. 무제(武帝) 때 현량대책(賢良對策)으로 백가(百家)를 몰아내고 유술(儒術)만 존중할 것을 주장했는데, 무제가 받아들여 이후 2000년 동안 유학(儒學)이 정통 학술로 자리하는 계기를 만들었다. 일찍이 강도상(江都相)과 교서왕상(膠西王相)을 지냈다. 나중에 병을 이유로 사직하고 학문 연구와 저술에만 힘썼다. 항상 장막을 치고 제자를 가르쳤기 때문에 그의 얼굴을 모르는 제자도 있었다. 학문은 유학을 중심으로 하면서도 음양오행(陰陽五行)이나 천인감응(天人感應) 같은 학문 체계도 갖추고 있었다. 천도(天道)와 인사(人事)가 서로 부응한다고 하여 군신(君臣)과 부자(父子), 부부(夫婦)의 도리도 모두 천의(天意)에서 나온다고 하면서, "하늘이 바뀌지 않으면 도리도 바뀌지 않는다"라고 주장했다. 나중에 자신의 학설로 말미암아 투옥되는 등 파란 많은 생애를 살았다. 저서에 『동자문집(董子文集)』, 『춘추번로(春秋繁露)』 등이 있다.

232 譯註評-뒤에 나오는 「현난(賢難)」편이나 「고적(考績)」편에서는 경방(京房)이라 칭하고 있다. 경(景)은 옛날에 경(京) 자와 통용됐다. 「급취(急就)」편에도 경군명(景君明)이 나온다. 「현난(賢難)」편에서는 "선사(先師) 경군(京君)"이라고 칭하고 있다. 한나라 사람들은 스승을 군(君)이라고 칭했다. 경방은 본성(本姓)은 이씨(李氏)고, 자는 군명(君明)이다. 맹희(孟喜)의 문인 초연수(焦延壽)에게 『주역』을 배웠고, 금문경씨역학(今文京氏易學)의 개창자다. 원제(元帝) 초원(初元) 4년(BC 45) 효렴(孝廉)으로 천거돼 낭(郎)이 됐다. 여러 차례 글을 올려 재이(災異)에 대해 말했는데 자주 적중했다. 중서령(中書令) 석현(石顯) 등이 권력을 좌우한다고 탄핵했다가 석현과 오록충종의 미움을 받아 위군태수(魏郡太守)로 쫓겨났다. 한 달 뒤 오록충종의 『주역』과 학설이 다르다는 이유로 석현의 참소를 입어 기시(棄市)의 형을 당했다.

233 譯註評-유흠(劉歆)과 양웅(揚雄)의 글에 "한 해가 다 가도록 예리하고 치밀하게 하여 이 책을 완성했다"라는 말이 나온다.

234 譯註評-若彼와 若此가 대조를 이루고 있다.

235 譯註評-『춘추좌씨전』 문공(文公) 18년에 "재자(才子) 여덟 사람이 있었다"라고 했다. 才와 材는 통한다.

236 譯註評-무제(武帝) 때 사책(射策)으로 정위문학졸사(廷尉文學卒士)가 돼 정위 장탕(張湯)의 신임을 받고 시어사(侍御史)에 올랐다. 무제 원정(元鼎) 4년(BC 113) 중대부(中大夫)에서 좌내사(左內史)로 옮겼다. 재임하는 몇 년 동안 농상(農桑)을 권하고 형벌을 완화했으며 옥사(獄事)를 순리대로 처리해 관리와 주민들의 신임을 받았다. 또 정국거(鄭國渠) 상류 남안에 육보거(六輔渠)를 설치해 관개 면적을 확대할 것을 건의했다. 세금을 제대로 걷지 못해 인사 고과에서 최하 등급을 받고 면직하게 됐는데, 백성이 다퉈 세금을 바쳐 다시 최고 등급을 얻게 됐다고 한다. 나중에 어사대부(御史大夫)에 임명되고, 사마천 등과 함께 『태초력(太初曆)』을 제정했다.

은 도항(都巷)에서 노동력을 팔았고[賣力]237 광형(匡衡)238은 스스로를 팔아[自鬻=自賣] 고용살이를 했는데, 자신이 가난했기 때문이다. 가난하고 앞길이 막힌 것[貧阨]이 그와 같았는데도 능히 배움에 나아간 것[進學]이 이와 같았으니 특출난 선비[秀士]239라 할 것이다. 당대의 배우는 선비[學士]240는 항상 만 단위로 셀 만큼 많지만, 도리를 끝까지 파고든 자[究塗者=究道者]241는 수십 명도 안 되니 그 까닭은 무엇인가? 그것은 부유한 사람의 경우에는 재물[賄=財] 때문에 치밀함[精]이 더럽혀지고 가난한 사람의 경우에는 궁핍[乏] 때문에 계획을 바꾸게 돼[易計], 간혹 배우기에 가장 적절한 시기[朞=綦=极]를 잃게 되기 때문이다. 이것이 그 사람들이 배우려는 초심을 잃고[逮初]242 성과를 얻지 못한 채[喪功] 결국[及=終] 무지한 상태[童蒙]243로 남게 되는 까닭이다. 이 때문에 동중서나 경군명의 재주[董景之才] 혹은 예관이나 광형의 뜻[倪匡之志]이 없으면서 집안을 다 털고[捐家] 몸을 던져[出身=投身] 오랜 세월 동안[曠日] 스승의 문하[師門]에 힘써 나아가려는 자는 틀림없이

---

237 譯註評-『한서』「예관전(倪寬傳)」편에서 이렇게 말했다. "(예관은) 군국(郡國)의 천거를 받아 박사에 이르렀고 공안국(孔安國)에게 학문을 배웠다. 집안이 가난해 제대로 먹고살 것이 없어 일찍이 (공안국의) 제자들의 취사 담당자들[都養=都巷]을 돌보아주며 생계를 이었다. 이때에는 날품팔이가 성행했는데, 경전을 끼고 다니면서 밭갈이를 하러 다녔고 잠깐이라도 쉴 틈만 있으면 경전을 읽고 외웠으니 그 정진함이 이와 같았다." 안사고(顔師古)는 도양(都養)에 관한 주에서 "도(都)란 무리가 많다는 뜻이고 양(養)은 취사 담당자[烹炊]들을 돌보아주는 것"이라고 했다.

238 譯註評-후창(後蒼)을 좇아 『제시(齊詩)』를 배웠고 문학에 능했으며 『시경』에 정통했다. 선제(宣帝) 때 사책갑과(射策甲科)에 합격해 태상장고(太常掌故)에 제수되고 평원문학(平原文學)에 올랐다. 원제(元帝) 초에 낭중(郎中)이 됐고 박사(博士)와 급사중(給事中)으로 옮겼다. 글을 올려 시정(時政)을 논했는데 경의(經義)와 잘 맞아떨어졌다. 광록훈(光祿勳)과 어사대부를 역임했다. 원제 건소(建昭) 3년(BC 36) 승상(丞相)이 돼 낙안후(樂安侯)에 봉해졌다. 성제(成帝)가 즉위하자 왕존(王尊)에게 탄핵을 당했다. 성제 건시(建始) 3년(BC 30) 봉국(封國)의 전조(田租)를 과다하게 거둔 죄로 면직돼 서인(庶人)이 됐다. 육경(六經) 외에도 『논어』와 『효경』을 숭상했다. 특히 『시경』을 잘 해설했다. 사단(師丹)과 복리(伏理), 만창(滿昌) 등에게 학문을 전수해 광씨제시학(匡氏齊詩學)을 개창했다.

239 譯註評-『예기』「왕제(王制)」편에서 이렇게 말했다. "각 고을에 명해 특출난 선비[秀士]를 논하여 사도(司徒-교육책임자)에게 추천하게 하고 그 추천된 사람을 선사(選士)라고 했고, 그 선사 중에서 뛰어난 사람을 다시 골라 국학(國學-성균관)에 추천하게 하고 그 추천된 사람을 준사(俊士)라고 했다."

240 譯註評-『한서』「동중서전(董仲舒傳)」편에 이런 표현이 나온다. "배우는 선비[學士]들은 모두 다 스승으로서 그를 높였다."

241 譯註評-단순한 구도자(求道者)와는 구별되니, 구도자(究塗者)는 중도에 포기하지 않고 끝까지 파고드는[窮] 사람을 말한다.

242 譯註評-"逮는 違의 잘못"이라 한 해석을 따랐다.

243 譯註評-『주역(周易)』 몽괘(蒙卦, ䷃)에 나오는 말로, 아직 배움을 통해 밝혀지지 않은 상태를 말한다. 몽괘는 만물이 처음 생겨나는 준괘(屯卦, ䷂)에 바로 이어지는 괘인데, 처음 생겨난 것은 몽매하여 개발되지 못했기 때문이다.

거의 없다고 할 것이다.[244]

(반면에) 무릇 이 네 사람[四子]은 귀 밝고 눈 밝으며[耳目聰明] 충성스럽고 믿음직하며 청렴하고 용기가 있어[忠信廉勇] 틀림없이 그에 필적하려[儔=匹=侶=仇] 하지 않는 사람이 없을 것이지만, 그들이 이름을 이루고[成名] 공적[績=功]을 세워 좋은 평판[德音]과 아름다운 명성[令問=令聞]이 그침이 없으니[不已][245], 거기에는 그렇게 된 까닭[所以然][246]이 있을 터인데 무릇 어째서 그런 것일까? 이는 왜냐하면 다만[徒=但只] 그들이 능히 옛 빼어난 이[先聖]의 가르침과 경서[典經]에 스스로를 맡겨[自託][247] 부자(夫子-공자)가 남긴 가르침에 마음을 묶어둘 수 있었기[結心] 때문이다.

1.6

이 때문에[是故=是以] 조보(造父)[248]가 내달리면[疾趨=疾走] 100걸음 만에 그만두겠지만 수레에 몸을 맡기면[託] 앉은 채 1000리도 간다. 수사(水師-강을 책임지는 관리)에게 배의 고물과 이물[軸=舳艫]을 물에 띄우라고 하면 밧줄이 풀어져 가라앉겠지만, 배와 노[舟楫]

---

244 譯註評-『염철론(鹽鐵論)』「상자(相刺-서로 헐뜯음)」편에서 "70명 제자가 부모를 떠나고 집안 재산을 다 털어[捐室家] 짐을 짊어진 채 공자를 따라다녔다"라고 했고, 『한서』「혹리전(酷吏傳)」편에서는 "이미 부모 곁을 떠나와 몸을 던졌으니[出身], 이 몸은 마땅히 직분을 다하고 목숨을 바쳐 절개를 지키다가 관직에서 죽을 뿐이며 끝내 처자식조차 돌보지 않겠다"라고 했으며, 「한신전(韓信傳)」편에서는 "오랜 세월 동안[曠日] 버텼다"라고 했다.

245 譯註評-『시경』「소아(小雅)·남산유대(南山有臺)」편에 이르기를 "좋은 평판 그지없도다[德音不已]"라고 했고, 「대아(大雅)·문왕(文王)」편에 이르기를 "아름다운 명성 그지없도다[令聞]"라고 했다. 이 책에서는 대부분 問을 聞과 같은 뜻으로 쓰고 있다.

246 譯註評-『한서』「가의전(賈誼傳)」편에 이르기를 "의(誼)가 그렇게 된 것의 연유[所以然之故]를 갖춰 말했다[具道=具陳]"라고 했다.

247 譯註評-『예기』「문왕세자(文王世子)」편에서 이렇게 말했다. "무릇 처음 배움을 세울 때[立學]는 반드시 선성(先聖)과 선사(先師)에게 석전(釋奠)을 행했다." 『한서』「채의전(蔡義傳)」편에서 채의는 이렇게 말했다. "신은 산동(山東)의 산골 사람으로 행실이나 능력이 다른 사람에 비할 바가 못 되고 용모 또한 보통 사람에도 미치지 못하지만, 그런데도 인륜을 버리지 못하는 것은 가만히 생각건대 옛 스승[先師]에게 도리를 들었고 스스로 경술(經術)에 의탁하고 있기[自托] 때문입니다."

248 譯註評-고유 명사일 경우 '父'의 발음은 부가 아니라 보다. 조보는 고대 중국에서 말을 잘 몰던 사람이다. 조씨(趙氏)의 조상이다. 주(周)나라 천자 목왕(穆王)에게 팔준마(八駿馬)를 바쳐 총애를 받았다. 목왕이 그에게 말을 몰게 해서 서쪽으로 순수(巡狩)를 갔다가 서왕모(西王母)를 만나 즐거움에 빠져 돌아올 줄 몰랐는데, 서언왕(徐偃王)이 반란을 일으키자 하루 만에 1000리를 달려 대파(大破)했다. 이로 인해 목왕이 그에게 조성(趙城)이란 이름을 주니, 이로부터 조씨가 됐다.

에 스스로를 맡길 경우 앉은 채 장강이나 황하[江河]라도 건너게 된다. 그러므로 군자란 그 본성이 탁월한[絶世] 것이 아니라 물건에 스스로 맡기기를 잘[善] 하는 사람이다.[249] 사람의 타고난 심정이나 본성[情性]은 서로 100배의 차이도 날 수 없지만, 그 눈 밝음과 지혜[明智]는 서로 1만 배까지 차이가 날 수 있다. 이렇게 되는 것은 본래 타고난 본성의 재능 때문이 아니라 반드시 뭔가의 힘을 빌려[假=託] 그렇게 되는 것이다.[250] 군자의 본성은 아직 반드시 다 밝혀진 것이 아니기[未必盡照][251] 때문에, 배움을 통해서야 귀 밝음과 눈 밝음[聽明]이 가려지지 않게 되고 마음과 지혜[心智]가 막히지 않아 앞선 시대의 제왕(帝王)을 모범으로 삼고 뒤로는 백세(百世)(의 방향)를 정하게 된다.[252] 이것이 곧 도리를 밝히는 것이니, 군자는 능히 이에 자신을 맡겨 스스로를 훤히 드러낼[自彰] 뿐이다.

1.7

무릇 이 때문에 마음에 있어서 도리[道]가 갖는 역할은 사람의 눈에 있어서 불빛[火]이 갖는 역할과 같다.[253] 구덩이나 깊은 방에 있으면 어둡고 캄캄해[幽黑] 아무것도 보이지 않지만, 활활 타는 등불[盛燭]을 갖추면 온갖 사물이 다 뚜렷해진다[彰].[254] 이렇게 되는 것

249 譯註評-『순자(荀子)』「권학(勸學)」편에서 말했다. "수레와 말을 타면 발이 더 빨라지는 것[利]은 아니지만, 천 리 길도 갈 수 있다. 배와 노에 맡길 경우 물에 익숙하지[能水] 않더라도 장강이나 황하를 건널 수 있다[絶=渡]. 군자는 나면서부터 남과 달랐던 것이 아니라, 사물을 잘 이용할 줄 아는 것이다." 이 점에서 왕부(王符)는 순자의 영향을 많이 받았다고 할 수 있다.

250 譯註評-『한시외전(韓詩外傳)』 권4에서 이렇게 말했다. "사람들은 똑같아서 재주도 균등한데, 귀천(貴賤)에서 서로 1만 배씩 차이가 나는 것은 마음을 다하고 뜻을 지극히 하는[盡心致志] 데서 생겨난다."

251 譯註評-이와 거의 같은 표현이 사마천의 『사기』「이사전(李斯傳)」편의, 조고(趙高)가 2세황제를 현혹시키려고 하는 말 중에 나온다. "폐하께서는 춘추가 젊어 아직 반드시 모든 일에 다 능통할 수 없습니다[未必盡通諸事]."

252 譯註評-『순자(荀子)』「유효(儒效-유학의 효험)」편에서 말했다. "얼마 전[鄕也=向也=向者]에는 문(門)과 방(房)도 혼동돼 명확하게 구분하지 못하다가 잠시 후[俄而]는 어짊과 마땅함의 근원을 파헤치고[原仁義] 옳고 그름을 나누며 천하를 손바닥 위에서 주무르면서 희고 검은 것을 분별해낸다면, 어찌 어리석다가 지혜롭게 된 것이 아니겠는가?" 또 「불구(不苟-구차해지지 말라)」편에서 말했다. "군자가 근래의 임금들[後王]의 도리를 잘 살핀 다음에 여러 옛 임금의 지난 일들을 논한다면, 마치 팔짱을 끼고 앉아 토의하는 것과 같이 쉬울 것이다."

253 譯註評-『묵자(墨子)』「경설(經說)」 하편에서 말했다. "지혜는 눈으로 보고, 눈은 불빛으로 본다[智以目見 而目以火見]."

254 譯註評-『예기』「중니연거(仲尼燕居-공자의 평상시 모습)」편에서 이렇게 말했다. "비유컨대 밤새도록 어두운 방 안[幽室]에서 뭔가를 찾고 있는 것과 같은 것이니, 촛불이 아니면 무엇으로 볼 수 있겠는가?"

은[此則] 불빛의 밝음 때문이니, 눈의 빛 때문이 아니요, 눈이 이 불빛의 도움을 빌려 밝아지는 것이다. 하늘과 땅의 도리나 신명(神明)의 작용[爲][255]은 눈으로 볼 수 없다. (반면에) 빼어난 모범[聖典]을 배우고 물으며[256] 도술(道術-유학)을 마음으로 깊이 생각하게 되면[心思][257] 모두 볼 수 있게 된다. 이는 곧 도리의 재질[材]이 마음을 밝혀주는 것이 아니라 사람이 등불에 몸을 맡기듯이 해서 (그 마음을 도리의 재질에 맡기니) 자신의 앎[己知]이 되는 것이다.

1.8

이 때문에 어두운 방[夜室=幽室]에서 물건을 찾는 사람에게 불보다 훌륭한 것이 없듯이[258] 한 시대[當世]의 도리를 찾는 사람에게 모범[典]보다 훌륭한 것이 없다. 모범이란 곧 일정한 도리[經=常典]다. 경(經)이란 옛 빼어난 이[先聖]들이 제정한 것으로, 그것은 옛 빼어난 이들이 도리의 정밀한 것들을 얻어 그것을 자기 몸에 행한 다음에 (후대의) 뛰어난 이들이 스스로 힘써 그 도리로 들어오기를 바라는 것이다. 그래서 빼어난 이들이 경을 제정해[制經] 후대의 뛰어난 이[後賢]들에게 남겨준 것[259]은, 비유하자면 마치 정교한 공인 수(倕)가 규구준승(規矩準繩)을 만들어 후대의 공인들에게 남겨준 것과 같다.[260]

---

255 譯註評-『주역』「계사전」하편에서 말했다. "음과 양이 그 다움을 합쳐[合德] 굳셈과 부드러움[剛柔]의 본체가 있게 됐고, 이로써 하늘과 땅의 일[撰=事]을 체화하며 신명의 다움과 통하게 된다."

256 譯註評-『순자』「애공(哀公)」편에서 공자가 애공에게 말했다. "이른바 사(士-선비)란 비록 도술을 모두 다 알 수는 없지만, 반드시 따르는 법도[率]가 있습니다."

257 譯註評-『예기』「향음주의(鄕飮酒義)」편에서 말했다. "옛날에 예도[述道=藝道]를 배운 사람은 장차 그것을 자기 몸에 체화하기 위함[得身=體]이었다."

258 譯註評-『관자(管子)』「군신(君臣)」상편에서 말했다. "마치 밤에 뭔가를 찾으려면 불이 있어야 하는 것과 같다."

259 譯註評-『한서』「익봉전(翼奉傳)」편에 이런 말이 나온다. 익봉이 원제(元帝)의 물음에 답한 내용의 일부다. "신이 스승에게 들은 바에 따르자면, 하늘과 땅이 위치를 정해줘 해와 달이 높이 걸리고 별들이 널리 펴지고 음과 양이 나뉘고 사시(四時)가 정해지고 오행(五行)이 통하게 함으로써 빼어난 이[聖人]로 하여금 이를 볼 수 있도록 했으니, 이를 이름하여 도(道)라고 합니다. 빼어난 이가 도를 본 연후라야 임금다운 다스림[王治]의 큰 그림[象]을 알게 돼 땅을 주(州)로 구획하고 임금과 신하(의 질서)를 세우고 법률과 역법을 확립하고 일의 성공과 실패를 진술함으로써 뛰어난 이[賢人]로 하여금 이를 볼 수 있도록 했으니, 이를 이름하여 경(經)이라고 합니다. 뛰어난 이가 경을 본 연후라야 사람의 도리에서 힘써야 할 것을 알게 되니, 그것이 바로 『시경』, 『서경』, 『주역』, 『춘추』, 『예기』, 『악기(樂記)』입니다."

260 譯註評-송나라 고승(高丞)이 펴낸 『사물기원(事物紀原)』 권7은 『시자(尸子)』를 인용해 말했다. "옛날에 수(倕)가

췌괘의 여섯 효[六爻]에 대한 주공의 말을 풀이한 공자의 「소상전」이다.

(초륙(初六)은) 믿고서 따라 올라가는 것이 크게 길한 것[允升大吉]은 윗사람과 뜻이 합치되기 때문이다[允升大吉 上合志也].
구이(九二)가 미덥다는 것은 기쁜 일이 있기 때문이다[九二之孚 有喜也].
(구삼(九三)은) 빈 고을에 올라간다[升虛邑]는 것은 의심할 바가 없다는 것이다[升虛邑 无所疑也].
(육사(六四)는) 왕이 이로써 기산(岐山)에서 형통하다[王用亨于岐山]는 것은 일에 고분고분한 것[順事]이다[王用亨于岐山 順事也].
(육오(六五)는) 반듯해야 길하니 계단을 오르는 것처럼 한다[貞吉升階]는 것은 크게 뜻을 얻는 것이다[貞吉升階 大得志也].
(상륙(上六)은) 올라가는 데 어두우면서 맨 윗자리에 있으니 소멸돼 부유해지지 못한다[冥升在上 消不富也].

◉

승괘의 맨 아래 첫 음효에 대해 공자는 "믿고서 따라 올라가는 것이 크게 길한 것[允升大吉]은 윗사람과 뜻이 합치되기 때문이다"라고 풀었다.

위로 올라가는 때의 초륙의 처지를 보면, 음유한 자질로 양의 자리에 있으니 자리가 바르지 않다. 그래서 그 자리를 떠나 위로 올라가려고 도모하는 것이다. 그러나 맨 아래에 있으면서 겸손하게 처신하니 하괘인 손괘(巽卦)의 주인[主]인 바로 위의 구이와는 친하다. 이를 정이는 "굳센 자질의 구이를 받드니 지극히 공손한 자"라고 했다. 육사와는 호응하지 않지만, 군주와 호응하는 구이와 가깝다는 점에 주목해야 한다.

규구준승을 만들어 천하가 그것을 본받아 쓰도록 했다." 수는 공수(工倕), 수씨(倕氏)로도 불린다. 전설에 나오는 원고(遠古) 때 사람으로 요임금 때 기용돼 공사(工師)가 됐다고 하는데, 순임금 때 백공(百工)의 일을 주관하라는 명령을 받았다고도 한다. 황제(黃帝) 때 사람이라는 설도 있다. 규구준승이란 원형을 그리는 자와 방형(方形)을 그리는 자, 수평(水平)을 재는 기구와 직선을 그릴 때 쓰는 먹줄을 가리키는데, 사물의 준칙(準則)을 비유적으로 말한 것이다.

'믿고서 따라 올라가는 것'이라고 했는데, 이는 초륙이 구이를 믿고서 그를 따라 위로 올라간다는 말이다.

미리 보자면, 구이는 강중(剛中)의 다움을 갖고 있으니 위로 올라가는 책임을 떠맡고 있는 자다. 초륙은 정황상으로는 스스로 올라갈 수가 없지만, 구이와 더불어 함께 올라가니 크게 길하다고 한 것이다. 공자는 구이를 가리켜 윗사람이라고 말했다.

여말 선초 줄곧 조준과 정치적 행보를 함께하며 바로 그 뒤를 따랐던 김사형(金士衡)이 바로 이 초륙에 해당한다.

조선 초 정승을 열거할 때 조준, 하륜은 알아도 김사형을 아는 이는 드물다. 그러나 태조 정권 내내 최고 실권자인 좌의정 혹은 좌정승이 조준이었다면 그와 보조를 맞춰 내내 우의정 혹은 우정승으로 있었던 인물이 김사형이다.

흔히 삼정승이라고 하면 영의정·좌의정·우의정인데, 일반적으로 셋 중에서 가장 힘이 센 실력자는 영의정이 아니라 좌의정이다. 시대에 따라 혹은 임금에 따라 아주 드물게 영의정이 중요한 역할을 하기는 하지만 실권은 좌의정에게 있었던 것이 조선 시대 대부분의 시기다. 따라서 그 시대의 정치를 살필 때 좌의정이 누구인지부터 살피는 것은 필수적이라 하겠다.

김사형(金士衡, 1341~1407)은 고려 때의 명장이자 충신으로 문무(文武)를 겸전했던 재상 김방경(金方慶)의 현손이니, 여말 선초의 명문 세가 출신이다. 그는 공민왕 때 문과에 급제해 조준 등과 함께 대간을 지냈다. 이때 맺은 교분으로 그의 정치 노선은 단 한 번도 조준으로부터 벗어나지 않았다. 그것은 그저 조준을 섬긴 때문이 아니라 조준의 노선이 옳다는 굳은 믿음에서 비롯되었다. 1407년(태종 7년) 7월 30일 그가 세상을 떠났을 때 실록은 그의 인품을 이렇게 평하고 있다.

> 깊고 침착하여 지혜가 있었고 조용하고 중후하여 말이 적었으며, 속으로 남에게 숨기는 것이 없고 밖으로 남에게 모나는 것이 없었다. 재산을 경영하지 않고 성색(聲色)을 좋아하지 않아서 처음 벼슬할 때부터 운명할 때까지 한 번도 탄핵을 당하지 않았으니, 시작도 잘하고 마지막을 좋게 마친 것[善始令終]이 이와 비교할 만한 이가 드물다.
> 선시 영종

그는 무엇보다 관리로서의 능력[吏才]이 출중했다. 그런데 우리나라 역사가들의
이재

맹점은 이처럼 이재(吏才)가 뛰어났던 경세가들을 소홀히 한다. 그저 책이라도 남기면 그것을 갖고 일방적으로 높이는 경향을 보인다. 학재(學才)만 높이는 편향성 때문이라 하지 않을 수 없다. 그러다 보니 황희나 김사형처럼 행정 실무 능력이 특출나 백성에게 큰 혜택을 베푼 이들에 대한 평가에는 인색하다. 그들에 대한 제대로 된 연구서 하나 찾아보기 힘든 것이 그 반증이다.

정도전에 대한 우리 학계의 과도한 평가도 이와 무관하지 않다. 정도전의 경우 군신공치(君臣共治)를 내세웠다거나 재상 중심의 정치를 역설했다는 점 때문에 높은 평가를 받고 있지만 정작 그 자신은 재상, 즉 정승에 오르지 못했다. 왜 태조는 정도전을 그렇게 아끼면서도 그를 정승의 반열에 올리지 않은 것일까?

물론 조선이 건국되고 정도전이 맡았던 직함을 보면 화려하다. 개국 1등 공신으로 문하시랑찬성사(門下侍郎贊成事), 동판도평의사사사, 판호조사(判戶曹事), 겸판상서사사(兼判尙瑞司事), 보문각대학사(寶文閣大學士), 지경연예문춘추관사(知經筵藝文春秋館事), 겸의흥친군위절제사(兼義興親軍衛節制使) 등 요직을 겸임해 정권과 병권을 한 몸에 안았다. 그럼에도 정작 정승의 반열에는 오르지 못했다.

정도전은 누구보다 정승이 되고 싶었을 것이고 실제로 그 직전까지 이르렀었다. 태조 4년(1395) 12월 20일 『태조실록(太祖實錄)』의 짧은 기사는 이를 단적으로 보여준다.

좌정승 조준, 우정승 김사형, 삼사판사 정도전에게 각각 칼 한 자루씩을 주었다.

삼사판사, 훗날의 호조판서에 가까운 이 자리가 정도전이 가장 높이 올라간 관직이다. 그런데 왜? 일차적으로는 조준의 반대가 있었을 것이다. 그러나 더 중요한 점은 김사형이 우의정 자리를 누구보다 잘 맡아서 했기 때문이다. 좌의정도 우의정을 거쳐야 올라갈 수 있는데, 업무 능력에서 정도전은 결국 김사형 이상의 신뢰도를 태조 이성계에게 심어주지 못했던 것이다. 태조 이성계가 아들에게 권력을 빼앗긴 임금이라는 점에서는 높은 점수를 줄 수 없지만, 훗날 형 정종을 물러나게 하고 태종이 직접 왕위에 오르게 될 때 이성계는 체념한 듯 이렇게 말했다. "방원은 강명(剛明)하니 권세가 아래로 내려가지는 않을 것이다." 이성계도 정도전의 남용에 가까운 권력 행사를 부정적으로 보고 있었다는 것을 알 수 있게 해주는 발언이다. 반면 김사형은 무엇보다 업무 능력이 뛰어났고 자신의 한계를 넘지 않았다. 실록의 평가다.

젊어서 화요직(華要職)을 두루 거쳤으나 이르는 데마다 직책을 잘 수행했다. 무진년(1392) 가을에 태상왕이 국사를 담당하여 서정(庶政)을 일신하고 대신을 나누어 보내 각 지방을 전제(專制)하게 했을 때, 김사형은 교주 강릉도 도관찰출척사(交州江陵道都觀察黜陟使)가 돼 부내(部內)를 잘 다스렸다. 경오년에 지밀직사사(知密直司事)로서 대사헌(大司憲)을 겸했고, 조금 뒤에 지문하부사(知門下府事)로 승진했다. 대헌(臺憲)에 있은 지 1년이 넘었는데 조정이 숙연(肅然)해졌다.

탁월한 실무 능력과 분수를 아는 처신은 그를 우정승에 그치게 하지 않았다. 조준과 김사형의 관계를 실록은 이렇게 압축해서 정리하고 있다.

조준은 강직하고 과감하여 거리낌 없이 국정(國政)을 전단(專斷)했고, 김사형은 관대하고 간요한 것으로 이를 보충하여 앉아서 묘당(廟堂-의정부)을 진압했다.

흔히 말하는 환상의 콤비였던 셈이다. 그래서 태종 초에는 드디어 좌정승에 오른다. 이미 왕권 중심의 정치를 구상하고 있던 태종으로서는 모든 것이 불안정할 때 김사형의 지혜가 필요했는지 모른다. 1년 반 만에 태종의 최측근인 하륜에게 좌정승 자리를 넘긴다.

그러나 개국 과정이나 1차 왕자의 난 때 적극적 역할을 하지 못한 것은 김사형의 정치적 약점이 됐다. 태종 10년(1410) 7월 12일 태조를 종묘에 모시면서 배향공신을 토의하는데, 이때 김사형은 배향공신에 오르지 못한다. 그날의 장면으로 들어가 보자.

김사형(金士衡)의 배향 여부에 대해 태종이 하륜에게 물으니 이렇게 답했다.

"임금이 신하에게 물으면 신하는 감히 바르게 대답하지 않을 수 없습니다. 김사형은 공이 없으니 배향함이 마땅치 않습니다."

의정부에서도 아뢰었다.

"김사형은 가문이 귀하고 현달하며 심지(心地)가 청고(淸高)하기 때문에 태조께서 중히 여기셨습니다. 그러나 본래 개국(開國)의 모획(謀劃)에는 참여하지 않았고 또 모든 처치(處置)를 한결같이 조준(趙浚)만 따르고 가타부타하는 일이 없었으니 배향할 수 없습니다."

마침내 김사형은 배향되지 못했고, 조준만 배향공신에 올랐다.

줄곧 김종서(金宗瑞)의 뒤를 밟았던 황보인(皇甫仁, 1387~1453)[261] 또한 정승에 오를 때까지는 크게 길했지만 결국 수양대군에 의해 김종서가 패망할 때 함께 멸족당했다.

승괘의 밑에서 두 번째 양효에 대해 공자는 "구이(九二)가 미덥다는 것은 기쁜 일이 있기 때문이다"라고 풀었다. 주공은 효사에서 이렇게 풀었다.

미더움이 있어야 마침내 소박한 제사를 쓰는 것이 이로우니 허물이 없다[孚乃利用禴无咎].

구이의 처지를 보면, 양강(陽剛)의 자질로 하괘의 가운데 있고 그와 호응하는 육오는 음유(陰柔)의 자질로 상괘의 가운데 있다. 서로 호응을 한다고는 하지만 음유한 군주는 소심하고 의심이 많다. 자칫 지나치게 나아가면 구이는 불행한 일을 당할 수도 있다. 그래서 무엇보다 '미더움이 있어야' 한다고 한 것이다. 신뢰를 얻지 못한 상태에서 구이가 자신의 양강한 자질을 바탕으로 일을 추진할 경우 육오는 의심의 눈초리를 거두지 못할 것이다.

그렇다고 억지로 비위를 맞추거나 구차스럽게 영합할[苟合] 필요는 없다. 그래서 '마침내 소박한 제사를 쓰는 것이 이로우니'라고 한 것이다. 조광조와 중종의 관계가 이와 비슷했지만, 결국 조광조는 중종의 믿음을 충분히 얻지 못한 상태에서 조급하게 일을 밀어붙이다가 비명횡사하고 말았다.

반면 이이(李珥, 1536~1584)와 선조의 관계는 거의 구이에 맞아떨어진다고 볼 수

---

261 1414년(태종 14년) 친시문과(親試文科)에 급제, 세종 때 장령·강원도관찰사를 거쳐 병조판서가 됐으며, 1440년 평안도와 함길도 체찰사(體察使)가 된 후 10년 동안 절제사 김종서와 함께 육진(六鎭)을 개척했다. 좌·우찬성(左右贊成)을 거쳐 우의정에 승진했으며, 1452년(문종 2년) 영의정이 돼 문종의 고명(顧命, 유언)을 받들어 단종을 보좌했다. 1453년 수양대군이 일으킨 계유정난 때 김종서와 함께 수양대군에게 살해됐는데, 아들과 형제와 어린 손자도 이때 화를 입어 모두 살해됐다.

있다. 이이가 경연에 참석해 선조의 학문을 돕기 시작한 것은 선조 2년(1568) 8월 16일부터다. 이때 선조의 나이 18세, 이이는 혈기왕성한 34세의 나이였고 직위는 홍문관 교리였다. 두 사람의 처음 만남은 아니었겠지만, 학술 토론의 장(場)인 경연에서는 첫 대면이었다. 『맹자』를 진강한 후 이이는 이렇게 말한다.

> 임금으로서는 한 시대의 사조(思潮)가 어떠한지를 살펴서, 그 사조가 잘못됐으면 마땅히 그 폐단을 바로잡아야 하는 것입니다. 오늘날은 권간(權奸)이 국정을 전단한 뒤를 이어받아 사습(士習)이 쇠약하고 나태해져, 한갓 녹(祿)을 받아먹고 자기 한 몸 살찌울 줄만 알지 충군 애국하는 마음은 없습니다. 설령 한두 사람 뜻을 가진 이가 있어도 모두 시속(時俗)에 구애돼 감히 기력을 발휘하여 국세를 떨치지 못하고 있습니다. 시속의 풍조가 이러하니 성상께서는 마땅히 크게 일을 성취시키겠다는 뜻을 분발하시어 선비의 기풍을 진작시킨 뒤에야 세도(世道)를 변화시킬 수 있을 것입니다.

문정왕후와 윤원형이 설쳐댄 명종 시대를 염두에 둔 진언이었다. 그러면서 국왕이 좋은 정치를 하려는 뜻이 없다면 모르지만 만일 좋은 정치를 하려 한다면 올바른 공부법에 바탕을 둔 학문 연마를 게을리해서는 안 된다고 강조한다. 특히 『대학』을 염두에 두고서 이렇게 말한다.

> 이른바 학문이라는 것은 단지 부지런히 경연에 나아와 고서(古書)를 많이 읽는 것뿐만이 아니라, 반드시 격물(格物)·치지(致知)·성의(誠意)·정심(正心)하는 공부를 게을리하지 않아서 실지로 공효가 있게 된 다음에야 학문이라고 할 수 있습니다.

그런 연후에 '수신(修身)·제가(齊家)·치국(治國)·평천하(平天下)'로 이어져야 한다는 것이다. 즉 『대학』의 세계를 마음속으로 깊이 깨달아야 한다는 충고였다. 이것만으로는 부족했는지 이이는 보다 직설적으로 다음과 같이 덧붙였다.

> 현재 민생은 곤핍하고 풍속은 박악(薄惡)하며 기강은 무너지고 선비 사회의 풍토는 바르지 못한데, 전하께서 즉위하신 지 몇 해가 되는데도 그 다스림의 효과가 나타나지 않는 것은 아

> 마도 전하의 격물·치지·성의·정심하는 공부가 지극하지 못한 점이 있기 때문일 것입니다.

즉 이이는 국왕 자신의 마음 수양을 앞세웠다. 그런 연후에 사람을 잘 골라 쓰도록 해야 한다는 것이다. 그러면서 이이는 선조의 아픈 곳을 송곳으로 후벼 파듯 말한다. "만약 전하께서 (지금처럼) 유유범범하게 세월만 보내면서 형식만을 일삼는다면 비록 공자와 맹자가 좌우에 있으면서 날마다 도리를 논한다 하더라도 또한 무슨 유익함이 되겠습니까?"

9월 25일 경연에서 이이는 임금과 신하가 좀 더 격의 없는 관계여야 한다며 다시 한번 직격탄을 날린다. 그는 "세종과 세조 같으신 분은 군신(群臣)들과 서로 친하기를 가인(家人)이나 부자(父子)처럼 했기 때문에 뭇 신하들이 은혜와 덕에 감격하여 사력(死力)을 다했던 것"이라면서 "지금 신이 누차 입시(入侍)하여 전하를 뵈니 신하들의 말에 조금도 응수해 대답하지 않으십니다"라며 아픈 곳을 찔렀다. 선조는 아직 국왕으로서의 자신감이나 자의식을 제대로 갖지 못하고 있었는지 모른다.

이 자리에서 이이는 선조에게 『동호문답』을 올렸다. 이 책은 이이가 지난 한 달여 동안 동호독서당에 머물면서 임금의 학문하는 방법과 정치하는 도리를 문답체로 정리한 것이다. 여기서 이이는 먼저 군주의 길과 신하의 길을 각각 논하고, 이어 좋은 군주와 좋은 신하가 만나기가 얼마나 어려운 것인지 역사적 사례를 바탕으로 이야기한다. 그는 조선 역사를 간략히 개관하면서 도학(道學)이 땅에 떨어지게 된 경위를 정리하고 당시의 시대 상황을 논한다. 그 후 백성을 편안하게 하고 교육을 진작시킬 수 있는 보다 구체적인 대안들을 제시하는 한편 정명(正名)이야말로 정치의 근본임을 역설하면서 이 책은 끝을 맺고 있다. 그 후에도 상당 기간 이이는 경연에서 선조를 일깨우려 노력했고, 선조도 이이를 각별히 아꼈다. 둘의 관계는 종종 위기가 있기는 했지만, 이이가 세상을 떠날 때까지 비교적 탄탄했다고 볼 수 있다.

공자가 "구이(九二)가 미덥다는 것은 기쁜 일이 있기 때문이다"라고 말한 것 중에서 '기쁜 일'이란 결국은 눈 밝은 임금[明君]과 훌륭한 신하[良臣]가 만나 백성이 그 은택을 입게 된다는 말이다. 유감스럽게도 선조(宣祖)는 명종 때의 폭정의 상처를 치유하려고 노력은 했으나 임진왜란이 발생함으로 인해 모든 것이 물거품이 됐고, 두고두고 백성의 원망을 사야 하는 임금으로 역사에 남게 됐다. 이 점을 감안해 이이와 선조의 관계를 짚어야 할 것이다.

승괘의 밑에서 세 번째 양효에 대해 공자는 "빈 고을에 올라간다[升虛邑]는 것은 의심할 바가 없다는 것이다"라고 풀었다.

구삼은 양강한 자질로 양의 자리에 있으니 바르고 반듯하며, 또 손괘의 맨 위에 있어 대단히 공손한 까닭에 위에 있는 곤괘의 세 음효가 모두 그에게 고분고분하고 특히 상륙은 앞장서서 호응하며 도와주려 한다. 빈 고을은 곧 양효가 하나도 없는 상괘 곤괘를 말하는데, 구삼이 이제 막 들어서려 하고 있다. 그의 나아감을 막을 자가 아무도 없다는 것이다. 여기에 대해서는 길하다, 허물이 없다 등의 언급조차 없다. 게다가 공자는 여기에 덧붙여 '의심할 바가 없다'라고 했다. 걸림돌이 전혀 없다는 말이다.

음의 세력들이 쇠퇴하고 판서에 해당하는 구삼이 기득권 세력을 청산하러 나아가는 모습이다. 이는 조선 역사에서는 주로 반정(反正) 직후 반정 세력들의 활동이 해당될 테고, 고려 시대의 경우 친원 세력을 청산할 때의 공민왕 지지 세력들이 이에 가깝다고 할 것이다.

승괘의 밑에서 네 번째 음효에 대해 공자는 "왕이 이로써 기산(岐山)에서 형통하다[王用亨于岐山]는 것은 일에 고분고분한 것[順事]이다"라고 풀었다.

육사는 유순한 자질로 위로는 임금에게 고분고분하고 아래로는 양강의 구삼이 나아오는 것에 고분고분하며 자리는 음효로 음위에 있어 바르다. 이는 정확히 주나라 문왕(文王)이 기산에 있을 때의 상황과 맞아떨어진다.

문왕이 기산에 있을 때란 일반적으로 보자면 참기 힘든 시절이다. 그런데 오히려 문왕은 이 시절을 잘 이겨냄으로써 훗날 아들 무왕이 천하를 제패할 수 있는 기반을 닦았다. 이를 공자는 총괄해서 '일에 고분고분한 것[順事]'이라고 말하고 있다. 『논어』「태백」편에 나오는 공자의 다음과 같은 말은 이때의 문왕의 순리를 따르는 모습을 극찬한 것이다.

> 주나라 문왕이 천하를 삼분(三分)하여 그중 둘을 가졌는데도 여전히 힘이 없어진 은(殷)나라를 섬겼으니, 주나라의 덕(德)은 지극한 덕(至德)이라 이를 만하다.

은나라의 제후였던 문왕이 이미 은나라 제후 3분의 2의 마음을 얻고서도 은나라 천자였던 주왕(紂王)을 치지 않고 도리를 지키며 인고의 세월을 보낸 것을 공자는 이렇게 칭송했던 것이다.

승괘의 밑에서 다섯 번째 음효에 대해 공자는 "반듯해야 길하니 계단을 오르는 것처럼 한다[貞吉升階(정길승계)]는 것은 크게 뜻을 얻는 것이다"라고 풀었다.

육오는 가운데 있지만 음유한 자질이라 의심을 풀지 못한다. 그러니 경계의 차원에서 '반듯해야 길하니'라고 한 것이다. 이는 스스로 그러하라는 말보다는, 강중한 다움을 갖춘 현자에게 일을 맡겨 그렇게 하라는 뜻이다. '계단을 오르는 것처럼 한다'는 것은 차근차근 일을 추진한다는 뜻이다. 즉 뛰어난 이를 처음에 잘 쓰게 되면 그다음에는 절로 뛰어난 이들이 하나둘씩 조정에 나아오게 된다는 말이다. 이렇게 해서 조정에 뛰어난 이들이 가득 차게 된다면 바람직한 정사를 베푸는 것은 시간문제다. 공자가 '크게 뜻을 얻는 것'이라고 한 것은 바로 그 점을 지적해서 말한 것이다.

승괘의 맨 위에 있는 음효에 대해 공자는 "올라가는 데 어두우면서 맨 윗자리에 있으니 소멸돼 부유해지지 못한다"라고 풀었다.

상륙은 음유한 자질로 맨 위에 있어 위로 올라가는 일에 어둡다. 한마디로 상승하게 되는 도리를 알지 못한다는 것이다. 오로지 나아갈 줄만 알지 머물러서 있을 줄 모르니 뛰어나다고 할 수 없다[不明(불명)]. 그런데 멈출 줄 모르고 그냥 앞으로만 나아가려는 것이 때로는 앞서 본 대로 쉬지 않음[不息(불식)]과 통할 수 있다. 소인이 욕심부리기를 쉬지 않는다면 그 폐단은 심각하겠지만, 반대로 군자가 자신의 다움을 닦기를 쉬지 않는다면[不息(불식)=剛(강)=天道(천도)] 이보다 좋을 수 없다.

그러나 이런 이치를 모를 경우 앞으로 나아갈 수 없다. 공자가 '소멸돼 부유해지지 못한다'라고 한 것은 바로 이 점을 지적한 것이다.

47. 택수곤(澤水困)[262]

곤(困)은 형통하고 반듯하다. 대인이라 길하고 허물이 없으니 말이 있으면 믿지 않는다.

262 문자로는 태상감하(兌上坎下)라고 한다.

困 亨貞 大人 吉 无咎 有言 不信.[263]

초륙(初六)은 엉덩이가 나뭇등걸에서 힘든 상황이니, 어두운 골짜기로 들어가서 3년이 지나도록 볼 수가 없다[臀困于株木 入于幽谷 三歲 不覿].

구이(九二)는 술과 밥에 곤궁하지만 붉은 옷이 바야흐로 올 것이니, 제사를 올리는 것이 이롭고 가면 흉하니 탓할 곳이 없다[困于酒食 朱紱 方來 利用享祀 征凶 无咎].

육삼(六三)은 돌에 치여 곤란하고 가시나무에 찔려 앉아 있다. 그 집에 들어가도 아내를 만나보지 못하니 흉하다[困于石 據于蒺藜 入于其宮 不見其妻 凶].

구사(九四)는 오기를 느리게 하는 것은 쇠수레에 곤란함을 느끼기 때문이니, 안타깝지만 마침이 있다[來徐徐 困于金車 吝 有終].

구오(九五)는 코를 베이고 발꿈치를 베이는 것이니 자주색 옷에 곤란하지만, 서서히 기쁨이 있으니 제사를 지내는 것이 이롭다[劓刖 困于赤紱 乃徐有說 利用祭祀].

상륙(上六)은 칡덩굴과 위태로운 곳에서 곤란을 겪지만, 움직일 때마다 뉘우침이 있을 것이라 하면서 뉘우치는 마음이 있으면 어디로 가든 길하다[困于葛藟 于臲卼 曰動悔 有悔 征吉].

◉

곤괘(困卦)의 초륙(初六)은 양위에 음효로 바르지 못함[不正位], 구이(九二)는 음위에 양효로 바르지 못함, 육삼(六三)은 양위에 음효로 바르지 못함, 구사(九四)는 음위에 양효로 바르지 못함, 구오(九五)는 양위에 양효로 바름[正位], 상륙(上六)는 음위에 음효로 바름이다. 이 괘의 경우는 구이는 바르지 못하고 구오만이 중정을 얻었다.

대성괘 곤괘(䷮)는 소성괘 태괘(兌卦, ☱)와 감괘(坎卦, ☵)가 위아래에 있어 만들어진 괘다. 「설괘전」에 따르면 '태(兌-못)로 기쁘게 하고' '간(艮-산)으로 오래 머물게 한다[止=久]'고 했다. 괘의 모양이 태(兌)가 위에 있고 감(坎)이 아래에 있다.

---

263 형정(亨貞)만 나온다.

그러면 「서괘전」을 통해 왜 곤괘가 승괘의 뒤를 이어받았는지 확인해보자.

> 올라가면서도 그치지 않으면 반드시 지치고 피곤한 지경에 처한다[困]. 그래서 승괘의 뒤를 곤괘(困卦)로 받았다.
>
> 升而不已 必困. 故受之以困.
> 승 이 불이 필 곤 고 수지 이곤

아래에서 위로 올라가려면 힘을 써야 한다. 그러나 힘을 계속 쓸 수 없다. 그러니 올라가기만 하면 결국 지치고 피곤해진다. 택수곤괘(澤水困卦, ䷮)는 아래는 감괘(☵)이고 위는 태괘(☱)다. 원래 물은 못 안에 있어야 하는데 못 아래에 있다. 이는 곧 물이 다 빠져나가 못이 말라버렸다는 뜻이다. 곤핍(困乏)이다. 정이는 효의 배열에 주목해 이렇게 풀이했다.

> 상륙(上六)이 두 양의 위에 있고 구이(九二)가 두 음의 가운데 빠져 있어 모두 음유(陰柔)가 양강(陽剛)을 가린 것이니, 이 때문에 곤(困)이라고 한 것이다. 군자가 소인들에게 가림을 당하는 것이니 곤궁(困窮)한 때다.

「계사전」에서는 "곤(困)은 다움의 분별함[德之辨]이요" "곤(困)은 궁하되 통하고[窮而通]" "곤(困)으로써 원망을 적게 하고[寡怨]"라고 했다. 어려움을 겪고서야 사람의 본모습을 보게 된다는 말이다.

문왕의 단사(彖辭), 즉 "곤(困)은 형통하고 반듯하다. 대인이라 길하고 허물이 없으니 말이 있으면 믿지 않는다[亨貞 大人 吉 无咎 有言 不信]"에 대한 공자의 풀이[「彖傳」]를 살펴볼 차례다.

> 곤(困)이란 굳셈이 (음에 의해) 가려진 것[剛揜]이다. 험난하지만 기쁜 마음을 가져[險以說] 곤경 속에서도 그것이 형통할 수 있는 가능성[所亨]을 잃지 않으니, 그럴 수 있는 사람은 오직 군자뿐일 것이다. "반듯하다. 대인이라 길하고"라고 한 것은 굳세고 적중된 도리를 얻었기[剛中] 때문이다. "말이 있으면 믿지 않는다"라고 한 것은 입을 숭상하면[尙口] 곧 궁하게 되기 때문이다.

困剛揜也.
곤 강엄 야

險以說 困而不失其所亨 其唯君子乎.
험이열 곤 이 불실 기 소형 기 유 군자 호

貞大人吉 以剛中也.
정 대인 길 이 강중 야

有言不信 尙口乃窮也.
유언 불신 상구 내 궁야

◉

우선 곤경에 처한 까닭을 굳셈[剛]이 음유에 의해 가려진 때문이라고 밝힌다. 이는 곧 군자가 소인들에 의해 가려진 것을 가리킨다. '험난하지만 기쁜 마음을 가져[險以說]'라고 한 것은 곤경 속에서도 능히 기뻐하는 마음을 잃지 말라는 권고인데, 이때 기뻐하는 것은 다름 아닌 군자의 도리다. 안회가 보여주었던 자세가 바로 그것이다. 『논어』 「옹야」편에서 공자는 이렇게 말한다.

> 뛰어나도다, 안회여! 한 대그릇의 밥과 한 표주박의 물로 누추한 시골에 있는 것을 딴 사람들은 그 근심[憂]을 견뎌내지 못하는데 안회는 그 즐거움을 변치 않으니, 뛰어나다! 안회여!

힘든 상황에서도 도리를 즐기는 마음[樂道]이 바로 여기서 말하는 기쁜 마음이다. 대인군자가 아니고서는 쉽지 않다. 어려움 속에서야 사람의 본모습을 보게 된다. 그래서 곤경을 다움의 분별함[德之辨]이라고 한다. 이 점을 명확하게 보여주는 것이 바로 『논어』 「자한」편에 나오는 공자의 유명한 말이다.

> 날씨가 추워진[歲寒] 뒤에야 소나무와 잣나무가 뒤늦게 시듦을 알 수 있다.

결국 군자란 굳세고 정중한 도리를 따르는 사람이다. 이런 도리를 갖춘 사람이 아니고서는 곤경에 처할 경우 쉽게 그 바른 도리를 잃어버릴 것이다.

이어서 "'말이 있으면 믿지 않는다'라고 한 것은 입을 숭상하면[尙口] 곧 궁하게 되기 때문"이라고 했다. 이에 대한 정이의 풀이다.

곤궁한 때를 만나 말을 하게 되면 사람들이 믿지 않는다. 그렇다고 해서 입으로 곤궁을 면하고자 하게 되면 곧바로 새로운 곤궁을 불러들이는 꼴이 된다.

기뻐함으로 곤경에 대처하려 하면 입을 높이게 되는데, 이때 입을 높인다는 것이 바로 입으로 곤궁을 면하려는 것이다. 그렇게 해서는 곤경에서 벗어날 수 없다. 바른 도리를 지키며 참고 기다리는 것만 못하다. 『논어』「헌문」편에서 공자는 이렇게 말했다.

이익을 보면 마땅함[義]을 생각하고, 위태로움을 보면 목숨을 걸어야 한다[見危授命].

여기서 위태롭다는 것은 도리가 위태롭다는 것이다. 그래서 위태로운 도리를 바로잡기 위해 목숨을 걸 각오를 하는 것이 군자라는 말이다.

공자의 「상전」을 살펴볼 차례다. 그중에 곤괘를 총평한 「대상전」이다.

연못에 물이 없는 것이 곤(困)(이 드러난 모습)이니, 군자는 그것을 갖고서 명을 지극히 해[致命] 뜻을 이룬다[澤无水困 君子以 致命遂志].

◉

여기서 치명(致命)은 자신의 명을 알고서 지극정성을 다한다는 말이다. 그러나 목숨을 바칠 만큼 정성을 다한다[授命]고 봐도 된다. 공자의 말은 아니지만 「자장(子張)」편에서 자장도 이렇게 말했다.

(군자는) 위태로움을 보면 목숨을 걸어야 한다[見危致命].

도리가 위태로운 상황이 바로 곤괘다.

곤괘의 여섯 효[六爻]에 대한 주공의 말을 풀이한 공자의 「소상전」이다.

(초륙(初六)은) 어두운 골짜기로 들어간다[入于幽谷]는 것은 어두워서 밝지 못한 것이다[入于

幽谷 幽不明也].

(구이(九二)는) 술과 밥에 곤궁한 것은 중도에 있어 (결국은) 좋은 일이 있을 것이다[困于酒食中 有慶也].

(육삼(六三)은) 가시나무에 찔려 앉아 있는 것은 굳셈을 올라탔기 때문이요, 그 집에 들어가도 아내를 만나보지 못하는 것은 상서롭지 못한 것이다[據于蒺藜 乘剛也 入于其宮不見其妻不祥也].

(구사(九四)는) 오기를 느리게 하는 것은 뜻이 아래에 있는 것이니, 비록 자리가 마땅하지는 않지만 함께하는 사람이 있다[來徐徐 志在下也 雖不當位 有與也].

(구오(九五)는) 코를 베이고 발꿈치를 베이는 것은 뜻을 아직 얻지 못한 때문이고, 서서히 기쁨이 있는 것은 가운데 있어 곧기[中直] 때문이며, 제사를 지내는 것이 이롭다는 것은 복을 받기 때문이다[劓刖 志未得也 乃徐有說 以中直也 利用祭祀 受福也].

(상륙(上六)은) 칡덩굴에서 곤란을 겪는 것은 (처신함이) 아직 마땅하지 않기[未當] 때문이요, 움직일 때마다 뉘우침이 있을 것이라 한 것은 일을 행해서 길하다는 것이다[困于葛藟 未當也 動悔有悔 吉行也].

◉

곤괘의 맨 아래 첫 음효에 대해 공자는 "어두운 골짜기로 들어간다[入于幽谷]는 것은 어두워서 밝지 못한 것이다"라고 풀었다. 주공의 효사는 이렇다.

> 엉덩이가 나뭇등걸에서 힘든 상황이니 어두운 골짜기로 들어가서 3년이 지나도록 볼 수가 없다[臀困于株木 入于幽谷 三歲 不覿].

곤궁한 상황에서의 초륙의 처지를 보면, 음유한 자질로 양의 자리에 있어 바르지 못하고 맨 아랫자리에 처해 있다. 그나마 구이와는 친함이 있고[有比] 구사와는 호응 관계다[有應]. 도움을 구할 수 있는 구이나 구사 모두 자리가 바르지 못하니, 곤궁한 상황에서는 자기 앞가림하기에도 급급할 수밖에 없다. 그렇다면 초륙이 손을 내밀어도 도움을 줄 처지가 못 되는 것이다. 나뭇등걸[株木]에는 남을 가려주거나 덮어줄 수 있는 가지와 잎이 없다. 그래서 구사의 도움을 받지 못하는 초륙의 처지를 가리켜 '엉덩이가 나뭇등걸에서 힘든 상황'이라고 한 것이다. 말 그대로 고립무원(孤立無援)이다.

다른 괘의 효 풀이에서는 상황이 아무리 어려워도 일정한 조건을 달고서 길하다거나 허물이 없다고 했는데, 곤괘의 상황에서 초륙은 곤경 탈출의 가능성조차 희박하다. 공자도 이 점에 주목해 더 어려운 지경으로 빠지게 되는 것을 염두에 두고서 "어두운 골짜기로 들어간다[入于幽谷]는 것은 어두워서 밝지 못한 것"이라고 했다. 사리에 어둡고 상황 판단이 밝지 못해 스스로 점점 더 깊은 수렁으로 빠져들어 간다는 것이다. 이는 곤괘와 비슷하게 위험에 빠져든 감괘 상황에서의 초륙을 풀이한 "잇단 위험에 깊은 구덩이[坎窞]로 들어가는 것이니 흉하다[習坎 入于坎窞 凶]"를 연상시킨다.

'3년이 지나도록 볼 수가 없다'라는 것은 임금을 알현할 수 없다는 말이다. 정이는 풀이에서 "사리에 눈 밝다면[明] 험난한 지경[陷]에 빠지지 않았을 것"이라고 했다. 그나마 이런 곤경에서 벗어날 수 있는 길은 일의 이치에 밝아야 한다는 것인데, 초륙은 이미 음유한 자질이라 이런 강명(剛明)을 기대할 수 없다. 중국 주나라 역사에서 여기에 정확히 해당하는 인물은 관채(管蔡), 즉 무왕의 아들이자 주공(周公)의 형제인 관숙(管叔)과 채숙(蔡叔)이다. 일반적으로는 반란을 일으켰다가 실패해 주살된 자들이 대체로 여기에 속한다.

곤괘의 밑에서 두 번째 양효에 대해 공자는 "술과 밥에 곤궁한 것은 중도에 있어 (결국은) 좋은 일이 있을 것이다"라고 풀었다. 주공의 효사는 좀 더 길고 복잡하다.

> 술과 밥에 곤궁하지만 붉은 옷이 바야흐로 올 것이니, 제사를 올리는 것이 이롭고 가면 흉하니 탓할 곳이 없다[困于酒食 朱紱 方來 利用享祀 征凶 无咎].

이에 대해서는 정이의 풀이가 곡진하다.

> 술과 밥은 사람들이 욕구하는 바이고, 그래서 은혜를 베풀 수 있다. 구이는 강중(剛中)을 이룬 자질로 곤궁한 때에 처해 있으니, 군자는 자신에게 닥친 상황에서 안정을 이루어 곤궁하고 위험하고 어려울지라도 그 마음이 동요하지 않고 그 곤궁함을 근심하지 않는다. 곤궁에 빠진 자는 오직 욕구하는 바 때문에 곤궁을 겪을 뿐이다. 군자가 바라는 것은 세상의

백성에게 혜택을 베풀고 세상의 곤경을 해결하는 것이다. 구이는 그가 바라는 것을 수행하고 그 혜택을 베풀지 못하기 때문에 '술과 밥에 곤궁하다'라고 했다.

대인과 군자가 그 도리를 가슴에 품고 아래 지위에서 곤경에 처하게 되면, 반드시 도리를 가진 군주가 찾아와서 그를 등용한 후에야 가슴속에 쌓아둔 바[所蘊 소온]를 시행할 수 있다. 구이는 강중을 이룬 다움으로 아래에서 곤경에 처했으니, 위로 구오의 강중한 다움을 가진 군주가 있어 도리를 함께하고 다움을 합하여 반드시 와서 서로 요구할 것이므로 '붉은 옷이 바야흐로 올 것'이라고 했다. 붉은 옷은 왕의 옷으로 무릎을 가리는 옷이다. 행차해 오기 때문에 무릎을 가린다고 했다.

'제사를 올리는 것이 이롭고'라는 것은 지극한 열렬함[至誠 지성]으로 제사를 올려서 신명과 통한다는 말이다. 곤궁한 때에 지극한 열렬함으로 행하는 것이 이로우니, 마치 제사를 올리는 것처럼 해서 그 다움이 정성스러우면 저절로 윗사람을 감동시켜 통하게 할 수 있다. 예로부터 뛰어나고 지혜로운 이[賢哲 현철]들이 어둡고 먼 곳에서 곤경에 처했으나 결국에는 그 다움이 천하에 알려져서 도리가 결국 천하에 시행된 것은, 오직 스스로 지극한 열렬함을 유지했기 때문이다.

'가면 흉하니 탓할 곳이 없다'라고 했는데, 곤궁에 처했을 때 만약에 지극한 열렬함으로 처한 곳에서 안정을 이루어 천명을 기다리지 못하고 성급하게 가서 먼저 (일을 하려고) 구한다면 어려움에 빠져 흉하게 될 것이니, 이는 스스로 불러들인 일로서 누구를 탓할 수 있겠는가?

그러고 나서 정이는 중요한 사실 하나를 덧붙인다.

다른 여러 괘에서는 이효와 오효가 음과 양으로 서로 호응할 때 길하지만, 오직 소축괘와 곤괘에서는 음에 의해서 곤란을 당하기 때문에 같은 양으로서 도리가 같은 자끼리 서로 구하는 것이다. 소축괘는 양이 음에 의해 제지당하고 곤괘는 양이 음에게 가려지기 때문이다.

이때 구이는 중도를 계속 지키는 것이 무엇보다 중요하다. 그래서 공자는 '중도에 있어 (결국은) 좋은 일이 있을 것'이라고 한 것이다. 즉 처음에는 곤란을 겪겠지만 중도를 잃지 않고 오랜 시간 참고 견딘다면 마침내 좋은 일이 있을 수 있다는 말이다. 즉 곤경에서 벗어나게 된다는 뜻이다.

주공이 성왕(成王)을 도와 섭정할 때의 일이 여기에 해당할 수 있다. 주공은 진심으로 성왕을 보필했다. 그런데 그의 형제들인 관숙과 채숙은 그가 왕위를 찬탈하려 한다는 터무니없는 의심을 품고 요사스러운 말을 퍼뜨렸다. 그때 주나라에서는 상나라 주왕의 아들 무경(武庚)에게 은후(殷侯)라는 작위를 봉해주었는데, 무경은 이에 만족하지 않고 은나라 때의 왕위를 되찾으려고 했다. 주나라 조정이 화평하지 못함을 안 그는 관숙, 채숙과 공모해 상나라의 옛 귀족들을 끌어들이고 동이의 몇 개 부락을 선동해서 반란을 일으켰다. 무경과 관숙 등이 퍼뜨린 요사스러운 말은 호경까지 전해져 도성 안이 떠들썩했다. 처음에는 소공(召公) 석(奭)이 그 말을 듣고 주공을 의심하는 지경에 이르렀고, 결국 나이 어린 성왕도 진위 여부를 분간하지 못하고 자신을 보필하는 숙부 주공을 믿지 않게 됐다. 이를 흔히 성왕의 참덕(慙德)이라 부른다. 천자의 부끄러운 점을 참덕이라 한다.

주공은 소공 석을 찾아가 자기는 그런 야심이 전혀 없으니 요사스러운 말을 믿지 말고 함께 주나라 정사를 잘 다스리자고 간곡히 이야기했다. 그 말은 소공석을 감동시켰을 뿐 아니라 많은 사람의 오해도 풀어주었다. 이렇게 내부 갈등을 없앤 다음 주공은 직접 군대를 거느리고 무경의 군대를 진압하러 갔다. 이것이 주공의 동정(東征)이다. 그때 동쪽 땅에서는 몇몇 부락이 무경과 결탁해 주나라 조정을 칠 준비를 하고 있었다. 주공은 주나라에 복종하지 않는 제후국들을 토벌하는 권한을 태공망(太公望-강태공)에게 일임했다. 태공망이 군대를 거느리고 가서 동쪽 땅을 제어할 때 주공은 전력을 다해 무경을 토벌했다. 이렇게 해서 주공은 성왕의 신임을 회복했고, 주나라는 안정을 되찾아 성왕의 치세(治世)가 이뤄질 수 있었다.

곤괘의 밑에서 세 번째 음효에 대해 공자는 "가시나무에 찔려 앉아 있는 것은 굳셈을 올라탔기 때문이요, 그 집에 들어가도 아내를 만나보지 못하는 것은 상서롭지 못한 것이다"라고 풀었다.

육삼의 처지부터 보자. 음유한 자질로 양강의 자리에 있으니 바르지 못하고[不正 부정] 위아래로 친하지만, 이 또한 곤괘에서는 좋지 못한 여건이다. 상륙과는 호응이 없다.

효사(爻辭)에서 "돌에 치여 곤란하고 가시나무에 찔려 앉아 있다"라고 했다. 돌에 치였다는 것은 바로 위에 있는 두 양효, 즉 구사와 구오를 가리킨다. 무거운 돌 두 개가 짓누르고 있어 감당하기 벅차다. 그런 데다가 구이와의 관계도 곤괘에서는 친하다기보다는 정반대다. 즉 음효가 양효를 올라타고 있는 형국[乘剛]이어서 극도로 불안정하다. 그래서 공자는 이를 풀어 '가시나무에 찔려 앉아 있는 것은 굳셈을 올라탔기 때문'이라고 한 것이다.

나아갈 수도 없고 물러날 수도 없다. 진퇴유곡(進退維谷)이다. 그래서 머물러 있는 곳에서 안정을 이루려 하지만, 그 또한 어렵다고 봐서 "그 집에 들어가도 아내를 만나보지 못하니 흉하다"라고 풀이했다. 정이는 그 흉함의 강도(强度)를 이렇게 말했다.

> 나아감과 물러남, 그리고 자신의 자리에 가만히 처해 있는 것이 모두 불가능하니, 오직 죽음만이 있을 뿐이라서 그 흉함을 알 수 있다.

그래서 공자도 '그 집에 들어가도 아내를 만나보지 못하는 것은 상서롭지 못한 것'이라고 한 것이다. 공자는 「계사전」에서 이미 이 효를 상세하게 풀이한 바 있다.

> 역(易)에 이르기를 "돌에 치여 곤란하고[困] 가시나무[蒺藜]에 찔려 앉아 있다. 그 집에 들어가도 아내를 만나보지 못하니 흉하다"라고 했다.
>
> 공자가 말했다. "괴롭힘을 당할 바가 아닌데 괴롭힘을 당하니 이름이 반드시 욕될 것이고, 기댈 곳이 아닌데 기대고 있으니 몸이 반드시 위태로울 것이다. 이미 욕되고 위태로워 죽을 때[死期]가 장차 다가오는데 어찌[其=豈] 아내를 만나볼 수 있겠는가?"

우리 역사에서는 소현세자(昭顯世子, 1612~1645)와 사도세자(思悼世子, 1735~1762)가 이런 처지에 놓였었고, 중국 한나라 역사에서는 여태자(戾太子)를 떠올리게 된다. 소현과 사도에 대해서는 삼자적 입장을 견지하기 위해 『한국민족문화대백과』에 실린 두 사람의 생애를 싣는다.

> 소현세자는 인조의 맏아들로 어머니는 영돈녕부사(領敦寧府事) 서평부원군(西平府院君) 한준겸(韓浚謙)의 딸 인열왕후(仁烈王后)다.
>
> 1625년(인조 3년)에 세자에 책봉되고, 1627년(인조 5년) 정묘호란 때는 전주로 내려가 남도의 민심을 수습했으며 그해에 참의(參議) 강석기(姜碩期)의 딸 민회빈(愍懷嬪)과 혼인했다.

이원익(李元翼)·장유(張維) 등을 빈사(賓師-세자시강원의 1품관)로 맞아 왕자의 덕을 닦았다. 1636년(인조 14년) 병자호란 때 강화도로 옮겨 청나라에 항전하려 했으나, 청군의 빠른 남하로 인조와 함께 남한산성으로 들어가 항전하다가 중과부적으로 삼전도(三田渡)에서 굴욕적인 항복을 했다. 그 뒤 자진하여 봉림대군(鳳林大君) 및 주전파 재신(宰臣)들과 같이 인질로 심양(瀋陽)에 갔다. 심양에 9년 동안 있으면서 1642년(인조 20년) 3월과 1644년(인조 22년) 정월에 두 차례 본국을 다녀가기도 했다. 심양에서 단순한 질자(質子-인질)가 아니라 대사(大使) 이상의 외교관 소임을 했다. 즉, 청나라가 조선에 대해 무리한 물자를 요구하면 막으려 노력도 했다. 청나라는 인조가 병중이라서 조선과의 일을 담판할 수 없다 하여 세자의 재량으로 처리하도록 강요하기도 했다.

따라서 세자는 본국에서는 무력한 존재이나, 심양관에서는 조청(朝淸) 양국 간에 제기된 문제를 해결하는 조정자로서 상당한 재량권을 행사했다. 그래서 한 나라에 두 임금이 있는 격이 됐다. 현실적으로 청의 존재를 인정하면서 청의 왕족 및 장군들과 친교를 맺고 양국 관계를 정상화하는 데 노력했다.

1644년 9월 북경(北京)에 들어가 70여 일을 머물면서 서양인이 주관하고 있던 천문대를 찾아가 역법(曆法)에 관심을 가지게 됐다. 특히 독일인 신부 아담 샬(Schall, J. A., 일명 湯若望 탕약망)과의 친교로 천문·수학·천주교 서적과 여지구(輿地球)·천주상(天主像)을 전래하는 등 서양 문물을 적극 수용하려 했다. 그러나 조선 조정은 서인들의 집권과 함께 반청 친명 정책(反淸親明政策)을 고수, 소현세자의 처사를 부정적으로 평가한 듯하다. 특히 소현세자는 300명이 넘는 시강원 관원을 거느렸고 또 청의 요구를 막지 못하고 그들과 영합함으로써 막대한 경비만 국고에 부담 지웠다. 그래서 때로는 사무역(私貿易)을 자행하여 부족한 자금을 마련하기도 했다. 이러한 행위로 인조에게 친청적인 인물로 보였으며, 후계자로서 부적격하다고 간주된 듯하다.

게다가 인조의 총비 조소용(趙昭容)은 세자빈과 사이가 좋지 않아 세자를 백방으로 모함, 심양관에서의 세자의 과도한 영리 추구는 잠도역위(潛圖易位-세자가 인조를 대신해 왕위에 오르기 위한 공작) 또는 세자 대신 인조를 청에 입조시키려는 공작이라고 모함했다. 그리하여 인조는 심양관에 밀정을 보내 세자의 동정을 주시하고 있었다. 세자는 9년간의 인질 생활 끝에 1645년 2월 18일에 입경했다. 그러나 이때는 환영보다는 냉대였으며, 세자에 대한 군신의 진하(進賀)도 못 하게 막아버렸다. 세자 일행이 북경에서 가져온 서양 문물에 관한

서적과 물자도 인조의 노여움을 가중시켰다.

소현세자는 뜻하지 않은 부왕과의 갈등으로 그해 4월 23일 병석에 눕게 되고, 4일 만인 26일에 급서했다. 이 같은 세자의 급서는 의관 이형익(李馨益)의 책임이라 하여 신료들이 엄벌을 요구했다. 이형익은 조소용의 외가와 관련된 인물로 3개월 전에 특채된 의관이었다. 인조는 세자의 사인을 규명하려 하지 않고 관례적인 책임도 지우지 않은 가운데 입회인을 제한하여 입관을 서둘렀다. 『인조실록(仁祖實錄)』에서는 시신은 9혈에서 출혈하고 있었으며 진한 흑색으로 변해 있었다고 하여, 은연중에 독살됐음을 시사하고 그 하수인으로 이형익을 지목하고 있는 듯한 느낌을 준다.

그 뒤 세자빈이 역모를 꾸몄다 하여 민회빈은 물론 두 아들과 친정 식구, 세자빈과 친했던 많은 궁녀가 죽임을 당했다. 이러한 상황으로 볼 때, 세자를 죽인 장본인은 바로 인조일 가능성이 높다.

사도세자는 영조의 아들로 어머니는 영빈 이씨(映嬪李氏)이며, 부인은 영의정 홍봉한(洪鳳漢)의 딸인 혜경궁 홍씨(惠慶宮洪氏)다. 이복형인 효장세자(孝章世子-진종(眞宗)으로 추존됨)가 일찍 죽고 영조의 나이 40세가 넘어서 출생한 탓으로 2세 때 왕세자로 책봉되고, 10세 때 혼인해 곧 별궁에 거처했다.

그는 나면서부터 매우 영특해 3세 때 이미 부왕과 대신들 앞에서 『효경』을 외우고, 7세 때 『동몽선습』을 떼었다. 또한 글씨를 좋아해서 수시로 문자를 쓰고, 시를 지어서 대신들에게 나눠주기도 했다. 10세 때는 이미 정치에 대한 안목이 생겨 집권 세력인 노론들이 처결한 바 있는 신임사화를 비판하기도 했다.

1749년(영조 25년) 부왕을 대신해 서정(庶政)을 대리하게 되자, 그를 싫어하는 노론들과 이에 동조하는 계비(繼妃) 정순왕후 김씨(貞純王后金氏), 숙의 문씨(淑儀文氏) 등이 영조에게 그를 무고했다. 성격이 과격한 영조가 수시로 세자를 불러 크게 꾸짖으니, 마침내 그는 격간도동(膈間挑動)이라는 정신질환에 걸렸다. 함부로 궁녀를 죽이고, 여승을 입궁시키며, 한 나라의 서정을 맡고서도 몰래 왕궁을 빠져나가 평양을 내왕하는 등 난행과 광태를 일삼았다. 그 병의 증상에 대해 장인인 홍봉한은 "무엇이라 꼬집어 말할 수 없는, 병이 아닌 것 같은 병이 수시로 발작한다"라고 했다.

1761년 계비 김씨의 아비인 김한구(金漢耉)와 그 일파인 홍계희(洪啓禧)·윤급(尹汲) 등의 사주를 받은 나경언(羅景彦)이 세자의 비행 10조목을 상소했다. 영조는 마침내 나라의 앞날을 위해 세자를 죽이기로 하고 그를 휘령전(徽寧殿)으로 불러 자결을 명했다. 하지만 세자가 끝내 자결하지 않자, 그를 서인으로 폐하고 뒤주 속에 가두어 8일 만에 죽게 했다.

장조가 죽은 뒤 영조는 그에게 사도(思悼)라는 시호를 내리고, 장례 때는 친히 나아가 스스로 신주(神主)에 제주(題主)를 하면서 나라의 앞날을 위해 부득이한 조치였음을 알리기도 했다. 그의 아들인 정조가 즉위하자 장헌(莊獻)으로 추존되고, 1899년에 다시 장조(莊祖)로 추존됐다.

여태자는 반고의 『한서』 「무오자전(武五子傳)」편 중에서 관련 부분을 발췌했다.

효무황제(孝武皇帝)에게는 6명의 아들이 있었고, 위(衛)황후가 여(戾)태자를 낳았다. 여태자 거(據)는 원수(元狩) 원년에 세워져 황태자가 됐는데, 이때 나이 7세였다. 애초에 상이 27세 때 마침내 태자를 얻어 크게 기뻐했다. 조금씩 자라자 조서를 내려 『공양춘추(公羊春秋-춘추공양전)』를 배우게 했고 또 (노나라 신공(申公)의 제자인) 하구강공(瑕丘江公)으로부터 『곡량(穀梁-춘추곡량전)』을 배우게 했다. 관례를 치르고 태자궁에 가서 살게 되자 상은 그를 위해 박망원(博望苑)을 조성해주고 빈객들이 드나들 수 있도록 했는데, 그가 좋아하는 것이라면 다 할 수 있게 해주어서 각종 이단(異端)의 학설을 올리는 자들이 많았다.

무제(武帝) 말년에 위후(衛后)에 대한 총애가 시들었고 강충(江充)이 권력을 행사했다[用事(용사)]. 충(充)은 태자 및 위씨(衛氏)와 틈이 있었기 때문에[264] 상이 세상을 떠나고 나면[晏駕(안가)=崩御(붕어)] 태자에게 주살될 것을 두려워했는데, 때마침 무고(巫蠱)의 일이 일어나자 충은 이를 이용해 간사한 짓을 벌였다. 이때 상의 춘추가 높아 마음속에 싫어하는 것들이 많았는데, 좌우의 신하들이 모두 무고의 도리로 (누군가가) 저주를 퍼붓기 때문이라고 하니 그 일을 끝까지 파헤쳐 다스렸다. (그 결과) 승상 공손하(公孫賀, ?~BC 91)[265] 부자, 양석(陽石)·제읍(諸邑) 두 공주,

---

264 안사고가 말했다. "충이 황제의 명을 직접 받드는 직지사자(直指使者)였을 때 태자 집안의 수레가 (황제만이 다니는) 치도(馳道) 위를 올라간 적이 있는데, 태자가 없었던 일로 해줄 것을 부탁했으나 충은 들어주지 않았다."

265 젊어서 기병으로 종군해 공적을 세웠고, 태자 유철의 사인(舍人)이 됐다. 유철(무제)이 즉위한 후 태복(太僕)으로 승진했다. 공손하는 아내 위유(衛孺)가 위황후의 언니였기 때문에 중용됐다. 석경의 뒤를 이어 승상이 됐다. 석경의 전임 승상 세 명(이채·장청적·조주)이 모두 죄를 지어 죽었기 때문에 공손하는 명을 받았을 때 울면서 이를 사

황후의 조카인 장평후(長平侯) 위항(衛伉)이 모두 죄에 걸려들어 주살됐다.

충(充)이 무고의 일을 재판하는[治] 일을 맡았는데, 이미 상의 뜻을 알아차리고서 궁중에 무고의 기운[蠱氣]가 있다고 건의해 말한 다음에 궁궐에 들어가 성중(省中)[266]에 이르러 어좌가 있는 곳을 무너트려 땅을 팠다. 상은 안도후(按道侯) 한열(韓說), 어사 장당(章贛), 황문(黃門-환관) 소문(蘇文) 등으로 하여금 충을 돕게 했다. 충은 드디어 태자궁에 이르러 고(蠱)를 파내어 오동나무로 만든 인형을 찾아냈다. 이때 상은 병에 걸려 감천궁(甘泉宮)으로 더위를 피해서 가 있었기 때문에 황후와 태자만이 (경사에) 있었다. 태자가 소부(少傅) 석덕(石德)을 부르니, 덕(德)은 사부로서 함께 주살될 것을 두려워해 태자에게 이렇게 말했다.

"전 승상 부자와 두 공주, 위씨(衛氏)가 모두 이 사건에 연루됐는데 지금 무당과 사자(使者)가 땅을 파 증거물까지 얻었다고 합니다. 따라서 이는 무고를 갖다둔 간사스러운 짓이 혹시 실제로 있었는지 모르겠지만 스스로 밝힐 방법이 없으니, 부절을 칭탁해[矯=託][267] 충 등을 체포해 옥에 가두고서 그의 간사함을 끝까지 다스려야 할 것입니다. 또 상께서 병이 나 감천궁에 머물고 계시고 황후와 태자궁 관리들은 물어봐도 아무도 대답을 하지 않고 있습니다. 상께서 살아 계신지 아닌지 알 수가 없고 간신들이 이와 같으니, 태자께서는 장차 진(秦)나라 부소(扶蘇, ?~BC 210)[268]의 일을 생각해야 하지 않겠습니까?"

태자는 위급한 상황이라 덕의 말이 옳다고 여겼다.

정화(征和) 2년 7월 임오일(壬午日)에 마침내 (태자는) 빈객으로 하여금 사자인 척하고 가서 충 등을 잡아들이게 했다[收捕]. 안도후 열(說) 등이 사자에게 속임수가 있다고 의심해

양했으나, 무제가 윤허하지 않았기 때문에 어쩔 수 없이 승상이 됐고 다시 갈역후(葛繹侯)에 봉해졌다. 뒤이어 태복이 된 아들 공손경성은 황후의 조카라는 자신의 신분을 이용해 비리를 저질러 하옥됐다. 공손하는 당대의 유명한 도적 주안세(朱安世)를 잡아들여 공손경성의 죄를 갚으려 했고 과연 주안세를 잡는 데 성공했으나, 도리어 주안세는 공손경성이 양석공주(陽石公主)와 사통하고 무고(巫蠱)로 황제를 저주한 사실을 고발했다. 결국 공손하 또한 하옥됐고, 이때 본인은 물론 일족이 주멸돼 후사가 끊겼다.

266 금중(禁中)이다. 효원황후(孝元皇后)의 아버지 왕금(王禁)의 이름을 피하기 위해[諱] 성중(省中)이라고 표기했다.

267 황명으로 부절을 받았다고 거짓말을 하라는 뜻이다.

268 진시황(秦始皇)의 맏아들이다. 진시황 25년(BC 222) 분서갱유(焚書坑儒)를 만류하다가 노여움을 사서 황명으로 상군(上郡)에 가서 몽염(蒙恬)의 군대를 감독했다. 진시황이 사구(沙丘)에서 죽을 때 부소를 함양(咸陽)으로 불러 제위를 잇도록 하라고 유언을 남겼다. 그러나 이사(李斯)와 조고(趙高)가 가짜 조서를 만들어 둘째 아들 호해(胡亥)를 옹립하고 부소는 상군 군중에서 자살하도록 했다.

기꺼이 조서를 받으려 하지 않자, 빈객은 열을 쳐 죽였다[格殺=擊殺]. 어사 장당은 부상을 입고 겨우 탈출해 직접 감천궁으로 달려갔다. 태자는 사인(舍人) 무차(無且)를 시켜 미앙궁 궁전의 장추문(長秋門)으로 들어가서 장어(長御-여자 시위대장) 의화(倚華)를 통해 황후에게 전말을 갖추어 고백하게 하고, 황실의 마구간에 있는 수레를 내어 활 쏘는 병사들을 싣고 가서 무기고의 병기를 꺼내고 장락궁(長樂宮)의 위졸들을 출동시켰으며, 백관으로 하여금 강충이 반란을 일으켰다고 말하게 했다. 마침내 충의 몸을 베고 순행하면서 오랑캐 출신 무당[胡巫]을 상림원 안에서 불에 태워 죽였다.

드디어 빈객들을 나눠 부대를 편성하고 병사들을 이끌게 한 다음에 승상 유굴리(劉屈氂)[269] 등과 교전을 벌였다. 장안(長安) 안이 소란스러워지고 태자가 반란을 일으켰다고 선전을 하자 이로 인해 대중은 태자 쪽에 기꺼이 붙으려 하지 않았다. 태자의 군대가 패하자 (태자는) 달아났고 (관리와 병사들은) 붙잡지 못했다.

상이 크게 화가 났기 때문에 여러 신하는 근심하고 두려워하면서도 어떤 계책을 내야 할지 몰랐다. (한편) 태자는 도망쳐서 동쪽으로 호현(湖縣)에 이르러 그곳의 천구리(泉鳩里)에 숨었다. 주인집은 가난해서 늘 짚신을 만들어 팔아 태자의 먹을거리를 댔다. 태자와 옛날부터 알던 사람이 호현에 있었는데, 태자는 그가 부유해 넉넉하다[富贍=富裕]하다는 말을 듣고서 사람을 시켜 그를 부르려다가 발각됐다. 관리들이 태자를 둘러싸 잡으려 하자, 태자는 더는 벗어날 곳이 없다는 것을 스스로 헤아리고서 곧바로 방에 들어가 문틀에서 자살했다[自經]. (하남성) 산양(山陽)의 남자인 장부창(張富昌)이 졸병이었는데 발로 차서 문을 열었고, 신안현(新安縣) 영사(令史) 이수(李壽)가 태자를 안아서 줄을 풀어주었다. 집주인은 격투 끝에 사망했고 황손 2명 모두 상처를 입었다. 상은 이미 태자를 해치고 나자 이에 조서를 내려 말했다.

"다소 미심쩍은 일에도 시상을 하는 것[疑賞]은 결국 임금이 신하에게 신의를 거듭 표하려는 까닭이다. 이에 이수를 봉해 우후(邘侯)로 삼고 장부창을 제후(題侯)로 삼노라."

오랜 시간이 지나고 나서[270] 무고의 사건이 대부분 믿을 수 없는 것이라는 사실이 드러났

---

269 황족이자 관료다. 중산정왕의 아들이며 무제의 조카다. 정화 2년(BC 91) 탁군태수에서 승상으로 승진했다.

270 1년 후인 정화 3년(BC 90) 9월의 일이다.

다. 상은 태자가 두려워서 그랬던 것이지 다른 뜻이 있었던 것은 아니라는 것을 알게 됐는데, (고묘를 관리하던 고침랑(高寢郎)) 거천추(車千秋)[271]가 다시 태자의 원통함에 대해 말하자 상은 드디어 거천추를 발탁해 승상으로 삼고 강충의 집안은 족멸시켰으며 소문(蘇文)은 횡교(橫橋) 위에서 불태워 죽였다. 또 천구리(泉鳩里)에 이르러 태자에게 칼을 댄 사람을 애초에는 북지태수(北地太守)로 삼았었는데 이때에 이르러 족멸시켰다. 상은 태자에게 아무런 잘못이 없었음을 가련하게 여겨 마침내 사자궁(思子宮)을 짓고 호현(湖縣)에 귀래망사지대(歸來望思之臺)[272]를 세우니, 천하 사람들이 이를 듣고서 다 슬퍼했다.

곤괘의 밑에서 네 번째 양효에 대해 공자는 "오기를 느리게 하는 것은 뜻이 아래에 있는 것이니, 비록 자리가 마땅하지는 않지만 함께하는 사람이 있다"라고 풀었다. 주공의 효사는 아래와 같다.

> 오기를 느리게 하는 것은 쇠수레에 곤란함을 느끼기 때문이니, 안타깝지만 마침이 있다[來徐徐 困于金車 吝 有終](내서서 곤우금거 인 유종).

구사의 처지를 보면, 양효로 음위에 있어 자리가 바르지 않고 아래로 초륙과 호응하고 있다. 그런데 구사는 초륙 풀이에서 본 바와 같이 중정(中正)을 모두 갖추지 못해 남을 도와줄 여력이 없다. 게다가 구사로서는 오히려 초륙의 도움을 받아야 하는데 초륙은 가까이에 있는[有比](유비) 구이와 친밀한 관계를 맺고 있다. 구이는 적어도 강중(剛中)을 갖추고 있어 구사보다는 훨씬 매력적인 파트너이기 때문이다. 곤경에 처해서 응(應)보다는 비(比)가 더 중요한 것이다. 이제 정이의 풀이를 볼 차례다.

> 쇠[金](금)란 굳센 것이요 수레란 물건을 싣는 것이다. 구이가 굳센 자질로서 아래에 있으면서

---

271 원래 그의 이름은 전천추(田千秋)인데, 나이가 많아 천자는 특별히 그에게 작은 수레를 타고 대궐에 들어올 수 있도록 허락해주었다. 그래서 거(車)를 붙여 거천추 혹은 차천추라고 하는 것이다.

272 이는 태자의 혼령이라도 돌아오기를 바라고 생각한다는 뜻이다. 이 사건은 흔히 우리나라 역사에서 사도세자의 일과 비교된다.

구사 자신을 싣고 있기 때문에 쇠수레라고 한 것이다. 구사가 초륙을 따르고자 하지만 구이가 가로막고 있어 그 오는 것이 더디고 의심하여 느리니, 이는 쇠수레에 곤란을 겪는 것이다. 자신과 호응하는 자가 (정작) 자신을 하찮게 여기고, 다른 사람에게 갈까 봐 의심해서 그를 쫓아가려고 하면 머뭇거리면서 단번에 자기 앞으로 오지를 않으니, 어찌 안타깝지 않겠는가?

'마침이 있다'라는 것은 일이 결국 귀착되는 것은 바르다는 말이다. 초륙과 구사 둘은 바르게 호응하고 있으니 결국에는 반드시 서로를 따르게 될 것이다.

구사와 초륙은 둘 다 자리가 바르지 않다. 다만 그 둘은 서로 호응하기 때문에 뭔가 의미 있는 결말은 기대할 수 있다. 그래서 공자는 "오기를 느리게 하는 것은 뜻이 아래에 있는 것이니, 비록 자리가 마땅하지는 않지만 함께하는 사람이 있다"라고 풀이한 것이다. '함께하는 사람[與(여)]'이란 당연히 초륙이다. 이는 반대로 보자면 초륙이 구사와의 바른 호응 관계[正應(정응)]를 저버리고 당장 눈앞의 이익만 보고서 구이를 따를 경우 결국은 흉한 꼴을 당할 수 있다는 말이다. 그래서 정이는 "한미한 선비의 아내와 약소국의 신하[初六(초륙)]는 각각 그 바름[正(정)=正應(정응)]을 편안하게 여겨야 할 뿐이다. (그렇지 않고서) 만일 세력[勢(세)=九二(구이)]을 선택해 그를 따를 경우 죄악이 커서 천하에서 용납받지 못할 것이다"라고 한 것이다. 이는 국제 관계를 이해하는 중요한 사리(事理)라 할 것이다.

곤괘의 밑에서 다섯 번째 양효에 대해 공자는 "코를 베이고 발꿈치를 베이는 것은 뜻을 아직 얻지 못한 때문이고, 서서히 기쁨이 있는 것은 가운데 있어 곧기[中直(중직)] 때문이며, 제사를 지내는 것이 이롭다는 것은 복을 받기 때문이다"라고 풀었다. 주공의 효사는 아래와 같다.

코를 베이고 발꿈치를 베이는 것이니 자주색 옷에 곤란하지만, 서서히 기쁨이 있으니 제사를 지내는 것이 이롭다[劓刖(의월) 困于(곤우)赤紱(적불) 乃徐(내서)有說(유열) 利用(이용)祭祀(제사)].

코를 베인다는 것은 몸의 윗부분이 손상을 입는 것이고, 발꿈치를 베이는 것은 몸의 아랫부분이 손상을 입는 것이다. 구오는 군주의 자리다. 상륙과는 친함이 있고[親比(친비)] 구사와는 친하지 않다. 구이와도 호응 관계가 아니다. 그런데 곤괘에서는 이들에 대한 해석을 달리한다. 상륙은 친하기보다는 가까이에서 구오를 가리는 존재다. 그렇기 때문에 위아래에서 핍박을 받는 상황이 돼 '코를 베이고 발꿈치를 베이는 것'이라고 한 것이다.

주공의 효사에서 '자주색 옷에 곤란하지만[困于赤紱]'이라고 한 것은, 신하의 옷인데 여기서도 걸어오는 뜻을 취했기 때문에 무릎 가리개인 불(紱)로써 말한 것이다. 주불(朱紱)과 구별하기 위해 적불(赤紱)은 자주색 옷으로 옮겼다. 신하가 찾아온다는 말이다. 신하는 곧 구이를 가리킨다. 정이의 풀이다.

> 구오는 곤경에 처해 있지만, 강중한 다움이 있고 아래에 강중한 다움을 가진 현자인 구이가 있다. 도리가 같고 다움이 합쳐져 서서히 반드시 서로 호응해 와서 함께 세상의 곤경을 해결할 것이니, 이는 처음에는 곤경에 처했지만, 서서히 기쁨이 있는 것이다. '제사를 지내는 것이 이롭다'라는 것은, 제사를 드리는 일은 반드시 정성과 공경[誠敬]을 다한 뒤에야 복을 받는다. 군주가 곤궁한 때에 있게 되면 마땅히 세상의 곤경을 염려해 천하의 뛰어난 이를 구하기를 마치 제사를 지내는 것처럼 해야 한다. 정성과 공경을 다 한다면 천하의 뛰어난 이를 불러들여 세상의 곤경을 해결할 수 있을 것이다.

여기서 한 가지, 공자의 풀이 중에서 중직(中直)에 주목해야 한다. 정이의 풀이다.

> 중정(中正)이라고 하지 않고 중직(中直)이라고 했는데, 이는 구이와 함께 화합한 것은 곧음[直]이라고 말하는 것이 마땅하기 때문이다. 직은 정(正)에 비해 조금 느슨한 것이다. 진실한 뜻을 다하기를 마치 제사를 드리듯이 해 천하의 뛰어난 이를 구하면 천하의 곤경이 형통하게 돼 복과 좋은 일을 누릴 수 있을 것이다.

곤괘의 구오에 해당하는 인물로 한나라의 선제(宣帝)만 한 인물을 찾기는 어렵다. 선제는 중국 전한(前漢)의 제10대 황제(재위 BC 74~49)로, 지방 행정 제도를 정비하고 상평창 설치로 빈민 구제를 도모했으며 대외적으로는 흉노를 격파하고 소위 서역 36국과 남흉노도 복속시켰다. 전한의 여러 황제 중에서도 현제(賢帝)로 꼽힌다. 반고의 『한서』가 전하는 그의 탄생과 즉위 과정이다.

효선황제(孝宣皇帝)[273]는 무제의 증손자이자 여(戾)태자의 손자다.[274] 태자는 사양제(史良娣)을 맞아들여[275] 사황손(史皇孫)[276]을 낳았다. 황손이 왕부인(王夫人)을 맞아들여 선제(宣帝)를 낳았으니, 칭호가 황증손(皇曾孫)이었다. 태어난 지 몇 달 안 돼 무고의 일을 만났고, 태자·양제·황손·왕부인이 모두 해를 당했다. 상세한 이야기는 태자의 전(傳)에 실려 있다. 증손이 비록 강보(襁褓)에 있었지만, 오히려 죄에 연좌돼 군저(郡邸)의 옥[277]에 갇혔다. 병길(丙吉)이 정위감(廷尉監)[278]이 돼 군저에서 무고의 사건을 다스렸는데, 증손에게는 죄가 없음[無辜]을 가슴 아프게 여겨 여자 죄수로서 복작(復作)된 회양(淮陽)의 조징경(趙徵卿)과 위성(渭城)의 호조(胡組)를 그의 유모로 삼아 젖을 먹여 기르게 하고[279] 자신의 돈으로 그 의식(衣食)을 대는 등 깊은 은혜를 베풀었다.

무고의 일은 여러 해가 지나도 판결이 나지 않았다. 후원(後元) 2년에 이르러 무제가 병이 나 장양궁(長楊宮)과 오작궁(五柞宮)[280]을 오갈 때, 망기자(望氣者)[281]가 말하기를 장안의 옥 안에 천자의 기운이 있다고 하자 상(上-무제)은 사자를 시켜 경사(京師-장안)의 관부(官府) 사람들[中都官]을 나눠 보내 죄의 경중을 가리지 않고 모두 죽여버리게 했다. 내알자

---

273 응소(應劭)가 말했다. "시법(諡法)에 이르기를 '빼어나고 좋으며 두루 듣는 것[聖善周聞]을 선(宣)이라고 한다'라고 했다."

274 위소(韋昭)가 말했다. "어기고 그릇됐다[違戾] 해 시호를 여(戾)라 했다." 신찬(臣瓚)이 말했다. "태자가 강충을 주살함으로써 참소하는 무리를 제거했지만 일이 분명하게 드러나지 않았는데, 뒤에 무제가 자신이 우매했음을 깨닫고서 드디어 충의 집안을 족멸했기 때문에 선제는 나쁜 시호를 더할 필요가 없었다. 동중서(董仲舒)가 말하기를 "결과는 있으나 그 뜻이 없는 것을 일러 여(戾)라 하고, 결과는 없이 그 뜻이 있는 것을 죄(罪)라 한다"라고 했다." 안사고가 말했다. "찬의 설이 옳다."

275 복건(服虔)이 말했다. "사(史)는 성이고 양제는 관직이다." 안사고가 말했다. "태자에게는 비(妃)가 있고 양제(良娣)가 있고 유자(孺子)가 있어 모두 3등급이었다."

276 안사고가 말했다. "외가의 성으로 불렀기 때문에 사황손이라 했다."

277 여순(如淳)이 말했다. "여러 군은 각자의 수도에 군저를 두었고, 거기에는 감옥이 있었다."

278 안사고가 말했다. "감이란 정위의 속관이다."

279 이기(李奇)가 말했다. "복작이란 여자 죄수를 가리킨다. 죄가 가벼울 경우 남자는 변경 수비를 1년 동안 하도록 했는데, 여자는 연약하고 수비 일을 맡을 수 없어 다시 명을 내려 관청에서 같이 1년 동안 일하게 했기에 복작이라 한 것이다." 안사고가 말했다. "조징경은 회양 사람이고 호조는 위성 사람인데 둘 다 죄수다. 두 사람은 번갈아가며 증손을 젖으로 길렀다. 「병길전」에는 곽징경(郭徵卿)으로 나온다. 본기와 열전이 같지 않은데, 어느 쪽이 옳은지 알 수 없다."

280 안사고가 말했다. "장양과 오작 두 궁전은 나란히 주질(盩厔)에 있었는데, 둘 다 나무 이름에서 따온 것이다."

281 운기(運氣)를 살펴 미래를 내다보는 점쟁이다.

령(內謁者令)[282] 곽양(郭穰)이 밤에 군저의 옥에 이르자 길(吉-병길)이 사자를 거절하고 문을 닫고서 들어오지 못하게 하니, 증손은 길에 힘입어 몸을 보전할 수 있었다. 이로 인해[因](인)[283] 큰 사면을 만나 길은 마침내 증손을 수레에 태워 외할머니 사양제의 집에 보낼 수 있었다. 상세한 이야기는 「병길전(丙吉傳)」과 「외척전(外戚傳)」에 실려 있다.

그 후에 액정(掖庭)[284]에 기르고 보살피라[養視](양시)는 조서가 있어, 상(선제-증손)은 종정(宗正)에 소속돼 종적을 갖게 됐다.[285] 이때 액정령 장하(張賀)가 일찍이 여태자를 섬긴 적이 있어 옛 은혜를 생각하고 돌아보아[思顧(사고)=思念(사념)] 증손을 불쌍하게 여겼으니, 봉양하는 바가 아주 공손했고 사비를 들여 필요한 것을 제공하면서 글을 가르쳤다. (증손이) 이미 장성하게 되자 포실색부(暴室嗇夫)[286] 허광한(許廣漢)의 딸을 (아내로) 취했고, 증손은 그 때문에 광한의 형제 및 외할머니 사씨 집안에 의지해 살았다. 동해군 사람 복중옹(澓中翁)[287]에게 『시경(詩經)』을 배웠는데 재주가 높고 배우기를 좋아했지만, 또한 유협(游俠)을 즐겨 싸움닭이나 달리는 말(혹은 개)과 같아, 여염의 간사함과 관리로서 다스리는 바[吏治](이치)의 득실(得失)을 모두 갖춰 알고 있었다. 자주 여러 능(陵)을 오르내리며[上下](상하) 삼보(三輔)[288]를 두루 다녔는데[周遍](주편), 늘 이로 인해 연작현(蓮勺縣)의 염지(鹽地)에서 어떤 사람으로부터 곤욕을 당하곤 했다.[289]

---

282 환관 중에서 예빈관(禮賓官)을 말한다.

283 여기서 이로 인해[因](인)라고 표현한 것은, 곽양이 돌아가 병길을 탄핵하는 글을 올리자 무제는 뭔가 깨닫고서 "하늘이 그렇게 한 것이다"라며 천하에 대사면령을 내렸기 때문이다.

284 응소가 말했다. "액정은 궁인의 관직이며 영(令)과 승(丞)이 있었는데, 환관이 그것을 맡았다."

285 이런 조처는 무제 때보다 소제 때 이뤄졌을 가능성이 크다.

286 응소가 말했다. "포실은 궁인의 감옥으로 지금의 박실(薄室)이다. 허광한은 법을 어겨 부형(腐刑-궁형)을 받고 환관이 돼 색부(嗇夫-궁정 감옥 관리인)를 맡고 있었다." 안사고가 말했다. "포실이란 액정 중에서도 직물에 염색하는 부서를 가리키기 때문에 포실이라 이른 것이며, 포쇄(暴曬-햇볕에 말리다)라는 말에서 그 이름을 딴 것일 뿐이다. 어떤 사람은 박실이라 할 때의 박(薄)이 곧 포(暴)라고 한다. 지금의 속어로 박쇄(薄曬)라고도 한다. 대개 포실이란 그 할 일이 아주 많기 때문에 감옥에 설치해 죄인을 다스려 일을 주관하게 했으니, 종종 포실옥이라고도 할 뿐이다. 그러나 원래는 감옥의 이름이 아니며, 응씨의 설은 이 점을 놓쳤다. 색부란 포실의 속관이며 현과 향의 색부와도 같다."

287 안사고가 말했다. "복은 성이고 중옹은 자(字)다."

288 삼보란 경조(京兆-장안)와 장안 서쪽(좌풍익)과 장안 동쪽(우부풍)을 가리킨다.

289 그만큼 평범했다는 말이다.

더욱이 두현(杜縣)과 호현(鄠縣) 사이[290]를 오가며 즐겼고, 평소에는 하두(下杜)[291]에 있었다. 그러다가 마침 조정에 참석하라는 청을 받게 될 경우 장안의 상관리(尙冠里-경조윤의 관할 지역)에서 묵었다. 몸과 발아래까지 털이 있어 가로누웠을 때는 종종 광휘(光輝)가 있었다. 그가 매번 떡을 살 때마다 늘 그 가게에서는 크게 팔려 그 스스로도 괴이하게 여겼다.

원평(元平) 원년 4월 소제(昭帝)가 붕(崩)했는데 뒤를 이을 사람이 없었다. 대장군 곽광은 황후에게 청해 창읍왕(昌邑王)[292]을 불러왔다. 6월 병인일(丙寅日)에 왕은 황제의 인새(印璽)와 인수(印綬)를 받았고, 황후를 높여 황태후로 불렀다. 계사일(癸巳日)에 광이 왕 하(賀)가 음란하다는 것을 (황태후에게) 아뢰어 폐립을 청했다. 상세한 이야기는 「유하전(劉賀傳)」과 「곽광전(霍光傳)」에 실려 있다.

가을 7월에 광이 의견을 올려[奏議]주의 말했다. "예(禮)에 따르면 사람의 도리란 혈친을 제 몸과 같이 여기기 때문에[親親]친친 시조(始祖)를 높이는 것이고, 시조를 높이기 때문에 종통(宗統)을 높이는 것입니다. 큰 종통[大宗=本宗]대종 본종에 후사(後嗣)가 없으면 지종(支宗-서자)의 자손 중에서 뛰어난 이[賢者]현자를 골라 후사로 삼습니다. 효무황제의 증손 병이(病已)[293]는 액정(掖庭)에서 기르고 보살피라[養視]양시는 조서가 있었고 지금 나이 18세로 스승으로부터 『시경』, 『논어』, 『효경』을 배워서 행실이 바로잡혀 절검하고 성품이 자애롭고 어질어 사람들을 사랑할 줄 아니[愛人]애인, 효소황제의 뒤를 이어 조종의 대통을 받들어 잇고 만백성을 자식처럼 아낄 수 있습니다[子萬姓]자 만성.[294]" 황태후는 그리하라고 했다. 종정(宗正) 덕(德)을 증손이 머무르고 있는 상관리에 보내 목욕을 시킨 다음 어부(御府)의 의복을 하사했다. 태복(太僕)이 사냥용 경수레[軨獵車]영렵거로 증손을 받들어 맞이했고[奉迎]봉영[295], 증손은 종정부(宗正府)에 나아가 재계했다. 경신일(庚申日)에 미앙궁에 들어가 황태후를 알현했고, 봉해져 양무

---

290 안사고가 말했다. "두현은 경조(京兆)에 속하고 호현은 부풍(扶風)에 속한다."

291 맹강(孟康)이 말했다. "장안의 남쪽에 있었다."

292 무제의 서자인 창읍애왕 유박(劉髆)의 아들인 유하(劉賀)를 가리킨다.

293 안사고가 말했다. "일찍부터 어렵게 살아 병과 고통이 많아 이름이 병이(病已)인데, 여기에는 빨리 병이 낫고 싶다는 뜻이 담겨 있다. 뒤에 비루하다[鄙]비 해서 휘를 고쳐 순(詢)이라 했다."

294 안사고가 말했다. "천자로서 만백성을 자식으로 삼는다는 말이다."

295 안사고가 말했다. "이때 미처 천자의 수레가 준비돼 있지 않아 경수레로 모셔온 것일 뿐이다."

후(陽武侯)가 됐다.[296] 그에 앞서 이미 여러 신하가 인새와 인수를 받들어 올렸기에 황제의 자리에 나아가 고조의 사당에 아뢰었다.

이어 반고는 그를 이렇게 총평했다.

효선(孝宣)의 다스림은 신상필벌(信賞必罰)하고[297] 명분과 실상을 종합해 사안의 본질을 짚어내니[綜核名實], 정사와 문학과 법리를 다루는 인사들은 모두 그 능력이 정치(精緻)해서 기교(技巧)와 공장(工匠)과 기계(器械)[298]에 있어 원제(元帝)와 성제(成帝) 연간으로부터 이에 이르는 자가 드물었고[鮮=少] 관리들이 그 직무에 적합한[稱] 바를 제대로 알아 백성이 생업에 전념할 수 있었다. 마침 흉노가 어그러지고 어지러운[乖亂] 때를 만나 망하게 할 자는 몰아내고 보존시켜줄 자는 굳건하게 해주어 북쪽 오랑캐[北夷]에게 위엄을 펼쳐 보이니[信=申], 선우(單于)는 그 의로움을 사모해 머리를 조아리고서 스스로를 번(藩)이라 칭했다. 그 공은 (위로는) 조종(祖宗)을 빛나게 했고 그 업적은 후사(後嗣)에 드리웠으므로 중흥했다[中興] 이를 만하니, 그 다움은 은나라 고종[殷宗]이나 주나라 선왕[周宣][299]과 나란히 할 수 있다[侔=等] 할 것이다.

곤괘의 맨 위에 있는 음효에 대해 공자는 "칡덩굴에서 곤란을 겪는 것은 (처신함이) 아직 마땅하지 않기[未當] 때문이요, 움직일 때마다 뉘우침이 있을 것이라 한 것은 일을 행해서 길하다는 것이다"라고 풀었다. 주공의 효사는 아래와 같다.

칡덩굴과 위태로운 곳에서 곤란을 겪지만, 움직일 때마다 뉘우침이 있을 것이라 하면서 뉘우치는 마음이 있으면 어디로 가든 길하다[困于葛藟 于臲卼 曰動悔 有悔 征吉].

---

296 안사고가 말했다. "먼저 후에 봉해진 것은, 서인을 세워 천자로 삼을 수는 없기 때문이다."

297 안사고가 말했다. "공이 있으면 반드시 상을 내렸고 죄가 있으면 반드시 벌했다는 뜻이다."

298 안사고가 말했다. "계(械)란 기구[器]들의 총칭이다."

299 두 사람은 중국 고대사에서 중흥군주로 평가를 받았다.

상륙은 곤궁이 극에 이른 것이다. 그래서 갈류(葛藟)와 얼올(臲卼)에서 곤란을 겪는다고 했다. 꽁꽁 묶은 채 위태로운 처지에 놓여 있음을 나타낸 것이다. 이에 대해 공자는 '(처신함이) 아직 마땅하지 않기[未當(미당)] 때문'이라고 했다.

그러나 움직일 때마다 뉘우침이 있다[動悔(동회)]라고 스스로 말할 수 있으면[曰(왈)], 그리고 그것이 헛된 다짐이 아니라면 자신의 지난 행위를 고칠 수 있다. 진정으로 뉘우치면 어떤 일을 하든 길하다는 말이다. 정이는 자문자답 형식으로 이렇게 말한다.

> 어떤 사람이 묻는다. "육삼은 음효로 아래 괘의 가장 위에 있어 흉한데, 상륙 또한 한 괘의 가장 위에 있는데도 흉하지 않은 까닭은 어째서인가?" 이렇게 답한다. "육삼은 굳센 자리[居剛(거강)]로 위험에 처했으니, 곤경에 처해 있으면서도 강험(剛險)으로 대처하므로 흉한 것이다. 상륙은 부드러운 태도로 기뻐하는 위치에 있고 오직 곤경이 극한에 이르렀을 뿐이니, 곤경의 상황이 극한에 이르면 곤경을 변화시킬 방도가 있는 것이다.

그런 점에서 상륙이 어렵사리 곤경에서 벗어나는 것은 개과천선(改過遷善)과는 조금 다른 점이 있다. 그저 자신은 뉘우치고 새로운 다짐을 하는 정도인데, 상황이 자연스럽게 바뀌어 곤경에서 벗어나게 되기 때문이다.

48. 수풍정(水風井)[300]

정(井)은 고을을 바꿔도 우물은 바꿀 수 없으니, 잃는 것도 없고 얻는 것도 없고 오가는 이들이 다 우물을 사용한다. 거의 이르렀는데도 우물에서 두레박줄을 빼내지 못한 것이니, 두레박을 깨트리면 흉하다.

井 改邑 不改井 无喪无得 往來井井. 汔至亦未繘井 羸其甁 凶.[301]
정 개읍 불개 정 무상 무득 왕래 정정 흘지 역 미 율정 이 기병 흉

---

300 문자로는 감상손하(坎上巽下)라고 한다.

301 원형이정(元亨利貞)이 나오지 않는다.

초륙(初六)은 우물에 진흙이 있어 먹지 않는다. 옛 우물에는 짐승도 없다[井泥不食 舊井无禽].
구이(九二)는 우물이 산골짜기에 있어 두꺼비 같은 미물들에게만 흐르고 항아리가 깨져 샌다[井谷 射鮒 甕敝漏].
구삼(九三)은 우물이 깨끗한데도 사람들이 먹어주지 않는다. 내 마음이 슬퍼서 길어 쓸 수 있으니, 왕이 눈 밝으면 함께 그 복을 받는다[井渫不食 爲我心惻 可用汲 王明 並受其福].
육사(六四)는 우물에 벽돌을 쌓으면 허물이 없을 것이다[井甃 无咎].
구오(九五)는 우물이 차가워 시원한 샘물을 먹는다[井冽寒泉食].
상륙(上六)은 우물을 길어 올려 뚜껑을 덮지 않고, (오래가는) 미더움이 있어 으뜸으로 길하다[井收勿幕 有孚 元吉].

◉

정괘(井卦)의 초륙(初六)은 양위에 음효로 바르지 못함[不正位], 구이(九二)는 음위에 양효로 바르지 못함, 구삼(九三)은 양위에 양효로 바름[正位], 육사(六四)는 음위에 음효로 바름, 구오(九五)는 양위에 양효로 바름, 상륙(上六)는 음위에 음효로 바름이다. 이 괘의 경우는 구이는 바르지 못해 구오만이 중정을 얻었다.

대성괘 정괘(䷯)는 소성괘 감괘(坎卦, ☵)와 손괘(巽卦, ☴)가 위아래에 있어 만들어진 괘다. 「설괘전(說卦傳)」에 따르면 '간(艮-산)으로 오래 머물게 하고[止=久]' '바람[風]으로 흩어지게 한다'고 했다. 괘의 모양이 감(坎)이 위에 있고 손(巽)이 아래에 있다.

그러면 「서괘전(序卦傳)」을 통해 왜 정괘가 곤괘의 뒤를 이어받았는지 확인해보자.

> 위에서 지치고 피곤하게 된 자는 반드시 아래로 돌아온다. 그래서 곤괘의 뒤를 정괘(井卦)로 받았다.
>
> 困乎上者必反下. 故受之以井.

지치고 피곤함이 극에 이르면 다시 아래로 내려간다. 아래에 있는 물건 중에 우물

[井]만 한 것이 없다. 이에 대해서는 조금 살펴볼 필요가 있다. 우물에서 과연 어떤 특성이나 성질을 잡아내야 하는가의 문제 때문이다.「계사전」 하 7장에 대한 설명에서 우리는 정괘(井卦)를 살펴본 바 있다.

"정(井)은 수풍정괘(水風井卦, ䷯)다. 정괘는 곤괘(困卦) 바로 다음에 이어지는데, 곤궁함을 겪은 자는 반드시 아래로 돌아온다고 해서 정괘가 곤괘를 잇는다고 했다. 감(坎, ☵)은 물이고 손(巽, ☴)은 바람이면서 나무다. 나무는 그릇의 상(象)이니, 나무가 물 아래로 들어가서 물을 퍼 올리는 것은 우물물을 긷는 상이다. 우물은 대지처럼 한곳에 있으면서 오가는 모든 사람에게 물을 제공한다. 그래서 다움의 땅[德之地]이라고 한 것이다."

정이는 우물의 성질을 이렇게 풀이했다.

> 잃음도 없고 얻음도 없음은 그 다움이 일정함[常]이요, 오가는 이가 모두 우물을 쓴다는 것은 그 쓰임이 골고루[周]이니, 바로 이 일정함과 골고루가 우물의 도리다.

이번에는「잡괘전(雜卦傳)」을 통해 곤괘와 정괘의 관계를 살펴보자.

> 정(井)은 두루 통함[通]이요, 곤(困)은 서로 만남[相遇]이다.

정괘(井卦, ䷯)와 곤괘(困卦, ䷮)는 서로 종괘(綜卦) 관계다. 앞에서 "우물은 대지처럼 한곳에 있으면서 오가는 모든 사람에게 물을 제공한다"라고 했다. 그래서 두루 통하는 것이다. 그런데 곤(困)을 왜 '서로 만남'이라고 한 것일까? 앞에서 "지치고 피곤함이 극에 이르면 다시 아래로 내려간다"라고 했다. 즉 아래로 내려가서 서로 만나 조금씩 안정을 되찾기 시작한다는 뜻이다. 그리고 만남에 편안함을 느껴 서로 넘치지 않는다[不濫].

「계사전(繫辭傳)」에서는 "정(井)은 다움의 땅[德之地]이요" "정(井)은 자기 자리에 머물러 있으면서도 남에게 (물을) 옮겨주고[居其所而遷]" "정(井)으로써 마땅함을 분별하고[辨義]"라고 했다. 자기 자리에 머물러 있으면서도 남에게 (물로써) 은택을 베푸니 그 특성이 땅과 비슷하다고 본 것이다.

문왕의 단사(彖辭), 즉 "정(井)은 고을은 바꿔도 우물은 바꿀 수 없으니, 잃는 것도 없고 얻는 것도 없고 오가는 이들이 다 우물을 사용한다. 거의 이르렀는데도 우물에서 두레박줄을 빼내지 못한 것이니, 두레박을 깨트리면 흉하다[改邑 不改井 无喪无得 往來井井. 汔至亦未繘井 羸其甁 凶]"에 대한 공자의 풀이[「彖傳」]를 살펴볼 차례다.

물속에 들어가서[巽乎水] 물을 퍼 올리는 것[上水]이 정(井)이니, 우물은 길러주면서도 그 끝이 없다[養而不窮]. "고을은 바꿔도 우물은 바꿀 수 없으니"라고 한 것은 곧 굳세면서 가운데 있기[剛中] 때문이요, "잃는 것도 없고 얻는 것도 없고 오가는 이들이 다 우물을 사용한다"는 것은 공자가 권도(權道)를 말하며 "가한 것도 없고 불가한 것도 없고 마땅함만을 따른다"는 뜻이다. "정(井)으로써 마땅함을 분별하고"에 대한 풀이인 셈이다. 또 "거의 이르렀는데도 우물에서 두레박줄을 빼내지 못한 것이니"라는 것은 아직 공효(功效)가 없기 때문이요, "두레박을 깨트렸기 때문에[羸其甁]" 이로 인해 흉한 것이다.

巽乎水而上水井 井養而不窮也.
손호수 이 상수 정 정 양 이 불궁 야

改邑不改井 乃以剛中也 汔至亦未繘井 未有功也 羸其甁 是以凶也.
개읍 불개 정 내 이 강중 야 흘지 역 미 율정 미 유공 야 이 기병 시이 흉야

◉

손(巽)의 풀이가 재미있다. 물에게 공손하게 해서 그 속으로 들어간다는 뜻으로 풀어낸 것이다. 그것은 정괘(井卦)의 두 괘 모양으로 말한 것이다. 우물은 남을 길러주는 것이고 늘 한결같다[恒=常].

이어 '고을은 바꿔도 우물은 바꿀 수 없으니'를 공자는 '굳세면서 가운데 있기[剛中] 때문'이라고 풀었다. 이는 구오의 강중(剛中)이 있어 우물의 오래감, 한결같음의 까닭을 밝힌 것이다. 고을과 우물은 각각 나라와 땅의 비유로 볼 수도 있다. 즉 땅은 그대로이지만 그 위에 만들어진 국가는 일정함이 없다. 천명에는 일정함이 없어 얼마든지 바뀔 수 있는 것이다.

'거의 이르렀는데도 우물에서 두레박줄을 빼내지 못한 것이니'라는 것을 아직 공효가 없다고 한 것은, 두레박이 밖으로 나와야 사람들이 비로소 그 물을 쓸 수 있는데 아직 나오지 않았으니 아무 소용이 없는 것이다. 게다가 두레박이 깨진다면 더는 말할 필

요가 없다. 여기서 우리는 그 끝을 삼가야 한다[敬終]는 경계의 의미를 읽어낼 수 있다.

정괘의 단사(彖辭)나 「단전(彖傳)」은 내용이 어렵지는 않지만, 그 뜻하는 바가 깊다.

공자의 「상전(象傳)」을 살펴볼 차례다. 그중에 정괘를 총평한 「대상전(大象傳)」이다.

나무 위에 물이 있는 것이 정(井)(이 드러난 모습)이니, 군자는 그것을 갖고서 백성을 위로하고 서로 돕도록 권장한다[木上有水井 君子以 勞民勸相].

◉

정이는 정괘의 「대상전」을 이렇게 풀어냈다.

나무가 물을 받들어[承水] 위로 퍼 올리는 것은 곧 (나무) 그릇으로 물을 길어 우물에서 그것을 꺼내는 모양이니, 군자는 우물의 모양을 살피고 또 우물의 다움[井之德]을 본받아 백성을 위로하고 서로 돕는 도리를 권장한다. 백성을 위로하는 것은 우물의 쓰임[井之用]을 본받은 것이고, 백성으로 하여금 서로 돕도록 권장하는 것은 우물의 베풂[井之施]을 본받은 것이다.

이는 「계사전」에 나온 정(井)에 대한 풀이를 기반으로 한 것이다. 우물의 다움이란 길러줌[養=育]에 있다. 이를 좀 더 풀어낸 내용이 『논어』 「요왈(堯曰)」편에 나온다.

자장(子張)이 공자에게 묻는다.

"어떻게 해야 제대로 정치에 종사할 수 있습니까?"

이에 공자가 말했다.

"다섯 가지 아름다움[五美]을 높이고 네 가지 나쁜 점[四惡]을 물리치면 제대로 정치에 종사할 수 있다."

자장이 "다섯 가지 아름다움이 무엇입니까?"라고 묻자 공자는 이렇게 말했다.

"첫째 백성에게 은혜를 베풀되 허비하지 않고, 둘째 백성을 수고롭게 하되 원망을 사지 않고, 셋째 하고자 하되 탐하지 않고, 넷째 태연하되 교만하지 않고, 다섯째 위엄스럽되 사납지 않은 것이다."

자장이 그 첫 번째인 '백성에게 은혜를 베풀되 허비하지 않는다[惠而不費]'의 뜻을 묻자 공자는 그 의도를 알아차리고 다섯 가지 모두를 풀어준다. 공자가 말했다.

"백성이 이로워하는 것을 따라서 이롭게 해주니, 이것이 또한 은혜를 베풀되 허비하지 않는 것이 되지 않겠는가? 수고할 만한 것을 가려서 수고롭게 하니, 또 누가 원망하겠는가? 인(仁)을 하고자 하다가 인(仁)을 얻었는데, 또 무엇을 탐내겠는가? 군자는 사람이 많거나 적거나 크거나 작거나 관계없이 감히 (남을) 업신여기지 않으니, 이것이 또한 태연하되 교만하지 않는 것이 되지 않겠는가? 군자는 의관을 바르게 하고 첨시(瞻視-시선)를 존엄하게 하여 엄연히 사람들이 바라보고 두려워하니, 이것이 또한 위엄스럽되 사납지 않은 것이 되지 않겠는가?"

이제 자장은 네 가지 나쁜 점에 관해 물었다. 공자가 말했다.

"(미리) 가르치지 않고서 (죄를 지었다고) 죽이는 것을 잔학[虐]이라 하고, (미리) 경계하지 않고서 결과만 책하는 것을 포악(暴惡)이라 하고, 명령을 태만하게 늦추고서 기한을 재촉하는 것을 도적[賊]이라 하고, 어차피 사람들에게 주어야 하는 것은 똑같은데 출납에 인색한 것을 창고지기[有司]라고 한다."

「자로(子路)」편에는 여기서 말한 위로의 문제가 바로 나온다.

자로가 정치에 관해 묻자 공자가 말했다.

"앞장서야 하고 위로해야 한다[先之勞之]."

자로가 좀 더 말씀해줄 것을 청하자 공자는 말했다.

"게을러서는 안 된다[無倦=無逸]."

정괘의 여섯 효[六爻]에 대한 주공(周公)의 말을 풀이한 공자의 「소상전(小象傳)」이다.

(초륙(初六)은) 우물에 진흙이 있어 먹지 않는다[井泥不食]는 것은 아랫자리에 있기 때문이요, 옛 우물에는 짐승도 없다[舊井无禽]는 것은 때[時]가 저버린 것이다[井泥不食 下也 舊井无禽 時舍也].

(구이(九二)는) 우물이 산골짜기와 같아 두꺼비 같은 미물들에게만 흐른다[井谷射鮒]는 것은 함께하는 사람이 없다는 것이다[井谷射鮒 无與也].

(구삼(九三)은) 우물이 깨끗한데도 사람들이 먹어주지 않는다[井渫不食]는 것은 행함(능력을 행하지 못함)을 서글퍼함이요, 왕의 눈 밝음을 구하는 것[求王明]은 복을 받기 위해서다[井渫不食 行惻也 求王明 受福也].

(육사(六四)는) 우물에 벽돌을 쌓으면 허물이 없을 것[井甃无咎]이라는 것은 우물을 수리하기 때문이다[井甃无咎 修井也].

(구오(九五)는) 시원한 샘물을 먹는다는 것은 가운데 있으면서 바르기 때문이다[寒泉之食 中正也].

(상륙(上六)은) 으뜸으로 길하면서 맨 위에 있다는 것은 크게 이룬 것[大成]이다[元吉在上 大成也].

◉

정괘의 맨 아래 첫 음효에 대해 공자는 "우물에 진흙이 있어 먹지 않는다[井泥不食]는 것은 아랫자리에 있기 때문이요, 옛 우물에는 짐승도 없다[舊井无禽]는 것은 때[時]가 저버린 것이다"라고 풀었다.

남을 길러주는 때를 맞아 초륙의 처지를 보면, 구이와는 가까이 지내고 육사와는 같은 음효로 서로 호응하지 않는다. 여기서 중요한 것은 호응 관계인데, 초륙은 호응이 없다. 이를 정이는 "위에 응원이 없으니 물을 퍼 올리는 상(象)이 없다"라고 말했다. 우물은 물이 있을 때라야 남을 길러줄 수 있는데, 우물에 진흙이 있어 먹지 않는다는 것은 남을 길러줄 수 없다는 말이다. 공자는 그 이유를 '아랫자리에 있기 때문'이라고 했다. 음유한 자질로 맨 아랫자리에 있으니 남을 길러줄 수 없다.

이처럼 버려진 우물은 사람뿐 아니라 새나 짐승도 가까이 가지 않는다. 아무런 도움이 되지 않기 때문이다. '때[時]가 저버린 것'이라는 말이 미묘하다. 지금은 내버려진 상황이지만 시간이 다시 흐르면 상황은 바뀔 수도 있다는 말이다. 지금은 인력(人力)으로 풀어낼 수 있는 것이 아니라 때를 기다려야 한다는 말로 읽어도 무방하다.

시대에 의해 내버려진 사실 자체에만 초점을 맞춘다면 폐위된 이후 광해군(光海

君, 1575~1641)의 삶이 곧 정괘의 초륙에 해당한다고 볼 수 있다. 한때는 임금으로서 만백성을 길러줄 수 있는 자리에 있었으나 폐위된 후에는 자기 한 몸 건사하기에도 급급했기 때문이다. 폐위된 이후 광해군과 그 가족의 삶은 비참했다.

1623년 서인들에 의해 폐위돼 강화도에 유배됐다가 제주도로 옮겨졌다. 처음에 광해군 가족은 강화도로 유폐됐는데, 폐세자 이질과 세자빈은 강화 서문 쪽에 안치됐고 광해군과 폐비 유씨는 동문 쪽에 안치됐다. 폐세자는 강화에서 탈출을 시도하다 사약을 받고 죽었으며 세자빈은 자결했다. 이듬해인 1624년 폐비 유씨도 사망했고, 광해군은 이후 제주도로 이배됐다가 1641년에 사망했다.

그러나 거의 물 말라버린 진흙 펄 우물 같은 존재였다가 세월의 인고(忍苦)를 넘어 화려하게 정치의 중심에 서게 된 한명회 같은 인물을 초륙의 맥락에서 보자면, 그가 수양대군을 만나기 전까지의 삶이 바로 이러했다고 할 수 있다.

> 처음에는 부지런하다가도 뒤에 가서는 나태해지는 것이 인지상정(人之常情)이니, 바라건대 그 끝을 삼가기를 처음과 같이하소서.

평범해 보이면서도 깊은 통찰을 담은 이 멋진 말은 뜻밖에도 1487년(성종 18년) 11월 14일 73세를 일기로 세상을 떠난 풍운아 한명회가 자신이 임금으로 만들어 올렸고 한때 사위이기도 했던 성종에게 남긴 유언이다. 주자학, 즉 도학(道學)에 물든 그 후의 조선 성리학은 한명회를 매도했지만, 한명회는 거물 중의 거물이다.

1415년(태종 15년)에 세상에 나온 한명회의 할아버지는 1392년 7월 조선 왕조가 건국되자 예문관학사로서 주문사(奏聞使)를 자청해 명나라에 가서 '조선(朝鮮)'이라는 국호를 승인받고 이듬해 2월에 돌아온 한상질(韓尙質)이다. 그의 동생 한상경(韓尙敬)은 개국공신이다. 따라서 한명회의 집안 자체는 조선 혹은 조선 왕실과 깊은 인연을 맺고 있었다. 아버지 한기(韓起)는 이렇다 할 행적이 없이 일찍 죽어 한명회는 어려서 고아가 됐다. 의지할 데가 없자 작은할아버지인 참판 한상덕(韓尙德)을 찾아가 몸을 맡겼는데, 한상덕은 어린 한명회의 남다른 언행을 주의 깊게 살펴 이렇게 말했다. "이 아이는 그릇이 예사롭지 않으니 반드시 우리 가문을 일으키게 될 것이다."

한명회는 어려서부터 글 읽기를 좋아해 과거 공부를 했으나 나이가 장성하도록 여러 차례 낙방(落榜)했다. 그러나 이를 태연하게 받아들이고 개의하지 않았다. 간혹 위로하는 사람이 있으면 이렇게 말했다.

> 궁달(窮達)은 명(命)이 있는 것인데, 사군자(士君子)가 어찌 썩은 유자[腐儒 부유]나 속된 선비[俗士 속사]가 하듯이 낙방에 실망하고 비통해하겠는가?

어린 나이에 벌써 공자가 말한, 50세에 이르러야 한다는 지천명(知天命)의 의미를 품고 있었다. 결국 수양대군을 도와 계유정난을 통해 한명회는 권력을 장악했다.

일일구천(一日九遷), 하루에 아홉 번 승진한다는 말로 다름 아닌 한명회를 두고 한 말이라 할 수 있다. 정난공신 1등에 책봉된 뒤 사복시소윤(司僕寺少尹)에 올랐다. 이듬해 동부승지가 되고, 1455년 세조가 즉위하자 좌부승지에 승진됐다. 그해 가을 좌익공신(佐翼功臣) 1등에 오르며 우승지가 됐다. 1456년(세조 2년) 성삼문(成三問) 등 사육신의 단종 복위 운동을 좌절시키고 그들의 주살(誅殺)에 적극 협조함으로써 좌승지를 거쳐 도승지에 승진했다. 1457년 이조판서에 올라 상당군(上黨君)에 봉해졌으며, 이어 병조판서가 됐다. 1459년 황해·평안·함길·강원 등 4도의 체찰사(體察使)를 지내고, 1461년 상당부원군에 진봉됐다. 이듬해 우의정, 1463년 좌의정에 올랐다. 계유년이 1453년이니 일개 포의(布衣)였던 한명회는 정확히 10년 만에 최고 정승의 자리에 오른 것이다.

역(易)의 정신으로 볼 때 초륙은 광해군보다는 한명회 쪽에 가까운 것으로 보는 것이 좋을 듯하다.

정괘의 밑에서 두 번째 양효에 대해 공자는 "우물이 산골짜기와 같아 두꺼비 같은 미물들에게만 흐른다[井谷射鮒 정곡 사부]는 것은 함께하는 사람이 없다는 것이다"라고 풀었다. 주공의 효사에는 '항아리가 깨져 샌다[甕敝漏 옹 폐루]'라는 말이 덧붙여져 있는데, 공자는 그 부분을 결국은 '함께하는 사람이 없다'라고 풀어낸 것이다. 정이의 풀이가 상세하고 정교하다.

> 구이가 강양(剛陽)의 자질이면서도 (상대적으로) 아랫자리에 있는데, 위로 호응하는 사람이 없고 초륙과 친밀하니[比=親比 비 친비] 위로 올라가지 않고 오히려 아래로 내려가는 모습이다. 우

물의 도리는 위로 올라가는 것인데 골짜기의 물은 옆으로 새어 나와 아래로 흘러간다. 구이가 우물에 있으면서 아래로 흘러가 우물의 도리를 잃었으니, 우물이면서도 마치 산골짜기와 같은 것이다. 우물물을 위로 길어 올리면 사람들을 기르고 만물에 도움을 줄 수 있는데, 지금은 아래로 내려가 더러운 진흙으로 가니 미천한 사물에게 쏟아부을 뿐이다. 부(鮒)는 두꺼비라고도 하고 개구리라고도 하니 우물의 진흙 속에 있는 미천한 생물일 뿐이다.

양강의 자질은 본래 사람을 배양하고 만물에 도움을 줄 수 있지만, 위에 호응하여 도움을 주는 사람이 없으므로 위로 올라갈 수가 없고 아래로 흐를 뿐이니, 그래서 도움을 주는 효과가 없는 것이다. 이는 마치 물이 항아리에 있으면 본래 쓰일 수 있는 것인데 항아리가 깨져 물이 새서 쓰일 수 없는 것과 같다.

여기서 다산(茶山) 정약용(丁若鏞, 1762~1836)의 삶을 떠올리게 된다. 『한국민족문화대백과』가 전하는 정약용의 생애다.

정약용은 자는 미용(美鏞), 호는 다산(茶山)·사암(俟菴)·여유당(與猶堂)·채산(菜山) 등이다. 근기(近畿) 남인 가문 출신으로, 정조(正祖) 연간에 문신으로 사환(仕宦)했으나 청년기에 접했던 서학(西學)으로 인해 장기간 유배 생활을 했다.

그는 이 유배 기간 동안 자신의 학문을 더욱 연마해 육경사서(六經四書)에 관한 연구를 비롯해 일표이서(一表二書) 등 모두 500여 권에 이르는 방대한 저술을 남겼고, 이 저술을 통해서 조선 후기 실학사상을 집대성한 인물로 평가받고 있다.

그는 이익(李瀷)의 학통을 이어받아 발전시켰으며, 각종 사회 개혁 사상을 제시해 '묵은 나라를 새롭게 하고자' 노력했다. 정치·경제·사회·문화 등 역사 현상의 전반에 걸쳐 전개된 그의 사상은 조선 왕조의 기존 질서를 전적으로 부정하는 '혁명론'이었다기보다는 파탄에 이른 당시의 사회를 개량하여 조선 왕조의 질서를 새롭게 강화시키려는 의도를 가지고 있었다. 그리하여 그는 조선에 왕조적 질서를 확립하고 유교적 사회에서 중시해오던 왕도 정치(王道政治)의 이념을 구현함으로써 '국태민안(國泰民安)'이라는 이상적 상황을 도출해 내고자 했다.

18세기 후반에 조선의 지식인들은 당쟁의 과정에서 오랫동안 정치 참여로부터 소외됐던 근기(近畿) 지방의 남인들을 중심으로 하여 기존의 통치 방식에 회의를 갖게 됐다. 그들은 정권을 장악하고 있던 노론들이 존중하는 성리설과는 달리 선진유학에 기초한 새로운 개혁의 이론을 일찍부터 발전시킬 수 있었다. 이들의 학문적 경향을 '근기학파'라는 범주 안에서 이해하기도 한다.

정약용은 바로 이 같은 시대적 배경을 가지고 태어났고, 소싯적부터 이러한 학문적 분위기를 접하게 됐다. 그가 태어난 양근(楊根-지금의 경기도 남양주시) 땅 일대는 뒷날의 연구자들로부터 실학자로 불리게 된 일군의 학자들이 새로운 학풍을 형성해가던 곳이었다. 그의 친인척들도 이곳의 학풍을 발전시키는 데 일익을 담당하고 있었다.

그는 진주목사(晋州牧使)를 역임한 정재원(丁載遠)과 해남 윤씨 사이에서 4남 2녀 중 4남으로 태어났다. 그의 부친은 음사(蔭仕)로 진주목사를 지냈으나 고조 이후 삼세(三世)가 포의(布衣-벼슬이 없는 선비)로 세상을 떠났으니, 비록 양반이며 그 이전까지는 대대로 벼슬을 했지만, 그의 집안은 당시로서는 권세와 별로 가까운 처지가 아니었던 셈이다. 그의 생애는 대략 다음과 같이 네 단계로 나누어볼 수 있다.

첫째 단계는 출생 이후 과거를 준비하며 지내던 22세까지를 들 수 있다. 그는 부친의 임지인 전라도 화순, 경상도 예천 및 진주 등지로 따라다니며 부친으로부터 경사(經史)를 배우면서 과거시험을 준비했다. 16세가 되던 1776년에는 이익의 학문을 접할 수 있었다.

때마침 이때 부친의 벼슬살이 덕택에 서울에서 살게 돼, 문학으로 세상에 이름을 떨치던 이가환(李家煥)과 학문의 정도가 상당하던 매부 이승훈(李承薰)이 모두 이익의 학문을 계승한 것을 알게 됐고, 그리하여 자신도 그 이익의 유서를 공부하게 됐다. 이익은 근기학파의 중심적 인물이었던 것이다.

정약용이 어린 시절에 근기학파의 개혁 이론을 접하게 된 것은 청장년기에 그의 사상이 성숙돼나가는 데 적지 않은 의미를 던져주는 사건이었다. 훗날 정약용 자신이 이 근기학파의 실학적 이론을 완성한 인물로 평가받게 되는 단초가 바로 이 시기에 마련되고 있었다.

정약용의 생애에서 두 번째 단계는 1783년 진사시(進士試)에 합격한 이후부터 1801년의 신유교난(辛酉教難)으로 인해 체포되던 때까지를 들 수 있다.

그는 진사시에 합격한 뒤 서울의 성균관 등에서 수학하며 자신의 학문적 깊이를 더했다. 이때 『대학(大學)』과 『중용(中庸)』 등의 경전도 집중적으로 연구했다. 1789년에는 마침내 식년문과(式年文科) 갑과(甲科)에 급제하여 희릉직장(禧陵直長)을 시작으로 벼슬길에 오른다.

이후 10년 동안 정조의 특별한 총애 속에서 예문관검열(藝文館檢閱), 사간원정언(司諫院正

言), 사헌부지평(司憲府持平), 홍문관수찬(弘文館修撰), 경기암행어사(京畿暗行御史), 사간원사간(司諫院司諫), 동부승지(同副承旨)·좌부승지(左副承旨), 곡산부사(谷山府使), 병조참지(兵曹參知), 부호군(副護軍), 형조참의(刑曹參議) 등을 두루 역임했다. 특히 1789년에 한강에 배다리[舟橋]를 준공시키고 1793년에는 수원성을 설계하는 등의 기술적 업적을 남기기도 했다.

한편 이 시기에 그는 이벽(李檗)·이승훈 등과의 접촉을 통해 천주교에 관심을 가지게 됐다. 하지만 천주교 신자였는지에 대해서는 논란이 있다. 정약용은 천주교를 서학으로 인식하고 학문적 관심을 가졌을 뿐, 그의 다른 형제들과 달리 교회 내에서 뚜렷한 활동을 전개하지 않았다. 그러나 정약용의 천주교에 대한 태도는 그의 정치적 진로에 커다란 장애로 작용했다. 당시 천주교 신앙은 성리학적 가치 체계에 대한 본격적인 도전으로 인식돼 집권층으로부터 격렬한 비판을 받고 있었기 때문이다.

그의 천주교 신앙 여부가 공식적으로 문제시된 것은 1791년의 일이다. 이후 그는 천주교 신앙과 관련된 혐의로 여러 차례 시달림을 당해야 했고, 그때마다 천주교와 무관함을 변호했다. 그러나 그는 1801년의 천주교 교난 때 유배를 당함으로써 중앙의 정계와 결별하게 됐다.

정약용의 생애에서 세 번째 단계는 유배 이후부터 다시 향리로 귀환하게 되는 1818년까지의 기간이다. 그는 교난이 발발한 직후 경상도 포항 부근에 있는 장기로 유배됐다. 그러나 그는 곧이어 발생한 '황사영백서사건(黃嗣永帛書事件)'의 여파로 다시 문초를 받고 전라도 강진(康津)에서 유배 생활을 하게 된다. 그는 이 강진 유배 기간 동안 학문 연구에 매진했고, 이를 자신의 실학적 학문을 완성시킬 수 있는 기회로 활용했다.

그의 강진 유배기는 관료로서는 확실히 암흑기였지만 학자로서는 매우 알찬 수확기였다고 할 수 있다. 많은 문도를 거느리고 강학과 연구, 저술에만 전념할 수 있었기 때문이다. 그는 이 기간 동안 중국 선진(先秦) 시대에 발생했던 원시유학을 집중적으로 연구함으로써 이를 기반으로 해서 성리학적 사상 체계를 극복해보고자 했다. 또한 조선 왕조의 사회 현실을 반성하고 이에 대한 개혁안을 정리했다. 그의 개혁안은 『경세유표』·『흠흠신서』·『목민심서』의 일표이서를 통해 제시되고 있다. 이들 저서는 유학의 경전인 육경사서에 관한 연구와 사회 개혁안을 정리한 것으로 가장 주목받고 있다. 정약용 자신의 기록에 의하면 그의 저서는 연구서들을 비롯해 경집에 해당하는 것이 232권, 문집이 260여 권에 이른다고 한다. 그 대부분을 유배기에 썼다.

> 정약용의 생애에서 마지막 단계는 유배에서 풀려난 1818년 57세 되던 해로부터 생을 마감하게 되는 1836년까지의 기간이다. 그는 이 시기에 향리에 은거하면서 『상서(尙書)』 등을 연구했으며, 강진에서 마치지 못했던 저술 작업을 계속해서 추진했다. 『매씨서평(梅氏書平)』의 개정·증보 작업이나 『아언각비(雅言覺非)』, 『사대고례산보(事大考例刪補)』 등이 이때 만들어졌다. 그는 회갑을 맞아 자전적 기록인 「자찬묘지명(自撰墓誌銘)」을 저술했다. 그 밖에도 자신과 관련된 인물들의 전기적 자료를 정리하기도 했으며, 500여 권에 이르는 저서를 정리하여 『여유당전서(與猶堂全書)』를 편찬했다.
>
> 이상에서 살펴보았듯 그의 생애는 결코 순탄한 것이 아니었다. 그러나 그는 전 생애를 통해 위기에 처한 조선 왕조의 현실을 개혁하고자 했으며, 그 현실 개혁의 이론적 근거를 확보하기 위해 선진유학을 비롯한 여러 사상에 관한 연구를 게을리하지 않았다. 그가 유배 과정에서 불교와 접촉했고, 유배에서 풀려난 후에는 다시 서학에 접근했다는 기록도 이와 같은 부단한 탐구 정신의 일단을 보여주는 사례로 보인다. 그는 학문 연구와 당시 사회에 대한 성찰을 통해서 실학사상을 집대성했던 조선 후기 사회의 대표적 지성이었다.

초륙과 친했다는 것은 어쩌면 그때 막 모습을 드러낸 서학(西學-천주학)을 공부한 것을 가리킨다고 할 수 있을 것이다. 구오에 해당하는 정조와의 관계 또한 서인들의 견제로 그다지 활발했다고는 할 수 없다.

정괘의 밑에서 세 번째 양효에 대해 공자는 "우물이 깨끗한데도 사람들이 먹어주지 않는다[井渫不食]는 것은 행함(능력을 행하지 못함)을 서글퍼함이요, 왕의 눈 밝음을 구하는 것[求王明]은 복을 받기 위해서다"라고 풀었다. 주공의 효사는 이렇다.

> 우물이 깨끗한데도 사람들이 먹어주지 않는다. 내 마음이 슬퍼서 길어 쓸 수 있으니, 왕이 눈 밝으면 함께 그 복을 받는다[井渫不食 爲我心惻 可用汲 王明 並受其福].

구삼은 양강의 자질로 양의 자리에 있어 바르다. 이는 천하의 문제를 해결하는 데 쓰일 수 있는[濟用] 자질을 갖췄다는 뜻이다. 하괘의 맨 위에 있으니 떠서 먹기만 하면 될 만큼 깨끗한 자질의 소유자이기도 하다. 구이와는 친하지 못하고 육사와는 친하며, 상륙과 호응하고 있다. 얼핏 보면 곧장 쓰일 만하다. 정이의 풀이다.

우물은 위로 올라가는 것을 쓰임으로 삼는데 (구이는 아직) 하괘에 머물러 있으니 그 쓰임을 얻지 못한 것이다. 양의 본성은 올라가고 또 뜻이 상륙과 호응하니, 굳센 자리[陽位]에 있으면서[處剛] 가운데를 지나 위로 나아가는 데 급급하다. 이는 천하에 쓰일 자질이 있어 그 능력을 천하에 베풀고 싶어 하는 마음이 간절하지만, 아직 쓰이지 못하는 것이다. 마치 우물을 깨끗이 하고 고쳐서 청결하지만, 사람들이 먹지 않아서 마음이 슬퍼지는 것과 같다. 구삼은 우물의 때에 처해, 굳세지만 중도를 얻지 못해[剛而不中] 능력을 발휘하고 싶은 마음만 간절하다. (그러나 인재로) 써주면 도리를 행하고 (벼슬에서) 버려지면 숨어 지내는 자와는 다르다.

정이의 풀이 속에 담긴 의미가 깊다. 일단 여기까지 끊어서 더 풀어보자. 자신은 능력을 갖췄는데 임금이 써주지 않아 애태우는 사례로는 굴원(屈原)만 한 것이 없다. 마침 사마천은 『사기』 「굴원가생열전(屈原賈生列傳)」편에서 바로 이 정괘의 구삼을 끌어들여 이렇게 말했다.

(초나라) 회왕(懷王)은 충신과 간신을 가릴 줄 몰랐다. 그래서 안에서는 정수에게 홀렸고, 밖에서는 장의에게 속았다. 굴원을 멀리하고 상관대부와 자란을 믿었던 것이다. 군대는 꺾였고 땅은 깎여 여섯 개 군을 잃었으며 그 자신은 진나라에서 객사하니, 천하의 웃음거리가 됐다. 이는 인간으로 인한 화를 몰랐기 때문이다. 『역경(易經)』에 "우물이 깨끗한데도 사람들이 먹어주지 않는다. 내 마음이 슬퍼서 길어 쓸 수 있으니, 왕이 눈 밝으면 함께 그 복을 받는다"라고 했다. 그런데 왕이 눈 밝지 못하니 어찌 복을 말하리오!

초(楚) 회왕(懷王, ?~BC 296)은 전국 시대(戰國時代) 칠웅(七雄) 가운데 하나인 초(楚)의 왕으로, 성(姓)은 미(羋), 씨(氏)는 웅(熊), 이름은 괴(槐)다. 위왕(威王)의 아들로 기원전 329년 위왕이 죽자 왕위를 계승했다. 위왕 시대에 초(楚)는 파(巴)·촉(蜀)과 오(吳)·월(越) 일대까지 영토를 넓히며 흥성(興盛)했다. 회왕도 왕위에 오른 뒤에 굴원 등을 중용(重用)해 정치 개혁을 추진했지만, 귀족들의 반발에 부닥쳐 실패했다.

당시 칠웅 가운데 진(秦)과 제(齊)의 세력이 가장 강성했는데, 특히 진(秦)은 혜문왕(惠文王) 시대에 이르러 다른 6국을 위협할 정도로 강성해졌다. 회왕 시대에 초(楚)의 조정(朝廷)은 친진파(親秦派)와 친제파(親齊派)로 나뉘었다. 제(齊)와 연합해 진(秦)을 견제해야 한다는 친제파를 대표하는 인물은 좌도대부(左徒大夫) 굴원이었으며, 회왕의 아들인 자란(子蘭)과 상관대부(上官大夫), 근상(靳尙) 등이 친진파를 대표했다. 진(秦)의 재상(宰相)인 장의(張儀)는 회왕의 총애를 받던 남후(南后) 정수(鄭袖)와 근상(靳尙) 등을 매수해서 굴원을 모함해 좌천시키고 친진파의 영향력을 강화했다.

기원전 313년, 장의는 초(楚)를 찾아와 회왕에게 제(齊)와 국교를 끊으면 진(秦)의 상오(商於) 600여 리 땅을 할양(割讓)하겠다고 제안했다. 진진(陣軫)이 그렇게 하면 진(秦)과 제(齊)가 연합해 오히려 초가 궁지에 몰린다며 반대했지만, 회왕은 눈앞의 이익에 눈이 멀어 제(齊)와의 동맹 관계를 끊었다. 그러나 장의는 약속을 지키지 않았고, 화가 난 회왕은 진진이 반대했지만 진(秦)을 공격했다. 그러나 단양(丹陽)에서 8만의 병사가 몰살되는 큰 패배를 당했다. 회왕은 병사들을 소집해 다시 진(秦)으로 쳐들어갔지만, 남전(藍田)에서 또 참패했다. 기원전 311년에는 진(秦)이 소릉(召陵)을 공격해서 점령했다. 진(秦)과의 3차례의 전투에서 모두 패한 초의 국력은 급속히 쇠퇴했다.

기원전 309년, 회왕은 제(齊)와 다시 동맹을 맺었다. 기원전 306년에는 소활(昭滑)을 파견해 월(越) 지역을 점령하고 강동군(江東郡)을 설치했다. 하지만 진(秦)의 소양왕(昭襄王)이 즉위한 뒤 뇌물과 미녀를 보내오자 회왕은 다시 진(秦)과 동맹을 맺었다. 기원전 305년 제(齊)는 한(韓), 위(魏)와 연합해 초(楚)를 공격했고, 회왕은 태자를 보내는 대가로 진(秦)에 지원군을 요청했다. 그러나 인질로 가 있던 태자가 진(秦)의 대신(大臣)을 죽이고 돌아오는 사건이 벌어지면서 진(秦)과 초(楚)의 동맹은 다시 끊겼다. 진(秦)은 제(齊), 한(韓), 위(魏) 세 나라와 연합해 초를 쳐들어왔으며, 이듬해에도 다시 초를 공격해왔다. 회왕은 태자를 인질로 보내 다시 제(齊)와 동맹을 맺어 진(秦)을 견제하려 했다. 기원전 299년, 진(秦)은 다시 초를 공격해 여덟 개의 성을 빼앗았으며, 회왕에게 진(秦)의 영토인 무관(武關)에서 회견(會見)하자고 제안했다. 굴원이 반대했으나 자란 등이 진(秦)과 친교를 맺어야 한다고 주장해 회왕은 무관으로 갔다. 진(秦) 소양왕은 회왕을 억류(抑留)하고 군사 요충지인 검중(黔中)과 무(巫) 지역을 할양(割讓)해줄 것을 요구했다. 회왕은 진(秦)의 요구를 거절해 진(秦)의 도읍인 함양(咸陽)에 억류됐고, 제(齊)에 인질로 가 있던 태자가 귀국해 경양왕(頃襄王)으로 즉위했다. 기원전 297년, 회왕은 조(趙)의 국경으로 도주했으나, 진(秦)을 두려워한 조(趙)는 회왕을 받아들이지 않았다. 회왕은 다시 위(魏)로 도망하려 했지만 추격해온 진(秦)의 병사들에게 사로잡혔다. 기원전 296년 회왕은 함양에서 죽었다.

회왕은 장의의 변설(辯舌)에 여러 차례 속아 넘어가 국력이 쇠퇴했으며, 굴원 등의 간언을 배척하는 어리석음을 보였다. 그래서 전국 시대를 대표하는 혼군(昏君)으로 꼽힌다. 하지만 진(秦)의 계략에 빠져 3년 동안 억류됐다가 죽어, 초(楚)의 백성에게는 진(秦)에 대한 적개심을 상징하는 인물처럼 여겨졌다. 그래서 기원전 208년 반진(反秦) 봉기를 일으킨 항량(項梁)은 회왕의 후손인 미심(羋心)을 초(楚)의 왕(王)으로 옹립하며 회왕이라고 불렀다. 미심은 기원전 206년 진(秦)이 멸망한 뒤에 항우에 의해 의제(義帝)로 개칭(改稱)됐다.

굴원은 이름은 평(平)이고 자는 원(原)이며 호는 영균(靈均)이다. 초나라의 왕족으로 태어나 처음에는 회왕의 신임을 받았지만, 제(齊)나라와 동맹해 강국인 진(秦)나라에 대항해야 한다는 합종책(合縱策)을 주장하다가 진나라와 친교(親交)해야 한다는 연횡책(連橫策)을 주장한 상관대부의 참언(讒言-중상모략)에 의해 면직됐다. 나중에 회왕이 진나라에 갔다가 사로잡혀 죽은 뒤 아들 경양왕 때 다시 쫓겨나 멱라수(汨羅水)에 빠져 죽었다. 당시 초나라 국운을 탄식하면서 『이소(離騷)』와 「구가(九歌)」, 「천문(天問)」, 「어부(漁夫)」 등의 시를 지었는데, 이것이 『초사(楚辭)』에 실려 있다. 역대로 충신을 대표하는 인물로 인식됐고, 특히 『이소』는 충신의 안타까운 심정을 묘사한 대표적인 작품으로 흔히 인용된다.

정이의 "구삼은 우물의 때에 처해 굳세지만, 중도를 얻지 못해[剛而不中(강이 부중)] 능력을 발휘하고 싶은 마음만 간절하다"라는 풀이는 고스란히 굴원의 『이소』에 담긴 정서와 그대로 통한다. 일독을 권한다.

한편 정이는 끝에 "(인재로) 써주면 도리를 행하고 (벼슬에서) 버려지면 숨어 지내는 자"라고 말했는데. 이는 앞에서도 본 바 있듯이 『논어』 「술이(述而)」편에 나오는 이야기의 일부다.

> 공자가 제자 안회에게 말했다.
>
> "(인재로) 써주면 도리를 행하고 (벼슬에서) 버려지면 숨어 지내는 것을 오직 너하고 나만이 갖고 있구나!"
>
> 이에 자로가 물었다.

"만일 스승님께서 삼군을 통솔하신다면 누구와 함께하시겠습니까?"

공자가 말했다.

"맨손으로 호랑이를 때려잡고 맨몸으로 강을 건너려 하면서 죽어도 후회할 줄 모르는 사람과 나는 함께할 수 없다. 반드시 일에 임하여서는 두려워하고[臨事而懼] 치밀한 전략과 전술을 잘 세워[好謀] 일을 성공으로 이끄는 사람과 함께할 것이다."

자로가 앞뒤 가리지 않고 나아가려는 용자(勇者)라면 공자와 안회는 적중된 도리[中道]를 얻어 행하는 사람이다. 결국 구삼에 대해 정이는 공자의 말을 빌려 에둘러 비판하고 있는 것이다. 이는 일의 이치[事理]에만 급급해 일의 형세[事勢]를 살피지 않은 굴원에 대한 비판이라고 할 수 있다. 구삼에 대한 정이의 풀이가 이어진다.

그러나 눈 밝은 왕이라면 어찌 아랫사람이 다 갖춰져 있기를 요구하겠는가[求備]? 그래서 왕이 눈 밝으면 복을 받는다고 했다.

구비(求備)란 바로 눈 밝은 왕이 어떤 왕인지를 이해하는 관건이다. 이는 『논어』에 등장하는 관(寬)의 개념을 모르면 알 수가 없다. 몇 차례 이를 정리한 바 있지만, 다시 한번 살펴보자.

『논어』에서 중요한 관(寬)의 의미는 일하는 방식으로서의 관(寬), 즉 윗자리에 있는 사람의 다움[德]으로서의 관(寬)이다. 『논어』에서 관(寬)이 처음 등장하는 것은 「팔일」편 끝에서다.

윗자리에 있는 사람이 불관(不寬)하고 예를 행하는 사람이 불경(不敬)하고 부모님 상을 당한 사람이 불애(不哀)한다면 나는 뭘 갖고서 그 사람을 판단하겠는가?

각각 처한 상황에서 반드시 해야 할 일을 말하면 윗사람은 관(寬)해야 한다고 말하고 있다. 우리가 넓은 의미에서 어질다[仁]고 하지만, 구체적인 상황에서는 이처럼 관(寬)하고 경(敬)하고 애(哀)해야 어질다는 말이다. 그러나 이 글만으로는 관(寬)이 정확히 무슨 뜻인지 알 수 없다. 다행히 『논어』의 편집자는 구석구석에 그와 관련된 열쇠들을 배치해놓고 있다. 그 실마리 역할을 하는 것은 「자로」편의 다음 구절이다. 공자가 말했다.

> 군자는 섬기기는 쉬워도 기쁘게 하기는 어려우니, 기쁘게 하기를 도리로서 하지 않으면 기뻐하지 아니하고 사람을 부리면서도 그 그릇에 맞게 부린다[器之 기지]. 소인은 섬기기는 어려워도 기쁘게 하기는 쉬우니, 기쁘게 하기를 비록 도로써 하지 않아도 기뻐하고 사람을 부리면서도 능력이 다 갖춰져 있기를 요구한다[求備 구비].

여기서 생각해야 할 부분은 '그릇에 맞게 부린다'와 '능력이 다 갖춰져 있기를 요구하다'가 대조를 이루고 있다는 점이다. 즉 사람을 볼 줄 몰라 다짜고짜 아랫사람에게 모든 것을 다 요구하는 것이 구비(求備)인 것이다. 결국 그릇에 맞게 부린다는 것은 아랫사람에게 제반 능력을 한꺼번에 다 요구하지 않는 것이다. 다행히 「미자(微子)」편에 공자가 가장 존경했던 주공이 노나라 공(公)으로 봉해진 아들에게 당부하는 말이 나온다.

> 참된 군주는 그 친척을 버리지 않으며, 대신으로 하여금 써주지 않는 것을 원망하지 않게 하며, 선대왕의 옛 신하들이 큰 문제[大故]가 없는 한 버리지 않으며, (아랫사람) 한 사람에게 모든 것이 갖춰져 있기를 바라지 않는다[無求備於一人 무구비어일인].

관(寬)은 다름 아닌 무구비어일인(無求備於一人)이다. 반대로 아랫사람 한 사람에게 능력이 다 갖춰져 있기를 요구하는 것[求備 구비]은 인(吝)이다. 여기서도 바로 무구비어일인(無求備於一人)으로서의 관(寬)을 말하고 있다. 그것은 군덕(君德)이기 때문이다. 정이의 나머지 풀이는 그냥 읽기만 해도 쉽게 이해가 된다.

> 구삼의 자질이 천하의 문제를 해결하는 데 충분하게 쓰일 수 있는 것은, 마치 우물물이 깨끗해 물을 길어 먹을 수 있는 것과 같다. 그래서 만일 윗자리에 눈 밝은 왕이 있으면 마땅히 등용돼 그 효험을 얻을 것이다. 뛰어난 인재[賢才 현재]가 등용되면 자신은 그 도리를 행하게 되고 군주는 그 공로를 향유하며 아랫사람은 그 은택을 받게 될 것이니, 위와 아래가 모두 복을 받는다.

정괘의 밑에서 네 번째 음효에 대해 공자는 "우물에 벽돌을 쌓으면 허물이 없을 것[井甃无咎](정추무구)이라는 것은 우물을 수리하기 때문이다"라고 풀었다. 육사의 처지를 보면 위아래로 친하고 음효로 음위에 있으니 자리가 바르지만, 초륙과는 호응하지 않는다. 이를 정이는 "음유의 자질로 위의 구오를 받든다. 재능은 (음유한 자질이라) 널리 베풀어 사람들을 이롭게 하기에는 충분하지 않지만, 또한 (자리가 바르기 때문에) 스스로 자신의 한계를 지킬 수 있는 자이므로 자신을 잘 닦고 다스리면 허물이 없을 수 있다. 벽돌을 쌓는다[甃](추)는 말은 곧 자신을 닦고 다스린다는 뜻이다"라고 풀었다.

결국 재상의 높은 자리에서 자신의 한계를 알아 거기서 벗어나지 않으면서 윗사람을 잘 보필하고 아랫사람들을 잘 품어준다면 허물을 짓는 일은 없을 것이라는 말이다. 그런데 여기서 만약에 큰 공로를 이루겠다며 자신의 자질인 음유(陰柔)의 도리에서 벗어나게 되면 허물을 지을 수 있다는 말이기도 하다.

조선 중종 때 정승 안당(安瑭, 1461~1521)은 정확히 정괘의 육사 중에서도 도리를 넘어섰다가 큰 허물을 지은 사람이다.

안당은 1481년(성종 12년)에 과거에 급제해 사성(司成)을 거쳤다. 연산군 때는 『성종실록』 편찬에 참여했다. 1496년(연산군 2년)에 장령(掌令), 1506년(중종 1년)에 연산군이 폐지했던 사간원이 부활되면서 대사간에 임명됐다. 1507년 정난공신(定難功臣) 3등에 책록되고, 우부승지를 거쳐 충청도관찰사로 나갔다가 1508년 12월에 순흥군(順興君)으로 봉작됐다. 이듬해 대사헌을 거쳐 형조·병조참판, 전라도관찰사를 역임하고, 1514년 11월에 호조판서, 1515년에 이조판서가 됐다. 이때 구폐를 혁신하고 분경(奔競-세가 등에게 하는 이권 운동)을 금지시켰으며, 관리 등용에 있어 순자법(循資法-근무 기간에 따라 차례로 승진시키는 제도)에 따르지 말고 뛰어난 인재를 발탁해서 쓸 것을 주장했다. 김안국(金安國)·김정국(金正國)·김식(金湜)·조광조(趙光祖)·박훈(朴薰)·김대유(金大有)·반석평(潘碩枰)·송흠(宋欽) 등을 탁용하거나 천거했다. 같은 해 8월 박상(朴祥)·김정(金淨) 등이 중종의 폐비 신씨(愼氏)의 복위를 청하다가 대간으로부터 탄핵을 받자 이들을 극구 변호해, 임금이 신하에게 구언(求言)을 해놓고 거슬린다 하여 죄를 주는 것은 언로를 막는 것이라고 했다. 이 일로 자신도 대간으로부터 탄핵을 받았지만 사림으로부터 높이 추앙받게 됐다. 이때부터 안당은 신진 사림의 대변자로 우뚝 서게 됐다. 1516년에 직을 바꿔줄 것을 청해 윤허 받았으나 다시 다음 해에 호조판서로 기용되고, 1518년에 우찬성이 됐다가 그해 5월 우의정으로 승진했다. 우의정 임명 과정에서 김전(金詮)과 경합했으나 사림 계열의 지지로 우의정이 될 수 있었다. 이때 소격서의 혁파 등을 계청(啓請)했다.

1519년 정국공신(靖國功臣)의 삭훈 문제가 제기됐을 때, 처음에는 찬성하지 않았으나, 나중에 극구 찬성하는 태도를 취했다. 이해 기묘사화가 일어나자 영의정 정광필(鄭光弼)과 함께 조광조 등을 변호해 구원하고자 하다가 대간으로부터 탄핵을 받았다. 같은 해 11월 좌의정이 됐으나 대간으로부터 계속 탄핵받았다. 더욱이 현량과(賢良科) 설치를 처음 주장한 사람으로서, 세 아들을 모두 천거되게 했다는 허물까지 쓰고 기묘당인의 우익으로 배척당했다. 이해 12월에 파직당했다가 곧 영중추부사가 됐으나, 다시 대간으로부터 고신(告身)을 환수시킬 것을 요청하는 등의 탄핵을 받았다. 1521년 아들 안처겸이 처가에서 종실 시산부정(詩山副正) 이정숙(李正叔), 권전(權磌) 등과 함께 국왕의 측근에 있는 간신을 제거해 국세를 바로잡아야 한다고 말을 나누었다. 이 사건으로 안처겸은 송사련(宋祀連)에 의해 고변당했다. 이에 남곤(南袞)·심정(沈貞) 등의 여러 대신을 살해하려 했다는 혐의로 처형됐는데, 안당도 고하지 않은 죄목으로 연좌돼 교사형(絞死刑)에 처해졌다. 이 사건은 심정 등이 집의(執義) 윤지형(尹止衡) 등을 사주해 일으킨 것으로 신사무옥이라 이른다.

안당은 임금보다는 신진 후배들의 후견인을 자처하다가 결국은 이런 횡액을 당했다고 할 수 있다. 현대 조직에서는 상관을 도리로 섬기기보다는 아랫사람들의 환심을 사는 데 더 힘을 쏟는 임원급 인사들이 여기에 해당한다고 볼 수 있겠다.

정괘의 밑에서 다섯 번째 양효에 대해 공자는 "시원한 샘물을 먹는다는 것은 가운데 있으면서 바르기 때문이다"라고 풀었다. 이는 주공의 효사, "우물이 차가워 시원한 샘물을 먹는다[井冽寒泉食]"에 대한 이유를 풀어낸 것이다.
정 렬 한천 식

구오는 양강의 자질로 양위에 있어 자리가 바르고 감괘의 가운데 있으니, 중정(中正)을 얻었다. 상륙과 육사와도 친밀하며 다만 구이와는 호응 관계가 아니다. 우물물은 미지근한 것보다 시원한 것이 최상이다. 그러니 시원한 샘물을 먹는다는 것은 더할 나위 없이 좋다는 말이다. 다만 효사에 '길하다'라는 말이 없는데, 정이는 이를 "아직 물이 우물 밖으로 다 나오지 않아서"라고 괘의 모양을 근거로 해서 풀이했다. 결국 가장 좋은 상태는 이어지는 상륙에게 양보했다. 그래서 구오와 상륙은 함께 연결해서 음미하는 것이 좋다.

정괘의 맨 위에 있는 음효에 대해 공자는 "으뜸으로 길하면서 맨 위에 있다는 것은 크게 이룬 것[大成(대성)]이다"라고 풀었다. 주공은 효사에서 이렇게 말했다.

> 우물을 길어 올려 뚜껑을 덮지 않고, (오래가는) 미더움이 있어 으뜸으로 길하다[井收勿幕(정수물막) 有孚(유부) 元吉(원길)].

우물물이 마침내 우물 위로 올라온 것이니, 이는 우물의 도리를 완성한 것이다. 상륙의 처지를 보면, 자신은 음유한 자질로 음위에 있어 자리가 바르고 구오와 가까우며 아래의 구삼과 호응하고 있다. 여건은 더할 나위 없이 좋다.

'뚜껑을 덮지 않고'라고 한 것은 우물의 길러줌이 계속된다는 말이다. 게다가 미더움이 계속된다면 금상첨화다. 정이는 "다른 괘의 끝은 극한이 돼 변하지만, 오직 정괘(井卦)와 정괘(鼎卦)는 끝에서 마침내 공을 이루니 그래서 길한 것이다"라고 했다.

구오와 상륙은 요임금이 순임금에게 왕위를 물려주고서 상왕의 지위로 잘 지켜보며 순임금이 임금으로서 연착륙할 수 있도록 도운 기간에 해당한다. 『서경(書經)』「우서(虞書)·순전(舜典)」편이 전하는 그 기간 동안 요임금과 순임금의 언행과 행적이다.

> 요임금께서 말씀하셨다.
>
> "이리로 오라! 너 순아. (네가 한) 일을 꼼꼼히 살펴보고 네 말을 잘 따져볼 때 너의 말이 실제적인 성과로 이룩될 수 있다는 것을 본 것이 3년이니, 네가 황제의 자리에 오르도록 하라."
>
> 순(임금)은 군주의 덕을 갖춘 사람에게 물려주라며 사양하고서 제위를 물려받지 않으셨다.
>
> 정월 초하루에 요임금의 시조를 모시는 종묘에서 요임금의 제위를 넘겨받았다.
>
> 마침내 상제에게 유(類)제사를 지내셨고, 육종에게 인(禋)제사를 지내셨고, 산천에 망(望)제사를 지내셨고, 여러 신에게 두루 제사를 지내셨다.
>
> 다섯 가지 상서로운 옥을 거두어들이시니 이미 한 달이 지나갔다. 이에 날마다 사방의 제후들과 지방관들을 친히 만나보시고 옥을 여러 제후에게 나누어 돌려주셨다.
>
> (순수하던) 해 2월에는 동쪽으로 순수(巡守)하여 대종(岱宗=泰山)에 이르러 시(柴)제사를 올리셨고, 산천을 향해 순서에 따라 망(望)제사를 올리셨다. (제사에 사용된 예물은 다섯 가지 상

서로운 옥과 세 가지 폐백[帛]과 두 가지 생물과 한 가지 죽은 예물이었다.) 사시(四時)와 달에 맞춰 날짜를 바로잡으셨고, 율(律)·도(度)·량(量)·형(衡)을 통일시키셨으며, 다섯 가지 예[五禮]를 손보시고 다섯 가지 기물을 각각에 맞게 하셨다. (이런 전례가 다) 끝나면 다시 순수하셨다. 5월에는 남쪽으로 순수하여 남악(南岳=衡山)에 이르러서 대종에서의 예와 똑같이 하셨고, 8월에는 서쪽으로 순수하여 서악(西岳=華山)에 이르러 처음과 똑같이 하셨고, 11월에는 북쪽으로 순수하여 북악(北岳=恒山)에 이르러서 서쪽의 예와 똑같이 하셨다. (마침내 서울로) 돌아와 예조(藝祖)의 사당에 이르러 소 한 마리를 희생으로 바치며 제사를 올렸다.

(앞서 본 대로 천자가 혹은 순임금이) 5년에 한 번 순수하면 제후들은 (그사이에 4년 동안 동남서북이 돌아가면서) 네 곳에서 조회했다. (제후들이) 낱낱이 아뢰기를 말로써 하게 하고 공정하게 평가하기를 공적으로 하여 백성을 다스린 공을 수레와 의복으로 표창하셨다.

(순임금께서는) 12주(州)를 최초로 만들고, (12주에 있는) 12곳의 산을 봉하여 진산(鎭山)으로 삼고 강을 깊이 파 정비하셨다.

떳떳한 형벌을 따르되 유배형으로 다섯 가지 형벌[五刑](오형)을 용서해주셨다. (또) 장형(杖刑)을 관가의 형벌로 삼고 회초리[扑](복)로 종아리를 때리는 벌을 (학교에서 아이들을) 교육하는 형벌로 삼되, 돈(황금)으로 속죄할 수 있는 방도를 만드셨다. (그리고) 본의 아니게 지은 죄는 풀어 사면하고 확신에 찬 범죄자는 죽이는 형벌을 행하되, 삼가고 또 삼가서 형벌 시행을 신중히 하셨다.

공공(共工)을 유주(幽洲)로 유배하고[流](유) 환두(驩兜)를 숭산(崇山)에 묶어두며[放](방) 삼묘(三苗)의 제후들을 삼위(三危)로 몰아내고[竄](찬) 곤(鯀)을 우산(羽山)에 가두어[殛](극), 넷을 각각 그에 맞게 벌하니 천하가 모두 복종했다.

(순에게) 천자의 자리를 넘겨준 지 28년 되는 해에 요임금께서 마침내 세상을 떠나시니, 백성은 마치 친어머니의 상을 당한 듯이 3년복을 입었고 온 사방에서 팔음(八音)의 악기를 그치고 조용히 했다.

우리 역사에서는 태종이 장남 양녕대군을 폐세자하고 삼남 충녕대군을 세자로 세워서 1418년 왕위를 넘겨준 다음에 4년 동안 상왕으로 있으면서 세종에게 제왕의 마음과 일을 전수한 것이 여기에 해당한다. 충녕은 순임금과 달리 친자식이기는 했지만, 이때도 택현론(擇賢論)에 입각했다는 점에서 요순 때의 일과 크게 다르지 않다.

49. 택화혁(澤火革)[302]

혁(革)은 하루가 지나야 마침내 미더움이 생겨나니, 크게 형통하고 반듯하면 이로워 뉘우칠 일이 없다.

革 已日 乃孚 元亨 利貞 悔亡.[303]
혁 이일 내 부 원형 이정 회망

초구(初九)는 황소 가죽을 써서 단단히 묶는다[鞏用黃牛之革].

육이(六二)는 하루가 지나야 마침내 개혁할 수 있으니, 그대로 해나가면 길하여 허물이 없다[已日乃革之 征吉 无咎].

구삼(九三)은 가면 흉하기 때문에 반듯함을 지키고 위태롭게 여기는 마음을 품어야 하니, 개혁해야 한다는 말이 세 번 합치면 미더움이 있다[征凶 貞厲 革言三就 有孚].

구사(九四)는 뉘우칠 일이 없으니, 미더움이 있으면 명을 고쳐[改命] 길하다[悔亡 有孚 改命吉].

구오(九五)는 대인이 호랑이가 변하듯이 하는 것이니, 아직 점을 치지 않았지만 미더움이 있다[大人虎變 未占有孚].

상륙(上六)은 군자는 표범이 변하듯이 하고 소인은 얼굴만 변하니, 가면 흉하고 반듯함을 지키면 길하다[君子豹變 小人革面 征凶 居貞吉].

◉

혁괘(革卦)의 초구(初九)는 양위에 양효로 바름[正位], 육이(六二)는 음위에 음효로 바름, 구삼(九三)은 양위에 양효로 바름, 구사(九四)는 음위에 양효로 바르지 못함[不正位], 구오(九五)는 양위에 양효로 바름, 상륙(上六)은 음위에 음효로 바름이다. 이 괘의 경우는 육이와 구오 모두 중정을 얻었다.

---

302 문자로는 태상이하(兌上離下)라고 한다.

303 원형이정(元亨利貞)이 다 나온다.

대성괘 혁괘(䷰)는 소성괘 태괘(兌卦, ☱)와 이괘(離卦, ☲)가 위아래에 있어 만들어진 괘다. 「설괘전」에 따르면 '태(兌-못)로 기쁘게 하고' '해[日=火=離]로 따듯하게 한다[烜]'고 했다. 괘의 모양이 태(兌)가 위에 있고 이(離)가 아래에 있다.

그러면 「서괘전」을 통해 왜 혁괘가 정괘의 뒤를 이어받았는지 확인해보자.

> 우물의 도리는 고치지[革] 않을 수 없다. 그래서 정괘의 뒤를 혁괘(革卦)로 받았다.
>
> 井道不可不革. 故受之以革.
> 정도 불가 불혁 고 수지 이혁

우물이란 그냥 두면 썩게 되고 계속 고쳐줘야 깨끗함을 유지할 수 있다. 택화혁괘(澤火革卦, ䷰)는 아래가 이괘(☲)이고 위가 태괘(☱)로, 못 안에 불이 있는 모양이다. 물과 불은 상극이다. 물은 불을 끄고 불은 물을 말린다. 서로 갈등하는 모양이다. 또 물의 성질은 아래로 내려가고 불의 성질은 위로 올라간다. 이것이 반대가 되면 서로 멀어지는 규괘(睽卦)가 될 텐데, 물은 불을 끄고 불은 물을 말려서 서로를 바꾸고 개혁하려 한다. 또 정이는 "두 여자가 한곳에 같이 사나 그 돌아감(즉 시집)이 각기 달라서 뜻이 같지 않으니, 이는 서로 뜻이 다른 것이다. 그래서 혁(革)이라고 한 것이다"라고 덧붙였다. 태괘는 소녀(少女), 이괘는 중녀(中女)를 상징하기 때문에 이렇게 말한 것이다.

혁괘 전반의 의미에 대해서는 『숙종실록』 20년(1694) 6월 11일에 의정부 좌참찬 최관(崔寬, 1613~1695)[304]이 올린 글이 전반적인 풀이의 역할을 한다. 동시에 『주역』을 어떻게 활용해야 할 것인지도 알 수 있다.

---

304 1651년(효종 2년) 문과에 급제한 뒤 정언(正言)·지평(持平)·장령(掌令)·집의(執義) 등을 거쳐 온성부사(穩城府使), 동부승지(同副承旨)·황해도관찰사·병조참지·충청도순무사·강원도관찰사·제주목사·대사헌·경기도관찰사·공조참판·대사간·개성유수·도승지·지중추부사(知中樞府事) 등을 역임했고, 좌참찬(左參贊)에 이르렀다. 그의 인물평은 "관직에 있으면서 법을 지키고 나라를 위해 진력했으며, 청렴결백한 지조와 조용하고 겸손한 절개가 있었다. 세상의 논의가 분파됨에 있어서 옛 견해를 확고하게 지키고 들떠 경박한 논의에 동요되지 않으니, 사람들이 이를 훌륭하게 여겼다"라고 기록돼 있다. 1686년(숙종 12년)에 다시 도승지로 국왕의 부름을 받았으나, 이때 그는 시의(時議-당시의 정세에 대한 논의)가 빗나가고 인심이 편벽된 것을 보고 스스로 병을 핑계하며 서울 근교에 나와 물러나 있었다. 이후 관직 제수가 있을 때마다 마다했으나, 국가에 길흉의 큰 예의 의식이 있으면 도성 안에 들어와서 잠깐 예를 치렀다가 곧 물러가곤 했다. 청백리(淸白吏)에 녹선(錄選)됐다.

신은 오늘날의 사정이 『주역』의 괘효(卦爻)와 서로 비슷한 것을 들어 말씀드리겠습니다. 무릇 천지가 장차 태평해지려면 반드시 양기(陽氣)가 회복되는 이치가 있고, 국가가 장차 중흥(中興)하려면 또한 선(善)으로 되돌아가는 도리가 있는 것입니다. 가인괘(家人卦)로써 보건대 남녀가 각각 제자리에 있는데 오늘날 전하께서 이미 곤위(坤位)를 복구하셨으니, 이로 인해 선으로 되돌아가시며 가인괘의 의의를 체득해 하늘에 국운을 길게 해주기를 기구(祈求)하는 터전으로 삼으시기 바랍니다. 혁괘(革卦)로써 보건대 국가가 변혁(變革)해야 할 때를 당하면 변혁하되 좋게 변혁해야 할 것인데, 변혁할 때를 다스리기가 더욱 어렵습니다. 그러므로 고괘(蠱卦)의 괘사(卦辭-단사)에 "선갑삼일(先甲三日) 후갑삼일(後甲三日)"[305]이라고 했습니다. 선갑삼일의 경우 전하께서 개혁하기 전에 마땅히 개혁해야 할 것을 구명(究明)하여 미리 처리하시고, 후갑삼일의 경우 전하께서 개혁한 다음에 장차 그렇게 될 것을 생각하시어 도리에 맞게 처리하실 것입니다. 그러면 온 나라 사람들의 마음에 맞지 않는 것이 없을 것입니다. 선유(先儒)의 말에 "의리에 맞게 바로잡되 이득을 도모하지 않고, 도리를 밝히되 공로는 헤아리지 않는다"라고 했습니다. 전하께서 먼저 의리에 맞게 바로잡고 먼저 도리만 밝히신다면, 이득만 도모하고 공로만 헤아리는 폐단이 전하의 명감(明鑑) 앞에서 도피하지 못할 것입니다. 또 옛날부터 의논은 더러 이동(異同)이 있어, 같다가 다르기도 하고 다르다가 같기도 했지만 나라에 해롭지 않았습니다. 같은 것이 공정한 마음으로서 같은 것이라면 이 같은 것은 나라를 위해 같은 것이고, 다른 것이 공정한 마음으로 다른 것이라면 이 다른 것도 또한 나라를 위해 다른 것입니다. 공정한 마음으로 같은 것을 가지고 공정한 마음으로 다른 것을 배척하지 않고, 공정한 마음으로 다른 것을 가지고 공정한 마음으로 같은 것을 물리치지 않는다면, 그 같은 것이나 그 다른 것이 모두가 각각 나라를 위해서인데 같거나 다르거나 한 논의가 어찌 나라에 해로울 것이 있겠습니까? 또 유사(儒士)가 천하 사람의 절반이 되자 한 광무(漢光武)의 왕업(王業)이 떨치게 됐습니다. 그러므로 나랏일을 하는 도리에 있어서 유사와 현자(賢者)의 등용을 시급하게 여기는 것이니, 또한 성상께서 유의하시기 바랍니다.

---

305 갑(甲)이란 법령을 새로 만들면 백성이 익숙지 않기 때문에 새로운 법령을 선포하기에 앞서 3일 동안 은근하게 말하고, 법령을 선포한 뒤에도 3일 동안 다시 간곡하게 말한다는 뜻이다. 즉 주의 깊게 신중히 대처한다는 것이다.

문왕의 단사(彖辭), 즉 "혁(革)은 하루가 지나야 마침내 미더움이 생겨나니, 크게 형통하고 반듯하면 이로워 뉘우칠 일이 없다[已日 乃孚 元亨 利貞 悔亡]"에 대한 공자의 풀이[「彖傳」]를 살펴볼 차례다.

혁(革)은 물과 불이 서로 없애려 하며[相息] 두 여자가 한곳에 살되 그 뜻이 서로 맞지 못한 것을 일러 혁(革)이라고 한다. "하루가 지나야 마침내 미더움이 생겨난다"는 것은 변혁해서 믿게 만드는 것이다[革而信之]. 문명(文明)함으로써 기뻐하고 크게 형통함으로써 바르니, 변혁하여 마땅하기 때문에 그 뉘우침이 마침내 없어지는 것이다.
하늘과 땅이 변혁해[革] 사계절이 이뤄지며[成] 탕왕과 무왕이 천명을 바꿔[革命] 하늘에 고분고분하고 사람들에게 호응했으니[順乎天而應乎人] 혁(革)의 때[時]가 크도다!

革水火相息 二女同居 其志不相得 曰革.
已日乃孚 革而信之.
文明以說 大亨以正 革而當 其悔乃亡.
天地革而四時成 湯武革命 順乎天而應乎人 革之時 大矣哉!

◉

물과 불은 서로 어울리지 않는다[相剋]. 갈등하는 관계다. 혁(革)이란 갈등 속에서 생겨나는 것임을 분명히 했다. 이어서 '하루가 지나야 마침내 미더움이 생겨난다'라는 문왕의 단사를 공자는 '변혁해서 믿게 만드는 것'이라고 풀었다. 어떤 일이든 바꾸고자 할 때는 사전에 그 바꾸려는 바를 상세하게 알려야 믿게 되고, 그래야 제대로 시행이 된다. 아무런 통고도 없이 하게 되면 백성은 당연히 의심을 품게 된다. 앞서 본 선갑삼일(先甲三日)과 맥을 같이하는 것이다.

'문명(文明)함으로써 기뻐하고'라는 것은 혁괘의 하괘와 상괘로 그 뜻을 풀어낸 것이다. 하괘인 이괘(離卦)는 문명이 되고 태괘(兌卦)는 기뻐하는 것이 되기 때문이다. 여기서 문명이란 애쓰는 이치[文]를 남김없이 밝게 잘 살핀다[明]는 말이다. 기뻐한다는 것은 백성의 마음과 다르지 않아 모두 즐거워하고 기뻐하는 것이다. 일의 이치에 맞게 일을 처리하니 백성이 고분고분 기뻐한다는 말이다. 그렇게 되면 자연스럽게 크게 형통하게 돼 모든 것이 바르게 된다. 이것이 곧 '변혁하여 마땅하다'라는 말의 본뜻이다. 따라서 뉘우칠 일이 마침내 없어지게 된다.

마지막 문장이 좀 추상적이다. 정이의 풀이의 도움을 받아보자.

> 변혁의 도리[革之道]를 미뤄 헤아려 하늘과 땅이 달라져 뒤바뀌는 것[變易]과 때의 운행[時運]의 끝과 시작[終始]을 지극히 했다. 하늘과 땅의 음양이 미뤄 옮겨가고[推遷] 고치고 바뀌어[改易] 사계절을 이루고, 이에 만물이 나서 자라고 이뤄지고 마침[生長成終]이 각각 그 마땅함을 얻으니, 이는 변혁한 뒤에 사계절이 이뤄지는 것이다. 때의 운행이 이미 마치게 되면 반드시 변혁해 새롭게 하는 자가 있다. 임금다운 자[王者]가 일어날 때는 하늘로부터 명을 받으므로, 그래서 세상을 바꾸는 것[易世]을 일러 혁명(革命)이라고 한다. 탕왕(湯王)과 무왕(武王)이 위로 하늘의 명에 고분고분하고 아래로 사람들의 마음에 호응하니, 이것이 바로 "하늘에 고분고분하고 사람들에게 호응했으니[順乎天而應乎人]"라는 것이다. 하늘의 도리의 변개(變改)와 세상의 오랜 왕조[世故]의 천역(遷易)은 지극히 큰 것이어서, 그 때문에 "혁(革)의 때[時]가 크도다"라고 찬양한 것이다.

공자의 「상전(象傳)」을 살펴볼 차례다. 그중에 혁괘를 총평한 「대상전」이다.

연못 가운데 불이 있는 것이 혁(革)(이 드러난 모습)이니, 군자는 그것을 갖고서 역법을 다스려 때를 밝힌다[澤中有火革 君子以 治歷明時].

◉

물과 불이 다투게 되면 변화가 일어난다. 자칫 변화를 그대로 두면 혼돈으로 이어지기 십상이다. 그런데 군자는 오히려 연못 가운데 불이 있는 변화상을 깊이 관찰하고 해와 달과 별과 별자리의 움직임과 달라짐을 미뤄 헤아려서, 이로써 역수(曆數)를 다스려 사계절의 차례를 밝혀낸다.

진덕수는 『대학연의』에서 이렇게 말했다.

옛말에 이르기를 하늘과 땅이 아무리 크고 만물이나 만사가 아무리 많아도 그것들이 결코 어길 수 없는 것이 있으니 바로 음과 양[陰陽]의 이치입니다. 그래서 봄과 여름은 늘 봄과 여름일 수 없고 가을과 겨울이 있게 되는 것이고, 아침과 낮[朝晝]은 늘 아침과 낮일 수 없고 밤도 있게 되는 것입니다. 늘 순환하며 가고 오는 교체가 바로 하늘과 땅의 본성이고, 활짝 피면[榮] 반드시 시들해지고[悴] 번성하면[盛] 반드시 쇠함[衰]이 뒤따르며 끝이 있으면 시작이 있고 죽임[殺]이 있으면 살림[生]이 있는 것은 만사의 실상입니다.

하늘과 땅은 본체[體]로써 말한 것이니 본성[性]이라 한 것이고, 만물이나 만사는 쓰임[用]으로써 말한 것이니 일의 실상[情=事情]이라고 한 것입니다.

사계절의 운행이야말로 하늘과 땅의 가장 분명한 이치라고 보았기 때문에 천체의 운행을 관측해 그것을 파악하는 일을 빼어난 임금의 가장 큰 일로 여겼던 것이다. 『서경』「우서·요전」편에서 요임금이 백성의 안정을 회복한 다음에 가장 중점을 두고서 한 일도 바로 역법을 다스려 사계절을 밝힘으로써 농사에 도움을 주려는 것이었다.

이리하여 요임금은 희씨(羲氏)와 화씨(和氏)에게 명하여 광대한 하늘의 움직임을 삼가 좇아서 해와 달과 별들(의 운행)을 면밀히 관찰하여 날씨 변화를 예측함으로써 삼가 (농사짓는) 백성에게 농사의 적정 시기[時]를 알 수 있도록 해주었다.

희중(羲仲)에게 나누어 명하기를 우이(嵎夷)에 거처하라고 했다. 그곳은 양곡(暘谷)이라고 불린다. (그곳에 나아가) 떠오르는 해를 공경스럽게 맞이하여 봄에 하는 농사일[東作]을 순서에 따라 가지런하게 하도록 했다. 해는 가운데[中]요, 별은 새 자리[鳥]다. 봄이 한창인 중춘(仲春)이 되면 백성은 흩어져 각자의 삶을 잘 영위하고 새와 짐승들은 새끼를 낳고 교미를 한다.

이번에는 또 희숙(羲叔)에게 명하기를 남교(南交)에 거처하라고 했다. (그곳은 명도(明都)라고 불린다.) 여름에 해야 하는 일을 순서에 따라 가지런하게 하도록 하면서 공경스럽게 (계절을) 맞이하도록 했다. 해는 길고 별은 대화(大火)다. 여름이 한창인 중하(仲夏)가 되면 백성은 그대로 흩어져 살고 새와 짐승들은 털이 듬성해지면서 가죽이 바뀐다.

화중(和仲)에게 나누어 명하기를 서쪽[西]에 거처하라고 했다. 그곳은 매곡(昧谷)이라 불린다. (그곳에 나아가) 들어가는 해를 공경스럽게 전송하여 가을에 수확하는 일[西成]을 순서에 따라 가지런하게 하도록 했다. 밤은 가운데요 별은 허수(虛宿)다. 가을이 한창인 중추(仲秋)가 되면 백성은 평온하고 새와 짐승은 털갈이한다.

이번에는 또 화숙(和叔)에게 명하기를 삭방(朔方)에 거처하라고 했다. 그곳은 유도(幽都)라고 불린다. 다시 소생하는 것[朔易]을 순서에 따라 가지런하게 하니 해는 짧고 별은 묘수(昴宿)다. 겨울이 한창인 중동(仲冬)이 되면 백성은 집 안에 모이고 새와 짐승은 가는 털이 난다.

요임금이 말했다.

"아! 너희 희씨와 화씨야, 1년[朞]은 366일이니, 윤달(閏月)을 사용하여 사시(四時)를 정함으로써 한 해[歲]를 이뤄 진실로 백공(百工=백성)을 다스려서 모든 공적이 모두 다 넓혀졌도다!"

바로 이렇게 하는 것이 '역법을 다스려 때를 밝힌다[治歷明時]'는 것이다. 하늘의 도리[天道]를 파악해 사람의 도리[人道]를 다스리는 데 쓰는 것이다.

혁괘의 여섯 효[六爻]에 대한 주공의 말을 풀이한 공자의 「소상전」이다.

(초구(初九)는) 황소 가죽을 써서 단단히 묶는 것[鞏用黃牛]은 유의미한 일을 할 수 없기 때문이다[鞏用黃牛 不可以有爲也].

(육이(六二)는) 하루가 지나야 개혁할 수 있다[已日革之]는 것은 행하는 것에 아름다움이 있기 때문이다[已日革之 行有嘉也].

(구삼(九三)은) 개혁해야 한다는 말이 세 번 합쳤으니 또 어디로 가겠는가[革言三就 又何之矣]?

(구사(九四)는) 명을 고쳐[改命] 길하다[改命吉]고 한 것은 그 뜻을 모두 믿어주기 때문이다[改命之吉 信志也].

(구오(九五)는) 대인이 호랑이가 변하듯이 한다[大人虎變]는 것은 그 무늬가 빛나기 때문이다[大人虎變 其文炳也].

(상륙(上六)은) 군자는 표범이 변하듯이 한다는 것은 그 무늬가 성대한 것이요, 소인이 얼굴만 변하는 것은 고분고분함으로써 임금을 따르는 것이다[君子豹變 其文蔚也 小人革面 順以從君也].

◉

혁괘의 맨 아래 첫 양효에 대해 공자는 "황소 가죽을 써서 단단히 묶는 것[鞏用黃牛]은 유의미한 일을 할 수 없기 때문이다"라고 풀었다.

변혁하는 때의 초구의 처지를 보면, 양강의 자질로 양의 자리에 있어 바르고 육이와는 친하며 구사와는 호응 관계가 아니다. 이 점들을 감안해 정이의 풀이를 음미해보자.

> 변혁이란 일 중에서도 매우 큰 일이니, 반드시 그런 일을 해야만 할 때가 있고 그럴 만한 지위가 있으며 그럴 만한 재능이 있어, 상황을 깊이 사려하고 살펴[審慮] 신중하게 움직인 다음에야 뉘우침이 없을 수 있다. 초구는 때로 보자면 처음[初]이니, 어떤 일의 처음에 (성급하게) 움직이면 정황을 살펴 신중하게 사려하는 뜻이 없어 조급하고 경솔한[躁易] 모습이다. 자리로 보자면 맨 아래에 있으니 때가 맞지 않고 도움을 줄 사람이 없는데, 아랫자리에서 움직이게 되면 참람하고 망령된[僭妄] 허물이 있어 세력을 체화하는 진중함[體勢之重]이 없다. 자질로 보자면 불을 상징하는 이괘(離卦)의 체질로, 양의 성질이다. 이괘가 상징하는 불의 성질은 위로 올라가려고 하고 양인 굳센 체질은 굳세고 튼튼하니, 모두 움직임에 조급하게 신속하다.
>
> 그 자질이 이와 같으니 어떤 일을 하려고 하면 흉함과 허물[凶咎]이 이르게 된다. 굳세기만 하고 중도를 이루지 못하면서 체질은 조급하니 중도와 고분고분함을 따르는 지혜가 부족하기 때문이다. 마땅히 중도와 고분고분함으로써 스스로 뜻을 굳게 지키면서 망령됨이 없다면 좋을 것이다.
>
> 공(鞏)은 굳게 묶는다는 뜻이다. 혁(革)은 묶는 수단인 가죽이다. 황(黃)은 중앙을 뜻하는 색이다. 우(牛)는 고분고분한 동물이다. 황소 가죽을 써서 단단히 묶는다는 말은 중도와 고분고분함으로 스스로를 굳게 지키며 망령된 짓을 하지 않는다는 뜻이다.

이런 처지의 초구는 때와 자리와 자질이 모두 결함이 있다. 그러니 어떤 일도 도모하지 않는 것이 좋다. 오직 중도와 고분고분함[中順]으로 자신을 굳게 지키는 것만이 현재로서는 살길이다. 변혁의 때를 맞아 중도와 고분고분함으로 자신을 지키지 못해 비명횡사한 대표적인 경우로 조조를 들 수 있다. 사마천의 『사기』 「조조열전(晁錯列傳)」편이다.

조조(晁錯)는 영천(潁川-지금의 하남성 우현(禹縣)) 사람이다. 그는 일찍이 지현(軹縣)의 장회(張恢) 선생에게 신불해(申不害)와 상앙(商鞅)의 형명학설(刑名學說-법가의 일파)을 배웠다. 낙양의 송맹(宋孟), 유례(劉禮)와 더불어 같은 스승을 섬겼다. 그는 문학(유학)에 뛰어나 태상(太常)의 장고(掌故-옛 사실과 관례, 고사를 맡은 벼슬아치)가 됐다.

조조의 사람됨은 엄하고 강직하며 가혹할 정도로 사나웠다. 효문제 때는 천하에 『상서(尙書)』를 연구한 사람이 드물었다. 오직 제남(濟南)의 복생(伏生)이 지난날 진(秦)나라의 박사(博士) 출신으로 『상서』에 조예가 깊었으나, 그의 나이가 90여 세로 너무 연로하여 조정으로 초빙할 수 없었다. 이에 황제가 태상에 조서를 내려 적당한 사람을 복생에게 보내 그의 학문을 전수받도록 하니, 태상에서는 조조를 파견하여 복생에게 『상서』를 전수받게 했다. 복생에게 학문을 전수받고 돌아온 조조는 나라와 백성에 유익한 일을 상주하고, 그때마다 『상서』를 인증하여 해설했다. 황제는 조칙을 내려 그를 태자의 사인(舍人), 문대부(門大夫), 가령(家令)으로 임명했다.

그는 뛰어난 언변으로 태자의 총애를 얻었으며, 태자의 궁 안에서는 그를 지낭(智囊-지혜 주머니)이라고 일컬었다. 그는 효문제 때 상소를 자주 올려 제후들의 봉토를 삭감하고 법령을 더욱 개정해야 한다고 주장했다. 그러나 효문제는 채납하지 않았고, 단지 그의 재능이 기이하다고 여겨 중대부(中大夫)로 승진시켰다. 당시 태자는 조조의 계책을 좋다고 여겼으나 원앙을 비롯한 여러 공신은 대부분 조조를 달갑게 여기지 않았다.

경제가 즉위한 후에 조조는 내사(內史)로 임명됐다. 조조는 황제에게 자주 주변 사람을 물리치고 단독으로 더불어 정사에 관해 담론했는데, 경제는 매번 그의 주장을 받아들였다. 그에 대한 황제의 총애는 구경(九卿)을 초과할 정도였고, 그에 의해서 법령을 많이 개정했다.

조조는 어사대부로 승진한 후에 제후들의 죄과에 상응하는 봉지를 삭감하고 제후국의 변경에 있는 일부 군(郡)까지 몰수하자고 주청했다. 상주문이 올라가자 황제는 공경(公卿), 열후(列侯), 종실들을 불러 모아 토론하게 했는데, 아무도 감히 조조의 건의안을 비난하지 못했다. 단지 두영(竇嬰)만이 조조와 논쟁을 벌였는데, 이로 인해 두영은 조조와 사이가 나빠지게 됐다. 조조가 수정한 법령은 30장(章)에 달했는데, 제후들은 모두 마구 지껄여 시끄럽게 반대했고 조조를 몹시 원망하게 됐다.

조조의 부친이 이 소식을 듣고 영천으로부터 올라와 조조에게 타일러 말했다. "폐하께서 막 즉위하자마자 네가 정권을 장악하여 제후들의 역량을 약화시키기 위해 봉지를 삭감하고 남들의 혈육 관계를 소원하게 만들어 사람들이 들끓듯이 너를 원망하는데, 무엇 때문에 그리 행동하느냐?"

조조가 말했다. "사정이 본래 그렇게 됐습니다. 이같이 하지 않으면 천자는 존귀해질 수 없고 종묘는 불안하게 됩니다."

조조의 부친이 또다시 말했다. "정녕 그렇게 한다면 유씨의 천하는 편안해지겠지만 우리 조씨는 큰 위험에 처하게 된다. 나는 너와의 인연을 끊고 먼저 세상을 떠나가야겠다."

마침내 독약을 마시고 자살하면서 말했다. "나는 재앙이 내 몸에까지 미치는 것을 차마 볼 수 없다."

조조의 부친이 자살한 지 10여 일 만에 오초(吳楚) 등 7개국이 과연 반란을 일으켰는데, 그 나라들은 조조를 처벌하여 죽이는 것을 명분으로 삼았다. 그때 두영과 원앙이 황제에게 조조를 처벌하여 난리를 조기에 수습해야 한다고 주청을 올리자, 황제는 명을 내려 조조에게 조복(朝服)을 갖추게 한 후에 동쪽 저잣거리에서 참수시켰다.

태사공(太史公-사마천)은 이렇게 말한다.

"조조(晁錯)가 태자가령(太子家令)이 됐을 때 여러 차례 진언을 올렸으나 채용되지 않았다. 그러나 뒤에 대권을 장악하자 나라의 법령을 많이 고쳤다. 그는 제후들이 반란을 일으키자 이를 바로잡아 구제하는 것에 급해 하지 않고 사적인 원한을 갚으려다 도리어 자신의 몸을 죽이는 불행을 초래하고 말았다. 속담에 말하길 '옛 법을 바꾸고 정상적인 규범을 어지럽히면 반드시 죽지 않으면 멸망하게 된다'라고 했는데, 어찌 조조와 같은 사람들을 두고 한 말이 아니겠는가!"

혁괘의 밑에서 두 번째 음효에 대해 공자는 "하루가 지나야 개혁할 수 있다[已日革之]는 것은 행하는 것에 아름다움이 있기 때문이다"라고 풀었다.

육이의 처지는 음효로 음위에 있어 자리가 바르고 위아래 모두 친하며 심지어 군주의 자리에 있는 구오와도 호응한다. 모든 것이 정상이고 좋은 상황이다. 게다가 문명을 뜻하는 하괘 이괘(離卦)의 가운데 있어 주인[主] 역할을 하고 있다. 정이의 풀이다.

중정(中正)의 다움이 있으면 편벽되거나 어리석은 점이 없고, 문명(文明)하면 현실 상황의 이치를 모두 파악하고, 윗사람과 호응하면 권세를 얻고, 체질이 부드럽고 고분고분하면 현실에 어긋나거나 현실을 거스르는 일이 없다. 때가 가능하고 지위를 얻었고 재능이 충분하니 변혁하기에 가장 좋은 상황에 있는 자다.

그러나 신하의 도리는 마땅히 변혁의 선봉이 돼서는 안 되고, 또 반드시 윗사람과 아랫사람의 신뢰를 기다려야만 한다. 그래서 '하루가 지나야 개혁할 수 있다'라고 한 것이다.

주공의 효사도 "그대로 해나가면 길하여 허물이 없다[征吉无咎]"라고 했다. 자질을 갖췄고 군주의 응원을 받고 있고 때도 맞아떨어지니 머물러 있을 이유가 없다는 것이다. 오히려 행동에 나서지 않는 것만이 허물을 낳을 수 있을 뿐이다. 한나라 무제(武帝) 때 사상 혁명을 이룩한 동중서야말로 정확히 육이에 해당하는 인물이라 할 수 있다. 그의 글 중에 이와 관련된 대목이다. 반고의 『한서』 「예악지(禮樂志)」편에 실려 있다.

무제(武帝)가 즉위하자 걸출한 인재들[英儁]을 나아오게 해 썼고 의견을 모아 명당(明堂)을 세웠으며 예복(禮服)(의 색)을 제정해 태평성대를 일으켰다. (그러나) 마침[會] 두(竇)태후가 황로(黃老)[306]의 말을 좋아하고 유술(儒術-유학)을 좋아하지 않았기 때문에 그런 일들은 다시 폐기되고 말았다. 후에 동중서(董仲舒)가 천자의 책문(策問)에 답하여 말했다.

"임금다운 임금은[王者]은 뭔가 하고자 하는 바가 있다면 마땅히 하늘에서 그 실마리를 구해야 할 것입니다. 하늘과도 같은 도리[天道][307] 가운데 가장 큰 것은 음양(陰陽)입니다. 양은 다움[德]이고 음은 형벌[刑]입니다. 형벌은 죽임[殺]을 주관하고 다움은 살림[生]을 주관합니다. 이 때문에 양은 항상 한여름[大夏]에 거하면서 만물의 생장과 양육을 그 임무로 삼고 있으며, 음은 항상 한겨울[大冬]에 거하면서 아무것도 하지 않고 텅 빈 상태를 지킬 뿐입니다. 이런 것을 볼 때 하늘은 다움의 힘을 빌려 활동할 뿐이요 형벌의 힘을 빌려 움직이지 않는다는 것을 알 수 있습니다. 하늘은 음으로 하여금 아래에 잠입해 엎드려 있다가 때때로 나와서 양을 보좌하도록 했습니다. 따라서 양이 음의 도움을 얻지 못하면 양

---

306 황제와 노자의 사상으로 무위(無爲)를 강조했기 때문에 예악을 짓는 일에 부정적이었다.

307 송나라 학자이자 정치가 진덕수는 천리(天理)나 천도(天道)의 천(天)을 비유[喩]라고 본다. 옮긴이도 진덕수의 견해를 따른다. 다만 내용상 하늘이 강조될 때는 하늘과도 같은 도리나 이치가 아니라 그냥 하늘의 도리, 하늘의 이치로 옮겼다.

또한 혼자서는 한 해의 일을 완성할[成歲]성세 수 없습니다. 그럼에도 불구하고 끝내 양을 갖고서 1년의 처음을 이름 지은 것은 바로 하늘의 뜻[天意]천의입니다.

임금다운 임금[王者]왕자은 하늘의 뜻을 받들고 이어 정사를 행해야 합니다. 따라서 다움과 가르침[德敎]덕교을 (자신의 일로) 떠맡을 뿐 형벌을 자신의 주된 일로 여기지 않습니다[不任]불임. 형벌이라는 것은 세상을 다스리는 것을 자신의 주된 일로 여기지 않으니, 이는 마치 음이 한 해의 일을 완성하는 것을 자신의 주된 일로 여기지 않는 것과 같습니다. 정치를 하면서 형벌을 떠맡는다는 것은 하늘에 순종하지 않는 것이기 때문에 선왕들께서는 이런 일을 하지 않으려 하셨던 것입니다. (그런데 폐하께서는) 지금 선왕들께서 만들어놓은, 다움과 가르침을 맡는 관직은 폐기해 쓰지 않으시고 형벌을 담당하는 관리들만 임용해 백성을 다스리고 있으시니, 이것이 혹시라도 형벌의 힘을 빌려 나라를 다스리는 뜻이 아니겠습니까? 공자가 말하기를 '백성을 가르치지 않고서 죽게 만드는 것을 일러 학정[虐]학이라 한다'고 했으니, 학정이 아래 백성에게 쓰이고 있는데도 다움과 가르침이 온 나라에 널리 퍼지기를 바라시니 이는 이뤄지기 어려운 일입니다.

그래서 옛날의 임금다운 임금들은 이 점에 대해 밝았기 때문에 남면(南面)하고서 천하를 다스릴 때 교화를 가장 큰 일[大務]대무로 삼지 않은 분이 없었던 것입니다. (그래서) 도읍에는 태학을 세워 교육을 시행했고, 읍에는 학교[庠序]상서를 설립해 백성을 교화시켰습니다. 교화가 이미 밝게 시행되고 풍속이 새롭게 만들어지자 천하에는 일찍이 한 사람의 죄수도 없게 됐습니다. (그러나) 주나라 말엽에 이르러 크게 무도한 짓을 자행함으로써 천하를 잃었습니다. 진나라가 주나라의 뒤를 이었으나 오히려 한층 더 심화됐습니다. 먼 옛날로부터 지금에 이르기까지 어지러움을 기치로 어지러움을 건어내어[以亂濟亂]이란제란 천하의 백성에게 큰 피해를 끼친 나라로는 진나라보다 더 심한 나라가 일찍이 없었습니다. 습속이 각박하고 백성이 방자하게 날뛰며 범죄를 저지르고 관(官)에 반항하는 행위를 일삼으니, 이렇게까지 심하게 썩어빠진 나라는 없었습니다. 지금 한나라는 진나라의 뒤를 승계했으므로 제아무리 이 나라를 잘 다스리려고 해도 손을 써볼 길이 없습니다. 법률이 나오면 간사한 짓이 발생하고 명령을 내리면 사기를 치는 자들이 일어나서 1년 사이에 소송이 1000건 1만 건을 넘어, 마치 뜨거운 물로 펄펄 끓는 것을 그치게 하려는 것처럼 힘을 들이면 들일수록 무익할 뿐입니다. 비유하자면 거문고 소리가 아주 심하게 뒤틀렸을 때는 반드시 줄을 풀어서 새롭게 매어야 연주가 제대로 되는 것과 같습니다. 이처럼 정치를 잘 했음에도 불구하고 심각하게 나라가 잘 다스려지지 않을 때는 반드시 법을 바꾸어 개혁하고[更化(경화)] 교화를 베풀어야 통치가 가능합니다. 그러므로 한나라가 천하를 차지한 이후부터 나라를 잘 다스리려고 늘 노력했음에도 불구하고 지금껏 잘 다스리지 못한 것은, 개혁해야 할 때 개혁하지 않은 실책에 그 원인이 있습니다. 옛사람의 말 중에 '연못을 앞에 두고 물고기를 탐하느니 차라리 집에 돌아가 그물을 엮는 것이 낫다[臨淵羨魚(임연 선어) 不如退而結網(불여 퇴이 결망)]'라는 것이 있습니다. 이제 정사를 맡아 나라를 잘 다스리기를 열망한 지 70여 년입니다.[308] 차라리 한 발짝 물러나서 개혁하는 것이 낫습니다. 개혁한다면 나라를 잘 다스릴 수 있고, 잘 다스릴 수 있다면 재해가 날마다 사라지고 복록은 날마다 이를 것입니다."[309]

혁괘의 밑에서 세 번째 양효에 대해 공자는 "개혁해야 한다는 말이 세 번 합쳤으니 또 어디로 가겠는가"라고 풀었다. 주공의 효사는 이렇다.

> 가면 흉하기 때문에 반듯함을 지키고 위태롭게 여기는 마음을 품어야 하니, 개혁해야 한다는 말이 세 번 합치면 미더움이 있다[征凶(정흉) 貞厲(정려) 革言三就(혁언 삼취) 有孚(유부)].

구삼은 양강의 자질로 양의 자리에 있어 바르고 육이와는 친하지만, 구사와는 같은 양효로 친밀함이 없으며[無比(무비)] 상륙과 호응한다. 그런데 하괘의 맨 위에 있어 중도를 지나쳤으니[過中(과중)], 변혁기에 성급하게 행동하는 자다. 이 때문에 '가면 흉하다'라고 한 것이다. 물론 그렇다고 해서 변혁해야 하는 시기에 가지 않을 수도 없다. 그래서 가더라도 '반듯함을 지키고 위태롭게 여기는 마음을 품어야 하니'라고 한 것이다. 여전히 비중은 머물러 있기보다는 일을 행하는 쪽에 두어져 있음을 알 수 있다.

이 같은 신중함은 다시 '개혁해야 한다는 말[革言(혁언)]'이 나오고서 세 번 합치될 때[就(취)=合(합)]까지는 기다리며 지켜보라는 권고에서 확인된다. 세 번 합치됐다는 것은 이미 중론(衆論)이 됐다는 말이다. 즉 두려운 마음을 품되 공론(公論)의 형성을 잘 기다렸다

---

308 한나라가 세워지고 지금 동중서가 이 말을 할 때까지의 기간이 70여 년이다.

309 본래 동중서의 대책문에서는 군데군데 생략돼 있다.

가 마침내 행동에 나서야 한다는 말이다. 동시에 자신의 양강의 자질만 믿지 말고 주변 의견을 충분히 경청하고서 행동하라는 뜻이기도 하다. '또 어디로 가겠는가'라고 한 것은 때가 왔으니 사심을 버리고 이치에 따라 행동하는 길밖에 없다는 권고다.

혁괘의 밑에서 네 번째 양효에 대해 공자는 "명을 고쳐[改命] 길하다[改命吉]고 한 것은 그 뜻을 모두 믿어주기 때문이다"라고 풀었다. 주공의 효사는 이렇다.

> 뉘우칠 일이 없으니, 미더움이 있으면 명을 고쳐[改命] 길하다[悔亡 有孚 改命吉].

구사의 처지를 보자. 양효로 음위에 있어 자리가 바르지 않고 위아래 모두 친하지 않으며 아래의 초구와는 호응이 없다. 변혁의 시기를 감안한 정이의 풀이가 흥미롭다.

> 구사는 변혁의 기운이 왕성한 때다. 양강은 변혁을 감당할 수 있는 자질이며, 하괘를 떠나 상괘로 나아가는 것은 변혁해야 할 때라는 의미다. 물과 불이 만나는 곳에 있다는 것은 변혁해야 할 형세다. 군주와 가까운 자리를 얻었다는 것은 변혁해야 할 임무를 떠맡은 것이다. 아래로 호응함이 없다는 것은 변혁해야 한다는 뜻이다. 구사로서 음의 자리에 있어 굳셈과 부드러움이 교제하는 것은 변혁의 작용이다. 사(四)라는 자리는 이러한 가능성을 모두 갖추고 있으니, 마땅히 변혁해야 할 때라고 할 만하다. 일이 뉘우칠 만한 때가 된 다음에야 변혁하니, 변혁하여 마땅하면 그 뉘우침은 마침내 없어진다.

이때부터는 좌고우면(左顧右眄)해서는 안 된다. 지극정성을 다하는 것만이 변혁을 성공으로 이끌 수 있다. 그래서 효사에서 '명을 고쳐[改命] 길하다'라고 했는데, 이유를 공자는 '그 뜻을 모두 믿어주기 때문'이라고 했다. 만일 지극정성을 다하지 않는다면 위아래 누가 그 뜻을 믿어주겠는가?

혁괘의 밑에서 다섯 번째 양효에 대해 공자는 "대인이 호랑이가 변하듯이 한다[大人虎變]는 것은 그 무늬가 빛나기 때문이다"라고 풀었다. 주공의 효사는 이렇다.

> 대인이 호랑이가 변하듯이 하는 것이니, 아직 점을 치지 않았지만 미더움이 있다[大人虎變 未占有孚].

구오는 양강의 자질로 양의 자리에 있어 바르고 중정(中正)을 얻었다. 위와는 친하고 아래와는 친하지 않지만, 육이와 서로 호응한다. 전반적으로 좋다. 정이의 풀이다.

구오는 양강의 자질과 중정을 이룬 다음으로 존귀한 자리에 있으니 대인(大人)이다. 대인의 도리로 천하의 일을 변혁하면 마땅하지 않음이 없고 때에 맞지 않음이 없으니, 잘못된 일들이 변화돼 일의 이치가 밝게 드러나서 마치 호랑이의 문양이 드러나는 것과 같으므로 호랑이가 변하듯이 한다고 했다. 용과 호랑이는 대인의 모습이다. 변한다는 것은 일과 사물이 변하는 것이다.

대인이 중정을 이룬 방도로 변혁하면 천하의 이치가 밝게 드러나서, 점의 결정에 의지하지 않더라도 그 일이 지극히 마땅하다는 것을 알아서 천하는 반드시 신뢰한다.

혁괘의 맨 위에 있는 음효에 대해 공자는 "군자는 표범이 변하듯이 한다는 것은 그 무늬가 성대한 것이요, 소인이 얼굴만 변하는 것은 고분고분함으로써 임금을 따르는 것이다"라고 풀었다. 주공의 효사는 이렇다.

군자는 표범이 변하듯이 하고 소인은 얼굴만 변하니, 가면 흉하고 반듯함을 지키면 길하다 [君子豹變 小人革面 征凶 居貞吉].
군자 표변 소인 혁면 정흉 거정 길

정이의 풀이가 길지만 곡진하다.

혁괘의 끝은 변혁하는 도리가 완성되는 지점이다. (여기서) 군자는 선인(善人)을 말한다. 선량하다면 이미 변혁을 따라서 변해 그 드러나 보이는 것이 마치 표범의 무늬가 성대한 것과 같다. 소인은 어리석고 어두워 고치기 어려운 자이니, 마음으로 변화할 수는 없지만, 얼굴을 고쳐 윗사람의 가르침과 명령을 따르는 척한다. 용과 호랑이는 대인의 모습이므로 대인을 호랑이라고 하고 군자는 표범이라고 한 것이다.

사람의 본성은 본래 좋으니 모두 개혁하면 변화시킬 수 있으나, 가장 어리석은 사람[下愚](하우)이 있어 빼어난 이라도 이를 바꿀 수 없다. 요순(堯舜)이 군주가 돼 빼어난 이가 계속 이어져 100여 년 동안 지속시켰으니 천하 사람들이 교화되는 것이 깊고 또 오래 지속했다고 할 수는 있지만, 묘족(苗族)과 상(象-순임금의 이복동생) 같은 사람이 있었던 것을 보면 와서 항복하고 꾸준히 다스려진 것도 실은 얼굴만 고쳤을 뿐이다. 소인이 겉모습이라도 고쳤다면 변혁하는 도리는 이뤄졌다고 할 수 있다. 다시 그것을 이어서 더 깊이 다스리게 되면 너무 심하게 대처하는 일이니, 너무 심하게 대처하면 바른 도리가 아니다. 그래서 변혁의 끝에 이르러 또 정벌하여가면 흉한 것이니, 마땅히 반듯함을 굳게 해 스스로 지켜야 한다. 변혁이 극한에 이르렀는데 반듯함을 지키지 못하면 개혁했던 것이 그것에 따라 다시 변하게 된다. 천하의 일이란 처음에는 변혁하기 어렵다는 점을 근심해야 하고 변혁이 이뤄지고 나면 지키지 못할까를 걱정해야 하므로 변혁의 끝에는 반듯함을 지키면 길하다고 한 것이다.

정이의 풀이에는 『논어』와 관련된 내용이 녹아들어 있다. 선인(善人)은 그저 '착한 사람'이 아니다. 「술이」편에서 공자가 말했다.

내가 만일 선인(善人)을 만나보는 것이 불가능하다면 오래가는 마음[恒心]을 가진 자라도 만나보면 괜찮다. 아무것도 없으면서 있는 척하고 텅 비어 있으면서 가득한 척하며 보잘것없으면서 큰 척하면 항심을 가졌다고 말하기 어려울 것이다.

이때의 선인이란 어짊[仁]에 뜻을 둔 사람을 말한다. 나아가 그런 일을 할 수 있는 능력을 갖춘 사람을 말한다. 하우(下愚) 또한 「양화(陽貨)」편에 나오는 말이다.

오직 지극히 지혜로운 자[上智]와 지극히 어리석은 자[下愚]만이 변화하지 않는다.

상지(上智)는 더 나아갈 바가 없기 때문이고 하우(下愚)는 스스로 조금도 나아가려 하지 않기 때문이다. 그렇기 때문에 여기서 얼굴이라도 바꾸는 시늉을 하는 소인을 그런대로 인정해줘야 한다는 말이 나온 것이다.

50. 화풍정(火風鼎)[310]

정(鼎)은 으뜸으로 형통하다.

鼎 元亨.[311]
정 원형

초륙(初六)은 세 발 쇠솥이 발이 엎어졌으나 나쁜 것을 쏟아내니 이롭다. 첩을 얻으면 그 남자가 허물이 없게 된다[鼎顚趾 利出否 得妾 以其子 无咎].
정 전지 이 출부 득첩 이 기자 무구

구이(九二)는 세 발 쇠솥에 내용물이 있으나 나의 상대가 병이 있으니, 나에게 오지 못하게 하면 길하다[鼎有實 我仇有疾 不我能卽 吉].
정 유실 아구 유질 불 아 능 즉 길

구삼(九三)은 세 발 쇠솥의 귀가 바뀌어 그 나아감이 막혀서 맛있는 꿩고기를 먹지 못하지만, 화합해 비가 내려서 부족하다는 뉘우침이 끝내는 길하다[鼎耳革 其行塞 雉膏不食 方雨
정이 혁 기행 색 치고 불식 방 우
虧悔 終吉].
휴회 종길

구사(九四)는 세 발 쇠솥[鼎]이 발이 부러져 공(公)에게 바칠 솥 안의 음식[餗]을 엎어 그 형벌
정 속
[形=刑]이 무거울 것이니 흉하다[鼎折足 覆公餗 其形渥 凶].
형 형 정 절족 복 공 속 기형 악 흉

육오(六五)는 세 발 쇠솥이 누런 귀에 금으로 만든 고리이니 반듯하면 이롭다[鼎黃耳 金鉉
정 황이 금현
利貞].
이정

상구(上九)는 세 발 쇠솥이 옥으로 만든 고리이니 크게 길하여 이롭지 않음이 없다[鼎玉鉉
정 옥현
大吉 无不利].
대길 무불리

◉

정괘(鼎卦)의 초륙(初六)은 양위에 음효로 바르지 못함[不正位], 구이(九二)는 음위에
부정위
양효로 바르지 못함, 구삼(九三)은 양위에 양효로 바름[正位], 구사(九四)는 음위에
정위
양효로 바르지 못함, 육오(六五)는 양위에 음효로 바르지 못함, 상구(上九)는 음위에

310 문자로는 이상손하(兌上離下)라고 한다.

311 원형(元亨)이 나온다.

양효로 바르지 못함이다. 이 괘의 경우는 구이와 육오 모두 중정을 얻지 못했다.

대성괘 정괘(䷱)는 소성괘 이괘(離卦, ☲)와 손괘(巽卦, ☴)가 위아래에 있어 만들어진 괘다. 「설괘전」에 따르면 '해[日=火=離]로 따듯하게 하고[烜]' '바람[風]으로 흩어지게 한다'고 했다. 괘의 모양이 이(離)가 위에 있고 손(巽)이 아래에 있다.

그러면 「서괘전」을 통해 왜 정괘가 혁괘의 뒤를 이어받았는지 확인해보자.

> 일이나 사물을 고치는 것[革物] 중에서 쇠솥[鼎]만 한 것이 없다. 그래서 혁괘의 뒤를 정괘(鼎卦)로 받았다.
>
> 革物者莫若鼎. 故受之以鼎.
> 혁물 자 막약 정 고 수지 이정

"일이나 사물을 고치는 것 중에서 쇠솥[鼎]만 한 것이 없다"라고 했다. 이는 솥의 쓰임과 관련돼 있다. 솥에 날고기를 넣고 삶아서 익히면[烹飪] 단단했던 것도 부드러워져 먹기가 편해진다. 특히 괘의 모습과 관련된 정이의 풀이가 흥미롭다.

> 괘 전체의 모습으로 말하자면, 가장 밑에 있는 초효는 (쇠솥의) 발에 해당하고 가운데 가득 찬 이, 삼, 사효는 쇠솥의 배에 해당해 그 속에 음식 재료가 있는 모습이며 위에 마주 보고 있는 오효는 쇠솥의 귀에 해당하고 맨 위에 가로 뻗쳐 있는 상효는 솥의 고리이니 전체적으로 솥의 모습이다. 상괘와 하괘의 두 형체로써 말하자면, 가운데가 비어 있는 것(이괘(離卦))이 위에 있고 아래에 발(손괘(巽卦))이 있어 받치니 이 또한 쇠솥의 모습이다.
>
> 그 의미를 취하면 나무가 불을 따르는 것인데, 손괘가 상징하는 것은 들어간다는 것이므로 고분고분 따른다는 의미이니 나무가 불에 고분고분 따르는 것으로 불타는 모습이 된다. 불의 용도는 굽는 것과 삶는 것이니, 굽는 데는 기구가 필요 없으므로 삶는 모습을 취해 쇠솥이고, 나무가 불에 고분고분 따르는 것은 음식을 삶아서 요리하는 모습이다.

이번에는 「잡괘전」을 통해 혁괘와 정괘의 관계를 살펴보자.

> 혁(革)은 옛것을 버림[去故]이요 정(鼎)은 새로운 것을 취함[取新]이다.

혁괘(革卦, ䷰)와 정괘(鼎卦, ䷱)는 서로 종괘 관계다. 혁괘는 옛것을 고치는 것이라고 했다. 거기에는 버리는 것[去故] 또한 포함된다. 문제는 정괘다. 새로운 것을 취함[取新]이란 무엇일까? 혁괘와 정괘는 『논어』 「위정(爲政)」편에 나오는 공자의 말과 정확히 통한다.

> 옛것에 따뜻한 온기를 불어넣어 새것을 알아낸다면[溫故而知新] 얼마든지 다른 사람의 스승이 될 수 있다.

온고이지신(溫故而知新)은 두 가지 해석이 가능하다. '한편으로는 옛것을 익히면서 다른 한편으로는 새것을 배운다'라고 볼 수도 있고, '옛것을 깊이 파고들어 가면서 그 안에서 새로운 이치를 찾아내어 배운다'라고 볼 수도 있다. 그러나 뒤에 나오는 '다른 사람을 가르칠 수 있는 스승'의 자질이라는 측면에서 보면 후자의 해석만 가능하다. '한편으로는 옛것을 익히면서 다른 한편으로는 새것을 배운다'라는 것은 누구나 할 수 있는 반면, '옛것을 깊이 파고들어 가면서 그 안에서 새로운 이치를 찾아내어 배운다'라는 것은 다른 사람을 능가하는 자질[德]을 필요로 하기 때문이다. 이때의 사(師)는 꼭 스승이라고 옮기기보다 군자(君子)의 맥락에서 볼 필요가 있다. 군자란 다움[德]을 몸에 익혀 결국 남을 가르칠 인물이기 때문이다. 과거의 답습이 아니라는 점에서 옛것을 익힌다는 것은, 원문 그대로 '옛것에 따뜻한 온기를 불어넣어'라고 새길 때 '옛것을 버림[去故]'과도 통하게 된다. 그렇다고 옛것을 모두 버린다는 뜻도 아니다. 버릴 것은 버리고 취할 것은 취한다는 뜻이 들어 있기 때문이다.

문왕의 단사(彖辭), 즉 "정(鼎)은 으뜸으로 형통하다[元亨]"에 대한 공자의 풀이[「彖傳」]를 살펴볼 차례다.

> 정(鼎-세 발 쇠솥)은 (솥의) 모양[象]이다. 나무로 불에 들어가는 것[巽=入]은 삶아서 음식을 만드는 것[烹飪]이니, 빼어난 이는 삶아서 그것으로 상제(上帝)에게 제향하고 크게 삶아서[大烹] 빼어난 이와 뛰어난 이[聖賢]를 길러준다. 공손하면서 귀와 눈이 각각 밝고[聰明] 부드러움이 나아가 위로 올라가서 중도를 얻었으며[得中] 굳셈에 호응하니, 이 때문에 으뜸으로 형통한 것이다.

鼎 象也.
정 상 야

以木巽火 烹飪也 聖人 亨 以享上帝 而大亨 以養聖賢.
이목 손화 팽임 야 성인 형 이향 상제 이 대형 이양 성현

巽而耳目聰明 柔進而上行 得中而應乎剛 是以元亨.
손 이 이목 총명 유 진 이 상행 득중 이 응호 강 시이 원형

◉

앞서 정이가 풀이한 대로 정괘(鼎卦)는 쇠솥의 모양을 본뜬 것이다. 쇠솥 정(鼎)은 음식을 하는 가마솥임과 동시에 황제를 상징하는 보배로운 기물이기도 하다. 구정(九鼎)이 바로 그것이다. 하나라 우왕은 전국을 아홉 개의 주로 나누면서 각 주에서 거둬들인 청동으로 구정이란 청동솥을 주조했는데, 이 솥이 상나라와 주나라에까지 계승되면서 후대에는 솥이 왕실을 상징하는 도구가 됐다. 이어지는 정이의 풀이다.

> 세 발 쇠솥의 용도를 극대화한다면, 빼어난 이가 재료를 삶아 음식을 만들어서 상제에게 제사를 올리고 음식을 만들 듯이, 크게 삶아서 빼어난 이와 뛰어난 이를 길러준다. 빼어난 이란 옛 빼어난 임금[聖王]을 말한다. '크게[大]'라는 것은 그 쓰임새가 매우 넓다는 뜻이다.
> 아래 괘는 손괘로 이치에 고분고분하게 따르는 것을 상징하고, 위의 이괘는 눈 밝아서 윗자리에서 마음을 비우고 있으니 눈과 귀가 모두 밝은 모습을 상징한다. 64괘 가운데 이괘가 위에 있는 경우는 모두 '부드러움이 나아가 위로 올라간다'라고 했다. 부드러움[柔]은 (원래) 아랫자리에 있는 것인데 존귀한 지위에 자리하니 나아가 위로 올라간 것이다. 눈 밝은 자질로 존귀한 자리에 있으면서 중도를 얻었고, 굳센 자와 호응하니 강양의 도리를 쓸 수 있는 것이다. 육오는 가운데 있고 또한 부드러운 자질로 굳센 자에게 호응하니 중도를 얻은 것이다. 그 자질이 이와 같으니 으뜸으로 형통할 수 있다.

공자의 「상전(象傳)」을 살펴볼 차례다. 그중에 정괘를 총평한 「대상전」이다.

나무 위에 불이 있는 것이 정(鼎)(이 드러난 모습)이니, 군자는 그것을 갖고서 자리를 바르게 해 명을 엄중하게 내린다[木上有火鼎 君子以 正位凝命].

◉

정이에 따르면 정(鼎)이란 바르다, 바로잡다는 의미의 정(正)이고 옛사람들은 그것을 반듯하다는 의미의 방(方)으로도 풀었다고 한다. 즉 정(鼎)에는 방정(方正)하다는 뜻이 들어 있다는 말이다. 이는 정괘의 「대상전」을 이해하는 데 결정적인 열쇠가 된다. 정이의 풀이다.

> 군자는 정괘의 모습을 살펴 자리를 바르게 하고 명을 엄중하게 내린다. 쇠솥은 그 형체가 단정하고 바르며 몸집이 안정되고 중후하다. 그 단정하고 바른 모습을 취해 그 자리를 바르게 하는 것이니, 자신이 처해 있는 자리를 바르게 하는 것을 말한다. 군자는 처신을 바르게 하니, 사소하게는 자리가 바르지 않으면 앉지 않고 짝다리를 짚고 서거나 기대어 서지 않는다. 안정되고 중후한 모습을 취해 명을 엄중하게 내리니, 그 명을 안정되고 엄중하게 하는 것이다.

『논어』 「위령공(衛靈公)」편에 나오는 순임금의 모습이 바로 그것이다.

> 무위하면서 다스린 임금은 순임금일 것이다. 무릇 무엇을 했겠는가? 몸을 공손하게 하고 바르게 남면(南面)했을 뿐이다.

그 까닭은 「안연(顔淵)」편에 나오는 공자의 다음 말 속에 들어 있다.

> 계강자(季康子)가 정치에 관해 묻자 공자는 간단하게 "바로잡는 것[正]입니다. 대부께서 (자기 자신을) 바로잡는 것으로 통치를 한다면 감히 누가 바르게 되지 않겠습니까?"라고 말했다.

정괘의 여섯 효[六爻]에 대한 주공의 말을 풀이한 공자의 「소상전」이다.

> (초륙(初六)은) 세 발 쇠솥이 발이 엎어졌으나 아직은 이치를 어긴 것이 아니요[未悖], 나쁜 것을 쏟아내니 이롭다는 것은 귀함을 따르기[從貴] 때문이다[鼎顚趾 未悖也 利出否 以從貴也].

(구이(九二)는) 세 발 쇠솥에 내용물이 있다는 것은 나아갈 바를 신중히 해야 한다는 뜻이고, 나의 상대가 병이 있다는 것은 끝내는 허물이 없어진다는 뜻이다[鼎有實 愼所之也 我仇有疾 終无尤也].

(구삼(九三)은) 세 발 쇠솥의 귀가 바뀌는 것은 그 마땅함을 잃었기 때문이다[鼎耳革 失其義也].

(구사(九四)는) 공(公)에게 바칠 솥 안의 음식[餗]을 엎었으니 그 신뢰는 어떻겠는가[覆公餗 信如何也]?

(육오(六五)는) 세 발 쇠솥이 누런 귀인 것은 중도로 꽉 채운 것이다[鼎黃耳 中以爲實也].

(상구(上九)는) 옥으로 만든 고리가 맨 위에 있다는 것은 굳셈과 부드러움이 서로 적절하기 때문이다[玉鉉在上 剛柔節也].

◉

정괘의 맨 아래 첫 음효에 대해 공자는 "세 발 쇠솥이 발이 엎어졌으나 아직은 이치를 어긴 것이 아니요[未悖], 나쁜 것을 쏟아내니 이롭다는 것은 귀함을 따르기[從貴] 때문이다"라고 풀었다. 주공의 효사부터 봐야 한다.

> 세 발 쇠솥이 발이 엎어졌으나 나쁜 것을 쏟아내니 이롭다. 첩을 얻으면 그 남자가 허물이 없게 된다[鼎顚趾 利出否 得妾 以其子 无咎].

일이나 사물을 성숙하게 해주는 정괘(鼎卦)의 초륙의 처지는 음유한 자질로 양의 자리에 있으니 바르지 못하지만, 구이와 친밀하고 구사와도 호응하고 있다. 정이의 풀이부터 살펴보자.

> 발이 위로 향하고 있어 뒤집어진 모습이다. 솥이 뒤집히면 발이 거꾸로 엎어지고, 발이 거꾸로 엎어지면 솥 안의 내용물이 쏟아지니, 이치에 따른 도리는 아니다. 그러나 마땅히 뒤집어엎어야 할 때가 있으니, 썩은 것과 나쁜 것을 기울여 쏟아내서 깨끗하게 하고 새로운 것을 받아들이면 좋다는 말이다. 그래서 발이 엎어지는 것은 나쁜 것을 쏟아내는 데 있어

서는 이로움이 있다고 한 것이다.

부(否)란 나쁜 것이다. 구사는 군주와 가까이에 있어 대신의 자리이고 초륙은 아랫사람으로 서로 호응하는 관계이니, 윗사람이 아랫사람에게 구하고 아랫사람은 자신을 구하는 윗사람을 따르는 것이다. 윗사람은 아랫사람의 선한 면들을 쓰고 아랫사람은 윗사람이 하는 일을 보필하면 일의 공효를 이룰 수 있으니, 이것이 최선의 길이다. 솥의 발이 엎어진 것은 마땅히 엎어져야 할 때가 있는 것과 같아 이치에 어그러진 것은 아니다.

"첩을 얻으면 그 남자가 허물이 없게 된다"라고 했는데, 초륙은 자질이 음(陰)이고 지위가 낮으므로 첩이 되니 '첩을 얻는다'라는 것은 마땅한 사람[其人]을 얻는 것을 말한다. 만일 현명한 첩을 얻으면 그 주인을 보필해 허물이 없게 할 것이다. 자(子)는 주인이니 이기자(以其子)는 그 주인의 허물이 없도록 하는 것이다. 초륙은 자질이 음이고 가장 아래에 자리해 자신을 낮추고 겸손해 양을 따르니 첩의 모습이다. 초륙이 위로 구사와 호응하니 발이 엎어진 것이므로 이런 뜻을 나타낸다. 초륙은 본래 취할 만한 자질과 다움이 없으므로 첩을 얻는다고 했으나, 그 적절한 사람을 얻으면 이와 같을 수 있다는 말이다.

공자가 풀이하면서 '아직은 이치를 어긴 것이 아니요'라고 한 것은 나쁜 것을 쏟아내야만 하는 때가 있을 수 있기 때문이다. 또 '귀함을 따르기[從貴] 때문'이라고 한 것은 구사에 호응한다는 뜻으로, 나쁜 것을 쏟아내고 아름다운 것을 받아들이는 것을 말한 것이다.

정괘의 밑에서 두 번째 양효에 대해 공자는 "세 발 쇠솥에 내용물이 있다는 것은 나아갈 바를 신중히 해야 한다는 뜻이고, 나의 상대가 병이 있다는 것은 끝내는 허물이 없어진다는 뜻이다"라고 풀었다. 주공의 효사는 이렇다.

> 세 발 쇠솥에 내용물이 있으나 나의 상대가 병이 있으니, 나에게 오지 못하게 하면 길하다 [鼎有實 我仇有疾 不我能卽 吉].

구이의 처지를 보면 양효로 음위에 있어 자리가 바르지 못하고 초륙과는 친하지만, 구삼과는 친하지 못하며 육오와 호응 관계를 맺고 있다. 그러나 구이는 굳센 자질로 가운데 있으니 솥 가운데서 내실 있는 자리를 차지한 것이다.

나의 상대가 병이 있다는 것은 초륙을 가리킨다. 친하기는 하지만 바른 도리로 사귀는 관계는 아니다. 그래서 병이 있다고 한 것이다. 구이는 육오와의 호응 관계를 중시해야지 초륙과의 친밀한 관계를 중시해서는 안 된다. 그래서 '나에게 오지 못하게 하면 길하다'라고 했다. 육오와는 공적인 관계이지만 초륙과는 사사로운 관계이기 때문이다.

'나아갈 바를 신중히 해야 한다'고 한 것은 초륙과 함께할 것인지 육오와 함께 갈 것인지 신중히 생각해야 한다는 말이다. 당연히 육오와 함께 가는 길을 골라야 할 것이다.

그럼에도 초륙은 끊임없이 구이를 향해 나아온다. 이때 구이는 자신의 양강의 도리를 지키면서 초륙과 거리를 둬야 한다. 그래야만 공자의 말대로 '끝내는 허물이 없어진다.'

정괘의 밑에서 세 번째 양효에 대해 공자는 "세 발 쇠솥의 귀가 바뀌는 것은 그 마땅함을 잃었기 때문이다"라고 풀었다. 주공의 효사는 이렇다.

> 세 발 쇠솥의 귀가 바뀌어 그 나아감이 막혀서 맛있는 꿩고기를 먹지 못하지만, 화합해 비가 내려서 부족하다는 뉘우침이 끝내는 길하다[鼎耳革 其行塞 雉膏不食 方雨虧悔 終吉].
> 정이 혁 기행 색 치고 불식 방 우 휴회 종길

정이의 풀이가 상세하다.

> 쇠솥의 귀는 육오이니 쇠솥의 주인이 된다. 구삼은 양의 자질로 겸손을 나타내는 손괘의 윗자리에 머물러 굳세고 곧으면서도 겸손할 줄 아니 그 재능이 어떤 일이든 해결하기에 충분하지만, 육오와 호응이 없고 다움이 같지 않다. 육오는 가운데 있지만, 자리가 바르지 않고 구삼은 바르지만 가운데 자리가 아니라서 다움이 같지 않으니 임금에게 신임을 얻지 못한 자다. 임금에게 신임을 얻지 못하면 그 도리를 어떻게 실행할 수 있겠는가? 혁(革)은 변혁해 다르게 하는 것이니, 구삼은 육오와 달라서 합치하지 않는다.
> '그 나아감이 막혀서'라는 것은 형통할 수 없다는 것이다. 군주와 합치하지 못하면 그의 신임을 얻지 못해 자신의 능력을 펼칠 수 없다. 고(膏)는 맛있고 아름다운 것이니 녹봉과 지위를 상징한다. 꿩은 육오를 가리키니 문명(文明)한 다움이 있으므로 꿩이라고 했다. 구삼은 쓸 만한 재능이 있지만, 육오의 녹봉과 지위를 얻지 못하니 맛있는 꿩고기를 먹지 못하는 것이다. 군자가 다움을 온전히 해 오래 지속하면 반드시 밝게 드러나고, 그 도리를 지키

면 끝내는 반드시 형통하게 된다.

육오는 총명한 모습이 있고 구삼은 결국에는 위로 나아가는 것이니, 음과 양이 서로 사귀어 화합해 통하면 비가 내린다. '비가 내린다'라는 것은 장차 비가 내린다는 것이니 육오와 구삼이 화합하게 된다는 말이다. '부족하다는 뉘우침이 끝내는 길하다'라는 것은 스스로 부족하다는 뉘우침이 끝내는 당연히 길함을 얻는다는 말이다. 구삼은 재능을 가지고 불행히도 기회를 얻지 못했으므로 부족하다는 뉘우침이 있지만, 양강의 다움을 가지고 있고 윗사람이 총명하고 아랫사람이 겸손하며 반듯하기 때문에 끝내는 서로 만나게 돼 길하다. 구삼은 중도는 아니지만 겸손한 몸체[巽體, ☴]에 있으므로 지나치게 굳센[過剛] 과실이 없다. 만약에 지나치게 굳세게 되면 어떻게 끝내는 길하게 될 수 있겠는가?

그중에서 공자는 '세 발 쇠솥의 귀가 바뀌는 것은 그 마땅함을 잃었기 때문'이라고 했다. 이는 곧 육오와 호응하지 못하니 구하여 화합하는 도리를 잃었고, 중도를 이루지 못했으니 뜻을 함께하는 모습이 아니라는 것이다. 그러나 윗사람이 뛰어나고 아랫사람이 재능이 있어 끝내는 반드시 화합할 것이므로 비가 내려서 길하다고 했다.

정괘의 밑에서 네 번째 양효에 대해 공자는 "공(公)에게 바칠 솥 안의 음식[餗]을 엎었으니 그 신뢰는 어떻겠는가"라고 풀었다. 주공의 효사는 이렇다.

> 세 발 쇠솥[鼎]이 발이 부러져 공(公)에게 바칠 솥 안의 음식[餗]을 엎어 그 형벌[形=刑]이 무거울 것이니 흉하다[鼎折足 覆公餗 其形渥 凶].

구사는 대신이나 재상의 자리다. 그는 사람을 쓰는 자리에 있다. 따라서 적절한 사람을 찾느냐 못 찾느냐가 다스려지느냐 그렇지 못하느냐의 갈림길이다. 그런데 구사는 아래로 초륙과 호응하고 있다. 그는 소인의 자질이라 쓸 수 없다. 그럼에도 만일 구사가 친연(親緣) 때문에 사사로이 그를 쓴다면 그는 막중한 책임을 감당하지 못해 일을 망치게 될 것이니, 이는 마치 쇠솥의 다리가 부러지는 것과 같다. 쇠솥의 다리가 부러지게 되면 공(公)에게 바칠 음식을 뒤엎게 된다. 이렇게 될 경우 그 형벌은 무거울 수밖에 없다. 이는 마침 「계사전」에서 언급한 바 있다.

공자가 말했다. "다움은 엷은데[德薄] 지위는 높고[位尊] 지혜는 작은데 도모함은 크고 힘은 작은데 맡은 바가 크면 (재앙에) 이르지 않는 경우가 드물다. 역(易)에 이르기를 '세 발 쇠솥[鼎]이 발이 부러져 공(公)에게 바칠 솥 안의 음식[餗]을 엎어 그 형벌[形=刑]이 무거울 것이니 흉하다'라고 했으니, 이는 그 맡은 바를 이겨내지 못하는 것[不勝=不堪]을 말한 것이다."

여기서 우리가 주목해야 할 것은 공자의 말 중에서 앞부분이다. 세 가지 유형을 말한 다음 모두 재앙에 이를 수 있음을 경고했다. 그런데 깊이 들여다보면 세 가지 유형이란 곧 『논어』에서 수시로 강조하는 인자(仁者), 지자(知者), 용자(勇者)에 각각 부정적으로 조응하고 있음을 알 수 있다. 「헌문(憲問)」편에 나오는 말이다.

군자의 도리는 셋인데 나는 능하지 못하니, 어진 사람[仁者]은 (이치를 알아 사리사욕에 꺾이지 않으니 사사로운) 근심을 하지 않고[不憂] 사리를 아는 사람[知者]은 (사리를 알기 때문에 불필요한) 미혹이 되지 아니하고[不惑] 용력이 센 사람[勇者]은 (당당하기 때문에) 두려워하지 않는다[不懼].

즉 『주역』의 사리(事理)나 사세(事勢)에 앞서 먼저 자기를 갈고닦는 수기(修己)의 문제가 선행한다는 말이다. 그 때문에 『논어』를 충분히 제대로 이해하고서 『주역』으로 나아갈 때 그 내용을 제대로 이해할 수 있는 것이다. 한 걸음 더 나아가 보자.

"세 발 쇠솥[鼎]이 발이 부러져 공(公)에게 바칠 솥 안의 음식[餗]을 엎어 그 형벌[形=刑]이 무거울 것이니 흉하다"라는 것은 화풍정괘(火風鼎卦, ䷱)의 밑에서 네 번째 붙은 효[九四]의 풀이다.

남동원의 풀이다.

구사(九四)는 (아래에서 네 번째이니) 재상의 자리다. 그러나 양효이면서 (네 번째는 짝수이니) 음위(陰位)에 있으니 위치가 바르지 못하다[不正]. 구사에 호응하는 효[應爻]는 초륙(初六)인데, 이 또한 음효로서 (첫 번째는 홀수이니) 양위(陽位)에 있으니 위치가 바르지 못하다. 또 초륙은 가장 아래의 자리에 있으니 천(賤)하고 음효이니 재주도 없다고 본다. 구사의 바르지 못한 재상이 이런 초륙을 (응효라 하여) 사사로운 정[私情]으로 중용했다. 솥의 다리가 부러졌다는 것은 초륙이 그 임무를 완수하지 못하고 대실패했다는 뜻이다. 그러므로 구사의 재상이 박덕위존(薄德位尊)으로 말미암은 중대한 실패에 책임을 지니 흉하게 된다는 의미다.

따라서 공자가 '그 신뢰는 어떻겠는가'라고 말한 것은 별도의 풀이가 필요 없다. 도저히 믿을 바가 없다는 것이다. 이런 재상에 대해 임금은 신임을 거두게 된다. 『성종실록』 10년(1479) 8월 2일 자에 홍응(洪應, 1428~1492)[312]이 우의정에 제수되자 사직을 청하는 소(疏)를 올렸다는 기록이 있는데, 그 자체가 곧 정괘의 구사에 관한 풀이라 할 수 있을 정도다.

가만히 생각건대 삼공(三公)의 직임은 중(重)하니 당(唐-요임금)·우(虞-순임금)의 백규(百揆)[313]는 곧 삼공(三公)입니다. 은(殷)나라는 이윤(伊尹)을 태보(太保)로 삼고 기자(箕子)를 태사(太師)로 삼았으며, 주(周)나라는 주공(周公)을 태부(太傅)로 삼고 소공(召公)을 태보(太保)로 삼고 태공(太公-강태공)을 태사(太師)로 삼았습니다. 『서경(書經)』에 이르기를 "삼공(三公)은 도리를 논하고 나라를 다스리며 음양(陰陽)을 섭리(燮理)[314]한다"라고 했고, 가의(賈誼)는 말하기를 "보(保)라는 것은 그 신체(身體)를 보전함이요, 부(傅)라는 것은 덕의(德義)를 돕는 것이며, 사(師)라는 것은 교훈(敎訓)을 인도함이다"라고 했으니, 이것이 삼공의 직분입니다. 옛사람이 또 말하기를 "삼공(三公)이란 천자(天子)의 고굉(股肱-팔다리)이요 백료(百僚)의 긍식(矜式-표본이나 모범)이며 만민(萬民)이 첨앙(瞻仰)하는 대상이다"라고 했습니다. 그 사람이 중(重)하고 그 직분의 큼이 이와 같으니, 어찌 신과 같이 용렬(庸劣)한 자질로써 감당할 수가 있겠습니까? 신이 옛사람에게 미치지 못함은 차치해두고라도 그

---

312 1451년(문종 1년) 문과에 장원으로 급제해 좌정언으로 등용됐다. 사가독서(賜暇讀書)한 뒤 교리·필선·보덕을 지냈다. 1463년(세조 9년)에 도승지로 있을 때 세종의 아들 영응대군(英膺大君)과 함께 『명황계감(明皇誡鑑)』을 국역했다. 1466년 발영시(拔英試)에 2등으로 급제하고, 1468년에 남이(南怡)의 옥사를 다스린 공으로 익대공신(翊戴功臣) 3등에 책록됐다. 그 뒤 지중추부사로 승직되고 익성군(益城君)에 봉작됐다. 1471년(성종 2년) 다시 좌리공신(佐理功臣) 3등에 오르고 익성부원군(益城府院君)으로 진봉됐다. 이때인 1479년 우의정이 되고, 1485년에 4도순찰사를 거쳐 좌의정이 됐다. 풍채가 단아하고 몸가짐에 법도가 있었으며, 문장과 글씨에도 능했다.

313 백관(百官)의 장(長)을 가리킨다.

314 조화시켜 다스리다라는 말로, 천체의 변화를 살펴 농사일이 잘되도록 돕는 것을 말한다.

옥이 당금(當今)의 전후좌우에 있는 사람들을 생각건대 어찌 신과 같이 용렬하고 모자란 [庸下] 자가 있겠습니까? 가장 낮은 자질을 가지고 가장 큰 임무를 감당하고서 넘어지지 않는 자는 드뭅니다. 대저 오획(烏獲)[315]의 힘이 있은 뒤에야 그 무거운 것을 들 수 있고, 공수자(公輸子)[316]의 슬기[智]가 있은 뒤에야 그 공교함을 부릴 수 있으며, 경제(經濟)하는 큰 재질이 있은 뒤에야 미륜참찬(彌綸參贊)[317]하는 공(功)을 이룰 수 있습니다. 진실로 그 적임자가 없으면 비록 그 자리를 비워두더라도 가(可)하니, 어찌 구차하게 범인(凡人)을 써서 인원수(人員數)만을 갖출 수 있겠습니까? 신이 반복하여 분수를 헤아리건대 진실로 신은 어울리지 않습니다. 『역경(易經)』 정괘(鼎卦)에 이르기를 "세 발 쇠솥[鼎]이 발이 부러져 공(公)에게 바칠 솥 안의 음식[餗]을 엎어 그 형벌[形=刑]이 무거울 것이니 흉하다"라고 했고, 『시경(詩經)』 「조풍(曹風)·후인(候人)」편에 말하기를 "보 둑에 있는 사다새 그 날개 적시지 않았고, 저 중용(重用)된 소인배들 그 옷 어울리지 않는다"라고 했으니, 공속(公餗)을 엎지름과 날개를 적시는 기롱은 신으로서는 진실로 감심(甘心)하여 사양치 않을 수도 있겠지만, 그러나 국가(國家)에서 사람을 알아보지 못하고 망령되게 조처(措處)했다는 꾸지람에 대해서는 어찌하겠습니까? 삼가 생각건대 전하께서는 신(臣)이 조정의 일에 의견을 내는 반열(班列)에 시종(侍從)한 지 오래이므로, 신이 아침 일찍부터 밤늦게까지 약간의 공로가 있다 하여 지난해 겨울에 특별히 극품(極品)을 더하셨습니다. 이미 재덕(才德)도 없이 교만하게 장상(將相)의 위에 있어 몹시 부끄러워하면서도 사피(辭避)할 것을 발언(發言)하지 못했었습니다. 이제 또 갑자기 지중(至重)한 직임에 탁용하시어 거듭 천총(天寵)의 우악(優渥)함을 입으니 감격(感激)스러운 회포는 비록 몸이 가루가 되더라도 갚기가 어렵습니다. 다만 스스로 직임을 감당하지 못할 줄 알면서 아무 말 없이 직책에 나아가면, 이것은 다행스러운 영광을 기뻐하여서 전하의 중기(重器)를 그르치는 것입니다. 엎드려 바라건대 빨리 성명(成命)을 거두시고 다른 관원을 차정(差定)하도록 허락하시어 신의 소원을 이루게 하소서.

성종은 받아들이지 않고 그대로 홍응을 우의정에 임명했다.

---

315 진(秦)나라 무왕(武王) 때의 장사(壯士)다.

316 춘추 시대 노(魯)나라의 기술이 탁월했던 공장(工匠)이다.

317 미륜(彌綸)은 널리 다스린다는 말이고 참찬(參贊)은 천지의 조화를 돕는다는 말로, 모두 재상의 일을 뜻한다.

정괘의 밑에서 다섯 번째 음효에 대해 공자는 “세 발 쇠솥이 누런 귀인 것은 중도로 꽉 채운 것이다”라고 풀었다. 주공의 효사는 이렇다.

세 발 쇠솥이 누런 귀에 금으로 만든 고리이니 반듯하면 이롭다[鼎黃耳 金鉉 利貞].
정 황이 금현 이정

정이의 풀이다.

육오는 솥의 위에 있으니 귀의 모습이다. 솥을 들고 내려놓는 것은 솥의 귀에 달려 있으니 솥의 주인이 된다. 육오는 중도의 다움이 있으므로 누런 귀라고 했다. ‘고리’는 귀에 덧붙어 있는 것이다. 구이는 육오에 호응하니, 와서 귀를 따르는 것이 바로 도리다. 구이는 강중(剛中)을 이룬 다움이 있으니, 양의 체질이 강하고 중도를 이룬 색깔은 황색이므로 금으로 만든 고리라고 했다.
육오는 문명하면서 가운데의 위치에 있고 굳센 사람에게 호응하며 구이는 강중을 이룬 다움을 얻어 겸손한 체질로 윗사람에게 호응하니, 재능에 부족함이 없고 서로 호응함이 매우 좋다. 이런 관계에서 가장 좋은 이로움은 오직 굳세게 반듯함을 지키는 데 달려 있을 뿐이다.

정괘의 맨 위에 있는 양효에 대해 공자는 “옥으로 만든 고리가 맨 위에 있다는 것은 굳셈과 부드러움이 서로 적절하기 때문이다”라고 풀었다. 주공의 효사는 이렇다.

세 발 쇠솥이 옥으로 만든 고리이니 크게 길하여 이롭지 않음이 없다[鼎玉鉉 大吉 无不利].
정 옥현 대길 무불리

정이의 풀이다.

끝에 처해 있는 것은 솥의 공로가 이뤄지는 것이다. 위에 있는 것은 고리의 모습이고, 굳세면서도 온화한 태도는 옥으로 상징했다. 상구는 강양의 자질이지만 음의 자리에 있어 부드러운 태도를 취하고 있으니, 굳센 성질을 극에 이르게 하지 않으면서 온화하게 행할 수 있는 자다. 공을 이루는 도리에 자리했으니 오직 최선을 다해 대처할 뿐이다. 굳셈과 부드러움이 상황의 마땅함에 적절하게 대응하고 마음의 움직임과 냉정함이 지나치지 않으면 크게 길하여 이롭지 않음이 없다. 위에 있는 것은 고리이니, 지위가 없는 자리에 있더라도 실제로는 쓰이게 되는 것이므로 다른 괘와는 다르다. 정괘(井卦) 역시 그러하다.

51. 중뢰진(重雷震)[318]

진(震)은 형통하다. 우레의 움직임이 올 때에 돌아보고 두려워하면 웃고 말하는 것이 즐겁다. 우레가 쳐서 100리를 놀라게 하는데 숟가락과 울창주(鬱鬯酒)[319]를 잃지 않는다.

震 亨 震來 虩虩 笑言 啞啞 震驚百里 不喪匕鬯.[320]
진 형 진 래 혁혁 소언 액액 진경 백리 불상 비창

초구(初九)는 우레의 움직임이 올 때 돌아보고 두려워해야 뒤에 웃고 말하는 것이 즐거워 길하다[震來 虩虩 後 笑言 啞啞 吉].
진 래 혁혁 후 소언 액액 길

육이(六二)는 우레의 움직임이 오는 것이 맹렬하다. 자원을 잃을 것을 헤아려 높은 언덕에 올라가니, 좇아가지 않으면 7일 만에 (다시) 얻는다[震來厲 億喪貝 躋于九陵 勿逐 七日得].
진 래 려 억 상패 제우 구릉 물축 칠일 득

육삼(六三)은 우레가 움직여 정신이 망연자실하니[蘇蘇] 놀라서 두려워하며 가면 잘못이 없다[震蘇蘇 震行 无眚].
소소
진 소소 진 행 무생

구사(九四)는 우레의 움직임이 마침내 빠져버렸다[震 遂泥].
진 수 니

육오(六五)는 우레의 움직임이 가고 오는 것이 (모두) 위태로우니 실상을 헤아려 일을 잃어서는 안 된다[震 往來厲 億 无喪有事].
진 왕래 려 억 무상 유사

상륙(上六)은 우레의 움직임이 사그라져[索索] 보는 모습이 두리번거리는 꼴[矍矍]이니 가면 흉하다. 우레의 움직임이 자기 몸에 이르지 않고 그 이웃에 떨어졌을 때 미리 (반성을) 하면 허물이 없을 것이니, 혼인한 자들은 (원망하는) 말이 있다[震 索索 視矍矍 征凶 震不于其躬 于其隣 无咎 婚媾有言].
삭삭 확확
진 삭삭 시 확확 정 흉 진 불우 기궁 우
기린 무구 혼구 유언

---

318 문자로는 진상진하(震上震下)라고 한다.

319 울창주는 종묘(宗廟)에서 제사 지낼 때 태자(太子) 또는 세자(世子)가 올리므로, 태자 또는 세자를 이르는 말로도 쓰였다.

320 형(亨)만 나온다.

◉

진괘(震卦)의 초구(初九)는 양위에 양효로 바름[正位], 육이(六二)는 음위에 음효로 바름, 육삼(六三)은 양위에 음효로 바르지 못함[不正位], 구사(九四)는 음위에 양효로 바르지 못함, 육오(六五)는 양위에 음효로 바르지 못함, 상륙(上六)은 음위에 음효로 바름이다. 이 괘의 경우는 육이는 중정을 얻었고 육오는 중정을 얻지 못했다.

대성괘 진괘(䷲)는 소성괘 진괘(震卦, ☳)가 위아래에 겹쳐 있어 만들어진 괘다. 「설괘전」에 따르면 '우레[雷=震]로 움직이게 한다'고 했다.

그러면 「서괘전」을 통해 왜 진괘가 정괘의 뒤를 이어받았는지 확인해보자.

> 종묘의 기물을 주관하는[主器] 자 중에 장자(長子)만 한 이가 없다. 그래서 정괘의 뒤를 진괘(震卦)로 받았다. 진(震)이란 움직임[動]을 말한다.
>
> 主器者莫若長子. 故受之以震. 震者 動也.
> 주기 자 막약 장자 고 수지 이진 진 자 동야

혁신만이 능사가 아니다. 그것을 오래 이어가려면 그에 어울리는 사람이 일을 이끌어야 한다. 장자(長子)를 뜻하는 진괘(震卦)가 혁괘의 뒤를 이은 것은 그 때문이다. 진위뢰괘(震爲雷卦, ䷲)는 위와 아래 모두 진괘(☳)다. 두 번 겹쳐 있으니 움직임이 크다는 뜻이다. 즉 분발의 의미가 들어 있는 것이다. 장남은 나라와 집안을 후손에게 전하고 직위와 칭호를 계승하는 자이므로 기물을 주관하는 주인이 된다. 특히 진괘(☳)에 대한 정이의 풀이가 도움이 된다.

> 건괘와 곤괘가 교제하여 첫 번째 교합으로 (곤괘의 아래 효가 바뀌어) 진(震)을 이루니, 만물을 낳는 우두머리이므로 장남이다. 그 모습은 우레이고 그 뜻은 진동(震動-우레의 움직임)이다. 우레는 맹렬하게 일어나는 모습이 있고, 진동은 떨면서 두려워하는 뜻이 있다.

문왕의 단사(彖辭), 즉 "진(震)은 형통하다. 우레의 움직임이 올 때에 돌아보고 두려워하면 웃고 말하는 것이 즐겁다. 우레가 쳐서 100리를 놀라게 하는데 숟가락과 울창주(鬱鬯酒)를 잃지 않는다[亨 震來 虩虩 笑言 啞啞 震驚百里 不喪匕鬯]"에 대한 공자의 풀이[「彖傳」]를 살펴볼 차례다.

진(震)은 형통하다. 우레의 움직임[震=震動]이 올 때에 돌아보고 두려워하는 것은 두려워해서 복을 찾아오게 하는 것[致福]이고, 웃고 말하는 것이 즐거운 것은 뒤에[後] 법도가 있는 것이다. 우레가 쳐서 100리를 놀라게 하는 것은 멀리 있는 자를 놀라게 하고 가까이에 있는 자를 두렵게 하는 것이다. 숟가락과 울창주(鬱鬯酒)를 잃지 않는다는 것은 (군주가) 나와서 종묘와 사직을 지켜 제사의 주인[祭主]이 된다는 것이다.

震 亨也. 震來虩虩 恐致福也 笑言啞啞 後有則也.
震驚百里 驚遠而懼邇也.
不喪匕鬯 出可以守宗廟社稷 以爲祭主也.

◉

문왕의 단사(彖辭)와 공자의 「단전」 모두 첫머리는 '진(震)은 형통하다'라고 했다. 이에 대한 정이의 풀이다.

> 양의 기운이 밑에서 생겨나 위로 나아가니 형통함의 뜻이 있는 것이다. 또 우레는 움직인다는 뜻인데, 두려워한다는 뜻도 되고 주관하는 자가 있다[有主]는 뜻도 된다. 진동하여 맹렬하게 일어나 진동하여 나아가고 두려워하며 자기를 닦고 주인이 있어 높은 지위를 보존하는 것[保大]은 모두 형통함에 이르게 할 수 있으니, 그래서 진(震)에는 형통함이 있다고 한 것이다.

우레의 움직임이란 일의 관점에서 보자면 뭔가 큰일이 터지려 하는 것이다. 그런 조짐을 봤을 때는 무엇보다 두려워하고 조심하지 않으면 안 된다. 그래서 두려워해야 한다[虩虩]라고 한 것이다. 그렇게만 한다면 복이 찾아온다고 했다. 이미 이렇게 주위를 살펴 두려워하고 조심하면 '웃고 말하는 것이 즐겁다'라고 했다. 큰일이 터진다 해도 미리 대비하고 조심스레 잘 대처한다면 그 일을 얼마든지 해낼 수 있기 때문이다.

즉 '웃고 말하는 것이 즐겁다'라는 어떤 상황에서도 태연자약해야 한다는 뜻이다. 법도란 일의 이치[事理]다. 두려워하는 마음을 가질 때라야 일의 이치를 제대로 파악하게 돼 마음의 여유를 갖고서 잘 대처할 수 있다. 여기서 '뒤에[後]'란 말이 대단히 의미심장하다. 사전 대비의 중요성을 한 단어로 강조해 보여주고 있기 때문이다.

공자는 각각 나눠서 풀이하고 있지만 "우레가 쳐서 100리를 놀라게 하는데 숟가락과 울창주(鬱鬯酒)를 잃지 않는다"는 연결해서 풀어야 한다. 멀고 가까운 사람을 모두 놀라게 하는 우레가 진동해도 나라의 제사를 주관할 사람은 오직 삼감과 열렬함[敬誠]을 다해 우레 때문에 망연자실하는 일이 없어야 한다는 말이기 때문이다. 여기에 진괘의 단사와 「단전」을 읽어낼 열쇠가 고스란히 들어 있다. 열렬함과 삼감[誠敬]만 있다면 그 어떤 큰일이 닥쳐와도 이겨낼 수 있다는 말이다. 이런 마음가짐이 아니고서 어찌 종묘와 사직의 제사를 주관할 수 있겠는가? 진괘(震卦)의 효사나 「소상전」은 그래서 전반적으로 우레의 진동에 대처하는 도리를 말하고 있음을 보게 될 것이다.

공자의 「상전(象傳)」을 살펴볼 차례다. 그중에 진괘(震卦)를 총평한 「대상전」이다.

우레가 거듭돼 진동하는 것이 진(震)(이 드러난 모습)이니, 군자는 그것을 갖고서 경계하고 두려워하는 마음으로 자신을 닦고 살핀다[洊雷震 君子以 恐懼修省].

◉

우레가 중첩됐다는 것은 하늘의 움직임이 거세다는 것이다. 그것은 비단 우레에만 그치는 것이 아니라 천재지변을 두루 포함한다고 봐야 한다. 이런 일이 있을 때 군자는 마땅히 스스로를 돌아봐 자신의 잘못을 살피고 조심해야 한다. 이는 별도의 풀이가 필요 없을 만큼 공자가 평소에 늘 강조하던 바이기도 하다. 『중용(中庸)』에 나오는 다음 대목은 「대상전」에 대한 약간의 보충 풀이 역할을 할 수 있다.

도리라는 것은 잠시도 (내 몸에서) 떠날 수 없는 것이니, 떠날 수 있으면 도리가 아니다. 이런 까닭으로 군자는 그 보이지 않는 것[所不睹]에도 경계하여 삼가며[戒愼] 그 듣지 못하는 것 혹은 귀로 들리지 않는 것[所不聞]에도 두려워하고 또 두려워한다[恐懼].

계신공구(戒愼恐懼)는 공구수성(恐懼修省)과 정확히 같은 뜻이다. 『중용』의 표현이 좀 더 절절하다. 『중종실록』 30년(1535) 10월 16일 자에는 여러 신하의 좋은 의견을 널리 구하는[求言](구언) 중종의 교서(敎書)가 있는데, 이에 해당하는 풀이로 볼 수 있다.

하늘과 사람은 한 가지 이치여서 드러난 것이나 은미(隱微)함에 차이가 없으니, 기미(幾微)를 돌리려면 요컨대 수성(修省)해야 한다. 재변은 부르는 바가 있어 발생하는 것이니 책임은 당연히 나에게 있다. 내가 임금답지 못한 자질로 신민(臣民)의 위에 군림하여, 비록 학문에 부지런했으나 성경(誠敬-열렬함과 삼감)의 실제가 없고 힘써 정치를 했으나 시세에 알맞은 조처에 어둡다. 밤낮으로 근심하고 힘쓰며 항상 두려워하는 감회가 있는데도 상제(上帝)를 경외(敬畏)하는 마음이 극진하지 못했다. 그래서 재변이 나에 대한 견책을 보이는데도 편히 여기고 마음을 쓰지 않았고, 화(禍)의 기미가 숨겨져 있는데도 대처할 방법을 몰랐다. 나에게 보이지 않는 곳에서 조심하라고 경계했으니, 하늘에 응답하는 실제를 문식(文飾-글의 꾸며댐)으로만 할 수 있겠는가. 삼가 수성(修省)하려는 뜻은 항상 마음에 간절하게 지니고 있는데 구징(咎徵-허물에 대한 징계)이 나타나 견고(譴告-견책)를 분명히 보였다. 그리하여 우레가 소리를 거둬야 할 달에 우레의 재변이 있었으니, 이달 10월 7일과 14일에도 천둥과 번개가 쳐 보고 듣기에 놀라웠다. 돌아보고 두려워함[虩虩](혁혁)은 『역경』 진괘(震卦)의 천둥과 같고, 번쩍이는 번개[爗爗=爆爆](엽엽 엽엽)는 『시경』 「시월지교(十月之交)」의 찬탄을 불러일으켰다.[321] 태백(太白)이 낮에 나타난 지가 순월(旬月-열흘에서 한 달)이 지났는데, 이런 이변이 발생하니 더욱 조심스럽고 두려운 마음이 앞선다. 그리하여 바른말을 들어 잘못된 것을 바로잡고자 한다. 나의 임금다움[德](덕)이 닦이지 않아 교화가 미덥지 못해서인가, 궁궐이 엄숙하지 못해 내알(內謁-내부 청탁)이 아직도 성행하고 있어서인가, 재용(財用)이 바닥나서 질고(疾苦)가 사라지지 않았기 때문인가, 군령(軍令)이 해이해져 난폭한 자들이 인화를 막아서인가, 백성의 고혈을 뽑아 사욕을 채우는 자가 변방에 있어서인가, 사람을 해친 큰 강도가 법망을 빠져나간 탓인가, 관리들이 직책을 폐기하고 봉행하지 않아서인가, 호령이 한결

321 「소아(小雅)」의 편명이다. 그 3장에 노래하기를 "번쩍번쩍[爆爆](엽엽) 천둥 벼락이 편안치 못하고 좋지 못하도다. 온갖 냇물이 끓어오르며 산마루 높은 곳이 무너져, 높은 언덕이 골짝이 되고 깊은 골짝이 구릉이 되거늘, 슬프도다 지금 사람들은 어찌하여 일찍 징계하지 않았던가"라고 했다.

같지 못하고 번거로운 탓인가, 무익한 토목 공사가 성한 탓인가? 뛰어난 인재(人才)가 어찌 다 등용됐겠으며, 아랫사람의 뜻이 어찌 다 위에 진달됐겠는가? 군민(軍民)의 탄식과 고통 등 이 몇 가지가 모두 폐단의 근원인데 어찌 나 혼자서 두루 잘 살필 수가 있겠는가? 바라노니, 중외의 대소 신료(臣僚) 및 초야(草野)의 사서인(士庶人)은 모두 실봉(實封-밀봉한 상소)으로 잘못을 진술하되 숨기지 말라. 말이 쓸 만하면 내가 상을 줄 것이며, 말이 지나치더라도 죄주지 않을 것이다. 재변을 만나 구언(求言)하는 것이 예(例)를 따른 것이라는 말을 면치 못하겠지만 널리 자문하여 장래 일에 보충하고자 한다. 정부(政府)는 나의 이런 지극한 회포를 본받아 중외에 널리 효유하라.【승지(承旨) 조인규(趙仁奎, ?~?)[322]가 지은 것이다.】

진괘의 여섯 효[六爻]에 대한 주공의 말을 풀이한 공자의 「소상전」이다.

(초구(初九)는) 우레의 움직임이 올 때 돌아보고 두려워하는 것은 두려워해서 복이 찾아오도록 하는 것이요, 웃고 말하는 것이 즐거운 것은 뒤에 법도가 있기 때문이다[震來虩虩 恐致福也 笑言啞啞 後有則也].

(육이(六二)는) 우레의 움직임이 오는 것이 맹렬함은 굳센 자를 올라탔기 때문이다[震來厲乘剛也].

(육삼(六三)은) 우레가 움직여 정신이 망연자실한 것은 자리가 마땅하지 않기 때문이다[震蘇蘇 位不當也].

(구사(九四)는) 우레의 움직임이 마침내 빠져버린 것[震遂泥]은 아직 빛나지 못하기 때문이다[震遂泥 未光也].

---

322 1519년(중종 14년) 문과에 급제하고, 1522년에 정자·저작·박사를 역임했으며, 1525년에 정언·지평을 지냈다. 1530년에 필선으로 황해도어사에 파견돼 수령들의 진휼(賑恤) 상황을 살피고 돌아온 뒤 장령이 됐으며, 이어 홍문관교리와 전한(典翰)을 거쳐 집의가 된 뒤 1534년에는 승지가 됐다. 전한으로 있을 때 그는 직제학 남세건(南世健)과 함께 정광필(鄭光弼)이 여러 번 큰 옥사를 일으켜 임금의 뜻만 맞추고 전하를 속여 나라를 망친다고 상소했다. 1537년에 형조참의·승지가 되고, 다음 해에 한성부의 좌윤과 우윤을 지냈다. 중국 사신이 우리나라에 왔을 때 이안분(李安分)과 선위사(宣慰使)로 함께 갔다. 그때 원접사(遠接使) 정호음(鄭湖陰)이 두 사람에게 부탁해 부사에게 화답(和答)하도록 했다. 이안분은 붓을 잡고 시를 짓느라 정력을 이미 다했는데, 그는 기생을 끼고 실컷 마시고는 시를 짓는 데는 마음이 없었다. 새벽에 이안분이 그를 깨워 준엄하게 책망하자, 그는 붓을 멈추지 않고 잠깐 시를 다 지었다. 시에 간혹 하자(瑕疵)는 있었으나 매우 민첩해 사람들이 그를 따르지 못했다 한다.

(육오(六五)는) 우레의 움직임이 가고 오는 것이 (모두) 위태로운 것은 위험하게 일을 행하기 때문이나, 그 일이 가운데 있으니 크게 잃는 것은 없다[震往來厲 危行也 其事在中 大无喪也]. (상륙(上六)은) 우레의 움직임이 사그라진 것은 중도를 아직 얻지 못했기 때문이고 비록 흉하지만, 허물이 없는 것은 이웃을 두려워해 경계하기 때문이다[震索索 中未得也 雖凶无咎 畏鄰戒也].

◉

진괘의 맨 아래 첫 양효에 대해 공자는 "우레의 움직임이 올 때 돌아보고 두려워하는 것은 두려워해서 복이 찾아오도록 하는 것이요, 웃고 말하는 것이 즐거운 것은 뒤에 법도가 있기 때문이다"라고 풀었다. 주공의 효사부터 봐야 한다.

> 우레의 움직임이 올 때 돌아보고 두려워해야 뒤에 웃고 말하는 것이 즐거워 길하다[震來虩虩 後笑言 啞啞 吉].

우레가 치는 괘의 초구는 우레의 움직임을 이루는 주인[主]이니 움직임을 초래한 자다. 초구는 육이와 가깝고 구사와는 호응을 이루지 못한다. 그런데 주변 상황을 잘 살피며 스스로에게 좋은 것이 하나도 없다는 것을 알고서 조심하고 두려워할 경우, 뒤에 가서 결국은 길하게 된다고 했다. 이는 '진(震)은 형통하다'와 맥을 같이한다. 갑작스러운 일이 터지는 것은 모두에게 두려움을 불러일으킬 만하지만, 조심하고 두려워할 경우 얼마든지 그 상황을 타개할 수 있기 때문이다.

전반적으로 공자의 풀이도 '두려워해서 복이 찾아오도록 하는 것이요'라고 했고, '뒤에 법도가 있기 때문'이라고 한 것도 같은 문맥이다. 일의 이치를 안다면 조금도 두려워하거나 걱정할 일이 없는 것이다.

『태종실록(太宗實錄)』 3년(1403) 1월 13일의 기록이다.

> 요동(遼東) 천호(千戶) 왕득명(王得名)과 백호(百戶) 왕미실첩(王迷失帖) 등이 칙서(勅書)[323]를 받들고 왔기에, 상은 면복(冕服) 차림으로 여러 신하를 거느리고서 서교(西郊)에

서 맞아 대궐에 이르러 개독(開讀-공개적으로 낭독함)했다. 그런데 그 내용이 조선과는 직접 관련이 없었으니, 주로 만산군(漫散軍)이라 하여 원래는 고려 사람이었는데 요동 땅으로 옮겨가 살다가 다시 조선으로 도망쳐 온 사람들을 일깨우는 것이었다. 뭔가 일이 이상하다고 여긴 태종은 통역을 맡은 호조전서 설미수(偰眉壽)를 시켜 득명에게 말하게 했다.

"이는 우리나라를 향해 일깨우는 글이 아니고, 또 칙유(勅諭)는 개독하는 예(禮)가 없다."

비록 개독은 끝났지만, 그것이 예법에 맞지 않음을 따진 것이다. 이에 사신이 말했다.

"비록 이 나라에 이르는 글은 아니지만 결국 이 나라에 만산군(漫散軍)이 있으니 개독하지 않을 수 없다."

상이 말했다.

"이는 그저 칙서(勅書)이고 조서(詔書)가 아니다. 조서를 맞이하는 예[迎詔禮](영조례)로 거행할 수는 없다."

사신이 말했다.

"칙서를 맞이하는 것이나 조서를 맞이하는 것이나 애초에 아무런 차이가 없소. 하지만 예(禮)는 인정에 맞게 할 뿐이니 왕께서 그것을 절충하여 행하소서."

이에 상은 사배(四拜)를 행하고 고두(叩頭)는 행하지 않았으며, 편전(便殿)에 들어가 면복을 벗고 다시 나와 사례(私禮)를 행했다.

예의 등급을 낮췄다는 말이다. 이어 잔치를 베풀어 그들을 위로하고 각각 안장 달린 말을 선물로 주었다. 왕득명 등이 영조례(迎詔禮)를 행하지 않았다 하여 자못 불쾌해할 수도 있었지만, 태종은 개의치 않았다. 일의 이치를 알았기에 명나라 사신에게도 당당할 수 있었던 것이다.

진괘의 밑에서 두 번째 음효에 대해 공자는 "우레의 움직임이 오는 것이 맹렬함은 굳센 자를 올라탔기 때문이다"라고 풀었다. 주공의 효사는 이렇게 풀이했다.

우레의 움직임이 오는 것이 맹렬하다. 자원을 잃을 것을 헤아려 높은 언덕에 올라가니, 쫓

---

323 황제가 특정인에게 훈계하거나 알릴 내용을 적은 글이나 문서다. 칙서가 다소 사사로운 내용인 데 반해 조서(詔書)는 공적인 성격이 강하다.

아가지 않으면 7일 만에 (다시) 얻는다[震來厲 億喪貝 躋于九陵 勿逐 七日得].
진 래 려 억 상패 제우 구릉 물축 칠일 득

육이의 처지를 보면, 음유의 자질로 음의 자리에 있으니 자리가 바르고 초구와 가깝지만, 육삼과는 친하지 못하고 육오와도 호응함이 없다. 그런데 초구는 굳셈으로 하괘 진괘의 움직임을 이끄는 주인[主]이다. 이 초구의 굳센 움직임이 일어나서 위로 떨쳐 올라가니 누가 이를 막으랴! 정이의 풀이다.

여(厲)는 맹렬함[猛]이고 위태로움[危]이다. 초구가 맹렬하게 떨쳐 올라오면 자신은 위태로움에 처하게 된다. 억(億)은 헤아리는 것이고 패(貝)는 갖고 있는 자원이다. 제(躋)는 올라가는 것이다. 구릉은 높은 언덕이다. 축(逐)은 쫓아간다는 것이다. 이는 우레가 맹렬하게 올 때 그것을 감당할 수 없어 반드시 가진 것을 잃게 될 것임을 신중하게 헤아리고서는 아주 높은 곳으로 올라가 피하는 것이다.

전란이 일어났을 때 임금들이 몽진(蒙塵)하는 따위의 일들이 여기에 해당한다. '쫓아간다'라는 것은 맹렬하고 위험한 우레의 움직임에 스스로를 노출시키는 것이다. 이렇게 되면 자신이 가진 것을 빼앗기게 된다. 그래서 쫓아가지 말라고 한 것이다. 다시 정이의 풀이다.

멀리 피하여 스스로를 지키는 것은 우레의 움직임에 대처하는 큰 방도[大方]다. 육이와 같은 자는 위태로움과 두려움에 처하더라도 잘 대처하는 자다. 괘의 자리가 6개이므로 7이란 다시 시작하는 것이니, 일이 이미 끝나고 때도 이미 바뀌었다는 뜻이다. 자신을 지키는 것을 잃지 않는다면 비록 일시적으로는 우레의 진동이 오는 것을 제어할 수 없더라도 때가 지나고 일이 끝나면 평상시를 회복하게 되므로 '7일 만에 (다시) 얻는다'라고 한 것이다.

공자는 다른 말은 하지 않고 '맹렬함은 굳센 자를 올라탔기 때문'이라는 것만 지적했다. 따라서 저쪽은 맹렬하고 이쪽은 위태로우니 감히 맞서려 하지 말고, 일단은 기세가 꺾일 때까지 피하는 것이 큰 지혜[大智]다. 이럴 때 알량한 자존심으로 맞서다가는 패망하기 십상이다.

육이는 중정(中正)을 얻은 자이기 때문에 그런 어리석은 선택은 하지 않으리라고 보고서 '7일 만에 (다시) 얻는다'라고 했다. 초구도 결국은 '길하다'라고 했는데, 이는 결국은 '진(震)은 형통하다'라고 했던 문왕의 단사를 음미할 때 제대로 이해할 수 있다.

진괘의 밑에서 세 번째 음효에 대해 공자는 "우레가 움직여 정신이 망연자실한 것은 자리가 마땅하지 않기 때문이다"라고 풀었다. 주공의 효사는 이렇게 풀이했다.

> 우레가 움직여 정신이 망연자실하니[蘇蘇], 놀라서 두려워하며 가면 잘못이 없다[震蘇蘇震行 无眚].

육삼은 음효가 양위에 있어 자리가 바르지 않다. 공자는 이 점을 중하게 여겨 '우레가 움직여 정신이 망연자실한 것은 자리가 마땅하지 않기 때문'이라고 했다. 즉 육삼은 자리도 바르지 않고 자질도 음유한 데다가 중도를 지나쳐 있어[過中] 평소에도 불안한데, 우레 같은 갑작스러운 위기가 닥쳤을 때는 어떻겠는가? 망연자실[蘇蘇=自失]한 것은 어쩌면 당연하다.

문제는 그에 대한 대처 방법이다. 놀라서 두려워하며 제자리에 있으면 오히려 흉하기 때문에 '가면 잘못이 없다[行 无眚]'고 말한다. 부끄러운 역사이지만 인조는 보기 드물게도 외침과 내란 모두에 의해 몽진을 떠난 임금이다. 병자호란 때는 결국 남한산성에서 맞서다가 포로 신세로 전락했다. 외침이야 불가항력이니 몽진을 가는 것이 크게 부끄럽지는 않지만, 멀리[九陵] 가지 못했다가 결국 삼전도의 치욕을 당해야 했다. 육이의 교훈을 구현하지 못한 때문으로 볼 수 있다. 그런데 인조는 그에 앞서 내란에 의해 몽진을 가야 했던 치욕스러운 임금이기도 하다. 내가 쓴 책 『왜 조선은 정도전을 버렸는가』(21세기북스)에 정리된 당시 상황이다.

> 인조 원년(1623) 3월 14일 인조가 반정을 일으켜 광해군을 내쫓은 지 하루가 지난 날이다. 이날 인조는 누구에게 병권을 맡겨야 할지, 즉 병조판서를 누구에게 맡기는 것이 좋은지를 두고 반정공신들과 격론을 벌이고 있었다. 일단 이날 김류(金瑬)가 병조참판에 제수된다. 그런데 이런 결정을 고까운 눈으로 지켜보고 있는 인물이 있었다. 이괄(李适)이었다. 사실 거사를 하기로 했던 3월 12일 밤 8시경 홍제원에 모이기로 했던 시간에 김류는 나타나

지도 않았다. 그 바람에 이귀(李貴)는 임시방편으로 행동대장에 이괄을 지목했다. 상황이 끝날 무렵에야 모습을 드러낸 김류는 자신이 대장이라고 항변했다. 이괄의 입장에서는 속이 뒤집힐 수밖에 없었다. 이런 김류와 이괄이 반정 이후 논공행상을 벌였고, 승리는 김류에게 돌아간 것이다. 병조참판에 제수됐던 김류는 병조판서로 승진했다. 게다가 김류는 같은 해 윤10월 공신을 정할 때 1등 공신에 오른 반면 이괄은 2등 공신에 평안도 지역부사령관 격인 '평안도부원수'로 임명되는 데 그쳤다. 그로서는 좌천이었다. 다만 조선 최고의 병력 1만 5000명이 자기 수하에 있다는 것이 위안이라면 위안이었다.

이렇게 이괄을 변방의 핵심 요직으로 보낸 이듬해(인조 2년, 1624) 1월 중순, 조선 조정으로 이괄의 난에 관한 소식이 날아들었다. 불만을 품고 있던 이괄이 아들과 측근 정인영, 한창국, 정찬 등에게 역모 의사를 털어놓았다는 것이다. 그러나 실제로 이괄이 그런 모의를 했는지 아니면 조정 내 이괄 반대 세력이 이괄을 제거하기 위해 사전 공작을 한 것인지는 확실치 않다. 일단 조정에서는 사람을 보내 이괄의 아들을 잡아 오기로 했다.

1월 21일 자신의 아들을 잡아들이기 위해 조정의 선전관과 의금부도사 등이 영변에 도착했다는 소식을 접한 이괄은 이렇게 죽으나 저렇게 죽으나 마찬가지라는 심정이 돼 난을 결심한다. 그에게는 조선 최고의 무장 병력이 있었다. 어찌 보면 이괄이 치밀하게 난을 준비했다기보다는 조정이 사람 관리에 실패해 그를 반란으로 몰아간 면이 강하다.

다음날 이괄은 영변에 집결한 최정예병 1만 2000명을 이끌고 남진을 시작한다. 도중에 직속 상관인 평안도도원수 장만(張晩)이 이끄는 병력과 황해도 황주 인근 벌판에서 교전을 벌이기도 했다. 장만은 최명길(崔鳴吉)의 장인이기도 하다. 여기서 장만이 이끄는 정부군은 이괄의 기병대에 패퇴했다. 그것이 2월 2일의 일이다. 2월 6일 장만은 다시 한번 부대를 수습해 반격에 나섰지만, 이괄이 이끄는 반란군에게 수적으로 상대가 되지 못했다. 이괄의 반란군은 더욱 진격의 속도를 높여 한양을 향해 남진했다.

결국 2월 8일에 이괄이 한양 근처 벽제에 들어왔다는 소식이 전해지자 인조는 전라도를 향해 몽진(蒙塵)에 나서게 된다. 원래는 경상도로 갈 것인지 전라도로 갈 것인지를 두고 신하들 사이에 논란이 있었다. 그런데 이때 장유(張維)가 나서 공주산성에는 큰 강이 있고 산세가 험하니 일단 그곳으로 가서 전황을 살펴가며 어디로 갈 것인지를 결정해도 늦지 않을 것이라고 중재안을 내놓는 바람에 논쟁은 더 확대되지 않았다. 2월 8일 밤에 몽진 길에 나섰다. 2월 10일 새벽 이괄의 반란군은 한양에 입성했다. 이괄은 이때 선조와 온빈 한씨 사이에서 난 흥안군 이제를 새 임금으로 추대했다. 인조에게는 삼촌뻘 되는 인물이다. 조선에 두 임금이 탄생한 것이다.

인조 입장에서는 천만다행으로 장만의 정부군이 2월 11일 반란군과 대규모 전투를 벌여 마침내 승리를 거뒀고, 2월 13일 이괄은 부하들에 의해 살해됐다. 수원을 거쳐 공주에 머물던 인조는 2월 22일 한양으로 돌아왔다. 이괄의 난은 실은 인조의 인사 실패가 자초한 화란이었다고 할 수 있다.

부끄러운 일이지만 인조는 일단 몽진을 떠났기에 더 큰 재앙은 피할 수 있었는지 모른다. 중국 역사에서는 당나라 현종(玄宗)이 이런 꼴을 당했다. 조모 측천무후(則天武后) 시대에 낙양에서 태어났으며, 9세에 임치왕(臨淄王)으로 봉해졌다. 26세 때 위황후(韋皇后)가 딸 안락공주(安樂公主)와 짜고 중종(中宗-현종의 백부)을 암살한 뒤, 중종의 아들 온왕(溫王)을 제위(帝位)에 앉히고 정권을 농단(壟斷)하기 위해 현종 아버지 상왕(相王)까지도 해치려 했다. 이에 현종은 심복 장병을 인솔해 위황후와 안락공주 일당을 제거한 뒤 아버지 예종을 제위에 옹립하고 자신은 황태자가 돼 실권을 잡았다. 28세에 마침내 예종의 양위로 즉위했다. 당시 그와 대등한 권세를 가졌던 태평공주(太平公主) 일파를 타도해, 측천무후 이래 반세기에 걸친 부인의 정권 개입을 근절시킨 새로운 전기를 마련했다. 현종은 요숭(姚崇)·송경(宋璟)·장열(張說)·장구령(張九齡) 같은 명재상들의 도움을 얻어, 안으로는 민생 안정을 꾀해 조운(漕運) 개량과 둔전(屯田) 개발 등으로 경제를 충실히 하고 부병제(府兵制)의 붕괴에 대처해 신병제를 정비했으며, 밖으로는 동돌궐(東突厥)·토번(吐蕃)·거란(契丹) 등의 국경 지대 방비를 튼튼히 했다. 이리하여 그는 개원(開元)·천보(天寶) 시대 수십 년의 태평천하를 구가할 수 있었다. 그러나 노년에 접어들자 정치를 등한히 하고 도교(道教)에 빠져 막대한 국비를 소비했다. 특히 며느리이자 35세나 연하인 양귀비(楊貴妃)를 궁내로 끌어들인 뒤 정사를 포기하다시피 했고, 국정은 권신 이임보(李林甫)가 대신 맡아보게 했다. 755년 안녹산(安祿山)의 난이 일어나 사천(四川)으로 난을 피해가던 도중에 양귀비는 호위 병사에게 살해되었고, 그는 이듬해 아들 숙종(肅宗)에게 양위하고 상황(上皇)으로 은거하다가 장안으로 돌아온 뒤 죽었다. 명군(明君)과 암군(暗君)을 한 몸으로 보여준 특이한 황제였다.

진괘의 밑에서 네 번째 양효에 대해 공자는 "우레의 움직임이 마침내 빠져버린 것[震遂泥(진수니)]은 아직 빛나지 못하기 때문이다"라고 풀었다. 주공의 효사는 이렇다.

> 우레의 움직임이 마침내 빠져버렸다[震遂泥(진수니)].

주공이 '마침내[遂(수)]'라고 한 것은 여러 차례 위험에서 벗어날 기회가 있었는데 결국 그렇게 되지 못했음을 강하게 말한 것이다. 진괘의 구사는 자리가 바르지 못해 굳셈의 도리를 잃었다. 게다가 위아래로 중첩된 음효들 사이에 있으니, 말 그대로 사면초가(四面楚歌)의 항우(項羽)와 비슷한 신세다. 그것이 바로 진흙탕에 빠진 것[泥(니)]이다. 공자가 '아직 빛나지 못하기 때문'이라고 풀이한 것은 양강의 자질로 떨쳐 일어날 수 있었음에도 그 다움을 잃고 진흙탕에 빠져 있음을 지적한 것이다. 여기서 중요한 점은 이런 일을 모두 스스로 불러들였다는 사실이다. 고려 때 무신난을 불러들인 의종(毅宗)은 정확히 진괘 구사에 해당하는 인물이다.

> 1170년(고려 의종 24년) 8월 어느 날 고려 수도 개경에 피바람이 불었다. 오랫동안 누적돼온 무인(武人)들의 분노가 마침내 폭발한 것이다. 화근은 재위 24년을 맞고 있던 의종(毅宗, 1127~1173)의 황음(荒淫)과 측근 문신 및 환관의 노골적인 무신(武臣) 무시 때문이다. 무장(武將)들의 분위기가 심상치 않다고 느낀 의종은 수박희(무술 대련)를 열어 후한 상을 내림으로써 그들을 위로하려 했다.
>
> 사단(事端)은 엉뚱한 데서 터졌다. 대장군 이소응(李紹膺)이 수박희 도중 힘에서 밀려 달아나자 의종의 총애를 받던 종5품 문신 한뢰(韓賴)가 나서 이소응의 빰을 때렸다. 이를 지켜보던 의종과 측근 문신들은 손뼉을 쳐가며 크게 웃음을 터트렸다. 그러나 대장군 정중부를 비롯해 주변에 있던 무장들의 안색은 하얗게 변했다. 정중부가 앞으로 나서 한뢰에게 소리쳤다.
>
> "소응이 비록 무신이기는 하나 벼슬이 3품인데 어찌 모욕을 이다지 심하게 주는가?"
>
> 일단 의종이 나서 정중부의 손을 잡고 위무(慰撫)했지만 여러 해 동안 계속돼온 무신 모독에 대한 무신들의 분노는 걷잡을 수 없었다. 날이 어두워져서 의종은 보현원으로 들어가고 남은 신하들이 귀가를 위해 문밖으로 나서자 이고·이의방 등 정중부의 핵심 부하들이 행동에

들어갔다. 최초의 희생자는 우부승선(조선의 우부승지) 임종식과 어사대(조선의 사헌부) 지사 이복기였다. 이들은 늘 의종과 함께 배를 띄워 종일토록 술 마시고 놀던 인물들이었다.

난(亂) 발발 소식이 전해지자 의종보다 더 놀란 인물 두 사람이 있었다. 한 사람은 앞서 무신을 희롱했던 한뢰이고, 또 한 사람은 좌승선(조선의 좌승지) 김돈중(金敦中)이었다. 『삼국사기』를 지은 김부식의 아들이기도 한 김돈중은 초급 관리 시절 아버지의 배경을 등에 업고 정중부의 수염을 촛불로 태운 적이 있었기 때문이다.

한뢰는 친한 환관의 도움을 받아 의종의 침상 아래 숨었다. 정중부가 한뢰를 밖으로 내보낼 것을 청하자 한뢰는 의종의 옷을 붙들고 한사코 나오려 하지 않았다. 결국 이고가 칼로 위협하자 밖으로 나온 한뢰는 그 자리에서 목이 달아났다. 김돈중은 개경을 겨우 탈출해 경기도 감악산에 숨어 지내다가 현상금을 탐낸 하인의 밀고로 붙잡혀 무참하게 살해됐다. 이후 진행 과정은 역사책에서 자주 소개되는 그대로다. 그날 하루에만 50여 명의 문신과 환관들이 죽었고, 이후 문신 도륙이 진행돼 『고려사』는 "시체가 산처럼 쌓였다"라고 적고 있다.

의종의 말로는 비참했다. 숨죽이고 있던 의종은 9월 1일 사람들을 모아 반격을 시도했지만, 실패로 돌아갔다. 의종은 왕위를 내놓고 거제현으로, 태자는 진도현으로 추방당했고 태손은 살해됐다. 명종 3년(1173) 8월 동북면병마사 김보당(金甫當)이 의종의 복위를 명분으로 군사를 일으켰다. 그러나 난은 실패로 돌아갔고 다시 한번 개경에서는 문신 도륙이 진행됐다. 거제에서 경주로 옮겨졌던 의종은 같은 해 10월 1일 그곳 곤원사(坤元寺) 북쪽 연못 근처에서 이의민에게 무참하게 살해돼 연못에 던져진다.

진괘의 밑에서 다섯 번째 음효에 대해 공자는 "우레의 움직임이 가고 오는 것이 (모두) 위태로운 것은 위험하게 일을 행하기 때문이나, 그 일이 가운데 있으니 크게 잃는 것은 없다"라고 풀었다. 주공의 효사는 이렇다.

우레의 움직임이 가고 오는 것이 (모두) 위태로우니, 실상을 헤아려 일을 잃어서는 안 된다 [震 往來厲 億 无喪有事].
진 왕래 려 억 무상 유사

효사에 대한 정이의 풀이다.

육오는 음의 자질로 양의 자리에 있다. 마땅한 자리가 아니라 바르지 않지만 부드러운 자질로 굳센 자리에 있고 또 중도를 얻었으니, 이는 중도의 다움을 이룬 자다. 중도를 잃지 않으면 바른 도리에서 어긋나지 않으니, 중도를 가장 소중하게 여기는 것이다. 다른 괘들에서도 이효와 오효는 자리가 마땅하지 않더라도 중(中)을 아름답게 여긴 경우가 많고 삼효와 사효는 자리가 마땅하더라도 중(中)하지 않은 것을 지나치다고 한 경우가 있으니, 이는 중도(中道)가 항상 정도(正道)보다 더 소중하기 때문이다. 중도를 이루면 정도에서 어긋나지 않지만, 정도를 이루었다고 해서 반드시 중도를 이룬 것은 아니기 때문이다. 세상의 이치가 중도보다 더 최선인 것은 없으니, 육이와 육오를 보면 알 수 있다.

육오의 움직임은 위로 가려고 하면 자질이 부드러워 움직임의 극한에 자리할 수 없고 아래로 내려가자니 굳셈[剛 강]을 범하게 돼, 위로 가거나 아래로 내려가는 것이 모두 위태롭다. 군주의 지위를 담당해 움직임의 주인이 되니 마땅함에 따라서 상황에 적응하여 변화하려는 것은 중도에 달려 있을 뿐이므로, 마땅히 현실 상황을 잘 헤아려서 가진 것을 잃지 않아야 할 따름이다. 가진 것이란 중도를 이룬 다움을 말한다. 만일 중도를 잃지 않는다면 위태롭더라도 흉함에 이르지는 않을 것이다.

'실상을 헤아려'라는 것은 사려 깊게 도모해[圖慮 도려] 중도를 잃지 않으려고 노력하는 것이다. 육오가 위태로운 까닭은 강양의 자질이 아닌데 도와주는 이가 없기 때문이다. 만약에 강양의 자질을 가진 사람이 도와주어 움직임의 주인이 된다면 형통할 수 있을 것이다.

반면 도와주는 사람이 없는데도 음유한 자질로 움직임을 주도하게 될 경우 실로 형통할 수도 없고 일도 이룰 수 없다. 위태로운 상황에서 대처하는 도리를 잘못해 패망한 경우로는 안평대군(安平大君)을 들 수 있다. 육오를 안평대군으로 볼 경우, 그와 가까운 김종서(金宗瑞)·황보인(皇甫仁) 등은 구사로 재상의 자리가 된다. 안평대군에게는 밑에서 돕는 이가 없었다는 점에서 진괘 육오의 처지와도 비슷하다. 이현로는 한명회의 적수가 되기에 턱없이 모자랐기 때문이다.

안평대군 이용(李瑢)은 1428년(세종 10년) 대군에 봉해지고 이듬해 좌부대언(左副代言) 정연(鄭淵)의 딸과 혼례를 올렸다. 1430년에는 성균관에 입학했다. 함경도에 육진(六鎭)이 신설되자 1438년 왕자들과 함께 야인을 토벌했다. 고명대신(顧命大臣)이었던 황보인·김종서 등 문신들과 제휴, 수양대군 측에 맞서 인사 행정의 하나인 황표정사(黃票政事)에 관여하는 등 점차 조정의 배후 실력자로 등장했다. 1452년 단종이 즉위하자 수양대군은 사은사(謝恩使)로 명나라에 다녀온 뒤 황표정사를 폐지했다. 안평대군은 이의 회복을 위해 힘썼으나 1453년 계유정난으로 황보인·김종서 등이 살해된 뒤 자신도 강화도로 귀양 갔다가 교동(喬桐)으로 옮겨져 사사됐다.

공자는 "우레의 움직임이 가고 오는 것이 (모두) 위태로운 것은 위험하게 일을 행하기 때문"이라고 했다. 이는 고스란히 안평이 자신의 본분을 잃고서 권력을 행사하며 위아래를 오간 것과 정확히 조응한다. 또 공자는 "그 일이 가운데 있으니 크게 잃는 것은 없다"라고 했지만, 안평대군은 중도를 잃고 지나쳤다[過中]는 지적을 면하기 어렵다.

진괘의 맨 위에 있는 음효에 대해 공자는 "우레의 움직임이 사그라진 것은 중도를 아직 얻지 못했기 때문이고 비록 흉하지만, 허물이 없는 것은 이웃을 두려워해 경계하기 때문이다"라고 풀었다. 주공의 효사는 길다.

> 우레의 움직임이 사그라져[索索] 보는 모습이 두리번거리는 꼴[矍矍]이니 가면 흉하다. 우레의 움직임이 자기 몸에 이르지 않고 그 이웃에 떨어졌을 때 미리 (반성을) 하면 허물이 없을 것이니, 혼인한 자들은 (원망하는) 말이 있다[震 索索 視矍矍 征凶 震不于其躬 于其隣 无咎 婚媾有言].

상륙의 처지를 보면, 아래의 육오와 친하지 않고 육삼과도 같은 음효로 호응하지 않는다. 그러면서도 맨 윗자리에 있다. 그나마 음효로 음위에 있어 자리는 바르다고 하지만 하필이면 그 자리가 맨 꼭대기다. 정위(正位)는 중도(中道)에 비한다면 별다른 역할을 하지 못한다고 했다. 정이의 풀이가 상세하다.

> 삭삭(索索)은 기운을 잃어 마음의 평온함을 제대로 보존하지 못하는 모습이니, 그 뜻과 기운이 이와 같이 되는 것을 말한 것이다. 상륙은 음유의 자질로 움직임의 극한에 자리해 놀라고 두려워하는 것이 매우 심해, 그 뜻과 기운이 다하여 막혀버린 것이다. 확확(矍矍)은 안정을 찾지 못한 모습이다. 뜻과 기운이 사그라지면 시선을 두리번거리면서 불안해한다. 음유하고 중정을 이루지 못한 자질로 움직임의 극한에 처했으므로 어떤 일을 행하든 흉하다. 우레의 진동이 자신에게 미치는 것이 '자기 몸에 이르는 것'이다. 자기 몸에 이르지 않았다

는 것은 자신에게 우레의 움직임이 미치지 않은 것을 말한다. 이웃이란 자신과 가까운 것을 상징한다. 자신에게 가까이 미치기 전에 두려워하면 극한에 이르지 않으므로 허물이 없게 된다. 극한에 이르지 않았다면 아직 고칠 수 있는 방도가 있다.

혼인한 자들이란 친밀한 사람이니 함께 움직이는 자를 말한다. 함께 가려다 두려워해 함께 일을 행하지 않으니 원망하는 말이 나올 수 있다는 것이다. 그러나 그런 원망의 말을 듣기를 두려워해 나아가게 되면 일을 성공하지 못하고 몸을 망친다. 공자가 '비록 흉하지만, 허물이 없는 것은 이웃을 두려워해 경계하기 때문'이라고 한 것은 이웃을 두려워해 변화해야 한다는 뜻이다. 금성대군(錦城大君)의 비극은 결국 상륙의 경계를 잃은 때문이라고 볼 수 있지 않을까?

금성대군 이유(李瑜)는 아버지가 세종이고 어머니는 소헌왕후(昭憲王后) 심씨(沈氏)다. 1433년(세종 15년) 대군에 봉해지고, 1437년 참찬 최사강(崔士康)의 딸과 혼례를 올렸으며, 그해 태조의 일곱째 아들인 이방번(李芳蕃)의 후사로 출계(出系)했다. 1452년에 단종이 즉위하자 형인 수양대군 이유와 함께 사정전(思政殿)에서 물품을 하사받으면서 좌우에서 보필할 것을 약속했다. 1453년 수양대군이 정권 탈취의 야심을 가지고 왕의 보필 대신인 김종서 등을 제거하자, 형의 행위를 반대하고 조카를 보호하기로 결심했다. 1455년 왕의 측근을 제거하려는 수양대군에 의해 몇몇 종친과 함께 무사들과 결탁해 당여를 키운다는 죄명을 받고 삭녕(朔寧)에 유배됐다가 광주(廣州)로 이배됐다. 그해 수양대군이 단종을 핍박해 왕위를 선양받았다. 이듬해 이에 불만을 품은 성삼문(成三問)·박팽년(朴彭年) 등이 중심이 돼 단종 복위(端宗復位)를 계획하다가 실패했다. 그 결과 여기에 가담한 자들은 대부분 처형되었고, 단종은 노산군(魯山君)으로 강봉돼 강원도 영월로 유배됐다. 이때 금성대군도 삭녕에서 다시 경상도 순흥으로 유배지가 옮겨졌다. 순흥에 안치된 뒤, 부사 이보흠(李甫欽)과 함께 모의해 고을 군사와 향리를 모으고 도내의 사족(士族)들에게 격문을 돌려서 의병을 일으켜 단종을 복위시키고자 했다. 그러나 거사 전에 관노의 고발로 실패로 돌아가 반역죄로 처형당했다. 세종의 여러 아들 중에서 다른 대군들은 세조의 편에 가담해 현실의 권세를 누렸으나, 홀로 성품이 강직하고 충성심이 깊어서 아버지 되는 세종과 맏형인 문종의 뜻을 받들어 어린 단종을 끝까지 보호하려다가 비참한 최후를 마치고 말았다. 충의는 깊고 컸으나 일을 도모하는 지략은 한참 모자랐다고 하겠다.

52. 중산간(重山艮)[324]

그 등에서 멈추면 몸을 얻지 못하며 뜰에 가서도 사람을 보지 못해 허물이 없다.

艮其背 不獲其身 行其庭 不見其人 无咎.[325]
간 기배 불획 기신 행 기정 불견 기인 무구

초륙(初六)은 발꿈치에서 멈추는 것이라 허물이 없으니, 오래도록 반듯하면 이롭다[艮其趾 无咎 利永貞].

육이(六二)는 장딴지에서 멈추는 것이니, 구제하지 못하고 따르게 돼 그 마음이 불쾌하다[艮其腓 不拯其隨 其心不快].

구삼(九三)은 한계에 멈추는 것이다. 등뼈를 벌려놓은 것이니 위태로움이 마음을 태운다[艮其限 列其夤 厲薰心].

육사(六四)는 몸에서 멈추는 것이니 허물이 없다[艮其身 无咎].

육오(六五)는 광대뼈에서 멈춘다. 말에 질서가 있으니 뉘우침이 없어진다[艮其輔 言有序 悔亡].

상구(上九)는 독실하게 멈추니 길하다[敦艮吉].

◉

간괘(艮卦)의 초륙(初六)은 양위에 음효로 바르지 못함[不正位], 육이(六二)는 음위에 음효로 바름[正位], 구삼(九三)은 양위에 음효로 바름, 육사(六四)는 음위에 음효로 바름, 육오(六五)는 양위에 음효로 바르지 못함, 상구(上九)는 음위에 양효로 바르지 못함이다. 이 괘의 경우는 육이는 중정을 얻었고 육오는 중정을 얻지 못했다.

---

324 문자로는 간상간하(艮上艮下)라고 한다.

325 원형이정(元亨利貞)이 모두 나오지 않는다.

대성괘 간괘(䷳)는 소성괘 간괘(艮卦, ☶)가 위아래에 겹쳐 있어 만들어진 괘다. 「설괘전」에 따르면 '간(艮-산)으로 오래 머물게 한다[止=久]'고 했다.

그러면 「서괘전」을 통해 왜 간괘가 진괘의 뒤를 이어받았는지 확인해보자.

> 일과 사물은 끝까지 움직일 수 없고 그치게 된다[止]. 그래서 진괘의 뒤를 간괘(艮卦)가 받았다. 간(艮)이란 그치다[止]라는 뜻이다.
>
> 物不可以終動 止之. 故受之以艮. 艮者 止也.

움직임이 있으면 고요함[靜]도 있다. 그 어떤 일이나 사물도 계속해서 끝까지 움직일 수는 없고, 결국은 그쳐서 고요하게 된다. 진괘를 뒤집은 종괘인 간위산괘(艮爲山卦, ䷳)는 크게 그친다는 뜻이니, 그 그침을 편안하게 여긴다[安止]는 뜻이 들어 있다.

이번에는 「잡괘전」을 통해 진괘와 간괘의 관계를 짚어보자.

> 진(震)은 일어남[起]이요 간(艮)은 그침[止]이다.

「서괘전」의 풀이와 큰 차이가 없다. 오히려 『논어』 「옹야」편의 다음 구절이 간접적으로 도움을 준다.

> (어진 사람을 볼 줄) 아는 사람은 물을 좋아하고, 어진 사람은 산을 좋아한다. (어진 사람을 볼 줄) 아는 사람은 움직이고, 어진 사람은 맑고 고요하다. (어진 사람을 볼 줄) 아는 사람은 즐거워할 줄 알고, 어진 사람은 오래간다[知者樂水 仁者樂山 知者動 仁者靜 知者樂 仁者壽].

공자는 물과 산을 대비하며 지자(知者)는 요수(樂水)요 인자(仁者)는 요산(樂山)이라고 말한다. 이때의 물이란 가만히 있는 물이 아니라 흘러가는 물, 즉 유수(流水)를 말한다. 그래서 진괘(震卦)와 통하는 것이다. 『논어』 「이인(里仁)」편에는 이런 말이 나온다.

> 어질지 못한 사람은 (인이나 예를 통해 자신을) 다잡는 데 (잠시 처해 있을 수는 있어도) 오랫동안[久] 처해 있을 수 없고, 좋은 것을 즐기는 데도 (조금 지나면 극단으로 흘러) 오랫동안 처

해 있을 수 없다. 어진 자는 어짊을 편안하게 여기고 지혜로운 자는 어짊을 이롭게 여긴다.

수(壽)는 장수한다는 뜻이 아니라 오래간다[久=長=恒]로 풀어야 한다. 인자(仁者)의 고요함[靜]에 대해 정약용은 이렇게 풀이한다.

> 인자(仁者)는 힘써서 서(恕-남을 나와 같이 여김)를 행하기 때문에, 자식에게 바라는 바로써 아비를 섬기고, 아우에게 바라는 바로써 형을 섬기고, 신하에게 바라는 바로써 임금을 섬기고, 벗에게 바라는 바로써 벗에게 먼저 베푼다. 이것은 자신이 다른 사람에게 요구하지 않고 먼저 나로부터 베풀어나가는 것이니, 그 기상이 두터운 다움[厚德]으로 만물에 혜택을 주는 것이므로 정(靜-고요함, 맑음)이라고 한 것이다.

따라서 진괘(震卦)에서 간괘(艮卦)로 넘어온다는 것은 곧 일의 이치[事理=禮]를 아는 사람에서 일의 형세[事勢=命]를 편안하게 여길 줄 아는 사람으로, 즉 지자(知者)의 문제에서 인자(仁者)의 문제로 넘어온 것이다.

문왕의 단사(彖辭), 즉 "그 등에서 멈추면 몸을 얻지 못하며 뜰에 가서도 사람을 보지 못해 허물이 없다[艮其背 不獲其身 行其庭 不見其人 无咎]"에 대한 공자의 풀이[「彖傳」]를 살펴볼 차례다.

간(艮)은 그침 혹은 멈추는 것[止]이니, 때가 그쳐야 한다면 그치고 때가 가야 한다면 가서 움직임과 가만히 있음[動靜]이 그 때를 잃지 않으므로 그 도리가 밝게 드러난다. 그쳐야 할 곳에서 멈춘다는 것은 자기 자리[其所]에 멈추기 때문이다. 위아래가 맞서되 호응하지만[敵應] 서로 함께하지 않는다. 이 때문에 몸을 얻지 못하며 뜰에 가서도 사람을 보지 못해 허물이 없는 것이다.

艮 止也 時止則止 時行則行 動靜不失其時 其道光明.
간 지야 시지 즉 지 시행 즉 행 동정 부실 기시 기도 광명

艮其止 止其所也.
간 기지 지 기소 야

上下敵應 不相與也.
상하 적응 불 상여 야

是以不獲其身行 其庭不見其人无咎也.
시이 불획 기 신행 기정 불견 기인 무구 야

◉

여기서 무엇보다 중요한 것은 때[時]다. 시중(時中) 혹은 권도(權道)를 적절하게 발휘하는 자세와 지혜가 절실한 시점이다. 『논어』 「이인」편에 나오는 공자의 말을 음미해보자.

> 군자가 천하의 일에 나아갈 때는 오로지 주장함도 없고[無適] 그렇게 하지 않음도 없으니[無莫], 마땅함[義]에 따라서만 행할 뿐이다.

그렇다면 단사(彖辭)에서 말한 '그 등에서 멈추면[艮其背]'은 대체 무슨 뜻일까? 이에 대한 정이의 풀이다.

> 사람이 자기가 멈춰야 할 곳[其止]을 편안하게 여기지 못하는 까닭은 욕심에 휘둘리기 때문이다. 욕심이 앞에서 끌어당기다 보니 멈추려 해도 그럴 수가 없다. 그렇기 때문에 제대로 멈추는 도리는 마땅히 (앞이 아니라 뒤에 있는) 등에서 멈춰야 하는 것이다. 보이는 것들은 눈앞에 있는데 (등은) 이를 등지고 있으니 볼 수가 없다. 보이지 않는 것(즉 등)에서 멈추면 욕심 때문에 어지럽혀지지를 않아 마음이 편안한 것이다.

이는 공자가 말한 "때가 그쳐야 한다면 그치고 때가 가야 한다면 가서 움직임과 가만히 있음[動靜]이 그 때를 잃지 않으니 그 도리가 밝게 드러난다. 그쳐야 할 곳에서 멈춘다는 것은 자기 자리[其所]에 멈추기 때문이다"에 대한 풀이도 겸한다.

사람들에게는 각각 그 멈춰야 할 곳이 있다. 임금은 임금다움에서 멈춰 오래 머물러야 하고 신하는 신하다움에서 멈춰 오래 머물러야 하며, 부모는 부모다움에서 멈춰 오래 머물러야 하고 자식은 자식다움에서 멈춰 오래 머물러야 한다. 그 멈춰야 할 곳은 다름 아닌 다움[德]이다. 임금은 너그러움[寬](혹은 어짊[仁])에 머물러야 하고 신하는 삼감[敬]에 머물러야 하며 부모는 자애로움[慈]에 머물러야 하고 자식은 효성스러움[孝]에 머물러야 한다.

이는 곧 『대학(大學)』의 삼강령 중 하나인 지어지선(止於至善)의 지(止)와 직결된다. 증자(曾子)는 거기서 『시경(詩經)』의 구절들을 인용해 '지극히 좋은 상태에서 오래 머묾'을 이렇게 풀어냈다.

『시경』에 이르기를 "나라의 수도와 수도권 내의 1000리가 바로 백성이 머물러 살아야 하는 곳이다"라고 했다.
『시경』에 이르기를 "짹짹 울어대는 황조여! 산 깊은 곳에 머물러 있도다" 했으니, 이 시에 대해 공자는 말했다. "머무름에 있어 그 머물러야 하는 곳을 알고 있으니, 사람으로서 새보다 못해서야 되겠는가?"
『시경』에 이르기를 "위엄과 온화함이 어우러진 문왕이시여! 아! 끊임없이 널리 밝히시어 삼감에 오래 머무셨도다"라고 했다. 임금이 돼서는 인(仁)에 오래 머무셨고, 신하일 때는 삼감에 오래 머무셨고, 자식으로서는 효에 오래 머무셨고, 아버지가 돼서는 자애로움에 오래 머무셨으며, 나라와 사람들과 사귐에 있어서는 믿음에 오래 머무셨다.
『시경』에 이르기를 "저 기수(淇水) 한구석을 들여다보니 푸른 대나무 무성하도다. 광채 나는 군자여, 잘라놓은 듯하고 간 듯하며 쪼아놓은 듯하고 문지른 듯하구나. 빈틈없고 굳세며 빛나고 부드러우니, 광채 나는 군자여, 끝내 잊을 수가 없구나"라고 했다. '잘라놓은 듯하고 간 듯하며'는 배우는 것이고, '쪼아놓은 듯하고 문지른 듯하다'는 스스로를 닦는 것이며, '빈틈없고 굳세며'는 두려워 조심하는 마음이고, '빛나고 부드러우니'는 겉으로 드러나는 위엄(威儀)이며, '광채 나는 군자여, 끝내 잊을 수가 없구나'는 다움[德 덕]이 성대하고 그 좋음이 지극함에 이르러 백성이 그것을 결코 잊지 못함을 뜻한다.
『시경』에 이르기를 "아아! 선왕을 잊지 못하겠노라"라고 했다. 군자는 현명한 자를 제대로 알아보고서 그에 걸맞게 대우를 하고, 친족들에 대해서는 친분에 걸맞게 제 몸처럼 여기며 대우한다. 반면 소인은 즐거움을 즐기고 이로움에서 이득을 얻는 데 능할 뿐이다. 이 때문에 (군자였던 선왕이) 이 세상에 없는데도 불구하고 잊지를 못한다.

이어서 공자는 "위아래가 맞서되 호응하지만[敵應 적응] 서로 함께하지 않는다"라고 했다. 이는 간괘의 위아래가 같아 서로 대적하는 듯하면서도 호응하지만 동시에 서로 간여하지 않는다는 말이다. 하괘와 상괘 각각의 세 효는 (1과 4, 2와 5, 3과 6이) 순차적으로 서로 음과 양이 각각 같아서 정이 통하지만 동시에 서로 맞선다. 이는 방금 말한 사례에서 임금·신하·부모·자식이 모두 다움[德]을 갖고 있지만, 서로의 다움은 각기 다르다는 점을 염두에 두면 된다. 공자는 바로 그렇기 때문에 "몸을 얻지 못하며 뜰에 가서도 사람을 보지 못해 허물이 없는 것이다"라고 했다. 이 말에 대해 정이는 이렇게 풀이한다.

> 서로 등지기 때문에 몸을 얻지 못한 듯 사사로운 욕심이 없고, 사람을 보지 못한 듯 욕심 낼 만한 일과 접촉하지 않아서 마땅한 자리에 오래 머물 수 있으니, 마땅한 자리에 오래 머물 수 있으면 허물이 없다.

임금은 임금답고 신하는 신하답고 부모는 부모답고 자식은 자식답다[君君臣臣父父子子]는 말이다. 이는 『논어』에 나오는 말이기도 하다.

참고로 건괘(乾卦)와 곤괘(坤卦)를 제외하고, 우레가 겹치는 진괘(震卦), 바람이 겹치는 손괘(巽卦), 물이 겹치는 감괘(坎卦), 불이 겹치는 이괘(離卦), 연못이 겹치는 태괘(兌卦)의 경우에는 위아래가 서로 감응하고 교감할 수 있다. 오직 간괘(艮卦)만이 둘 다 산이기 때문에 제자리에 머물러 있어 서로 간여하지 않게 된다.

공자의 「상전(象傳)」을 살펴볼 차례다. 그중에 간괘를 총평한 「대상전」이다.

> 산이 겹쳐진 것이 간(艮)(이 드러난 모습)이니, 군자는 그것을 갖고서 생각함이 그 지위를 벗어나지 않는다[兼山艮 君子以 思不出其位].

◉

간괘는 위아래가 모두 산을 뜻하는 간괘다. 머물고 또 머물러야 한다는 뜻이다. 군자는 이런 산의 중첩된 모습을 보게 되면 무엇보다 자신의 본분을 오래도록 지키려 생각하게 된다는 말이다. 이 「대상전」은 실은 『논어』의 도움을 받을 때 그 뜻이 보다 절실해진다. 「이인」편과 「헌문」편 두 곳에서 공자는 먼저 이렇게 말했다.

> 그 지위에 있지 않으면 (그와 관련된) 정사(政事)를 도모하지 않는다.

「헌문」편에서 다시 증자(曾子)는 이를 이어받아 더욱 곡진하게 말했다.

군자는 생각하는 바가 그 지위를 벗어나서는 안 된다[思不出其位].

즉 증자는 바로 이 간괘의 「대상전」을 그대로 말한 것이다. 생각이 벗어나면 말도 자연스레 벗어날 테고, 생각이 지위를 벗어나지 않으면 말 또한 벗어나지 않는다. 지나치든 못 미치든 다 그 지위를 벗어난 것이다. 그런 점에서 이 간괘는 다움[德]의 문제임과 동시에 도리에 적중하는[中道] 문제이기도 하다. 「옹야」편에 나오는 공자의 말을 다시 한번 음미하고서 다음으로 넘어가자.

적중해서 오래 유지하는 것[中庸]이 다움을 이뤄냄[爲德=成德]이 지극하구나! (그런데) 사람들 가운데는 적중해서 오래 유지하는 것을 지속하는[久] 이가 드물다.

간괘의 여섯 효[六爻]에 대한 주공의 말을 풀이한 공자의 「소상전」이다.

(초륙(初六)은) 발꿈치에서 멈추는 것[艮其趾]은 아직 바른 도리를 잃지 않은 것이다[艮其趾 未失正也].

(육이(六二)는) 구제하지 못하고 따르게 되는 것[不拯其隨]은 (위에 있는 사람이) 아직 물러나 따르지 않기 때문이다[不拯其隨 未退聽也].

(구삼(九三)은) 한계에 멈추는 것이기에[艮其限] 위태로움이 마음을 태우는 것이다[艮其限 危薰心也].

(육사(六四)는) 몸에서 멈추는 것[艮其身]이란 자기 자신에게서만 그치는 것이다[艮其身 止諸躬也].

(육오(六五)는) 광대뼈에서 멈추는 것[艮其輔]은 중정(中正)하기 때문이다[艮其輔 以中正也].

(상구(上九)는) 독실하게 멈추는 것이 길한 까닭[敦艮吉]은 마침을 두텁게 하기 때문이다[敦艮吉 以厚終也].

◉

간괘의 맨 아래 첫 음효에 대해 공자는 "발꿈치에서 멈추는 것[艮其趾]은 아직 바른 도리를 잃지 않은 것이다"라고 풀었다. 주공의 효사부터 봐야 한다.

> 발꿈치에서 멈추는 것이라 허물이 없으니, 오래도록 반듯하면 이롭다[艮其趾 无咎 利永貞].

머물러야 하는 간괘의 초륙은 음유의 자질로 양강의 자리에 있으니 바르지 않고 육이와 친하지 않으며 육사와도 호응함이 없다. 초륙은 가장 낮은 자리에 있으니 발꿈치에 비유했다. 전반적인 여건이 좋지 않음에도 '허물이 없으니'라고 한 것은 움직이려는 초기에 멈췄기 때문이다. 발꿈치란 사람이 움직이려고 할 때 가장 먼저 움직임이 시작되는 곳인데, 초기에 그쳤으니 허물이 없는 것이다.

다만 굳센 자질이 아니기 때문에 자신과 맞지 않는 자리에 언제까지나 머물러 있으려 할지 모른다. 그래서 '오래도록 반듯하면 이롭다'라고 했으니 이는 권고와 경계의 말이다. 적어도 이렇게만 한다면 '아직 바른 도리를 잃지 않은 것'이라는 것이 공자의 풀이의 핵심이다.

『논어』「학이(學而)」편에 있는 공자의 제자 유자(有子)의 말은 그 지침이 된다.

> 그 사람됨이 효도하고 공순하면서[孝弟] 윗사람을 범하기[犯上]를 좋아하는 자는 드물다. (또) 윗사람을 범하기를 좋아하지 않으면서 난을 일으키기를 좋아하는 자는 없다. 군자는 근본에 힘쓰니, 근본이 서야 도리가 생겨난다. 아마도 효도와 공순함[孝弟]은 어짊을 행하는 근본[爲仁之本]이라 할 만하다.

그러나 이는 그 처음을 삼가는 것[愼始]과는 다르다. 처음을 삼간다는 것은 일하려고 할 때의 마음가짐인 반면, 지금은 머물러 있어야 할 때의 초창기이기 때문이다. 이 점을 주의해야 한다.

간괘의 밑에서 두 번째 음효에 대해 공자는 "구제하지 못하고 따르게 되는 것[不拯其隨]은 (위에 있는 사람이) 아직 물러나 따르지 않기 때문이다"라고 풀었다. 주공의 효사부터 봐야 한다.

장딴지에서 멈추는 것이니, 구제하지 못하고 따르게 돼 그 마음이 불쾌하다[艮其腓 不拯其隨 其心不快].

육이의 처지를 보면 음효로 음위에 있어 자리가 바르고, 아래와는 친밀하지 않고 구삼과 친밀할 수 있다. 간괘의 모든 효와 마찬가지로 호응 관계는 없다. 다만 중정(中正)을 얻었다는 점에 주목할 필요가 있다.

육이는 무엇보다 육오의 호응을 얻지 못했으니, 유약한 군주로부터 신임을 얻지 못한 것이다. 그나마 손을 내밀어볼 수 있는 관계는 위치상으로 친밀할 수 있는 구삼뿐이다. 그런데 구삼은 가운데를 지나쳐 있다[過中]. 구삼은 하괘의 멈추는 때의 주인[主]이지만 굳셈이 지나쳐 멈추는 때의 마땅함과는 어울리지 못한다. 구삼은 그래서 계속 위에만 관심이 있고 아래에는 아무런 관심도 없다. 육이 따위는 거들떠보지도 않는다는 말이다. 정이의 풀이를 보자.

육이가 나아가고 멈추는 것[行止]은 (아래 괘를) 주관하는 구삼에 얽매여 있어 자기 뜻대로 뭔가를 행할 수 있는 바가 없으니, 장딴지의 모습이다. 넓적다리(구삼)가 움직이면 장딴지는 그것을 따라가게 돼 있어, 움직이고 멈추는 것이 넓적다리의 움직임에 딸려 있기 때문에 장딴지 맘대로 할 수 있는 것이 없다. 중정의 도리를 이룬 육이는 중도를 이루지 못한 구삼을 구제하지 못하면서도 반드시 어쩔 수 없이 그를 따를 수밖에 없다. 구제할 수 없고 오직 그를 따를 수밖에 없다면 비록 허물이 자신에게 있지는 않지만, 어찌 그것이 자신이 바라는 바이겠는가?
자신의 말을 듣지 않고 자신의 도리가 시행되지 않으므로 그 마음이 불쾌하고 그 뜻도 실행할 수가 없다. 선비가 높은 지위에 처하면 스스로 문제를 해결하고 구제하여 다른 사람을 구차하게 따르지 말아야 하지만, 낮은 지위에 있다 보면 마땅히 해결하고 구제해야 할 경우도 있고 마땅히 다른 사람을 따라야 할 경우도 있으며 구제할 수가 없어서 그 후에 어쩔 수 없이 따라야만 할 경우도 있다.

육이로서는 곤혹스럽기 그지없는 상황이다. 일이 이렇게 된 까닭에 대해 공자는 '(위에 있는 사람이) 아직 물러나 따르지 않기 때문'이라고 풀어냈다. 윗사람의 마음은 오직 조급하게 더 위로 올라가려는 데만 있으니, 그를 돕고자 하지만 말리지도 못한 채 따라가야 하기에 그 속마음은 여러 가지로 불쾌할 수밖에 없는 것이다. 이럴 때 그곳을 피하지 않을 경우 횡액을 당할 수도 있다. 간괘의 육이에 해당하는 인물로 한나라 때 추양(鄒陽)을 떠올릴 수밖에 없다. 반고의 『한서』 「추양전(鄒陽傳)」편에서 관련 부분만 추려서 정리했다.

추양(鄒陽)은 제(齊)나라(산동 지방) 사람이다. 한나라가 일어나자 제후 왕들은 모두 직접 백성을 다스리며 뛰어난 이들을 초빙했다. 오왕(吳王) 유비(劉濞)[326] 도 사방의 떠돌이 선비[游士]들을 초치했으니, 양(陽)은 오나라의 엄기(嚴忌) 및 매승(枚乘) 등과 함께 오나라에서 벼슬했는데 이들은 다 문장과 언변이 뛰어나 이름이 크게 났다. 오랜 시간이 지난 후에 오왕이 태자의 일로 인해 (조정에) 원망을 품고서 병을 이유로 입조(入朝)하지 않으면서 뒤로 간사한 음모를 품었다. 양은 글을 올려 간언했다. 그러나 그 (음모의) 일은 워낙 비밀스러운 것이라 분명하게 지적해 말하는 것이 힘들었기 때문에 우선 진(秦)나라의 일을 끌어들여 비유했고, 그것을 갖고서 호(胡)·월(越)·제(齊)·조(趙)·회남(淮南)이 (한나라 황실과) 겪었던 어려움을 말했다. 그런 연후에 마침내 그 본뜻을 드러내 다음과 같이 말했다.

"신이 듣건대 진(秦)나라는 곡대(曲臺)의 궁(宮)[327]에 의지하고서[倚=恃] 관서(關西)를 장악하니[縣衡][328] 땅에 금만 그어놓아도 침범하지 못했고[329], 출병해 (북쪽의 오랑캐) 호(胡)와 (남쪽의 오랑캐) 월(越)나라를 쳤습니다. 하지만 그 말년에 이르러 장이(張耳)와 진승(陳勝)이 자신들을 따르는 군사들을 연합하고 합종해 함곡관을 쳤고[叩=擊] 결국 함양(咸陽)은

---

326 유방의 친형 유중(劉仲)의 아들이다. 봉국 내 망명객들을 불러모으고 주전과 제철을 대대적으로 시행해 세금을 내리는 등 위민 정책을 펼쳤다. 문제 때 황태자가 실수로 그의 아들을 죽이는 바람에 조정에 앙심을 품게 됐다. 경제 때 조조의 건의로 봉국을 빼앗기자 여러 나라와 함께 반란을 일으켰는데, 그것이 오초칠국의 난이다. 한나라 군대에 패해 동월(東越)로 달아났다가 거기서 살해됐다.

327 응소(應劭)가 말했다. "시황제가 다스림을 행하던 곳으로, 한나라 황실의 미앙궁(未央宮)과 같은 곳이다."

328 복건(服虔)이 말했다. "관서 일대가 형(衡)이다." 응소가 말했다. "형(衡)은 평정한다[平]는 것이다." 여순(如淳)이 말했다. "형(衡)은 저울이 균형을 이루는 것[稱]이다. 즉 그 위에 법도를 내걸었다는 말이다." 안사고(顔師古)가 말했다. "이는 진나라가 스스로 위력을 갖춰 강고하게 됐다는 말이지, 법으로 다스렸다[平法]는 말이 아니다. 아래에서는 또 진승이 연합하고 합종한 일을 말하고 있으니 이는 종횡(從橫)의 일일 뿐이다. 복건의 풀이가 옳다."

329 안사고가 말했다. "땅에 금만 그어놓아도 침범하지 못했다는 것은 법과 제도가 시행됐다는 말이다."

위태로워졌으니, 이는 어찌 된 일이겠습니까? 여러 군(郡)이 서로 가깝지 않았고 수많은 종실이 있는데도 서로 구제해주지 않았기 때문입니다.

지금 호(胡)는 여러 차례에 걸쳐 황하의 상류 북쪽에 있는 지역으로부터 건너오니 (군대 행렬에 놀라) 위로는 하늘을 나는 새들이 다 사라지고[覆=盡] 아래로는 엎드려 있는 토끼조차 보이지 않을 정도인데, 성채에서의 전투는 그치질 않은 채 원군이 도착하지 않는 바람에 죽는 사람들이 끝없이 이어지고 가마와 수레가 이어지며 군량미 수송 대열이 1000리를 이어져도 그 행렬이 끊어지지 않는 것은 어찌 된 일이겠습니까? (반란을 일으킨 나라 중에서도) 강대한 조(趙)나라는 (한나라에게) 하간(河間)을 빼앗긴 데 대해 따지고 있고, 여섯 개로 나뉜 제(齊)나라는 (그렇게 만든) 혜제(惠帝)와 여후(呂后)를 원망하고 있으며, 성양왕(城陽王) 유희(劉喜)는 (부친인 유장(劉章)이 빼앗긴) 노(盧)와 박(博)의 땅을 되찾겠다고 노리고 있고, 회남의 세 왕의 마음은 아버지의 분묘(墳墓)만 생각하고 있습니다.[330] 대왕(大王)께서는 (이들이 다 한나라에 원한이 있다 하여) 이를 근심하지 않지만 신은 (여러 나라가 한나라를 미워하는 까닭이 다르기에) 구원하는 일에 전념하지 않을까 봐 두려워하고 있습니다.

호의 군대[胡馬]는 드디어 나아가 한단(邯鄲)을 넘보고, 월(越)나라는 수군으로 장사(長沙)를 공격해 배를 청양(青陽)에 집결시키고[還=聚] 있습니다.[331] 비록 양(梁)나라 군대로 하여금 회양의 병사들과 병합해 회수(淮水)의 동쪽을 건너 내려가서 광릉(廣陵)을 함락시켜 월나라 사람들의 식량을 끊어놓게 하고 또 한나라 역시 서하(西河)를 끊고[折=截] 내려가 북쪽으로 장수(漳水)를 수비하며 대국(大國-조나라)을 돕는다 해도 호나라는 여전히 진군하고 월나라도 확전할 것이니, 이것이 바로 신이 대왕을 위해 걱정하는 바입니다.

신이 듣건대 교룡(蛟龍)이 머리를 쳐들고 날개를 떨치면 뜬구름이 (자연스레) 떠다니기 시작하고 비구름이 모두 모이며, 빼어난 임금이 절의를 지키며 자신의 다움을 잘 닦으면 떠돌며 유세하고 다니던 선비들도 의리로 돌아가 명분을 생각하게 된다고 했습니다. (그런데) 지금 신이 온갖 지혜를 다 동원하고 끝까지 토의해보고 다시금 생각하고 계책을 끝까지 궁

---

330 회남여왕의 세 아들은 각각 왕이 돼 아버지가 억울하게 죽었다고 생각하며 원한을 갚을 일만 생각했다는 뜻이다. 세 왕은 각각 회남왕(淮南王), 형산왕(衡山王), 여강왕(廬江王)이다.

331 장안(張晏)이 말했다. "호나라는 조나라 때문에 어렵고 월나라는 오나라 때문에 어려워 서로 믿을 수 없다는 말이다."

리해보더라도 (이 난국을) 구해줄 수 있는 나라는 없습니다. 고루한 이 마음을 잘 꾸며댄다면 어느 왕 밑에 가서 이 한 몸이야 의탁하지 못하겠습니까? 그러나 신이 (고국인 제나라를 떠나) 회수를 뒤로한 채 1000리나 떨어진 오나라에 와서 여러 대에 걸쳐 오나라를 섬긴 까닭은, 신의 나라를 미워하고 오나라 백성 됨을 좋아해서가 아니라 남몰래 아래로 부는 바람 같은 (대왕의) 행실[下風之行]을 높이 생각하고 대왕의 의로움을 기쁘게 여겼기 때문입니다. 바라건대 대왕께서는 이를 소홀히 여기지 마시고 신의 뜻을 잘 살펴 들어주십시오.

신이 듣건대 맹금[鷙鳥] 300마리가 있어도 한 마리 큰 독수리[鶚=大鵰]를 당할 수 없다고 했습니다.[332] 무릇 (강국인) 조나라가 (아직 셋으로 나눠지지 않아) 통일돼 있을 때 쇠솥[鼎]을 번쩍 들어 올리는 역사(力士)와 관복을 잘 차려입은 사람들이 한때 도시를 가득 메웠으나 (조나라) 유왕(幽王)이 (여후에 의해) 죽게 되는 것을 막지 못했고, 회남(淮南)도 산동의 협객 및 죽음을 불사하는 선비들이 조정에 차고 넘쳤으나 여왕(厲王)이 서쪽으로 유폐된 것을 되돌리지 못했습니다. 그렇기 때문에 계책을 놓고 아무리 토의를 해봤자 얻는 바가 없고 전제(專諸)나 맹분(孟賁) 같은 용사라도 그 지위를 안정시켜줄 수 없음이 참으로 명백합니다. 따라서 바라건대 대왕께서는 계책[畫=計]을 깊이 생각하실 수밖에 없습니다.

애초에 효문 황제께서 함곡관을 근거로 삼아 왕이 되셨는데, 나라의 어려운 일들로 인해 마음고생이 심해 동이 트기도 전에 옷을 입고 업무에 나가셨습니다. 천자가 되신 후에는 동모후(東牟侯) 유흥거(劉興居)와 주허후(朱虛侯) 유장(劉章)을 동쪽 제나라로 보내 (춘추시대 때) 의보(儀父)에게 (주(邾) 땅을 주어) 포상한 예를 따랐고, 제왕(齊王)의 여섯 아들을 모두 왕으로 봉해주었는데 그중에 젖먹이도 있었지만 모두 두텁게 땅을 갈라 나눠주었습니다. 사랑하는 자손들을 양왕(梁王)과 대왕(代王)에 봉해주셨으며 회양의 땅을 (양왕에게) 더해주었습니다. 그런데도 결국 제북왕(유흥거)이 엎어져 죽고[仆] 그로 인해 아우(유장)도 옹(雍)에서 죽게 된 것은 어찌 신원평(新垣平) 등이 부추긴 때문이 아니겠습니까?

지금 천자께서는 새로이 먼저 가신 황제의 유업에 바탕을 두고서 왼쪽으로는 산동을, 오른쪽으로는 관중(關中)을 통제하시며 권력을 교체하고 세력을 바꿔가시니, 대신들조차 그것을 알기 어렵게 여깁니다. 그러니 대왕께서 이런 흐름을 깊이 꿰뚫어보지 않으신다면 신은

---

332 여순(如淳)이 말했다. "맹금은 제후들을 비유한 것이고 큰 독수리는 한나라 천자를 비유한 것이다."

결국 천하의 패권[周鼎]이 다시 한나라로 돌아가고 신원평 등의 계책이 조정에서 먹혀들어 오나라의 후사가 끊어지게 될까 봐 두려워하고 있습니다.

고황제께서는 (촉 땅의) 잔도(棧道)를 불태우시고 (옹왕(雍王)의) 장한(章邯)을 물로 함락시키시니 병사들은 머물 수가 없어 계속 행진했고, 다시 (진나라의) 피폐한 백성을 거두어 동쪽으로 함곡관을 빼앗고 서쪽으로 초나라를 크게 깨트렸습니다. 수로로 공격하니 장한이 무너져 그 성이 망했고 육로로 치니 형왕(荊王)이 패해 그 땅을 잃게 됐습니다. 이것들은 모두 나라에서 조금도 가벼이 여겨서는 안 되는 것들입니다. 바라건대 대왕께서는 이 점들을 익히 살펴보셔야 합니다."

오왕은 그 말을 받아들이지 않았다[不內=不納].

이때 경제(景帝)의 막냇동생 양(梁)나라 효왕(孝王)이 존귀하여 세력이 성대했는데[貴盛] 선비들을 우대했다. 이에 추양과 매승(枚乘), 엄기(嚴忌)는 오왕을 설득할 수 없다는 것을 알고서 오나라를 떠나 양나라로 가서 효왕(孝王)의 문객이 됐다. 양은 사람됨이 지략이 있고 비분강개해 구차스럽게 영합할 줄 몰랐다. 양나라에서는 양승(羊勝)과 공손궤(公孫詭)의 사이에 끼이게 됐는데, 승(勝) 등이 양을 미워해 그의 일을 효왕에게 참소했다. 효왕은 진노해 양을 옥리에게 내려 장차 죽이려고 했다. 양은 양나라에 나그네로 와서 유세하다가 참소 때문에 붙잡혔지만 죽어서 나쁜 이름을 남기게 될 것[死而負累]을 두려워해, 마침내 감옥 안에서 글을 올려 간절하게 호소했다. 글이 효왕에게 올라가자 효왕은 양을 풀어주고 상객(上客)으로 삼았다.

애초에 승(勝-양승)과 궤(詭-공손궤)는 왕에게 한나라 천자의 후사가 되게 해줄 것을 요구하게 했고, 왕은 또 일찍이 글을 올려 장락궁(長樂宮)에 직통하는 용거(容車)[333]를 위한 땅을 내려줄 것을 청했으며 자신이 직접 양나라 사중(士衆)을 시켜 용도(甬道)를 놓도록 해 태후를 조현하고자 했다. 원앙 등은 모두 의견을 올려[建=立議] 안 된다고 했고, 상(천자)은 허락하지 않았다. 양왕은 화가 나서 사람을 시켜 앙을 찔러 죽이게 했다. 상은 양왕이 죽였다고 의심하고서 사자(使者)가 수레 덮개를 서로 바라볼 정도로[334] 양왕을 책망했다. 양왕

333 휘장을 친 부인용 작은 수레다.

334 그만큼 자주 사자를 보냈다는 상투적인 표현이다.

이 마침내 승과 궤와 함께 모의하자, 양은 간쟁해 안 된다고 하다가 참소를 당했다[見讒 견참].
매선생(枚先生-매승)과 엄부자(嚴夫子-엄기)는 둘 다 감히 간언하지 못했다.

양(梁)나라의 모반이 실패로 돌아가고 승과 궤가 죽자, 효왕은 주살될 것을 두려워해 마침내 깊이 사과해야 한다는 양의 말을 떠올리고서는 천금을 싸가지고 가서 상으로부터 죄에서 벗어날 수 있는 방략을 구하게 했다. 양은 평소 제나라 사람인 왕(王)선생을 알고 지냈는데, 그는 80세가 넘었고 기묘한 계략이 많았기에 즉각 가서 뵙고서는 그 일의 자초지종을 이야기했다. 왕선생이 말했다.

"어렵도다! 임금께서 사사로운 원한을 품어 깊이 화가 나시어 반드시 주벌을 행하시고자 하시니, 참으로 이 문제를 풀기가 어렵소. 태후의 존귀한 지위와 골육의 가까움으로도 오히려 그치게 할 수가 없거늘 하물며 신하로서야! 옛날에 진시황이 태후에게 마음속으로 분노를 품었을 때 여러 신하가 간언했다가 죽은 자가 10여 명이오. 모초(茅焦)[335]가 대의를 내세워 설득하자 시황은 그것을 비난하면서도 마침내 그것을 따르지 않을 수 없었소이다. 그런 모초 또한 털끝만큼도 죽음에서 벗어나리라 여기지 않았으니, 그 일은 그만큼 풀기 어려운 것이오. 지금 그대로 어디로 가려 하오?"

양이 말했다.

"추(鄒)와 노(魯)나라[336] 사람들은 경학(經學)을 지키고 있고 제(齊)와 초(楚)나라에는 변론과 지략에 능한 이들이 많으며 한(韓)과 위(魏)나라 때는 기절(奇節)을 가진 인사들이 많으니, 나는 장차 그 지역들을 돌며 (방책을) 물어볼까 합니다."

왕선생이 말했다.

"가보시오. 돌아갈 때는 한 번 나를 찾아온 다음에 서쪽(양나라)으로 가도록 하시오."

추양은 길을 떠난 지 한 달여가 지났지만 좋은 계책을 가진 사람을 만날 수가 없어 돌아가던 길에 왕선생을 찾아가 말했다.

"신(臣)은 장차 서쪽으로 가려고 하는데 어찌하면 좋겠습니까?"

---

335 진시황이 태후를 옹(雍)이라는 땅으로 내쫓고 이를 비판하는 신하들을 죽였는데, 모초는 굴하지 않고 진시황의 무도한 행동 네 가지를 지적함으로써 진시황으로 하여금 자신의 잘못을 깨달아 태후를 다시 모시고 오게 해서 모자(母子)의 관계가 처음과 같아지게 했다.

336 추는 맹자, 노는 공자의 고향이다.

왕선생이 말했다.
"내가 지난번에 어리석은 계책이라도 올릴까 했으나 다른 의견들을 들어보고 싶었기에 가만 있으면서 감히 비루한 계책이라도 말하지 않은 것이오. 만일 그대가 가게 되면 반드시 왕장군(王長君-왕신(王信))을 찾아가 보도록 하시오. 선비 중에 이 사람보다 나은 자는 없소."
추양은 순간 마음속에 깨닫는 바가 있어 "삼가 그렇게 하겠습니다"라고 말했다.
인사를 하고 떠나 양나라는 거치지 않고 곧장 장안(長安)으로 가 빈객이라 칭하며 왕장군을 만나보았다. 장군(長君)은 (경제의 총애를 받던) 왕미인(王美人)의 오빠로, 뒤에 개후(蓋侯)에 봉해졌다. 양은 여러 날을 머물다가 틈을 타서 청해 말했다.
"신은 장군의 앞에서 일을 맡을 만한 사람이라 여겨 이렇게 와서 모시게 됐습니다. 어리석은 제가 생각해볼 때 드릴 말씀이 있는데 올릴 수 있게 해주십시오."
장군은 무릎을 꿇고서 말했다.
"참으로 고맙소."
양이 말했다.
"가만히 듣건대 장군(長君)의 여동생께서는 천행으로 후궁이 되셨으니 천하에 비할 바가 없는 일입니다만, 그런데 장군의 행적에는 도리에 맞지 않는 것들이 많았습니다. (그런데) 지금 양왕(梁王)이 원앙을 죽인 일로 인해 주살될까 두려워하고 있습니다. 사정이 이러하니 태후께서는 (사랑하는 아들이 죽게 돼) 억울함에 피를 토할 듯한데도 이 화를 풀 곳이 없어, 절치부심하며 상께서 귀하게 여기는 대신들에게 풀려 할지 모릅니다. 신이 두려운 것은 장군께서 곧 쌓아놓은 계란 위에 올라서 계신 듯하다[危於累卵(위어누란)]는 것입니다. 신은 남몰래 족하(足下)를 위해 그 점을 걱정하고 있습니다."
장군은 두려운 표정으로 말했다.
"장차 어찌하면 좋단 말인가?"
양이 말했다.
"장군께서는 정성을 다해 상을 설득하시어 양왕의 문제를 더 조사하지 않게 하신다면 반드시 태후와 굳건한 끈을 맺게 될 것입니다. 태후께서 장군의 은혜를 입게 되면 뼛속 깊이까지 고마워할 것이고, 장군의 여동생은 양궁(兩宮-태후와 황제)의 총애를 입게 돼 지위가 쇠로 만든 성만큼이나 견고해질 것[金城之固(금성지고)]입니다. 또 망하려는 것을 살리고 끊어지려는 것을 이었다는 공을 이뤄 그 다움은 천하에 알려질 것이고 이름은 영원토록 전해질 것이니, 바라건대 장군께서는 이 점을 깊이 스스로 생각하셔야 할 것입니다.

옛날에 순(舜)임금의 동생인 상(象)이 하루 종일 (임금이 아닐 때의) 순을 죽이는 것을 자기 일로 삼았던 때가 있었습니다. 그런데 순임금이 천자로 세워지자 상을 유비(有卑)에 봉해 주었습니다. 무릇 어진 사람은 형제에 대한 분노를 오래 간직하지 않고 오랜 원한을 품지도 않으며 오히려 제 몸처럼 여기고 사랑할[親愛] 뿐입니다. 이 때문에 후세의 사람들은 순임금을 칭송하는 것입니다.

노(魯)나라의 공자 경보(慶父-장공(莊公)의 아우)는 하인을 시켜 자반(子般-장공의 태자(太子))을 죽였다가 감옥에 들어갔는데, 계우(季友-경보의 아우다)는 그 사정을 알아보지도 않은 채 하인을 주살했습니다. 경보는 또 직접 민공(閔公)을 살해했는데 계우는 (그 형을 아껴서) 끝까지 추적하지 않고 적란(賊亂)의 죄를 면해주었으니, 이것이 바로 『춘추(春秋)』에서 말하는 혈친을 제 몸처럼 여기라는 도리[親親之道]입니다.

노나라 애강(哀姜-장공의 부인)이 (제나라 땅인) 이(夷)에서 세상을 떠나자[薨] 공자는 '제나라 환공(桓公)은 법도를 지키면서 속이지 않았다[法而不譎]'[337]고 말함으로써 그 잘못됨을 지적했습니다. 이런 이야기 등으로 천자를 설득하셔서 양왕의 일이 더는 문제가 되지 않도록 하시면 다행이겠습니다."

장군이 "알았소"라고 말하고서 틈을 타 들어가서 상에게 말했다. 한안국(韓安國)도 장공주(長公主)를 찾아뵈니 과연 그 일은 더는 다스리지 않기로[不治] 됐다.

오왕 유비야말로 전형적으로 위로만 올라가려는 구삼과 닮았다. 육이의 상황에 처해 추양처럼 바른 도리로 처신하기는 참으로 어렵다는 점만 지적해둔다.

간괘의 밑에서 세 번째 양효에 대해 공자는 "한계에 멈추는 것이기에[艮其限] 위태로움이 마음을 태우는 것이다"라고 풀었다. 주공의 효사는 이렇다.

한계에 멈추는 것이다. 등뼈를 벌려놓은 것이니 위태로움이 마음을 태운다[艮其限 列其夤 厲薰心].

---

337 『논어』 「헌문」편에 나오는 구절인데, 원문은 法이 아니라 正이다. 왜 이 맥락에서 이 구절을 인용했는지는 불분명하다.

구삼의 처지는 양효로 양위에 있으니 자리가 바른 듯하고 위아래 모두 음효라 친밀한 자를 얻은 듯하지만, 괘 전체를 놓고서 보면 안 좋은 요소들이 훨씬 많다. 앞서 본 대로 굳센 자질로 양강의 자리에 있는 데다가 중도를 지나쳤고 하괘를 주관하고 있다 보니 독선(獨善)에 빠져 어느 누구의 말도 들으려 하지 않는다.

한계에 멈춰야 하는데 마음은 이미 상괘로 가 있으니 위태로움이 지극하다. 아래에서 가장 위에 있는 것에 만족해야 하는데 이미 마음은 그렇지 못하다. '등뼈를 벌려놓은 것'이라는 말은 등뼈가 갈라질 경우 위와 아래가 연결될 수 없다는 뜻이다. 그 한계를 지켜야 한다는 말인데, 실상은 그렇지 못하다. 위에서 오왕 유비를 봤으니 여기서는 한나라 경제(景帝) 때 오초칠국의 난을 주동한 또 한 명의 인물인 초왕(楚王) 유무(劉戊)을 살펴보자. 반고의 『한서』 「초원왕전(楚元王傳)」편에 나오는 관련 부분이다.

고후(高后) 때 초나라 원왕(元王)의 아들 영객을 종정(宗正)으로 삼고 상비후(上邳侯)에 봉했다. 원왕은 세워진 지 23년 만에 훙(薨)했는데, 태자 벽비(辟非)가 그보다 먼저 죽었기[卒]졸 때문에 문제는 종정 상비후 영객으로 하여금 뒤를 잇게 했으니 이 사람이 이왕(夷王)이다. 신공은 박사가 됐다가 뒤에 관직을 잃었는데, 영객을 따라 귀국해 다시 (초나라의) 중대부가 됐다. (영객이) 세워진 지 4년 만에 훙해 아들 무(戊)가 뒤를 이었다. 문제는 원왕을 높이고 총애해[尊寵]존총 원왕의 아들이 태어났을 때 작위를 황자(皇子)와 같게 해주었다. 경제(景帝)가 즉위해 혈친을 제 몸과 같이 여기는 도리[親親]친친에 따라 원왕이 아끼던 아들 다섯 명을 봉해, 례(禮)를 평릉후(平陸侯), 부(富)를 휴후(休侯), 세(歲)를 심유후(沈猶侯), 예(埶)[338]를 완구후(宛朐侯), 조(調)를 극락후(棘樂侯)로 삼았다.

애초에 원왕은 신공(申公) 등을 공경해 예로 대했는데, 목생이 술을 좋아하지 않아[不耆=不嗜]불기 원왕은 매번 술자리를 베풀 때마다 늘 목생을 위해 단술[醴=甘酒]예 감주을 내놓았다. 왕 무(戊)가 즉위했을 때도 늘 단술을 내놓았는데, 뒤에 깜빡하고서 단술을 내놓는 것을 잊은 적이 있었다. 목생이 물러 나와 말했다.

"이제 다 끝나버렸구나! 단술을 내놓지 않았다는 것은 왕의 마음 씀씀이가 게을러져 그렇

338 진작(晉灼)이 말했다. "埶은 (발음이 집이 아니라) 옛날의 예(藝) 자다."

게 한 것이다. 초나라 사람들이 장차 내 목에 형구를 씌워 저잣거리에 내놓겠구나!"

(목생은) 병이 났다며 누워 있었다. 신공과 백생이 억지로 그를 일으키며 말했다.

"그대 홀로 선왕의 은덕을 생각지 않는가? 딱 한 번 사소한 예[小禮]를 잃은 것을 갖고서 어찌 이렇게까지 할 수 있는가?"

목생이 말했다.

"『주역』에 이르기를 '기미를 알아차리는 것[知幾]은 신묘하다고 할 수 있다. 기미란 움직임의 미묘함[動之微]으로 길흉이 먼저 드러난 것이다. 군자는 기미를 보고서 일어나지[作=去] 하루 종일 (일이 다 드러나게 될 때까지) 기다리지 않는다'[339]라고 했다. 선왕께서 우리 세 사람을 예로 대한 것은 (선왕에게) 도리가 있었기 때문이다. 그런데 지금 우리를 소홀히 대하니 이는 도리를 잊은 것이다. 도리를 잊은 사람과 어찌 함께 더불어 오래 있을 수 있겠는가! 어찌 그것을 소소한[區區] 예라 하겠는가?"

드디어 병을 이유로 떠나갔다. 신공과 백생은 그대로 남았다.

왕 무는 점점 음란하고 난폭해졌다. 즉위 20년 되던 해에는 박태후(薄太后)[340]의 상중에 몰래 (궁녀와) 간통했고, 동해와 설군이 깎이자 마침내 오나라와 뜻을 통해 반란을 모의했다. (재상 장상과 태부 조이오) 두 사람이 간언했으나 듣지 않고 오히려 그들을 쇠사슬로 묶어 노역에 종사하게 했으니, 붉은 죄수복[赭衣]을 입혀 매일 절굿공이와 절구통[杵臼]을 들고 가서 절구질하게 했다[舂]. 휴후(休侯)가 사람을 시켜 왕에게 간언을 올리자 왕이 말했다.

"계부(季父-작은아버지)께서 나의 뜻에 동조하지 않으시면 내가 일어나 가장 먼저 계부부터 처치할 것입니다."

휴후는 두려워해 마침내 어머니 태부인(太夫人)과 함께 경사(京師)로 달아났다. 왕의 21년 봄은 경제(景帝) 3년인데, 이때 봉지를 깎겠다는 글이 도착하자 드디어 오왕의 반란에 호응했다. 그의 재상 장상(張尙)과 태부 조이오(趙夷吾)가 간언했으나 듣지 않았다. 결국 상과 이오를 죽이고 병사를 일으켜 오나라 군대와 만나, 서쪽으로 가서 양(梁)나라를 치고 극벽(棘壁)을 깨트렸으며 창읍(昌邑)의 남쪽에 이르러 한나라 장수 주아부(周亞夫)와 전투를

339 「계사전」 하에 나오는 말이다.

340 고제의 후궁으로 문제의 어머니다.

벌였다. 한나라가 오나라와 초나라 군대의 군량로를 끊었기 때문에 군사들은 굶주렸고, 오왕이 달아나자 무(戊)는 자살했으며 군사들은 드디어 한나라에 항복했다.

추양과 달리 재상 장상과 태부 조이오는 간언하다가 목숨을 잃었다. 이 또한 육이의 불행한 사례라 하겠다. 이처럼 간괘에서는 육이와 구삼이 밀접하게 연결돼 있음을 알 수 있다.

간괘의 밑에서 네 번째 음효에 대해 공자는 "몸에서 멈추는 것[艮其身]이란 자기 자신에게서만 그치는 것이다"라고 풀었다. 주공의 효사는 이렇다.

몸에서 멈추는 것이니 허물이 없다[艮其身 无咎].

정이의 풀이가 짧고도 예리하다.

사(四)라는 위치는 대신의 자리이니, 천하에서 마땅히 멈춰야 할 것을 그치게 하는 자다. 그러나 음유한 자질로서 강양한 자질의 군주를 만나지 못해 다른 사람을 멈추게 하지 못하니, 오직 스스로 자기 몸을 그치게 하면 허물이 없을 수 있다. 허물이 없을 수 있는 까닭은 바른 도리에 멈췄기 때문이다. 자기 몸에서 멈추어 허물이 없다고 한 것은 다른 사람을 멈추게 할 수 없음을 말한 것이니, 정사를 행하게 될 경우에는 허물이 있을 것이다. 게다가 윗자리에 있으면서 겨우 자신의 몸만 좋게 할 수 있다면 취할 것이 아무것도 없다.

한마디로 대신이나 재상감은 아니라는 말이다. 그저 자리나 지키는 신하[具臣]에 머물 뿐이라는 비판인 것이다. 『논어』「선진(先進)」편에 나오는 계씨 집안의 자제 계자연과 공자의 대화를 보자.

계자연(季子然)이 공자에게 물었다.

"중유와 염구는 대신이라고 이를 만합니까?"

공자가 말했다.

"나는 그대가 남과는 다른 빼어난 질문을 하리라고 생각했었는데 기껏 유(자로)와 구(염유)

에 관한 질문을 던지는구나! 이른바 대신이란 것은 도리로서 군주를 섬기다가 더는 도로써 섬기는 것이 불가능해지면 그만두는 것이다. 지금 유와 구는 숫자나 채우는 신하[具臣(구신)]라고 이를 만하다."

이에 계자연은 "그렇다면 두 사람은 시키는 대로 다 따르는 사람입니까?"라고 묻는다.

공자가 말했다.

"아버지와 군주를 시해하는 것은 또한 따르지 않을 것이다."

자로와 염유는 정확히 간괘의 육사에 해당하는 인물이다.

간괘의 밑에서 다섯 번째 음효에 대해 공자는 "광대뼈에서 멈추는 것[艮其輔(간 기보)]은 중정(中正)하기 때문이다"라고 풀었다. 주공의 효사는 이렇다.

광대뼈에서 멈춘다. 말에 질서가 있으니 뉘우침이 없어진다[艮其輔 言有序 悔亡(간 기보 언 유서 회망)].

육오는 음효로 양위에 있어 자리가 바르지 못하고, 상륙과는 친하고 육사와는 친하지 않다. 육이와는 물론 호응을 이루지 못한다. 다만 육오는 상괘의 가운데 있어 중(中)을 얻었다. 전체 여섯 효 중에 위에 있으니, 광대뼈는 말이 나오는 입과 가깝다는 점에서 비유로 사용됐다. 얼굴만 놓고 보더라도 광대뼈는 가운데 있다. 공자는 바로 이 점을 강조해서 '중정(中正)하기 때문'이라고 한 것이다. 엄격히 말하면 정(正)을 얻은 것은 아니고 중(中)만 얻었는데, 공자가 이렇게 말한 까닭은 아마도 멈추고 머물러야 하는 상황에서 육오가 중도를 얻기만 해도 그만큼 바르다고 본 때문일 것이다.

육오는 군주의 자리다. '말에 질서가 있으니'라는 것은 임금의 말이 지나치지도 않고 모자라지도 않다는 뜻이다. 일의 이치에 적중한다는 말이다. 그렇기 때문에 만약에 그렇지 않았더라면 찾아왔을 수도 있는 뉘우침이 없어지게 된다.

이는 앞에서 여러 차례 보았던 『논어』「자로」편의 정명(正名)과 연관되기도 하지만, 군주의 말에 대해 언급하고 있다는 점에서 보자면 같은 「자로」편에 나오는 노나라 임금 정공(定公)과 공자의 대화가 더욱 연관이 밀접하다.

정공이 물었다.

"한마디 말로써 나라를 흥하게 할 수 있다고 했는데 그런 일이 있을 수 있는가?"

공자가 말했다.

"말은 이같이 기약할 수 없거니와, 사람들의 말 중에 '임금 노릇 하기가 어렵고 신하 노릇 하기가 쉽지 않다' 했으니 만일 임금 노릇 하기의 어려움을 안다면 한마디 말로 나라를 흥하게 하는 것을 기약할 수 없겠습니까?"

다시 정공이 물었다.

"한마디 말로써 나라를 망하게 할 수 있다 하니 그런 일이 있을 수 있는가?"

이에 공자는 말했다.

"말은 이같이 기약할 수 없거니와, 사람들의 말 중에 '나는 군주 된 것은 즐거울 것이 없고, 오로지 내가 말을 하면 어기지 않는 것이 즐겁다'라는 것이 있습니다. 만일 군주의 말이 선한데 어기는 이가 없다면 이 또한 좋지 않겠습니까? 만일 군주의 말이 선하지 못한데 어기는 이가 없다면 한마디 말로 나라를 망하게 함을 기약할 수 없겠습니까?"

군주의 언어는 해야 할 말은 반드시 하고 불필요한 말은 단 한마디도 하지 않는 것이어야 한다. 『한비자(韓非子)』「난일(難一)」편에는 리더라면 경계로 삼아야 할 일화 하나가 실려 있다.

진(晉)나라 평공(平公, ?~BC 532)[341]이 어느 날 대신들과 술을 마시다가 술기운이 올라오자 탄식하듯 말했다.

"임금 노릇이 즐겁지가 않다."

마침 평공 앞에 앉아 있던 태사(太師) 사광(師曠)[342]이 그 말을 듣고는 안고 있던 거문고를 내던졌다. 평공은 급히 몸을 피했고 거문고는 벽에 부딪혀 산산조각이 났다.

평공이 화가 나서 물었다.

---

341 도공(悼公)의 아들이다. 진평공 3년, 제후의 군대를 이끌고 노(魯)나라를 구하기 위해 제(齊)나라를 공격해 수도를 포위했다. 다음 해 제후들과 독양(督揚)에서 모여 대국이 소국을 침범하지 않는다는 조약을 맺었다. 세금을 지나치게 많이 걷고 백성의 형편을 돌보지 않았으며 음락(淫樂)을 즐겼다.

342 진(晉)나라의 악사(樂師)로 음율을 잘 알았다고 한다.

"태사는 누구를 치려 했는가?"

"조금 전에 제 앞에서 말을 함부로 하는 소인이 있어 그자를 쳐 죽이려고 했습니다."

사광이 정색하고 이렇게 답하자 평공이 말했다.

"그대가 치려 한 건 과인이었다."

사광이 말했다.

"아! 조금 전에 하신 그 말씀은 임금 된 자의 입에서는 나올 말이 아니었습니다."

곁에 있던 신하들이 사광을 끌고 나가려고 하자 평공이 말했다.

"그냥 두라. 그는 그렇게 해서 과인을 경계시키려 했을 뿐이다."

물론 이 경우에 평공이 도리를 잃은 것도 맞지만 그렇다고 사광의 행위가 사리에 맞는 것도 아니다.

간괘의 맨 위에 있는 양효에 대해 공자는 "독실하게 멈추는 것이 길한 까닭[敦艮吉(돈간길)]은 마침을 두텁게 하기 때문이다"라고 풀었다. 간괘의 상구에 대한 풀이는 일종의 반전이다. 대체로 맨 위에 있는 육효는 부정적인 뜻이 많았다. 그러나 간괘의 상구는 다르다. 정이의 풀이다.

> 상구는 굳세고 알찬[剛實(강실)] 자질로 가장 높은 자리에 있고 또 멈춤의 주체로서 멈춤의 끝에 있으니, 그 멈춤이 매우 견고하고 돈독한[篤(독)=敦(돈)] 자다. 멈춤의 끝에 있으니 지나치지 않으면서도 독실한 것이다. 사람의 멈춤을 보면 오래 지속하면서 잘 마치는 일이 어렵다. 그래서 지조를 굳게 지키다가도 끝에 가서는 바꾸고, 절의를 지키다가도 끝에 가서는 잃고, 일을 도모할 때도 시간이 오래 흐르면 그만두니, 이는 사람들이 모두 병통으로 삼는 것이다. 상구는 끝까지 독실하게 지킬 수 있어 멈춤의 도리가 지극히 좋은 것이니, 그래서 길하다. (간괘의) 여섯 효의 다움 가운데 오직 이 효만이 길하다.

그 처음을 삼가는 것[愼始(신시)]도 중요하지만 잘 유지해서 그 끝을 삼감[敬終(경종)]은 어쩌면 더욱 중요하다. 이 문제는 앞에서도 여러 차례 보았기 때문에 더는 언급하지 않겠다. 다만 도중에 신하들에 의해 죽거나 쫓겨난 임금들을 떠올려보는 것만으로도 한결같은 다움[一德(일덕)]을 오래오래 유지하며 지키는 것의 중요성을 알 수 있을 것이다.

53. 풍산점(風山漸)[343]

점(漸)은 여자가 시집가는 것이 길하니 반듯하면 이롭다.

漸 女歸吉 利貞.[344]
점 여귀 길 이정

초륙(初六)은 큰 기러기가 물가에 점점 나아가는 것이니, 소자(小子)는 위태롭게 여겨 말이 있으나 허물은 없다[鴻漸于干 小子厲 有言无咎].
홍 점 우간 소자 려 유언 무구

육이(六二)는 큰 기러기가 너럭바위에 점점 나아가는 것이니, 음식을 먹는 것이 즐겁고 즐거워서 길하다[鴻漸于磐 飮食衎衎 吉].
홍 점 우반 음식 간간 길

구삼(九三)은 큰 기러기가 육지(평원)로 점점 나아가는 것이니, 남자는 가면 돌아오지 않고 부인은 잉태하더라도 기르지 못해 흉하니 도적을 막는 것이 이롭다[鴻漸于陸 夫征不復 婦孕不育 凶 利禦寇].
홍 점 우륙 부 정 불복 부 잉 불육 흉 이 어구

육사(六四)는 큰 기러기가 나무로 점점 나아가는 것이니, 혹 그 평평한 가지를 얻으면 허물이 없다[鴻漸于木 或得其桷 无咎].
홍 점 우목 혹 득 기각 무구

구오(九五)는 큰 기러기가 높은 언덕으로 점점 나아가는 것이니, 부인이 3년 동안 잉태하지 못하나 끝내는 이기지 못해 길하다[鴻漸于陵 婦三歲不孕 終莫之勝 吉].
홍 점 우릉 부 삼세 불잉 종 막지 승 길

상구(上九)는 큰 기러기가 허공으로 점점 나아가는 것이니, 그 깃털이 모범이 될 만하여 길하다[鴻漸于陸(于逵) 其羽可用爲儀 吉].
홍 점 우륙 우규 기우 가용 위의 길

◉

점괘(漸卦)의 초륙(初六)은 양위에 음효로 바르지 못함[不正位], 육이(六二)는 음위에 음효로 바름[正位], 구삼(九三)은 양위에 음효로 바름, 육사(六四)는 음위에 음효로 바름, 구오(九五)는 양위에 양효로 바름, 상구(上九)는 음위에 양효로 바르지 못함이

343 문자로는 손상간하(巽上艮下)라고 한다.

344 이정(利貞)이 나온다.

다. 이 괘의 경우는 육이와 구오 모두 중정을 얻었다. 앞의 간괘와 비교할 경우 육오가 구오로 바뀌었을 뿐이다. 그러나 그에 따른 전반적인 효들 간의 영향 관계는 대단히 크고 깊다.

대성괘 점괘(䷴)는 소성괘 손괘(巽卦, ☴)와 간괘(艮卦, ☶)가 위아래에 있어 만들어진 괘다. 「설괘전」에 따르면 '간(艮-산)으로 오래 머물게 하고[止=久]' '바람[風]으로 흩어지게 한다'고 했다. 괘의 모양이 이(離)가 위에 있고 손(巽)이 아래에 있다.

그러면 「서괘전」을 통해 왜 점괘가 간괘의 뒤를 이어받았는지 확인해보자.

> 일이나 사물은 (아무리 좋은 상태라 하더라도 거기에) 끝까지 가만히 머물러 있을 수 없다. 그래서 간괘의 뒤를 점괘(漸卦)로 받았다. 점(漸)이란 꾸준히 나아감[進]이다.
>
> 物不可以終止. 故受之以漸. 漸者 進也.

그침은 나아감을 낳고 나아감은 그침을 낳는 것은 만물의 이치다. 앞서 본 대로 나아감에는 급진도 있고 적절하게 나아감도 있고 점진(漸進)도 있다. 여기서는 순차적으로[序] 나아가는 점(漸)이다. 풍산점괘(風山漸卦, ䷴)는 아래에 간괘(☶)가 있고 위에 손괘(☴)가 있어 산 위에 나무가 있는 모양이다. 산 위의 나무는 점점 잘 자라 오래 살아낸다. 매사 순서와 차례를 지키면 좋은 결과를 얻는다. 정이는 이렇게 덧붙였다.

> 산 위에 나무가 있는 모습이다. 나무가 높이 서 있을 수 있는 것은 산을 바탕으로 삼기 때문이니, 그 높은 것은 바탕을 가지고 있는 것이다. 그 높음이 바탕을 가진 것은 그 나아감[漸=進]이 순서에 바탕을 두고 있는 것이므로 점점[漸]이 되는 것이다.

문왕의 단사(彖辭), 즉 "점(漸)은 여자가 시집가는 것이 길하니 반듯하면 이롭다[漸 女歸吉 利貞]"에 대한 공자의 풀이[「彖傳」]를 살펴볼 차례다.

점(漸)이 나아가는 것[漸之進]은 여자가 시집가는 것이 길하기 때문이다. 나아가서 지위를 얻으니, 가게 되면 공로가 있을 것이다. 바른 도리로 나아가니[進以正] 나라를 바로잡을 수 있다. 그 지위는 굳셈[剛]이 가운데를 얻었다[中道]. (바른 자리에) 머물면서 공손하니[止而巽] 행동하는 바가 곤궁하지 않은 것[不窮]이다.

漸之進也 女歸吉也.
점지진 야 여귀 길 야

進得位 往有功也.
진 득위 왕 유공 야

進以正 可以正邦也.
진 이정 가이 정방 야

其位 剛得中也.
기위 강 득중 야

止而巽 動不窮也.
지이손 동 불궁 야

◉

여자가 시집가는 것은 비유다. 신하가 임금에게 나아가는 것을 비유한 것이다. 이에 대한 호원(胡瑗)의 풀이가 도움이 된다.

> 여자는 신하의 모습이니 군주를 섬기는 도리다. 군자가 빈천한 곳에 처해 시세를 거슬러서 군주를 만나 급작스럽게 나아가기를 구해서는 안 되며, 낮은 지위에 있는 자가 아첨과 말재주[諛佞]로 높은 지위를 갈구해서도 안 되니, 궁핍하고 빈천한 처지에 있는 자는 반드시 힘써 노력하고 애써 배워서 군주의 초빙을 기다린 다음에 조정에 나아갈 수 있고, 낮은 지위에 있는 자는 반드시 몸을 깨끗이 하고 뜻을 올바르게 해서 아랫사람들에게 존경받고 윗사람에게 신임받은 다음에 높은 지위에 오를 수 있다. 이는 모두 점점 나아가는[漸進] 순서를 거쳐서 이르게 되는 것이니, 이에 길함을 얻게 되는 것이다.

"그 지위는 굳셈[剛]이 가운데를 얻었다[中道]"는 것은 특별히 구오만 가리켜 말한 것이다. 굳센 양의 자질로 양강한 자리에 있다는 것이다. 그만큼 점괘에서 차지하는 비중이 크다는 점을 보여주는 것이기도 하다.

이어서 '(바른 자리에) 머물면서 공손하니[止而巽]'라고 한 것은 하괘와 상괘를 갖고서 풀어낸 것이다. 전반적으로 상황이 좋다는 말이다. 그렇게 일을 해나간다면 곤궁에 빠지는 경우는 적어도 없다.

공자의 「상전(象傳)」을 살펴볼 차례다. 그중에 점괘를 총평한 「대상전」이다.

산 위에 나무가 있는 것이 점(漸)(이 드러난 모습)이니, 군자는 그것을 갖고서 뛰어난 다움을 품고서 풍속을 좋게 만든다[山上有木漸 君子以 居賢德善俗].
산상 유목 점 군자 이 거 현덕 선속

◉

산 위에 나무가 우뚝 솟아 있어도 그것은 하루아침에 이뤄진 것이 아니다. 이 점을 깊이 살펴 사람의 본성과 일의 이치에 맞게 차근차근 풍속을 변화시킬 줄 안다면 공자의 이 「대상전」에 어울리는 인물이라 할 것이다. 한나라 초기에 예악의 제도를 만든 숙손통(叔孫通, ?~?)이 바로 여기에 해당하는 인물이다. 반고의 『한서』 「숙손통전(叔孫通傳)」편의 일부다.

> 숙손통(叔孫通)은 (노나라) 설(薛) 땅 사람이다.[345] 진(秦)나라 때는 유학[文學=儒學]에 뛰어
> 문학 유학
> 나 부름을 받아 박사(博士)에 제수한다는 조서를 기다리고 있었다. 몇 년 뒤에 진승(陳勝)이 (산동에서) 일어나자 2세(二世-2세황제)는 박사들과 여러 유생(儒生)을 불러 물었다.
>
> "초나라의 국경에서 수자리 서던 병사들이 기(蘄-현)를 공격하고 진(陳)에까지 이르렀다 하니 경들은 어떻게 생각하시오?"
>
> 박사와 유생 30여 명이 앞에서 이렇게 말했다.
>
> "남의 신하 된 자[人臣]는 군사를 거느려서는 안 되고 만일 군사를 거느린다면 바로 반역
> 인신
> 이니 그 죄는 죽어도 용서할 수가 없습니다. 폐하께서 급히 군대를 내어 그들을 치시기 바랍니다."
>
> 2세는 화가 나서 안색이 변했다. 통(通)이 앞으로 나아가 말했다.
>
> "여러 유생의 말은 모두 틀린 것이옵니다. (진시황께서는) 천하가 통일돼 한집이 되게 하고 각 군과 현의 성을 허물고 무기를 녹여 다시는 사용하지 않겠다는 뜻을 천하에 보였습니다. 또한 위로는 밝은 군주가 계시고 아래로는 법령이 갖추어져 있어 사람들은 각자 자기 생업에 충실하고 사방에서 사람이 모여들고 있는데, 어찌 감히 반란을 일으키는 자가 있겠

---

345 진작(晉灼)이 말했다. "『초한춘추(楚漢春秋)』에서는 그의 이름을 하(何)라고 했다." 안사고가 말했다. "설은 현의 이름이며 노국(魯國)에 속한다."

습니까? 이것은 단지 떼도둑들로서 쥐나 개가 물건을 훔쳐가는 것에 불과하니 어찌 이야기 할 가치가 있겠습니까? 현재 군수(郡守)들과 군위(郡尉)들이 그들을 잡아들여 죄를 다스리고 있는데 어찌 걱정하시옵니까?"

2세황제가 기뻐하며 여러 유생에게 죄다 물으니, 어떤 유생은 혹 반란이라고 말하고 어떤 유생은 혹 도적 떼라고 말했다. 이에 2세황제는 어사(御史)에게 명해 유생 중에서 반란이 일어난 것이라고 말한 사람들을 옥리에게 넘겨 조사하게 했으니, (숙손통의 말은) 마땅히 했어야 할 말은 아니었다. 유생 가운데 도적이라고 말한 사람은 모두 다 그대로 두었다. 그러고 나서 2세는 통에게 비단 20필과 옷 한 벌을 내려주고 제배해 박사로 삼았다.

통이 궁전을 나와 숙사로 돌아오자 유생들이 말했다.

"선생은 어찌해 그렇게 아첨하는 말을 하셨습니까?"

통이 말했다.

"공들은 모르오. 나는 거의 호랑이의 입에서 벗어나지 못할 뻔했소."

그러고는 도망을 쳐서 설(薛)로 갔는데, 설은 이미 초에 항복한 뒤였다.

항량(項梁)이 설에 이르자 통은 그를 따랐다. (항량이) 정도(定陶)에서 패하자 (초나라) 회왕(懷王)을 따랐다. 회왕이 의제(義帝)가 돼 장사(長沙)로 옮기자 통은 남아서 항왕을 섬겼다. 한나라 2년에 한왕이 다섯 제후를 이끌고 팽성(彭城)에 들어오자 통은 한왕에게 항복했다. 한왕이 패해 서쪽으로 물러가자 끝까지 한을 따랐다. 통은 늘 유생의 옷을 입고 있었는데 한왕이 몹시 싫어했기 때문에 이에 짧은 옷으로 갈아입었는데 초나라 복식이었다. 한왕이 기뻐했다.

통이 한나라에 항복했을 때 제자 100여 명이 그를 따랐으나, 그들 중에 (숙손통의 천거로) 자리에 나아가는 사람은 없었고 오로지[剸 전] 과거의 도적 떼나 장사(壯士)만 천거했다. 제자들이 모두 말했다.

"선생을 여러 해 동안 섬겼는데 다행히도 선생을 따라 한나라에 항복할 수 있었습니다. 그런데 지금 저희를 천거하지 않고 오로지 매우 교활한 자만 천거하니 무슨 까닭입니까?"

통은 이 말을 듣고서 말했다.

"한왕은 지금 바야흐로 화살과 돌을 무릅쓰고 천하를 다투고 있는데 여러분이 어찌 제대로 싸울 수 있겠는가? 그래서 우선 적장을 베고 적기를 빼앗을 수 있는 사람을 천거한 것이다. 여러분이 잠시 나를 믿고 기다리면 내가 잊지 않을 것이다."

한왕은 통을 제배해 박사로 삼고 직사군(稷嗣君)[346]이라고 불렀다.

한왕이 이미 천하를 통일하자 제후들은 정도(定陶)에서 한왕을 높여 황제로 추대했는데, 이때 통이 의식과 호칭을 제정했다[就=成]. 고제(高帝)는 진나라의 의례와 법도를 모두 없애고 간편하고 쉽게 했다. 여러 신하는 술을 마시면서 공로를 다투었고, 취하면 함부로 큰 소리를 지르며 칼을 뽑아 들고 기둥을 치기도 했다. 상이 이를 걱정하자 통은 상이 이러한 것들을 매우 싫어한다는 것을 알고서, 상을 설득해 이렇게 말했다.

"무릇 유자(儒者)란 함께 나아가 천하를 얻기는 어렵지만, 함께 천하를 지키는[守成] 일은 할 수 있습니다. 신이 바라건대 노(魯) 땅의 여러 유생을 불러 신의 제자들과 함께 조정의 의례[朝儀]를 제정할 수 있게 해주십시오."

고제가 말했다.

"어렵지 않겠는가?"

통이 말했다.

"오제(五帝)는 악(樂)을 서로 달리했고 삼왕(三王)은 예(禮)를 서로 달리했습니다. 예란 시대와 인정에 따라 제정하는 예절 규범[節文]입니다. (공자가) 하(夏)·은(殷)·주(周)의 예는 이전의 예를 따르면서 줄이거나 더했음[損益]을 알 수 있다고 한 것은 바로 중복되지 않았음을 말하는 것입니다.[347] 신이 바라건대 자못 고대의 예와 진나라의 의(儀)를 섞어서 새로운 예를 만들도록 해주십시오."

상이 말했다.

"시험 삼아 만들어보시오. 사람들이 알기 쉽고 내가 얼마든지 실행할 수 있도록 헤아려서 만드시오."

이에 통이 노(魯)에 가서 유생 30여 명을 불렀다. 노의 유생 2명이 가고 싶지 않다면서 말했다.

"공이 섬긴 사람이 거의 열 사람인데, 모두 앞에서 아첨해 가깝게 됐고 귀하게 됐습니다. 지

---

346 장안(張晏)이 말했다. "후직(后稷)이 요임금을 보좌했는데, 그와 같이 해주기를 바라는 마음을 담은 것이다."

347 『논어』「위정」편에 나오는 말이다. "자장이 물었다. '10왕조 이후의 일도 알 수 있습니까?' 공자는 말했다. '은나라는 하나라의 예를 이어받았으니 은나라에 들어와 사라진 것과 새롭게 생겨난 것[損益]은 하나라와 비교해보면 얼마든지 알 수 있고, 주나라는 은나라의 예를 이어받았으니 주나라에 들어와 사라진 것과 새롭게 생겨난 것은 은나라와 비교해보면 얼마든지 알 수 있으니, 혹시라도 주나라를 계승하는 자가 있다면 비록 100왕조 뒤의 일이라도 그 모습을 알 수 있을 것이다.'"

금 천하가 막 평정돼 죽은 사람은 아직 장례도 치르지 못했고 다친 사람은 아직 일어나지도 않았는데, 이런 판에 예악(禮樂)을 일으키려고 하십니다. 예악은 100년 동안 다움을 쌓은[積德] 뒤에야 일으킬 수 있는 것입니다. 우리는 차마 공이 하려고 하는 바를 할 수 없습니다. 공이 하려고 하는 일은 옛 도리[古=古道]에 부합된 것이 아니니 우리는 가지 않겠소. 공은 돌아가시오, 우리를 더럽히지 마시오!"

통이 웃으며 말했다.

"당신들은 참으로 고루한 선비[鄙儒]들이구려. 세상의 변화를 모르고 있소."

드디어 모집한 30명의 선비와 함께 서쪽으로 돌아와서, 상의 좌우에 있는 평소 학술이 있는 사람들 및 숙손통의 제자 100여 명과 함께 교외에 긴 새끼줄과 풀을 엮어 예법을 제공할 곳을 만들고 한 달여 동안 예식을 강습한 다음 통이 말했다.

"상께서 시험 삼아 한번 살펴보십시오."

상이 가서 예식을 행하게 하고는 말했다.

"짐도 이것은 얼마든지 할 수 있겠다."

마침내 뭇 신하들에게 예식을 익히게[習肄] 하고 10월에 모이라고 했다.

한나라 7년(BC 200) 장락궁(長樂宮)이 완성되자 제후들과 여러 신하가 모두 10월에 조회했다. 의식은 날이 밝기에 앞서 알자(謁者)가 예법을 주관했는데, 참례자를 인도해 차례대로 전문(殿門)으로 들어오게 하니 뜰 중앙에는 전차 및 기병 부대와 보병과 위병(衛兵)이 포진해 있고 각종 병기가 배열되었으며 휘장과 깃발이 펼쳐졌다. 큰 소리로 "뛰시오!"라고 말했다. 전(殿) 아래에는 낭중들이 계단을 사이에 두고 양옆으로 늘어섰는데, 계단마다 수백 명씩이었다. 공신과 열후와 장군과 장교들은 서열에 따라서 서쪽에 늘어선 채 동쪽을 바라보고, 문관인 승상 이하 관리들은 동쪽에 늘어선 채 서쪽을 바라보았다. 큰 행사[大行]였기에 9명의 빈상[九賓]을 두어 황제의 명을 아래로 전했다[臚傳]. 이때 황제가 봉련(鳳輦)을 타고 방을 나서면 백관은 깃발을 들어 정숙하게 대기했고, 제후왕 이하 600석 관리까지는 인도를 받아 차례대로 하례를 올렸다. 이에 제후왕 이하 모든 관리가 두려움에 떨며 엄숙하게 삼가지 않는 자가 없었다. 예가 끝나고 나서 다시 정식 연회[法酒]가 열렸다. 전 위에서 모시는 사람들[侍坐]은 모두 엎드려 머리를 조아리고 있다가 벼슬의 높고 낮음의 차례에 따라 일어나 만수무강을 비는 술잔을 올렸다[上壽=獻壽]. 술잔[觴]이 아홉 차례 돈 뒤에 알자가 "술을 거두시오[罷酒]"라고 말했다. 어사는 예법을 집행하면서 의식대로 하지 않는 사람이 있으면 보는 즉시 끌고 나갔다. 마침내 조정에서 주연이 열렸는데, 감히 시끄럽게 떠들며[讙譁] 예를 잃는 자가 아무도 없었다. 이에 고제가 말했다.

"나는 마침내 오늘에야 황제가 존귀하다는 것을 알게 됐도다."

그리고는 숙손통을 제배해 태상(太常)으로 삼고 금 500근을 내려주었다.

통은 이 기회를 틈타[因] 말했다.

"신의 여러 제자인 유생들이 신을 따른 지가 오래됐는데, 함께 의법을 만들었으니 폐하께서 관직을 내려주시기 바라옵니다."

고제는 그들을 모두 낭관(郎官)으로 삼았다. 통은 궁을 나와 500근의 황금을 모두 여러 유생에게 나누어주었다. 여러 유생이 마침내 기뻐하며 말했다.

"숙손생(叔孫生)은 빼어나신 분[聖人]이라 세상의 중요한 일을 다 알고 계시는구나!"

한나라 9년에 고제는 통을 옮겨 태자태부(太子太傅)로 삼았다. 한나라 12년에 고제가 태자를 조왕(趙王) 여의(如意)로 바꾸려 하자 통이 간언해 말했다.

"옛날에 진(晉)나라 헌공(獻公)이 여희(驪姬) 때문에 태자를 폐하고 해제(奚齊)를 태자로 세웠다가 진나라는 수십 년 동안 혼란스러웠고 천하의 웃음거리가 됐습니다. 진(秦)나라는 부소(扶蘇)를 일찍이 태자로 정하지 않았기 때문에 (조고(趙高)가 황제의 명을) 사칭해 호해(胡亥)를 태자로 세워 스스로 조상의 제사를 끊어지게 했으니, 이 일은 폐하께서 친히 보신 일입니다. 지금 태자께서 어질고 효성스러운 것을 천하 사람들이 다 알고 있습니다. 여후께서는 폐하와 함께 보잘것없는 음식을 드시면서 고생을 하셨는데 어찌 여후를 저버릴 수 있겠습니까? 만약 폐하께서 굳이 적자를 폐하고 어린 여의를 세우시려 하신다면, 먼저 신을 죽여 저의 목에서 나오는 피로 이 땅을 더럽히십시오."

고제가 말했다.

"공은 그만하시오! 짐이 단지[特=只] 농담했을 뿐이오."

통이 말했다.

"태자는 천하의 근본이니 근본이 한 번 흔들리면 천하는 진동합니다. 그런데 어떻게 천하를 가지고 농담을 하십니까?"

고제가 말했다.

"내가 공의 말을 따르겠소."

상이 술자리를 베풀 때 유후(留侯-장량)가 불러온 빈객들이 태자를 따라와 알현하는 것을 보고서 상은 드디어 태자를 바꾸려는 뜻을 버렸다.

숙손통에 버금가는 조선의 인물은 세종 때의 명재상 허조(許稠, 1369~1439)다. 『세종실록』 21년(1439) 12월 28일 자에 실린 허조의 졸기(卒記)다.

좌의정 허조(許稠)가 졸(卒)했다. 허조는 경상도 하양현(河陽縣) 사람인데, 자(字)는 중통(仲通)이다. 나이 17세에 진사시(進士試)에 합격했고 19세에 생원시(生員試)에 합격했다. 뒤에 은문(恩門-과거 때 자신을 뽑아준 선배) 염정수(廉廷秀)가 사형을 당했는데, 문생(門生)과 옛 부하이던 아전들이 감히 가보는 이가 없었지만 조(稠)가 홀로 시체를 어루만지며 슬피 울고 관곽을 준비하여 장사지냈다. 경오년에 과거에 합격했고, 임신년에 우리 태조께서 즉위하시어 특별히 좌보궐(左補闕)을 제수했고, 곧 봉상시 승(奉常寺丞)으로 옮겼다. 그때 예제(禮制)가 산실(散失)됐었는데 조(稠)가 전적(典籍)을 강구(講究)하여 힘써 고제(古制)에 따르게 했고, 뒤에 잇달아 부모상(父母喪)을 당했는데 무릇 치상(治喪)하기를 일체 『문공가례(文公家禮)』에 의하고 부도법(浮屠法-불교의 상례)을 쓰지 아니했다. 처음에 그 어머니가 손수 고치를 켜서 실을 뽑아 겹옷을 지어 조(稠)에게 주었으므로, 매번 기일(忌日)을 당하거나 시제(時祭) 때는 반드시 속에다 입고서 맹교(孟郊-당나라 때의 시인)의 「자모수중선(慈母手中線)」이라는 시(詩)를 외었으며 일찍이 자손들에게 명했다.

"내가 죽거든 반드시 이 옷으로 염습하라."

정축년에 성균 전부(成均典簿)를 제수받았다. 그때 국가가 초창(草創)이라 선성(先聖)에게 석전(釋奠)할 겨를이 없어 고제(古制)에 자못 어긋났으므로, 조(稠)가 홀로 개탄하고 이에 겸 대사성(兼大司成) 권근(權近)에게 말해 석전 의식(釋奠儀式)을 구득(求得)해서 강명(講明)하여 개정(改正)했다. 경진년에 사헌부 잡단(雜端-정5품)을 제수받았다가 완산판관(完山判官)으로 좌천됐다. 뒤에 이조정랑(吏曹正郎)의 자리가 비니 태종(太宗)이 그 인선을 어렵게 여기어 친히 관원의 명부[班簿(반부)]를 열람하다가, 조(稠)의 이름을 보고 "사람을 얻었다" 하고서 드디어 조(稠)를 이조정랑으로 삼았다. 정해년에 세자(世子)가 경사(京師)에 갈 적에 특별히 조(稠)를 사헌집의(司憲執義)에 제수하고 서장 검찰관(書狀檢察官)으로 삼았다. 가다가 궐리(闕里-중국 산동성 곡부의 공자 출생지)에 이르러서는 동자(董子-동중서)·허노재(許魯齋-원나라 성리학자 허형(許衡))가 종사(從祀)되고 양웅(揚雄)이 쫓겨난 것을 묻고, 돌아와서는 건의하여 모두 그 제도대로 따르게 했다. 신묘년에 예조참의(禮曹參議)에 승진해 상서(上書)해서 처음으로 학당(學堂)과 조묘(朝廟)의 의식을 세우고 아래로는 신서(臣庶)의 상제(喪制)에 대한 법식에 이르도록 참작(參酌)하고 증손(增損)하여 상전(常典)을 이루었으니, 이때부터 의례상정소 제조(儀禮詳定所提調)를 겸했다. 처제(妻弟)가 있었는데 일찍 과부가 됐고 자식이 없었으므로, 조(稠)의 장자(長子)인 허후(許詡)로써 후계를 삼고 노비[臧獲]와 전택(田宅)과 자재(資財)를 다 주겠다고 했으나 조(稠)가 굳이 사양하여 말했다.

"내 자식이 비록 재주가 없으나 집을 계승할 자다. 만약 재보(財寶)를 많이 얻으면 반드시 호치(豪侈)한 마음이 생길 것이다."

굳게 거절하고 끝내 듣지 아니했다. 병조와 이조의 참의(參議)를 지냈는데, 하루는 면대(面對)하기를 청하여 아뢰었다.

"강무(講武)는 군국(軍國)의 중사(重事)이니 비록 폐지할 수는 없습니다. 그러하오나 무릇 혈기(血氣)가 있는 종류는 군자(君子)가 몸소 죽이지 않는 것이온데, 하물며 험조(險阻)한 곳을 달린다는 것은 위험이 측량할 수 없는 것이옵고 혹시라도 맹수라도 만나면 장차 어찌하겠습니까. 원하옵건대 성상께서는 삼가시어 친히 쏘고 사냥하지 마옵소서."

눈물이 흐르는 것을 깨닫지 못한 채 잇달아 강무장(講武場)이 너무 많아서 거민(居民)들이 받는 폐해를 극력하여 진술하니, 임금이 가납(嘉納)했다. 병신년에 예조참판에 제수되매, 임금이 특별히 명하여 봉상 제조(奉常提調)를 삼으니 수리하고 건설하는 것이 많았다. 무술년에 세종(世宗)께서 선위(禪位)를 받으시자 예조판서에 제수됐고, 신축년에 의정부 참찬이 됐다. 태종(太宗)이 세종(世宗)께 일러 말했다.

"이가 진실로 재상(宰相)이다."

뒤에 풍양 이궁(豐壤離宮)에서 곡연(曲宴)을 했는데, 연회가 파하자 태종이 명하여 조(稠)를 앞으로 나오게 한 뒤 손으로 조(稠)의 어깨를 짚고 세종을 돌아보며 말했다.

"이는 나의 주석(柱石)이다."

또 조(稠)에게 일러 말했다.

"지금 내가 경(卿)을 칭찬하는 것이 무엇을 구(求)하려 하는 것이겠는가."

조(稠)가 놀라고 감격하여 울었다.

임인년에 태종이 훙(薨)하니 조(稠)가 항상 최복(衰服-상복)을 옆에다 두고 때때로 슬피 울었다. 이조판서가 돼서는 매번 전주(銓注-인사)할 때 고려(高麗) 및 아조(我朝)의 명신(名臣)

으로서 사절(死節)한 이의 후손과 중외(中外)에서 추천한 효자순손(孝子順孫)을 모두 다 등용하니, 의논하는 자가 일러 말했다.

"어찌 참된 효자순손이 이같이 많겠소."

조(稠)가 말했다.

"일리(一里)에도 미인(美人)이 있다 하는데 우리나라의 많은 사람 중에 어찌 그런 사람이 없겠소. 좋은 인간이 없다고 말할 수 없는 것이오. 비록 거짓인 자가 있더라도 그 풍속(風俗)을 권려(勸勵)하는 데 무익(無益)하다고 할 수 없고, 또 다음날에 그것이 풍화(風化)가 돼 참된 효자순손이 그간에 배출할는지 어찌 알 수 있겠소."

임금이 인견(引見)할 때마다 신료들의 뛰어나고 그렇지 않은 것[賢否](현부)을 의논했는데, 조(稠)의 말을 많이 따랐다. 조(稠)가 삼가고 지켜 입 밖에 내지 않아서 당사자는 끝내 알지 못했다. 임금이 일찍이 인견(引見)하고 일을 의논하다가 말했다.

"사람들이 혹 말하기를, 경이 사사로 좋아하는 자를 임용한다고 하더라."

조가 대답했다.

"진실로 그 말과 같사옵니다. 만일 그 사람이 현재(賢才)라면 비록 친척이라 하더라도 신이 피혐(避嫌)하지 아니할 것이며, 만일 그 사람이 불초(不肖)하다면 신이 어찌 감히 하늘의 조화(造化)를 가져다가 외람되게 사사로이 친한 자에게 주겠습니까."

조(稠)가, 대간(臺諫)이 꾸지람을 당하면 반드시 진력(盡力)하여 구원하며 말했다.

"언관(言官)을 설치한 것은 장차 인주(人主)를 간(諫)하고 백관(百官)을 규찰(糾察)하려 함이었는데, 비록 혹시 잘못이 있다 하여도 어찌 급하게 죄줄 수 있겠습니까."

임자년에 다시 이조판서에 제수돼 전후(前後)에 인선(人選)을 맡은 것이 거의 10년 동안에 이르렀다. 한 관직에 결원이 생기면 반드시 낭관(郎官)으로 하여금 정밀하게 간택(揀擇)하게 하고, 다시 함께 평론(評論)하여 중의(衆議)가 합한 연후에야 임명했다. 조(稠)가 일찍이 도당(都堂-의정부)에 나아가 일을 의논하는데, 좌대언(左代言) 김종서(金宗瑞)가 명령을 받고 왔으므로 조(稠)가 일러 말했다.

"옛날 우리 태종께서 해청(海靑)을 기르시다가, 후세에 법으로 남길 수 없는 일이라 하시고 즉시 명하여 놓아주게 하시었습니다. 이제는 이미 진헌(進獻)할 것도 없으니 기르지 말게 하여 후세 자손들에게 보이소서."

말이 매우 간절하고 지극했으므로 종서가 갖추어 아뢰었다.

병진년에 판중추원사(判中樞院事)로서 판예조사(判禮曹事)를 겸했다가, 무오년에 의정부 우의정(議政府右議政)에 승진됐고, 기미년 6월에 좌의정으로 승진됐다. 10월에 병이 드니, 임금이 어의(御醫) 두 사람에게 명하여 가서 치료하게 하고 또 날마다 내의(內醫)와 내노(內奴)를 시켜 문병하게 했다. 이해 12월에 그대로 치사(致仕)하게 했는데, 병이 위독하여 명령을 배수(拜受)하지 못했다. 병이 더하고 위급한데 조(稠)가 머리를 조아리며 말했다.

"의원(醫員)을 보아서 무엇할까."

또 말했다.

"태평한 시대에 나서 태평한 세상에 죽으니, 천지간(天地間)에 굽어보고 쳐다보아도 호연(浩然)히 홀로 부끄러운 것이 없다. 이것은 내 손자의 미칠 바가 아니다. 내 나이 70이 지났고 지위가 상상(上相)에 이르렀으며, 성상(聖上)의 은총을 만나 간(諫)하면 행하시고 말하면 들어주시었으니, 죽어도 유한(遺恨)이 없다."

비록 갑자기 급한 일을 당해도 빠른 말과 당황하는 빛이 없었으며, 제사(祭祀)를 받들기를 반드시 정성으로 하고, 형(兄)을 섬기기를 아버지 섬기듯이 하고, 종족(宗族)에게 화목하고 붕우(朋友)에게 신용이 있었으며, 반드시 경조(慶弔)와 문병(問病)을 친히 했었다. 항상 한 사람의 창두(蒼頭)를 시켜서 명령을 전달했고, 문 앞에는 정지해서 있는 손님이 없었다. 그러나 대(待)할 때는 반드시 존비(尊卑)와 장유(長幼)의 분별을 엄히 했다. 몸가짐을 검소하게 하여, 옷은 몸 가리기만 취(取)하고 먹는 것은 배를 채우는 것만을 취했으니, 싸서 가져오는 것을 받지 아니했다. 산업(産業)을 경영하지 아니하고 성색(聲色)을 가까이하지 아니하며 희롱하고 구경하기를 좋아하지 아니했다. 관(官)에 있을 때는 상관(上官)을 섬기기를 매우 존경(尊敬)스럽게 하고, 요좌(僚佐-부하 직원)를 대하는 데는 엄격하게 했다. 낮이나 밤이나 직무에 충실히 하고, 만일 말할 것이 있으면 지위 밖으로 나오는 것을 혐의하지 아니하고[348] 다 진술하여 숨기는 바가 없었으니, 스스로 국가의 일을 자기의 임무로 여겼던 것이다.

점괘의 여섯 효[六爻]에 대한 주공의 말을 풀이한 공자의 「소상전」이다.

348 자신의 지위를 뛰어넘어 말을 했다는 것이다.

(초륙(初六)은) 소자(小子)는 위태롭게 여기지만 의리상으로 허물이 없다[小子厲 義无咎也].

(육이(六二)는) 음식을 먹는 것이 즐겁고 즐거운 것[飮食衎衎]은 헛되이 배부른 것이 아니다[飮食衎衎 不素飽也].

(구삼(九三)은) 남자는 가면 돌아오지 않는 것은 무리를 떠나서 추한 것이고, 부인은 잉태하더라도 기르지 못하는 것은 자신의 도리를 잃는 것이며, 도적을 막는 것이 이로운 것은 고분고분하여 서로 보존하는 것이다[夫征不復 離群醜也 婦孕不育 失其道也 利用禦寇 順相保也].

(육사(六四)는) 혹 그 평평한 가지를 얻는 것은 고분고분함으로써 공손하기 때문이다[或得其桷 順以巽也].

(구오(九五)는) 끝내는 이기지 못해 길하다[終莫之勝吉]는 것은 바라던 바를 얻기 때문이다[終莫之勝吉 得所願也].

(상구(上九)는) 그 깃털이 모범이 될 만하여 길하다[其羽可用爲儀吉]는 것은 어지럽힐 수 없기 때문이다[其羽可用爲儀吉 不可亂也].

◉

점괘의 맨 아래 첫 음효에 대해 공자는 "소자(小子)는 위태롭게 여기지만 의리상으로 허물은 없다"라고 풀었다. 주공의 효사부터 봐야 한다.

> 큰 기러기가 물가에 점점 나아가는 것이니, 소자(小子)는 위태롭게 여겨 말이 있으나 허물은 없다[鴻漸于干 小子厲 有言无咎].

안(雁)이라고 하지 않고 홍(鴻)이라고 했다. 작은 기러기가 아니라 큰 기러기다. 원래 기러기는 오가는 데 일정한 때[時]가 있고 무리를 지어 날 때도 질서를 잃지 않는다. 그런데 홍(鴻)에는 큰 기러기라는 뜻 말고도 크다, 성대하다는 뜻이 있다. 그러므로 홍(鴻)이라고 한 데는 이미 때를 알고 일의 이치[事理=禮]를 아는 다움[德]을 갖춘 큰 인물이라는 뜻이 포함돼 있다. 한마디로 군자(君子)다.

초륙은 음유한 자질로 양의 자리에 있으니 자리가 바르지 않고, 바로 위에 있는 육이와 친하지 않으며 육사와도 호응함이 없다. 가까운 사람도 없고 응원하는 사람도 없는 상황에서 나아가는 초기에 처했으니, 모든 여건이 좋지 않다. 이런 상황에서 나아가는 때를 맞아 한 걸음을 내디디니, 군자의 깊은 뜻을 모르는 소인이나 어린아이[小子]는 이런저런 말을 해댄다. 겉으로는 걱정하는 듯이 하는 말이지만 실은 시기 질투하는 말이다.

다행히 초륙은 부드럽고 고분고분한 자질[柔順]이라 이런 소리에 신경을 덜 쓰고 서두르지도 않는다. 물가[干=水涯]란 벼슬길에 막 나아갔음을 상징한다. 그렇지만 공자는 소인이나 어린아이의 말에 신경 쓰지 말고 앞으로 나아갈 것을 권고하면서 "소자(小子)는 위태롭게 여기지만 의리상으로 허물이 없다"라고 했다. 도리가 바르고 뜻이 멀고 깊다면 주변에 있는 소인이나 어린애 같은 무리의 질투의 목소리에 귀 기울일 필요가 없다는 말이다. 이와 관련해서 정이는 이렇게 덧붙였다.

> 소인과 어린이는 오직 이미 지나간 일만 보고 대중의 (범속한) 지혜만 따를 수 있을 뿐 마땅한 이치를 밝게 살필 수[燭理] 없기 때문에 위태롭게 생각해 말들이 많은 것이다.

호원(胡瑗)도 이 부분을 다음과 같이 풀어냈다.

> 군자가 나아가는 것을 소인들이 시기하는 것이다. 지금 초륙의 나아감은 아직 낮은 자리에 있고 그 도리가 그 시대에 신임을 얻지 못했으며 그 은택이 사람들에게 미치지 못했으므로, 소인들의 마음은 그것을 해치려고 한다. 그러나 결국에는 군자들을 해칠 수가 없고 단지 비방의 말들이 있을 뿐이다.

다만 이는 그런 상황이 있을 수 있다는 것이지, 모두 그렇게 된다고 봐서는 안 된다. 역사에서는 오히려 소인들의 비방으로 말미암아 뜻이 꺾인 군자들의 사례가 적지 않기 때문이다. 물론 군자들이 나아간 때가 '나아갈 때'가 아니었기 때문에 그렇다고 볼 수도 있다. 예를 들어 조선 중기 조광조의 경우, 그가 과연 군자였는지도 의문이지만 그 때가 '나아갈 때'였는지도 분명치 않고 무엇보다 그는 점점 나아가지[漸進] 않고 급하게 나아갔다[急進]. 그러니 공을 이루지 못하고 오히려 명만 단축하고 말았다.

점괘의 밑에서 두 번째 음효에 대해 공자는 "음식을 먹는 것이 즐겁고 즐거운 것

[飮食衎衎]은 헛되이 배부른 것이 아니다"라고 풀었다. 주공의 효사부터 봐야 한다.
음식 간간

> 큰 기러기가 너럭바위에 점점 나아가는 것이니, 음식을 먹는 것이 즐겁고 즐거워서 길하다
> [鴻漸于磐 飮食衎衎 吉].
> 홍 점 우반 음식 간간 길

육이는 부드러운 자질로 음유의 자리에 있어 중정(中正)을 얻었고 초륙과는 친하지 않지만, 구삼과는 친밀하다. 무엇보다 자신도 중정을 얻었지만, 위의 손괘에서 중정을 얻은 구오와 호응한다. 초륙과는 비할 바 없이 좋다. '너럭바위에 점점 나아가는 것'이란 반석 위에 올랐으니 탄탄대로와 같다는 말이다. 음식을 먹는다는 것은 친한 사람, 호응하는 사람과 교분을 쌓는다는 말이다. 공자는 이 점을 지적해 '헛되이[素=徒](소 도) 배부른 것이 아니다'라고 했다. 즉 연회에서 밥과 술만 먹고 마시고서 끝난 것이 아니라 서로 믿음을 주고받았다는 뜻이다. 그래서 거듭해서 즐겁고 또 즐거운 것이니 길할 수밖에 없다. 이런 처지에 나아간 사람은 누구일까? 대체로 태평을 이룬 임금을 젊은 시절에 모시게 된 신하들이다. 세종 시대의 대표 인물로 윤회(尹淮, 1380~1436)가 그랬다.

윤회의 아버지 윤소종(尹紹宗)은 고려 말에 조준(趙浚) 등과 더불어 이성계를 도와 조선 왕조를 창건하는 데 깊이 관여했던 인물이다. 윤회는 10세의 어린 나이에 벌써 『통감강목(通鑑綱目)』을 외울 정도로 총명했다. 그리하여 1401년(태종 1년) 문과에 급제한 뒤 좌정언, 이조·병조 좌랑 등을 역임하고, 1417년에는 승정원의 대언(代言)이 돼 왕을 보좌했다. 이때 태종은 윤회의 학문과 재질을 높이 평가해 병조참의로 승진시켰다. 1420년(세종 2년)에 집현전이 설치되자 1422년에 부제학으로 발탁돼 그곳의 학사들을 총괄했다. 그 뒤로 한때 동지우군총제(同知右軍摠制)에 임명된 적도 있었지만, 주로 예문관 제학·대제학 같은 문한직(文翰職)을 역임했다. 벼슬은 병조판서에 올랐다. 정도전(鄭道傳)이 편찬한 『고려사』를 다시 개정하는 일에도 깊이 관여했고, 1432년에는 『세종실록』「지리지」편의 편찬에 참여했다. 이어 1434년에는 『자치통감훈의(資治通鑑訓義)』를 찬집하기도 했다.

『세종실록』 18년(1436) 3월 12일 자에 실린 그의 졸기의 일부다.

> 태종께서 일찍이 윤회에게 일러 말했다.

"경은 학문이 고금을 통달했으므로 세상에 드문 재주이고 용렬한 무리와 비교할 바가 아니니 경은 힘쓰라."

조금 후에 윤회를 병조참의로 삼아 항상 가까이 모시게 하고, 매번 순정(純正)한 유학자라 일컬었다. 임인년에 어떤 사건으로써 파면됐다가 조금 후에 집현전 부제학(集賢殿副提學)으로 임명되고, 계묘년에 동지우군 총제에 승진돼 예문 제학(藝文提學)을 지내었다. 임자년에 어머니 상(喪)을 당했으나 기복(起復)시키니 전문을 올려 굳이 사양했으나 윤허되지 아니했고, 얼마 후에 대제학(大提學)으로 임명됐다. 천성이 술을 즐기니 두 임금께서 여러 번 꾸짖어 금하게 했으나 오히려 능히 그치지 못했다. 갑인년에 여러 유신(儒臣)을 집현전에 모아서 『통감훈의(通鑑訓義)』를 찬집(纂集)하게 했는데, 윤회에게 명하여 그 일을 주관케 했다. 윤회는 풍질(風疾)을 앓았는데, 병을 참고 종사(從事)하더니 두 번 해가 바뀌어 겨우 마치자 병이 날로 위중했다. 임금이 의원을 보내어 진찰하게 하고 또 내수소(內需所)의 좋은 약을 내려주어 조섭(調攝) 보호하게 했지만 돌아가니, 나이 57세다.

그러나 어느 나라의 역사에서든 이런 행복한 삶을 누린 군자를 찾아보기란 쉽지 않다. 무엇보다 태평의 시절이란 한 나라의 역사에서 아주 짧기 때문일 것이다.

점괘의 밑에서 세 번째 양효에 대해 공자는 "남자는 가면 돌아오지 않는 것은 무리를 떠나서 추한 것이고, 부인은 잉태하더라도 기르지 못하는 것은 자신의 도리를 잃는 것이며, 도적을 막는 것이 이로운 것은 고분고분하여 서로 보존하는 것이다"라고 풀었다. 주공의 효사부터 상당히 길고 복잡하다.

큰 기러기가 육지(평원)로 점점 나아가는 것이니, 남자는 가면 돌아오지 않고 부인은 잉태하더라도 기르지 못해 흉하니 도적을 막는 것이 이롭다[鴻漸于陸(홍점우륙) 夫征不復(부정불복) 婦孕不育(부잉불육) 凶(흉) 利(이) 禦寇(어구)].

구삼의 처지를 보면 양효로 양위에 있어 바르고 위아래 모두 친하다. 다만 상구와는 같은 양효로 호응 관계가 아니다. 하괘에서는 홀로 양효로 주인 역할[主(주)]을 하며 맨 위에 있다. 뭔가 나아갈 기세가 강하기는 한데, 걸리는 것은 아무런 응원을 해주지 않는 상구다. 이 점을 염두에 두면서 정이의 풀이를 보자.

평지 중에서 높은 지대를 육(陸)이라고 하니 곧 평원을 말한다. 구삼은 하괘의 윗자리에 있으니 나아가서 평원에 이른 것이다. 양(陽)은 위로 나아가는 것이다. 점점 나아가는 때에 자리해 뜻이 점점 나아가려 하지만 위에서 호응해 도와주는 사람이 없으니, 마땅히 바른 도리를 지키면서 때를 기다리고 평원에 편안하게 머물러 있으면 점차적으로 나아가는 방도를 얻게 된다. 만약에 혹시라도 스스로를 지킬 수가 없어 욕심에 이끌리는 일이 있고 그래서 나아가려는 뜻이 있게 된다면, 이는 점점 나아가는 방도를 잃는 것이 된다.

사효(四爻)는 음효로서 위에 있으면서 친밀하게 (삼효와) 관계하니 양이 가까이하는 바이고, 삼효(三爻)는 양효로서 아래에 있으면서 서로 친밀하니 음이 따르는 것이다. 두 효가 서로 가깝고 호응하는 사람은 없으니, 서로 가까우면 친밀하게 돼 쉽게 연합하고 호응하는 사람이 없으면 갈 곳이 없어 서로 구하게 되니 이 때문에 경계한 것이다.

남자는 양이니 구삼효를 말한다. 구삼효가 바른 도리를 지키지 못하고 육사와 연합하면, 이는 갈 줄만 알고 돌아올 줄 모르는 것이다. 정(征)이란 나아가는 것[行]이다. 복(復)은 돌아오는 것이다. 돌아오지 않는다는 것은 마땅한 의리를 돌아보지[反=顧] 않는 것을 말한다. 부인은 육사효를 말한다. 만일 바른 도리가 아닌 방식으로 연합하면 아이를 잉태하더라도 기르지 못한다. 이는 자신에게 맞는 도리[其道]가 아니기 때문이다. 이렇게 되면 흉하다. 구삼이 이롭게 되느냐 아니냐는 도적을 막는 데 달려 있다. 이치를 따르지 않고서 오는 것이 도적이다. 바른 도리를 지켜[守正] 그릇됨을 막는 것[閑邪]이 바로 도적을 막는다는 말이다. 도적을 막을 수 없게 되면 스스로 도리를 잃게 돼[自失] 흉하다.

구삼에 근접한 인물로 태종과 세종 때의 명신(名臣) 조말생(趙末生, 1370~1447)을 꼽을 수 있다. 조말생은 태종 초에 문과에 장원급제해 태종과 세종 시대를 살았던 최고의 엘리트 관료다. 이미 태종 때 비서실장 격인 지신사(知申事)를 지냈고, 세종이 즉위할 때 형조 및 병조판서를 지냈다. 따라서 세종의 재위 기간 중에 잠시라도 삼정승 중에 가장 낮은 우의정이라도 지냈어야 하는데 그의 이력에 정승은 없다. 대신 일종의 상원 격인 중추원의 동지사, 지사, 판사, 영사만 지냈다. 한마디로 실권이 없는 한직이다. 조말생은 세종 8년에 뇌물죄에 걸려 좌천된 적이 있다. 흥미롭게도 『세종실록』 조말생 졸기는 그가 정승에 오르지 못한 까닭을 뇌물죄 때문이라고 적고 있다.

> 말생(末生)은 기개와 풍도가 넓고 컸으며[幾度恢洪] 일을 처리함에 너그럽고 두터워[處事寬厚] 태종이 소중한 그릇으로 여겼으나, 옥에 티(뇌물죄)가 신상에 오점(汚點)이 돼 끝끝내 국무대신이 되지 못했다.

국무대신, 즉 정승이 되지 못한 점이 조말생에게 천추의 한이 됨을 졸기도 인정하고 있다는 뜻이다. 그런데 사람됨에 있어 "넓고[恢] 크며[洪=弘] 일 처리가 너그럽고[寬] 두터웠다[厚]"면 그것이야말로 타고난 정승감이다.

이 질문, 즉 "왜 세종은 조말생을 정승으로 삼지 않았을까?"는 "왜 태조는 정도전을 정승으로 삼지 않았을까?"만큼이나 흥미로운 문제 제기다. 게다가 태종에서 세종으로의 권력 이양기에 줄곧 병조판서를 맡아 병권을 쥐었던 인물이 바로 조말생이다. 조말생은 아버지의 신하였다. 그럼에도 세종은 『논어』에 나오는 다음 두 구절을 명심했기에 8년 내내 조말생을 병조판서에 그대로 두었다.

첫째는 「학이」편에 나오는 공자의 말이다.

> 아버지가 돌아가신 경우에는 그 행실을 깊이 살펴보아, 3년이 지나도록 아버지의 뜻을 조금도 잊지 않고 따른다면 그것은 효라고 이를 만하다[父沒 觀其行 三年無改於父之道 可謂孝矣].

세종은 아버지 태종이 세상을 떠나고 4년이 지나도록 아버지의 뜻을 따랐던 것이다.

둘째는 「미자」편에 나오는 말로 주공이 아들 노공(魯公)에게 유언한 것인데, 특히 세종이 깊이 마음에 새겼던 내용이다.

> 참된 군주는 그 친척을 버리지 않으며, 대신으로 하여금 써주지 않는 것을 원망하지 않게 하며, 선대왕의 옛 신하들이 큰 문제[大故]가 없는 한 버리지 않으며, 아랫사람 한 사람에게 모든 것이 다 갖춰져 있기를 바라지 않는다[君子不施其親 不使大臣怨乎不以 故舊無大故則不棄也 無求備於一人].

그런데 왜 세종은 결국 조말생을 정승의 자리에 올리지 않았던 것일까? 그 해답은

『세종실록』 세종 8년 3월 7일 자 세종의 발언에 담겨 있다.

> 옛날에 오랫동안 정권을 잡고 있으면 안 된다는 말을 한 사람이 있었는데, 이제 생각하니 이해가 간다. 대체로 모든 관원을 임명함에 있어서, 임금이 그 사람을 알지 못하기 때문에 정무를 맡은 대신에게 이를 맡기는 것이요, 대신이 사람을 쓰는 것은 반드시 과거부터 알던 사람을 쓰게 되는 것이다. 그러므로 정무를 오래 잡으면 아무리 마음을 정직하게 가지는 사람일지라도 남들이 반드시 그가 사사로운 정실을 행사한다고 의심할 것은 자연스러운 이치다. 지신사로부터 병조판서까지 10여 년간이나 오랫동안 정무를 잡은 사람으로는 조말생처럼 오래된 사람이 없더니 과연 오늘과 같은 사건이 발생하고 말았다.

단순 뇌물죄로 본 것이 아니라 사사로이 자기 권력을 행사했다고 본 것이다. 정승은 임금을 돕는 자일 뿐 임금을 대신할 수 없다. 최고 통치권자의 역린(逆鱗)을 건드려서는 안 된다.

점괘의 밑에서 네 번째 음효에 대해 공자는 "혹 그 평평한 가지를 얻는 것은 고분고분함으로써 공손하기 때문이다"라고 풀었다. 주공의 효사는 이렇다.

> 큰 기러기가 나무로 점점 나아가는 것이니, 혹 그 평평한 가지를 얻으면 허물이 없다[鴻漸于木 或得其桷 无咎].

육사는 부드러운 자질로 부드러운 음의 자리에 있으니 자리가 바르고 위아래 모두와 친밀하다. 다만 초륙과는 같은 음효로 호응하지 않아 응원을 받을 수 없다. 또 상괘 손괘(巽卦)의 맨 아래에 있으니, 손괘의 주인[主]으로 겸손함을 대변하고 있다. 이런 점들을 감안하면서 정이의 풀이를 보자.

> 육사는 음유한 자질로 강양한 사람의 위로 나아가 자리 잡았는데, 양은 굳세어 위로 나아가려고 하니 어찌 음유한 사람의 밑에서 편안하게 있겠는가? 그래서 육사의 처지는 안정된 상황이 아니니, 이는 마치 큰 기러기가 나무로 나아간 것과 같다. 나무란 점점 높아져서 불안한 모습이 있는 것이다. 큰 기러기는 발가락[趾]이 서로 연결돼 나뭇가지를 붙잡지 못

하므로 나뭇가지에 깃들지 않는다.

'각(桷)'은 가로로 평평하게 뻗은 나뭇가지다. 오직 평평한 가지 위라야 큰 기러기는 안정되게 머물 수 있다. 육사의 처지는 본래 위태롭지만 (이렇게 해서) 스스로 안정되고 편안한 방도를 얻으면 허물이 없을 수 있다는 말이다. 이는 마치 큰 기러기가 나무에서는 본래 불안했지만 평평한 가지를 얻어서 거처하면 편안해지는 것과 같다.

육사는 바른 자리에 있고 공손하니 마땅히 허물이 없는 자다. 하지만 반드시 얻고 잃음[得失]으로 말한 것은, 그 얻고 잃음을 바탕으로 해서 그 의리를 밝히려 한 때문이다.

이때의 얻고 잃음[得失]은 본인의 노력과 주변 상황이 합치되느냐의 여부에 따라 달라질 수 있다. 그래서 공자는 '고분고분함으로써 공손하기 때문'이라고 한 것이다. 즉 본인이 고분고분한 도리로 공손하게 일에 임할 때라야 평평한 가지를 얻게 돼 상황은 안정될 수 있다는 말이다.

현실 정치의 맥락에서 보자면 재상급인 육사가 양강한 자질의 구삼에 의해 압박을 받는 상황이다. 이럴 때 육사는 어디에 의지하느냐에 따라 허물이 있을 수도 있고 없을 수도 있다. 그런데 나아가는 때[漸卦]에 나아가려는 구오와 구삼 사이에 끼어 있고 아래 초륙의 지원도 받지 못한다는 점에서 점괘의 육사는 곧장 연산군 때의 정승 노사신(盧思愼, 1427~1498)의 삶 그대로다.

연산군 때 좌의정을 지낸 노사신의 배경은 한마디로 임금 못지않았다. 친할머니가 태종의 왕비 원경왕후 민씨의 동생이고 어머니는 세종의 왕비 소헌왕후 심씨의 동생이다.

1427년(세종 9년)에 태어났으니 그의 인생은 거칠 것이 없었다. 그러나 노사신은 배우기를 좋아했고 사치나 거드름을 멀리했다. 어려서 홍응(洪應)과 더불어 홍응의 외숙인 참찬(參贊) 윤형(尹炯)에게 배웠는데, 사람을 볼 줄 알았던 윤형은 처음 노사신을 보자마자 홍응에게 이렇게 말했다.

"노가(盧家)의 아이는 참으로 원대(遠大)한 그릇이다. 마침내는 그 명성과 지위가 아마도 너와 비등할 것이다."

실제로 홍응도 훗날 정승에 올랐다. 1453년(단종 원년)에 문과에 급제한 것을 보면 다행히도 당시의 격변에서는 조금 떨어져 있었다. 외사촌이기도 했던 세조는 노사신을 중용하려고 1462년(세조 8년) 세자좌문학으로 있던 그를 5자급(資級)이나 뛰어넘어 승정원 동부승지로 임명했다가, 이듬해 도승지에 임명했다. 세조는 그의 학식과 부지런함을 높이 평가했다. 홍귀달이 지은 그의 비명의 한 대목이다.

"자문(諮問)하기 위해 늘 내전(內殿)으로 불러들였는데, 경(經)과 사(史)를 강론함에 있어 공이 분변하여 대답하는 것이 소리의 울림과 같았다. 임금이 늘 밤중에도 권태를 모르고 책을 봄으로 인해 금중(禁中)에서 유숙하는 날이 많았고, 때론 휴가(休暇)로 나갔다가도 곧 부름을 받고 들어와 하루도 집 안에서 쉬는 일이 없었다."

1465년에는 호조판서가 돼 최항(崔恒)과 함께 『경국대전(經國大典)』 편찬을 총괄했다. 그중에서도 호전(戶典)의 집필은 그가 도맡았다. 노사신은 아주 드물게 학재(學才)와 이재(吏才)가 겸비된 인물이었다. 같은 해에 호조판서로서 충청도 가관찰사(假觀察使)를 겸하여 지방 행정의 부정을 낱낱이 조사했고, 이듬해 실시된 발영(拔英)·등준(登俊) 양시에 응시하여 각각 1등과 2등으로 합격하는 영예를 얻었다. 관리를 대상으로 한 과거에서 선두를 달렸다는 말이다.

그의 관리로서의 능력은 특히 예종을 거쳐 성종 때 큰 빛을 발하게 된다. 성종(成宗)이 즉위하자 의정부 좌찬성(左贊成)으로서 이조판서(吏曹判書)를 겸했다. 이는 사람을 보는 데 눈 밝지 않고서는 맡을 수 없는 자리다. 아마도 왕실 외척으로서의 책임감이 크게 작용했으리라 추측해볼 수 있다.

1482년(성종 13년) 평안도에 기근(饑饉)이 들고 다음 해 경기에 또 기근이 들었는데, 노사신은 두 곳 모두 진휼사(賑恤使)가 돼 양도의 백성이 그에 힘입어 생업을 유지할 수 있었다. 황해도는 지역은 넓으나 인구가 적어 조정에서 백성을 이주시켜 채우려 했는데, 이때도 그가 체찰사(體察使)가 돼 선발에 타당성을 잃지 않으니 이주된 자에게 원망이 없었다.

그는 학재에 문재(文才)까지 더했다. 1476년 12월에는 서거정(徐居正)·이파(李坡)와 함께 『삼국사절요(三國史節要)』를 찬진하고, 1481년에는 서거정과 함께 『동국통감(東國通鑑)』의 수찬에도 참여했다. 강희맹(姜希孟)·서거정·성임(成任)·양성지(梁誠之)와 함께 『동국여지승람(東國輿地勝覽)』의 편찬을 총괄했으며, 이를 위해 1476년부터 동국 문사들의 시문(詩文)을 수집했다. 1482년에는 이극돈(李克墩)과 함께 『통감강목』을 신증(新增)하고, 이듬해에는 『연주시격(聯珠詩格)』과 『황산곡시집(黃山谷詩集)』을 서거정·어세겸(魚世謙) 등과 같이 한글로 번역하는 등의 학문적 업적을 남겼다. 홍귀달이 지은 비명 중의 한 대목이다.

"공은 독서하길 좋아하여 평소에 손에서 책을 떼지 않았는데, 무릇 경서(經書)·사서(史書)·백가서(百家書)와 석전(釋典-불가서)·도질(道帙-도가서)에 이르기까지 모두 널리 통했고, 성리학(性理學)의 연원(淵源)에 있어서는 그 심오한 뜻에 밝아 당시 넓고 정미(精微)한 이로는 대체로 일인(一人)이었다. 성종(成宗)이 『성리대전(性理大全)』을 보려는데 강관(講官)이 구두(句讀)를 제대로 알지 못하는 경우가 있자 공에게 명하여 구결(口訣)을 붙이게 했고, 『율려신서(律呂新書)』·『황극경세(皇極經世)』 같은 책 및 사람이 풀이하기 어려운 책 등을 명하여 모두 나아가 질정(質正)하게 하거나 혹 번역하여 그 뜻을 나타내게 하니, 사람들은 세남비서(世南秘書)에 견주었다. 비록 문사(文詞)를 좋아하진 않았으나 굳이 지을 일이 있을 경우 그 수단은 문장가(文章家)가 미칠 수 있는 일이 아니었다. 나라에 큰 논의가 있을 때 공이 고사(古事)를 인용하고 금세(今世)를 증거로 삼아 붓을 날려 그 편의(便宜)를 주석(注釋)한 것이 모두 시행할 만한 것이었으니, 일시의 논자(論者)들이 그보다 나은 이가 없었다."

말 그대로 르네상스적인 지식인이자 청렴한 관리였다. 아마도 그가 세종 시대에 중견 관리로 살았다면 얼마나 더 많은 업적을 쌓았을지 모를 정도다. 그는 성종 말기에 드디어 우의정에 올랐고 연산군 초기에 좌의정으로 정치의 전면에 나선다. 무결점(無缺點) 노사신의 인생에 오점이 생겨나는 기간이기도 하다.

당시 연산군은 아버지의 정치 방식을 뜯어고치려 했다. 무엇보다 홍문관을 비롯한 언관들의 권한을 제어하려 했다. 이에 대간(臺諫)은 결사적으로 맞섰다. 노사신은 유감스럽게도 그 사이에 끼게 됐다. 조금만 임금 편을 들면 젊은 사대부들로부터 권력에 아첨한다는 맹렬한 비난이 쏟아졌다.

1498년(연산군 4년) 9월 6일 노사신은 세상을 떠났다. 졸기(卒記)를 보면 그의 흠결을 억지로 찾아내려 한 흔적을 쉽게 찾을 수 있다.

"성종조에 정승이 됐으나 건명(建明-건의)한 바는 없었고, 금상(연산군)이 즉위한 처음에 수상(首相)이 됐는데 왕이 대간(臺諫)에게 노여움을 가져 잡아다 국문하려 하니 사신이 아뢰기를 '신은 희하(喜賀)하여 마지않는다'라고 했고, 태학생(太學生)이 부처에 대해서 간(諫)하자 귀양 보내려고 하니 사신이 또한 찬성했으므로 사림(士林)들이 이를 갈았다. 그러나 그 성품이 남을 기해(忮害)하는 일은 없었다.

사옥(史獄)이 일어나자 윤필상(尹弼商)·유자광(柳子光)·성준(成俊) 등이 본시 청의(淸議)하는 선비를 미워하여 일망타진(一網打盡)하려고 붕당(朋黨)이라 지목하니, 사신은 홀로

> 강력히 구원하면서 "동한(東漢-후한)에서 명사(名士)들을 금고(禁錮)했다가 나라조차 따라서 망했으니, 청의(淸議)가 아래에 있지 못하게 해서는 아니 된다"라고 했다. 그래서 선비들이 힘입어 온전히 삶을 얻은 자가 많았다.

실록이 이 정도 기록했다는 것은 오히려 극찬이라 하겠다. 그럼에도 연산군대에 생을 마감하는 바람에 삶의 후반부가 옥에 티로 남게 된 것은 안타까운 대목이다.

점괘의 밑에서 다섯 번째 양효에 대해 공자는 "끝내는 이기지 못해 길하다[終莫之勝吉]는 것은 바라던 바를 얻기 때문이다"라고 풀었다. 주공의 효사는 미묘하고 복잡하다.

> 큰 기러기가 높은 언덕으로 점점 나아가는 것이니, 부인이 3년 동안 잉태하지 못하나 끝내는 이기지 못해 길하다[鴻漸于陵 婦三歲不孕 終莫之勝 吉].

구오의 처지를 보자. 양효로 양위에 있으니 자리가 바르고, 상구와는 친밀하지 않고 육사와는 친하며, 중도를 얻은 육이와 호응 관계에 있다. 이에 대한 정이의 풀이가 흥미롭다.

> 육이와 바른 호응 관계를 이루고 둘 다 중정의 다움을 갖고 있지만, 구삼과 육사에 가로막혀 있다. 구삼이 육이와 가까이 있고 육사가 구오와 가까이 있으니, 두 사람 모두 구오와 육이의 교제를 가로막고 있는 자다. 즉시 합치할 수가 없으므로 3년 동안 잉태하지 못한다고 한 것이다.
>
> 그러나 중정의 도리는 반드시 형통할 이치가 있으니 바르지 못한 사람들이 어떻게 가로막고 해칠 수가 있겠는가? 그러므로 끝내는 이기지 못하니, 합치하는 데는 점차적인 순서가 있을 뿐 끝내는 길함을 얻는다. 올바르지 못한 자가 중정한 자와 대적하는 것은 한때의 일이니 오래도록 이길 수 있겠는가?

여기서 높은 언덕이란 곧 임금 자리[君位]를 말한다. 마침내 구오는 육이와 뜻을 합쳐 원하는 바를 이루게 된다. 공자가 "끝내는 이기지 못해 길하다[終莫之勝吉]는 것은 바라던 바를 얻기 때문"이라고 한 것은 바로 이 점을 말한 것이다. 이기지 못한다는 것은 군주가 아니라 중간에서 이간질하는 육사와 구삼을 말한다. 육사는 한사코 임금인 구오 곁에서 육이와의 관계를 막으려 하고, 구삼은 육이를 억압해 구오와 맺어지지 못하도록 한다. 그러나 마침내는 만나게 돼 구오와 육이 둘이서 바라던 바를 이뤄내게 된다는 말이다. 조선 시대 정조의 입장에서 보면 원하는 바를 이뤄냈다는 점에서 정약용보다는 오히려 채제공(蔡濟恭, 1720~1799)이 자신의 육이에 가깝다고 할 수 있다. 객관적인 입장에서 『한국민족문화대백과』가 정리한 채제공의 생애를 살펴보자.

> 1735년(영조 11년) 15세로 향시에 급제한 뒤 1743년 문과정시에 병과로 급제하여 승문원권지부정자에 임명되면서 관직 생활을 시작했다. 1748년 한림회권(翰林會圈) 때 영조의 탕평을 표방한 특명으로 선발돼 청요직인 예문관사관직을 거쳤다. 1751년에는 중인(中人)의 무덤이 있는 산을 탈취했다 하여 1년 이상 삼척에 유배됐다.
>
> 1753년에 충청도 암행어사로 균역법의 실시 과정상의 폐단과 변방 대비 문제를 진언했다. 1755년 나주괘서사건이 일어나자 문사랑(問事郎)으로 활약했고, 그 공로로 승정원 동부승지가 제수됐다. 이후 이천도호부사·대사간을 거쳤고, 『열성지장(列聖誌狀)』 편찬에 참여한 공로로 1758년에 도승지로 임명됐다.
>
> 이해 사도세자와 영조의 사이가 악화돼 세자 폐위의 비망기가 내려지자 죽음을 무릅쓰고 막아 이를 철회시켰는데, 이 사건으로 하여 후일 영조는 채제공을 지적하여 "진실로 나의 사심 없는 신하이고 너의 충신이다"라고 정조에게 말했다 한다.
>
> 이후 대사간·대사헌·경기감사를 역임하던 중 1762년 모친상으로 관직을 물러났는데, 이해 윤5월에 사도세자의 죽음이 있었다. 복상 후 1764년부터 개성유수·예문관제학·비변사당상을 거쳐 안악군수로 재임 중 부친상을 당하여 다시 관직에서 물러났다.
>
> 이후 1767년부터 홍문관제학·함경도관찰사·한성판윤을, 1770년부터는 병조·예조·호조판서를 역임하고, 1772년 이후 세손우빈객·공시당상(貢市堂上)이 됐다. 1775년 평안도관찰사 재임 시에 서류통청(庶類通淸)은 국법의 문제가 아니므로 풍속에 맡겨야 한다고 주장한 상소로 인하여 서얼 출신자에게 구타당하는 사건이 생기기도 했다.
>
> 이후 영조의 깊은 신임과 함께 약방제조로 병간호를 담당하기도 했고, 정조가 왕세손으로 대리청정한 뒤에는 호조판서·좌참찬으로 활약했다.
>
> 1776년 3월에 영조가 죽자 국장도감제조에 임명돼 행장·시장·어제·어필의 편찬 작업에

참여했다. 이어 사도세자의 죽음에 대한 책임자들을 처단할 때 형조판서 겸 판의금부사로서 옥사를 처결했다.

또한 정조 특명으로 사노비(寺奴婢-관서 소속의 공노비)의 폐를 교정하는 절목을 마련하여 정1품에 이르렀다. 이 사노비절목은 점차 사노비의 수효를 감소시켜 1801년(순조 1년)의 사노비 혁파를 가능하게 했다. 이후 규장각제학·예문관제학·한성판윤·강화유수를 역임했다.

1780년(정조 4년) 홍국영(洪國榮)의 세도가 무너지고 소론계 공신인 서명선(徐命善)을 영의정으로 하는 정권이 들어서자 홍국영과의 친분, 사도세자 신원에 대한 과격한 주장, 정조 원년에 역적으로 처단된 인물들과의 연관 및 그들과 동일한 흉언을 했다는 죄목 등으로 집중 공격을 받아 이후 8년간 서울 근교 명덕산에서 은거 생활을 했다.

1788년 국왕의 친필로 우의정에 특채됐고, 이때 황극(皇極)을 세울 것, 당론을 없앨 것, 의리를 밝힐 것, 탐관오리를 징벌할 것, 백성의 어려움을 근심할 것, 권력 기강을 바로잡을 것 등의 6조를 진언했다. 1790년 좌의정으로서 행정 수반이 됐고, 이후 3년간에 걸쳐 독상(獨相)으로서 정사를 오로지하기도 했다. 이 시기에 이조전랑의 자대제(自代制) 및 당하관 통청권의 혁파, 신해통공 정책 등을 실시했으며, 반대파의 역공으로 진산사건(珍山事件)이 일어나기도 했다.

1793년 잠깐 영의정에 임명됐을 때는 전일의 영남만인소에서와 같이 사도세자를 위한 단호한 토역(討逆)을 주장하여 이후 노론계의 집요한 공격을 야기하기도 했다. 그 뒤는 주로 수원성역을 담당하다가 1798년 사직했다.

말 그대로 정조의 육이이자 뒤에는 가까이에서 보필하는 육사가 됐던 인물이 바로 채제공이었다고 할 것이다.

점괘의 맨 위에 있는 양효에 대해 공자는 "그 깃털이 모범이 될 만하여 길하다[其羽(기우)可用(가용)爲儀(위의)吉(길)]는 것은 어지럽힐 수 없기 때문이다"라고 풀었다. 주공의 효사는 이렇다.

큰 기러기가 허공으로 점점 나아가는 것이니, 그 깃털이 모범이 될 만하여 길하다[鴻(홍)漸(점)于陸(우륙)(于逵(우규)) 其羽(기우)可用(가용)爲儀(위의) 吉(길)].

육(陸)은 규(逵)의 잘못으로 본다. 규(逵)란 사통팔달의 길을 뜻하는데, 여기서는 구름길로 허공의 가운데를 말한다. 이 말은 곧 현실 속의 정치적 지위를 벗어났다는 뜻이다. 한마디로 인간사를 초월해 유유자적하게 살아가는 것이다. 여기서 깃털이란 큰 기러기의 깃털로서 창공을 날아가는 데 꼭 필요한 것이다. 이는 상왕이나 원로로서의 역할을 자임하고 자신의 도리를 조금도 어기지 않는 것을 말한다. 공자가 '어지럽힐 수 없기 때문'이라고 한 것도 순리를 고분고분 따르기 때문이라는 말이다.

54. 뇌택귀매(雷澤歸妹)[349]

귀매(歸妹)는 가면 흉하니 이로운 바가 없다.

歸妹 征凶 无攸利.[350]
귀매 정 흉 무유리

초구(初九)는 시집가는 데 잉첩으로 보내는 것이니, 절름발이가 걸어가는 것이지만 가면 길하다[歸妹以娣 跛能履 征吉].
귀매 이 제 파 능리 정 길

구이(九二)는 애꾸눈이 보는 것이니 은둔자의 반듯함이 이롭다[眇能視 利幽人之貞].
묘 능시 이 유인 지 정

육삼(六三)은 누이를 시집보내고 기다리는 것이니, 다시 잉첩으로 시집보낸다[歸妹以須反歸以娣].
귀매 이수 반귀 이 제

구사(九四)는 시집가는 데 혼기가 지난 것이니, 지체하여 돌아가는 것은 때가 있기 때문이다[歸妹愆期 遲歸有時].
귀매 건기 지귀 유시

육오(六五)는 제을(帝乙)이 소녀를 시집보내는 것이어서 본처의 소매가 첩의 소매의 아름다움만 못하다. 달이 (보름달처럼) 거의 차면 길하다[帝乙歸妹 其君之袂 不如其娣之袂良 月幾望 吉].
제을 귀매 기군 지 메 불여 기제 지 메 량 월 기망 길

상륙(上六)은 여자가 광주리를 받드나 담긴 것이 없고 남자가 양을 베지만 피가 없으니 이로운 바가 없다[女承筐无實 士刲羊无血 无攸利].
여 승광 무실 사 규양 무혈 무유리

---

349 문자로는 진상태하(震上兌下)라고 한다.

350 이(利)만 나온다.

◉

귀매괘(歸妹卦)의 초구(初九)는 양위에 양효로 바름[正位], 구이(九二)는 음위에 양효로 바르지 못함[不正位], 육삼(六三)은 양위에 음효로 바르지 못함, 구사(九四)는 음위에 양효로 바르지 못함, 육오(六五)는 양위에 음효로 바르지 못함, 상륙(上六)은 음위에 음효로 바름이다. 이 괘의 경우는 구이와 육오 모두 중정을 얻지 못했다.

대성괘 귀매괘(䷵)는 소성괘 진괘(震卦, ☳)와 태괘(兌卦, ☱)가 위아래에 있어 만들어진 괘다. 「설괘전」에 따르면 '우레[雷=震]로 움직이게 하고' '태(兌-못)로 기쁘게 한다'고 했다. 괘의 모양이 진(震)이 위에 있고 태(兌)가 아래에 있다.

그러면 「서괘전」을 통해 왜 귀매괘가 점괘의 뒤를 이어받았는지 확인해보자.

> 점(漸)이란 꾸준히 나아감[進]이다. 나아가게 되면 반드시 돌아갈 곳[所歸]이 있게 마련이다. 그래서 점괘의 뒤를 귀매괘(歸妹卦)로 받았다.
>
> 進必有所歸. 故受之以歸妹.
> 진 필유 소귀 고 수지 이 귀매

귀매(歸妹)란 여자가 시집간다는 뜻이다. 앞에서도 잠깐 살펴본 것처럼 64괘 중에 남녀의 만남을 말하는 괘가 4개 있다. 함괘(咸卦), 항괘(恒卦), 점괘(漸卦), 귀매괘(歸妹卦)다. 뇌택귀매괘(雷澤歸妹卦, ䷵)는 아래는 소녀를 나타내는 태괘(☱)이고 위는 장남을 나타내는 진괘(☳)다. 정이의 풀이다.

> 남자가 위에 있고 여자가 아래에 있어, 여자가 남자를 따르고 소녀가 기뻐하는 뜻이 있다. 기뻐함으로써 움직인다. (그런데) 움직이기를 기뻐함으로써 하면 바름[正]을 얻지 못한다.

반면 앞에서 본 점괘(漸卦)는 남자가 여자에게 낮춰 각각 바른 자리[正位]를 얻은 것이다. 또 함괘(咸卦)는 그치고 기뻐하는데 귀매괘는 기뻐함으로써 움직이고, 항괘는 공손하고 움직이는 데 점괘는 그치고 공손하다. 그래서 항괘와 점괘는 부부의 도리이고 함괘와 귀매괘는 남녀의 정(情)이다.

이번에는 「잡괘전」을 통해 점괘와 귀매괘의 관계를 살펴보자.

귀매(歸妹)는 여자의 끝마침[女之終(여지종)]이요 점(漸)은 여자가 시집감이니, 남자를 기다려서 (시집을) 가는 것[女歸待男行(여귀 대남 행)]이다.

귀매괘(歸妹卦, ䷵)와 점괘(漸卦, ䷴)는 서로 종괘 관계다. 귀매괘에서 여자의 끝마침이란 시집을 갔다는 뜻이다. 점괘는 남자가 예를 갖추기를 기다려서 혼인한다는 것이다. 정이는 귀매괘 전반을 이렇게 풀이했다.

귀매괘는 괘의 모습이, 태괘가 상징하는 연못 위에 진괘가 상징하는 우레가 있는 것이다. 우레가 진동하여 연못이 움직이는 모습은 우레의 움직임에 연못이 움직여 복종하는 모습을 상징한다. 복종하여 따라 움직이는 것 중에는 물만 한 것이 없다. 남자가 위에서 움직이고 여자가 그에 복종하여 따르니, 시집가서 남자를 따르는 모습이다. 진괘는 성인 남자를 상징하고 태괘는 소녀를 상징한다. 소녀가 성인 남자를 따르는 것은 기뻐하면서 움직이는 것이니, 마음이 움직여 서로 기뻐하는 것이다. 사람이 기뻐하는 것은 소녀이므로 매(妹)라고 했으니, 여자가 시집가는 모습이다. 또 성인 남자가 소녀를 기뻐하는 뜻이 있으므로 여자가 시집가는 일이다.

문왕의 단사(彖辭), 즉 "귀매(歸妹)는 가면 흉하니 이로운 바가 없다[歸妹(귀매) 征(정)凶(흉) 无攸利(무유리)]"에 대한 공자의 풀이[「彖傳(단전)」]를 살펴볼 차례다.

귀매(歸妹-여자를 시집보냄)란 하늘과 땅의 큰 마땅함[大義(대의)]이다. 하늘과 땅이 사귀지 않으면 세상 만물 만사가 일어나지 않으니, 시집가는 일은 사람으로서는 끝이자 시작[終始(종시)]이다. 기뻐함으로써 움직여[說以動(열이동)] 시집가는 것이 소녀이니, "가면 흉하니"라고 한 까닭은 자리가 마땅하지 않기[不當(부당)] 때문이다. "이로울 바가 없다"는 것은 부드러움이 굳셈을 올라탔기[柔(유)乘剛(승강)] 때문이다.

歸妹 天地之大義也.
귀매 천지 지 대의 야

天地不交而萬物不興 歸妹 人之終始也.
천지 불교 이 만물 불흥 귀매 인지 종시 야

說以動 所歸妹也 征凶 位不當也.
열이동 소귀매 야 정 흉 위 부당 야
无攸利 柔乘剛也.
무유리 유 승강 야

◉

여기서 하늘과 땅이란 곧 양과 음, 남자와 여자다. 이 둘이 서로 만나 교제하지 않고서는 세상이 존재할 수 없다. 그래서 공자는 '시집가는 일은 사람으로서는 끝이자 시작[終始]'이라고 한 것이다. 이에 대해서는 별도의 풀이가 필요 없다. "'가면 흉하니'라고 한 까닭은 자리가 마땅하지 않기[不當] 때문"이라는 것은 귀매괘의 효의 자리와 관련된 것이다. 즉 초구와 상륙을 제외한 나머지 4개의 효는 모두 자리가 바르지 못하다. 처해 있는 상황이 이런데 조심하지 않고 '기뻐함으로써 움직여[說以動]' 시집을 간다면 그 결과는 흉할 수밖에 없다는 말이다.

"'이로울 바가 없다'는 것은 부드러움이 굳셈을 올라탔기[柔乘剛] 때문"이라는 공자의 풀이 또한 귀매괘의 효를 통해 풀어야 한다. 귀매괘에서 부드러움이 굳셈을 올라타고 있는 효는 육삼과 육오다. 이는 하늘과 땅의 도리를 어긴 것이다. 그래서 공자는 이로울 바가 없다고 했다. 사실상 흉하다는 말이다.

공자의 「상전(象傳)」을 살펴볼 차례다. 그중에 귀매괘를 총평한 「대상전」이다.

연못 위에 우레가 있는 것이 귀매(歸妹)(가 드러난 모습)이니, 군자는 그것을 갖고서 끝마침을 오래 지속시키되 모두 망가져 없어질 수 있음을 알아차린다[澤上有雷歸妹 君子以 永終知敝].

◉

앞서 정이는 "귀매괘는 괘의 모습이, 태괘가 상징하는 연못 위에 진괘가 상싱하는 우레가 있는 것이다. 우레가 진동하여 연못이 움직이는 모습은 우레의 움직임에 연못이 움직여 복종하는 모습을 상징한다. 복종하여 따라 움직이는 것 중에는 물만 한 것이 없다. 남자가 위에서 움직이고 여자가 그에 복종하여 따르니, 시집가서 남자를 따르는 모습이다"라고 했다. 이 말은 곧 남녀가 짝을 이루고 자손을 낳아 끝마칠 수 있는 것을 다시 계속 지속시키는 것이다.

귀매괘의 「대상전」에서 더욱 중요한 것은 후자다. "모두 망가져 없어질 수 있음을 알아차린다." 이는 일차적으로는 부부의 도리다. 그런데 항괘(恒卦)는 겸손하면서 움직이는 것이지만 귀매괘는 기뻐해 움직이는 것이다. 이는 자칫하면 오래가지 못할 수 있다. 공자는 『논어』 「팔일」편에서 이렇게 말했다.

> 「관저(關雎)」는 즐거우면서도 지나치지 않고[樂而不淫]낙이불음 슬프면서도 마음을 상하게 하지는 않는다[哀而不傷]애이불상.

주나라 문왕의 부부의 도리를 노래한 시 「관저」에 대한 공자의 평인데, 여기에 바로 오래갈 수 있는 도리가 담겨 있다. 즐거워하되 음란한 지경에까지 이르러서는 안 된다는 말이다.

더불어 이는 고스란히 임금과 신하의 서로에 대한 도리에도 그대로 적용된다. 공자는 윗사람을 섬길 때는 '예를 다하라[盡禮]진례'고 했고, 아랫사람을 대할 때는 '예로써 대우하라[禮待]예대'고 했다. 위아래는 권력이나 부가 아니라 일의 이치[事理=禮]사리 예로 맺어진 관계라고 보았기 때문이다. 『논어』 「팔일」편에 나란히 나오는 두 대화다.

> 임금을 섬기는 데는 예를 다하라[盡禮]진례.

> 정공(定公)이 물었다.
>
> "임금은 신하를 어떻게 부려야 하고, 신하는 임금을 어떻게 섬겨야 하는가?"
>
> 공자가 대답했다.
>
> "임금은 신하를 예로써[以禮]이례 부리고, 신하는 군주를 충(忠)으로 섬겨야 합니다."

그러면 임금이 신하를 일의 이치[事理=禮]사리 예로써 부리는 것은 어떻게 하는 것일까? 「자로」편이다.

공자가 말했다.

"군자(형·임금)는 섬기기는 쉬워도 기쁘게 하기는 어려우니, 기쁘게 하기를 도로써 하지 않으면 기뻐하지 아니하고 사람을 부리면서도 그 그릇에 맞게 부린다[器之]. 소인(형·임금)은 섬기기는 어려워도 기쁘게 하기는 쉬우니, 기쁘게 하기를 비록 도로써 하지 않아도 기뻐하고 사람을 부리면서도 (아랫사람 한 사람에게 각종) 능력이 완비되기를 요구한다[求備]."

반대로 신하가 임금에게 일의 이치로써 충(忠)을 다하는 것은 어떤 것인가? 『서경』「군진(君陳)」편에 나오는 말이다.

네게 만일 좋은 계책[嘉謨]과 좋은 생각[嘉猷]이 있거든 곧장[則=卽] 들어가 너의 임금에게 아뢰고, 밖으로 네가 그것을 알릴 때는 이 계책과 이 꾀는 오직 우리 임금의 다움 덕분이라고 하라!

귀매괘의 여섯 효[六爻]에 대한 주공의 말을 풀이한 공자의 「소상전」이다.

(초구(初九)는) 시집가는 데 잉첩으로 보내는 것은 오래 지속하려는 것[恒]이고, 절름발이가 걸어가는 것이지만 (가면) 길한 것은 서로 잇기[相承] 때문이다[歸妹以娣 以恒也 跛能履吉 相承也].

(구이(九二)는) 은둔자의 반듯함이 이롭다는 것은 아직 상도[常=常道]를 바꾸지 않았기 때문이다[利幽人之貞 未變常也].

(육삼(六三)은) 누이를 시집보내고 기다리는 것은 아직은 마땅하지 않기 때문이다[歸妹以須 未當也].

(구사(九四)는) 혼기를 놓친 사람의 뜻은 때를 기다려 가려는 데 있다[愆期之志 有待而行也].

(육오(六五)는) 제을(帝乙)이 소녀를 시집보내는 것이어서 (본처의 소매가) 첩의 소매의 아름다움만 못하다는 것은 그 자리가 가운데 있어 존귀함으로써 행하기 때문이다[帝乙歸妹不如其娣之袂良也 其位在中 以貴行也].

상륙(上六)에 담긴 것이 없다는 것은 빈 광주리를 받들었기 때문이다[上六无實 承虛筐也].

◉

귀매괘의 맨 아래에 있는 양효에 대해 공자는 "시집가는 데 잉첩으로 보내는 것은 오래 지속하려는 것[恒](항)이고, 절름발이가 걸어가는 것이지만 (가면) 길한 것은 서로 잇기[相承](상승) 때문이다"라고 풀었다.

주공의 효사나 공자의 풀이 모두 선뜻 이해가 되지 않는다.

'끝마침을 오래 지속시키되 모두 망가져 없어질 수 있음을 알아'차려야 하는 귀매괘의 초구가 놓인 처지를 보자. 강양의 자질로 강양의 자리에 있으나 구이와 친하지 않고, 구사와도 호응 관계가 아니다. 게다가 지위는 아주 보잘것없다. 그래서 잉첩(媵妾)이라고 했다. 옛날 중국에서는 귀인에게 시집가는 여자에게 시종하는 여자를 딸려 보냈는데, 그를 잉첩이라고 했다. 질녀나 여동생이 따라가는 경우가 많았다. 이는 자질은 뛰어난데[賢(현)=賢明(현명)] 누구의 지원도 받지 못하면서 미천한 자리에 처해 있는 초구와 비슷하다. 그래서 잉첩이라고 한 듯하다.

공자가 풀이에서 '오래 지속하려는 것[恒](항)'이라고 말한 것은 잉첩의 자질이 뛰어나서 그나마 기쁨에 날뛰지 않고, 뛰어나고 반듯한[賢貞](현정) 도리를 지켜 오래갈 수 있다고 보았기 때문이다. 믿고 의지할 것이라고는 자기 자신의 현숙한 다움뿐이라는 말이다. 당연히 절름발이가 걸어가는 것과 같아 멀리까지 갈 수 없다는 말이다. 잉첩은 주인의 곁을 멀리 벗어나서는 안 된다. 그럼에도 도리로 그 주인을 잘 돕는다면 결국 길하다는 것이 공자의 풀이다.

이는 정치적으로 보자면 다른 사람의 부하나 참모로 있다가 그 섬기는 도리가 좋아 훗날 임금에게 발탁됨으로써 자기가 섬기던 사람보다 더 높아진 경우라고 할 수 있다.

여기서는 잉첩의 사례를 보자. 당나라 때의 측천무후(則天武后, 624~705)가 전형이다. 『두산백과』에 정리된 그의 생애 정보다.

> 중국에서 여성으로 유일하게 황제(皇帝)가 됐던 인물로, 무후(武后)·무측천(武則天)·측천후(則天后)·측천제(則天帝)·측천여제(則天女帝)·측천여황(則天女皇) 등으로도 불린다. 측천무후라는 호칭은 당(唐) 고종(高宗)의 황후(皇后)로서의 지위를 나타내지만, 690년 당(唐)의 국호를 주(周)로 고치고 스스로 황제가 돼 15년 동안 중국을 통치했던 사실에 비추

어 적합하지 않다는 지적도 있다. 그래서 중국에서는 '무측천(武則天)'이라는 호칭이 더 폭넓게 사용되고 있다. 이름인 '조(曌)'는 '비출 조(照)'의 뜻을 나타내는 측천문자(則天文字)로, 해(日)와 달(月)이 하늘(空)에 떠 있는 모양처럼 세상을 비춘다는 의미가 담겨 있다.

측천무후는 624년 2월 17일(무덕(武德) 7년 1월 23일) 당(唐)의 수도인 장안(長安-서안)에서 당의 건국공신인 무사확(武士彠)의 둘째 딸로 태어났다. 무사확은 병주(幷州) 문수현(文水縣) 출신으로, 목재상으로 큰 부자가 된 인물이다. 그는 당 고조(高祖) 이연(李淵)이 수(隋) 양제(煬帝)에 맞서 태원(太原)에서 반란을 일으킬 때부터 그를 지원해 당나라 건국에 큰 공을 세웠고, 당이 건국된 뒤에 원종공신(元從功臣)으로 대우를 받으며 공부상서(工部尙書), 이주(利州)와 형주(荊州)의 도독(都督) 등을 지냈다. 그는 620년에 본처를 잃고 양(楊)씨를 새로 처로 맞이해 세 딸을 낳았는데, 그 가운데 둘째가 무후다.

무후는 637년 당 태종(太宗)의 후궁으로 입궁했으며, 4품(四品) 재인(才人)으로서 태종에게 '미(媚)'라는 이름을 받아 '무미랑(武媚娘)'이라고 불렸다. 649년에 태종이 죽자 무후는 황실의 관습에 따라 감업사(感業寺)로 출가했다. 그러다 651년 고종(高宗)의 후궁으로 다시 입궁했고, 이듬해에 2품 소의(昭儀)가 됐다. 무후는 고종과의 사이에서 4남 2녀를 낳았으며, 655년 왕황후와 소숙비(蕭淑妃) 등을 내쫓고 황후가 됐다.

황후가 된 무후는 고종을 대신해서 정무(政務)를 맡아보며 태종 때부터 봉직해온 장손무기(長孫無忌, ?~659), 저수량(褚遂良, 596~658), 우지녕(于志寧) 등의 대신들을 몰아내고 신진 세력을 등용해 권력을 장악했다. 656년 황태자(皇太子)였던 이충(李忠, 643~664)을 폐위시키고 자신의 장남인 이홍(李弘, 652~675)을 황태자로 앉혔고, 664년부터는 수렴청정을 통해 실질적으로 중국을 통치했다. 675년 고종의 병세가 악화하자 섭정이 돼 전권을 행사했으며, 그해 이홍이 죽자 둘째 아들인 이현(李賢)을 황태자로 세웠다. 그러다 680년에는 이현(李賢)을 폐위시키고 셋째 아들인 이현(李顯, 656~710)을 황태자로 세웠다.

683년 고종이 죽자 이현(李顯)이 황제가 됐는데, 당의 4대 황제인 중종(中宗)이다. 하지만 중종의 황후인 위후(韋后)가 아버지 위현정(韋玄貞)과 함께 정권을 장악하려 하자 684년 중종을 폐위시키고 넷째 아들인 이단(李旦, 662~716)을 황제로 세웠다. 그가 당의 5대 황제인 예종(睿宗)이다. 그해 서경업(徐敬業)·서경유(徐敬猷) 형제가 일부 황족들과 연합하여 양주(揚州)에서 반란을 일으켰으나 무후는 40일 만에 이를 진압했다. 688년에도 태종의 아들인 월왕(越王) 이정(李貞)이 아들인 이충(李沖)과 함께 박주(博州)와 예주(豫州)에서 무후에 반대해 군사를 일으켰지만, 곧바로 진압됐다. 무후는 내준신(來俊臣), 삭원례(索元禮), 주흥(周興) 등을 등용해 반대파에 대한 밀고와 감시에 기초한 공포 정치를 펼치며 자신의 권력을 강화했다.

이처럼 황실 안팎의 반대파를 제거한 무후는 690년 예종을 폐위시키고 자신이 직접 황제가 돼 나라 이름을 '대주(大周)'라 하고, 수도를 장안에서 신도(神都)라 이름을 바꾼 낙양(洛陽)으로 옮겼다. 역사가들은 이를 고대의 주(周)와 구분하여 '무주(武周)'라고 부른다. 무후는 과거 제도를 정비해 적인걸(狄仁傑), 요숭(姚崇), 송경(宋璟) 등의 인재를 등용했으며, 행정 체계를 대대적으로 정비했다. 무후는 반대파를 매우 엄격히 감시하고 통제하는 공포 정치를 실시했지만, 상대적으로 백성의 생활은 안정됐다. 그녀의 통치기는 태종이 통치하던 '정관의 치'에 버금간다는 평가를 받아 '무주의 치'라고 불리며, 이후 당의 전성기인 현종(玄宗) 때의 '개원의 치'의 기초를 마련했다는 평가를 받는다. 하지만 699년 이후에는 장역지(張易之)·장창종(張昌宗) 형제와 환관 설회의(薛懷義) 등의 총신들이 횡포를 부리는 등의 폐단이 발생했다. 결국 705년 무후가 병을 앓아눕자 재상 장간지(張柬之, 625~706) 등이 그녀에게 양위를 압박했고, 무후는 태상황(太上皇)으로 물러나고 698년에 다시 황태자가 됐던 중종이 복위돼 당 왕조가 부활했다. 무후는 그해 12월 16일 황제가 아니라 황후로서 장례를 치르고 묘비에는 한 글자도 새기지 말라는 등의 유언을 남기고 죽었다.

우리 역사에서는 영조의 친모(親母) 최씨(崔氏)가 바로 여기에 해당한다.

숙종 15년 기사환국 직후 숙종과 장희빈 사이의 관계가 계속 좋았다는 사실은 이듬해 9월 6일경 두 번째 왕자를 생산한 데서도 간접적으로 확인할 수 있다. 그러나 두 번째 왕자는 유감스럽게도 열흘 만에 죽었다. 왕자에 대한 갈증이 여전했던 숙종에게 이 일은 적잖은 충격을 주었을 것이 분명했다. 3년이 지난 숙종 19년(1693) 10월 6일, 소의(昭儀) 최씨가 왕자를 생산했다. 숙종의 기쁨은 말할 수 없이 컸다. 이름은 오래 살라는 염원을 담아 영수(永壽)라고 지었다. 그러나 이 아이도 두 달 만인 12월 13일 조졸(早卒)했다. 다시 한번 아들에 대한 숙종의 갈증이 커질 수밖에 없었다.

여기서 중요한 점은 숙종이 이제 장희빈이 아닌 다른 여인에게 눈길을 주기 시작했다는 사실이다. 소의 최씨가 숙종 19년 10월에 왕자를 낳았다는 것은, 적어도 숙종 18년 후반경부터는 두 사람 사이에 사랑이 싹트기 시작했다는 뜻이다. 원래 소의 최씨는 무수리 출신으로 인현왕후 민씨의 시녀였다. 당시에는 이미 세상을 떠나긴 했지만, 숙종의 첫 장인이자 서인 중진이었던 김만기와 연결돼 있던 숙종의 유모 봉모부인과도 가까웠다. 서인에게도 실낱같은 회생의 희망이 보이는 순간이었다.

숙종은 이 무렵 장희빈에게서 조금씩 멀어지고 있었다. 여러 이유가 있겠지만 출생에 따른 신분과 생각의 차이를 뛰어넘지 못한 게 가장 큰 이유였을 것이다. 처음에야 미모에 반했겠지만, 날 때부터 궁중에서 자란 숙종으로서는 가까이 지내면서 점차 중인 집안의 장희빈의 이런저런 행동에서 실망감을 쌓아갔을 가능성이 크다. 그렇다고 장희빈이 크게 문제가 되는 행동을 보이지는 않았다. 격(格)의 문제일 뿐이었다.

이런 점에서 본다면 최씨와의 첫 인연을 전하는 야사의 이야기도 어느 정도 현실성이 있다. 어느 날 밤 숙종이 궁궐을 거닐다가 한 궁녀의 방에 불이 켜진 것을 보고 들어가 보았더니 최씨가 폐서인된 민씨의 만수무강을 비는 축원을 드리고 있었고, 이로부터 최씨와의 인연이 시작됐다는 이야기다. 이게 사실이라면 최씨는 당시로서는 중죄를 저지른 셈이었다. 그러나 순간 숙종은 일개 궁녀만도 못한 자신의 '부도덕했던 처사'를 후회했을지 모른다. 만일 미모의 장희빈이 인간적인 품격까지 갖췄다면 숙종은 이런 후회를 하지 않았을 수 있다.

이미 이 무렵 장희빈에 대한 총애가 시들해져가고 있음을 확인할 수 있는 일이 생겨났다. 욱일승천하던 포도대장 장희재는 숙종 19년 4월 3일 '권력 남용 혐의'로 포도대장에서 쫓겨난다. 권력 남용을 방조했던 숙종이 그 점을 이유로 장희재를 내쳤다는 것만으로도 숙종의 마음은 눈에 띄게 장희빈에게서 떠나가고 있었던 것이다. 그것은 장희빈에게 많은 부분을 의존하고 있던 남인 세력에게도 위험이 찾아오고 있다는 뜻이기도 했다.

이 무렵 서인 세력의 재기를 위해 가장 부지런하게 움직인 인물은 김춘택(金春澤, 1670~1717)이었다. 당시 20대 초반의 열혈 청년이었던 김춘택은 숙종의 장인 김만기의 손자로 뛰어난 문재(文才)를 자랑하고 있었다. 그러나 기사환국과 함께 남인이 집권하자 서인 노론 핵심 집안의 후손으로서 앞길이 막힌 데 대한 불만이 클 수밖에 없었다.

정철·윤선도·김만중 등과 같이 문학적 자질이 뛰어난 인물들의 정치는 상당히 과격하다는 공통점이 있었다. 이런 점에서 김춘택도 예외는 아니었다. 이건창의 『당의통략(黨議通略)』에 따르면 김춘택은 김석주의 사람됨을 흠모했다고 한다. 김석주가 김만기와 가까운 때문이기도 하겠지만, 김석주의 음모와 공작 정치를 멋지게 생각한 때문인지 모른다.

김춘택은 위험할 정도로 대담했다. 먼저 궁인의 동생을 첩으로 맞아들여 궁중의 정보 입수에 나선다. 이를 위해 은화 1000금을 아낌없이 투자했다. 심지어 당대 최고의 실력자인 장희재의 부인과 정을 통하며 남인들의 동태에 대한 깊은 정보를 빼냈다고 한다. 말 그대로 온 몸을 던졌다. 일설에 의하면 그는 작은할아버지 김만중이 유배지 남해에서 쓴 『사씨남정기』를 한문으로 번역해 은밀하게 궁녀들을 통해 숙종에게 전달토록 했다고 한다. 비록 중국을 무대로 했지만 『사씨남정기』에 나오는 사씨부인이 인현왕후고 유한림이 숙종, 요첩 교씨가 희빈 장씨임은 누구나 알 수 있다. 물론 이런 이야기는 실록에는 전하지 않는다. 다만 숙종의 마음을 바꿔보려는 김춘택의 집요함이 두드러지는 일화다.

김춘택은 심지어 왕실의 숙안공주와 숙명공주도 포섭하는 데 성공했다. 두 공주는 효종의 딸로 숙종에게는 고모들이었다. 그중 특히 숙안공주는 남인에 대해 뿌리 깊은 원한이 있었다. 숙안공주와 익평군 홍득기 사이에서 난 아들 홍치상이 기사환국 때 남인들에 의해 사사를 당했기 때문이다. 김춘택을 비롯해 신진 인사들이 중심이 된 서인 세력의 움직임을 남인이라고 해서 내버려두지는 않았다. 남인은 적어도 실권을 쥐고 있었다. 남인 쪽의 사령탑은 우의정 민암이었다. 양측의 정보전은 치열하게 전개됐다.

숙종 20년 3월 23일, 대신과 비변사 신하들을 인견하는 자리에서 우의정 민암은 중대한 발언을 한다. 함이완(咸以完)이라는 김석주의 옛 가인(家人)을 통해 직접 전해 들은 일종의 역모고변이었다. 정확한 상황 파악을 위해 함이완의 말을 일단 그대로 들어보자.

"제가 마침 최격(崔格)이란 자와 이웃이 됐는데 최격의 말에 따르면, 승지를 지낸 한구(韓構)의 아들 한중혁(韓重爀)이 김경함(金慶咸)과 내외종 형제가 되는데, 김경함이 귀양 간 후로부터 이내 그 일을 주장하여 김만기의 장남인 김진구(金鎭龜)의 아들 김춘택과 유명일(兪命一)의 아들 유복기(兪復基), 유태기(兪泰基) 등과 모여서 의논하고, 강만태(康晩泰)·변진영(邊震英)·홍만익(洪萬翼)·변학령(卞鶴齡)·이돌(李突)·김보명(金寶命)·김도명(金道明)·이동번(李東蕃)·박세건(朴世建)·이기정(李起貞)·이후성(李後成)·채이장(蔡以章)·이진명(李震明)·이시도(李時棹)·이시회(李時檜) 등과 무리를 이뤄 각기 금전과 포백(布帛)을 내었으며, 홍이도(洪以度)가 전라병사(全羅兵使)가 됐을 때, 군포(軍布)를 많이 내어 이를 도왔다고 합니다. 이에 모두 그 재물을 한중혁과 강만태에게 맡겨서 그들이 하는 대로 내버려두고서 그 남는 비용은 쓴 데를 묻지 않았으니, 술과 음식으로 따뜻하게 먹여서 당여(黨與)를 많이 기르고는 이내 환관(宦官)·폐인(嬖人-궁녀)과 척가(戚家-장희재)에게 뇌물을 써서 그들로 하여금 거짓말과 허위의 풍문(風聞)을 만들어 조정 신하를 헐뜯고 인심(人心)을 불안하게 하여 음험하게 간악한 짓을 시행하려는 계획을 만들었다는 이야기를 들었습니다."

이게 전부였다. 물론 주로 서인 세력의 자제들이 무리를 지어 돈을 모으고 술을 먹고 다녔다는 것은 미심쩍긴 하지만 이것만으로 역모(逆謀) 운운하기에는 무리가 따를 수밖에 없다. 그래서일까 숙종은 의금부를 통해 엄히 조사해야 한다는 민암의 주청에 이상하리만치도 차분하게 딱 한 마디만 한다. "좋다."

왜 이 한 마디뿐이었을까? 억지로 역모 사건을 만들어 남아 있는 서인 잔존 세력을 소탕하려는 민암의 의도를 읽은 때문일까, 아니면 더 나아가 이미 남인들을 축출하고 서인들을 불러들이기 위한 마스터플랜을 세워놓은 입장에서 일단 '네 하고 싶은 대로 한번 해봐라!'라는 심정의 발로일까? 숙종의 명이 있었기 때문에 일단 국청(鞫廳)이 설치됐고, 관련자들이 하나둘 붙잡혀 와 모진 고문을 당해야 했다. 그런데 한중혁을 비롯해 붙잡혀 온 사람들은 하나같이 서로 은화를 주고받은 일은 있지만, 모계(謀計-역모)가 있었다는 것은 어불성설이라고 답했다. 오직 함이완만이 민암이 했던 이야기를 그대로 반복했다. 여러 날 조사가 진행됐지만 정작 역모라고 할 만한 결정적 사실은 나오지 않았다.

이런 가운데 엿새 후인 3월 29일 동트기 직전, 미관말직에 있는 유학 김인, 서리 박귀근, 보인 박의길 등 3명이 편전 앞까지 찾아와 직접 고변서를 올렸다. 역모고변의 경우에나 있을 수 있는 일이었다. 이들 고변서는 먼저 한중혁·김춘택 등이 모의한 내용을 상세하게 언급한 다음 이어 아주 충격적인 내용을 담고 있었다. 먼저 장희재가 한중혁·김춘택 등으로부터 받은 은화로 김해성을 꾀어, 김해성의 장모인 숙원 최씨의 숙모를 설득해 최씨의 생일날에 음식물을 들고 입궐하여 최씨를 독살시키도록 도모했다는 것이었다. 게다가 이 계획에는 우의정 민암, 병조판서 목창명, 호조판서 오시복, 신천군수 윤희, 훈국별장 성호빈 등이 연루돼 있다고 덧붙였다. 함이완을 동원한 민암의 고변을 정면으로 맞받아치는 역고변이었다. 물론 김인을 비롯한 3인은 서인이었다.

김인 등 3인의 고변서를 받자마자 숙종은 국청에 내려보냈다. 잠시 후 국청의 신하들이 숙종을 직접 찾아왔다. 원래 고변서는 언문으로 돼 있었기 때문에 국청에서 다시 예서체로 고쳐 쓴 다음 승지로 하여금 읽게 했다. 고변서 낭독이 끝나자 숙종은 "거짓이 많고 흉악 음험하기가 어찌 이럴 수 있는가"라고 개탄했다. 일단은 남인의 손을 들어주는 듯했다. 권대운 등이 고변서의 내용은 상호 모순된 내용으로 가득 차 있어 조사해볼 필요도 없다고 했다. 우의정에서 물러나 중추부 영사로 있던 김덕원도 "원래 김인이 신천군수 윤희에게 흉악한 말을 하여 윤희가 즉각 장희재와 민암 등에게 전하자 이들이 물리치고 듣지 않았을 뿐 아니라 오히려 김인을 잡아들이려 하니 이에 김인 등이 고변을 하게 된 것"이라고 배경을 설명했다. 두 사람의 말에 숙종도 동의했다.

그래서 함이완의 고변에 대해서는 관련자들이 속속 잡혀 들어와 심문을 당한 반면, 김인 등의 고변은 고변자 3인만 체포돼 조사를 받는 선에서 일이 끝나는 듯했다.

4월 1일에도 한중혁을 비롯해 함이완의 고변에 연루된 자들이 계속 늘어났다. 숙종은 국문 현장에서 그 모든 것을 지켜보았다. 국문의 규모가 커지면서 연루자의 이름에 서인 대신들의 이름이 등장하는 것은 물론 왕실 내의 서인 계통 군이나 공주의 이름까지 등장했다. 숙종은 민암의 일 처리에 분노했다. 그날 밤 숙종은 비망기를 내린다. 별도의 해석이 필요 없는 숙종 자신의 정확한 속마음이며 남인의 몰락 이유를 단적으로 보여준다. 미숙(未熟).

"지난번 대신과 비변사 신하들이 입시(入侍)했을 때 우의정 민암이 함이완의 일을 아뢰고 이어서 의금부[禁府]를 시켜 가두고서 추핵하기를 청하므로 내가 본디 윤허하기는 했으나, 사실 나는 그때부터 민암이 홀로 함이완을 만나 수작한 것이 있다는 것을 의심스러워했다. 그런데도 겨우 하루가 지나니 의금부의 당상(堂上)이 방자하게 청대(請對)하여 옥사(獄事)를 확대해, 예전에 갇혀서 조사받던 자(남인)가 이제는 도리어 옥사를 국문하게 되고 예전에 죄를 정하던 자(서인)가 이제는 도리어 극형을 받게 됐다. 하루 이틀에 차꼬·칼·용수를 쓴 수인(囚人)들이 금오(金吾-의금부의 별칭)에 가득 차게 하고, 서로 고하고 끌어대면 문득 대질을 청하고, 대질이 겨우 끝나면 거의 죄다 처형을 청하니, 이렇게 해댈 것 같으면 그 전후에 끌어댄 자도 장차 차례로 죄로 얽어맬 것이다. 그렇게 되면 공주(公主)의 집과 한편인 사람들(서인들)은 고문과 귀양 가는 죄를 면할 자가 드물 것이다. 임금을 우롱하고 진신(搢紳)을 함부로 죽이는 정상이 매우 통탄할 만하니, 국문을 주도한 대신 이하는 모두 관작을 삭탈하여 내쫓고 민암과 의금부 당상은 모두 절도(絶島)에 안치하라."

과하다고 본 것이다. 그 중심인물이 민암이라고 보았다. 지금까지 우리가 보아온 숙종의 성격을 볼 때 더 이상의 요인을 끌어들일 필요는 없을 것 같다. 숙종이 범상한 인물이었다면 그럴싸한 음모론에 유혹을 느꼈겠지만, 왕실의 존엄을 누구보다 중요하게 생각하는 그로서는 익평·청평·인평 등 세 공주까지 물고 들어가는 민암의 공세를 자신에 대한 도전으로 인식했을 것이 분명하다. 효종의 딸인 세 공주는 모두 서인 쪽 사람들과 혼인한 서인 사람들이었다. 이로써 두 차례에 걸친 숙종과 남인의 인연은 종지부를 찍는다.

갑술환국을 단행하던 날 밤 숙종은 분명히 폐비 민씨를 신원하려는 자는 역률로 다스리겠다고 엄명을 내린 바 있다. 그러나 그것은 숙종의 본심이 아니었다. 4월 9일 숙종은 폐인을 별궁으로 옮기고 경호를 강화할 것을 명한다. 복위(復位)를 위한 절차를 밟겠다는 의사의 표현이었다. 이때 숙종은 민씨에게 반성문과도 같은 친필 서찰[玉札]을 내린다.

"처음에 권간(權奸)에게 조롱당하여 잘못 처분했으나, 곧 깨달아서 그 심사를 환히 알고 그 억울한 정상을 깊이 알았다. 그립고 답답한 마음이 세월이 갈수록 깊어져 때때로 꿈에 만나면 그대가 내 옷을 잡고 비 오듯이 눈물을 흘리니, 깨어서 그 일을 생각하면 하루가 다 하도록 안정하지 못하거니와 이때의 정경(情境)을 그대가 어찌 알겠는가? 시인(時人-당대에 권력을 잡은 무리)이 임금을 속이고 공도(公道)를 저버리는 것을 보게 되니, 지난날 경신년(숙종 6년)의 여당(餘黨-서인)에 연결된 말이 참으로 나라를 위한 지극한 정성에서 나왔고 조금도 사의(私意)가 있는 것이 아니었다는 것을 더욱 알았다. 옛 인연을 다시 이으려는 것은 자나 깨나 잊지 않으나 국가의 처사는 또한 용이하지 않으므로 참고 머뭇거린 지 이제 6년이 됐는데, 어쩌면 다행히도 암적(黯賊-민암)이 진신(搢紳)을 도륙하려는 생각이 남김없이 드러났으므로 비로소 뭇 흉악한 자를 내치고 구신(舊臣)을 거두어 쓰고 이어서 별궁에 이처하는 일이 있게 됐으니, 이 뒤에 어찌 다시 만날 기약이 없겠는가?"

사흘 후인 4월 12일 폐비 민씨를 신원하려는 자는 역률로 다스리겠다고 한 자신의 분부를 철회한다고 발표했다. 동시에 중궁 장씨를 다시 희빈으로 강봉하고, 대신 세자가 장희빈을 조석으로 문안하는 예는 폐하지 말 것을 명했다. 어머니로서의 위치는 그대로 유지시켜주겠다는 뜻이었다.

4월 21일 중궁의 복위를 태묘(太廟-이성계의 신위)에 고했다. 더불어 4월 25일 왕비의 폐비를 극렬 반대하지 않았다는 이유로 당시의 영의정 권대운, 우의정 민암, 대사헌 목창명 등은 극변에 위리안치되는 처벌을 추가로 받아야 했다. 이제 장희빈이 위험에 처하게 됐다.

짧지만 한동안 최고의 권력을 누렸던 장희빈의 오빠 포도대장 장희재도 어느새 바람 앞의 등불 같은 처량한 신세로 전락했다. 특히 그는 한때 자신이 데리고 있던 이시도라는 인물을 책망하다가 나라의 죄인을 사사로이 고문했다는 이유로 귀양을 떠나게 됐다. 게다가 고변서에도 그의 이름 석 자가 나왔으므로, 숙종은 장희재를 죽이려 했다. 장희재는 유배지에서 다시 한양으로 불려와서 모진 고문을 당했다. 이때 영의정 남구만이 나섰다. 장희재는 세자의 외삼촌인데 경솔하게 죽여서는 안 된다는 것이었다. 장희재가 죽게 되면 그 여파가 희빈에게 미치고, 다시 희빈이 불안하면 세자도 불안해할 것이고, 세자가 불안해하면 종사가 위태로워질 수 있다는 논리였다. 이에 박세채는 "장희재를 구하는 것은 옳지 않다"라고 맞섰다. 그러나 숙종은 일단 남구만의 의견을 받아들여 장희재를 죽이지 않고 유배지 제주도로 보냈다.

유배 2년째인 숙종 22년(1696) 4월 29일 장희재의 종인 업동이 장희빈과 장희재의 아버지 장형의 묘소에 흉물이 묻혀 있다고 고변했다. 누군가가 장희빈을 저주할 목적으로 그랬다는 것이었다. 이때는 이미 숙종도 남인에 대해 일부 정치 참여를 허용하는 등 온건한 입장을 보이고 있을 때였다. 실제로 그런 일이 있었던 것인지, 장희재가 재기를 위해 업동을 시켜 음모를 꾸몄는지는 분명치 않다. 형조에서는 즉각 관련자들을 소환해 조사를 벌였다. 그러나 전후 사정이 딱 들어맞지 않고 오히려 조작의 냄새까지 났다. 이러다가는 자칫 장희빈의 목숨까지 위태로워질 것을 걱정한 삼정승이 나서 추가 조사를 만류했고, 숙종도 장희빈이 세자의 모친임을 감안해 일단 그냥 넘어갔다.

5년 후인 숙종 27년(1701) 8월 14일 인현왕후 민씨가 세상을 떠났다. 복상(服喪) 기간 중이던 8월 27일 남인인 행 부사직 이봉징이 민감한 문제를 건드리는 상소를 올렸다. 장희빈의 경우 6년간 왕비에 있었기 때문에 다른 후궁과는 복제가 달라야 한다는 것이었다. 나름대로 일리가 있는 견해이기는 했다. 그러나 남인들로서는 민씨의 죽음이 어쩌면 장희빈의 복위로 이어질 수도 있다는 기대를 했는지 모른다. 남인이었음에도 불구하고 형조참판을 거쳐 행 부사직에 오를 수 있었던 것은 당시 숙종이 제한적인 남인 포용 정책을 쓴 때문이다. 숙종도 처음에는 이봉징의 상소를 그저 복제 문제에 관한 일리 있는 건의 정도로만 생각했다. 그러나 시간이 지날수록 뭔가가 있다고 서인 쪽에서는 판단했다. 9월 2일 영의정 최석정이 나서 문제를 제기했고, 숙종도 "이봉징의 상소는 나도 옳지 않다고 여기고 있다"라고 답한다. 다음날 숙종은 이봉징을 삭탈관작하고 극변으로 유배를 보냈다.

한동안 잠잠했다. 그런데 20여 일이 지난 9월 23일 숙종은 죽은 왕비를 무고했다는 이유로 장희재를 처형하라는 비망기를 전격적으로 내렸다. 실은 무고의 당사자는 장희재가 아니라 장희빈이었다. 장희빈은 틈만 나면 취선당 서쪽에 몰래 신당을 설치하고 민씨가 죽기를 기도했다는 것이다. 밀고자는 다름 아닌 영조의 어머니인 숙빈 최씨였다. 최씨는 갑술환국이 있던 1694년 9월 훗날의 영조가 되는 왕자를 출산했다. 최씨는 앞서 본 대로 민씨의 사람이었다. 실록은 "숙빈 최씨가 평상시에 왕비가 베푼 은혜를 잊지 못하고 원통한 마음을 이기지 못해 임금에게 몰래 고했다"라고 적고 있다.

그러나 그 이상의 생각도 했을 것이다. 민씨가 사라진 상황에서 자신이 그 자리를 잇지 못할 것은 분명했다. 자신은 애초부터 출신이 너무 낮았다. 실록에는 명시돼 있지 않지만, 서인 쪽에서 남인의 재기를 사전에 차단하기 위해 손을 썼을 수도 있었다. 20여 일이면 생각하고 일을 꾸미기에 충분한 시간이 흘렀기 때문이다. 게다가 당시 신하들은 어느 정도의 일이면 숙종이 행동에 옮기리라는 것까지 훤히 알고 있었다.

이틀 후인 9월 25일 밤 숙종은 "희빈 장씨로 하여금 자진(自盡)토록 하라"는 명을 내린다. 이에 놀란 승지 서종헌과 윤지인 등이 나서 만류했다. 세자의 생모인 장희빈을 보존해야 세자도 보존할 수 있다는 것이었다. 처음에는 "금일의 조치는 국가를 위한 것이고 세자를 위한 것이지, 즐거워서 하는 일이 아니다. 처음에 잘 처리하지 아니하여 그 화가 마침내 자라게 된다면 반드시 끝없는 걱정이 생길 것이니, 다만 이것은 국가를 위한 것이고 세자를 위한 것이다. 지금 비망기는 갑자기 나온 것이 아니고, 밤낮으로 생각하고 또 생각한 나머지 부득이하여 낸 것이다"라며 단호한 태도를 보이던 숙종도 승지들의 간곡한 만류가 계속되자 일단 한 걸음 물러선다. 특히 윤지인은 강경하게 맞섰다. 심지어 국가의 중대사를 격분한 마음으로 결정해서는 안 된다고 했다가 숙종의 분노를 사게 된다.

이후 여러 날 동안 숙종은 관련된 궁녀들에 대한 친국을 주관했다. 그 와중에 영의정 최석정은 세자를 위해 장희빈을 죽여서는 안 된다고 간곡하게 청하다가 유배를 가야 했다. 아무도 말릴 수 없는 상황이 돼버렸다. 정승들을 비롯한 신하들의 반대 상소가 이어지는 가운데 10월 7일 숙종은 엉뚱하게도 빈이 후비의 자리를 이을 수 없도록 국법으로 정하라는 명을 내린다. 다음날 "장희빈이 내전을 질투하여 모해하려고 했다"라며 자진 명령을 내린다. 당시 세자는 조정 대신들에게 자신의 어머니를 살려달라고 애걸했다. 그러나 어느 신하도 숙종의 마음을 되돌릴 수 없었다. 결국 10월 10일 장희빈은 사약을 마셨다.

귀매괘의 밑에서 두 번째 양효에 대해 공자는 "은둔자의 반듯함이 이롭다는 것은 아직 상도[常(상)=常道(상도)]를 바꾸지 않았기 때문이다"라고 풀었다. 주공의 효사는 이렇다.

애꾸눈이 보는 것이니 은둔자의 반듯함이 이롭다[眇能視(묘능시) 利幽人之貞(이유인지정)].

구이의 처지를 보면, 양강의 자질로 음위에 있으니 자리는 바르지 않지만 가운데 있어 중정(中正)의 도리를 얻었다. 아래의 초구와는 친하지 않지만 바로 위의 육삼과 친밀하며, 무엇보다 육오와 호응한다. 정이의 풀이다.

> 육오는 음유한 자질이라 기쁨에 동요하는 자다. 그래서 여자는 뛰어난데[賢(현)] 배필은 좋지 못하다[不良(불량)]. 따라서 구이가 뛰어나더라도 스스로를 수행해 내조의 공을 이룰 수가 없고, 다만 자신의 몸을 잘 닦아 조금 베풀 수 있다. 마치 애꾸눈이 보는 것과 같을 뿐이니 먼 곳에까지 이를 수는 없다.

그러나 당장 그렇다는 것이지, 자신의 뛰어난 자질을 잘 가꿔간다면 얼마든지 좋은 일이 있을 수 있다. 그래서 그 자질을 '은둔자의 반듯함'에 비유한 것이다. 이는 강양의 자질로 음의 자리에 적중해 머물러 있음을 말한 것이다. 구이에 해당하는 우리 역사의 인물은 두말할 것도 없이 중종의 계비(繼妃)이자 명종(明宗)의 모후였던 문정왕후(文定王后) 윤씨(尹氏)다. 내가 쓴 책 『왕비의 하루』(김영사)에서 관련 부분만 발췌해 살펴보자.

> 1515년(중종 10년) 11월 18일 임금은 승정원에 다음과 같은 명을 내린다.
>
> "명과학(命課學)으로 하여금 이제 내린 처녀(處女) 4인의 팔자(八字)를 궐내(闕內)에서 점치게 하라."
>
> 명과학이란 운명·길흉·화복을 판단하는 일종의 점술이다. 임금의 명에 따라 사주팔자를 보게 된 처녀 4인은 각각 손준(孫濬)·김총(金聽)·윤지임(尹之任)·윤금손(尹金孫)의 딸들이었다. 제2계비 간택을 위한 기초적인 절차였다.
>
> 사후 중종(中宗)이라는 묘호로 불리게 될 임금의 결혼은 순탄치 않았다. 연산군을 내쫓는 반정이 일어났을 때 그의 나이 열아홉 진성대군이었다. 연산군의 이복동생이다. 반정 과정에 전혀 관여한 바 없었기 때문에 떠밀려 왕위에 오르기는 했지만, 실권이 전혀 없었다. 그것이 단적으로 드러난 사건은 첫 부인 신씨와의 결별이었다. 부인 신씨는 연산군의 처남인 신수근의 딸이었다. 1506년 9월 2일 반정을 일으킨 박원종·성희안 등 반정 세력은 9월 9일 신씨를 대궐에서 내쫓았다. 이들의 요청이 있으면 신왕은 그저 "그렇게 하라"는 말밖에 할

수 없는 상황이었다. 바로 다음 날부터 처녀 간택을 시작하지만, 신왕은 신씨를 진심으로 사랑했기에 혼인을 최대한 미룬다. 상황이 이렇게 되자 반정을 이끈 좌의정 박원종이 나섰다. 1507년(중종 2년) 6월 17일 박원종은 거의 협박에 가깝게 혼인의 필요성을 강요한다. 결국 신왕도 압력에 견디지 못해 후궁으로 있던 윤여필의 딸 숙원 윤씨를 배필로 정한다. 윤여필은 박원종의 매부였다. 게다가 숙원 윤씨는 어려서 월산대군의 부인이자 박원종의 누이인 승평부부인 박씨 집에서 성장할 정도로 박원종과는 가까웠다. 이렇게 해서 같은 해 8월 4일 근정전에서 책봉례를 거행하고 제1계비로 윤씨를 맞아들였다. 그가 훗날의 장경왕후 윤씨다. 이렇게 해서 반정 세력이 국혼(國婚)을 장악하는 선례가 만들어졌다. 이날 책문에는 이런 구절이 포함돼 있다.

"아! 그대 윤씨는 명족(名族)에서 태어나 일찍이 훌륭한 소문이 났으므로 궁중에 뽑혀 들어오니, 덕을 으뜸으로 갖추어 왕비를 삼을 만하고 한 나라의 어머니가 될 만하도다. 이에 의지(懿旨-대비의 명)를 받들어 왕비로 책봉한다."

명족이란 곧 명문대가로서 정희왕후 윤씨를 배출한 파평 윤씨 집안임을 뜻한다. 이때 혼인한 제1계비 윤씨(장경왕후)는 8년이 지난 1515년(중종 10년) 2월 25일 그토록 기다리던 원자를 낳았다. 그러나 산후병으로 3월 2일 25세를 일기로 세상을 떠났다.

처녀 4인의 팔자를 점친 것은 제1계비 윤씨가 세상을 떠난 지 8개월쯤 지난 때였다. 1년 반이 지난 1517년(중종 12년) 3월 15일, 4인의 후보 중에 윤지임의 딸이 제2계비로 선정됐다. 이날 임금이 예조에 내린 전교다.

"자전(慈殿-대비, 중종의 친모)께서 분부하신 가운데 '윤지임(尹之任)의 딸이 여러 대 공후(公侯)의 가문에 태어났고 덕행이 탁월해 중궁(中宮) 자리에 가합하다' 하셨는데, 나의 뜻도 그러하여 비로 삼기를 결정했으니 길일을 가려 아뢰라."

즉 이번에도 '공후의 가문', 즉 파평 윤씨 가문이라는 것이 중요한 요인으로 고려됐다. 곧바로 윤지임에게 명을 내려 딸 윤씨를 다른 사람들과 접촉하지 못하도록 별도의 장소에 모시라 명했다. 그곳을 시어소(時御所)라 불렀다. 같은 해 7월 윤지임의 딸 윤씨는 왕비의 자리에 오른다. 이때 그의 나이 17세였다.

몰락해가던 명문가의 평범한 양반집 규수가 하루아침에 왕비의 자리에 올랐다. 엄하디엄한 궁궐 예절을 익히며 동시에 대궐의 여인들을 통솔해야 하는 일은 누가 봐도 극히 어려울 수밖에 없었다. 무엇보다 나이 어린 왕비로서 연장자인 후궁들을 상대하는 일은 여간 어려운 일이 아니었을 것이다.

대궐에 들어간 제2계비 윤씨가 당장 해야 할 일은 이제 막 세 살 된 원자를 키우는 것이었다. 원자의 배후에는 원자의 외삼촌 윤임이 있었다. 훗날 대립하게 되지만 아직은 윤씨나 윤임 모두 원자를 잘 보호해야 하는 공통의 목적이 있었다.

임금의 우유부단한 성격으로 인해 궁궐 내 암투는 극에 달하고 있었다. 연산군 때 궁녀로 들어와서 임금의 후궁이 된 경빈(敬嬪) 박씨는 1509년(중종 4년) 복성군을 낳아 특별한 총애를 받고 있었다. 원자의 잠재적 위협 세력은 경빈 박씨였고, 윤임과 제2계비 윤씨는 공동으로 그에 맞서야 했다. 윤씨는 회임은 자주 했지만, 딸만 셋(의혜공주·효순공주·경현공주)을 줄줄이 낳아 임금에게 실망감만 안겨주었다.

윤씨가 대궐 생활 10년을 맞던 1527년(중종 22년) 2월 26일, 대궐에서는 충격적인 사건이 발생한다. 이제 열세 살 된 세자가 거처하던 동궁의 북쪽 뜰 은행나무에 사지와 꼬리가 잘린 채 입·귀·눈을 불로 지닌 쥐 한 마리가 내걸렸다. 동궁을 저주하는 것이 목적이었다. 그런데 3월 1일에는 임금과 왕비가 거처하는 대전 침실의 난간에 똑같은 일이 일어났다.

이 일이 공론화된 것은 사건 발생 한 달이 돼가던 3월 22일 의정부 대신들과 국정을 논할 때였다. 우의정 심정(沈貞)이 사건의 개요를 말하고 범인 검거를 청했다.

"심정이 아뢰기를 '기미(幾微)에 관한 일은 그것이 조금만 비쳐도 속히 명쾌하게 결단해서 외인으로 하여금 속 시원히 알게 해야 합니다. 일이 만약 긴급하게 된 경우에는 신 등도 아뢰기가 또한 어려운 것입니다. 그래서 미리 아뢰는 것입니다. 전일 세자의 생신(生辰-2월 29일)에 죽은 쥐를 가져다 사지(四肢)를 찢어 불에다 지진 다음, 이를 세자의 침실 창문 밖에다 매달아놨었다 합니다. 그런데 이달 초하룻날 또 그랬다고 합니다. 이 말이 사실인지 아닌지는 모르겠습니다만, 신하 입장에서 듣기에 관계되는 바가 중대하기 때문에 아뢰는 것입니다. 신 등이 되풀이 생각해봐도 궁금(宮禁)에 틀림없이 간사한 사람이 있어 이런 모의를 얽어내고 있는 것 같습니다. 비록 그가 누군지 분명히는 모르지만, 조금이라도 의심이 가는 사람이 있으면 숨기지 말고 통렬히 치죄해야 합니다' 하니, 상이 깜짝 놀라 이르기를 '동궁에 이런 요괴스러운 일이 있었단 말인가? 즉시 추문해야겠다'라고 했다."

'깜짝 놀라'라는 부분이 당시 상황의 급박성을 고스란히 전해준다. 실록에 따르면 심정이 세자궁의 내밀한 이야기를 들을 수 있었던 것은 외조부인 윤여필이 전했기 때문이다. 이때까지만 해도 심정은 이 사건이 바로 자기 자신을 향해 어딘가로부터 날아온 독화살이라는 사실을 전혀 깨닫지 못하고 있었다.

곧바로 이어진 세자궁 시녀와 상궁들에 대한 조사를 통해 그 같은 일이 있었다는 것은 확인됐다. 문제는 누가 그랬느냐 하는 것이었다. 4월 초순을 지나면서 혐의는 경빈 박씨에게 모아졌다. 경빈 박씨는 확증도 없이 사건을 주동한 것으로 지목됐고, 경빈의 시녀와 사위인 홍려의 종들이 심문을 받던 중 맞아 죽었다. 결국 4월 21일 경빈 박씨는 아들 복성군과 함께 서인으로 강등돼 대궐에서 쫓겨난다. 몇 년 후 경빈 박씨와 복성군은 다시 한번 모종의 사건에 연루돼 결국 사약을 마시고 세상을 떠나게 된다. 이때 좌의정으로 있던 심정도 박씨와 연루됐다 하여 사약을 마셔야 했다.

그런데 이 사건은 정적인 심정을 제거하기 위한 김안로의 공작이었음이 뒤늦게 밝혀져 조정이 다시 한번 발칵 뒤집힌다. 3월에 생원 이종익이 올린 상소로 인해 1527년 일어난 '작서(灼鼠)의 변'은 중종의 사위였던 김희가 아버지 김안로의 사주를 받아 조작한 사건임이 만천하에 드러나게 된 것이다. 간단히 말하면 경빈 박씨와 가까웠던 심정을 제거하기 위해 세자의 잠재적 위협 세력인 경빈 박씨와 복성군을 옭아매려 했던 것이 '작서의 변'이었다.

제2계비 윤씨는 이 사건의 당사자나 관련자는 아니었지만 바로 앞에서 일어나는 궁정 암투의 실상을 적나라하게 목격할 수 있었다. 두려웠을 것이다. 언제 저 독화살이 자신을 향해 날아올지 모른다는 생각을 하는 순간 몸서리를 쳤을지도 모른다.

여기서 우리는 조금 다른 이야기를 해야 한다. 대단히 중요한 사실에 관한 이야기다. 작서의 변으로 경빈 박씨를 비롯한 여러 후궁에 대한 조사가 한창이던 4월 3일 안씨(아마도 후궁 창빈 안씨를 지칭하는 듯하다)에 대한 공초에 이런 증언이 나온다.

"상께서는 전(殿)에 앉아서 중궁과 『대학연의(大學衍義)』를 강론하고 있었다."

이때면 중궁, 즉 제2계비 윤씨의 나이 27세 때다. 그런데 기초적인 경전이나 사서가 아니라 제왕학의 교재로서 대단히 높은 수준의 학문적 역량을 요구하는 진덕수(眞德秀)의 『대학연의(大學衍義)』를 학문이 완숙의 경지에 이른 임금과 함께 '강론'을 하고 있는 것이다. 이걸 가리켜 실록의 사관은 '문자를 알았다'라는 냉소적 압축 문장으로 표현했다.

1534년(중종 29년) 5월 22일 제2계비 윤씨는 책봉 17년 만에 드디어 왕자를 생산했다. 이때 그의 나이 37세, 임금은 47세였다. 아마도 윤씨는 왕자 생산을 기점으로 자신의 목표를 뚜렷하게 했던 것으로 보인다. 이미 정치적 야심을 키워온 그였다.

"윤씨는 중종이 후궁의 처소를 들락거려도 전혀 질투하지 않았다. 윤씨에게 필요한 것은 국왕의 애정이 아니라 권력이었던 것이다. 윤씨는 중종이 찾아오지 않는 날은 『사기』·『여장부전』·『진성여왕전』·『선덕여왕전』 등을 읽으면서 소일했다. 윤씨는 당시 여성들이 반드시 읽어야 할 『내훈』·『열녀전』 같은 부녀자의 덕목을 강조하는 책보다 역사나 정치에 관련된 책들을, 그것도 여왕전처럼 여성들이 권력을 휘두르는 이야기를 좋아했다."(윤정란 지음, 『왕비로 보는 조선 왕조』, 이가출판사, 2015, 89쪽)

게다가 학식을 갖춘 임금과 『대학연의』를 함께 강론했던 윤씨다. 당장 자신이 키우다시피 한 세자가 이제 자신이 낳은 아들의 앞길을 가로막을 수 있는 장애물로 떠올랐다. 이때 세자의 나이 20세였다. 다행히 세자는 윤씨를 친어머니 못지않게 효심으로 대하고 있었다. 윤씨의 첫 번째 견제는 자신의 조카를 세자의 후궁으로 들이는 것이었다. 1536년(중종 31년) 윤씨의 친오빠 윤원량(尹元亮, 1495~1569)의 딸이 세자궁의 양제(良娣-종2품)로 들어갔다. 양제는 세자의 후궁 중에서는 가장 품계가 높다. 이로써 윤씨는 세자의 일거수일투족을 파악할 수 있게 된다.

당시 조정은 희대의 권간 김안로가 이조판서를 거쳐 좌의정이 돼 쥐락펴락하고 있었다. 게다가 김안로는 정현왕후 윤씨의 딸 효혜공주의 시아버지였다. 당연히 김안로는 세자 편이었다. 결국 김안로를 제거하지 않고서는 자신의 아들을 왕위에 올리는 길은 사실상 없는 것이나 마찬가지였다. 문제는 김안로가 임금인 중종조차 함부로 할 수 없는 권세를 갖고 있다는 데 있었다.

선제공격은 김안로 쪽이 먼저 시작했다. 1537년(중종 32년) 10월 23일 김안로의 사주를 받은 영의정 김근사 등이 육조판서를 거느리고서 왕후의 형제들인 윤원로·윤원형 형제가 의심스러운 일을 꾸미고 있으니 이들을 처벌해야 한다고 주청했다. 장차 세자의 걸림돌이 될 수 있는 문정왕후와 그 형제들을 제거하기 위함이었다.

그래서 중종도 윤원로·윤원형 형제를 처음에는 도성 밖으로 내보내라고 했다가, 다시 먼 곳으로 내칠 것을 명한다. 일단은 김안로 쪽이 주도권을 쥐는 듯했다.

그런데 이날 밤 중종과 문정왕후 사이에 '어떤 일'이 있었다. 통상적으로 이에 대해서는 문정왕후가 중종에게 김안로가 자신을 폐위시키려 음모를 꾸미고 있다고 읍소한 것으로 풀이한다. 다음날 급박하게 진행되는 사건의 흐름을 보면 상당히 개연성 있는 추론으로 보인다.

10월 24일 대사헌 양연이 주동이 돼 김안로를 탄핵했다. 이에 중종도 곧바로 김안로를 속히 먼 곳에 내칠 것을 명한다. 불과 하룻밤 사이에 상황이 완전히 뒤집힌 것이다. 다행히 실록의 사관은 그 배경을 친절하게 풀이하고 있다.

"사신은 논한다. 양사(兩司-사헌부와 사간원)에서 김안로의 사독함과 권세를 독차지한 죄가 극악하다는 것과 김근사가 악의 무리라는 형상을 자세히 아뢰자 주상이 즉시 윤허했다. 이때 양연이 대사헌으로 이 의논을 먼저 주장한 것은 왕의 밀지(密旨)를 받았기 때문이라 한다. 이보다 며칠 전에 상이 경연에서 '위태로운데도 붙들려 하지 않으니 그런 재상을 어디에 쓸 것인가'라는 말을 했고, 또 우의정 윤은보에게 비망기(備忘記)를 내려 조정에 사람이 없음을 걱정한다는 뜻을 극론했는데, 이는 대개 주상이 김안로의 죄악을 알았기 때문에 이런 교시를 내려 조정에 은미하게 내보인 것이다."

더 이상의 보충이 필요 없을 만큼 명확한 배경 설명이다. 이날부터 김안로의 심복들에 대한 대대적인 숙청이 진행된다. 이로써 김안로는 이미 죽은 목숨이 되고 말았다. 결국 10월 27일 중종은 김안로를 사사(賜死)하라는 전교를 내린다. 문정왕후 윤씨와 윤원로 형제의 압승이었다. 이때 김안로과 함께 죽음을 맞은 허항(許沆), 채무택(蔡無擇)을 합쳐 '정유삼흉(丁酉三凶)'이라 부른다.

김안로의 제거는 사실상 세자의 지지 세력을 제거한 것이나 마찬가지였다. 자신의 아들이 커갈수록 문정왕후는 세자에 대한 압박을 노골화한다. 먼저 동생 윤원량의 딸을 세자의 후궁으로 들인다. 이는 세자의 일거수일투족을 감시하기 위함이었다.

1543년(중종 38년) 1월 7일 문제의 사건이 터진다. 한밤중인 밤 12시 전후에 세자의 침전에 화재가 발생한 것이다. 나라의 근본[國本(국본)]인 세자의 침전에 화재가 났다는 것은 국가의 중대사였다. 훗날 밝혀진 바에 따르면 윤원형이 사람을 시켜 꼬리에 불을 붙인 여러 마리 쥐를 동궁전에 풀어 불이 나게 한 것이었다. 화재 당시 세자는 이미 그것이 계모 문정왕후의 계책임을 알아차리고 차제에 죽으려 했다. 심약한 세자였다. 그러나 다행히 귀인 정씨가 세자를 구해내 목숨을 건질 수 있었다.

이미 노쇠한 중종은 어떤 이유에서인지 사건의 진상을 규명하는 데 큰 힘을 쏟지 않았다. 오히려 단순한 실화 사건으로 규정하고 넘어갔다. 오히려 세자가 재앙에 대한 자신의 부덕함을 탓하는 반성의 글을 내신들에게 올려야 했다. 화재 이틀 후인 1월 9일 세자가 손수 써서 세자시강원에 내린 글이다.

"내가 박덕(薄德)한 자질로 외람되게 동궁(東宮)에 올랐으니, 하늘의 굽어살피심은 매우 밝은지라 진실로 재얼(災孼)을 부르기에 마땅합니다. 조종조부터 100여 년 동안 전해 내려온 집을 하룻밤 사이에 모두 잿더미를 만들었으니, 하늘이 이런 꾸지람을 내린 것은 실로 내 잘못에서 말미암은 것입니다. 그리하여 위로는 성심(聖心)을 놀라게 해드렸고 아래로는 여러 관료에게 황황함을 끼치게 됐으니, 이와 같은 혹독한 재변은 옛날에는 듣지 못했던 것입니다. 자신을 반성하고 가혹한 자책을 조금도 용서 없이 하고 있으나 스스로의 조처를 어떻게 해야 할지 모르겠습니다. 여러 붕료(朋僚)는 빈사(賓師)와 함께 자세하고 정확하게 가르쳐주고 인도해주기 바랍니다."

화재를 일으킨 쪽보다는 화재를 당한 쪽이 책임을 지고 있는 모양새다. 이런 우여곡절 끝에 이듬해(1544) 중종이 쉰일곱을 일기로 세상을 떠나고 세자가 즉위한다. 조선 국왕 중에서 가장 단기간 재위한 인종(仁宗)이 탄생한 것이다.

더불어 문정왕후 윤씨는 대비의 자리에 올랐다. 이미 임금은 정해져 있었고, 새 임금의 나이 또한 친정을 하고도 남을 30세였기 때문에 대비가 정치력을 발휘할 공간은 전혀 없었다. 그러나 여기서 그칠 문정왕후가 아니었다. 실록의 기록에 따른 것은 아니지만 음으로 양으로 새 임금에 대한 대비의 압박은 집요했다. 게다가 효심이 깊었던 인종은 대비를 깍듯한 예로써 대했다. 이런 가운데 병약했던 인종은 폭염을 넘기며 더욱 쇠약해져, 왕위에 오른 지 1년도 안 된 1545년 7월 1일 세상을 떠났다.

이로써 문정왕후는 불과 1년도 안 돼 대비에서 왕대비로 승격된다. 물론 친아들이 왕이 되기는 했지만, 왕실 계보상으로는 인종에 이은 명종의 즉위였기 때문에 이제 대비가 아니라 왕대비였다. 그 아들이 고작 열두 살밖에 되지 않았기 때문에 문정왕후는 정희왕후 윤씨를 모범으로 한 수렴청정을 펼치게 된다. 대비가 아니라 왕대비가 돼 마침내 자신의 정치력을 발휘할 수 있는 기회와 공간을 확보하게 된 것이다.

귀매괘의 밑에서 세 번째 음효에 대해 공자는 "누이를 시집보내고 기다리는 것은 아직은 마땅하지 않기 때문이다"라고 풀었다. 주공의 효사는 이렇다.

누이를 시집보내고 기다리는 것이니, 다시 잉첩으로 시집보낸다[歸妹以須 反歸以娣].
귀매 이수 반귀 이 제

정이의 풀이다.

육삼은 하괘의 윗자리에 있어 본래 비천한 사람이 아니지만, 다움을 잃고 올바른 호응 관계가 없으므로 시집가려고 해도 가지 못하는 것이다. 수(須)는 기다린다[待(대)]는 뜻이다. 기다리는 것은 시집갈 마땅한 곳이 아직 없는 것이다. 음효인 육이 삼의 자리에 있어 마땅하지 않으니 다움이 올바르지 않다. 부드러운 자질로 굳센 자리를 바라니 행실이 이치를 따르지 않는 것이다. 기쁨의 주인이 돼 기뻐하면서 시집가기를 구하니 움직임이 사리에 맞지 않다. 위로 호응하는 사람이 없으니 받아주는 자가 없다. 적절하게 갈 곳이 없으므로 기다린다. 여자의 처신이 이와 같다면 누가 그를 취하겠는가? 남자의 짝이 될 수 없다. 마땅히 다시 돌아와 잉첩이 되기를 구하면 좋을 것이니, 올바르지 않아서 그 합당한 자리를 잃었기 때문이다.

여기에 해당하는 인물이 많겠지만 대표적인 사례는 아마도 한나라 유방의 후궁이었던 척희(戚姬)일 것이다. 반고의 『한서』「외척전(外戚傳)」편에 나오는 인간 돼지[人彘(인체)] 이야기다.

여(呂)황후의 아버지 여공(呂公)은 (노나라의 읍인) 선보(單父) 사람으로 관상 보기[相人(상인)]를 좋아했다. 고조가 한미하던 시절, 여공은 그를 보고서 기이하게 여겨 마침내 자신의 딸을 아내로 삼게 하니 혜제(惠帝)와 노원(魯元)공주를 낳았다. 고조가 한왕(漢王)이 되자 원년에 여공을 봉해 임사후(臨泗侯)로 삼았고, 2년에 효혜(孝惠)를 세워 태자로 삼았다.

뒤에 한왕이 정도(定陶)의 척희(戚姬)를 얻게 되자 그를 사랑하고 총애해 조(趙)나라 은왕(隱王) 여의(如意)를 낳았다. 태자의 사람됨이 착하고 유약해[仁弱(인약)] 고조는 자기와는 같지 않다[不類(불류)=不似(불사)]고 여겨, 늘 그를 폐위시키고 여의를 세우고자 해서 "여의는 나와 같다"라고 말하곤 했다. 척희는 항상 상을 따라다녔고, 관동에 갔을 때는 밤낮으로 울면서 자기 아들을 (태자로) 세우고 싶다고 말했다. 여후는 나이가 많고 집안을 지키느라 고조를 뵈올 기회가 드물었기에 더욱 소원해졌다. 여의는 얼마 후에 세워져 조왕(趙王)이 됐고, 거의[幾(기)] 태자를 대신할 뻔했던 적이 여러 차례였다. (그러나) 공경대신의 간쟁과, 그중에서도 특히 숙손통의 간언과 유후(留侯-장량)의 계책에 힘입어 태자는 교체되지 않을 수 있었다.

여후는 사람됨이 강직하고 굳세어[剛毅(강의)] 고조를 도와 천하를 평정했으며, 오빠 둘은 모두 열장(列將-부장)이 돼 (고조의 천하) 정벌에 종군했다. 큰오빠[長兄(장형)] 택(澤)은 주여후(周呂

侯)가 됐고 작은오빠[次兄] 석지(釋之)는 건성후(建成侯)가 됐는데, 고조가 (황제로) 즉위했을 때는 후(侯)에 봉해진 사람이 3명이었다. 고조 4년에 임사후 여공이 훙(薨)했다.

고제가 붕(崩)하자 혜제(惠帝)가 세워져 여후(呂后)가 황태후가 되니, 마침내 영항(永巷)[351]에 영을 내려 척부인을 그곳에 가두고서 머리를 깎고 목에 칼을 씌운 다음에 붉은 죄수복을 입고 절구질을 하게 했다[舂]. 척부인은 절구질하면서 이렇게 노래를 불렀다.

"아들은 왕이건만 어미는 노비 신세, / 하루 종일 절구질하다 보니 날이 저물고 늘 사형수들과 더불어 지내는구나. / 서로 거리가 3000리라 누가 너에게 내 소식 전해줄까."

태후가 이를 전해 듣고서 크게 화를 내며 말했다.

"네가 아직도 네 아들에게 의지하려는 것인가?"

마침내 조왕을 불러들여 주살하려 했다. 사자가 세 차례나 오갔지만, 조나라 재상 주창(周昌)은 조왕을 보내주지 않았다. 이에 태후가 조나라 재상을 부르자 재상은 징소돼 장안에 들어왔다. (그러고는) 사람을 보내 다시 조왕을 부르자 조왕이 (장안에 들어)왔다.

혜제는 인자하고 착한 데다가[慈仁] 태후가 화가 나 있다는 것을 알았기에 자신이 직접 패상(霸上)에서 조왕을 맞이했고, 궁에 들어와서는 곁을 떠나지 않고[挾=不離] 함께 기거하며 음식을 먹었다. 여러 날이 지나 제(帝)가 새벽에 활을 쏘러 나갔는데, 조왕은 (어려서) 일찍 일어날 수가 없었다. 태후는 그가 혼자 있다는 것을 엿보아 알고서는 사람을 시켜 짐독(鴆毒)을 가지고 가서 먹이게 했다. 늦게 제가 돌아왔을 때 조왕은 죽어 있었다. 태후가 드디어 척부인의 손발을 자르고 눈을 뽑으며 귀를 불에 굽고 벙어리가 되는 약을 먹이고서 돼지우리 안에 집어넣고는 '사람 돼지[人彘]'라고 불렀다.

여러 달이 지난 뒤 (태후는) 혜제를 불러 '사람 돼지'를 보게 했다. 제가 사람들에게 물어 그것이 척부인이라는 것을 알고는 마침내 크게 통곡을 하더니, 그로 인해 병이 나 1년여 동안 (병상에서) 일어날 수가 없었다. 사람을 시켜 태후에게 말했다.

"이는 사람이 할 짓이 아닙니다. 신은 태후의 아들로서 끝내 다시는 천하를 다스릴 수 없을 것입니다."

이때부터 날마다 술을 마시고 주색과 음악에 빠져 정사를 듣지 않다가 7년 만에 붕(崩)했다.

---

351 본래는 궁녀들이 살던 곳인데, 방과 방이 마치 골목길처럼 연이어져 있어 이렇게 불렀다. 그런데 뒤에는 죄를 지은 비빈(妃嬪)을 감금하는 곳으로 사용됐다.

우리 역사에서는 성종의 왕비였던 폐비 윤씨(尹氏)가 이에 해당하겠지만, 중종의 총애를 두고 문정왕후와 다투었던 경빈(敬嬪) 박씨(朴氏)는 더욱 이 효에 가깝다.

박씨의 친아버지는 박수림, 양아버지는 박원종이다. 연산군 때 궁녀로 궁궐에 들어갔다가 중종의 후궁이 됐다. 1509년(중종 4년) 복성군(福城君) 미(嵋)를 낳아 왕의 총애를 받았다. 복성군 이외에 혜순옹주, 혜정옹주를 두어 모두 1남 2녀를 낳았다. 중종의 왕비 장경왕후는 1515년에야 겨우 세자를 낳았지만, 산욕열로 6일 만에 세상을 떠났다. 이때는 중종이 어느 정도 자리를 잡아갈 때였다. 비어 있는 중전의 자리가 문제가 될 수밖에 없었다. 공신들이 어느 정도 물러나가 사림들이 목소리를 높이기 시작했다. 새롭게 왕비를 뽑지 말고 폐비돼 사가에 머물고 있던 신씨를 복위시키자는 것이었다. 그러나 이것은 새롭게 왕비를 뽑는 것보다 훨씬 문제가 심각했다. 이미 원자가 있는 상태에서 서열상 위인 단경왕후가 복위해서 아들을 낳을 경우 조정에 피바람이 불 것은 자명했기 때문이다. 대안으로 중종은 후궁이던 경빈 박씨를 왕비로 삼으려 했다. 원래 박씨는 연산군 11년 채홍사에 의해 뽑혀서 궁궐에 들어왔다. 그런데 곧바로 반정이 일어났고, 박원종이 자신의 먼 친척뻘인 박씨를 양녀로 삼은 뒤 적극적으로 밀어 중종의 총애를 받게 된 것이었다.

원자가 태어났을 때 이미 중종과 경빈 박씨 사이에는 복성군이라는 아들이 있었다. 장경왕후가 죽자 경빈 박씨는 당연히 자기 아들을 왕위에 올리기 위해 갖은 노력을 다했다. 그러나 중종 22년(1527) 세자의 열두 번째 생일날, '작서(灼鼠)의 변'이라고 불리는, 사지와 꼬리가 잘리고 입·눈·코·귀가 불로 지져진 쥐 한 마리가 세자궁 후원의 은행나무에 걸리는 흉악한 일이 발생했다. 사람들은 당연히 경빈 박씨와 복성군을 의심했다. 이 모자는 결국 폐서인된 다음 1533년 사약을 받고 세상을 마쳐야 했다.

귀매괘의 밑에서 네 번째 양효에 대해 공자는 "혼기를 놓친 사람의 뜻은 때를 기다려 가려는 데 있다"라고 풀었다. 주공의 효사는 이렇다.

> 시집가는 데 혼기가 지난 것이니, 지체하여 돌아가는 것은 때가 있기 때문이다[歸妹愆期遲歸有時].

정이의 풀이다.

구사는 양효로 사(四)의 자리에 있는데, 사는 상체(上體-상괘)에 속해 지위가 높다. 양강의 자질은 여자에게서 바른 다음으로 뛰어난 자다. 그러나 바른 호응이 없어 시집을 가지 못하는 것이다. 시집갈 때가 지났는데 가지 못했으니 혼기가 지났다고 했다. 여자가 고귀한 지위에 자리해 뛰어난 자질이 있으면 인지상정으로 누구나 그와 혼인하고 싶어 한다. 이는 스스로 기다리는 것이지 팔리지 않는 것은 아니라서, 아름다운 짝을 얻기를 기다린 후에 시집가려는 것이다.

여기서 공자가 『논어』「자한(子罕)」편에서 했던 말을 떠올릴 필요가 있다.

자공(子貢)이 물었다.
"여기에 아름다운 옥이 있다면 스승님께서는 그것을 궤 속에 넣어 가죽으로 싸서 고이 보관하시겠습니까? 좋은 값을 구하여 그것을 파시겠습니까?"
공자가 말했다.
"팔아야지, 팔아야지! 그러나 나는 좋은 값을 기다리는 사람이다."

다시 정이의 풀이다.

양효인 구가 사의 지위에 있으니 마땅한 위치는 아니지만, 부드럽고 고분고분하게 처신하는 것이 부인의 도리다. 호응하는 사람이 없어 혼기가 지났다는 뜻이 있지만 빼어난 이가 이치를 미뤄 헤아려, 여자가 뛰어난데도 혼기가 지난 것은 때를 기다리기 때문이라고 한 것이다.

결국 혼기가 지난 까닭은 자신이 선택한 때문이지 다른 이유 때문은 아니라고 할 수 있다. 뛰어난 여자는 사람들이 다 그와 혼인하고 싶어 하지만 그 여자는 정말 자신에게 맞는 배우자를 찾고자 하여 때를 기다려 시집가려 하는 것이다. 공자가 '혼기를 놓친 사람의 뜻은 때를 기다려 가려는 데 있다'라고 한 것은 바로 그 점을 지적한 것이다. 이현로(李賢老)가 한명회에게 안평대군과 함께하자고 했을 때 한명회가 거부하면서 오히려 당시로서는 수세에 몰려 있던 수양대군과 함께하기로 결정한 것이 바로 이 구사효에 해당하는 행위라고 할 수 있다.

귀매괘의 밑에서 다섯 번째 음효에 대해 공자는 "제을(帝乙)이 소녀를 시집보내는 것이어서 (본처의 소매가) 첩의 소매의 아름다움만 못하다는 것은 그 자리가 가운데 있어 존귀함으로써 행하기 때문이다"라고 풀었다. 주공의 효사는 이렇다.

> 제을(帝乙)이 소녀를 시집보내는 것이어서 본처의 소매가 첩의 소매의 아름다움만 못하다. 달이 (보름달처럼) 거의 차면 길하다[帝乙歸妹 其君之袂 不如其娣之袂良 月幾望 吉].
> 제을 귀매 기군 지 몌 불여 기제 지 몌 량 월 기망 길

제을(帝乙)은 상(商-殷)나라 때의 국군(國君)이다. 태정(太丁)의 아들로, 태정의 뒤를 이어 즉위했다. 여러 차례 이방(夷方-오랑캐)을 정벌했지만, 당시 은(殷)나라는 점점 쇠약해져가고 있었다. 맏아들 미자계(微子啓)는 어머니의 출신이 천하다 하여 제위를 잇지 못했고, 제을이 죽자 둘째 아들 신(辛)이 즉위했다. 그가 바로 은나라의 마지막 임금 주(紂)다. 정이의 풀이다.

> 육오는 존귀한 지위에 있으니 소녀 가운데 가장 존귀하고 높은 자다. 아래로 구이와 호응하고 있으니 아래로 시집가는 모습이다. 왕의 딸이 시집가는 일은 옛날부터 있었다. 그러나 제을에 이르고서야 혼인의 예를 바로잡고 남녀의 본분을 분명하게 밝혀, 아주 존귀한 여자일지라도 유순하고 공손한 도리를 잃어 존귀하고 교만한 뜻이 있지 않도록 했다. 자신을 낮추는 것을 일러 '제을이 소녀를 시집보낸다'라고 했으니, 태괘의 육오가 그렇다.
> 존귀한 여자가 시집가는 것은 오직 겸손하게 자신을 낮춰 예를 따르는 것이니, 그것이 바로 존귀하고 고상한 다움이다. 그래서 용모를 꾸며서 남을 기쁘게 하려고 하지 않는다. 잉첩은 용모를 꾸미려고 하는 자다. 옷의 소매란 모습을 꾸미는 것이다. 육오는 존귀한 여자로 예를 존중하고 꾸밈을 숭상하지 않으므로 그 소매가 잉첩의 소매의 아름다움에 미치지 못하는 것이다. 양(良)은 아름다움이다. 보름달은 음이 가득 찬 것이니 가득 차면 양에 대적한다. '거의 찼다'라는 말은 아직 완전하게 가득 차지는 않은 것이다. 존귀하고 고상한 육오는 항상 완전하게 가득 찬 지경에는 이르지 않으며 그 남편에게 내적하지 않으니, 그것이 바로 길한 까닭이다. 이것이 여자가 존귀한 지위에 처하는 도리다.

이를 공자는 '그 자리가 가운데 있어 존귀함으로써 행하기 때문'이라고 풀었다. 그

만큼 중(中)이 중요하다는 말이다.

귀매괘의 맨 위에 있는 음효에 대해 공자는 "상륙(上六)에 담긴 것이 없다는 것은 빈 광주리를 받들었기 때문이다"라고 풀었다. 주공의 효사는 이렇다.

> 여자가 광주리를 받드나 담긴 것이 없고 남자가 양을 베지만 피가 없으니 이로운 바가 없다[女承筐无實 士刲羊无血 无攸利].
> 여 승광 무실 사 규양 무혈 무유리

정이의 풀이다.

> 여자는 광주리의 일을 맡아야 하는데 광주리를 채운 음식이 없으니, 채운 음식이 없으면 제사를 할 수 없으므로 제사를 받들지 못함을 말한다. 부부가 함께 종묘의 제사를 받드니 부인이 제사를 봉양하지 못하면 이는 바로 남편이 제사를 받들지 못하는 것이다. 양을 칼로 베지만 피가 없다는 것 또한 제사를 지낼 수 없음을 말한다. 부인이 제사를 받들지 못하면 마땅히 헤어져 끊어야 한다. 이것은 부부 사이에 결실이 없는 것이니 어디를 간들 이롭겠는가?

함께 제사를 지낼 수 없는 여자와는 끊어야 하듯이, 함께 종묘사직을 받들 수 없는 신하와도 끊어야 한다.

55. 뇌화풍(雷火豐)[352]

풍(豐)은 형통해 왕이라야 거기에 이를 수 있으니, 근심이 없으려면 마땅히 해가 중천에 뜬 듯이 해야 한다.

豐 亨 王假之 勿憂 宜日中.[353]
풍 형 왕 격지 물우 의 일중

---

352 문자로는 진상이하(震上離下)라고 한다.

353 형(亨)만 나온다.

초구(初九)는 짝이 되는 주인을 만났으되 대등한 관계이지만 허물이 없으니, 그대로 가면 높여줄 일이 있다[遇其配主 雖旬 无咎 往 有尙].

육이(六二)는 덮개를 풍성하게 했다. 해가 중천에 떴는데도 북두성을 보니, 가면 의심과 질시를 얻으리니 미더움을 갖고서 감동시키면 길하다[豐其蔀 日中見斗 往 得疑疾 有孚發若 吉].

구삼(九三)은 휘장을 풍성하게 했다. 해가 중천에 떴는데도 작은 별을 보니, 오른팔이 부러졌으나 허물할 곳이 없다[豐其沛 日中見沫 折其右肱 无咎].

구사(九四)는 덮개를 풍성하게 했다. 해가 중천에 떴는데도 북두성을 보니, 대등한 상대[夷主]를 만나면 길하다[豐其蔀 日中見斗 遇其夷主 吉].

육오(六五)는 아름다움을 오게 하면 좋은 일과 명예[慶譽]가 있어 길하다[來章 有慶譽 吉].

상륙(上六)은 집을 크게 짓고 그 집을 덮개로 덮어놓은 것이다. 그 문을 엿보니 조용해 사람이 없어 3년이 지나도록 만나지 못하니 흉하다[豐其屋 蔀其家 闚其戶 闃其无人 三歲不覿 凶].

◉

풍괘(豐卦)의 초구(初九)는 양위에 양효로 바름[正位], 육이(六二)는 음위에 음효로 바름, 구삼(九三)은 양위에 양효로 바름, 구사(九四)는 음위에 양효로 바르지 못함[不正位], 육오(六五)는 양위에 음효로 바르지 못함, 상륙(上六)은 음위에 음효로 바름이다. 이 괘의 경우는 육이는 중정을 얻었고 육오는 중정을 얻지 못했다.

대성괘 풍괘(豐卦, ䷶)는 소성괘 진괘(震卦, ☳)와 이괘(離卦, ☲)가 위아래에 있어 만들어진 괘다. 「설괘전」에 따르면 '우레[雷=震]로 움직이게 하고' '해[日=火=離]로 따듯하게 한다[烜]'고 했다. 괘의 모양이 진(震)이 위에 있고 이(離)가 아래에 있다.

그러면 「서괘전」을 통해 왜 풍괘가 귀매괘의 뒤를 이어받았는지 확인해보자.

> 그 돌아갈 곳[所歸]을 얻은 자는 반드시 커진다[大]. 그래서 귀매괘의 뒤를 풍괘(豐卦)로 받았다. 풍(豊)이란 크다[大]는 말이다.
>
> 得其所歸者必大. 故受之以豐. 豐者 大也.

돌아가서 잘 모이면[聚] 반드시 커진다. 뇌화풍괘(雷火豊卦, ䷶)는 아래는 이괘(☲)이고 위는 진괘(☳)로, 우레가 위에 있고 밝음[明]이 아래에 있는 모양이다. 밝음으로 움직이고 움직여서 밝으니 지극히 풍부하고 크다는 뜻이다. 번성하는 시기다. 이때 밝다는 것은 뛰어나다[賢]는 뜻과 통한다.

그러나 풍(豐)이 형통하다[亨]고 해서 모든 것이 다 잘 풀려나갈 것으로 판단하면 안 된다. 그런 점에서 『중종실록』 7년(1512) 1월 19일 아침 경연에서 검토관 박상(朴祥, 1474~1530)[354]이 하는 말은 풍괘에 대한 풀이를 앞두고 염두에 둘 필요가 있다.

> 크게 형통한[豐亨] 세상에서 임금이 방종하고 교만하면서 그 크게 형통한 업(業)을 보전한 이는 드뭅니다. 진(秦) 시황(始皇), 한(漢) 무제(武帝), 수(隋) 양제(煬帝), 당(唐) 명황(明皇)이 모두 크게 형통한 운수를 만났으나 그 크게 형통한 업을 보존하지 못한 것은, 교만과 뽐내는 마음이 지나쳤기 때문입니다. 임금은 크게 형통한 때를 당해서도 한결같은 도리를 지켜서 혹시라도 지나치거나 넘치게 될까 염려하여, 항시 근심하고 경계하는 마음을 가져 지나치고 넘치게 되지 않게 한 뒤에라야 끝까지 그 크게 형통한 업을 보전할 수 있는 것입니다. (더욱이) 지금은 국가가 쇠퇴하고 피폐한 나머지라 크게 형통한 때라고 할 수 없으니, 마땅히 항상 경계하고 조심하시어 크게 형통하여지도록 해야 합니다.

---

354 1496년(연산군 2년) 진사가 되고 1501년 문과에 급제, 교서관정자(校書館正字)로 보임됐고 박사를 역임했다. 승문원교검(承文院校檢)·시강원사서(侍講院司書)·병조좌랑을 지냈고, 1505년 외직으로 전라도사(全羅都事)를 지냈다. 1506년 중종 초, 사간원헌납이 돼 종친들의 중용(重用)을 반대하다가 왕의 노여움을 사서 하옥됐으나 태학생(太學生)과 재신(宰臣)들의 상소로 풀려나왔다. 그러나 1년 동안 논쟁이 그치지 않아 전관(銓官-인사 담당관)에게 미움을 사서 한산군수로 좌천됐다. 그런데 사헌부가 대간(臺諫)을 외직에 보임하는 것은 옳지 못하다고 논핵(論劾)해 곧 종묘서령(宗廟署令)·소격서령(昭格署令)으로 옮겼으나, 부모 봉양을 위해 임피현령(臨陂縣令)으로 나아갔다. 3년 만기가 되자 사직하고 광산으로 돌아가 글을 읽으면서 스스로 즐겼다. 1511년(중종 6년) 수찬·응교를 거쳐 담양부사로 나아갔다. 1515년 순창군수 김정(金淨)과 함께 상소해 중종반정으로 폐위된 단경왕후 신씨(端敬王后愼氏)의 복위를 주장했다. 또 박원종(朴元宗) 등 3훈신(勳臣)이 임금을 협박해 국모를 내쫓은 죄를 바로잡기를 청하다가 중종의 노여움을 사서 남평(南平)의 오림역(烏林驛)으로 유배됐다. 1516년 방면돼, 의빈부도사(儀賓府都事) 장악첨정(掌樂僉正)을 역임, 이듬해 순천부사가 됐으나 그해 겨울 어머니의 상으로 사직했다. 1519년 선공감정(繕工監正) 등을 지냈다. 1521년 상주와 충주의 목사를 지냈고, 만기가 되자 사도시부정(司䆃寺副正)이 됐다. 1526년 문과 중시에 장원했으나 이듬해 작은 죄목으로 나주목사로 좌천됐고, 당국자의 미움을 사서 1529년 병으로 사직하고 고향으로 돌아왔다. 청백리(淸白吏)에 녹선(錄選)됐으며, 성현(成俔)·신광한(申光漢)·황정욱(黃廷彧) 등과 함께 서거정(徐居正) 이후 4가(四家)로 칭송된다. 조광조(趙光祖)는 박상의 1515년 단경왕후 신씨 복위 상소가 강상(綱常)을 바로잡은 충언이었다고 극구 칭찬했다.

문왕의 단사(彖辭), 즉 "풍(豐)은 형통해 왕이라야 거기에 이를 수 있으니, 근심이 없으려면 마땅히 해가 중천에 뜬 듯이 해야 한다[亨 王假之 勿憂 宜日中]"에 대한 공자의 풀이[「彖傳」]를 살펴볼 차례다.

풍(豐)은 크다는 뜻이다. 밝음으로써 움직이니[明以動] 그래서 풍요로운 것[豐]이다. "왕이라야 거기에 이를 수 있으니"라는 것은 큰 것을 높이는 것[尙大]이요, "근심이 없으려면 마땅히 해가 중천에 뜬 듯이 해야 한다"는 것은 마땅히 천하를 비춰야 한다는 것이다. 해가 중천에 뜨면 기울고[昃] 달이 차면 먹히니[食] 하늘과 땅의 차고 비는 것[盈虛=盛衰]도 때에 따라 나아가고 물러나는데[消息], 하물며 (그보다 못한) 사람이야 어떻겠으며 귀신인들 어떻겠는가?

豐 大也.
풍 대야

明以動 故 豐.
명이동 고 풍

王假之 尙大也 勿憂宜日中 宜照天下也.
왕 격지 상대 야 물우 의 일중 의 조 천하 야

日中則昃 月盈則食 天地盈虛 與時消息 而況於人乎 況於鬼神乎!
일중 즉 측 월영 즉 식 천지 영허 여시 소식 이 황 어인 호 황 어 귀신 호

◉

공자는 괘의 모양, 즉 이괘가 아래에 있고 진괘가 위에 있는 모양을 갖고서 '밝음으로써 움직이니[明以動]' 크다, 풍요롭다, 성대하다고 풀어낸다. 이런 밝은 지혜로 온 천하를 움직일 수 있는 것은 임금뿐이다. 그래서 문왕은 '왕이라야 거기에 이를 수 있으니'라고 했고, 공자는 '큰 것을 높이는 것[尙大]'이라고 풀었다. 세상에서 가장 큰 것[至大]은 다름 아닌 공명정대(公明正大)다.

그것은 아무리 임금이라 하더라도 사사로운 욕심에 갇혀서는 불가능하다. 임금도 한 몸[一身]이고 신하도 한 몸이다. 그럼에도 임금이 임금다운 임금[王者]이 될 수 있는 것은 오직 하나, 저 하늘 한가운데 떠 있는 해처럼 밝고 또 밝아야만 한다.

그런데 공자는 문왕의 단사(彖辭) 풀이를 마친 나음에 때의 중요성을 강조하는 마지막 문장을 덧붙였다. 앞서 박상이 경연에서 강조했던 것도 이 점을 염두에 둔 것이다. 이에 대한 정이의 풀이다.

풍요의 성대함이 지극함에 이른 것을 말했다가 다시 그것을 오래도록 지속시키기가 어렵다는 점을 말해 경계로 삼았다. 해가 중천에 있어 성대함이 극에 이르면 당연히 기울고, 달이 가득 차서 보름달이 되면 이지러짐이 있다. 하늘과 땅의 성쇠도 때에 따라서 나아가고 물러나는데 하물며 사람과 귀신은 어떠하겠는가?

여기서 굳이 귀신을 말한 까닭에 대해 정이는 "귀신은 조화의 흔적을 말하니, 만물의 성쇠에서 그 나아가고 물러나는 모습을 볼 수 있다"라고 했다. 새삼 적중함[中]의 중요성을 느끼게 만드는 「단전」이다.

공자의 「상전(象傳)」을 살펴볼 차례다. 그중에 풍괘를 총평한 「대상전」이다.

우레와 번개가 모두 찾아오는 것이 풍(豐)(이 드러난 모습)이니, 군자는 그것을 갖고서 소송을 결단하고 형벌을 집행한다[雷電皆至豐 君子以 折獄致刑].

◉

이괘는 밝은 판단력이고 진괘는 위엄을 가진 집행력이다. 형벌은 이 두 가지가 없으면 제대로 집행할 수 없다. 공자가 우레와 번개가 동시에 찾아왔을 때 굳이 형벌 집행의 문제를 떠올려야 한다고 말한 것은, 앞서 본 풍요로운 때에 이완될 수 있는 사회의 기풍과 밀접하게 연관이 있다. 앞서 화뢰서합괘(火雷噬嗑卦) 역시 형벌을 밝히고 법을 엄히 하는 것으로 풀어낸 바 있다. 차이가 있다면 그때는 상승하는 국면이고 풍괘는 해이해지거나 하강하는 국면이라는 차이가 있다. 화뢰(火雷) 혹은 뇌화(雷火)가 나오면 형벌의 문제가 연결되는데, 특히 밝음, 즉 공명정대함[明]이 반드시 함께한다는 점을 잊어서는 안 된다.

공자가 편집한 책 중에 이 문제에 대한 도움을 얻을 수 있는 것은 주로 『서경』이다. 『주서(周書)』에 나오는 홍범구주(洪範九疇) 중에서 다섯 번째를 살펴보자. 홍범이란 기자(箕子)가 무왕(武王)에게 올린 글이다.

황극(皇極)이란 임금[皇=君]이 그 지극한 표준[極=至]을 세우는 것이니, 이 다섯 가지 복

[五福][355]을 거두어들여 너의 만백성에게 (그 복을) 널리 베풀게 되면 오직 이에 저 만백성도 너의 표준에 대하여 너에게 그 표준을 보존함을 줄 것이다. (이렇게 되면) 무릇 저 만백성은 사특한 벗과 함께 사사로이 붕당을 맺지 않고, 지위에 있는 자들은 아부함이 없어 오직 임금만이 지극한 표준을 세우게 된다.

무릇 저 만백성은 꾀함[猷=計略]이 있고 구체적인 행함[爲]이 있고 지조[守]가 있으니, 너는 그들을 생각하며 표준에 맞지 않더라도 허물에 걸리지 않거든 임금으로서 그것을 받아주어라. 편안한 얼굴빛을 하고서 말하기를, "내가 좋아하는 바는 덕(德)이다" 하면서 네가 그들에게 복록을 내려준다면 이 사람들은 이에 임금의 표준에 (스스로를) 맞추려 할 것이다.

(백성 중에서) 미천하다 하여 학대하지 말고 높고 드러났다 하여 두려워하지 말라. 사람 중에서 능력이 있고 구체적인 행함이 있는 자로 하여금 (정치 등을) 행하는 데 나아가게 하면 나라는 번창할 것이다. 무릇 저 벼슬아치들을 먼저 부유하게 해주어야 비로소 만사가 자리 잡히게 될 것이니, 네가 저들로 하여금 집에서 좋아함이 있게 하지 못하면 그 사람은 죄를 짓는 꼴이 될 것이다. 또 다움을 좋아하지 않는 사람에게 네가 비록 복록(福祿)을 주더라도, 이는 결국 네가 허물 있는 자를 쓰는 꼴이 될 것이다.

한쪽으로 쏠리거나 기울어짐이 없도록 하여 왕의 의리를 따르니, 사사로이 좋아함을 갖지 않고 왕의 도리를 따르며 사사로이 미워함을 갖지 않고 왕의 길을 따라야 한다. 쏠리지 않고 당파를 짓지 않으면 왕의 도리가 굴곡 없이 널리[蕩蕩] 펴질 것이고, 당파를 짓지 않고 쏠리지 않으면 왕의 도리가 아무런 차별 없이 두루두루[平平] 펴질 것이며, 도리에 위배되지 않고 기울어지지 않는다면 왕의 도리는 바르고 곧을 것이니, 그 표준에 모여들고 모두 그 표준으로 돌아올 것이다.

말하기를 임금이 표준을 들어 부연 설명한 이 말이 바로 떳떳함이자 가르침이니, 이는 상제(上帝)가 가르쳐주신 것이다.

무릇 저 만백성이 (임금이) 표준을 들어 부연 설명한 이 말을 가르침으로 삼아 행한다면 천자의 빛을 가까이하게 돼, 말하기를 "천자가 우리 백성의 부모가 되시어 천하의 임금이 되셨도다"라고 할 것이다.

---

355 다섯 가지 복의 내용은 장수, 부유함, 건강함, 너그러움을 베풂, 모든 것을 누린 뒤 제명에 죽음이다.

형벌의 집행에 앞서 세워야 할 임금의 공명정대함이란 바로 세상의 표준[皇極]을 자기 몸 안에 세우는 것이다. 이런 다움을 바탕으로 백성에게 형벌을 쓸 때 어떠해야 하는지는 「우서(虞書)·대우모(大禹謨)」편에 실려 있는 순임금과 고요(皐陶)의 대화가 본질을 찌르고 있다.

> 순임금이 말했다.
>
> "고요야! 생각건대 이 신하와 백성이 행여 나의 정치를 범하지 않은 것은, 네가 사사(士師)가 돼 다섯 가지 형벌[五刑]을 밝히고 그로써 다섯 가지 가르침[五敎]이 잘 펼쳐지게 해서 내가 정치를 잘할 수 있도록 (보좌)해주었기 때문이다. 형벌을 쓰되 형벌이 없도록 해서[刑期于無刑] 백성이 중화(中和)에 맞도록 해준 것, 이는 곧 너의 공이니 (앞으로도 계속) 힘쓰도록 하여라!"
>
> 고요가 말했다.
>
> "폐하의 덕에는 아무런 흠결이 없습니다. (폐하께서는) 아랫사람을 대범함으로 대하고 뭇 신하와 백성을 너그러움으로 통치하셨습니다. 죄인을 벌할 때는 그 죄가 자손들에게는 미치지 않도록 하고, 공이 있는 사람에게 상을 줄 때는 그 은택이 자자손손 미치도록 하셨습니다. 잘못을 용서함에 있어서는 최대한 관대하게 처리했고, (의도적인) 범죄를 처벌함에 있어서는 최소한의 관용도 없이 엄격하게 처리하셨습니다. 죄에 의심스러운 바가 조금이라도 있으면 가능한 한 가벼운 쪽으로 처벌하려 했고, 공이 있는 경우에는 반대로 의심스러운 바가 조금 있더라도 가능한 한 무거운 쪽으로 시상하려 하셨습니다. 죄 없는 사람을 (잘못 판단하여) 죽이기보다는 (죄형을 행사함에 있어 최대한 조심하여) 차라리 떳떳한 법대로 하지 않는 잘못을 범하는 게 낫다고 하여, (죽이기보다는) 살리기를 좋아하는 덕을 보여주시어 백성의 마음과 하나가 되셨습니다. 그리고 바로 이 때문에 백성은 관리들이 시키는 바를 어기지 않았습니다."

여기서 핵심은 순임금이 말한 '형벌을 쓰되 형벌이 없도록 해서[刑期于無刑]'다. 순임금은 여기서 바로 중화(中和), 즉 중(中)의 문제를 지적하고 있다. 이 점을 공자는 『논어』에서 여러 차례에 걸쳐 강조한다. 「위정」편이다.

백성을 법령으로써 인도하고 형벌로써 가지런히 하면 백성은 법망을 면하려고만 하고 부끄러움이 없게 된다. 백성을 빼어남으로 인도하고 예로써 가지런히 하면 부끄러움을 알게 되고 또 감화될 것이다.

「안연」편에서는 각각 이렇게 말한다.

공자가 말했다.
"한 마디도 안 되는 말로 판결을 내려도 사람들이 믿고 따르게 할 수 있는 자는 아마도 자로일 것이다. 자로는 일단 말로 내뱉으면 묵혀두는 일이 없었다."

공자가 말했다.
"송사를 듣고서 결단을 내리는 일은 내가 한다 해도 다른 사람들과 크게 다르지 않겠지만, 정작 나의 관심은 송사 처결을 잘하는 것보다는 반드시 송사를 처음부터 하지 않도록 하는 데 있다."

뒤에 나오는 공자의 말은 고스란히 순임금이 말했던 '형벌을 쓰되 형벌이 없도록 해서[刑期于無刑]'의 정신과 직결된다. 우리 역사에서 이런 정신을 고스란히 체화했던 임금은 세종이다. 형벌을 쓰되 억울함이 없도록[無冤] 하려 했기 때문이다. 훈민정음을 창제하고서 반포한 세종 28년(1446)에 정인지가 그 서문을 썼는데 아래와 같다.

우리 전하(殿下)께서 정음(正音) 28자(字)를 처음으로 만들어 예의(例義)를 간략하게 들어 보이고 명칭을 '훈민정음(訓民正音)'이라 했다. 물건의 형상을 본떠서 글자는 고전(古篆)을 모방하고 소리에 인하여 음(音)은 칠조(七調)[356]에 합하며 삼극(三極-천지인)의 뜻과 이기(二氣-음양)의 정묘함이 갖추어 포괄(包括)되지 않은 것이 없어서, 28자로써 전환(轉換)하여 다함이 없이 간략하면서도 요령이 있고 자세하면서도 통달하게 됐다. 그런 까닭으로 지

---

356 칠음(七音), 곧 궁(宮)·상(商)·각(角)·치(徵)·우(羽)·변치(變徵)·변궁(變宮)의 일곱 음계(音階)를 가리킨다.

혜로운 사람은 아침나절이 되기 전에 이를 이해하고, 어리석은 사람도 열흘 만에 배울 수 있게 된다. 이로써 글을 해석하면 그 뜻을 알 수가 있으며 이로써 송사(訟事)를 청단(聽斷)하면 그 실정을 알아낼 수가 있게 된다.

마지막 문장이 바로 세종이 훈민정음이 창제한 본뜻임을 상기해야 할 것이다.

풍괘의 여섯 효[六爻]에 대한 주공의 말을 풀이한 공자의 「소상전」이다.

(초구(初九)는) 대등한 관계이지만 허물이 없으니[雖旬无咎], 대등함이 지나치면 재앙이다[雖旬无咎 過旬災也].

(육이(六二)는) 미더움을 갖고서 감동시키는 것[有孚發若]은 신뢰로써 뜻을 불러일으키기 때문이다[有孚發若 信以發志也].

(구삼(九三)은) 휘장을 풍성하게 했다[豐其沛]는 것은 큰일을 할 수 없다는 것이고, 오른팔이 부러졌다[折其右肱]는 것은 끝내는 쓸 수 없다는 것이다[豐其沛 不可大事也 折其右肱 終不可用也].

(구사(九四)는) 덮개를 풍성하게 했다는 것은 자리가 마땅하지 않기 때문이다. 해가 중천에 떴는데도 북두성을 본다는 것은 어두워 빛을 비출 수 없기 때문이다. 대등한 상대를 만난다는 것은 길한 곳으로 나아가기 때문이다[豐其蔀 位不當也 日中見斗 幽不明也 遇其夷主 吉行也].

육오(六五)의 길함에는 좋은 일이 있다[六五之吉 有慶也].

(상륙(上六)은) 집을 크게 지었다는 것은 하늘 끝[天際]까지 올랐다는 것이고, 그 문을 엿보니 조용해 사람이 없다는 것은 스스로 감추는 것이다[豐其屋 天際翔也 闚其戶闃其无人 自藏也].

◉

풍괘의 맨 아래에 있는 양효에 대해 공자는 "대등한 관계이지만 허물이 없으니[雖旬无咎], 대등함이 지나치면 재앙이다"라고 풀었다. 주공의 효사와는 얼핏 보면 서로 어울리지 않는 듯이 보이지만 상호 보완 관계다. 주의 깊게 살펴야 한다.

짝이 되는 주인을 만났으되 대등한 관계이지만 허물이 없으니, 그대로 가면 높여줄 일이 있다[遇其配主 雖旬 无咎 往 有尙].

효사에 집중해보자. 아래에서 밝은 번개가 치고 위에서 그것을 받아주는 우레가 있는 풍괘의 상황에서 초구의 처지를 보면, 양강의 자질로 양위에 있어 자리가 바르고 육이와 친밀하며 구사와는 같은 다움이라 호응하지 않는다. 다만 맨 아랫자리에 놓여 있다. 그런데 정이는 풍괘에서의 초구와 구사는 호응하지 않는 것이 아니라 오히려 "밝은 빛과 진동이 서로 의지하며 바탕을 이루는 것이 풍요를 이르게 하는 방도"라고 말한다. 정이의 풀이다.

밝은 빛이 아니라면 현실에서 시행할 수가 없으니, 서로 필요로 하는 것이 마치 형체와 그림자의 관계와 같고 서로 의지해 바탕을 이루는 것이 겉과 속의 관계와 같다. 초구는 밝은 빛의 처음이고 구사는 위엄이 진동하는 처음이니, 마땅히 서로 의지하고 바탕으로 삼아 그 쓰임을 완성해야 하므로 양효로 대등하지만 서로 호응한다. 지위로 보면 서로 호응하는 관계이고 그 작용으로 보면 서로 의지해 바탕으로 삼는 것이므로 초구가 구사를 짝이 되는 주인이라고 한 것이니, 자신이 주인과 짝하는 것이다. 짝이란 필적할 만한 상대이지만 (여기서는) 그를 주인으로 취했다. 그래서 초구는 구사에 대해 짝[配]이라 하고 구사는 초구에 대해 대등한 상대[夷=平]라 한 것이다.
'대등한 관계이지만 허물이 없으니[雖旬无咎]'에서 순(旬)은 대등하다는 말이다. 세상에서 서로 호응하는 자들이 늘 대등한 관계는 아니다. 예를 들어 음이 양에 호응하고 부드러움이 굳셈을 따르고 아래가 위에 붙는 것과 같으니, 대등하다면 어찌 서로 복종해 따르려고 하겠는가? 오직 풍괘의 초구와 구사만이 그 작용이 서로 의지해 바탕으로 삼고 그 호응 관계가 서로를 완성해주므로, 균등하게 양강하지만 서로 따르더라도 허물이 없는 것이다. 그것은 밝은 빛이 아니면 위엄의 진동이 나아가 시행할 바가 없고 위엄의 진동이 아니라면 밝은 빛은 소용이 없으니, 서로 의지해 바탕으로 삼아 그 쓰임을 완성하기 때문이다.
같은 배를 타면 북쪽에 있는 오랑캐와 남쪽에 있는 월나라가 한마음이 되고 난리를 함께하면 원수가 협력하게 되는 것은 일의 형세[事勢]가 그렇게 만드는 것이다. 그대로 가서 서로 따르게 되면 풍요를 완성할 수 있으므로 좋은 일이 있다고 했으니, 가히 가상(嘉尙)한 일이 있다. 다른 괘에서 이 두 대등한 관계는 서로 자신을 낮추지 못하고 떨어져 틈이 있게 된다.

이처럼 주공의 효사는 분명 긍정적인 결말을 묘사했다. 그런데 공자는 오히려 '대등함이 지나치면 재앙이다'라고 해서 그 지나침을 걱정해 부정적인 결말을 보였다. 그것도 '재앙[災]'이라고 했다. 이는 풍괘의 상황에서 잠정적으로는 그럴 수도 있다는 것으로, 초구가 구사와 대등하다는 말에는 조심해야 한다는 전제가 깔려 있다고 봐야 한다. 도를 지나쳐서는 안 된다는 말이다. 상황 때문에 구사는 초구가 자신과 대등한 선까지는 참아주지만, 그 선을 넘어서면 그냥 둘 수 없다. 둘은 갈등할 수밖에 없고, 이렇게 되면 지위가 낮은 초구가 당할 수밖에 없다. 이는 구사의 술책이라기보다는 초구가 일의 형세를 오판하고 일의 이치[事理=禮]를 어긴 때문이다. 『논어』「학이」편에 나오는 공자의 제자 유자(有子)의 말이 그 지침이 된다.

> 그 사람됨이 효도하고 공순하면서[孝弟] 윗사람을 범하기[犯上]를 좋아하는 자는 드물다. (또) 윗사람을 범하기를 좋아하지 않으면서 난을 일으키기를 좋아하는 자는 없다. 군자는 근본에 힘쓰니, 근본이 서야 도리가 생겨난다. 아마도 효도와 공순함[孝弟]은 어짊을 행하는 근본[爲仁之本]이라 할 만하다.

범상(犯上)의 문제는 대단히 중요하다. 마침 우리 역사에도 경계로 삼을 만한 본보기가 있다. 명종 때의 폭정 시절이 끝나고 선조가 즉위해 마침내 사림이 주도할 수 있는 세상이 열렸다. 그러나 같은 사림들끼리 화합하기보다는 충돌했다. 신진 사림과 판서들의 충돌이 잦았다. 말 그대로 풍괘에서의 초구와 구사의 정면충돌이다. 내가 쓴 책 『선조, 조선의 난세를 넘다』(해냄)에서 인용한다.

> 신진 사림은 선조 즉위와 더불어 정사(正邪), 시비(是非)는 분명하게 갈라졌다고 확신하고 있었다. 조광조를 인정하느냐 그렇지 않느냐였다. 역사가 지나치게 흑백(黑白)으로 단순화되고 있었다. 이런 새 기운에 대해 마땅치 않게 생각하는 사람들이 명종 시대를 거치면서도 비교적 깨끗하게 처신했던 구신(舊臣) 중에 없을 리 없었다. 그들이 볼 때는 또 하나의 '억압'이 시작되고 있었다. 이런 인식을 갖고 있던 대표적인 인물이 선조 즉위년 당시 형조

판서로 있던 김개다.

김개(金鎧, 1504~1569)는 중종 35년 문과에 급제해 홍문관과 사헌부 등의 직위를 두루 거쳤고 명종 7년 동부승지에 올랐다. 이후 충청도관찰사, 대사헌, 한성부판윤 등을 거쳐 명종 말년에는 형조와 호조판서를 지냈다. 그는 명종 6년 구황어사가 돼 가뭄과 기근에 고통받던 충청도의 구휼에 공을 세워 이준경·이황 등과 함께 청백리에 뽑힐 정도로 청렴한 인물이었다. 한마디로 이준경과 비슷한 계열의 인물이었다고 할 수 있다.

선조 2년 4월 19일 문정전에서 열린 석강에서 기대승(奇大升)은 아주 조심스럽게, 그러면서도 단호하게 김개를 문제 삼았다. 얼마 전 김개가 경연에서 신진 사림이 추진하던 3대 과업을 정면으로 비판했다는 게 그 이유였다. 그 자리에서 김개는 먼저 조광조의 당시 처신을 잘못이라고 지적했다. '자기에게 붙은 자는 진출시키고, 자기와 달리하는 자는 배척했다'라는 것이다. 이어 '남곤을 뒤늦게 추삭(追削)할 수 없다'라고 맞섰으며, 심지어 원흉이었던 이기의 동생 이행을 사림들의 존경 대상인 정광필에 비길 수 있다고까지 말했다는 것이다. 어쩌면 역사의 실상(實相)은 김개의 이야기에 가까웠을지 모른다. 예를 들어 좌의정을 지낸 이행의 아들 이원록은 큰아버지인 이기를 비난하다가 귀양을 가기까지 했다. 그러나 분명한 것은 김개가 역사의 대세(大勢)를 거스르고 있었다는 사실이다.

김개는 두 달 후인 6월 9일 조강(朝講)에서 다시 한번 자신의 입장을 되풀이했다. 역사의 수레바퀴에 깔려 죽더라도 진실을 포기할 수 없다는 강한 의지의 표현이었다. 게다가 신진 사림의 과격한 언행이 계속됐던 것으로 보인다. 다행스럽게도 실록에는 김개가 조강에서 선조에게 아뢴 내용의 전문이 기록돼 있다.

먼저 그는 선조 즉위 후 '나이 젊은 무리'가 보여주는 행태를 '잡된 논의'라고 평가절하하고 "그중에서도 삼정승, 특히 영상(-이준경)을 비난하는 것은 잘못된 것"이라고 단호하게 말한다. 아마도 명종 시대에 고위 관직을 지낸 이준경에 대한 비판 움직임이 젊은 사림을 중심으로 형성되고 있었기 때문으로 보인다. 이어 기묘사화의 주인공 조광조와 관련한 자신의 생각을 진술한다. 당시 자신은 16세 때여서 정확한 시비(是非)는 모르지만, 훗날 중종이 내린 전지(傳旨)를 보니 "자기에게 붙은 자는 신출시키고 자기와 다른 자는 배척했다"라고 돼 있는 것을 볼 때 조광조의 학문과 마음 씀씀이는 분명 범상치 않았으나 실제의 일 처리는 미숙했다고 생각한다는 것이었다.

"기묘년에도 사람이 역시 많았는데 어찌 모두 다 선인이었겠으며, 선인 가운데서도 그릇 생각하여 실수한 자가 어찌 없었겠습니까. 후세에서 기묘년의 사람을 잊지 못하는 것은 단지 그 대강(大綱)이 옳았기 때문입니다."

이어 그는 조광조는 물론 좋은 사람이지만 그를 따르던 젊은 사람들이 일을 많이 그르쳐 조광조 자신도 오히려 우려할 정도였다는 것은 이황이 지은 조광조의 행장에도 기록돼 있다고 정곡(正鵠)을 찔렀다. 다만 조광조가 비명에 죽었기 때문에 인심이 애통하게 여겨 그를 다소 과장되게 높이려 하는 움직임이 있는 것일 뿐이라는 것이다. 마치 우리 현대사의 김구나 여운형에 대한 다소 과장된 평가를 떠올리게 하는 대목이다.

김개의 이 같은 발언이 전해지자 신진 사림의 거점이었던 양사는 즉각 김개의 삭탈관직을 선조에게 주청했다. 양측의 대결은 점차 격렬해지고 있었다. 이날 승정원까지 나서 정권의 존망이 걸려 있다며 김개를 처벌해야 한다고 나섰다. 이때 논의를 주도한 것은 좌승지 기대승이었다. 18세 어린 선조는 어려운 선택을 강요당하고 있었다.

세대 갈등이었다. 기대승은 군주소인론을 내세워 김개는 소인이라고 몰아세웠다. 김개가 말한 '나이 젊은 무리'란 바로 자신을 겨냥한 말이라며, 자신이 '영상은 당장 파직돼야 하고 좌상(좌의정)은 마땅히 뺨을 맞아야 한다'고 했다는 말은 사실무근이라고 밝혔다. 이때 좌상은 권철이었다. 결국 자신을 택하든지 김개를 내쫓든지 선택할 것을 선조에게 요구하고 있었다. 그러면서 기대승은 자신도 들은 소문이라며 김개의 이야기는 결국 자신을 포함한 젊은 선비 6명을 모함하기 위한 것이라고 밝혔다. 선조는 깜짝 놀라 그 6명이 누구냐고 물었고, 우승지 심의겸은 "이탁·박순·기대승·윤두수·윤근수·정철"이라고 답했다.

사태의 본질은 '사림 모함'으로 정리돼가고 있었다. 그래서 다음날 양사는 김개가 사림을 모함했다는 이유로 탄핵했으나 선조는 받아들이지 않았다. 하지만 당시 기대승을 아주 좋아했던 선조였기에 논의는 점차 김개에게 불리하게 돌아갔다. 마침내 6월 16일 대간에서는 김개의 직첩(職牒)을 빼앗아야 한다는 상소를 올린다. 이때 정철이 사헌부 지평으로 있었다. 당시 선조는 큰 소리로 "정철이 지나치다. 김개가 어디 그렇게까지 할 사람이던가?"라며 대간의 상소를 무시하려 했지만, 결국 기대승·정철 등에게 설복당했다. 마침내 김개는 삭탈관직을 당했고 '소인(小人)'으로 낙인찍혔다. 관직에서 쫓겨난 김개는 소인으로 내몰린 데 대해 울화병이 생겨 몇 달 안 돼 세상을 떠나고 말았다.

당시 정계의 상황을 『선조수정실록(宣祖修正實錄)』은 마치 오늘날의 정치 논평 기사처럼 상세하게 기록해두고 있다. 김개가 조정에서 쫓겨나던 날의 한 대목이다.

“이때 상이 신정(新政) 초기라서 잘 다스려보려는 생각이 매우 절실했다. 그런데 등용된 신진의 선비들이 모두 이황을 종주(宗主)로 삼고 떼 지어 서로 교유하며 학문을 강론하면서 그들 스스로 한 무리가 됐다. 세도(世道)를 만회하고 부정한 것을 제거하고 깨끗한 것을 드러내는 것을 제일로 삼았는데, 당시 사람들이 소기묘(小己卯)-요즘 식으로 하자면 ‘리틀 조광조 무리’-라고 지목했다. 따라서 윤원형(尹元衡)·이량(李樑)의 무리로서 버림을 당하여 쓰이지 못하는 자들이 많았으니 이들은 원망이 뼈에 사무쳤고, 소위 명망이 있는 구신(舊臣)이라는 자들은 비록 많은 세변(世變)을 겪으면서도 지조를 잃지 않았다고 자부하고 있었으나 세태에 따라 부침하면서 오랫동안 부귀와 안일에 젖어 있었다. 그런데 신진들이 선배를 경시하면서 속류들이라고 비난하는 것을 보고서는 불평을 품은 채 그들끼리 무리를 이루고 있었다. 윤원형과 이량의 당류들이 이때를 노려 유언(流言)을 퍼뜨려서 양쪽 사이를 선동하고 조정을 어지럽게 만듦으로써, 기회가 오면 저들에게 분풀이를 하려고 했었다.”

물론 실록의 이 같은 평가는 다소 과장 왜곡된 것이다. 김개는 윤원형·이양의 당류가 아니며 “오랫동안 부귀와 안일에 젖어 있었다”라는 것도 지나치다. 지금의 시점에서 보자면 현실 정치를 중시하던 이준경류의 경륜가들과 새로운 사회를 꿈꾸던 기대승·정철류의 개혁론자 간의 갈등일 뿐이었다. 솔직히 요즘 같아서 필자는 이준경 쪽의 손을 들어주고 싶은 심정이다. 그러나 경륜과 개혁은 어느 하나 소홀히 할 수 없다는 점에서 어느 한쪽을 일방적으로 택해서는 안 될 것이다. 경륜과 개혁이 일으키는 긴장을 놓치지 않으면서 선조 시대를 보아야 역사의 실상도 훨씬 잘 드러난다.

김개와 비슷한 생각은 명종 때 고위 관리를 지낸 많은 대신이 공유하고 있었다. 이런 맥락에서 또 한 명의 대표적인 인물이 홍담이다. 선조 즉위 당시 김개가 형조판서로 있을 때 홍담은 호조판서였다. 홍담(洪曇, 1509~1576)의 경우 그의 집안을 살펴볼 필요가 있다.

할아버지 홍형(1446~1500)은 승지를 지냈으며, 연산군 때 갑자사화에 연루돼 처형됐다가 후에 부관참시까지 당했다. 홍형에게는 홍언관, 홍언필 두 아들이 있었다. 홍언관은 무인으로 도총부 경력을 지냈고, 홍언필은 훗날 영의정에 오르게 된다. 홍담은 홍언관의 아들이지만 홍인필의 영향을 크게 받으며 성장했다. 홍담에게 숙부가 되는 홍언필(1476~1549)은 조광조와 내외종간으로, 조광조가 희생된 기묘사화 때 연루됐으나 정광필의 지극한 변호로 목숨을 구할 수 있었고 훗날 영의정에까지 오를 수 있었다. 흥미로운 것은 홍언필의 부인 여산 송씨도 영의정을 지낸 송질의 딸이라는 점이다. 홍언필의 아들, 즉 홍담의 사촌 형인 홍섬(1504~1584)도 조광조에게 학문을 익혔으며 훗날 영의정을 지내게 된다. 이 같은 배경을 보더라도 홍담은 전형적인 사림 집안에서 성장한 인물이었다.

홍담은 중종 34년 문과에 급제해 주로 홍문관에서 관리의 길을 걸었으며, 학문적 능력이 뛰어나 세자의 교육을 맡은 세자시강원의 설서(說書)를 겸임하기도 했다. 그 후 이조와 병조의 좌랑 등 요직을 두루 거쳤고, 사헌부와 사간원 등에서도 근무했다. 명종이 들어서자 직제학과 동부승지 등을 지냈지만, 한때 윤원형·이양 등 외척들과 갈등을 빚어 외직으로 쫓겨나기도 했다.

그런 홍담도 선조 집권 이후 급부상하고 있던 사림들과 충돌했다. 이미 선조 1년 사림들이 김개를 몰아낸 적이 있었다. 그러나 홍담은 그 후 이조판서에 제수되자 김개를 다시 등용해 대사헌을 맡도록 힘을 썼다. 김개나 홍담은 요즘 식으로 하자면 온건 개혁 노선을 견지하고 있었다고 볼 수 있다. 그는 당시 기대승이나 정철 등을 겨냥해 "지금 세상에 무슨 진유(眞儒-참된 유학자)가 나올 것인가. 지금 자신이 학문했다고 하는 자들은 모두가 거짓이다. 만약 진유가 있다면 마땅히 그를 존경하지, 어떻게 감히 헐뜯겠는가?"라고 말했다고 한다. 어차피 명종대를 살아온 것은 마찬가지면서도 지나치게 자신들만 정의의 세력임을 강조하는 신진 사류들을 정면으로 비판하는 말이었다. 김개나 홍담 같은 입장을 가진 인물로는 우의정 홍섬과 판서 송순 등이 있었고, 크게 보아 이 그룹의 수장은 바로 영의정 이준경이었다. 그러나 결국 홍담도 김개가 물러날 때 병을 이유로 사직하게 된다.

일이 이상하게 돌아가고 있었다. 명종 때의 윤원형이나 이량의 당류를 처단하는 문제가 아니라, 같은 개혁파 내에서 온건론과 급진론이 대립하고 있었던 것이다. 그것은 대략 나이를 기준으로 갈라지고 있었다. 당시 세간에서는 이미 이들을 각각 노당과 소당이라고 불렀다.

이런 일은 그 후 같은 당파 사이에도 일어났다. 숙종 때 서인(西人)이 노론과 소론으로 분당하게 된 것 또한 거의 이와 흡사하다. 이번에는 이준경 자리에 송시열이 들어서는 차이가 있을 뿐이다. 내가 쓴 책 『숙종, 조선의 지존으로 서다』(해냄)에서 인용한다.

숙종 6년(1680) 5월 허적과 윤휴가 차례로 사사(賜死)되자 유배 가 있던 송시열의 귀환은 시간문제였다. 문제는 왕실을 부정하는 송시열의 예론을 어떻게 처리할 것인지였다. 아무리 정권이 남인에서 서인으로 바뀌었지만, 숙종으로서도 이 점은 어떻게든 짚고 넘어가지 않을 수 없었다. 불과 몇 달 전만 해도 송시열을 옹호하는 상소만 올려도 즉석에서 자리를 빼앗아버렸던 숙종이 아니던가? 그렇다고 송시열이 자신의 잘못을 인정하고 조정에 돌아올 이유도 없었다.

숙종 6년 5월 12일 김집 문하에서 송시열과 함께 공부했던 부호군 이유태의 상소는 숙종과 송시열의 악연(惡緣)을 풀어줄 수 있는 실마리를 제공했다.

"신이 예전에 전의의 비암사(飛庵寺)에 있고 송시열이 수원의 만의사(萬義寺)에 있을 때 서로 편지를 내왕했는데, 제가 말하기를 '송나라 영종은 방계(旁系)에서 들어가 대통(大統)을 이었는데 정자(程子)가 또한 적자(嫡子)라고 했으니, 하물며 효묘(孝廟-효종)께서는 차적(次嫡)으로서 승격돼 적자가 됐으니 적자가 아니라고 할 수 있겠는가?' 했더니 송시열 역시 그렇다고 했습니다."

물론 이는 믿거나 말거나다. 필자의 생각으로는 송시열이 그랬을 리 없다. 그랬는데 목숨을 내놓고 예송논쟁에서 그 같은 입장을 견지했을 리 없기 때문이다.

이유태 말의 사실 여부를 떠나 숙종의 대답은 간단했다. "지나간 일을 이제 와서 제기할 필요가 없다." 설사 효종의 경우 논란의 대상이 된다 할지라도 현종을 거쳐 자기가 집권하면서 6년이 지났기 때문에 정통성 문제는 사라진 것이나 마찬가지였다. 송시열이 잘한 것은 아니지만 이제 그 문제는 별로 중대한 사안이 아니라는 인식이었다.

이미 이때 74세로 송시열과 나이가 같았던 이유태(李惟泰, 1607~1684)는 한미한 집안 출신으로 민재문(閔在汶)에게 학문을 익혔고, 그 후 김장생·김집 부자의 문인이 돼 그 문하의 송시열·송준길·윤선거·유계와 더불어 '호서산림 오현(五賢)'의 한 사람으로 꼽혔다. 과거를 거치지 않고 인조 12년(1634) 김집(金集)의 천거로 희릉참봉(禧陵參奉)이 되고, 효종 9년(1658) 송시열과 송준길의 천거로 사헌부 지평이 된다. 이듬해 세자시강원 진선과 동부승지를 거쳐 현종 즉위 후 공조참의 등을 지냈다. 1660년 호군(護軍)으로 재임 시 복제 문제에서 송시열의 기년설을 지지했다. 그래서 1674년 갑인예송(甲寅禮訟) 때 복제를 잘못 정했다는 남인 윤휴 등의 탄핵을 받아 영변(寧邊)에 유배됐다가 이때 풀려나 부호군에 임명된 것이다. 곧바로 송시열의 해배(解配)를 청하는 상소를 올린 것이다. 그러나 얼마 후 노론과 소론이 갈릴 때 그는 소론을 지지해 송시열과 대립하게 되고 오현에서도 빠지게 된다.

숙종은 곧바로 외형적으로는 이유태의 상소를 받아들이는 형식으로 위리안치를 풀고 유배지를 다른 곳으로 옮길 것을 명한다. 그래서 송시열은 거제도에서 경상도 청풍으로 옮겨진다. 이어 영의정 김수항 등이 송시열을 유배에서 풀어줄 것을 거듭 청하자 숙종은 5월 24일 송시열을 유배에서 풀라는 특명을 내린다. 그러면서 이렇게 말했다. "조정에서 용서하는 은전을 베푸는 것은 개과천선(改過遷善)하는 길을 열어주고자 함이다." 여전히 송시열의 죄 있음은 부정하지 않고 있었던 것이다.

그랬기 때문에 송시열의 복권은 상당한 시간을 두고 진행됐다. 그사이에 서인들의 집중적인 복권 요청이 있었고, 그때마다 숙종은 듣고서도 내버려두다가 (윤8월이 포함돼 있었으므로) 6개월이 지난 10월 2일에야 "전 중추부 판사 송시열을 서용하라"는 짤막한 하교를 내린다. 곧바로 송시열의 직함을 중추부 영사로 승진시켜 서둘러 대궐에 들어올 것을 명했다. 종1품에서 정1품으로 뛰어오른 것이다. 참고로 조선 시대의 품계표에 따르면 대군이 정1품이고 군이 종1품이며 삼정승이 정1품이다. 최고로 대우한 것이다.

10월 12일 송시열이 도성 밖에 머물렀다. 일단 여기서 송시열은 자신의 허물을 탓하며 중추부 영사 임명을 취소해줄 것을 바라는 상소를 올렸다. 물론 의례적인 절차였다. 숙종은 다시 승지를 보내 서둘러 대궐에 들어올 것을 명했다. 이에 송시열은 마침내 대궐에 들어오는데, 길에는 그의 얼굴을 보려고 모여든 사람들이 많았다고 기록하고 있다. 그런데 서인 중에서도 송시열계인 노론이 집필한 『숙종실록(肅宗實錄)』에도 사람들이 많았다고만 했지 이원익이 인조반정 직후에 입궐할 때처럼 감격하여 남녀노소 모두가 울었다는 등의 표현은 없는 것으로 보아, 송시열에 대한 백성의 생각은 어느 정도 짐작할 수 있다.

숙종과 송시열 모두 만감이 교차했을 것이다. 송시열이 숙종에게 「태극도설」과 『서명』을 진강하게 되기 이틀 전의 일이다. 두 사람의 대면은 어색함 그 자체였을 것이다. 두 사람 다 그나마 강경파 남인들이 송시열을 죽여야 한다고 주장할 때 숙종이 끝까지 거부한 때문에 이날의 만남이 있을 수 있다는 사실을 떠올렸을지도 모른다. 어색한 침묵은 송시열이 먼저 깼다. 숙종 앞에서 엎드려[俯伏] 있던 송시열은 이렇게 말한다.

"성상께서 춘궁(春宮-동궁)에 계실 때 잠깐 입시(入侍)했는데 그 뒤 여러 해 동안 천안(天顏)을 뵙지 못했으니, 원컨대 쳐다볼 수 있게 하여주소서."

이는 분명 무례(無禮)다. 그러나 이 상황에서는 문제가 될 수 없었다. 숙종도 유배를 보낼 때의 일에 대한 언급을 피하기 위함인지 춘궁 시절의 인연만으로 짧게 답한다. "춘궁에 있을 때 한두 차례 경을 보았는데 지금 경의 수염과 머리가 이미 쇠잔하여 희었구나."

무슨 책을 읽었고 지금은 무슨 책을 읽고 있느냐는 등의 문답이 오간 후, 별겸춘추 조지겸이 "원로대신이 먼 곳에서 오랜만에 조정에 들어왔으니 재이(災異)를 그치게 할 방도를 물어보소서"라고 권해 숙종이 따랐다. 송시열로부터는 임금이 몸가짐을 잘해야 한다는 뻔한 대답이 나왔다. 흥미로운 것은 그다음 대화다. 송시열은 자신은 시무(時務)는 잘 모르니 경전 중에 의심스러운 곳을 물으시면 지금 답을 해주겠다고 말한다. 가르치겠다는 뜻이었다.

"경전이 심오하여 의심스러운 점이 한두 가지가 아니다. 후일 조용히 입시할 때 마땅히 어려운 것을 논하여야 할 것이다."

우문현답(愚問賢答)이었다. 적어도 그날 그 자리에서 송시열의 발언은 그리 적절했다고 할 수 없다. 눈에 보이지 않는 신경전이 벌어지고 있었던 것이다. 송시열도 물러서지 않았다. 송시열은 일방적으로 "경연에서 신하들에게 잘 배우셨겠지만, 그중에서 홀로 있어도 늘 삼가는 신독(愼獨) 공부가 가장 절실한 일입니다. 신하와 상대할 때는 성심(聖心)에 잡념을 없애시고 성궁(聖躬-임금의 몸가짐)을 엄숙하게 하시며 심지어 내전(內殿)에 들어가 편히 거처하며 환관과 빈첩이 앞에서 모실 때도 여러 신하를 대하는 것과 같이 하시는지 알지 못하겠습니다만, 만약 안팎의 행동을 능히 하나같이 할 수가 없다면 비록 날마다 경연에 나오시더라도 형식일 뿐입니다"라고 훈계조의 언급을 했다. 이에 숙종은 "내가 비록 한가하게 있으면서 마음대로 할 수 있는 자리일지라도 어찌 감히 경계하고 두려워하는 마음을 조금이라도 늦출 수 있겠는가"라고 답했다. 속으로야 '당신 지금 몇 년 만에 보자마자 무슨 말을 하고 싶은가'라고 호통치고 싶었겠지만 그럴 자리가 아니었다.

그런데 송시열은 한 걸음 더 나아간다. 신하가 임금 앞에서 엎드리는 예는 요임금이나 순임금 때는 없었던 것인데 진(秦)나라 때부터 상하 관계가 엄격해져서 임금과 신하 사이의 정의(情意)가 통하지 못하게 됐다며, 자신의 스승 김장생도 인조에게 같은 건의를 드린 바 있으나 신하들이 스스로 어렵게 여겨 실행되지 못한 것이 아쉬웠다고 말한다. 임금과 신하가 서로 얼굴을 쳐다보면서 국정을 논하자는 것이다. 지금의 관점에서 보면 일종의 민주주의를 떠올릴지 모르나 그때는 상황이 완전히 달랐다. 왕권(王權)과 신권(臣權). 그것도 이 말이 송시열의 입에서 나온 것이기에 의미는 더 다를 수밖에 없었다. 숙종은 건성으로 답했다. "어찌 좋지 아니하겠는가?" 숙종의 뜻은 부복 여부를 떠나 임금과 신하가 서로 정이 잘 통하면 좋겠다는 것이었다. 실제로는 숙종의 권력이 커가면서 부복의 예는 더욱 엄격해졌다.

송시열의 이 같은 언행은 예를 지킴에 있어서는 임금과 신하의 차이가 없다는 천하동례(天下同禮)와, 스승이 가서 가르치는 예는 없다는 사무왕교지례(師無往敎之禮)라는 서인 노론들의 공통된 인식이 표출된 결과였다. 실제로 숙종은 세자 시절 잠시나마 송시열에게 공부를 배울 때 세자시강원이 아니라 송시열이 머무는 곳에 가서 공부를 배워야 했다.

송시열에 대해 부정적인 소론계가 집필한 『숙종실록보궐정오(肅宗實錄補闕正誤)』 숙종 7년 8월 1일 자 기록을 보면 이 무렵 송시열에 대한 사관의 날카로운 평이 실려 있다.

"송시열은 세 조정을 섬긴 덕망 있는 자이며 한 시대 유학자의 우두머리로 세상에서 존경하고 신임하는 바이지만, 이때에는 이미 정신이 쇠약하여 큰일을 하기는 어려우며 또 사람을 알아보는 것이 부족하고 자신이 좋아하는 바에만 치우쳤다. 그가 지난해 겨울 조정에 나왔을 적에 임금에게 사람을 천거했는데, 모두 사람들의 뜻에 차지 않았다. 박세채는 식견이 정교하고 깊이가 있으며 학문은 미묘하고 치밀하며, 윤증은 탐색하는 공부는 비록 조금 부족하다 하더라도 지조와 행실이 돈독하며 지혜를 감춰둔 것이 매우 깊다. 이들은 순박하고 허물이 적은 유학자들이지만, 그러나 세상을 경륜할 역량이 있다고는 할 수 없다. 또 이상은 항상 주장하는 의논이 준절하고 격렬하지만, 학술이 본래부터 천박하고 시골에 살 때 재물을 증식했다는 비난이 있었다. 그런데 조정에서 그들을 천거하고 예우를 더하도록 했으니 잘못된 일이다. 이런 인물들을 나아오게 하여 기용한다 한들 어떻게 임금을 잘 도울 수 있겠는가?"

다음 날, 홍문관 관원들이 이번 기회에 송시열로부터 「태극도설」과 『서명』에 관한 특별 강의를 들을 것을 청하니 앞에서 본 대로 10월 14일 송시열의 특강을 들었다. 그러나 바로 다음 날 송시열은 죽은 아내의 묘를 옮기는 문제로 고향으로 돌아가겠다고 밝혔고, 숙종은 만류했다. 여러 차례의 만류에도 불구하고 송시열은 일단 10월 23일 도성 밖으로 나갔다. 사실 송시열의 속뜻은 다른 데 있었다. 차제에 현종 말년 문제가 됐던 복제에 대한 자신의 입장을 숙종으로부터 추인받고 싶었던 것이다. 11월 4일 송시열이 올린 상소의 내용은 다름 아닌 당시 자기를 대신해 귀양을 가야 했던 김수흥의 한을 풀어달라는 내용이었다.

숙종과 송시열이 한창 실랑이를 벌이고 있던 10월 26일 천연두 증세를 보이던 인경왕후 김씨가 세상을 떠났다. 인경왕후는 딸 둘을 낳기는 했지만 둘 다 일찍 죽었고 아들은 없었다. 이때 김씨의 나이 20세였다.

숙종 6년, 숙종은 남인을 내몰고 서인을 불러들였다. 그러나 미세하게 들여다보면 복선군을 내몰고 김석주를 불러들였다고 하는 편이 보다 실상에 가깝다. 숙종은 서인들을 그저 통치의 대상인 신하로서만 보았고 함께 정치를 의논할 수 있는 상대로 생각지 않았다. 그것이 숙종이다. 기사환국을 단행했지만, 숙종의 최고 신임은 김석주에게 주어졌다.

경신환국 직후인 숙종 6년 5월 숙종은 허견의 역모 기미를 알고서 미리 대비한 공로를 인정해 김석주와 김만기 2명을 보사공신 1등에, 김석주의 명으로 남인에 대한 정보 수집을 지휘한 별군직의 이입신을 보사공신 2등에, 행동대원으로 정보 수집에 기여한 남두북·정원로·박빈 3명을 보사공신 3등에 책록했다. 그런데 그해 9월 김석주가 상소를 올려 정원로를 이중 간첩으로 활용할 때 눈에 보이지 않게 공을 세운 인물들이 더 있다며 추가 책봉을 건의하니, 이사명·김익훈·조태상·신범화 등 4명이 2등 공신에 뒤늦게 올랐고 3등 공신에도 이광한·이원성 2명이 추가됐다. 대신 3등 공신에 책록됐던 정원로의 경우 부실한 고변을 했다는 이유로 이때 삭제돼 3등 공신은 모두 4명이었다.

그러나 보사공신은 명종 때 을사사화를 일으킨 인물들에게 책봉된 위사(衛社)공신만큼이나 말도 많고 탈도 많았다. 9년 후인 숙종 15년 이른바 기사환국이 일어나 남인이 득세하고 서인들이 축출되면서, 남인들은 '경신년의 일', 즉 허견의 역모는 김석주와 김만기의 조작과 무고라고 주장하고 나섰다. 숙종은 남인들의 주장을 수용했다. 그 바람에 그해 7월 25일 보사공신은 전원 취소됐다. 그러다가 5년 후인 숙종 20년 갑술환국이 일어나 남인들이 다시 축출되자 5월 18일 보사공신이 다시 녹훈됐다. 다만 이때는 사건의 범위를 허견의 역모에만 한정하고, 남인 전체로 사건을 확대하는 과정에서 기여한 인물들은 공신에서 배제됐다. 그래서 3등의 정원로만 빠진 원래의 공신, 즉 1등 공신 김석주·김만기, 2등 공신 이입신, 3등 공신 남두북·박빈 등으로 보사공신은 최종 확정된다.

숙종 집권 후 남인을 내모는 경신환국 때까지만 해도 숙종의 마음은 복선군에게 7, 김석주에게 3 정도의 비중을 두고 있었다. 그러나 숙종 5년 중반부터 남인들의 과도한 당파성과 무능에 숙종은 조금씩 넌덜머리를 내기 시작했고, 그 점을 간파한 김석주는 송시열을 비롯한 서인의 핵심 인사들과 비밀리에 의견을 교환하며 새로운 정권 준비에 들어갔다.

그리고 남인은 배척됐고 서인이 복귀했다. 그러나 엄밀히 말하면 서인이라고 다 서인은 아니었다. 송시열을 중심으로 하는 서인 주류가 있었다면, 김석주를 중심으로 하는 서인 비주류가 있었다. 문제는 힘이 비주류에 있었다는 사실이다. 그것은 숙종의 의중이기도 했다. 이때 숙종의 마음은 김석주에게 90% 이상 가 있었다고 해도 과언이 아니다. 집권 초기 복선군을 향했던 숙종의 마음은 비할 바가 안 됐다. 앞서 본 보사공신 책봉은 숙종의 그런 마음이 일부 표출된 데 불과했다. 서인의 시대가 열리고 2년이 지난 숙종 8년 5월 김석주는 우의정에 오른다. 이제 김석주는 더는 배후의 권력도 아니고 숨은 군부 실세도 아니었다.

다른 권한은 남인에게 줘도 병권만은 남겨야 했기에 줄곧 병조판서를 지냈던 김석주는 숙종 6년 10월 12일 이조판서로 자리를 옮긴 다음 의금부 판사를 거쳐 숙종 8년 5월 18일 우의정에 제수된다. 마침내 정승의 자리에 오른 것이다.

그가 정승에 오른 지 다섯 달 열흘 만인 10월 21일 전 병사 김환과 출신 이회 및 기패관 한수만 등이, 남인 허새·허영 등이 역모를 꾸며 '삼복' 중에 유일하게 살아남은 복평군을 왕으로 추대하려 했다고 고변했다. 이런 일은 늘 그렇지만, 소론의 입장을 대변하는 『숙종실록보궐정오』는 이를 어영대장 김익훈이 공을 세우기 위해 조작한 것으로 서술하고 있다. 김익훈은 김석주의 지휘하에 있던 인물이라는 점에서 본다면 그랬을 가능성은 대단히 크다. 이런 점을 고려하며 실록의 기록을 쫓아가 본다.

김환 등의 고변이 있은 지 사흘이 지난 10월 23일 이번에는 김중하라는 인물이 정승을 지낸 민암이 사생계(死生契)를 조직해 남두북·김석주·박빈 등 보사공신의 핵심 인물을 제거하려는 음모를 꾸몄다고 고변을 했다.

민암(閔黯, 1636~1694)은 문제적 인물이었다. 그는 이조참판을 지낸 민응협의 아들로, 현종 6년(1688) 문과에 급제하여 청요직과 대사헌 대제학 등을 지냈고 1675년 사은사 창성군(昌城君) 이필과 함께 청나라에 다녀왔다. 1678년 동지사 겸 변무부사로 청나라에 가서 인조반정과 관련된 중국 측의 기록을 바로잡고 돌아와 이듬해 10월 한성부판윤에 올랐으며 이조참판을 지냈다. 남인이었던 그는 1680년 경신환국 때 파직됐고 이때 역모에 연루돼 한때 고초를 겪었지만, 1689년 기사환국이 일어나자 대사헌을 거쳐 예조판서에 오른다. 예조판서로 있으면서 김수항과 송시열을 탄핵하여 처형을 주장했고, 대제학·병조판서를 거쳐 1691년 우의정에 오른다. 그러나 1694년 자신이 주도한 갑술옥사로 역풍을 맞아 서인이 재차 정권을 장악하면서 위리안치됐다가 영의정 남구만의 탄핵을 받아 사사(賜死)된다.

서인들의 정치 공작은 여기서 그치지 않았다. 김장생의 손자이자 인경왕후 김씨의 작은할아버지이기도 한 김익훈이 김석주의 사주를 받아 연이어 고변했다. 김익훈은 원래 자신이 고변했던 허새·허영 등의 '역모 사건'이 뜻대로 되지 않자 별도의 사건을 꾸며 남인들을 고변했던 것이다. 그런데 김석주가 주도한 남인 축출 음모는 오히려 서인 내의 반발을 불러 노론과 소론이 갈리는 빌미를 제공하기도 했다. 애당초 너무나도 무리한 시도였기 때문이다. 김익훈의 고변 행위는 정계에 큰 파문을 일으키며 두고두고 논란의 씨앗이 된다.

김익훈(金益勳, 1619~1689)은 김장생의 손자이자 인경왕후의 아버지인 김만기의 작은아버지로, 1678년 광주부윤을 거쳐 경신환국 이후 남인 축출에 앞장서서 그 공으로 보사공신 2등에 올랐고, 이후 형조참판·어영대장 등 핵심 요직을 거쳤다. 이후 1689년 기사환국으로 남인들이 정권을 장악하자 공신의 지위를 빼앗기고 강계로 유배됐다가 고문으로 생을 마감하게 된다.

숙종 6년 4월 남인을 몰아내기 시작한 숙종은 5월에 보사공신을 책봉한다. 1등 공신은 김석주와 김만기, 2등 공신은 이입신 1명이었다. 그런데 그해 9월 5일 김석주가 상소를 올려 정원로를 이중 간첩으로 활용할 때 공을 세운 인물들도 공신에 책봉해야 한다고 주청해, 그해 11월 22일 이사명·김익훈·조태상·신범화 등 4명이 2등 공신에, 이광한·이원성이 3등 공신에 추가로 책록됐다.

당시 공신 책봉이 얼마나 무리했는지는 그날 실록을 보면 알 수 있다. 통상 공신을 정하려면 빈청(賓廳)에 전현직 정승들이 모두 모여 공적을 정확히 가린 다음에 1, 2, 3등을 정하고 국왕의 재가를 받는 것이 순서다. 그런데 이날 실록의 기록은 공신 추가 작업이 졸속에 의한 것임을 생생하게 증언한다.

"빈청에서 공신의 훈공을 등록하는데, 다만 영의정 김수항이 원훈(元勳)인 이조판서 김석주와 더불어 상의해서 감정했고 그 밖에 시임(時任-현직) 대신과 원임(原任-전직) 대신은 모두 불참했다."

여기서 눈여겨봐야 할 대목은 김수항·김석주·김익훈의 밀접한 커넥션이다. 흥미로운 것은 김수항은 김상헌의 손자, 김석주는 김육의 손자, 김익훈은 김장생의 손자라는 사실이다. 당시 조선은 이처럼 한 줌도 안 되는 권문세가 사람들이 대대손손 권력을 이어가고 있었다.

숙종 8년 2월 20일 김익훈은 영의정 김수항의 추천으로 총융사에 임명된다. 총융사란 수도 방어를 위해 경기도 외곽의 수원·남양 등지에 설치된 군부대를 총괄하는 사령관직이다. 실은 그 전날 숙종의 장인 김만기가 육군참모총장에 해당하는 훈련대장에서 물러나자 김수항은 후임으로 어영대장으로 있던 김석주를 추천했고, 다시 비게 되는 어영대장에 신여철과 김익훈을 추천했는데 숙종이 신여철을 선택하자 이날 김익훈을 총융사로 추천해 임명한 것이었다. 5월 18일 병조판서 겸 훈련대장으로 있던 김석주가 우의정으로 정승 직에 오르자 후임 훈련대장에 신여철이, 후임 어영대장에는 김익훈이 임명된다. 이들에 대한 숙종의 신임이 얼마나 컸던지를 쉽게 알 수 있다.

이 어영대장 김익훈이 그해 10월 밀계를 올려 김환 등의 고변을 전했던 것이다. 이건창이 『당의통략』에서 기록한 전후 맥락은 이렇다.

여전히 남인들의 동향에 불안감을 느끼고 있던 숙종은 김석주에게 감시를 철저히 할 것을 명했다. 이에 김석주는 무인 김환에게 남인 감시의 책무를 맡겼다. 김환은 원래 서인이었지만 벼슬은 남인에게서 받아 남인들과도 두루 친분이 있었다. 그래서 처음에는 '간첩' 노릇을 할 수 없다고 버텼으나, 김석주가 죽이겠다고 협박하는 바람에 어쩔 수 없이 일에 말려들게 된다. 밑그림은 이미 김석주가 그리고 있었다.

"허새와 허영은 한강 위에 산다. 너는 그 이웃으로 이사해 함께 어울려 장기를 두다가 네가 상대편 왕을 잡으면 '나라를 취하는 것도 이와 같이 하는 것입니다'라면서 그들의 의중을 떠봐라. 허새 등이 호응하는 것 같으면 너는 허새에게 함께 모반하자고 말해라!"

아무리 실제 우의정이 내린 명이지만 도저히 받아들일 수 없었다. 김환은 "만일 그랬다가 허새 등에게 역심(逆心)이 없으면 내가 역적으로 몰리게 되지 않습니까?"라고 물었다. 그러자 김석주는 자신만 믿으라며 김환을 안심시킨 뒤 거액의 은화(銀貨)까지 제공했다. 거사 자금이었다. 이후 김환이 김석주의 지시대로 하자 실제로 허새와 허영이 솔깃한 반응을 보였다.

더불어 김석주는 김환으로 하여금 유명견도 주의 깊게 감시할 것을 명했다. 유명견은 이름난 선비였기 때문에 김환이 갑자기 얽어 넣기에는 문제가 많았다. 그래서 그의 문객인 전익대라는 인물과 사귀면서 그 실상을 있는 그대로 보고했다.

유명견(柳命堅, 1628~?)은 의정부 사인을 지낸 유영의 아들로, 아우 유명천과 함께 이 무렵 남인의 중견 학자 및 관리로 활동했다. 1672년(현종 13년) 문과에 병과로 급제해 숙종 즉위 초 홍문관 수찬에 올랐고, 윤휴의 청남보다는 허적의 탁남에 가까웠다. 경주부윤으로 있던 중에 경신환국이 일어나 파직당했고, 바로 이때 김석주의 무고를 받게 된다. 그러나 조사 결과 혐의가 없는 것으로 드러나 석방된다. 그 후 기사환국이 일어나자 승지와 부제학을 거쳐 이조참판에 오르지만, 갑술환국으로 다시 관직에서 쫓겨난다. 1701년에는 장희재 등과 함께 인현왕후를 살해하려 했다는 혐의로 아우 유명천과 함께 절도유배를 당하지만 3년 후에 풀려난다.

한편 이런 공작이 한창 진행 중인 가운데 그해 11월 김석주가 사은사로 청나라에 가게 된다. 숙종으로서는 정국이 불안한 상황이어서 김석주를 청나라에 보내고 싶은 마음이 없었다. 그러나 이미 청나라에 김석주의 이름이 통고된 상황이라 달리 바꿀 수 있는 방도도 없었다. 결국 청나라 연경으로 떠나지 않을 수 없게 된 김석주는 자신의 행동대장 김익훈에게 뒤를 부탁했다. 자신이 그동안 추진해온 음모의 골격을 전달해주었음은 물론이다.

뒤늦게 음모에 뛰어든 김익훈은 서둘렀다. 그래서 김석주가 없는 사이 김환을 몰아세웠다. 내몰린 김환은 전익대를 만나 유명견에게서 알아낸 것이 없느냐고 다그쳤다. 이에 전익대가 "유명견이 활을 만드는 것을 보았는데 의심할 만한 일입니다"라고 답했다. 그런데 이미 세상의 눈은 모든 것을 알고 있었다. 시중에 "김환이 겉으로는 정탐하는 척하면서 실은 모반하려는 것이다"라는 유언비어가 파다하게 퍼졌다. 이에 놀란 김환이 전익대를 찾아가 "너는 나를 따라 고변하라. 거절하면 반드시 너를 먼저 죽이겠다"라고 협박했고, 전익대는 "유명견이 모반한다는 증거가 없는데 어찌 차마 무고할 수 있는가"라고 맞섰다. 한마디로 일이 꼬여버린 것이다.

사태가 급박해진 김환은 일단 전익대를 가둔 다음 김익훈을 통해 허새와 허영이 모반한다고 고변했다. 이것이 제1차 고변이었다. 사흘 후에는 이와 전혀 무관하게 별도의 고변이 있었다. 문제는 김환이 고변 후 벼슬을 받게 되자 전익대의 문제가 골칫거리로 떠오른 것이다. 일단 김환은 전익대에 대한 이야기는 전혀 하지 않았다.

바로 이때 김석주가 연경에서 돌아왔다. 김익훈으로부터 전말을 전해 들은 김석주는 아방(兒房)에서 직접 주장께 밀계를 올리면 될 것이라는 처방을 내놓았다. 아방이란 대궐 안의 장군들이 휴식을 취하는 곳이었다. 이에 김익훈이 "나는 글을 쓸 줄 모르는데 어떻게 하지요"라고 걱정하자 김석주가 밀계의 주요 내용을 써주었다. 밀계의 핵심 중 하나는 전익대를 함께 엮어 넣는 것이었다.

국청에 잡혀 온 전익대는 김환이 승진해 있는 것을 부러워하며 유명견이 반역을 꾀했다고 고변했다. 물론 근거 없는 거짓말이었다. 즉각 국청에서는 유명견을 잡아들였다. 그러나 대질 결과 터무니없는 거짓으로 드러났다.

이를 정리하면, 첫째로 김환의 고변이 있었고, 이어 김중하가 민암을 시목하는 고변이 있었고, 셋째로 김익훈의 아방 밀계가 있었다. 흔히 이 셋을 합쳐 임술고변이라고 한다. 최종 조사 결과 유명견과 민암은 무고임이 드러났고 김중하와 전익대는 귀양을 가야 했다. 특히 전익대는 참수형을 당한다. 사실 김중하의 고변도 김익훈의 작품이었다. 그런데 결국은 자신을 지켜줄 사람이 없는 전익대만 죽고 나머지는 다 살아서 관직에도 오르고 생명을 부지했다.

모든 게 어설펐기 때문에 삼척동자도 전후 사정을 다 알게 됐다. 점차 김익훈은 '공적(公敵)'으로 떠올랐다. 당시 상황에서 김석주를 직접 탄핵할 수 없었기 때문에 원망은 모두 김익훈을 향했다.

특히 젊은 사림을 중심으로 김익훈을 비난하는 논의가 거세져갔다. 일단 김익훈을 내쳤다가 얼마 후 다시 불러들였다. 이에 대간 유득일과 박태유가 김익훈을 강도 높게 탄핵하자, 숙종은 대노하여 두 사람을 지방관으로 내쫓는다. 숙종의 생각은 이러했지만, 좌의정 민정중의 생각은 달랐다. 민정중은 이미 영의정 김수항과 호포법 문제 등으로 갈등을 빚은 바 있었기 때문에, 문제의 근본적 해결을 위하여 숙종에게 산림의 의견을 구할 것을 청한다. 그래서 송시열·박세채·윤증 등 세 사람의 의견을 들어보는 자리를 만들려 했다.

한편 대사성으로 있을 때 김익훈을 앞장서서 탄핵한 바 있는 승지 조지겸은 당시 경기도 여주에 머물고 있던 송시열을 찾아가 사건의 전말을 이야기한 다음 의견을 구했다. 소장파 편을 들어달라는 요청이었다. 처음에는 송시열도 조지겸의 이야기를 들은 후 "사태가 진실로 그와 같다면 김익훈을 죽여도 족히 아까울 것이 없겠소이다"라고 말했다. 이에 힘을 얻은 조지겸은 한양으로 돌아와 "대로(大老)의 소견도 우리와 마찬가지일세"라고 말했다.

숙종 9년 1월 송시열은 한양 도성에 들어왔다. 그때 김석주가 송시열을 찾아가 자신의 입장에서 본 이번 사건의 전말을 전해주었다. 김석주가 김익훈의 무죄를 강변하자 송시열도 입장이 난처해졌다. 김수항과 민정중도 만났을 것이다. 송시열의 생각은 바뀌고 있었다. 이런 가운데 숙종은 "대로의 결정을 따르겠다"라며 송시열에게 책임을 떠넘겼다. 여러 차례 요청이 있었지만, 송시열은 쉽게 단안을 내리지 못했다. 서인의 지도자이고자 했던 그는 이번 일로 서인이 분열되는 것을 원치 않았을 것이다.

1월 19일 주강에서 송시열은 마침내 자신의 생각을 밝힌다. "신이 죄를 기다리는 일이 있습니다. 문순공 이황(李滉)의 문인(門人)이었던 조목(趙穆)은 이황이 죽은 뒤에 그의 자손을 보기를 마치 동기와 같이 했습니다. 그가 관직에 있을 적에 지성으로 경계하여 과실을 면하게 하여주었으므로, 당시나 후세에서 모두 조목이 그의 스승을 위하여 도리를 다했다고 일컬었습니다. 신은 문원공 김장생(金長生)에게서 수학했으므로, 그의 손자 김익훈과 신이 서로 친한 것은 다른 사람과 자연히 다릅니다. 근일(近日)에 김익훈이 죄를 얻을 것이 매우 중한데, 신이 평소에 경계하지 못하여서 그로 하여금 이 지경에 이르게 했으니 신은 실지로 조목(趙穆)의 죄인입니다."

자기 몸을 던져서라도 김익훈을 옹호하겠다는 뜻을 밝힌 것이다. 숙종으로서도 원하던 바였다. 조지겸·오도일·유득일 등 젊은 사류의 실망은 컸다. 이제 원망은 김익훈에서 송시열로 향하고 있었다.

숙종 9년 초 송시열과 박세채는 이미 출사해 있었고, 윤증은 여러 차례의 부름에도 불구하고 아직 조정에 나오지 않았다. 한편 조정에서는 송시열과 젊은 관리들의 갈등이 심화되고 있었고, 박세채는 젊은 관리들의 편을 들면서 송시열과 대립하고 있었다. 당시 분위기에 대해 이건창은 "이때 사류들이 다 박세채가 곧다고 여겨 신망이 송시열에게 돌아가지 않으니 송시열의 문 앞은 가히 참새 그물을 친 것과 같았다"라고 표현했다. 대신 송시열의 집에는 김익훈의 자제들이 연일 찾아와 자기 아버지를 구원해달라며 눈물로 호소했다.

이미 숙종 8년에 호조참의에 제수된 윤증이 마침내 출사를 위해 고향인 충청도 노성을 떠난 것은 숙종 9년 5월경이었다. 그런데 한양을 향해 오던 윤증은 일단 과천에서 아버지 윤선거의 제자인 나량좌의 집에 머문다. 아마도 한양 입성에 앞서 정국의 흐름을 조망하려 했기 때문일 것이다. 윤증이 과천에 머물고 있다는 소식을 들은 박세채는 즉시 나량좌의 집으로 윤증을 찾아갔다. 3일 동안 숙식을 함께하며 박세채는 윤증의 출사를 권유했고, 이에 윤증은 세 가지 조건을 내걸었다. 그것은 당시 뜻있는 식자라면 누구나 생각할 수 있는 대의명분이기도 했다.

첫째, 연이은 옥사로 남인들이 서인들에 대해 갖고 있는 큰 원한을 풀기 위해서는 역옥을 일으켜 공신이 된 자들을 삭제해야 하는데 박세채가 그 일을 할 수 있겠느냐는 것이었다. 그것은 김익훈의 위훈 삭제는 말할 것도 없고 김석주의 방출까지 의미하는 것이었다. 쉽지 않은 일이었다.

둘째, 삼척(三戚)의 문 앞은 가히 막을 수 없을 정도가 됐는데 과연 그들을 제거할 수 있겠느냐는 것이었다. 삼척이란 김만기·김석주·민정중을 겨냥한 것이었다. 흥미롭게도 윤증의 출사를 숙종에게 가장 강력하게 천거한 장본인이 바로 좌의정 민정중이었다.

셋째, 자신과 뜻이 다른 자는 배척하고 자기에게 순종하는 자만 함께하는 풍속을 바로잡아야 하는데 할 수 있겠느냐는 것이었다.

크게 보면 서인과 남인이 화해하고 외척 권신들을 제거할 수 있겠느냐는 물음이자 요청이었다. 그것은 실은 숙종도 할 수 없는 무리한 조건이었다. 한참을 생각하던 박세채는 "전부

할 수 없다"라고 말했고, 윤증은 "그렇다면 나는 조정에 들어가지 않겠소"라며 짐을 싸고 고향으로 돌아가버렸다.

빈손으로 한양에 돌아온 박세채도 얼마 후 송시열이 제기한 태조 이성계의 시호를 더하는 문제로 송시열과 논쟁을 벌인 뒤 벼슬을 버리고 파주로 돌아갔고, 3대 산림 중에 혼자 남게 된 송시열도 결국은 사직하고 금강산을 유람한 뒤 화양동으로 돌아갔다. 이로써 노론과 소론의 간격은 서인과 남인의 간격만큼이나 멀어지게 된다.

풍괘의 밑에서 두 번째 음효에 대해 공자는 "미더움을 갖고서 감동시키는 것[有孚發若]은 신뢰로써 뜻을 불러일으키기 때문이다"라고 풀었다. 주공의 효사는 이보다 훨씬 길고 복잡하다.

> 덮개를 풍성하게 했다. 해가 중천에 떴는데도 북두성을 보니, 가면 의심과 질시를 얻으리니 미더움을 갖고서 감동시키면 길하다[豐其蔀 日中見斗 往 得疑疾 有孚發若 吉].

육이의 처지를 보면, 음유한 자질로 음의 자리에 있으니 바르고 위아래로 모두 친하다. 게다가 가운데 있으니 중도를 얻었고, 심지어 이괘의 주인[主] 역할을 한다. 다만 육오와 호응 관계가 아니다. 게다가 육오는 자리가 바르지 못해[不正位] 스스로 나아갈 수 있는 자가 아니고 구사에 매여 있다. 이렇게 되면 육이는 좋은 자질에도 불구하고 육오의 응원을 받지 못해 빛을 밖으로 드러내 빛날 수가 없다. '덮개를 풍성하게 했다'라는 그런 뜻이다. 즉 덮개가 풍성하다는 것은 좋은 뜻이 아니라 태양을 짙게 가려 빛을 상실했다는 의미인 것이다.

이어지는 '해가 중천에 떴는데도 북두성을 보니'라는 것도 같은 문맥이다. 북두성이란 어두울 때 잘 보이는 것인데, 해가 중천에 떴는데도 북두성을 본다는 것은 덮개에 의해 가려져 어두컴컴하다 보니 북두성이라도 보일 정도의 상황임을 빗댄 것이다. 동시에 정이는 "북두성은 음에 속하며 사계절의 운행을 조절하는 것이니, 육오가 음유한 자질로 군주의 지위를 담당하는 것을 상징한다"라고 풀었다. 이는 성대해야 하는 때에 유약한 군주를 만난 것을 가리킨다.

사정이 이렇다 보니 육이가 아무리 중정한 자질을 갖고서 위아래의 지원을 받아 육오의 군주에게 나아가더라도, 육오는 그를 써서 큰 도리를 펴기보다는 오히려 부담스러워하며 의심하고 질투할 공산이 크다. 어리석은 군주의 전형적인 태도다. 역사 속에서 이런 군주들을 보기란 아주 쉽다. 워낙 많기 때문이다. 『논어』 「미자」편에 실린 공자 자신의 사례 하나를 보자.

> 제나라 경공(景公)이 공자를 대우하려는 마음으로 이렇게 말했다.
>
> "만일 계씨처럼 해야 한다면 내 불가능하겠지만 계씨와 맹씨의 중간으로는 대우할 수 있다."
>
> 그리고 또 말했다.
>
> "내가 늙어서 쓸 수는 없다."
>
> 이에 공자는 떠나버렸다.

즉 공자는 경공의 말이 오락가락하는 것을 보고 자신의 도리를 쓰지 못하리라는 것을 알아차리고서 떠나버린 것이다. 제경공(齊景公, ?~BC 490)은 이름이 저구(杵臼)로, 제장공(齊莊公)의 이복동생이다. 대부 최저(崔杼)가 장공을 살해하고 그를 세워 군주로 삼았다. 즉위한 뒤 최저를 우상, 경봉(慶封)을 좌상으로 삼았는데, 재위하면서 대신들이 서로 죽이는 등 조정이 극히 혼란했다. 궁실 짓기를 좋아하고 사냥개와 말을 모아 길렀으며 세금을 무겁게 매기고 혹형을 가하는 등 사치가 끝이 없어 백성의 고통이 심했다. 나중에 안영(晏嬰)을 정경(正卿)에 임명하면서 조금씩 나아졌다.

그러나 주공의 효사는 여기서 그치지 않고 처방을 제시한다. 즉 "미더움을 갖고서 감동시키면 길하다"라고 했다. 용렬한 군주일지라도 한결같이 정성스러운 뜻으로 그 마음을 움직인다면 마침내 신뢰를 얻고 뜻을 펼쳐 길할 수 있다는 뜻이다. 그래서 공자는 다른 부분은 생략한 채 오직 이를 지적해 '신뢰로써 뜻을 불러일으키기 때문'이라고 풀었던 것이다. 다만 그 사례로 정이는 관중(管仲)이 환공(桓公)을 도운 것과 제갈공명(諸葛孔明)이 후주(後主) 유선(劉禪)을 보필한 것을 언급했지만 이는 풍괘의 육이에 적합한 사례라고 할 수 없다. 오히려 여러 용렬한 임금을 한결같은 충성스러운과 곧음으로 섬긴 우리 역사의 이원익(李元翼)이야말로 이에 정확히 부합하는 인물이라 할 것이다. 또 어려운 시대임에도 한결같은 도리를 지키며 자신의 뜻을 펼친 재상으로 김육(金堉, 1580~1658)을 꼽을 수 있다.

김육(金堉)은 조광조와 더불어 기묘사화 때 화를 당한 기묘팔현(己卯八賢)의 한 사람인 김식(金湜)이 고조할아버지이긴 하지만 할아버지는 군자감판관, 아버지는 참봉이었으니 그다지 명문가 출신은 아니었다. 육(堉)은 당색이 강하지는 않았지만, 서인(西人)에 속한다. 그것은 아버지 김흥우(金興宇)가 파주의 성혼(成渾)과 이이(李珥)의 문하에서 수업한 때문이다. 이경석(李景奭)이 쓴 비명(碑銘)이 짧게 전하는 젊은 시절 육의 모습이다.

"임진왜란 때 산골짜기로 피난 가 살면서도 손에 책을 놓지 않았고 문장이 성대하게 극치를 이루었으므로 우계 선생(성혼)이 매우 칭찬했다."

25세의 청년 육은 1605년(선조 38년)에 사마시에 합격해 성균관으로 들어가 문과 준비를 하던 중, 1609년(광해군 1년) 동료 태학생들과 함께 김굉필(金宏弼)·정여창(鄭汝昌)·조광조(趙光祖)·이언적(李彦迪)·이황(李滉) 등 5인을 문묘에 향사할 것을 건의하는 소를 올린 것이 문제가 돼 문과 응시 자격을 박탈당하자 성균관을 떠나 경기도 가평의 잠곡 청덕동에 은거했다. 이때부터 스스로 호를 잠곡(潛谷)이라 짓고 학문에 전념했다.

10여 년이 지난 1623년(인조 원년) 반정(反正)이 일어나 서인의 시대가 활짝 열리자 재야의 현인으로 추천받아 의금부 도사에 임명됐다. 이듬해 봄에 이괄(李适)이 반란을 일으켜 인조가 공주(公州)로 피난 갔을 때 행궁(行宮)으로 달려가 문안 인사를 올리니, 인조가 불러 만나보고는 음성현감(陰城縣監)으로 발탁했다. 그가 문과에 장원으로 급제한 것은 이해였는데, 이미 44세였다.

늦은 출발이었으나 진급은 빨랐다. 서인들이 대체로 주자학의 관념에 빠져 있었지만 육은 민생과 실질에 큰 관심을 쏟았다. 관직 생활 15년 만인 1638년 6월 충청도관찰사에 올랐는데, 이때 육은 대동법의 시행을 건의하는 한편 수차(水車-물레방아)를 만들어 보급했고 『구황촬요(救荒撮要)』와 『벽온방(辟瘟方)』 등을 편찬, 간행했다. 이후 인조의 총애를 받아 조정으로 불려 올라와 형조참의 겸 대사성, 대제학. 대사간, 도승지 겸 원손보양관(元孫輔養官), 이조참판 겸 비변사유사제조, 형조판서 겸 선혜청제조, 우참찬, 대사헌, 예조판서, 도총부도총관, 개성부유수 등으로 눈부신 승진을 거듭했다. 또 중국에 여러 차례 다녀왔는데, 이때도 현장에서 눈여겨보았던 문물들에 착안해 화폐의 주조와 유통, 수레의 제조·보급 및 시헌력(時憲曆)의 제정·시행 등을 주장했다.

육의 이력 중에서 특이한 점은 그가 병자호란을 조선이 아닌 명나라에서 맞았다는 점이다. 당시 육의 모습을 비명은 이렇게 전한다.

"안변부사(安邊府使)로 나가 학문을 권장하고 군사를 격려하며 밀린 세금을 탕감하고 노인을 우대했다. 병자년(丙子年, 1636년-인조 14년)에 임기가 차자 하지사(賀至使)로 차출됐는데, 사람들은 바다를 건너가는 것을 꺼렸으나 공은 태연히 길을 나서 8월에 남신구(南汛口)에 정박했다. 그때 청나라 군사가 이미 명(明)나라 수도 연경(燕京)을 육박했는데도 도독(都督) 진홍범(陳洪範)은 군사를 거느리고 관문 밖에 있는지라, 공이 서찰을 보내어 대의(大義)로 격동시키니 진홍범이 부끄럽게 여기어 그 군졸이 11월에 연경에 도착했다. 그때 천하가 전란에 빠졌는데 공만 일찍 하례(賀禮)의 사절로 도착했으므로, 예부상서(禮部尙書) 강봉원(姜逢元)이 위로하고 절일(節日)에는 함께 참례(參禮)하도록 허락했으니 이는 특별한 대우였다. 예부(禮部)에서 서적을 사는 것을 금지했으므로 공이 극력 변명했다. 정축년(丁丑年, 1637년-인조 15년) 2월에 일을 끝마치고 돌아오기에 앞서 명나라에서 관례에 따라 연회를 베풀어주려고 하자, 공이 국모(國母-인열왕후(仁烈王后) 한씨(韓氏))의 상중(喪中)이라고 하여 사양하고 또 은(銀)값을 쳐서 주는 것을 사양했다. 공이 우리나라가 전란에 휩싸였다는 소식을 듣고 동쪽을 향해 통곡하니, 중국 사람이 감동하여 눈물을 흘리었다."

1649년 5월 효종의 즉위와 더불어 대사헌이 되고 이어서 9월에 마침내 우의정이 됐다. 이에 육은 대동법의 확장 시행에 적극 노력했다. 그러나 이미 육은 서인 내에서 송시열의 산당(山黨)에 맞서는 한당(漢黨)의 수장이었기에, 송시열과 노선을 함께하는, 김장생의 아들 김집의 반대로 충돌해 중추부 영사로 물러나게 된다.

이듬해 봄에 청(淸)나라에서 사신 네 명이 왔는데, 영의정 이경여(李敬輿)가 그들의 견책으로 인해 사직하자 일단 육이 대신 맡으면서 훈련원 도제조와 군자감 도제조를 겸임했다. 겨울에 원임(原任) 정태화가 영의정이 되고, 육은 그다음으로 좌의정이 됐다.

육은 효종 6년까지 세 차례나 영의정을 지냈다. 그는 힘이 있는 자리에 갈 때마다 대동법 실시를 추구했다. 1654년 6월에 다시 영의정에 오르자 대동법의 실시를 더욱 확대하기 위해 「호남대동사목(湖南大同事目)」을 구상하고, 이를 1657년 7월에 효종에게 바쳐 전라도에도 대동법을 실시하도록 건의했다. 그러나 이 건의에 대한 찬반의 논의가 진행되는 가운데 죽음을 맞아, 이 사업은 유언에 따라 서필원(徐必遠)에 의해 뒷날 성취된다.

육은 서인이면서도 강한 당파를 추구하지 않고 정쟁에도 휘말리지 않으면서 오히려 대동법과 저술에 전념한 르네상스적인 인물이다. 이는 그가 지은 저서들의 내용을 통해 확인된다. 충청도관찰사로 있을 때 앞서 말한 『구황촬요(救荒撮要)』와 『벽온방(辟瘟方)』을 간행하여 여러 도에 반포할 것을 요청했고 『기묘팔현전(己卯八賢傳)』 및 『당적(黨籍)』과 안팎의 세보(世譜)를 간행했다. 승정원에 있을 때도 조석의 여가에 책을 가까이했으므로 지지(地志), 병략(兵略), 복서(卜筮)의 방면에까지 두루 통달했다. 일찍이 서양의 역법(曆法)을 논하였고 역대를 거슬러 올라가 역서(曆書)의 원류(源流)를 고치는 등 그 지식이 전문가 수준에 이르렀다. 고령(高齡)에 이르러서도 과정을 정해 쉬지 않고 글을 읽었고 글짓기를 좋아했다고 한다. 그 밖에 『황명기략(皇明紀略)』, 『유원총보(類苑叢寶)』, 『종덕신편(種德新編)』, 『해동명신록(海東名臣錄)』, 『기묘록(己卯錄)』, 『송도지(松都志)』 등을 저술해 당시에 널리 읽혔다.

한때 미미했던 그의 집안은 김육으로 인해 조선 후기에는 김장생 집안 다음가는 벌열로 성장하게 된다. 큰아들 김좌명(金佐明)은 문과에 합격해 병조판서가 됐고, 막내아들 김우명(金佑明)은 국구(國舅-현종의 장인)로서 청풍부원군(淸風府院君)에 봉해지고 영돈령부사(領敦寧府事)가 됐다. 이경석이 묘비를 마치며 쓴 글은 지금도 울림이 있다.

"아! 태어나 선비가 돼 정말로 뜻이 있는 자라면 그 누가 임금을 만나 세상을 구제하고 싶지 않겠는가? 그러나 때를 얻기가 어렵고, 때를 얻어도 시무(時務)에 통달하기가 어렵다. 공은 조년(早年)에는 독서하는 착한 선비가 됐고 만년(晩年)에는 백성에게 은택을 입히는 어진 정승이 돼 두 조정을 만나 시종 한결같은 정성으로 섬겼으니, 공은 비록 고인(古人)에게 비해도 손색이 없을 것이다. 아! 지금은 다시금 볼 수 없다."

풍괘의 밑에서 세 번째 양효에 대해 공자는 "휘장을 풍성하게 했다[豐其沛](풍 기패)는 것은 큰일을 할 수 없다는 것이고, 오른팔이 부러졌다[折其右肱](절 기 우굉)는 것은 끝내는 쓸 수 없다는 것이다"라고 풀었다. 주공의 효사는 이렇다.

휘장을 풍성하게 했다. 해가 중천에 떴는데도 작은 별을 보니, 오른팔이 부러졌으나 허물할 곳이 없다[豐其沛 日中見沫 折其右肱 无咎](풍 기패 일중 견매 절 기 우굉 무구).

구삼의 처지를 보면 양효로 양위에 있어 자리가 바르고 육이와는 친하지만, 구사와는 친밀하지 못하며 상륙과 호응 관계다. 게다가 빛을 상징하는 이괘(離卦)의 맨 위에 있으니 뛰어난 자[賢=賢明](현 현명)다. 그런데 얼핏 봐도 효사나 「소상전」 모두 불길하다. 정이의 풀이를 통해 접근해보자.

그러나 풍요함의 도리는 반드시 밝은 뛰어남과 진동의 위엄이 서로 의지하고 바탕으로 삼아서 이뤄진다고 했다. 그런데 구삼은 상륙과 호응하고 있다. 상륙은 음유한 자질인 데다가 또 지위는 없이 움직임의 끝에 있으니, 끝났다면 멈추기 때문에 더는 움직일 수 없는 자다. 다른 괘의 경우 끝에 이르면 극한이 되지만 움직임은 끝에 이르면 그친다. 구삼은 상구의 호응이 없이는 풍요로움을 이룰 수 없다.

휘장[沛=旆]은 원래 안에서 가리는 것이다. 이는 밖에서 가리는 덮개보다 더욱 두터워, 이것으로 가리면 캄캄하다. 그래서 북두성보다 작은 별들[沫]이 보인다고 한 것이다.

오른팔이 부러졌다는 것은 믿고 의지할 만한 임금이 없다는 말이다. 따라서 아무것도 해볼 수 없다. 그러니 '허물할 곳이 없다'라고 말한 것이다. 초구를 능가하는 자질을 가졌음에도 어디에도 쓸데가 없다. 자신의 재능을 감추고서 도리를 즐기며[樂道] 지내는 것 말고는 다른 방도가 없다.

손무(孫武)의 『손자병법』에 버금가는 『손빈병법(孫臏兵法)』의 저자 손빈(孫臏, ?~?)이 전형적으로 풍괘의 구삼에 해당한다. 사마천의 『사기』 「손빈열전(孫臏列傳)」편이다.

손무(孫武)가 죽은 뒤 100여 년이 지나 손빈(孫臏)이 나타났다. 손빈은 아(阿)·견(甄) 지역에서 태어났다. 손빈은 일찍이 방연(龐涓)과 함께 병법을 배웠다. 방연은 위(魏)나라를 섬겨 혜왕(惠王)의 장군이 됐는데, 스스로 손빈을 따라잡지 못한다고 생각해 몰래 사람을 보내 손빈을 불렀다. 손빈이 오자 방연은 그가 자신보다 잘난 것이 두려워 질투한 끝에 두 발을 자르는 형벌에 경형(黥刑)을 가하여 숨어서 나오지 못하게 했다.

제나라의 사신이 양(梁)에 오자 손빈은 죄인의 몸으로 몰래 만나 제나라의 사신에게 유세했다. 제나라의 사신이 기이하게 여겨 그를 빼내 수레에 태워 제나라로 갔다. 제나라의 장수 전기(田忌)가 잘 보아서 그를 객으로 대접했다.

전기가 제나라의 공자들과 자주 경마로 큰 내기를 하고 있었다. 손빈이 그 말들을 보니 각각 상, 중, 하로 큰 차이가 없었다. 이에 손빈은 전기에게 "군께서는 한껏 크게 거십시오. 신이 군이 이길 수 있게 하겠습니다"라고 했다. 전기는 그 말을 믿고는 왕과 여러 공자와의 내기에 천금을 걸었다. 시합이 다가오자 손빈은 "이제 군의 하등 말과 저들의 상등 말을 붙이고, 군의 상등 말을 저들의 중들 말과 붙이고, 군의 중등 말을 저들의 하등 말과 붙이십시오"라고 했다. 세 판을 달려 시합이 끝나자 전기는 1패 2승으로 왕의 천금을 땄다. 이에 전기는 손빈을 위왕(威王)에게 추천했다. 위왕이 병법을 묻고는 그를 군사(軍師)로 삼았다.

그 후 위(魏)나라가 조(趙)나라를 정벌하자 조나라는 급하게 제나라에 구원을 청했다. 위왕이 손빈을 장수로 삼으려 했으나, 손빈은 "형벌을 받은 몸이라 안 됩니다"라고 사양했다. 이에 바로 전기를 장수로 삼고 손빈을 군사로 삼아 수레 안에 앉아서 계책을 내게 했다. 전기가 군사를 이끌고 조나라로 가려 하자 손빈이 말했다.

"무릇 어지럽게 얽힌 것은 주먹으로 쳐서는 안 되고, 싸우는 자를 말리려면 같이 때려서는 안 됩니다. 강한 곳은 피하고 약한 곳을 치면 형세에 따라 저절로 풀릴 것입니다. 지금 양나라와 조나라가 서로 싸우고 있으니 틀림없이 날랜 정예병은 밖에서 힘을 다 빼고 노약자만 안에 남아 있을 것입니다. 군께서 병사를 이끌고 대량으로 달려가 그 길을 막고 방비가 허술한 곳을 치면 저들은 분명 조나라에 대한 포위를 풀고 스스로 구하러 올 것입니다. 이것이 나의 일격으로 조나라에 대한 포위를 풀고 지친 위나라를 수습하는 것입니다."

전기가 이에 따르니 위나라가 과연 한단을 떠났다. 제나라는 계릉에서 싸워 양나라의 군대를 대파했다.

그로부터 13년 후에 위나라와 조나라가 한(韓)나라를 공격하자 한나라가 제나라에 위급함을 알려왔다. 제나라는 전기를 장군으로 삼아 곧장 대량으로 달려가게 했다. 위나라의 장수 방연은 이를 듣고는 한나라를 떠나 돌아왔다. 제나라의 군대는 이미 국경을 지나 서쪽으로 오고 있었다. 손빈이 전기에게 말했다.

"저들 한나라와 조나라의 병사는 평소 사납고 용맹하여 제나라를 깔보면서 겁쟁이라 부릅니다. 싸움을 잘하는 사람은 그 기세를 잘 살펴 형세를 유리하게 이끕니다. 병법에 100리를 달려가 승리를 구하려는 자는 상장을 잃고, 50리를 달려가 승리를 구하려는 자는 병사의 절반이면 가능하다고 했습니다. 제나라의 군대가 위나라의 땅에 진입했을 때 취사용 아궁이가 10만이었습니다. 내일 이를 5만 개로 줄이고, 또 그다음 날 3만 개로 줄이십시오."

방연이 사흘을 추격하고는 "내가 제나라의 군대가 비겁하다는 것은 잘 알고 있었다. 우리 땅에 들어온 지 사흘 만에 도망간 병졸이 절반이구나"라며 크게 기뻐했다. 그러고는 보병을 버린 채 날랜 정예병을 데리고 하루를 이틀처럼 추격했다.

손빈이 방연의 행군을 헤아려보니 날이 저물 무렵 마릉(馬陵)에 도착할 것 같았다. 마릉은 길이 좁고 양옆으로 험준한 곳이 많아 복병이 가능했다. 바로 큰 나무의 껍질을 벗겨내고는 거기다 '방연이 이 나무 아래에서 죽는다'라고 쓰게 했다. 이어 활을 잘 쏘는 제나라의 군사 1만 명을 좁은 길 양옆으로 매복시켜놓고는 "저녁에 불이 올라오면 일제히 발사하라!"라고 명령했다.

방연이 과연 밤중에 껍질을 벗겨놓은 나무에 이르러 글씨를 보고는 바로 불을 밝혀 비추었다. 그 글을 미처 다 읽기도 전에 제나라의 화살 1만 개가 일제히 날아왔다. 위나라의 군대는 큰 혼란에 빠져 어쩔 줄 몰랐다. 방연은 자신의 지혜가 바닥이 나서 패한 것을 알고는 "이 더벅머리 놈의 명성을 세워주는구나!"라며 자결했다. 제나라는 승세를 몰아 나머지 군을 다 격파하고 위나라 태자 신(申)을 포로로 잡아 돌아왔다. 손빈은 이로써 천하에 명성을 떨치고 대대로 그 병법이 전해졌다.

풍괘의 밑에서 네 번째 양효에 대해 공자는 "덮개를 풍성하게 했다는 것은 자리가 마땅하지 않기 때문이다. 해가 중천에 떴는데도 북두성을 본다는 것은 어두워 빛을 비출 수 없기 때문이다. 대등한 상대를 만난다는 것은 길한 곳으로 나아가기 때문이다"라고 풀었다.

구사의 처지를 보면 양효로 음위에 있으니 자리가 바르지 않다. 구삼과는 친하지 않고 육오와는 가깝다. 초구와는 호응 관계에 있다. 그러나 이런 것들은 풍괘의 상황에서는 뜻을 달리하기 때문에 조심해야 한다. 정이의 풀이다.

구사가 양강의 자질로 (상괘인) 움직임의 주인[主]이 되고 또 대신의 지위를 얻었으나, 중정을 이루지 못했고 음암(陰暗)하고 유약한 군주를 만났으니 어찌 풍요로운 성대함을 이룰 수 있겠는가? 그러므로 '덮개를 풍성하게 했다'라고 했다. 덮개란 두루 덮어 가리는 것이다. 두루 덮으면 클 수가 없고 가려서 덮으면 빛을 밝게 비추지 못한다. '해가 중천에 떴는데도 북두성을 본다'라고 했으니, 성대하게 밝은 때 도리어 어두운 것이다. 이주(夷主)는 대등한 상대이니 서로 호응했으므로 상대라고 했다. 초구와 구사는 모두 양효이고 (상하 각 괘의) 맨 처음에 자리하고 있으니, 그 다움이 같고 또 서로 호응하는 위치에 자리하므로 대등한 상대가 된다. 대신의 지위에 자리해 아래에 있는 뛰어난 이를 얻어서 다움을 함께해 서로 보좌하면 그 도움이 어찌 작겠는가? 그래서 길한 것이다.

공자가 '덮개를 풍성하게 했다는 것은 자리가 마땅하지 않기 때문'이라고 한 것은 중정을 얻지 못한 채 높은 자리에 있음을 가리킨 것이다. 나머지 부분은 이미 풀이가 이뤄졌다.

전반적으로 보자면, 임금이 비록 음유한 자질로 용렬하다 해도 대신이 적극적인 뜻을 품고서 아래의 뛰어난 신진 인사를 잘 쓴다면 그 나라는 나쁘지 않다. 춘추 시대 정(鄭)나라 자산(子産)이 그런 경우다. 『춘추좌씨전(春秋左氏傳)』 노나라 양공(襄公) 31년(BC 542)에 나오는 기록이다.

> (정나라) 자산(子産)이 대부로 있을 때[從政][357] 유능한 사람[能]을 골라 썼다. 풍간자(馮簡子)는 큰일[大事]을 능히 결단할 수 있었고, 자태숙(子太叔)은 용모가 멋지고 재주가 빼어나 말과 행동에 품격이 있었으며[美秀而文], 공손휘(公孫揮)는 사방 나라들의 하려는 바[爲]를 능히 알아서[358] 그 나라 대부들의 가계[族姓]와 조정 반열[朝班]의 차례와 지위의 높고 낮음, 능력의 있고 없음 등을 조목조목 알고[辨] 또 외교 문서[辭令]를 잘 지었으며, 비침(裨諶)은 계책에 능했는데 다만 들판에서의 계책은 훌륭한[獲] 반면 성읍에서의 계책

---

357 위정(爲政)은 임금이나 고위 정치가의 정치 행위 전반을 가리키는 반면, 종정(從政)은 임금 밑의 재상이나 대부의 정사(政事)를 가리킨다. 그래서 대부로 있을 때라고 옮겼다. 『논어』 「요왈」편에서 공자는 자장(子張)과의 문답에서 위정자가 아닌, 종정자의 도리에 대해 이렇게 말한다. "자장이 공자에게 묻는다. '어떻게 해야 제대로 정치에 종사할 수 있습니까?' 이에 공자는 말했다. '다섯 가지 아름다움을 높이고 네 가지 악을 물리치면 제대로 정치에 종사할 수 있다.' 자장이 '다섯 가지 아름다움이 무엇입니까?'라고 묻자 공자는 이렇게 말했다. '첫째 백성에게 은혜를 베풀되 허비하지 않고, 둘째 백성을 수고롭게 하되 원망을 사지 않고, 셋째 하고자 하되 탐하지 않고, 넷째 태연하되 교만하지 않고, 다섯째 위엄스럽되 사납지 않은 것이다.'" 자장이 그 첫 번째인 '백성에게 은혜를 베풀되 허비하지 않는다[惠而不費]'의 뜻을 묻자 공자는 그 의도를 알아차리고 다섯 가지 모두를 풀어준다. "공자가 말했다. '백성이 이로워하는 것을 따라서 이롭게 해주니, 이것이 또한 은혜를 베풀되 허비하지 않는 것이 되지 않겠는가? 수고할 만한 것을 가려서 수고롭게 하니, 또 누가 원망하겠는가? 인(仁)을 하고자 하다가 인(仁)을 얻었는데, 또 무엇을 탐내겠는가? 군자는 사람이 많거나 적거나 크거나 작거나 관계없이 감히 (남을) 업신여기지 않으니, 이것이 또한 태연하되 교만하지 않는 것이 되지 않겠는가? 군자는 의관을 바르게 하고 시선[瞻視]을 존엄하게 하여 엄연히 사람들이 바라보고 두려워하니, 이것이 또한 위엄스럽되 사납지 않은 것이 되지 않겠는가?'" 자장은 네 가지 악에 관해 물었다. "공자가 말했다. '(미리) 가르치지 않고서 (죄를 지었다고) 죽이는 것을 잔학[虐]이라 하고, (미리) 경계하지 않고 결과만 책하는 것을 포악(暴惡)이라 하고, 명령을 태만하게 늦추고서 기한을 재촉하는 것을 도적[賊]이라 하고, 어차피 사람들에게 주어야 하는 것은 똑같은데 출납에 인색한 것을 창고지기[有司]라고 한다.'" 이는 다 대부로서 정치를 하게 되는 사람[從政者]이라면 유의해야 할 사항들이다. 이 가운데 여러 항목은 오나라 공자 계찰이 했던 말과 겹치고 있다.

358 제후들이 하려고 하는 바를 아는 것이다.

은 그렇지 못했다.[359] 정나라는 장차 제후들의 (외교) 업무가 있을 경우 자산이 사방의 나라들의 하려는 바를 자우(子羽-공손휘)에게 묻고 또 외교 문서를 대부분 그에게 짓게 하고서, 비침과 함께 수레를 타고 들판으로 가서 그 일의 가부를 모의한 뒤, 풍간자에게 그 계획을 말해주어 결단케 하고, 계획이 확정되면 그것을 자태숙에게 말해주어 실행에 옮겨서 (제후가 보낸) 빈객들을 응대하게 했다. 이리하여 (정나라는 외교에) 실패하는 일이 드물었으니, 북궁문자(北宮文子)가 말한 "예가 (갖춰져) 있다[有禮]"라는 것은 이런 것을 가리키는 것이다.

『춘추좌씨전』에 나오는 이 글은 『논어』 「헌문」편에 나오는 공자의 말과 비교하며 읽어볼 필요가 있다.

공자가 말했다.
"(정나라에서는) 외교 문서를 만들 때, 비침이 그 초안을 만들고 세숙(世叔-자태숙)이 검토해 의견을 덧붙이면 행인인 자우가 더할 것은 더하고 뺄 것은 빼서 가다듬었으며 동리(東里)의 자산이 매끄럽게 가다듬었다."

이어서 어떤 사람이 자산의 사람됨에 관해 묻자 공자는 "은혜를 베풀 줄 아는 사람[惠人]이다"라고 말한다. 또 「공야장(公冶長)」편에서 공자는 자산을 이렇게 평했다.

(그가 보여준) 군자의 도리는 네 가지다. 첫째 몸가짐이 공손했고[恭], 둘째 윗사람을 섬김에 있어 삼감을 잃지 않았으며[敬], 셋째 백성을 길러줌에 있어 은혜를 베풀었고[惠], 넷째 백성을 부림에 있어 의로움을 지켰다[義].

칭찬에 인색한 공자로서는 극찬한 셈이다. 자산은 정나라 대부 공손교(公孫僑)를 가리킨다. 공손교는 '관맹상제(寬猛相濟)', 즉 관대한 정책과 엄벌주의를 병행해 국가를 일신시킨 인물로 역사에서 그려진다.

---

359 비침은 조용한 것을 좋아하고 시끄러운 것을 싫어했기 때문에, 조용하면 좋은 계책을 내지만 시끄러우면 좋은 계책을 내지 못했다.

풍괘의 밑에서 다섯 번째 음효에 대해 공자는 "육오(六五)의 길함에는 좋은 일이 있다"라고 풀었다. 주공의 효사는 이렇다.

> 아름다움을 오게 하면 좋은 일과 명예[慶譽]가 있어 길하다[來章 有慶譽 吉].

정이의 풀이다.

> 아름다운 재능을 가진 사람이란 육이를 중심으로 말한 것이다. 그러나 초구, 구삼, 구사 모두 양강한 자질이니, 육오가 이 현자들을 등용할 수 있다면 같은 부류의 현자들이 무리 지어 올 것이다.

이에 관한 전형적인 사례가 『논어』 「헌문」편에 나온다.

> 공자가 위령공의 무도함에 대해 비평하자 계강자가 말했다.
> "사정이 이러한데 어찌 그 지위를 잃지 않는가?"
> 공자가 말했다.
> "중숙어가 빈객을 다스리는 외교를 맡아 잘하고 있고 축타는 종묘를 맡아 잘하고 있고 왕손가는 군대를 맡아 잘 다스리고 있으니, 무릇 사정이 이러한데 어찌 그 지위를 잃겠습니까?"

공자는 노(魯)나라 실권자 집안의 계강자(季康子)의 주장에 허를 찌르는 반격을 가한다. 위(衛)나라에서는 (비록 임금이 무도하지만) 중숙어(仲叔圉)가 외교를 맡아 잘하고 있고 축타(祝鮀)가 종묘를 잘 관리하고 있으며 왕손가(王孫賈)가 군대를 잘 다스리고 있으니 어찌 그 지위를 잃을 일이 있겠느냐고 되묻는다. 위령공(衛靈公)이 비록 그 자신은 무도하기는 하지만 인재를 적재적소에 쓰는 능력이 있으니 그 왕위를 유지할 수 있는 것이라고 답하고 있다.

풍괘의 맨 위에 있는 음효에 대해 공자는 "집을 크게 지었다는 것은 하늘 끝[天際]까지 올랐다는 것이고, 그 문을 엿보니 조용해 사람이 없다는 것은 스스로 감추는 것이다"라고 풀었다. 주공의 효사는 이렇다.

집을 크게 짓고 그 집을 덮개로 덮어놓은 것이다. 그 문을 엿보니 조용해 사람이 없어 3년 이 지나도록 만나지 못하니 흉하다[豐其屋 蔀其家 闚其戶 闃其无人 三歲不覿 凶].
풍 기옥 부 기가 규 기호 격 기 무인 삼세 부적 흉

상당히 복잡하다. 상륙의 처지부터 보자. 음유의 자질로 음의 자리에 있으니 바르다. 육오와는 친밀하지 않고 구삼과는 호응 관계다. 종합적으로 보자면 그다지 좋다고 할 수 없다. 정이의 풀이다.

성대한 풍요의 공로에 이르게 하는 소임을 담당하는 것은 때를 얻는 데 달려 있는데, 마땅한 자리가 아니니다. 상륙과 같은 자는 마땅한 것이 하나도 없는 자리에 처했으니 그 흉함을 알 수 있다.

'집을 크게 짓고 그 집을 덮개로 덮어놓은 것'은 아주 높은 곳에 자리한 것이다. 특히 덮개로 덮어놓은 것은 밝지 못한 곳에 있는 것이다. 음유한 자질로 성대한 풍요로움에 자리하면서 지위가 없는 곳에 있으니, 이것이 바로 오만함이며 어리석음이다. 스스로 타인과의 관계를 단절하니 어느 누가 그와 함께하려고 하겠는가? 나머지는 볼 필요가 없다. 여기에 해당하는 사람들이 많겠지만 역시 조선 초 이거이(李居易, 1348~1412)만 한 사례를 찾기는 어렵다.

이거이는 고려 말 형부상서를 지낸 이정의 아들이다. 고려 말 문과에 급제했고 아들 이저가 태조 이성계의 큰딸 경신공주와 결혼하면서 조선의 왕실과 깊은 인연을 맺었다. 그 덕에 태조 때는 병마도절제사, 문하부 참찬사, 한성부 판사 등 요직을 두루 거치면서 실력자로 성장했다. 1, 2차 왕자의 난 때는 두 번 다 아들 이저와 함께 이방원을 도와 큰 공을 세우고 부자가 나란히 1등 공신에 책록됐다. 그러나 이방원이 세자로 있으면서 단행한 사병 혁파에 노골적인 반기를 들었다가 자신은 계림부윤으로, 아들 이저는 완산부윤으로 쫓겨가 있었다.

정종 2년(1400) 11월 13일 태종이 즉위하던 날 이거이를 다시 불러들여 좌정승으로 임명했다. 이거이 자신이 그렇게도 원했던 '정승' 자리였다. 그러나 4개월 만인 태종 1년 윤3월 1일 이거이는 좌의정에서 쫓겨난다. 이거이가 갑자기 좌의정에서 쫓겨난 배경은 세월이 한참 지난 태종 4년 10월 18일 조정에서 이거이 부자에 대한 탄핵이 이뤄지면서 드러나게 된다.

아주 특이하게도 종친·공신·삼부·대간·형조가 합동으로 이거이 부자가 역모를 꾀했으니 국법에 따라 처단해야 한다고 연일 상소를 올렸다. 이거이 부자의 역모란 4년 전인 태종 1년에 있었던 일을 말하는 것이다. 이에 대해 태종은 처음에는 "무인년의 공은 오로지 이저에게 있고, 경진년의 공은 오로지 이거이와 이저에게 있다. 또 사정(私情)으로 말한다면 이거이의 또 다른 아들 이백강은 나의 사위다. 그대들이 청하는 것이 비록 간절하고 지극하나, 내가 들어주지 않을 것이다"라고 답한다.

태종의 이 말은 사실이다. 이저와는 처남 매부 사이다. 따라서 이거이와는 사돈 관계다. 그런데 무인년의 공, 즉 1차 왕자의 난의 공이 '오로지' 이저에게 있고, 경진년의 공, 즉 2차 왕자의 난의 공이 '오로지' 이거이와 이저에게 있다는 것은 대체 무슨 뜻일까? 1398년 8월 26일과 1400년 2월 28일로 돌아가서 두 사람의 행적을 정리해보자.

1398년 8월 26일 정안군 형제들이 아버지 이성계가 위독하다는 전갈을 받고 경복궁 내 행랑방에 모였을 때 그 자리에 상당군 이저도 태조의 사위 자격으로 함께 있었다. 정안공이 낌새가 이상하다고 느껴 뒷간에서 나와 자기 집으로 말을 타고 도망칠 때 이저도 함께 달렸다. 집에 이르렀을 때 거기에는 이거이를 비롯해 민무구 형제, 이숙번, 신극례, 조영무 등 심복들이 대기하고 있었다. 그 후 정안공이 남은의 첩 집을 기습해 정도전, 심효생 등을 척살하고 광화문 앞에서 대치할 때 줄곧 정안공 곁을 지킨 인물이 이저였다. 1400년 2월 28일에도 이저는 아버지 이거이와 함께 경상도 시위패를 지휘해 시가전에서 결정적인 공을 세웠다. 그랬기 때문에 이거이 부자에 대한 태종의 부채 의식은 상당할 수밖에 없었다. 태종이 주도한 2차 사병 혁파에서 그들이 조영무 등과 함께 노골적으로 반발했을 때도 지방으로 내치는 것 이상의 조처를 할 수 없었던 것도 그 때문일 것이다. 태종의 말이 끝나자 대사헌 유량(柳亮)이 정면으로 비판하고 나섰다.

> 법이란 천하 만세에 함께하는 것이요, 전하가 사사로이 할 수 없는 것입니다. 이제 특히 이거이의 죄에 관대하시니, 그로 인해 신은 사직(社稷)이 위태로워질까 두렵습니다. 춘추(春秋)의 법에는 난신적자(亂臣賊子)는 사람이 벨 수 있고 또 먼저 처벌하고 뒤에 아뢰는 뜻도 있습니다. 전하가 만약 끝내 들어주지 않으면 신은 마땅히 옛 법을 따르겠습니다.

춘추를 들먹이며 자신이 직접 죽이겠다고 나선 것이다. 유량(柳亮, 1354~1416)은 고려 우왕 때 문과에 급제해 전라도안렴사 등을 지냈고 이성계와 친분이 두터워 개국하자 원종공신에 녹훈됐다. 태조 6년(1397) 계림부윤으로 부임해 다음 해 왜구가 침입해 오자 이를 크게 무찔렀다. 2차 왕자의 난 때 이방원을 지지해 좌명공신 4등에 오른 그는 그 후 동북면순문사를 거쳐 대사헌, 형조판서, 예문관 대제학 등을 지냈다. 바로 이 무렵이다. 훗날 그는 이조판서, 의정부 참찬사를 거쳐 1415년 우의정에 오르게 된다. 시시비비를 가릴 때는 궤변을 쓰거나 남의 눈치를 보지 않고 당당해 태종의 큰 총애를 받았다. 그런 유량이 직접 이거이 부자를 죽이고 자신의 책임을 뒤에 묻도록 하겠다고 나선 것이다. 이에 깜짝 놀란 태종은 "경이 하는 말을 들으니 이러다간 내 몸도 보전하기 어렵겠구먼"이라며 "이거이 부자를 진주(鎭州)에 유배하겠다"라고 답한다.

이거이 부자에 대한 미온적 조치의 배경에는 태종 자신의 부채 의식과 함께 태상왕의 뜻이 크게 작용하고 있었다. 이거이 부자를 죽여야 한다는 상소가 빗발치는 가운데 태종 4년 10월 20일 태종은 태상왕의 부름을 받는다. 태종이 술잔을 올리고 여러 차례 잔이 오간 다음 태종은 이거이 부자의 문제를 어떻게 처리하면 좋겠느냐고 의견을 구한다. 이에 태상왕이 하늘을 한참 쳐다본 다음 이렇게 말한다.

> 너의 마음으로 이미 결정을 내렸으리라고 본다. 그러나 회안(懷安-넷째 이방간)이 이미 쫓겨나고 익안군(益安君-셋째 이방의)이 이미 죽고 상왕(上王-둘째 이방과)이 출입하지 않으니, 친척 가운데 살아 있는 자가 몇 사람이냐? 일이 이뤄질 때는 돕는 자가 많지만, 일이 낭패할 때는 돕는 자가 적다. 사생지간(死生之間)에 돕는 자는 친척만 한 것이 없다. 네가 그들을 보전하면 국가의 재앙이나 천변지괴(天變地怪)가 적어질 것이다. 이 일은 큰 것인데, 나는 장차 큰 근심이 있을까 두렵구나.

태상왕이 말을 마치자 태종은 한참 눈물을 흘리다가 자리에서 물러 나왔다. 그 뜻은 실제로 자신의 생각과 크게 다르지 않았다. 그런데 바로 이날 대간과 형조에서는 의정부 찬성사 남재를 탄핵한 다음 태종의 지시도 없이 그를 가택연금했다. 이유는 남재가 이거이 부자의 당파라는 것이었다. 이에 진노한 태종은 다음날 삼성(三省-사헌·사간·형조)의 담당자인 사헌부 장령 이치와 형조정랑 조말생, 사간원 정언 탁신을 순군옥에 가둬버렸다. 남재는 태종의 총애가 컸던 신하다.

그러나 이번에는 대사헌 유량이 삼성의 관리 13명을 거느리고 와서 세 사람을 풀어주지 않는다면 자신들도 순군옥에 제 발로 걸어서 들어가겠다고 버텼다. 더욱이 유량은, 이거이와 남재가 가깝게 지냈다고 처음 발설한 인물은 자신이니 자기부터 처벌하라고 요청했다. 태종은 궁지에 몰렸다. 결국 이치·조말생·탁신을 풀어줄 수밖에 없었다. 그러고 나서 태종은 공신들에게 넋두리처럼 이렇게 말한다.

> 예전(태종 1년 초)에 있었던 일은 다른 것이 아니라, 공신들 가운데 길이 같지 않은 자가 있어 서로 당파를 나누어 의심하고 시기하며 난(亂)을 꾸미기를 좋아했기 때문이다. 만약 그것이 지금의 일이라면 이거이가 어찌 나를 미워하고 또 어찌 우리 아이들을 싫어했기 때문이겠는가? 다만 그가 어리석고 미련하여 말을 하다가 우연히 국가에 간범(干犯)됐던 까닭이다. 원하건대 여러 공신은 이제부터 경계하여 이와 같이 하지 말며 마음을 같이하고 덕(德)을 같이하여 왕가를 좌우에서 도와주면 다행함이 참으로 크겠다.

여기서 4년 전 이거이 부자가 꾸미려 했던 난의 성격이 조금 드러난다. 당시 이거이 부자는 태종과 그 왕자들을 제거하고 정종을 다시 세우려는 음모를 꾸몄던 것이다. 그걸 알면서도 태종은 이거이를 좌정승에서 내쫓는 것으로 일단 마무리했다가 뒤늦게 이 같은 탄핵 논란이 터졌다.

결국 10월 24일 태종은 양쪽을 모두 벌하는 방식으로 문제를 해결한다. 유량을 비롯한 삼성의 실무자들을 자리에서 내쫓았고, 동시에 이거이와 이저를 서인(庶人)으로 강등시키고 사위이자 이거이의 아들인 이백강과 이백관, 이백신, 이현 등 4명도 모두 서인으로 강등시켜 지방으로 유배를 보냈다. 특히 대간에서는 이백강과 정순공주를 이혼시켜야 한다고 했지만, 태종은 이혼은 안 된다며 정순공주도 함께 유배지로 가도록 하라고 명했다. 이로써 끝나지 않았다. 이거이의 사위인 신중선과 경지 중에서 신중선은 처벌을 면했지만, 경지는 파직당했다. 이거이의 친척 중에서는 최원준·최안준·허권·박영·홍제·민설·이곤륜 등이 유배를 가야 했다. 한 집안이 몰락하는 순간이었다.

이거이가 좌정승에서 쫓겨난 것은 태종 1년 윤3월 1일이다. 확인한 바와 같이 그는 태종과 왕자들을 제거하고 정종을 복위시키려 했던 것이다. 실제로 이거이 부자의 입장에서는 정종이나 태종이나 같은 인척 관계인 데다가 태종은 자신들의 사병을 혁파해버린 '원흉'이기도 했다. 또 조정 신하 중에는 정종의 선위를 강압에 의한 부당한 것으로 보는 사람들이 많았다. 이후 이거이는 1402년(태종 2년) 좌명공신이 되고 영사평부사(領司平府事)로 승진하기도 했지만 결국 다시 대간의 탄핵을 받아 유배됐고, 또다시 복직돼 우정승을 거쳐 영의정의 지위에까지 오르기도 했지만 끝내는 충청도 진천에 유배돼 쓸쓸하게 여생을 마쳐야 했다.

56. 화산려(火山旅)[360]

여(旅)는 조금 형통하고 나그네의 도리가 반듯해 길하다.

旅小亨 旅貞 吉.[361]
여 소형 여정 길

초륙(初六)은 나그네가 지질하니[瑣瑣] 이 때문에 재앙을 당한다[旅瑣瑣 斯其所取災].
쇄쇄 여 쇄쇄 사 기 소취재

육이(六二)는 나그네가 머무는 곳에 나아가[卽次] 물자를 간직하고 어린 종의 반듯함을 얻는다[旅卽次 懷其資 得童僕貞].
즉차 여 즉차 회 기자 득 동복 정

구삼(九三)은 나그네가 자신이 머무는 곳을 불태우고 어린 종의 반듯함을 잃으니 위태롭다[旅焚其次 喪其童僕貞 厲].
여 분 기차 상 기 동복 정 여

구사(九四)는 나그네가 거처하고 물자와 도끼를 얻었으나 나의 마음은 불쾌하다[旅于處 得其資斧 我心不快].
여 우처 득 기 자부 아심 불쾌

육오(六五)는 꿩을 쏘아 맞혀 한 화살에 잡으니 끝내는 영예와 복록[譽命]을 얻는다[射雉一矢亡 終以譽命].
예명 사치 일시 망 종 이 예명

상구(上九)는 새가 자기 둥지를 불태우니 나그네가 처음에는 웃고 뒤에는 울부짖는다. 소를 소홀히 해 잃어버리니 흉하다[鳥焚其巢 旅人 先笑後號咷 喪牛于易 凶].
조 분 기소 여인 선소 후 호도 상우 우이 흉

---

360 문자로는 이상간하(震上艮下)라고 한다.

361 형정(亨貞)만 나온다.

◉

여괘(旅卦)의 초륙(初六)은 양위에 음효로 바르지 못함[不正位], 육이(六二)는 음위에 음효로 바름[正位], 구삼(九三)은 양위에 양효로 바름, 구사(九四)는 음위에 양효로 바르지 못함, 육오(六五)는 양위에 음효로 바르지 못함, 상구(上九)는 음위에 양효로 바르지 못함이다. 이 괘의 경우는 육이는 중정을 얻었고 육오는 중정을 얻지 못했다.

대성괘 여괘(䷷)는 소성괘 이괘(離卦, ☲)와 간괘(艮卦, ☶)가 위아래에 있어 만들어진 괘다. 「설괘전」에 따르면 '해[日=火=離]로 따듯하게 하고[烜]' '간(艮-산)으로 오래 머물게 한다[止=久]'고 했다. 괘의 모양이 이(離)가 위에 있고 간(艮)이 아래에 있다.

그러면 「서괘전」을 통해 왜 여괘가 풍괘의 뒤를 이어받았는지 확인해보자.

> 커지는 것이 극에 이르면[窮大] 반드시 그 머물러야 할 곳[所居]을 잃게 된다. 그래서 풍괘의 뒤를 여괘(旅卦)로 받았다.
>
> 窮大者必失其居. 故受之以旅.

지나치게 번성하면 '반드시' 본래 있어야 할 자리[所居]를 잃게 된다. 화산려괘(火山旅卦, ䷷)는 아래가 간괘(☶)이고 위가 이괘(☲)로, 풍괘와는 종괘 관계다. 아래의 산은 멈춰서 움직이지 않고 불은 활활 타올라 머물지 않으니[不居=不止] 거처를 떠나 떠돌아다니는[旅] 모양이 된다. 때로는 불이 밖[=外卦]에 걸려 있으니[離=麗] 모양 자체가 떠돌아다니는 나그네[旅]로 보이기도 한다.

그러면 이번에는 「잡괘전」을 통해 풍괘와 여괘의 관계를 살펴보자.

> 풍(豐)은 오랜 벗이 많음[多故]이요, 친한 사람이 적음[親寡]이 여(旅)다.

풍괘는 「서괘전」에서 '커진다[大]'고 했는데 여기서는 '오랜 벗이 많음[多故]'이라고 했다. 뜻이 서로 통한다. 여괘는 「서괘전」에서 '그 머물러야 한 곳을 잃게 된다'고 했는데 여기서는 '친한 사람이 적음[親寡]'이라고 했다. 이 역시 뜻이 서로 통한다.

문왕의 단사(彖辭), 즉 "여(旅)는 조금 형통하고 나그네의 도리가 반듯해 길하다[小亨 旅貞 吉]"에 대한 공자의 풀이[「彖傳」]를 살펴볼 차례다.

"여(旅)는 조금 형통하고"라고 한 것은, 부드러움이 밖에서 가운데를 얻고 굳셈에 고분고분하며 마땅한 자리에 머물러 있고 밝은 빛에 붙어 있기 때문이다. 그래서 "조금 형통하고 나그네의 도리가 반듯해 길하다"라고 한 것이다. 나그네의 때와 마땅함[時義]이 크도다!

旅小亨 柔得中乎外而順乎剛 止而麗乎明.
여 소형 유 득중 호외 이 순호 강 지 이 여호 명

是以小亨旅貞吉也.
시이 소형 여정 길 야

旅之時義 大矣哉!
여 지 시의 대의재

◉

여(旅)의 의미부터 분명히 하자. 당나라 유학자 공영달(孔穎達)은 "본래의 거처[本居]를 잃고 다른 지방에 기거하는 것을 일러 여(旅)라고 한다"라고 말했다. 사람은 누구나 자신만의 본거지 내지 거처가 있다. 그래서 뜻을 같이하는 사람들과 일을 할 수 있다. 반면 다른 나라나 지방으로 갈 경우 제아무리 좋은 사람들을 만난다 한들 크게 형통할 수 없다. 문왕이 '여(旅)는 조금 형통하고'라고 한 것은 따라서 잘해야 그렇다는 말이다.

잘하려면 어떻게 해야 할까? 공자는 바로 이 점을 여괘의 효의 배치 상황을 통해 풀어낸다. '부드러움이 밖에서 가운데를 얻고'라는 말은 음효가 외괘, 즉 이괘(離卦)에서 중도를 얻었다는 말이다. 즉 여괘의 육오를 말하는데, 이 육오는 아래의 구사와 위의 상구 사이에 있다. 이를 공자는 '굳셈에 고분고분하며'라고 한 것이다.

'마땅한 자리에 머물러 있고 밝은 빛에 붙어 있기 때문'은 다시 상하의 괘를 풀어낸 것이다. 먼저 아래의 간괘는 오래 머물러 있음이고, 위의 이괘는 빛이자 붙어 있음[麗]이다. 즉 아래의 간괘가 머무르면서 위의 밝은 이괘에 붙어 있다는 말이다.

이렇게 하려면 때에 맞아야 하고 마땅함을 잃어서는 안 된다. 그래서 공자는 나그네를 뜻하는 여괘에서는 '때와 마땅함[時義]이 크도다!'라고 했다. 나그네살이를 할 때는 때도 잘 살펴야 하고 일의 마땅함을 잃어서도 안 된다. 큰 시련기이기 때문이다.

실은 공자 자신이 주유천하(周遊天下)라고는 하지만 바로 이 나그네의 삶을 살았고, 우리가 알 만한 임금 중에서는 진(晉)나라 문공(文公)이 바로 나그네의 삶을 잘 이겨내고 마침내 왕위에 올라 패업(霸業)을 이룩했다. 여괘 전체는 바로 이 문공의 삶을 염두에 둘 때 그 의미가 생생하게 살아난다. 『춘추좌씨전』에 실린, 진(晉)나라 중이(重耳)가 도망쳐 달아난 일의 본말과 초기 통치 시절의 모습이다.

(노나라) 희공(僖公) 23년(BC 637) 진(晉)나라 공자(公子) 중이(重耳)가 화난(禍難)을 만났을 때[362] 진나라 사람들이 포성(蒲城)을 정벌하니[363], 포성 사람들도 맞서 싸우려 했는데 중이가 안 된다[不可]며 말하기를 "임금인 아버지의 명을 잘 지키며[保=持] 살아갈 수 있는 복록을 받았고[享=受] 이에 인민을 얻었는데[364], 인민을 소유했다 해 (임금인 아버지의 명을 어기고서) 보복을 한다면[校=報] 죄가 그보다 클 수 없으니 나는 달아날 것이다"라고 하고서 마침내 적(狄) 땅으로 달아났다. (이때) 그를 따른 사람[從者=侍從]은 호언(狐偃), 조최(趙衰)[365], 전힐(顚頡), 위무자(魏武子)[366], 사공계자(司空季子)[367]였다.[368]

북쪽 오랑캐[狄人]들이 장구여(廧咎如)[369]를 토벌해 그 두 딸 숙외(叔隗)와 계외(季隗)를 인질로 잡아 와 공자(公子)에게 바치니, 공자는 계외를 취해 백숙(伯鯈)과 숙유(叔劉)를 낳았고 숙외를 조최의 아내로 주어 순(盾)[370]을 낳았다. (공자 중이가) 장차 제(齊)나라로 가려 할 때 계외에게 "나를 25년 동안 기다리다가 그래도 돌아오지 않거든 그다음에 시집가라"라고 말하자 계외는 이렇게 대답했다.

---

362 여희(驪姬)의 화난을 말한다.

363 희공 5년에 있었다.

364 복록 때문에 많은 사람을 모을 수 있었다는 말이다.

365 조숙(趙夙)의 아우다.

366 위주(魏犨)다.

367 서신구계(胥臣臼季)다. 사공(司空)은 관직명이고 서(胥)는 씨, 신(臣)은 이름이고 구(臼)는 식읍이다. 이때 호모(狐毛)와 가타(賈佗)도 따라갔는데, 이 다섯 사람만 들어 말한 것은 이들이 뛰어난 데다 큰 공로가 있었기 때문이다.

368 이때 호모와 가타도 따라갔는데, 이 다섯 사람만 들어 말한 것은 이들이 뛰어난 데다 큰 공로가 있었기 때문이다.

369 적적(赤狄)의 별도 부족으로 외(隗)를 성씨로 삼았다.

370 조선자(趙宣子)다.

"내 나이 25세인데 다시 25년이 지난 뒤에 시집간다면 관에 들어갈 때[就木(취목)]이니[371] 그대를 기다리게 해주십시오."

(중이는) 적 땅에 12년간 머물다가 떠나갔다.[372]

위(衛)나라를 지나갈 때 위나라 문공(文公)이 예를 갖춰 대접하지 않는 바람에[不禮(불례)] 오록(五鹿)[373]으로 나와 야인(野人)들에게 음식을 구걸했다. (그런데) 야인이 그에게 흙덩이[塊(괴)]를 주자 공자는 화가 나서 그를 채찍으로 치려 했다. 이때 자범(子犯)이 "하늘이 (선물로) 주신 것입니다[天賜(천사)]"[374]라고 말하자 (중이는) 머리를 조아리고서 그것을 받아 수레에 실었다.

제(齊)나라에 이르자 제나라 환공(桓公)이 (중이에게) 딸을 주어 아내로 삼게 하고 말 20승(乘)[375]까지 주니 공자는 그곳에 안주했다. 그를 따르는 사람들은 그렇게 해서는 안 된다고 여겨 장차 떠날 것을 뽕나무 아래에서 모의했는데[376], 그때 누에 치는 첩[蠶妾(잠첩)]이 그 나무 위에 있다가 그 모의를 듣고 돌아와서 강씨(姜氏)에게 아뢰었다. 강씨는 그 첩을 죽이고서 공자에게 말했다.

"공자께서는 천하를 도모할 뜻[四方之志(사방 지 지)]을 갖고 계신데 그것을 (몰래) 들은 자가 있어 제가 그를 죽여버렸습니다."

공자가 말했다.

"그런 뜻이 없소."

강씨가 말했다.

"떠나세요. 아내를 그리워하고 편안함에 젖는 것은 공명[名(명)=功名(공명)]을 무너트리는 것입니다."

공자가 안 된다고 하자 강씨는 자범과 모의해 공자를 술에 취하게 한 뒤에 그를 떠나보냈다. (중이는) 술이 깬 뒤에 (화가 나서) 창을 들고 자범을 뒤쫓았다.[377]

조(曹)나라에 이르자 조나라 공공(共公)은 중이의 갈비뼈가 통뼈[駢脅(병협)=合幹(합간)]라는 말을 듣

---

371 장차 죽어서 관에 들어가게 될 것이니 다시 시집갈 수 없다는 말이다.

372 희공 5년에 적 땅으로 도망쳤다가 희공 16년에 적 땅을 떠났다.

373 오록은 위(衛)나라 땅이다.

374 흙을 얻는 것[得土(득토)]은 나라를 소유하게 될 상서로움이기 때문에 하늘이 주신 것이라고 말한 것이다.

375 말 네 마리가 1승(乘)이니 모두 80필이다.

376 이때 제나라 환공은 이미 세상을 떠났고 뒤를 이은 효공(孝公)은 믿을 만하지 못했기 때문에 떠나려 했던 것이다.

377 제(齊)나라를 떠날 뜻이 없었기 때문에 화가 난 것이다.

고서 그의 알몸을 보고 싶어 중이가 목욕할 때 가까이 다가가서[薄(박)=迫(박)] 살펴보았다. 희부기(僖負羈)의 처가 말했다.

"내가 진(晉)나라 공자를 따르는 사람들을 보건대 모두 나라의 재상이 되기에 충분한 자들이니, 만약에 (공자가) 저들을 재상으로 삼는다면[378] 저분[夫子(부자)-중이]은 반드시 자신의 나라로 돌아갈 것이고, 진나라로 돌아간다면 반드시 제후들에게 뜻을 얻을 것이며, 제후들에게 뜻을 얻어 무례한 나라들을 주벌하게 된다면 아마 조나라가 그 첫 번째일 것입니다. 그러니 당신은 어찌 서둘러[蚤(조)] 스스로 두 마음을 품고 있다[自貳(자이)][379]는 것을 공자에게 보여주지 않습니까?"

마침내 (희부기는) 한 소반의 음식을 보내면서 그 안에 귀한 구슬[璧(벽)]을 넣었는데, 공자는 그 음식만 받고 구슬은 돌려보냈다.[380]

송(宋)나라에 이르자 송나라 양공(襄公)이 중이에게 말 20승(乘)을 선물로 주었다[贈(증)]. 정(鄭)나라에 이르자 정나라 문공(文公)도 예를 갖춰 대접하지 않았다. 숙첨(叔詹)이 간언했다. "신이 듣건대 하늘이 길을 열어 밝혀주는 사람[所啓(소계)=所開(소개)]에게는 어떤 사람도 미칠 수 없다고 했습니다. 진나라 공자에게는 (다른 사람들이 미칠 수 없는) 세 가지가 있는데, 하늘이 혹시라도 그를 임금으로 세우려는 것은 아닌지 모르겠으니 임금께서는 그를 예로 대우하셔야 합니다. 남녀가 성(姓)이 같으면 그 자손이 번성하지 못하는 것이 일반적인데 진나라 공자는 희(姬)씨 소생인데도 지금에 이른 것이 그 첫 번째이고[381], 나라 밖으로 떠도는 우환을 겪고 있는데도[382], 하늘이 진(晉)나라를 안정시켜주지 않아 거의 그에게 길을 열어주고 있는 듯한 것이 그 두 번째이며, 세 명의 선비는 그 재능이 다른 사람 위에 있어도 충분한데 군이 그를 따르는 것이 세 번째입니다.[383] 진나라와 정나라는 대등한 관계[同儕(동제)=同等(동등)=

---

378 마침내 저들을 스승이나 재상[傅相(부상)]으로 삼는다면 반드시 진나라로 돌아가게 된다는 말이다.

379 이는 스스로 조나라 임금에게 다른 마음을 품었다는 것이다.

380 신하는 다른 나라의 임금과 교제하는 의리가 없기 때문에 소반에 음식을 보내는 기회를 이용해 음식 안에 구슬을 넣어 다른 사람들이 모르게 한 것이고, 공자는 음식을 받아 그 뜻은 받아들이되 구슬은 돌려줘 자신이 탐욕스러운 인간이 아님을 드러내 보여준 것이다.

381 견융(犬戎) 호희(狐姬)의 아들이기 때문에 '희(姬)씨 소생'이라고 한 것이다.

382 자기 나라에서 도망쳐 나와 외국에 있다는 말이다.

383 『국어(國語)』에 호언, 조최, 가타 세 사람이 모두 경(卿)의 자질을 갖추고 있다고 했다.

同類]이니 진나라의 자제가 우리나라를 지날 때 장차 예를 갖춰 대접하는 것이 진실로 마땅한데, 하물며 하늘이 길을 열어주는 사람이라면 어떻게 해야겠습니까?"

(문공은) 듣지 않았다.

초(楚)나라에 이르자 초나라 임금[楚子]이 중이에게 연회를 베풀고서 말했다.

"공자가 만약에 진나라로 돌아가게 된다면 무엇으로 불곡(不穀)[384]에게 보답하겠소?"

"자녀와 옥과 비단[玉帛]이라면 임금께서 이미 갖고 계시고 깃, 털, 상아, 가죽[羽毛齒革]이라면 임금의 땅에서 생산되고 있습니다. 우리 진나라에서 흘러온 것들은 임금께서 쓰시고 남은 것들이니 무엇으로써 보답할 수 있겠습니까?"

초나라 임금이 "비록 그렇기는 하지만 무엇으로 보답할 것이요?"라고 하자 (중이가) 이렇게 대답했다.

"만약에 임금의 은덕을 입어 진나라로 돌아가게 된다면 진나라와 초나라가 군대를 거느리고서[治兵] 중원에서 마주쳤을 때 임금을 위해 삼사(三舍)를 물러나겠습니다.[385] 그래도 전쟁을 그치자는 임금의 명을 들을 수 없으면 왼손에는 채찍과 활을 쥐고 오른쪽에는 활집과 화살통을 차고서 임금과 한판 겨뤄보겠습니다."

이에 자옥(子玉)이 (중이를) 죽이기를 청하자[386] 초나라 임금은 "진나라 공자는 뜻이 크면서도 검소하고[廣而儉] 화려해 보이면서도 예 갖춤이 있으며[文而有禮], 그 따르는 자들은 엄숙하면서도 너그럽고[肅而寬] 충성스러우면서도 능력이 있다[忠而能力]. (반면 지금의) 진나라 임금[晉侯][387]은 제 몸처럼 여기는 친족들이 없어[無親] 조정 안팎이 모두 그를 미워한다. 내가 듣건대 희성(姬姓)의 제후 중에 당숙(唐叔)의 후손이 (남들보다) 뒤에 쇠망할 것이라고 했으니, 아마도 진나라 공자가 장차 진나라의 임금이 되기 때문일 것이다. 하늘이 장차 그를 흥하게 하려 하는데 누가 그를 폐출할 수 있단 말인가? 하늘의 뜻을 어기면 반드시 큰 재앙[大咎]이 일어날 것이다"라고 하고서 마침내 중이를 진(秦)나라로 보냈다.

---

384 과인(寡人)과 마찬가지로 임금이 스스로를 낮춰 부르는 호칭[謙稱]이다.

385 30리(里)가 1사(舍)다. 진나라 군대가 90리를 후퇴해서 초나라 군대를 피하는 것으로써 초나라에 은덕을 갚겠다는 말이다.

386 중이의 뜻이 큰 것을 두려워했기 때문이다.

387 혜공(惠公)이다. 그는 시기심이 많아 남을 이기려고 해서 가까이에 제 몸처럼 여기는 사람들이 없었다는 말이다.

진나라 임금[秦伯](진백)이 다섯 여인을 바쳤는데 회영(懷嬴)이 그중에 들어 있었다.[388] (하루는) 회영이 주전자에 물을 담아 들고 중이의 손에 부어 세수를 도왔는데, 세수를 마치고는 젖은 손의 물을 회영에게 뿌리자[揮=湔](휘 전) 회영이 화를 내며 말했다.

"진(秦)나라와 진(晉)나라는 대등한 관계[匹=同儕](필 동제)인데 어찌해 저를 낮춰 대하십니까?"

공자는 두려워하며 윗옷을 벗고서 스스로 죄인 모습을 한 채 사과했다. 뒷날에 진나라 목공(穆公)이 중이를 술자리에 초대했는데 이때 자범(子犯)이 말했다.

"저는 말솜씨[文=文辭](문 문사)가 조최만 못하니 청컨대 최(衰)를 데리고 가십시오."

(술자리에서) 공자가 「하수(河水)」[389]를 읊조리니[賦](부) 목공은 「유월(六月)」[390]을 읊었다. 조최가 말했다.

"중이(重耳)는 공손히 받으소서[拜賜](배사)."

공자가 뜰 아래로 내려가 절하고서 머리를 조아리니 목공이 한 계단을 내려가 사양했다.[391] 최가 말했다.

"진나라 임금께서 천자를 보좌하는 일을 들어 중이(重耳)에게 명하시니 중이가 감히 절하여 받들지 않을 수 있겠습니까?"

이어서 그가 패자(霸者)가 될 수 있었던 까닭이다.

(노나라) 희공(僖公) 27년(BC 633) 진나라 임금[晉侯](진후)이 처음 자기 나라에 들어와[392] 백성을 가르쳤는데, 2년이 지나 그들을 (전쟁에) 사용하려 하니 (대부인) 자범(子犯)이 말했다.

"백성이 아직 의로움을 몰라 그 삶을 편안하게 여기지 못하고 있습니다."[393]

---

388 회영은 자어(子圉)의 아내다. 자어의 시호가 회공(懷公)이기 때문에 회영(懷嬴)이라고 칭했다.

389 『시경』에는 없는 일시(逸詩)다. 하수가 바다로 흘러 들어간다는 뜻을 취한 것이니, 진(秦)나라를 바다에 비유한 것이다.

390 『시경』 「소아(小雅)」의 편명이다. 윤길보(尹吉甫)가 주(周)나라 선왕(宣王)을 도와 정벌한 일을 찬양한 시인데, 공자가 진(晉)나라로 돌아가 임금이 되면 반드시 나라를 바로잡을 것이라고 비유한 것이다. 이처럼 편명을 언급한 경우에는 대체로 첫 장[首章](수장)의 뜻을 취했다.

391 한 계단을 내려감으로써 공자가 머리를 조아린 것을 사양했다는 말이다.

392 희공 24년에 귀국했다.

이에 (진나라 문공은) 출병해 (주나라) 양왕(襄王)을 안정시켜주고[394] 돌아와 백성을 이롭게 하는 데 힘을 쓰니 백성이 삶의 즐거움을 누렸다. (문공이) 장차 그들을 (전쟁에) 사용하려 하자 자범이 말했다.

"백성이 아직 신의를 몰라 어떻게 해야 할지[見用之信] 분명하게 알지[宣=明] 못합니다."[395]

이에 (문공은) 원(原)을 쳐서 백성에게 신의를 보여주니, 물자를 교역하는 백성도 많은 이익만 추구하지 않고[396] 약속한 말을 중하게 여겼다. 공(公-문공)이 말하기를 "이제 백성을 (전쟁에) 사용해도 되겠는가?"라고 하자 자범이 말했다.

"백성이 아직 예를 몰라 공경하는 마음[共=恭]이 생겨나지 않았습니다."

이에 (문공은) 대대적으로 군사 훈련을 펼쳐[大蒐] 예를 보여주고[397] 관작을 주관하는 관직[執秩]을 두어 관직을 바로잡으니, 백성은 명을 따를 때 의혹을 품지 않았다. 그런 뒤에 그들을 사용해 곡(穀)에 주둔한 (초나라) 수자리를 내쫓고 송(宋)나라의 포위를 풀었다.[398] 한 번 전쟁해서[399] 패자(覇者)가 됐으니 (이는) 문공이 백성을 가르친 때문이다.[400]

공자의 「상전(象傳)」을 살펴볼 차례다. 그중에 여괘를 총평한 「대상전」이다.

산 위에 불이 있는 것이 여(旅)(가 드러난 모습)이니, 군자는 그것을 갖고서 형벌을 쓸 때 밝고 신중하게 하며 옥사를 지체시키지 않는다[山上有火旅 君子以 明愼用刑 而不留獄].

◉

---

393 의로움이 없으면 구차하게 살아가게 된다.

394 희공 25년에 양왕의 지위를 안정시켜 임금을 섬기는 의로움을 보여주었다.

395 이는 백성이 자신들을 사용하려는 문공의 신의를 분명하게 알지 못한다는 뜻이다.

396 속임수를 써서 많은 이익을 구하지 않았다는 뜻이다.

397 군사 훈련은 위아래의 순서를 정하고 귀천의 등급을 밝혀준다.

398 초나라 임금[楚子]의 명으로 각각 곡(穀)과 송(宋)을 공격 중이던 신숙(申叔)과 자옥(子玉)을 떠나게 한 것이다.

399 이는 이듬해 성복(城濮)의 전쟁을 말한다.

400 이 글은 『논어』 「자로」편에 나오는 공자의 말과 밀접하게 연결돼 있다. "좋은 사람[善人]이 백성 가르치기를 7년 하면 진실로 백성으로 하여금 전쟁터에 나가 싸우게 할 수 있을 것이다."

풍괘에 이어 다시 형벌 사용의 문제를 다루는데, 여기서는 '밝게' '신중하게' '지체시키지 말라'가 핵심이다. 정이의 풀이다.

불이란 높은 곳에 있으니 천하 모든 곳을 비출 수 있다. 군자는 (이처럼) 천하를 밝게 비추는 모습을 살펴서 형벌을 사용할 때 사리에 밝고 신중하게 해야 하니[明愼(명신)], 밝게 비춘다고 자만해서는 안 되기에 신중하게 하라고 경계한 것이다. 밝게 비추면서도 마땅한 자리에 멈추는 것도 신중하게 하는 모습이다. 불이 타오르면서 머물러 있지 않은 모습을 관찰하면 (죄수라 하더라도) 감옥에 오래 머물게 하지 않는다. 감옥이란 어쩔 수 없이 만든 것이니, 백성이 죄가 있으면 감옥에 들어갈 수밖에 없지만, 어찌 그 감옥에 오래도록 머물게 할 수 있겠는가?

여(旅)의 의미와는 별개로 여괘의 괘상에 초점을 맞춰 군자가 해야 할 과제를 이끌어낸 것이다. 『성종실록』 6년(1475) 8월 26일 자에는 성종이 의정부에 내린 교서(敎書)가 실려 있는데, 이는 고스란히 풍괘와 여괘, 그중에서도 여괘의 「대상전」에 대한 풀이라 해도 과언이 아니다. 임금이 여괘를 봤을 때 어떻게 해야 하는지 소상하게 말해주고 있기 때문이다.

하늘이 음양(陰陽)과 오행(五行)으로써 만물(萬物)을 화생(化生)시키는데, 봄과 여름에는 그것을 키우고 기르며 가을과 겨울에는 쌀쌀한 기운으로 그것을 죽인다. 성인(聖人)이 그것을 본받아 덕(德)과 예의(禮義)로써 백성을 지도(指導)하고 형벌과 정치로써 징계를 보이니, 형벌은 성인(聖人)도 그만둘 수 없는 것이다. 그러나 처형(處刑)은 처형(處刑)을 그치게 하는 것이 목적이고 형벌은 형벌을 없애는 것이 목적이니, 이것은 백성에게 선(善)을 권장해 백성의 천성(天性)을 보전시키는 것이 아님이 없다. 옛날에 순(舜)임금이 천자(天子)가 되자 고요(皐陶)가 사사(士師-형벌 책임자)가 돼 오형(五刑)을 밝혀서 중도(中道)에 합하는 정치에 이르게 한 일과, 신우(神禹-우왕)가 죄인(罪人)을 보고 울던 일과, 상탕(商湯-탕왕)이 관형(官刑)[401]을 제정하던 일과, 주(周)나라에서 법칙을 제정한 일은, 삼대(三代-하은주)의

401 공무(公務)를 게을리한 사람에게 주던 형벌을 가리킨다.

덕을 밝히고 처벌을 신중히 하던 남긴 뜻을 볼 수 있었다. 그러다가 주(周)나라의 덕이 쇠진(衰盡)해 목왕(穆王) 때 여형(呂刑)[402]의 제작(制作)이 있게 됐다. 그 뒤에 세상이 점차로 쇠퇴(衰頹)해져서 후세(後世)에 이르자 정(鄭)나라 자산(子產)[403]이 형서(刑書)를 주조(鑄造)했고 위(魏)나라 문후(文侯)가 법경(法經)을 만들게 됐으니, 법망(法網)은 더욱 촘촘한 데도 범죄는 더욱 많아졌던 것이다. 진(秦)나라 시황(始皇) 때 이르러서는 잔인하고 포학함을 숭상하여, 이사(李斯)와 상앙(商鞅)에게 정치를 맡겨서 형법(刑法)이 가혹(苛酷)하고 조문(條文)이 엄준(嚴峻)해서 백성에게 해독(害毒)을 끼쳤었다. 그래서 2대(代) 만에 멸망했으니 경계하지 않을 수 있겠는가? 한(漢)나라 고조(高祖)는 마음이 너그럽고 어질어서 법령(法令)을 3장(章)으로 간략하게 했는데, 문제(文帝)와 경제(景帝)가 이를 계승해 형벌의 규정은 두되 적용하지는 않았다. 당(唐)나라 태종(太宗)은 인의(仁義)를 힘써 행했으므로 정관(貞觀)[404] 무렵에는 사형(死刑)을 결단한 것이 30건에 지나지 않았으며, 송(宋)나라 태조(太祖)는 사람 죽이기를 좋아하지 아니했고 인종(仁宗)도 말하기를 "짐(朕)이 사람을 죽으라는 말로써 꾸짖지 않았으니, 하물며 감히 함부로 형벌을 가(加)할 수 있겠는가?"라고 하면서 한 해 동안에 사람을 살린 것이 1000명이나 됐으니, 삼대(三代) 이하로 이 몇몇 군주(君主)는 칭송할 만한 것이 있었다. 그러나 어찌 형벌을 늦추고 덕을 숭상한 것으로써 민심(民心)을 결합(結合)시켜 역년(歷年)의 장구(長久)함을 초래(招來)한 것이 아니겠는가?

삼가 생각건대 우리 태조(太祖)께서는 개국(開國)의 운수에 응해 고려(高麗)의 번거롭고 까다로운 법을 고쳐서 흠휼(欽恤)[405]과 명신(明愼)[406]으로써 선무(先務)를 삼도록 했었고, 태종(太宗)께서는 이것을 계승해 형벌을 규정하기만 하는 정치를 이루었다. 세종(世宗)의 사람 살리기를 좋아하는 덕과 사람을 죽이지 않는 인자(仁慈)는 백대(百代)의 제왕보다 뛰어나서 일찍이 형벌을 신중히 하라는 교서(敎書)를 내리셨고, 고금(古今) 형옥(刑獄)의 거울삼을 만하고 경계할 만한 10여 조목을 낱낱이 채록(採錄)하도록 한 것이 수만 언(數萬

---

402 『서경』 「주서(周書)」의 편명(篇名)인데, 그 내용은 고대의 형정(刑政)에 관한 것이다.

403 공손교(公孫僑)의 자(字)다.

404 태종의 연호다.

405 죄인의 심리(審理)를 신중히 하는 것을 말한다.

406 여괘의 「대상전」에 나오는 용어다.

言)이 넘었으니 정녕(丁寧)한 교회(敎誨)는 형벌을 맡은 사람으로 하여금 본받아서 연구하게 하고 준수(遵守)해 시행하도록 했다. 이러한 세종(世宗)의 마음은 곧 대순(大舜-순임금)의 형벌을 신중히 해 죄인을 불쌍히 여기는 마음인 것이다. 그런데 세종(世宗)께서는 대순(大舜)의 형벌을 신중히 해 죄인을 불쌍히 여기는 마음을 가졌는데도 어찌해서 사사(士師-형벌 담당 관리)의 관원은 한 사람도 고요(皐陶)와 같이 송사(訟事)를 공평하게 처결(處決)한 일이 없었는가? 이것은 진실로 탄식할 만한 일이다. 문종(文宗)께서 처음 즉위(卽位)하실 때에 하교(下敎)해 삼한(三限)의 법을 거듭 밝혀서 판결이 지체된 옥사(獄事)의 원통함을 풀어주었으니, 대개 사죄(死罪)는 대사(大事)가 되고 도형(徒刑)과 유형(流刑)은 중사(中事)가 되고 태형(笞刑)과 장형(杖刑)은 하사(下事)가 되는데, 대사(大事)는 30일을 기한하고 중사(中事)는 20일을 기한하고 소사(小事)는 10일을 기한했던 것이다. 『대전(大典)』을 참고해보면 당(唐)나라에서 정한 기한은 송(宋)나라보다 너그럽고 우리 조정에서 정한 기한은 당나라보다도 또 너그러우니, 이것은 곧 세종(世宗)의 고마우신 뜻인데 문종(文宗)께서 이를 성취시킨 것이다. 세조(世祖)께서도 형벌을 선용(善用)하는 방법에 유의(留意)하시어 관리가 형벌을 함부로 사용한 것은 장형(杖刑) 한 대와 태형(笞刑) 한 대일지라도 모두 중한 형법에 처하게 해, 10여 년 동안에 죄인을 다스리는 정사(政事)가 깨끗하고 간략해 백성이 원통하고 억울한 일이 없었으니, 이것은 형벌을 명확히 하고 신중히 하는 우리 조종(祖宗)의 가법(家法)인 것이다.

내가 보잘것없는 몸으로써 외람되게 큰 왕업(王業)을 계승했으니, 이른 아침부터 밤늦게까지 조심하고 두려워하면서 오히려 형벌이 적중(適中)하지 않아서 화기(和氣)를 손상시켜 원통함을 초래(招來)할까 두려워하고 있다. 내가 중앙과 지방에서 심의(審議)한 옥사(獄事)를 살펴보건대 관리의 실수가 한두 가지가 아니다. 가폭(苛暴)하고 심각(深刻)한 사람은 항상 나직(羅織)[407]하는 실수를 범하게 되고, 혼미(昏迷)하고 용암(庸暗)한 사람은 항상 엄체(淹滯)시키는 실수를 범하게 되며, 향원(鄕愿)[408]과 모릉(摸稜)[409]인 사람은 항상 뇌동(雷同

407 죄를 꾸며 법망(法網)에 끌어넣는 것을 말한다.

408 고을의 사람[鄕人 향인]들로부터 덕(德)이 있는 사람이라고 칭송을 받으나 실제의 행실은 그렇지 못한 위선자(僞善者)를 말한다.

409 일을 결정하는 데 태도를 명백히 하지 않는 것을 가리킨다.

-부화뇌동)하는 실수를 범하게 된다. 대저 볼기를 치는 형벌 아래에서는 무엇을 요구한들 얻지 못함이 있겠는가. 지금의 나직(羅織)하기를 좋아하는 사람은 한결같이 치우치는 데 얽매여 다만 빨리 옥사(獄事)가 이뤄지기만을 힘써서, 법령을 심각하게 해석하고 엄격하게 적용시켜 고신(拷訊)을 엄하게 가(加)하며 증거를 끌어대어 억지로 이치에 맞추고 모든 것을 보태어 꾸민다. 그래서 죄가 없는 사람으로 하여금 사형(死刑)에 부당하게 걸리게 하여 몸뚱이와 머리가 떨어져 있게 하니 어찌 원통하지 않겠는가? 대체 옥중(獄中)의 고통은 하루를 지내기가 한 해와 같으며, 한 사람이 옥(獄)에 있으면 온 집안이 생업을 폐하게 된다. 지금의 엄연(淹延)[410]시키기를 좋아하는 사람은 죄수(罪囚)를 잡아 가두고는 즉시 결단하지 않고 처음부터 애매하여 밝히기 어려운 일이 아닌데도 으레 긴요하지 않은 절목(節目)으로써 이리저리 추고(推考) 힐문(詰問)하다가 자칫하면 여름과 겨울을 지내게 되니, 수갑과 차꼬[桎梏]가 팔다리에 가(加)하게 되고 굶주림과 추위가 살결과 피부에 찔려 오래되므로 슬피 울고 아파하다가 감옥 안에서 병들어 죽게 되니 어찌 원통하지 않겠는가? 이런 뜻으로써 중앙과 지방에 알아듣도록 타이르라.

여괘의 여섯 효[六爻]에 대한 주공의 말을 풀이한 공자의 「소상전」이다.

(초륙(初六)은) 나그네가 지질한 것[瑣瑣]은 뜻이 곤궁해 재앙이 있는 것이다[瑣瑣 志窮災也].

(육이(六二)는) 어린 종의 반듯함을 얻는다[得童僕貞]는 것은 끝내는 허물이 없다는 것이다[得童僕貞 終无尤也].

(구삼(九三)은) 나그네가 자신이 머무는 곳을 불태우니 진실로 그 때문에 해롭고, 나그네로서 아래를 대하는 도리가 이와 같으니 그 마땅함을 잃은 것이다[旅焚其次 亦以傷矣 以旅與下其義喪也].

(구사(九四)는) 나그네가 거처한다는 것은 자리를 얻지 못함이니, (그래서) 물자와 도끼를 얻었으나 마음이 불쾌한 것이다[旅于處 未得位也 得其資斧 心未快也].

---

410 시일을 오래 끌며 미루는 것을 가리킨다.

(육오(六五)는) 끝내는 영예와 복록[譽命]을 얻는다는 것은 위로 미치기[上逮] 때문이다[終以譽命 上逮也].

(상구(上九)는) 나그네로서 윗자리에 있으니 그 의리상으로 불타게 되는 것이요, 소를 함부로 해 잃으니 끝내는 들어도 깨닫지 못한다[以旅在上 其義焚也 喪牛于易 終莫之聞也].

◉

여괘의 맨 아래에 있는 음효에 대해 공자는 "나그네가 지질한 것[瑣瑣]은 뜻이 곤궁해 재앙이 있는 것이다"라고 풀었다. 주공의 효사는 이렇다.

나그네가 지질하니[瑣瑣] 이 때문에 재앙을 당한다[旅瑣瑣 斯其所取災].

나그네란 종종 비유로도 쓰인다. 즉 마음에 비유할 경우, 마음이 있어야 할 곳을 떠나 엉뚱한 곳에 마음을 쓰는 것을 비유한 것이다. 여괘의 초륙이 바로 그런 경우다. 초륙의 처지를 보면, 음유의 자질로 양강의 자리에 있으니 바르지 못하고[不正位] 육이와도 친하지 못하며 구사와는 호응 관계다. 정이의 풀이부터 보자.

이는 유약한 사람이 떠돌아다니는 곤궁에 처하고 비천한 지위에 있어 마음속에 간직한 것이 더럽고 낮은 것[汚下]이다. 뜻이 비루한 사람은 떠돌아야 하는 곤궁에 처하게 되면 비루하고 쩨쩨하게 돼[鄙猥瑣細] 못하는 짓이 없다[无所不至].

이런 자질의 사람이다 보니 호응 관계에 있는 구사도 초륙에 대해 손길을 주지 않는다. 구사 자신도 떠돌고 있어 마음의 여유가 없는 데다가 초륙의 자질이 대단히 비루하기 때문이다. 공자가 '뜻이 곤궁해 재앙이 있는 것'이라고 말한 것은 결국 그 같은 지질함은 자기 자신이 불러들인 것[自招]임을 분명히 밝힌 것이다. 이 점을 보다 분명하게 표현한 것이 바로 『논어』 「양화」편에 나오는 공자의 말이다.

비루한 사람[鄙夫]과 함께 임금을 섬기는 것이 과연 가능할 수 있을 것인가? 얻기 전엔 그

> 것을 얻어보려고 걱정하고, 이미 얻고 나서는 그것을 잃을까 걱정한다. 정말로 잃을 것을 걱정할 경우 (그것을 잃지 않기 위해) 못하는 짓이 없을 것이다[無所不至].

주희는 "작게는 등창을 빨고 치질을 핥는 것과 크게는 아비와 임금을 시해함이 모두 부귀를 잃을까 걱정하는 데서 생길 뿐이다"라고 단정해 풀이한다. 등창을 빨고 치질을 핥는 것이란 연옹지치(吮癰舐痔)를 옮긴 말로, 아첨꾼을 비판할 때 종종 쓰이는 표현이다. 능력은 안 되면서 자리에 눈이 멀어 못하는 짓이 없는 자를 비부(鄙夫)라 한다.

여괘의 밑에서 두 번째 음효에 대해 공자는 "어린 종의 반듯함을 얻는다[得童僕貞]는 것은 끝내는 허물이 없다는 것이다"라고 풀었다. 주공의 효사는 이렇다.

> 나그네가 머무는 곳에 나아가[卽次] 물자를 간직하고 어린 종의 반듯함을 얻는다[旅卽次懷其資 得童僕貞].

육이는 그치고 머물러야 하는 간괘(艮卦, ☶)의 가운데 있다. 음효로 음위에 있어 자리가 바르니 중정(中正)을 얻었다. 초륙과는 친하지 않지만, 구삼과는 친밀하며 육오와는 호응하지 않는다. 정이의 풀이다.

> 유순하고 중정을 이룬 다움이 있다. 유순하면 사람들이 함께해 도와주고, 중정을 이룬 다움이 있으면 처신함이 마땅함을 잃지 않는다. 이 때문에 그가 가진 것을 보존할 수 있고 어린 종 또한 충성과 신의를 다한다. 비록 문명(文明)한 다움을 갖고서 위와 아래의 도움을 얻을 수 있는 육오만은 못하지만, 그래도 떠돌아다니는 상황에 대처를 잘하는 자다. 머무는 곳이란 나그네가 편안히 쉴 수 있는 곳이고, 물자란 나그네가 밑천으로 삼는 것이다. 어린 종이란 유랑자가 의지하는 사람이다.

정이는 "길하다고 말하지 않은 것은, 나그네로서 사람들에게 붙어살 때는 재앙과 위태로움을 면하는 것만으로도 이미 좋은 것이기 때문"이라고 했다. 앞서 보았던 진 문공의 망명 시절을 떠올려보면 도움이 될 것이다. 진 문공에게 어린 종이란 다름 아닌 그를 따른 호언(狐偃), 조최(趙衰), 전힐(顚頡), 위무자(魏武子), 사공계자(司空季子)

다. 그래서 공자도 이 점의 중요성을 강조하며 “어린 종의 반듯함을 얻는다[得童僕貞]는 것은 끝내는 허물이 없다는 것”이라고 했다.

여괘의 밑에서 세 번째 양효에 대해 공자는 “나그네가 자신이 머무는 곳을 불태우니 진실로 그 때문에 해롭고, 나그네로서 아래를 대하는 도리가 이와 같으니 그 마땅함을 잃은 것이다”라고 풀었다. 주공의 효사는 이렇다.

> 나그네가 자신이 머무는 곳을 불태우고 어린 종의 반듯함을 잃으니 위태롭다[旅焚其次 喪其童僕貞 厲].

여괘의 구삼은 양강의 자질로 양강한 자리에 있으니 바르고 육이와는 친하지만, 구사와는 친밀하지 않다. 그리고 상구와는 호응하지 않는다. 전반적으로 좋아 보이지 않는다. 정이의 풀이다.

> 떠돌아야 하는 상황에 대처하는 도리는 유순하고 겸손하게 자신을 낮추는 것이 최우선인데, 구삼은 굳세기는 하지만 중도를 잃었고[剛而不中] 또 하체의 윗자리이자 간괘의 윗자리에 있어 자만하는 모습이다. 방황하는 때에 지나치게 굳세면서 자만하는 태도는 곤궁과 재앙을 자초한다. 자만하면 윗사람에게 순종하지 못하므로 윗사람이 함께하지 않고, 그 머무는 곳을 불태우니 편안한 곳을 잃는다. 위의 이괘는 불타는 모습이다. 지나치게 굳세면 아랫사람에게 사납게 대하므로 아랫사람들이 떠나고 어린 종복의 믿음[貞信]을 잃게 될 것이니, 아랫사람의 마음을 잃는 것을 말한다. 이렇게 된다면 매우 위태로운 도리[危厲之道]다.

이는 곧 자만으로 인해 위아래의 신임과 신뢰를 한꺼번에 잃어버린 사람을 가리킨다. 기댈 곳이 없어 떠도는 자가 사람의 신뢰까지 잃는다면 그보다 더 위태로운 상황은 없다. 태종 이방원의 형 이방간(李芳幹, ?~1421)의 삶이 여기에 딱 들어맞는다.

이방간은 고려 왕조에 벼슬해 군기시소윤(軍器寺少尹)을 역임했다. 조선 왕조가 개창되자 1392년(태조 1년) 회안군(懷安君)에 봉군됐다. 그 뒤 1398년 회안공으로 개봉되면서 의흥삼군부좌군절제사가 됐다. 이른바 2차 왕자의 난으로 유배 중인 1401년(태종 1년) 회안대군이 됐다. 1398년(정종 즉위년) 8월에 발생한 1차 왕자의 난에 정안군(靖安君) 이방원을 도와 정도전 일파를 제거하는 데 세운 공으로 정사공신(定社功臣) 1등으로 책록됐다. 그 뒤 개국공신 1등에 추록됐고, 1399년 풍해도(豊海道)와 서북면의 병사를 분령했다. 이듬해 지중추부사 박포(朴苞)의 이간에 충동돼 2차 왕자의 난을 일으켰으나 실패하면서 토산(兎山-지금의 황해도 토산)으로 유배됐다.

1400년 2월에 3성의 장무(掌務)가 "방간이 사사로이 군대를 일으켜 골육을 해하려고 했을 때 왕께서 처음에는 도승지를 보내시어 동병하지 말 것을 명했으나 듣지 않고 군대를 발했으니 대법으로 다스리소서"라고 하면서 치죄할 것을 주장했다. 그러나 정종과 이방원의 관용으로 죄가 더해지지는 않았다. 유배된 토산이 전일에 군사를 분령한 곳이기 때문에 후일의 염려가 있다 해서 안산으로 이치(移置)됐을 뿐 전지(田地)와 식읍을 받았으며, 매월 초하룻날에는 한양에 들어가는 것을 허락받았다. 1400년 9월에는 문하부의 반대에도 불구하고 전라도 익주(益州-익산)로 이치됐다. 1402년에는 대간으로부터 전렵으로 일을 삼는 등 뉘우침이 없으니 경계와 보전을 위해 제주로 이치하라는 요청이 있었다. 그러나 순천성(順天城)에 이치되는 것으로 그쳤다. 1404년 왜구의 화를 피해 익주로 다시 옮겨졌고, 1410년 8월에는 완산(完山)으로 옮겨졌다. 그러나 1416년 형조·대간의 집요한 청죄로 아들 이맹중(李孟衆)과 함께 공신녹권(功臣錄券)과 직첩을 몰수당했다. 1417년 충청도 홍주(洪州)로 이치됐다. 세종 치세 때도 누차 치죄가 논의됐지만, 상왕과 세종의 관용을 받았다. 1421년 홍주(洪州)에서 죽었다.

여괘의 밑에서 네 번째 양효에 대해 공자는 "나그네가 거처한다는 것은 자리를 얻지 못함[未得位(미 득위)]이니, (그래서) 물자와 도끼를 얻었으나 마음이 불쾌한 것이다"라고 풀었다. 주공의 효사는 이렇다.

> 나그네가 거처하고 물자와 도끼를 얻었으나 나의 마음은 불쾌하다[旅于處(여 우처) 得其資斧(득 기 자부) 我心不快(아심 불쾌)].

효사와 「소상전」은 매우 비슷하지만, 공자의 「소상전」은 그 인과 관계를 좀 더 명확히 했다는 점에서 미묘한 차이가 있다.

구사의 처지를 보면, 양효로 음위에 있어 자리가 바르지 않고 아래와 친하지 않은데 육오와는 친밀하다. 초륙과는 호응 관계이고 상괘인 이괘의 맨 아래에 놓여 있다.

정이의 풀이다.

구사는 중도를 얻지는 못했지만 부드러움에 자리하고 있고 상체의 맨 아랫자리에 있어 유연한 태도로 자신을 낮출 수 있는 모습이 있으니, 나그네의 마땅함을 얻은 것이다. 굳세고 밝은[剛明(강명)] 자질로 구오가 함께하는 자이고 초륙이 호응하는 자이니 나그네로서는 최선의 상황에 있는 자다. 그러나 구사는 바른 자리가 아니고, 그가 그쳐서 멈출 곳을 얻는다 해도 이미 제대로 머물 곳을 얻은 육이만 못하다. 굳세고 밝은 자질로 위아래와 함께하니, 나그네로 떠돌면서도 물자와 쓸모 있는 기구들의 이로움을 얻었다. 하지만 나그네로서는 최선일지라도 위로 강양한 사람과 함께하지 못하고 오직 음유한 사람의 호응만 있으니, 그 재능을 현실에서 펼치고 그 뜻을 행할 수가 없어 그 마음이 불쾌한 것이다. '나의'라고 말한 것은 구사에 근거해 말한 것이다.

결국 공자는 대체적으로 다 좋아 보임에도 불구하고 '나의 마음은 불쾌'한 까닭이 그 자리를 얻지 못함에서 비롯된 것으로 보았다. 정이의 풀이는 좀 더 정교하다.

구사는 군주와 가까이 있으므로 본래는 지위를 담당한 사람이지만, 나그네로 떠도는 때에 오(五)라는 자리는 군주의 뜻을 취하지 않기 때문에 구사는 지위를 얻지 못한 사람이 된다.

결국 불쾌함은 자신의 뜻을 이루지 못한 데서 비롯된 것이라 하겠다.

여괘의 밑에서 다섯 번째 음효에 대해 공자는 "끝내는 영예와 복록[譽命(예명)]을 얻는다는 것은 위로 미치기[上逮(상체)] 때문"이라고 풀었다. 주공의 효사는 이렇다.

꿩을 쏘아 맞혀 한 화살에 잡으니 끝내는 영예와 복록[譽命(예명)]을 얻는다[射雉一矢亡 終以譽命(사치 일시 망 종이 예명)].

효사에 대한 정이의 풀이부터 보자.

육오는 문명하고 유순한 다움이 있고 처신하는 데 중도를 얻어 위아래와 함께하니, 떠돌이 생활에 아주 잘 대처하는 자다. 사람이 떠돌이 생활을 하게 됐을 때 문명한 방도에 부합할 수 있다면 최선이라고 할 수 있다. 타향을 떠돌아다니는 나그네가 행동하면서 실수라도 하면 곤궁과 치욕이 뒤따르니, 행동하여 실수가 없고 난 다음이라야 최선이 된다.

이괘는 꿩을 상징하니 문명한 것이다. 꿩을 쏘아 맞히는 것은, 문명한 방도를 취해 반드시 그에게 부합하도록 일을 행하는 것이다. 이는 마치 꿩을 쏘아서 화살 한 발로 죽게 하는 것과 같다. 화살을 쏘아 명중하지 못함이 없다면 결국에는 영예와 천명을 이룰 수 있다.

오는 원래 군주의 자리인데 군주는 나그네가 될 수 없으므로, 나그네가 되면 곧 군주의 자리를 잃은 것이다. 그래서 여괘의 오는 군주의 뜻을 취하지 않는다.

영예와 복록을 얻었다는 것은 마침내 나그네 생활을 마쳤다는 뜻이다. 중이(重耳)가 유랑 생활을 마치고 임금의 자리에 오른 것이 전형적인 사례다. 정이도 「소상전」 풀이에서 나그네라는 것이 꼭 실제로 떠돌아다니는 사람만 가리키는 것이 아님을 이렇게 말한다.

곤궁에 빠져 친한 사람이 적으면 떠도는 사람이 된다. 반드시 외지 타향에 있는 경우에만 해당하는 것이 아니다.

여괘의 맨 위에 있는 양효에 대해 공자는 "나그네로서 윗자리에 있으니 그 의리상으로 불타게 되는 것이요, 소를 함부로 해 잃으니 끝내는 들어도 깨닫지 못한다"라고 풀었다. 주공의 효사부터 보자.

새가 자기 둥지를 불태우니 나그네가 처음에는 웃고 뒤에는 울부짖는다. 소를 함부로 해 잃어버리니 흉하다[鳥焚其巢 旅人 先笑後號咷 喪牛于易 凶].
조분기소 여인 선소후호도 상우우이 흉

상구는 양효로 음의 자리에 있어 바르지 못하고 육오와는 친하며 구삼과는 호응 관계가 아니다. 게다가 중도를 잃고 맨 윗자리에 있다. 정이의 풀이가 필수적이다.

새는 날아올라 높은 곳에 머문다. 상구는 강직하지만, 중도를 이루지 못한 채 가장 높은 자리에 있고 또 이괘가 상징하는 불의 체질에 속했으니 그 교만함을 알 수 있다. 그러므로 새의 모습을 취해 상징했다. 타향을 떠돌아다닐 때는 겸손하고 자신을 낮추고 유연하면서 조화를 이뤄야 스스로를 보존할 수 있는데, 지나치게 굳세게 굴면서 자만하면 자신에게 마땅하고 안정된 위치를 잃게 된다. 둥지란 새가 편안하게 머무는 곳이다. 그 둥지를 불태운다는 것은 편안한 곳을 잃어 자신이 머물 수 있는 마땅한 곳을 잃는 것이다.

이괘가 상징하는 불 위에 있는 것이 바로 타는 모습이다. 양강한 자질로 지극히 높은 곳에 자처해 처음에는 그 뜻이 유쾌하므로 먼저 웃는 것이고, 편안한 자리를 잃고 함께하는 사람도 없게 되므로 나중에 울부짖는다. 경솔하고 소홀히 해서 그 순종하는 다움을 잃으니 그래서 흉하게 된다. 소란 순종하는 동물이다. '소를 소홀히 해 잃어버리니'라는 것은 소홀히 해서 그 순종하는 마음을 잃는 것이다. 이괘는 불을 상징하고 불의 성질은 불타 올라가는 것이니 조급하고 경솔한 모습이다.

공자의 「소상전」에서 주목해야 할 대목은 '소를 함부로 해 잃으니 끝내는 들어도 깨닫지 못한다'라는 부분이다. 이는 그만큼 자만(自慢)함이 심하다는 뜻이다. 대체로 여괘(旅卦)는 나그네라고는 했지만, 그것은 대부분 비유로서 스스로 지켜야 할 도리에서 벗어난 자를 가리킨다는 것을 알 수 있다. 따라서 나그네 생활을 끝내고 자기 자신의 본분으로 돌아가는 것 또한 온전히 자기 자신의 몫이다.

57. 중풍손(重風巽)[411]

손(巽)은 조금 형통하니, 나아갈 바가 있는 것이 이롭고 대인을 만나보는 것이 이롭다.

巽 小亨 利有攸往 利見大人.[412]
손 소형 이 유 유왕 이견 대인

초륙(初六)은 나아가고 물러나는 것이니 무인의 반듯함이 이롭다[進退 利武人之貞].
진퇴 이 무인 지 정

411 문자로는 손상손하(巽上巽下)라고 한다.

412 형이(亨利)만 나온다.

구이(九二)는 공손함이 침상 아래에 있는 것이니, 축사와 무당을 많이 쓰면 길하고 허물이 없다[巽在牀下 用史巫紛若 吉无咎].

구삼(九三)은 빈번하게 공손한 것이니 안타깝다[頻巽 吝].

육사(六四)는 뉘우침이 없어지니, 사냥해 세 등급의 짐승을 얻는다[悔亡 田獲三品].

구오(九五)는 반듯하면 길하여 뉘우침이 없어져서 이롭지 않음이 없다. 처음에는 아무것도 없지만 잘 끝마침이 있게 되니, 먼저 경(庚)으로 사흘을 하고 뒤에 경으로 사흘을 하면 길하다[貞吉悔亡 无不利 无初有終 先庚三日後庚三日 吉].

상구(上九)는 공손함이 침상 아래에 있어 물자와 도끼를 잃으니 반듯해도 흉하다[[巽在牀下 喪其資斧 貞凶].

◉

손괘(巽卦)의 초륙(初六)은 양위에 음효로 바르지 못함[不正位], 구이(六二)는 음위에 양효로 바르지 못함, 구삼(九三)은 양위에 양효로 바름[正位], 육사(六四)는 음위에 음효로 바름, 구오(九五)는 양위에 양효로 바름, 상구(上九)는 음위에 양효로 바르지 못함이다. 이 괘의 경우는 구이는 중정을 얻지 못했고 구오는 중정을 얻었다.

대성괘 손괘(䷸)는 소성괘 손괘(巽卦, ☴)가 위아래에 겹쳐 있어 만들어진 괘다. 손괘의 모양은 곧 하나의 음효가 두 양효의 아래에 있어 양효에게 고분고분하며 따르는 모습이다. 「설괘전」에 따르면 '바람[風]으로 흩어지게 한다'고 했다.

그러면 「서괘전」을 통해 왜 손괘가 여괘의 뒤를 이어받았는지 확인해보자.

> 떠돌아다니면 용납받을 곳이 없다. 그래서 여괘의 뒤를 손괘(巽卦)로 받았다. 손(巽)이란 들어간다[入]는 말이다.
>
> 旅而无所容. 故受之以巽. 巽者 入也.

나그네로 떠돌면 가장 힘든 것이 받아주는 곳이 없다는 점이다. 상황이 어렵다. 이럴 때는 자신의 몸을 낮추는 것[巽=遜] 말고는 방법이 없다. 손위풍괘(巽爲風卦, ䷸)는 아래위가 모두 손괘(☴)다. 겸손하고 또 겸손해야 한다는 말이다. 소성괘 손괘(☴)만 보더라도 하나의 음이 두 양의 아래에 있으니 겸손하고 또 겸손해하는 모양이다.

「계사전」에서 "손(巽)은 다움의 마름질[德之制]이요" "손(巽)은 일에 걸맞으면서도 숨어 있다[稱而隱]" "손(巽)으로써 권도를 행한다[權行]"라고 했다. 즉 공손하지 않고서는 일의 달라짐에 맞춰서 그 일을 제대로 처리할 수 없는 것이다. 무엇보다 일[事=通其變]과의 연관성이 깊다는 것을 염두에 둬야 한다.

문왕의 단사(彖辭), 즉 "손(巽)은 조금 형통하니, 나아갈 바가 있는 것이 이롭고 대인을 만나보는 것이 이롭다[小亨 利有攸往 利見大人]"에 대한 공자의 풀이[「彖傳」]를 살펴볼 차례다.

> 거듭된 공손[重巽]으로 명을 펼치는 것[申命]이다. 굳셈이 중정함에 공손히 하여 뜻을 실행하며 부드러움은 모두 굳셈에 고분고분하니, 이 때문에 조금 형통한 것이다. 나아갈 바가 있는 것이 이롭고 대인을 만나보는 것이 이롭다.
>
> 重巽以申命.
> 剛巽乎中正而志行 柔皆順乎剛 是以小亨.
> 利有攸往 利見大人.

◉

공자는 여기서는 다만 '조금 형통하다[小亨]'에 대해서만 '거듭된 공손[重巽]으로 명을 펼치는 것[申命]'이라고 풀었다. 뒤의 내용도 결국은 '거듭된 공손'의 의미를 풀어냈을 뿐이다. 원래 신(申)이라는 것도 거듭해서 간곡하게 당부하는 것을 말한다. 『논어』 「술이」편이다.

> 공자는 한가로이 거처할 때는 하는 말이 간절하고 간곡했으며[申申如], 낯빛은 온화하여 환히 펴지는 듯했다.

특별히 어려운 내용은 아니므로 정이의 풀이를 읽고 다음으로 넘어가자.

거듭된 공손이란 위와 아래가 모두 공손한 것이다. 윗자리에서 도리에 고분고분해[順道 순도] 명을 내고[出命 출명] 아랫자리에서 명을 받들어 고분고분해 위와 아래가 모두 고분고분하니, 이것이 거듭된 공손의 모습이다.

'굳셈이 중정함에 공손히 하여 뜻을 실행하며 부드러움은 모두 굳셈에 고분고분하니, 이 때문에 조금 형통한 것'은 괘의 자질을 갖고서 말한 것이다. 양강이 공손한 자리에 있고 중정을 얻었으니 중정의 도리를 공손하게 따르는 것이다. 양의 성질은 위로 올라가니, 그 뜻이 중정의 도리로 위를 향해 나아가려는 것이다. 또 위와 아래의 부드러운 것이 모두 굳센 것을 공손하게 따르니, 그 자질이 이와 같으므로 안이 부드럽더라도 조금 형통할 수 있는 것이다.

그 이하는 별도의 풀이가 필요 없다.

공자의 「상전(象傳)」을 살펴볼 차례다. 그중에 손괘를 총평한 「대상전」이다.

잇따르는 바람[隨風 수풍]이 손(巽)(이 드러난 모습)이니, 군자는 그것을 갖고서 명을 간곡하게 펼쳐 일을 행한다[隨風巽 君子以 申命行事 수풍 손 군자 이 신명 행사].

◉

바람이 거듭해서 분다는 데서 군자는 구석구석 반복해 찾아가는 간곡함을 보고서 '명을 간곡하게 펼쳐[申命 신명]' 일을 행해야 한다고 했다. 윗사람은 아랫사람의 뜻을 미리 깊이 살피고 아랫사람은 윗사람의 명에 고분고분하면서 일을 해가는 것이다. 이것이 바로 일의 이치[事理=禮 사리 예]에 따라 일을 하는 것이다. 그 점에서는 윗사람이나 아랫사람 모두 똑같다. 공자는 윗사람을 섬길 때는 '예를 다하라[盡禮 진례]'고 했고 아랫사람을 대할 때는 '예로써 대우하라[禮待 예대]'고 했다. 위아래는 권력이나 부가 아니라 일의 이치[事理=禮 사리 예]로 맺어진 관계라고 보았기 때문이다. 『논어』 「팔일」편에 나란히 나오는 두 대화다.

임금을 섬기는 데는 예를 다하라.

정공(定公)이 물었다.

"임금은 신하를 어떻게 부려야 하고 신하는 임금을 어떻게 섬겨야 하는가?"

공자가 대답했다.

"임금은 신하를 예로써[以禮] 부리고 신하는 군주를 충(忠)으로 섬겨야 합니다."

예(禮)의 본질 중 하나가 바로 공손[巽=有所不爲]이다. 즉 무소불위(無所不爲)가 아니라 유소불위(有所不爲)다. 못 할 짓이 없는 것이 아니라 뭔가 하지 않는 바가 있다는 것이 곧 공손이다. 예(禮)와 일의 관계에 관해 공자는 「이인」편에서 이렇게 말했다.

예의와 겸양[禮讓]으로써 나라를 다스린다면 무슨 어려움이 있겠는가? 예의와 겸양으로써 나라를 다스릴 수 없다면 그런 예라는 것을 어디다 쓰겠는가?

이에 대한 정약용의 풀이다.

제후들이 황제의 자리에 대한 찬탈을 자행하고 대부가 참람한 짓을 하는 것은 능히 예의와 겸양으로써 나라를 다스리지 못하는 것이다. 이와 같은 사람들은 예를 시행하고자 하여도 예 같은 것이 무슨 구실을 하겠는가? 이는 예를 쓸 수 없음을 말한 것이다.

손괘의 여섯 효[六爻]에 대한 주공의 말을 풀이한 공자의 「소상전」이다.

(초륙(初六)은) 나아가고 물러나는 것은 (자신의) 뜻을 의심하기 때문이고, 무인의 반듯함이 이로운 것은 뜻이 다스려지기 때문이다[進退 志疑也 利武人之貞 志治也].

(구이(九二)는) 많이 쓰면 길하다는 것은 중도를 얻었기 때문이다[紛若之吉 得中也].

(구삼(九三)은) 빈번하게 공손한 것이 안타까운 이유는 뜻이 궁색하기 때문이다[頻巽之吝 志窮也].

(육사(六四)는) 사냥해 세 등급의 짐승을 얻는다[田獲三品]는 것은 공로가 있다는 말이다[田獲三品 有功也].

구오(九五)의 길함은 자리가 바르고 가운데 있기[正中] 때문이다[九五之吉 位正中也].

(상구(上九)는) 공손함이 침상 아래에 있다는 것은 가장 높은 자리에서 궁색해진 것이고, 물자와 도끼를 잃었다면 바르다고 할 수 있겠는가? 흉하다[巽在牀下 上窮也 喪其資斧 正乎 凶].
손 재 상하 상 궁야 상 기 자부 정호 흉

◉

손괘의 맨 아래에 있는 음효에 대해 공자는 "나아가고 물러나는 것은 (자신의) 뜻을 의심하기 때문이고, 무인의 반듯함이 이로운 것은 뜻이 다스려지기 때문이다"라고 풀었다. 공자의 「소상전」이 간명하다.

먼저 거듭 공손하면서 일을 풀어가야 하는 손괘의 초륙은 음유의 자질로 양강의 자리에 있어 바르지 않고 구이와는 친하지만, 육사와 같은 음효라 호응 관계가 아니다. 다만 거듭 공손해야 하는 맨 아랫자리에 있다 보니 스스로를 너무 낮춘다. 정이의 풀이도 크게 다르지 않다.

> 초륙은 음유한 자질로 자신을 낮추며 공손한 태도를 취하지만 중도를 이루지 못했고, 가장 낮은 지위에 있으면서 (바로 위의) 굳센 사람을 받들고 있으니 지나치게 자신을 낮추고 공손한 자다. 음유한 자질의 사람이 지나치게 자신을 낮추고 공손하면 마음이 두렵고 불안해[恐畏], 어느 때는 나아갔다가 어느 때는 물러났다가 하면서 자신이 무엇을 따라야 할지를 알지 못한다. 이런 사람에게 이로운 바는 바로 무인의 반듯함[貞]이다.

결국 이 상태로는 도저히 곤란하다는 말이다. 진퇴(進退)란 그냥 나아가고 물러나는 것이 아니라 왔다 갔다 한다는 말이다. 마음이 안정되지 않아 그렇게 하는 것이다. 이런 사람은 무엇보다 자신의 마음부터 안정시켜야 한다. 그래서 무인의 반듯함을 보고 배워 과감한 결단을 하려고 해야 한다고 권고하는 것이다. 공자가 '(자신의) 뜻을 의심하기 때문'이라고 하고 '뜻이 다스려지기 때문'이라고 한 것은 모두 자신의 마음을 안정시키지 않고서는 아무것도 할 수 없다는 짐을 지적한 것이다. 과공비례(過恭非禮)와 우유부단(優柔不斷)을 한꺼번에 넘어서야 그다음을 기약할 수 있다.

손괘의 밑에서 두 번째 양효에 대해 공자는 "많이 쓰면 길하다는 것은 중도를 얻었기 때문이다"라고 풀었다. 주공의 효사는 이렇다.

공손함이 침상 아래에 있는 것이니, 축사와 무당을 많이 쓰면 길하고 허물이 없다[巽在牀下
손 재 상하
用史巫粉若 吉无咎].
용 사무 분약 길 무구

구이의 처지를 보면 양효로 음위에 있으니 자리가 바르지 못하고 초륙과는 친하지만, 구삼과는 친하지 않다. 구오와도 같은 양효로 호응 관계가 아니다. 다만 아래 손괘의 가운데 있어 중도를 얻었다. 정이의 풀이다.

구이는 공손해야 하는 때에 자리해 양의 자질로 음의 자리에 처해 있고 아래에 있으니 지나치게 공손한 자다. 침상이란 사람이 편안하게 쉬는 곳이다. 그런데 '공손함이 침상 아래에 있는 것'은 공손함이 지나친 것이니, 편안함에서 벗어난 것이다. 사람이 지나치게 자신을 낮추고 공손한 것은 두려워 겁을 먹은 것이 아니면 아첨하여 상대를 기쁘게 하려는 것이니, 모두 바른 도리가 아니다. 다만 구이는 실제로는 (초륙과 달리) 강중(剛中)한 자질이니, 공손을 나타내는 손괘의 형체에 속하고 부드러운 음의 자리에 있어 지나치게 공손할지라도 거짓된 마음이 있는 것은 아니다.
지나치게 공손함은 비록 바른 예[正禮]는 아니지만, 수치와 모욕을 멀리하고 원한과 허물
정례
을 끊을 수 있으니, 이 또한 길한 방도다. '축사와 무당'은 열렬한 뜻을 다해 신명과 통하는 자다. 분약(粉若)이란 많다는 뜻이다. 그래서 지극한 열렬함으로 겸손하고 공손하게 마음을 편안히 해서, 그 진실한 뜻을 이해하게 되는 사람이 많을 수 있다면 길하고 허물이 없게 되는 것이다. 그 진실한 정성이 남을 감동시키기에 충분하다는 말이다. (그런데) 사람들이 그 진실한 뜻을 살피지 못하면 지나친 공손함을 아첨이라고 생각할 것이다.

마지막 부분은 고스란히 공자가 『논어』 「팔일」편에서 했던 말과 합치한다.

임금을 섬기는 데 예를 다하는 것[盡禮]을 사람들은 아첨한다고 말한다.
진례

물론 이런 오해에 개의할 필요는 전혀 없다. 중요한 것은 구오의 신임을 얻는 것이기 때문이다. 여기서 보듯 중도를 얻는다는 것은 역(易)에서 대단히 의미가 중요하다. 손괘의 구이 같은 삶을 살았던 인물 중 하나가 바로 신숙주(申叔舟, 1417~1475)다.

우리 지식인 사회에는 지금도 옛날 임금에게 한결같은 충성을 바친 인물을 칭찬은커녕 비난하는 습성이 있다. 그릇된 습성이다. 그것은 도학(道學)이라는 이름으로도 불리는 성리학의 오랜 폐습이 무의식중에 이어진 때문으로 볼 수도 있다. 명분과 도덕만 앞세워 역사를 자기 마음대로 재단하려는 오만한 태도 또한 뿌리가 같다. 신숙주의 본모습을 보려면 바로 이런 도학의 안경부터 벗어야 한다.

아버지 신장(申檣)이 공조참판을 지냈으니 비교적 좋은 환경에서 자랐다. 실록 졸기에 따르면 신숙주는 "어려서부터 기량(氣量)이 보통 아이들과 달라서 글을 읽을 때 한 번만 보면 문득 기억했다"라고 한다. 게다가 넓은 아량의 소유자였다. 과거에 급제하고 처음 맡은 보직이 전농 직장(典農直長)이었는데, 이조(吏曹)의 담당 관리가 깜빡하고 그에게 첩(牒)을 주지 않았다. 첩이란 일종의 공무원증 같은 것이다.

사헌부에서 그 관리를 탄핵해 파직시켰는데, 신숙주는 스스로 이조에 나아가 "그 관리는 첩을 전했지만 내가 스스로 나아가지 않았다"라고 말했다. 이로 인해 그 관리는 복직됐지만, 신숙주는 파면당했다.

세종 23년(1441) 신숙주는 집현전 부수찬(集賢殿副修撰)에 제수됐다. 그의 가장 큰 행운은 세종이라는 성군을 모시고 일을 하게 되었다는 사실이다. 당시 그는 주로 예조에서 활약했다. 실록이 전하는 당시 그의 활약상이다.

> 신숙주는 천자(天資)가 고매(高邁)하고 관후(寬厚)하면서 활달(豁達)했으며, 경사(經史)에 두루 통달하고 의논(議論)에 항상 대체(大體)를 지녀서 까다롭거나 자질구레하지 않았다. 대의(大義)를 결단함에 있어 강하(江河)를 터놓은 것과 같이 막힘이 없어서 조야(朝野)가 의지하고 중히 여겼다. 오랫동안 예조(禮曹)를 관장하여 사대교린(事大交隣)을 자신의 소임으로 삼아 사명(詞命)이 그의 손에서 많이 나왔다. 정음(正音)을 알고 한어(漢語)에 능통하여 『홍무정운(洪武正韻)』을 번역했으니, 한음(漢音)을 배우는 자들이 많이 이에 힘입었다. 친히 일본에 건너가니, 무릇 그 산천(山川)·관제(官制)·풍속(風俗)·족계(族系)에 대하여 두루 알지 못하는 것이 없어서 『해동제국기(海東諸國紀)』를 지어 올렸다. 세종이 『오례의(五禮儀)』를 찬술했으나 아직 반포하지 못했는데, 임금이 신숙주에게 명해 간정(刊定)하여 이를 인행(印行)하게 했다. 문장(文章)을 만드는 것은 모두 가슴속에서 우러나왔고, 각삭(刻削)을 일삼지 않았다.

그는 무엇보다 일할 줄 아는 신하였다. 후에 신숙주는 일본으로 가는 사신단의 서장관(書狀官)이 됐다. 이때의 일화는 그가 문약(文弱)한 선비라기보다는 강명(剛明)함을 갖춘 대인이었음을 한눈에 보여주기에 충분하다.

사신의 일을 마치고 귀국할 때 태풍을 만나 모두 공포에 떨었으나 그는 홀로 태연자약해 이렇게 말했다.

> 장부(丈夫)가 사방(四方)을 원유(遠遊)함에 이제 내가 이미 일본국(日本國)을 보았는데, 또 이 바람으로 인하여 금릉(金陵)에 경박(經泊)하여 예악문물(禮樂文物)의 성(盛)함을 얻어 보는 것도 유쾌한 것이 아니겠느냐?

금릉이란 명나라 초의 수도였던 남경(南京)을 가리킨다. 아마도 예전에 표류한 배들이 중국 남쪽 해안으로 표류해 간 일들이 있었기에 이런 말을 한 것으로 보인다. 맹자가 말한 호연지기(浩然之氣)란 이런 것이다.

이때의 일을 기반으로 저술한 『해동제국기』는 일본의 정치 세력들의 강약, 병력의 다소, 영역의 원근, 풍속의 이동(異同), 사선(私船) 내왕의 절차 등을 모두 기록하고 있어 이후 조선의 일본 정책의 근간이 됐다. 특히 이 책에서 신숙주는 일본과의 우호가 궁극적으로는 조선에게도 도움이 됨을 강조한 바 있다.

귀국길에 동승했던 여자가 있었는데, 선원과 승선한 사람들이 모두 "아이 밴 여자는 배가 가는 데 꺼리는 바인데 오늘의 폭풍(暴風)은 이 여자의 탓"이라면서 바다에 던지고자 했다. 그러나 신숙주가 홀로 "남을 죽이고 자기 삶을 구하는 것은 차마 할 바가 아니다"라고 했는데, 얼마 뒤에 바람이 잦아들어 일행이 모두 무사했다. 세종 때 그는 사헌부의 장령(掌令)과 집의(執義), 집현전의 직제학(直提學) 등을 두루 역임했다.

그러나 그의 인생에 새로운 계기가 찾아온 것은 1452년(문종 2년) 세조(世祖-당시 수양대군)가 사은사(謝恩使)가 돼 중국에 갈 때 서장관으로 따라가게 된 일이다. 이미 이때 세조는 신숙주를 자기 사람으로 만들기 위해 의도적으로 그에게 접근해 함께 갈 것을 청한 것이었다. 이로써 그는 세조와 정치 노선을 함께하게 된다.

세조의 계유정난 이후 신숙주는 말 그대로 초고속 승진이 무엇인지 보여준다. 승정원 동부승지(同副承旨)로 출발해 도승지(都承旨)를 거쳐 세조가 즉위하자 공신으로 책봉됐고, 예문관 대제학(大提學)과 병조판서, 성균관 대사성(大司成)을 지낸 다음 세조 4년에 우의정이 되고 이듬해 좌의정에 올랐다.

무략에도 조예가 있어 당시 북쪽 오랑캐가 여러 번 변경을 침범하자 세조가 정토(征討)하려 했지만, 조정의 의견이 갈려 갈피를 못 잡고 있었는데 이때 신숙주가 홀로 계책을 세워 치기를 청했다. 이어 몸소 강원도·함길도 도체찰사가 돼 나아가 토벌에 성공했다.

세조가 죽고 예종(睿宗)이 즉위했다. 세조의 유명(遺命)으로써 원상(院相)을 설치해 신숙주도 참여했다. 원상이란 일종의 원로원 정치로, 임금이 아직 어릴 때 대비의 수렴청정과 더불어 임금을 보좌하는 정치 기구다. 신숙주 생애에서 예종의 시대는 어쩌면 가장 힘든 시기였는지 모른다. 예종은 아버지 세조와 정치를 함께했던 한명회, 신숙주 등 훈구 그룹에 대해 시각이 지극히 부정적이었다. 게다가 예종은 마치 연산군의 전조(前兆)를 보여주는 듯했다. 실록 졸기에 이런 표현이 있다.

> 예종조(睿宗朝)에 형정(刑政)이 공정함을 잃었음에도 광구(匡救)한 바가 없었으니, 이것이 그의 단점이다.

한마디로 예종의 횡포가 극에 달했는데 원상을 맡은 사람으로서 그것을 바로잡으려 힘쓰지 않았다는 비판이다.

그러나 원상이라고 해서 임금의 폭정을 어떻게 막을 수 있겠는가? 오히려 신숙주에 대한 비판은 다른 지점에서 제기돼야 한다. 신숙주는 한명회와 정치 노선을 함께했다. 예종이 죽고 성종이 즉위하자 신숙주는 늘 한명회의 바로 반걸음 뒤에 있었다. 정치적 선택과 관련해 그에 대한 비판이 제기되는 것은 바로 이 지점이다. 훗날 한명회에 대한 비판의 절반은 그를 향했다. 하지만 당시 실록의 사관들도 업적이 큰 신숙주에 대한 직접적인 비판은 부담스러웠던 듯, 아들들의 이야기를 이렇게 전하는 것으로 신숙주에 대한 비판을 대신한 듯하다.

> 죽은 지 얼마 되지 아니하여 (넷째 아들) 신정(申瀞)도 주살을 당했으니, 슬프도다!

손괘의 밑에서 세 번째 양효에 대해 공자는 "빈번하게 공손한 것[頻巽(빈손)]이 안타까운 이유는 뜻이 궁색하기 때문이다"라고 풀었다.

구삼은 양의 자질로 굳센 자리에 있어 중도를 얻지 못하고, 하체의 윗자리에 있다. 공손해야 할 때 여러모로 공손과는 거리가 먼 인물이다. 세조 때의 정인지를 연상시킨다. 그러다 보니 자주 실례를 범한다. 자신의 속마음이 불쑥불쑥 튀어나오기 때문이다. 정이의 풀이를 덧붙인다.

> 구삼의 자질은 본래 공손할 수가 없다. 그러나 윗사람이 공손하게 임하고, 위로 중복된 굳센 사람들을 받들고 있고 아래로 굳센 사람을 밟고 있어서 형세상으로 그 뜻을 행할 수가 없다. 그러므로 빈번하게 실수를 하고 빈번하게 공손한 척을 한다. 이는 그 뜻이 궁색하고 곤궁한 것이니 매우 부끄러워할 만하다.

중국 한나라 때 회남왕 유장(劉長)이 정확히 여기에 해당하는 인물이다. 반고의 『한서』에서 관련 부분을 뽑았다.

> 한나라 효문제가 즉위한 초[413]에 회남왕(淮南王) 유장(劉長)[414]은 스스로 황제와 가장 가깝다며[415] 교만을 부리고 전횡하여 여러 차례 법을 받들지 않았지만, 황상은 너그럽게 용서해주었다. 이때 상을 조현(朝見)하고서 상을 따라 원유(苑囿)에 들어가 사냥하는데, 상과 함께 수레를 타면서 늘 황상을 대형(大兄)이라고 불렀다. 자기 나라로 돌아가서는 더욱 방자해져서 한나라 법을 쓰지 않았다.[416]
>
> 전6년(BC 174)에는 모반이 발각돼 처음으로 사신을 보내 유장을 소환했는데, 그가 장안에 이르자 (승상) 장창(張蒼) 등이 주문(奏文)을 올려, 불궤(不軌-역모나 반란)를 범했으니 그 죄는 기시(棄市)에 해당한다며 법대로 처분할 것을 청했다.

---

413 문제 전3년으로 기원전 177년이다.

414 고조 유방의 아들이자 효문제의 동생이다.

415 당시 유방의 아들은 문제와 회남왕 둘뿐이었다.

416 사마광의 『자치통감』에서는 보다 구체적으로 "스스로 황제라 칭하고 천자를 본떴다"라고 표현하고 있다.

이에 상은 (조(詔)보다 등급이 높은) 제(制)[417]를 발하여 말했다.

"회남왕을 차마 법대로 처분할 수 없으니 열후와 2000석 관리들[418]이 의논해보도록 하라."

이에 열후와 2000석 관리들이 의논한 결과 모두 다 "마땅히 법대로 해야 한다"고 의견을 모았다. 제를 발하여 말했다.

"유장의 죽을죄를 사면하되 폐하여 왕위에서 내쫓도록 하라."

유사에서는 촉(蜀)의 엄도(嚴道)에 있는 공우(邛郵)로 유배 보낼 것을 청했고, 이에 역모에 가담했던 자들은 빠짐없이 주살하고 유장은 치거(輜車-수레)에 실어 여러 현으로 하여금 차례로 그를 이송토록 했다. 얼마 후 원앙(袁盎)이 간언을 올렸다.

"상께서 평소 회남왕을 교만하게 내버려두고 곁에 엄한 승상과 사부를 두지 않아서 그 때문에 이 지경에 이르게 됐습니다. 또 회남왕의 사람됨이 강한데 지금에 와서 갑자기 그를 꺾어버린다면, 신은 그가 안개와 이슬을 만나 길에서 죽을까 두려우니 폐하께서 아우를 죽였다는 이름을 얻게 되면 어떻게 되겠습니까?"

상이 말했다.

"나는 다만 그를 좀 고생시키고자 할 뿐이고, 이제 그를 회복시켜주려 한다."

한편 이때 유장은 그를 모시는 자들에게 말했다.

"내가 교만하여 허물을 막지 못하다가 이렇게 됐구나!"

그러고는 음식을 먹지 않다가 곧 죽었다. 현들에서 이송하는 자들이 감히 치거를 둘러친 포장을 걷지 못했는데, 옹(雍)에 이르러 옹현의 현령이 포장을 걷어보니 이미 그 안에 죽어 있었다. (이 소식을 들은) 상은 슬프게 곡한 다음 원앙에게 말했다.

"내가 공의 말을 듣지 않아 끝내 회남왕을 죽게 했소."

원앙이 말했다.

"폐하께서는 (죽이려 했던 것이 아니라) 고생을 하게 하여 그의 과오를 고치려 했을 뿐입니다. 그런데 유사가 숙위를 게을리하여 병으로 죽게 된 것입니다."

상이 이내 표정이 나아지며 말했다.

---

417 진나라 때 명(命)을 제(制)로 높였고 령(令)을 조(詔)로 높였다.

418 제후 이하 중앙에서 임명하는 내외 조정 관리들을 말한다.

"장차 어떻게 하면 되겠소?"

원앙이 말했다.

"승상과 어사로 하여금 (유사 등을) 참하게 하여 천하에 용서를 비는 것이 좋을 것입니다."

상은 즉각 승상과 어사에게 명을 내려 여러 현에서 회남왕을 이송하면서 수레의 포장을 열어 음식을 제공하지 않은 자들을 모두 잡아들여 기시하게 하고, 회남왕을 (복위시켜) 열후(列侯)로서 옹에 장사를 지내고 무덤을 지키는 30호를 두었다. 그 후 유장의 아들 4명을 후(侯)로 봉했다. 백성은 이런 노래를 지어 불렀다고 한다.

베 한 필이라도 꿰매 입을 수 있고
곡식 한 말이라도 찧어 나눌 수 있건만
형제 두 사람은 서로를 용납하지 못했네.

상이 이를 전해 듣고는 한탄하듯 말했다.

"요순 두 임금도 골육을 내쫓았고 주공은 동생 관숙과 채숙을 죽였음에도 천하는 그들을 성인이라 부르는데, 이는 사사로운 이유로 공(公)을 해친 것이 아니기 때문이다. 그런데 천하는 어찌 내가 회남왕의 땅을 탐냈다고 하는가?"

그러고는 즉시 죽은 회남왕에게 여왕(厲王)이라는 시호를 추존하고 능원을 조성해 제후의 위엄을 갖추도록 했다. 전16년(BC 164) 상은 회남왕이 한나라 법을 폐하고 불궤를 저지르다가 나라를 잃고 일찍 세상을 떠난 것을 가슴 아파하여 그의 세 아들을 회남의 옛땅에 (땅을 삼등분하여) 왕으로 세워주었다.

손괘의 밑에서 네 번째 음효에 대해 공자는 "사냥해 세 등급의 짐승을 얻는다[田獲三品(전획삼품)]는 것은 공로가 있다는 말이다"라고 풀었다. 주공의 효사부터 보자.

뉘우침이 없어지니 사냥해 세 등급의 짐승을 얻는다[悔亡 田獲三品(회망 전획 삼품)].

정이의 풀이가 정곡을 찌른다.

(육사는) 음유한 자질로 호응해 도와주는 사람이 없는 데다가 받들고 있는 사람과 올라타고 있는 사람이 모두 굳세니 마땅히 뉘우침이 있다. 그러나 육사는 음의 자질로 음의 자리에 있어 공손함의 바름[巽之正]을 얻었고, 상체의 아랫자리에 있으니 윗자리에 있으면서 자신을 낮출 줄 아는 사람이다. 상체의 아랫자리에 있다는 것은 윗사람에게 공손한 것이고, 공손함으로 아랫사람에게 다가가는 것은 아랫사람에게 공손한 것이다. 잘 처신하기를 이같이 하기 때문에 뉘우침이 없어진다. 뉘우침이 없어지는 까닭은 '사냥해 세 등급의 짐승을 얻은 것'과 같다.

사냥해 세 등급의 짐승을 얻으면 윗사람과 아랫사람에게 미치게 된다. 사냥으로 잡은 짐승을 세 등급으로 나눠, 하나는 제사를 위한 마른고기를 만들고 하나는 손님에게 주거나 군주의 푸줏간을 채우며 하나는 수레와 말몰이꾼에게 나눠준다. 육사가 위아래의 양효에게 공손할 수 있는 것이 마치 수렵해 얻은 세 등급의 짐승을 나눠주는 것과 같으니, 윗사람과 아랫사람에게 두루 미친다는 말이다.

이렇기 때문에 공자는 뉘우침이 없어지는 것을 넘어 '공로가 있다'라고 했다. 상황은 아주 좋지 않았지만 바른 처신[正處] 하나로 어려운 처지에서 벗어나 공로를 세우는 데까지 나아간 것이다. 겸손이나 공손이 군자의 처신에서 얼마나 중요한지 새삼 보여주는 효(爻)라고 할 수 있다. 조선 선조 때의 정승 정유길(鄭惟吉, 1515~1588)을 통해 손괘의 육사에 가까운 삶을 짚어본다.

일반적으로 선조 8년에 조선의 당쟁이 본격화된 것으로 이야기하지만, 이미 그전부터 조짐이 있었다. 이때 이르러 심의겸과 김효원이 인사권 문제로 충돌하면서 물밑에서 갈등하던 당쟁이 물 위로 올라온 것일 뿐이다. 당쟁의 폐해는 여러 가지가 있지만, 무엇보다 재상 혹은 정승이 바로 이 당파의 일원이 됨으로써 나라 전체의 인재를 쓰지 못하는 데 있다고 할 수 있다. 그래서 선조 이전의 재상과 선조 이후의 재상은 그 품격에서 차이가 드러날 수밖에 없다.

선조 8년 이후부터 좌의정을 맡았던 이들의 면면을 들여다보면 쉽게 알 수 있다. 그 무렵 좌의정은 박순(朴淳)이었는데, 그는 노골적으로 이이(李珥)의 후원자를 자처했던 서인(西人) 계열이다. 학문이 깊었다는 평가도 있지만, 당쟁이 시작되던 시기에 그것을 제어하기보다 어느 한쪽에 서서 좌의정의 권력을 유지하려 했던 것은 아닌가 하는 비판을 받기도 한다. 당시 우의정은 노수신(盧守愼)이었는데 그 또한 서인과의 관련이 깊었고 뒤에 좌의정에 오르지만, 실록은 "정승으로 있는 동안 이렇다 할 건의가 없었다"라고 말한다. 불행하게도 이때부터 나라의 재상은 드물게 되고 당파의 재상이 나타나게 된 것이다. 예전에는 정승을 국상(國相)이라고까지 했는데, 이때부터는 당상(黨相)에 머물렀던 것이다. 이런 한계를 감안하면서 선조 이후의 재상들을 짚어볼 때 그들의 현실 속의 모습이 훨씬 분명하게 드러난다고 할 수 있다. 동시에 함부로 '명재상'이라고 부르기 어려운 까닭이기도 하다.

이런 맥락에서 정유길을 살펴보는 것은 여러 가지로 의미가 있다. 당시 시대 상황을 누구보다 잘 체현하고 있는 인물이어서다. 그의 배경은 든든하다. 할아버지가 중종 때의 명재상이었던 영의정 정광필(鄭光弼)이다. 훗날 서인을 좌우하게 되는 김상헌(金尙憲)의 외할아버지다. 즉 그 이전까지는 한미한 편이었던 안동 김문의 김상헌은 바로 이 정유길의 외손자라는 사실 하나만으로도 조정에서 발언권을 높일 수 있었다. 그의 아들 정창연(鄭昌衍)도 좌의정에 올랐다.

여러 기록에 따르면 정유길은 겨우 이를 갈 무렵에 할아버지 문익공(정광필)이 슬하에 놓고 가르치면서 항상 부인에게 말하기를 "이 아이는 뒤에 반드시 나의 지위에 이를 것이다"라고 했다고 한다. 이 무렵 어떤 재능을 보인 때문인지는 모르겠으나, 할아버지의 손자 사랑으로 볼 수도 있고 사람을 보는 데 밝았던 정광필이 그에게서 뭔가 특이한 점을 살핀 때문일 수도 있다. 분명한 것은 문장에서 일찍부터 발군의 실력을 보였다는 점이다. "조금 장성하자 문장의 구상이 넘쳐흘러 날마다 새로워지고 풍부해져서, 그 재능이 몇 사람을 아우를 수 있었으므로 동료 중에 앞선 사람이 없었다."

관리로서 그의 길은 탄탄대로였다. 1531년(중종 26년) 사마시에 합격하고, 1538년 별시문과에 장원급제해 중종의 축하를 받고 곧 사간원정언에 올랐다. 그 뒤 공조좌랑·이조좌랑·중추부도사·세자시강원문학 등을 역임했다. 뒤에도 그랬지만 정유길은 당파에 소속된 인물임에도 불구하고 어느 한쪽에 심하게 쏠리는 성향이 아니었다. 이조좌랑으로 있을 때 외척들 사이에 틈이 생겨 조정이 분분했는데, 정유길이 격동하지도 않고 순종하지도 않으니 사론(士論)이 귀의했다고 한다. 1544년에는 이황, 김인후(金麟厚) 등과 함께 동호서당(東湖書堂)에서 사가독서했다.

굳이 말하자면 정유길은 자기 의견을 강하게 내세우지 않는 관리형 인재였다고 할 것이다. 1552년(명종 7년) 부제학에서 도승지가 됐다. 1560년에는 찬성 홍섬(洪暹)이 대제학을 사양하고 후임으로 예조판서 정유길, 지사 윤춘년(尹春年) 및 이황을 추천했는데, 이 중에서 가장 많은 지지를 얻어 홍문관·예문관의 대제학이 돼 문형(文衡)에 들어갔다. 한 시대를 대표하는 문필가로 인정받은 것이다.

그러나 흔히 폭정의 시대로 불리는 명종 때 이렇다 할 간쟁 없이 벼슬만 올랐다는 것은 그리 자랑이라 할 수 없다. 결국 먼 훗날 우의정에 제수됐을 때 "명종 때 권신인 윤원형·이량(李樑) 등에게 아부한 사람을 상신(相臣)에 앉힐 수 없다"라는 사헌부의 탄핵으로 사직해야 했다. 그러나 결기가 없다고 해서 자신의 뜻을 굽히기만 하는 인물은 아니었다.

당시의 배경에 대해 외손자인 김상헌은 정유길의 묘비명에서 이렇게 변명했다.

> 다시 찬성(贊成)이 됐을 때 홍문관에서 차자를 올려 지적해 배척하니, 임금의 하교에 "내가 정 아무개를 보건대 그 마음이 순실(純實)하여 정말로 경박한 선비에 비할 바가 아니다. 근래에 조정의 관료들이 마음을 합쳐 나라를 도울 것은 생각지 않은 채 오직 자신들에게 빌붙지 않은 사람은 번번이 배척하고 있으니, 장차 무엇을 하려고 하는가?"라고 했다. 그때 선배와 후배가 서로 불신하여 당파로 나뉘는 조짐이 있었으므로 부군이 피차의 간격을 두지 않고 한결같이 화평하도록 조절했는데, 소년(少年-신진 인사)들이 일을 좋아하여 함부로 비평하며 공격했기 때문에 이러한 하교가 있었던 것이다.

굳이 요즘 식의 용어를 빌리면 '어용(御用)'이라고 비판한 것이다. 정유길이 걸었던 길은 큰 시각에서 보면 임금을 섬기는 바른길이었다고 할 수 있다. 그러나 시대가 동서(東西)로 갈라지면서 당색을 떠나 두루 정치를 하려 했던 인물들이 설 자리는 점점 줄어들고 있었다. 그런 끝자리에 정유길이 있었다.

1568년(선조 1년) 경상도·경기도 관찰사를 역임하면서 옥사(獄事)를 바로잡고 민생을 안정시키는 데 진력했다. 1572년 예조판서로 있으면서 명나라 사신 접반사가 돼 능란한 시문과 탁월한 슬기를 발휘해 명나라 사신과 지기지간이 됐다. 우의정이 사헌부에 의해 좌절된 지 2년이 지난 1583년에 다시 우의정에 오르고, 그 이듬해 궤장(几杖)이 하사돼 기로소에 들어갔으며, 1585년 좌의정이 됐다. 이 무렵 정유길에 대한 김상헌의 기록이다.

> 고사(故事)를 행하기에 힘쓰고 개혁하는 것에 신중을 기했다. 항상 명예와 세도를 멀리하고자 문호(門戶)를 세워 사사로이 후진과 결탁하지 않았으므로, 이로 인해 누차 분분한 탄핵을 초래했다. 부군이 스스로 생각하기에 오래된 가문의 세신(世臣)으로서 나라의 은혜를 후하게 받았다고 여겨 차마 결연히 떠나지 못했으나, 의중은 상당히 좋지 않았다. 이보다 앞서 부군이 꿈속에 어느 정자에 이르러 마음에 매우 들었었는데 그 뒤에 사들인 정자가 한결같이 꿈속의 경관과 같았으므로 그냥 "몽뢰(夢賚)"라고 이름을 붙이고, 그 집을 "퇴우(退憂)"로 편액하여 만년에 휴식하는 뜻을 의탁했다.

1588년 그가 세상을 떠났을 때 북인 쪽에서 편찬한 『선조실록』은 그 일에 관해 "정유길이 죽었다"라고만 기록했다. 그나마 서인이 편찬한 『선조수정실록』은 조금 길긴 하다.

> 재주와 풍도가 있어 일찍부터 훌륭한 명성을 드날려 세상의 추중(推重)을 받았다. 그러나 천성이 화유(和裕)하고 엄하지 아니하여, 권간(權奸)이 용사(用事)할 때를 당하여 이견을 표시하는 바가 없었으므로 사론(士論)이 이를 이유로 가볍게 여겼다. 만년에 다시 등용돼 자주 공격을 받았으나 상의 권고(眷顧)가 쇠하지 아니하여 공명을 누린 채 졸했다.

공손한 처신의 그림자를 보는 듯하다.

손괘의 밑에서 다섯 번째 양효에 대해 공자는 짤막하게 "구오(九五)의 길함은 자리가 바르고 가운데 있기[正中] 때문이다"라고 풀었다. 그러나 주공의 효사는 매우 길다.

> 반듯하면 길하여 뉘우침이 없어져서 이롭지 않음이 없다. 처음에는 아무것도 없지만 잘 끝마침이 있게 되니, 먼저 경(庚)으로 사흘을 하고 뒤에 경으로 사흘을 하면 길하다[貞吉 悔亡 无不利 无初有終 先庚三日後庚三日 吉].

정이의 풀이부터 보자.

구오는 존귀한 자리에 있어 공손함의 주인[主]이 됐으니 명령이 나오는 곳이다. 처신함에 있어 중정을 얻어 공손함의 최선을 다했다. 그러나 손(巽)이란 부드럽고 고분고분한[柔順] 도리이니, 이로운 바는 반듯함[貞]에 달려 있다. 이는 구오가 부족해서 그런 것이 아니라, 공손해야 하는 때에 있기 때문에 마땅히 경계한 것이다. 그래서 이미 반듯하다면 길하고 뉘우침이 없어져 이롭지 않은 바가 없는 것이다. 반듯함이란 바르게 가운데 있는 것[正中]이다. 공손하게 처신하는 것과 명령을 반포하는 것은 모두 중정(中正)일 때라야 길하다. 부드럽고 공손하지만 반듯하지 못하면[不貞] 뉘우침이 있으니, 어떻게 이롭지 않은 바가 없겠는가? 명령을 내는 것은 달라지게 하고 고치려는 것[變更]이 있다는 말이다.

'처음에는 아무것도 없지만'이라고 한 것은 처음에는 좋지 못하다는 것이고, '잘 끝마침이 있게 되니'라고 한 것은 고쳐서 좋게 만든다는 것이다. 만일 처음부터 좋았다면 어찌 명령을 내겠는가? 어째서 고치려고 하겠는가? '먼저 경(庚)으로 사흘을 하고 뒤에 경으로 사흘을 하면 길하다'라는 말은, 명령을 내려 고치고 바꾸려는 방도가 마땅히 이와 같아야 한다는 말이다. 갑(甲)이란 일의 시작[事之端]이고 경(庚)이란 바꾸고 고치는 것의 시작[變更之始]이다. 십간(十干)에서 무(戊-다섯 번째)와 기(己-여섯 번째)가 중간이니, 중간을 넘기면[過中] 달라지게 되므로 그래서 경(庚-일곱 번째)이라고 한 것이다. 일을 고치고 새롭게 하는 것은 마땅히 그 처음을 파고들고 끝을 다잡아야 한다[原始要終]. 고괘(蠱卦)에 나온 "먼저 갑(甲)으로 사흘을 하고 뒤에 갑으로 사흘을 한다[先甲三日 後甲三日]"와 뜻이 같다. 이와 같이 하면 길하니, 그 자세한 해설은 고괘에 있다.

일은 그 처음에 조심하고[愼始] 진행 과정에서도 두려워함을 잃지 말고[戰戰兢兢=兢兢業業] 끝마칠 때도 삼가야 한다[敬終]. 『논어』에는 이와 관련된 구절들이 많이 나오지만, 특히 「위령공」편에 나오는 공자의 말은 이를 전반적으로 다 보여준다는 점에서 참고할 만하다.

군자는 마땅함[義]을 바탕으로 삼고 사리[禮]로써 일을 행하며[行] 겸손[孫=遜]으로 언행을 드러내고[出] 믿음[信]으로 일을 이뤄내니[成], 이러해야 바로 군자라 할 수 있다.

"먼저 갑(甲)으로 사흘을 하고 뒤에 갑으로 사흘을 한다"는 마음으로 일에 임하니, 그 일은 좋은 결과를 낼 수밖에 없다. 선갑(先甲)이란 새로운 법령을 선포하기에 앞서 3일 동안 은근하게 말한다는 것이고, 후갑(後甲)이란 법령을 선포한 뒤에도 3일 동안 다시 정녕(丁寧-간절)하게 말한다는 것이다. 즉 주의 깊게 신중히 대처한다는 뜻이다. 선갑해야 과거의 잘못을 제대로 고칠 수 있고, 후갑해야 일을 계속 좋은 방향으로 이끌고 갈 수 있다. 이는 경(庚)이라고 해서 다를 바 없다.

손괘의 맨 위에 있는 양효에 대해 공자는 "공손함이 침상 아래에 있다는 것은 가장 높은 자리에서 궁색해진 것이고, 물자와 도끼를 잃었다면 바르다고 할 수 있겠는가? 흉하다"라고 풀었다. 주공의 효사를 고스란히 풀어낸 것이다. 정이의 풀이를 보자.

> 침상 아래에 있다는 것은 편안함에서 벗어났다는 뜻이다. 양효인 구가 공손의 극한에 자리했으니 지나치게 공손한 자다. 물자란 소유하고 있는 것이고, 도끼란 결단하는 것이다. 양강의 자질은 본래 결단력이 있는 사람인데 과도하게 공손해 그 강직하게 결단하는 능력을 잃었으니, 가지고 있는 것을 잃은 것이다. 이것이 '물자와 도끼를 잃으니'라는 말이다. 가장 높은 자리에 있으면서 지나치게 공손해 자신을 잃는 지경에 이르렀으니, 바른 도리의 차원에서 보자면 흉하다.

공자의 어감이 흥미롭다. '바르다고 할 수 있겠는가?'라고 묻고서 곧바로 '흉하다'라고 했다. 공손함으로 인해 생긴 것이라 혹시 다른 생각을 할까 봐서 이렇게 묻고는 다시 명확하게 그 흉함을 밝힌 것이다. 참으로 흉하다는 말이다. 정이의 풀이를 보면 고스란히 인조반정 때의 1등 공신 김류(金瑬, 1571~1648)의 생애를 말하는 듯하다. 『한국민족문화대백과』가 전하는 김류의 생애를 살펴보자.

> 임진왜란 당시 신립(申砬) 휘하에서 종군하다가 탄금대싸움에서 죽은 여물(汝岉)의 아들이다. 1596년(선조 29년) 문과에 급제하여 벼슬길에 나아갔다. 광해군 때는 정인홍(鄭仁弘)·이이첨(李爾瞻) 등의 북인들과 관계가 좋지 않아 이렇다 할 중앙 관직을 맡지 못한 채 주로 지방관으로 전전했다. 광해군 말년 폐모론(廢母論)이 일어난 이후로는 조정에서의 출세보다 시사에 통분을 느껴, 1620년(광해군 12년)경부터 이귀(李貴) 등과 반정을 도모했다.
> 1623년 인조반정 때 대장으로 추대됐고, 거사의 성공으로 정사(靖社) 1등 공신에 책록돼

정치적 전성기를 맞았다. 이후 인조의 절대적 신임 속에 이조판서·좌의정·도체찰사(都體察使)·영의정 등을 역임하면서 인조 초·중반의 정국을 주도했다.

그러나 병자호란 전후에 주화(主和)와 척화(斥和) 사이에서 일관되지 못한 입장을 가졌다는 비판을 받았다. 전란 당시에는 방어를 총책임진 도체찰사의 직임을 소홀히 했을 뿐 아니라, 휘하의 군관을 주로 자신의 가족과 재물을 보호하는 데 동원했다. 또 당시 소현세자를 비롯한 왕족과 비빈들이 강화도로 피난해 있었는데, 아들 김경징(金慶徵)이 강화도의 방어를 책임진 검찰사의 임무를 맡고도 안일하게 처신하다가 강화도가 함락되자 그에 대한 비난이 가중됐다. 난 이후 경징은 처형됐고, 그 자신도 간관들의 탄핵을 받아 사임했다.

이후 정국이 불안하자 다시 기용됐고, 1644년 다시 영의정이 됐다. 심기원(沈器遠)의 역모 사건을 처리한 공로로 공신에 책봉됐고, 봉림대군을 왕세자로 책봉할 것을 주장했다. 그러나 병자호란 이후로는 뚜렷한 정치적 입장을 표시하기보다는 왕의 측근에서 원만히 처신했다.

거의 손괘의 상구와 일치하는 삶이었다고 할 것이다.

58. 중택태(重澤兌)[419]

태(兌)는 형통하니 반듯하면 이롭다.

兌 亨 利貞.[420]
태 형 이정

초구(初九)는 화합해 기뻐함이니[和兌] 길하다[和兌 吉].
화태 화태 길

구이(九二)는 미더워해 기뻐함이니[孚兌] 뉘우침이 없어진다[孚兌 悔亡].
부태 부태 회망

육삼(六三)은 와서 기뻐함이니 흉하다[來兌 凶].
내태 흉

구사(九四)는 헤아리면서 기뻐해 편안치 못한 것이니, 절조를 지켜 미워하면[介疾] 기쁨이 있다[商兌未寧 介疾有喜].
개질
상태 미령 개질 유희

419 문자로는 태상태하(兌上兌下)라고 한다.

420 형이정(亨利貞)이 나온다.

구오(九五)는 (양을) 깎아내려는 자를 믿으면 위태로움이 있다[孚于剝 有厲].
부우 박 유려

상륙(上六)은 이끌어 기뻐함이다[引兌].
인태

◉

태괘(兌卦)의 초구(初九)는 양위에 양효로 바름[正位], 구이(六二)는 음위에 양효로 바르지 못함[不正位], 육삼(六三)은 양위에 음효로 바르지 못함, 구사(九四)는 음위에 양효로 바르지 못함, 구오(九五)는 양위에 양효로 바름, 상륙(上六)은 음위에 음효로 바름이다. 이 괘의 경우 손괘와 마찬가지로 구이는 중정을 얻지 못했고 구오는 중정을 얻었다.

정위 / 부정위

대성괘 태괘(兌卦, ䷹)는 소성괘 태괘(兌卦, ☱)가 위아래에 겹쳐 있어 만들어진 괘다. 「설괘전」에 따르면 '태(兌-못)로 기쁘게 한다'고 했다.

그러면 「서괘전」을 통해 왜 태괘가 손괘의 뒤를 이어받았는지 확인해보자.

> 손(巽)이란 들어간다[入]는 말이다. 들어간 이후라야 기뻐하게 된다. 그래서 손괘의 뒤를 태괘(兌卦)로 받았다. 태(兌)란 기뻐함[說]이다.
> (입 / 열)
>
> 巽者 入也. 入而後說之. 故受之以兌. 兌者 說也.
> 손자 입야 입 이후 열지 고 수지 이태 태자 열야

겸손을 통해 용납함을 받아 어딘가로 들어갈 수 있게 되니 기쁜 상황이 찾아온다. 태위택괘(兌爲澤卦, ䷹)는 손괘와 종괘 관계로, 서로 기뻐하는 것이다. 이는 곧 남을 기쁘게 해 자기도 기쁜 것이다. 그러나 남을 기쁘게 할 때는 일의 이치[事理=禮]에 맞게 해야지, 사욕을 목적으로 지나치게 할 경우 구차함[苟=偸]에 떨어지게 된다. 그것은 과공비례(過恭非禮)에서 보듯 손괘(巽卦)의 경우에도 마찬가지다. 이런 맥락에서 『논어』「학이」편에 나오는 유자(有子)의 말은 지침이 된다.

(사리 예 / 구 투)

> 개인적 차원의 약속이 (공적인 차원의) 마땅함[義]에 가까울 경우 약속했을 때의 말은 이행될 수 있다. 공손한 태도가 예에 가까우면 치욕을 당할 일은 멀어진다.
> (의)

「자로」편에 나오는 공자의 말은 보다 상세한 지침을 준다.

군자는 섬기기는 쉬워도 기쁘게 하기는 어려우니, 기쁘게 하기를 도리로써 하지 않으면 기뻐하지 아니하고 사람을 부리면서도 그 그릇에 맞게 부린다[器之]. 소인은 섬기기는 어려워도 기쁘게 하기는 쉬우니, 기쁘게 하기를 비록 도리로써 하지 않아도 기뻐하고 사람을 부리면서도 한 사람에게 모든 능력이 완비되기를 요구한다[求備].

그러면 이번에는 「잡괘전」을 통해 손괘와 태괘의 관계를 짚어보자.

태(兌)는 나타남[見]이요 손(巽)은 엎드림[伏]이다.

「서괘전」에서 태괘는 기쁨[悅]이라고 했고 손괘는 겸손[遜]이라고 했다. 주희는 괘상을 바탕으로 "태(兌)는 음이 밖으로 나타난 것이고 손(遜)은 음이 안에 엎드려 있는 것"이라고 풀이했다. 그러나 이 둘은 기쁨이 밖으로 표출된 것과 스스로를 낮춰 엎드리는 것으로 보면 될 듯하다.

문왕의 단사(彖辭), 즉 "태(兌)는 형통하니 반듯하면 이롭다[亨 利貞]"에 대한 공자의 풀이[「彖傳」]를 살펴볼 차례다.

태(兌)란 기쁨 혹은 기뻐함 혹은 기쁘게 해줌[說=悅]이다. 굳셈이 가운데 있고 부드러움이 밖으로 드러나 있으니[剛中而柔外], 기뻐하되 반듯해야 이롭다[利貞]. 이 때문에 하늘에 고분고분하고 사람에게 호응해 기쁨의 도리로써[說以] 백성을 앞에서 이끌면[先民] 백성은 그 수고로움을 잊고, 기쁨의 도리로써[說以] 힘든 일을 하게 해도[犯難] 백성은 자신의 죽음마저 잊으니, 기쁘게 해주는 것이 이처럼 커서 백성이 권면되도다!

兌 說也.
剛中而柔外 說以利貞.
是以順乎天而應乎人 說以先民 民忘其勞 說以犯難 民忘其死 說之大 民勸矣哉!

◉

이와 관련된 내용은 이미 『논어』에 여러 차례 나온다. 「자로」편이다.

자로(子路)가 정치에 관해 묻자 공자가 말했다.

"앞장서야 하고[先之(선지)] (백성을) 위로해주어야 한다[勞之(노지)]."

자로가 좀 더 말씀해줄 것을 청하자 공자가 말했다.

"게을러서는 안 된다[無倦(무권)=無逸(무일)]."

소식(蘇軾)은 이 대목을 이렇게 풀이한다.

백성이 마땅히 행해야 할 것을 위정자가 먼저 솔선하면 명령하지 않아도 행해지고, 백성이 해야 할 일을 자신이 부지런히 애써 하면 백성이 비록 수고롭더라도 (윗사람을) 원망하지 않는다.

같은 「자로」편에 나오는 말이다.

공자가 말했다.

"유능한 사람[善人(선인)]이 7년 동안 백성을 가르치면 (백성으로 하여금 자발적으로) 또한 전쟁터에 나아가게 할 수 있다."

기꺼이 목숨을 바칠 수 있다는 것이다. 이런 내용이 총괄적으로 나오는 구절을 하나 보자. 「요왈」편이다.

자장(子張)이 공자에게 물었다.

"어떻게 해야 제대로 정치에 종사할 수 있습니까?"

이에 공자가 말했다.

"다섯 가지 아름다움[五美(오미)]을 높이고 네 가지 악[四惡(사악)]을 물리치면 제대로 정치에 종사할 수 있다."

자장이 "다섯 가지 아름다움이 무엇입니까?"라고 묻자 공자는 이렇게 말했다.

"첫째 백성에게 은혜를 베풀되 허비하지 않고, 둘째 백성을 수고롭게 하되 원망을 사지 않고, 셋째 하고자 하되 탐하지 않고, 넷째 태연하되 교만하지 않고, 다섯째 위엄스럽되 사납지 않은 것이다."

자장이 그 첫 번째인 '백성에게 은혜를 베풀되 허비하지 않는다'의 뜻을 묻자 공자는 그 의도를 알아차리고 다섯 가지 모두를 풀어준다. 공자가 말했다.

"백성이 이로워하는 것을 따라서 이롭게 해주니, 이것이 진실로 은혜를 베풀되 허비하지 않는 것이 되지 않겠는가? 수고할 만한 것을 가려서 수고롭게 하니, 또 누가 원망하겠는가? 인(仁)을 하고자 하다가 인(仁)을 얻었는데, 또 무엇을 탐내겠는가? 군자는 사람이 많거나 적거나 크거나 작거나 관계없이 감히 (남을) 업신여기지 않으니, 이것이 진실로 태연하되 교만하지 않는 것이 되지 않겠는가? 군자는 의관을 바르게 하고 시선(瞻視)을 존엄하게 하여 엄연히 사람들이 바라보고 두려워하니, 이것이 진실로 위엄스럽되 사납지 않은 것이 되지 않겠는가?"

이제 자장은 네 가지 악에 관해 물었다. 공자가 말했다.

"(미리) 가르치지 않고서 (죄를 지었다고) 죽이는 것을 잔학[虐=虐政]이라 하고, (미리) 경계하지 않고 결과만 책하는 것을 포악(暴惡)이라 하고, 명령을 태만하게 늦추고서 기한을 재촉하는 것을 도적[賊]이라 하고, 어차피 사람들에게 주어야 하는 것은 똑같은데 출납에 인색한 것을 창고지기[有司]라고 한다."

공자의 「상전(象傳)」을 살펴볼 차례다. 그중에 태괘를 총평한 「대상전」이다.

두 연못이 연결돼 있는 것[麗澤]이 태(兌)(가 드러난 모습)이니, 군자는 그것을 갖고서 뜻을 같이하는 벗들과 (도리를) 강학하고 익힌다[麗澤兌 君子以 朋友講習].

◉

군자의 기쁨과 소인의 기쁨은 다르다. 소인은 얻음[得=利]을 기뻐한다. 반면에 군자는 소인을 이롭게 해주는 바를 기뻐하며, 도리를 배워 익히는 것을 기뻐한다. 여기서는 후자의 문제를 지적하는 것이다. 군자는 기회가 되면 벼슬길에 나아가 소인, 즉 백성과 나라를 이롭게 해주는 데 힘써야 하고, 물러나서는 도리를 배워 익히는 길을 기뻐해야 한다. 그런데 왜 두 연못이 붙어 있는 것[麗]을 보았을 때 다름 아니라 '뜻을 같이하는 벗들과 (도리를) 강학하고 익혀야' 하는 것일까? 정이의 풀이다.

> 두 연못이 서로 붙어 있어 교류하며 서로 적셔주니, 서로에게 영향을 미쳐 서로 성장하고 보충하는 모습이다. 그래서 군자는 그런 모습을 깊이 살펴 뜻을 같이하는 벗들과 강학하고 익히는 것이다.

『논어』「학이」편의 "학이시습지 불역열호" 및 "유붕자원방래 불역낙호"와 직접 연결됨은 두말할 필요도 없다. 또 「술이」편에서 공자는 자신의 근심거리를 말한다.

> 마음속에 간직하고 내세우지 않는 것, 배움에 있어 싫증을 내지 않는 것[學而不厭], 남을 일깨워 가르치는 데 있어 게으름을 부리지 않는 것[誨而不倦], 이 셋 중 어느 것이 나에게 있는가?

> 다움을 제대로 닦지 못한 것이 아닌지, 배움을 충분히 내 것으로 만들지 못한 것[學之不講]이 아닌지, 의로운 말을 듣고서도 능히 그것을 실천하지 못하거나 (내 안에 있는) 선하지 못한 것을 고치지 못하는 것이 아닌지, 이 세 가지가 나의 걱정거리다.

태괘의 여섯 효[六爻]에 대한 주공의 말을 풀이한 공자의 「소상전」이다.

(초구(初九)는) 화합해 기뻐함이 길한 것은 행함에 있어 의심스러운 바가 없기 때문이다[和兌之吉 行未疑也].
(구이(九二)는) 미더워해 기뻐함이 길한 것은 뜻에 진실한 믿음이 있기 때문이다[孚兌之吉 信志也].
(육삼(六三)은) 와서 기뻐함이 흉한 것은 자리가 마땅하지 못하기 때문이다[來兌之凶 位不當也].
구사의 기쁨은 좋은 일이 있기 때문이다[九四之喜 有慶也].

(구오(九五)는) 깎아내려는 자를 믿는 것은 자리가 바로 이에 해당하기 때문이다[孚于剝 位正當也].

상륙(上六)이 이끌어 기뻐하는 것은 아직 빛나지 않기 때문이다[上六引兌未光也].

◉

태괘의 맨 아래에 있는 양효에 대해 공자는 "화합해 기뻐함이 길한 것은 행함에 있어 의심스러운 바가 없기 때문이다"라고 풀었다.

태괘의 초구는 양강한 자질로 양의 자리에 있어 바르다[正]. 그러나 여건으로 보자면, 구이와 친하지 않고 구사와도 호응하지 않으며 기뻐하는 맨 아랫자리에 있어 지위도 낮다. 믿을 것은 자기 자신의 밝고 강건한 자질과 바른 처신뿐이다. 정이의 풀이다.

> 이는 자신을 낮추고 남들과 조화를 이뤄, 이치에 고분고분하고 사람들을 기쁘게 해서 편벽되고 사사로움이 없는 자다. 남들과 조화함으로써 기쁘게 하고 편벽됨이나 사사로움이 없다면 남을 기쁘게 해주는 올바른 방도다. 양강한 자질은 원래 낮은 지위에 있는 것이 아닌데, 만일 낮은 곳에 자리하게 된다면 공손할 수 있고 기쁨에 처했다면 조화할 수 있으며 호응하는 사람이 없어도 편벽되지 않을 것이니, 기쁨에 처함이 이와 같기 때문에 길하다.

이처럼 길할 수 있는 이유를 공자는 '행함에 있어 의심스러운 바가 없기 때문'이라고 했다. 즉 도리에 따라 행동함으로써 남을 기쁘게 한다면 이는 의심스러운 바가 없는 것이다. 반면 뭔가를 얻거나 도모하기 위해 속에 꿍꿍이를 갖고서 겉으로만 연출한다면 이는 의심스러운 바가 있는 것이다.

그런데 굳이 공자가 '행함에 있어 의심스러운 바가 없기 때문'이라고 말한 것은 어째서일까? 실제로 어떤 자리에 갈 사람이 아닌데 그 행동과 말과 처신이 그 자리에 가고도 남을 정도라면 주변 사람들은 의심을 품게 마련이다. 충녕대군 시절의 세종이 바로 그런 경우였다고 할 것이다. 아마도 충녕대군이 형을 이기고 세자가 될 욕심으로 행동 하나하나, 말 한마디 한마디 반듯하게 한 것이라면 그 연출된 모습을 누구보다도 먼저 태종이 알아차렸을 것이고, 그랬다면 태종은 충녕으로 세자를 바꾸지 않았을지 모른다. 그것은 곧지 않은[不直] 사람이기 때문이다.
부직

태종 12년(1412) 5월 이도(李祹)는 충녕군에서 충녕대군으로, 둘째 형 효령군은 효령대군으로 승격됐다. 이때 충녕대군 이도의 나이 16세였다. 태종은 이에 맞춰 효령과 충녕 두 아들에게 대군으로서 갖춰야 할 학식을 심어주기 위해 그해 8월 성균(관) 대사성 유백순을 불러 의논한다. 유백순(柳伯淳, ?~1420)은 고려 말의 대학자 이색의 문하에서 성리학을 배웠고, 관리로서보다는 경사(經史)에 통달해 태종 6년(1406) 성균관 대사성에 올랐다. 이때 태종이 왕자들의 학문을 돌봐줄 시학(侍學)을 천거토록 하자 유백순은 원래 김과나 권근을 추천하려다가, 두 사람 다 조정 업무가 바쁘고 태종과의 학문 토론에 전념해야 했기 때문에 성균관 유생 중에서 이수(李隨, 1374~1430)를 천거했다. 충녕대군이 세자로 지명되던 그날 수원에서 불려왔던 바로 그 이수다. 세자도 아닌 두 대군을 위해 당대 최고의 학자가 나서서 가르칠 필요도 없었다.

이수는 생원시에 합격했으나 아직 문과에는 급제하지 못한 채 수원에서 공부하고 있다가 한양으로 불려왔다. 태종은 이수에게 옷 한 벌을 내려주면서, "듣건대 그대에게 학행(學行)이 있다 하니 마땅히 두 대군을 가르치되 게을리하지 말 것이다. 경서에서 의심나는 곳은 나도 질문하겠다"라고 말한다. 결국 세자의 교육을 담당하는 서연에는 당대 최고의 학자들이 대거 참여했던 것과 달리, 왕권과 관계없는 대군들에게는 면무식(免無識) 차원에서 생원급의 이수를 붙여준 것이다. 이수는 그 후 1414년 문과에 급제해 공조와 예조의 정랑을 역임했다. 1418년 세자시강원 문학을 지내고, 세종 즉위와 동시에 파격적 승진을 거듭해 특별히 오늘날의 수석비서관 격인 승정원의 동부대언, 우부대언, 좌부대언 등을 역임하며 세종을 가까이에서 모시게 된다. 1424년 이조참판을 거쳐 1425년 중군도총제가 됐고, 이듬해 예문관 대제학을 거쳐 의정부 참찬사를 지내는 등 탄탄대로를 걸었다. 한때 황해도관찰사로 있으면서 기생을 늘 옆에 끼고 다니며 업무를 보다가 탄핵을 받기도 했다.

이수는 임금이 일찍이 그에게 배웠으므로, 초야(草野)에서 일어나 몇 해가 되지 않아 벼슬이 재추(宰樞)에 이르니 조정과 민간에서 놀랍게 보았는데, 하루아침에 감사가 돼 함부로 음탕하고 마음대로 행동하여 나라의 법을 범하니 식자(識者)들이 비웃었다.

1429년 다시 복직해 중군도총제, 예문관 대제학, 이조판서 등 핵심 요직에 오르고, 이어 병조판서가 됐으나 취중에 말에서 떨어져 죽는다.

이처럼 세자에 비해 열악한 교육 여건에서도 충녕의 학문이 날로 늘고 있었음은 실록에서 여러 차례 언급된다. 이도의 나이 17세 되던 1413년 12월 30일, 태종을 위해 열린 잔치의 한 장면이다.

> 이해 겨울에 세자와 여러 대군과 공주가 임금에게 술을 올리고 노래와 시를 아뢰었다. 임금이 충녕대군에게 시의 뜻을 물었는데 심히 자세하니, 임금이 가상하게 여겨 세자에게 말했다.
>
> "장차 너를 도와서 큰일을 결단할 아이다."
>
> 세자가 대답했다.
>
> "참으로 현명합니다."

왕권을 이어받을 수 없는 대군들이 할 일은 음악이나 시 같은 기예나 익히면서 인생을 즐기는 게 전부일 수밖에 없었다. 그러나 워낙 호학했던 이도는 예체능에 큰 관심이 없었다. 이 무렵 태종은 또 충녕대군에게 "너는 할 일이 없으니 편안히 즐기기나 하여라"라고 말한다. 이 말은 특히 학문을 좋아했던 충녕에게 한 것이라는 점을 감안해볼 때 '괜히 임금 돼보겠다며 학문을 닦는다고 김칫국부터 마시지 말고 인생을 즐기는 게 네 신상에도 좋을 것'이라는 뜻으로 해석할 수 있다. 그렇다고 태종이 충녕의 자질이나 호학하는 성품을 몰라서 그랬던 것은 아니고, 적장자가 아닌 충녕이 그런 욕심을 품어봤자 자신처럼 형제간에 비극만 생기지 않을까 걱정해서였다

그러나 세자 양녕의 음행(淫行)과 실덕(失德)이 커가는 데 반비례해 충녕의 학문은 깊어만 가고 있었다. 태종 16년 2월 태종이 술자리에서 "집에 있는 사람은 비가 오면 반드시 길 떠난 사람의 노고를 생각한다"라고 말하자, 충녕대군이 이를 받아 "『시경』에 이르기를 '황새가 언덕에서 우니, 부인이 집에서 탄식한다'라고 했습니다"라고 답한다. 그전까지만 해도 세자와 충녕을 비교하는 것 자체를 싫어했던 태종도 이때는 "(충녕의 학문은) 세자가 따를 바가 아니다"라고 말한다.

같은 해 9월 7일에는 세자의 스승인 이래와 변계량이 충녕의 호학을 부러워하면

서, 노골적으로 충녕을 칭찬해 세자를 자극해보기도 했다. 또 변계량은 충녕의 공부를 가르치는 시관에게 "현재 대군은 무엇을 읽고 있는가"라고 묻고는 대답을 듣고 나면 반드시 충녕을 칭찬하고 탄성을 질렀다고 한다. 훗날 변계량은 세종 집권 초기 국정의 대들보 역할을 하게 된다.

국어학자이기도 한 이숭녕은 『세종대왕의 학문과 사상』(아세아문화사)에서 이 무렵 실록에 나오는 "(세종은) 예기(藝技)에 정통하지 않는 바가 없었다"라는 표현은 자신의 종합적인 검토 결과 지나친 표현임을 지적하고 있다. 오히려 이숭녕은 실록에 관한 정밀한 연구를 기초로 충녕대군의 취미나 기호와 관련해 "바둑 두기를 즐기지 않았고" "양녕과 달리 화초나 반려동물에도 그다지 취미가 없었으며" "서도(書道)에 대해서도 이해는 하고 있었으나 서도를 취미로 가진 것이라고는 보이지 않고" "최소한의 운동 차원에서 매사냥을 취미로 했지만, 궁술이 뛰어났던 것도 아니었다"라면서, 따라서 이런 제반의 사항들을 종합할 때 세종은 기본적으로 "실무가적이고 이지적이며 실리주의적인 성격"이라고 추정했다. 또 그는 "세종은 결코 서생형·순수 학자형·예술가형의 인물이 아니라고 하겠다"고 단정 지었다. 이런 추정과 단정은 즉위 후 세종이 보여준 여러 모습과도 정확히 일치한다.

결국 태종 18년(1418) 6월 3일 태종은 세자를 폐하고 셋째 아들 충녕을 세자로 삼았다. 이때 태종은 충녕을 세자로 삼는 까닭을 이렇게 말했다.

> 옛사람이 말하기를 "나라에 훌륭한 임금이 있으면 사직의 복이 된다"라고 했다. 효령대군은 국왕 될 자질이 미약하고 성질이 심히 곧아서 개좌(開坐)[421]하기에는 적절치 못하다. 내 말을 들으면 그저 빙긋이 웃기만 할 뿐이므로, 나와 중궁(中宮)은 효령이 항상 웃는 것만을 보았다. 충녕대군은 천성이 총명하고 민첩하고 자못 학문을 좋아하여, 비록 몹시 추운 때나 더운 때도 밤새 글을 읽어 나는 그 아이가 병이 날까 두려워 항상 밤에 글 읽는 것을 금했다. 그런데도 나의 큰 책은 모두 청하여 가져갔다. 또 정치의 요체를 알아서 늘 큰일에 헌의(獻議-윗사람에게 의견을 아뢺)하는 것이 진실로 합당하고, 또 그것은 일반 사람은 생각지

---

421 벼슬아치들이 사무를 보다라는 뜻으로, 여기서는 정치를 뜻한다고 볼 수 있다.

도 못할 수준이었다. 중국 사신을 접대할 때면 몸가짐과 말이 두루 예(禮)에 부합했다. 술을 마시는 것이 비록 무익하나, 주인으로서 한 모금도 능히 마실 수 없다면 어찌 중국 사신을 손님으로 대하면서 권하여 그 마음을 즐겁게 할 수 있겠느냐? 충녕은 비록 술을 잘 마시지 못하나 적당히 마시고 그친다. 또 그 아들 가운데 제법 자란 아들이 있다. 효령대군은 한 모금도 마시지 못하니, 이것도 불가하다. 충녕대군이 대위(大位-임금 자리)를 맡을 만하니, 나는 충녕으로써 세자를 정하겠다.

속전속결(速戰速決). 일단 결심을 내린 태종은 즉시 조말생 등을 불러 "이런 큰일은 시간을 끌면 반드시 사람을 상하게 된다"라며 최대한 빨리 절차를 밟도록 지시했다. 문무백관이 새로운 세자 책봉을 하례하기 위해 태종을 찾았고, 이 자리에서 태종은 장차 대마도 정벌의 영웅이 될 장천군 이종무에게 당장 한양으로 가서 양녕의 폐세자와 충녕의 세자 책봉을 종묘에 고하도록 명했다. 또 왕실과 인척 관계인 상호군 문귀를 전지관(傳旨官)으로 임명해, 한양에 머물고 있던 양녕에게 백관이 올렸던 상소를 들고 가서 세자에서 폐해 내친다는 자신의 뜻을 전하도록 했다. 태종이 오랜 시간을 두고 미리 치밀한 조치와 준비를 해두었기 때문에 '양녕 세력'의 조직적 반발은 일어나지 않았다. 대신 양녕은 일단 경기도 광주로 내치기로 결정이 났다.

충녕에 대한 신하들의 신망은 오래전부터 컸다. 사람과 말을 보는 눈은 누구에게도 양보하지 않는다고 자신했던 태종은 "충녕은 관홍장중(寬弘莊重)하다"라며 칭찬을 아끼지 않았다. 태종의 측근 중의 측근이었던 이숙번도 일찍부터 태종에게 충녕대군을 은밀하게 추천한 적이 있었고, 많은 신하가 충녕의 덕(德)을 경모해 마지않았다. 심지어 그 무렵 조선을 자주 찾았던 명나라 사신 황엄도 충녕을 볼 때마다 칭찬을 아끼지 않았다.

영명하기가 뛰어나 부왕(태종)을 닮았다. 동국(東國-조선)의 임금 자리는 장차 이 사람에게 돌아갈 것이다.

실제로 원민생이 충녕의 세자 책봉을 승인받기 위해 표문을 들고 북경에 갔을 때, 황엄이 무슨 일로 왔는지 묻자 원민생은 "세자를 바꾸기를 청합니다"라고 말했다. 이에 황엄은 원민생의 말을 더 듣지도 않고 "필시 충녕을 봉하도록 청하는 것이리라"고 정확하게 예측했다. 국내외의 이 같은 높은 신망이 조선의 세자 자리를 양녕에서 충녕으로 바꿔놓은 것이었다.

무엇보다 사사로움[邪意]이 없었기에 가능했을 것이다. 이와 관련된 공자의 말 하나가 『논어』 「태백(泰伯)」편에 실려 있다.

> 높고 크도다! 순임금과 우왕이 천하를 소유하면서 그 과정에 조금도 개입하지 않음[不與]이여!

순임금과 우왕은 각각 요임금과 순임금으로부터 선위(禪位)를 받아 제위에 올랐다. 그러나 그렇게 되는 과정에서 억지로 인위적인 노력을 하지 않았음을 공자는 높게 평가하는 것이다. 같은 형제이기는 해도 양녕이 폐세자되고 충녕이 세자가 된 것은 선위의 일종이라 할 수 있다. 즉 택현론(擇賢論)에 따라 세자가 되고 결국은 왕이 될 수 있었기 때문이다. 세종에 대해서도 똑같은 말을 할 수 있을지 모른다.

> 높고 크도다! 세종이 나라를 소유하면서 그 과정에 조금도 개입하지 않음[不與]이여!

그만큼 여기서는 공자의 풀이, 즉 '행함에 있어 의심스러운 바가 없기 때문'이라는 것이 갖는 중요성이 크다.

태괘의 밑에서 두 번째 양효에 대해 공자는 "미더워해 기뻐함이 길한 것은 뜻에 진실한 믿음이 있기 때문이다"라고 풀었다.

구이의 처지를 보자. 양강의 자질로 음유한 자리에 있으니 바르지 못하고, 초구와는 친하지 않고 육삼과는 친밀하다. 그러나 구오와 호응하지 못한다. 다만 양강의 자질로 하괘의 가운데 있는 것은 중도를 지켜낼 수 있다는 점에서 긍정적 요인이다. 섬세한 분석이 필요하다. 정이의 풀이부터 보자.

> 구이는 음유한 육삼과 친한데, 음유한 사람은 소인이다. 그를 기쁘게 할 경우 마땅히 뉘우칠 일이 있다. 구이는 강중(剛中)한 다움으로 믿음이 내면에 가득 차서, 소인과 친하기는

하지만 스스로를 지켜 도리를 잃지 않는다[自守不失(자수 부실)]. 군자는 조화를 이루되 동화하지는 않고[和而不同(화이부동)] 사람들을 기쁘게 해주되 강중을 잃지 않기 때문에 길하고 뉘우칠 일이 없어지는 것이다. 구이의 강중이 없었다면 뉘우칠 일이 있었을 것인데, 스스로를 지키기 때문에 뉘우칠 일이 없어지는 것이다.

결국 강중한 자질이 여기서는 핵심이다. 공자는 '뜻에 진실한 믿음이 있기 때문'이라고 했다. 여기에 가장 가까운 유형은 『논어』에 등장하는 공자의 제자 염유(冉有)와 자로(子路)다. 「선진」편이다.

계자연(季子然)이 공자에게 물었다.
"자로와 염유는 대신(大臣)이라고 이를 만합니까?"
공자가 말했다.
"나는 그대가 남과는 다른 뛰어난 질문을 하리라고 생각했었는데 기껏 자로와 염유에 관한 질문을 던지는구나! 이른바 대신이란 것은 도리로써 군주를 섬기다가 더는 도로써 섬기는 것이 불가능해지면 그만두는 것이다. 지금 자로와 염유는 숫자나 채우는 신하[具臣(구신)]라고 이를 만하다."
이에 계자연이 "그렇다면 두 사람은 (무조건 윗사람을) 따르는 사람입니까?"라고 묻자 공자가 말했다.
"아버지와 군주를 시해하는 것은 결코 따르지 않을 것이다."

계자연은 노나라의 실력자 집안인 계씨(季氏) 집안의 자제다. 자로와 염유는 계씨 집안에서 종사하다가 공자에게 비판을 받기도 했다. 그럼에도 일정한 선을 넘지는 않을 사람임을 공자는 분명하게 밝히고 있다. 태괘의 구이에 해당하는 인물인 것이다.

태괘의 밑에서 세 번째 음효에 대해 공자는 "와서 기뻐함이 흉한 것은 자리가 마땅하지 못하기 때문이다"라고 풀었다.

기쁘게 해주는 태괘의 육삼은 음유한 자질로 양강의 자리에 있으니 바르지 못하고, 가운데를 지나쳐 있어[過中(과중)] 처신이 반듯함을 잃고 매사 지나치다. 위아래 모두와 친하지만, 상륙과는 호응하지 않는다. 주공의 효사는 한 마디로 "와서 기뻐함이니 흉하다[來兌 凶]"라고 했다. 정이의 풀이부터 보자.
내태 흉

> 육삼은 음유한 자질로 중정을 이루지 못한 사람이니, 사람들을 기쁘게 함에 있어 바른 도리로 하지 않는 사람이다. '와서 기뻐함'이란 찾아가서 상대가 기뻐하기를 구하려는 것이다. 아래에 있는 양효와 가까이하고 자신의 뜻을 굽혀 바른 도리를 따르지 않으면서 찾아가서 상대가 기뻐하기를 구하니, 그래서 흉한 것이다. 안으로 가는 것을 '온다'라고 한다. 위와 아래가 모두 양인데 유독 안으로 가는 것은, 같은 괘체에 있고 음의 성질이 아래로 내려가는 것이기 때문에 바른 도리를 잃고 아래로 가는 것이다.

공자는 한마디로 '자리가 마땅하지 못하기 때문'이라고 했다. 모든 흉함의 원인이 여기서 비롯됐다는 것이다. 태괘의 육삼에 해당하는 인물로는 태종의 과거 동기이자 양녕대군의 장인 김한로(金漢老, 1358~?)만 한 사람을 찾기 힘들다.

김한로는 1383년(우왕 9년) 문과에서 장원급제해 예의좌랑(禮儀佐郎)을 지냈다. 이방원도 이해에 함께 문과에 급제했다. 조선 개국 후 태종과 동방(同榜)이라는 인연으로 태종의 우대를 받았다. 그러나 그게 오히려 불행의 씨앗이 됐다.

1401년(태종 1년) 판봉상시사(判奉常寺事)로서 의순고별좌(義順庫別坐)가 됐을 때 태상왕(太上王-태조)이 명나라 사신을 위해 베푼 연회에 참석하기 위해 역리(驛吏)의 말을 빼앗아 쓴 죄로 대간(臺諫)의 탄핵을 받고 파면됐다. 1404년(태종 4년) 이조전서(吏曹典書)가 됐고, 이듬해 성절사(聖節使)로 명나라에 다녀왔다. 그러나 명나라 체재 중 상업 행위를 한 사건이 탄로 나 대간의 탄핵을 받고 파직됐다. 1407년(태종 7년) 세자 양녕대군을 사위로 맞이하면서 좌군동지총제(左軍同知摠制)에 오르고, 이듬해 판한성부사(判漢城府事)로 사은사가 돼 명나라에 다녀왔다. 1409년(태종 9년) 예조판서가 되고 광산군(光山君)에 봉해졌으며, 이어 대사헌, 참찬의정부사(參贊議政府事), 예문관 대제학 겸 판의용순금사사(判義勇巡禁司事), 의정부찬성(議政府贊成) 등을 지냈다. 1418년(태종 18년) 세자궁에 여자를 출입시킨 문제로 대간의 탄핵을 받아 의금부에 하옥된 후 직첩을 몰수당하면서 죽산으로 부처됨과 동시에 세자와의 인연이 끊겼다. 곧이어 아들 김경재(金敬哉)와 함께 나주로 이배됐고, 이후 대간의 집요한 추가 처벌 요청이 있었으나 청주·연기 등지로 안치됨에 그쳤다. 1425년(세종 7년) 5월 『태종실록』 편찬을 위한 사초 수집 때 화재로 인한 소실로 사초를 제출하지 못해 백은(白銀) 20냥과 자손금고(子孫禁錮)의 처분을 받았다. 양녕대군이 특별히 세종에게 용서를 청했지만, 징은(徵銀)만 면제받았다. 1431년 세종에 의해 아들 김경재의 서용이 거론됐으나 안숭선(安崇善) 등의 반대로 좌절됐다. 사위 양녕의 일탈을 막기는커녕 오히려 장인이면서도 방조하는 행위를 했던 특이한 인물이다.

태괘의 밑에서 네 번째 양효에 대해 공자는 "구사의 기쁨은 좋은 일이 있기 때문이다"라고 풀었다. 주공의 효사는 상당히 미묘하다.

> 헤아리면서 기뻐해 편안치 못한 것이니, 절조를 지켜 미워하면[介疾(개질)] 기쁨이 있다[商兌(상태) 未寧(미령) 介疾(개질) 有喜(유희)].

우선 태괘의 구사의 처지를 보자. 양강의 자질로 음유의 자리에 있으니 바르지 못하고, 육삼과는 친하고 구오와는 친하지 않다. 초구와도 호응 관계가 아니다. 여러 가지로 불안정하고 불안하다. 정이의 풀이다.

> 구사는 위로 중정의 다움을 지닌 구오를 받들고 아래로 유약하고 사악한 육삼과 가까이 있으니, 양강의 자질을 갖고 있다고는 하지만 처한 자리가 바르지 않다. 육삼은 음유한 자질의 사람으로서 양효가 기뻐하는 자이므로, 단호하게 결단할 수가 없어 헤아리느라고[商(상)=商量(상량)] 마음이 편안치 못하다. 이는 따라야 할 사람을 비교하고 계산하지만 결단하지 못해 정할 수가 없는 것이다.
>
> 두 개의 사이[兩間(양간)]를 개(介)라고 하니 나누어진 경계다. 사람이 절도를 지키는 것을 개(介)라고 한다. 단호하게 바른 도리를 지켜 사악한 자를 미워하면서 멀리하면 기쁜 일이 있다. 구오를 따르는 것은 바른 것이다. 육삼을 기쁘게 해주는 것은 바르지 못한 것이다. 구사는 군주와 가까운 자리이니, 강직하고 단호하게 바른 도리를 지켜서 사악한 자를 미워하고 멀리하면 군주의 신임을 얻어 도리를 시행함으로써 복과 경사가 사람들에게 미칠 것이니 기쁜 일이 있는 것이다. 구사와 같은 자는 얻고 잃음[得失(득실)]이 정해져 있지 않으니, 자신이 따르는 것에 달려 있을 뿐이다.

정이는 공자가 말한 '좋은 일이 있기 때문'이라는 부분을 백성에게 좋은 일이 있다는 뜻으로 옮겼다. 그러나 본인에게도 좋은 일이 있으리라는 점을 부인할 필요는 없다. 내가 아는 범위에서 태괘의 구사는 세조 때의 정승 구치관(具致寬, 1406~1470)의 삶을 풀어내고 있다.

구치관은 흔히 '구 정승, 신 정승'의 야사 정도로만 알려져 있다. 원래 구치관이 처음 우의정에 제수됐을 때 당시 영의정이었던 신숙주와 다소 불편한 관계에 있었다고 한다. 워낙 술을 좋아했던 세조는 이에 두 사람을 불러 술자리를 베풀었다. 그러고는 흥미로운 제안을 했다. 자신의 물음에 바르게 답하지 못하면 벌주를 먹어야 한다는 것이었다. 세조가 "신 정승" 하고 부르자 신숙주가 "예" 하고 대답했다. 그러자 세조는 "신(新) 정승을 불렀는데 왜 신(申) 정승이 대답하느냐"며 벌주를 먹였다. 이번엔 "구 정승" 하고 불렀다. 구치관이 "예" 하고 대답하자 "구(舊) 정승을 불렀는데 왜 구(具) 정승이 대답하느냐"며 벌주를 먹였다. 다시 "신 정승"을 부르자 아무도 대답을 못 하니 "임금이 부르는데 신하가 감히 대답을 하지 않는다"며 둘에게 벌주를 먹였다. 이렇게 술잔이 오가다 보니 두 정승의 어색한 관계도 풀어질 수밖에 없었다.

이 일화가 사실이라면 세조 9년(1463) 8월 29일 이후의 일이다. 이날이 구치관이 우의정, 한명회가 좌의정에 오른 날이기 때문이다. 즉 당대 최고의 실력자 한명회가 좌의정, 구치관이 우의정이었고 실권은 없지만, 신숙주가 영의정에 있던 시절의 일화다.

그러면 과연 구치관은 어떤 배경이나 연유로 이 자리에 오를 수 있었던 것일까? 세조는 정란(靖亂)을 통해 정권을 잡았기 때문에 적어도 정승이 되려면 큰 공로가 있지 않고서는 거의 불가능했다. 그런데 특이하게도 구치관은 오직 본인의 실력과 강직함 하나로만 이 자리에 올랐다. 1406년에 태어난 구치관은 남들보다 조금 늦은 28세 때인 1434년(세종 16년) 문과에 급제해 관리의 길에 들어섰다. 그러나 세종의 치세에 집현전 학사의 반열에 들지 못하고 평범한 관리로 지낸 것을 보면 크게 현달했다고는 할 수 없다. 곁에서 그를 지켜본 서거정(徐居正)은 그 이유를 이렇게 풀이했다.

> 공은 지조가 굳고 확실했으며 식견이 고매하여, 당시 일을 논의하는 가운데 자신의 의견을 발표할 때는 대범하고 엄격하며 언행이 바르고 곧았다. 그러나 공은 성품이 정직하여 진취(進取)에 염치 있는 행동을 취했으므로, 아무도 공을 추켜세워 추천하거나 높이 등용되도

> 록 이끌어주려는 사람이 없었다. 그래서 낮은 벼슬에 배회한 지가 10여 년이었는데, 공은 높이 보고 큰 걸음으로 걸었을 뿐이다.

이는 『세조실록』의 졸기에 나온 기록과도 일치한다.

> 몸가짐을 청백하고 검소하게 했으며, 악을 미워하기를 원수같이 했다. 전후(前後)하여 인재 선발의 임무를 맡았으나 자기 집에 개인적으로 찾아오는 사람이 없었으니, 뽑아 쓰기를 모두 공평하게 했다. 혹 간청하는 자가 있으면 관례상 응당 옮길 사람이라도 끝내 옮겨주지 아니했다. 생업(生業)을 돌보지 아니하여 죽던 날에는 집에 남은 재산이 없었다.

한마디로 곧음[直]으로 일관했다고 할 수 있다. 그는 세조가 정권을 잡는 계기가 된 계유정난에도 참여하지 않았다. 그럼에도 세조의 눈에 들게 된 것은, 정난 직후 함길도(咸吉道)로 파견돼 역당(逆黨)들을 토벌하고 세 품계를 뛰어넘어 보공대장군(保功大將軍)에 임명되면서부터였다. 세조는 국정을 맡게 되자 공신 못지않게 유능한 관리가 필요했다. 세조가 아직 즉위하기 전 영의정으로서 국정(國政)을 맡고 있을 때, 그는 구치관과 함께 일을 해보고서는 이렇게 말했다. "경을 늦게 안 것이 한스럽다."

그 후에 승지가 돼 지근거리에서 세조를 보필했다. 구치관의 일 처리는 한마디로 빈틈이 없고 주도면밀했다. 승진이 빨라지기 시작했다. 1455년(세조 1년) 세조가 즉위하자 책훈(策勳)돼 좌익공신(佐翼功臣) 3등이 됐다. 아무 공로가 없었지만 정난 이후 즉위하는 과정에서 보여준 업무 능력에 대한 보상이었다. 이에 능성군(綾城君)에 봉해졌고, 그 뒤 다른 공신들보다 훨씬 빠른 출세의 길을 걷게 된다.

말 위에서 정권을 잡을 수는 있어도 말 위에서 정권을 유지할 수는 없다는 말 그대로였다. 세조는 평안도를 북문(北門)의 자물쇠로 여겨 중하게 여겼다. 그런데 절도사는 무신(武臣) 가운데서 등용해 임명하는 것이 상례(常例)였다. 하지만 그렇게 할 경우 그곳 백성을 어루만져 잘 다스리는 데는 문제점이 있었다. 그 때문에 문무(文武)를 겸비한 중신(重臣) 중 이 지역을 진정시킬 수 있는 사람을 임명키로 생각하고서 구치관을 보냈다. 이때 세조가 한 말은 구치관에 대한 그의 신임이 어느 정도였는지 단적으로 보여준다. "경이 부임한 뒤에는 나는 다시 서쪽을 돌아보지 않을 것이다."

세조의 뜻대로 일을 잘 마치고 돌아오자 보상은 컸다. 이조판서에 임명된 것이다. 이때 사대부들은 서로 경하해 말하기를 "바른 사람이 전형해서 선발하는 임무를 맡았으니 공도(公道)가 시행될 것이다"라고 했다고 한다. 인사권을 쥔 당시 이조판서 구치관의 모습을 서거정은 이렇게 전한다.

> 비록 작은 벼슬 낮은 직책일지라도 일찍이 한 번도 혼자 천거하는 일이 없었고, 친한 친구라고 하여 개인적으로 은혜를 베푸는 일도 없었다. 한편 간청(干請)하는 사람이 있으면 이를 미워하여, 간청의 대상자는 꼭 자리를 옮겨서 서용하지 않았다. 일찍이 위에 건의하여 용관(冗官-쓸데없이 자리만 지키는 사람)을 도태시킨 사람만도 백 수십 명이나 됐다. 또 고관이나 귀인(貴人)으로 자제(子弟)를 위하여 좋은 벼슬을 요구하는 경우가 있으면 반드시 이들을 먼저 도태시켰다.

세조 9년(1463) 8월 29일 우의정이 돼 정승 반열에 오른 구치관은 마침내 반년만인 세조 10년 2월 23일 최고의 실권을 쥔 좌의정에 오른다. 참고로 이때 그의 후임으로 우의정에 오른 이는 황희(黃喜)의 아들 황수신(黃守身)이었다.

구치관은 2년 2개월 동안 좌의정에 있다가 세조 12년 4월 18일 영의정에 오른다. 그는 젊어서는 불우(不遇), 즉 자신을 알아주는 사람을 만나지 못했으나 중년에 이르러 세조의 알아줌을 만나 오직 곧은 성품과 탁월한 일 처리 능력만으로 영의정에까지 오른 것이다. 그로 인해 능성 구씨(綾城具氏)는 조선이 끝날 때까지 명문가의 하나로 자리 잡게 된다.

태괘의 밑에서 다섯 번째 양효에 대해 공자는 "깎아내려는 자를 믿는 것은 자리가 바로 이에 해당하기 때문이다"라고 풀었다. 주공의 효사는 이렇다.

> (양을) 깎아내려는 자를 믿으면 위태로움이 있다[孚于剝 有厲].
> 부우 박 유려

구오는 양효로 양위에 있어 자리가 바르고, 위와는 친하고 아래와는 친하지 않으며, 구이와는 호응 관계가 아니다. 다만 구오는 중정(中正)을 얻었다는 점에서 본인의 자질 자체에는 문제가 없다. 그럼에도 공자는 '자리가 바로 이에 해당하기 때문'이라고 아주 묘하게 풀이하고 있다. 정이의 풀이부터 보자.

구오는 존귀한 지위에 있고 중정(中正)에 처해서 사람들을 기쁘게 하는 도리를 지극히 했지만, 성인(聖人-주공)은 '위태로움이 있다'라는 경계를 다시 하고 있다. 왜냐하면 요순시대의 성대함일지라도 경계가 없었던 적이 없으니, 마땅히 경계해야 할 것을 경계했을 뿐이다. 빼어난 이나 뛰어난 이[聖賢 성현]가 윗자리에 있더라도 세상에는 소인이 없었던 적이 없었지만, 그들은 악행을 함부로 자행하지 못했고, 빼어난 이도 소인들이 억지로라도 힘써 얼굴색을 고쳐 선을 행하는 척하는 것을 기뻐했다.[422] 저 소인들은 빼어난 이와 뛰어난 이를 기쁘게 할 수 있는 방법을 알지 못했던 적이 없었다. 예를 들어 사흉(四凶)이 요임금의 조정에 있을 때 사악한 마음을 숨기고 명령에 순종했던 것이 그것이다. 빼어난 이는 그들이 결국에는 사악한 행동을 할 것임을 모르지 않았지만, 그 죄를 두려워해 억지로 어진 행동을 하려는 점을 받아들였을 뿐이다.

구오가 만약에 진실한 마음으로 소인들의 거짓된 선행을 진실한 선행이라고 믿고서 그들이 감추고 있는 속셈을 알지 못한다면 이는 위태로운 방도다. 소인들에 대비하기를 지극히 하지 않으면 선한 사람을 해치니, 빼어난 이가 경계시키려는 뜻이 깊은 것이다. 박(剝)은 양(陽)을 소멸시키려는 것을 이름한 것이다. 음은 양을 소멸시키려는 자이니 상륙을 가리킨다. 그래서 '(양을) 깎아내려는 자를 믿으면 위태로움이 있다'라고 한 것이다. 구오가 사람들을 기쁘게 해야 할 때 상륙과 친밀하게 가까이하려고 하기 때문에 경계한 것이다. 순임금 같은 빼어난 임금일지라도 또한 말 잘하고 얼굴빛이 좋은 자[巧言令色 교언영색]를 두려워했으니, 어찌 경계하지 않을 수 있겠는가? 기쁘게 하는 말들이 사람들을 미혹시키는데, 이는 쉽게 사람들의 마음에 들어가니 두려워할 만한 것이 이와 같다.

여기서는 진(秦)나라 2세황제처럼 처음부터 혼암(昏闇)한 군주는 아예 포함되지 않는다. 오히려 상당히 뛰어나거나 영명한 자질을 가졌던 임금 중에서 결국은 교언영색하는 간신에게 넘어간 군주들이 그 대상이다. 반고의 『한서』에는 원제(元帝)가 간신

---

422 혁괘(革卦)의 상륙을 보라.

에게 넘어가게 된 과정을 이렇게 전한다.

> 한(漢)나라 중서령(中書令) 홍공(弘恭)과 복야(僕射) 석현(石顯)[423]은 선제(宣帝) 때부터 오랫동안 추기(樞機)[424]를 맡아왔고 두 사람 다 문법(文法)[425]을 훤하게 익혔다.
>
> 원제(元帝)는 즉위 초에 병치레를 자주 했다. 석현이 오랫동안 일을 관장했는데, 중인(中人-대궐 내의 환관)이어서 밖으로 추종하는 무리[黨]를 만들지 않고 오직 일에만 전념해 신임을 받을 수 있었다. 그러나 (원제의 잦은 병치레로 인해) 마침내 정사를 맡아서 크고 작은 일을 가리지 않고 석현이 도맡아서 상주하고 결정하여 귀한 총애를 받게 되자, 조정이 그에게로 기울었고 모든 관리가 다 석현을 삼가며 섬겼다.
>
> 석현은 그 사람됨이 재주가 많고 머리가 좋아 일을 익혀서 임금의 작은 뜻까지도 능히 깊이 알아차렸고, 속으로는 도적과도 같은 생각을 깊이 하면서 궤변으로 다른 사람들을 중상모략하고 자신을 고깝게 본[睚眦] 사람들에게는 반드시 원한을 품어 번번이 법으로 보복을 가했다.

원제는 처음에는 유학에 조예가 깊고 반듯한 임금이었음에도 홍공과 석현이 열심히 일하는 모습을 보고서 신임하게 되면서 결국 조정이 엉망이 되고 말았다. 진덕수는 『대학연의』에서 이렇게 평했다.

> 예로부터 소인이 장차 권세와 은총을 훔치려 할 때는 그에 앞서 반드시 주군의 뜻을 잘 엿보아[窺伺] 그에 영합합니다.
>
> 대개 임금들이 좋아하는 것과 싫어하는 것은 일정치 않고 기뻐하는 것과 화를 내는 것도 예측할 수가 없기 때문에, 반드시 숨어서 살펴보고 은밀하게 재어 그 숨은 뜻을 잡아내지 않으면 임금의 얼굴을 기쁘게 하여 아첨할 수 있는 단서를 잡아낼 수가 없습니다.

---

423 두 사람 다 환관이며, 중서령과 복야는 한나라 때 환관의 벼슬이다.

424 추(樞)는 집의 문지도리이고 기(機)는 석궁[弩]의 송곳고리로, 둘 다 어떤 물건의 핵심적인 부분이다. 따라서 이는 정사(政事)의 기밀 업무를 비유한 것이다.

425 문서로 된 각종 법률 조문을 뜻한다.

(전국 시대 때) 설공(薛公)이 제나라 왕(王)을 섬겼는데, 왕에게는 아끼는 후궁 7명이 있었습니다. (왕후가 죽자) 설공은 그중에 누구를 왕후로 세울지를 몰랐기에 7개의 귀고리를 바쳤는데, 그중 하나는 특히 아름다웠습니다. 다음날 그 아름다운 귀고리를 한 후궁이 눈에 띄자 설공은 그 사람을 부인으로 삼아야 한다고 청했고, 왕도 그에 따랐습니다.

신불해(申不害)는 한(韓)나라 소후(昭侯)의 재상이었습니다. 소후는 뭔가를 도모하고 있었는데 신불해는 소후가 하고자 하는 바가 무엇인지 정확히 알 수 없었습니다. 그래서 동렬에 있던 두 사람으로 하여금 먼저 각각 그들의 계략을 올리도록 한 뒤, 소후가 어느 대목에서 기뻐하는지 은미(隱微)하게 살핀 다음에 자신의 계략을 말하니 소후가 크게 기뻐했습니다.

간신들이 임금을 섬길 때 영합하는 일은 잦은 데 비해 거스르는 일이 드문 것은 그들이 임금의 뜻이 어디에 있는지를 살피는 데 능한 때문입니다. 석현이 한나라 원제에게서 특별한 신임을 받은 것도 대개 이런 술책을 썼기 때문입니다.

처음에는 영명했다가 뒤에 간신의 농간에 놀아난 대표적인 중국의 황제는 당나라 현종(玄宗)이다. 『신당서(新唐書)』에 실려 있는 이야기다.

이임보(李林甫, ?~752)[426]는 상의 뜻을 잘 알아냈다[刺=探](자 탐). 이때 황제의 춘추가 높아 듣고 결단하는 것이 점점 게을러졌고 스스로 몸가짐을 바로 하는 데 염증을 느꼈으며 대신들을 접견하는 것을 부담스러워하다가, 이임보를 얻자 그에게 모든 것을 의심 없이 맡겼다.

이임보는 임금의 욕심을 길러내는 데 능해, 이로부터 깊은 궁궐에서 연회나 즐기며 미인들과 잠자리를 하느라 임금의 다움[主德](주덕)은 시들어갔다. 이임보는 매번 청을 올릴 때마다 먼저 좌우를 물리치게 하고서 상의 아주 작은 뜻까지 살폈으며, 궁궐 내 요리사나 몸종들에게까지도 은혜와 신임을 베풀어 천자의 동정을 반드시 소상하게 알아낼 수 있었다.

---

426 현종 때의 재상이다. 국자사업(國子司業)을 거쳐 어사중승(御史中丞)에 올랐고, 형부와 이부의 시랑(侍郎)을 역임했다. 예부상서와 동중서문하삼품(同中書門下三品)을 지냈다. 사람됨이 겉과 속이 달라 친한 듯이 보이지만 갖은 음모와 중상모략을 일삼아 '구밀복검(口蜜腹劍)'이라 불렀다. 교활하고 권술(權術)에 능했다. 환관이나 비빈들과 친해 황제의 동정을 일일이 살피고 주대(奏對)에 응해 유능하다는 평을 들었다. 조정에 있는 19년 동안 권력을 장악하고 멋대로 정책을 시행해 사람들이 눈을 흘기며 꺼렸다. 만년에는 성기(聲妓)에 빠져 희시(姬侍)가 방마다 가득했다. 죽은 뒤 태위(太尉)와 양주대도독(揚州大都督)에 추증됐다.

진덕수는 이렇게 평했다.

이임보가 황상의 뜻을 잘 알아낸 것은 곧 석현이 임금의 작은 뜻까지 능히 알아낸 것과 같고, 임금의 욕심을 잘 길러낸 것은 곧 조고가 진나라 2세황제로 하여금 자기 마음대로 음란한 즐거움에 빠지도록 권한 것과 같습니다. 또 좌우를 물리치게 한 것은 곧 한착(寒浞)이 안으로 궁궐 내 여인들에게 알랑거리고 왕망이 내시와 궁녀[旁側長御]를 잘 섬긴 것과 같습니다. 옛날의 간신들이 이처럼 하나씩만 갖고 있던 재주를 이임보는 한꺼번에 다 겸했으니, 이임보는 석현과 조고와 한착과 왕망을 한 사람으로 만들어놓은 것입니다.

당나라 왕실은 이로 말미암아 거의 망할 뻔했습니다. 그 시초를 거슬러 올라가서 미뤄 헤아려보건대, 그 이유는 명황제의 마음이 먼저 흐려진 때문입니다. 그래서 이임보가 파고들 수 있는 여지가 생긴 것입니다. 임금이 진실로 능히 자신을 버리고 사심이 없게 하여 늘 고요한 마음과 적은 욕심으로 안팎의 대비를 엄중히 하고 사사로운 청탁이나 민원을 단호히 차단한다면, 제아무리 간신들이 설친다고 하더라도 어찌 그 간사함을 실행에 옮길 수 있겠습니까? 『예기(禮記)』에서 이렇게 말했습니다. "왕이 도리에 적중하니 마음에 (억지로) 작위하는 바가 없어 지극히 바른 도리를 지킬 수 있다[王中心無爲以守至正]."

이 말은 곧 하나의 바른 도리만 잘 지켜도 수많은 사람을 제어할 수 있다는 것이니, 이것은 임금이라면 반드시 마음으로 다잡는 바[約]를 지키는 좋은 방도라고 하겠습니다.

태괘의 맨 위에 있는 음효에 대해 공자는 "상륙이 이끌어 기뻐하는 것은 아직 빛나지 않기 때문이다"라고 풀었다. 주공의 효사에 해당하는 '이끌어 기뻐하는 것'에 대한 정이의 풀이부터 보자.

다른 괘에서는 극한에 이르면 달라지지만[變] 태괘는 기뻐함이라 극한에 이르면 더욱 기뻐한다[愈說]. 상륙은 기쁘게 하는 주인이고 기뻐함의 극한에 자리하니, 기뻐하여 그칠 줄 모르는 자다. 그래서 기뻐함이 극한에 이르렀는데도 또 이끌어서[引] 더욱더 기쁨을 길게 하는 것이다.

문제는 기뻐함이 과연 선함을 기뻐하는지 악함을 기뻐하는지에 달려 있다. 공자가 굳이 '아직 빛나지 않기 때문[未光]'이라고 풀이한 것도 이 같은 유보 조건을 표현한 것이다.

상륙뿐 아니라 태괘의 여섯 효를 이해하는 잣대로, 앞서 여러 차례 보았던 『논어』 「자로」편에 나오는 공자의 말을 반드시 염두에 두기 바란다.

> 군자는 섬기기는 쉬워도 기쁘게 하기는 어려우니, 기쁘게 하기를 도리로써 하지 않으면 기뻐하지 아니하고 사람을 부리면서도 그 그릇에 맞게 부린다[器之]. 소인은 섬기기는 어려워도 기쁘게 하기는 쉬우니, 기쁘게 하기를 비록 도리로써 하지 않아도 기뻐하고 사람을 부리면서도 한 사람에게 모든 능력이 완비되기를 요구한다[求備].

59. 풍수환(風水渙)[427]

환(渙)은 형통하다. 왕이 종묘를 세우는 데 지극히 하면 큰 강을 건너는 것이 이로우니 반듯하면 이롭다.

渙 亨 王假有廟 利涉大川 利貞.[428]

초륙(初六)은 구제하려고 하는데[用拯] 말이 건장하니 길하다[用拯 馬壯 吉].

구이(九二)는 흩어지는 때에 기댈 곳으로 달려가면 뉘우침이 없어진다[渙奔其机 悔亡].

육삼(六三)은 그 몸이 흩어지니 뉘우침이 없다[渙其躬 无悔].

육사(六四)는 흩어지는 때에 무리를 이루는 것이니 으뜸으로 길하다. 흩어질 때 언덕처럼 (크게) 모이는 것은 보통 사람이 생각할 수 있는 바가 아니다[渙其群 元吉 渙有丘 匪夷所思].

구오(九五)는 흩어지는 때에 큰 호령을 몸에 땀이 나듯이 내리니, 흩어짐에 대처하는 것이 왕의 자리에 어울리니 허물이 없다[渙 汗其大號 渙 王居 无咎].

상구(上九)는 흩어지는 때에 그 피가 제거되고 두려움에서 벗어나게 되면 허물이 없다[渙其

---

427 문자로는 손상감하(巽上坎下)라고 한다.

428 형이정(亨利貞)이 나온다.

血去逖出 无咎].

◉

환괘(渙卦)의 초륙(初六)은 양위에 음효로 바르지 못함[不正位], 구이(九二)는 음위에 양효로 바르지 못함, 육삼(六三)은 양위에 음효로 바르지 못함, 육사(六四)는 음위에 음효로 바름[正位], 구오(九五)는 양위에 양효로 바름, 상구(上九)는 음위에 양효로 바르지 못함이다. 이 괘의 경우는 구이는 중정을 얻지 못했고 구오는 중정을 얻었다.

대성괘 환괘(䷺)는 소성괘 손괘(巽卦, ☴)와 감괘(坎卦, ☵)가 위아래에 있어 만들어진 괘다. 「설괘전」에 따르면 '바람[風]으로 흩어지게 하고' '비[雨=水=坎]로 윤택하게 한다'고 했다. 괘의 모양이 손(巽)이 위에 있고 감(坎)이 아래에 있다.

그러면 「서괘전」을 통해 왜 환괘가 태괘의 뒤를 이어받았는지 확인해보자.

> 기뻐한 이후에는 흩어지게 된다[散]. 그래서 태괘의 뒤를 환괘(渙卦)로 받았다. 환(渙)이란 헤어진다[離=離散]는 것이다.
>
> 說而後散之. 故受之以渙. 渙者 離也.

기뻐함이 계속될 수는 없다. 그것이 풀어지면[舒=弛緩] 흩어지게 된다. 사람의 기운도 그렇고 일도 마찬가지다. 풍수환괘(風水渙卦, ䷺)는 아래가 감괘(☵)이고 위가 손괘(☴)로, 손괘는 바람, 감괘는 물이다. 물 위로 바람이 불면 물은 흩어진다. 정이는 이를 사람의 마음에 빗대 "사람의 기분[氣=氣分]은 우울하면 뭉쳐서 모이고[決聚] 기쁘면 느긋해져서 흩어지니[舒散], 기뻐함에는 흩어짐의 뜻이 있다"라고 했다. 그래서 태괘의 뒤를 환괘가 받았다는 것이다. 굽혀짐과 펴짐[屈伸]의 이치와 통한다고 할 수 있다.

이는 또 백성의 마음[民心]이 기뻐하고 흩어지는 문제와도 무관할 수 없다. 기뻐함도 마음속에서 진정으로 기뻐할 때라야 정말로 기쁘듯이, 결국 민심이 떠나가는 것도 마음속에서 출발한다. 그런 점에서는 태괘와 환괘는 내적으로 깊은 연관이 있다고 할 수 있다. 겉이 아니라 속이 무엇보다 중요하기 때문이다. 민심에 초점을 둔 호원(胡瑗)

은 환(渙)의 의미를 이렇게 풀어냈다. 앞으로 우리가 환괘의 여섯 효를 정확히 이해하는 데 도움을 줄 듯해 그의 풀이부터 살펴보겠다.

> 환(渙)은 흩어지는 것[散]이고 떠나가는 것[離]이고 풀어지는 것[釋=解]이다. 환괘를 형통하다고 한 것은 다음과 같은 이유 때문이다. 위아래가 흩어지므로 백성은 분열된다. 도리가 막히고 뜻이 통하지 않기 때문이다. 그래서 나뉘고 흩어진다. 그러므로 군자는 이런 때를 맞아 반드시 권변(權變)의 술수와 강명(剛明)의 다움으로 백성의 위험과 고난을 풀어 없앰으로써 군중의 마음을 화합시키고 군중의 뜻을 인도해 모두 모여들게 하니, 형통함에 이르는 것이다. 그래서 (문왕은) 환(渙)을 형통하다고 한 것이다.

문왕의 단사(彖辭), 즉 "환(渙)은 형통하다. 왕이 종묘를 두는 것에 지극히 하면 큰 강을 건너는 것이 이로우니 반듯하면 이롭다[亨 王假有廟 利涉大川 利貞]"에 대한 공자의 풀이[「彖傳」]를 살펴볼 차례다.

"환(渙)은 형통하다"라고 한 것은 굳센 것이 와서 곤궁해지지 않고[剛來而不窮] 부드러운 것이 밖에서 자리를 얻어[柔得位乎外] 위와 함께하기[上同] 때문이다. "왕이 종묘를 세우는 데 지극히 하면"이라는 것은 왕이 마침내 중(中)[429]에 있는 것이다. "큰 강을 건너는 것이 이로우니"라는 것은 나무를 타고서 공로를 이루는 것[乘木有功]이다.

渙亨 剛來而不窮 柔得位乎外而上同.

王假有廟 王乃在中也.

利涉大川 乘木有功也.

◉

공자는 먼저 하괘, 즉 감괘(☵)를 풀어내고 있다. '굳센 것이 와서'라는 것은 곤괘

429 이때의 중(中)은 적중한 도리[中道]도 되지만 마음속[心中]도 된다. 즉 중도를 이룬 마음가짐을 말한다.

(☷)에 굳센 양효 하나가 와서[來] 감괘(☵)가 됐다는 말이다. 흩어지는 때에 음효 셋으로 이뤄진 곤괘(☷)로 그냥 있었다면 계속 흩어지기만 하고 뭉칠 수 있는 계기를 마련하지 못할 가능성이 크다. 그렇게 되면 곤궁에 빠지게 될 것이다. 그런데 그 가운데를 얻어[得中] 곤궁해지지 않을 수 있었다는 말이다. 그냥 있었으면 관괘(觀卦, ䷓)가 됐을 것이다. 관괘와 환괘를 비교해보면 이 말의 의미를 더욱 명확하게 할 수 있다.

이어 '부드러운 것이 밖에서 자리를 얻어[柔得位乎外] 위와 함께하기[上同] 때문'이라고 했다. 이는 상괘, 즉 손괘(☴)의 맨 아래에 있는 육사를 가리킨다. 육사가 밖, 즉 외괘인 손괘에서 자리를 얻었다는 말이다. '위와 함께한다'라는 것은 바로 위에 있는 중도를 이룬 구오를 공손하게 따른다는 말이다.

상괘에서는 육사가 주인[主]이고 하괘에서는 구이가 주인이다. 결국 그 두 주인을 중심으로 공자는 「단전」을 풀어간 것이다. 크게 보면 아래의 주인은 중도를 잃지 않았고, 위의 주인은 중정함을 얻은 구오를 따르고 있다. 따라서 비록 민심이 흩어지고 있는 때이기는 하나 바른 도리로 임한다면 나쁘지 않고 나아가 형통할 수 있음을 알 수 있다.

'왕이 종묘를 세우는 데 지극히 하면[王假有廟]'에 대해서는 이미 모이는 때인 췌괘(萃卦)에서 살펴본 바 있다. 거기서 상세하게 풀었기 때문에 여기서는 『논어』 「학이」편에 나오는 증자(曾子)의 말만 다시 언급한다.

> (임금이) 부모님의 상을 삼가서 치르고 먼 조상까지도 잊지 않고 추모하면[愼終追遠] 백성의 백성다움이 두터운 데로 돌아갈 것이다[民德歸厚矣].

흥미로운 것은 췌괘에서 공자는 "왕이 종묘를 세우는 데 지극히 하면 효도를 다해 제사를 올리는 것이다"라고만 했는데 여기서는 '왕이 마침내 중(中)에 있는 것'이라고 풀었다. 췌괘는 모이는 때였고 지금은 흩어지는 때다. 정이의 풀이다.

> 세상 사람들이 흩어져 떠날 때 왕이 민심을 수습하고 화합시켜 종묘를 세우는 데 지극히 하면 이것이 곧 중(中)에 있는 것이다. '중에 있다'라는 것은 중도를 구하여 얻는 것이니, 민심을 통섭해 공고히 하는 것을 말한다. 중(中)이란 마음의 모습이다. "굳센 것이 와서 곤궁해지지 않고[剛來而不窮] 부드러운 것이 밖에서 자리를 얻어[柔得位乎外] 위와 함께하기

[上同] 때문이다"라고 했는데, 괘의 자질과 구조의 뜻이 모두 중을 위주로 하고 있다. 왕이 민심이 흩어지는 것을 해결하는 방도는 그 마음의 중심을 얻는 것에 달려 있을 뿐이다. 맹자는 "백성을 얻는 방법이 있으니 마음을 얻으면 백성을 얻는다"라고 했다. 상제에게 제사하고 종묘를 세우는 것은 민심이 돌아오고 따르는 것이다. 민심을 돌아오게 하는 방도 가운데 이보다 더 큰 것은 없으므로 '왕이 종묘를 세우는 데 지극히 하는 것'이라고 했다.

이어서 공자는 '나무를 타고서 공로를 이루는 것[乘木有功]'이라고 했다. 큰 강을 건넌다는 것은 위험을 감수하는 일이다. 수많은 어려움이 앞에 도사리고 있다. 그러나 공자는 나무를 타고서라도 건너야 함을 말한다. 큰 강을 나무에 의존해 건넌다는 것은 대단히 위험한 일이다. 그럼에도 환괘에서는 건너야 이롭다고 했다. 이 말은 환괘의 모양에서 나온 것이다. 나무를 상징하는 손괘가 위에 있고 물을 상징하는 감괘가 아래에 있기 때문이다. 그렇다고 아무나 아무 때나 나무를 타고 강을 건너서는 안 된다. '그 사람'과 '그때'라야 가능하다.

공자의 「상전(象傳)」을 살펴볼 차례다. 그중에 환괘를 총평한 「대상전」이다.

물 위로 바람이 부는 것[風行水上]이 환(渙)(이 드러난 모습)이니, 선왕(先王)은 그것을 갖고서 상제에 제사를 올리고 종묘를 세운다[風行水上渙 先王以 享于帝 立廟].

◉

물 위로 바람이 불어 물을 흩어지게 한다. 그것을 보면 뛰어난 임금은 민심이 흩어지는 것을 떠올려 근심하는 마음을 갖고서 그것을 다시 모으는 방안을 강구하게 된다. 그중에 가장 중요한 것은 마음을 한데 모아 상제에게 제사를 올리고 종묘를 세우는 것이라는 말이다.

이는 외형적인 의례(儀禮)를 강조하는 것이 아니다. 제사를 지낼 때의 마음이 중요하다. 거기에 조금이라도 엉뚱한 마음이 섞여서는 제사다운 제사일 수 없다. 『논어』 「팔일」편에 이를 명확하게 보여주는 사례들이 있다.

어떤 사람이 체제(禘祭)의 핵심 내용이 무엇이냐고 묻자 공자가 말했다.

"알지 못하겠다. 다만 그 핵심 내용을 아는 사람이 천하를 다스린다면, 그것은 여기에다 올려놓고 보는 것과 같을 것이다."

그러면서 손바닥을 가리켰다.

즉 하늘에 지내는 제사인 체제(禘祭)를 제대로 파악해 그 본뜻에 맞게 제사를 지낼 정도의 정신적 깊이를 가진 인물이 천하를 다스린다면 손바닥 들여다보듯 쉽게 다스릴 수 있다는 것이다. 이와 관련해서는 『중용』에 구체적인 표현이 있어 도움을 준다.

하늘에 지내는 제사[郊祭]와 땅에 지내는 제사[社祭]의 예는 상제(上帝)를 섬기는 것이고 종묘(宗廟)의 예는 (왕실의) 선조들에게 제사를 올리는 것이니, 교사(郊社)의 예에 밝고 체상(禘嘗)[430]의 뜻에 밝으면 나라를 다스리는 것은 손바닥 위에 놓고 보는 것처럼 쉬울 것이다.

그렇다면 과연 그 정신이 무엇이길래 그것을 아는 사람은 천하도 쉽게 다스릴 수 있는 것일까? 공자의 이런 대답들이 조금은 답답하다. 다만 이런 답답함을 어느 정도 풀어줄 수 있는 약간의 암시가 다음 구절에 나온다. 다시 「팔일」편이다.

(공자는) 제사를 지내실 적에는 (선조가) 계신 듯이 했으며[如在] 신을 제사 지낼 적에는 신이 계신 듯이 했다. 공자가 말했다. "내가 제사를 돕지 않으면 (나로서는) 제사를 지내지 않은 것과 같다."

즉 누가 있든 없든 늘 있는 듯이 여기는 '여재(如在)하는' 마음이 바로 환괘를 이해하는 열쇠가 된다. 이 마음을 좀 더 풀어낸 것이 바로 「학이」편의 다음 구절이다.

남들이 알아주지 않더라도 속으로 서운한 마음을 갖지 않는다면 진실로 군자가 아니겠는가?

---

430 체제(禘祭)는 봄제사이고 상제(嘗祭)는 가을제사이니, 곧 사계절 제사를 상징한다.

환괘의 여섯 효[六爻]에 대한 주공의 말을 풀이한 공자의 「소상전」이다.

초륙(初六)의 길함은 (때에) 고분고분하기 때문이다[初六之吉 順也].
(구이(九二)는) 흩어지는 때에 기댈 곳으로 달려가는 것은 바라는 바를 얻는 것이다[渙奔其机 得願也].
(육삼(六三)은) 그 몸이 흩어진다는 것은 뜻이 밖에 있기 때문이다[渙其躬 志在外也].
(육사(六四)는) 흩어지는 때에 무리를 이루는 것이니 으뜸으로 길하다는 것은 빛나고 큰 것이다[渙其群元吉 光大也].
(구오(九五)는) 왕의 자리에 어울리니 허물이 없다는 것은 바른 자리이기 때문이다[王居无咎正位也].
(상구(上九)는) 흩어지는 때에 그 피가 제거되는 것은 피해를 멀리하는 것이다[渙其血 遠害也].

◉

환괘의 맨 아래에 있는 음효에 대해 공자는 "초륙(初六)의 길함은 (때에) 고분고분하기 때문이다"라고 풀었다. 주공의 효사는 이렇다.

구제하려고 하는데[用拯] 말이 건장하니 길하다[用拯 馬壯 吉].

흩어지는 때인 환괘의 초륙은 음유의 자질로 양강의 자리에 있으니 자리가 바르지 않다. 구이와는 친밀하고[有比] 육사와는 호응 관계가 아니다. 앞서 명이괘(明夷卦)에도 용증마장길(用拯馬壯吉)이 나왔는데 그때는 '구원하는 말이 건장하면[用拯馬壯]'이라고 옮겼다. 문맥에 따른 것인데 그 뜻에서는 큰 차이가 없다. 정이의 풀이다.

초륙은 괘의 맨 처음에 자리했으니 (민심이) 흩어지기 시작하는 때다. 처음으로 흩어지려 할 때 구제하고 해결하려 하며 또 건장한 말을 얻으니, 그래서 길하다. 여섯 효 중에 오직 초효만이 '흩어진다[渙]'는 말을 하지 않았다. 그 이유는 흩어져 떠나는 형세를 마땅히 조기에 분별해야만 하는데, 막 흩어지려 하는 때에 구제하려고 노력하면 흩어져 떠나는 지경에까지는 이르지 않기 때문이다. 가르침이 깊다.

말은 사람들이 (달리는 데) 의지하는 동물이다. 건장한 말에 의지했으니 흩어진 민심을 수습할 수 있다. 말은 구이를 가리킨다. 구이는 강중(剛中)한 재능을 가지고 있고 초륙은 유순한데, 구이와 초륙은 모두 호응하는 자가 없으니 이처럼 호응하는 자가 없으면 구이와 초륙은 서로 친밀하게 관계하면서 서로를 구하게 된다. 초륙의 유순한 태도로 강중한 구이에게 의지해 흩어진 민심을 구원하기를 마치 건장한 말을 타고 먼 길을 가는 것과 같이 하니, 반드시 흩어진 민심을 해결할 수 있으므로 길하다. 흩어진 민심은 조기에 해결하려 힘쓰면 쉽게 해결할 수 있으니, 이는 바로 때의 순조로움 때문이다.

따라서 공자의 풀이에서 '고분고분하기 때문'이라는 말은 구이에 고분고분할 수 있고 동시에 때에 고분고분할 수 있기 때문이라고 봐야 한다. '고분고분함[順순]'은 이중적이라는 말이다.

민심이 흩어지는 것은 대체로 변란 등이 일어난 직후에 일어나는 현상이다. 동시에 새로운 리더십이 자리 잡지 못했을 때 민심은 흩어지게 마련이다. 환괘의 초륙은 바로 인조반정 직후 반정 세력이 다른 당파인 남인(南人)의 이원익(李元翼)을 불러올려 민심을 잡은 일에 해당한다. 이는 사람보다는 형세에 관한 판단이다. 앞서 본 대로 『인조실록』 1년 3월 16일 자는 거사가 성공한 직후의 한 모습을 이렇게 전하고 있다.

이원익을 영의정으로 삼았다. 원익은 충직하고 청백한 사람으로 선조(先朝)부터 정승으로 들어가 일국의 중망을 받았다. 혼조 시절 임해군의 옥사 때 맨 먼저 은혜를 온전히 하는 의리를 개진했고 폐모론이 한창일 때에 또 상차하여 효를 극진히 하는 도리를 극력 개진했으므로, 흉도들이 몹시 그를 미워하여 목숨을 보전하지 못할 뻔했다. 5년 동안 홍천(洪川)에 유배됐다가 전리에 방귀됐다. 이때에 와서 다시 수규(首揆-영의정)에 제수되니 조야가 모두 서로 경하했다. 상이 승지를 보내 재촉해 불러왔는데, 그가 도성으로 들어오는 날 도성 백성은 모두 머리를 조아리며 맞이했다.

반정 주도 세력에게는 이원익이 바로 건장한 말이었던 것이다.

환괘의 밑에서 두 번째 양효에 대해 공자는 "흩어지는 때에 기댈 곳으로 달려가는 것은 바라는 바를 얻는 것이다"라고 풀었다. 주공의 효사는 이렇다.

> 흩어지는 때에 기댈 곳으로 달려가면 뉘우침이 없어진다[渙奔其机 悔亡].

환괘의 구이는 양강의 자질로 음의 자리에 있으니 바르지 않고 위아래로 모두 친하지만, 구오와 호응 관계가 아니다. 아래에 있는 험난한 함정[坎=陷]의 가운데 있으니 좋지 못하다. 그래서 원래는 후회할 일이 있는 형국이다. 이런 상황에서 주공은 '기댈 곳으로 달려가라'라고 권고한 것이다. 정이의 풀이부터 보자.

> 여러 효에서 모두 흩어진다[渙]라고 말한 것은 (민심이) 뿔뿔이 흩어지는 때를 가리킨다. 흩어지고 떠나는[渙離] 때에 위험의 한가운데 처했으니, 뉘우침이 있으리라는 것을 알 수 있다. 만약에 편안한 곳[所安=机]으로 달려가면 뉘우침이 없어질 수 있다. 궤(机)란 구부려 기대어[俯憑] 편안한 곳이다. 구부려 기댄다는 것은 아래로 가는 것이다. 달려간다는 것은 빨리 가는 것이다. 구이와 초륙은 둘 다 자리가 바르지 않아 바른 관계는 아니지만 (민심이) 흩어지는 때에 두 사람은 모두 함께하는 사람이 없으므로, 음과 양이 서로 친밀하게 관계해 서로를 구해 의지하는 자다. 그러므로 구이의 입장에서는 초륙이 기댈 곳이 되고, 초륙의 입장에서는 구이가 말이 된다. 구이가 초륙에게 빨리 가서 안정을 이룬다면 뉘우침이 없어질 수가 있다. 초륙은 비록 위험한 감괘의 몸통에 속해 있기는 하지만 (구이처럼) 위험의 한복판에 있지는 않기 때문이다.
>
> 혹자는 의심해서 이렇게 말한다. "초륙은 유약한 자질에 미천한 지위를 가진 사람인데 어떻게 그에게 의지할 수 있는가?" 이렇게 답하겠다. (민심이) 흩어질 때는 힘을 합하는 것이 가장 우선시돼야 한다. 이전의 유학자들은 모두 구오를 기댈 곳으로 생각했는데 잘못이다. 이제 막 민심이 흩어지려고 할 때 구오와 구이 두 양효가 어떻게 힘을 합칠 수가 있겠는가? 의지할 곳이란 아래로 내려가는 것을 말한다.

공자는 이를 '기댈 곳으로 달려가는 것은 바라는 바를 얻는 것'이라고 풀었다. 바라는 바란 다름 아닌 위험한 곳에서 벗어나 안정을 얻는 것이다. 그렇게 해야만 뉘우칠 일도 없어진다.

흩어지는 때란 곧 공자가 말했던 방무도(邦無道), 즉 세상에 도리가 없어진 상황이다. 공자도 도리가 없는 세상을 벗어나 다른 곳으로 가고자 했다. 『논어』「공야장」편이다.

세상에 도리가 행해지지 않는다. 뗏목을 타고 바다를 건너갈까 한다.

물론 실제로 떠나려 했던 것은 아니다. 이런 세상일 때는 뜻을 안으로 하여 다움을 기르고[修德(수덕)=崇德(숭덕)] 도리를 닦는 것을 진심으로 즐기라[樂道(낙도)=安仁(안인)]는 것이 공자의 가르침이다. 그것이 바로 군자의 길이기도 하다. 즉 초륙을 그런 사람으로 볼 수도 있지만, 스스로를 안정시킬 수 있는 바른 도리라고 봐도 무방하다. 모두가 뿔뿔이 흩어지는 상황에 처해 자신이 편안하게 받아들이고 따를 수 있는 도리로 볼 수 있다는 말이다. 이런 삶을 보여준 것은 다름 아닌 백이숙제(伯夷叔齊)다. 『논어』「술이」편이다.

자공(子貢)이 "백이와 숙제는 어떤 사람입니까?"라고 묻자 공자는 "옛날의 뛰어난 사람[賢人(현인)]이었다"라고 답했다. 이에 자공이 두 사람에게 원망하거나 후회하는 마음[怨(원)=怨悔(원회)]은 없었느냐고 묻자 공자는 "어진 길을 추구하고[求仁(구인)] 마침내 어진 길을 얻었으니[得仁(득인)] 또 어찌 원망이 있었겠느냐"고 답했다.

백이와 숙제는 옛날 고죽국(孤竹國) 국왕의 아들이다. 국왕이 죽으면서 삼남인 숙제를 임금으로 세우라는 명을 남겼는데, 정작 아버지가 죽자 숙제는 백이에게 왕위를 양보했다. 이에 백이가 "아버지의 유명(遺命)"이라며 도망가자 숙제도 왕위에 오르지 않고 도망갔다. 결국 나라 사람들이 둘째 아들을 세웠다. 훗날 주나라 무왕(武王)이 상나라 주왕(紂王)을 정벌하자 백이와 숙제가 말고삐를 잡고 간했음에도 결국 상(商)나라(은나라)를 멸망시키자, 백이와 숙제는 주나라의 녹을 먹는 것을 부끄러워하며 주나라를 떠나 수양산에 숨어 들어가 살다가 끝내 굶어 죽었다. 이런 백이와 숙제에 대해 어떤 사람이냐고 묻자 공자는 뛰어난 사람이라고 했다.

이에 자공은 두 사람에게 원망하는 마음은 없었느냐고 물었고, 공자는 "어진 길을 추구하고 마침내 어진 길을 얻었으니 또 어찌 원망이나 후회가 있었겠느냐"고 답한다.

이에 대해서는 정약용의 풀이가 명확하고 상세하다.

원망이란 위로는 아비를 원망하고 아래로는 형제가 서로 원망하는 것이다. 어짊이란 인륜의 지선(至善)이다. 백이는 부자 사이에 그 분수 다하기를 구했고 숙제는 형제 사이에 그 분수 다하기를 구했으니 이것이 '어짊을 구하는[求仁]' 것이며, 마침내 그 뜻을 이루었으니 이것이 '어짊을 얻은[得仁]' 것이다. 어짊[仁]이란 천하의 지선이니, 어짊을 얻는 것은 나라를 얻는 것보다 좋은 일인데 또 어찌 원망하겠는가?

그래서 공자는 「계씨(季氏)」편에서 "숨어 지내면서 그 뜻을 구하고 의로운 바를 행하면서 그 도리에 통달해야 한다. 나는 그런 말만 들었고 그러한 사람은 보지 못했다"라고 했는데, 다름 아닌 백이숙제를 가리켜 한 말이다. 또 「미자」편에서 백이숙제를 이렇게 평했다.

> 그 뜻을 굽히지 않고 그 몸을 욕되게 하지 않은 것은 백이와 숙제일 것이다.

환괘의 밑에서 세 번째 음효에 대해 공자는 "그 몸이 흩어진다는 것은 뜻이 밖에 있기 때문이다"라고 풀었다.

육삼의 처지를 보면, 음유한 자질로 양강한 자리에 있으니 바르지 않고 구이와는 친밀한데 육사와는 친분이 없으며 맨 위의 상구와 호응하고 있다. 험한 괘의 맨 위에 있어 중도를 지나쳤다. 정이의 풀이다.

> 육삼은 흩어지는 때에 홀로 호응하는 사람도 있고 구이처럼 함께하는 사람도 있어 사람들과 헤어지는 뉘우침은 없다. 그러나 자질이 음유한 데다가 중정을 이루지 못한 채로 지위가 없는 윗자리에 있으니, 어찌 (민심이) 흩어지는 때의 문제를 해결해 사람들에게 좋은 영향을 미칠 수 있겠는가? 단지 그 몸에 그쳐서 자신만 후회가 없을 수 있을 뿐이다.

정이는 여기서 '뉘우침이 없다[无悔]'와 '뉘우침이 없어졌다[悔亡]'의 차이를 설명한다. 뉘우침이 없다는 것은 원래부터 뉘우칠 일이 없다는 것이고, 뉘우침이 없어졌다는 것은 원래 뉘우칠 일이 있었는데 잘 처신하고 대처해 그럴 일이 없어졌다는 말이다. 여기서는 '뉘우침이 없다[无悔]'고 했다. 어째서일까? 공자의 풀이, 즉 '뜻이 밖에 있기 때문'이라는 말 속에 그 답이 들어 있다. 육삼은 이미 현실 권력 밖으로 떠나간 상륙과 호응하고 있어 그 뜻이 현실 권력의 세계에 없음을 말하고 있는 것이다.

우리 역사에서는 생육신(生六臣)이 여기에 해당한다고 할 것이다. 그러면 상륙은 단종이 된다. 생육신이란 단종이 그 숙부 수양대군에게 왕위를 빼앗기자 세조에게 한 평생 벼슬하지 않고 단종을 위해 절의를 지킨 신하들을 지칭하는 말이다. 1456년(세조 2년) 단종의 복위를 도모하다가 죽은 사육신(死六臣)에 대칭해 생육신이라 했다. 곧 김시습·원호·이맹전·조려·성담수·남효온을 말한다.

김시습(金時習, 1435~1493)은 15세 되던 해에 어머니를 여의고 외가에 몸을 의탁했으나 3년이 채 못 돼 외숙모도 별세했고, 다시 상경했을 때는 아버지도 중병을 앓고 있었다. 이러한 가정적 역경 속에서 훈련원 도정(都正) 남효례(南孝禮)의 딸을 아내로 맞이했으나, 그의 앞길은 순탄하지 못했다. 이어 삼각산 중흥사(重興寺)에서 공부하다가 수양대군이 단종을 내몰고 왕위에 올랐다는 소식을 듣고 통분하여, 책을 태워버리고 중이 돼 이름을 설잠이라 하고 전국으로 방랑의 길을 떠났다. 북으로 안시향령(安市香嶺), 동으로 금강산과 오대산, 남으로 다도해(多島海)에 이르기까지 9년간 방랑하면서 『탕유관서록(宕遊關西錄)』·『탕유관동록(宕遊關東錄)』·『탕유호남록(宕遊湖南錄)』 등을 정리하여 그 후지(後志)를 썼다. 1463년(세조 9년) 효령대군(孝寧大君)의 권유로 잠시 세조의 불경 언해(佛經諺解) 사업을 도와 내불당(內佛堂)에서 교정 일을 보았다가 1465년(세조 11년) 다시 경주 남산에 금오산실(金鰲山室)을 짓고 입산했다. 2년 후 효령대군의 청으로 잠깐 원각사(圓覺寺) 낙성회에 참가한 일이 있으나, 누차 세조의 소명(召命)을 받고도 거절, 금오산실에서 한국 최초의 한문소설 『금오신화(金鰲新話)』를 지었고 『산거백영(山居百詠)』(1468)을 썼다. 이곳에서 6~7년을 보낸 후 다시 상경하여 성동(城東)에서 농사를 지으며 『산거백영』의 후지(後志-1476년)를 썼다. 1481년(성종 12년)에 환속(還俗), 안씨(安氏)를 아내로 맞이했다. 그러나 1483년 다시 서울을 등지고 방랑의 길을 나섰다가 충남 부여(扶餘)의 무량사(無量寺)에서 죽었다.

원호(元昊, ?~?)는 1423년(세종 5년) 문과에 급제하여 여러 청관현직(淸官顯職)을 차례로 지냈으며, 문종 때 집현전 직제학에 이르렀다. 1453년(단종 1년) 수양대군이 황보인·김종서 등의 대신을 죽이고 정권을 잡게 되자 병을 핑계로 향리 원주로 돌아가 은거했다. 1457년(세조 3년) 단종이 영월에 유배되자, 영월 서쪽에 집을 지어 이름을 관란재(觀瀾齋)라 했다. 강가에 나가서 시가를 읊기도 하고 혹은 집에서 글을 짓기도 하면서 아침저녁으로 멀리서 영월 쪽을 바라보고 눈물을 흘리며 임금을 사모했다. 단종이 죽자 삼년상을 입었고, 삼년상을 마친 뒤 고향인 원주에 돌아와 문밖을 나가지 않았다. 이로 인해 다른 사람들은 원호의 얼굴을 볼 수 없었다. 앉을 때 반드시 동쪽을 향해 앉고 누울 때는 반드시 동쪽으로 머리를 두었는데, 단종의 장릉(莊陵)이 자기 집의 동쪽에 있기 때문이다. 조카인 판서 원효연(元孝然)이 수행하는 종들을 물리치고 문밖에 와서 보기를 청했으나 끝내 거절했다. 세조가 특별히 호조참의에 임명해 불렀으나 응하지 않았으며, 한평생 단종을 그리다가 죽었다. 손자인 원숙강(元叔康)이 사관이 돼 직필로 화를 당하자, 자기의 저술과 소장(疏章)을 모두 꺼내어 불태운 후 아들들에게 다시는 글을 읽어 세상의 명리를 구하지 말라고 경계시켰다. 이 때문에 집안에는 기록이 남아 있지 않고 경력과 행적도 전하는 것이 없다.

이맹전(李孟專, 1392~1480)은 1427년(세종 9년) 문과에 급제했으며, 김숙자(金叔滋)·김종직(金宗直) 부자와 평생을 가까이 지냈다. 승문원 정자를 거쳐 1436년 정언에 임명되고, 얼마 뒤 거창현감이 됐는데 청렴결백하다는 평판을 받았다. 1453년(단종 1년) 수양대군이 단종을 보좌하는 황보인(皇甫仁)·김종서(金宗瑞) 등 대신을 죽이고 정권을 탈취해 시국이 소란해지자, 이듬해에 벼슬을 버리고 고향인 선산으로 돌아갔다. 귀머거리 소경이라 핑계하고는 은둔해 친한 친구마저 사절하고 30여 년이나 문밖에 나가지 않았다. 나이 90여 세에 죽었다.

조려(趙旅, 1420~1489)는 1453년(단종 1년) 성균관 진사가 돼 당시의 사림 사이에 명망이 높았으나, 1455년 단종이 세조에게 선위(禪位)하자 성균관에 있다가 함안으로 돌아와서 서산(西山) 아래에 살았는데, 이 서산을 후세 사람들이 백이산(伯夷山)이라고 불렀다. 그는 벼슬을 하지 않고 다만 시냇가에서 낚시질로 여생을 보냈기 때문에, 스스로 어계(漁溪)라 칭했다.

성담수(成聃壽, ?~?)는 천성이 조용하고 담박하여 세간의 명리에 욕심이 없었다. 1456년(세조 2년) 성삼문 등 사육신이 단종 복위를 도모하다가 실패하여 처형되자, 아버지 성희(成熺)도 친족이라는 이유로 연좌돼 혹독한 국문을 받고 김해에 안치됐다. 3년 뒤에 풀려나서 공주에 돌아왔으나, 마침내 충분(忠憤)으로 세상을 떠났다. 이 일에 충격을 받아, 진사에 합격했으나 벼슬을 단념하고 선영이 있는 파주의 문두리에 은거했다. 단종 복위와 관련된 죄인의 자제에게는 전례에 따라 참봉 벼슬을 제수하여 그들의 거취를 살폈는데, 모두가 고개를 숙이고 직역(職役)에 복무했으나 그만은 끝내 벼슬하지 않고 시와 낚시질로 소일했다.

남효온(南孝溫, 1454~1492)은 김종직의 문인이며 김굉필(金宏弼)·정여창(鄭汝昌) 등과 함께 수학했다. 인물됨이 영욕을 초탈하고 지향이 고상하여 세상의 사물에 얽매이지 않았다. 김종직이 이름을 부르지 않고 반드시 '우리 추강'이라 했을 만큼 존경했다 한다. 주계정(朱溪正)·이심원(李深源)·안응세(安應世) 등과 친교를 맺었다. 1478년(성종 9년) 성종이 자연재난으로 여러 신하에게 직언을 구하자 25세의 나이로 장문의 소를 올렸다. 그 내용은 다음과 같다. 첫째 남녀의 혼인을 제때 치르도록 할 것, 둘째 지방 수령을 신중히 선택, 임명하여 민폐의 제거에 힘쓸 것, 셋째 국가의 인재 등용을 신중히 하고 산림(山林)의 유일(遺逸-과거를 거치지 않고 높은 관직에 오를 수 있는 학식 높은 선비)도 등용할 것, 넷째 궁중의 모리 기관(謀利機關)인 내수사(內需司)를 혁파할 것, 다섯째 불교와 무당을 배척하여 사회를 정화할 것, 여섯째 학교 교육을 진작시킬 것, 일곱째 왕이 몸소 효제(孝悌)에 돈독하고 절검(節儉)하여 풍속을 바로잡을 것, 여덟째 문종의 비 현덕왕후(顯德王后)의 능인 소릉(昭陵)을 복위할 것 등이다. 소릉 복위는 세조 즉위와 그로 인해 배출된 공신의 명분을 직접 부정한 것으로서, 당시로서는 매우 모험적인 제안이었다. 이 때문에 훈구파(勳舊派)의 심한 반발을 사서 도승지 임사홍(任士洪), 영의정 정창손(鄭昌孫) 등이 국문할 것을 주장했다. 이 일로 인하여 정부 당국자들로부터 미움을 받게 됐고, 세상 사람들도 미친 선비로 지목했다.
1480년 어머니의 명령에 따라 마지못해 생원시에 응시, 합격했으나 그 뒤 다시 과거에 나가지 않았다. 김시습이 세상의 도의를 위해 계획을 세우도록 권했으나, 소릉이 복위된 뒤에 과거를 보겠다고 말했다. 당시는 세조를 옹립한 정난공신들이 집권하고 있었다. 그렇기 때문에 소릉 복위 주장은 용납되지 않았고, 그들은 남효온을 다른 명목으로 박해하려 했다.
그 뒤 벼슬을 단념하고 세상을 흘겨보면서, 가끔 바른말과 과격한 의론으로써 당시의 금기에 저촉하는 일을 조금도 꺼리지 않았다. 때로는 무악(毋岳)에 올라가 통곡하기도 하고, 남포(南浦)에서 낚시질하기도 했다. 또한 신영희(辛永禧)·홍유손(洪裕孫) 등과 죽림거사(竹林居士)를 맺어 술과 시로써 마음의 울분을 달랬다. 산수를 좋아하여 국내의 명승지에 발자취가 이르지 않은 곳이 없었다. 한편으로 "해와 달은 머리 위에 환하게 비치고, 귀신은 내 옆에서 내려다본다"라는 「경심재명(敬心齋銘)」을 지어 스스로를 깨우치기도 했다.

당시의 금기에 속한 박팽년(朴彭年)·성삼문(成三問)·하위지(河緯地)·이개(李塏)·유성원(柳誠源)·유응부(兪應孚) 등 6인이 단종을 위하여 사절(死節)한 사실을 『육신전(六臣傳)』이라는 이름으로 저술했다. 문인들이 장차 큰 화를 당할까 두려워 말렸지만, 죽는 것이 두려워 충신의 명성을 소멸시킬 수 없다 하여 『육신전』을 세상에 펴냈다. 죽은 뒤 1498년(연산군 4년) 무오사화 때, 김종직의 문인으로서 고담궤설(高談詭說)로 시국을 비방했다는 이유로 그 아들을 국문할 것을 청했다. 이듬해에는 윤필상(尹弼商) 등이 김종직을 미워한 나머지 그 문인이라는 이유를 들며 시문을 간행할 수 없다고 주장했다. 1504년 갑자사화 때, 소릉 복위를 상소한 것이 난신(亂臣)의 예에 해당한다고 하여 부관참시(剖棺斬屍)당했다.

환괘의 밑에서 네 번째 음효에 대해 공자는 "흩어지는 때에 무리를 이루는 것이니 으뜸으로 길하다는 것은 빛나고 큰 것이다"라고 풀었다. 주공의 효사는 좀 더 길다.

흩어지는 때에 무리를 이루는 것이니 으뜸으로 길하다. 흩어질 때 언덕처럼 (크게) 모이는 것은 보통 사람이 생각할 수 있는 바가 아니다[渙其群 元吉 渙有丘 匪夷所思].
환 기군 원길 환 유구 비 이 소사

육사는 부드러운 자질로 음유한 자리에 있어 바르고 육삼과는 친하지 않지만, 구오와는 친밀하며, 초륙과는 호응 관계가 아니다. 이 효는 이미 공자가 「단전」에서 중요하게 언급한 바 있다. 정이의 풀이다.

환괘의 육사와 구오 두 효는 의리상 서로 필요로 하는 것이어서 통합적으로 말했기 때문에 「단전」에서는 "위와 함께한다"라고 했다. 육사는 공손해 이치에 고분고분하고 바름을 지켜서 대신의 자리에 있고, 구오는 강중한 다움을 갖고서 바름을 지켜 군주의 자리에 있다. 군주와 신하가 힘을 합치고 굳센 사람과 부드러운 사람이 서로 협력해서 세상의 민심이 흩어지는 어려움에 대처한다.

흩어지는 때에 지나치게 강한 태도를 취하면 사람들을 회유해 모이게 할 수가 없고, 지나치게 유순한 태도를 취하면 사람들이 의지해 복종하도록 만들 수 없다. 육사는 공손해 이치에 순종하는 바른 도리를 가지고서 굳세면서도 중정을 이룬 군주를 보좌하니, 군주와

> 신하가 공을 함께하여 민심이 흩어진 위기를 해결할 수 있다. 천하의 민심이 흩어지는 때에 사람들이 무리 지어 모이도록 할 수 있다면 최고의 길함이라 할 수 있다.
>
> "흩어질 때 언덕처럼 (크게) 모이는 것은 보통 사람이 생각할 수 있는 바가 아니다"라는 것은 찬미하는 말이다. 언덕이란 크게 모이는 모습을 상징한다. 민심이 흩어지려는 때에 사람을 크게 모이게 할 수 있다면, 그 공로는 매우 크고 그 일은 매우 어려우며 그 작용은 매우 신묘한 것이다. 이(夷)는 평범한 보통의 사람[平常](평상)을 뜻하니, 보통 사람으로서는 생각해서 미칠 수 있는 바가 아니다. 크게 뛰어난 이[大賢](대현)가 아니라면 누가 이렇게 할 수 있겠는가?

공자가 앞부분만 풀이한 것도 뒷부분은 부연 설명으로 보았기 때문이다. 그러면 육사에 해당하는 역사적 인물은 누구일까? 두말할 것도 없이 당 태종을 보필했던 위징(魏徵, 580~643)이 그 첫째다. 이어 한나라 유방을 보좌해 한나라를 세운 장량(張良)도 빼놓을 수 없다. 조선의 경우에는 이성계를 도왔던 조준(趙浚, 1346~1405)이 이에 해당한다고 할 수 있다.

위징은 수나라 말 혼란기에 무양군승(武陽郡丞) 원보장(元寶藏)의 전서기(典書記)가 됐다가 원보장을 따라 이밀(李密)에게 귀순했다. 다시 이밀을 따라 당고조(唐高祖)에게 귀순해 고조의 장자 이건성(李建成)의 측근이 됐다. 비서승(秘書丞)이 돼 여양(黎陽)에서 이적(李勣) 등에게 항복을 권했다. 두건덕(竇建德)에게 포로로 잡혔다가, 두건덕이 패한 뒤 당나라로 돌아와 태자세마(太子洗馬)가 됐다. 황태자 이건성이 동생 이세민(李世民)과의 경쟁에서 패했지만, 그의 인격에 끌린 태종의 부름을 받고 간의대부(諫議大夫) 등의 요직을 역임한 뒤 나중에 재상으로 중용됐다. 평소 담력과 지략을 가져, 굽힐 줄 모르고 직간을 거듭해 황제의 분노를 샀지만 흔들림이 없었다. 정관(貞觀) 16년(642) 태자태사(太子太師)가 되고, 문하사(門下事) 일도 맡았다. 병으로 죽자 황제가 "무릇 구리로 거울을 만들면 의관을 단정히 할 수 있고, 옛날로 거울을 삼으면 흥망을 알 수 있으며, 사람으로 거울을 삼으면 득실을 밝힐 수 있다. 짐은 일찍이 이 세 가지를 가져 내 허물을 막을 수 있었다. 지금 위징이 세상을 떠나니 거울 하나를 잃어버렸도다"라며 애석해했다. 그가 한 말은 『정관정요(貞觀政要)』에 잘 나와 있다.

장량은 앞서 본 바 있다. 이어 우리 역사 속의 인물 조준을 살펴보자.

만일 조선 정승학(政丞學)이라는 학문이 만들어진다면 그 첫 번째 장은 논란의 여지 없이 조준이 차지할 것이다. 고려 말 혼란기에 태어났는데, 증조(曾祖)는 인규(仁規)로 영의정에 해당하는 문하시중(門下侍中)을 지냈고 아버지 덕유(德裕)는 호조판서에 해당하는 판도판서(版圖判書)를 지냈다. 뜻은 컸으나 벼슬에는 관심이 없었는데, 어머니 오씨(吳氏)가 하루는 새로 과거에 급제한 사람의 가갈(呵喝)을 보고 탄식해 말했다. 가갈이란 귀한 사람의 행차 때 길을 치우기 위해 "물렀거라!"라고 외치는 것이다.

"내 아들이 비록 많으나 한 사람도 급제한 자가 없으니 장차 어디에 쓸 것인가?"

이에 갑인년(甲寅年-1374년) 과거에 합격해 벼슬길에 들어섰다. 이해는 공민왕이 죽던 해다. 고려 말 대혼란기가 시작되고 있었다. 겸손한 성품에다 관리로서의 이재(吏才)도 뛰어났기에 빠른 승진을 거듭해 형조판서에 해당하는 전법판서(典法判書)에 올랐다. 우왕 9년이던 계해년(癸亥年-1383년) 밀직제학(密直提學)에 임명됐다. 조선 시대로 치자면 승정원 승지가 된 것이다. 그러나 가까이서 지켜본 우왕의 무능과 권간의 발호에 실망해 벼슬을 버린 채 우왕 말년까지 4년 동안 은둔 생활을 하면서, 경사(經史)를 공부하고 윤소종(尹紹宗)·조인옥(趙仁沃) 등과 교유하면서 세상을 관망했다. 이들은 뒤에 조선 건국에 음으로 양으로 기여하게 된다.

조준을 다시 세상으로 불러낸 것은 무진년(戊辰年-1388년)에 일어난 이성계의 위화도회군이었다. 이성계는 회군에 성공해 조정을 장악하고서 쌓인 폐단을 쓸어버리고 모든 정치를 일신(一新)하려고 했다. 이때 조준이 중망(重望)이 있다는 말을 듣고 불러들여 함께 일을 이야기해본 다음, 크게 기뻐하여 지밀직사사(知密直司事) 겸 사헌부 대사헌으로 발탁했다. 실록에 따르면 이성계는 조준에게 "크고 작은 일 없이 모두 물어서 했다"라고 한다. 조준도 감격해 "생각하고 아는 것이 있으면 말하지 아니함이 없었다"라고 기록하고 있다. 조준은 뜻도 컸지만 일에도 밝았다. 정치와 정책 모두에 능한 인물이었다.

조준은 정몽주 등과 함께 이성계의 뜻에 따라 창왕을 폐하고 공양왕을 세웠다. 신미년(辛未年-1391년) 문하부 찬성사로서 명나라에 성절사(聖節使)로 갔는데, 남경으로 가던 도중에 지금의 북경에 있던 연왕(燕王)을 만나보았다. 훗날 조카 혜제를 죽이고 황제가 되는 영락제(永樂帝)다. 조준은 당시 연왕을 만나보고 나와서 사람들에게 이렇게 말했다. "왕은 큰 뜻이 있으니 아마도 외번(外蕃)에 머물러 있지는 않을 것이다." 아주 흥미롭게도 이방원 역시 왕자로 있던 1394년(태조 3년) 정도전을 대신해 명나라에 갔는데, 그도 도중에 연왕을 만나고 나서 이렇게 말했다. "연왕은 왕으로 머물러 있을 인물이 아니다."

실록은 이방원이 명나라를 다녀온 후 어느 날 조준의 집을 방문한 이야기를 기록하고 있다. 조준은 이방원을 맞이해 술자리를 베풀고, 매우 삼가며 『대학연의(大學衍義)』를 선물하면서 이렇게 말한다. "이것을 읽으면 가히 나라를 만들 것입니다." 이 책은 송나라 진덕수가 지은 것으로 유학 최고의 제왕학(帝王學) 텍스트다. 조준이 이방원에게 이 책을 주었다는 것은 사실상 거사(擧事)를 준비하라는 암시나 마찬가지였다.

이야기는 다시 공양왕 때로 돌아간다. 정몽주가 우상(右相)으로 있으면서 공양왕을 받들어 이성계 세력을 제거하려 하면서 조준과는 다른 길을 가게 된다. 임신년(壬申年-1392년) 3월 정몽주는 이성계가 말에서 떨어져 위독한 틈을 타서 대간(臺諫)을 시켜 조준과 남은(南誾), 정도전, 윤소종, 남재(南在), 오사충(吳思忠), 조박(趙璞) 등을 탄핵해 모두 먼 외방으로 귀양 보냈다. 얼마 후에 이들을 수원부(水原府)로 잡아 올려서 극형에 처하려고 했다. 그러나 4월에 이방원이 조영규(趙英珪)를 시켜 정몽주를 살해하는 바람에 조준 등은 죽음을 면했다. 찬성사(贊成事)에 복직된 조준은 7월에 여러 장상(將相)을 거느리고 이성계를 추대했다. 얼마 후 이성계가 공신들을 불러 세자를 누구로 세울지 의견을 물었는데, 이 자리에서 조준은 다음과 같이 대답했다.

> 세상이 태평하면 적장자를 먼저 하고 세상이 어지러우면 공(功)이 있는 이를 먼저 하오니, 바라건대 다시 세 번 생각하소서.

이방원을 염두에 둔 발언이었다. 이때 왕비 강씨가 이를 엿듣고 우니, 그 우는 소리가 밖에까지 들렸다. 이성계가 조준에게 강씨 소생인 이방번의 이름을 쓰게 하자 조준은 땅에 엎드려 쓰지 않았다. 이성계는 강씨의 어린 아들 이방석(李芳碩)을 세자로 삼았다. 이때부터 정도전이 강씨와 손을 잡고 이방석의 후견인 역할을 했고, 조준은 그에 맞섰다.

정축년(丁丑年-1397년)에 명나라와 외교 문서로 인한 분쟁이 발생했다. 명나라에서는 그 문서를 지은 정도전을 잡아서 명나라로 보내라고 했다. 이때 삼군부판사(三軍府判事)로 있던 정도전은 병을 핑계로 가지 않고 오히려 요동 정벌론을 제기했다. 문제는 현실성이었다. 처음에는 정벌론이 힘을 얻었다. 심지어 정도전과 남은은 전하의 명이라며 조준의 집에까지 찾아와 "상감의 뜻이 이미 결정됐다"라고 했다. 당시 병으로 집에 있던 조준은 몸을 일으켜 이성계를 만나뵙고 불가의 뜻을 밝혔다. 무엇보다 "지금 천자(天子)가 밝고 선하여 당당(堂堂)한 천조(天朝)를 틈탈 곳이 없거늘, 극도로 지친 백성을 이끌고 불의(不義)의 일을 일으키면 패하지 않을 것을 어찌 기대하오리까?"라는 설득에 이성계는 정벌의 뜻을 접었다.

이성계는 묘하게도 정도전을 아꼈으면서도 그를 정승에 앉히지 않았다. 실록의 한 대목이다.

> 도전(道傳)이 또 준(浚)을 대신하여 정승(政丞)이 되려고 하여 남은과 함께 늘 태상왕(이성계)에게 준(浚)의 단점을 말했으나, 태상왕은 조준을 대접하기를 더욱 두텁게 했다.

이성계도 정도전은 정승감으로 보지 않았던 것이다. 1차 왕자의 난 때 이방원은 거사의 와중에 박포(朴苞)를 보내 조준을 부르고, 스스로 길에 나와서 맞았다. 훗날의 정종을 내세워 일단 이성계로부터 왕위를 넘겨받는 계책을 낸 장본인도 조준이다.

물론 태종 재위 기간 내내 가장 막강했던 정승은 하륜(河崙)이다. 그러나 여말 선초 그리고 태조·정종·태종으로 이어지는 격변기에 고비마다 태종 이방원을 뒷받침한 인물은 조준이었다. 지금 정도전 이야기는 많아도 조준 이야기는 거의 없는 것은 우리의 역사 인식 수준이 얕음을 드러내 보이는 것 이외에 아무것도 아니다.

정승은 인재를 골라 쓰는 자리다. 실록은 이렇게 증언한다. "다른 사람의 조그만 장점(長點)이라도 반드시 취(取)하고, 작은 허물은 묻어두었다."

그랬기에 태종은 그가 죽은 뒤에도 뛰어난 정승[賢相]을 평론할 때면 풍도(風度)와 기개(氣槪)는 반드시 조준을 으뜸으로 삼았고, 항상 "조 정승(趙政丞)"이라 칭했지 이름을 부르지 않았다고 한다.

환괘의 밑에서 다섯 번째 양효에 대해 공자는 "왕의 자리에 어울리니 허물이 없다는 것은 바른 자리이기 때문이다"라고 풀었다. 주공의 효사는 좀 더 길다.

> 흩어지는 때에 큰 호령을 몸에 땀이 나듯이 내리니, 흩어짐에 대처하는 것이 왕의 자리에

어울리니 허물이 없다[渙汗其大號 渙 王居 无咎].

효사의 비유가 흥미롭다. 구오의 처지를 보면, 양강의 자질로 양강한 자리에 있으니 바르고 손괘의 가운데 있으니 중정(中正)을 얻었다. 상구와는 친하지 않고 육사와는 친하며, 구이와는 호응 관계가 아니다. 여기서 중요한 관계는 앞서 본 대로 육사와 가깝게 맺어짐이다. 정이의 풀이다.

> 구오와 육사는 군주와 신하가 다움을 합치시켜[合德], 굳세면서도 중정을 이룬 방도와 공손하면서도 이치에 고분고분하는 방도로써 서로 흩어진 민심을 다스리는 데 그 마땅함을 얻었다. 오직 사람들의 마음에 깊이 스며들어 감동하는 것에 달려 있으니, 그렇게 한다면 사람들은 순종한다. 마땅히 호령을 내려 민심에 스며들기를 몸에서 땀이 나오듯이 할 수 있다면 신뢰하고 복종해 따를 것이다. 이렇게 하면 천하의 민심이 흩어진 상황을 해결하고 왕의 지위에 걸맞게 돼 허물이 없을 것이다.

큰 정치적 명령을 '몸에 땀이 나듯이'라고 한 것은 일단 명령이 나오면 다시 주워 담을 수 없음을 말한 것이다. 공자가 뒷부분을 지목해 '왕의 자리에 어울리니 허물이 없다는 것은 바른 자리이기 때문'이라고 한 것은 뭔가 비정상적인 상황을 비범한 방법으로 수습한 인물에게 정당성을 부여해주는 말이라고 볼 수 있다. '바른 자리'란 그 자리에 어울리는 다움[德]을 가진 사람이 그에 맞는 자리에 있게 됐음을 말한다. 한나라를 세운 유방이 그렇고, 당나라 때 형제의 난을 딛고 태평성대를 연 당 태종이 그러하며, 우리 역사의 경우 조선 태종이 그렇다. 하지만 조선 역사에서 정란이나 반정을 일으킨 세조·중종·인조가 거기에 해당되는 인물인지는 의문이다.

『숙종실록』 8년(1682) 11월 20일 자 기사는 구오뿐 아니라 환괘 전반을 이해하는 데 도움을 준다.

> 종묘에 고하고 교서(敎書)를 반포하여 도류(徒流-징역형과 유배형) 이하의 죄인들을 사면했으니, 허새(許璽, ?~1682)[431]를 토벌했기 때문이다. 그 교서(敎書)는 이러했다.
>
> "역모 사건이 서울과 지방에서 여러 차례 발생하여 멀고 가까운 곳이 놀라 소스라쳤으나,

형벌이 재빨리 흉도에게 가해져 신(神)과 사람들이 기뻐서 경하하고 있다. 이에 환호(渙號)[432]를 내려온 세상에 알리노라. 내가 외람되게 큰 기업(基業)을 이어받음으로부터 불행하게 비운이 거듭 닥쳐와서 권간(權奸)이 국권을 훔치려 들었으니, 어찌 차마 지난날의 위태로운 상황을 말로 표현할 수 있겠는가? 요얼(妖孼)이 때를 타고 일어나고 보잘것없는 무리가 세상에 가득 찼으니 통탄할 일이다. 비록 발각돼 정형(正刑)을 받는 자가 이미 많았으나 아직까지 숨어서 악행을 이어받으려는 자들이 줄지 않고 있어서 그릇된 소문이 퍼지기에 이르렀으니, 참으로 요사한 기운이 사라지지 않았음을 알겠노라.

역적 허새 따위들은 짐승 같은 성품에 서캐와 이 같은 미미한 자들이다. 감문(監門)[433]이라는 직책에 몸을 숨기고 은밀히 나라에 대한 원망의 뜻을 품고서, 계책을 세우고 무리를 지어 감히 활로 하늘을 쏘아 모욕하려고 획책했다.[434] 제 마음대로 부서(部署)를 베풀어놓고 거리낌 없이 세상을 날뛰려고 했으니, 궁궐을 불태우고 부고(府庫)를 불사르려 했다는 말은 그 속셈이 더욱 흉악하며, 장수를 살해하고 공경(公卿)을 죽이려 한 계책은 이미 장비까지 갖추고 있었고, 바닷가를 거짓으로 경계해야 한다고 한 것에 이르러서는 또한 호복(胡服)의 간계(奸計)[435]를 따른 것이며, 유배지(流配地)에 있는 종친(宗親)을 추대한다고 한 것은 진실로 예전의 방법을 도습한 것이다.

---

431 남인계 유생이다. 1680년(숙종 6년) 경신환국(庚申換局)으로 정권을 잡은 서인들은 남인들을 제거하기 위해 호시탐탐 기회를 노렸다. 1682년 숙종의 외척 김석주(金錫冑)는 우의정으로 호위대장(扈衛大將)을 겸직했는데, 김익훈(金益勳)과 함께 김환(金煥)·한수만(韓壽萬) 등을 부추겨 허새·허영(許瑛)·이덕주(李德周) 등 남인들이 반역을 꾀한다고 무고하도록 부추겼다. 김환과 한수만은 허새 등이 화약·화전(火箭)·흰옷 따위의 물건을 준비했으며, 군사를 일으켜 복평군(福平君)을 추대하고 대왕대비를 수렴청정하게 하려고 한다는 무고를 했다. 이로 말미암아 허새는 모반의 주동자로 몰려 허영과 함께 사형당했고, 관련된 남인들도 모두 처벌받았다. 1689년(숙종 15년) 기사환국(己巳換局)으로 남인이 정권을 잡은 후 무고임이 밝혀져 신원됐다.

432 환괘(渙卦) 구오효(九五爻)의 효사에 "흩어지는 때에 큰 호령을 몸에 땀이 나듯이 내리니"라고 한 데서 따온 말이다. 땀이 한 번 나면 다시 살갗으로 스며들지 않듯이 한 번 명이 내려지면 그것이 민간에까지 잘 전달돼 거역함 없이 시행됨을 이른 말인데, 전의돼 임금의 명을 나타내는 말로 사용됐다.

433 대궐문을 수비하는 일을 말한다.

434 중국 상(商)나라 임금 무을(武乙)의 고사(故事)다. 무을이 가죽 주머니를 만들어 피를 담아서는 그것을 천신(天神)처럼 우러르게 하고서 화살로 쏘아 맞혀 모욕을 주었다. 여기서의 하늘은 곧 임금의 대칭으로, 임금을 넘어뜨리려 한 것이란 말이다.

435 숙종 5년(1680)에 있었던 경신옥사(庚申獄事)로, 영의정 허적의 아들 허견(許堅)이 모반하면서 군사들에게 호복(胡服)을 입혀 궁중에 침입하려던 일을 가리킨다.

서울 근경의 수령(守令)들을 습격하여 일시에 군사를 일으키려 했다 하나, 저렇듯 작은 무리로써 어찌 능히 해낼 수 있는 일이겠는가? 그러나 독충에 쏘이는 것도 두려운 것이다. 군상(君上)을 안전하게 하려는 진상(陳狀)에 힘입어 망하라(莽何羅)[436]가 사로잡히게 되자 그들의 흉계가 공술서에 남김없이 드러나 추악한 무리가 날카로운 도끼 아래에 쓰러졌듯이, 이미 역적 허새 같은 무리인 허영(許瑛)이 붙잡혀서 법에 의하여 사형에 처해졌다. 난역(亂逆)은 크고 작은 차이가 없는데, 요행히 바로 토벌됐다. 사변(事變)이란 미세한 데서 발발하는 것이니 어찌 경계하여 두려워하기를 잊겠는가?

이미 신민(臣民)의 극(極)에 달한 분노를 쾌히 씻었으니, 마땅히 뇌우(雷雨) 같은 은택을 펴야 하겠다. 이달 21일 새벽 이전의 잡범(雜犯)과 사죄(死罪) 이하는 모두 죄를 용서하여주고, 벼슬자리에 있는 자에게는 각기 한 자급(資級)씩 올려주되 자궁(資窮)[437]인 자에게는 대가(代加)[438]토록 하라. 아! 역적의 난을 토벌하여 재앙이 움틈을 막았으니, 내가 어찌 그대로 있을 수 있겠는가? 덕음(德音)을 펴 선량한 기운을 이끌어 이제부터 새롭게 하리라. 그러므로 이에 교지를 내려 보이는 것이니, 반드시 내 마음을 짐작하리라 생각한다."

즉 환괘(渙卦)는 주로 변란과 관련이 돼 있는 것이다.

환괘의 맨 위에 있는 양효에 대해 공자는 "흩어지는 때에 그 피가 제거되는 것은 피해를 멀리하는 것이다"라고 풀었다. 주공의 효사는 이렇다.

흩어지는 때에 그 피가 제거되고 두려움에서 벗어나게 되면 허물이 없다[渙其血去 逖出 无咎].
(환 기 혈거 적출 무구)

---

436 한무제(漢武帝)의 총신(寵臣)이다. 친구인 강충(江充)이 태자를 무고했다가 사실이 밝혀져 처형되자 화가 미칠 것을 두려워해 황제의 조칙을 거짓으로 작성, 군대를 동원해서 이른 새벽 황제를 시해하려 했는데, 사전에 김일제(金日磾)에게 발각돼 결국 살해됐고 김일제는 봉후(封侯)됐다. 본래의 성(性)은 마씨(馬氏)였는데, 후한(後漢) 명덕마후(明德馬后)가 동성(同姓)인 것이 부끄럽다 하여 망씨로 고치게 했다.

437 품계(品階)가 다 돼 다시 올라갈 자급(資級)이 없는 것이다. 곧 당하관(堂下官)의 최고위(最高位)에 있는 것을 가리킨다.

438 자궁(資窮) 등의 이유로 자급을 올려줄 당자 대신에 아들·사위·아우·조카 등에게 자급을 올려주는 것을 말한다.

정이의 풀이다.

상구는 양강한 자질로 흩어지는 상황의 밖에 처해 그런 상황에서 벗어난 모습이다. 또 공손함의 끝(상괘의 맨 위)에 자리해 처한 상황의 이치에 고분고분하게 따를 수 있으므로, 만일 그 피를 제거하고 두려움에서 벗어날 수 있다면 허물이 없다고 했다.

피나 두려움은 모두 위험한 상황을 상징한다. 공자의 풀이는 여기에 초점을 맞췄다. 위험한 상황에서 벗어나는 방법이란 다름 아니라 스스로 '피해를 멀리하는 것[遠害(원해)]'뿐이라는 말이다. 반대로 피해를 당하는 것도 대부분 스스로 불러들인 것[自招(자초)]이다.

『논어』「헌문」편에 나오는 공자의 말은 이 상구를 받아들이는 지침이 될 것이다.

나라에 도리가 있을 때는 말이나 행동 모두 당당하게 하고[危言危行(위언 위행)], 나라에 도리가 없을 때는 행실은 당당하게 하되 말은 공손하게 해야 한다[危行言遜(위행 언손)].

나라에 도리가 있든 없든 몸가짐은 한결같이 당당하게 하되, 말은 도리가 있느냐 없느냐에 따라 조절할 수 있어야 군자라는 말이다.

60. 수택절(水澤節)[439]

절(節)은 형통하니 힘겨운 절제는 반듯할 수 없다.

節亨 苦節 不可貞.[440]
절 형 고절 불가 정

초구(初九)는 문밖의 뜰에 나가지 않으면 허물이 없다[不出門戶 无咎(불출 문호 무구)].

---

439 문자로는 감상태하(坎上兌下)라고 한다.

440 형정(亨貞)이 나온다.

구이(九二)는 문 안의 뜰에 나가지 않으니 흉하다[不出門庭 凶].

육삼(六三)은 절제하지 않으면 한탄하니 (허물을) 탓할 데가 없다[不節若則嗟若 无咎].

육사(六四)는 자연스럽게 절제하는 것이니 형통하다[安節 亨].

구오(九五)는 감미롭게 절제하니 길하고, (계속) 가면 기특함이 있다[甘節 吉 往 有尙].

상륙(上六)은 힘겹게 절제하니, 반듯해도 흉하고 뉘우치면 흉함이 없어진다[苦節 貞凶 悔 亡].

◉

절괘(節卦)의 초구(初九)는 양위에 양효로 바름[正位], 구이(九二)는 음위에 양효로 바르지 못함[不正位], 육삼(六三)은 양위에 음효로 바르지 못함, 육사(六四)는 음위에 음효로 바름[正位], 구오(九五)는 양위에 양효로 바름, 상륙(上六)은 음위에 음효로 바름이다. 이 괘의 경우는 환괘와 마찬가지로 구이는 중정을 얻지 못했고 구오는 중정을 얻었다.

대성괘 절괘(䷻)는 소성괘 감괘(坎卦, ☵)와 태괘(兌卦, ☱)가 위아래에 있어 만들어진 괘다. 「설괘전」에 따르면 '비[雨=水=坎]로 윤택하게 하고' '태(兌-못)로 기쁘게 한다'고 했다. 괘의 모양이 감(坎)이 위에 있고 태(兌)가 아래에 있다.

그러면 「서괘전」을 통해 왜 절괘가 환괘의 뒤를 이어받았는지 확인해보자.

> 환(渙)이란 헤어진다[離=離散]는 것이다. (그러나) 일이나 사물은 끝까지 흩어지거나 헤어져 있을 수는 없다. 그래서 환괘의 뒤를 절괘(節卦)로 받았다.
>
> 渙者 離也. 物不可以終離. 故受之以節.

일에는 반드시 절도가 있어야 한다. 좋은 게 좋다는 식으로 마냥 가서는 안 된다. 수택절괘(水澤節卦, ䷻)는 환괘와 종괘 관계로, 아래는 못을 나타내는 태괘(☱)이고 위는 물을 나타내는 감괘(☵)다. 못은 한없이 물을 다 담아주지 못한다. 가득 차면 더 받을래야 받아줄 수가 없다. 넘쳐도 안 되고 모자라지도 않도록 적정함을 유지해야 한다[中=中節]. 환괘(渙卦)와 절괘(節卦)를 함께 풀어내는 내용이 『논어』「학이」편에 나온다. 유자(有子)의 말이다.

> 예(禮)의 쓰임[用]은 화기(和氣)를 귀하게 여긴다. 옛 임금들의 도리도 바로 이런 예의 화기를 중요하게 생각했으니, 위아래 신하가 이로 말미암아 잘 행했다. (그러나) 해서는 안 되는 일이 있다. 화기만 알아서 조화나 화합에만 힘쓰고 예(體)로써 마디를 맺어주지[節之] 않는다면, 그런 예는 진실로 제대로 행해질 수 없다.

이번에는 「잡괘전」을 통해 환괘와 절괘의 관계를 짚어보자.

> 환(渙)은 떠나감[離]이요 절(節)은 오래 머묾[止]이다.

즉 절괘의 지(止)는 그냥 그치는 것이 아니라 거기에 오래 머무는 것이다. 이는 『대학』 삼강령 중의 하나인 지어지선(止於至善)과 그대로 통한다. 지극히 좋은 상태[至善]에 오래 머무는 것이기 때문이다. 한 마디로 사안에 적중한다는 말이다. 이런 상태에서 오래 머물 줄 알게 되면 그 후에 어떻게 되는지 『대학』은 이렇게 열거하고 있다.

> (가장 바람직한 상태에서) 오랫동안 머물 줄 알게 된[知止] 후에야 (뜻이 나아갈 방향이) 정해짐이 있고, 뜻의 방향이 정해지고 난 이후에야 능히 흔들림이 없는 마음을 갖게 되고, 마음의 흔들림이 없어진 후에야 능히 (어짊이나 도리를) 편안하게 여기게 되고, 어짊을 편안하게 여길 수[安仁] 있게 된 후에야 능히 심모원려를 할 수 있고, 심모원려를 할 수 있게 된 후에야 능히 (그에 어울리는 지위나 뜻했던 바를) 얻게 된다.
>
> 모든 일에는 근본과 곁가지가 있고 모든 일에는 끝과 시작이 있으니, 먼저 해야 할 것과 뒤에 해야 할 것을 잘 알고 있다면 도리에 보다 가까이 다가가게 될 것이다.
>
> 知止而後有定 定而後能靜 靜而後能安 安而後能慮 慮而後能得.
> 지지 이후 유정 정 이후 능정 정 이후 능안 안 이후 능려 려 이후 능득
>
> 物有本末 事有終始 知所先後 則近道矣.
> 물유 본말 사유 종시 지 소선후 즉근도의

이 큰 그림은 고스란히 『주역』의 흐름과도 일치한다.

문왕의 단사(彖辭), 즉 "절(節)은 형통하니 힘겨운 절제는 반듯할 수 없다[亨 苦節

不可貞]"에 대한 공자의 풀이[「彖傳」]를 살펴볼 차례다.

"절(節)은 형통하니"라는 것은 굳셈과 부드러움이 나뉘어[剛柔分] 굳셈이 적중함을 얻었기 때문이다[剛得中]. "힘겨운 절제는 반듯할 수 없다"라는 것은 그 도리가 궁색해지기[窮] 때문이다. 기뻐하면서 위험을 행하고[說以行險] 마땅한 지위로써 절제하고[當位以節] 중정(中正)함으로써 통한다[中正以通].
하늘과 땅이 절도를 갖춰[節] 사계절을 이뤄내듯이, 제도로써 절제해[節以制度] 재물을 상하지 않게 하고 백성을 해치지 않는다[不傷財 不害民].

節亨 剛柔分而剛得中.
苦節不可貞 其道窮也.
說以行險 當位以節 中正以通.
天地節而四時成 節以制度 不傷財 不害民.

◉

공자는 절괘가 이미 형통한 까닭을 밝힌다. '굳셈과 부드러움이 나뉘어[剛柔分] 굳셈이 적중함을 얻었기 때문[剛得中]'이라는 것이다. 이는 상괘와 하괘가 각각 양괘와 음괘로 나뉘고 위아래 모두 구이와 구오가 가운데 있음을 말한 것이다. 하지만 이 중에 중정(中正)을 얻은 것은 구오뿐이다. 따라서 여기서 말하는 적중한 굳셈은 구오만 가리키는 것으로 봐야 한다. 이 구절을 좀 더 풀이하면 이렇게 된다.

위에 있는 감괘(☵)는 원래는 곤괘(☷)였는데, 이는 모두 부드러움이기 때문에 부드러움이 지나친 것이고 절제함이 없다. 그런데 건괘(☰)의 가운데 양효가 곤괘로 옮겨와 감괘(☵)가 됨으로써 부드러움이 지나치게 되는 것을 조절하는 모양이 됐다는 말이다. 마찬가지로 아래에 있는 태괘(☱)는 원래는 건괘(☰)였는데, 이는 모두 굳셈이기 때문에 굳셈이 지나친 것이고 역시 절제함이 없다. 그런데 곤괘(☷)의 맨 위에 있는 음효가 건괘로 옮겨와 태괘(☱)가 됨으로써 굳셈이 지나치게 되는 것을 조절하는 모양이 됐다는 말이다.

이어서 "힘겨운 절제는 반듯할 수 없다는 것은 그 도리가 궁색해지기[窮] 때문이다"라고 했다. 이는 주희(朱熹)의 말대로 일의 이치[事理]가 그렇다는 말이다. 절제함이 극에 이르러 힘겨울 정도가 되면 굳세게 반듯함을 한결같이 유지한다는 것이 어려워져서 그 도리가 궁색해질 수밖에 없다는 말이다.

이어서 "기뻐하면서 위험을 행하고[說以行險] 마땅한 지위로써 절제하고[當位以節] 중정(中正)함으로써 통한다[中正以通]"라고 한 것은 위아래 괘의 뜻으로 풀어낸 것이다. 정이의 풀이다.

사람들은 기쁜 것에 대해서는 그칠 줄을 모르고, 어려움과 위험을 만나고서야 그칠 것을 생각한다. 그래서 기뻐하면서 그친다는 것이 절제의 의미를 갖게 되는 것이다. '마땅한 지위로써 절제하고[當位以節]'라고 했는데, 구오가 존귀한 지위에 있는 것이 마땅한 지위를 맡았다는 것이고 연못 위에서 절제가 있는 것이다. 마땅한 지위를 맡아 절제하니, 절제함을 주관하는 자다. 처신하는 데 중정(中正)의 도리를 얻으니, 절제하면 통할 수 있다. 중정을 이루면 통하고, 지나치면 괴롭다.

이어서 "하늘과 땅이 절도를 갖춰[節] 사계절을 이뤄내듯이, 제도로써 절제해[節以制度] 재물을 상하지 않게 하고 백성을 해치지 않는다[不傷財 不害民]"라고 했다. 이는 사람의 도리가 하늘과 땅의 이치를 본받아 공평무사할 때 재물을 풍요롭게 하고 백성을 보호한다는 말이다. 따라서 이때 제도란 예제(禮制)보다는 도량형(度量衡)에 가깝다.

『논어』「학이」편에 나오는 공자의 말은 절괘를 풀어내는 지침이 된다.

(제후의 나라인) 천승지국을 다스릴 때라도 재물을 쓸 때는 절도에 맞게 함으로써 백성을 사랑해야 한다[節用而愛人].

임금에게는 재물을 절도에 맞게 쓰고 절도에 따라 백성이 재물을 쓸 수 있게 해주는 것이 바로 백성을 사랑하는 것[愛人=仁]이다. 그렇지 못할 경우 어떻게 되는지의 사례 또한「안연」편에 실려 있다.

(노나라 임금) 애공(哀公)이 유약(有若)에게 물었다.

"올해는 기근으로 인해 나라의 재용이 부족하니 어떻게 하면 좋은가?"

유약이 말했다.

"어찌 철법(徹法-10분의 1세)을 쓰지 않습니까?"

이에 애공은 말했다.

"(지금 거두고 있는) 10분의 2도 내 오히려 부족한데 어떻게 그런 철법을 쓸 수 있겠는가?"

그러자 유약은 이렇게 답했다.

"백성의 양식이 족하면 군주가 누구와 더불어 부족할 것이며, 백성의 양식이 부족하면 군주는 누구와 더불어 족하겠습니까?"

특히 이 문제는 대단히 중요한데, 마침 내가 번역한 반고의 『한서』 「율력지(律曆志)」편 서두에 이에 관한 상세한 풀이가 나온다.

(『서경(書經)』) 「우서(虞書)」편에 이르기를 "마침내 율(律)과 도(度)와 양(量)과 형(衡)을 똑같이 했다"라고 했으니[441], 이는 먼 곳과 가까운 곳을 다 같이 하여[齊=同][442] 백성의 신뢰를 얻게 된 까닭이다. 복희(伏羲)가 8괘(卦)를 그려 그것으로 말미암아 수많은 경우의 수를 세운 이래 황제(黃帝), 요(堯)임금, 순(舜)임금에 이르면서 크게 갖춰졌다. 삼대(三代)는 옛날을 고찰하며[稽古][443] 법과 제도[法度]를 더욱 밝혔다.

주(周)나라가 쇠퇴하여 관(官)이 본령을 잃게 되자 공자(孔子)는 후세의 임금다운 임금을 위한 모범[後王之法]을 진술하여 말했다. "저울질과 계량을 신중하게 하고[謹權量] 법도를 깊이 살피며[審法度] 없어진 관직을 잘 복원하고[修廢官] 숨어 지내는 선비들을 들어 쓰면[擧逸民] 사방의 정치는 잘 행해질 것이다."[444]

---

441 안사고가 말했다. "「순전(舜典)」에 나오는 말로 중앙과 지방을 모두 가지런하게 통일시켰다는 말이다."

442 표준화했다는 말이다.

443 안사고가 말했다. "삼대란 하은주이며, 계(稽)란 고찰한다[考]는 뜻이다. 즉 옛일[古事]을 모범으로 삼기 위해 고찰하는 것을 말한다."

444 안사고가 말했다. "이는 『논어』(「요왈」편)에 실려 있는 공자의 말로, 옛날 제왕의 정치를 서술함으로써 후세에게 모범을 보인 것이다. 권(權)은 저울질하는 것이고 양(量)은 되와 말이다. 법도란 장척(丈尺)이다. 일민(逸民)이란 다움을 갖고서 숨어 지내는 사람이다."

한(漢)나라가 일어나자 북평후(北平侯) 장창(張蒼)이 율력(律曆)[445]의 일을 처음 정했고[首=始定], 효무제 때 악관(樂官)이 이를 상고하여 바로잡았다[考正].[446] (평제의) 원시(元始) 연간에 이르러 왕망(王莽)이 정권을 장악하자[乘政] 명예를 높이기 위해 천하에서 종률(鐘律)에 능통한 자 100여 명을 불러들여 희화(羲和)[447]·유흠(劉歆) 등을 시켜 세부 사항을 정리해 아뢰게 하니, 이는 율력에 관해 말한 것 중에서 가장 상세했다. 그래서 그중에서 거짓된 말[僞辭]을 깎아내고[删=削] 바른 뜻[正義]을 취해 이 편에 드러내었다.[448] (이하는 유흠의 설이다.)

첫째는 수를 갖추는 것[備數]이고, 둘째는 소리를 조화시키는 것[和聲]이고, 셋째는 잣대를 잘 살피는 것[審度]이고, 넷째는 계량을 바로 하는 것[嘉量=正量]이고, 다섯째는 저울추와 저울대를 바르게 하는 것[權衡]이다. 3으로 세고 5로 세어 바꾸니 그 수를 섞고 종합하여[參伍以變 錯綜其數][449], 그것을 옛일과 지금의 일에 비추어 상고하고 그것을 24가지 기운과 만물[氣物]에 비추어 징험하며 그것을 마음과 귀에 조화시키고 그것을 경전(經傳)에 비추어 고찰하면, 모두 그 실상을 얻게 돼 서로 화합하지 않는 바가 없게 된다.

수(數)란 일·십·백·천·만이며 산가지[筭]로 사물을 세는 것이고, 본성과 명[性命]의 이치에 고분고분한[順] 것이다. 서(書)에 이르기를 "그 산명(筭命)을 앞세워라"라고 했다.[450] 본래 황종(黃鐘)의 수에서 일어나 (자(子)의 수인) 1에서 시작해 그것에 (축(丑)의 수인) 3을 태우고[乘][451], 3에 3을 태워 그것을 쌓아가서[452] 십이진(十二辰-십이지)의 수를 쌓으면[歷=

---

445 원문은 율력(律歷)으로 돼 있는데, 역(歷)은 역(曆)과 통한다. 음율과 역법을 가리킨다.

446 안사고가 말했다. "다시 그 일을 질정(質正)했다는 뜻이다."

447 이는 원래 요임금이 천문 관찰을 위해 두었던 관직인데, 평제 때 왕망에 의해 다시 설치됐다. 작질은 2000석 관리였다.

448 안사고가 말했다. "반씨(班氏-반고)가 스스로 유흠(劉歆)의 뜻을 취해 이 지(志)를 지었다고 말하고 있는 것이다."

449 「계사상전(繫辭上傳)」에 나오는 말로, 시초점을 쳐서 괘를 구하는 방법이다.

450 안사고가 말했다. "서(書)란 『일서(逸書=逸周書)』다. 이는 임금다운 임금의 과업을 말하는 것으로, 먼저 산수(筭數)를 세움으로써 온갖 일을 명하라는 말이다."

451 곱한다는 뜻이다.

452 맹강(孟康)이 말했다. "황종(黃鐘)은 자(子)의 율(律)이며 자의 수는 1이다. 태극(泰極) 원기(元氣)는 3을 머금어 1이 되기 때문에 1이라는 수는 변하여 3이 되는 것이다." 율려는 12율의 양률(陽律)과 음려(陰呂)를 통틀어 일컫는 말이다. 12율은 1옥타브의 음정을 12개의 반음으로 나눈 것을 말하므로 1개의 율은 1개의 반음을 가리킨다. 12율은 황종(黃鍾)·대려(大呂)·태주(太簇)·협종(夾鍾)·고선(姑洗)·중려(仲呂)·유빈(蕤賓)·임종(林鍾)·이칙

積算] 17만 7147을 얻게 돼 오행의 수[五數]가 갖춰진다.[453] 이 산법(算法-筭法)을 쓰는 대나무는 지름[徑]이 1푼(分)[454], 길이가 6촌(寸)으로, 271개를 쓰면 6각형[六觚]을 이뤄 하나의 모양이 된다.

대나무의 지름은 건율(乾律)의 황종(黃鐘)의 1푼을 본뜬 것[象]이고, 길이는 곤려(坤呂)의 임종(林鐘)의 길이를 본뜬 것이다.[455] 그 수는 『주역』에 있는 "대연(大衍)의 수가 50이나 그 쓰는 바는 49다"[456]라는 것을 갖고서 양(陽)의 6효(爻)를 이루고 주위를 떠도는[周流] 6허(六虛)[457]의 상(象)을 얻는 것이다.[458] 무릇 역(歷)으로 미뤄 헤아려 율(律)을 만들어냈으니[459] 기물[器=器物]을 만들고 그림쇠로 원형을 그리고 곱자로 사각형을 그려내며[規圜矩方] 저울로 무게를 달고 저울대로 수평을 잡으며[權重衡平] 먹줄[繩]로 수직과 직선을 바로 재어, 깊은 곳을 파고들어 숨은 것을 찾아내며[探賾索隱][460] 깊은 곳에 있는 것을 갈고리로 끌어내어 먼 곳까지 다다르게 되니 쓰이지 않는 곳이 없다. (이리하여) 길고 짧은 것을 잴[度] 때면 가는 털

(夷則)·남려(南呂)·무역(無射)·응종(應鍾)의 순인데, 그중 홀수 번째의 음들, 즉 황종·태주·고선·유빈·이칙·무역을 양률 혹은 건율(乾律)이라 하고 나머지 짝수 음들을 음려 혹은 곤려(坤呂)라 한다. 그래서 엄밀하게는 6률 6려가 되는데, 모두 양기를 좇아 위아래가 통하기 때문에 합쳐서 12율이라 부르기도 한다.

453 맹강이 말했다. "처음 자의 수 1에 축의 수 3을 곱하고, 이어 나머지 십이지의 수만큼 계속 3을 곱해서 이 수를 얻은 것이다. 음양오행의 변화의 수는 여기에 다 갖춰지게 된다." 위 맹강의 설명을 도식화해보면 다음과 같다.

12진	자(子)	축(丑)	인(寅)	묘(卯)	진(辰)	사(巳)	오(午)	미(未)	신(申)	유(酉)	술(戌)	해(亥)
12진의 수	1	3	9	29	81	243	729	2187	6561	19683	59049	177147
·	자의 수 2에 축의 수 3을 곱하고, 계속해서 3을 곱해 나가 해에 이른다											

454 1촌의 10분의 1이다.

455 장안(張晏)이 말했다. "임종의 길이는 6촌이다." 위소(韋昭)가 말했다. "황종의 관(管)은 9촌인데, 촌을 10분의 1로 하여 그 1푼을 얻는다."

456 이는 「계사상전」에 나오는 말이다. 이에 대해 주희는 이렇게 풀이했다. "대연의 수가 50이라는 것은 하도(河圖)의 중궁(中宮)에 있는 천수(天數) 5를 가지고 지수(地數) 10을 곱하여[乘] 얻은 것이요, 점을 치는 데 씀에 있어서는 다만 49를 쓴다는 것은 이치와 형세의 그러함에서 나온 것이니 사람이 지혜와 힘으로 덜고 더할 수 있는 것[損益]이 아니다."

457 「계사하전(繫辭下傳)」에 나오는 말로 6효나 6위(位)와 같은 말이다.

458 맹강이 말했다. "49로 양 6효를 이뤄 건(乾)이 되고, 건의 책수(策數)가 216이니 이로써 6효가 이뤄져 주위를 떠도는 6허의 상이 된다."

459 장안이 말했다. "역의 12진(辰)을 미뤄 헤아림으로써 율려(律呂)를 만들어낸 것이다."

460 안사고가 말했다. "賾 또한 깊은 곳[深]이다. 索은 찾는 것[求]이다."

오라기[毫釐][461] 하나도 놓치지 않고, 많고 적은 것을 잴[量] 때면 극소량[圭撮[462]]이라도 놓치지 않으며, 가볍고 무거운 것을 잴[權] 때면 지극히 가벼운 것[黍絫[463]]이라도 놓치지 않는다. 일에서 실마리가 일어나고[紀] 십에서 합쳐지며[協] 백에서 길어지고[長] 천에서 커지며[大] 만에서 펴지니[衍], 그 법칙은 산술(算術)에 있다. 이를 천하에 널리 퍼트려 어릴 때부터 배우도록 했다. 그 직은 태사(太史)에 있으며 희화(羲和)가 그 일을 담당했다.[464]

공자의 「상전(象傳)」을 살펴볼 차례다. 그중에 절괘를 총평한 「대상전」이다.

연못 위에 물이 있는 것[澤上有水]이 절(節)(이 드러난 모습)이니, 군자(君子)는 그것을 갖고서 수(數)와 도(度)를 제정하며 다움과 일을 행하는 것을 토의한다[澤上有水節 君子以 制數度 議德行].

◉

연못이란 용량이 정해져 있다. 그 선을 넘으면 넘친다. 그래서 연못에 담긴 물을 보게 되면 군자는 절제함을 떠올리는 것이다. 그 절제함을 구체적으로 구현하는 것이 바로 도량형(度量衡)이다. 이에 대해서는 바로 앞에서 반고의 서술을 통해 충분히 보았다.

사물에 도량형을 적용해야 한다면, 사람의 다움과 일을 행함에도 마땅히 절제함이 있어야 한다. 절제의 의미가 이중적으로 쓰이고 있음을 알 수 있다. 다움이란 마음속에 갖춰진 것이고, 일을 행한다는 것은 그것을 일의 이치에 맞게 드러내는 것이다. 의(議)란 바로 그런 이치를 정확하게 찾아낸다는 뜻으로 봐야 한다. 이 점을 명확하게 보여주는 지침 두 가지가 『논어』에 실려 있다. 「태백(泰伯)」편에서 공자는 이렇게 말했다.

---

461 맹강이 말했다. "호(毫)는 토끼털[兎毫]이고, 10호(毫)가 1리(釐)가 된다."

462 용량의 단위다. 기장[黍] 64알이 1규(圭)이며, 4규가 1촬(撮)이다. 그것은 손가락 3개 정도의 양이다.

463 이 경우 絫를 맹강은 려(蠡)로 읽어야 한다고 했고, 안사고는 루(壘)로 읽어야 한다고 했다. 여기서는 본래의 음 '류'로 읽었다. 10서(黍)가 1류(絫)이며, 10류가 1수(銖-1냥의 24분의 1)다. 모두 무게 단위다.

464 삼대 때에 태사는 사관과 역관(曆官)의 장이었으며 희화는 역상(曆象)을 담당하는 관리였다.

공손하되 예가 없으면 수고롭고, 삼가되 예가 없으면 두렵고, 용맹하되 예가 없으면 위아래 없이 문란해질 수 있고, 곧되 예가 없으면 강퍅해진다[恭而無禮則勞 愼而無禮則葸 勇而無禮則亂 直而無禮則絞].

공손, 삼감, 용맹, 곧음이 다움[德]이라면, 그것을 행할 때 일의 이치[事理=禮]에 맞게 하라는 말이다. 「양화」편에서 공자는 표현을 조금 달리해 제자 자로에게 이렇게 말했다. 음미해보면 같은 문맥이다.

어짊을 좋아하기만 하고 (그에 필요한) 배움은 좋아하지 않는다면 그 폐단은 어리석게 된다는 것이다. 사람을 평하고 논하기를 좋아하기만 하고 배움은 좋아하지 않는다면 그 폐단은 쓸데없는 데 시간과 노력을 탕진하는 것이 된다. 신의라고 하여 하나만 잡고서 배움을 좋아하지 않는다면 그 폐단은 잔인해진다는 것이다. 곧은 것을 좋아하고 배우기를 좋아하지 않으면 그 폐단은 너무 급해진다는 것이다. 용맹을 좋아하기만 하고 배우기를 좋아하지 않으면 그 폐단은 어지러워진다는 것이다. 굳센 것을 좋아하기만 하고 배우기를 좋아하지 않으면 그 폐단은 경솔하게 된다는 것이다[好仁不好學其蔽也愚 好知不好學其蔽也蕩 好信不好學其蔽也賊 好直不好學其蔽也絞 好勇不好學其蔽也亂 好剛不好學其蔽也狂].

지나쳐서도 안 되고 모자라서도 안 되며[過猶不及], 정확히 적중해야[中] 오래갈 수 있다[庸=久=止].

절괘의 여섯 효[六爻]에 대한 주공의 말을 풀이한 공자의 「소상전」이다.

(초구(初九)는) 문밖의 뜰에 나가지 않지만 통함과 막힘[通塞]은 알아야 한다[不出門戶 知通塞也].

(구이(九二)는) 문 안의 뜰에 나가지 않아 흉한 것[不出門庭凶]은 때를 잃음[失時]이 지극히 심하기 때문이다[不出門庭凶 失時極也].

(육삼(六三)은) 절제하지 않아 한탄하는 것이니 더 이상 누구를 탓하겠는가[不節之嗟 又誰咎也]?

(육사(六四)는) 자연스럽게 절제해 형통한 것은 위의 도리[上道]를 받들기 때문이다[安節之亨

承上道也].

(구오(九五)는) 감미롭게 절제해 길한 것은 머물고 있는 자리[居位]가 중도를 이루었기 때문이다[甘節之吉 居位中也].

(상륙(上六)은) 힘겹게 절제하니 반듯해도 흉한 것은 그 도리가 궁색해졌기 때문이다[苦節貞凶 其道窮也].

◉

절괘의 맨 아래에 있는 양효에 대해 공자는 "문밖의 뜰에 나가지 않지만 통함과 막힘[通塞]은 알아야 한다"라고 풀었다. 주공의 효사는 이렇다.

문밖의 뜰에 나가지 않으면 허물이 없다[不出門戶 无咎].

절제해야 하는 때의 맨 처음에 있는 초구의 처지를 보면, 양강의 자질로 양강한 자리에 있으니 바르고 구이와는 친하지 않지만, 육사와 호응하고 있다. 정이의 풀이다.

양효로서 맨 아래에 있고 위에 다시 호응하는 자가 있으니 절제할 수 있는 자가 아니다. 또 절제하는 초기에 있으므로 신중하게 바른 도리를 지켜 문밖의 뜰에 나가지 않아야 허물이 없다고 경계한 것이다. 처음에는 굳게 정도를 지킬 수 있으나 끝에는 혹 변할 수 있다. 그래서 초기에 신중하게 삼가지 않으면 어떻게 좋은 결말이 있겠는가?

그런데 뭔가 두루뭉술하고 핵심을 찌르는 바가 없다. 다행히 이 효에 대해서는 「계사전」에서 공자가 아주 명백하게 풀이의 방향을 밝혀놓은 바 있다.

문밖의 뜰[戶庭]에 나가지 않으면 허물이 없다[无咎]. 공자가 말하기를 "어지러움[亂]이 생겨나는 것은 언어(言語)가 사다리[階=階梯]가 된다. 임금이 주도면밀하지 못하면[不密] (좋은) 신하를 잃게 되고[失臣], 신하가 주도면밀하지 못하면 몸을 잃게 된다[失身]. (특히) 기밀을 요하는 일[幾事]을 하면서 주도면밀하지 못하면 해로움이 이뤄지니, 이 때문에 군자는 신중하면서도 주도면밀하여[愼密=縝密] 함부로 말을 입 밖에 내지 않는다[不出]"라고 했다.

호정(戶庭)은 말을 하는 입의 비유였던 것이다. 이는 앞서 보았던 「학이」편의 "군자(혹은 군주)는 일을 할 때는 주도면밀하게 하고 말은 신중하게 해야 한다[敏於事而愼於言]"나 「이인」편의 "군자(혹은 군주)는 말은 어눌하게 하려 하고 행동은 주도면밀하게 하고자 해야 한다[欲訥於言而敏於行]"와 직접 통한다. 이때의 민(敏)은 '민첩하게'보다는 '빈틈없이 주도면밀하게'라고 봐야 한다.

이렇게 되면 공자의 풀이, 즉 "문밖의 뜰에 나가지 않지만 통함과 막힘[通塞]은 알아야 한다"라는 것은 입을 다물되 일의 시작과 끝, 진행 과정을 치밀하게 꿰뚫어보고 있어야 한다는 말이다. 일의 이치[事理]와 일의 형세[事勢]를 손바닥 보듯이 하지 않고서는 이런 과제를 떠맡을 수 없다. 조선의 태종이 하륜을 가리켜 "저 사람의 귀에 들어간 것은 쉬이 입으로 나오지 않는다"라고 평한 것이 바로 그것이다. 『논어』 「선진」편에서 공자가 뛰어난 제자 민자건(閔子騫)을 평하며 했던 말도 같은 문맥이다. "평소에는 말을 않지만 말을 했다 하면 반드시 도리에 적중한다[不言言必有中]."

절괘의 밑에서 두 번째 양효에 대해 공자는 "문 안의 뜰에 나가지 않아 흉한 것[不出門庭凶]은 때를 잃음[失時]이 지극히 심하기 때문이다"라고 풀었다.

절괘의 구이는 양강의 자질로 음유한 자리에 있으니 바르지 않고, 초구와는 친하지 않고 육삼과는 가깝다. 구오와는 같은 양효라 호응하지 않는다. 정이의 풀이부터 보자.

위로 구오의 굳세면서도 중정을 이룬 도리를 따라서 절제의 공로를 이룩할 수 없고, 사사롭게 친한 음유한 자에 얽매여 있으니, 이는 때를 잃은 것이 매우 심해서 흉하다. 때를 잃었다는 것은 곧 그 마땅한 바[所宜]를 잃은 것이다.

호정(戶庭)은 문밖의 뜰이고 문정(門庭)은 문 안의 뜰이라고 했다. 문정(門庭)은 명이괘(明夷卦)의 육사에 딱 한 번 등장한 표현이다. 거기서 "문 안의 뜰에 나오는 것이다[于出門庭]"라는 것에 대해 정이는 "혼암한 군주를 섬길 때 반드시 먼저 그 마음을 고혹시킨 다음에 밖에서 일을 행한다"라고 풀었다. 즉 문정을 임금의 마음에 대한 비유로 보았던 것이다. 여기서도 마찬가지다. '문 안의 뜰에 나가지 않아'라는 것은 구오의 군주와 마음을 합치지 않는다는 말이다.

정리하면 마땅히 나아가서 일을 해야 할 때이고 자질도 갖추고 있지만, 음의 자리에 얽매여 있고 음유한 육삼과 은밀하게 교결을 맺으니, 사사로운 이익이나 즐거움을 취하려다가 크게 흉한 꼴을 당하게 된다는 말이다. 나라에 도리가 있을 때[邦無道]는 나아가 제대로 뜻을 펼치는 것이 군자의 도리다. 『논어』「태백」편에 나오는 공자의 말은 정확히 구이에 대한 풀이로 삼을 만하다.

나라에 도리가 있을 때[邦有道] 가난하면서 또 천하기까지 한 것[貧且賤]은 부끄러운 일이다.

세상이 다스려지는데도 (세상으로 나아가) 행할 만한 도리가 없고 세상이 어지러운데도 지킬 만한 절의가 없으면 보잘것없는 사람이어서 선비가 될 수 없으니 부끄러운 일이라는 말이다. 「헌문」편에도 비슷한 말이 나온다.

나라에 도리가 살아 있어도 녹만 먹고 나라에 도리가 죽고 없어도 녹을 챙겨 먹는다면, 그것이 바로 부끄러운 일이다.

이 말은 원헌(原憲)이라는 고지식한 제자에게 공자가 해준 말이다. 원헌의 고집스러운 절개로 인해 그는 도리가 없을 때 녹(祿)을 먹는 것이 부끄러운 일이라는 것은 진실로 잘 알고 있었으나, 나라에 도리가 있을 때 녹만 먹는 것이 부끄러운 일이라는 것에 대해서는 제대로 알지 못했다. 다시 말해 "나라에 도리가 있을 때는 가난하고 또 천한 것이 부끄러운 일"이라는 사실은 모른 채 선비는 무조건 가난해야 한다는 고루한 의식에서 벗어나지 못하자, 공자가 원헌을 일깨워준 것이다. 이 점은 어쩌면 지금까지도 많은 사람이 공자의 생각을 오해하는 부분이기도 하다.

절괘의 밑에서 세 번째 음효에 대해 공자는 "절제하지 않아 한탄하는 것이니 더 이상 누구를 탓하겠는가?"라고 풀었다.

육삼의 처지를 보면 음유한 자질로 양강한 자리에 있으니 바르지 못하고, 기뻐하는 태괘의 맨 위에 있어 지나침이 있다. 구이와는 친하고 육사와는 친하지 못하며, 상륙과는 같은 음효라 호응 관계도 없다. 정이의 풀이다.

육삼은 중정을 이루지 못했고 굳센 자(구이)를 타고서 위험(상괘)에 가까이 처했으니, 실로 마땅히 허물이 있다. 그러나 부드럽고 고분고분해 화합하고 기뻐하니[和說(화열)], 만약에 스스로 절제해 마땅한 도리[義(의)]에 고분고분하다면 허물이 없을 수 있다. 그렇지 않으면 흉함과 허물이 반드시 찾아올 것이니, 손상을 입고서 한탄할 수 있다. 그래서 절제하지 않으면 한탄한다는 것이니, 자초한 것이므로 허물을 탓할 곳이 없다.

얼마든지 스스로 절제하면 기회가 있었는데 스스로 그것을 발로 차버린 꼴이니 누구도 탓할 수 없다는 말이다. 양녕대군(讓寧大君, 1394~1462)이 음탕한 짓을 일삼으며 아버지의 뜻을 어겨 세자 자리에서 쫓겨난 것이 전형적인 경우다. 한나라 때 소제(昭帝)가 붕(崩)하고 뒤를 이을 뻔했던 창읍왕도 그런 경우다. 반고의 『한서』 「곽광전(霍光傳)」편에 실린 창읍왕의 패망 이야기다.

원평(元平) 원년(元年)(BC 74) 소제(昭帝)가 붕(崩)했는데 후사가 없었다. 무제의 여섯 아들 중 광릉왕(廣陵王) 서(胥)만이 남아 있어, 여러 신하가 세워야 할 사람을 토의하니 모두 광릉왕을 지목했다. 왕은 본래 행실이 도리를 잃어 선제(先帝-소제)가 책봉하지 않았다. 곽광은 내심 불안했다. 한 낭관이 이런 글을 올렸다.
"주나라 태왕(太王)은 태백(太伯)을 폐하고 왕계(王季)를 세웠으며 문왕(文王)은 백읍고(伯邑考)를 버리고 무왕(武王)을 세웠으니[465], 오직 마땅한지가 중요하기 때문에 비록 윗사람을 폐하고 아랫사람을 세운다 해도 가능한 일입니다. 광릉왕은 종묘를 이어받을 수 없습니다."
이 글은 광의 뜻과 딱 맞았다. 광은 그 글을 승상 양창 등에게 보인 뒤 글을 올린 낭관을 뽑아 올려 구강군(九江郡) 태수로 삼고, 그날로 황태후의 조서를 받들어 대홍려(大鴻臚)의 일을 맡아보는 소부 사락성(史樂成)과 종정(宗正) 유덕(劉德), 광록대부 병길(丙吉), 중랑장 이한(利漢)을 파견해 창읍왕(昌邑王) 하(賀)를 맞아들였다.
하(賀)는 무제의 손자로 창읍애왕(昌邑哀王)의 아들이다. 장안에 도착한 창읍왕은 즉위하자마자 음란한 짓을 자행했다. 광은 크게 걱정하던 끝에 예전에 자신이 데리고 있었던 측

465 태백은 왕계의 형이고 백읍고는 문왕의 맏아들이다.

근 대사농 전연년(田延年)에게만 이 문제를 물었다. 연년이 말했다.

"장군께서는 나라의 주춧돌[柱石]입니다. 그 사람이 불가하다면 어찌하여 태후께 건의해[建白] 다시 뛰어난 이[賢]를 골라 세우지 않습니까?"

광이 물었다.

"그렇게 하고 싶지만, 옛날에도 일찍이 그런 일이 있었던가?"[466]

연년이 대답했다.

"이윤(伊尹)이 은나라의 재상으로 있을 때 태갑(太甲)을 내쫓아 종묘를 안정시키자 후세 사람들이 그의 충성스러움을 칭송했습니다. 장군께서 만약 그러한 일을 행하신다면 이는 진실로 한나라의 이윤이라 할 것입니다."

광은 마침내 연년을 급사중(給事中)으로 삼고 은밀하게 거기장군 장안세(張安世)와 계획을 세운[圖計] 다음에, 드디어 승상과 어사, 장군, 열후, 중(中) 2000석 관리, 대부, 박사(博士) 등을 불러들여 미앙궁에서 회의를 열었다. 광이 말했다.

"창읍왕은 행실이 도리에 어둡고 음란해[昏亂] 사직을 위태롭게 할까 두려우니 어찌하면 좋겠소?"

신하들은 모두 경악(驚愕)해 낯빛을 잃고[失色] 감히 아무도 말하지 못한 채 다만 "예, 예[唯唯]"라고만 할 뿐이었다. 전연년이 자리에서 일어나 앞에 나와서 칼자루를 만지며 말했다.

"선제께서 장군에게 어린 황제[幼孤]를 맡기고 천하를 넘기셨던 것은 장군의 충성심과 뛰어남[忠賢]이라면 능히 유씨(劉氏-황실)를 보전할 수 있다고 보셨기 때문입니다. 지금 백성이 솥의 물처럼 들끓어 사직이 장차 기울어지려 하고 있습니다. 게다가 한나라의 천자가 대대로 시호에 효(孝)라는 글자를 붙이는 것은, 천하가 장구하게 이어지게 함으로써 종묘의 신령들이 혈식(血食-제사 음식)을 받을 수 있게 함입니다. 만약에 한나라 황실[漢家]의 제사가 끊어지게 한다면 장군이 비록 죽더라도 무슨 면목으로 지하의 선제를 뵈올 수 있겠습니까? 오늘 이 토의는 일각의 망설임[旋踵]도 있어서는 안 됩니다. 여러 신하 가운데 답을 주저하는 자가 있다면 신이 칼로 베기를 청합니다."

광이 사죄하며 말했다.

---

466 곽광은 무장 출신이었기 때문에 학식이 충분하지 않았다. 그래서 물은 것이다.

"구경(九卿)께서 이 광을 탓하는 것은 지당합니다. 천하가 흉흉해 불안하면 광이 마땅히 어려움을 당하게 돼 있는 것입니다."

이에 회의에 참석한 신하들은 모두 머리를 조아려 말했다.

"모든 백성[萬姓]의 목숨이 장군께 달려 있으니 대장군의 명령만 따르겠습니다."

광은 즉시 여러 신하와 함께 태후를 알현해 창읍왕이 종묘를 이어받아서는 안 되는 사정[狀]을 갖추어 아뢰었다. 황태후는 이에 수레를 타고 미앙궁의 승명전(承明殿-황제가 글을 짓거나 선비를 접견하는 전각)에 가서[幸] 조서를 내려, 문지기들로 하여금 창읍에서 온 여러 신하를 궁 안에 들이지 말도록 했다. 왕(王-창읍왕)은 들어오고 태후는 돌아왔는데[467], (태후는) 수레를 타고 온실전(溫室殿)[468]으로 돌아가려고 했다. 태후궁의 환관들이 각기 궁궐 문을 한 짝씩 잡고 있다가 창읍왕이 궁궐에 들어오자 문을 닫아 창읍의 여러 신하가 들어올 수 없게 했다.

왕이 "무슨 짓인가?"라고 묻자 광이 무릎을 꿇고서 "황태후의 조서가 내려져 창읍의 여러 신하는 들이지 말라 하셨습니다"라고 답했다. 왕이 말했다.

"그런 일이라면 천천히 하면 되는 것이지 어찌 이렇게 사람을 놀라게 하는가?"

광은 창읍의 여러 신하를 모두 몰아내 금마문(金馬門-미앙궁의 문) 밖에 두었다. 거기장군 장안세는 우림군(羽林軍) 기병을 거느리고 200여 명을 포박해 모두 정위에 속한 조옥(詔獄-황제가 특별히 명을 내린 죄수를 감금·조사하는 감옥)에서 처리하게 했고, 소제 때에 시중과 중상시(中常侍-시중보다 높은 지위로 황제를 시종하는 직책)를 지낸 이들로 하여금 왕을 지키게 했다. 광이 좌우 사람들에게 타일렀다[勅].

"단단히 지켜라. 갑자기 돌아가시거나 자결하면 나는 천하를 저버리고 임금을 죽였다는 악명을 얻게 된다."

왕은 여전히 자신이 내쫓겨나게 돼 있다는 사실을 모른 채 좌우 사람들에게 말했다.

"내 옛 신하와 시종관이 무슨 죄가 있길래 대장군은 그들 모두를 포박했단 말인가?"

조금 후에 왕을 부르라는 태후의 조서가 있었다. 왕은 태후가 부른다는 말을 듣고 두려워

467 서로 엇갈려 만나지 못했다는 뜻이다.

468 겨울에 추위를 피하도록 만든 미앙궁과 장락궁의 전각을 말한다.

하며 "나에게 무슨 죄가 있어 부르시는 것인가?"라고 말했다.

태후는 구슬이 달린 저고리를 걸치고 화려한 차림을 하고서 무장(武帳)[469] 안에 앉아 있었고, 시종하는 수백 명 모두가 무기를 지녔으며 기문(期門)의 무사들도 창을 잡고 전각 아래에 줄지어 섰다. 신하들이 서열에 따라 전(殿)에 오르자 창읍왕을 불러 그 앞에 엎드려 조서를 듣도록 했다. 광과 신하들이 연명해 왕의 죄상을 상주했다. 상서령(尙書令)이 그것을 읽어 내려갔다.

"승상 신(臣) 양창(楊敞)[470], 대사마 대장군 신 곽광, 거기장군 신 장안세, 도료장군(度遼將軍) 신 범명우(范明友), 전장군 신 한증(韓增), 후장군 신 조충국(趙充國), 어사대부 신 채의(蔡誼), 의춘후(宜春侯) 신 왕담(王譚), 당도후(當塗侯) 신 위성(魏聖), 수도후(隨桃侯) 신 조창락(趙昌樂), 두후(杜侯) 신 복륙도기당(復陸屠耆堂), 태복 신 두연년, 태상(太常) 신 소창(蘇昌), 대사농 신 전연년, 종정 신 유덕, 소부 신 사락성, 정위 신 이광(李光), 집금오(執金吾) 신 이연수(李延壽), 대홍려 신 위현(韋賢), 좌풍익(左馮翊) 신 전광명(田廣明), 우부풍(右扶風) 신 주덕(周德), 장신소부(長信少府) 신 부가(傅嘉), 전속국 신 소무, 경보도위(京輔都尉) 신 조광한(趙廣漢), 사예교위(司隸校尉) 신 벽병(辟兵), 제리문학 광록대부(諸吏文學光祿大夫) 신 왕천(王遷), 신 송기(宋畸), 신 병길, 신 사(賜), 신 관(管), 신 승(勝), 신 량(梁), 신 장행(長幸), 신 하후승, 태중대부(太中大夫) 신 덕(德), 신 조앙은 죽음을 무릅쓰고[昧死]매사 황태후 폐하께 아룁니다.

신 창 등은 죽을죄를 지어 머리를 조아립니다. 천자께서 종묘를 영원토록 보전해 천하를 하나로 통치하기[總一]총일 위해서는 자효(慈孝)와 예의(禮儀)와 상벌(賞罰)을 근본으로 삼습니다. 효소황제(孝昭皇帝)께서는 일찍 천하를 버리시어[棄]기 후사가 없으셨기에 신 창 등이 의견을 나눠본 결과 예법에 이르기를 "후사가 되는 자가 바로 그의 아들이다"[471]라고 했으므로 창읍왕이 그 후사로 마땅하다고 하니, 종정과 대홍려, 광록대부를 보내 칙사의 예로 창읍왕을 모셔와 상주로 삼았습니다. (그러나 창읍왕은) 참최(斬縗-부친상의 상복)를 입고서도

---

469 황제가 궁전에 오를 때 쓰는 휘장으로, 그 안에 병기 5종을 설치했다.

470 원문에는 이름 창(敞)만 적혀 있는데, 편의상 성과 이름을 함께 썼다. 성명은 안사고의 주에 따랐다. 성을 모르는 경우 이름만 밝혔다.

471 『춘추공양전(春秋公羊傳)』 성공(成公) 15년조에 나온다.

슬퍼하는 마음이 없이 예의를 내팽개치고 장안으로 오는 도중에도 소식(素食)[472]하지 않았으며, 시종하는 자를 시켜 민간의 여자를 약탈해 의거(衣車)[473]에 태우고서 역참의 객사에 들게 했습니다.

처음에 이르러 황태후를 뵙고서 황태자로 세워졌습니다만 늘 남몰래 닭이나 돼지고기를 사서 먹고, 소제의 영구 앞에서 황제의 신새(信璽)와 행새(行璽)를 받아들고 거상(居喪)하는 곳에 이르러서는 봉함을 풀어 옥새를 보고 원래대로 봉해놓지 않았습니다. 시종을 시켜 부절(符節)을 지니고 가 창읍에서 시종하던 관리와 말을 관리하는 관원, 관노 등 200여 명을 데려다가 늘 궁궐 안에서 함께 거처하며 놀았습니다. 그래서 왕 스스로 황제의 부절과 옥새를 보관하는 곳으로 칙사의 지팡이를 가지러 간 것이 16차례이며, 아침저녁으로 곡할 때도 시종하는 관리를 시켜 칙사의 지팡이를 들고 따르게 했습니다. 또 이런 편지도 썼습니다.

'황제는 시중(侍中-창읍 때의 시중)과 군경(君卿)에게 말하노라. 중어부령(中御府令) 고창(高昌)을 보내 황금 1000근을 하사하니 군경은 이것으로 아내 10명을 얻도록 하라.'

돌아가신 소제의 영구[大行(대행)]가 앞 대궐에 모셔져 있건만, 악부(樂府-궁궐의 음악을 관장하던 관서)의 악기를 꺼내서 창읍의 악공을 불러들여 북치고 노래하고 피리를 불며 배우들을 놀게 했습니다. 장례를 마치고 돌아온 뒤에도 영구가 모셔져 있던 전에 올라 쇠북과 경쇠를 연주했고, 태일신(泰壹神)을 제사하는 악공과 종묘에 제사하는 악공을 연도(輦道-천자 전용 도로)와 모수(牟首-각도(閣道)를 가리킨다)에 불러들여 노래하고 춤추며 갖가지 악기를 다 연주하게 시켰습니다.

장안주(長安廚-황제의 부식을 담당하는 경조부의 관청)에서 세 가지 태뢰(太牢)를 가져다가 각실(閣室-각도(閣道)에 있는 방)에서 제사를 드린 다음, 제사를 마치자 시종하는 관리들과 술을 마시고 고기를 씹었습니다[飮啖(음담)]. 법가(法駕)[474]에 피헌(皮軒-호랑이 가죽으로 휘장을 친 수레로 법가의 일부)과 난기(鸞旗-깃발의 일종으로 수레의 사방을 두른 법가의 일부)를 달고서 북궁(北宮)과 계궁(桂宮)을 내달려 멧돼지와 장난하고 호랑이를 싸우게 하는 놀이를 했습니다.

황태후께서 타시는 작은 마차를 끌고 와서 관노를 작은 말에 태우고 액정(掖庭-비빈(妃嬪)

---

472 상주는 과일과 마른 음식 등 조리하지 않은 음식을 먹는 것이 예법이다.

473 앞에는 창문, 뒤에는 휘장이 있어 몸을 숨길 수 있는 수레로, 부녀자나 의복을 운반하는 수레다.

474 황제가 교외에 나가 하늘에 제사를 드릴 때 타는 수레로, 평상시에는 마음대로 타지 못한다.

과 궁녀들이 거처하는 궁궐)에서 놀게 시켰고, 소제의 궁녀인 몽(蒙) 등과 음란한 짓을 벌이고는 액정령에게 명해 감히 한 마디라도 누설하면 허리를 베는 형[要斬(요참)=腰斬(요참)]에 처하겠다고 협박했습니다."

태후가 말했다.

"그만하라! 선제의 신하와 아들이 돼 이렇게 패역하고 난잡한 짓[悖亂(패란)]을 할 수 있단 말이냐!"

왕이 자리를 떠나 엎드렸다. 상서령이 다시 읽어 내려갔다.

"제후와 왕, 열후, 2000석의 인끈 및 묵수(墨綬), 황수(黃綬)를 가져다가 창읍에서 온 낭과 환관, 면천(免賤)된 종에게 채워주기도 했습니다. 부절의 노란색 술을 붉은색으로 바꾸게 했습니다. 궁중 창고에 보관한 황금과 돈, 도검(刀劍), 옥기(玉器), 채색 비단 등을 꺼내 같이 노는 자들에게 상으로 주었습니다. 시종하는 관리 및 관노들과 더불어 밤에 술을 마셔 엉망으로 취했습니다. 태관(太官)에게 조서를 내려 천자에게 바치는 음식을 전과 같이 올리게 했습니다. 식감(食監-황제의 음식을 관할하는 환관)이 상복을 벗기 전에는 전과 같이 음식을 들지 못한다고 아뢰자, 다시 태관에게 명해 빨리 음식을 갖추어 올리되 식감을 거치지 말라고 했습니다. 태관이 감히 음식을 갖추어 올리지 못하자 즉시 시종관으로 하여금 궁을 나가 닭과 돼지를 사서 궁전의 문지기에게 들여보내게 한 뒤 이를 상례로 삼으라고 했습니다.

밤에 홀로 온실전에서 아홉 사람의 시중 드는 사람들을 세워놓고 자형과 창읍관내후(昌邑關內侯)를 불러보았습니다. 조종(祖宗)의 제사도 아직 받들지 않았는데 옥새를 찍은 편지를 써서 사자를 시켜, 칙사의 지팡이를 가지고 가서 세 가지 태뢰로 창읍애왕(昌邑哀王)의 원묘(園廟)에 제사를 드리게 하고 사자황제(嗣子皇帝)라고 칭했습니다.[475] 옥새를 받은 지 불과 27일 동안 칙사의 지팡이를 가진 사자를 여기저기 많은 관서에 보내 칙명으로 물건을 징발한 것이 1127건입니다. 문학광록대부(文學光祿大夫) 하후승 등과 시중 부가(傅嘉)가 잘못된 점을 수차례 간언하다가, 승은 조서로 위협받아 질책당했고 가는 투옥됐습니다. 왕의 음란과 광기는 제왕의 예법을 벗어나 한 나라의 제도를 어지럽혔습니다. 신 창 등이 여러 차례 간언을 드렸습니다만 바꾸기는커녕 날이 갈수록 더 심해지니, 사직이 위태로워지고 천하가 불안해질까 두렵습니다.

---

475 창읍왕은 황제로 세워졌기 때문에 예법상 한나라 종묘에 제사를 먼저 지내야 하며, 친아버지인 창읍애왕에게 먼저 제사를 지낼 수 없다. 소제의 아들 신분으로 황제가 됐기 때문에 창읍애왕에게 사자황제라는 칭호를 쓸 수 없다.

신 창 등이 삼가 박사 신 공패(孔霸), 신 준사(雋舍), 신 덕(德), 신 우사(虞舍), 신 사(射), 신 후창(后倉) 등과 토의했더니 모두 이렇게 말했습니다.

'고황제(高皇帝)께서 큰 공업(功業)을 세워 한 나라의 태조(太祖)가 되셨고, 효문황제(孝文皇帝)께서는 자애와 인자함, 절도와 검소함으로 태종(太宗)이 되셨습니다. 지금 폐하께서는 효소황제의 뒤를 이은 몸으로 행실이 음란하고 사악해 도리를 벗어났습니다. 『시경(詩經)』에 이르기를 "아직 세상 물정을 모른다고 하나 그래도 이미 아들을 안고 있도다[借曰未知亦旣抱子]"[476]라고 했고, 다섯 가지 죄 가운데 불효보다 큰 것은 없습니다. 주(周)나라 양왕(襄王)이 어머니를 제대로 섬기지 못하자 『춘추(春秋)』에 이르기를 "천왕(天王)이 정(鄭)나라에 나가 계셨다[出居]"[477]라고 썼습니다. 불효로 인해서 경사를 떠나 천하 백성한테 절연을 당했기 때문입니다. 종묘는 한 사람의 임금보다 무거운데, 폐하(창읍왕)께서는 아직 태조 고황제의 사당을 알현해 명을 받지 못했으므로 하늘의 질서를 받들어 종묘를 섬기고 만백성을 아들처럼 통치할 수 없으니 마땅히 내쫓아야 합니다.'

신이 청하옵건대 담당 관리인 어사대부 신 채의, 종정 신 유덕, 태상 신 소창과 태축(太祝) 등으로 하여금 한 가지 태뢰를 갖추게 해 고황제의 사당에 고해야 합니다. 신 창 등은 죽음을 무릅쓰고 말씀 올렸습니다."

황태후가 "그리하라!"라고 조서를 내렸다. 광은 왕에게 일어나서 예를 갖춰 조서를 받들도록 시키자 왕이 말했다.

"천자에게 간쟁하는 신하 일곱이 있으면 무도(無道)해도 천하를 잃지 않는다고 들었건만."[478]

광이 말했다.

"황태후께서 내쫓으라 명하셨거늘 어찌 천자란 말이오?"

(사람들이) 왕에게 몰려들어 그의 손을 붙잡고 옥새의 인끈을 풀어서 태후에게 바친 뒤 왕을 부축해 전에서 내려가 금마문(金馬門)으로 내보내자 많은 신하가 따라가며 전송했다.

---

476 「대아(大雅)·억(抑)」편에 나오는 구절이다.

477 주나라 양왕의 계모 혜후(惠后)는 자신이 나은 아들 숙대(叔帶)를 천자로 세우고 싶어 했다. 그래서 양왕이 천자가 되자 숙대는 오래도록 국외로 떠돌아다녀야 했다. 양왕 16년, 흉노족과 결탁한 숙대가 주나라를 공격하자 양왕은 핍박을 패해 도망쳐 정나라에 이르렀다. 『춘추』의 이 말은 희공(僖公) 24년(BC 636)에 나온다.

478 『효경(孝經)』「간쟁(諫諍)」편에 나오는 구절이다.

왕이 서쪽을 향해 절하고 "내가 어리석고 못나서 한 나라의 국사를 맡지 못하는구나"라고 말한 뒤 천자의 시종꾼 수레[副車]에 올라탔다.
부거

절괘의 밑에서 네 번째 음효에 대해 공자는 "자연스럽게 절제해 형통한 것은 위의 도리[上道]를 받들기 때문이다"라고 풀었다.
상도

육사는 부드러운 자질로 부드러운 자리에 있으니 바르고 육삼과는 친하지 않지만, 구오와 가깝다. 또 초구와도 호응 관계이니 여러 가지로 좋다. 정이의 풀이다.

육사는 굳세면서 중정을 이룬 구오의 도리를 고분고분 따르며 받드니, 이것이 중정함으로써 절제하는 것이다. 음의 자질로 음의 위치에 있어 바른 도리에 편안하니[安於正] 절제함이 있는 모습이고, 아래로 초구에 호응한다. 육사는 감괘의 몸체에 있으니 물에 해당한다. 물이 위로 넘치는 것은 절제가 없는 것이고, 아래로 흘러내리는 것은 절제가 있는 것이다. 육사와 같은 사람의 마땅한 의리는 억지로 절제하는 것이 아니라 절제함에 편안한 것이니 형통함에 이를 수 있다. 절제는 우러나서 편안하게 하는 것이 가장 좋다. 억지로 절제하면서 스스로를 지키려고 애를 써서 안정을 이루지 못하면 오래도록 지속할[常] 수가 없으니, 어찌 형통할 수 있겠는가?
안어 정
상

즉 위에 있는 구오를 받드는 마음이 억지스러움이 없고 우러나서 하는 편안함이기에 형통할 수 있다는 것이다. 이는 『논어』「이인」편에 나오는 안인(安仁)과 이인(利仁)의 차이를 통해 좀 더 분명하게 알 수 있다.

어질지 못한 사람은 (도리를 통해 자신을) 다잡는 데 오랫동안 처해 있을 수 없고, 좋은 것을 즐기는 데도 오랫동안 처해 있을 수 없다. 어진 자는 어짊[仁]을 편안하게 여기고, 사리를 아는 자는 어짊을 이롭게 여긴다[不仁者 不可以久處約 不可以長處樂 仁者安仁 知者利仁].
인
불인자 불가 이 구 처약 불가 이 장 처락 인자 안인 지자 이인

여기에는 오래도록 지속함[久=長=常]의 문제도 고스란히 녹아들어 있다. 조선의 재상 중에 절괘의 육사에 가까웠던 인물로는 맹사성(孟思誠)을 빼놓을 수 없다.
구 장 상

흔히 여말 선초(麗末鮮初)를 격변기라 한다. 그래서 그 시기를 통과하는 과정에서

대부분 사대부는 아무래도 영욕을 겪을 수밖에 없었다. 그런데 1360년생인 맹사성은 당대의 실력자 최영(崔瑩)의 손녀사위이기도 했지만 별다른 파란을 만나지 않았다. 우왕 12년(1386)에 문과에 급제한 맹사성은 차곡차곡 진급을 거듭했고, 조선이 건국되고도 태조 때 예조의랑(禮曹議郎)을 지냈고 정종 때는 주로 간언을 맡는 직책에 있었다. 태종 때는 좌사간을 거쳐 동부대언, 이조참의를 지낸다.

그는 오로지 관리의 바른길을 걷는 사람일 뿐, 시세(時勢)에 곁눈질하는 사람이 아니었다. 그러다 보니 오히려 직무 수행으로 인해 죽을고를 넘기는 일은 있었다. 1408년 사헌부 대사헌에 오른 그는, 태종의 딸 경정공주(慶貞公主)와 혼인한 평양군(平壤君) 조대림(趙大臨)이 잠시 역모의 혐의를 받고 있을 때 왕에게 보고도 하지 않고 잡아다가 고문했다. 조대림은 태종이 가장 신뢰했던 재상(宰相) 조준의 아들이기도 했다. 처음에는 태종도 조대림을 의심했다가, 진행 과정을 면밀히 지켜보면서 목인해라는 자의 농간에 조대림이 놀아난 것이라는 것을 파악하고서는 상황을 즐기고 있던 터였다. 즉 태종으로서는 사위 조대림을 처벌할 생각이 없이 일단 흘러가던 상황을 지켜보는 중이었다. 그런 사정을 알 리 없는 맹사성은 대사헌으로는 원리원칙대로 일을 처리했는데, 그것이 화근이었다. 이 일로 태종의 큰 노여움을 사서 옥에 갇혀서 모진 고문을 당했고, 실제로 처형될 뻔했으나 영의정 성석린(成石璘)의 도움으로 간신히 죽음을 면할 수 있었다.

실록을 통해 맹사성의 관력(官歷)을 추적해보면 이 일 말고는 특별한 허물을 발견하기가 어렵다. 그저 중앙의 요직과 지방의 관찰사를 오가며 치적(治積)을 쌓아간 것이 전부라고 해도 과언이 아니다. 그 비결은 외유내강(外柔內剛)이다. 자신에게는 엄격하면서도 남에게는 너그러웠던 그의 천품이 흔히 환해풍파(宦海風波)라고 부르는 벼슬살이의 고단함을 순항으로 이끌었다고 할 수 있다.

맹사성은 음률에 정통했다. 그래서 1412년 그가 풍해도도관찰사(豐海道都觀察使)에 임명되자 영의정 하륜은 맹사성을 서울에 머물게 하여 악공(樂工)을 가르치도록 아뢰었다. 아마추어 수준이 아니었던 것이다. 태종 말기에 이조참판을 거쳐 예조판서가 된 그는 이후 호조판서, 공조판서를 거쳐 세종 초에는 인사를 책임지는 이조판서가 됐다. 마침내 황희보다 1년 뒤늦은 1427년에 우의정이 돼 정승의 반열에 오르게 된다. 이로써 좌의정 황희, 우의정 맹사성이라는 세종 치세의 쌍두마차가 탄생했다. 태조 때의 조준·김사형, 태종 때의 하륜·조영무에 이은 황희·맹사성 콤비의 탄생이었다. 이후 『세종실록』에 가장 많이 등장하는 표현 중의 하나가 "황희·맹사성을 불러 의견을 물었다"였다. 정사 하나하나를 두 명정승과 토의해가며 결정했다는 것을 이 표현만큼 압축해서 보여주는 것도 없을 것이다.

맹사성이 우의정으로 있을 때 눈길을 끄는 두 가지 일화가 있다. 태종은 황희와 맹사성에게 『태종실록』 편찬의 감수 역할을 맡겼다. 편찬이 완료되자 세종이 한번 보려고 했다. 그러자 평소 직언을 잘 하지 않던 맹사성이 "왕이 실록을 보고 고치면 반드시 후세에 이를 본받게 될 것이니 사관(史官)이 두려워서 그 직무를 수행할 수 없을 것"이라 하면서 반대하니 세종도 이에 따랐다. 즉 성군(聖君)이라는 세종도 실록을 보고 싶어 했고, 그것을 저지시킨 장본인이 바로 맹사성이었던 것이다.

다음은 조선 초의 관리이자 문필가인 성현(成俔)의 책 『용재총화(慵齋叢話)』에 나오는 일화로, 그의 넉넉함을 잘 보여주는 장면이다.

고향인 충청도 온양을 방문하고 돌아오던 그가 비를 만나 경기도 용인의 어떤 숙소에 머물게 됐다. 방에 들어가니 경상도에서 올라온 부호(富豪)가 패거리를 잔뜩 거느린 채 좌중을 압도하고 있었고, 우의정 맹사성은 한구석에 가만히 앉아 있었다. 그 부호는 맹사성을 불러 함께 장기를 두자고 했다. 이에 응한 맹사성과 한창 장기를 두던 중에 흥미로운 제안을 했다. 서로 공(公) 자와 당(堂) 자를 끝에 붙여가며 문답을 하자는 것이다.

이에 맹사성이 먼저 물었다.

"무엇하러 서울에 가는공(公)?

"녹사(錄事) 벼슬을 얻기 위해 올라간당(堂)."

"내가 그대를 위해 그 자리를 얻어줄공(公)?"

"우습구나, 당치도 않당(堂)."

이들의 공당(公堂) 문답은 여기서 끝났다. 한양으로 돌아온 맹사성이 의정부에 앉았는데, 그 사람이 녹사 시험을 보러 들어왔다가 맹사성을 보고 깜짝 놀랐다.

"어떠한공(公)?"

그 사람이 물러가 엎드리며 말했다.

"죽을죄를 지었습니당(堂)!"

같은 자리에 있던 사람들이 모두 이상하게 여겨 물으니 맹사성이 전후 사정을 이야기해주었다. 함께했던 재상들이 모두 크게 웃었다. 그 사람은 실제로 맹사성의 추천으로 녹사가 되고, 훗날 지방의 유능한 관리가 됐다고 한다.

여기서 짚어야 할 맹사성의 면모는 여유로움과 사람을 알아보는 눈이다. 그 여유로움이 환난을 피할 수 있는 지혜를 주었고, 그 눈이 그를 이조판서와 정승의 자리에까지 올렸기 때문이다. 그 후 황희는 영의정으로 자리를 비키고 그가 마침내 1432년 좌의정에 올랐으며, 1435년 나이가 많아서 벼슬을 사양하고 물러났다.

맹사성은 고려 말부터 태조·정종·태종·세종까지 마치 하나의 임금 밑에서 일을 한 듯이 관품이 높아졌다. 태종 때 고초를 겪은 것을 제외한다면 이렇다 할 정치 바람을 타지도 않았고, 그렇다고 윗사람에게 아첨을 일삼는 사람도 아니었다. 그 비결은 무엇일까? 아마도 『논어』 「태백」편에서 공자가 말한 이 한 마디가 아닐까?

그 자리에 있지 않을 때는 그에 해당하는 정사를 도모하지 않는다[不在其位 不謀其政].
부재 기위 불모 기정

아랫자리에 있을 때는 윗자리를 넘보지 않고, 윗자리에 나아가서는 아랫사람들의 일을 건드리지 않는다는 뜻이다. 그가 79세로 세상을 떠났을 때 실록은 그의 치적보다는 그의 행실을 높이 평가해 이렇게 말했다.

벼슬하는 선비로서 비록 계제가 얕은 자가 만나보고자 할지라도 반드시 관대(冠帶)를 갖추고 대문 밖으로 나가 맞아들여 상좌에 앉혔고, 물러갈 때도 몸을 꾸부리고 손을 모으고서 가는 것을 보되 손님이 말에 올라앉은 후에라야 돌아서 문으로 들어갔다. 창녕부원군(昌寧府院君) 성석린(成石璘)이 사성에게 선배가 되는데 그 집이 사성의 집 아래에 있었으니, 늘 가고 올 때마다 반드시 말에서 내려 지나가기를 석린(石璘)이 세상을 마칠 때까지 했다.

맹사성은 예(禮)를 알아 재상에 오른 인물이다.

절괘의 밑에서 다섯 번째 양효에 대해 공자는 "감미롭게 절제해 길한 것은 머무르고 있는 자리[居位]가 중도를 이루었기 때문이다"라고 풀었다. 주공의 효사는 이렇다.
거위

감미롭게 절제하니 길하고 (계속) 가면 기특함이 있다[甘節 吉 往 有尙].

절괘의 구오가 놓인 처지를 보면, 양강의 자질로 양강한 자리에 있으니 바르고 위아래 모두 친하다. 다만 구이와는 호응하지 않고, 상괘의 가운데 있다. 정이의 풀이다.

구오는 굳세면서 중정하며 존귀한 자리에 있어 절제함의 주인[主]이 됐으니, 「단전」에서 말한 "마땅한 지위로써 절제하고[當位以節] 중정(中正)함으로써 통한다[中正以通]"라는 것이다. 자신의 입장에서 안정을 이뤄 행하고 천하 사람들이 기뻐하면서 따르니, 절제함이 감미롭고 아름다운 것[甘美]이라서 그 길함을 알 수 있다. 이러한 방도로 행해가면 그 공로가 크다. 그래서 그대로 가면 기특함이 있다고 한 것이다.

구오는 대체로 선정을 펼친 임금들이 해당한다. 그러나 진정으로 절제를 보여준 임금은 그리 많지 않다. 한나라 문제(文帝)는 그런 점에서 독보적인 군왕이라 할 수 있다. 반고는 『한서』 「본기(本紀)·문제기(文帝紀)」편에서 문제를 평가해 이렇게 말했다.

효문황제(孝文皇帝)는 자리에 나아간 지[卽位=在位] 23년인데 궁실이나 정원, 거기(車騎)나 복식 등에서 더 늘린 바가 없었다. (백성에게) 불편한 것이 있으면 즉시 없애어[弛=廢] 백성을 이롭게 해주었다. 일찍이 노대(露臺)를 짓고 싶어서 장인을 불러 (비용을) 계산토록 해보니 값이 100금(金)이나 됐다. 상이 말하기를 "100금이면 중인(中人)[479] 열 가정이 생산하는 것이다. 내가 선제(先帝)의 궁실을 받들게 돼 항상 이마저도 두려워하고 부끄러워했는데 어찌 (새로이) 대(臺)를 짓겠는가[爲=建]?"라고 했다. (문제는) 몸에 검은색의 두꺼운 명주옷[弋綈]을 입었고[480] 총애하는 신부인(愼夫人)으로 하여금 옷을 땅에 끌지 않게 했으며 (천자의) 휘장[帷帳]에 무늬와 수를 그려 넣지 않았으니, 도타움과 소박함[敦朴=敦樸]을 보임으로써 천하에 솔선수범했다. 패릉(霸陵-문제의 능)을 조성할 때는 모두 와기(瓦器)만 쓰고

479 안사고가 말했다. "중(中)이란 부유하지도 가난하지도 않은 것이다."

480 여순(如淳)이 말했다. "弋은 검다[皂]는 말이다. 가의(賈誼)가 말하기를 '몸에 검은색의 명주옷을 입었다[身衣皂綈]'라고 했다." 안사고가 말했다. "弋은 검은색이고 綈는 두꺼운 명주옷[厚繒]이다."

금·은·동이나 주석으로 꾸미지 않았으며, 기존의 산을 이용했기 때문에 별도의 무덤[墳]을 만들지 않았다.

절제를 알았던 군주였다.

절괘의 맨 위에 있는 음효에 대해 공자는 "힘겹게 절제하니 반듯해도 흉한 것은 그 도리가 궁색해졌기 때문이다"라고 풀었다. 주공의 효사는 이렇다.

힘겹게 절제하니, 반듯해도 흉하고 뉘우치면 흉함이 없어진다[苦節 貞凶 悔 亡].

상륙의 처지를 보면 음유한 자질로 음유한 자리에 있으니 바르고 구오와는 친하지만, 육삼과는 호응 관계가 아니다. 정이의 풀이다.

절제함의 극한에 자리하니 절제하는 데 힘겨운 것이다. 위험의 끝에 자리하니 또한 힘들어 하는 뜻이 있다. 고집스럽게 지키면 흉하고 뉘우치면 흉함이 없어진다. 뉘우친다는 것은 지나침을 덜어내고 중도를 따르는 것을 말한다. 절괘에서 '뉘우치면 흉함이 없어진다[悔亡]'라는 뜻의 회망(悔亡)은, 다른 괘에서 말하는 회망(悔亡)과 글자는 같지만, 뜻은 다르다.

공자는 이렇게 된 이유를 '그 도리가 궁색해졌기 때문'이라고 풀었다.

61. 풍택중부(風澤中孚)[481]

중부(中孚)는 돼지와 물고기에까지 미치면 길하니, 큰 강을 건너는 것이 이롭고 반듯함이 이롭다.

中孚 豚魚 吉 利涉大川 利貞.[482]

481 문자로는 손상태하(巽上兌下)라고 한다.

482 이정(利貞)이 나온다.

초구(初九)는 헤아리면 길하니, 다른 마음을 가지면 편안하지 못하다[虞 吉 有他 不燕].

구이(九二)는 우는 학이 그늘에 있는데 그 새끼가 화합한다. 내게 좋은 술잔이 있으니 내 그대와 함께 나누고 싶다[鳴鶴 在陰 其子和之 我有好爵 吾與爾靡之].

육삼(六三)은 적을 얻어 혹 북을 치고 혹 그만두며 혹 울고 혹 노래한다[得敵 或鼓 或罷 或泣 或歌].

육사(六四)는 달이 거의 보름달이니 말의 짝을 잃으면 허물이 없다[月幾望 馬匹亡 无咎].

구오(九五)는 믿는 것을 잡아 묶어두듯이 하면 허물이 없다[有孚攣如 无咎].

상구(上九)는 새 날갯짓 소리가 하늘로 올라가니 반듯해도 흉하다[翰音 登于天 貞凶].

◉

중부괘(中孚卦)의 초구(初九)는 양위에 양효로 바름[正位], 구이(九二)는 음위에 양효로 바르지 못함[不正位], 육삼(六三)은 양위에 음효로 바르지 못함, 육사(六四)는 음위에 음효로 바름, 구오(九五)는 양위에 양효로 바름, 상구(上九)는 음위에 양효로 바르지 못함이다. 이 괘의 경우는 절괘와 맨 위에 효 하나만 다르다. 따라서 마찬가지로 구이는 중정을 얻지 못했고 구오는 중정을 얻었다. 절괘와 비교할 때 맨 위의 효 하나만 음효에서 양효로 바뀌었을 뿐이지만 다른 효들과 영향을 주고받으면서 그 의미가 어떻게 바뀌게 되는지를 살피는 것도 흥미로운 주역 독법 중 하나다.

대성괘 중부괘(䷼)는 소성괘 손괘(巽卦, ☴)와 태괘(兊卦, ☱)가 위아래에 있어 만들어진 괘다. 「설괘전」에 따르면 '바람[風]으로 흩어지게 하고' '태(兊-못)로 기쁘게 한다'고 했다. 괘의 모양이 손(巽)이 위에 있고 태(兊)가 아래에 있다.

그러면 「서괘전」을 통해 왜 중부괘가 절괘의 뒤를 이어받았는지 확인해보자.

마디를 잘 맺어주면 사람들이 그 하는 일을 믿게 된다[信之]. 그래서 절괘의 뒤를 중부괘(中孚卦)로 받았다.

節而信之. 故受之以中孚.

사리와 절제[禮節]를 지키며 일을 해내는 사람이 있다면 사람들은 당연히 그를 믿게 된다. 부(孚)란 미더움이다. 풍택중부괘(風澤中孚卦, ䷼)의 아래는 태괘(☱)이고 위는 손괘(☴)다. 이 괘는 상(象)에서 그 뜻을 찾아낸다. 위아래로 두 효씩 양으로 꽉 차 있고[實] 가운데 3, 4효는 음이어서 가운데가 비어 있는 모양이다. 이를 허심(虛心)으로 읽어내는데, 사사로움이 없는 충신한 마음을 뜻한다. 이는 공자가 제자들에게 가르쳤다는 네 가지, 즉 문행충신(文行忠信) 중에서 특히 충신(忠信)과 직결된다. 『논어』「학이」편에서 공자는 군자가 되고자 하는 사람에게 세 가지를 익혀갈 것을 강조했다.

> 첫째 자신에게 정직하고 남에게 믿음을 주는 일[忠信]을 위주로 하고, 둘째 (다움[德]이) 자기보다 못한 사람과는 벗하지 말며, 셋째 (자신에게) 허물이 있으면 고치기를 꺼려 해서는 안 된다.

그중에서 스스로에게 정직해야 남에게도 믿음을 줄 수 있다는 것을 맨 먼저 강조하고 있다는 점을 염두에 둬야 할 것이다.

문왕의 단사(彖辭), 즉 "중부(中孚)는 돼지와 물고기에까지 미치면 길하니, 큰 강을 건너는 것이 이롭고 반듯함이 이롭다[豚魚 吉 利涉大川 利貞]"에 대한 공자의 풀이[「彖傳」]를 살펴볼 차례다.

중부(中孚)는 부드러움이 안에 있고 굳셈이 적중한 도리를 얻었기[得中] 때문이다. 기뻐하면서 공손하니[說而巽] 미더움이 마침내 나라를 교화시킨다[化邦]. "돼지와 물고기에까지 미치면 길하니[豚魚吉]"라는 것은 믿음[信]이 돼지와 물고기에까지 미쳤다[及][483]는 말이다. "큰 강을 건너는 것이 이롭고"라는 것은 나무를 타는데 배가 비어 있기[乘木舟虛] 때문이요, 참된 믿음[中孚]을 갖고서 반듯하면 이로운 까닭은 마침내 하늘에 응하게 되기 때문이다.

中孚 柔在內而剛得中.
說而巽 孚乃化邦也.

---

483 공자의 이 언급 때문에 앞서 돈어길(豚魚吉)도 '미쳤다'라고 풀었다.

豚魚吉 信及豚魚也.
돈어 길 신 급 돈어 야

利涉大川 乘木舟虛也 中孚以利貞 乃應乎天也.
이 섭 대천 승목 주허 야 중부 이 이정 내 응호 천 야

◉

「단전」을 검토하기에 앞서 중부괘의 모양[象]부터 살펴야 한다. 앞서 본 대로 위아래로 두 효씩 양으로 꽉 차 있고[實] 가운데 3, 4효는 음이어서 가운데가 비어 있는 모양이다. 그 가운데를 믿음으로 본 것이 중부(中孚)라는 말이다. '부드러움이 안에 있고'라는 말은 3, 4효가 음효로 괘의 가운데 있음을 말한 것이다. 또한 상괘와 하괘는 각각 가운데 양효가 있다. 이것이 바로 '굳셈이 적중한 도리를 얻었다'라는 말이다. 이중적 의미에서 중부(中孚)가 된다.

이어서 '기뻐하면서 공손하니[說而巽]'라는 것은 아래에 있는 태괘와 위에 있는 손괘를 함께 풀어낸 것이다. 윗사람은 아랫사람에게 공손하게 대하고 아랫사람은 윗사람을 기뻐하며 따른다는 뜻이다. 당연히 두 사람은 서로에 대해 마음속 깊은 곳의 미더움[中孚]을 갖고서 대한다. 그렇기 때문에 '마침내 나라를 교화시킨다[化邦]'라고 말한 것이다. 기뻐하며 따르는 것을 정이는 일의 이치[事理]라고 했다.

정이에 따르면 "돼지는 조급하고[躁] 물고기는 어둡다[冥]." 따라서 동물 중에서 돼지나 물고기는 감동시키거나 감화시키기가 가장 어렵다. 그런 돼지와 물고기까지 감동시킬 정도의 믿음이나 미더움이라면 세상에 감화시키지 못할 것이 없다. 그래서 길하다고 한 것이다.

이어 "'큰 강을 건너는 것이 이롭고'라는 것은 나무를 타는데 배가 비어 있기[乘木舟虛] 때문"이라고 한 것에 대해 정이는 이렇게 풀었다.

> 마음속 깊은 곳의 미더움으로 위험과 어려움[險難]을 건너니, 그 이로움이 마치 나무배를 타고 강을 건너는데 빈 배를 쓰는 것과 같다. 배가 비어 있으면 침몰하거나 뒤집힐 근심이 없다. 괘에서 가운데가 텅 빈 것이 빈 배의 모습이다.

이런 마음속 깊은 곳의 미더움으로 반듯함을 굳게 지킨다면 이로울 수밖에 없다.

결국은 하늘이 그에 대한 응답을 줄 수밖에 없기 때문이다. 그만큼 이롭다는 것을 강조한 표현이다.

공자의 「상전(象傳)」을 살펴볼 차례다. 그중에 중부괘를 총평한 「대상전」이다.

> 연못 위에 바람이 있는 것[澤上有水]이 중부(中孚)(가 드러난 모습)이니, 군자(君子)는 그것을 갖고서 옥사를 토의하고 사형을 완화한다[澤上有風中孚 君子以 議獄緩死].

◉

정이의 풀이부터 보자.

> 연못 위에 바람이 불면 연못 속을 움직이게 한다. 물의 형체란 텅 비어 있기 때문에 바람이 들어갈 수 있고, 사람의 마음은 텅 비어 있기 때문에 어떤 것이든 그 마음을 감동시킬 수 있다. 바람이 연못을 감동시키는 것은 어떤 것이든 마음을 감동시키는 것과 같으므로 중부괘의 모습이다. 군자는 그 모습을 관찰해 옥사를 토의하고 사형 집행을 늦춘다. 군자가 옥사를 토의하는 데는 그 진실함을 다할[盡忠] 뿐이고 사형을 결단하는 데는 측은한 마음을 지극하게 할 뿐이니, 열렬한 뜻[誠意]은 항상 사형을 늦추려고 한다. 늦춘다는 것은 너그러움[寬]이다. 천하의 모든 일에 대해 그 진실함을 다하지 않음이 없겠지만, 옥사를 토의하고 사형을 늦추는 일이 그중에서도 가장 크다.

『서경』「우서·대우모」편에는 당시 형벌을 주관했던 재상 고요가 순임금에게 법을 집행하는 도리를 말하는 장면이 실려 있다.

> 폐하의 다움[德]에는 아무런 흠결이 없습니다. (폐하께서는) 아랫사람을 대범함[簡]으로 대하고 뭇 신하와 백성을 너그러움[寬]으로 통치하셨습니다. 죄인을 벌할 때는 그 죄가 자손들에게는 미치지 않도록 하고, 공이 있는 사람에게 상을 줄 때는 그 은택이 자자손손 미치도록 하셨습니다. 잘못을 용서함에 있어서는 최대한 관대하게 처리했고, (의도적인) 범죄를 처벌함에 있어서는 최소한의 관용도 없이 엄격하게 처리하셨습니다. 죄에 의심스러운 바가

조금이라도 있으면 가능한 한 가벼운 쪽으로 처벌하려 했고, 공이 있는 경우에는 반대로 의심스러운 바가 조금 있더라도 가능한 한 무거운 쪽으로 시상하려 하셨습니다. 죄 없는 사람을 (잘못 판단하여) 죽이기보다는 (죄형을 행사함에 있어 최대한 조심하여) 차라리 떳떳한 법대로 하지 않는 잘못을 범하는 게 낫다고 하면서, (죽이기보다는) 살리기를 좋아하는 다움[好生之德]을 보여주시어 백성의 마음과 하나가 되셨습니다. 바로 이 때문에 백성은 관리들이 시키는 바를 어기지 않았습니다.

여기에 옥사를 토의하고 사형을 완화하려는 진실된 마음[中孚]이 고스란히 담겨 있다.

중부괘의 여섯 효[六爻]에 대한 주공의 말을 풀이한 공자의 「소상전」이다.

초구(初九)에서 헤아리면 길하다[虞吉]고 한 것은 뜻이 아직 달라지지 않았기 때문이다[初九虞吉 志未變也].
(구이(九二)는) 그 새끼가 화합하는 것은 마음속 깊은 곳[中心]에서 바라기 때문이다[其子和之 中心願也].
(육삼(六三)은) 혹 북을 치고 혹 그만두는 것은 자리가 마땅하지 못하기 때문이다[或鼓或罷位不當也].
(육사(六四)는) 말의 짝을 잃는 것은 동류를 끊어내고 위로 나아가는 것이다[馬匹亡 絶類上也].
(구오(九五)는) 믿는 것을 잡아 묶어두듯이 하는 것은 자리가 바르고 마땅하기 때문이다[有孚攣如 位正當也].
(상구(上九)는) 새 날갯짓 소리가 하늘로 올라가니 어찌 오래갈 수 있겠는가[翰音登于天 何可長也]?

◉

중부괘의 맨 아래에 있는 양효에 대해 공자는 "초구(初九)에서 헤아리면 길하다[虞吉]고 한 것은 뜻이 아직 달라지지 않았기 때문이다"라고 풀었다. 주공의 효사는 이렇다.

> 헤아리면 길하니, 다른 마음을 가지면 편안하지 못하다[虞 吉 有他 不燕].

마음속 깊은 곳의 미더움[中孚]을 나타내는 중부괘의 초구의 처지를 보자. 양강의 자질로 양강한 자리에 있으니 바르고, 구이와는 친하지 않으며, 육사와 호응 관계다. 정이의 풀이부터 보자.

> 초구는 마음속 깊은 곳의 미더움의 맨 처음에 있으니, 그 때문에 믿어야 할 바[所信]를 살펴야 한다고 경계시킨 것이다. 우(虞)는 헤아린다[度=忖]는 뜻이다. 믿어야 할 바가 무엇인지를 헤아린 뒤에야 따르게 된다. 지극한 믿음이 있을지라도 그 마땅한 바[其所]가 아니면 뉘우침과 허물이 있게 되므로, 헤아린 뒤에 믿으면 길한 것이다. 믿어야 할 바를 이미 얻었으면 마땅히 진실하고 일관되게 지켜야만 하니, 다른 마음을 두면 그 편안한 바[燕安]를 얻지 못한다.
>
> 연(燕)이란 안정되고 마음이 여유로움[安裕]을 말하고, 유타(有他)란 뜻이 정해지지 못한 것[不定]이다. 사람의 뜻이 정해지지 않으면 의혹이 생기고 불안하다. 초구는 육사와 바른 호응 관계[正應]이고, 육사는 손괘가 상징하는 공손한 몸체이니 바른 자리에 있어 좋지 못함이 없다. 그러나 초구가 시작을 도모하는 뜻이 크기 때문에 서로 호응하는 관계의 뜻을 취하지 않았다. 만약 호응 관계라면 헤아릴 필요가 없기 때문이다.

그러나 여기서 공자는 효사와는 달리 다른 마음을 가지지 않는 쪽에 비중을 두어 '뜻이 아직 달라지지 않았기 때문'이라고 했다. 하지만 우리는 여기서 주공의 효사에 비중을 두어, 다른 마음을 품었다가 끝내는 흉하게 된 조선 초 박포(朴苞, ?~1400)의 삶을 짚어볼 필요가 있다. 그야말로 다른 마음을 품지만 않았어도 충분히 부귀영화를 누릴 수 있었기 때문이다.

박포는 조선의 건국에 대장군으로서 공을 세워 개국공신 2등에 책봉됐다. 1398년(태조 7년) 1차 왕자의 난 때는 이무(李茂)와 함께 정도전 측의 정보를 이방원에게 알려준 공으로 중추원지사가 됐다. 그런데 이무는 정사공신 1등에 책봉됐으나 자신은 2등 공신에 머물렀다. 이에 그는 "이무가 비록 정사공신이 됐지만, 변덕이 심한 사람이다"라고 비방했고, 도리어 죽주(竹州)에 유배됐다가 얼마 뒤에 소환됐다. 결국 그는 이방원에 대한 배신감으로 2차 왕자의 난에 간여했다.

마침 회안군(懷安君) 방간의 집에 가서 장기를 두던 중 우박이 내리며 하늘에 붉은빛이 나타나는 것을 목격했다. 그는 겨울에 비가 오고 하늘에 요사한 기운이 있음을 들어 근신할 것을 방간에게 청했다. 군사를 맡지 말며, 출입을 삼가고 의관을 정제해 행동을 신중히 하기를 고려조 자손인 여러 왕씨의 예와 같이 하라고 했다. 이에 방간은 그러한 방책을 못마땅하게 여기면서 또 다른 방책을 요구했다. 그러자 "주(周)나라 태왕에게 아들 셋이 있었는데, 그중 막내아들인 왕계(王季)에게 왕위를 전할 뜻이 있자 왕계의 두 형인 태백(泰伯)과 중옹(仲雍)이 형만(荊蠻)으로 도망하던 것과 같이 하는 것이 옳다"라는 말을 전했다. 그러나 방간이 또 다른 방책을 요구하니, "정안군(靖安君-이방원)은 군사가 강해 무리가 많이 붙어 있고 회안군(이방간)의 군사는 약하며 위태함이 마치 아침이슬 같으므로, 선수를 써서 쳐부수는 것이 낫다"라고 했다.

방간이 이 말을 좇아 군사를 일으켰는데, 공신 중에 박포와 장사길(張思吉)만 따르고 나머지는 모두 방원을 좇았다. 방간은 패하자 토산(兎山)으로 귀양을 갔고, 박포는 방간을 꾀어 난을 일으킨 죄목으로 죽임을 당했다.

중부괘의 밑에서 두 번째 양효에 대해 공자는 "그 새끼가 화합하는 것은 마음속 깊은 곳[中心(중심)]에서 바라기 때문이다"라고 풀었다. 주공의 효사는 이보다 조금 길다.

> 우는 학이 그늘에 있는데 그 새끼가 화합한다. 내게 좋은 술잔이 있으니 내 그대와 함께 나누고 싶다[鳴鶴(명학) 在陰(재음) 其子和之(기자 화지) 我有好爵(아 유 호작) 吾與爾靡之(오 여이 미지)].

구이는 양강의 자질로 음유한 자리에 있으니 바르지 않고, 초구와는 친하지 않으며 육삼과는 친밀하다. 구오와도 호응하지 않는다. 그러나 기뻐하는 태괘의 가운데 있어 중도를 얻었다. 정이의 풀이부터 보자.

> 구이는 굳셈이 마음속에 꽉 차 있으니 미더움이 지극한 사람이다. 미더움이 지극하면 사람들을 감동시켜 통하게 할 수 있다. 학이 그늘지고 외딴곳에서 울면 들리지 않지만, 그 새끼가 서로 호응해 화답하니 마음속에서 원하던 것이 서로 통했기 때문이다. 좋은 술잔을 내가 가지고 있는데 저쪽도 흠모하니, 좋은 술잔을 기뻐하는 뜻은 똑같다. 마음속에 똑같은 신념

> 이 있고 일마다 호응하지 않는 것이 없는 것은 그 진실한 열렬함[誠]이 똑같기 때문이다.

그런데 이는 다소 밋밋하다. 마침 「계사전」에서 우리는 구이에 대한 공자의 상세한 풀이를 살펴본 바 있다.

> "우는 학이 그늘에 있는데 그 새끼가 화합한다. 내게 좋은 술잔이 있으니 내 그대와 함께 나누고 싶다"라고 하니 공자가 말했다. "군자가 자기 집에 머물며 그 말을 내는[出言] 바가 좋으면[善] 천 리 밖에서도 그것에 호응하는데[應] 하물며 가까이에 있는 사람[邇者=近者]임에랴. (반대로) 자기 집에 머물며 그 말을 내는 바가 좋지 못하면[不善] 천 리 밖에서도 멀어져가는데[遠] 하물며 가까이에 있는 사람임에랴. (다스리는 자의) 말은 (자기 한) 몸에서 나와 백성에게 가해지며, (다스리는 자의) 행동은 가까운 곳에서 시작돼 먼 곳에서 나타난다. (이처럼) 말과 행동[言行]은 군자의 중추[樞機=中樞]이니, 이런 중추가 어떻게 나타나느냐가 바로 영예와 치욕[榮辱](의 갈림)을 주관한다. 말과 행동은 군자가 하늘과 땅을 움직이는 방법이니 조심하지 않을 수 있겠는가?"

군자라고 했지만, 군주의 말과 행동[言行]에 관한 이야기다. 『논어』에는 말과 행동에 관한 아주 유명한 지침이 나온다. 「학이」편이다.

> 군자(혹은 군주)는 일을 할 때는 주도면밀하게 하고 말은 신중하게 해야 한다[敏於事而愼於言].

이때 민(敏)은 재빠르게 하다는 뜻이 아니라 명민하게, 즉 빈틈없이 하라는 뜻이다. 다시 「이인」편에서는 순서를 뒤집어 이렇게 말한다.

> 군자(혹은 군주)는 말을 어눌하게 하려 하고 행동은 주도면밀하게 하고자 해야 한다[欲訥於言而敏於行].

이 둘을 교차시켜 읽을 경우 우리는 중요한 개념 하나를 획득한다. 행(行)의 의미다. 도덕주의에 젖은 주자학적 풀이에서는 그것을 행실이라고 옮긴다. 그러나 여기서 보듯 그것은 행사(行事), 즉 일한다는 뜻이다. 일의 중요성을 모르는 주자학자들의 공리공담은 여기서부터 갈라져나가는 것이다. 주의하기 바란다.

마음속 깊은 곳의 미더움을 얻는 방법이 무엇인지 알았을 것이다. 그러면 「학이」편에서 말한 다음 말은 쉽게 이해할 수 있다.

> 삼가는 자세로 일을 함으로써 (백성에게) 신뢰를 주어라[敬事而信].

더불어 백성의 마음을 얻지 못하면 임금의 말, 즉 호령은 오히려 일을 그르친다. 『서경』 「주서(周書)·홍범(洪範)」편에서 기자(箕子)는 이렇게 말했다.

> (임금의) 다섯 가지 (중대한) 일[五事]은 첫째 용모[貌], 둘째 말[言], 셋째 보는 것[視], 넷째 듣는 것[聽], 다섯째 생각함[思]이다.

그러면서 "말은 잘 따름[從]이 핵심"이라고 했다. 이와 관련해 우리는 반고의 『한서』 「오행지(五行志)」편에 나오는 다음 구절을 잘 음미할 필요가 있다.

> "말이 고분고분하지 않다[不從]"라고 했는데 따르다[從]라는 것은 고분고분하다[順]는 것이고, "그것을 일러 불예(不艾)라고 한다"고 했는데 예(艾) 혹은 예(乂)는 다스린다[治]는 뜻이다. 공자가 말하기를 "군자가 자기 집에 머물며 그 말을 내는[出言] 바가 좋으면[善] 천리 밖에서도 그것에 호응하는데[應] 하물며 가까이에 있는 사람[邇者=近者]임에랴!"라고 했고 『시경(詩經)』에 이르기를 "매미처럼 시끄럽고 끓는 물 끓는 국과 같도다"[484]라고 했으니, 위의 호령이 민심에 고분고분하지 않아 내용이 공허하고 도리를 벗어나게 되면 나라 안을 제대로 다스릴 수 없게 돼 지나치거나 착오가 있게 되니 그 허물은 어긋남[僭=差]이다.

---

484 「대아(大雅)·탕(蕩)」편에 나오는 구절이다. 이는 모두 어지럽다는 뜻이다.

말이 고분고분해야 한다는 것은 곧 임금의 말이 백성의 뜻과 맞아야 한다는 뜻이다.

중부괘의 밑에서 세 번째 음효에 대해 공자는 "혹 북을 치고 혹 그만두는 것은 자리가 마땅하지 못하기 때문이다"라고 풀었다. 주공의 효사는 이보다 조금 길다.

> 적을 얻어 혹 북을 치고 혹 그만두며 혹 울고 혹 노래한다[得敵 或鼓 或罷 或泣 或歌].

육삼의 처지를 보자. 음유한 자질로 양강한 자리에 있으니 바르지 않다. 구이와는 친하고 육사와는 친밀하지 않다. 상구와는 서로 호응한다. 정이의 풀이부터 보자.

> 적(敵)이란 맞서는 상대[對敵]로, 미더움을 교류하는[交孚] 자를 일컫는다. 바른 호응 관계인 상구가 그렇다. 육삼과 육사가 모두 괘의 가운데 위치에서 텅 비어 있는 것은 미더움의 주인[孚之主]이 되지만 상황에 대처하는 바[所處]는 다르다. 육사는 지위를 얻고 바른 자리에 있어 짝이 되는 사람의 신념에 얽매이지 않고 윗사람을 따르지만, 육삼은 중도를 이루지 못하고 바름을 잃었으므로 짝을 얻어 그에게 자신의 뜻이 얽매이게 된다.
>
> 육삼은 유약하면서 쉽게 기뻐하는 자질이 있고 얽매인 사람이 있어서 오직 상대가 믿는 바를 따르므로, 어떤 경우는 북을 치며 앞으로 나아가고 어떤 경우는 그만두고 포기하며 어떤 경우는 슬퍼서 울고 어떤 경우는 노래하며 즐거워하니, 모든 행동거지와 근심과 즐거움이 모두 상대가 믿는 바에 얽매여 있다. 오직 상대가 믿는 바에 얽매여 있으므로 길흉을 알지 못하니, 눈 밝고 통달한[明達] 군자가 할 바는 아니다.

이는 군자보다는 소인에 가까운 행동 유형이다. 이렇게 된 까닭을 공자는 '자리가 마땅하지 못하기 때문'이라고 했다. 호원(胡瑗)은 육삼과 육사에 대해 이렇게 말했다.

> 육삼은 음의 자질로 양의 자리에 있고 바름이 아닌 것을 행하니 소인인데, 육사와 매우 가까이 있다. 육사는 음의 자질로 음의 위치에 있으니 군자다. 소인이 군자와 가까이 있으면 반드시 군자를 위험에 빠트린다. 그래서 육삼은 그 대적하는 상대를 갖는다. 그러므로 상대를 얻었다고 했다. 상대를 얻으니 반드시 싸운다.

반고의 『한서』 「선원육왕전(宣元六王傳)」편에는 선제(宣帝)의 후궁 장(張)첩여의 오빠 장박(張博)의 이야기가 실려 있는데, 그의 삶은 거의 중부괘 육삼에 해당한다.

회양헌왕 흠(欽)은 원강(元康) 3년에 세워졌는데, 어머니 장첩여가 선제(宣帝)에게 총애를 받았다. 곽(霍)황후가 폐위된 뒤에 상은 장첩여를 세워 후(后)로 삼으로 했다. 얼마 후에 곽씨(霍氏)가 황태자를 해치려 했던 일을 징계로 삼아[懲艾] 마침내 후궁 중에서 자식이 없고 근신하는 자를 다시 가려 뽑으니, 이에 장릉(長陵)의 왕(王)첩여를 세워 후로 삼고 어머니 입장에서 태자를 키우도록 했다. (그러나) 후는 총애를 받지 못해 침실에서 모시는 일이 드물었고, 오로지 장첩여만 최고의 총애를 받았다. 한편 헌왕(憲王)은 자라면서 경술과 법률을 좋아하고 총명하고 통달해 재능이 있어 제(帝)는 그를 심히 아꼈다. 태자는 너그럽고 어질어[寬仁] 유술(儒術)을 좋아했는데, 상은 여러 차례 헌왕을 보며 탄식하여 말했다.
"진짜 내 자식이로다!"
평소에 늘 마음속으로는 장첩여와 헌왕을 (각각 황후와 태자로) 세워주고 싶어 했지만, 태자가 미천한 처지[微細=寒微]에서 일어났고 상이 어릴 때 허씨(許氏)에 의지했으며 즉위하자마자 허황후가 독살당해 어려서 어머니를 잃었기 때문에 차마 그렇게 할 수 없었다. 한참 시간이 지나 옛 승상 위현(韋賢)의 아들 현성(玄成)이 거짓으로[陽] 미친 척하며 후의 작위를 형에게 양보했는데, 경술에 밝으며 행실이 뛰어나 조정에서 칭송했다. 상은 마침내 현성을 불러 제배해 회양중위(淮陽中尉)로 삼았으니, 이는 헌왕을 마음으로 일깨워주며[感諭] 남을 나아가게 하고 자신을 물러설 줄 아는 신하[推讓之臣]로 하여금 (헌왕을) 보필하게 해주려 함이었다. 이로 말미암아 태자는 드디어 지위가 편안해졌다. 선제(宣帝)가 붕(崩)하고 원제(元帝)가 즉위하자 마침내 헌왕을 자신의 봉국으로 나아가게 했다.
이때 장첩여는 이미 졸(卒)한 상황이었고 헌왕에게는 외할머니가 있었는데, 외삼촌 장박(張博) 형제 3명이 해마다 회양국에 와서 어머니를 알현하고 왕의 하사품을 받았다. 뒤에 왕이 글을 올려 외가 장씨를 자신의 봉국으로 옮길 수 있도록 청했으나, 박(博)은 글을 올려 고향에 남아서 분묘를 돌보겠다며 홀로 이주하지 않았다. 왕은 이를 한스럽게 여겼다. 뒤에 박이 회양에 오자 왕은 그에게는 하사품을 조금 내려주었다. 박이 말했다.
"부채가 수백만 전이니 바라건대 왕께서 대신 갚아주셨으면 합니다."
왕은 허락하지 않았다.

박이 인사를 하고 떠나면서 동생 광(光)으로 하여금 "왕께서 대인(大人-박의 어머니)을 예우하는 바가 점점 태만해지고 있으니, 박은 글을 올려 대인을 위해 사직을 청하고 떠나야 겠습니다"라고 말하게 해 왕이 두려워하게 했다. 왕은 이에 사람을 보내 황금 50근을 갖고 와서 박에게 보내주었다. 박은 기뻐하며 감사의 뜻을 담은 답신을 보내고서, (뒤에 만나보았을 때는) 아첨하는 말로 헌왕을 크게 칭송하며 이렇게 말했다.

"지금 조정에는 뛰어난 신하가 없어 재이와 변고가 자주 보이니 참으로 걱정이 됩니다[寒心]. 만백성은 모두 대왕(大王-헌왕)을 바라만 보고 있는데, 대왕께서는 어찌하여 한가롭게 지내려고만 하고 입조해서 알현하거나 주상을 보필하려고 하지 않으시는 것입니까?"

이어 동생 광을 시켜 왕을 설득해 마땅히 박의 계책을 따르는 것이 좋다고 여러 차례 말하게 하면서, 경사에서 권력을 행사하고 있는 귀인들을 설득해 왕을 위해 입조할 수 있는 방안을 찾아보겠노라고 했다. 왕은 그의 말을 받아들이지 않았다.

뒤에 광이 장안에 가려고 왕에게 하직 인사를 하면서 또 말했다.

"바라건대 박과 함께 왕께서 입조하실 수 있도록 온 힘을 다해보겠습니다. 왕께서 가까운 시일 안에 장안에 오시게 된다면 그것은 평양후(平陽侯-왕봉) 덕분일 것입니다."

결국 광은 왕이 조정에 들어가고 싶다는 말을 얻어내고서는 곧장 사람을 시켜 내달리게 해 박에게 전했다. 박은 왕의 뜻이 움직인다는 것을 알아차리고서 다시 왕에게 글을 보냈다.

"박(博)이 요행히 왕의 폐부(肺腑)에 있을 수 있게 돼[485] 어리석은 계책이나마 여러 차례 올렸건만 아직 살펴주심을 입지 못했습니다. 북쪽으로 가서 연(燕)과 조(趙)를 노닐며 군국을 돌아다니면서 숨어 지내는 선비[幽隱之士]를 만나보고자 했더니, 제(齊) 땅에 사(駟)선생이라는 분이 있어 『사마병법(司馬兵法)』에 통달했고 대장의 재목이라 했습니다. 박이 마침 알현할 수가 있어서 오제(五帝)와 삼왕(三王)이 정치를 잘했던 궁극적인 요체를 물었더니 참으로 탁월하여 세속에서 알고 있는 것과는 전혀 달랐습니다. 지금은 변경이 불안하고 천하가 요동치는 때라 이런 사람이 아니고서는[微=無] 그 누구도 능히 안정시킬 수 없을 것입니다. 또 북해(北海) 바닷가에 뛰어난 이가 있다는 소식을 들었는데, 그 재능을 따라갈 사람이 없으나 다만 그를 불러서 만나보기가 어렵다[難致]고 합니다. 이 두 사람을 얻어서

---

485 안사고가 말했다. "스스로 왕과 친족임을 말하는 것이다."

(조정에) 천거한다면 그 공로는 실로 작지 않을 것입니다. 박은 바라건대 지금 당장이라도 서쪽으로 달려가 이들로 하여금 한나라의 위급함을 와서 도와달라고 하고 싶은데 돈이 없어 실현할 길이 없습니다. 조왕(趙王)은 알자를 시켜 소고기와 술, 황금 30근을 보내 박을 위로하려고 했지만 박은 받지 않았습니다. 다시 사람을 보내 공주를 시집보내겠다[尙女](상녀)고 하면서 맞이하는 비용으로 황금 200근을 보내려 했지만, 박이 아직 허락하지 않고 있습니다. 마침 광이 보낸 글에 대왕께서 이미 광을 (장안이 있는) 서쪽으로 보내셨다고 하니, 박도 함께 대왕께서 입조하실 수 있도록 힘을 다해보겠습니다. 박은 스스로 모든 것을 포기하여 내려놓고 있었는데 뜻밖에도 대왕께서 마음을 바꾸시어 의로움을 되돌리시고[反義](반의) 붉은 낯빛으로 약속을 하시니, 박도 몸을 바쳐 은혜에 보답하겠습니다. 입조하는 일이야 말해 무엇하겠습니까? 대왕께서 진실로 이같이 말씀해주시니 제가 죽도록 일을 한다면 (은나라를 세운) 탕왕(湯王)이나 (하나라를 세운) 우왕(禹王) 같은 큰 공업을 이루시게 될 것입니다. 사(駟)선생은 도수를 연마하고 계시지만 서신이 없을 수는 없으니, 바라건대 대왕께서 좋아하지는 바를 알아서 곧장 글을 올리도록 청하겠습니다."

왕은 글을 받고서 아주 좋아하며 박에게 답신을 써 보내 말했다.

"자고(子高)가 마침내 다행히 잘 살펴서 도와 측은한 마음을 발동하고 지극한 열렬함[至誠](지성)을 드러내어 아름다운 계책을 내고 지극한 일을 말해주니 내 설사 불민하지만, 감히 그 뜻을 깨닫지 못하리오! 지금 유사를 보내 자고를 위해 부채를 갚도록 200만 전을 보내겠소."

이때 박(博)의 사위 경방(京房)이 역(易)의 음양에 밝아 상의 총애를 받고 있어, 자주 불려가 정사를 말했다[言事](언사). 그는 스스로 석현, 오록충종의 견제를 받아 자신의 계책이 쓰이지 못한다는 것을 여러 차례 박에게 말한 바 있었다. 박은 늘 회양왕을 속여 뛰어보고 싶었기 때문에 방(房)이 말한 재이에 대한 이야기나 상과 비밀리에 나눈 이야기들을 갖추어 가서 회양왕에게 주고 자신의 말을 믿게 하면서, 또 거짓으로 이렇게 말했다.

"이미 중서령(中書令) 석군(石君-석현)을 만나 입조를 청하면서 금 500근을 주겠다고 약속했습니다. 뛰어난 이나 빼어난 이는 일을 할 때 대개 성과만 고려할 뿐 비용을 염두에 두지 않습니다. 옛날에 우왕이 홍수를 다스릴 때 당시의 백성은 피곤하고 힘들었지만, 공로가 이미 이뤄지자 만세를 두고서 그에 힘입고 있습니다. 지금 제가 듣건대 폐하께서는 춘추가 아직 40이 아니 되셨는데도 머리와 치아가 모두 빠졌고 태자는 유약해 아첨꾼들이 정권을 제 마음대로 하고 있으며, 음양이 조화를 이루지 못해 백성이 질병과 기근에 시달려 굶어 죽는 자가 거의 절반이며 홍수의 피해 또한 거의 비슷합니다. 대왕께서 일의 단서를 세워 세상을 구제하려 하시어 장차 이와 비슷한 공덕을 이루려 하신다면, 어찌 조금이라도 소홀히 하실 수가 있겠습니까? 박은 이미 도리를 잘 아는 대유학자(경방)와 함께 대왕을 위해서 때에 맞춰 상주하여 나라의 안위를 진달하고 재이의 원인을 지적했으니, 대왕께서 입조하여 알현하시게 되거든 먼저 입조하시게 된 뜻을 말씀하시고 그다음에 이런 것들을 아뢰신다면 상께서 반드시 크게 기뻐하실 것입니다. 일이 이뤄지고 공로가 세워지면[事成功立(사성 공립)] 대왕께서는 주공(周公)이나 소공(邵公)의 명예를 얻으실 것이며 간사한 신하들은 뿔뿔이 도망가고 공경들은 지조를 바꿀 것이니, 공로와 다움은 비할 바 없이 클 것입니다. 이리되면 양효왕(梁孝王-경제의 친동생)에 대한 경제(景帝)의 총애나 조왕(趙王) 여의(如意)에 대한 고조(高祖)의 총애가 반드시 대왕에게 돌아올 것이니, 외가 또한 장차 부귀하게 될 터인데 어찌 다시 대왕의 금전에 눈길을 두겠습니까?"

왕은 기뻐하며 박에게 답서를 보내 말했다.

"근래에[乃者(내자)] 조서를 내리시어 제후들의 입조를 금했기에 과인은 참담하여 어찌할 바를 몰랐다. 자고(子高)는 평소에 안회(顏回)와 염경(冉耕)의 자질, 장무(臧武)의 지략[486], 자공(子貢)의 언변, 변장자(卞莊子)의 용맹[487] 이 네 가지를 겸비하여 세상에 드문 인물이다. 이미 일의 단서를 열었으니 바라건대 끝까지[卒=終(졸 종)] 잘 이루기를 바란다. 입조는 마땅한 일[義事(의사)]이건만 어찌 돈을 써야 한다는 것인가?"

박은 답변을 보냈다.

"이미 석군에게 약속한 것이라 모름지기 그리 해야만 일이 이뤄질 것입니다."

왕은 금 500근을 박에게 보냈다.

마침 방(房)이 군수로 나아가게 돼 (상의) 좌우를 떠나자 현(顯)이 이 일을 갖춰 얻어[具得(구득)] 고발했다. 방은 조정 안[省中=禁中(성중 금중)]에서의 이야기를 누설했고 박 형제는 제후왕을 오도하

---

486 안사고가 말했다. "『논어』에서 공자는 말했다. '덕행(德行)에는 안연(顏淵-안회), 민자건(閔子騫), 염백우(冉伯牛-염경), 중궁(仲弓)이 가장 뛰어나다.' 장무(臧武)는 노나라 대부 장무중(臧武仲)으로, 공자는 지략이 뛰어나다고 했다."

487 자공은 공자의 제자이고 변장자도 『논어』에 등장하는 인물이다. 「헌문」편에서 자로가 완성된 인간[成人(성인)]에 관해 물었다. 공자는 다음과 같이 말했다. "만일 장무중의 지략과 맹공작의 욕심내지 않음과 변장자의 용맹과 염구의 예술적 재능을 합친데다가 예악으로써 꾸며낸다면 이 역시 성인이라 할 것이다."

면서[詿誤] 중앙 정치를 비방했으니 교활·무도하다며 모두 감옥에 내려보냈다. 유사에서는 흠(欽)도 붙잡아 들일 것을 주청했으나 상은 차마 법대로 하지 못하고, 간대부 왕준(王駿)을 보내 흠에게 새서(璽書)를 내려주며 말했다.

"황제는 회양왕에게 묻노라. 유사에서 주청하기를 회양왕의 외숙 장박(張博)이 여러 차례 왕에게 편지를 보내 (중앙의) 정치를 헐뜯고[非毁=誹毁] 천자를 비방하며[謗訕] 제후들을 높여 주나라 임금들이나 탕왕을 끌어들여 칭송했다고 한다. 왕(회양왕)에게 아첨하고[諂=諂] 왕을 미혹시키려는 그의 말들이 심히 잘못돼 패역스러우며 도리가 아니다. (그런데도) 왕은 이를 (짐에게) 상주하지 않고 오히려 그에게 많은 금과 돈을 주어 좋은 말[好言]이라며 보답해주었으니, 그 잘못이 용서할 수 없는 지경에 이르러 짐은 마음이 아파[惻=痛] 차마 더는 들을 수가 없고 그자를 그냥 둘 수 없다. 그 뿌리를 거슬러 올라가 미뤄 헤아려보건대 안 좋은 일들은 다 장박으로부터 시작됐으니 아, 왕의 마음이 저 흉적들과 같지는 않을 것이다. 이미 조서를 내려 유사로 하여금 왕의 일은 절대 다스리지 말도록 했고, 간대부 왕준(王駿)을 보내 짐의 뜻을 약속해 일깨워주고자 한다. 『시경(詩經)』에 이르지 않았던가? '네 지위를 조용하고 공손히 하면 바르고 곧은 사람들이 함께한다[靖共爾位 正直是與]. (그러면 신령께서는 네 소원을 들어주시어 복록을 너에게 줄 것이다.)'[488] 왕은 이에 힘써야 할 것이다."

또 왕준으로 하여금 (새서와는 별도로) 유지(諭指=諭旨)를 전하게 했다.

"예(禮)라고 하는 것은 제후들이 황제를 돕고 황제에게 조빙하는 의리이니, 예를 행해 두 마음을 품지 않음으로써[壹德] 천자를 높이 섬기는 것입니다. 게다가 왕은 시를 배웠으니, 『시경(詩經)』에 이르기를 '노나라의 임금으로 삼으니 (너의 거처하는 바를 크게 열어) 주나라 왕실의 보필이 될지어다[俾侯于魯 爲周室輔]'[489]라고 하지 않았습니까? 왕의 외숙 장박이 여러 차례 왕에게 편지를 보냈는데, 그 말한 바가 패역스러웠습니다. 왕은 다행히 (왕에 봉하는) 조책(詔策)을 받았고 경술(經術-유학)에 능통하니, 제후의 명성이 마땅히 국경 밖을 넘어가서는 안 된다는 것을 알고 있을 것입니다. 천자란 세상을 두루 감싸 안아주고[普覆=普遍覆蓋=包容] 황제다움을 조정에 널리 펴야 하는 터라 장박의 간사스러운 말을 듣고

488 「소아(小雅)·소명(小明)」편에 나오는 구절이다.

489 「노송(魯頌)·비궁(閟宮)」편에 나오는 구절이다.

서도 모른 척했지만[恬=安], 왕은 많은 금과 돈을 주며 서로 보응(報應)했으니 그 불충이 막대하다고 하겠습니다. 옛 제도[故事=舊制]에 따르면 제후나 왕이 경사(京師-여기서는 천자)에 죄를 지으면 죄악의 가볍고 무거움을 떠나 바로 복주(伏誅)하지 아니하고 반드시 해당 기관에 넘겨 죄의 실상을 가렸는데, 헛되이 그냥 지나간 적은 없었습니다. (그런데) 지금 빼어난 상께서는 왕의 죄를 용서하시고 또한 왕이 계책을 잃고 근본을 잊어버린 것[失計忘本]을 마음 아파하시며 그것이 장박에게 미혹된 때문으로 여기시어 새서를 내리시면서 또 (이) 간대부로 하여금 지극한 뜻을 약속해 일깨워주셨으니, 그 정성스러운 은혜[殷勤之恩=慇懃之恩]를 어찌 다 헤아릴 수 있겠습니까! 장박 등이 저지른 잘못은 너무나도 크고 그 아래에서 함께 공모한 자들도 왕법으로는 용서할 수 없으니, 지금부터라도 왕은 다시는 장박 등과 연루되는 마음을 가져서는 안 될 것이며 힘써 그들의 무리를 멀리해야[弃=棄] 할 것입니다. 『춘추(春秋)』의 의리에 따르면 위대하다[大]는 것은 능히 바꾸고 고칠 수 있다[變改]는 뜻이고[490], 또 『주역』에 이르기를 '밑에 깔되 흰 띠를 사용한 것이니 허물이 없을 것이다'[491]라고 했습니다. 신하의 도리를 말하고 허물을 고쳐 스스로 새롭게 하며, 자신을 정결하게 하여 윗사람을 받든 연후에라야 허물에 대한 용서를 구할 수 있을 것입니다. 왕은 이 점에 유의하여 삼가 스스로를 경계하고 오직 허물을 뉘우쳐서 행실을 바꾸도록 하는 것만 생각하소서. 그리하여 큰 잘못을 조금이라도 덜어내야만 두터운 은혜를 입을 수 있고 오랫동안 부귀가 사라지지 않을 것이며 사직도 편안해질 것입니다."

이에 회양왕 흠은 관을 벗고 머리를 조아린 채 이렇게 말했다.

"번(藩)을 맡아 있으면서 이렇다 할 좋은 업적은 없이[無狀] 죄악은 엄청나게 늘어서 있습니다. 폐하께서는 차마 법대로 다스리지 않으시고 오히려 큰 은혜를 더하시어, 사자를 보내 도리와 방법을 일깨워주시고 번을 지키는 의리를 가르쳐주셨습니다. 엎드려 생각건대 장박의 죄악은 아주 심해 마땅히 거듭해서 복주해야 할 것입니다. 신 흠은 온 힘을 다해 스스로를 새롭게 만들고 조책을 받들어 잇도록 하겠습니다. 죽을죄를 지은 데 대해 깊이 머리 숙여[頓首] 사죄드립니다."

---

490 잘못이나 허물이 있다 하더라도 능히 그것을 바꾸고 고친다면 그것이 진정으로 위대하다는 말이다.

491 대과괘(大過卦, ䷛)의 맨 아래 음효[初六]에 대한 풀이다. 맨 아래에 있으니 두려워하고 삼가야만 허물을 피할 수 있다는 말이다.

경방과 박 형제 3명은 모두 기시됐고 처자식들은 변방으로 유배를 갔다.

중부괘의 밑에서 네 번째 음효에 대해 공자는 "말의 짝을 잃는 것은 동류를 끊어 내고 위로 나아가는 것이다"라고 풀었다. 주공의 효사는 이렇다.

달이 거의 보름달이니 말의 짝을 잃으면 허물이 없다[月幾望 馬匹亡 无咎].

육사의 처지를 보면, 음유의 자질로 음유한 자리에 있으니 바르고 육삼과는 친하지 않으며 구오와는 친밀하다. 초구와는 호응 관계다. 정이의 풀이부터 보자.

육사는 미더움을 이뤄내는 주인이고, 군주와 가까운 자리에 머물러 처신함에 있어 바름을 얻어 윗사람이 믿어주는 것이 지극하니 미더움의 소임을 담당한 사람이다. '달이 거의 보름달'이라는 것은 성대함이 지극한 것이다. 달이 가득 차서 보름달이 되면 맞서려고 하니, 신하로서 군주에게 맞서면 재앙과 패망[禍敗]이 반드시 찾아오게 된다. 그래서 완전히 보름달이 아니라, 거의 가득 찬 상태가 지극한 성대함이 되는 것이다.
'말의 짝을 잃으면'이라고 한 것은, 육사가 초구와 바른 호응이 되니 서로 짝이 된다는 말이다. 옛날에 수레에 멍에를 맬 때 네 마리를 썼는데, 모든 말을 순일한 색깔로 구비할 수 없으면 가운데의 두 마리 말과 바깥쪽의 두 마리 말을 각각 같은 색깔로 하고 또 크기도 반드시 서로 같게 했기 때문에 말 두 마리를 짝[匹]이라고 했으니, 상대를 이루는 짝이다. 말은 달리는 동물이다. 초구가 위로 달려 육사에 호응하고 육사 역시 달려가서 구오를 따르니, 모두 위로 달려가는 것이므로 말로써 상징했다. 미더움의 도리[孚道]는 하나로 집중하는 데 달려 있으니, 육사가 구오를 따르고 만약에 다시 아래의 초구에 얽매여 있다면 하나로 집중하지 못해 미더움의 관계에 해를 끼치게 돼 허물이 있다. 그래서 '말의 짝을 잃으면 허물이 없다'라고 한 것이다. 위로 구오를 따르고 초구에 얽매이지 않으면 이는 짝을 잃는 것이다. 초구에 얽매여 있으면 나아가지 못해 미더움의 공로를 이룩할 수 없다.

이 점은 공자의 풀이에서도 반복된다. 동류란 호응 관계에 있는 초구를 말한다. 이를 끊고 구오를 따를 때라야 허물이 없을 수 있다는 말이다. 이렇게 가는 것이 군자의 길이고, 비이부주(比而不周)하는 소인의 무리와 관계를 끊어내는 것이다. 쉽지 않은 일이다. 당쟁이 격화된 시대에는 재상이라 할지라도 임금보다는 당파를 선택하는 것이 일반적인 행태였기 때문이다. 조선 시대 정승 중에 이런 선택을 한 인물을 찾기가 거의 어렵다는 것이 바로 이런 행태가 얼마나 일반적으로 퍼져 있었는지 잘 보여준다.

반면 인조반정을 주도한 신권(臣權) 중심의 서인(西人)에 속했다가 반정 이후 친왕파로 돌아선 이귀(李貴)나 최명길(崔鳴吉)의 처신은 이에 가까웠다고 할 수 있다. 이렇게 될 경우 이들은 동류로부터 아첨한다는 비난을 받기 십상이다. 『논어』 「팔일」편에서 공자는 "임금을 섬김에 있어 예를 다하는 것[盡禮(진례)]을 사람들은 아첨한다고 말하는구나"라고 했다. 사람들이 자신을 아첨꾼이라고 손가락질할까 봐 근심한다면 그 사람은 임금에 대한 예를 다하지 못할 것이며, 이런 사람은 결코 어질 수 없다.

중부괘의 밑에서 다섯 번째 양효에 대해 공자는 "믿는 것을 잡아 묶어두듯이 하는 것은 자리가 바르고 마땅하기 때문이다"라고 풀었다. 주공의 효사는 이렇다.

> 믿는 것을 잡아 묶어두듯이 하면 허물이 없다[有孚攣如 无咎(유부 연여 무구)].

구오는 양강의 자질로 양강한 자리에 있어 바르고 육사와 친하지만, 상구와는 친밀하지 않으며, 손괘의 가운데 있어 중정(中正)을 얻었다. 정이의 풀이다.

> 구오는 군주의 자리에 있다. 임금의 도리는 마땅히 지극하게 열렬한 뜻으로 천하를 감동시켜 통하게 하여, 천하 사람들이 마음속으로 믿도록 하되 마치 묶어두듯이 굳게 결속시키면 허물이 없다. 군주의 미더움이 천하 사람들을 이와 같이 굳게 결속시킬 수 없다면 수많은 사람의 마음이 어떻게 떠나지 않도록 할 수 있겠는가?

결국 이처럼 수많은 백성의 마음을 묶어둘 수 있는 것은 그 자리가 바르고 마땅하기 때문이라는 것이 공자의 풀이다.

중부괘의 맨 위에 있는 양효에 대해 공자는 "새 날갯짓 소리가 하늘로 올라가니 어찌 오래갈 수 있겠는가"라고 풀었다. 주공의 효사와 크게 다르지 않다.

새 날갯짓 소리가 하늘로 올라가니 반듯해도 흉하다[翰音 登于天 貞凶].
한음 등우 천 정흉

상구는 양강한 자질로 음유한 자리에 있어 바르지 못하고 구오와도 친하지 않다. 다만 육삼과 호응 관계를 이루고 있을 뿐이다. 정이의 풀이다.

새 날갯짓 소리[翰音]란 소리만 높이 날리고 그에 걸맞은 실상이 없는 것이다. 미더움의 마지막에 처했으니, 미더움이 끝나면 미더움이 쇠락하게 돼 충실함과 독실함이 마음속에서 상실되고 화려한 아름다움[華美]이 겉으로 드날리게 된다. 이 때문에 "새 날갯짓 소리가 하늘로 올라간다"라고 했으니, 바름 또한 없어진 것이다.

양의 성질은 위로 올라가고 바람의 형체는 날아오른다. 상구는 마음속 깊은 곳의 미더움[中孚]의 때에 자리해 가장 높은 자리에 처했으니, 위로 나아가려는 것만 믿고서 그칠 줄 모르는 자다. 그 극단은 새 날갯짓 소리가 하늘에 올라가는 데에까지 이르렀으니, 이렇게 자신이 반듯하다고 고집해 변화할 줄 모르면 그 흉함을 얼마든지 알 수 있다. 공자는 (『논어』「양화(陽貨)」편에서) "신의[信]라고 하여 하나만 잡고서 배움을 좋아하지 않는다면 그 폐단은 잔인해진다[賊]는 것이다"라고 했으니, 이는 고집스럽게 지키기만 하고 변통할 줄 모르는 것을 말한 것이다.

한마디로 궁즉통(窮則通)이라는 역(易)의 이치를 모르니 흉할 수밖에 없다는 말이다.

62. 뇌산소과(雷山小過)[492]

소과(小過)는 형통하니 반듯하면 이롭다. 작은 일은 괜찮지만, 큰일은 안 되니 나는 새가 소리를 남기는데 위로 향하는 것은 마땅하지 않고 아래로 내려오는 것을 마땅히 하면 크게 길하다.

小過 亨 利貞 可小事 不可大事 飛鳥遺之音 不宜上 宜下 大吉.[493]
소과 형 이정 가 소사 불가 대사 비조 유지음 불의 상 의 하 대길

492 문자로는 진상간하(震上艮下)라고 한다.

493 형이정(亨利貞)이 나온다.

초륙(初六)은 나는 새이니 흉하다[飛鳥 以凶].

육이(六二)는 할아버지를 지나가 할머니를 만나는 것이니, 군주에게 미치지 않고 그 신하에게 맞게 하면 허물이 없다[過其祖 遇其妣 不及其君 遇其臣 无咎].

구삼(九三)은 지나치게 방비하지 않으면 따라와서 간혹 해치므로 흉하다[弗過防之 從或戕之 凶].

구사(九四)는 허물이 없으니 지나치지 않아 적당한 것이어서, 가면 위태로우니 반드시 경계해야 하며 오래도록 반듯함을 고집하지 말아야 한다[无咎 弗過遇之 往厲必戒 勿用永貞].

육오(六五)는 구름이 빽빽하지만, 비가 내리지 않는 것은 나의 서쪽 교외로부터 왔기 때문이니, 공(公)이 저 구멍에 있는 것을 쏘아서 잡는다[密雲不雨 自我西郊 公 弋取彼在穴].

상륙(上六)은 적당하지 못해 지나치니 나는 새가 멀리 떠나가는 것이라, 이를 일러 재앙과 허물[災眚]이라 한다[弗遇 過之 飛鳥離之 凶 是謂災眚].

◉

소과괘(小過卦)의 초륙(初六)은 양위에 음효로 바르지 못함[不正位], 육이(六二)는 음위에 음효로 바름[正位], 구삼(九三)은 양위에 양효로 바름, 구사(九四)는 음위에 양효로 바르지 못함, 육오(六五)는 양위에 음효로 바르지 못함, 상륙(上六)은 음위에 음효로 바름이다. 이 괘는 육이는 중정을 얻었고 육오는 중정을 얻지 못했다.

대성괘 소과괘(䷽)는 소성괘 진괘(震卦, ☳)와 간괘(艮卦, ☶)가 위아래에 있어 만들어진 괘다. 「설괘전」에 따르면 '우레[雷=震]로 움직이게 하고' '간(艮-산)으로 오래 머물게 한다[止=久]'고 했다. 괘의 모양이 진(震)이 위에 있고 간(艮)이 아래에 있다.

그러면 「서괘전」을 통해 왜 소과괘가 중부괘의 뒤를 이어받았는지 확인해보자.

신뢰를 가진 사람은 반드시 일을 잘 해낸다[行之]. 그래서 중부괘의 뒤를 소과괘(小過卦)로 받았다.

有其信者 必行之. 故受之以小過.

믿음을 받는 사람은 일을 잘 해낸다. 따라서 큰 허물은 없기 때문에 소과(小過)로 받은 것이다. 뇌산소과괘(雷山小過卦, ䷽)는 중부괘와 비교할 때 여섯 효 모두 음과 양이 바뀌어 있다. 착괘(錯卦) 혹은 이괘(裏卦) 관계다. 중부괘가 가운데가 비어 있다면[中虛] 소과괘는 가운데가 꽉 차 있다[中實]. 아래는 간괘(☶)로 산이고, 위는 진괘(☳)로 우레다. 우레가 높은 곳에서 진동하면 산을 가볍게 넘는다. 소과(小過)란 오히려 허물이 적어 일이 이뤄질 가능성이 더 크다.

이번에는 「잡괘전」을 통해 중부괘와 소과괘의 관계를 짚어보자.

> 소과(小過)는 낫다 혹은 지나침[過]이요 중부(中孚)는 믿음[信]이다.

소과괘(䷽)는 남보다 조금 낫다는 뜻이고, 중부괘는 신뢰를 받는다는 뜻이다. 이 둘에 대한 풀이는 「서괘전」과 그대로 일치한다. 별도의 풀이가 필요 없다.

소과괘에 대해 정이는 이렇게 말했다.

> 음효가 존귀한 지위에 자리하고 양효가 지위를 잃고 중도를 얻지 못했으니, 작은 것이 상도(常道)를 넘어선 것이다. 이는 작은 것이 상도를 넘어선 것이고, 또 사소한 일을 지나치게 행하는 것이고, 또 지나침이 적은 것이다.

문왕의 단사(彖辭), 즉 "소과(小過)는 형통하니 반듯하면 이롭다. 작은 일은 괜찮지만, 큰일은 안 되니, 나는 새가 소리를 남기는데 위로 향하는 것은 마땅하지 않고 아래로 내려오는 것을 마땅히 하면 크게 길하다[亨 利貞 可小事 不可大事 飛鳥遺之音 不宜上 宜下 大吉]"에 대한 공자의 풀이[「彖傳」]를 살펴볼 차례다.

> 소과(小過)란 작은 일[小者]이 지나친 것이지만 형통하다. 지나치게 함으로써[過以] 반듯하면 이롭다[利貞]는 것은 때에 맞춰[與時] 일을 행하기 때문이다. 부드러움이 적중한 도리를 얻으니 이 때문에 작은 일[小事]은 길한 것이요, 굳셈이 있어야 할 자리를 잃고[失位] 적중한 도리를 얻지 못했으니 이 때문에 큰일은 해서는 안 된다는 것이다. 괘에는 나는 새의 모습[象]이 있다. "나는 새가 소리를 남기는데 위로 향하는 것은 마땅하지 않고 아래로 내려오는 것을 마

땅히 하면 크게 길하다"는 것은, 위로 올라가면 거스르고[上逆] 아래로 내려가면 고분고분하기[下順] 때문이다.

小過 小者過而亨也,
소과 소자 과 이 형야

過以利貞 與時行也.
과이 이정 여시 행야

柔得中 是以小事吉也 剛失位而不中 是以不可大事也.
유 득중 시이 소사 길야 강 실위 이 부중 시이 불가 대사 야

有飛鳥之象焉.
유 비조 지 상 언

飛鳥遺之音不宜上宜下大吉 上逆而下順也.
비조 유지음 불의 상 의 하 대길 상역 이 하순 야

◉

대과(大過)의 풀이와 마찬가지로 소과(小過)의 의미를 다양하면서도 정교하게 풀어내고 있다. '소과(小過)는 형통하니'라는 단사(彖辭)를 풀어낸 「단전」의 "소과(小過)란 작은 일[小者]이 지나친 것이지만 형통하다"에 대한 정이의 풀이다.

> 양(陽)은 크고 음(陰)은 작은데, 음은 자기 자리를 얻었지만 굳셈[剛=陽]은 자리를 잃고 중도를 얻지 못했으니 이것이 바로 작은 일이 지나친 것이다. 그래서 작은 일을 지나치게 행하는 것이고, 지나침이 작은 것이다. 작은 것과 작은 일은 어떤 때는 지나친 것이 마땅한 경우가 있는데, 과도함 또한 작기 때문에 그래서 소과(小過)가 된다. 어떤 일은 지나치게 한 뒤에야 형통한 경우가 있으니, 지나치게 행하는 것이 형통할 수가 있는 것이다.

물론 크게 지나치거나 큰일이 지나치면 형통하기 어렵다. 이어서 '반듯하면 이롭다[利貞]'라는 단사를 풀어낸 공자의 단전, "지나치게 함으로써[過以] 반듯하면 이롭다[利貞]는 것은 때에 맞춰[與時] 일을 행하기 때문이다"에 대한 정이의 풀이다.

> 어떤 상황에서 마땅히 지나치게 행해야 할 때 지나치게 행하는 것은, 지나침이 아니라 때의 마땅함[時之宜]이고 그것이 곧 바른 것[正]이다.

눈치챘겠지만 소과괘에서는 때의 마땅함이 무엇보다 중요하다. 지나치냐 아니냐는

오히려 부차적인 문제가 되고 있다. 이어 공자는 효를 묶어서 풀어내는데, 먼저 하괘와 상괘 각각의 가운데 있는 육이와 육오를 말한, "부드러움이 적중한 도리를 얻으니 이 때문에 작은 일[小事]은 길한 것이요"에 대한 정이의 풀이다.

> 소과(小過)의 도리는 작은 일에서 지나치게 행하면 길한 것이니, 「단전(彖傳)」에서는 괘의 자질로써 길한 뜻을 말했다. '부드러움이 적중한 도리를 얻으니'라는 것은 육이와 육오가 가운데 자리한 것을 가리킨다. 음유한 자질이 자리를 얻었으니, 작은 일이 길하게 될 수 있을 뿐이고 큰일은 해결할 수 없다.

이어 구삼과 구사를 갖고서 말한, "굳셈은 있어야 할 자리를 잃고[失位] 적중한 도리를 얻지 못했으니 이 때문에 큰일은 해서는 안 된다는 것이다"에 대한 정이의 풀이다.

> 여기서 큰일은 강양한 자질의 사람이 아니고서는 해결할 수 없다. 구삼은 중도를 얻지 못했고 구사는 자리를 잃었으니, 그래서 큰일을 해결하려 해서는 안 된다. 작은 일이 지나친 때[小過]는 본래 큰일을 하려 해서는 안 되고 괘의 자질로 큰일을 감당할 수도 없으니, 이는 때에 부합하는 것이다.

역시 때의 중요성을 강조하고 있다. 이어서 "괘에는 나는 새의 모습[象]이 있다"에 대한 풀이다. 이 구절은 보는 이에 따라서는 공자의 말이 아니라 그것을 풀이하는 사람의 말이 잘못 들어간 것이라고 보기도 한다. 가운데가 굳세고 밖이 부드러우니, 가운데는 새의 몸통이고 밖의 두 개씩의 음효는 날개라고 보아 나는 새의 모습을 취했다는 말이다. 이어 끝으로 "'나는 새가 소리를 남기는데 위로 향하는 것은 마땅하지 않고 아래로 내려오는 것을 마땅히 하면 크게 길하다'는 것은 위로 올라가면 거스르고[上逆] 아래로 내려가면 고분고분하기[下順] 때문이다"에 대한 정이의 풀이다.

> 일은 때에 따라 마땅히 지나치게 해야만 하는 경우가 있으니, 이는 마땅함을 따르기[從宜] 위한 것이지 어찌 심하게 지나치게[甚過] 해야 하는 것이겠는가? 예를 들어 공손을 지나치게 하고[過恭] (상을 당했을 때) 슬픔을 지나치게 하고[過哀] 검소함을 지나치게 하는 것

[過儉]처럼 해야 하지만, 큰 것을 지나치게 하는 것[大過]은 안 될 일이다. 이 때문에 소과괘에 있는 것이니, 지나치게 하기를 마땅히 나는 새가 소리를 남기듯이 해야 한다고 비유한 것이다. 새가 빠르게 날면 소리가 나자마자 새는 이미 멀리 날아가고 없지만, 어찌 나는 소리와 날아가는 새의 실제가 서로 멀리 떨어져 있을 수 있겠는가? 일을 처리하는 데에 마땅히 지나친 것이 이와 같아야 한다. 몸이 행하는 실상은 명성과 멀리 차이가 나서는 안 되니 명실상부해야 하고, 일도 정상적인 범위를 멀리 넘어서서는 안 되니 마땅함을 얻는 데 달려 있을 뿐이다.

"위로 향하는 것은 마땅하지 않고 아래로 내려오는 것을 마땅히 한다"라는 말은 다시 새의 소리를 가지고 마땅함을 따른다는 뜻을 취해 비유한 것이다. 지나치게 일을 행하는 방도는 마땅히 나는 새가 소리를 남기듯이 명실상부해야 한다는 말이다. 소리는 바람을 거슬러 위로 향하면 큰 소리를 내기가 어렵고 바람을 따라 아래로 향하면 큰 소리를 내기 쉽기 때문에, 산 위에서 소리를 내면 크게 들리는 것이 바로 산 위에 우레가 있는 모습이 지나침이 되는 까닭이다.

여기서도 역시 일의 마땅함, 때의 마땅함을 거듭 강조하고 있다.

공자의 「상전(象傳)」을 살펴볼 차례다. 그중에 소과괘를 총평한 「대상전」이다.

산 위에 우레가 있는 것[山上有雷]이 소과(小過)(가 드러난 모습)이니, 군자(君子)는 그것을 갖고서 행동할 때는 공손함을 (조금) 지나치게 하고 상을 당해서는 슬픔을 (조금) 지나치게 하며 재물을 쓸 때는 검소함을 (조금) 지나치게 한다[山上有雷小過 君子以 行過乎恭 喪過乎哀 用過乎儉].

◉

정이의 풀이부터 보자.

천하의 일이란 어떤 때는 마땅히 지나치게 해야 하는 경우가 있지만, 너무 심하게 지나쳐서는 안 되므로 소과(小過)라고 한 것이다. 군자가 소과괘의 모습을 잘 살펴, 마땅히 지나치게 해야 할 일일 경우 힘써 행할 때는 공손함을 (조금) 지나치게 하고 상을 당해서는 슬픔을 (조금) 지나치게 하며 재물을 쓸 때는 검소함을 (조금) 지나치게 하는 것이 그런 것들이다. 마땅히 (조금) 지나치게[小過] 해야 할 경우에 (조금) 지나치게 하는 것이 곧 마땅함이다. 그러나 마땅히 지나치게 해야 할 경우가 아닌데도 지나치게 하는 것은 허물이나 잘못[過]이 된다.

물론 과공(過恭)은 사리에 맞지 않다[非禮]. 그러나 그것은 너무 지나쳤을[大過] 경우이고, 조금 지나치다면[小過] 그것은 대체로 적중한 도리[中=中道]에 가깝다. 슬픔이나 검소함 또한 마찬가지다. 각각에 관련된 『논어』의 구절들을 한 번씩 읽어보고 효사와 「소상전」으로 넘어가자.

「학이」편에서 공자의 제자 자공(子貢)은 공자의 사람됨을 네 단어로 요약했다. 온량공검(溫良恭儉). 그중 공손과 검소 혹은 검박함이 이미 여기에 해당한다. 또 「팔일」편에서 공자는 이렇게 말했다.

예를 행하는 사람이 삼가지 못하고[不敬] 상을 당한 사람이 진정으로 슬퍼하지 않는다면[不哀] 내가 과연 무엇으로써 그 사람됨을 알아보겠는가?

공손의 반대가 교만이라는 점에서 「태백」편에 나오는 공자의 말은 같은 문맥이다.

만일 주공(周公)과 같은 재주의 빼어남을 지녔다고 하더라도 교만하거나 인색하다면 그 나머지는 족히 볼 것이 없다.

주공은 공자가 사실상 가장 존경하며 모범으로 삼은 인물이라는 점에서 이 말의 강렬함을 충분히 이해할 수 있다. 「술이」편에서는 또 이렇게 말했다.

사치하면 공손하지 못하고, 검소하면 고루하기[固] 쉽다. 불손과 고루 중에서는 차라리 고루한 게 낫다.

이 문제들이 공자가 평소 얼마나 강조했던 사안들인지 충분히 이해했을 것이다.

소과괘의 여섯 효[六爻]에 대한 주공의 말을 풀이한 공자의 「소상전」이다.

(초륙(初六)은) 나는 새이니 흉하다[飛鳥以凶]는 것은 어떻게 할 수가 없다는 것이다[飛鳥以凶 不可如何也].
(육이(六二)는) 군주에게 미치지 않는 것[不及其君]은 신하는 (본분을 넘어서) 지나치게 해서는 안 되기 때문이다[不及其君 臣不可過也].
(구삼(九三)은) 따라와서 간혹 해친다면[從或戕之] 그 흉함이 어떠하겠는가[從或戕之 凶如何也]?
(구사(九四)는) 지나치지 않아 적당한 것[弗過遇之]은 자리가 마땅하지 않기 때문이고, 가면 위태로운 것[往厲]은 끝내는 자라서는 안 되기 때문이다[弗過遇之 位不當也 往厲 終不可長也].
(육오(六五)는) 구름이 빽빽하지만, 비가 내리지 않는 것[密雲不雨]은 이미 올라갔기 때문이다[已上也].
(상륙(上六)은) 적당하지 못해 지나친 것[弗遇過之]은 이미 너무 높은 것이다[弗遇過之 已亢也].

◉

소과괘의 맨 아래에 있는 음효에 대해 공자는 "나는 새이니 흉하다[飛鳥以凶]는 것은 어떻게 할 수가 없다는 것이다"라고 풀었다.

소과괘의 초륙의 처지를 보면, 음유의 자질로 양강한 자리에 있으니 바르지 않고 위의 육이와는 친하지 않으며 위의 구사와는 호응 관계다. 여기서 풀이의 실마리는 구사와의 관계다. 정이의 풀이부터 보자.

초륙은 음유한 자질로 맨 아랫자리에 있으니 소인의 모습이고, 또 위로 구사와 호응하는데 구사는 또다시 진괘가 상징하는 움직임의 몸체에 있다. 소인은 조급하고 경솔한데 위에서 호응해서 도와주는 사람이 있으니, 마땅히 (조금) 지나치게 행해야 할 때 반드시 지나침이 심함에 이른다. 하물며 지나치게 해서는 안 될 상황에서 너무 지나치게 행동하니 어찌 되겠는가? 그 지나침이 마치 나는 새처럼 신속하고 빠르니, 그래서 흉하다. 조급하고 빨리

하기를 이렇게 하니, 이 때문에 지나침이 신속하고 멀어져서 구원해 막으려 해도 그럴 수가 없는 것이다.

이 상황은 남이 어떻게 해줄 수 있는 여지가 없다. 본인이 스스로 방법을 찾아야 하는데, 오히려 본인이 서두르고 조급하게 구니 도와줄래야 도와줄 수 없는 것이다. 『논어』「위령공」편에서 공자가 했던 말이 바로 그것이다.

> (스스로) 어떻게 할까[如之何(여지하)] 어떻게 할까라고 말하지 않는 사람은 나도 어떻게 할 도리[如之何(여지하)]가 없다.

이제 막 날기 시작했으면서 스스로 분발하며 자신을 닦으려 하지 않는 사람은 제아무리 뛰어난 스승이라도 도움을 줄 수 없다는 말이다. 조광조의 후원자였던 정승 안당(安瑭)의 아들 안처겸(安處謙, 1486~1521) 등이 대체로 여기에 해당한다고 할 것이다. 족멸(族滅)의 재앙을 당했기 때문이다.

안처겸은 1513년(중종 8년) 진사시에 합격하고 성균관학유(成均館學諭)를 거쳤고, 1517년 8월 장의(掌議)로 있으면서 정몽주(鄭夢周)의 문묘 배향과 소격서 폐지 등을 건의했다. 1519년 조광조가 주도한 현량과(賢良科)에서 아우 안처함(安處諴)·안처근(安處謹)과 함께 급제했으나 모친상을 당해 벼슬을 그만두었다. 1521년 상복을 벗고 처가에 있으면서 이웃에 사는 왕실 종친 시산정(詩山正) 이정숙(李正叔), 권전(權磌) 등과 더불어 담론하다가 세상을 비판하는 말을 많이 했는데, 그중 군주 측근의 간신을 제거해 국세를 바로잡고 사림을 위로해야 한다는 등의 언사가 있었다. 이때 송사련(宋祀連, 1496~1575)[494]도 담론했는데, 송사련은 남곤·심정에게 아부해 상을 얻었다.

---

494 안처겸의 고종사촌으로 안씨 집 사람들은 송사련을 친자제같이 출입하게 하여 믿고 지냈는데, 성장함에 따라 자기 지위가 미천한 것을 한탄하고 안당(安瑭)의 반대파였던 심정에게 아부, 벼슬이 관상감판관에 이르렀다. 송사련은 사주(四柱) 보는 법에 정통해, 1521년(중종 16년) 자기의 사주를 보니 운수가 대통해 부귀를 얻을 운이었고 안당의 집 사람들의 사주는 죽고 망할 운수였다. 이에 엉뚱한 생각을 품고 처남 정상(鄭鏛)과 공모해, 고모인 안처겸의 어머니가 죽었을 때의 조객록(弔客錄)과 발인(發靷) 때의 역군부(役軍簿) 등을 증거로 삼아 안처겸 등이 모역을 꾀했다고 조작, 옥사를 일으켰다. 이 사건의 조작으로 안당·안처겸 등 안씨 일문과 권전(權磌)·이충건(李忠

처남인 정상(鄭鏛)을 시켜, 간신은 곧 남곤·심정을 지칭하는 것이라면서 당여의 증거물로 안처겸의 모친상 때의 조문록 및 역군명부(役軍名簿)를 가지고 가서 고변하게 했다. 이로써 대신을 살해하려 했다는 죄목으로 아우 안처근과 함께 처형을 당했다. 1540년에 신원됐다. 흔히 신사무옥(辛巳誣獄)으로 불리는 역사 속으로 들어가 보자. 내가 쓴 책 『조선의 숨은 왕』(해냄)에서 관련 부분을 인용한다.

1521년 신사년(辛巳年) 10월 11일 진시(辰時-오전 7~9시) 무렵 천문·지리 등을 맡아보던 예조의 관아 관상감(觀象監) 판관(判官-종5품) 송사련(宋祀連)이 처남 정상(鄭瑺)과 함께 승정원(承政院)을 찾아와 충격적인 내용을 고변(告變)했다.

"안처겸(安處謙)이 지난날 언제나 저에게 말하기를 '간신이 오랫동안 조정에 있게 해서는 안 되니 마땅히 먼저 제거한 다음 주상께 아뢰어야 한다'고 했습니다."

2년 전 기묘사화(己卯士禍)를 일으켜 조광조를 비롯해 수많은 사림과 인재를 숙청한 조정대신 남곤(南袞, 1471~1527)과 심정(沈貞, 1471~1531)을 먼저 제거한 다음 중종에게 전후 사정을 보고하려 했다는 것이다. 전시 같은 특수한 상황이 아니라면 먼저 베고 뒤에 보고하는 선참후계(先斬後啓)만으로도 임금을 거스르는 짓이었다. 게다가 송사련의 고변대로 안처겸이 임금이 총애하는 대신을 임의대로 배려했다면, 그것은 비록 임금을 직접 겨냥하지는 않았다 하더라도 역모(逆謀)의 혐의를 받기에 충분했다. 고변은 즉각 구두로 임금(중종)에게 전달됐다. 이를 들은 임금은 최대한 빨리 실상을 소상히 파악해 아뢸 것을 승정원에 전교했다. 사안의 중요성을 감안해 두 사람에 대한 조사는 도승지 윤희인(尹希仁)이 직접 맡았다. 두 사람에 대한 조사는 두 식경(食頃) 넘게 진행됐다. 정오 무렵 윤희인은 임금에게 개략적인 내용을 보고할 수 있었다.

"불궤(不軌-역모)인가?"

"전하, 아직은 불궤라 단정키는 어렵사옵고, 일단 이름이 거론된 자들을 중심으로 속히 잡

楗)·조광좌(趙光佐) 등 많은 사람이 죽게 됐다. 그 결과 고변한 공으로 선조대까지 네 임금을 섬기면서 절충장군·시위대장 등 당상관으로 30여 년간 세력을 잡고 종신토록 녹을 받았다. 송사련의 딸도 종실에 시집갔으며, 아들 5형제도 모두 명문가에 장가들어 송익필(宋翼弼) 같은 쟁쟁한 학자가 나오는 등 집안이 한때 번창했다. 그러나 송사련이 죽은 뒤인 1586년(선조 19년) 안당의 종손인 안로(安璐)의 처 윤씨의 상소로 안당의 무죄가 밝혀졌고, 송씨 집안도 맞상소해 싸웠지만 결국 패해 관작이 삭탈됐다.

아들여 실상을 캐야 할 중대 사안으로 보이옵니다."

"친국(親鞫)해야 하는가?"

"전하, 대신들에게 맡기기보다는 친국을 여심이 마땅한 줄로 아옵니다. 자칫 친국하지 않았다가 틈이라도 생길 경우 어떤 위험이 닥칠지 알 수가 없을 만큼 사안이 중대하고 복잡하옵니다."

"당장 관련자를 잡아들이고 친국을 열라."

통상적인 추국(推鞫)은 의금부에서 대신과 대간(臺諫-대사헌과 대사간)이 주도했지만, 역모사건의 경우 국왕이 직접 대궐 뜰에서 추국했다. 이를 친국이라 한다.

이날 오후 고변에서 언급된 안형·권전·안처근 3인이 경복궁 내 편전인 사정전(思政殿) 옆에서 중종이 직접 지켜보는 가운데 국문을 받았다. 중종 좌우에는 중추부영사 정광필, 좌의정 남곤, 의금부판사 권균, 좌참찬 심정, 도승지 윤희인 등과 사관이 배석했다. 남곤과 심정은 임금이 친국장 배석을 명했을 때 고변 속에 자신들 두 사람의 이름이 언급돼 있다는 점을 들어 참여하기 어렵다고 뜻을 아뢰었지만, 임금은 받아들이지 않았다.

그러나 정작 첫날의 친국은 싱겁게 끝났다. 고변에서 주모자급으로 언급된 자들이 아직 추포되지 않은 데다가, 안형 등 3인은 모진 고문에도 자신들의 혐의를 끝내 자복하지 않았기 때문이다. 이런 일은 뜻밖에 실체도 없이 싱겁게 끝날 수도 있기 때문에 임금은 다음날부터는 중추부영사 정광필이 책임을 지고 국문을 진행하라고 명했다. 물론 국문 과정에서 역모로 드러날 경우 다시 친국하면 됐다.

임금이 영의정 김전을 제치고 현직에서 물러나 있는 것이나 다름없는 중추부영사 정광필로 하여금 국문을 책임지게 한 데는 깊은 뜻이 있었다. 김전은 남곤과 심정의 꼭두각시나 다름없었다. 자칫 남곤과 심정 두 사람이 고변에서 지목돼 있는데 김전으로 하여금 책임을 지게 하면 일이 엉뚱한 방향으로 흘러갈 수도 있었고, 조사 결과에 대해서도 시비 논란이 있을 수 있기 때문이다.

정광필(鄭光弼), 산전수전 다 겪은 60세의 노(老) 재상. 조선 역대 최고의 정승 중 한 사람이라는 평을 얻은 인물이 사건의 조사를 맡게 됐다. 훈구파 집안이면서도 사림과 입장을 같이하며 무오사화·갑자사화·기묘사화를 가까이에서 겪어낸 그였다. 특히 기묘사화 때는 조광조를 죽이려는 임금에게 눈물로 호소해 귀양으로 감형을 시킨 바 있었다. 정광필은 남곤보다는 심정이 송사련의 배후에 있을 것으로 의심했다.

'지정(止亭-남곤의 호)은 기묘년의 일에 후회하는 빛이 역력해. 그러나 소요정(逍遙亭-심정의 호)은 심술이 아주 고약해. 이건 분명 영모당(永慕堂-안당의 호)을 잡으려는 투망질의 시작이야. 영모당을 제거하면 다음은 나일 테고.'

고변과 함께 사태는 송사련의 손을 떠나 절로 굴러가며 걷잡을 수 없이 커지기 시작했다. 송사련과 정상의 고변 과정에서 한 번이라도 이름이 언급된 자들은 국청(鞫廳)으로 붙잡혀 와서 모진 고문을 받아야 했다. 고변 다음 날인 12일 사건의 대체적인 윤곽이 드러났다. 일단 정광필은 이틀간의 국문을 통해 기본 골격을 파악하고 임금에게 아뢰었다.

"안당의 아들 안처겸과 왕실 인사인 시산정(詩山正) 이정숙(李正叔)이 주동자인 듯하고, 안처겸의 막냇동생인 생원 안처근(安處謹, 1490~1521)과 생원 권전(權碘)이 동조자로 보입니다."

시산정의 정(正)이란 왕족에게 내리는 정3품 관직으로 대군(大君-정1품), 군(君-종1품, 정2품, 종2품), 도정(都正-정3품 당상)에 이은 정3품 당하의 관직이었다. 이정숙은 세종대왕의 증손자였다. 평소 조광조 등의 사림과 생각을 나눴기 때문에 안처겸과 뜻을 같이하다가 변을 당하게 된 것이었다. 스스로 반정에 의해 왕위에 오른 임금이기에 왕실 사람이 포함됐다는 보고에 가슴이 철렁했다.

"더는 없단 말인가?"

"전하, 그렇지 않사옵니다. 아직 괴수 안처겸이 붙잡히지 않아 실상은 더 캐봐야 합니다."

"어린 물고기 하나라도 빠져나가지 못하도록 치밀한 망으로 잡아들여야 할 것이요. 물론 시산정도 반드시 잡아들이고요."

"한 치의 소홀함이 없도록 최선을 다할 것이옵니다."

이번 고변 사건을 더욱 복잡하게 만든 것은 안처겸과 송사련이 적서(嫡庶)로 얽힌 가까운 친족이었다는 사실이다. 안처겸의 아버지이자 좌의정을 지내다가 조광조 등 사림을 두둔했다 해서 기묘사화 때 파직당한 안당과 송사련의 어머니 감정(甘丁)은 이복남매 사이였다. 안당은 아버지 안돈후와 본처 사이에서 난 적자(嫡子)였고, 감정은 안돈후와 비첩(婢妾) 중금(重今) 사이에서 난 서녀(庶女)였다. 어머니 쪽의 신분을 따르기로 돼 있던 당시 조선의 신분제로 보자면 송사련은 이중으로 제약을 받고 있는 셈이었다. 어머니는 서녀이고 외할머니는 종 출신 첩[婢妾](비첩)이었기 때문이다. 적서(嫡庶)의 차이는 있지만 안당은 송사련의 외삼촌이었고 안처겸·안처함·안처근은 외사촌 형제들이었다.

13일 안처겸이 동대문 밖에 있는 또 다른 왕실 사람 길안정(吉安正)의 첩 집에 숨어 있다가 붙잡혀 왔다. 추국 결과 시산정과 시국에 대한 불만을 이야기한 적은 있지만, 구체적인 행동을 도모하지는 않았다고 답했다. 송사련의 고변과 안처겸의 공술(供述)이 그 지점에서 팽팽하게 맞섰다.

그러나 15일 시산정 이정숙이 체포됨으로써 상황은 바뀐다. 22차례의 모진 고문과 형장(刑杖)을 이기지 못한 이정숙은 '다' 털어놓았다. 이정숙의 공술이다.

"지난해 가을 안처겸이 신의 집에 와서 말하기를 '(기묘년에) 사림들이 죄도 없이 죄 받은 사람이 많으니, 이러기를 그치지 않는다면 남아날 사람이 몇이나 되겠는가? 이렇게 만든 사람들을 마땅히 제거해야 한다'고 하기에, 금년 8월 무렵 신이 권전의 집을 왕래하며 늘 이 일을 의논했습니다.

하루는 권전이 오언절구(五言絶句) 한 수를 지어 신에게 보이며 '자네는 계략이 많으니 처겸과 의논하여 시급히 해야 한다'고 했습니다. 그래서 신도 응락하고 안처겸에게 가서 말을 하니, 처겸이 '미욱하고 용렬한 아우 안처함이 이런 모의를 알고서 강력히 막으며, 아버지에게 고하여 나를 데리고 고향으로 내려가려 한다'라고 했습니다. 이처럼 처겸이 장차 고향으로 내려간다는 것을 듣고 권전이 나를 보고 한탄하며 '이것도 천운(天運)이다'라고 했습니다.

이달 초여드렛날(고변이 있기 사흘 전) 새벽에 처겸이 그의 종 석환을 보내 신을 청하기에 신이 일찍 가니 안형, 정상이 먼저 와 있었는데, 조금 있다가 송사련이 병조(兵曹)로부터 돌아와 말하기를 '판서가 입직(入直)했다'라고 하자 처겸이 '궐내(闕內)에서는 손을 쓰기가 곤란하다'라고 했습니다. 처겸이 스스로 자랑하기를 '내가 사귀고 있는 무인(武人)이 많고, 종을 보내 우리 묘소(墓所) 근처에 사는 사람들을 또한 이미 불러오게 했다' 하며, 이어 날짜를 받아놓은 문서를 내보였습니다.

신이 집으로 돌아오자, 이성간이 찾아와 말하기를 '처겸이 "우리가 거사(擧事)하려고 하니 자네는 시산정에게 가봄이 좋다"고 하기에 왔다'라고 했고, 이어 말하기를 '그런 일은 어려움이 없지 않겠느냐?'고 자신했습니다. 신이 신석(申晳)·학년(鶴年) 등과 늘 의논하기를 '대신들을 제거하려면 먼저 저지른 다음에 전하께 계문(啓聞)해야 한다. 옛적에도 그런 일이 있었으니, 이제 만일 전 사람들을 제거하고 새 사람으로 바꾼다면 국가 일이 좋아질 것이다' 했는데, 하루는 권전이 신의 집으로 와 『자치통감 강목』 한 권을 찾아내어 장간지(張柬之, 625~706)[495]의 일을 가리키며 '마땅히 이 일대로 해야 된다'라고 했습니다.

이에 앞서 안처겸과 안형이 신의 집 행정(杏亭)에 와서, 안형이 '내가 정승 형님 집에 가서 격려하기를 "시사(時事)가 이러한데, 형님이 현명한 세 아들을 데리고 태연히 아무 생각이 없는 것 같으므로 사람들이 모두 부족하게 여긴다"라고 하자, 형님이 "내가 그런 말 듣고 싶지 않아 시급히 고향으로 내려가고 싶다" 했다'라고 하면서, 이어 처겸을 향해 '형님이 내 말을 듣고 어떻게 여기는지 자네가 시험 삼아 탐지해보라' 했습니다. 신이 묻기를 '모의에 참예한 사람이 얼마나 되느냐?' 하니, 안형이 '매우 많다. 선전관(宣傳官)도 한 사람 있고, 종친 칠성수(七城守)도 알고 있다'라고 했습니다.

그 뒤에 처겸이 신에게 말하기를 '아버지께서 전일에 안형이 하는 말을 듣고 화를 내어 크게 꾸짖을 적에 기가 죽게 됐다'라고 하기에, 신이 처겸에게 말하기를 '만일 큰일을 거사하려면 다른 사람은 지휘할 수 없으니, 모름지기 신석에게 물어서 해야 한다. 지금 죄도 없이 죄를 받은 사람이 많아 사류(士類)들이 장차 씨가 없게 될 것이니 어찌 우려되지 않을 수 있겠는가? 종친 중에 영산군(靈山君-성종의 열셋째 아들)·경명군(景明君-성종의 열째 아들)도 매우 우려하고 있다'라고 했습니다. 그러자 안처겸이 '각사(各司)의 관원들이 풍년인지 흉년인지를 헤아리지 않고 권간(權奸-남곤과 심정)의 압력과 비호로 제 마음대로 하기 때

495 당(唐) 예종(睿宗, 재위 684~690년, 710~712) 때인 689년에 현량과의 대책(對策)에 장원을 차지해 감찰어사(監察御史)가 됐으며, 봉각사인(鳳閣舍人)의 벼슬을 받았다. 그 뒤 합주(合州)와 촉주(蜀州) 자사(刺史), 형주(荊州) 장사(長史) 등을 역임했고, 적인걸(狄仁傑, 630~700)의 추천으로 추관시랑(秋官侍郎)이 됐다. 당시 적인걸의 추천을 받은 측천무후(則天武后, 624~705)는 장간지를 불러들여 낙주사마(洛州司馬)로 삼았지만, 적인걸이 사마(司馬-군사와 운수에 관한 일을 맡아보던 벼슬)가 아니라 재상의 몫을 할 수 있는 인재라고 다시 추천하자 형부(刑部)의 일을 맡겨 추관시랑의 벼슬을 주었다고 한다. 이후 봉각시랑(鳳閣侍郎)이 돼 병부(兵部)의 일을 맡아보았으며, 704년에는 봉각난대 평장사(鳳閣鸞臺平章事)가 됐다. 당시 80세를 넘겨 쇠약해진 측천무후는 자주 병석(病席)에 누웠고, 장역지(張易之)·장창종(張昌宗) 형제가 무후의 총애를 믿고 횡포를 부렸다. 장간지가 요숭(姚崇, 650~721), 환언범(桓彥範), 최현위(崔玄暐) 등과 함께 장씨 형제를 처벌할 것을 간언했지만 받아들여지지 않았다. 장간지는 환언범, 최현위, 경휘(敬暉), 원서기(袁恕己) 등의 대신들과 함께 장역지·장창종 형제의 제거를 모의했고, 황궁의 방위를 맡은 우림군(羽林軍)을 통솔하던 이다조(李多祚)를 설득해 끌어들였다. 양원염(楊元琰)·경휘·환엄범 등을 우림군 장군으로 임명해 황궁(皇宮)의 북문금군(北門禁軍)을 장악했다. 705년 2월 22일, 장간지는 장역지·장창종 형제의 반역을 진압한다는 명목으로 우림군 500여 명을 이끌고 황궁으로 들어가 그들을 살해했다. 측천무후에게 양위할 것을 압박해 중종(中宗, 재위 683~684년, 705~710)을 복위시키고 당(唐)의 국호(國號)를 회복했다. 당시 태자(太子)로 있던 중종 이현(李顯), 상왕(上王)인 예종(睿宗) 이단(李旦), 태평공주(太平公主, ?~713) 등의 황족이나 무씨(武氏)의 여러 왕도 장씨 형제와 갈등이 있어 장간지의 정변은 순조롭게 진행됐다. 중종이 복위한 뒤 장간지는 공을 인정받아 천관상서(天官尙書)가 됐고, 한양군공(漢陽郡公)을 거쳐 한양군왕(漢陽郡王)으로 봉해졌다. 하지만 실권을 장악한 위황후(韋皇后)는 무삼사(武三思, ?~707) 등과 연합해 이른바 '오왕(五王)'이라 불리는 장간지, 환언범, 최현위, 경휘, 원서기 등을 견제했고, 결국 이들은 모두 밖으로 내몰렸다. 장간지도 중종에게 양주자사(襄州刺史)로 임명돼 양주로 내몰렸고, 706년에는 신주사마(新州司馬)로 좌천돼 울분 속에 죽었다.

문에 노비(奴婢)들이 곤궁 피폐하고 저자와 항간(巷間) 사람들이 모두 원망하고 한탄하니, 만일 거사하여 제거하여버린다면 인심이 모두 통쾌하게 여길 것이다'라고 했습니다.
초이렛날 신이 처겸을 찾아 소격서동의 본집으로 가니 대문 밖에 안장을 갖춘 말 5~6마리가 있기에, 신이 들어가고 싶지 않아 사람을 시켜 부르자 처겸이 정상과 함께 나왔습니다. 처겸이 나를 전송함을 핑계로 이미 많은 사람의 무사를 모았었는데, 다만 처함이 나의 이런 일에 대해 화내어 아버지에게 고하여 저지하게 하려고 곧 문밖으로 나갔습니다. 이에 정상이 말하기를 '무사들이 이렇게 많이 모여 사세가 중지하기 어려우니, 모름지기 처함에게 가서 고하지 말도록 만류해야 한다'고 했고, 처겸은 말하기를 '무사 70~80명은 당장 모을 수 있다'라고 했습니다.
언젠가는 신석이 신 등의 모의를 듣고서 말하기를 '그 일이 너무도 허술하다. 임금의 마음은 헤아릴 수 없는 법인데, 비록 자네들이 먼저 저지른 다음 계문하려 한다지만 주상이 만일 노하여 금부에 가두도록 한다면 갑자기 모인 대중은 모두 흩어질 것인데 자네들이 장차 어떻게 할 것인가?' 하니, 처겸이 '주상이 어찌 듣지 않으시겠는가? 우리의 위세가 있는데 비록 듣지 않고 싶지만 되겠느냐?'고 했습니다. 신 등이 항시 의논하기를 '우리가 먼저 저지른 다음 계문했을 때 상이 만일 듣지 않는다면 또한 폐립(廢立)할 수 있다'라고 했습니다.
반드시 초아흐렛날 거사하려고 한 것은 그날 상이 친제(親祭)하게 돼 있어 신 등이 제거하려고 하는 사람들이 모두 거기에 모이게 되고, 재궁(齋宮-제사 지내는 사당)이 궐 밖에 있어 궁궐처럼 깊숙하지 않고 군사의 위용이 크게 갖추어져 거사하기가 매우 쉽기 때문입니다."
새로 보는 이름들도 있었고 특히 정(正)이나 수(守)와는 비교도 안 되는 높은 지위의 종친인 군(君)이 두 명이나 언급됐다. 그러나 충격적인 내용은 논의에 폐립 가능성도 포함돼 있었다는 점이었다. 그것은 곧 역모였다.
"역모다. 아무리 부자지간이더라도 안당은 이 같은 전모를 알고 있었다. 당장 잡아들이라."
계속 관련자들이 추포돼 피의 고문을 당하는 가운데 첫 희생자가 발생했다. 이정숙의 자백 직후 고문을 받던 권전이 숨을 거두었다. 이때 권전의 나이 31세였다.
권전이 죽은 다음날(16일) 주모자급으로 드러난 이정숙·안처겸·안형·안처근·신석·윤세영·황현·이성간 등 8명이 처형됐다. 안형은 안당의 사촌 동생이었다. 이성간은 목이 달아나는 참형을 당했고, 나머지 7명은 사지가 찢기는 능지처참(陵遲處斬)을 당했다.
조정에서는 일단 여기서 송사련 고변으로 일어난 엿새간의 옥사를 마무리하는 듯했다. 임금도 이날 대대적인 사면령을 내리면서 일단락 지으려 했다. 그러나 바로 다음 날부터 그 끝을 알 수 없는 피바람이 기다리고 있었다.

사면령을 발표한 다음날(17일) 임금은 갑자기 연좌(連坐)하여 벌할 것을 명했다. 주모자의 족친들도 처벌하라는 것이다. 하룻밤 사이에 이렇게 입장이 바뀐 것은 임금의 불안감 때문이다. 다시 추포와 고문, 처형이 시작됐다. 이날 하루에만 이학년, 화림수 이귀가 능지처참을 당했고 안처겸의 아버지 안당, 이정숙의 아들 이함, 안형의 아들 안처인, 황현의 아버지 황극창이 교형(絞刑)으로 세상을 떠났다. 이후에도 10여 명이 사형을 당하고 수십 명이 유배를 떠남으로써 일단 이 사건은 열흘 만에 마무리된다. 훗날 역사는 이 참혹한 사건을 신사무옥(辛巳誣獄)이라고 부른다. 무고(誣告)에 의한 옥사(獄事)라는 뜻이다. 그러나 전혀 실체가 없었던 것은 아니고, 기묘사화 이후 조정에 불만을 품고 있던 세력들이 서투르게 이런저런 논의를 하던 와중에 그 속에 포함돼 있던 송사련이 밀고함으로써 큰 희생이 일어난 사건이었다.

안처겸을 소인이라고 할 수는 없으나, 일의 이치나 형세를 몰랐고 족멸을 자초했다는 점에서 크게 지나쳤다[大過]고 할 수 있다.

소과괘의 밑에서 두 번째 음효에 대해 공자는 "군주에게 미치지 않는 것[不及其君]은 신하는 (본분을 넘어서) 지나치게 해서는 안 되기 때문이다"라고 풀었다. 주공의 효사가 흥미롭다.

할아버지를 지나가 할머니를 만나는 것이니, 군주에게 미치지 않고 그 신하에게 맞게 하면 허물이 없다[過其祖 遇其妣 不及其君 遇其臣 无咎].

육이의 처지를 보면, 음유한 자질로 음유한 자리에 있으니 바르고 초륙과는 친하지 않지만, 구삼과는 가까우며 육오와 호응하지 않는다. 그리고 중정(中正)함을 얻었다. 정이의 풀이부터 보자.

양효가 위에 있는 것은 아버지의 모습이요, 아버지보다 높은 것은 할아버지의 모습이다. 구사가 구삼의 위에 있기 때문에 할아버지라 한 것이다. 육이는 육오와 서로 호응하여 부드럽고 가운데 있는 다움[柔中之德]을 갖고 있으니, 뜻이 구삼과 구사를 따르지 않고 지나쳐서 육오를 만난다. 이것이 '할아버지를 지나간다'라는 것이다.

육오는 음으로서 존귀한 자리에 있으니 할머니의 모습이다. 육오가 육이와 다움을 함께하면서 서로 호응하니, 다른 괘라면 음과 양이 서로를 구하지만 (조금) 지나칠 때는 반드시 그 일정한 도리의 본분을 넘어서기 때문에 다른 상황이다. 지나치지 않음이 없으므로 육이가 육오를 따르는 것에 대해 역시 그 지나침을 경계한 것이다.

'군주에게 미치지 않고 그 신하에게 맞게 하면'이라는 것은 위로 나아가되 군주를 능멸하지 않고 신하의 도리에 적합하게 행동하면 허물이 없다는 것이다. 만난다 혹은 맞게 한다[遇(우)]는 것은 마땅하다[當(당)]는 것이다. 신하의 본분에서 벗어나 지나치게 행동한다면 그 허물을 얼마든지 알 수 있다.

이러한 일의 이치[事理(사리)=禮(예)]를 아는 사람과 모르는 사람이 보여주는 처신의 차이를 분명하게 알 수 있는 역사적 사례가 있다.

임진왜란이 일어나기 1년 전인 1591년(선조 24년) 2월 막 우의정에 오른 유성룡(柳成龍)이 좌의정 정철을 찾아와서, 영의정 이산해(李山海, 1539~1609)[496]와 더불어 삼정

---

496 어려서부터 작은아버지인 이지함(李之菡)에게 학문을 배웠다. 1558년(명종 13년) 진사가 되고, 1561년 식년 문과에 병과로 급제해 승문원에 등용됐다. 이듬해 홍문관정자가 돼 명종의 명을 받고 경복궁대액(景福宮大額)을 썼다. 이어 부수찬이 되고, 1564년 병조좌랑·수찬, 이듬해 정언을 거쳐 이조좌랑이 됐다. 1578년 대사간이 돼 서인 윤두수(尹斗壽)·윤근수(尹根壽)·윤현(尹晛) 등을 탄핵해 파직시켰다. 다음 해 대사헌으로 승진하고 1580년 병조참판에 이어 형조판서로 승진했다. 이듬해 이조판서를 거쳐 우찬성에 오르고, 다시 이조·예조·병조의 판서를 역임하면서 제학·대제학·판의금부사·지경연춘추관성균관사를 겸했다. 1588년 우의정에 올랐다. 이 무렵 동인이 남인·북인으로 갈라지자 북인의 영수로 정권을 장악했다. 다음 해 좌의정에 이어 영의정이 됐으며, 종계변무(宗系辨誣-명나라 『태조실록』과 『대명회전』에 이성계의 가계가 고려의 권신 이인임의 후손으로 잘못 기록된 것을 시정하도록 요청한 일)의 공으로 광국공신(光國功臣) 3등에 책록되고 아성부원군(鵝城府院君)에 책봉됐다. 이듬해 정철이 건저(建儲-세자 책봉) 문제를 일으키자 아들 이경전(李慶全)을 시켜 김공량(金公諒-인빈(仁嬪)의 오빠)에게 정철이 인빈과 신성군(信誠君)을 해치려 한다는 말을 전해 물의를 빚었으며, 아들로 하여금 정철을 탄핵시켜 강계로 유배시켰다. 한편 이와 관련해 호조판서 윤두수, 우찬성 윤근수와 백유성(白惟成)·유공진(柳拱辰)·이춘영(李春英)·황혁(黃赫) 등 서인의 영수급을 파직 또는 귀양 보내고 북인의 집권을 확고히 했다. 1592년 임진왜란 때 왕을 호종해 개성에 이르렀으나, 나라를 그르치고 왜적을 침입하도록 했다는 양사(兩司-사간원·사헌부)의 탄핵을 받고 파면됐다. 백의(白衣)로 평양에 이르렀으나, 다시 탄핵을 받아 평해(平海)에 중도부처(中途付處)됐다. 1595년 풀려나서 영돈녕부사로 복직되고 대제학을 겸했다. 북인이 다시 분당 때 이이첨·정인홍·홍여순 등과 대북파가 돼 영수로서 1599년 재차 영의정에 올랐다. 이듬해 파직됐다가 1601년 부원군(府院君)으로 환배(還拜-복직돼 제수됨)됐으며, 선조가 죽자 원상(院相)으로 국정을 맡았다. 이이·정철과 친구였으나 당파가 생긴 뒤로는 멀어졌다.

승이 임금을 뵙고 세자 책봉 문제를 건의하자고 제안했다. 이산해와 유성룡은 동인이었고 정철은 서인이었다. 당시 정비인 의인왕후 박씨가 자식을 못 낳았기 때문에 조정에서는 암암리에 '광해군 세자론'이 퍼져 있던 때였다. 정철은 유성룡의 제안이 있었고, 이산해와 유성룡이 같은 당파인 만큼 이미 서로 의견을 나눴으리라 생각했다. 게다가 자신이 삼정승 중에서 가장 힘이 막강한 좌의정이니 임금을 만나는 경연에서 먼저 이야기를 꺼내는 것이 순서라고 판단했다.

그러나 경연에서 정철이 이 말을 꺼내는 순간 선조의 분노가 폭발했다.

지금 내가 살아 있는데 경은 무엇을 하고자 하는가?

그 순간 이산해와 유성룡은 아무런 말이 없었다. 이산해의 술수에 걸려든 것이다. 결국 정철은 파직당해 마천령 넘어 함경도로 유배를 가게 된다. 여기서 정철이 옳고 이산해가 틀렸다는 말을 하려는 것이 아니다. 물론 그 반대도 아니다. 당시는 정여립의 난 직후였기 때문에 서로 피 말리는 정쟁을 하던 중이었다. 문제는 이산해가 구사한 술수가 지극히 고전적인 수법이라는 사실이다.

진덕수의 『대학연의』에 따르면, 한나라 무제 때 급암(汲黯)이 공손홍(公孫弘)과 더불어 황제에게 아뢰기로 했다가 정작 황제 앞에 이르자 급암은 자신의 품은 바를 남김없이 다 말했는데 공손홍은 오히려 면전에서 아첨을 일삼았다. 이처럼 함께 아뢰기로 하다가 면전에서 표변하는 수법은 당나라 현종 때도 등장한다. 사마광의 『자치통감』에 나오는 사례다.

당나라 현종은 삭방절도사 우선객(牛仙客)이 비용도 절감하고 무기 개량도 잘했다 하여 봉읍에서 실제로 받는 조세인 실봉(實封)을 높여주려 했다. 이에 충직한 성품의 장구령(張九齡)이 재상 이임보(李林甫)에게 말했다. "실봉을 상으로 주는 것은 명신(名臣)과 큰 공을 세운 사람들에게 베푸는 것인데 어찌 변방의 장수를 고위직에 올리면서 이리 급하게 의논할 수 있겠습니까? 공과 더불어 힘껏 간언을 올려봅시다."

아첨에 능한 이임보는 그러자며 허락했다. 그러나 정작 황제에게 나아가 뵈었을 때 장구령은 할 말을 다했지만, 이임보는 침묵을 지켰다. 오히려 이임보는 물러 나와서 장구령의 말을 우선객에게 흘렸다. 다음날 우선객이 황제를 알현해 울면서 호소하자 다시 우선객에게 상을 내리기로 하고 조정의 논의에 부쳤다. 여기서도 장구령은 원칙을 어겨서는 안 된다며 한사코 반대했다. 그 순간 이임보가 "재능이 중요하지 사람됨을 말합니까? 천자가 사람을 쓰겠다는데 어찌하여 안 된다는 것입니까?"라고 하자 황제는 이임보는 꽉 막혀 있지 않아 좋다고 여겼다.

이 사건에 대한 진덕수의 평가다.

> 이임보가 장구령을 배반한 것도 공손홍이 급암을 속여 넘긴 것과 똑같다. 그리하여 급암과 장구령은 죄를 얻어 폐척을 당한 반면 공손홍과 이임보는 뜻을 얻어 권세를 누렸다. "천자가 사람을 쓰겠다는데 어찌하여 안 된다는 것입니까?"라는 말은 임금에게만 초점을 맞추고 다른 사람들의 말에는 조금도 개의치 않는 사정을 보여준다.

다시 조선 선조 때로 돌아간다. 만약에 정철이 당시 고위 관리들의 필독서였던 진덕수의 『대학연의』를 제대로 보았더라면 거기에 여러 차례 등장하는 낡은 덫에 걸리지 않았을 것이다. 그가 충신이냐 간신이냐를 떠나 정철은 사람을 알아보는 데 어두웠고 제대로 된 독서가 없어 버젓이 책에 나와 있는 사례를 답습해서 귀양까지 가는 고초를 겪었다는 점에서 크게 동정의 여지는 없어 보인다. 이산해는 이런 이치를 알고 있었고 정철은 몰랐던 것이다. 정철은 다음 효에서 좀 더 상세하게 살펴볼 필요가 있다.

소과괘의 밑에서 세 번째 양효에 대해 공자는 "따라와서 간혹 해친다면[從或戕之] 종혹 장지 그 흉함이 어떠하겠는가"라고 풀었다. 주공의 효사는 좀 더 길다.

> 지나치게 방비하지 않으면 따라와서 간혹 해치므로 흉하다[弗過防之 從或戕之 凶]. 불 과방 지 종혹 장지 흉

구삼의 처지를 보자. 양강의 자질로 양강한 자리에 있으니 바르고 육이와는 친하지만, 구사와는 친하지 않다. 위로 상륙과 호응하고 있고 간괘의 맨 위에 자리하고 있다. 정이의 풀이다.

> 소과괘는 음이 지나치고 양이 지위를 잃은 때다. 그런데 구삼은 홀로 바른 자리에 있으나 아랫자리에 있어 일을 도모할 수 없고 음에게 시기와 미움을 받으므로, 마땅히 지나치게

행해야 할 일이 있는 자이니 이는 소인을 지나치게 방비하는 일이다. 만약에 지나치게 방비하지 않는다면 소인들이 따라와서 해치는 경우도 있으니, 이와 같으면 흉하다.

구삼은 음이 지나친 때에 양의 성질로 굳센 자리에 있어 굳셈이 지나친 것이다. 지나치게 방비할 것을 경계했으면 자신이 지나치게 강한 행동을 하는 것 또한 경계해야 한다는 내용이 들어 있다. 소인을 방비하는 방도는 자신을 바르게 하는 것이 가장 우선시돼야 한다. 구삼이 바름을 잃지 않았으므로 반드시 흉하게 되는 뜻은 없으니, 지나치게 방비하면 흉하게 되는 것을 피할 수 있다. 구삼은 하체의 가장 위에 있으니, 윗자리에 있으면서 아랫사람을 대하는 것이 모두 이와 같은 것이다.

공자가 "따라와서 간혹 해친다면[從或戕之] 그 흉함이 어떠하겠는가"라고 말한 것은 그만큼 심하게 흉하다는 것이다. 남을 해치려는 마음은 가져서 안 되고, 남을 방비하려는 마음은 없어서는 안 된다[害人之心不可有 防人之心不可無]. 남을 해치기에도 지나쳤고 남에게 해를 당하기에도 지나쳤던 인물로 조선 선조 때의 정철(鄭澈, 1536~1593)만 한 인물을 찾기도 힘들 것이다. 그러다 보니 그에 대한 평가 역시 극과 극이다. 예를 들어 정조는 서인 중에서도 노론에 물들어 있었기 때문에 『홍재전서(弘齋全書)』에 실린 『일득록(日得錄)』에서 정철을 이렇게 극찬했다.

송강(松江) 정철(鄭澈)은 호방하고 재주와 호기가 뛰어난 데가 있어 군계일학처럼 우뚝 뛰어난 사람이다. 우계(牛溪)와 율곡(栗谷) 등 제현이 추대했으니, 심지어 "얼음처럼 맑고 옥처럼 깨끗하며 적자의 마음을 가지고 나라를 위해 일한[氷淸玉潔赤心奉公]" 사람이라고 칭송했다. 그의 문집은 한 권뿐이지만 시원스럽고 넓고 환한 맛이 흘러넘치고 자연스럽게 격을 이루었다. 이것으로 보면 그가 명재상이었음을 가히 알 수 있다.

반면 정철과 반대당인 북인이 중심이 돼 편찬한 『선조실록』은 정철을 이렇게 평하고 있다.

정철은 성품이 편협하고 말이 망령되며 행동이 경망하고 농담과 해학을 좋아했기 때문에 원망을 자초(自招)했다. (기축옥사에 연루돼) 최영경(崔永慶)이 옥에 갇혀 있을 적에 그가 영경과 사이가 좋지 않다는 것은 나라 사람이 다 같이 아는 바이고, 그가 이미 국권을 잡고 있었으므로 법을 집행하는 사람들도 모두 정철과 잘 알고 지내는 사이였다. 그런데 마침내 죽게 했으니, 가수(假手-손을 빌림)했다는 말을 어떻게 면할 수 있겠는가. 게다가 일에 대응하는 재간도 모자라 처사(處事)가 소루했기 때문에, 양호(兩湖)의 체찰사(體察使)로 있을 때는 인심을 만족시키지 못했고 중국에 사신으로 가서는 전대(專對-왕명을 책임지고 받드는 것)에 잘못을 저지르는 등 죄려(罪戾)가 잇따랐으므로 죽을 때까지 비방이 그치지 않았다.

한편 서인 입장에서 편찬한 『선조수정실록』은 정철을 어느 정도 변호하면서도 마냥 긍정적이지는 않다.

그는 단지 결백성이 지나쳐 의심이 많고 용서하는 마음이 적어 일을 처리해나가는 지혜가 없었으니, 이것이 그의 평생 단점이었다. 만일 그를 강호산림의 사이에 두었더라면 잘 처신했을 것인데, 지위가 삼사(三司)의 끝까지 오르고 몸이 장상(將相)을 겸했으니 그에 맞는 벼슬이 아니었다. 중년 이후로 주색에 병들어 자신을 충분히 단속하지 못한 데다가 탐사(貪邪)한 사람을 미워하여 술이 취하면 곧 면전에서 꾸짖으면서 권귀(權貴)를 가리지 않았다. 편벽된 의논을 극력 고집하면서 믿는 것은 척리(戚里)의 진부한 사람이었고, 왕명을 받아 역옥(逆獄)을 다스릴 때 당색(黨色)의 원수를 많이 체포했으니, 그가 한세상의 공격 대상이 된 것은 족히 괴이할 게 없다. 그의 처신은 정말 지혜롭지 못했다 하겠다.
그러나 권간(權奸)과 적신(賊臣)으로 지목하는 것은 문제가 있다. 정철이 조정에서 앉은 자리가 미처 따스해질 겨를도 없이 정승이 된 지는 겨우 1년 남짓했다. 밝은 임금이 스스로 팔병(八柄)[497]을 행사하고 있고 (반대파인) 이산해·유성룡과 더불어 세 사람이 함께 정승을 하고 있는 상황에서 이산해가 특히 임금의 은총을 입고 있었으니, 정철이 어떻게 권세를 부릴 여지가 있었겠는가. 이것은 변론할 것도 없이 자명한 사실이다.

이런 점들을 종합해 정철의 인물됨을 보더라도 그는 소과패의 구삼에 해당한다는

497 임금이 신하들을 거느리는 여덟 가지의 권병(權柄), 곧 작(爵)·녹(祿)·여(予)·치(置)·생(生)·탈(奪)·폐(廢)·주(誅)를 가리킨다. 즉 전권을 행사하고 있었다는 말이다.

혐의를 벗기 어려워 보인다.

소과괘의 밑에서 네 번째 양효에 대해 공자는 "지나치지 않아 적당한 것[弗過遇之]은 자리가 마땅하지 않기 때문이고, 가면 위태로운 것[往厲]은 끝내는 자라서는 안 되기 때문이다"라고 풀었다. 주공의 효사는 좀 더 길다.

> 허물이 없으니 지나치지 않아 적당한 것이어서, 가면 위태로우니 반드시 경계해야 하며 오래도록 반듯함을 고집하지 말아야 한다[无咎 弗過遇之 往厲必戒 勿用永貞].

구사의 처지를 보면, 양강의 자질로 음유한 자리에 있어 바르지 않고 구삼과는 친하지 않지만, 육오와 가까우며 초륙과는 호응 관계다. 정이의 풀이다.

> 구사는 소과의 때를 맞아 굳셈으로 부드러운 자리에 처해 있으니, 굳셈이 지나치지 않아 허물이 없다. 지나치지 않으면 그 마땅함에 합치하므로 '적당한 것[遇之]'이라고 했으니, 그 도리를 얻었음을 말한 것이다. 만약 그대로 가면 위태로움이 있으니 반드시 경계하고 두려워해야 한다. '간다[往=行]'는 것은 부드러움을 버리고 굳셈을 갖고서 나아가는 것이다. '오래도록 반듯함을 고집하지 말아야 한다'는 것은, 양의 자질은 견고하고 굳세기[堅剛] 때문에 마땅함을 따라야 하지만 고집스럽게 지키려 하지 말아야 한다고 경계시킨 것이다.
>
> 음이 지나친 때에 양강한 자질의 사람이 지위를 잃었다면, 군자는 마땅히 때를 따르고 이치에 고분고분할 일이지 평상시의 도리[常道]를 고집해서는 안 된다. 구사는 높은 지위에 있지만, 아랫사람과의 교제가 없다. 육오와 가깝고 초륙과 호응 관계에 있다 해도 음이 지나친 때에 과연 저들이 양을 따르려고 하겠는가? 그렇기 때문에 그대로 가면 위태로움이 있는 것이다.

이는 대체로 재상이 아래 신하들과 다움을 같이한다고 해도 조심하고 또 조심하며 함부로 일을 벌이려 해서는 안 됨을 말하고 있다.

소과괘의 밑에서 다섯 번째 음효에 대해 공자는 "구름이 빽빽하지만, 비가 내리지 않는 것[密雲不雨]은 이미 올라갔기 때문이다"라고 풀었다. 주공의 효사는 좀 더 복잡하다.

구름이 빽빽하지만, 비가 내리지 않는 것은 나의 서쪽 교외로부터 왔기 때문이니, 공(公)이 저 구멍에 있는 것을 쏘아서 잡는다[密雲不雨 自我西郊 公 弋取彼在穴].

육오는 음유의 자질로 양강한 자리에 있으니 바르지 않고 구사와는 친하지만, 상륙과는 가깝지 않고 육이와도 호응 관계가 아니다. 그리고 움직이는 진괘의 가운데 있다. 정이의 풀이다.

육오는 음유한 자질로 존귀한 자리에 있으니, 비록 지나치게 하려 해도 어떻게 공로를 이룰 수 있겠는가? 이는 마치 구름이 빽빽하지만, 비가 내리지 않는 것과 같다. 비를 내리게 하지 못하는 것은 서쪽 교외로부터 왔기 때문이다. 음이 비를 내리게 할 수 없는 것은 소축괘에서 이미 풀어냈다.

여기까지 보자. 소축괘에서 공자는 밀운불우(密雲不雨)와 관련해 말한 바 있다.

"구름이 빽빽이 모였으나 비가 돼 내리지 않는다[密雲不雨]"는 것은 여전히 (양이) 가려고[尙往] 하기 때문이요, "나의 서쪽 교외에서 왔다[自我西郊]"는 것은 아직 (공로의) 베풂이 행해지지 못했기 때문이다.

거기서 이미 주희(朱熹)는 "제지함이 크지 못하기 때문에 아래의 강한 기운이 계속 위로 나아가려 한다"고 했다. 또 '나의 서쪽 교외[我西郊]'를 정이는 나의 음방(陰方)의 기운이라고 보았다. 즉 서쪽 교외에서 온 구름은 비를 내릴 수 없다는 것이다. 다시 정이의 풀이로 돌아간다.

"공(公)이 저 구멍에 있는 것을 쏘아서 잡는다[公 弋取彼在穴]"라는 말에서, 익(弋)은 활을 쏘아 잡는 것이니 사(射)는 그저 쏘는 것이고 익(弋)은 잡는다는 뜻이 있다. 혈(穴)은 산속의 구멍으로 가운데가 텅 빈 것이니, 구멍에 있는 것이란 육이를 가리킨다. 육오와 육이는 본래 호응 관계가 아니지만, 활로 쏘아 잡은 것이다. 육오는 지위를 담당하므로 공(公)이라고 했으니, 조정의 군주를 말한다. 그러나 같은 부류가 서로 취해 얻었지만 두 음(陰)이 어떻게 큰일을 이룰 수 있겠는가? 이는 구름이 빽빽이 모였으나 비가 돼 내리지 않는 것과 같다.

공자가 '이미 올라갔기 때문'이라고 한 것은 음이 너무 위로 올라갔다는 말이다. 음이 지나치면 큰일을 이룰 수가 없는 것이다.

소과괘의 맨 위에 있는 음효에 대해 공자는 "적당하지 못해 지나친 것[弗遇過之]은 이미 너무 높은 것이다"라고 풀었다. 주공의 효사는 좀 더 길다.

> 적당하지 못해 지나치니 나는 새가 멀리 떠나가는 것이라, 이를 일러 재앙과 허물[災眚]이라 한다[弗遇 過之 飛鳥離之 凶 是謂災眚].

곧바로 정이의 풀이를 보자.

> 육은 음효이면서 진괘가 나타내는 움직임의 형체에 속해 있으니, 지나침의 극에 처해 이치에 마땅하지 않고 움직임이 모두 지나치다. 이치를 어기고 일정한 도리의 본분을 넘어서는 것이 마치 신속하게 나는 새와 같아서 흉하다. '떠난다[離之]'는 말은 지나침이 일정한 도리에서 지나치게 멀리 벗어난 것이다. '이를 일러 재앙과 허물[災眚]이라 한다'는 말은 마땅히 재앙과 허물이 있다는 말이다. 재(災)는 하늘의 재앙이고, 생(眚)은 사람이 빚어낸 것이다. 지나침의 극에 이르렀으니 어찌 오직 인재(人災)만이 있겠는가? 하늘의 재앙 또한 찾아오는 것이다. 이에 그 흉함을 알 수 있으니, 하늘의 이치나 사람의 일이나 다 그렇다.

물론 대체로 왕조의 마지막 임금들은 대부분 비슷하지만, 그럼에도 소과의 상륙에 해당하는 인물로 과연 한나라를 찬탈하고서 자기 당대에 멸망한 왕망(王莽, BC 45~AD 23)만 한 사람이 또 있을까?

왕망은 한나라 원제황후(元帝皇后)의 조카다. 권모술수를 써서 최초로 선양 혁명(禪讓革命)에 의해 전한의 황제 권력을 빼앗았다. 불우하게 자랐지만, 유학을 배웠고 어른을 잘 섬겨 왕봉(王鳳)의 인정을 받았다. 경녕(竟寧) 원년(BC 33) 황문랑(黃門郎)이 됐고, 영시(永始) 원년(BC 16) 봉읍 1500호를 영유하는 신야후(新野侯)가 됐다. 원시(元始) 5년(AD 5) 평제를 독살한 뒤 2살 된 유영(劉嬰)을 세워, 당시 유행하던 오행

참위설을 교묘히 이용하면서 인심을 모았다. 스스로 가황제(假皇帝)라 칭하고, 신하들에게는 섭황제(攝皇帝)라 부르게 했다. 초시(初始) 원년(AD 8) 유영을 몰아내고 국호를 신(新)이라 하여 황제가 됨으로써 선양 혁명에 성공했다. 개혁 정책을 펼쳤지만, 한말(漢末)의 모순과 사회 문제를 해결하지 못한 채 모두 실패했다. 장안의 미앙궁(未央宮)에서 부하에게 칼에 찔려 죽음으로써 건국한 지 15년 만에 멸망했다.

반고는 『한서』 「왕망전(王莽傳)」편 말미에서 그의 삶을 이렇게 평가했다.

> 왕망은 애초에 외척으로 몸을 일으켜 몸을 낮추고 절의에 힘써 명예를 구하니, 종족들은 효자라고 칭찬했고 벗들은 그가 어질다고 인정해주었다. 높은 자리에 올라 정사를 보필하게 되자 성제(成帝)와 애제(哀帝) 때는 나라를 위해 부지런히 노고를 다해 곧은길을 갔으니, 보는 이마다 칭송을 그치지 않았다. 이것이 이른바 "집 안에 있어도 반드시 소문이 나고[在家必聞(재가 필문)] 나라에 있어도 반드시 소문이 난다[在國必聞(재국 필문)]"는 것이고 "얼굴빛은 어진 듯하나 행실은 어질지 못한" 것이겠는가?[498] 망은 이미 어질지 못했고 간사한 재주가 있었으며 여기다가 네 숙부가 대대로 이어온 권세에 올라탔고, 한나라가 도중에 쇠퇴해 국통(國統-황통)이 세 번 끊어졌지만, 태후는 장수해 종주(宗主)가 되는 운을 만났다. 그래서 그는 간특함을 마구 행사해 (황위를) 찬탈하고 도둑질하는 재앙을 이룬 것이다. 이로부터 미뤄 헤아려 말해보자면, 이 또한 하늘의 때[天時(천시)]이지 사람의 힘이 도달할 수 있는 것은 아니다. 자리를 도둑질해 남면(南面)하게 되자 그 지위는 의지할 바가 없어 언제라도 뒤집힐 정황[勢(세)]이 걸주(桀紂)보다 심했는데도, 망은 태연하게 지내며 스스로를 황제(黃帝)와 순(舜)임금이 다시 나온 것인 양 행동했다. 드디어 함부로 행동하고 위엄과 기만을 부려 하늘을 능

---

498 이 두 가지 말은 다 공자가 『논어』 안연(顔淵)에서 했던 것이다. "자장이 물었다. '선비는 어떠해야 경지에 이르렀다(達) 할 수 있습니까?' 공자가 되물었다. '무슨 말인가? 네가 말하는 달(達)이란 것이.' 자장이 답했다. '나라에 있어도 반드시 그의 명예에 관한 소문이 나며, 집 안에 있어도 반드시 소문이 나는 것입니다.' 공자는 말했다. '그것은 소문이 나는 것이지 통달한 것이 아니다. 무릇 통달한 사람이란 바탕이 곧고 의리를 좋아하며 남의 말을 가만히 살피고 얼굴빛을 관찰하며 사려 깊게 몸을 낮추는 것이니, 나라에 있어도 반드시 이르게 되고 집 안에 있어도 반드시 이르게 된다. (이에 반해) 무릇 소문만 요란한 사람이란, 얼굴빛은 어진 듯하나 행실이 어질지 못하고[色取仁而行違(색 취인 이 행위)] 머물러 있으며 자신의 행실에 대해 아무런 의문도 던지지 않으니, 나라에 있어도 반드시 소문이 나고 집 안에 있어도 반드시 소문이 난다.'" 『한서』의 인용은 순서가 뒤집혀 있고, 『논어』 원문에는 방(邦)이라 했는데 여기서는 국(國)이라 했다.

멸하고 백성을 학대하면서 그 흉악스러움이 극에 이르게 되니, 그 해악이 온 중국[諸夏]에 퍼져나갔고 그 혼란스러움이 주변 오랑캐에게까지 뻗쳤으나 오히려 자신의 욕심을 다 채우지 못해 만족스러워하지 않았다. 이 때문에 나라[四海] 안이 흉흉해지고 조정 안팎이 분노와 원망을 품게 되어, 멀고 가까운 곳에서 함께 일어나니 성과 해자는 방어가 되지 않았다. 그의 몸은 갈기갈기 찢겼으며 드디어 천하의 성과 읍들은 폐허가 되고 무덤들까지 파헤쳐지니, 그 폐해는 고스란히 백성에게 돌아갔고 재앙은 썩은 해골에까지 미쳤다. 옛날의 책이나 전하는 바에 따르면 난신적자(亂臣賊子)와 무도한 사람들이 많았지만, 그들이 재앙을 입고 망한 것을 살펴보면 망(妄)처럼 심했던 자는 없었다.

옛날에 진(秦)나라는 『시경(詩經)』과 『서경(書經)』을 불태워 사사로운 의견[私議][499]을 세웠는데, 망은 육예(六藝)를 외워가면서 자신의 간사스러운 말들을 그럴싸하게 꾸몄다[文=文飾]. 길은 각기 달랐지만, 결과는 같아서 둘 다 멸망했으니, 모두 항룡(亢龍)의 기운이 끊어지거나[500] 천명이 아닌 운수를 맞았다는 점에서 서로 비슷하다. 자색(紫色)과 와성(鼃聲=蛙聲)[501]은 바른 색과 바른 소리가 아니라 여분의 윤위(閏位)[502]와 같으니, 성왕(聖王-광무제)을 위해 폐단을 미리 제거해준 것[驅除]이라 하겠다.

63. 수화기제(水火旣濟)[503]

기제(旣濟)는 형통함이 작으니 반듯하면 이롭다. 처음에는 길하고 끝내는 어지럽다.

旣濟 亨小 利貞 初吉 終亂.[504]

초구(初九)는 수레바퀴를 (뒤로) 잡아당기고 꼬리를 적시면 허물이 없다[曳其輪 濡其尾

499 법가 사상을 말한다.

500 복건(服虔)이 말했다. "『주역』에 이르기를 '항룡(亢龍)은 뉘우침이 있다'라고 했으니, 이는 (그에 어울리는) 다움이 없으면서 높은 자리에 있는 것을 말한다."

501 자색이나 와성은 각각 간색(間色)이거나 음란한 소리다.

502 역법의 윤달처럼 정통성이 없는 임금을 부르는 말이다.

503 문자로는 감상이하(坎上離下)라고 한다.

504 형이정(亨利貞)이 나온다.

无咎].

육이(六二)는 부인이 그 가리개를 잃은 것이니 쫓아가지 않으면 7일 만에 얻는다[婦喪其茀勿逐 七日得].

구삼(九三)은 고종이 귀방(鬼方)을 정벌해 3년 만에 이겼으니 소인은 쓰지 말아야 한다[高宗伐鬼方 三年克之 小人勿用].

육사(六四)는 물에 젖어[繻=濡] 새 옷과 헌 옷[衣袽]을 장만해두고 종일토록 경계하는 것이다[繻 有衣袽 終日戒].

구오(九五)는 동쪽 이웃의 소를 잡아 성대하게 제사 지내는 것이 서쪽 이웃의 검소한 제사가 실제로 그 복을 받는 것만 못하다[東隣殺牛 不如西隣之禴祭實受其福].

상륙(上六)은 그 머리를 적시는 것이니 위태롭다[濡其首 厲].

◉

기제괘(旣濟卦)는 여섯 효 모두 그 자리가 바르다[位正]. 따라서 육이와 구오도 모두 중정(中正)이다.

대성괘 기제괘(䷾)는 소성괘 감괘(坎卦, ☵)와 이괘(離卦, ☲)가 위아래에 있어 만들어진 괘다. 「설괘전」에 따르면 '비[雨=水=坎]로 윤택하게 하고' '해[日=火=離]로 따듯하게 한다[烜]'고 했다. 괘의 모양이 감(坎)이 위에 있고 이(離)가 아래에 있다.

그러면 「서괘전」을 통해 왜 기제괘가 소과괘의 뒤를 이어받았는지 확인해보자.

> 일을 함에 있어 남보다 더 뛰어난[過] 바가 있는 자는 반드시 이뤄낸다[濟=成]. 그래서 소과괘의 뒤를 기제괘(旣濟卦)로 받았다.
>
> 有過物者 必濟. 故受之以旣濟.

절제하고 믿음을 주어 신임을 받게 되니 허물이 적은 사람 혹은 남보다 조금 뛰어난 사람은 그가 하고자 하는 일을 이루게 된다. 수화기제괘(水火旣濟卦, ䷾)는 아래는 이괘(☲)로 불이고 위는 감괘(☵)로 물이다. 물과 불은 상극(相剋)도 되고 상생(相生)도

된다. 여기서는 상생이다. 물이 불 위에 있으니 서로 조화를 이뤄 만물을 길러준다. 이미 다 이뤘다는 뜻에서 볼 수 있듯이 기제괘는 6효가 모두 제자리에 있는[正位] 유일한 경우다.

문왕의 단사(彖辭), 즉 "기제(既濟)는 형통함이 작으니 반듯하면 이롭다. 처음에는 길하고 끝내는 어지럽다[亨小 利貞 初吉 終亂]"에 대한 공자의 풀이[「彖傳」]를 살펴볼 차례다.

기제(既濟)의 형통함은 작은 일들[小者]이 형통한 것이고, 반듯하면 이롭다는 것은 굳셈과 부드러움[剛柔]이 (모두) 바르고 자리가 마땅하기 때문이다[正而位當]. 처음에는 길한 것은 부드러움이 중도를 얻었기 때문이고, 끝에서 그치면 어지러운 것은 그 도리가 궁색해지기 때문이다.

既濟亨 小者亨也 利貞剛柔正而位當也.
初吉 柔得中也 終止則亂 其道窮也.

◉

이에 대한 정이의 풀이다.

이미 큰 것이 다 이뤄진 기제(既濟)의 때에는 오직 작은 일들만이 형통해질 가능성이 있다. 때가 이미 이뤄지면 진실로 마땅히 반듯하고 굳세게 지켜야 한다. 괘의 자질이 굳셈과 마땅함이 바르고 그 자리에 마땅하니, 자리에 마땅한 것이 바로 그 일정한 도리[常道]다. 이것이 바로 바름을 굳세게 지킨다는 뜻이어서, 이와 같이 반듯한 것이 이로운 것이다. 음과 양이 각각 바른 자리를 얻었으니 그 때문에 모든 일이 이뤄진 것이다.

육이가 부드럽고 고분고분하면서 문명(文明)해 중도를 얻었기 때문에, 그래서 모든 일을 이뤄내는 공로를 이룩할 수 있다. 육이는 하체에 자리하니, 바야흐로 일들이 성취된 초기이고 또 잘 처신해서[善處] 이 때문에 길한 것이다.

(그런데) 천하의 일들이란 나아가지 않으면 곧 물러나는 것이니, 하나의 정해진 이치는 없다. 모든 일이 다 성취된 끝에는 나아가지 않고 그치지만 항상 머물러 있거나 그치는 것은

> 없어서 쇠락과 어지러움[衰亂]이 이르게 되니, 그 도리가 궁색해져 극에 이른 때문이다. 구오의 자질이 좋지 않은 것은 아니지만 도리가 궁색해졌으니, 이치상으로 마땅히 반드시 달라지지 않으면 안 된다. 빼어난 이는 이런 상황에 이르면 어떻게 되는가? 답하겠다. 오직 빼어난 이만이 아직 궁색함에 이르지 않았을 때 (미리) 그 달라짐[其變]을 통하게 해서 극한에 이르지 않도록 할 수 있으니, 요임금이나 순임금이 이런 빼어난 이다. 따라서 (이들은) 끝에 이르러서도 어지러움이 없었던 것이다.

여기서는 일의 이치보다는 상황의 변화, 즉 일의 형세[事勢]에 민감해야 한다. 그래야만 "아직 궁색함에 이르지 않았을 때 (미리) 그 달라짐[其變]을 통하게 해서 극한에 이르지 않도록 할 수 있다."

공자의 「상전(象傳)」을 살펴볼 차례다. 그중에 기제괘를 총평한 「대상전」이다.

> 물이 불 위에 있는 것[水在火上]이 기제(既濟)(가 드러난 모습)이니, 군자(君子)는 그것을 갖고서 환난을 생각하며 미리 그것을 방비한다[水在火上既濟 君子以 思患而豫防之].

◉

정이의 풀이다.

> 물과 불이 이미 교류해서 각각 그 쓰임을 얻게 되는 것이 기제(既濟)가 된다. 이런 기제의 때를 만나면 오직 환난과 해로움이 생겨나는 것을 걱정해야만 하므로, 생각에 생각을 거듭해 미리 방비해서 환난이 이르지 않게 해야 한다. 예로부터 천하가 이미 잘 이뤄졌는데[既濟] 재앙과 혼란이 일어나는 것은, 사려해서 미리 예방하지 못했기 때문이다.

한마디로 거안사위(居安思危), 즉 평안할 때 위태로움을 늘 생각하라는 말이다. 이 말은 원래 『춘추좌씨전』 양공(襄公) 11년조에 실려 있는 위강(魏絳)의 간언 중 일부인데, 그는 여기에 이어 "생각을 하면 대비를 하게 되고[思則有備], 대비를 하게 되면 환란은 없습니다[有備無患]"라고 했다.

한나라 유학자 유향(劉向)은 공자가 죽고 나서 가장 큰 아쉬움은 "미언(微言)이 끊어진 것"이라고 했다. 미언이란 '뜻이 깊은 말'로 공자의 말은 숨어 있고 미미한 듯하면서도[隱微(은미)] 그 뜻이 크고 깊다는 것이다. 그것을 미언대의(微言大義)라고 했다. 앞서 보았던 형이상중하의 언어 사용 방식과도 일맥상통한다.

그러나 송나라 때부터 주자의 성리학이 성행한 이래 공자의 텍스트를 읽는 방식도 크게 왜곡됐고, 특히 주자학의 절대적 영향하에 있었던 조선 시대를 거치면서 우리의 공자에 대한 태도 또한 실상과 동떨어졌다. 그래서 가능하면 공자와 시대적 거리가 멀지 않았고 살아 있는 지혜로서 공자의 생각을 받아들였던 한나라 학자들의 도움을 받아가면서 공자의 지혜를 받아들일 때 공자가 말하고자 했던 바에 깊이 들어갈 수 있다.

사서삼경 중의 하나인 『서경』만 해도, 제왕학의 핵심 텍스트임에도 불구하고 삼경(혹은 오경)보다는 사서만 중시했던 주자학의 악영향으로 인해 오늘날에는 유학 전공자들조차 제대로 읽지 않는 책이 돼버렸다. 『시경』과 『주역』 또한 마찬가지다. 주자학은 간단히 말하면 공자 없는 유학인 셈이다.

『서경』 「우서·대우모」편에 순임금이 우왕에게 제위를 물려주면서 임금 된 자의 마음가짐을 전해주는 구절이 나온다. 제왕학의 핵심 격언이다.

> 사람의 마음[人心(인심)]이란 오직 위태위태한 반면 도리의 마음[道心(도심)]은 오직 잘 드러나지 않으니, (그 도리를 다하려면) 정밀하게 살피고 한결같음을 잃지 않아[惟精惟一(유정유일)] 진실로 그 적중해야 할 바를 잡도록 하여라!

물론 이 말은 공자가 한 말은 아니다. 그러나 『서경』 의 편집자가 공자라는 점에서, 공자가 바로 이 말을 선택했다는 사실 자체가 이미 공자의 뜻을 에둘러 담고 있는 것이다. 여기서 핵심은 "정밀하게 살피고 한결같음을 잃지 말라[惟精惟一(유정유일)]"이다. 이 말을 한 번 더 풀면, 한결같음은 굳셈[剛(강)]이고 정밀하게 살피는 것은 눈 밝음[明(명)]이다. 한결같을 때라야 굳세고, 빈틈없이 훤하게 살필 때라야 눈 밝다고 할 수 있다. 즉 순임금이 제시한 임금다운 임금의 요체는 강명한 군주가 되라는 것이다.

이제 굳셈과 눈 밝음의 뜻을 풀어야 한다. 그래야 현실에 적용하기가 가능하기 때문이다. 그것은 『논어』의 도움을 받으면 된다. 「공야장」편이다.

공자가 말했다.

"나는 아직 진정으로 굳센 사람을 보지 못했다."

어떤 사람이 "신정이 있습니다"라고 대답하자 공자가 말했다.

"신정은 욕심(으로 가득한 자)이니, 어찌 굳세다고 할 수 있겠는가?"

子曰 吾未見剛者 或對曰 申棖 子曰 棖也慾 焉得剛.
자왈 오 미견 강자 혹 대왈 신정 자왈 정 야 욕 언 득강

우리는 흔히 진정으로 굳센 사람[剛]과 겉으로만 굳센 사람을 구분하지 못한다. 겉으로만 굳센 사람이란 여기서 공자가 말하듯 욕심으로 가득 찬 사람이다. 공적인 도리를 위해 일관된 뜻을 지키는 사람이 진정 굳센 사람인 반면, 욕심을 숨긴 채 강인해 보이려는 사람은 사이비(似而非), 즉 비슷해 보이지만 실은 그렇지 않은 사람이다. 공과 사의 문제가 들어 있는 것이다. 이는 마치 겉으로 교언영색하면서 진정 어진 사람과 그렇지 못한 사람이 있는 것과 같다.

이어 눈 밝음[明]을 보자. 「안연」편이다.

자장이 눈 밝음[明]에 관해 묻자 공자는 말했다.

"서서히 젖어드는 참소(讒訴)와 피부를 파고드는 하소연[愬]이 행해지지 않는다면 그 정사는 밝다[明]고 이를 만하다."

子張問明 子曰 浸潤之譖 膚受之愬 不行焉 可謂明也已矣 浸潤之譖 膚受之愬 不行焉 可謂遠也已矣.
자장 문명 자왈 침윤 지 참 부수 지 소 불행 언 가위 명 야이의 침윤 지 참 부수 지 소 불행 언 가위 원 야이의

여기서 보듯 눈 밝음이란 공적인 마인드에 입각해 주변에서 일어나는 사사로운 중상모략이나 친족 혹은 측근들의 간절한 부탁 등을 끊어내는 것이다. 그것은 정밀하게 살피지 않고서는 불가능하다. 이것이 유정유일(惟精惟一)이다. 예나 지금이나 변함없이 통용될 수밖에 없는 리더의 최우선 자질이다. 이는 역사 속의 인물을 통해 그들의 성패(成敗)를 살필 때 분명하게 드러난다.

강명함은 인사를 통해 드러난다. 『논어』에 등장하는 순임금의 사례들이 십중팔구 인사(人事) 혹은 지인(知人)과 관련된 것임도 바로 그 때문이다.

「태백」편이다.

순임금에게는 (어진) 신하 다섯 명이 있어 천하가 다스려졌다[舜有臣五人而天下治].
순 유 신 오인 이 천하 치

「안연」편의 이야기는 마치 이 「태백」편에 대한 풀이와도 같다. 임금이 일하는 과정에서 가장 많은 공력을 쏟아야 할 부분은 인사(人事), 그중에서도 재상을 잘 고르는 일이다. 그것만 잘하면 임금은 몸을 부지런히 움직여야 할 일은 거의 없게 된다. 이런 맥락을 이해할 때라야 「위령공」편에 나오는 다음과 같은 공자의 말도 쉽게 알 수 있다.

무위하면서 다스린 임금은 순임금일 것이다. 무릇 무엇을 했겠는가? 몸을 공손하게 하고 바르게 남면했을 뿐이다[無爲而治者其舜也與 夫何爲哉 恭己正南面而已矣].
무위 이 치자 기 순 야여 부 하위 재 공 기 정 남면 이이의

「위정」편에 나오는 구절도 비유를 들었을 뿐이지 실은 순임금의 이 같은 모습을 그려내고 있는 것이다.

정치를 (임금)다움으로 하는 것은, 비유하자면 북극성이 자기 자리에 머물러 있으면 뭇별들이 그것에게로 향하는 것과 같다[爲政以德 譬如北辰 居其所而衆星共之].
위정 이 덕 비 여 북신 거 기소 이 중성 공 지

그중에서 특히 굳셈과 관련해서 한 가지 짚어둘 사항은 굳셈, 즉 오래가는 마음 혹은 한결같은 마음의 중요성이다. 무일(無逸), 시종일관 게을러지지 않는 마음이 바로 굳셈[剛]이기 때문이다.
강

원래 무일은 주나라 때 주공이 섭정하다가 마치고 나서 조카인 성왕(成王)에게 전권을 넘겨주면서, 경계해야 할 딱 한 마디로 "게을러서는 안 된다[無逸]"는 뜻을 담아 쓴 글의 제목이다. 앞서 우리는 이를 살펴본 바 있다. 그런데 군주가 게으르다는 것은 과연 무슨 뜻일까? 백성의 삶이 얼마나 힘든지 진실로 안다면 군주는 게으를 수 없다는 뜻이다. 그래서 주공은 "군주는 늘 무일(無逸)을 마음 한가운데 오랫동안 두어야 합니다"라고 했던 것이다.
무일

여기서 무일 못지않게 중요한 말이 "오랫동안"이다. 잠깐 하다 말면 무일이라고 할 수가 없다. 그런 마음으로 시종일관할 때라야 제대로 된 군주가 될 수 있다.

바로 이런 점에서 당나라 때 명신(名臣) 위징(魏徵)이 당 태종에게 올린 「간태종십사

소(諫太宗十思疏)」를 떠올릴 수밖에 없다. 태종에게 반드시 명심해야 할 열 가지 내용을 간언하는 상소라는 뜻이다. 그중에 무일(無逸)과 관련된 부분이 흥미롭고 상세하다.

처음에 시작을 잘하는 사람은 많지만, 능히 끝을 잘 마치는 자는 거의 없습니다.

나태하고 게을러질까 두려울 때는 반드시 일의 시작을 신중히 하고 일의 끝을 잘 삼가야 한다[愼始而敬終]는 것을 떠올려야 합니다.
신시 이 경종

사람이 하는 일은 시작이 있으면 끝이 있기 마련이다. 그렇기 때문에 신시경종(愼始敬終)은 작은 조직이든 큰 조직이든 사람을 부리는 자리에 있는 사람이라면 잠시도 잊어서는 안 되는 경구라 할 수 있다.

다시 조선 초로 돌아간다. 적어도 정치력만 놓고 보면 태종이 세종보다 몇 수 위다. 태종은 신시경종(愼始敬終)을 한시도 잊은 적이 없는 군주였다. 그 대표적인 경우가 양녕을 세자에서 내쫓고 충녕대군을 세자로 삼은 다음 자신은 상왕으로 물러나 어린 세종이 임금으로서의 역할을 제대로 할 수 있도록 4년간 돌봐준 일이다. 세종의 경우에 이 '인턴 임금 4년'이 없었더라면 그 후 그렇게 많은 업적을 남길 수 있었을지 미지수다.

반면 세종은 신시(愼始)했는지는 몰라도 경종(敬終)했다고는 할 수 없다. 후계 구도를 제대로 정리하지 않고 수양(首陽)과 안평(安平) 두 대군으로 하여금 어려서부터 정치에 관련된 심부름을 시키며 정치에 관여하는 길을 열어주었다. 양녕이 세자이던 시절, 효령(孝寧)이나 충녕(忠寧)이 정치와 관련된 책을 보면 그 자리에서 빼앗았던 태종과는 확연히 대조를 이룬다. 세종 사후에 친형제들 간의 살육전이 벌어진 것도 세종 탓이라 할 수 있을지 모르겠다.

결국 한 리더가 무일(無逸)했는지 게으름에 빠졌는지는 그 끝이 좋았는지 여부를 살피는 것으로 충분하다. 이는 군주 혼자만의 정신적 노력으로 이룰 수 있는 일은 아니다. 위징이 당 태종에게 간언을 올렸듯이 조선 태종 때도 신하들은 그 점을 누차 강조했다. 태종 11년(1411)이면 재위 중간쯤을 지날 때인데, 그때 사간원에서 올라온 글에서 그 문제를 지적하고 있다.

거둥(擧動)은 임금의 대절(大節)이니 가볍게 할 수 없는데, 어제 전하께서 서교(西郊)에 행차하신 것은 명분이 없는 것입니다. 또 전하께서 즉위하신 초기에는 날마다 정사(政事)를 보시더니 중간에 육아일(六衙日)마다 조회(朝會)를 보시고, 지금은 오래도록 이를 폐기하셨습니다. 밝으신 때에 비록 궐사(闕事)가 없다고는 하더라도 후세(後世)에 반드시 전하를 말하기를 "처음에는 부지런하더니 뒤에 와서 게을러졌다"라고 할 것입니다. 바라건대 이제부터는 정사(政事)를 부지런히 보시어 연익지모(燕翼之謀)[505]를 남기시기 바랍니다.

태종 또한 그 문제의 중요성을 알았기에 이렇게 답했다.

어제의 행차는 내 마음도 불편하게 여기며, 너희들의 말도 옳다. 지금 이후로는 말을 들에다 놓아두어 다시는 이와 같은 행차가 없을 것이다. 이것은 궁정(宮庭)이 좁아서 조회(朝會)를 볼 만한 곳이 없고, 장막(帳幕)을 설치해 정사(政事)를 들을 수도 없었기 때문이다. 내가 창덕궁(昌德宮)으로 돌아가게 되면 조회를 받고 정사를 듣기를 한결같이 처음에 정사할 때와 같이 할 것이다.

신시이경종(愼始而敬終)을 아는 임금과 신하의 대화다. 같은 해 좌의정 성석린(成石璘)과의 대화는 이 점을 더욱 분명하게 보여준다. 태종 11년(1411) 신묘년(辛卯年) 5월 신유일(辛酉日-1일) 초하루의 기록이다.

(상이) 편전(便殿)에 나아가 정사(政事)를 보았다. 좌정승(左政丞) 성석린이 나아와 말했다. "지금은 사방(四方)이 무사(無事)해 나라에는 남은 곡식이 있고 백성은 업(業)을 잃는 자가 없으나, 염려해야 할 바는 편안할 때에 위태로움을 잊지 않는 것입니다. 노신(老臣)은 마음과 생각이 망연(茫然)해 어찌할 바를 알지 못하오나, 다만 바라건대 성상(聖上)께서 생각하시기를 처음과 끝을 한결같게 하시기[終始惟一]를 바랄 뿐입니다."
종시 유일
상이 말했다.

505 자손을 위한 좋은 계교를 말한다.

“편안할 때에 위태로움을 잊지 아니함은 옛사람이 경계한 바이다. 그러나 반드시 일의 기미[事機]를 기다려야 하는 것이니, 미리부터 도모할 수는 없는 것이다.”

처음과 끝을 한결같게 하라는 요청에 태종의 대답이 더 인상적이다. 곧장 일의 문제로 받아서 답하고 있는 것이다.

기제괘의 여섯 효[六爻]에 대한 주공의 말을 풀이한 공자의 「소상전」이다.

(초구(初九)는) 수레바퀴를 (뒤로) 잡아당기는 것[曳其輪]은 의리상 허물이 없다[曳其輪 義无咎也].
(육이(六二)는) 7일 만에 얻는다[七日得]는 것은 중도로 했기 때문이다[七日得 以中道也].
(구삼(九三)은) 3년 만에 이긴 것[三年克之]은 고달픈 일이다[三年克之 憊也].
(육사(六四)는) 종일토록 경계하는 것[終日戒]은 의심스러운 바가 있기 때문이다[終日戒 有所疑也].
(구오(九五)는) 동쪽 이웃의 소를 잡아 성대하게 제사 지내는 것이 서쪽 이웃의 때에 맞는 제사[時]만 못하니, 실제로 그 복을 받는 것은 길함이 크게 찾아오는 것이다[東隣殺牛 不如西隣之時 實受其福 吉大來也].
(상륙(上六)은) 그 머리를 적셔 위태로운 것이 어찌 오래 지속될 수 있으랴[濡其首厲 何可久也]!

◉

기제괘의 맨 아래에 있는 양효에 대해 공자는 “수레바퀴를 (뒤로) 잡아당기는 것[曳其輪]은 의리상 허물이 없다”라고 풀었다. 주공의 효사와는 조금 차이가 있다.

수레바퀴를 (뒤로) 잡아당기고 꼬리를 적시면 허물이 없다[曳其輪 濡其尾 无咎].

이미 다 이룬[旣濟] 때의 초구의 처지를 보자. 앞서 본 대로 바른 자리에 있고 여섯 효 모두 호응 관계가 있으며 모두와 친밀하다. 얼핏 봐서는 흠잡을 데가 없는 듯하다. 다만 높고 낮은 지위만이 달라 보인다. 실제로 그럴지 하나씩 살펴보자. 정이의 풀이다.

초구는 양의 자질로 아래 자리에 있어 위로 육사와 호응하고 불의 몸체에 속해 있으니, 그 나아가려는 뜻이 창끝처럼 날카롭다[銳=銳利]. 그러나 모든 일이 이미 다 이뤄진 때에 나아가려고만 하고 그치지 않으면[進不已] 뉘우침과 허물[悔咎]에 이르게 되니, 수레바퀴를 (뒤로) 잡아당기고 꼬리를 적셔야 마침내 허물이 없을 수 있다.

수레바퀴는 굴러가는 것이니, 거꾸로 잡아당겨 나아가지 못하게 하는 것이다. 짐승은 강을 건널 때 반드시 꼬리를 드니, 꼬리를 강물에 적시면 강을 건너갈 수가 없다. 모든 일이 성취된 시초에 그 나아감을 능히 그칠 수 있다면 마침내 허물이 없을 수 있고, 그칠 줄을 모르면 허물에 이르게 되는 것이다.

공자는 이를 다시 '의리상 허물이 없다'라고 했다. 우리는 앞에서 한나라 때 대장군 곽광의 밝은 면만 보았다. 그러나 그에게는 바로 이 모든 것을 이룩한 이후 그칠 줄 몰랐던 폐단이 있었다. 반고의 『한서』 「오행지」편에 실린 한 대목이다.

소제(昭帝) 원봉(元鳳) 4년 5월 정축일에 효문묘 정전(正殿)에 화재가 있었다. 유향이 볼 때 효문제는 태종(太宗)의 묘호를 받은 임금으로, 이 화재는 주(周)나라 때 선사(宣榭)에서 있었던 화재와 그 의미가 같았다. 이에 앞서 황후의 아버지 거기장군 상관안(上官安)과 안(安)의 아버지 좌장군 걸(桀)이 반역을 모의해 대장군 곽광(霍光)이 그들을 주살했다. 황후는 광(光)의 외손녀이고 나이가 어려 그 일을 알지 못했기 때문에 그 지위에 그대로 있었다. 광은 후에게 아들이 있기를 희망해, 상의 시의(侍醫)로 하여금 후궁의 접근을 일체 막은 다음 오직 황후만이 침전에 나아갈 수 있게 했다. 황후는 6세에 세워져 13세 때 소제(昭帝)가 붕어했기 때문에 결국 계사(繼嗣-후사)는 끊어졌다. 광이 조정을 장악한 것은 마치 주공(周公)이 섭정했던 것과 같았다. 상은 이해 정월에 원복(元服)을 더해[506] 『시경(詩經)』과 『상서(尙書)』에 능통했고 명철한 자질이 있었다. 광은 주공과 같은 다움[德]은 없이 정권

506 안사고가 말했다. "관례(冠禮)를 지낸 것이다."

을 권 지 9년이 돼 주공보다 더 길었으나, 상이 이미 관례를 치른 후에도 정권을 돌려주지 않았으니 장차 나라에 해악이 되고 있었다. 그래서 정월에 원복을 더하자 5월에 화재의 재이를 보여준 것이다. 옛날의 사당은 모두 장안성 안에 있었고 효 문묘의 경우 처음으로 성 밖에 있었으니, 하늘이 경계하여 말하기를 귀한 분을 내치는 것은 바르지 않다고 한 것이다. 선제(宣帝)가 이미 세워졌는데도 광은 오히려 (계속) 섭정을 하면서 교만이 넘치고 제대로 지나쳐, 결국 그의 처 현(顯)이 허(許)황후를 살해했고 광은 그것을 듣고서도 주벌하지 못하다가 뒤에 가서 결국은 주멸되고 말았다.

이는 재이(災異)를 통한 하늘의 경계를 풀어내는 대목이다. 이 또한 환란을 미리 경계하고 예방하는 문제[思患而豫防之]에 속한다. 이와 반대로 유방을 도와 한나라를 건국한 1등 공신 장량의 말년 처신은 어찌해야 허물이 없는지 보여준다. 반고의 『한서』 「장량전(張良傳)」편이 전하는 그의 말년 모습이다.

장량은 이에 늘 이렇게 말했다.

"집안 대대로 한(韓)나라의 승상을 지냈는데, 한나라가 멸망하자 만금의 재물을 아끼지 않고[不愛] 한나라를 위해서 강력한 진나라에 복수해 천하를 진동시켰다. 지금은 세 치의 혀로 황제를 위한 스승이 돼 1만 호에 봉해지고 지위는 열후이니, 이는 평민으로서는 끝까지 간 것이라 나 량은 만족한다. 바라건대 세속의 일을 버리고 적송자(赤松子)[507]를 따라 노닐고 싶을 뿐이다."

마침내 도인술을 배워 곡식을 먹지 않았고 몸을 가볍게 했다. (때마침) 고제가 붕하자 여후(呂后)는 (아들 혜제가 유방의 뒤를 이을 수 있게 해준) 장량의 은혜에 감사해 그에게 억지로 음식을 먹이며 말했다.

"한 번 사는 인생이란 흰 망아지가 좁은 틈을 지나가는 것과 같은데 어찌 스스로에게 이렇게 고통을 준단 말이오?"

장량은 그 말을 듣고서 어쩔 수 없이 음식을 먹었다. 6년 후에 훙하자 시호를 내려 문성후

---

507 신농씨(神農氏) 때의 우사(雨師)로, 뒤에 곤륜산으로 들어가 신선이 됐다는 전설상의 인물이다.

(文成侯)라 했다.

기제괘의 밑에서 두 번째 음효에 대해 공자는 "7일 만에 얻는다[七日得]는 것은 중도로 했기 때문이다"라고 풀었다. 주공의 효사는 조금 더 길다.

부인이 그 가리개를 잃은 것이니 쫓아가지 않으면 7일 만에 얻는다[婦喪其茀 勿逐 七日得].

육이의 처지 또한 기제괘의 다른 효들과 마찬가지로 자리가 바르고 모두와 친하며 구오와 호응 관계다. 정이의 풀이가 궁금하다.

육이는 문명(文明)하고 중정(中正)을 이룬 다움을 가지고서 위로 양강한 자질과 중정을 이룬 다움을 가진 군주인 구오와 호응하고 있으니, 마땅히 그 뜻을 행할 수는 있다. 그러나 구오는 이미 존귀한 지위를 얻었고 모든 일이 성취된 때라서 다시 나아가 도모할 수 있는 일이 없으니, 아래 지위에 있는 뛰어난 재주를 가진 사람[賢才]을 구하여 쓰려는 뜻이 있겠는가? 그래서 육이는 뜻을 행할 수 없는 것이다.
예로부터 모든 일을 성취하고 난 후에 사람을 등용한 자는 드물다. 당나라 태종처럼 신하의 간언을 잘 썼던 사람도 끝에 가서는 나태해졌는데, 하물며 그보다 못한 사람은 어떻겠는가? 이러한 때에 강중(剛中)한 능력이 반대로 마음속의 교만함이 돼, 감괘가 상징하는 물과 이괘가 상징하는 불이 교류하지 못하고 서로 어긋나게 된다. 사람이 때를 알고 변할 줄 알아야 역(易)을 말할 수 있을 것이다.
육이는 음(陰)이라 부인이라고 했다. '가리개'는 부인이 집을 나갈 때 스스로를 가리는 것이다. 그 가리개를 잃었다는 것은 밖으로 나갈 수 없다는 말이다. 육이는 구오가 구하여 등용하는 사람이 되지 못하면 자신의 뜻을 행할 수 없으니, 마치 부인이 가리개를 잃은 것과 같다. 그러나 중정의 도리를 어떻게 없애버릴 수 있겠는가? 때가 지나면 행할 수 있게 된다.
'쫓아간다'라는 말은 어떤 것을 따르는 것이니, 어떤 것을 따르면 자신이 평소에 지키고 있던 것을 잃게 되므로 쫓지 말라고 경고한 것이다. 중도를 스스로 지키고서 잃지 않으면 7일 만에 당연히 다시 얻게 된다. 괘에는 여섯 자리가 있으니 일곱 번째에 다시 달라진다. '7일 만에 얻는다'라는 것은 때가 달라지는 것을 말한다. 윗사람에게 등용돼 쓰이지 못하지만,

중정의 도리는 끝내 없어질 이치가 없으니, 지금 행하지 못하더라도 다른 때에 반드시 행해질 것이다. 빼어난 이가 권면하고 경계한 것이 깊다.

사람을 쓰는 문제[用人]로 접근하고 있다. 정이가 언급한 대로 당 태종은 중국사에서 손꼽히는 영군(英君)이었으나 좋은 후계자를 두지 못했고, 만년의 고구려 친정 실패 등으로 그가 죽은 뒤에는 정권이 동요하게 되어 마침내 측천무후가 실권을 장악하게 된다. 그만큼 그는 그 끝을 삼가는 경종(敬終)에 성공한 제왕이라고는 할 수 없다.

오히려 그런 점에서는 조선의 태종이 여러모로 모범을 보였다고 할 수 있다. 『태종실록』 13년(1413) 10월 22일 자 기사다.

무진일(戊辰日-22일)에 우정승 조영무(趙英茂)를 파직해 한산부원군(漢山府院君)으로 삼고, 남재(南在)를 우정승(右政丞)으로 삼았다. 애초에 상이 하륜(河崙)과 이숙번(李叔蕃)을 불러 말했다.

"지금 조영무가 병든 지 날이 오래이니 누가 대신할 만한 자인가? 내가 『송사(宋史)』를 보니 재상(宰相)이 된 자가 혹은 파직되고 혹은 제거(除去)되는 일이 거의 없는 해가 없었다. 나는 재상이 될 자로서 그 적당한 사람을 고르기가 실로 어렵다고 생각한다. 태조 때의 재상은 오직 조준(趙浚), 김사형(金士衡)뿐이다. 이제 이직(李稷)이 있어 그 직임을 대신시키는 것이 마땅하나, 세자(世子) 때에 이르러 어찌 재상이 없을 수 있겠는가? 또 이직이 좌상(左相)과 더불어 친척의 혐의(嫌疑)가 있으니 지금은 불가하고, 오직 남재(南在)가 있을 뿐이다. 그러나 남재는 모든 일에 용기 있게 행동함에 있어 나약한데, 이를 재상으로 삼는 것이 어떠할까?"

륜(崙)이 대답했다.

"모든 일에 즉시 용기 있게 행동하지 못하는 것은 영무(英茂)가 더욱 심합니다. 신 등이 한 가지 일을 행하고자 하면 군이 만류하는 까닭으로 일을 행하기가 심히 어려웠습니다."

상이 웃으면서 말했다.

"조공(趙公)이 곧은[直] 까닭이다."

륜이 말했다.

"옛날에 재상을 점친 적이 있으니 어떻겠습니까?"

상이 말했다.

"무릇 점이란 오직 뜻을 미리 정하는 것일 뿐이다. 내 뜻의 결단은 바로 천지(天地)와 종묘(宗廟)에 점치는 것과 같다."

실제로 태종은 이직뿐 아니라 황희, 허조(許稠) 같은 정승감들을 체계적으로 길러서 세종에게 넘겨주었다. 이것이 경종(敬終)이다. 정이가 말한 육이에 정확히 해당하는 인물이 이직이라고 할 수 있다.

이직(李稷, 1362~1431)은 1377년(우왕 3년) 16세로 문과에 급제해 경순부주부(慶順府注簿)에 보직되고, 그 뒤 사헌지평·성균사예·전교부령(典校副令)·종부영(宗簿令)·밀직사우부대언(密直司右副代言) 등을 거쳐 공양왕 때 예문제학을 지냈다. 1392년에 이성계의 추대에 참여해 지신사(知申事)로서 개국공신 3등이 되고 성산군(星山君)에 봉해졌다. 이듬해 중추원도승지(中樞院都承旨)·중추원학사(中樞院學士)로서 사은사(謝恩使)가 돼 명나라에 다녀왔다. 1397년(태조 6년) 대사헌을 지냈고, 1399년(정종 1년) 중추원사(中樞院使)로서 서북면도순문찰리사(西北面都巡問察理使)를 겸임해 왜구의 침입을 격퇴시켰다.

1400년 참찬문하부사(參贊門下府事)에 오르고, 이어 삼사좌사(三司左使)·지의정부사(知議政府事)를 역임했다. 이해 2차 왕자의 난 때 이방원(뒤의 태종)을 도와 1401년(태종 1년) 좌명공신(佐命功臣) 4등이 되고, 사은사로서 명나라에 다녀왔다. 1402년 대제학을 거쳐, 이듬해 판사평부사(判司評府事)로서 왕명으로 주자소(鑄字所)를 설치, 동활자인 계미자(癸未字)를 만들었다. 1405년 육조의 관제가 정해지자 처음으로 이조판서가 됐다. 1407년 동북면도순문찰리사·영흥부윤이 되고, 이어 찬성사로서 대사헌을 겸임했다. 이듬해 다시 이조판서로 판의용순금사사를 겸임하고, 1410년 천릉도감제조(遷陵都監提調)로서 덕릉(德陵)·안릉(安陵) 등을 함흥으로 옮겼다.

1412년 성산부원군(星山府院君)으로 진봉되고, 1414년 우의정에 승진돼 진하사(進賀使)로서 명나라에 다녀왔다. 이듬해 황희와 함께 충녕대군(뒤의 세종)의 세자 책봉을 반대하다 성주에 안치됐다. 1422년(세종 4년) 풀려나와 1424년 영의정에 오르고, 이해 등극사(登極使)로 명나라에 다녀왔다. 1426년 좌의정으로 전직했다가 이듬해 사직했다.

기제괘의 밑에서 세 번째 양효에 대해 공자는 "3년 만에 이긴 것[三年克之]은 고달
삼년 극지

픈 일이다"라고 풀었다. 주공의 효사는 상나라 역사와 관련된 이야기다.

> 고종이 귀방(鬼方)을 정벌해 3년 만에 이겼으니 소인은 쓰지 말아야 한다[高宗伐鬼方 三年
> 고종 벌 귀방 삼년
> 克之 小人勿用].
> 극지 소인 물용

마찬가지로 처지 풀이는 생략하고 바로 정이의 풀이를 보자.

> 구삼은 모든 것이 이뤄진 기제(旣濟)의 때를 맞아 굳센 자질로 굳센 자리에 있으니, 굳셈을 쓰는 것[用剛]이 지극한 것이다. 모든 것이 성취됐는데 굳셈을 쓰는 것이 이와 같은 것은, 바로 고종(高宗)[508]이 귀방(鬼方)을 정벌한 일이다. 고종은 분명히 상(商)나라 고종일 것이다. 천하의 모든 일이 이뤄졌는데 포악하고 혼란한 자를 멀리 정벌한 것이다. 위엄과 무력이 미칠 수 있어서 백성을 구제하는 일을 마음에 두는 것이 바로 왕의 일이니, 오직 빼어나거나 뛰어난[聖賢] 군주만이 가능하다.
> 그러나 만약에 위엄과 무력을 휘두르면서 사람들이 복종하지 않는 것에 분노하고 토지를 탐하면 백성을 잔혹하게 해치고 자신의 욕심을 채우는 것이므로 '소인은 쓰지 말아야 한다'고 경계한 것이다. 소인은 탐욕스럽고 분노하는 사사로운 뜻으로 행하니, 탐욕과 분노가 아니라면 하려고도 하지 않는다.
> '3년 만에 이겼으니'라는 것은 매우 힘들고 고달픔을 드러낸 것이다. 빼어난 이는 구삼이 모든 것을 성취했을 때 굳셈을 쓰는 뜻을 드러내어 사람들에게 보여주었으니, 모범을 삼고 경계로 삼는 것이 어찌 천박한 견해가 미칠 바이겠는가?

원칙적으로는 대외 정벌을 삼가야 한다. 여기서 공자는 고종이 그렇게 한 것 자체

---

508 이름은 무정(武丁)이다. 59년 동안 재위했다. 전하는 말로 어릴 때 민간에서 성장해 농사의 어려움을 잘 알았고, 국세(國勢)가 기울어가는 상나라를 부흥시키고자 애썼다. 『사기』에 따르면 재상감을 구하지 못하자 3년 동안 정령(政令)을 선포하지 않는 등 철저하게 현명한 재상에게 정치를 맡겼다. 탕왕을 제사할 때 꿩이 정(鼎)의 귀에 올라가서 우는 이상한 일이 발생하자 현신(賢臣) 조기(祖己)의 충고를 받아들여 정치를 고치고 덕을 행해 온 나라를 기쁘게 했다는 등 재상과 신하를 존중하고 신뢰한 것으로 유명하다. 부열(傅說)을 얻어 재상으로 삼아 대치(大治)를 이루었다. 서북쪽으로 병사를 움직여 귀방(鬼方)과 3년 동안 전투를 벌여 물리쳤다.

는 비판하지 않지만, 그 또한 힘겨운 일임을 간접적으로 지적하고 있다. 게다가 정복욕이나 과시욕에서 비롯됐다면 어떻게 되겠는가? 이를 명료하게 보여주는 사례가 『맹자(孟子)』「양혜왕장구(梁惠王章句)」편에 나온다.

맹자가 "왕께서 크게 원하는 바가 무엇인지를 혹시 들어볼 수 있겠습니까?"라고 묻자 제(齊)나라 선왕(宣王)은 웃기만 하고 아무 말도 하지 않았다.

(그러자) 맹자가 말했다.

"온갖 귀하고 맛있는 음식들이 입에 부족해서입니까? 가볍고 따뜻한 귀한 옷들이 몸에 부족해서입니까? 아니면 각종 화려한 장식들이 눈으로 보기에 부족해서입니까? 온갖 아름다운 음악들이 귀로 듣기에 부족해서입니까? 그것도 아니면 (환관이나 궁녀들처럼) 가까이에서 모시는 근시(近侍)들이 앞에서 부려먹기에 부족해서입니까? 왕의 여러 신하가 다 이것을 충분하게 제공하고 있으니, 어찌 왕께서 이것들을 위해서 크게 원하는 바를 얻으려 하시겠습니까?"

이에 선왕이 답했다.

"그렇다. 나는 그것들을 위해서 그러는 것이 아니다."

맹자가 말했다.

"그렇게 말씀하시니 이제야 왕께서 크게 원하는 바를 알 것 같습니다. (그것은) 땅을 개척하고 진(秦)나라와 초(楚)나라로부터 조회를 받으며 중국 천하를 지배하여 사방의 오랑캐들을 다스리는 것입니다. (하지만) 만일 이런 식으로 해서 왕께서 원하시는 소망을 구하려 한다면, 그것은 마치 나무에 올라가서 물고기를 구하려는 것과 같을 것입니다."

(맹자의 말에 화가 난) 선왕이 말했다.

"이와 같이 심하단 말인가?"

맹자가 말했다.

"아마도 심할 것입니다. 나무에 올라가 물고기를 구하려는 것은 비록 물고기를 얻지 못하더라도 뒤따르는 재앙이 없겠지만, 만일 이런 식으로 해서 왕께서 원하시는 바를 구하려는 것은 온 마음과 힘을 다하여 그것을 한다 하더라도 (아무것도 이루지 못한 채) 뒤에 반드시 재앙이 있게 될 것입니다."

이에 선왕이 물었다.

"(그렇다면 뭔가 도움이 될 만한 것을) 들어볼 수 있겠는가?"

맹자가 되물었다.

"추(鄒)나라 사람이 초(楚)나라 사람과 전쟁을 한다면 왕께서는 누가 승리할 것이라고 보십니까?"

선왕이 "초나라 사람이 이길 것이다"라고 답하자 맹자는 이렇게 말했다.

"그렇다고 한다면 작은 나라는 진실로 큰 나라를 적대시해서는 안 되며, 적은 수의 사람들은 진실로 많은 수의 사람들을 적대시해서는 안 되고, 약자는 진실로 강자를 적대시해서는 안 되는 것입니다. 해내(海內-천하)의 땅에 사방 천 리 되는 것이 아홉인데 제(齊)나라는 그중 하나를 갖고 있을 뿐이니, 하나로써 (나머지) 여덟을 복종시키려 한다면 추나라가 초나라를 적대시하는 것과 무슨 차이가 있겠습니까? 이 역시 근본으로 돌아가야 할 것입니다.

지금(이라도) 왕께서 정치를 함에 있어 인(仁)을 베풀어, 천하에 벼슬하는 자들이 모두 왕의 조정에 참여하고 싶어 하고 (천하의) 농민들이 모두 왕의 땅에서 경작하고 싶어 하며 상인들도 모두 왕의 시장에서 물건을 쌓아두고 장사를 하고 싶어 하고 길 떠난 이들마저 하나같이 왕의 길을 따라 여행하려 한다면, 천하에 자신의 임금을 미워하는 자들은 모두 왕께 달려와 하소연을 할 것입니다. 만일 이렇게만 된다면 누가 그런 큰 흐름을 막을 수 있겠습니까?"

기제괘의 밑에서 네 번째 음효에 대해 공자는 "종일토록 경계하는 것[終日戒(종일 계)]은 의심스러운 바가 있기 때문이다"라고 풀었다. 주공의 효사는 이렇다.

물에 젖어[繻(수)=濡(유)] 새 옷과 헌 옷[衣袽(의여)]을 장만해두고 종일토록 경계하는 것이다[繻(수) 有(유) 衣袽(의여) 終日戒(종일 계)].

정이의 풀이부터 보자.

육사는 물을 건너는 것[濟(제)]을 상징하는 괘에 속해 있고 감괘가 상징하는 물의 몸체에 속해 있으니, 배의 상징을 취해 뜻으로 삼았다. 육사는 군주와 가까운 위치니 그 임무를 맡은 자다. 모든 것을 성취한 때는 환난을 방지하고 변란을 생각하는 것을 시급한 일로 여겨야 한다. 물에 젖는다는 뜻의 수(繻)는 마땅히 젖는다는 뜻의 유(濡)가 돼야 하니, 배에 물이 스

> 며들어 샌다[滲漏(삼루)]는 말이다. 배에 틈이 생겨 물이 새면 옷가지나 헌 옷으로 막아야 한다. 옷가지나 헌 옷을 마련해 물이 새는 것을 대비하고 종일토록 경계하고 두려워하여 태만하지 않아야 하니, 환난을 염려하기를 마땅히 이와 같이 해야만 한다. 길하다고 말하지 않은 것은 이제 막 환난을 면했기 때문이다. 모든 것을 성취한 때에 환난을 면한 것만으로도 충분한데 어찌 더 바랄 것이 있겠는가?

공자가 '의심스러운 바가 있기 때문'이라는 것은 이 같은 근심 걱정으로 혹시라도 생길지 모를 환란을 미연에 막아야 한다는 점을 강조한 것이다.

『서경』「주서(周書)」편에 실린 주공[509]의 「무일(無逸)」편은 이에 대한 풀이 역할을 한다. 이 글은 주공의 조카인 성왕(成王)[510]이 직접 정사를 맡게 되자 주공이 당부하며 올린 글이다.

> 문왕(文王)께서 감히 유람과 사냥을 편안히 여기지 아니하시어 여러 나라에서 공식적으로 바치는 세금만 받으셨으니, 문왕께서 천명을 받은 것이 중년이었는데 나라를 통치하며 누린 기간이 50년이었습니다.
>
> 아! 지금부터 시작해 사왕(嗣王-성왕)께서는 문왕께서 구경과 안락과 유람과 사냥을 지나치게 하지 않으신 것을 본받으시어 만백성의 올바른 세금만 받으소서.
>
> 한가로이 여겨 "오늘 하루만 향락을 즐기겠다"라고 말씀하지 마소서. 이는 백성이 본받을

---

509 이름은 단(旦)이고 성은 희(姬)다. 숙단(叔旦)으로도 불린다. 서주 왕조를 세운 문왕(文王)의 아들이자 무왕(武王)의 동생이다. 채읍(采邑)이 주(周)에 있었다. 무왕을 도와 주(紂)를 쳐서 상(商)나라를 멸했다. 무왕의 아들 성왕(成王)을 도와 주 왕조의 기초를 확립했다. 무왕이 죽은 뒤 나이 어린 성왕이 제위에 오르자 섭정(攝政)이 됐다. 은족(殷族)의 대표자 무경(武庚)과 녹부(祿夫), 자신의 동생 관숙과 채숙 등의 반란을 진압한 다음 동방(東方)으로 원정해 하남성 낙양 부근의 낙읍(洛邑-成周(성주))에 진(鎭)을 설치했다. 이후 멸망한 은족을 회유하기 위해 은(殷)의 옛 땅에 주왕(紂王)의 형 미자계(微子啓)를 봉해 송나라라 칭하고, 자신의 아들 백금(伯禽)을 노(魯-曲阜(곡부))나라에 봉하는 등 주 왕실의 일족과 공신을 중원(中原)의 요지에 배치해 다스리게 함으로써, 주나라 초기에 대봉건제(大封建制)를 실시해 주 왕실의 기틀을 공고히 했다. 예악(禮樂) 제도를 제정하고 제후를 봉하는 등 주나라를 강하게 만들었다. 죽은 뒤 성왕이 노나라에 천자의 예악을 하사해 그 덕에 보답했다. 저서에 『주례(周禮)』가 있다.

510 중국 주나라 제2대 왕이다. 아버지 무왕이 죽었을 때 어렸으므로 무왕의 아우 주공 단이 섭정이 됐다. 동이(東夷) 원정에서 귀환한 뒤 기초를 다지고 주공 단과 소공 석의 보좌를 받아 치세에 힘씀으로써 그 자신의 대로부터 강왕 시대에까지 걸친 주나라의 성시를 실현했다고 한다.

바가 아니며, 하늘이 좋게 여기는 바가 아닙니다. 세상 사람들이 임금의 잘못을 크게 본받을 것입니다.

기제괘의 밑에서 다섯 번째 양효에 대해 공자는 "동쪽 이웃의 소를 잡아 성대하게 제사 지내는 것이 서쪽 이웃의 때에 맞는 제사[時]만 못하니, 실제로 그 복을 받는 것은 길함이 크게 찾아오는 것이다"라고 풀었다. 주공의 효사는 이렇다.

동쪽 이웃의 소를 잡아 성대하게 제사 지내는 것이 서쪽 이웃의 검소한 제사가 실제로 그 복을 받는 것만 못하다[東隣殺牛 不如西隣之禴祭實受其福].

정이의 풀이다.

구오는 가운데가 꽉 찼으니[☵] 미더움[孚]이고, 육이는 가운데가 비었으니[☲] 열렬함[誠]이다. 동쪽 이웃은 양(陽)을 상징하니 구오를 말하고, 서쪽 이웃은 음(陰)을 상징하니 육이를 말한다. '소를 잡아'라는 것은 성대한 제사를 상징하고, 약(禴)은 검소한 제사다. 성대한 제사가 검소한 제사만 못 한 것은 때가 같지 않기[不同] 때문이다.

육이는 기제괘의 아래에 있어 아직 나아갈 여지가 있고 복을 받을 수 있으며, 구오는 거의 다 올라와 나아갈 곳이 없으니 그저 미더움과 중정의 다움으로 지금의 자리를 지킨다면 뒤집히는 지경에까지는 이르지 않는다. 그래서 동쪽 이웃보다는 서쪽 이웃이 낫다고 한 것이다. 공자가 '길함이 크게 찾아오는 것'이라고 풀이한 데 대해 정이는 "괘사에서 말한 '형통함이 작으니 처음에는 길하다'고 한 것이 그러하다"라고 말했다.

『논어』「팔일」편의 다음 대화는 우리에게 의미 있는 지침이 될 만하다.

임방(林放)이 공자에게 예의 근본을 물었다. 공자는 그 질문이 훌륭하다고 칭찬한 다음 이렇게 말했다.
"예제를 행할 때 사치스럽게 하기보다는 차라리 검박하게 하는 것이 낫고, 상제를 행할 때도 형식적인 겉치레에 치우치느니 차라리 진심으로 슬퍼함이 낫다."

기제괘의 맨 위에 있는 음효에 대해 공자는 "그 머리를 적셔 위태로운 것이 어찌 오래 지속될 수 있으랴"라고 풀었다. 정이의 풀이다.

> 모든 것을 성취한 때의 극한이 되면 참으로 불안하고 위태롭다. 또 음유한 자질의 사람이 그곳에 처해 있고, 감괘가 상징하는 위험의 몸체에서 가장 높은 곳에 있다. 감(坎)이란 물을 상징하고 건넌다[濟제]는 것도 강물을 취해 뜻을 삼았으므로, 그 궁지에 몰린 것이 강물에 빠져 머리를 적시는 지경에 이르렀다고 말했으니 그 위태로움을 알 만하다. 기제(旣濟)가 끝마쳐갈 때 소인이 거기에 처하게 되면 그동안의 성취가 파괴돼 무너지는 것을 가만히 서서 기다리게 된다.

그러니 얼마 안 가서 무너져 내릴 것이기 때문에 공자는 "어찌 오래 지속될 수 있으랴"라고 말한 것이다. 통즉궁(通則窮)의 형세에 직면하게 된다는 말이다. 주목해야 할 것은, 앞에서 태괘(泰卦)에 이르는 과정은 오래 걸렸지만 비괘(否卦)가 바로 다음에 찾아오듯, 기제괘 바로 다음에는 모든 것이 흐트러지는 미제괘(未濟卦)가 온다는 사실이다. 역(易)의 경계가 참으로 의미심장하다고 할 것이다.

조선 역사를 봐도 그렇다. 성종 말기는 소인들의 득세기였다. 그러니 곧바로 연산군의 폭정 시대가 찾아온 것도 우연이 아니다. 성종의 20여 년 정치가 불러들인 재앙이라고 할 것이다. 그런 점에서 그동안 성종을 훌륭한 임금이라고 가르쳐온 우리 역사 교육의 피상성은 제대로 비판받아야 할 것이다. 내가 쓴 『성종, 조선의 태평을 누리다』에서 성종 말년의 몇 장면을 골랐다.

【장면 1】

성종은 25년 재위 기간 동안 공혜왕후 한씨, 폐비 윤씨, 정현왕후 윤씨와 명빈 김씨 등 총 12명의 왕비와 후궁 등에게서 16남 12녀를 얻었다. 참고로 태종은 18년 재위하면서 12남 17녀, 세종은 32년 재위하면서 18남 4녀, 중종은 38년 재위하면서 9남 11녀였다. 가히 이 분야의 최고 기록이라고 할 수 있다. 공식적으로 거느린 여인은 성종이 12명, 태종도 12명, 세종은 6명, 중종은 10명이었다.

아이들을 이렇게 많이 낳다 보니 궁궐 안에서 다 키울 수 없을 정도가 됐다. 그래서 왕자와 공주를 제외한 그 밖의 군들과 옹주들을 여염집에서 길러야 했다. 이 과정에서 성종 19년 4월 7일 재미있는 사건이 발생한다. 먼저 성종이 승정원에 내린 교지를 읽어보자. "아이들을 장차 감찰 원치의 집에 옮겨 살게 하려는데 원치가 집에 환자가 있다는 이유로 사양하고서 이를 거절했다. 아이들이 항시 한집에서 살 수 없는 까닭에 자주 옮기니, 사람들이 모두 싫어하여 이 같은 자가 있기에 이르렀다. 내가 국문하려고 했으나, 다만 조관(朝官)이 한 일이기 때문에 그쳤을 뿐이다."

승정원의 입장에서는 깜짝 놀랄 일이다. 서로 모시려고 해도 될까 말까 한데, 임금의 사적인 청탁을 거절했다는 것은 불경죄가 될 수도 있는 것이다. 그래서 승정원에서는 국문하여야 한다고 의견을 올렸다. 그러나 성종은 자신의 치부가 드러나는 것이 싫어서인지는 몰라도 지나가겠다고 말한다.

그 배경을 사신은 이렇게 논평하고 있다. "당시에 제군·옹주가 많아서 여염에 흩어져 살았는데, 보모·궁인·내시의 시중을 모두 주인의 집에서 들어야 했고 비용까지 부담했다. 그래서 가능하면 부잣집에 아이들을 살도록 했다. 그 봉양을 잘한 자는 대부분 작위를 얻었으니 성건·송철산 같은 경우가 그렇다."

세월이 한참 흐른 성종 22년 5월 25일 성종은 의정부에 다음과 같은 지시를 내린다. "근년에 와서는 태평한 세월이 오래되매 중앙과 지방에 아무 일이 없으니, 위로는 공·경으로부터 아래로는 일반 백성에 이르기까지 다투어 화려한 것을 숭상하여, 음식·의상·거마(車馬)·내실을 모두 사치와 화려를 극도로 하여 가산을 온통 기울임을 돌아보지도 않는데, 폐해가 장차 구제하기가 어려우므로 진실로 염려할 만한 것이 됐다. 풍속을 바꾸는 것은 마땅히 위에 있는 사람이 몸소 행하여 따르게 해서 아랫사람을 권려하는 데에 있을 뿐이다. 지금은 종실(宗室), 공경대신부터 모두가 나의 절검하는 뜻을 본받아서 무릇 혼인·손님 접대·거마·내실·가재도구를 검소하도록 힘써서 나쁜 풍습을 고치게 하라."

문제 인식도 정확하고 솔선수범이라는 해결 방향도 틀림이 없다. 그러나 관건은 실천하려는 의지다. 이런 면에서 늘 성종은 행동보다 말이 앞서는 경향이 있었다. 본인은 노력했다고도 볼 수 있다. 같은 해 9월 5일 자에는 이런 기록도 나온다. "대궐 안에서 일찍이 임금의 망건을 내놓고 상의원(尙衣院)으로 하여금 해진 데를 고치고 깁게 했다. 해진 곳이 많았으며, 어의(御衣)의 흰 옷깃도 때가 끼어 더러운 곳이 많았으니 검소

(儉素)함이 이와 같았다."

그런데 성종 23년 7월 30일 사헌부장령 양희지가 올린 글을 보면 역시 성종은 자기 주변 사람들에 대해서는 한없이 관대했다. 양희지는 『경국대전』에 나와 있는 규정을 근거로 이렇게 말한다.

"대군·공주는 30부(負)이고 왕자군(王子君)·옹주는 25부로 하는 것은 법으로 정해진 제도인데, 지금 듣건대 집터 사방에 사는 백성이 다투어 그 집을 바치므로 헐어버린 집이 많다고 하니 그 땅이 많음을 알 수 있습니다. 왕자군과 옹주의 집은 하나둘이 아닌데 성안의 땅은 한계가 있으니, 현재 제도에 넘게 터를 넓게 차지하는 것은 아마도 계속하게 할 수 없는 도리인 듯합니다. 집의 칸수는 정해진 제도가 있으므로, 그 칸수를 넓히고 집을 크게 하고자 하여 재목을 모두 길고 큰 것으로 쓰는 일은 매우 옳지 못한 것입니다. 청컨대 해당 부서로 하여금 집터를 알맞게 헤아리게 하여 제도에 지나치지 말게 하도록 하소서."

그러나 성종은 "그 부근에 사는 사람이 후한 값을 이롭게 여겨서 스스로 파는 것이지, 진실로 강제로 사는 것이 아니다"며 양희지의 건의를 무시해버린다. 당시 성종의 총애를 받고 있던 양희지는 8월 1일에도 같은 의견을 냈다가 거절당한다. 그러자 양희지는 9월 27일 경연에서 직접 성종에게 이렇게 말한다.

"왕자군의 집 규모가 높고 넓어서 제도에 지나치고 재목의 운반과 돌을 다듬는 공역(功役)이 지극히 번거로운데, 하물며 지금 1, 2년 사이에 서너 채를 지으니 민력(民力)이 몹시 피곤합니다. 옛사람이 이르기를 '사람의 심정은 편하려고 하지 아니하는 이가 없으므로 요순의 삼왕(三王)은 그 힘을 아끼고 다하지 아니한다'라고 했습니다."

이번에는 성종도 "높고 낮음과 넓고 좁음을 다시 살펴서 처리하겠다"라고 말한다. 그러나 역시 말뿐이었다. 그해 10월 28일 승정원에 내린 교서를 보면 잘 알 수 있다.

"요사이 나라의 재물과 포백(布帛)이 쓸 데가 대단히 많아 호조참판이 말하기를 '사섬시(司贍寺)와 제용감(濟用監)에 비축한 포백이 지극히 적으니 절약하여 쓰지 아니하면 안 된다'라고 했다. 그러나 소비하여 쓰는 것이 어찌 나의 본심이겠는가? 대비전에 바치는 것과 세자궁에 소용됨이 있는 바라 부득이한 것이다. 다만 아이들의 집 짓는 데 필요한 것은 많지 않으니, 사섬시와 제용감으로 하여금 면포(綿布) 1250필을 내수사에 보내게 하라."

'부득이하다'라는 말은 개의치 않겠다는 뜻이다. 결국 보다 못한 사간원에서 직격탄을 날린다. 11월 14일 대사간 안호 등이 장문의 상소를 올린다. 국정 전반을 진단하고 대안을 제시한 논리정연한 글이다. 그중 세 번째로 왕실의 사치 문제를 지적하고 있다.

"궁실(宮室)을 낮게 하고 의복을 검소하게 함은 하우(夏禹)가 나라를 일으킨 바이며, 궁실(宮室)을 사치하게 하고 사치한 욕심을 극진히 함은 진시황이 망한 까닭입니다. 바야흐로 이제 풍속이 사치를 숭상함이 점점 심해져 막을 수가 없습니다. 『춘추(春秋)』에 마구간 하나를 새로 지어도 부지런히 기록하지 아니한 적이 없는 것은 민력을 중히 여기고 토목 공사에 백성을 동원하는 것을 삼갔기 때문입니다. 지금 왕자와 공주의 집 공역(功役)이 그치지 아니하여 백성이 몹시 괴로워합니다. 신 등은 왕자·공주의 집을 짓는 것이 옳지 못하다고 하는 것이 아닙니다. 넓고 크고 화려하여 참람되게 궁궐에 비기니, 백성에게 돈박(敦朴)함을 보이는 뜻이 아니기 때문입니다. 이제 듣건대 충청도·강원도 사이에는 재목이 이미 다해서 또 황해도로 옮겨서 채취하고 서울 안 재물도 다 고갈됐다고 하니, 신은 그윽이 한심스럽게 여깁니다. 전하께서 몸소 절약·검소함을 닦아서 사치를 일절 금하소서."

원래 성종 자신이 어려서부터 사치함을 좋아한 탓도 있지만, 왕실의 권위를 높이겠다는 그의 강렬한 의지가 이렇게 비뚤어지게 표출되고 있었다. 당시 백성이 이 일로 얼마나 고통스러워하고 있었는지는 그해 12월 경연에서 성종이 조숙문과 나누는 대화에서 극명하게 드러난다.

"이제 여러 군(君)의 집을 짓는 데 반드시 큰 재목을 사용하므로, 경상도에서 구하여 운반해 오기까지 합니다. 신이 우연히 나무를 끌고 오는 것을 보았는데, 한 걸음 한 걸음 옮기는 것이 몹시 고통스러워 보였습니다. 신은 어찌 반드시 이런 큰 재목을 써야만 하는지 의심스럽습니다."

"재목의 크기가 이미 정해져 있기 때문이다."

"크기가 비록 정해져 있다 하더라도 운반하는 데 몹시 고통스러워합니다. 신이 또 길가에 돌이 몹시 큰 것이 있음을 보고 물으니, 우물 벽에 쌓을 돌이라고 했습니다. 우물 벽에 쌓는 돌인데 이처럼 큰 것을 쓸 필요가 있겠습니까?"

이런 공박에 미안해서인지 성종은 다음 해인 성종 24년 3월 28일 의정부에 지시한다.

"아랫사람이 보고 느끼는 것은 전적으로 윗사람에게 달려 있는 것이다. 요즈음 유생들의 복식과 사대부들이 혼인할 때의 도구를 다투어 사치스러움을 숭상하니, 이는 모두 위에 있는 사람이 솔선하지 못해서 그렇게 된 것이다. 지금부터 위아래 사람들이 되도록이면 절제하고 검소하게 하여 사치스러움을 몰아내고 폐습을 고치는 데 힘쓰도록 하라."

그러나 여기에도 왕실의 솔선수범에 관한 언급은 없다. 게다가 7월 4일에는 선왕들의 후궁들의 거처인 자수궁을 옮겨서 새로 짓겠다는 입장을 밝힌다. 자수궁은 세종 때 지어진 것으로 현재의 서울 종로구 옥인동 쪽에 있었다. 성종은 자수궁의 지세가 습해 장마 때면 냇물이 범람해 오물들이 뜰까지 넘치기 때문에 아예 옮길 것을 제안했다. 그러나 도승지 김응기는 도랑을 깊게 파고 제방을 높여서 물길을 원활하게 하면 된다면서 새로 궁을 짓는 것은 곤란하다고 반대한다. 비서실장인 도승지까지 이처럼 반대한다는 것은 조정 신하들에게는 물어볼 필요도 없다는 뜻이기도 하다. 김응기(金應箕, 1457~1519)는 대사헌을 지낸 김지경의 아들로서 학식이 뛰어나 성종 때는 10여 년간 경연에서 정사와 학문을 논의했으며, 연산군 때는 갑자사화로 고초를 겪기도 했지만, 중종 때 복권돼 좌의정에까지 이르게 되는 인물이다.

11일 실무부서인 선공감(繕工監) 제조 정문형도 와서 아주 조심스럽게 이전 반대를 말한다. 이 무렵 정문형도 김응기 못지않게 정권 후반기 성종의 총애를 받던 인물이다. 이에 대한 성종의 답변이다.

"경의 아뢴 바가 매우 옳으나 내가 어찌 망령되게 헤아리고서 이를 하겠는가? 매년 더러운 물이 뜰 가운데 섞여서 모여드니, 비록 제방을 수선한다고 하더라도 한갓 수고로울 뿐 보람이 없다. 선왕의 후궁들이 이런 곤란함을 겪고 있으니 내 마음에 편하겠는가? 옛터가 있으니 비록 옮겨 짓는다 하더라도 남의 집을 철거하는 데 이르지는 않을 것이며, 옛 재목을 모두 쓸 수 있으니 새 재목을 많이 준비할 필요가 없다. 공역(功役)이 비록 중하더라도 부득이한 것이다."

결국 자수궁 공사도 성종의 뜻대로 추진된다. 성종 24년 10월 24일에는 대사헌 허침이 경연에서 정면으로 문제점을 지적한다.

"왕자군과 옹주의 집은 그 터를 넓게 하고 나무와 돌을 많이 쓰면서 대가를 쳐주느라 국가의 면포(綿布)를 많이 소비하니, 국가의 재용(財用)이 마침내 없어지는 데 이를까 두렵습니다. 신이 지금의 왕자군의 집을 살펴보건대 전대(前代)보다 훨씬 뛰어난

데, 태종·세종께서도 어찌 그 집의 제도를 크게 하려고 하시지 않으셨겠습니까? 단지 백성의 힘을 지치게 할 것을 두려워하여 감히 하지 않으신 것입니다. 세조 때는 단지 두 왕자(王子)이신데도 오히려 값을 치러 사사로이 사게 했고, 특히 창원군(昌原君-세조와 근빈 박씨 사이에서 난 둘째 아들)은 사직동의 공정왕(恭靖王-제2대 정종) 후궁(後宮)의 집을 주었는데 좁고 누추함이 막심했습니다."

이에 대한 잘못을 인정하는 성종의 답변이 더욱 옹색하게 들린다.

"전번에 창경궁(昌慶宮)을 짓고 남은 재목이 있어서 재단하지 않고 쓰게 한 것은 내가 잘못 생각한 것이다."

한마디로 나무를 자르지 못하게 하는 바람에 규모가 창경궁 건물들처럼 커졌다는 것이다.

【장면 2】

종친에 대한 성종의 배려는 유난스러웠다. 어린 국왕의 생존술이었을까? 논란 끝에 성종 15년에는 종친들에게도 과거를 쳐서 관직에 오를 수 있는 길을 열어주었다. 하루가 멀다 하고 종친들을 후원으로 불러들여 활쏘기를 하고 술잔치를 벌였다. 성종 16년 5월 20일 후원에서 큰 잔치가 열렸다. 성종 14년 정희대왕대비가 세상을 떠나고 난 뒤로 일체의 잔치가 금지돼 있다가 처음 열렸기 때문에 분위기는 더욱 흥청거렸다. 이 자리에는 월산대군 이정, 덕원군 이서, 하성부원군 정현조 등 종친들뿐 아니라 의정부, 예조 당상, 도총관, 승정원, 홍문관의 고위 관리들이 대거 참석했다. 월산대군은 친형님이고, 덕원군은 세조와 근빈 박씨 사이에서 난 장남으로 창원군의 형이자 삼촌뻘, 정현조는 세조의 외동딸 의숙공주와 결혼한 고모부뻘이었다. 좌우로 나눠 활쏘기 시합도 하고, 문신들의 시 짓기 경연도 있었다. 성종은 "해가 질 때까지 한껏 취하도록 하라"고 명한다.

성종은 영의정 윤필상을 조용히 불러 "종친들이 내가 일어나 춤추도록 청하는데 어떤가?"라고 묻는다. 윤필상은 "집안 어른들이신데 일어나 춤추신들 무엇이 해롭겠습니까?"라고 말한다. 어떤 춤을 추었는지는 알 수 없지만, 그 자리에서 성종은 기뻐하며 덩실덩실 춤을 추었다.

다음날 종친들을 관리하던 종부시 제조, 오늘날의 민정수석 격인 이극정이 이를 문제 삼았다. 그러나 성종은 "어제의 즐김은 친족을 가까이하고자 함이다. 친족을 가까이하는 도리는 엄하게 할 수만은 없다. 군신(君臣)의 예를 어찌 가까운 친족에게 쓰겠는가?"라고 반박한다. 그러나 엄격히 말하면 종친들도 분명 신하이지 군주가 아니다. 사신의 논평이 예리하다. "친족을 가까이하는 도리는 참으로 엄하게 할 수 없다. 그러나 어찌 반드시 일어나 춤을 추어야만 가까이함이 되겠는가? 종친들은 임금이 일어나 춤추기를 요구했으니, 이는 신하가 임금을 공경하는 예가 아니다."

성종이 모셔야 할 종친의 수는 이루 헤아릴 수 없이 많았다. 세종의 친형님 효령대군이 90세 나이로 집안의 최고 웃어른 역할을 하고 있을 정도였다.

성종 20년 4월 5일 대사간 김경조 등과 사헌부 집의 유문통 등이 연명해 상소를 올렸다. 정희대왕대비가 세상을 떠났을 때 어버이가 돌아가신 것처럼 울고불고했던 청풍군 이원이 다음날 창기의 집에 가서 음행을 저질러 귀양 갔다가 돌아왔는데, 이번에 복권을 시켜서 품계까지 높여주기로 한 결정은 잘못됐다는 것이다. 이원은 대왕대비의 친조카였다. 또 이들은 대군의 적자는 종1품, 나머지 아들은 정2품으로 하는 것이 법률에 정해져 있음에도 불구하고 의성군 이심 등 삼 형제에게 종1품의 작록을 준 것은 잘못이라고 비판했다. 그러나 성종은 "죄받은 지가 이미 오래이니, 원이 반드시 깨우쳤을 것이기 때문에 제수했을 뿐"이라며 무시한다. 이심 형제의 일도 마찬가지로 답한다.

【장면 3】

성종 20년 8월, 성종은 문과 출신이 아닌 한건을 도승지로 임명한다. 한건은 어머니인 인수왕대비의 조카, 자신의 외사촌이었다. 한동안 한건에 대한 탄핵이 계속됐다. 특히 대사헌 박건 등은 『경국대전』에 따르면 도승지는 당연직으로 예문관 직제학을 겸하게 돼 있기 때문에 문관이 아니면 절대 안 된다는 주장을 폈다. 맞는 말이었다. 그럼에도 불구하고 성종은 밀어붙였다. 한건에 대한 사신의 평은 가혹할 정도다.

"한건은 칭찬할 만한 행동이 없었다. 재산을 늘리는 데 힘썼고 재화만 보면 염치가 없었다. 집을 지은 것이 몇 곳에 이르렀다. 모후의 가까운 친척이라 하여 도승지에 올랐다. 식자들은 그를 '옥 그릇에 담긴 개똥'이라고 나무랐다."

묘하게도 한건의 무능함은 곧바로 드러났다. 그에 대한 탄핵이 빗발치고 있던 성종 20년 9월 4일, 성종은 영돈녕 이상과 의정부 및 육조 관원들을 장악원에 모이게 해서

술잔치를 열어주었다. 이때 도승지 한건과 우승지 홍흥에게 술을 보내도록 지시했더니, 술은 갖고 가지 않고 몸만 냅다 달려갔다. 하도 한심해서 성종은 사람을 보내 "술도 없이 그냥 가서 무엇하느냐"고 다그친다. 한건은 자리에 걸맞지 않은 무능한 사람이었던 것이다. 이런 일이 한두 건이 아니었다.

임원준·임사홍·임광재, 조선 역사에서 보기 드물게 보는 '간신 소인배 3대(代)'다. 먼저 임원준의 이력을 보자. 임원준(任元濬, 1423~1500)은 1456년(세조 2년) 문과에 급제해 집현전 부교리가 됐고, 1457년 중시에 합격해 사헌부장령·봉상시판사 등을 거쳐 이조참의에 오르고 호조·예조·병조·형조 등의 참판을 두루 지냈다. 1466년 발영시·등준시에 급제해 예조판서와 의정부 좌·우참찬을 지냈다. 1471년(성종 2년) 좌리공신 3등에 책훈, 서하군(西河君)에 봉해졌다. 의학에 정통했으나 약재 도난 사건에 연루되는 등 행실은 그리 좋지 못했다.

문제는 임원준의 아들 임사홍이다. 임사홍(?~1506)은 효령대군의 아들 보성군 이용의 딸과 결혼해 왕실의 일원이 됐다. 그래서 3전의 총애가 각별했으며, 성종 19년 9월 인수왕대비가 중병이 들었을 때는 임사홍의 집에 가서 몸조리하기도 했다. 물론 아버지 임원준이 당대 최고의 의원으로 손꼽혀 그의 치료를 받기 위함도 있었다. 큰아들 임광재는 예종의 딸 현숙공주(顯肅公主-제안대군의 동모 동생)와 결혼하고 작은아들 임숭재는 성종의 딸 휘숙옹주(徽淑翁主-숙의 김씨의 첫째 딸)와 결혼해서 각각 풍천위(豊川尉)와 풍원위(豊原尉)에 봉해졌다. 성종은 소인배 집안과 혼맥을 맺게 된 것이다.

성종은 이 잘못된 결정으로 인해 결국 세상을 떠나는 그해, 즉 성종 25년 6월 험한 꼴을 당하게 된다. 임숭재와 옹주의 혼사만 없었어도 먼 종친의 문제로 끝날 수 있었다. 그러나 이 결혼으로 인해 아주 가까운 인척의 문제가 돼버린 추악한 사건이 발생한다. 6월 15일 풍천위 임광재에 관한 두 가지 보고가 한꺼번에 올라왔다.

#1 장원서: 별좌 한우창에게 가섭(迦葉)이라는 여종이 있었다. 가섭은 아름답고 요염했다. 임광재가 장원서를 책임지는 제조가 돼 가섭을 보고서는 기뻐해, 관계를 가지려 했다. 그러나 가섭이 따르지 않았다. 그러자 임광재는 두 사람으로 하여금 양팔을 끼도록 하여 옷으로 가섭의 입을 막고서 강간했다.

#2 임광재가 술에 취해 민가에 투숙한 적이 있었다. 주인집 여인에게 물을 가져오게 하고는 관계를 가지려고 했으나, 그 여인이 굳게 거절했다. 몸싸움하느라 서로 판자를 차서 소리가 밖에서도 들렸다. 나흘 후인 19일 성종은 대사헌 정경조로부터 상세한 보고를 받고 이렇게 지시한다.

"임광재는 오로지 공주 때문에 지위가 극품(極品)에 이르렀는데도 방자하고 꺼리는 것이 없다. 그가 행한 일은 비록 평범한 백성이나 천부(賤夫-천민)라도 차마 하지 못 할 짓이다. 내가 이 일을 부끄러움 없이 말하지만, 마음속으로는 절실히 부끄러워한다. 경은 빨리 가서 그것을 다스려라."

22일에는 성종이 또 하나의 사건을 입수해 사헌부에 수사 지시를 내린다.

#3 임광재는 충청도 진천에 있는 양갓집의 딸을 첩으로 삼고 여주에 내려갈 때 불러서 만난다고 한다. 성종은 양첩(良妾)이란 자는 누구의 딸이며, 어느 때에 첩을 삼았으며, 어느 곳에 두었는가를 당장 밝히라고 호통을 친다. 게다가 그때까지 임광재는 인수왕대비를 믿었는지 아니면 두려워서 그랬는지 대죄(待罪)하지 않고 있었다. 게다가 그전에 성종이 직접 불러 여러 차례 그와 관련된 질문을 했을 때 딱 잡아뗐다. 그런데 이런 일이 있기 얼마 전 임광재의 부인인 현숙공주가 노비들에 의해 독살당할 뻔한 사건이 발생했다.

성종이 분노한 #1과 #2는 '집안에 큰 변고가 있는데도 그런 짓을 하고 다녔다'라는 것과 관련이 있고, #3은 공주를 죽이려 한 음모의 연결 고리를 찾는 문제였다. 성종은 노비들이 임광재에게 아부하기 위해 공주를 독살하려 했다고 보고 있었다.

29일 문제의 양첩 '존금' 등에 관한 추국 결과가 나왔다. "임광재가 지난 3월 초 사람을 시켜 존금(存今)을 불러오게 하고는 더불어 통간(通奸)했다. 자주 서로 왕래하며 필단(匹段)·사라(紗羅)·면포(綿布)·면주(綿紬)를 폐백으로 하여 함에 담아 존금의 집에 보냈다. 그랬는데도 임광재는 전에 하문을 받고도 사실대로 아뢰지 아니했다. 임광재를 추국하라." 7월 10일 성종은 개략적인 처리 방향을 잡은 다음 이렇게 지시한다.

"내가 풍천을 대우하기를 동기와 다름없이 했음은 대비께서도 환히 아시는 바다. 풍천은 이미 사실대로 말하지 않았고 말이 또 거만하니 죄가 진실로 크다. 부마는 비록 천첩이라 하더라도 취할 수 없는데 풍천은 함부로 양첩(良妾)을 취했고, 채단 폐백을 보낸 일이 드러났는데도 사실 그대로 고하지 않았다. 이미 대비를 속이고 과인을 속였으니 풍천의 죄는 죽어도 남음이 있다. 존금이 만약 서울에 있으면 반드시 다시 상통할 것이니, 그를 경상도나 전라도에 영구히 연금시켜 돌아올 수 없도록 하라."

그러나 아직 공주의 독살 미수 사건과 존금, 임광재로 이어지는 고리는 풀리지 않았다. 음란한 행동과 첩을 취했다는 것에만 초점이 맞춰져 있었다. 이에 대해 사신은 "임금이 한결같이 대비의 지시를 받고 수사관을 몰아세워 사건의 실상이 왜곡됐으므로, 이를 아는 자는 깊이 탄식하지 않는 이가 없었다"라고 논평하고 있다. 역시 문제의 핵심에 인수왕대비가 도사리고 있었던 것이다. 결국 7월 20일 두 사람 모두 먼 지방으로 각기 유배를 보내고 임광재의 직첩을 빼앗는 선에서 마무리됐다. 이어 사신은 다시 논평한다.

> 임광재는 어려서 공주에게 장가들었는데 임금의 은총이 편벽되게 높아서 스스로 조심하지 못했으며, 공주도 성품이 투기하고 사나워서 좌우의 시비(侍婢)가 하나도 완전한 자가 없었으므로, 이로써 무료하여 마침내 임광재의 황음(荒淫)함이 법도가 없는 데 이르러서 패가망신하기에 미쳤다. 사람들이 그 광망함을 비웃었으며 그 무고(誣告)함을 불쌍히 여겼다.

성종 25년 봄부터 성종의 건강은 급격하게 나빠진다. 그 와중에 이런 문제로 신경을 써야 했던 것이다. 보기에 따라서는 이 일이 성종이 마지막으로 다룬 정사(政事)였는지 모른다.

64. 화수미제(火水未濟)[511]

미제(未濟)는 형통하다. 어린 여우가 과감하게 건너는데 꼬리를 적시니 이로운 바가 없다.

---

511 문자로는 이상감하(離上坎下)라고 한다.

未濟 亨 小狐汔濟 濡其尾 无攸利.[512]

초륙(初六)은 꼬리를 적셨으니 안타깝다[濡其尾 吝].

구이(九二)는 수레바퀴를 뒤로 잡아당기면 반듯해서 길하다[曳其輪 貞吉].

육삼(六三)은 아직 이루지 못한 때에 가면 흉하지만 큰 강을 건너는 것은 이롭다[未濟 征凶 利涉大川].

구사(九四)는 반듯하면 길해서 뉘우침이 없어지니, 진동하여 귀방을 정벌해 3년 만에 대국에 상을 내린다[貞吉 悔亡 震用伐鬼方 三年有賞于大國].

육오(六五)는 반듯해서 길하여 뉘우침이 없으니, 군자의 빛남에는 미더움이 있어 길하다[貞吉无悔 君子之光 有孚 吉].

상구(上九)는 술을 마실 때 미더움이 있으면 허물이 없지만, 머리를 적시면 미더움을 둠에 있어 옳음[是]을 잃는다[有孚于飮酒 无咎 濡其首 有孚失是].

◉

미제괘(未濟卦)는 여섯 효 모두 그 자리가 바르지 못하다[位不正]. 따라서 구이와 육오도 모두 중정(中正)을 얻지 못했다.

대성괘 미제괘(䷿)는 소성괘 이괘(離卦, ☲)와 감괘(坎卦, ☵)가 위아래에 있어 만들어진 괘다. 「설괘전」에 따르면 '해[日=火=離]로 따듯하게 하고[烜]' '비[雨=水=坎]로 윤택하게 한다'고 했다. 괘의 모양이 이(離)가 위에 있고 감(坎)이 아래에 있다. 불이 물 위에 있는 모습이니 서로 상호 작용을 하지 못해 미제(未濟)가 된다.

보기에 따라 『주역』 64괘는 건괘에서 시작해 미제괘에서 끝나는 것이 아니라, 건괘와 곤괘에서 시작해 기제괘와 미제괘에서 끝나고 다시 시작한다[終始]고 볼 수 있다. 그만큼 기제괘와 미제괘의 상호 대비 관계도 집중해서 살펴봐야 한다는 말이다.

---

512 형이(亨利)만이 나온다.

그러면 「서괘전」을 통해 왜 미제괘가 기제괘의 뒤를 이어받았는지 확인해보자.

> 일이나 사물은 끝이 있을 수가 없다[不可窮]. 그래서 기제괘의 뒤를 미제괘(未濟卦)로 받아(「서괘전」을) 끝마친다.
>
> 物不可窮也. 故受之以未濟 終也.
> 물 불가 궁야 고 수지 이 미제 종야

역(易)이란 끊임없이 바뀌는 것이라 끝이 있을 수 없다. 화수미제괘(火水未濟卦, ䷿)는 기제괘와 음양이 바뀌면서 6효 모두가 바른 자리를 잃은[不正] 경우다. 이것은 불이 위에 있고 물이 아래에 있어, 불은 위로 향하고 물은 밑으로 흘러 서로 반발하는 모양이다. 이제 모든 것을 다시 시작하지 않으면 안 된다. 궁즉통(窮則通)이다.

이번에는 「잡괘전」을 통해 기제괘와 미제괘의 관계를 짚어보자.

> 기제(旣濟)는 정해진 것[定]이요, 미제(未濟)는 남자의 궁함[男之窮]이다.

기제괘(旣濟卦, ䷾)와 미제괘(未濟卦, ䷿)는 비태(否泰)와 마찬가지로 서로 종괘(綜卦) 관계이면서 동시에 음양이 각각 다 바뀌어 있는 착괘(錯卦) 관계이기도 하다. 기제괘에서 정해진 것[定]이란 6효가 모두 각각 제자리에 있는[正位] 유일한 경우임을 염두에 둔 표현이니, 자리가 정해졌다[定位]는 뜻이다. 미제괘는 기제괘와 음양이 바뀌면서 6효 모두가 바른 자리를 잃은[不正] 경우다. 그런데 남자, 즉 양(陽)만 염두에 두고서 모두 바른 자리를 얻지 못했으니 남자가 궁해졌다고 한 것이다. 책임이 음보다는 양에 있음을 밝힌 것이다. 소식(蘇軾)은 『동파역전(東坡易傳)』에서 이렇게 말했다. "감(坎)이 아래에 있고 이(離)가 위에 있는 것이 미제괘인데, 남자가 그 위치를 잃어서 궁하게 된 것이다." 참고할 만하다. 풀이상으로는 귀매괘(歸妹卦)의 여자의 끝마침[女之終]과 연결된다. 그래서 원래의 글에는 귀매괘와 미제괘가 나란히 있었다고 한다.

문왕의 단사(彖辭), 즉 "미제(未濟)는 형통하다. 어린 여우가 과감하게 건너는데 꼬리를 적시니 이로운 바가 없다[亨 小狐汔濟 濡其尾 无攸利]"에 대한 공자의 풀이 「彖傳」를 살펴볼 차례다.

“미제(未濟)는 형통하다[亨]”라고 한 것은 부드러움[柔]이 적중한 도리를 얻었기[得中] 때문이요, “어린 여우가 과감하게 건너는데”라고 한 것은 (험난함의) 한가운데서 아직 벗어나지 못한 것[未出中]이요, “꼬리를 적시니 이로운 바가 없다”라고 한 것은 계속 이어서 잘 끝마치지를 못했기[不續終] 때문이다. 비록 자리는 (모두) 마땅하지 않지만 굳셈과 부드러움이 서로 호응한다.

未濟亨 柔得中也.
미제 형 유 득중 야
小狐汔濟 未出中也 濡其尾无攸利 不續終也.
소호 흘제 미 출중 야 유 기미 무유리 부 속종 야
雖不當位 剛柔應也.
수 부당 위 강유 응 야

◉

'미제는 형통하다'라고 했지만 정확한 뉘앙스는, 비록 아직 일이 성사되지 못했거나 위험을 건너지는 못했지만 그런 상황 속에 끝까지 조심만 한다면 형통할 수도 있다는 말이다. '부드러움[柔]이 적중한 도리를 얻었기[得中] 때문'이란, 육오가 비록 바른 자리[正位]는 아니지만 존귀한 지위에 있고 굳센 자리에 있어 굳센 사람과 호응해 조화를 시킬 수 있기 때문이다. 이 말은 곧 삼가고 조심한다는 의미와 통한다. 그렇게 되면 비록 자리는 바르지 않지만, 오히려 그 때문에 굳셈과 부드러움이 조화를 이뤄 일을 잘 마무리함으로써 형통할 수 있는 길이 열려 있다는 말이다.

이어지는 내용도 모두 이에 대한 부연 설명에 가깝다. “'어린 여우가 과감하게 건너는데'라고 한 것은 (험난함의) 한가운데서 아직 벗어나지 못한 것[未出中]이요”라는 말에 대해 정이는 이렇게 풀어낸다.

> 구이를 근거로 해서 말한 것이다. 구이는 강양의 자질로 감괘가 상징하는 위험 속에 자리해 그 위험을 건너려는 자이고, 또 위로 육오와 호응하고 있다. 험난함이 아직 안정될 수 있는 상황은 아니지만, 육오에는 마땅히 따라야 할 이치가 있으므로, 과감하게 위험을 건너 육오에게 가려고 하는 것이 마치 어린 여우와 같다. 과감하게 강물을 건너려고 하기 때문에 꼬리를 강물에 적시는 우환이 있으니 위험으로부터 벗어날 수가 없다.

우리가 흔히 쓰는 늙은 여우[老狐]의 비유는 의심과 두려움에 떠는 모습이다. 아마도 늙은 여우라면 함부로 위험 속에 뛰어들지 않고 조심하고 또 조심할 것이다. 반면 어린 여우는 그런 조심스러움은 없이 오직 건너편만 쳐다보며 건너갈 것만 생각한다. 낭패(狼狽)로 가는 첩경이다.

정이는 흘(汔)이라는 글자에 대해 마땅히 '날래다, 용감하다'라는 뜻의 흘(仡)이 돼야 한다고 했다. 감(敢)과 같은 뜻이라는 말이다. 흘(汔)은 제(濟)와 마찬가지로 '건너다, 이루다'는 뜻이다.

이어서 "'꼬리를 적시니 이로운 바가 없다'라고 한 것은 계속 이어서 잘 끝마치지를 못했기[不續終] 때문이다"라고 했다. 이 말은 처음에는 앞뒤 재지도 않고 가다가 정작 끝을 잘 마무리해야 할 시점에는 반대로 쉽게 포기해버리는 모습을 가리킨다. 종(終)은 단순히 끝난다는 의미보다는 '잘 마친다'라는 의미에 가깝다. 흔히 군자의 죽음을 종(終)이라고 하고 소인의 죽음을 사(死)라고 한다.

마지막으로 "비록 자리는 (모두) 마땅하지 않지만 굳셈과 부드러움이 서로 호응한다"라고 한 말은 뒤에 여섯 효를 풀이할 때 중요한 지침이 된다. 다른 괘에서는 일반적으로 자리가 바르지 못하면 부정적인 풀이로 이어질 가능성이 컸다. 그러나 미제괘에서는 여섯 효 모두 자리가 바르지 않지만, 오히려 굳셈과 부드러움, 양과 음, 효의 자질과 자리 등을 상호 작용의 관점에서 읽어낼 것을 권유하는 말이다.

공자의 「상전(象傳)」을 살펴볼 차례다. 그중에 미제괘를 총평한 「대상전」이다.

불이 물 위에 있는 것[火在水上]이 미제(未濟)(가 드러난 모습)이니, 군자(君子)는 그것을 갖고서 신중하게 일과 사물과 사람을 분별해 제자리에 있게 한다[水在火上旣濟 君子以 愼辨物居方].

◉

기제괘와 반대로 불이 물 위에 있게 되면 서로 교류를 하지 못한다. 이렇게 되면 서로 영향을 주고받지 못해 일을 이뤄낼 수 없다[未濟]. 물 위에 불이 있는 것 자체가 바로 제자리[其處=其所=其方]에 있지 못한 것이다.

이런 비정상적인 상황을 보면 임금다운 임금[君子]은 깊은 교훈을 얻어서, 매사를 잘 분별해 사물들을 제 위치에 가도록 해줘야 한다. 이때의 물(物)은 오히려 사물이나 동물보다는 일[事]과 사람[人事]에 가깝다. 일을 본래의 자리로 가게 해주는 것이 바로 공자가 말한 정명(正名)이며, 사람을 적재적소에 쓰는 것은 관(寬), 즉 그릇에 맞게 부리는 것[器之]이자 아랫사람 한 사람에게 모든 것이 다 갖춰져 있기를 요구하지 않는 것[無求備於一人]이다.

이처럼 풀어내고 나면 우리는 일이 헝클어져 있거나 미완성일 때 그것을 풀어나가는 방법이 무엇인지 정확하게 잡아낼 수 있는 것이다.

정명(正名)을 보자. 『논어』 「자로」편이다.

> 자로가 물었다.
>
> "위(衛)나라 군주가 스승님을 기다려 정치에 참여시키려고 하니, 선생님께서는 정치를 하시게 될 경우 무엇을 우선시하시렵니까?"
>
> 공자가 말했다.
>
> "반드시 이름부터 바로잡겠다[正名]."
>
> 이에 자로가 말했다.
>
> "그렇게 해서야 어떻게 정치를 바로잡으시겠습니까?"
>
> 이에 공자가 말했다.
>
> "한심하구나, 자로야! 군자는 자기가 알지 못하는 것은 비워두고서 말을 하지 않는 법이다. 이름이 바르지 못하면 말이 순리에 맞지 못하고, 말이 순리에 맞지 못하면 일이 이뤄지지 못하고, 일이 이뤄지지 못하면 예악이 흥하지 않고, 예악이 흥하지 못하면 형벌이 알맞지 못하고, 형벌이 알맞지 못하면 백성이 손발을 둘 곳이 없게 된다."

형벌과 예악, 백성의 복종 문제를 함께 이야기하고 있다. 이어서 임금의 임금다움[君德], 즉 아랫사람을 그에 맞게 부리는 문제다. 같은 「자로」편의 다음 구절을 다시 음미하며 군자와 소인의 도리를 생각해보자.

> 군자는 섬기기는 쉬워도 기쁘게 하기는 어려우니, 기쁘게 하기를 도리로써 하지 않으면 기

뻐하지 아니하고 사람을 부리면서도 그 그릇에 맞게 부린다[器之]. 소인은 섬기기는 어려워도 기쁘게 하기는 쉬우니, 기쁘게 하기를 비록 도리로써 하지 않아도 기뻐하고 사람을 부리면서도 한 사람에게 모든 능력이 완비되기를 요구한다[求備=求備於一人].

임금의 다움으로서의 너그러움[寬]이란 단순한 성품이 아니라, 여기에 나오듯이 "그 그릇에 맞게 부린다[器之]"이자 "아랫사람 한 사람에게 모든 것이 다 갖춰져 있기를 요구하지 않는 것[無求備於一人]"임을 다시 한번 상기하고 이제 다음 문제로 넘어간다.

기제괘가 그 마침을 삼가는 것[敬終]이라면, 미제괘는 다시 일을 시작해야 하는 상황이기 때문에 그 시작을 삼가는 것[愼始]에 강조점이 놓인다. 그러나 이 둘은 늘 한 묶음으로 강조돼왔다.

미제괘의 여섯 효[六爻]에 대한 주공의 말을 풀이한 공자의 「소상전」이다.

(초구(初九)는) 꼬리를 적셨다[濡其尾]는 것은 참으로 사리를 알지 못함[不知]이 극에 이른 것이다[濡其尾 亦不知極也].

구이(九二)가 반듯해서 길한 것은 적중한 도리[中=中道]로 바른 일을 행했기 때문이다[九二貞吉 中以行正也].

(육삼(六三)은) 아직 이루지 못한 때에 가면 흉한 것[未濟征凶]은 자리가 마땅하지 않기 때문이다[位不當也].

(구사(九四)는) 반듯하면 길해서 뉘우침이 없어지는 것은 뜻이 행해지기 때문이다[貞吉悔亡志行也].

(육오(六五)는) 군자의 빛남은 그 광채가 길한 것이다[君子之光 其暉吉也].

(상구(上九)는) 술을 마시는 것과 머리를 적시는 것[飮酒濡首]은 참으로 절도를 모르기 때문이다[飮酒濡首 亦不知節也].

◉

미제괘의 맨 아래에 있는 음효에 대해 공자는 "꼬리를 적셨다[濡其尾]는 것은 참으로 사리를 알지 못함[不知]이 극에 이른 것이다"라고 풀었다. 주공의 효사는 이렇다.

꼬리를 적셨으니 안타깝다[濡其尾 吝].
유 기미 인

기제괘와 반대로 미제괘는 여섯 효 모두 바르지 않다. 그러나 모두 친밀한 관계이고 모두 호응 관계다. 정이의 풀이로 들어가 보자.

초륙은 음유한 자질로 아랫자리에 있고 위험에 놓여 있으며 육사와 호응 관계다. 위험에 처하면 지금 있는 자리가 불안하고, 호응하는 사람이 있으면 뜻이 위로 가려고 한다. 그러나 자신이 음유한 자질인 데다가 육사도 중정을 이룬 자가 아니어서 자신을 도와 어지러움을 다스려줄 수 없다. 짐승이 물을 건널 때는 반드시 그 꼬리를 드는데, (여기서는) 꼬리를 적셨으니 강물을 건널 수가 없다. '꼬리를 적셨으니'라는 말은 강물을 건널 수 없다는 뜻이다. 자신의 자질과 역량[才力]을 헤아리지 못하고 나아가서 끝내는 구제할 수가 없으니, 부끄러워할 만하고 안타까운 일이다.
재력

결국 공자가 '알지 못함'이라고 한 것은 일의 이치[事理]나 일의 형세[事勢]를 모른다는 것인데, 이는 스스로의 자질과 역량을 제대로 모르는 데서 비롯된다. 미제괘의 초륙에 대해서는 사례를 들기보다 공자의 말이 더 도움을 줄 것이다. 『논어』「술이」편에 나오는 일화다.
사리 사세

자로가 말했다.
"만일 스승님께서 삼군(三軍)을 통솔하신다면 누구와 함께하시겠습니까?"
공자가 말했다.
"맨손으로 호랑이를 때려잡고 맨몸으로 강을 건너려 하여[暴虎馮河] 죽어도 후회할 줄 모르는 사람과 나는 함께할 수 없을 것이니, 반드시 일에 임해서는 두려워하고[臨事而懼] 계책을 잘 세워 일을 이뤄내는[好謀而成] 사람과 함께할 것이다."
포호빙하 임사이구 호모 이 성

여기서 성(成)은 곧 제(濟)로, 일을 성공적으로 해낸다는 말이다.

미제괘의 밑에서 두 번째 양효에 대해 공자는 "반듯해서 길한 것은 적중한 도리[中=中道]로 바른 일을 행했기 때문이다"라고 풀었다. 주공의 효사는 원래 이렇다.
중 중도

수레바퀴를 뒤로 잡아당기면 반듯해서 길하다[曳其輪 貞吉].
예 기륜 정길

정이의 풀이다.

다른 괘에서는 양효인 구가 이의 위치에 자리하는 것은 부드러운 자리에 있으면서 중도를 얻은 것이 돼 지나치게 굳센 뜻[過剛]이 없었다. 그러나 미제(未濟)의 때에는, 빼어난 이는 괘의 모습을 깊이 취해서[深取] 경계시킨다. 즉 윗사람을 섬기는 데에 공손하고 고분고분한 도리를 밝혔다.

과강 / 심취

미제(未濟)란 군주의 도리가 힘겨운 때다. 육오는 부드러운 자질로 군주의 자리에 있고, 구이는 강양한 자질로 서로 호응하는 위치에 있으니 마땅히 쓰이게 될 자다. 그러나 굳셈은 부드러움을 능멸하려는 뜻이 있고, 물은 불을 이기는 모습이 있다. 군주가 어려울 때에 의지할 수 있는 것은 재주가 있는 신하[才臣]뿐이니, 더욱 마땅히 공손하여 고분고분한 도리를 다해야 하므로 수레바퀴를 뒤로 잡아당기면 반듯해서 길하다고 경계시킨 것이다.

재신

정이는 이에 해당하는 인물로 곽자의(郭子儀)와 이성(李晟)을 언급했다. 정이는 수괘(隨卦) 구사(九四)에서도 곽자의를 거론한 바 있다.

당나라의 곽자의(郭子儀, 697~781) 같은 이는 위엄이 군주를 진동시켰으나 군주가 의심하지 않았으니, 이 또한 마음속 깊이 미더움이 있고 처신함에 있어 이렇다 할 잘못이 없었다. 명철한 자가 아니라면 어찌 능히 이렇게 할 수 있겠는가?

이성(李晟, 727~793)은 어려서부터 말 타고 활 쏘는 데 능해 18세 때 황하(黃河) 서쪽 지방에서 종군(從軍)했고, 절도사 왕충사(王忠嗣)를 따라 토번(지금의 티베트)과 계속 싸웠다. 이후 승진해 봉상군절도사에서 열장(列將)으로 임명됐고, 반란을 일으킨 첩주강(疊州羌), 연광강(連狂羌)을 공격했다. 그 공으로 좌우림대장군(左羽林大將軍)에 발탁됐다. 779년 당 덕종이 즉위하자 토번이 검남을 침범해 촉(蜀-지금의 사천성 일대) 지역이 충격에 휩싸였다. 덕종은 이성에게 명해 신책군을 이끌고 구원하라고 했다. 이성은 강을 건너 1000명의 적군을 죽였다. 또한 주차를 우두머리로 한 반란군이 수도 장안(長安)을 점령하자 상서좌복야(尙書左僕射), 동중서문하평장사(同中書門下平章事)가 돼 반군을 평정했다. 난이 평정된 다음 이성은 군사적 요충지인 경주 인근의 변경 지역에 가고자 했다. 그곳이 관리가 부실하고 병란이 자주 발생하는 지역이었기 때문에 자발적으로 아뢴 것이다. 덕종은 그를 봉상농우경원절도사(鳳翔隴右涇原節度使) 및 행영부원수(行營副元帥)로 임명하고 서평군왕(西平郡王)으로 고쳐 봉한 후 경주로 보냈다. 787년 3월, 덕종은 이성을 불러 대명궁(大明宮) 선정전(宣政殿)에서 만나 태위와 중서령(中書令)으로 책봉했다. 또한 상서성(尙書省)에서 정무를 보라고 명했다.

중국 역사에서 이윤(伊尹), 주공, 제갈량 등이 그런 경우다. 이들이 걸어간 길이 바로 적중된 도리[中道]다.
중도

미제괘의 밑에서 세 번째 음효에 대해 공자는 "아직 이루지 못한 때에 가면 흉한 것[未濟征凶]은 자리가 마땅하지 않기 때문이다"라고 풀었다. 주공의 효사와는 얼핏
미제 정 흉
보면 모순처럼 보인다.

> 아직 이루지 못한 때에 가면 흉하지만 큰 강을 건너는 것은 이롭다[未濟 征凶 利涉大川].
> 미제 정흉 이섭 대천

이게 무슨 말인가? 정이의 풀이다.

> '아직 이루지 못한 때에 가면 흉하다'는 것은 위험에 처해 있으면서 위험으로부터 벗어날 능력도 없이 가면 흉하다는 말이다. 반드시 위험에서 벗어난 뒤라야 갈 수가 있다. 육삼은 음유하고 중정을 이루지 못한 자질로 위험에 놓여 있는데, 위험을 해결하기에는 능력이 부족해서 해결할 수 있는 방도와 위험에서 벗어날 능력이 없는데도 가려고 하니 흉한 것이다. 그러나 미제(未濟)란 해결할 수 있는 방법이 있고 위험이 끝나게 되면 위험을 벗어나는 이치가 있다. 위로 강양한 자질을 갖고서 호응해주는 자가 있으니, 위험을 건너가 그를 따른다면 미제(未濟)를 해결할 수 있다. 그래서 '큰 강을 건너는 것은 이롭다[利涉大川]'고 한 것
> 이섭 대천
> 이다. 그러나 음유한 자질의 육삼이 어떻게 위험을 벗어날 수 있겠는가? 때가 불가능한 것이 아니라 재능이 불가능한 것이다.

공자가 곧바로 '자리가 마땅하지 않기 때문'이라고 한 것도 그 스스로는 위험을 풀

어낼 재주가 없다는 점을 말한 것이다. 기회를 보아 위험을 건너간 다음 호응하는 상구를 따르면 그나마 이로울 수 있다. 이때 '위험을 건너간 다음'이란, 스스로 위험을 극복하는 것과는 다른 문제임에 주목해야 한다. 재능을 가진 사람의 도움을 빌려야만 위험은 해결될 수 있다.

미제괘의 밑에서 네 번째 양효에 대해 공자는 "반듯하면 길해서 뉘우침이 없어지는 것은 뜻이 행해지기 때문이다"라고 풀었다. 주공의 효사는 좀 더 길다.

> 반듯하면 길해서 뉘우침이 없어지니, 진동하여 귀방을 정벌해 3년 만에 대국에 상을 내린다[貞吉 悔亡 震用伐鬼方 三年有賞于大國].
> 정길 회망 진 용 벌 귀방 삼년 유상 우 대국

> 정이의 풀이다.

> 구사는 양강한 자질로 대신의 지위에 있고, 위로 마음을 비운 채 눈 밝아 이치에 고분고분한 [虛中明順 허중 명순] 군주가 있다. 또 위험에서 벗어나 미제의 때가 이미 중반을 지났으니, 위험을 해결할 수 있는 길이 있다. 세상의 어려움을 해결하는 것은 굳세고 튼튼한[剛健 강건] 자질이 아니고서는 불가능하다. 구사는 양의 자질이지만 (오의 자리가 아니라) 사의 자리에 있으므로, 반듯함을 굳게 지켜야만 길하여 뉘우침이 없어질 것이라고 경계했다. 반듯하지 못하면 해결할 수 없기 때문에 뉘우침이 있는 것이다.

일단 여기서 끊어보자. 처신을 잘 못 해 이런 뉘우침에 이른 인물로 김종서(金宗瑞)를 지적할 수밖에 없다. 다시 정이의 풀이다.

> 진(震-떨침)이란 움직임이 지극한 것이다. 옛사람이 힘을 가장 많이 쓴 일은 귀방을 정벌한 일이었으므로 그것을 갖고서 뜻으로 삼았다. 힘을 몹시 들여 멀리까지 정벌해 3년이 지난 다음에야 공로를 이루고 대국의 상을 시행했으니, 반드시 이와 같은 노력과 정성을 쏟아야만 천하의 미제(未濟)를 해결할 수 있다. 천하를 구제하는 도리는 마땅히 반듯함을 굳게 지키는 것이 이와 같아야 하건만, 사(四)의 지위에 부드러운 자질의 사람이 자리했으므로 이렇게 경계를 둔 것이다.

귀방(鬼方)이란 중국 은(殷)나라 시대에 훈육(薰育)이라 불리던 산악민으로, 중국의 서쪽 변경 지방에 살고 있던 이민족(異民族)이다. 태항산맥(太行山脈)으로부터 서쪽의 황토 고원에 살고 있었다고 한다. 은나라의 고종(高宗)이 이들을 위협해 서쪽으로 이주시켰으며, 이들의 압력을 받아 주(周) 왕조가 다시 섬서(陝西) 중부로 이주하기도 했다. 정이는 "귀방 정벌은 반듯함의 극치"라고 했다.

미제괘의 밑에서 다섯 번째 음효에 대해 공자는 "군자의 빛남은 그 광채가 길한 것이다"라고 풀었다. 주공의 효사는 좀 더 길다.

반듯해서 길하여 뉘우침이 없으니, 군자의 빛남에는 미더움이 있어 길하다[貞吉无悔 君子之光 有孚 吉].

정이의 풀이다.

육오는 문명(文明)한 괘의 주인[主]으로 굳센 자리에 있고 굳센 사람과 호응하며, 그 처신함에 있어 중도를 얻었다. 그 마음을 비우고서[虛其心=虛中] 양의 자질을 가진 사람이 보필해주니, 비록 부드러운 자질로 존귀한 지위에 있으나 처신하기를 지극히 바르고 지극히 잘하여[至正至善] 모자람이 없다. 이미 반듯하고 바름[貞正]을 얻었으니 길하고 뉘우칠 일이 없다. 본래부터 가지고 있는 본성을 반듯하게 지키라는 경계가 아니라, 이와 같이 반듯하게 처신해 위험이나 어려움을 해결하려 한다면 해결하지 못할 것이 없으리라는 말이다.

육오는 문명한 괘의 주인이므로 그 빛나는 군자를 말한 것이다. 지극히 빛나는 다움이 실제적인 공로와 걸맞는 것은 미더움이 있기 때문이다.

공자의 "군자의 빛남은 그 광채가 길한 것"이라는 말은 안에서 굳센 다움이 밖으로 빛나게 된다는 말이다.

미제괘의 맨 위에 있는 양효에 대해 공자는 "술을 마시는 것과 머리를 적시는 것[飮酒濡首]은 참으로 절도를 모르기 때문이다"라고 풀었다. 주공의 효사는 상당히 길다.

술을 마실 때 미더움이 있으면 허물이 없지만, 머리를 적시면 미더움을 둠에 있어 옳음[是]

을 잃는다[有孚于飮酒 无咎 濡其首 有孚失是].

술을 마신다는 것은 스스로 즐거워하는 것이다. 이때에 모든 것이 아직 해결되지 않고 위험에 처해 있는 상황을 조급히 여겨 불안해한다면 곤궁해진다. 그러나 진실로 편안한 마음으로 그것을 받아들인다면 허물도 없고 뉘우칠 일도 없을 수 있다. 물론 이런 경지는 쉽지 않다. 공자의 제자 안회 정도의 마음이라야 가능할까? 『논어』「옹야」편에서 공자는 이렇게 말한다.

뛰어나도다, 안회여! 한 대그릇의 밥과 한 표주박의 물로 누추한 시골에 있는 것을 딴 사람들은 그 근심[憂]을 견뎌내지 못하는데, 안회는 그 즐거움을 변치 않으니 뛰어나다! 안회여!

「술이」편에서 공자가 "군자는 마음이 평온하여 여유가 있고[坦蕩蕩] 소인은 항상 근심한다[長戚戚]"라고 한 것도 같은 맥락에서다. 이런 군자의 마음[君子心]을 잃고 술에 빠져 조급과 분노와 좌절에 빠질 것을 우려해서 공자는 '참으로 절도를 모르기 때문이다'라고 한 것이다.

'머리를 적시는 것'은 반대로 방자해 쾌락에 탐닉하고 예를 잃어버린 것을 말한다. 이 또한 당연히 '참으로 절도를 모르기 때문이다.'

여기서 미더움[孚]이란 그냥 신뢰, 믿음보다는 편안한 마음 상태[所安]에 가깝다. 그래서 사람들이 '참으로 절도를 모르는' 지경에 빠지는 이유에 대해 정이는 "마땅한 의리와 천명을 편안하게 받아들이지 못하기 때문이다. 능히 편안하게 받아들일 수 있다면[能安] 그 일정한 도리를 잃지 않을 것이다"라고 했다. 안인(安仁)해야 한다는 말이다.

미제괘(未濟卦)는 돌이켜보면 일과 사람을 아는 문제[知人]에서 시작해 천명을 두려워하며 편안하게 받아들이는 문제[畏天命=知天命]에서 끝났다.

『주역』 전체를 보자면 일을 주관하는 건괘(乾卦)와 일을 이뤄내는 곤괘(坤卦)에서 출발해 일을 완성한 기제괘(旣濟卦)와 다시 일을 잘 시작해야 하는 미제괘(未濟卦)에서 일단 여정을 마쳤다.

이는 『논어』의 최종 결론과도 그대로 통한다. 「요왈」편이다.

명을 알지 못하면 군자가 될 수 없고, 예를 알지 못하면 설 수 없고, 말을 알지 못하면 사람을 알 수 없다[不知命 無以爲君子也 不知禮 無以立也 不知言 無以知人也].
부지 명 무이 위 군자 야 부지 례 무이 입 야 부지 언 무이 지인 야

이 셋 중에서 우리의 논의와 관련되는 것은 마지막 세 번째 구절이지만, 앞의 둘도 어차피 논의하게 될 것이기 때문에 함께 풀어보자.

이 마지막은 『논어』 20편의 첫머리였던 「학이 제1」만큼이나 중요하다. 공자의 세 가지 말씀이 결론이 되고 있다. 송나라 학자 윤돈(尹焞)은 말한다.

다음 세 가지를 안다면 군자의 일이 갖추어진 것이다. 제자들이 이 말씀을 기록하여 이 편을 마쳤으니, 어찌 깊은 뜻이 없겠는가. 배우는 자가 어려서부터 이 책을 읽었음에도 늙어서 한 마디 말씀도 쓸 줄을 모른다면 성인(聖人)의 말씀을 업신여기는 자에 가깝지 않겠는가.

그만큼 이 장이 중요하다는 뜻이다.

첫째, 천명[命]을 알지 못하면 군자가 될 수 없다. 정약용의 풀이다.

명(命)은 하늘이 사람에게 부여한 것이니, 본성[性]이 다움[德]을 좋아하는 그것이 명(命)이다. 사생과 화복과 영욕도 또한 명이 있으니, 명을 알지 못하면 선을 즐기고 그 지위에 편안할 수 없다. 그러므로 군자가 될 수 없는 것이다.

평소 아주 치밀한 해설을 보여줬던 정약용과 달리 여기서는 조금 추상적이다. 오히려 정이의 풀이가 현실적이다.

명(命)을 안다는 것은 명이 있음을 알고서 믿는 것이다. 명을 알지 못하면, 해(害)를 보면 반드시 피하고 이익을 보면 반드시 따를 것이니 어떻게 군자가 될 수 있겠는가?

둘째, 예(禮)를 알지 못하면 설 수가 없다. 정약용의 풀이다.

예는 상하를 정하고 혐의(嫌疑)를 구분하는 것이니, 예를 알지 못하면 (예가 아닐 때) '보지

> 말고 듣지 말고 말하지 말고 움직이지 말고' 하는 것을 할 수 없다. 그러므로 그 몸을 세울 수 없는 것이다.

사람이 사람답게 서는 데 있어 예는 결정적이다. 수없이 반복해왔지만, 예(禮)란 곧 일의 이치[事理]다.

셋째, 말을 알지 못하면 그 사람을 알 수 없다. 정약용의 풀이다.

> 말을 안다는 것은 남의 말을 듣고서 그 심술의 사악하고 바른 것을 알게 됨을 이른다.

말과 지인(知人)의 문제를 강조하며 『논어』는 끝난다. 그런데 흥미롭게도 말을 아는[知言] 문제는 『주역』에 대한 공자의 총괄적 풀이인 「계사전」의 결론이기도 했다.

> 장차 배반할 사람[叛者]은 그 말에 부끄러움[慙]이 있고, 마음속에 의혹을 품고 있는 사람[疑者]은 그 말이 갈라지고[枝], 뛰어난 이[吉人=賢人]는 말이 적고 초조해하는 사람[躁人]은 말이 많으며, 위선적인 사람[誣善=僞善]은 그 말이 둥둥 떠다니고[游], 지켜야 할 절의를 잃은 사람은 그 말이 비굴하다.

이로써 『주역』에 대한 관견(管見)을 마친다.

KI신서 9352
이한우의 주역 하경

1판 1쇄 인쇄 2020년 9월 14일
1판 1쇄 발행 2020년 9월 23일

지은이 이한우
펴낸이 김영곤 **펴낸곳** (주)북이십일 21세기북스

출판사업본부장 정지은 **인문기획팀** 양으녕 김다미 **디자인** 제이알컴
영업본부이사 안형태 **영업본부장** 한충희 **출판영업팀** 오서영
마케팅팀 배상현 김윤희 이현진 **제작팀** 이영민 권경민

출판등록 2000년 5월 6일 제406-2003-061호
주소 (10881) 경기도 파주시 회동길 201(문발동)
대표전화 031-955-2100 **팩스** 031-955-2151 **이메일** book21@book21.co.kr

ISBN 978-89-509-9194-4 04900
978-89-509-9195-1 (세트)